정신분석
사전

VOCABULAIRE DE LA PSYCHANALYSE
by JEAN LAPLANCHE & JEAN-BERTRAND PONTALIS

이 책은 실로 꿰매어 제본하는 정통적인 사철 방식으로 만들어졌습니다.
사철 방식으로 제본된 책은 오랫동안 보관해도 손상되지 않습니다.

정신분석 사전

VOCABULAIRE

장 라플랑슈 · 장 베르트랑 퐁탈리스 공저 다니엘 라가슈 감수 임진수 옮김

DE LA
PSYCHANALYSE

머리말
이 책의 목적과 역사

정신분석에 대한 반감은 가끔 그 어휘에 대한 야유의 형태로 나타난다. 물론, 정신분석가들은 애매한 관념을 감추기 위한 방편으로 기술적 용어를 남용하거나 적절하지 않게 사용하는 것을 원하지 않는다. 그러나 정신분석은 다른 직업이나 학문처럼 그것에 고유한 용어가 필요하다. 정신분석은 새로운 연구와 치료 방법이고, 심리 장치의 정상적이고 병리적인 작용에 대한 이론인데, 어떻게 새로운 발견과 개념이 새로운 용어의 힘을 빌리지 않고 공식화될 수 있겠는가? 게다가 모든 과학적 발견은 상식에 맞추어 형성되는 것이 아니라 상식에 아랑곳하지 않거나 그것에 반하여 이루어진다고 말할 수 있다. 정신분석의 추문은 성욕에 할당한 자리 때문이라기보다, 외부 세계 및 자기 자신과 싸우고 있는 인간의 정신 작용에 대한 이론에 무의식적 환상을 도입했기 때문이다. 일반 언어에는 심리 구조와 움직임을 가리킬 만한 단어가 없다. 상식의 눈으로는 심리 구조와 움직임은 존재하지 않는다. 따라서 새로운 용어가 필요하게 되는데, 그 수는 텍스트에 대한 엄격한 독서와 용어에 대한 전문성의 기준에 따라 달라지지만, 아마 2백~3백 개 정도 될 것이다. 그러나 정신분석 문헌을 참조하는 것 외에, 그 용어들을 파악할 수 있는 수단은 없다. 교과서적인 서적 끝에 붙어 있는 어휘집이나 20~30년 전부터 발간된 심리학과 정신병리학 어휘 사전 속에 있는 설명이 있긴 하지만, 실제로는 전문적이고 완전한 작업 도구가 거의 없다고 할 수 있다. 그래도 그것에 가장 근접한 시도는 리하르트 슈테르바Richard F. Sterba 박사의 『정신분석 소사전Handwörterbuch der Psychoanalyse』인데, 그것은 여러 가지 사정 때문에 〈L〉자에서 편집이 멈추었고, 게다가 인쇄는 〈Grössenwahn(과대망상)〉이라는 항목에서 그치고 말았다. 슈테르바 박사는 나에게 다음과 같은 편지를 쓴 적이 있다. 〈이것이 나의 과대망상과 관계가 있는지, 아니면 히틀러의 과대망상과 관련이 있는지 잘 모르겠다.〉 슈테르바 박사는 고맙게도, 찾을 수 없는 것은 아니지만 아주 드문 그 책(Internationale Psychoanalytische Verlag, 1936~1937)을 다섯 권이나 보내 주었다. 전혀 다른 취지에서 나온 책 한 권을 인용하면, 그것은 영어로 번역된 프로이트의 텍스트를 알파벳순으로 모은 것으로, 테오도어 라이크Theodor Reik의 서문을 붙여 1950년에 포도어Fodor와 가이노어Gaynor가 간행한 책이다(Fodor, N. & Gaynor, F., *Freud: Dictionary of Psychoanalysis*, 테오도어 라이크의 서문, New York, Philosophical Library, 1950, XII와 208페이지).

정신분석의 전문 용어는 대개 프로이트의 작품이다. 그것은 그의 발견과 사상의 발전과 함께 풍성해졌다. 전통적인 정신병리학의 역사에서 일어난 일과는 반대로, 프로이트는 라틴어와 그리스어를 거의 차용하지 않았다. 물론 그는 그 당시의 심리학이나 정신병리학이나 신경생리학의 도움을 받기는 했지만, 주로 독일어에서 자신의 용어와 표현을 찾으려고 했고, 그의 모국어가 제공하는 자원에서 길어 올리려고 했다. 그 때문에 충실한 번역이 어렵고, 번역된 분석 용어는 프로이트의 원어가 부여하지 않은 엉뚱한 인상을 주면서도, 번역자가 사용하는 언어의 자원이 충분히 활용되지 못한 것 같이 보인다. 또한 다른 경우로는, 프로이트의 표현의 단순성이 그의 전문성을 비켜 가게 하기도 한다. 그러나 그러한 언어 문제는 부차적일 뿐이고, 진짜 어려움은 다른 데 있다. 프로이트는 작가로서 창의력을 보여 주었음에도 불구하고, 자신의 어휘를 완전하게 만드는 데는 별로 관심이 없었던 것 같다. 여기서 그러한 어려움의 형태들을 낱낱이 열거할 수는 없다. 단지 분석 용어도 다른 많은 언어와 같다고 말할 수 있을 뿐이다. 즉, 다의성과 의미의 중복이 없지 않으며, 여러 가지 단어가 항시 아주 다른 개념을 내포하는 것은 아니다.

따라서 우리는 말과 고군분투하고 있는 것이지, 말을 위해 고군분투하는 것은 아니다. 그러므로 우리가 찾아내야 할 것은, 말 뒤에 있는 사실이나 개념이며, 정신분석의 개념 조직이다. 그것은 프로이트 사상의 장기간의 풍성한 발전(전 9권으로 된 그린슈타인Grinstein의 참고 문헌을 이미 가득 채우고 있는 제목의 광범위함이 보여 주고 있듯이) 때문에 고된 작업이 될 것이다. 더욱이 말은 관념처럼, 또는 관념과 함께 태어나는 것에 그치지 않고 나름의 운명을 갖고 있다. 그것들은 새로운 방향의 연구와 이론에 부응하는 다른 말들에게 자리를 내주면서, 폐기되거나 사용되지 않을 수도 있다. 그렇지만 프로이트의 용어의 본질적인 것은 시간을 견디어 냈다. 즉, 많지 않은 새로운 것이 그 조직과 색채의 변경 없이 뿌리를 내렸다. 그러므로 어휘 사전은 정신분석 용어가 띠고 있는 다양한 의미를 구분하는 정의에 국한되어서는 안 되고, 최종적으로 도달한 명제를 정당화할 수 있는 참고 자료와 인용으로 보강된 해설이 있어야 한다. 그러한 해설은 광범위한 문헌의 참고, 특히 프로이트의 저술에 대한 지식을 내포하고 있다. 왜냐하면 용어의 개념화의 기초는 프로이트의 저술 속에 있고, 문헌의 규모상 개인 연구자나 작은 연구 집단으로는 정복하기 불가능하기 때문이다. 게다가, 그러한 어휘 사전은 박학다식에만 의존할 수는 없는 것이다. 그것은 정신분석 경험에 익숙한 전문가들을 필요로 한다. 그렇지만 말을 넘어서 사실과 관념을 향하는 방향성이 〈지식 사전〉으로 전락해서는 안 된다. 결국 관건은 용법을 대조하고, 서로가 서로를 조명하고, 그것의 난점을 잘라 내려고 하지 말고 그것을 드러내는 것이다. 가령 그것은 거의 쇄신하지 않고 보다 충실한 번역을 제시하는 것이다. 무엇보다도 적절한 방법은, 앙드레 랄랑드André Lalande의 『전문적이고 비판적인 철학 용어 사전Vocabulaire technique et critique de la philosophie』(P.U.F.)처럼 역사 비평적인 것이다. 그것이 바로 1937~1939년경에 『정신분석 어휘 사전』이 처음으로 기획되었을 때의 최초의 관점이었다. 그러나 그 당시 수집된 자료가 소실되었고, 상황과 다른 작업과 참고 자료의 부족이 그 계획을 잠재우거나 그렇지 않으면 사장시켜 버렸다. 그렇지만 다양한 연구 작업에서 어휘에 대한 관심이 배제된 것은 아니라는 의미에서, 그것이 완전히 잠든 것은 아니다. 다시 깨어난 것은 1958년도였다. 거기서도 여전히 랄랑드의 『전문적이고 비판적인 철학 용어 사전』의 역사 비평적인 취지가 견지되었지만, 다른 양태들이 도입되었다.

약간의 모색 끝에, 그 작업의 필요성과 끝을 보고자 하는 소망이 라플랑슈J. Laplanche와 퐁탈리스J.-B. Pontalis의 공동 작업 속에서 결실을 보았다. 정신분석 문헌에 대한 참조와 기본 텍스트에 대한 성찰, 초고 작성, 그 기획의 재검토와 최종적인 수정은 그들에게 거의 8년의 작업을 요구했다. 물론 그것은 결실이 풍부한 작업이었지만, 동시에 사람을 구속하고 가끔 지루하게 만드는 작업이었다. 우리는 대부분의 초고를 돌려 읽고 함께 토론했다. 나는 그러한 토론의 활기를 생생하게 기억하고 있다. 우리의 친분조차도 상이한 관점을 막을 수 없었으며, 지적인 엄격성에 관한 한, 추호의 양보도 허락하지 않았다. 라플랑슈와 퐁탈리스의 〈선구자〉적인 노력이 없었다면, 20년 전에 세워진 이 기획은 책이 되어 나오지 못했을 것이다.

그러한 노작을 하는 동안, 특히 최근 몇 년 동안, 작업의 방향이 바뀌지 않을 수 없었다. 그것은 해이함의 표시가 아니라 열정의 표시였다. 그렇게 해서 라플랑슈와 퐁탈리스는 점점 더 프로이트의 저술에 대한 탐구와 성찰에 집중하였고, 급기야 최근에 간행된 1895년의 「과학적 심리학 초고」를 포함해, 초창기 정신분석 텍스트까지 망라하게 되었다. 그러나 관념과 용어의 기원에 중요성을 둔다고 해서, 그것들의 운명과 범위에 대한 관심이 약화된 것은 아니다. 『정신분석 사전Vocabulaire de la Psychanalyse』이 라플랑슈와 퐁탈리스의 개인적 특징을 담고 있지만, 그렇다고 해서, 그것이 그 저작의 최초의 계획을 고무시켰던 원칙을 위배하고 있지는 않다.

그 목적은 우리가 느끼고 있고, 다른 사람들도 인식하고 있으며 거의 부인할 수 없는 욕구와 필요성에 부응하는 것이었으며, 지금도 그 목적은 그대로 남아 있다. 우리의 소망은 그것이 정신분석에 몸담고 있는 연구자와 학생뿐 아니라 다른 분야의 전문가나 호기심 있는 사람들에게 유용한 작업 도구가 되었으면 하는 것이다. 그러나 우리가 아무리 그것의 제작에 노고와 관심을 바쳤다고 하더라도, 박식하고 주의 깊고 요구가 많은 독자는 틀림없이 사실이나 해석의 결함과 오류를 발견할 것이다. 만약 그러한 독자들이 자신의 비판을 이야기해 준다면, 우리는 그것을 빼놓지 않고 열심히 모아 관심을 갖고 연구할 것이다. 더 나아가, 이 사전의 목적, 내용, 형식은 다른 언어로의 번역을 방해하지 않을 것이다. 그리고 지적과 비판 내용과 번역은 이 『정신분석 사전』이 〈작업 도구〉일 뿐만 아니라 〈작업 자료〉가 될 것이라는 이차적인 야망에 부합할 것이다.

다니엘 라가슈

서문

이 책은 정신분석의 주요 개념들을 다루고 있다. 그것은 몇 가지 전제를 내포하고 있다.

첫째, 정신분석이 대부분의 심리학적이고 정신병리학적인 현상에 대한 이해와 심지어 일반적인 인간에 대한 이해를 쇄신함에 따라, 정신분석의 공헌을 망라하려는 알파벳순으로 된 개론서는 리비도와 전이뿐만 아니라 사랑, 꿈, 범죄와 초현실주의를 다루려고 한다. 그러나 우리의 의도는 매우 다르다. 우리는 숙고한 결과, 정신분석의 개념 장치, 즉, 정신분석이 자신의 고유한 발견을 설명하기 위해 점진적으로 가꾸어 온 일련의 개념 전체를 분석하기로 결정했다. 이 사전은 정신분석이 설명하고자 한 모든 것을 고찰하기보다는 차라리 정신분석의 설명에 사용되는 것을 고찰하고 있다.

둘째, 정신분석이 탄생한 이래로 지금까지 거의 4분의 3세기가 흘렀다. 그동안, 정신분석 〈운동〉은 긴 우여곡절의 역사를 거쳐 왔고, 분석가 집단들이 많은 나라에서 만들어져 다양한 문화적 요인이 개념 자체에 영향을 주지 않을 수 없었다. 따라서 우리는 장소와 시간에 따라 분명히 달라지는 다양한 용법을 조사하기보다는 차라리, 흔히 광채를 잃어버리고 모호해진 개념에 그것 특유의 독창성을 되찾아 줌으로써, 그것이 발견될 시점에 특별한 중요성을 부여하는 것이다.

셋째, 그러한 결심은 우리로 하여금 주로 지크문트 프로이트Sigmund Freud의 창립적인 저작을 참조하게 만든다. 아무리 부분적이라도, 거대한 양의 정신분석 문헌으로 귀결되는 조사는, 그것이 사용하는 대다수의 개념이 어느 정도 프로이트의 저서에 그 기원을 두고 있는지를 분명하게 보여 주고 있다.

그러한 의미에서도, 우리의 사전은 백과사전적인 의도를 가진 기획과 구분된다.

정신분석의 기본 개념의 공헌을 되찾으려는 그러한 관심은, 프로이트 이외의 다른 저자들도 고려했다는 것을 의미한다. 하나의 예를 든다면, 우리는 멜라니 클라인Melanie Klein이 소개한 몇 가지 개념을 제시했다.

넷째, 정신병리학의 영역에서, 우리의 선택은 다음의 세 가지 원칙에 의해 이루어졌다.

1) 정신분석에 의해 만들어진 용어를 정의한다. 그것이 지금도 사용되고 있는지(예: 불안 신경증), 아닌지(예: 정체 히스테리)와 관계없이.

2) 정신분석에 의해 사용된 용어를, 일반적으로 받아들여지고 있는 정신의학적인 의미와 지금 다르거나 아니면 과거에 달랐던 의미로(예: 파라노이아, 파라프레니아) 정의한다.

3) 정신과 임상에서뿐 아니라 정신분석에서 동일한 의미를 갖고 있지만, 분석적인 질병 기술학에서 주요 축을 구성하는 용어를 정의한다(예: 신경증, 정신증, 도착증 등). 사실 우리는 임상에 친숙하지 않은 독자에게 적어도 기준을 제공해 주고 싶었다.

*

항목은 알파벳순[한국어판에서는 가나다순]으로 배열되어 있다. 서로 다른 개념 사이에 존재하는 관계를 표시하기 위하여, 우리는 두 가지 관용 부호를 사용했다. 하나는 화살표(→)로, 그것은 논의된 문제가 그것이 참조하고 있는 항목에서도 나오거나 흔히 더 철저하게 다루어졌다는 것을 의미한다. 다른 하나는 꽃표(*)로, 그것은 해당 용어도 이 사전에서 정의되고 있다는 것을 가리킨다. 그렇게 함으로써 우리는 독자들이 개념들 사이의 의미심장한 관계를 스스로 세우고, 정신분석 용어의 연상망 속으로 들어갈 수 있기를 바란다. 또한 우리는 그렇게 함으로써 두 가지 암초를 피하고자 했다. 첫째는 순전히 알파벳순의 분류가 가질 수 있는 자의성이라는 위험한 암초이고, 둘째는 보다 흔한 것으로, 가설-연역적인 모습의 설명과 관련이 있는 독단성의 암초이다. 그렇게 해서 우리는 프로이트의 학설의 체계적인 설명을 떠받치고 있는 것들과는 다른 일련의 〈마디점[결절]points nadaux〉들과 그것들의 내적 관련성이 나타나기를 바란다.

각 용어는 정의와 해설을 담고 있다. 정의는 정신분석 이론에서 사용되는 그 개념의 엄격한 용법에서 나오는 대로의 의미를 수집하려고 했다. 해설은 비판적인 부분과 우리의 연구의 핵심을 제시하고 있다. 여기서 우리가 적용한 방법은 세 항목으로 정의될 수 있다. 역사, 구조 그리고 문제 제기가 그것이다. 역사는 엄격한 연대기순에 얽매이지 않고, 각 개념에 대해 그것의 기원과 그것의 주요 발달 단계를 제시하려고 했다. 그러한 기원에 대한 탐구는, 우리가 보기에, 단순한 박학에 대한 관심 이상의 것이다. 즉, 우리가 기본 개념들을, 그 개념들을 탄생시키는 경험과 새롭게 대조해 보고, 그것들의 발전 단계를 설정하고 발전 방향을 바꾸는 문제들과 대조해 보았을 때, 그것들이 명백해지고, 그것들의 생생한 윤곽과 상호 연결 지점이 밝혀지는 것을 보고 우리는 강한 인상을 받았다.

그러한 역사적인 연구는, 그것이 비록 각 개념에 대해 별도로 이루어졌다고 하더라도, 분명히 정신분석 사상 전체의 역사를 참조하고 있다. 따라서 그것은 각 요소를, 그것이 위치한 구조와의 관계하에 고려하지 않을 수 없다. 그러한 기능은 가끔 쉽게 확인되기도 하고, 정신분석 문헌에서 뚜렷이 인식되기도 한다. 그러나 일치, 대립, 관계가 아무리 한 개념의 독창성을 파악하는 데 필수적이라 하더라도, 그것은 암시적일 때가 많다. 특히 눈에 띄는 예를 들면, 정신분석 이론을 이해하는 데 필수적인 〈욕동*pulsion*〉과 〈본능*instinct*〉의 대립은 프로이트의 어디에도 공식화되어 있지 않다. 또한 〈의탁적 대상 선택*choix d'objet par étayage*〉과 〈자기애적 대상 선택*choix d'objet narcissique*〉의 대립은 많은 저자에 의해 받아들여지고 있음에도 불구하고, 프로이트가 밝힌 것, 즉 〈성욕동*pulsions sexuelles*〉이 〈자기보존*auto-conservation*〉 기능에 〈의탁*étayage*〉한다는 것과는 관계가 없다. 그리고 〈자기애*narcissisme*〉와 〈자기-성애*auto-érotisme*〉의 관계는, 그 관계만이 그 두 개념의 위치를 설정해 주는 데도 불구하고, 프로이트의 저작에서조차 최초의 명확성을 급속하게 잃어 가고 있다. 마지막으로 그보다 훨씬 더 당혹스러운 몇몇 구조적인 현상이 있다. 즉, 정신분석 이론에서 몇몇 개념이나 개념 군(群)의 기능이 이후의 단계에서 그 체계의 다른 요소로 이동하는 것은 흔한 일이다. 해석*interprétation*만이 그러한 기능의 교체를 꿰뚫고, 정신분석의 사상과 경험의 항구적인 구조를 찾아낼 수 있다.

우리의 해설은 정신분석의 주요 개념에 대해, 그것의 애매성을 제거하거나, 적어도 그 애매성을 명확히 밝히고, 경우에 따라서는 그것의 모순을 드러내려고 노력했다. 보통 그러한 모순은 분석 경험의 차원에서 발견되는 문제로 귀결된다.

좀 더 겸허한 관점에서 보더라도, 이러한 논의 덕분에, 우리는 순전히 용어학적인 많은 어려움을 명확히 밝히고, 아직 일관성이 없는 프랑스어로 된 용어를 정착시키도록 제안할 수 있게 되었다.

*

각 항목의 머리에 프랑스어(프), 독일어(독), 영어(영), 스페인어(스), 이탈리아어(이), 포르투갈어(포)를 제시하였다.

주석과 참고 문헌은 각 항목 끝에 위치시켰다. 주석은 그리스 문자로, 참고 문헌은 숫자로 표시하였다.

인용문과 텍스트 속에 참고한 서명은 필자에 의해 번역되었다.

장 라플랑슈
장 베르트랑 퐁탈리스

감사의 말

이 사전에 관심을 보이고 제작에 도움을 준 모든 분에게 감사한다.

1943년 앨릭스 스트레이치Alix Strachey에 의해 재출판된 『새로운 정신분석 독-영 사전New German-English Psycho-Analytical Vocabulary』은 얇고 간략함에도 불구하고, 오랫동안 우리에게 가장 유용한 작업 도구가 되었다. 그렇지만 제임스 스트레이치James Strachey의 감수하에 번역 출간된『지크문트 프로이트의 심리학 전집 표준판Standard Edition of Complete Psychological Works of Sigmund Freud』(이하『표준판』으로 약칭)에 어떻게 경의를 표하지 않을 수 있겠는가? 그것은 안나 프로이트Anna Freud의 협력과, 앨릭스 스트레이치Alix Strachey와 앨런 타이슨Alan Tyson의 협조하에 이루어진 것이다. 그것의 각 권의 출판은 우리의 기대와 환대를 자아내기에 충분했다고 말해 두고 싶다. 그 번역과 역주, 비평 자료 및 색인은 그 훌륭한 노작을 연구자들에게 더할 나위 없는 참고 자료로 만들었다.

외국 번역어의 선택에 관한 한, 이 사전은 스페인어에서는 앙헬 가르마Angel Garma 박사와 피디아스 세시오Fidias R. Cesio 박사, 그리고 마리 랑헤르Marie Langer 박사의 협력을 얻었으며, 이탈리아어에서는 프로이트 저작의 이탈리아어 번역자인 밀라노의 엘비오 파키넬리Elvio Fachinelli 박사와, 파두아 대학의 프랑스어 강사인 미셸 다비드Michel David의 협조를 얻었으며, 포르투갈어에서는 엘자 리베이루 아웰카Elza Ribeiro Hawellka 부인과 두르발 마르콘데스Durval Marcondes 박사의 도움을 받았다.

파리 소르본 대학 인문학부의 병리 심리학 강좌의 연구원인 엘자 리베이루 아웰카는 처음부터 끝까지 헌신적인 조수였으며, 특히 그의 부지런함과 보살핌과 여러 언어 경험은 아주 괄목할 만하다. 똑같은 헌신을 1965년 봄부터는 프랑수아즈 라플랑슈Francoise Laplanche 양이, 그리고 1966년 1월부터는 국립 과학 연구소(C.N.R.S.) 부설, 병리 심리학 연구소의 연구원인 에블린 샤텔리에Evelyne Chatellier 양이 똑같은 헌신을 보여 주었다.

이처럼 이 사전은 파리 소르본 대학의 인문학부와 국립 과학 연구소의 직간접적인 도움을 받았다.

우리는 P.U.F.(Presses Universitaires de France)의 편집자들을 잊을 수 없다. 그들은 1959년부터 이 『정신분석 사전』의 기획에 환대와 격려를 보내 주었다. 그러한 환대는 이 사전의 규모가 처음 예정했던 것의 두 배에 이르렀을 때조차 사그라지지 않았다.

옮긴이 서문
개정 번역판을 내면서

이번 개정 번역판도 우여곡절 끝에 먼 길을 돌아 역자의 손에 다시 들어왔다. 이 사전은 열린책들에서 2005년 초판이 나온 뒤 몇 쇄를 거듭하다가 절판되었고, 그 후 다른 출판사 다른 번역자에게 넘어갔다가, 거기서 출간을 포기하는 바람에, 다시 열린책들이 판권을 인수하고 역자에게 재판을 의뢰했다. 역자는 〈즉시 그리고 흔쾌히〉 개정 번역판을 찍는 조건으로 승낙했다. 역자가 〈즉시 그리고 흔쾌히〉라고 표현한 것은, 이 순간 — 정확히 말하면 개정 번역판 — 을 학수고대하며 고통스럽게 기다리고 있었기 때문이다.

그런 데에는 두 가지 이유가 있었다. 하나는 초판에서의 오역을 바로잡을 기회를 갖고 싶었기 때문이고, 다른 하나는 프로이트 정신분석의 번역 용어에 대한 재고와 재론의 신호탄을 정신분석학계에 올리고 싶었기 때문이다.

그렇다고 이 재판의 개정 번역이 완전하다거나 오역이 없다고 생각지 않는다. 단지 역자는 초판 이후에 15년 넘게 꾸준히 수정해 왔고, 그에 따라 조금 더 나은 번역에 이르렀을 뿐이다. 지난 시간 동안 오역이 눈에 띄었듯이, 앞으로 다가올 시간에도 계속 오역은 눈에 띌 것이다. 마치 남의 눈의 티는 보면서 자기 눈에 보이지 않던 대들보가 계속 양심의 눈을 찌를 것은 불을 보듯 뻔하다. 그러나 그 아픔이 곧 학문이라는 생각으로 역자는 계속 정진하려고 한다. 동학들의 가차 없는 질책과 비판은 역자의 정진에 박차를 가할 수 있으리라 생각된다. 겸허한 마음으로 그들의 지적을 기다릴 예정이다.

그와 같은 문맥에서, 이번에 내놓는 역자의 새로운 번역 용어도 원래의 용어 개념과 정확히 일치한다거나, 프로이트의 원 개념을 독자에게 충분히 전달하고 있다는 오만한 자부심은 버린 지 오래다. 그런데도 새로운 번역 용어를 군이 제시하려는 것은, 그동안에 널리 쓰이고 있던 번역어가 프로이트의 원어가 부여하지 않은 엉뚱한 인상과 의미를 주는 경우가 종종 있었기 때문이다. 심지어 프로이트가 분명히 구분하고 부정한 개념을, 마치 정확한 개념인 양, 한국어 독자에게 확인시켜 주는 번역어 — 이럴 때는 완전한 오역이다 — 도 여럿 있다. 그래서 역자가 새로운 번역어를 제시하는 것은, 내 것만이 옳다고 주장하기 위함이 아니라, 프로이트의 독창적인 어휘 뒤에 숨어 있는 의미나 개념 그리고 그 개념들의 조직에 대해, 정신분석을 공부하는 우리가 한 번 더 성찰하고 더 깊이 숙고하여, 그것을 잘 전달할 수 있는 한국어 어휘를 찾아보는 계기가 되었으면 하는 것이다. 그 길만이 라가슈의 말대로, 〈말을 위해 고군분투하는 것이 아니라, 말과 고군분투해서〉 비교적 프로이트의 원 개념을 충실히 옮기는 길이 될 것이다.

그리하여 이 사전 원서의 뒤표지에 실린 글에서 저자들이 말했듯이(이 사전과 관계된 저자들의 모든 글을 번역한다는 취지에서 전문을 인용한다),

〈정신분석 어휘 사전Vocabulaire de la psychanalyse〉이라는 명칭이 많은 독자를 어리둥절하게 만드는 것은, 사람들이 이것을 〈사전dictionnaire〉이라고 잘못 부르고 있기 때문이다. 〈어휘vocabulaire〉라는 제목은 일종의 완곡어법이다. 왜냐하면, 그것은 정신분석 〈어휘들vacables〉에 대한 검토를 넘어서서, 프로이트와 그의 뒤를 잇는 사람들이 정신분석의 발견을 설명하기 위해 점진적으로 만들어 낸 〈개념들concepts〉 전체에 대해, 아주 간단한 것에서부터 가장 복잡한 것에 이르기까지, 깊은 성찰을 제공하고 있기 때문이다.

우리의 주석은 정신분석의 기본 개념의 모호성을 제거하거나, 적어도 그것을 분명히 밝히고 그것의 우발적인 모순을 해명하려고 노력했다. 그러한 모순이 실제 분석에서 문제점으로 귀결되지 않는 일은 드물다.

이 〈어휘 사전〉은 이것을 최초로 기획했던 다니엘 라가슈가 말했듯이, 하나의 작업 도구이다. 그렇지만 그것은 이 저작이 독자들을 프로이트와 함께 공부하는 데 초대한다는 의미에서, 그리고 프로이트의 사상을 닫힌 체계로 간주하는 것이 아니라, 그것을 작업하게 한다는 의미에서 그렇다. 아무쪼록 이 책이 그러한 기획 의도대로 현재 통용될 수 있으면서, 동시에 시대에 역행하는 사전이 되기를 기원한다.

역자 역시 이 개정 번역판이 프로이트를 공부하고 프로이트와 함께 공부하는 모든 독자에게, 현재 통용되면서도 동시에 시대에 역행하는 정신분석 사전이 되기를 기원한다. 그러한 의미에서 다음에 첨부된 부록 〈번역 용어에 대하여〉를, 이 사전을 참조하기 전에 반드시 숙독해 주기 바란다. 또한, 저자가 이 사전에 인용하고 각주를 통해 참조하고 있는 프로이트의 원전을, 역자가 작성한 또 다른 부록인 〈프로이트 저작 연표〉와 비교 대조하면서 철저하게 읽어 주기를 바란다. 그것이 이 사전을 제대로 사용하는 길이면서, 동시에 프로이트의 개념과 이론의 문제의 초점이 무엇인지를 이해하는 데에 길잡이가 될 것이다.

이 개정 번역판을 내는 데 많은 분의 도움을 받았다. 우선 사전 편찬을 독려해 주었던 〈프로이트 라캉 정신분석 학교〉(역자가 대구에 개설 운영하는 연구소)의 여러 동학과 늘 최초의 독자이기를 마다하지 않은 아내, 그리고 특히 개정 번역판을 허락해 준 열린책들의 홍지웅·홍예빈 대표와 관계자 여러분에게 이 자리를 빌려 심심한 감사의 말을 전한다.

임진수

번역 용어에 대하여

※ 왼쪽이 기존의 번역어이고, ➔ 표시 다음의 것이 우리가 새로 내놓은 번역어이다.

1. 억압 (독: *Verdrängung*. 프: *refoulement*. 영: *repression*) ➔ 격리[억압]
한국어로 〈억압〉이라고 별 차이 없이 번역되는 프로이트의 두 용어 *Verdrängung*과 *Unterdrückung*은 구분되어야 한다. *Unterdrückung*(프: *répression*. 영: *suppression*)은 글자 그대로 위에서 아래로unter 누르는drücken 것으로, 정확히 그 뉘앙스가 우리말의 〈억압(抑壓)〉에 해당한다. 반면에 *Verdrängung*(프: *refoulement*. 영: *repression*)은 프로이트가 같은 제목의 논문(「격리[억압]」, 1915)에서 정확하게 정의하고 있듯이, 〈격리〉라는 번역어가 더 적합할 것이다.(〈그것의 본질은 오로지 《떼어 놓기(독: *die Abweisung*. 프: *mise à l'écart*. 영 *turning something away*)》와, 의식에서 《멀리하기(독: *die Fernhaltung*. 프: *le fait de maintenir éloigné*. 영: *keep it at a distance*)》에 있다.》) 왜냐하면, *Verdrängung*의 대상은 기호의 성격을 가진 표상*Vorstellung* — 정확히 대표화-표상*Vorstellungrepräsentant* — 이지, *Unterdrückung*처럼 양적인 정동*Affekt*이 아니기 때문이다. 정동은 이동해서 다른 표상과 결부되거나 신체적으로 전환될 수 있지만, 표상처럼 *Verdrängung*(격리)되지 않는다. 따라서 정동은 무의식이 될 수 없으며, 그것의 본질은 우리에게 인지된다는 데 있다. 다시 말해 정동은 의식에 알려지기 때문에, 무의식의 속성을 지닐 가능성이 전혀 없다. 그리하여 우리는 이제 두 용어의 번역을 바로잡으려고 한다. *Unterdrückung*은 기존의 번역대로 〈억압〉으로 남겨 놓고, 우리가 지금까지 〈억압〉이라고 잘못 번역해 오던 *Verdrängung*은 그 원래의 뜻을 살려 〈격리〉

라고 번역하려고 한다. 그러나 이렇게 갑자기 번역어를 바꾸었을 때의 혼란을 감안하여(게다가 *Verdrängung*은 정신분석에서 얼마나 자주 쓰이는 핵심적인 용어인가!), 우리는 *Verdrängung*을 기존에 억압으로 번역되어 오던 것 중에서 〈격리〉를 가리킨다는 의미에서 〈격리[억압]〉로 번역할 것이다. 그에 따라 그와 관련된 번역어들을 다음과 같이 재조정하기로 했다.

억압된 것, 억압물(독: *des Verdrängten*. 프: *le refoulé*. 영: *the repressed*)
→ 격리[억압]된 것, 격리[억압]물
억압, 진압(독: *Unterdrückung*. 프: *répression*. 영: *suppression*)
→ 억압
원억압(독: *Urverdrängung*. 프: *refoulement originaire*. 영: *primal repression*)
→ 원격리[억압]

이렇게 〈억압〉을 〈격리[억압]〉로 번역할 경우, 지금까지 〈격리〉로 번역해 오던 *Isolierung*(프: *isolation*. 영: *isolation*)을 어떻게 번역해야 하느냐 하는 문제가 남는다. 그러나 그것은 원래 〈고립〉이라고 번역되어야, 그것의 고유한 의미가 잘 전달될 성질의 용어였다. 따라서 우리는 그것을 〈고립〉이라고 번역할 것이다.

격리(독: *Isolierung*. 프: *isolation*. 영: *isolation*)
→ 고립

2. 본능, 충동(독: *Trieb*. 프: *pulsion*. 영: *instinct* 또는 *drive*) → 욕동
*Trieb*은 영어나 프랑스어에 없는 순수한 독일어로, 유전적으로 고정되어 있는 〈본능*Instinkt*〉과 달리 가변적이고 우연적인 것으로, 육체적인 것이 심리적인 것으로 이동할 때 일어나는 심리 역학적인 과정을 말한다. 따라서 스트레이치J. Strachey가 그것을 영어로 *instinct*라고 번역한 것은 완전히 오역이다. 그런데 문제는 우리도 덩달아 그것을 〈본능〉이라고 번역하고 있다는 것이다. 다행히 〈본능〉의 부적합성을 인식한 일군의 번역가들이 〈충동(衝動)〉이라는 번역어를 새로 소개하고 있다. 그러나 〈충동〉이라는 말도 그것에 해당하는

프로이트의 용어(독: *Impuls*. 프: *impulsion*. 영: *impulse*)가 따로 있을 뿐 아니라, *Trieb*이 지속적으로 작용하는 내적인 압력인 데 반해, 〈충동〉이라는 우리말은 일회적이고 순간적인 힘이라는 뉘앙스를 갖고 있다. 그뿐만 아니라 전자는 무의식적인데, 후자는 의식적이다. 따라서 〈충동〉이라는 번역어는 *Impuls*에 남겨 놓고, *Trieb*은 충분하지는 않지만 〈욕동(欲動)〉으로 번역하는 것이 더 나으리라 생각된다.

동시에 *Trieb*의 여러 구성 요소 중에서 움직임(독: *Regung*. 프: *motion*)을 특히 강조하는 표현인 *Triebregung*(프: *motion pulsionnelle*. 영: *instinctual impulse*)은 특별한 문맥이 아니라면 그냥 〈욕동〉이라고 번역하는 것이 좋을 것이다.

욕동의 움직임(독: *Triebregung*. 프: *motion pulsionnelle*. 영: *instinctual impulse*)

→ 욕동[의 움직임]

충동(독: *Impuls*. 프: *impulsion*. 영: *impulse*)

→ 충동

3. 이드(독: *Es* (*das*). 프: *ça* (*le*). 영: *id*) → **그거**

〈이드〉에 해당하는 독일어는 *das Es*로, *das Es*는 3인칭 대명사 *Es*[그것은]가 명사화된 것이다. 따라서 그것을 엄격히 영어로 번역한다면, *the it*이 된다. 그러나 애석하게도, 그러한 표현은 영어에서 가능하지 않을뿐더러, 설혹 그것이 가능하다고 하더라도 *das Es*가 전하는 원래의 의미가 전혀 전달되지 않는다. 반면에 프랑스어에서는 독일어와 비슷하게, 중성대명사 *ce*의 강세형인 *ça*에 정관사를 붙인 *le ça*가 원어의 뜻을 충분히 살리고 있다. 프로이트는 일찍이 *Id*라는 라틴어를 사용한 적이 없다. 그것은 단지 영국의 정신분석가들이 *das Es*를 영어로 번역하기 위하여, 궁여지책으로 라틴어에서 빌려 온 것이다. 따라서 그러한 역사적 배경을 전혀 모른 채, 한국에서 〈이드〉라고 번역하는 것은, 아마 프로이트의 텍스트가 2중, 3중의 중역을 거쳐 수입되었기 때문일 것이다. 그러한 오류의 과정을 안 우리로서 *das Es*에 대한 새로운 번역어를 찾아 나서는 것은 당연하다. 그러나 불행히도 한국어 역시 〈그것〉이라는 대명사를 명사로 사용하는 방법은 없다. 〈그것〉을 명사로 사용하면, 대명사 〈그것〉과 계속 혼란을 일으키기 때문이다. 그러한 이유로 역자는 오래전에 〈거시기〉라는 번역어를 소개한 적이 있다. 그러나 〈거시기〉라는 우리말은 너무 많은 통속적인 의미가 침윤되어, 프로이트가 의도했던 의미 — "욕동의 축을 구성하는 심리적 에너지의 저장소" — 가 성적인 의미로 희화화된다는 결정적인 약점을 안고 있다. 그리하여 고심 끝에 〈그거〉라는 문어체 준말을 소개하게 되었다.

4. 감정(독: *Affekt*. 프: *affect*. 영: *affect*) → 정동(情動)

프로이트에 따르면 모든 욕동은 *Affect*와 〈표상*représentation*〉이라는 두 영역으로 표현된다. 그중에서 *Affect*는 욕동 에너지의 양적인 측면과, 그 양의 변화에 따르는 질적인 감정을 동시에 포괄한다. 따라서 그것은 양적인 욕동이 최종적으로 표출되면서 감각으로 지각되는 방출 과정이다. 말하자면 그것은 쾌, 불쾌, 불안 등 아주 원초적인 감정이라고 말할 수 있다. 그것이 〈감정〉(독: *Gefühl*. 프: *sentiment*. 영: *feeling* 또는 *emotion*)이나 〈정서〉(독: *Emotion*. 프: *émotion*. 영: *emotion*)로 번역되어서는 안 되는 까닭이 거기에 있다. 그래서 흡족한 역어는 아니지만 〈감정의 움직임〉이라는 뜻을 가진 〈정동(情動)〉이라는 역어를 내놓은 것이다.

5. 대표(독: *Repräsentanz*. 프: *représentance*. 영: *representative*) → 대표화

*Repräsentanz*는 프로이트가 1915년에 욕동의 작업 — 육체적인 것과의 관계로 인해 심리적인 것에 강요되는 작업 — 을 설명하기 위하여 사용한 용어이다. 욕동은 육체 내부에서 생겨난 자극의 *psychische Repräsentanz* — 지금까지 프랑스에서도 *représentant psychique*(심리적 대표)라고 번역해 온 — 에 다름 아니다. 그런데 문제는 그러한 *Triebrepräsentanz*(욕동의 대표화)에서 *Vorstellung* (*représentaion*. 표상)이 유일한 요소가 아니라는 것이다. 거기에는 또 다른 요소, 즉 표상과 결부된 정동량이 있다. "프로이트는 그러한 심리적인 대표화를 「격리[억압]」와 「무의식」에 관한 〈메타심리학*Métapsychologie*〉의 텍스트에서 명확히 설명한다. 격리[억압]는 그러한 대표화를 없애기는커녕, 그것을 표상의 대표화로 나타내는 것이다. "원격리[억압]는 〈욕동의 심리적인 대표화(-표상)*psychischen (Vorstellungs-)Repräsentanz des Triebes*〉이 의식에 맡겨지는 것을 거부당하는 데 있다."(이 사전의 〈대표

화〉 참조) 그래서 프랑스어에서도 *Repräsentanz*(대표화)와 *Vertretung*(대표)를 동시에 번역할 수 있는 *représentance*라는 신어를 소개하고 있다. 그에 따라 우리도 〈대표〉 대신 〈대표화〉라는 번역어를 선택한 것이다.

> 대표-표상(독: *Vorstellungs-Repräsentanz*. 프: *représentance de représentaion*. 영: *ideational representative*)
> **→ 대표화-표상**
> 욕동의 대표(독: *Triebepräsentanz*. 프: *représentance de pulsion*. 영: *instinctual representative*)
> **→ 욕동의 대표화**
> 심리적 대표(독: *psychische Repräsentanz*. 프: *représentance psychique*. 영: *psychical representative*)
> **→ 심리적 대표화**

6. 집중(독: *Besetzung*. 프: *investissement*. 영: *cathexis*) → **투여**

*Besetzung*은 경제학적인 개념으로, 심리적 에너지가 어떤 대상이나 표상에 부착되는 것을 말한다. 그것은 지금까지 〈집중〉 또는 〈충당〉이라는 한자어로 번역되어 왔다. 그러나 전자는 구체적인 에너지의 흐름보다는 정신적인 것에 초점이 맞추어져 있다는 인상을 준다는 점에서, 그리고 후자는 우리 몸에 맞지 않는 옷과 같은 한자어라는 점에서, 우리는 경제학적인 〈투자〉라는 개념을 연상시키는 〈투여〉라는 새로운 용어를 소개한다. 그에 따라 투여에 관한 용어들을 아래와 같이 바꾸기로 했다.

> 초과집중(독: *Überbesetzung*. 프: *surinvestissement*. 영: *hypercathexis*)
> **→ 과투여**
> 반대집중(독: *Gegenbesetzung*. 프: *contre-investissement*. 영: *anticathexis*)
> **→ 역투여**
> 철수(독: *Unbesetzung*. 프: *désinvestissement*. 영: *withdrawals of cathexis*)
> **→ [투여]철수 또는 탈투여**

7. 훈습, 철저작업(독: *Durcharbeitung* 또는 *Durcharbeiten*. 프: *perlaboration*. 영:

working-through) → 관통작업

지금까지 정신치료학회에서 *Durcharbeitung*의 번역어로 사용하고 있는 〈훈습(薰習)〉은 유식 불교에서 나온 용어로, 지각과 의식을 통한 경험이 가장 깊은 층에 있는 알라야Alaya 식(識)에 습기로 배어들어 저장되는 것을 말한다. 반면에 정신분석에서 고유한 용어인 *Durcharbeitung*은 분석 과정에서 나타나는 모든 저항과, 특히 죽음 욕동에 의한 반복 강박을 뚫고 지나가면서 철두철미하게 극복해 가는 과정을 말한다. 그래서 우리는 지금까지 〈철저작업〉이라고 번역해 왔던 것인데, 이번에 *durch-*(through)라는 접두사의 의미를 살려 〈관통작업〉이라는 새로운 역어를 내놓게 되었다.

8. 심급(독: *Instanz*. 프: *instance*. 영: *agency*) → 심역

독일어의 *Instanz*는 원래 법률 용어로, 1심과 2심과 같은 심급(審級)을 가리키는 말이다. 그러나 〈심급〉이라는 일본식 한자어는 한글세대가 아닌 인문학자에게조차 생소하게 느껴질 뿐 아니라, 프로이트가 그 법률 용어를 정신분석에 도입할 때 사용했던 최초의 의미, 즉 〈심리적인 힘이 작용하는 심리 장치의 부분들〉이라는 의미를 충분히 전달하지 못하는 단점을 갖고 있다. 그러한 이유로 해서, 우리는 〈심적 영역〉, 또는 〈심리 영역〉을 뜻하는 〈심역(心域)〉을 *Instanz*의 번역어로 소개한다.

9. 은폐-기억(독: *Deckerinnerung*. 프: *souvenir-écran*. 영: *screen-memory*) → 덮개-기억

우리가 보통 〈은폐-기억〉으로 번역하는 *Deckerinnerung*이라는 독일어는, *Decke*(덮개, 커버)와 *errinerung*(기억)의 합성어이다. 그러나 그것은 어떤 기억을 덮어서 은폐하는 기억이라기보다, 덮개 자체가 여러 기억이 투영되어 만들어진, 따라서 하나의 환상으로 창조된 기억 스크린이라는 뜻이다. 따라서 〈은폐 기억〉이라는 번역어는 원어가 갖고 있는 깊은 뉘앙스를 담아내기에 부족하다는 인상을 준다. 우리가 〈덮개-기억〉이라고 직역하는 까닭도 거기에 있다.

10. 절편음란증, 물품음란증(독: *Fetischismus*. 프: *fétichisme*. 영: *fetishism* 또는 *fetichism*) → 물품성애증

〈절편음란증〉이라는 말은 한글세대는 물론이려니와 한문 세대들에게조차 이해하기 어려운 한자어이다. 사실 그 말은 출처가 어디인지조차 모르는 정체불명의 단어이다. 우리는 그러한 불명확성을 해소해 줄 만한 번역어를 『정신의학 사전』(이병윤, 일조각, 1990)에서 발견했다. 〈물품음란증〉과 〈음란물품〉이 그것이다. 그러나 후자의 두 용어는 그것에 포함되어 있는 〈음란〉이라는 단어가 비하성 발언이라는 느낌을 준다는 단점을 갖고 있다. 그래서 찾아낸 것이 〈물품성애증〉과 〈성애물품(독: *Fetisch*. 프: *fétiche*. 영: *fetish* 또는 *fetich*)〉이라는 낱말이다.

11. 기표/기의(프: *signifiant/signifié*. 영: *signifier/signified*. 독: *Signifikant/Signifikat*) → **기호형식/기호의미**

기표/기의를 기호형식/기호의미로 바꾸어 번역하려는 것은, 기표/기의가 한자어(정확히 말하면 일본식 한자어)로 그것에 대한 설명이 없이는 그 개념이 떠오르지 않기 때문이다. 사실 기표/기의가 틀린 번역어는 아니다. 단지 대학 이상의 고등 교육을 받은 한국 사람 — 특히 언어학에 대한 기초 지식이 없는 사람 — 이 그 번역어를 접했을 때, 금세 그 개념이 떠오르지 않고 이해가 되지 않을 뿐이다. 그래서 소쉬르의 〈언어는 하나의 형식이지 실체가 아니다〉라는 명제에서 〈형식〉이라는 개념을 빌려 와, 기호의 두 측면 중에 형식의 차원이라는 점에서 〈기호형식〉이라고 번역하기로 한 것이다. *signifié*를 〈기호의미〉라고 번역한 것도 그와 같은 맥락이다.

12. 조현병, 정신분열병(독: *Schizophrenie*. 프: *schizophrénie*. 영: *schizophrenia*) → **정신분열증**

조현병(調絃病)은 예전에는 정신분열증 또는 정신분열반응이라고도 했던 병으로, 2011년 약사법 일부 개정 법률안에 따라 명칭이 개정된 것이다. 조현병은 〈현악기[絃]의 줄을 조율한다[調]〉는 뜻으로 정신적으로 혼란을 겪는 환자의 상태가 현악기가 정상적으로 조율되지 못했을 때와 비슷하여 붙여진 이름인 듯하다. 아마 그렇게 개칭된 데에는, 마음이 나눠진다는 뜻인 정신분열이란 용어가 실제 의학적인 증상과도 차이가 있을 뿐 아니라 환자를 낙인찍는 인격 모독의 병명으로 비판받아 왔기 때문일 것이다. 그러나 그러한 조어는 눈 가리고 아옹하는 격일 뿐 아니라, 앞으로의 학문 발전에도 저해가 된다는 것을 지적하지 않을 수 없다. 왜냐하면, *schizophrenia*는 블로일러E.Bleuler라는 스위스 정신과 의사가 최초로 발견하고 만든 병명으로, 그리스어 *schizein*(쪼개다)과 *phrên*(정신)을 합성한 신어이기 때문이다. 따라서 그것은 그 병의 증상을 정확히 드러내면서 〈정신분열〉이라는 특징을 강조하고 있다. 그리하여 우리는 그것을 원래의 번역어로 돌려주기를 요청한다. 게다가 〈신경증〉과의 형평을 감안하고, 〈증(症)〉과 〈병(病)〉의 차이도 고려하여 〈정신분열병〉이 아닌 〈정신분열증〉이라는 용어를 추천한다.

13. 외상(독: *Trauma*. 프: *trauma* 또는 *traumatisme*. 영: *trauma*) → [정신적] 외상
라플랑슈의 『정신분석 사전』에 따르면, 〈*trauma*는 τραύμα(상처)라는 그리스어에서 온 것으로 τιτρώσχω(뚫다)에서 파생된 말로, 피부의 침해를 동반하는 상처를 가리킨다. 그것에 비해 프랑스어 *traumatisme*은 차라리 외부의 폭력에 의한 손상이 유기체 전체에 미치는 결과를 의미하는 데 사용된다〉. 그렇지만 그것들은 보통 동의어로 사용된다. 그래서 우리는 그것들을 별 구분 없이 〈외상〉이라고 번역하되, 그 둘을 특별히 구분해야 할 때는, 후자를 〈정신적 외상〉으로 번역하기로 한다.

14. 전치(독: *Verschiebung*. 프: *déplacement*. 영: *displacement*) → 이동
*Verschiebung*은 〈위치 이동〉을 의미하기 때문에, 〈전치(轉置)〉라는 역어도 틀린 것은 아니나, 조금 어려운 한자어인 데다 〈전이(轉移; *transfert*)〉 또는 〈전위(轉位; *transposition*)〉와 혼동된다는 의미에서, 우리는 평범하게 〈이동〉으로 번역하기로 했다.

15. 폐제(독: *Verwerfung*. 프: *forclusion*. 영: *repudiation* 또는 *forclosure*) → 폐기
프로이트의 용어인 *Verwerfung*은 〈내버리다, 내던지다, 배척하다, 배제하다〉라는 뜻의 *verwerfen* 동사로부터 파생된 명사로, 프랑스어로는 *rejet*(영: *rejection*)(법률 용어의 차원에서건 표면적 의미에서건 〈기각(棄却)〉이라는 뜻)를 의미하는데, 라캉은 그것을 *forclusion*이라고 번역한다. 어쩌면 오역이라고 볼 수 있는 *forclusion*(영: *repudiation* 또는 *foreclosure*)은 규정된 기간에 행사되지 않은 권리의 상실, 즉 시효 내에 행사되지 않은 〈소권(訴權)의 상실〉을 의미한다. 그래서 혹자들은 〈폐제(廢除)〉로 번역하지만, 우리는 프로이트의 용어와 라캉의 번역어를 동시에 살릴 수 있는 〈폐기(廢棄)〉를 번역어로 내놓는다.

16. 무력 상태(독: *Hilflosigkeit*. 프: *état de détresse*. 영: *helplessness*) → 무원 상태

흔히 〈무력상태〉로 번역되는 *Hilflosigkeit*는, 말 그대로 타자의 도움*Hilfe*이 없는*losig* 고립무원(孤立無援) 상태를 말한다. 프로이트는 그 말로써, 인간은 조산아로 태어나기 때문에 타자의 도움 없이는 죽을 운명에 놓이는 인간의 존재 조건을 의미했다. 그래서 우리도 그것과 적확하게 일치하는 우리말인 〈무원(無援) 상태〉를 그 번역어로 가져오기로 했다.

17. 담론(프: *discours*. 영: *discourse*. 독: *Rede* 또는 *Diskur*) → 담화

*discours*라는 말을 학문적 용어로 격상시키면서 거기에 독창적 의미를 부여한 최초의 사람은, 역설적이게도 언어학자가 아닌 정신분석가인 라캉이다. 그 뒤 그 개념은 언어학자인 벤베니스트Benveniste에 의해 라캉의 정신분석으로부터 언어학에 역수입된다. 즉 〈벤베니스트가 라캉의 『에크리』를 숙고하면서 담화의 문제를 언어학으로 제시하는 것이다〉(J. Dubois et al., "discours" in *Dictionnaire de linguistique*, Larousse, 1973, p. 137). 그렇다면 *discours*라는 개념에 라캉이 가져온 혁신은 무엇인가? 라캉의 〈담화 분석 이전의 문제 틀에서 *discours*라는 용어는 언어학적 관점에서 〈발화내용*énoncé*〉과 동의어일 수밖에 없었다. *énoncé*(발화내용)/*discours*(담화)의 대립은 언어학과 비-언어학 사이의 대립을 나타냈다. 언어학은 자료로 묶여 분석에 제공되는 *énoncé*(발화내용)에 대해 연구를 했다. 반면에, *discours*(담화)의 규칙, 다시 말해 일련의 문장의 사슬들을 정당화하는 담화 과정에 관한 연구는, 다른 모델과 방법, 특히 정신분석처럼 말하는 주체*sujet parlant*를 고려하는 온갖 관점을 참조하고 있다. 라캉이 정신분석에서 말과 언어의 기능과 장을 연구하면서 최초로 담화의 문제를 제기한 것은 바로 그러한 용어에서이다〉(*Ibid.*, pp. 156-7). 이렇게 라캉은 *discours*(담화)를 *énoncé*(발화내용)과 동의어였던 전통적인 언어학적 개념에서 끌어내어, 거기에 작용하는 말하는 주체의 발화행위*énonciation*를 발견한다. 그럼으로써 담화 분석의 초점을 전자에서 후자로 이동시킨다. 그러나 그러한 발견의 기원에는 정신분석적 경험이 있다는 사실을 잊어서는 안 된다. 즉 정신분석은 의식을 움직이는, 보이지 않는

무의식을 연구하는 학문이자 치료 방법인데, 라캉이 보기에, 그 무의식이 말하는 주체의 발화행위를 통하여 발화내용에 흘러나오는 것이다. 따라서 말하는 주체는 무의식의 주체에 다름 아니고, 담화는 무의식의 담화에 지나지 않는다. 그러한 사실은 우리로 하여금 *discours*를 〈담론(談論)〉으로 번역하는 것을 꺼리게 하면서 〈담화(談話)〉로 번역하게 한다. 왜냐하면 〈담론〉이라는 한자어에서는 어떤 주제를 가지고 논리적으로 말하는 것이라는 인상을 지울 수 없기 때문이다. 그것은 〈담론〉이라는 한자어가 정신분석의 무의식이나 언어학의 발화행위를 담아내지 못한다는 것을 의미한다. 한 마디로 그것은 철학적이고 논리적인 발화내용이라는 느낌을 준다. 반면에 〈담화〉라는 말은 서로 이야기를 주고받는다는 의미에서 커뮤니케이션의 틀을 전제하고 있을 뿐만 아니라, 발화행위까지 포함하는 뉘앙스를 갖고 있다. 그에 따라 〈담화〉라는 번역어는 라캉이 *discours*라는 용어를 정신분석에 도입한 의도를 고스란히 담고 있다고 할 수 있다.

일러두기

이『정신분석 사전』은 장 라플랑슈와 장 베르트랑 퐁탈리스의 *Vocabulaire de la psychanalyse* (Paris, P.U.F.) 초판(1967)을 번역한 것이다. 이 사전을 번역하는 데에, 영역본(*The Language of Psycho-Analysis*, trans. by Donald Nicholson-Smith, New York & London, W. W. Norton & Company, 1973) 과 일역본(「精神分析用語辭典」, 村上 仁 외 번역, ゐすず書房, 1977)의 도움을 많이 받았음을 밝혀 둔다.

I. 프로이트의 저작

이 책 권말에 마련한 프로이트의 저작 목록과 연표는 독일어 원본과 프랑스어 그리고 영어 번역본을 모두 망라해서, 출판사 열린책들에서 2003년(2판) 과 2020년(3판)에 출판된『프로이트 전집』(이하 〈전집〉)과 쉽게 비교해 볼수 있도록 도표로 만든 것이다. 그러나 이번 개정판에서는 기존의 제목 번역을 프로이트의 원제에 맞게 새로 고치고, 그에 따라 기존의 번역 제목과 새로운 번역 제목을 비교해 볼 수 있도록 나란히 함께 적어 놓았다. 이 사전에서 사용된 약어는 다음과 같다.

G.W.: *Gesammelte Werke*, 18 Bände, London, Imago, 1940~1952(이 것은 라플랑슈와 퐁탈리스가 참조한 독일어 전집이지만, 그 이후에『G.W. 증보판*Gesammelte Werke, Nachtragsband Texte aus den Jahren 1885-1938*』이 포함된 독일어 전집 *Gesammelte Werke, 18 Bände*, Fischer Taschernbuch Verlag, 1999이 출간되었다).

S.E.: *The Standard Edition of the Complete Psychological Works of Sigmund Freud*, ed. by James Strachey, 24 vols., London, Hogarth Press, 1953~1966(이것은 라플랑슈와 퐁탈리스가 참조했던 것으로, 현재 출판되고 있는 것은 1953~1973년 판이다).

O.C.: *Œuvres complètes, de Freud Psychanalyse*, P.U.F., 22 vols, 1989~2015(세계 각국의 프로이트 전집 중에서 가장 최근에 발간되고, 그래서 가장 완벽한 이 프랑스어 전집도 각주와 저작 연표에 일일이 반영했다).

전집 : 『프로이트 전집』, 전 15권, 열린책들, 2003(2판); 2020(3판) (2020년 『프로이트 전집』 신판(3판)이 출간됨에 따라, 신판의 페이지 수를 2판의 페이지 수 옆 [ ] 안에 따로 표시했다. 예: 전집 I, 575[605]).

『정신분석의 탄생』에 대해서는;

독: *Aus den Anfängen der Psychoanalyse, Briefe an Wilhelm Fliess, Abhandlungen und Notizen aus den Jahren 1887~1902*, London, Imago, 1950(Alle Rechte, insbesondere die der Übersetzung, vorbehalten durch S. Fischer Verlag, Frankfurt am Main).

영: *The Origins of Psychoanalysis*, London, Imago, 1954(이 중 「플리스에게 보낸 편지Extracts from the Fliess Papers」는 S.E., I, 173~280에, 그리고 「과학적 심리학 초고Project for a Scientific Psychology」는 S.E., I, 281~397에 수록되어 있다).

프: *La naissance de la psychanalyse*, P.U.F., 1956.

〈프〉라는 약자로 표시된 프랑스어판 문헌은 이 사전 끝에 수록된 〈프로이트 저작 연표〉의 〈프랑스어〉란을 참조하기 바란다. 거기에는 라플랑슈와 퐁탈리스가 참조한 프랑스어판과 그 이후에 간행된 O.C.가 동시에 게재되어 있다. 원저자가 참고한 책과 잡지는 구하기 어려운 관계로, 우리는 원본의 참고 문헌 페이지 수를, 가능한 한, 후자의 페이지로 바꾸어 주려고 노력했다.

열린책들의 『전집』(2판)에 포함되지 않은 프로이트의 한국어 번역본은 같은 출판사에서 나온 다음의 책에 수록되어 있다.

1. 『정신분석의 탄생』(임진수 옮김), 열린책들, 2005.
   (1) 「플리스에게 보낸 편지」(1887~1902)(1950년 출간)
   (2) 「과학적 심리학 초고」(1895)(1950년 출간)
2. 『끝이 있는 분석과 끝이 없는 분석』(임진수 옮김), 열린책들, 2005.
   (1) 「신경증의 병인에서의 성욕」(1898)
   (2) 「망각의 심리 기제에 대하여」(1898)
   (3) 「덮개-기억에 대하여」(1899)
   (4) 「실현된 예지몽」(1899)
   (5) 「꿈에 대하여」(1901)
   (6) 「정신분석에 대하여」(1910)
   (7) 「끝이 있는 분석과 끝이 없는 분석」(1937)
   (8) 「분석에서의 구성」(1937)

이것에 대한 참조는 서명이나 논문명 뒤에 〈한〉이라는 약자와 그 뒤에 페이지를 표시했다.

그리고 2020년 열린책들의 『프로이트 전집』 신판(3판)에 포함되지 않고, 국내에서 아직 번역되어 있지 않은 프로이트의 많은 글이, 임진수의 번역 및 감수로 새물결 출판사에서 4권으로 완역되어 2025년에 출간될 예정인데, 그 것들도 이 사전의 본문과 〈프로이트 저작 연표〉에 다음과 같이 반영했음을 미리 알려 둔다.

1. 1886년~1898년 논문: in 『신경증의 병인』(새물결)
2. 1899년~1913년 논문: in 『정신분석적 정신치료』(새물결)
3. 1914년~1938년 논문: in 『끝이 있는 분석과 끝이 없는 분석』(새물결)
4. 사후 출판되었지만 가장 먼저 쓴 「플리스에게 보낸 편지」(1877~1902)와 『실어증의 이해를 위하여』(1891), 그리고 「과학적 심리학 초고」(1895): in 『정신분석의 탄생』(새물결)

II. 다른 저자의 문헌

라플랑슈와 퐁탈리스가 참조한 것은 프랑스어 번역본이나 영역본이다. 따라서 각 표제어 끝에 붙어 있는 참고 문헌의 페이지는 다음의 책들을 따르고 있다.

1. Karl Abraham, *Œuvres complètes*, 2 vols., Paris, Payot, 1965~1966.

2. Joseph Breuer, G.W.에는 브로이어의 「안나 O. 양」과 「이론적 고착」이 수록되어 있지 않다. 따라서 다음의 독일어 원본을 참조했다.

Studien über Hysterie, Leipzig und Wien, Deuticke, 1895.(영, S.E., II : 프, *Études sur l'hystérie*, Paris, P.U.F., 1956)

3. Sandor Ferenczi, 원저자는 다음의 영어본(London, Hogarth Press)을 참조하고 있다.

First Contr.: First Contributions to Psychoanalysis, 1952.

Further Contr.: Further Contributions to the Theory and Technique of Psycho-Analysis, 1950.

Final Contr.: Final Contributions to the problems and Methods of Psycho-Analysis, 1955.

4. Melanie Klein, *Contributions*: Contributions to Psycho-Analysis, London, Hogarth Press, 1950.

5. Klein, M. & Heimann, P. & Isaacs, J. & Riviere, J., *Developments*: Developments in Psycho-Analysis, London, Hogarth Press, 1952.

III. 잡지와 논문집

1. *Bul. Psycho.*: Bulletin de Psychologie, édité par le groupe d'études de Psychologie de l'Université de Paris.

2. *I.J.P.*: International Journal of Psycho-Analysis.

3. *Psa. Read.*: The Psychoanalytic Reader, edit. by Robert Fliess, London, Hogarth Press, 1950.

4. *Psychoanalytic Study of the Child*, New York, I.U.P.

5. *R.F.P.*: Revue française de Psychanalyse.

어휘 대조표

[프랑스어-한국어]

abréaction 해소

abstinence (règle d'~) 금욕[절제]의 규칙

accomplissement de désir 욕망의 성취[소원성취]

acte manqué 실수

acting out 행동화[액팅 아웃]

action spécifique 특수 행동

activité—passivité 능동성-수동성

affect 정동(情動)

aggressivité 공격성

allo-érotisme 타자-성애

altération du moi 자아의 변화

ambivalence 양가성

ambivalent, préambivalent, postambivalent 양가적, 양가성 이전의, 양가성 이후의

amnésie infantile 유년기 기억상실

anaclitique 의탁적

analyse didactique 교육 분석

analyse directe 직접 분석

angoisse automatique 자동 불안

angoisse devant un danger réel 현실 불안 [현실적 위험 앞의 불안]

annulation rétroactive 취소 (소급적)

aphanisis 아파니시스

appareil psychique 심리 장치

après-coup 사후작용, 사후의, 사후에

association 연상[연합]

attention (également) flottante 유동적[유연한] 주의(注意) (공평한)

auto-analyse 자기 분석

auto-érotisme 자기-성애[자가-성애]

autoplastique—alloplastique 자기-조형적 -타자-조형적

bénéfice primaire et secondaire de la maladie 병의 1차적 이득과 2차적 이득

besoin de punition 처벌 욕구

bisexualité 양성성[양성애]

〈bon〉 objet, 〈mauvais〉 objet 〈좋은〉 대상, 〈나쁜〉 대상

but (pulsionnel) 목표 (욕동의)

ça 그거[이드]

cannibalique 식인적

cas-limite 경계성-사례

cathartique (méthode ~) 정화[카타르시스] 요법

censure 검열

choix d'objet narcissique 자기애적[나르시시즘적] 대상 선택

choix d'objet par étayage 의탁적 대상 선택

choix d'objet, choix objectal 대상 선택

choix de la névrose 신경증의 선택

clivage de l'objet 대상 분열

clivage du moi 자아 분열

cloacale (théorie ~) 배설강[배설구] (이론)

complaisance somatique 신체적 호응

complexe d'Electre 엘렉트라 콤플렉스

complexe d'infériorité 열등 콤플렉스

complexe d'Œdipe 오이디푸스 콤플렉스

complexe de castration 거세 콤플렉스

complexe paterenel 아버지 콤플렉스

complexe 콤플렉스

composante pulsionnelle 욕동의 구성요소

compulsion de répétition 반복 강박

compulsion, compulsionnel 강박, 강박적

condensation 압축

conflit psychique 심리적 갈등

conforme au moi 자아 친화적[동조적]

conscience (psychologique) 의식 (심리학적)

construction 구성

contenu (manifeste) du rêve 꿈-내용(꿈의 발현 내용)

contenu latent 잠재 내용

contenu manifeste 발현 내용

contre-investissement 역투여

contre-transfert 역전이

conversion 전환

couple d'opposés 대립 쌍

décharge 방출

défense 방어

déformation 왜곡[변형]

dénégation, négation 부정

déni (de la réalité) 부인 (현실의)

déplacement 이동[전위]

dépression anaclitique 의탁적 우울증

désinvestissement 철수[탈투여]

désir 욕망[소원]

détresse (état de ～) 무원(無援) 상태[무력 상태]

développement d'angoisse 불안의 발달

dynamique 역학적(형용사)

économique 경제학적

écran du rêve 꿈의 화면

effroi 경악(驚愕)

égoisme 이기심[에고이즘]

élaboration psychique 심리적 가공

élaboration secondaire 2차적 가공

énergie d'investissment 투여 에너지

énergie libre—énergie liée 자유 에너지 —구속 에너지

envie du pénis 자지선망[남근선망]

épreuve de réalité 현실 검증

érogène 성감적

érogénéité 성감[성]

éros 에로스

érotisme urétral(urinaire) 요도 성애[배뇨 성애]

état hypnoïde 최면형[유사 최면] 상태

étayage 의탁

expérience de satisfaction 충족 체험

fantasme 환상

fantasmes originaires 원(초적)환상

figurabilité (prise en considération de la ～) 형상화(의 고려)

fixation 고착

forclusion 폐기[폐제]

formation de compromis 타협 형성(물)

formation de symptôme 증상 형성

formation réactionnelle 반동형성

formation substitutive 대체 형성(물)

frayage 소통

frustration 좌절

fuite dans la maladie 질병으로의 도피

génital (amour ～) 성기애(愛)[생식기애]

hospitalisme 입원 장애

hystérie 히스테리

hystérie d'angoisse 불안 히스테리

hystérie de conversion 전환 히스테리

hystérie de défense 방어 히스테리

hystérie de rétention 정체(停滯) 히스테리

hystérie hypnoïde 최면형[유사 최면] 히스테리

hystérie traumatique 외상성 히스테리

idéal du moi 자아 이상

idéalisation 이상화

identification à l'agresseur 공격자와의 동일시

identification primaire 1차적 동일시

identification projective 투사적 동일시

identification 동일시

identité de perception—identité de pensée 지각의 동일성—사고의 동일성

imaginaire 상상계, 상상적

imago 이마고

inconscient 무의식, 무의식적

incorporation 합체

inhibé(e) quant au but 목표-억제

innervation 신경 감응[신경 지배, 신경 분포]

instance 심역[심급]

instinct 본능

intellectualisation 지성화

intérêt, intérêt du moi 관심, 자아의 관심

intériorisation 내면화

interprétation 해석

intreprétation anagogique 신비적 해석

intrication—désintrication 얽힘—풀림

introjection 내입(內入)

introversion 내향(성)

investissement 투여[집중]

isolation 고립[격리]

jugement de condamnation 유죄 선고

latence (période de ~) 잠복기[잠재기]

liaison 구속

libido du moi—libido d'objet 자아 리비도—대상 리비도

libido narcissique 자기애적[나르시시즘적] 리비도

libido 리비도

libre association (méthode, règle de ~) 자유연상(의 방법 또는 규칙)

masculinité—féminité 남성성—여성성

masochisme 피학증[마조히즘]

matériel 재료

maternage 모성 기법

mécanismes de défense 방어 기제

mécanismes de dégagement 해방 기제

métapsychologie 메타심리학

mise en acte 행위화

moi-plaisir—moi-réalité 쾌락-자아—현실 자아

moi idéal 이상적 자아

moi 자아

motion pulsionnelle 욕동(의 움직임)

narcissisme primaire, narcissisme secondaire 1차적 자기애[나르시시즘], 2차적 자기애[나르시시즘]

narcissisme 자기애[나르시시즘]

neurasthénie 신경쇠약(증)

neutralité 중립성

névrose actuelle 현실 신경증

névrose d'abandon 유기(遺棄) 신경증

névrose d'angoisse 불안 신경증

névrose de caractère 성격 신경증

névrose de destinée 운명 신경증

névrose de transfert 전이 신경증

névrose familiale 가족 신경증

névrose mixte 혼합 신경증

névrose narcissique 자기애적[나르시시즘적] 신경증

névrose obsessionnelle 강박(신경)증

névrose phobique 공포증

névrose traumatique 외상성 신경증

névrose 신경증

névrose(syndrome) d'échec 실패 신경증[실패 증상군]

objet partiel 부분 대상

objet transitionnel 중간 대상[과도적 대상]

objet 대상

organisation de la libido 리비도의 조직(화)

paranoïa 파라노이아[편집증]

paranoïde 파라노이아형

paraphrénie 파라프레니아

pare-excitations 보호막

parent(s) combiné(s) 합궁한 부모 상(像)

pensées (latentes) du rêve 꿈-사고(꿈의 잠재적 사고)

perception-conscience(Pc-Cs) 지각-의식체계

perlaboration 관통작업[철저작업, 훈습(薰習)]

perversion 도착증[성도착(증)]

phallique (femme, mère) 남근적 여성(또는 어머니)

phallus 남근[팔루스]

phantasme 환상 (무의식적)

phénomène fonctionnel 기능적 현상

plaisir d'organe 기관 쾌락(器官 快樂)

plasticité de la libido 리비도의 가소성(可塑性)

position dépressive 우울성 태도[자세]

position paranoïde 파라노이아형[편집형] 태도[자세]

poussée (de la pulsion) 압력 (욕동의)

préconscient 전의식, 전의식적

prégénital 전(前)-성기기의[전-생식기기의]

précœdipien 전(前)-오이디푸스기의

principe d'inertie (neuronique) 관성의 원칙 (뉴런의)

principe de constance 항상성의 원칙

principe de Nirvana 열반[니르바나]의 원칙

principe de plaisir 쾌락원칙

principe de réalité 현실원칙

processus primaire, processus secondaire 1차 과정, 2차 과정

projection 투사

psychanalyse contrôlée(sous contrôle) 지도 분석

psychanalyse sauvage 조야한[조잡한] 정신분석

psychanalyse 정신분석(학)

psychonévrose de défense 방어 정신신경증[신경정신증]

psychonévrose 정신신경증[신경정신증]

psychose 정신증[정신병]

psychothérapie 정신치료[심리치료]

pulsion d'agression 공격 욕동

pulsion d'emprise 지배 욕동[장악 욕동]

pulsion de destruction 파괴 욕동

pulsion partielle 부분 욕동

pulsion sexuelle 성욕동

pulsion 욕동(欲動)

pulsions d'auto-conservation 자기보존 욕동

pulsions de mort 죽음 욕동

pulsions de vie 삶 욕동

pulsions du moi 자아 욕동

quantum d'affect 정동량

rationalisation 합리화

réaction thérapeutique négative 부정적 치료 반응

réalisation symbolique 상징적 실현

réalité psychique 심리적 현실

refoulement originaire 원(초적)격리[억압]

refoulement 격리[억압]

règle fondamentale 기본 규칙

régression 퇴행

rejeton de l'inconscient 무의식의 파생물

relation d'objet 대상 관계

renversement (d'une pulsion) dans le contraire 반전 (욕동의)

réparation 수선[복구]

répétition 반복

représentant-représentation 대표화-표상

représentant de la pulsion 욕동의 대표화

représentant psychique 심리적 대표화

représentation-but 목표-표상

représentation de chose, représentation de mot 사물 표상, 낱말[언어] 표상

représentation 표상

répression 억압

résistance 저항

restes diurnes 낮의 잔재

retour du refoulé 격리[억압]된 것(격리[억압]물)의 회귀

retournement sur la personne propre 자기 자신으로의 선회

rêve diurne(rêverie) 백일몽[몽상]

roman familial 가족 소설

sadisme-masochisme, sado-masochisme 가학증-피학증, 가학-피학증[사도-마조히즘]

sadisme 가학증[사디즘]

scène originaire(또는 primitive) 원(초적) 장면

schizophrénie 정신분열증[조현병]

séduction (scène de ~, théorie de la ~) 유혹(유혹 장면, 유혹론)

sentiment d'infériorité 열등감

sentiment de culpabilité 죄책감

série complémentaire 상보(相補)적 계열

sexualité 성욕[성(性)]

signal d'angoisse 신호불안

somme d'excitation 흥분량

source de la pulsion 욕동의 원천

souvenir-écran 덮개-기억[은폐 기억]

stade du miroir 거울 단계

stade génital(organisation génitale) 성기기[생식기기], 성기[생식기]의 조직화

stade libidinal 리비도의 발달 단계

stade oral 구강기

stade phallique 남근기

stade sadique-anal 가학적 항문기

stade sadique-oral 가학적 구강기

stase libidinale 리비도의 정체(停滯)

subconscient, subconscience 잠재의식

sublimation 승화

substitut 대체물

surdétermination, détermination multiple 중층결정[다원결정]

surinterprétation 중층 해석[다원 해석]

surinvestissement 과투여

surmoi(sur-moi) 초자아

symbole mnésique 기억의 상징

symbolique 상징계

symbolisme 상징적 표현[상징]

système 체계

technique active 적극적 기법

tendresse 애정

Thanatos 타나토스

topique 지형학, 지형학적

trace mnésique 기억흔적

transfert 전이

trauma 또는 traumatisme (psychique) 외상 [상처] (정신적)

travail du deuil 애도 작업

travail du rêve 꿈의 작업

union—désunion (des pulsions), intrication—désintrication 결합—분리(욕동의)

viscosité de la libido 리비도의 점착성

zone érogène 성감대

zone hystérogène 히스테리 발생 지대 [부위]

[독일어-한국어]

Abarbeitungsmechanismen 해방 기제

Abfuhr 방출

Abkömmling des Unbewussten 무의식의 파생물

Abreagieren 해소

Abstinenz (Grundsatz der ~) 금욕[절제]의 규칙

Abwehr-Neuropsychose 방어 정신신경증 [신경정신증]

Abwehr 방어

Abwehrhysterie 방어 히스테리

Abwehrmechanismen 방어 기제

Acting out 행동화[액팅 아웃]

Affekt 정동(情動)

Affektbetrag 정동량

Aggression, Aggressivität 공격성

Aggressionstrieb 공격 욕동

Agieren 행위화

aktive Technik 적극적 기법

Aktivität-Passivität 능동성-수동성

Aktualneurose 현실 신경증

Alloerotismus 타자-성애

ambivalent, prä-ambivalent, post-ambivalent 양가적, 양가성 이전의, 양가성 이후의

Ambivalenz 양가성

anagogische Deutung 신비적 해석

Angstentwicklung 불안의 발달

Angsthysterie 불안 히스테리

Angstneurose 불안 신경증

Angstsignal 신호불안

Anlehnung 의탁

Anlehnungs- 의탁적

Anlehnungsdepression 의탁적 우울증

Anlehnungstypus der Objektwahl 의탁적 대상 선택

Aphanisis 아파니시스

Assoziation 연상[연합]

Autoerotismus 자기-성애[자가-성애]

automatische Angst 자동 불안

autoplastisch-alloplastisch 자기-조형적 -타자-조형적

Bahnung 소통

Befriedigungserlebnis 충족 체험

Bemächtigungstrieb 지배 욕동[장악 욕동]

Bemuttern, mütterliches Betreuen 모성 기법

Besetzung 투여[집중]

Besetzungsenergie 투여 에너지

Bewusstheit, Bewusstsein 의식 (심리학적)

Bindung 구속

Bisexualität 양성성[양성애]

Charakterneurose 성격 신경증

Deckerinnerung 덮개-기억[은폐 기억]

depressive Einstellung 우울성 태도[자세]

Destruktionstrieb 파괴 욕동

Deutung 해석

direkte Analyse 직접 분석

Drang 압력 (욕동의)

Durcharbeitung, Durcharbeiten 관통작업 [철저작업, 훈습(薰習)]

dynamisch 역학적(형용사)

Egoismus 이기심[에고이즘]

Einverleibung 합체

Elektrakomplex 엘렉트라 콤플렉스

Entstellung 왜곡[변형]

Entziehung(Abziehung) der Besetzung, Unbesetztheit 철수[탈투여]

Ergänzungsreihe 상보(相補)적 계열

Erinnerungsspur, Erinnerungsrest 기억흔적

Erinnerungssymbol 기억의 상징

erogen 성감적

erogene Zone 성감대

Erogeneität 성감[성]

Eros 에로스

Erregungssumme 흥분량

Ersatz 대체물

Ersatzbildung 대체 형성(물)

Es 그거[이드]

Familienneurose 가족 신경증

Familienroman 가족 소설

Fehlleistung 실수

Fixierung 고착

Flucht in die Krankheit 질병으로의 도피

freie Assoziation 자유연상(의 방법 또는 규칙)

freie Energie−gebundene Energie 자유 에너지−구속 에너지

funktionales Phänomen 기능적 현상

Gegenbesetzung 역투여

Gegensatzpaar 대립 쌍

Gegenübertragung 역전이

gemischte Neurose 혼합 신경증

genitale Liebe 성기애(愛)[생식기애]

genitale Stufe, Genitalorganisation 성기기 [생식기기], 성기[생식기]의 조직화

gleichschwebende Aufmerksamkeit 유동적 [유연한] 주의(注意) (공평한)

Grenzfall 경계성-사례

Grundregel 기본 규칙

〈gutes〉 Objekt, 〈böses〉 Objekt 〈좋은〉 대상, 〈나쁜〉 대상

Hilflosigkeit 무원(無援) 상태[무력 상태]

Hospitalismus 입원 장애

hypnoider Zustand 최면형[유사 최면] 상태

Hypnoidhysterie 최면형[유사 최면] 히스테리

Hysterie 히스테리

hysterogene Zone 히스테리 발생 지대[부위]

Ich-Veränderung 자아의 변화

Ich 자아

Ichgerecht 자아 친화적[동조적]

Ichideal 자아 이상

Ichlibido−Objektlibido 자아 리비도−대상 리비도

Ichspaltung 자아 분열

Ichtriebe 자아 욕동

Idealich 이상적 자아

Idealisierung 이상화

Identifizierung mit dem Angreifer 공격자와의 동일시

Identifizierung 동일시

Imaginäre 상상계, 상상적

imago 이마고

infantile Amnesie 유년기 기억상실

Innervation 신경 감응[신경 지배, 신경 분포]

Instanz 심역[심급]

Instinkt 본능

Intellektualisierung 지성화

Interesse, Ichinteresse 관심, 자아의 관심

Introjektion 내입(内入)

Introversion 내향(성)

Isolieren, Isolierung 고립[격리]

kannibalisch 식인적

Kastrationkomplex 거세 콤플렉스

katharisches Heilverfahren, kathartische Methode 정화[카타르시스] 요법

Klebrigkeit der Libido 리비도의 점착성

Kloakentheorie 배설강[배설구] (이론)

Komplex 콤플렉스

Kompromissbildung 타협 형성(물)

Konstanzprinzip 항상성의 원칙

Konstruktion 구성

Kontroll-Analyse 지도 분석

Konversion 전환

Konversionshysterie 전환 히스테리

latenter Inhalt 잠재 내용

Latenzperiode, Latenzzeit, Aufschubsperiode 잠복기[잠재기]

Lebenstriebe 삶 욕동

Lehranalyse, didaktische Analyse 교육 분석

Libido 리비도

Libidostauung 리비도의 정체(停滯)

Libidostufe, Libidophase 리비도의 발달 단계

Lust-Ich−Real-Ich 쾌락-자아−현실-자아

Lustprinzip 쾌락원칙

manifester Inhalt 발현 내용

Männlichkeit−Weiblichkeit 남성성−여성성

Masochismus 피학증[마조히즘]

Material 재료
Metapsychologie 메타심리학
Minderwertigkeitkomplex 열등 콤플렉스
Minderwertigkeitsgefühl 열등감
Misserfolgsneurose 실패 신경증[실패 증상군]
Nachträglichkeit, nachträglich 사후작용, 사후의, 사후에
Narzissmus 자기애[나르시시즘]
narzisstische Libido 자기애적[나르시시즘적] 리비도
narzisstische Neurose 자기애적[나르시시즘적] 신경증
narzisstische Objektwahl 자기애적[나르시시즘적] 대상 선택
negative therapeutische Reaktion 부정적 치료 반응
Neurasthenie 신경쇠약(증)
Neuropsychose 정신신경증[신경정신증]
Neurose 신경증
Neurosenwahl 신경증의 선택
Neutralität 중립성
Nirwanaprinzip 열반[니르바나]의 원칙
Objekt 대상
Objektbeziehung 대상 관계
Objektspaltung 대상 분열
Objektwahl 대상 선택
Ödipuskomplex 오이디푸스 콤플렉스
ökonomisch 경제학적
orale Stufe(Phase) 구강기
oralsadistische Stufe(Phase) 가학적 구강기
Organisation der Libido 리비도의 조직(화)
Organlust 기관 쾌락(器官 快樂)
Paranoia 파라노이아[편집증]
paranoid 파라노이아형
paranoide Einstellung 파라노이아형[편집형] 태도[자세]
Paraphrenie 파라프레니아
Partialobjekt 부분 대상
Partialtrieb 부분 욕동

Penisneid 자지선망[남근선망]
Perversion 도착증[성도착(증)]
phallische (Frau, Mutter) 남근적 여성(또는 어머니)
phallische Stufe(Phase) 남근기
Phallus 남근[팔루스]
Phantasie 환상
phobische Neurose 공포증
Plastizität der Libido 리비도의 가소성(可塑性)
prägenital 전(前)-성기기의[전-생식기 기의]
präœdipal 전(前)-오이디푸스기의
primäre Identifizierung 1차적 동일시
primärer Narzissmus, sekundärer Narzissmus 1차적 자기애[나르시시즘], 2차적 자기애[나르시시즘]
primärer und sekundärer Krankheitsgewinn 병의 1차적 이득과 2차적 이득
Primärvorgang, Sekundärvorgang 1차 과정, 2차 과정
Prinzip der Neuronenträgheit(Trägheitsprinzip) 관성의 원칙 (뉴런의)
Projektion 투사
Projektionsidentifizierung 투사적 동일시
psychische Realität 심리적 현실
psychische Repräsentanz, psychischer Repräsentant 심리적 대표화
psychische Verarbeitung(Bearbeitung, Ausarbeitung, Aufarbeitung) 심리적 가공
psychischer Konflikt 심리적 갈등
psychischer(seelischer) Apparat 심리 장치
Psychoanalyse 정신분석(학)
Psychose 정신증[정신병]
Psychotherapie 정신치료[심리치료]
Rationalisierung 합리화
Reaktionsbildung 반동형성
Realangst 현실 불안[현실적 위험 앞의 불안]
Realitätsprinzip 현실원칙
Realitätsprüfung 현실 검증
Regression 퇴행

Reizschutz 보호막

Retentionshysterie 정체(停滯) 히스테리

Rücksicht auf Darstellbarkeit 형상화(의 고려)

Sachvorstellung(Dingvorstellung), Wortvorstellung 사물 표상, 낱말[언어] 표상

Sadismus-Masochismus, Sadomasochismus 가학증-피학증, 가학-피학증[사도-마조히즘]

Sadismus 가학증[사디즘]

sadistischeanale Stufe(Phase) 가학적 항문기

Schicksalsneurose 운명 신경증

Schizophrenie 정신분열증[조현병]

Schreck 경악(驚愕)

Schuldgefühl 죄책감

sekundäre Bearbeitung 2차적 가공

Selbstanalyse 자기 분석

Selbsterhaltungstriebe 자기보존 욕동

Sexualität 성욕[성(性)]

Sexualtrieb 성욕동

somatisches Entgegenkommen 신체적 호응

spezifische Aktion 특수 행동

Spiegelstufe 거울 단계

Strafbedürfnis 처벌 욕구

Sublimierung 승화

Symbolik 상징적 표현[상징]

symbolische Wunscherfüllung 상징적 실현

Symbolische 상징계

Symptombildung 증상 형성

System 체계

Tagesreste 낮의 잔재

Tagtraum 백일몽[몽상]

Thanatos 타나토스

Todestriebe 죽음 욕동

Topik, topisch 지형학, 지형학적

Trauerarbeit 애도 작업

Trauma 외상[상처] (정신적)

Traumarbeit 꿈의 작업

traumatische Hysterie 외상성 히스테리

traumatische Neurose 외상성 신경증

Traumgedanken (latente) 꿈-사고(꿈의 잠재적 사고)

Traumhintergrund 꿈의 화면

Trauminhalt (manifester) 꿈-내용(꿈의 발현 내용)

Trieb 욕동(欲動)

Triebkomponent 욕동의 구성요소

Triebmischung—Triebentmischung 결합—분리(욕동의)

Triebquelle 욕동의 원천

Triebregung 욕동(의 움직임)

Triebrepräsentanz, Triebrepräsentant 욕동의 대표화

Über-Ich 초자아

Überbesetzung 과투여

Überdeterminierung, mehrfache Determinierung 중층결정[다원결정]

Überdeutung 중층 해석[다원 해석]

Übergangsobjekt 중간 대상[과도적 대상]

Ubertragung 전이

Übertragungsneurose 전이 신경증

das Unbewusste, unbewusst 무의식, 무의식적

Ungeschehenmachen 취소 (소급적)

Unterbewusste, Unterbewusstsein 잠재의식

Unterdrückung 억압

Urethralerotik, Harnerotik 요도 성애[배뇨 성애]

Urphantasien 원(초적)환상

Urszene 원(초적)장면

Urverdrängung 원(초적)격리[억압]

Vaterkomplex 아버지 콤플렉스

Verdichtung 압축

Verdrängung 격리[억압]

vereinigte Eltern, vereinigte Eltern-Imago 합궁한 부모 상(像)

Verführung (Verführungsszene, Verführungstheorie) 유혹(유혹 장면, 유혹론)

Verinnerlichung 내면화

Verkehrung ins Gegenteil 반전 (욕동의)
Verlassenheitsneurose 유기(遺棄) 신경증
Verleugnung 부인 (현실의)
Verneinung 부정
Versagung 좌절
Verschiebung 이동[전위]
Verurteilung, Urteilsverwerfung 유죄 선고
Verwerfung 폐기[폐제]
Vorbewusste, vorbewusst 전의식, 전의식적
Vorstellung 표상
Vorstellungsrepräsentanz, Vorstellungsrepräsentant
　　대표화-표상
Wahrnehmung-Bewusstsein(W-Bw) 지
　　각-의식 체계
Wahrnehmungsidentität—Denkidentität 지
　　각의 동일성—사고의 동일성
Wendung gegen die eigene Person 자기 자
　　신으로의 선회

Widerstand 저항
Wiedergutmachung 수선[복구]
Wiederholung 반복
Wiederholungszwang 반복 강박
Wiederkehr(Rückkehr) des Verdrängten
　　격리[억압]된 것(격리[억압]물)의 회귀
wilde Psychoanalyse 조야한[조잡한] 정신
　　분석
Wunsch(Begierde, Lust) 욕망[소원]
Wunscherfüllung 욕망의 성취[소원성취]
Zärtlichkeit 애정
Zensur 검열
Ziel (Triebziel) 목표 (욕동의)
Zielgehemmt 목표-억제
Zielvorstellung 목표-표상
Zwang, Zwangs- 강박, 강박적
Zwangsneurose 강박(신경)증

[영어-한국어]

abreaction 해소

abstinence (rule of ~) 금욕[절제]의 규칙

acting out 행동화[액팅 아웃]

acting out 행위화

active technique 적극적 기법

activity—passivity 능동성—수동성

actual neurosis 현실 신경증

adhesiveness of the libido 리비도의 점착성

affect 정동(情動)

agency 심역[심급]

aggressive instinct 공격 욕동

aggressivity, aggressiveness 공격성

aim-inhibited 목표-억제

aim (instinctual aim) 목표 (욕동의)

allo-erotism 타자-성애

alteration of the ego 자아의 변화

ambivalence 양가성

ambivalent, pre-ambivalent, post-ambivalent 양가적, 양가성 이전의, 양가성 이후의

anaclisis 의탁

anaclitic depression 의탁적 우울증

anaclitic type of object-choice 의탁적 대상 선택

anaclitic, attachment 의탁적

anagogic interpretation 신비적 해석

anal-sadistic stage 가학적 항문기

anticathexis, countercathexis 역투여

anxiety hysteria 불안 히스테리

anxiety neurosis 불안 신경증

aphanisis 아파니시스

association 연상[연합]

auto-erotism 자기-성애[자가-성애]

automatic anxiety 자동 불안

autoplastic—alloplastic 자기-조형적—타자-조형적

binding 구속

bisexuality 양성성[양성애]

boderline case 경계성-사례

cannibalistic 식인적

castration complex 거세 콤플렉스

cathartic therapy, cathartic method 정화[카타르시스] 요법

cathectic energy 투여 에너지

cathexis 투여[집중]

censorship 검열

character neurosis 성격 신경증

choice of neurosis 신경증의 선택

cloacal(cloaca) theory 배설강[배설구] (이론)

combined parents, combined parent-figure 합궁한 부모 상(像)

complemental series 상보(相補)적 계열

complex of inferiority 열등 콤플렉스

complex 콤플렉스

component(partial) instinct 부분 욕동

compromise-formation 타협 형성(물)

compulsion to repeat, repetition compulsion 반복 강박

compulsion, compulsive 강박, 강박적

condensation 압축

consciousness, being conscious 의식 (심리학적)

considerations of representability 형상화(의 고려)

construction 구성

control(supervisory, supervised) analysis 지도 분석

conversion hysteria 전환 히스테리

conversion 전환

counter-transference 역전이

damming up of libido 리비도의 정체(停滯)

day's residues 낮의 잔재

day-dream 백일몽[몽상]

death instincts 죽음 욕동

defence hysteria 방어 히스테리

defence neuro-psychosis, psychoneurosis of defence 방어 정신신경증[신경정신증]

defence 방어

deferred action, deferred 사후작용, 사후의, 사후에

depressive position 우울성 태도[자세]

derivative of the unconscious 무의식의 파생물

destructive instinct 파괴 욕동

direct analysis 직접 분석

disavowal 부인 (현실의)

discharge 방출

displacement 이동[전위]

distortion 왜곡[변형]

dream-content (manifest) 꿈-내용(꿈의 발현 내용)

dream-thoughts (latent) 꿈-사고(꿈의 잠재적 사고)

dream-work 꿈의 작업

dream screen 꿈의 화면

dynamic 역학적(형용사)

economic 경제학적

ego-libido—object-libido 자아 리비도—대상 리비도

ego-syntonic 자아 친화적[동조적]

ego ideal 자아 이상

ego instincts 자아 욕동

ego 자아

egoism 이기심[에고이즘]

Electra complex 엘렉트라 콤플렉스

eros 에로스

erotogenic(erogenous) zone 성감대

erotogenic, erogenic 성감적

erotogenicity, erogenicity 성감[성]

experience of satisfaction 충족 체험

facilitation 소통

failure-neurosis(syndrome) 실패 신경증[실패 증상군]

family neurosis 가족 신경증

family romance 가족 소설

fantasy(phantasy) 환상

fate neurosis 운명 신경증

father complex 아버지 콤플렉스

fixation 고착

flight into illness 질병으로의 도피

free association 자유연상(의 방법 또는 규칙)

free energy—bound energy 자유 에너지—구속 에너지

fright 경악(驚愕)

frustration 좌절

functional phenomenon 기능적 현상

fundamental rule 기본 규칙

fusion—defusion (of instincts) 결합—분리 (욕동의)

generation(generating) of anxiety 불안의 발달

genital love 성기애(愛)[생식기애]

genital stage(organization) 성기기[생식기기], 성기[생식기]의 조직화

〈good〉 object, 〈bad〉 object 〈좋은〉 대상, 〈나쁜〉 대상

helplessness 무원(無援) 상태[무력 상태]

hospitalism 입원 장애

hypercathexis 과투여

hypnoid hysteria 최면형[유사 최면] 히스테리

hypnoid state 최면형[유사 최면] 상태

hysteria. 히스테리

hysterogenic zone 히스테리 발생 지대[부위]

id 그거[이드]

idea(presentation, representation) 표상

ideal ego 이상적 자아

idealization 이상화

ideational representative 대표화-표상

identification with the aggressor 공격자와의 동일시

identification 동일시

imaginary 상상계, 상상적

imago 이마고

incorporation 합체

infantile amnesia 유년기 기억상실

innervation 신경 감응[신경 지배, 신경 분포]

instinct to master(for mastery) 지배 욕동
  [장악 욕동]

instinct 본능

instinct, drive 욕동(欲動)

instincts of self-preservation 자기보존 욕동

instinctual component 욕동의 구성요소

instinctual impulse 욕동(의 움직임)

instinctual representative 욕동의 대표화

intellectualization 지성화

interest, ego interest 관심, 자아의 관심

internalization 내면화

interpretation 해석

introjection 내입(內入)

introversion 내향(성)

isolation 고립[격리]

judgment of condemnation 유죄 선고

latency period 잠복기[잠재기]

latent content 잠재 내용

libidinal stage(phase) 리비도의 발달 단계

libido 리비도

life instincts 삶 욕동

manifest content 발현 내용

masculinty—femininty 남성성—여성성

masochism 피학증[마조히즘]

material 재료

mechanisms of defence, defence mechanisms
  방어 기제

metapsychology 메타심리학

mirror stage, mirror phase 거울 단계

mixed neurosis 혼합 신경증

mnemic symbol 기억의 상징

mnemic trace, memory trace 기억흔적

mothering 모성 기법

narcissism 자기애[나르시시즘]

narcissistic libido 자기애적[나르시시즘적]
  리비도

narcissistic neurosis 자기애적[나르시시즘
  적] 신경증

narcissitic object-choice 자기애적[나르시
  시즘적] 대상 선택

need for punishment 처벌 욕구

negation 부정

negative therapeutic reaction 부정적 치료
  반응

neurasthenia 신경쇠약(증)

neurosis of abandonment 유기(遺棄) 신경증

neurosis 신경증

neutrality 중립성

Nirvana principle 열반[니르바나]의 원칙

object-choice 대상 선택

object-relationship, object-relation 대상
  관계

object 대상

obsessional neurosis 강박(신경)증

Œdipus complex 오이디푸스 콤플렉스

oral-sadistic stage 가학적 구강기

oral stage 구강기

organ-pleasure 기관 쾌락(器官 快樂)

organisation of the libido 리비도의 조직(화)

over-interpretation 중층 해석[다원 해석]

overdetermination, multiple determination
  중층결정[다원결정]

pair of opposites 대립 쌍

paranoia 파라노이아[편집증]

paranoid position 파라노이아형[편집형] 태
  도[자세]

paranoid 파라노이아형

paraphrenia 파라프레니아

parapraxis 실수

part-object 부분 대상

penis envy 자지선망[남근선망]

perception-consciousness(Pcpt.-Cs.) 지
  각-의식 체계

perceptual identity—thought identity 지각의
  동일성—사고의 동일성

perversion 도착증[성도착(증)]

phallic (woman, mother) 남근적 여성(또는
  어머니)

phallic stage(phase) 남근기

phallus 남근[팔루스]

phantasy 환상 (무의식적)

phobic neurosis 공포증

plasticity of the libido 리비도의 가소성(可塑性)

pleasure-ego—reality-ego 쾌락-자아—현실-자아

pleasure principle 쾌락원칙

preconscious 전의식, 전의식적

pregenital 전(前)-성기기의[전-생식기기의]

preœdipal 전(前)-오이디푸스기의

pressure 압력 (욕동의)

primal phantasies 원(초적)환상

primal repression 원(초적)격리[억압]

primal scene 원(초적)장면

primary and secondary gain from illness 병의 1차적 이득과 2차적 이득

primary identification 1차적 동일시

primary narcissism, secondary narcissism 1차적 자기애[나르시시즘], 2차적 자기애[나르시시즘]

primary process, secondary process 1차 과정, 2차 과정

principle of constancy 항상성의 원칙

principle of neuronic(neuronal) inertia 관성의 원칙 (뉴런의)

principle of reality, reality principle 현실원칙

projection 투사

projective identification 투사적 동일시

protective shield 보호막

psychic(mental) apparatus 심리 장치

psychical conflict 심리적 갈등

psychical reality 심리적 현실

psychical representative 심리적 대표화

psychical working over(out) 심리적 가공

psycho-analysis 정신분석(학)

psychoneurosis, neuro-psychosis 정신신경증 [신경정신증]

psychosis 정신증[정신병]

psychotherapy 정신치료[심리치료]

purposive idea 목표-표상

quota of affect 정동량

rationalization 합리화

reaction-formation 반동형성

realistic anxiety 현실 불안[현실적 위험 앞의 불안]

reality-testing 현실 검증

regression 퇴행

reparation 수선[복구]

repetition 반복

repression 격리[억압]

repudiation, foreclosure 폐기[폐제]

resistance 저항

retention hysteria 정체(停滯) 히스테리

return(breakthrough) of the repressed 격리[억압]된 것(격리[억압]물)의 회귀

reversal into the opposite 반전 (욕동의)

sadism-masochism, sado-masochisme 가학증-피학증, 가학-피학증[사도-마조히즘]

sadism 가학증[사디즘]

schizophrenia 정신분열증[조현병]

screen-memory 덮개-기억[은폐 기억]

secondary revision(elaboration) 2차적 가공

seduction (scene, theory of ~) 유혹(유혹장면, 유혹론)

self-analysis 자기 분석

sense of guilt, guilt feeling 죄책감

sense(feeling) of inferiority 열등감

sexual instinct 성욕동

sexuality 성욕[성(性)]

signal of anxiety, anxiety as signal 신호불안

somatic compliance 신체적 호응

source of the instinct 욕동의 원천

specific action 특수 행동

splitting of the ego 자아 분열

splitting of the object 대상 분열

subconscious, subconsciousness 잠재의식

sublimation 승화

substitute 대체물

substitutive formation, substitute-formation 대체 형성(물)

sum of excitation 흥분량

super-ego 초자아

suppression 억압

suspended(poised) attention 유동적[유연한] 주의(注意) (공평한)

symbolic realization 상징적 실현

symbolic 상징계

symbolism 상징적 표현[상징]

symptom-formation 증상 형성

system 체계

tenderness 애정

Thanatos 타나토스

thing presentation, word presentation 사물 표상, 낱말[언어] 표상

topography, topographical 지형학, 지형학적

training analysis 교육 분석

transference neurosis 전이 신경증

transference 전이

transitional object 중간 대상[과도적 대상]

trauma 외상[상처] (정신적)

traumatic hysteria 외상성 히스테리

traumatic neurosis 외상성 신경증

turning round upon the subject's own self 자기 자신으로의 선회

unconscious 무의식, 무의식적

undoing (what has been done) 취소 (소급적)

urethral erotism 요도 성애[배뇨 성애]

wild psycho-analysis 조야한[조잡한] 정신 분석

wish-fulfilment 욕망의 성취[소원성취]

wish 욕망[소원]

withdrawal of cathexis 철수[탈투여]

work of mourning. 애도 작업

working-off mechanisms 해방 기제

working-through 관통작업[철저작업, 훈습(薰習)]

차례

ㄱ

가족 소설

프: *roman familial*, 독: *Familienroman*, 영: *family romance*, 스: *novela familiar*, 이: *romanzo familiare*, 포: *romance familial*.

프로이트가 만든 표현으로, 환자가 부모와 자기와의 관계를 상상적으로 변경하는 환상을 가리킨다(예컨대, 자기를 주워온 자식이라고 상상하는 것). 그러한 환상은 오이디푸스 콤플렉스에 토대를 두고 있다.

프로이트는 1909년에 그러한 환상에 대한 논문ᵅ을 쓰기 전에, 이미 여러 차례에 걸쳐 환자가 [상상 속에서] 가족을 만들고 일종의 소설을 창조하는 환상을 인용하고 있다.¹ 그러한 환상은 파라노이아적 망상 속에서 분명히 나타난다. 프로이트는 신경증자에게도 그러한 환상이 여러 가지로 변형되어 나타나는 것을 재빨리 발견한다. 어린아이는 자기가 현실의 부모로부터 태어난 것이 아니라, 훌륭한 부모나 이름 있는 아버지로부터 태어났다고 상상한다. 그리고 어머니에게 연애의 비밀이 있다고 상상하거나 그 자신은 적자이지만 그의 형제자매는 사생아라고 생각한다.

그러한 환상은 오이디푸스적인 상황과 결부되어 있다. 그것들은 오이디푸스 콤플렉스*가 행사하는 압력 하에서 생겨난다. 그것들의 정확한 동기는 아주 복잡하고 서로 뒤섞여 있다: 어떤 면에서 부모를 깎아 내리려는 욕망과, 다른 면에서 그들을 찬양하려는 욕망, 위대해지려는 욕망, 근친상간에 대항하는 장벽을 치려는 시도, 형제간 경쟁의 표현 등이 그것이다.

51   가족 소설

α 처음에는 오토 랑크Otto Rank의 저서 『영웅 탄생의 신화*Der Mythus von der Geburt des Helden*』(1909)에 들어 있었다.

1 프로이트 S., 「플리스에게 보낸 편지」, 『정신분석의 탄생』, 1887-1902. 한, 146, 〈편지 91〉(1898년 6월 20일, 미번역) : 독, 219, 273 ; 영, 205, 256 ; 프, 181-2, 227-8 참조.

가족 신경증

프: *névrose familiale*. 독: *Familienneurose*. 영: *family neurosis*. 스: *neurosis familiar*. 이: *nevrosi familiare*. 포: *neurose familial*.

개인적 신경증들이 주어진 가족 안에서 서로 보완되고 서로의 조건이 되는 것을 가리키는 것으로, 어린아이에 대한 가족 구조, 특히 양친 구조의 병인적 영향을 명확히 보여 주는 용어.

가족 신경증이라는 용어를 사용한 것은, 주로 르네 라포르그René Laforgue를 필두로 하는 프랑스어권 정신분석가들이다.[1] 그 연구자들의 말을 따르더라도, 가족 신경증은 질병학적인 단위가 아니다.

그 용어는 정신분석의 본질적인 몇 가지 발견 — 주체의 구성에서 부모와의 동일시가 차지하는 중심적 역할, 신경증의 핵심 콤플렉스로서의 오이디푸스 콤플렉스, 오이디푸스 콤플렉스의 형성에서 양친 관계의 중요성 등 — 을 거의 상상적으로 결합시킨 것이다. 라포르그는 어떤 신경증의 상보성(예컨대, 가학-피학증의 쌍)과 관련해서 이루어지는 양친의 병인적 영향을 특히 강조한다.

그러나 가족 신경증이라는 말은 주위 사람들의 중요성을 강조한다기보다, 무의식적인 상호 관계의 망(흔히 가족의 〈별자리*constellation*〉라고 불리는)에서 각각의 가족 구성원이 차지하고 있는 역할을 강조하고 있다. 그 용어는 어린아이에 대한 정신치료적인 접근에서 특히 그 가치를 갖고 있다. 왜냐하면 어린아이는 처음부터 그러한 〈별자리〉에 배치되기 때문이다. 실제 치료의 관점에서, 그것은 정신치료사로 하여금 아이의 주위 사람들에게 직접 개입할 수 있도록 할 뿐 아니라, 아이를 치료하겠다는 부모의 요구를 가족 신경증 탓으로 돌리게 할 수 있다(아이는 부모의 〈증상〉으로서 고찰된다).

라포르그에 따르면, 가족 신경증이라는 개념은 다음과 같은 구절에 나타난 초자아에 대한 프로이트의 생각으로부터 나온 것이다: 〈어린아이의 초자아는 부모의 이미지에 따라 형성되는 것이 아니라, 부모의 초자아 이미지에 따라 형성되는 것이다. 그것은 동일한 내용으로 채워지고, 전통의 대표자가 되며, 세대를 가로질러 계승되는 모든 가치 판단의 대표자가 된다.〉[2]

가족 신경증이라는 용어는 [오늘날에는] 정신분석에서 거의 사용되지 않는다. 그것이 무의식의 영역에서 서로 다른 주체들의 상보적 기능에 대해 관심을 집중시키는 이점을 가지고 있음에도 불구하고, 그것은 신경증의 결정 요인이라고 생각되는 현실 상황을 다룬다는 미명하에, 각 주체에 고유한 환상을 극소화하기 때문이다.

1 Laforgue R., "A propos de la frigidité de la femme", in *R.F.P.*, 1935, VIII, 2, 217-26. "La névrose familiale", in *R.F.P.*, 1936, IX, 3, 327-55 참조.
2 프로이트 S., 『새로운 정신분석 입문 강의』, 1932. 전집 II, 92[97] ; G.W., XV, 73 ; S.E., XXII, 67 ; 프, 94-5[O.C., XIX, 150].

가학적 구강기

프: *stade sadique-oral*. 독: *oralsadistische Stufe*(또는 *Phase*). 영: *oral-sadistic stage*. 스: *fase oral-sádica*. 이: *fase sadico-orale*. 포: *fase oral-sádica*.

카를 아브라함Karl Abraham에 의해 도입된 하위 구분에 따르면, 구강기의 제2기에 해당한다. 그것은 치아의 발육과 깨물기의 활동으로 특징지어진다. 거기서 합체는 대상 파괴의 의미를 띠는데, 그것은 대상 관계에서 양가성이 가동하기 시작한다는 것을 내포하고 있다.

「정신 장애의 정신분석에 기초한 리비도의 발달사 시론 Versuch einer Entwicklungsgeschichte der Libido auf Grund der Psychoanalyse seelischer Störungen」(1924)에서 아브라함은 구강기를, 〈양가성 이전의〉 빨기의 이른 구강기와 치아의 발육과 일치하는 가학적 구강기로 분류한다. 후자에서의 깨물기와 씹기의 활동은 대상의 파괴를 내포하고, 욕동의 양가성*(리비도와 공격성이 동일한 대상을 향한다)이 나타난다.

멜라니 클라인에 이르러서는, 구강적인 가학성의 중요성이 증대된다. 사실 클라인에게 구강기는 어린아이의 가학성의 정점이다. 그러나 아브라함과 달리, 그녀는 처음부터 가학적 경향을 도입한다: 〈······공격성은 젖가슴에 대한 어린아이의 가장 빠른 관계의 일부를 이루고 있다. 그 단계에서 공격성이 보통 깨물기에 의해 표현되지 않는데도 말이다.〉[1] 〈빨고 싶은 리비도의 욕망에는, 빨면서 들이마시고 다 비워 고갈시키려는 파괴적인 목적이 동반된다.〉[2] 클라인은 아브라함의 빨기의 구강기와 깨물기의 구강기의 구분에 이의를 제기하고 있는데, 그녀에 따르면 구강기 전체가 가학적 구강기이다.

1 Klein M., "Some theoretical conclusions regarding the emotional Life of the infant", 1952, in *Developments*, 206, n. 2.

2 Heimann P. & Isaacs S., "Regression", 1952, in *Developments*, 185-6.

가학적 항문기

프: stade sadique-anal. 독: *sadistischeanale Stufe*(또는 *Phase*). 영: *anal-sadistic stage*. 스: *fase analsádica*. 이: *fase sadico-anale*. 포: *fase anal-sádica*.

프로이트에 따르면, 리비도 발달의 두 번째 단계로서, 대략 두 살에서 네 살 사이에 위치한다. 그것은 항문 성감대의 우위 하에 리비도가 조직되는 것을 특징으로 한다. 이때에는 배변 기능(배설-정체)과 똥의 상징적 가치와 연관된 의미가 대상 관계에 스며들고, 가학-피학증이 근육 조절 능력의 발달과 관계를 맺으면서 뚜렷이 나타난다.

프로이트는 성인의 항문 성애 특징을 거론하는 것으로 시작해, 어린아이에게 그것이 어떻게 대변의 배설과 정체에 작용하는지를 기술하고 있다.[1]

리비도의 전-성기기적인 조직이라는 개념이 나오는 것은 항문 성애로부터다. 「성격과 항문 성애」(1908)[2]라는 논문에서, 프로이트는 이미 성인의 집요한 성격적 특징(3개 1조: 정돈, 인색, 고집)을 유년기의 항문 성애와 관련짓고 있다.

「강박신경증의 소질」(1913)에서, 가학증적이고 항문-성애적인 욕동이 지배적인 전-성기기적 조직이라는 개념이 처음으로 나타난다. 성기기에서처럼 거기서도 외부 대상과의 관계가 존재한다. 〈우리는 최종적인 형태 이전에 또 다른 단계 — 부분 욕동이 이미 대상 선택을 위해 집결하고 대상이 이미 자기 자신과 대립적인 이방인이지만 성기대의 우위가 아직 확립되지 않은 단계 — 를 삽입할 필요가 있다.〉[3]

『성이론에 관한 세 편의 논문』의 개정판(1915, 1924)에서, 항문기는 구강기적 조직과 남근기적 조직 사이에 위치하는 전-성기기적 조직 중의 하나로 나타난다. 그것은 능동-수동*이라는 양극이 구성되는 최초의 단계이다. 프로이트는 능동성을 가학증과 일치시키고, 수동성을 항문 성애와 일치시킨다. 그리고 그는 그에 상응하는 각각의 부분 욕동에 서로 다른 원천 — 즉, 지배 욕동*Bemächtigungstrieb을 위한 근육 조직과 항문 점막 — 을 부여한다.

1924년 아브라함은 가학적 항문기를 두 단계로 구분할 것을 제안하고, 각 단계의 구성 요소를 대상에 대해 서로 상반된 두 가지 유형의 행동으로 나눈다.[4] 첫 번째 단계에서 항문 성애는 배설과 결부되어 있고, 가학증적 욕동의 대상 파괴와 결부되어 있다; 두 번째 단계에서 항문 성애는 정체와 결부되어 있고, 가학증적 욕동은 소유 통제와 결부되어 있다. 아브라함에게 전자에서 후자로의 상승은 대상애를 향한 결정적인 진전을 이루는 것이다. 신경증적인 퇴행과 정신증적인 퇴행 사이의 분리선이 두 단계 사이를 지나간다는 것은, 그러한 사실을 입증해 주는 것이다.

가학증과 항문 성애의 연결을 어떻게 생각해야 할까? 가학증의 양극적인 성질은, 항문 괄약근의 두 가지 기능(배설-정체)과 그 괄약근의 통제와 특별히 일치한다. 왜냐하면 가학증은 대상을 파괴하는 것과 그것을 제압해서 그대로 유지하는 것을 모순적으로 동시에 겨냥하고 있기 때문이다.

항문기에서 증여와 거절의 상징적 가치는 배변 활동과 관련이 있다. 프로이트는 그러한 관점에서 똥=선물=돈이라는 상징적 등식을 규명한다.[5]

1 프로이트 S., 『성이론에 관한 세 편의 논문』, 1905, 전집 VII, 81-3[75-7] ; G.W., V, 88-9 ; S.E., VII, 185-7 ; 프, 79-82[O.C., VI, 120-3] 참조.
2 프로이트 S., 「성격과 항문 성애」, 1908. 전집 VII, 189-95[171-6] ; G.W., VII, 203-9 ; S.E., IX, 169-75 ; 프, 143-8[O.C., VIII, 187-194].
3 프로이트 S., 「강박신경증의 소질」, 1913. 전집 X, 112[116] ; G.W., VIII, 446-7 ; S.E., XII, 321 ; 프, 193[O.C., XII, 89].
4 Abraham K., *Versuch einer Entwicklungsgeschichte der Libido auf Grund der Psychanalyse seelischer Störungen*, 1924, 258-65 참조.
5 프로이트 S., 「특히 항문 성애에서의 욕동의 변형에 관하여」, 1917. 전집 VII, 275-

82[253-60] ; G.W., X, 402-10 ; S.E., XVII, 127-33 ; 프, 106-12[O.C., XV, 53-62].

가학증[사디즘]

프: sadisme. 독: Sadismus. 영: sadism. 스: sadismo. 이: sadismo. 포: sadismo.

타인에게 고통이나 치욕을 가함으로써 충족을 느끼는 성도착증.
정신분석은 가학증이라는 개념을 성과학자들에 의해 기술된 도착증을 넘어서 확장시킨
다. 한편으로 정신분석은 좀 더 잠재된, 특히 유아적인 수많은 가학증의 형태가 있음을
인식하고, 다른 한편으로 가학증을 욕동의 기본 요소 중의 하나로 삼는다.

가학증적인 도착증의 다양한 형태나 정도에 대해서는, 성과학자들 — 특히
크라프트-에빙Krafft-Ebing과 해블록 엘리스Havelock Ellis — 의 저서를 참조
하기 바란다.[α]

　학술 용어의 관점에서 주목할 것은, 프로이트는 흔히 가학증(가령 『성이론
에 관한 세 편의 논문』, (1905)이나 〈고유한 의미에서의 가학증〉[1]이라는 용어
를, 성욕과 타인에 대한 폭력이 결합하는 경우를 위해 남겨둔다.

　그렇지만 그는 가끔 좀 더 느슨하게, 성적인 충족과 관계없는 단순한 폭력
의 행사를 가학증이라고 부르기도 한다.[2](→ **지배 욕동, 공격성, 가학-피학증**) 그
러한 용법은 프로이트 자신이 절대 엄밀한 것이 아니라고 강조하는데도 불구
하고, 정신분석에서는 광범위하게 받아들여지고 있다. 그것은 잘못하면, 가
학증이라는 용어를 공격성이라는 용어와 동의어로 만들어 버린다. 그러한 사
용은 특히 멜라니 클라인과 그의 학파의 글에서 눈에 띈다.

　α 그러한 도착증을 사드Sade의 작품에 비추어, 가학증이라는 이름으로 부를 것을 제안
한 사람은 크라프트-에빙이다.

　1 프로이트 S., 「피학증의 경제학적 문제」, 1924. 전집 XI, 423[429] ; G.W., XIII, 376 ;
S.E., XIX, 163 ; 프, 216[O.C., XVII, 16].
　2 가령 프로이트 S., 「욕동과 욕동의 운명」, 1915. 전집 XI, 115-6[114] ; G.W., X, 221 ;
S.E., XIV, 128 ; 프, 46[O.C., XIII, 175].

가학증―피학증, 가학-피학증[사도-마조히즘]

프: *sadisme-masochisme, sado-masochisme.* 독: *Sadismus-Masochismus, Sadomasochismus.* 영: *sadism-masochism, sado-masochisme.* 스: *sadismo-masoquismo, sado-masoquismo.* 이: *sadismo-masochismo, sado-masochisme.* 포: *sadismo-masoquismo, sado-masoquismo.*

이 표현은 가학증과 피학증이라는 두 도착증 사이의 대칭성과 상보성을 강조하고 있을 뿐 아니라, 욕동의 발달과 그것의 표현에서 기본적인 대립 쌍을 가리킨다.

그러한 관점에서, 성과학에서 그 두 도착증이 결합한 형태를 가리키는 가학증-피학증이라는 용어를, 정신분석에서 받아들여, 특히 프랑스에서 다니엘 라가슈가 받아들여, 주체 간의 갈등(지배-복종)에서 뿐 아니라 개인의 구조화(자기-처벌)에서 그 두 입장의 상호 관계를 강조하는데 사용하고 있다.

독자들은 가학증과 피학증이라는 항목에서, 특히 그 용어들에 대한 고찰을 발견할 수 있을 것이다. 그래서 이 항목에서는 단지 가학증-피학증이라는 대립 쌍과, 정신분석이 확립한 양극 사이의 관계와, 정신분석이 그러한 관계에 부여한 기능만을 고찰할 것이다.

가학증적 도착증과 피학증적 도착증 사이의 연관성에 대한 생각은 이미 크라프트-에빙Krafft Ebing에 의해 지적된 바 있다. 프로이트는 『성이론에 관한 세 편의 논문』(1905)에서 그러한 개념을 강조하면서, 가학증과 피학증을 동일한 도착증 — 이것의 능동적인 형태와 수동적인 형태는 한 개인에게서 다양한 비율로 나타나지만 — 의 양면이라고 역설하고 있다: 〈가학증자는 항상 동시에 피학증자이다. 그렇다 하더라도, 여전히 도착증의 능동적인 측면이나 수동적인 측면 중 어느 한 쪽이 지배적일 수 있으며, 성적 활동의 특징이 될 수 있다.〉[1a]

프로이트의 일련의 저작과 정신분석 사상에서, 다음의 두 가지 개념은 점점 더 확실해진다.

1. 한 쌍을 이루는 그 두 용어의 상관관계는 아주 긴밀해서, 그것들은 그것의 발생에서나 표현에서 따로 연구될 수 없다.

2. 그 쌍의 중요성은 도착증의 차원을 훨씬 능가한다: 〈가학증과 피학증은 다른 여러 도착증 중에서 특별한 위치를 차지하고 있다. 그것의 기본적인 대

립을 이루고 있는 능동성과 수동성은 일반적인 성생활을 구성하는 것이기도 하다.〉[1b]

*

가학증과 피학증 각각의 발생에 관한 프로이트의 생각은, 욕동 이론에 대한 계속적인 수정과 병행하여 발전한다. 「욕동과 욕동의 운명」(1915)에서 최종적으로 완성된 최초의 욕동 이론을 참조해볼 때, 일반적으로 가학증이 피학증에 선행하고 피학증은 가학증이 자기 자신을 향해 선회한 것이라고 말할 수 있다. 실제로 거기서 가학증은 타인에 대한 공격 ─ 타인의 고통이 고려되지 않을 뿐더러 어떠한 성적 쾌락과도 관계가 없는 ─ 이라는 의미로 사용되고 있다. 〈정신분석은 고통을 주는 행위가 원래 욕동이 겨냥했던 목표에서 아무런 역할도 하지 못한다는 것을 보여주고 있다. 가학증적인 어린아이는 고통을 준다는 사실을 고려하지도 의도하지도 않는다.〉[2a] 프로이트가 여기서 가학증이라고 명명하는 것은 지배 욕동*의 실천이다.

피학증은 자기 자신으로의 선회*와 동시에 능동성에서 수동성으로의 반전*에 상응하는 것이다. 그리고 피학증의 시기에 이르러 비로소 욕동의 활동은 성적인 의미를 띠게 되고, 고통스럽게 하는 것이 욕동의 활동에 내재된다: 〈…… 고통의 감각은 다른 불쾌감과 마찬가지로 성적 흥분의 영역을 잠식하면서 쾌락 상태를 야기한다. 그러한 상태의 사랑을 위해 사람들은 고통의 불쾌감도 좋아하게 된다.〉[2b] 프로이트는 그러한 자신으로의 선회에는 두 단계가 있다고 지적하고 있다. 하나는 주체가 〈자기 자신을 고통스럽게 하는se faire souffrir lui-même〉 단계로 강박신경증에서 특히 분명히 드러나는 태도이고, 다른 하나는 고유한 의미에서의 피학증을 특징짓는 것으로, 주체가 〈타인으로 하여금 자기에게 고통을 가하게 하는se faire infliger de la douleur par une pesonne étrangère〉 단계이다. 즉 〈고통스럽게 하다faire souffrir〉라는 동사가 〈受〉動態(수동태)로 넘어가기 전에, 재귀적인 〈中〉間態(중간태)를 거치는 것이다.[2c] 그리고 마지막에 가학증은 성적인 의미에서 피학증적인 입장의 새로운 선회를 내포하게 된다.

연속적인 그 두 선회에서 프로이트가 강조하는 것은, 환상에서 타자와의 동일시의 역할이다: 피학증에서 〈…… 수동적 자아는 이전의 자기 자리에, 즉 지금은 외부 주체에게 양도한 자리에 자신을 위치시킨다.〉[2d] 마찬가지로 가

가학증─피학증, 가학-피학증[사도-마조히즘]

학증에서는 〈…… 타자에게 [고통을] 가하면서, 동시에 고통스러워하는 대상과의 동일시를 통해 피학증적으로 [그 고통을] 즐긴다.〉[2e, α]

주목할 것은, 그 과정에서 성(性)이 상호주체적인 차원과 환상의 출현에 상관적으로 개입한다는 것이다.

비록 프로이트가 그 단계의 생각을 다음 단계의 생각과 비교해서 정의 내리는 관계로, 대조적으로 가학증으로부터 피학증을 연역해 넘으로써, 그 당시에는 원초적 피학증이라는 명제를 인정하지 않았다고 하더라도, 피학증-가학증이라는 쌍을 그 본래의 의미인 성적인 의미로 이해한다면, 그가 피학증의 시기를 이미 최초의 근본적인 것으로 간주하고 있음을 볼 수 있다.

죽음 욕동의 도입과 함께, 프로이트는 그가 원초적 피학증이라고 부르는 것이 존재한다는 것을 이론적으로 제기한다. 신화적인 최초의 단계에서는, 죽음 욕동 전체가 자기 자신을 향해 있었다. 그러나 그것은 아직 프로이트가 원초적 피학증이라 명명하는 것이 아니다. 대부분의 죽음 욕동을 외부 세계를 향하게 하는 것은 리비도의 소관이다: 〈그 욕동의 일부분은 직접 성욕동에 이바지하게 된다. 거기서[성욕동에서] 그것의 역할은 중요하다. 그것이 바로 엄밀한 의미에서의 가학증이다. 다른 부분은 외부로 방향을 돌리지 않고 유기체에 남아, 그 욕동이 동반하는 성적 흥분의 도움으로 리비도적으로 유기체와 결합한다 [……]. 우리는 여기서 원초적인 성감적 피학증을 식별해낼 수 있다.〉[3a]

만약 프로이트 자신이 느끼고 있었던 용어상의 동요를 눈감아준다면,[3b] 죽음 욕동이 완전히 개인 자신을 향하는 최초의 상태는, 가학증적 태도와 일치하지 않는 만큼 피학증적인 태도와도 일치하지 않는다.

그와 같은 움직임에서 리비도와 결합된 죽음 욕동은 성애적 가학증과 성애적 피학증으로 나뉜다. 마지막으로 지적할 것은, 그러한 가학증은 이번에는 〈원초적 피학증에 덧붙여진 2차적 피학증〉[3c]으로 주체에게로 선회한다는 것이다.

*

프로이트는 어린아이의 발달에서, 리비도의 여러 조직하에서 가학증과 피학증이 차지하는 몫을 기술하고 있다. 그는 그것들이 처음에는 주로 가학적 항문기*에 활동하지만, [나중에는] 다른 단계(→ **가학적 구강기, 식인적, 결합-분리**)

에서도 활동하는 것으로 인정했다. 다 아는 바와 같이, 가학증-피학증의 대립에서 현저하게 실현되는 능동-수동*의 쌍을, 프로이트는 주체의 성생활을 특징짓는 커다란 양극성 중의 하나로 보고 있다. 그것은 그것을 계승하는 쌍 — 남근-거세, 남성-여성 — 에서도 나타난다.

가학증-피학증 쌍의 주체 내의 기능은, 프로이트에 의해, 특히 가학적 초자아와 피학적 자아를 대립시키는 변증법에서 발견된다.[3d, 4]

*

프로이트는 명백한 도착증에서의 가학증-피학증의 상관관계를 드러냈을 뿐아니라, 환상에서, 그리고 마지막으로 주체 내의 갈등에서 그 두 입장의 역전 가능성을 지적하고 있다. 그러한 방향에서 라가슈는 특히 가학-피학증이라는 개념을 강조하면서, 그것을 주체 간의 관계의 중심축으로 삼고 있다. 심리적 갈등과 그것의 중심 형태인 오이디푸스적인 갈등은 [라가슈에게] 요구들의 갈등으로 이해될 수 있다.(→ **심리적 갈등**) 〈…… 요구자의 입장은 잠재적으로 피해자-박해자의 입장이다. 왜냐하면 요구의 중재는 필연적으로 모든 권력의 개입이 내포하고 있는 지배-복종의 형태인 가학-피학증적 관계를 끌어들이기 때문이다.〉[5]

α 환상의 구조에서 가학증과 피학증의 연결에 대해서는 「〈매 맞는 아이〉」(1919) 참조.

β 라가슈가 제시하고 있는 가학-피학증의 개념의 적용 범위에 대해서는 주5에서 인용한 텍스트 참조.

1 프로이트 S., 『성이론에 관한 세 편의 논문』, 1905.
  a 전집 VII, 50[46] ; G.W., V, 59 ; S.E., VII, 159 ; 프, 46[O.C., VI, 93].
  b 1915년에 첨가된 문단: 전집 VII, 49(전집에서는 누락되어 있음) ; G.W., V, 58 ; S.E., VII, 159 ; 프, 45[O.C., VI, 92].
2 프로이트 S., 「욕동과 욕동의 운명」, 1915.
  a 전집 XI, 116[114] ; G.W., X, 221 ; S.E., XIV, 128 ; 프, 46[O.C., XIII, 175-6].
  b 전집 XI, 116[114] ; G.W., X, 221 ; S.E., XIV, 128 ; 프, 46[O.C., XIII, 176].
  c 전집 XI, 115[114] ; G.W., X, 221 ; S.E., XIV, 128 ; 프, 45[O.C., XIII, 175] 참조.
  d 전집 XI, 115[113] ; G.W., X, 220 ; S.E., XIV, 128 ; 프, 45[O.C., XIII, 175].
  e 전집 XI, 116[114] ; G.W., X, 221 ; S.E., XIV, 129 ; 프, 46[O.C., XIII, 176].
3 프로이트 S., 「피학증의 경제학적 문제」, 1924.
  a 전집 XI, 423[429-30] ; G.W., XIII, 376 ; S.E., XIX, 163-4 ; 프, 216[O.C., XVII, 16].

가학증—피학증, 가학-피학증[사도-마조히즘]

b 전집 XI, 424[430] ; G.W., XIII, 377 ; S.E., XIX, 164 ; 프, 217[O.C., XVII, 16] 참조.
c 전집 XI, 424[430-1] ; G.W., XIII, 377 ; S.E., XIX, 164 ; 프, 217[O.C., XVII, 17].
d *passim.* 참조.
4 프로이트 S., 『자아와 그거』, 1923. 5장 : 전집 XI, 392-407[397-413] ; G.W., XIII, 277-89 ; S.E., XIX, 48-59 ; 프, 205-18[O.C., XVI, 290-301].
5 Lagache D., "Situation de l'agressivité", in *Bull. Psycho.*, XIV, 1, 1960, 99-112.

강박, 강박적

프: *compulsion, compulsionnel*. 독: *Zwang, Zwangs-*. 영: *compulsion, compulsive*. 스: *compulsion, compulsivo*. 이: *coazione, coattivo*. 포: *compulsão, compulsivo*.

임상적으로 환자가 내적인 강제에 의하여 실행하지 않을 수 없는 행동의 형태를 말한다. 사고(강박관념), 행동, 방어 작용, 그리고 복잡한 연속 행위가 실행되지 않을 때 불안이 상승하면 강박적이라고 부른다.

1. 프로이트의 어휘에서 *Zwang*(강박)은 강제적인 내적 힘을 가리킬 때 쓰인다. 그것은 흔히 강박신경증의 틀에서 사용된다. 그때 그것은 환자가 그런 식으로 행동하고 사고하려는 힘에 의해 강제되는 것을 느껴, 그 힘에 대항하여 싸운다는 것을 의미한다.

경우에 따라서, 강박신경증 밖에서는 그러한 내포적 의미가 존재하지 않기도 한다. 환자는 그가 무의식적인 원형에 따라서 실행하는 행위에 대립한다는 것을 의식적으로 느끼지 못한다. 그것은 특히 프로이트가 반복 강박 *Wiederholungszwang*; *compulsion de répétition*과 운명강박 *Schicksalszwang*; *compulsion de destinée*이라고 명명하는 경우가 그렇다.(→ **운명신경증**)

프로이트에게 일반적으로 *Zwang*(강박)은 강박신경증의 임상에서 그것이 갖고 있는 의미보다 더 넓고 기본적인 의미로 쓰이고 있으며, 욕동에서 가장 근본적인 것을 드러내 주는 열쇠이다: 〈무의식의 심리에서 우리는 반복 강박의 지배력을 알 수 있다. 그것은 욕동의 움직임으로부터 나오며, 아마 욕동의 가장 깊은 본질에 내재하며, 쾌락원칙을 넘어설 만큼 충분히 강력하고, 심리 생활의 어떤 양상에 악마적인 성격을 제공한다……〉[1]

Zwang(강박)의 그러한 본질적인 의미는 일종의 숙명*fatum*과 혈연관계를

맺고 있다. 우리는 프로이트가 신탁의 말을 가리키면서 오이디푸스 신화에 대해 말할 때 그러한 의미를 발견할 수 있다. 「정신분석 개요」(1938)의 다음 구절이 그러한 사실을 보여 주고 있다: 〈…주인공의 무죄를 밝혀야 하는 신탁의 *Zwang*(강박)은, 모든 아들로 하여금 오이디푸스 콤플렉스를 거치게 하는 운명의 냉혹함에 대한 인식이다.〉[2, α]

2. 프랑스어로 *compulsion*과 *compulsionnel*은 *compulsif*와 같은 라틴 어 어원(*compellere*)을 갖고 있다: 그것은 〈강요하다*qui pousse*〉, 〈강제하다*qui contraint*〉라는 뜻이다. 우리는 *compulsion*을 독일어 *Zwang*의 번역어로 선택했다. 그러나 다른 한편으로, 프랑스의 임상에서는 주체가 갖지 않을 수 없다고 느끼는, 말 그대로 포위되었다고 느끼는 생각을 가리키기 위해서 강박관념*obsession*이라는 용어를 사용한다. 그래서 어떤 경우에는 *Zwang*이 강박관념으로 번역된다: 즉, *Zwangsneurose*는 *névrose obsessionnelle*[강박(신경)증]로 번역되고, *Zwangsvorstellung*은 *représentation obsédante*(강박 표상)나 *obsession de…*(……강박관념)로 번역된다. 그 대신, 행위가 문제될 때는 *compulsion*(강박)이나 *action compulsionnelle* (*Zwangshandlung*: 강박 행동), 또는 *compulsion de répétition*(반복 강박) 등의 표현을 사용한다.

마지막으로, *compulsion*은 프랑스어로 어근이 *pulsion*(욕동*)과 *impulsion* (충동)과 같은 계열에 있다는 것에 주목할 필요가 있다. *compulsion*과 *pulsion* 사이의 어원적인 혈연성은 *Zwang*이라는 프로이트의 개념과 아주 일치한다. *compulsion*과 *impulsion*의 용법에는 민감한 차이가 있다. *Impulsion*은 이러저러한 행위를 수행하려는 경향이 갑작스럽고 급박하다고 느껴질 만큼 돌발하는 것을 가리킨다. 그때 그러한 행위는 모든 통제를 벗어나서, 일반적으로 감정의 영향 하에 이루어진다. 거기에는 강박관념과 행동의 투쟁도 복잡성도 없고, 반복 강박의 환상적인 시나리오에 따라 구성된 특성도 없다.

α 플리스에게 보낸 1897년 10월 15일자 편지의 다음과 같은 구절을 참조할 것: 〈그리스 신화는 *Zwang*을 파악하고 있다. 각자는 그 *Zwang*(강박)을 알고 있다. 왜냐하면 각자가 자기 속에서 그것의 존재를 느끼고 있기 때문이다.〉[3]

1 프로이트 S., 「섬뜩함」, 1919. 전집 XIV, 430[447] ; G.W., XII, 251 ; S.E., XVII, 238 ; 프, 191 [O.C., XV, 172].
2 프로이트 S., 「정신분석 개요」, 1938. 전집 XV, 470[492] ; G.W., XVII, 119 ; S.E.,

XXIII, 192 ; 프, 63[O.C., XX, 286].

3 프로이트 S., 「플리스에게 보낸 편지」, 『정신분석의 탄생』, 1887~1902. 한, 167 ; 독, 238 ; 영, 223 ; 프, 198.

강박(신경)증

프: *névrose obsessionnelle*. 독: *Zwangsneurose*. 영: *obsessional neurosis*. 스: *neurosis obsesiva*. 이: *nevrosi ossessiva*. 포: *neurose obsessiva*.

프로이트가 분류한 신경증으로 정신분석 임상의 주요한 틀 중의 하나.

[그것의] 가장 전형적인 형태에서는, 심리적 갈등이 소위 강박적인 증상 — 즉 강박관념, 원치 않는 행동을 하려는 강박, 그러한 생각과 경향에 대한 반대 투쟁, 주술(呪術) 등 — 과, 어떤 사고 방식 — 즉 정신적 반추 행위, 의심, 양심의 가책을 특징으로 하기 때문에 생각과 행동을 억제하게 되는 사고 방식 — 로 나타난다.

프로이트는 강박증의 병인학적인 특수성을 차례차례 끌어낸다: 기제의 관점에서, 최초의 갈등과 다소 거리가 먼 표상으로의 정동의 이동, 고립*, 소급적 취소*; 욕동의 삶의 관점에서, 양가성*, 항문기*에의 고착과 퇴행*; 마지막으로 지형학적 관점에서, 자아와 특별히 잔인한 초자아 사이의 긴장 형태로 내면화된 가학-피학증적 관계가 그것이다. 이러한 강박증에 밑에 숨어 있는 역학의 조명과, 다른 한편으로 항문기적 특성과 그것을 구성하는 반동형성*에 대한 기술은, 고유한 의미의 증상이 처음에는 명확하지 않은 임상도를 강박신경증에 결부시키도록 허락한다.

우선 강조할 것은, 오늘날 보편적으로 받아들여지고 있는 질병의 실체인 강박증이 프로이트에 의해 독립되고 구분된 것은 1894년과 95년 사이의 일이라는 사실이다: 〈나는 질병학적인 혁신으로부터 내 연구를 시작해야만 했다. 대부분의 연구자들이 강박관념을 정신적인 퇴화를 구성하는 증상군으로 분류하거나 그것을 신경쇠약과 혼동하지만, 나는 강박신경증(*Zwangsneurose*; *névrose des obsessions*)을 자율적이고 독립적인 증상으로 히스테리 옆에 위치시킬 이유를 발견했다.〉[1a] 프로이트는 강박관념의 심리 기제를 분석하는 것으로부터 시작하여,[2] 오래 전부터 기술되어 오면서(감정, 관념, 강박 행동 등) 아주 다양한 질병학적인 틀(마냥Magnan의 〈퇴화〉, 뒤프레Dupré의 〈감정적 기질〉, 비어드Beard의 〈신경쇠약*neurasthénie*〉 등)과 결부되어 왔던 증상들을, 하나의 정신신경증으로 재분류한다.[3, 1b] 자네Janet는 프로이트 이후 얼마 뒤에, 정신쇠약*psychasthénie*이라는 명칭으로, 프로이트가 강박증이라는 이름을 붙여준 것과 유사한 신경증을 기술한다. 그러나 그는 그의 기술을 [프로이트와는] 다른 병인학적 개념에 초점을 둔다. 즉 그에게 강박 투쟁 자체를 결정짓는 근본적인 것은 결손 상태, 정신적인 종합의 결함, 심리 기능의 쇠약이다. 반면에 프로이트에게 의심과 억제는 환자의 에너지를 동원하거나 가로막는 갈등의 결과이다.[4]

뒤이어 정신분석 이론 내에서 강박증의 특수성이 계속해서 입증된다.

정신분석의 발달과 함께 증상보다는 강박증의 구조를 점점 더 강조하게 된다. 그에 따라 전문용어의 관점에서 *névrose obsessionnelle*(강박(관념)증)이라는 용어의 기술적인 가치에 대해 자문해보아야 할 것이다.

우선 주목할 것은, 그것은 *Zwangsneurose*라는 독어의 정확한 번역어가 아니라는 사실이다. 왜냐하면 *Zwang*은 사고나 관념 강박*Zwangsvorstellungen*뿐 아니라, 행위 강박*Zwangshandlungen*과 정동강박*Zwangsaffekte*도 가리키기 때문이다. (→ **강박**)[α] 다른 한편으로, *névrose obsessionnelle*(강박증)이라는 용어는 사실, 구조보다는 본질적인 증상에 관심을 집중시키고 있다. 그런데 분명한 강박 사고가 없는데도 강박관념적인*obsessionnelle* 구조, 성격, 환자라고 말하는 일이 자주 있다. 그러한 의미에서, 오늘날에는 용어 사용에서, 아주 분명한 강박사고를 보여주는 환자에게는 〈*obsédé*(강박(관념)증자)〉라는 용어를 마련해주는 경향이 있다.

α 프로이트 자신은 *Zwangsneurose*를 〈*névrose des obsessions*〉[1c]이나 〈*névrose d'obsessions*〉[1d]으로 번역한다.

1 프로이트 S., 「유전과 신경증의 병인」(1896), in 『신경증의 병인』.
a G.W., I, 411 ; S.E., III, 146 ; 프, 50[O.C., III, 110].
b G.W., I, 407-22 ; S.E., III, 143-56 ; 프, 47-60[O.C., III, 107-20] 참조.
c G.W., I, 411 ; S.E., III, 146 ; 프, 50[O.C., III, 110].
d G.W., I, 420 ; S.E., III, 155 ; 프, 58[O.C., III, 119].
2 프로이트 S., 「방어-신경정신증」(1894), in 『신경증의 병인』. G.W., I, 59-74 ; S.E., III, 45-68 ; 프, 1-14[O.C., III, 3-18] 참조.
3 프로이트 S., 「방어-신경정신증에 관한 진전된 고찰」(1896), in 『신경증의 병인』. G.W., I, 377-403 ; S.E., III, 162-85 ; 프, 61-82[O.C., III, 123-46].

4 Janet P., *Les obsessions et la psychasthénie*, 1903.

거세 콤플렉스

프: *complexe de castration*. 독: *Kastrationkomplex*. 영: *castration complex*. 스: *complejo de castración*. 이: *complesso di castrazione*. 포: *complexo de castração*.

거세 환상에 집중되어 있는 콤플렉스. 이 환상은 성의 해부학적인 차이(자지의 존재나 부재)가 어린아이에게 제기하는 수수께끼에 대한 대답으로 나온 것이다. 어린아이는 그러한 차이를, 여자아이에게 자지가 제거된 탓으로 돌린다.

거세 콤플렉스의 구조와 효과는 남자아이와 여자아이가 다르다. 남자아이는 거세를, 그의 성적 활동에 대한 회답인 아버지의 위협으로 두려워한다. 그로 인해 그에게는 심한 거세 불안이 생긴다. 여자아이는 자지의 부재를 피해로 느끼고, 그것을 부정하거나 보상하거나 수선하려고 한다.

거세 콤플렉스는 오이디푸스 콤플렉스, 특히 오이디푸스 콤플렉스의 규범적인 금지 기능과 밀접한 관계가 있다.

꼬마 한스의 분석은 프로이트가 거세 콤플렉스를 발견하는 데 결정적인 역할을 한다.[a]

거세 콤플렉스가 처음으로 기술된 것은 1908년이다. 그것은 모든 인간 존재에게 자지를 부여한 결과, 두 성의 해부학적인 차이를 거세에 의해서 설명할 수밖에 없는 〈유년기의 성이론〉과 관계가 있다. 그 콤플렉스의 보편성은 지적되지 않았지만, 암암리에 인정되고 있다. 거세 콤플렉스는 두 성 모두에게 자지의 우위와 결부되어 있고, 거기에 이미 그것의 자기애적인 의미가 나타나 있다: 〈자지는 어린 시절에 이미 주도적인 성감대이고, 가장 중요한 자기-성애적인 성적 대상이다. 그것에 대한 가치부여는 논리적으로, 본질적인 구성 요소인 그 부분이 없으면 자기 자신과 같은 사람을 상상할 수 없다는 사실에서 드러난다.〉[1]

그때부터 거세 환상은 다양한 상징 아래서 재발견된다. 즉 위협의 대상은 이동될 수 있고(오이디푸스의 실명, 이빨 뽑기 등), 행위는 육체적 완전성에 대한 다른 타격(사고, 매독, 외과 수술)이나, 심리적 완전성에 대한 다른 타격

(자위의 결과로서 광증)에 의해 왜곡되거나 대체될 수 있고, 아버지의 대리인은 아주 다양한 대체물(공포증자에게 불안을 일으키는 동물들)을 찾을 수 있다. 거세 콤플렉스의 임상적 효과는 전 범위에 걸쳐 있다고 생각되고 있다: 자지선망*, 처녀성의 터부, 열등감* 등이 그것이다. 그것의 양태는 정신병리학적인 구조 전체에서, 특히 도착증(동성애, 물품성애증)에서 관찰되고 있다.[β] 그러나 거세 콤플렉스가 두 성 모두에게서 유년기의 성의 발달에 본질적인 위치를 차지하고, 그것과 오이디푸스 콤플렉스의 연결이 분명히 공식화되어 그것의 보편성이 완전히 확립되는 것은 상당한 시간이 지난 다음이다. 그러한 이론화는 프로이트가 남근기*를 도출하는 것과 관계가 있다: 〈유년기의 성기 조직 단계에는 남성만 있고 여성은 없다. 〈남성 성기냐 거세냐〉의 양자택일이 있을 뿐이다.〉[2] 두 성 모두에게 거세 콤플렉스의 통일성은 공동의 토대에 의해서만 생각될 수 있다. 즉 거세의 대상 — 남근 — 은 그 단계에서 여자아이와 남자아이 모두에게 똑같이 중요성을 띠고 있다. 똑같은 문제 — 남근(→ 이 항목 참조)의 소유냐 아니냐 — 가 제기되는 것이다. 그리하여 거세 콤플렉스는 모든 분석에서 한결같이 발견된다.[3a]

거세 콤플렉스 이론의 두 번째 특징은, 자기애에서의 그것의 영향력이다. 어린아이는 남근을 자아의 이미지의 본질적인 부분으로 간주한다. 그것에 대한 위협은 그 이미지를 근본적으로 위험에 빠뜨리는 것이다. 그러한 위협의 효력은 남근의 우위와 자기애에 대한 상처라는 두 가지 요소의 결합으로부터 나온다.

프로이트가 기술한 대로, 경험적으로 거세 콤플렉스가 발생하려면 두 가지 사실의 역할이 필요하다. 즉 어린아이가 해부학적인 차이를 〈확인〉하는 것은 그 콤플렉스의 출현에 필수적이다. 그것은 현실적일 수도 있고 환상적일 수도 있는 거세 〈위협〉을 현실화하고 정당화한다. 남자아이에게 거세의 대리인은 아버지이다. 요컨대 남자아이는 다른 사람들에 의해 표명되는 모든 위협을 아버지의 권위로 간주한다. 여자아이의 상황은 그렇게 분명하지 않다. 그녀는 아마 아버지에 의해 실제로 거세되었다고 느끼는 것 이상으로 어머니에 의해 자지가 박탈되었다고 느낀다.

오이디푸스 콤플렉스에 대한 거세 콤플렉스의 위치는 두 성에서 서로 다르다. 여자아이에게 거세 콤플렉스는 아버지의 자지를 욕망하는 쪽으로 [성적인] 탐구를 열어준다. 반대로 남자아이에게 그것은 오이디푸스 콤플렉스의 최종 고비의 표시이다. 그것은 남자아이에게 어머니라는 대상을 금지시킨다. 거세 불안은 아이에게 잠복기*의 발단이 되고, 초자아의 형성*을 재촉한다.[4]

*

거세 콤플렉스는 실제 분석에서 끊임없이 마주친다. 모든 인간 존재에게 거의 변함없이 존재하는 그것을 어떻게 설명할 수 있을까? 그런데 그것의 기원에 있어야 할 현실적인 위협은 어떤 경우에도 발견되지 않는다(하물며 실행되는 경우는 더욱더 없다). 게다가 여자아이는 사실상 자기가 가지고 있지도 않은 것을 박탈당하는 위협을 받을 수는 없다. 그러한 편차는 자연스럽게 정신분석가로 하여금 거세 위협과 다른 현실 위에, 거세 콤플렉스를 세우도록 인도한다. 그러한 이론의 조성에는 여러 가지 방향이 있다.

　우선 거세 불안을 일련의 외상 경험 속에 위치시킬 수 있다. 거기에는 대상의 상실이나 분리 — 포유(哺乳), 이유(離乳), 배변이라는 순환 속에 있는 젖가슴의 상실 — 라는 요소가 개입한다. 그러한 계열은 정신분석가들이 도출해낸, 주체와 분리된 여러 부분 대상* — 자지, 젖가슴, 똥 그리고 분만되는 아이 — 사이의 상징적인 등가 관계에서, 그것의 확증을 찾을 수 있다. 프로이트는 1917년에 특별히 자지=똥=아기라는 등식을 암시하는 논문을, 그 등식 때문에 가능해지는 욕망의 변화와, 그 욕망과 거세 콤플렉스와 자기애적인 요구의 관계에 바친다: 〈자지는 육체에서 분리될 수 있는 어떤 것으로 인식되고, 버려야만 하는 최초의 육체의 조각인 똥과 유사성의 관계에 놓인다.〉[5]

　똑같은 탐구의 방향에서 쉬태르케A. Stärcke는 최초로, 포유 경험과 젖가슴의 박탈의 경험을 거세의 원형으로 강조한다: 〈…… 다른 사람으로부터 받은 자지와 유사한 육체의 일부분은, 어린아이에게 그의 것으로 제공된 뒤(쾌감이 결합된 상황), 그 아이에게서 박탈됨으로써 그에게 불쾌감을 야기한다.〉[6a] 그러한 1차적 거세 — 젖가슴을 점령할 때마다 반복되다가 이유(離乳) 때 절정에 이르는 — 는, 거세 콤플렉스의 보편성을 설명할 수 있는 유일한 현실 경험이다. 어머니의 젖꼭지의 철수는, 거세 콤플렉스를 구성하는 사고(思考)와 두려움과 욕망 뒤에서 발견되는 궁극적인 무의식적 의미이다.

　거세 콤플렉스의 기반을 실제로 체험한 최초의 경험 위에 세우려는 방향에서, 랑크는 탄생의 외상 속에서 어머니와 분리되고, 그러한 분리에 대한 육체적인 반응이 그 이후의 모든 불안의 원형이 된다는 명제를 내세운다. 그리하여 그는 거세 불안을, 탄생의 불안이 일련의 긴 외상 경험을 거쳐 형성되는 반향으로 간주하기에 이른다.

그러한 서로 다른 이론에 대한 프로이트의 입장은 미묘하다. 그는 거세 콤플렉스의 〈뿌리〉가 구강기적이고 항문기적인 분리 경험에 있다는 것을 인정할 때조차, 거세 콤플렉스라는 용어를 〈…… 자지의 상실과 관련된 흥분과 결과로 남겨두어야 한다.〉[3b]고 주장한다. 여기서 프로이트에게 문제가 되는 것은, 용어상의 엄밀함에 대한 배려와는 다른 것이다. 프로이트는 『억제, 증상 그리고 불안』(1926)에서 랑크의 명제에 대해 길게 논의하면서, 가능한 한 기원과 가까운 곳에서 거세 불안의 기초를 찾고, 자기애적으로 가치 부여된 대상의 상실과 분리라는 범주의 작용을, 가장 최초의 어린 시절과, 동시에 아주 다양하게 체험된 경험(가령 초자아와의 분리 불안으로 해석되는 도덕적 불안)에서 발견하려는 시도에 대해 관심을 표명한다. 그러나 다른 측면에서, 랑크의 명제와 구별되려는 프로이트의 배려와, 동시에 종합 작업으로서 정신분석적인 임상 전체를 거세 콤플렉스 — 문자적인 의미로서의 — 에 집중시키려는 그의 집요함은, 『억제, 증상 그리고 불안』의 매 페이지에서 엿볼 수 있다.

그러나 그러한 방향[랑크 식]의 접근에 완전히 뛰어드는 것을 프로이트가 망설이는 것에는, 그의 여러 개념이 보여주고 있는 기본적인 이론적 제약이라는 좀 더 깊은 이유가 있다. 가령 사후작용*이라는 개념이 그렇다. 그 개념은 원형적 경험이라는 온전한 기능을 가질 수 있는 경험 이전으로 점점 더 멀리 찾아 들어가야 한다는 그 명제[랑크 식]를 수정한다. 또한 프로이트가 거세 행위를 위치시키는 원(초적)환상*의 범주가 특히 그렇다. 여기서 두 용어 모두 색인의 가치를 갖고 있다: 즉 〈환상〉이라는 말은 거세가 효과를 발휘하기 위해서는 실행되어서도 안 될 뿐더러, 부모의 편에서 명확한 표명의 대상이 되어서도 안 된다는 것을 보여주고 있다; 또한 〈원초적〉이라는 말은 남근기에만 일어나는 거세 불안이 불안을 일으키는 일련의 경험에서 최초는 아닐지라도, 거세가 인간들 사이의 관계 콤플렉스의 여러 측면 중의 하나 — 즉 인간 존재의 성적인 욕망이 기원(起源)하고 구조화되고 특수성이 규정되는 — 라는 사실을 의미한다. 정신분석이 거세 콤플렉스에 부여한 역할은, 오이디푸스 콤플렉스의 구조화하는 기능과 핵심적인 특징에 대한 기본 명제 — 프로이트가 끊임없이 확인하고 있는 — 와 관련시키지 않는다면 이해될 수 없는 것이다.

남자아이의 경우에 국한하더라도, 우리는 프로이트의 거세 콤플렉스 이론의 모순을 보여줄 수 있다. 어린아이는 거세의 고비를 통과했을 때, 다시 말해 어머니에 대한 그의 욕망의 도구로 자지를 사용하는 것을 거부당했을 때, 비로소 오이디푸스 콤플렉스를 넘어서 아버지와 동일시에 이를 수 있다. 거세 콤플렉스는 어떤 용도의 법이 항상 금지와 관련이 있는 문화적 질서와 대조되어야 한다. 근친상간의 금지에 조인하고 있는 〈거세 위협〉은, 『토템과 터부』(1912)에서 원초적 아버지 〈이론〉이 신화적으로 예증해 보여주고 있듯이, 인간의 질서를 세우는 것으로서의 법(Loi)의 기능을 구현하고 있다. 거기서 원초적 아버지는 아들을 거세해버리겠다는 협박 하에, 유목민의 여자들에 대한 성적인 독점권을 갖고 있다.

거세 콤플렉스가 구체적인 경험에서 다면체로 나타날 수도 있고, 서로 다르면서 동시에 상보적인 표현 — 주체와 타인이라는 말이 서로 결합되고, 〈잃다〉와 〈받다〉라는 말이 서로 결합되는, 쉬테르케가 제시한 아래의 표현과 같은 — 으로 귀결될 수 있는 것은, 정확히 그것이 성적 대상의 교환의 형태로 인간 사이의 교환을 결정하는 선험적인 조건이기 때문이다:

〈1. 나는 거세당했다(성적으로 박탈당했다), 나는 거세당할 것이다.

2. 나는 자지를 받을 것이다(받기를 원한다).

3. 다른 사람이 거세당했다(당해야 한다, 당할 것이다).

4. 다른 사람이 자지를 받을 것이다(자지를 갖고 있다).〉[6b]

α 『꿈의 해석』(1900)에서 거세에 관한 모든 구절은, 크로노스Kronos를 거세하는 제우스Zeus를 암시하는 구절 — 사실은 잘못된 — 을 제외하면, 1911년이나 후일의 판본에서 첨가된 것이다.

β 그러한 관점에서, 거세 콤플렉스의 양태와 변모를, 주요한 참고 축 중의 하나로 삼는 정신분석적 질병기술학을 생각해볼 수 있다. 프로이트는 말년의 작업에서 신경증[7]과 물품성애증과 정신증에 대해 그런 식으로 접근한 바 있다.

1 프로이트 S., 「어린아이의 성이론에 관하여」, 1908. 전집 VII, 174[158] ; G.W., VII, 178 ; S.E., IX, 215-6 ; 프, [O.C., VIII, 233].

2 프로이트 S., 「유년기의 성기 조직」, 1923. 전집 VII, 290[267] ; G.W., XIII, 297 ; S.E., XIX, 145 ; 프, 116[O.C., XVI, 309].

3 프로이트 S., 「다섯 살배기 남자아이의 공포증 분석: 꼬마 한스」, 1909.

a 전집 VIII, 14[14], n. 5 ; G.W., VII, 246, n. 1 (1923년에 첨가) ; S.E., X, 8, n. 2 ; 프, 95-6, n.[O.C., IX, 7, n.2] 참조.

b 전집 VIII, 14[14], n. 5 ; G.W., VII, 246, n. 1 (1923년에 첨가) ; S.E., X, 8, n. 2 ; 프, 95-6, n.[O.C., IX, 7, n.2].

4 프로이트 S., 「오이디푸스 콤플렉스의 소멸」, 1924. 전집 VII, 293[271] sqq. ; G.W., XIII, 395 sqq. ; S.E., XIX, 173 sqq. ; 프, 394[O.C., XVII, 27] sqq. 참조.

5 프로이트 S., 「특히 항문 성애에서의 욕동의 변형에 관하여」, 1917. 전집 VII, 282[260] ; G.W., X, 409 ; S.E., XVII, 133; 프, [O.C., XV, 61].

6 Stärcke A., "The castration complex", in *I.J.P.*, 1921, II.

a 182.

b 180.

7 프로이트 S., 『억제, 증상 그리고 불안』, 1926. 전집 X, 223-35[232-45] ; G.W., XIV, 129-39 ; S.E., XX, 101-10 ; 프, 19-29[O.C., XVII, 218-28].

거울 단계

프: *stade du miroir*. 독: *Spiegelstufe*. 영: *mirror stage*(또는 *mirror phase*). 스: *fase del espejo*. 이: *stadio dello specchio*. 포: *fase do espelho*.

라캉에 따르면, 생후 6개월부터 18개월 사이에 해당하는 인간 존재의 구성 국면[a]을 가리킨다. 어린아이는 아직 무능력하고 운동 능력이 없는 상태이기 때문에, 상상적으로 자신의 신체의 통일성에 대한 이해와 지배를 예상한다. 그러한 상상적 통일은 전체적인 형태로서의 닮은자*semblable*의 이미지와의 동일시에 의해 이루어진다. 그것은 거울 속의 자신의 이미지를 지각해 가는 구체적인 경험에 의해 예증되고 구현된다.

거울 단계는 나중에 자아가 될 것의 원형과 윤곽을 구성한다.

거울 단계라는 개념은 라캉의 가장 오래된 업적 중의 하나이다. 그는 그것을 1936년 마리엔바트Marienbad의 국제 정신분석학회에서 처음 발표한다.[1a]

그 개념은 다음과 같이 둘로 나눌 수 있는 수많은 경험 자료에 근거하고 있다:

1) 거울 속에 비친 자신의 이미지 앞에서의 어린아이의 행동에 관한 아동 심리학과 비교 심리학에서 빌려온 자료.[2] 라캉은 〈······ 환희의 몸짓과, 거울의 이미지와의 동일시가 통제되는 데 따른 장난기 어린 자기충족을 동반하는 승리에 찬 이미지의 인수(引受)〉에 주목한다.[3a]

2) 동물 행동학에서 빌려온 자료. 그것은 닮은자에 대한 시각적 지각에 의

해 이루어지는 성숙과 생물학적인 조직화의 어떤 결과를 보여주고 있다.[3b]

라캉에 따르면, 인간에게 거울 단계의 영향력은 탄생의 조산성[β] — 객관적으로 피라미드 체계의 해부학적인 불완전함으로 증명되고 있는 — 과, 생후 몇 달간의 운동 능력의 결함[γ]과 결부되어 있다.

*

1. 주체의 구조의 관점에서, 거울 단계는 근본적인 발생 순간, 즉, 최초의 자아의 윤곽을 구성한다. 실제로 유아는 닮은자의 이미지나 거울 속의 자기 자신의 이미지를 하나의 〈형태Gestalt〉로 지각하고, 그 속에서 객관적으로 그에게 결여되어 있는 신체적인 통일성을 예상한다(거기서 〈환희〉가 생긴다). 달리 말하면, 유아는 그 이미지와 자신을 동일시한다. 그러한 원초적인 체험은, 처음부터 〈이상적 자아〉나 〈2차적 동일시의 근원〉으로 구성되는 상상적인 자아의 기반이 된다.[1b] 그러한 관점에서, 주체는 자아로 환원될 수 없는 것이 분명하다. 왜냐하면 자아는 상상적인 심역으로, 주체는 거기서 소외되는 경향이 있기 때문이다.

2. 라캉에 따르면, 주체 간의 관계는 거울 단계의 영향으로 점철되어 있기 때문에, 상상적이고 양자적인 관계로, 자아가 타자un autre로 구성되고, 타인autrui은 〈타아(他我)alter ego〉로서 구성되는, 공격적인 긴장으로 특징지어지는 관계이다.(→ 상상계)

3. 그러한 개념은 자아의 구성에 선행하는 자기-성애*에서, 엄밀한 의미의 자기애*로 이행하는 것에 대한 프로이트의 관점과 비교할 수 있다. 전자의 단계에 일치하는 것을 라캉은 〈조각난 몸le corps morcelé〉의 환상이라고 명명하고 있고, 거울 단계는 1차적 자기애의 도래와 일치한다. 그러나 중요한 뉘앙스의 차이가 있다: 라캉은 거울 단계가 소급적으로 조각난 몸의 환상을 만든다고 보고 있다. 그러한 변증법적인 관계는 정신분석 치료에서도 관찰되고 있다. 즉, 파편화에 대한 불안은 자기애적인 동일시의 상실을 통해 나타난다. 그 역도 마찬가지이다.

α 아마 phase(국면) — 전환점moment tournant — 이라는 말이, stade(단계) — 심리-생물학적인 성숙 단계étape — 라는 말보다 더 적합할 것이다. 라캉 자신도 그렇게 지적하고 있다.

β 프로이트는 이미 출생 당시의 인간의 미성숙에 대한 기본적인 개념을 강조한 바 있다.

〈무원 상태〉라는 항목의 해설 참조. 특히 거기에 인용된 『억제, 증상 그리고 불안』(1926)에 나오는 구절을 참조할 것.

γ 태생학자들, 그 중에서 특히 루이스 볼크Louis Bolk(1866~1930)가 태아형성 *foetalisation*에 관해서 쓴 것을 참조할 것.4

1 Lacan J., "Le stade du miroir comme formateur de la fonction du Je, telle qu'elle nous est révélée dans l'expérience psychanalytique", in *R.F.P.*, 1949, XIII, 4.

a 449-55.

b 450.

2 특히 Wallon H., "Comment se développe chez l'enfant la notion du corps propre", in *Journal de Psychologie*, 1931, 705-48 참조.

3 Lacan J., "Propos sur la causalité psychique", in *L'Évolution psychiatrique*, 1947.

a 34.

b 38-41 참조.

4 Bolk L., "Das Problem der Menschwerdung", 1926. 프, in *Arguments*, 1960, 18, 3-13.

검열

프: *censure*. 독: *Zensur*. 영: *censorship*. 스: *censura*. 이: *censura*. 포: *censura*.

무의식적 욕망과 그것으로부터 생기는 형성물이 전의식-의식 체계에 접근하는 것을 금지시키는 기능.

검열이라는 용어는 주로 제1차 지형학과 관련된 프로이트의 텍스트에서 만날 수 있다. 프로이트는 그것을 1897년 12월 22일 플리스에게 보낸 편지에서, 명백히 불합리한 어떤 망상의 특징을 설명하면서 처음으로 제시한다: 〈국경을 통과할 때 러시아 사람들에 의해 검열된 외국 신문을, 자네는 결코 본 적이 없을 걸세. 단어, 문장, 문단 전체가 검은 잉크로 지워져서 나머지는 이해할 수 없게 되어 있었다네.〉1 검열이라는 개념은 『꿈의 해석』(1900)에서 발전된다. 거기서 그것은 꿈의 〈왜곡*Entstellung*〉의 여러 기제를 설명하기 위해서 가정된다.

프로이트에 따르면, 검열은 항구적인 기능이다. 그것은 한편의 무의식 체계와 다른 한편의 전의식-의식 체계 사이에서, 선별 기능의 관문을 구성하고 있다. 따라서 그것은 격리[억압]*의 기원에 있다. 꿈에서처럼 그것이 부분적으로 느슨해지면, 그것의 효과를 좀 더 분명히 알 수 있다. 수면 상태는 무의식적인 내용물이 운동으로까지 길을 여는 것을 못하게 하지만, 그 내용물이 수면 욕구와 대립할 위험이 있을 때는, 검열이 약화된 채로 계속 작용한다.

프로이트는 검열이 무의식 체계와 전의식 체계 사이에서만 작용하는 것이 아니라, 전의식과 의식 사이에서도 작용하는 것으로 보고 있다. 〈우리는 어떤 체계에서 그보다 상위의 다음 체계로 넘어갈 때마다, 따라서 심리 조직의 상위 단계로 전진할 때마다, 새로운 검열이 일어난다고 가정하고 있다.〉[2a] 그러나 실제로는, 프로이트가 지적하는 대로, 두 검열을 생각하는 것보다, 단 하나의 검열만이 〈앞에 내세워진다〉고 생각하는 것이 좋을 것이다.[2b]

프로이트는 심리 장치에 대한 제2차 이론의 틀에서, 한편으로는 검열 기능을 방어라는 좀 더 넓은 영역 속에 포함시키고, 다른 한편으로는 검열을 어느 심역에 결부시켜야 할지를 자문한다.

흔히들 검열이라는 개념이 초자아*의 개념을 예고하고 있다고 말한다. 〈인간의 모습을 띠고 있는〉 후자는, 검열에 대한 프로이트의 몇몇 기술에 이미 나타나 있다. 무의식적인 욕망이 몰려드는 〈대기실〉과 의식이 거주하는 〈거실〉 사이에, 많든 적든 주의를 게을리하지 않는, 통찰력이 있는 검열관인 간수가 지키고 있다.[3a] 프로이트는 초자아라는 개념을 도출할 때, 그것을 그가 처음 검열로 기술한 것과 관계짓는다: 〈…… 우리는 그러한 자기-관찰의 심역을 알고 있다: 그것은 자아의 검열관, 즉 양심이다. 그것은 밤에 꿈을 검열하는 것과 같은 의식이다. 그 의식으로부터 받아들일 수 없는 욕망의 격리[억압]가 발생한다.〉[3b]

계속되는 프로이트의 저작에서, 그 문제가 명백히 제기되지는 않지만, 검열의 기능, 특히 꿈의 왜곡은 자아*와 결부된다.[4]

그 용어가 사용될 때는 항상 그것의 문자적 의미가 남는다 — 즉 말로 표현된 담화 가운데 〈공백〉으로 나타나는 삭제나, 받아들일 수 없는 구절의 변조가 있다 — 는 것에 주목하자.

1 프로이트 S., 「플리스에게 보낸 편지」, 『정신분석의 탄생』, 1887-1902. 한, 180; 독, 255 ; 영, 240 ; 프, 213.
2 프로이트 S., 「무의식」, 1915.
  a 전집 XI, 197[197] ; G.W., X, 290-1 ; S.E., XIV, 192 ; 프, 139[O.C., XIII, 232] 참조.
  b 전집 XI, 199[199] ; G.W., X, 292 ; S.E., XIV, 193 ; 프, 141[O.C., XIII, 233].

검열

3 프로이트 S., 『정신분석 입문 강의』, 1916-7 참조.
   a 전집 I, 401-402[421] ; G.W., XI, 305-6 ; S.E., XVI, 295-6 ; 프, 319-20[O.C., XIV, 305-6].
   b 전집 I, 575[605] ; G.W., XI, 444 ; S.E., XVI, 429 ; 프, 458-9[O.C., XIV, 444].
4 프로이트 S., 「정신분석 개요」, 1938. 전집 XV, 4장 ; G.W., XVII, 4장 ; S.E., XXIII, 4장 ; 프, 4장[O.C., XX, 247-54, 4장].

격리[억압]

프: refoulement. 독: Verdrängung. 영: repression. 스: represión. 이: rimozione. 포: recalque(또는 recalcamento).

A) 고유한 의미 : 욕동과 결부된 표상(생각, 이미지, 기억)을, 주체가 무의식 속으로 내몰 거나 무의식 속에 머물게 하려는 심리 작용. 격리[억압]는 욕동의 충족 — 그 자체로는 쾌락을 제공하는 — 이 다른 요구에게 불쾌감을 유발할 위험이 있을 경우에 일어난다.
격리[억압]는 특히 히스테리에서 분명히 드러나지만, 다른 정신 질환이나 정상 심리에 서도 중요한 역할을 한다. 그것은 여타의 심리와 분리된 영역인 무의식의 구성 기원이 된다는 점에서, 보편적인 심리 과정으로 간주될 수 있다.
B) 좀 더 넓은 의미 : 프로이트는 가끔 격리[억압]라는 말을 〈방어〉*라는 용어에 가까운 의미로 사용하는데, 그것은 한편으로는 A)(고유한 의미)의 격리[억압] 작용이 적어도 수많은 복잡한 방어 과정 중의 한 시기이기 때문이고(그렇다면 이것은 부분을 전체로 간주한 것이다), 다른 한편으로는 격리[억압]의 이론적 모델이 다른 방어 작용의 원형으 로 이용되기 때문이다.

격리[억압]와 방어라는 용어의 용법에 대한, 프로이트 자신의 1926년의 평 가를 참조해보면, A)와 B)의 의미 구분은 필수 불가결한 것처럼 보인다 : 〈나 는 지금 방어라는 오래된 개념으로 돌아가는 것이 확실히 좋다고 생각한다. 그러나 방어는 일반적으로, 경우에 따라 신경증에 이르기도 하는 갈등에서, 자아가 사용하는 모든 기술을 가리킨다고 생각해야 한다. 반면에 우리는 격 리[억압]라는 용어를, 특별히 그러한 방어 수단 중의 하나를 위해 마련해둘 것이다. 사실 처음에는 우리의 연구 방향이 다른 수단보다 격리[억압]를 더 잘 알게 만들었다.〉[1]

사실 격리[억압]와 방어의 관계의 문제에 관한 한, 프로이트의 관점의 발전은 위에서 인용한 텍스트에서 그가 제시한 것과 정확히 일치하지 않는다. 그러한 발전에 대해 다음과 같은 사실을 지적할 수 있다:

1. 『꿈의 해석』(1900) 이전의 텍스트에서, 격리[억압]와 방어는 거의 같은 빈도로 사용된다. 그러나 그것들이 완전히 같은 의미로 사용된 경우는 극히 드물다. 프로이트의 후일의 증언에 의하면, 그 당시까지 알려진 방어의 유일한 방식이 히스테리의 특수한 방어 형태인 격리[억압]라고 생각하는 것은 잘못이다. 그것은 류(類)와 종(種)을 동일시하는 것이다. 한편, 실제로 프로이트는 그 당시에 여러 가지 정신신경증을 분명히 서로 다른 방어 형태로써 규정하고 있는데, 그 방어 형태 중에는 격리[억압]가 들어 있지 않다. 또한 「방어 정신신경증」(1894, 1896)에 관한 논문에서, 히스테리의 방어 기제는 정동의 전환*conversion이고, 강박신경증의 방어 기제는 정동의 전위transposition 또는 이동déplacement이다. 반면에 정신증에서, 프로이트는 표상과 정동의 동시적인 폐기verwerfen나 투사와 같은 기제를 고찰하고 있다. 다른 한편, 격리[억압]라는 용어는 의식으로부터 잘려나가, 별개의 심리 그룹의 핵을 구성하는 ── 이 과정은 히스테리에서만큼 강박신경증에서도 나타난다 ── 표상의 운명을 가리키기 위해 사용되고 있다.[2]

방어와 격리[억압]의 두 개념이 정신병리학적인 특수한 질환의 틀을 넘어선다고 하더라도, 그것이 같은 의미가 아니라는 것은 자명하다. 방어는 처음부터 총칭적인générique 개념으로, 〈심리 기제의 가장 기본적인 조건(항상성의 법칙)과 결부되어 있는······〉[3a] 일반적인 경향을 가리킨다. 그러한 경향은 병적인 형태만큼 정상적인 형태도 띨 수 있는데, 병적인 형태의 경우, 그것은 정동과 표상이 서로 다른 운명을 겪는 복잡한 〈기제〉로 특수화된다. 격리[억압] 역시 여러 질환에 보편적으로 존재하는 것이지, 히스테리의 특수한 방어 기제로서 한정되는 것은 아니다. 그것은 여러 가지 정신신경증이 모두, 정확히 격리[억압]에 의해 따로 창설된institue 무의식(이 용어 참조)을 연루시키고 있기 때문이다.

2. 1900년 이후, 방어라는 용어는 프로이트에 의해 사용되는 빈도가 떨어지는 경향이 있다. 그러나 프로이트가 주장했듯이(〈나는 방어 대신에 격리[억압]를 말하기 시작했다.〉),[4] 그것은 사라지지 않고, 총칭적 의미를 유지한다. 그래서 프로이트가 〈방어 기제〉, 〈방어 전투〉라고 말하는 것이다.

격리[억압]

격리[억압]라는 용어에 관해 말하자면, 그것은 결코 그것의 특수성spécificité을 잃어버리고, 심리적 갈등을 조종하는 데 사용되는 방어 기술 전체를 내포하는 포괄적인 개념으로 사용되는 일은 없다. 예컨대, 프로이트가 〈2차적 방어〉(증상 자체에 대한 방어)를 다룰 때, 그것을 결코 2차적 〈격리[억압]〉라고 부르지 않는다는 사실에 주목할 필요가 있다.[5] 격리[억압]에 바쳐진 1915년의 논문에서, 격리[억압]라는 개념은 기본적으로 위에서 언급한 의미를 유지하고 있다: 〈격리[억압]의 본질은 의식으로부터 멀리 떼어서 격리시키는 데 있다.〉[6a] 그러한 의미에서, 프로이트는 격리[억압]를 가끔 하나의 특수한 〈방어 기제〉로 간주하거나, 아니면 오히려 방어로서 사용되는 하나의 〈욕동의 운명〉으로 간주한다. 그것은 히스테리에서 중요한 역할을 하는 반면에 강박신경증에서는 좀 더 복잡한 방어 과정 속에 삽입된다.[6b] 따라서 영역 『표준판』의 편집자들처럼,[7] 격리[억압]가 몇몇 신경증에서 나타난다는 사실을 논거로 하여, 〈격리[억압]〉가 〈방어〉와 같은 의미라고 추론해서는 안 된다. 무의식으로의 격리[억압]라는 아주 고유한 의미에서의 격리[억압]는 모든 질환에서 어떤 한 시기의 방어 작용으로 발견되는 것이다.

그렇지만 프로이트가 연구한 서로 다른 시기의 격리[억압] 기제는, 그에게 다른 방어 작용의 일종의 원형이 되는 것은 사실이다. 예컨대, 「슈레버」 사례에서 프로이트는 정신증에 고유한 방어 기제를 도출하려고 하면서도, 세 시기의 격리[억압]를 언급함과 동시에 그것의 이론을 명백히 밝히고 있다. 아마 격리[억압]와 방어 사이에 가장 큰 혼동을 가져오는 것은 그러한 텍스트일 것이다. 그것은 단순히 용어상의 혼동에 그치지 않고, 근본적인 난점에 이르게 한다.(→ **투사**)

3. 마지막으로 격리[억압]를 방어 기제의 범주에 포함시킨 뒤, 프로이트가 안나 프로이트의 책을 논평하면서 다음과 같이 쓰고 있다는 것을 간과해서는 안 된다: 〈나는 격리[억압]가, 자아가 자신의 목적을 위해 마음대로 사용하는 유일한 방법이 아니라는 것을 결코 의심한 적이 없다. 그렇지만 격리[억압]는 아주 특별한 어떤 것이다. 그것은 다른 기제들이 서로 구별되는 것보다, 훨씬 더 명확히 그 기제들과 구별된다.〉[8]

*

〈격리[억압] 이론은 정신분석이라는 전 건물이 세워져 있는 초석이다.〉[9] 격리[억압]란 용어는 이미 헤르바르트Herbart에게 발견되고 있다.[10] 어떤 저자들의 주장에 따르면, 프로이트는 마이네르트Meynert를 통해, 헤르바르트의 심리학을 이미 알고 있었다.[11] 그러나 격리[억압]가 임상적 사실로 인정된 것은 히스테리증자에 대한 초기 치료에서부터이다. 프로이트는 거기서 환자들이 자기 마음대로 하지 못하는 기억을 가지고 있다는 사실을 확인한다. 그렇지만 그 기억들은 일단 상기되면, 완전한 생생함을 간직하고 있다. 〈환자가 잊고 싶어서, 의도적으로 그의 의식적 사고 바깥에 두려고 밀어내고 격리[억압]하는 것이 있다는 것이 문제이다.〉[12]

위에서 본 바와 같이, 출발점에서 파악한 격리[억압]라는 개념은 처음부터 무의식의 상관 개념으로 나타나고 있다(〈격리[억압]된 것〉이라는 말은 프로이트에게, 자아의 무의식적 방어라는 개념이 나올 때까지 오랫동안 무의식의 동의어였다). 〈의도적으로〉라는 말에 관해 말하자면, 프로이트는 그때 (1895년)부터 그것을 사용하는 데 유보적이었다. 의식의 분열은 의도적인 행위에 의해서만 도입되는 것이다. 사실 격리[억압]된 내용은 주체의 지배를 벗어나, 〈따로 분리된 심리 군(群)〉으로서 독자적 법칙(1차적 과정*)에 의해 지배받는다. 격리[억압]된 표상 자체는 의식적인 의도가 개입하지 않더라도, 견디기 힘든 다른 표상을 끌어당길 수 있는 최초의 〈결정체〉를 구성한다.[13] 그렇게 됨에 따라, 격리[억압] 작용 자체가 1차적 과정의 특징을 나타내게 된다. 바로 그 점이 격리[억압]를, 예컨대 정상적인 회피성 방어에 비해 병리학적인 방어로 규정하는 것이다.[3b] 결국 격리[억압]는 애초부터 역투여의 유지를 포함하고 있고, 의식과 운동으로 회귀하려는 무의식적인 욕망의 힘에 의해 항상 실패로 돌아갈 수 있는 역학 작용으로 기술된다.(→ **격리[억압]된 것의 회귀, 타협 형성**)

1911년과 1915년 사이에, 프로이트는 격리[억압]의 과정을 여러 시기로 구분함으로써 그것에 대한 분명한 이론을 제시하는 데 전념한다. 그 점에 대해 우리는, 그것이 사실은 그의 최초의 이론적 작업이 아니라는 사실에 주목할 필요가 있다. 우리는 그의 유혹 이론*théorie이 격리[억압]를 설명하기 위한 체계적인 최초의 시도라고 생각한다. 그 시도가 더욱 더 흥미로운 것은, 그 기제를 그것의 전형적인 대상 — 즉 성욕 — 으로부터 따로 떼 내어 기술(記述)하지 않는다는 데 있다.

「격리[억압]」(1915)라는 논문에서, 프로이트는 넓은 의미의 격리[억압]

(세 시기를 포함하는)와, 전자의 두 번째 시기에 국한된 좁은 의미의 격리[억압]을 구별한다. 첫 번째 시기는 〈원격리[억압]*〉에 해당한다. 그것은 욕동 그 자체를 대상으로 하는 것이 아니라, 그것의 기호들, 즉 의식까지 도달하지 않았으면서 욕동이 집중되어 있는 욕동의 〈대표화들représentants〉을 대상으로 한다. 그렇게 해서 격리[억압]되어야 할 요소에 대해 인력으로서 작용하는 최초의 무의식의 핵이 만들어진다.

고유한 의미의 격리[억압]eigentliche Verdrängung, 또는 〈사후격리[억압] Nachdrängen〉)는, 따라서, 그러한 인력에 상급 심역 쪽에서의 밀어내기 Abstossung가 결합되는 이중의 과정이다.

마지막으로 세 번째 시기는 증상, 꿈, 실수 등의 형태로 된 〈격리[억압]된 것(격리[억압]물)의 회귀〉이다.

격리[억압]는 무엇을 대상으로 하는가? 그것은 욕동 ─ 이것은 유기체적이기 때문에 의식-무의식의 양자선택을 벗어나 있다[14a] ─ 도 아니고, 정동도 아니라는 사실을 강조해야 한다. 정동은 격리[억압]와 관련하여 여러 가지 변형을 겪지만, 엄밀한 의미에서 무의식이 될 수 없다.[14b] (→ **억압**) 욕동의 〈대표화-표상〉(관념, 이미지 등)만이 격리[억압]된다. 그러한 대표화의 요소들은 1차적으로 격리[억압]된 것[원격리[억압]된 것] ─ 그것들이 1차적으로 격리[억압]된 것에서 나온 것이든, 그것과 우연히 결합된 것이든 ─ 과 관련이 있다. 격리[억압]는 그것들 각각에, 변형의 정도와 무의식의 핵으로부터의 거리와 그것의 감정적 가치에 따라, 〈완전히 개별적인〉 서로 다른 운명을 마련해준다.

*

격리[억압] 작용은 메타심리학의 세 영역에서 살펴볼 수 있다.

a) 지형학적 관점: 격리[억압]가 심리 장치에 대한 첫 번째 이론[제1지형학]에서 의식 바깥에 존속하는 것으로 기술되어 있다 하더라도, 프로이트가 그렇다고 해서 격리[억압]하는 심역을 의식과 동일시하는 것은 아니다. 격리[억압]의 모델을 제공하는 것은 검열*이다. 제2지형학에서 격리[억압]는 (부분적으로 무의식적인) 자아의 방어 작용으로 간주된다.

b) 경제학적 관점: 격리[억압]는 욕동의 대표화들représentants에 대한 [심리 에너지의] 철수*, 재투여, 역투여*의 복잡한 놀이를 가정하고 있다,

c) 역학적 관점: 중요한 문제는 격리[억압]의 동기*motifs*이다. 욕동은 그것의 충족이 원래 쾌락을 낳아야 하는데, 어떻게 격리[억압] 작용을 가동시키는 불쾌감을 낳는가?(이 점에 관해서는 〈방어〉 참조).

1 프로이트 S., 『억제, 증상 그리고 불안』, 1926. 전집 X, 295[307-8] ; G.W., XIV, 195 ; S.E., XX, 163 ; 프, 92[O.C., XVII, 277].

2 프로이트 S., 「방어-신경정신증」(1894), in 『신경증의 병인』. G.W., I, 68-9 ; S.E., III, 54-5 ; 프, 9[O.C., III, 12-3].

3 프로이트 S., 『정신분석의 탄생』, 1887-1902.

  a 「플리스에게 보낸 편지」, 한, 92 ; 독, 157 ; 영, 146 ; 프, 130.

  b 「과학적 심리학 초고」, 한, 285-6 ; 독, 431-2 ; 영, 409-10 ; 프, 363 참조.

4 프로이트 S., 「신경증의 병인에서 성욕의 역할에 대한 나의 견해」, 1905. 전집 X, 54[54] ; G.W., V, 156 ; S.E., VII, 276 ; 프, 119[O.C., VI, 315].

5 프로이트 S., 「강박신경증의 한 사례에 관한 고찰: 쥐인간」, 1909. 전집 IX, 78-9[80-1] ; G.W., VII, 441-2 ; S.E., X, 224-5 ; 프, 281-2[O.C., IX, 194] 참조.

6 프로이트 S., 「격리[억압]」, 1915.

  a 전집 XI, 139[137] ; G.W., X, 250 ; S.E., XIV, 147 ; 프, 70[O.C., XIII, 192].

  b 전집 XI, 151-3[150-2] ; G.W., X, 259-61 ; S.E., XIV, 156-8 ; 프, 86-90[O.C., XIII, 201-3].

7 전집 XI, 134-5 ; S.E., XIV, 144, 「격리[억압]」 해설 참조.

8 프로이트 S., 「끝이 있는 분석과 끝이 없는 분석」, in 『끝이 있는 분석과 끝이 없는 분석』, 1937. 한, 260 ; G.W., XVI, 81 ; S.E., XXIII, 236 ; 프, in *R.F.P.*, 1939, XI, 2[O.C., XX, 37].

9 프로이트 S., 「정신분석 운동의 역사에 대하여」, 1914. 전집 XV, 61[61] ; G.W., X, 54 ; S.E., XIV, 16 ; 프, 273[O.C., XII, 258].

10 Herbart J.-F., *Psychologie als Wissenschaft*, 1824, 341. 그리고 *Lehrbuch zur Psychologie*, 1806, in *Samtliche Werke*, V, 19.

11 Jones E., *Sigmund Freud: Life and Work*, Hogarth Press, London, 1953. 영, I, 309; 프, P.U.F., Paris, I, 311. 그리고 Andersson O., *Studies in the Prehistory of Pshchoanalysis*, Svenska, Bokförlaget, Norstedts, 1962, 116-7 참조.

12 브로이어 J. & 프로이트 S., 「히스테리 현상의 심리 기제에 대하여」, 1893. in 『히스테리 연구』, 1895. 전집 III, 22[22] ; G.W., I, 89 ; S.E., II, 10 ; 프, 7[O.C., II, 30].

13 프로이트 S., 『히스테리 연구』, 1895. 전집 III, 164[165] ; G.W., I, 182 ; S.E., II, 123 ; 프, 96[O.C., II, 142] 참조.

14 프로이트 S., 「무의식」, 1915.

  a) 전집 XI, 176[175] ; G.W., X, 275-6 ; S.E., XIV, 177 ; 프, 112[O.C., XIII, 218].

  b) 전집 XI, 176[175-6] ; G.W., X, 276-7 ; S.E., XIV, 177-8 ; 프, 113-4[O.C., XIII, 218].

격리[억압]된 것(격리[억압]물)의 회귀

프: *retour du refoulé*. 독: *Wiederkehr*(또는 *Rückkehr*) *des Verdrängten*. 영: *return*(또는 *breakthrough*) *of the repressed*. 스: *retorno de lo reprimido*. 이: *ritorno del rimosso*. 포: *retôrno do recalcado*.

격리[억압]된 요소들은 격리[억압]에 의해 결코 완전히 없어지지 않기 때문에, 타협의 형태로 왜곡되어 다시 나타나게 되는 과정.

프로이트는 계속해서 무의식의 내용의 〈불멸성〉을 역설한다.[1] 격리[억압]된 요소들은 완전히 없어지지 않을 뿐 아니라, 다소 우회하는 길이 다소 알아보기 힘든 파생된 형태 — 무의식의 파생물* — 를 통해, 끊임없이 의식에 다시 나타나려는 경향이 있다.[a]

증상이 격리[억압]된 것의 회귀로 설명될 수 있다는 생각은, 프로이트의 초기 정신분석 텍스트에서부터 이미 확립되어 있다. 또한 격리[억압]된 것의 회귀는 〈격리[억압]된 표상과 격리[억압]하는 표상 사이의 타협 형성〉[2]을 통하여 이루어진다는 본질적인 생각도 이미 발견되고 있다. 그러나 격리[억압]*의 기제와 격리[억압]된 것의 회귀의 기제의 관계에 대한 프로이트의 생각은 현저하게 달라진다:

1. 예컨대, 『빌헬름 옌젠의 《그라디바》에 나타난 망상과 꿈』(1907)에서 프로이트는, 격리[억압]된 것은 자신의 회귀를 위하여, 격리[억압] 당시에 따라갔던 것과 동일한 연상의 길을 이용한다는 사실을 강조한다.[3a] 따라서 그 두 작용은 긴밀하게 연결되어 있고 서로 대칭적이다. 프로이트는 여기서, 십자가의 이미지로 유혹을 쫓아버리려고 하지만, 그 십자가에 여자의 이미지가 나타나는 것을 본 고행자의 우화를 인용하고 있다: 〈…… 격리[억압]된 것이 최후의 승리를 거두는 곳은, 격리[억압]하는 것*le refoulant* 속이거나 그것 뒤이다.〉[3b]

2. 그렇지만 프로이트는 그러한 생각을 계속 고수하지 않는다. 예컨대, 그는 1910년 12월 6일 페렌치에게 보낸 편지에서, 격리[억압]된 것의 회귀는 특수한 하나의 기제[4]라고 지적하면서, 자기의 생각을 수정한다. 그러한 지적은 특히 「격리[억압]」(1915)에서 재검토된다. 거기서 격리[억압]된 것의 회귀는 넓은 의미의 격리[억압] 작용 중에서, 독립적인 세 번째 시기로 간주된

다.[5] 프로이트는 그 과정을 여러 가지 신경증에서 기술한다. 그러한 분석의 결과 격리[억압]된 것의 회귀는 이동, 압축, 전환 등의 작용에 의한 것으로 밝혀진다.

또한 프로이트는 격리[억압]된 것의 회귀의 일반적인 조건도 지적한다. 역투여*의 약화, 욕동의 압력 강화(예컨대 사춘기의 생물학적 영향), 격리[억압]된 자료를 환기시키는 현실적 사건의 발생 등이 그것이다.[6]

α 이러한 견해의 문제성에 대해서는 『억제, 증상 그리고 불안』(1926)의 주석을 참조할 것. 거기서 프로이트는 격리[억압]된 욕망이 그것의 전 에너지를 [무의식의] 파생물에게 이전시키는지, 아니면 그 자체로 무의식 속에서 유지되는지 자문하고 있다.[7]

1 프로이트 S., 『꿈의 해석』, 1900. 전집 IV, 667[693] ; G.W., II-III, 583 ; S.E., V, 577 ; 프, 472[O.C., IV, 633] 참조.

2 프로이트 S., 「방어-신경정신증에 관한 진전된 고찰」(1896), in 『신경증의 병인』, G.W., I, 387 ; S.E., III, 170 ; 프, 68[O.C., III, 131].

3 프로이트 S., 『빌헬름 옌젠의 《그라디바》에 나타난 망상과 꿈』, 1907.
  a 전집 XIV, 45[47] ; G.W., VII, 60-1 ; S.E., IX, 35 ; 프, 139-40[O.C., VIII, 69] 참조.
  b 전집 XIV, 45[47] ; G.W., VII, 60-1 ; S.E., IX, 35 ; 프, 139-40[O.C., VIII, 69].

4 Jones E., *Sigmund Freud : Life and Work*, 1953-55-57, vol. II. 영, Hogarth Press, Londres, 1955, 499 ; 프, P.U.F., Paris, 472 참조.

5 프로이트 S., 「격리[억압]」, 1915. 전집 XI, 147-52[146-51] ; G.W., X, 256-8 ; S.E., XIV, 154-6 ; 프, 82-6[O.C., XIII, 198-202] 참조.

6 프로이트 S., 『인간 모세와 유일신교』, 1939. 전집 XIII, 375-6[388-9] ; G.W., XVI, 210-2 ; S.E., XXIII, 95-6 ; 프, 145[O.C., XX, 174-5] 참조.

7 프로이트 S., 『억제, 증상 그리고 불안』, 1926. 전집 X, 272[283], n. 47[47] ; G.W., XIV, 173, n. ; S.E., XX, 142, n. ; 프, 67, n.9[O.C., XVII, 257, n.1].

(욕동의) 결합─분리

프: *union─désunion (des pulsions)* 또는 *intrication─désintrication*. 독: *Triebmischung─Triebentmischung*. 영: *fusion─defusion (of instincts)*. 스: *fusión─defusión (de los instintos* 또는 *instintiva)*. 이: *fusione─defusione (delle pulsioni)*. 포: *fusão─desfusão (dos impulsos* 또는 *das pulsões)*.

프로이트가 후기 욕동 이론의 틀에서, 삶 욕동과 죽음 욕동의 관계가 이런저런 구체적인 모습으로 나타나는 것을 기술하기 위하여 사용한 용어.

욕동의 결합은 두 가지 성분[욕동]이 다양한 비율로 배합되는 실질적인 혼합이다. 분리는 두 종류의 욕동이 서로 다른 기능에 도달하는 과정을 가리키는데, 이 때 각각의 욕동은 자기 자신의 목표를 독자적으로 추구하게 된다.

삶 욕동*과 죽음 욕동* 사이의 근본적인 대립을 가정하는 후기 욕동 이론은 다음과 같은 문제를 제기한다: 어떤 행위와 어떤 증상에서, 두 형태의 욕동이 각각 맡고 있는 역할과 연합 방식은 무엇인가? 그리고 주체의 발달 단계에 따른 그것들의 조합 놀이, 즉 변증법은 무엇인가?

프로이트로 하여금 적대적인 욕동들 사이의 역학 관계를 고찰하게끔 만든 것이 그러한 새로운 욕동의 이원론이다.ª

사실 그때부터 파괴력은 성욕과 동일한 힘으로 인정되면서도, 그것들은 동일한 영역에서 서로 대립한다. 그러한 사실은 정신분석적인 탐구에 제공된 행위(가학-피학증)나 심역(초자아)이나 여러 형태의 대상 관계에서 발견된다.

그럼에도 불구하고 주목할 것은, 프로이트가 두 욕동의 결합의 문제에 접근할 때, 그 두 항목에 대해 균형 있게 접근하지 못한다는 것이다. 프로이트가 분리라고 말할 때, 그것은 외연적이든 내포적이든, 공격성*이 성욕과의 모든 관계를 끊는 데 성공했을 것이라는 사실을 가리킨다.

*

두 가지 욕동의 결합을 어떻게 이해해야 할까? 프로이트는 그것을 분명히 밝히려고 신경 쓴 것 같지는 않다. 욕동의 정의와 관련된 여러 개념 중에서, 특히 거론해야 하는 것은 대상*과 목표*라는 개념이다. 별도의 역학을 가진 두 욕동이 단 하나의 동일한 대상으로 수렴된다는 사실만으로는, 결합을 정의할 수 없는 것처럼 보인다. 사실 그러한 정의에 부합하는 양가성*은, 프로이트에게 분리나 〈이루어지지 않은 결합〉의 가장 놀라운 예이다.¹ª 그것 말고도, 목표의 조화, 즉 성욕으로 귀착되는 특별한 색조를 띤 일종의 통합이 필요하다: 〈가학증과 피학증은 두 종류의 욕동 — 에로스와 공격성 — 이 결합하는 두 가지 훌륭한 예를 보여주고 있다. 우리는 그러한 관계가 하나의 원형이며, 우리가 연구하는 모든 욕동의 움직임은 그러한 두 가지 욕동의 결합이나 합금이라고 가정하고 있다. 물론 그것은 아주 다양한 비율로 된 결합이다. 그 결

(욕동의) 결합-분리

합 속에 다양한 성적인 목표를 끌어들이는 것은 성애적인 욕동이다. 반면에 다른 종류의 욕동은 그 욕동의 경향이 변함없는 가운데, 정도의 약화와 감소만 있을 뿐이다.)[2] 프로이트는 한결같이 하나의 사고의 방향에서, 성욕의 발달을 기술하고, 공격성이 어떻게 성욕동에 종사하면서 성욕에 개입하는지를 보여주고 있다.[3a]

욕동의 결합은 하나의 혼합물이기 때문에, 프로이트는 에로스와 공격성 사이에 온갖 비율을 생각할 수 있다는 사실을 거듭 강조하고 있다. 거기에는 일종의 상보적 계열*이 있다: 〈욕동의 결합 비율의 변경은 가장 눈에 띄는 결과를 가져올 수 있다. 성적인 공격성의 과잉은 사랑하는 사람을 가학적인 살인자로 만들기도 하고, 공격 인자의 지나친 감소는 그를 소심하거나 성 불능으로 만든다.〉[4a]

반대로 분리는 각각의 욕동에 자율적인 목표를 만들어주는 과정의 결과로 정의될 수 있다. 프로이트가 생명체의 신화적인 기원에 있다고 가정하고 있는, 그러한 두 가지 큰 욕동의 자율성은 극단적인 상태로밖에 이해될 수 없는데, 임상 경험은 그것의 근사치만을 제공할 수 있을 뿐이다. 그 근사치는 일반적으로, 항시 공격성을 성적인 기능에 통합하는 이상적인 진행에 비해 퇴행으로 간주된다. 프로이트에게 강박신경증의 양가감정은 욕동의 분리의 가장 좋은 예 중의 하나이다.[1b]

우리는 추상적으로 두 가지 상보적 계열을 생각할 수 있다. 하나는 〈양적인〉 것으로, 모든 것이 리비도와 공격성의 결합 비율에 따라 결정되는 것이고, 다른 하나는 두 욕동 사이의 상대적인 결합이나 분리의 〈상태〉가 달라지는 것이다. 여기서 프로이트가 문제 삼고 있는 것은, 사실 동일한 생각을 표현하는, 서로 거의 통일성이 없는 두 가지 방식이다. 사실 리비도와 공격성은 대칭을 이루는 두 성분으로 생각해서는 안 된다. 다 알다시피, 리비도는 프로이트에게 구속Bindung과 결합의 인자이고, 반대로 공격성은 단독으로 〈그 관계를 와해시키는〉 경향이 있다.[4b] 말하자면 공격성이 우세할수록 욕동의 결합은 분해되는 경향이 있고, 역으로 리비도가 우세할수록 결합이 더 잘 실현된다: 〈…… 리비도의 퇴행 — 예를 들면 성기기에서 가학적 항문기로의 퇴행 — 의 본질은 욕동의 분리에 근거를 두고 있는 반면에, 앞선 단계에서 결정적인 성기기로의 진행은 성애적인 요소의 첨가를 조건으로 하고 있다.〉[1c]

*

죽음 욕동과 삶 욕동이 서로 결합한다는 생각을 설명하기 위해, 프로이트는 여러 용어를 빌려 온다: 융합*Verschmelzung*,[3b] 합금*Legierung*,[5] 결합하다*sich kombinieren*[4c]가 그것이다. 그러나 그가 채용하여 정신분석의 학술어로 기록한 것은, *Mischung*(또는 *Vermischung*)-*Entmischung*의 조합이다. *Mischung*은 혼합(예컨대 이런저런 비율로 되어 있는 두 액체의 혼합)을 의미하고, *Entmischung*는 혼합된 요소들의 분해를 의미한다.

파리 정신분석학회Société psychanalytique de Paris의 용어 위원회의 제안 (1927년 7월 24일)에 따라, 가장 일반적으로 받아들여지고 있는 프랑스어의 번역어는 *intrication-désintrication*(얽힘-풀림)이었다. 그 용어들이 상반된 두 과정의 상보성을 분명히 드러내는 이점은 있지만, 우리의 생각으로 그것들은 몇 가지 단점을 갖고 있다:

1. *intriquer*는 그리스어의 명사 θρίξ[thrix](〈머리카락*cheveu*〉)에서 파생한 라틴어 *intricare*(〈엉키게 하다*embrouiller*, 옭아매다*empêtrer*〉)에서 나왔기 때문에, 그것은 우연히 〈얽히긴〉 했지만 본질적으로 개별적인 요소들의 엉클어짐을 암시하고 있다.

2. 그것은 다양한 비율로 일어나는 내적인 혼합이라는 프로이트의 본질적인 개념에 적합하지 않다.

3. *intrication-désintrication*의 쌍에서, 첫 번째 말은 복잡한 상태라는 좋지 않은 뉘앙스를 함축하고 있는 데 반하여, *désintrication*은 엉킨 머리를 푸는 데 성공했다는 관념을 암시하고 있다. 그러한 의미에서 분석 치료 과정을 *désintrication*에 비교할 수 있겠는가?

일반적으로 영어에서는 *fusion-defusion*의 쌍이 채용되고 있다. 그러나 그것은 프랑스어로 바꾸면, *fusion*이라는 말의 다의성(물리학에서 그것은 혼합뿐만 아니라 고체 상태에서 액체 상태로의 이동도 의미한다; 비유적으로 *état fusionnel*(융합 상태)이라고 말하기도 한다 등등)과, 환기 효과가 없는 *defusion*이라는 신어 때문에, 오해를 불러일으킬 소지가 있다.

mélange(혼합)에는 그에 대응하는 말이 없기 때문에, 우리는 *union-désunion* 쌍으로 결정한 것이다.

α 독자적인 공격 욕동의 가설이 정신분석에 등장하자, 그것과 성욕동의 결합을 내포하는 개념의 필요성이 느껴지기 시작했다는 데 주목할 필요가 있다. 아들러Adler는 〈동일한 대상이 여러 욕동을 동시에 충족시키는〉 것을 지칭하기 위해, 욕동의 교차*croisement pulsionnel;Triebverschränkung*라는 표현을 사용하고 있다.6

1 프로이트 S., 『자아와 그거』, 1923.
  a 전집 XI, 383-4[388-9] ; G.W., XIII, 270 ; S.E., XIX, 42 ; 프, 197-8[O.C., XVI, 284].
  b 전집 XI, 384[389] ; G.W., XIII, 270 ; S.E., XIX, 42 ; 프, 198[O.C., XVI, 285] 참조.
  c 전집 XI, 384[389] ; G.W., XIII, 270 ; S.E., XIX, 42 ; 프, 198[O.C., XVI, 285].
2 프로이트 S., 『새로운 정신분석 입문 강의』, 1933. 전집 II, 140-1[149] ; G.W., XV, 111-2 ; S.E., XXII, 104-5 ; 프, 143[O.C., XIX, 187-8].
3 프로이트 S., 『쾌락원칙을 넘어서』, 1920 참조.
  a 전집 XI, 329-30[334] ; G.W., XIII, 57-8 ; S.E., XVIII, 53-4 ; 프, 62[O.C., XV, 327].
  b 전집 XI, 332[336] ; G.W., XIII, 59 ; S.E., XVIII, 55 ; 프, 63[O.C., XV, 329] 참조.
4 프로이트 S., 「정신분석 개요」, 1938.
  a 전집 XV, 419[437] ; G.W., XVII, 71 ; S.E., XXIII, 149 ; 프, 9[O.C., XX, 238].
  b 전집 XV, 418[436] ; G.W., XVII, 71 ; S.E., XXIII, 148 ; 프, 8[O.C., XX, 237].
  c 전집 XV, 418[436] ; G.W., XVII, 71 ; S.E., XXIII, 149 ; 프, 9[O.C., XX, 237] 참조.
5 프로이트 S., 「〈정신분석〉과 〈리비도 이론〉」, 1923. 전집 XV, 166[169] ; G.W., XIII, 233 ; S.E., XVIII, 258-9 ; 프, 77[O.C., XVI, 208] 참조.
6 프로이트 S., 「욕동과 욕동의 운명」, 1915. 전집 XI, 108[106] ; G.W., X, 215 ; S.E., XIV, 123 ; 프, 35[O.C., XIII, 170].

경계성-사례

프: *cas-limite*. 독: *Grenzfall*. 영: *boderline case*. 스: *caso lim'trofe*. 이: *caso limite*. 포: *caso lim'trofe*.

신경증과 정신증 사이의 경계에 위치한 정신병리학적 질환 ― 특히 신경증적인 증상을 보이는 잠재적 정신분열증 ― 을 가리키기 위해 자주 사용되는 용어.

경계성-사례라는 용어는 질병기술학적인 엄격한 의미를 갖고 있지 않다. 그 의미의 유동성은 그것이 의거하고 있는 영역의 불확실성 자체를 반영하고 있다. 저자들은 자기 자신의 견해에 따라, 이상 성격, 도착적 성격, 범죄 성격과,

성격 신경증이 심각한 경우를 거기에 포함시킨다. 가장 통용되는 용법으로, 그 용어는 신경증 증상을 보이는 정신분열증에 남겨두는 경향이 있다.

많은 사람에게 정신분석의 확장은, 소위 경계성-사례의 범주를 명확히 하는 데 있다. 실제로 정신분석의 연구는 신경증 장애로 취급되었던 사례에서 정신증의 구조를 드러냈다. 이론적 관점에서, 일반적으로 그 경우는 신경증의 증상이 정신증의 침입에 대해 방어 기능을 수행하는 것으로 여겨지고 있다.

경악(驚愕)

프: effroi. 독: Schreck. 영: fright. 스: susto. 이: spavento. 포: susto 또는 pavor.

위험한 상황이나, 무방비 상태 ─ 자신을 보호할 수도, 자극을 제어할 수도 없는 ─ 에서 주체를 놀라게 하는 아주 강한 외적인 자극에 대한 반응.

『쾌락원칙을 넘어서』(1920)에서 프로이트는 다음과 같은 구분을 제안한다: 〈경악Schreck, 공포Furcht, 불안Angst은 잘못하면 동의어로 사용할 수 있는 용어들이다. 그것들은 위험과 맺고 있는 관계에 따라 구분될 수 있다. 불안이라는 용어는 위험의 예기와 그것 ─ 그것이 미지의 것이라고 하더라도 ─ 에 대한 대비를 특징으로 하는 상태를 가리킨다. 공포라는 용어는 특정한 두려움의 대상을 가정하고 있다. 경악이라는 용어에 관해 말하면, 그것은 준비 없이 위험한 상황에 빠졌을 때 일어나는 상태를 가리킨다. 그것은 놀람이라는 요인을 강조하고 있다.〉[1a]

경악과 불안의 차이는, 전자가 위험에 대한 무방비로 특징지어지는데 반해, 〈…… 불안에는 경악을 막는 어떤 것이 있다.〉[1b]는 사실에 있다. 프로이트가 경악을, 가끔 경악 신경증Schreckneurose으로 지칭하기도 하는 외상성 신경증의 결정적인 조건으로 보는 것은 그러한 의미에서이다.(→ **외상, 외상성 신경증**)

따라서 신경증에 대한 외상 이론이 형성되던 시기부터 이미 경악이라는 개념이 중요한 역할을 담당했다는 것에 놀랄 필요는 없다. 브로이어와 프로이트의 초기 이론에서, 경악이라는 정동은 심리 생활을 마비시키고, 해소를 방해하고, 〈분리된 심리군(群)〉의 형성을 조장하는 조건으로 기술되어 있다.[2a,] [2b] 프로이트가 1895년에서 1897년에 걸쳐 외상과 성적인 격리[억압]에 대한 최초의 이론을 표명할 때, 주체의 무방비라는 개념은 사춘기 이전에 돌발하는 〈유혹 장면〉에서뿐 아니라 그 장면이 2차시기에 환기될 때 본질적인 것이었다.(→ **사후, 유혹**) 〈성적인 경악Sexualschreck〉은 주체의 삶 속에 성이 침입하는 것을 함축하고 있다.

전체적으로 프로이트에게 경악이라는 용어의 의미는 변하지 않는다고 말할 수 있다. 단지 『쾌락원칙을 넘어서』 이후에, 그 용어는 잘 사용되지 않는 경향이 있다. 프로이트가 불안과 경악이라는 두 용어 사이에 세운 대립은 그대로 유지되지만, 불안이라는 개념 안에서 세분된 형태로 존속한다. 특히 외상적 상황에서 〈자동적으로〉 일어나는 불안과, 능동적인 기대Erwartung의 자세를 포함하고 있는 신호불안*의 대립으로 존속한다: 〈불안은 외상의 고립무원 상태에 대한 최초의 반응으로, 나중에 위험한 상황에서 경고 신호로 재현된다.〉[3]

1 프로이트 S., 『쾌락원칙을 넘어서』, 1920.
  a 전집 XI, 276[278-9] ; G.W., XIII, 10 ; S.E., XVIII, 12-3 ; 프, 12[O.C., XV, 282].
  b 전집 XI, 276[279] ; G.W., XIII, 10 ; S.E., XVIII, 12-3 ; 프, 12[O.C., XV, 282].
2 브로이어 J. & 프로이트 S., 『히스테리 연구』, 1895 참조.
  a 전집 III, 23[23-4] ; G.W., I, 89-90 ; S.E., II, 11 ; 프, 7[O.C., II, 31].
  b 전집 III, 290-1[295-6] ; 독, 192 ; S.E., II, 219-20 ; 프, 176[O.C., II, 243].
3 프로이트 S., 『억제, 증상 그리고 불안』, 1926. 전집 X, 299[312] ; G.W., XIV, 199-200 ; S.E., XX, 166-7 ; 프, 96[O.C., XVII, 281].

경제학적

프: *économique*. 독: *ökonomisch*. 영: *economic*. 스: *económico*. 이: *economico*. 포: *econômico*.

심리적인 과정은 양화될 수 있는 에너지(욕동의 에너지), 다시 말해 증가, 감소, 균등해질 수 있는 에너지의 순환과 배분에 있다는 가설과 관계된 모든 것을 일컫는다.

1) 일반적으로 정신분석에서는 〈경제학적 관점〉이라는 표현을 사용한다. 그

런 식으로 프로이트는 메타심리학을 역학적, 지형학적, 그리고 경제학적인 세 관점의 종합으로 정의한다. 그는 경제학적 관점으로, 〈…… 흥분량의 운명을 뒤쫓고, 적어도 그것의 크기에 대한 상대적인 평가에 도달하려는 시도〉를 의미하고 있다. 경제학적 관점은 투여들의 유동과 그것들의 강도의 변화와, 그리고 그것들 사이에 생기는 대립(역투여라는 개념) 등을 고려하는 것이다. 경제학적인 고찰은 프로이트의 전 저작에 걸쳐 나타나고 있다. 그에게서 투여의 경제를 감정하지 않고서는, 심리적 과정에 대한 완전한 기술은 있을 수 없다.

프로이트의 사상이 그렇게 요구하는 동기는, 한편으로는 과학 정신과 에너지의 개념이 완전히 스며어 있는 개념적 도구에 있고, 다른 한편으로는 처음부터 경제학적인 언어만이 해명해줄 수 있는 것처럼 보이는 여러 자료들이 프로이트에게 부과한 임상적인 경험에 있다: 예컨대, 신경증 증상의 억누를 수 없는 특징(〈그것은 나보다 강해〉와 같은 표현으로 자주 환자의 언어 속에 나타나는), 성적인 방출의 혼란으로 인한 신경증적인 양상의 장애 발병(현실 신경증*), 역으로 치료 시에 환자가 〈감돈(嵌頓)된〉 정동으로부터 해방(정화*)될 때의 장애의 경감과 청산(해소*), 증상과 치료 과정 중에 실제로 확인되는 표상과 정동 — 원래 표상과 결합되어 있던 — 의 분리(전환*, 격리[억압]* 등), 감정적 반응을 거의 또는 전혀 일으키지 않는 어떤 표상과 겉으로는 대수롭지 않지만 감정적 반응을 일으키는 다른 표상 사이에 있는 연상의 사슬의 발견 등이 그것이다. 이 마지막 사실은 도화선을 따라 어떤 요소에서 다른 요소로 이동하는 정동의 부하가 진짜 있다는 가설을 암시하고 있다.

그러한 자료들은 브로이어(「이론적 고찰」, 『히스테리 연구』 1895)와 프로이트(책 전체가 뉴런의 사슬을 따라 이동하는 흥분량의 개념 위에 세워진 「과학적 심리학 초고」, 1895; 그리고 『꿈의 해석』, 1900, 제7장)가 만든 최초의 모델의 출발점에도 있다.

나중에 임상과 치료에서 확인된 일련의 사실들이 경제학적인 가설을 계속 강화한다. 즉 예를 들면,

a) 애도나 자기애적인 신경증*과 같은 상태의 연구. 그것은 실제로 환자의 서로 다른 투여 사이의 〈에너지의 균형〉이라는 개념을 강요한다. 왜냐하면 외부 세계에 대한 무관심은 심리 내적인 형성물에 부여된 투여의 증가와 상관관계가 있기 때문이다.(→ 자기애, 자아 리비도−대상 리비도, 애도 작업)

b) 전쟁 신경증, 일반적으로는 외상성 신경증*에 대한 관심. 그러한 장애는 〈지나치게 강한〉 충격, 환자의 내성에 비해 과도한 흥분의 쇄도에 의해 생기는 것처럼 보인다.

c) 몇몇 다루기 힘든 사례에서, 해석의 효과, 좀 더 일반적으로는 치료 행위의 효과의 한계. 그러한 사례는 서로 대치하고 있는 심역들의 〈힘〉, 특히 욕동들의 힘 — 기질적이거나 현실적인 — 을 가정하고 있다.

2) 경제학적인 가설은 프로이트 이론에 끊임없이 나타나고 있다. 그것은 거기서 개념적인 도구에 의해 표현되고 있는데, 그 최초의 개념은 〈장치〉라는 개념이다(처음에는 뉴런의 장치로 규정되고, 나중에는 결정적으로 심리 장치로 규정된다). 그것의 기능은 그것에서 순환하는 에너지를 최저 수준으로 유지하는 것이다.(→ **항상성의 원칙, 쾌락원칙**) 그 장치는 프로이트가 여러 가지로 기술하고 있는 작업을 수행한다: 자유 에너지를 구속 에너지*로 바꾸기, 방출의 연기, 흥분의 심리적 〈가공〉 등이 그것이다. 그러한 가공은 표상과 〈정동량〉* 또는 〈흥분량〉의 구분을 전제로 하고 있다. [여기서] 후자는 연상의 사슬을 따라 순환하며, 어떤 표상이나 어떤 표상의 복합체 등에 〈투여한다.〉 그래서 〈이동〉*과 〈압축〉*이라는 개념은 처음부터 경제학적인 양상을 띠고 있는 것이다.

심리 장치는 외부 또는 내부로부터의 자극을 받는데, 내적인 자극 또는 〈욕동〉*은 한결같이 힘[압력]을 행사하면서 〈작업의 요구〉를 구성한다. 일반적으로 그 장치의 전 기능 작용이, 투여, 철수, 역투여, 과투여와 같은 경제학적인 용어로 기술될 수 있다.

경제학적인 가설은 메타심리학의 다른 두 관점 — 지형학적* 관점과 역학적* 관점 — 과 밀접한 관계가 있다. 실제로 프로이트는 그 각각의 심역을 에너지 순환의 특수한 양태로 정의하고 있다. 그래서 심리 장치에 대한 첫 번째 이론의 틀에서, 무의식 체계의 자유 에너지, 전의식 체계의 구속 에너지, 그리고 의식에 대한 과투여*의 유동 에너지라고 말하는 것이다.

마찬가지로 심리적 갈등이라는 역학적 개념은, 프로이트에 따르면, 서로 대치하고 있는 힘들(욕동, 자아, 초자아의 힘)의 관계를 고려해야 한다는 사실을 내포하고 있다. 치료의 결과에서나 병인에서, 〈양적 요인〉의 중요성은 「끝이 있는 분석과 끝이 없는 분석」(1937)에 특별히 분명하게 강조되어 있다.

경제학적

혼히 경제학적 관점은 프로이트의 메타심리학 중에서 가장 가설적인 측면으로 간주되고 있다. 대체 정신분석가들이 끊임없이 내세우는 에너지란 무엇인가? 그 점에 대해 몇 가지 사실을 지적해두자:

1) 물리학 자체는 힘의 변화와 변형, 그리고 균형을 연구하지만, 힘의 궁극적 본질에 대해서는 언급하지 않는다. 그것은 힘을 그것의 효과에 의해 정의하고(예컨대 힘은 어떤 작업을 일으키는 것이다), 그것들을 비교하는(어떤 힘은 다른 힘에 의해 측정되거나, 오히려 그것들의 효과가 서로 비교된다) 것으로 충족한다. 그 점에 관해서는 프로이트의 입장도 예외가 아니다. 그는 욕동의 압력을 〈…… 심리에 부과된 작업 요구량[2]〉으로 정의하고, 기꺼이 다음과 같이 고백한다: 〈…… 우리는 심리 체계의 여러 요소 속의 흥분 과정의 본질에 대해 아무것도 모르고 있을 뿐 아니라, 그것에 대해 어떤 가설도 내세울 필요성을 느끼지 못한다. 그리하여 우리는 항상 대문자 X로 연산(演算)을 하고, 그것을 새로운 공식마다 대입하는 것이다.〉[3]

2) 사실 프로이트는 변형의 기반으로서만 에너지를 내세운다. 그가 보기에, 그것은 수많은 경험적 사실이 증명하고 있다. 리비도 또는 성욕동의 에너지가 그의 관심을 끄는 것은, 그것이 성적인 욕망의 변화 — 흥분의 대상, 목표, 원천에 관한 — 를 설명해줄 수 있기 때문이다. 그래서 하나의 증상은 일정한 양의 에너지를 동원한다. 그러한 사실은 반대급부로 다른 활동의 빈곤을 가져온다. 자기애나 자아에 대한 리비도의 투여가 대상에 대한 투여의 희생으로 강화되는 것이다.

프로이트는 그러한 양적인 크기는 당연히 측정 대상이 될 수 있고, 미래에는 실제로 그렇게 될 것이라고 생각하기까지 한다.

3) 경제학적 관점이 설명하려고 하는 사실의 성질을 밝히다 보면, 프로이트가 물리주의적인 언어로 해석하고 있는 것은, 경험과 가까운 관점에서 〈가치〉의 세계로 기술할 수 있는 것이라고 생각하게 된다. 라가슈D. Lagache는 특히 현상학에서 영감을 얻은 개념을 강조하고 있는데, 그것에 따르면 유기체는 그의 주위 세계를 구조화한다. 즉 대상에 대한 지각 자체가 삶의 이해관계에 따라, 그것의 환경 속의 어떤 대상, 어떤 장(場), 어떤 관점의 차이에 가치를 부여하는 것이다(〈외계Umwelt〉라는 개념): 모든 유기체에게는 가치의

차원이 존재한다. 그러나 [이 때의] 가치의 개념을 도덕적이고 미학적이고 논리적인 차원 ─ 가치가 사실의 차원으로 환원 불가능하고, 당연히 보편적이고 성취를 절대적으로 요구하는 것 등으로 정의되는 차원 ─ 에 국한해서는 안 된다. 그렇기 때문에 구강 욕동이 투여된 대상은 섭취되어야 하는 것*devant-être-absorbé*, 즉 음식의 가치가 있는 것*valeur-nourriture*으로 목표가 되는 것이다. 공포증의 대상은 단순히 멀리해야 할 것이 아니다. 그것은 〈피해야 하는 것*devant-être-évité*〉으로, 그것 주위로 어떤 시공간의 구조가 조직되는 것이다.

그렇지만 그러한 관점이 경제학적인 가설의 내용 전체를 포괄할 수 있는 것은, 주체가 자유롭게 사용할 수 있는 〈가치의 양〉이 한정되어 있는 하나의 체계 내에서, 문제의 〈가치들〉이 서로 교환 가능하고 이동 가능하며 동등해질 수 있기 때문이라는 사실을 기억해야 한다. 사실 프로이트가 자기보존 욕동의 영역 ─ 그렇지만 이해관계와 식욕과 대상-가치가 분명히 드러나는 영역 ─ 에서보다, 오히려 성욕동의 영역 ─ 자연적인 대상과 아주 동떨어진 대상에서 충족을 얻을 수 있는 ─ 에서 경제학을 더 고려한 것은 분명하다. 프로이트가 리비도의 경제학이라는 말로 의미하고자 한 것은 정확히 가치의 〈순환〉인데, 그것은 심리 장치 내에서 흔히 오인 속에서 이루어진다. 주체로 하여금 증상의 고통 속에서 성적인 충족을 느끼지 못하도록 금지시키는 오인 말이다.

1 프로이트 S., 「무의식」, 1915. 전집 XI, 183[182] ; G.W., X, 280 ; S.E., XIV, 181 ; 프, 121[O.C., XIII, 222-3].
2 프로이트 S., 「욕동과 욕동의 운명」, 1915. 전집 XI, 107[105] ; G.W., X, 214 ; S.E., XIV, 122 ; 프, 33[O.C., XIII, 169].
3 프로이트 S., 『쾌락원칙을 넘어서』, 1920. 전집 XI, 300[303] ; G.W., XIII, 30-1 ; S.E., XVIII, 30-1 ; 프, 34[O.C., XV, 302] 참조.

고립[격리]

프: *isolation*. 독: *Isolieren* 또는 *Isolierung*. 영: *isolation*. 스: *aislamiento*. 이: *isolamento*. 포: *isolamento*.

강박증에 특히 전형적인 방어 기제로, 하나의 생각이나 행위를 고립시켜, 다른 생각이나 주체의 실존의 그 나머지와 관계를 끊어버리는 것을 말한다. 고립 방법으로는 사고의 흐름의 중단, 틀에 박힌 말투, 의례적인 행위, 그리고 일반적으로 연속적인 사고나 행위에 단절을 가져오는 모든 수단을 거론할 수 있다.

고립에 대한 프로이트의 가장 명확한 텍스트는 『억제, 증상 그리고 불안』 (1926)[1a] 속에 있다. 거기서 고립은 강박증의 특수한 기법으로 기술되어 있다.

몇몇 환자들은 하나의 관념이나 인상이나 행동에 대해, 그것을 문맥으로부터 고립시킴으로써 자신을 방어한다. 그것은 〈…… 더 이상 아무것도 일어나지 않고, 아무것도 지각되지 않고, 어떠한 행동도 실행되지 않는〉[1b] 중단을 통해 이루어진다. 그러한 능동적인 〈운동〉 기법을 프로이트는 마술적이라고 정의한다. 그는 그것을, 사고를 현실적 대상으로부터 벗어나지 않도록 하려는 주체의 집중concentration이라는 정상적인 방법과 비교한다.

고립은 여러 가지 강박 증상에서 나타난다. 그것을 특히 구체적으로 볼 수 있는 치료는, 자유연상의 명령이 그것과 대립하면서 그것을 분명히 드러내는 치료다.(분석을 삶으로부터 철저하게 분리하여, 일련의 관념을 실제 분석 전체와 분리하고, 어떤 표상을 관념-정동적인 문맥으로부터 분리하는 주체의 경우.)

프로이트는 마지막에는 고립에의 경향을, 욕동에 대한 아주 오래된 방어 방식 — 즉 접촉 금지 — 으로 귀결시킨다. 왜냐하면 〈…… 육체적인 접촉은 사랑스러운 만큼 공격적인 대상 투여의 직접적인 목표이기 때문이다.〉[1c]

그러한 관점에서 고립은 〈…… 접촉 가능성의 제거, 즉 어떤 사물을 접촉하지 못하게 하는 방식〉처럼 보인다. 〈마찬가지로 신경증자가 어떤 인상이나 활동을, 중단을 통해 고립시킬 때, 그는 그것들과 관련이 있는 생각이 다른 생각과 연상적으로 접촉하지 못하도록 만들고 있다는 사실을 우리에게 상징적으로 이해시키고 있다.〉[1d]

『억제, 증상 그리고 불안』의 그 구절에서, 고립이 일정한 형태의 증상으로 축소되지 않고, 좀 더 일반적인 영향력을 갖고 있다는 것에 주목하는 것이 좋다. 그것은 히스테리에서의 격리[억압]에 필적하는 것이다. 만약 외상 체험이 무의식 속으로 격리[억압]되지 않는다면, 그것의 〈…… 정동은 없어지고 그것의 연상적 관계는 억압되거나 *unterdrückt* 끊어진다. 그 결과 그 체험은 마치 고립된 것처럼 존속하고 사고 활동의 흐름에서 재생되지 않는다.〉[c] 강박증의 증상에서 발견되는 고립이라는 방법은, 앞에서 일어난 그러한 분리를 계속해서 재연하고 강화한다.

좀 더 넓은 의미에서, 고립이라는 개념은 일반적인 방어 활동에 대한 프로이트의 최초의 성찰에서부터 이미 프로이트의 사상 속에 있었다. 「방어-신경정신증」(1894)에서, 방어는 히스테리뿐 아니라 공포증과 강박증에서 하나의 고립으로 간주되고 있다: 〈…… 방어는 참을 수 없는 표상과 그것의 정동으로부터의 분리를 통하여 일어난다. 그 표상은 고립되고 약화되었을지라도 의식 속에 남아 있다.〉[2]

*

고립이라는 말은 가끔 정신분석 용어에서, 약간 허술하게 사용되어 몇 가지 단서 조항을 불러오기도 한다.

흔히 고립은 그것과 결합하거나 그것을 낳는 과정 — 이동, 정동의 중립화, 더욱이 정신증의 해리와 같은 것 — 과 혼동된다.

또한 자신의 증상을 모든 문맥 밖에 있는 것으로, 즉 자신에게 생소한 것으로 느끼고 제시하는 주체의 경우에도 증상의 고립이라고 말한다. 거기서 문제가 되는 것은, 밑에 숨어 있는 과정이 반드시 고립이라는 강박적인 기제인 것은 아닌 하나의 존재 방식이다. 마지막으로 갈등의 국부화는 증상의 아주 일반적인 특징이라는 사실에 주목해야 할 것이다. 따라서 모든 증상이 주체의 전 존재에 대해 고립된 것처럼 보일 수 있다.

실제로 우리는 고립이라는 용어를, 강박으로부터 틀에 박힌 어색한 태도에 이르기까지, 하나의 특수한 방어 과정 — 어떤 생각이나 행동과, 특히 시간적으로 그것보다 앞서거나 뒤진 것의 연상적인 결합을 단절시키는 과정 — 을 내포하는 것으로 남겨놓는 것이 좋다고 생각한다.

1 프로이트S., 『억제, 증상 그리고 불안』, 1926.
  a 전집 X, 247-9[257-9] ; G.W., XIV, 150-2 ; S.E., XX, 120-2 ; 프, 43-5[O.C., XVII, 237-9] 참조.
  b 전집 X, 247[257] ; G.W., XIV, 150 ; S.E., XX, 120 ; 프, 43[O.C., XVII, 238].
  c 전집 X, 249[259] ; G.W., XIV, 152 ; S.E., XX, 122 ; 프, 44[O.C., XVII, 239].

고립[격리]

d 전집 X, 249[259] ; G.W., XIV, 152 ; S.E., XX, 122 ; 프, 45[O.C., XVII, 239].
e 전집 X, 247[257] ; G.W., XIV, 150 ; S.E., XX, 120 ; 프, 43[O.C., XVII, 238].
2 프로이트 S., 「방어-신경정신증」(1894), in 『신경증의 병인』. G.W., I, 72 ; S.E., III, 58 ; 프, 11-2[O.C., III, 15].

고착

프: *fixation*. 독: *Fixierung*. 영: *fixation*. 스: *fijación*. 이: *fissazione*. 포: *fixação*.

리비도가 어떤 사람이나 이미지에 단단하게 달라붙어, 어떤 특수한 형태의 충족을 재현하고, 리비도의 발달 단계 중의 하나의 특징적인 구조에 따라 조직되는 것. 고착은 현재 명백히 드러날 수도 있고, 아니면 잠재적이다가 지배적으로 주체에게 퇴행*의 길을 열어줄 수도 있다.

고착이라는 개념은 일반적으로, 리비도의 순서적인 전진을 내포하고 있는 발생학적인 개념의 틀에서 이해되고 있다(어떤 단계에 고착). 또한 그것은 발생학적인 참조 이외에, 프로이트적인 무의식의 이론의 틀에서, 무의식 속에서 변질되지 않고 존속하고 욕동이 결부되어 있는 어떤 표상 내용(경험, 이미지, 환상)의 기록 방식을 지칭하는 것으로 생각되고 있다.

고착이라는 개념은 정신분석 이론에서 명확한 경험적인 사실을 설명하는 방식으로 끊임없이 마주친다. 신경증자나, 보다 일반적으로 모든 인간 주체는, 어린 시절의 경험에 의해 낙인찍혀 있고, 태곳적 충족 방식과 태곳적 대상이나 관계 형태에, 다소 위장된 방식으로 집착하고 있다. 정신분석 치료는 지나간 경험으로부터 벗어나려는 주체의 저항을 보여줌으로써, 그 경험의 영향력과 반복을 증명하는 것이다.

고착이라는 개념 그 자체는 설명 원리를 포함하고 있지 않지만, 그것의 기술적 가치는 이론의 여지가 없다. 그러한 이유로 해서, 프로이트는 주체의 역사에서 신경증의 근원이 되는 것에 관한 그의 생각을 발전시킬 때 여러 단계에서 그 개념을 이용한다. 그렇게 해서 프로이트는 그의 첫 번째 병인론의 개념을, 본질적으로 〈외상*에 대한 고착〉[1a, 2]이 개입하는 것으로 특징짓고 있다. 『성이론에 관한 세 편의 논문』(1905)와 함께, 고착은 리비도 이론과 결부되고, 성욕의 시대착오적인 특성 ─ 특히 도착증에서 분명히 드러나는 ─ 의 지속으로 정의된다. 주체는 어떤 특수한 형태의 활동을 추구하거나, 아니면 어린 시절의 성생활 중에서 어떤 특정한 시기에 기원을 두고 있는 어떤 〈대상〉의 특성에 집착하게 된다. 외상의 역할을 부인하는 것은 아니지만, 그것은 여기서 일련의 성적인 경험의 배경에 개입하여 특정한 시점에 대한 고착을 도울 뿐이다.

리비도 단계* 이론 ─ 특히 전-성기기* 이론 ─ 의 전개와 함께, 고착 이론은 더욱 확장된다. 그것은 부분 욕동의 목표*나 대상*뿐 아니라, 하나의 주어진 단계의 특징적인 활동의 전체 구조에 적용된다.(→ **대상 관계**) 그리하여 항문기에 대한 고착은 강박신경증과, 어떤 형태의 성격의 근원이 된다.

『쾌락원칙을 넘어서』(1920)[3]에서 프로이트는 다시 외상에 대한 고착이라는 개념을 참조한다. 거기서 외상에 대한 고착은 리비도의 충족 방식의 지속으로 완벽하게 설명되지 않기 때문에, 반복 강박*의 존재를 가정하게 하는 사실들 중의 하나이다.

리비도의 고착은 여러 심리 장애의 병인에서 지배적인 역할을 하기 때문에, 신경증의 기제에서 그것의 기능을 분명히 밝히는 것이 필요하다.

고착은 격리[억압]*의 근원에 있다. 그것은 넓은 의미에서의 일차 단계의 격리[억압]라고 생각할 수 있다: 〈[고착을 겪은] 리비도의 흐름은 차후의 심리 형성물에 대해, 무의식 체계에 속하는 흐름처럼, 다시 말해 격리[억압]된 흐름처럼 작용한다.〉[4a] 그러한 〈원격리[억압]*〉는 좁은 의미에서의 격리[억압]를 결정한다. 그리하여 격리[억압]가 이루어지려면, 격리[억압]해야 할 요소에 대해, 한편으로는 상급 심역[자아]의 반발과, 다른 한편으로는 이미 고착되었던 것의 인력이 공동으로 작업해야 한다.[5a]

다른 한편으로, 고착은 신경증과 도착증과 정신증에서 여러 양상으로 발견되는 퇴행이 작용할 입지를 준비한다.

프로이트에게 고착의 〈조건〉은 두 가지이다: 첫째, 그것은 여러 역사적인 요인(가족 형태의 영향, 외상 등)에 의해 야기된다. 둘째, 그것은 기질적 요인에 의해 조장된다. 가령 어떤 부분 욕동의 구성 요소가 다른 구성 요소보다 더 강력한 힘을 가질 수 있다. 뿐만 아니라 몇몇 개인에게는 일반적인 리비도의 〈점착성*〉이 있을 수 있다.[1b] 그러한 점착성은 〈일단 각 리비도의 위치에 도달하면, 그것을 포기하면 그것을 잃을까 봐 불안해서, 또는 다음의 위치에서 충분히 충족을 주는 대체물을 찾지 못할까 봐 두려워서, 그 리비도의 태도를……)[6] 방어하는 소질을 그들에게 갖게 한다.

*

고착은 정신분석에서 자주 내세우는 것이지만, 그것의 본질과 의미는 잘 정의되어 있지 않다. 프로이트는 그 개념을 퇴행에 대해서 하는 것처럼 가끔 기술적인 의미로 사용한다. 그에 대한 가장 명확한 텍스트는, 고착을 개체-계통 발생적인 진화의 잔해는 대개 성장한 유기체에 그대로 존속한다는 생물학적인 현상에 비유하고 있다. 따라서 그러한 발생학적인 관점에서 문제되는 것은, 〈발달의 억제〉와, 발생학적인 비정상과, 〈수동적인 지체〉[4b]이다.

   그러한 개념의 기원과 바탕은 도착증의 연구에 있다. 실제로 한 번의 접근만으로도, 우리는 어떤 행동 방식이 그대로 존속하고 주체가 그것을 다시 사용하는지를 확인할 수 있다. 어린 시절부터 계속해서 발달한 도착증은, 퇴행의 도움 없이 증상에 이르는 고착의 예를 제공하고 있다.

   그렇지만 도착증 이론이 발달함에 따라, 우리는 과연 도착증이 발생학적인 잔해의 단순한 지속과 동일시할 수 있는 고착의 모델인지 의심해 볼 수 있다. 도착증의 근원에서 신경증과 비슷한 갈등과 기제가 발견된다는 사실이, 고착의 개념의 단순성에 의문을 던지는 것이다.(→ **도착증**)

*

시대착오적인 행동 방식의 지속이라는 개념과 비교해볼 때, 고착이라는 개념의 정신분석적인 용법의 독창성은, 프로이트가 그 용어를 사용하는 양태와 관계가 있다. 도식적으로 말하면, 프로이트는 때로는 〈……의*de*……〉 고착(가령, 기억〈의〉 고착, 증상〈의〉 고착)이라고 말하고, 때로는 〈……에*à*……〉(리비도의) 고착(어떤 단계〈에〉 고착, 어떤 형태의 대상〈에〉 고착 등)이라고 말한다. 전자의 뜻은 여러 시간을 구분하는 심리학의 기억 이론이 받아들이고 있는, 그 용어의 용법을 생각나게 한다: 기억의 고착, 보존, 상기, 인식이 그것이다. 그러나 주목할 것은, 프로이트에게 그러한 고착은 아주 사실적으로 이해되고 있다는 것이다. 그것은 일련의 기억 체계 속에 흔적 — 어떤 체계에서 다른 체계로 〈번역될〉 수 있는 흔적 — 이 진짜 기록*Niederschrift*된 것이다. 1896년 12월 6일에 플리스에게 보낸 편지에서, 고착의 이론 전체가 이미 만

들어진다: 〈[홍분에] 뒤이은 전사(轉寫)가 없다면, 홍분은 앞선 심리 기간 동안 유효했던 심리의 법칙에 따라, 그리고 그 당시에 열려 있던 길을 따라 청산된다. 그렇기 때문에 시대착오가 존속하게 되고, 어떤 지방에는 푸에로 *fueros*[스페인의 어떤 도시나 지역에 아직도 계속해서 유효한 고대법]가 아직 효력이 있는 것이다. 그리하여 우리는 〈유물〉을 발견하게 되는 것이다.〉 한편 표상*〈의〉 고착이라는 개념은 표상〈에〉 홍분이 고착되었다는 개념과 관계가 있다. 프로이트의 이론에 토대가 되는 그 개념이 가장 잘 표현된 것은, 프로이트가 격리[억압]에 대해 가장 완벽한 이론을 제시할 때이다: 〈우리는 원격리[억압]를 수용해야 할 이유가 있다. 그것은 최초의 격리[억압] 단계로, 욕동의 심리적 대표화(대표화-표상)가 의식 속으로 진입하는 것을 거부당하는 것을 말한다. 그것과 함께 고착이 일어난다. 그로부터 그것에 상응하는 대표화 *représentant*는 변질되지 않고 존속하며, 욕동은 그것과 결부된 채 그대로 남는다.〉[5b]

고착의 발생학적인 의미는 그 공식에서 확실히 포기되고 있지 않지만, 그것은 고착의 토대를, 몇몇 선택된 표상들이 영원히 무의식 속에 기록되고, 욕동 자체가 그것의 심리적 대표화로 고정되는(아마 이러한 과정 자체를 통해 그 대표화 자체가 욕동*으로 구성된다) 최초의 순간에서 찾고 있다.

1 프로이트 S.,『정신분석 입문 강의』, 1916-17.

a 전집 I, 372[390] sqq. ; G.W., XI, 282 sqq. ; S.E., XVI, 273 sqq. ; 프, 296[O.C., XIV, 283] sqq.

b 전집 I, 469[494] ; G.W., XI, 360-1 ; S.E., XVI, 348 ; 프, 374[O.C., XIV, 360] 참조.

2 프로이트 S.,『정신분석에 대하여』, 1909. in『끝이 있는 분석과 끝이 없는 분석』. 한, 176 ; G.W., VIII, 12 ; S.E., XI, 17 ; 프, 126[O.C., X, 13].

3 프로이트 S.,『쾌락원칙을 넘어서』, 1920. 전집 XI, 277[279] ; G.W., XIII, 10 ; S.E., XVIII, 13 ; 프, 12[O.C., XV, 283] 참조.

4 프로이트 S.,「한 파라노이아 사례(파라노이아형 치매)의 자서전적인 기술에 대한 정신분석적 고찰: 슈레버」, 1911.

a 전집 IX, 176[181] ; G.W., VIII, 304 ; S.E., XII, 67 ; 프, 311-2[O.C., X, 289-90].

b 전집 IX, 176[181] ; G.W., VIII, 304 ; S.E., XII, 67 ; 프, 312[O.C., X, 290].

5 프로이트 S.,「격리[억압]」, 1915.

a 전집 XI, 140-1[139] ; G.W., X, 250-1 ; S.E., XIV, 148 ; 프, 71[O.C., XIII, 193] 참조.

b 전집 XI, 140[138] ; G.W., X, 250 ; S.E., XIV, 148 ; 프, 71[O.C., XIII, 193].

6 프로이트 S.,「한 소아 신경증의 이야기: 늑대인간」, 1918. 전집 IX, 333[345] ; G.W.,

공격성

프: *aggressivité*. 독: *Aggression, Aggressivität*. 영: *aggressivity, aggressiveness*. 스: *agresivitad*. 이: *aggressività*. 포: *agressividade*.

실제 행동이나 환상 속의 행동에서, 타인을 해치고 파괴하고 구속하고 모욕하는 등을 겨냥하는 성향이나 성향들의 총체. 폭력적이고 파괴적인 실제 행동만이 공격성의 유일한 양태는 아니다. 적극적인 만큼 소극적인 행동(예컨대 도움의 거절), 실제적인 만큼 상징적인 행동(예컨대 아이러니)도 공격으로 작용할 수 있다. 정신분석은 공격성에 부여하는 중요성을 증대시켰다. 그것은 주체의 발달에서 공격성이 아주 일찍 활동한다는 것을 보여주었으며, 공격성과 성욕의 결합과 분리의 복잡한 놀이를 강조했다. 그러한 개념의 발달은 공격성에서 욕동의 유일한 기층인 죽음 욕동이라는 개념을 찾으려는 시도에서 절정을 이룬다.

일반적인 시각에 따르면, 프로이트는 공격성을 아주 늦게야 인식한다. 그 자신이 그 개념을 신용하지 않았기 때문이다: 〈왜 우리는 공격 욕동을 인정하기로 결심하는 데, 그렇게 오랜 시간이 필요했을까? 왜 우리는 모든 사람에게 분명하고 익숙한 사실을 이용하는 것을 망설였을까?〉[1a]라고 그는 묻고 있다. 사실 프로이트가 여기서 제기한 두 가지 질문은 구분할 필요가 있다. 왜냐하면 아들러가 1908년에 내세운 자율적인 〈공격 욕동〉의 가설이 오랫동안 프로이트에게 거부되었던 것이 사실일지라도, 그 반면에 〈1920년 전환기〉 이전에 정신분석 이론이 공격적인 행동을 검토하는 것을 거부했다고 말하는 것은 정확한 사실이 아니기 때문이다.

그것은 여러 가지 차원에서 쉽게 증명된다. 우선 치료에서 프로이트는 아주 일찍 공격적인 성향의 저항에 부딪치고 있다: 〈…… 그 당시까지 아주 선하고 충실한 환자가 거칠어지고, 불성실하거나 반항적이 되고, 꾀병을 부렸다. 나는 그 사실을 그에게 말하고 나서야 비로소 그의 성질을 꺾을 수 있었다.〉[2] 게다가 프로이트는 「한 히스테리 분석의 단편: 도라」(1905)에서부터 이미 공격성의 개입을 정신분석 치료의 특징으로 보고 있다: 〈…… 다른 치료를 받을 때는 환자가 치유에 유리한 정답고 친근한 전이만을 보여준다. [……] 반면에 정신분석에서는 [……] 적대적인 것을 포함한 모든 움직임이 분석에 의해 깨어나 활용됨으로써 의식화된다.〉³ 처음부터 프로이트에게 전이는 저항으로 나타났다. 그러한 저항은 대부분 그가 부정적 전이라고 부르는 것에서 기인한다.(→ 전이)

적대적 성향이 몇몇 증상(강박신경증, 파라노이아)에서 특히 중요하다는 생각이 임상에 의해 밝혀졌다. 〈양가성〉*이라는 개념은, 가장 기본적인 메타심리학적인 차원이 아니더라도 적어도 경험에서, 사랑과 증오가 같은 차원에서 공존한다는 것을 함축하고 있다. 프로이트가 정신의 특징에 대해 분석한 것을 다시 한 번 인용하자. 그는 다음과 같이 선언하고 있다: 정신은 〈…… 자기 자신이 고유한 — 다시 말해 순박한 — 목표가 아닐 때, 두 가지 성향에 봉사할 수밖에 없다. [……] 그것은 적대적인 특징의 정신(공격과 풍자와 방어에 봉사하는)이거나, 음란한 특징의 정신이다.〉⁴

프로이트는 여러 차례 〈적대적인 욕동〉과 〈적대적 성향〉에 대해 말하고 있다. 결국 오이디푸스 콤플렉스는 발견될 때부터 이미 사랑의 욕망과 적대적인 욕망의 결합이었다(그것은 『꿈의 해석』의 〈사랑하는 사람의 죽음의 꿈〉이라는 장에서 처음 제시된다). 그 개념이 점진적으로 다듬어질수록, 그 두 가지 형태의 욕망은 모든 형태의 콤플렉스에서 점점 더 작용하게 된다.

그러한 현상의 다양성과 넓이와 중요성은, 첫 번째 욕동 이론의 수준에서 설명을 불러온다. 도식적으로 말하면, 프로이트의 대답은 다음과 같이 여러 측면에서 단계적으로 이루어지고 있다:

1. 그가 그러한 공격적인 성향과 행위 뒤에 특수한 욕동의 실체가 있다는 것을 거부하는 것은, 그가 보기에 그러한 생각은 〈일반적인〉 욕동la pulsion — 즉 심리 장치에 어떤 작업을 요구하고 운동성을 가동시키는 피할 수 없는 압력 — 의 본질적인 특징을 단 하나의 욕동으로 환원하는 결과를 가져오기 때문이다. 그러한 의미에서 욕동은 그것의 목적을 실현하기 위해서, 그것들이 〈수동적〉(사랑 받기, 보여지기 등)이라 할지라도, 장애를 물리칠 수 있는 활동을 요구한다: 〈모든 욕동은 단편적인 활동이다.〉⁵ᵃ

2. 다 알다시피, 첫 번째 욕동 이론에서, 성욕동은 자기보존 욕동과 대립적이다. 일반적으로 후자는 개체의 유지와 생존을 그 기능으로 하고 있다. 그러한 이론적인 틀에서, 명백히 공격적인 행위나 감정 — 예컨대 가학증이나 증

오 — 에 대한 설명은, 커다란 두 형태의 욕동의 복잡한 놀이에서 찾을 수밖에 없다. 「욕동과 욕동의 운명」을 읽어보면, 프로이트가 공격성에 대한 메타심리학적인 이론을 나름대로 구사하고 있음을 볼 수 있다. [그에 따르면] 사랑이 증오로 눈에 띄게 급변하는 것은 착각에 불과하다. 증오는 부정적인 사랑이 아니다. 그것[증오]은 그것 나름의 기원을 가지고 있다. 프로이트는 그것의 복잡성을 드러내 보여준다. 그의 중심 명제는 다음과 같다: 〈증오 관계의 진정한 원형은 성생활로부터 오는 것이 아니라, 자기 보존과 생존을 위한 자아의 싸움으로부터 온다.〉[5b]

3. 마지막으로, 자기보존 욕동의 차원에서, 프로이트는 대상에 대한 지배를 확보하려는 활동(*Bemächtigungstrieb*)을 기능적으로 규정하든지 아니면 독립적인 욕동으로 규정한다.(→**지배 욕동**) 그는 그 개념으로써, 모든 기능에 내재된 단순한 〈활동〉과, 파괴를 위한 파괴 성향 사이의 일종의 중간 영역을 의미한다. 지배 욕동은 특수한 장치(근육 조직)와 하나의 발달 단계(가학적 항문기)에 결부되어 있는 독립적인 욕동이다. 그러나 다른 한편으로, 〈······ 대상을 해치고 없애려는 것은 그 욕동과 무관하다.〉[5c] 타자와 그의 고통을 고려하는 것은 피학증적인 반전 — 즉 지배 욕동이 그것이 야기하는 성적 흥분과 불가분이 되는 시기 — 에서만 나타나기 때문이다.

*

욕동의 최종 이론과 함께, 공격성은 좀 더 중요한 역할을 하게 되고, [욕동] 이론에서 다른 위치를 차지하게 된다.

공격성에 관한 프로이트의 공시적 이론은 다음과 같이 요약될 수 있다: 〈[죽음 욕동의] 일부분이 성욕동에 직접 봉사한다. 성욕동에서 죽음 욕동의 역할은 중요하다. 그것이 바로 고유한 의미에서의 가학증이다. [죽음 욕동의] 다른 부분은 바깥을 향하지 않는다. 그것은 유기체에 남아 리비도적으로 성적인 흥분을 돕는 데 관계한다. 그리하여 성적인 흥분이 그것을 뒤따른다. [······] 그것이 바로 우리가 알고 있는, 성욕을 일으키는 원초적인 피학증이다.〉[6]

프로이트는 죽음 욕동 중에서, 특히 근육 조직의 도움을 얻어 외부로 향하는 부분에, 흔히 〈공격 욕동*Aggressionstrieb*〉이라는 이름을 마련해준다. 주목할 것은, 그러한 공격 욕동은 아마 자기 파괴의 성향과 마찬가지로, 성욕과의

결합 속에서만 파악될 수 있다는 것이다. (→ **결합-분리**)

삶 욕동과 죽음 욕동의 이원론은 종종 정신분석가들에 의해, 성욕과 공격성의 이원론과 동일시된다. 프로이트 자신도 가끔 그러한 방향으로 나아간다.[1b] 그러한 동일시는 여러 가지 주목할 만한 사실을 불러온다:

1. 프로이트가 죽음 욕동이라는 개념의 도입을 정당화하기 위하여 『쾌락 원칙을 넘어서』(1920)에서 내세운 사실들은, 반복 강박* 현상이 두드러진 것들이다. 따라서 반복 강박은 공격적 행위와 선택적 관계에 있는 것이 아니다.

2. 프로이트에게 공격성의 영역에 있는 몇몇 현상은 점점 더 중요성을 띠게 되는데, 그것은 모두 자기-공격auto-agression을 나타내는 것들이다. 애도와 멜랑콜리의 임상, 〈무의식적인 죄책감〉, 〈부정적 치료 반응〉 등이 그것으로, 그것들은 프로이트로 하여금 〈자아의 피학증적인 신비스러운 성향〉[7]에 대해 언급하게 하는 현상들이다.

3. 현재 사용되고 있는 개념의 관점에서 보면, 삶 욕동이나 에로스는, 전에 성욕이라고 불렸던 것에 대한 새로운 호칭과 아주 거리가 멀다. 실제로 프로이트는 에로스라는 이름으로, 유기체의 통일성을 만들거나 유지하는 욕동 전체를 가리킨다. 그 결과, 결국 종족을 보존하려는 성욕동 뿐 아니라, 개체의 생존과 보존을 목표로 하는 자기보존 욕동도 거기에 포함된다.

4. 그와 상관하여, 죽음 욕동이라는 개념은 단순히 전에 공격적인 표현으로 지적되었던 모든 것을 구분 없이 포괄하는 총칭적인 개념이 아니다. 실제로 삶을 위한 투쟁으로 명명할 수 있는 것의 일부분은 에로스에 속한다. 반대로 죽음 욕동은, 아마 프로이트가 인간의 성욕에서 무의식적 욕망의 특수성 — 그것의 환원불가능성, 그것의 집요함, 그것의 탈현실적déréel 특징, 그리고 경제학적인 관점에서 긴장을 절대적으로 축소하려는 경향 — 으로 인정했던 것을, 좀 더 분명하게 떠맡는 것 같다.

*

우리는 공격성이라는 개념이 1920년 이후에 어떻게 달라졌는가를 자문해봐야 할 것이다. 특히 다음과 같이 대답할 수 있을 것이다:

1. 공격성이 작용한다고 알려진 영역은 점점 확대된다. 한편으로는 외부를 향하거나 내부를 향하는 파괴 욕동은 가학-피학증의 교대로서, 심리 생활의 수많은 양태를 보고할 수 있는 아주 복잡한 현실을 만들고, 다른 한편으로 공

격성은 대상 관계나 자기 자신과의 관계뿐 아니라, 서로 다른 심역 사이의 관계(초자아와 자아의 갈등)에도 적용될 수 있다.

2. 프로이트는 죽음 욕동을 처음으로 인간 자체 속에 위치시킴으로써, 다시 말해 자기-공격을 공격성의 원리 자체로 만듦으로써, 전통적인 공격성의 개념 — 오래전부터 타자와의 관계의 양태, 즉 타자에게 행사된 폭력으로 기술되어 온 — 을 파괴한다. 여기서는 아마 인간의 천성적인 사악함[8]에 대한 프로이트의 몇몇 선언과 그 자신의 이론의 독창성을 비교하는 것이 좋을 것이다.

3. 마지막으로 최종적인 욕동 이론은 과연 활동*activité*이라는 개념과 비교해서 공격성을 좀 더 잘 규정하고 있는가? 다니엘 라가슈Daniel Lagache가 기술했듯이, 〈우선 활동은 공격성보다 훨씬 더 넓은 개념처럼 보인다. 생물학적이거나 심리학적인 모든 과정은 활동의 형태들이다. 따라서 공격성은 원칙적으로 몇몇 형태의 활동만을 내포한다.〉[9] 그런데 프로이트는 생명의 활동에 속하는 모든 것을 에로스 쪽에 위치시키는 경향이 있었기 때문에, 그는 공격적인 행위를 규정하는 것이 무엇인지를 자문한다. 결합-분리의 개념이 그 대답의 한 요소를 제공하는 곳이 바로 여기다. 사실 그것은 다양한 비율의 욕동의 합금이 존재한다는 사실뿐 아니라, 분리는 근본적으로 파괴 욕동의 승리라는 생각을 내포하고 있다. 왜냐하면 파괴 욕동은 에로스가 창조하고 유지하려는 전체를, 거꾸로 파괴하는 것을 목표로 하고 있기 때문이다. 그러한 관점에서 공격성은 근본적으로 조직을 파괴하고 파편화시키는 힘이다. 그래서 그러한 특성은 유년기로부터 시작되는 공격 욕동의 지배적인 역할을 강조하는 멜라니 클라인과 같은 저자들에 의해 강조된 바 있다.

*

다 알다시피, 그러한 생각은 〈공격*agression*〉이라는 어근으로부터 파생한 말들의 심리학적 의미에 반하는 것이다. H. B. 잉글리쉬와 A. C. 잉글리쉬는 *Dictionnaire général des termes psychologiques et psychanalytiques*(『심리학과 정신분석 용어 사전』)에서, 특히 영어의 *aggressiveness*는 완화된 뜻으로 적대감이라는 모든 내포적 의미를 잃어버리고, 〈모험심〉이나 〈에너지〉나 〈활동〉과 동의어가 되어 버렸다고 기술하고 있다. 반면에 *aggressivity*라는 용어는 의미를 덜 잃어버려 〈공격〉과 〈공격하다〉의 계열에 잘 기록되어 있다.

α 술어학적인 관점에서, 프로이트의 언어에서는 *Aggression*이라는 단 하나의 용어[독일어]가, 프랑스어의 *aggressions*과 *aggressivité*를 동시에 가리킨다는 사실에 주목하자.

1 프로이트 S., 『새로운 정신분석 입문 강의』, 1933.
  a 전집 II, 139[148] ; G.W., XV, 110 ; S.E., XXII, 103 ; 프, 141[O.C., XIX, 186].
  b 전집 II, 138[147] sqq. ; G.W., XV, 109 sqq. ; S.E., XXII, 103 sqq. ; 프, 141 sqq.[O.C., XIX, 186 sqq.].
2 프로이트 S., 「플리스에게 보낸 편지」, 『정신분석의 탄생』, 1887-1902. 한, 169 ; 독, 241 ; 영, 226 ; 프, 200.
3 프로이트 S., 「한 히스테리 분석의 단편: 도라」, 1905. 전집 VIII, 311-2[322] ; G.W., V, 281 ; S.E., VII, 117 ; 프, 88[O.C., VI, 296].
4 프로이트 S., 『기지(機智)와 무의식의 관계』, 1905. 전집 VI, 125[124] ; G.W., VI, 105 ; S.E., VIII, 96-7 ; 프, 109[O.C., VII, 115].
5 프로이트 S., 「욕동과 욕동의 운명」, 1915.
  a 전집 XI, 107[105] ; G.W., X, 214 ; S.E., VIV, 122 ; 프, 34[O.C., XIII, 169].
  b 전집 XI, 128-9[127] ; G.W., X, 230 ; S.E., VIV, 138 ; 프, 63[O.C., XIII, 185].
  c 전집 XI, 129[[128] ; G.W., X, 231 ; S.E., VIV, 139 ; 프, 64[O.C., XIII, 185].
6 프로이트 S., 「피학증의 경제학적 문제」, 1924. 전집 XI, 423[429-30] ; G.W., XIII, 376 ; S.E., XIX, 163-4 ; 프, 216[O.C., XVII, 16].
7 프로이트 S., 『쾌락원칙을 넘어서』, 1920. 전집 XI, 278[280] ; G.W., XIII, 11 ; S.E., XVIII, 14 ; 프, 13[O.C., XV, 284].
8 프로이트 S., 『문명 속의 불만』, 1930 참조.
9 Lagache D., "Situation de l'aggressivité(공격성의 상황)", in *Bull. Psychol.*, 11960, XIV, n.1, pp. 99-112.

공격 욕동

프: *pulsion d'agression*. 독: *Aggressionstrieb*. 영: *aggressive instinct*. 스: *instinto agresivo*. 이: *istinto*(또는 *pulsione*) *d'aggressione*. 포: *impulso agressivo* 또는 *pulsão agressiva*(또는 *de agressão*).

이 용어는 프로이트에게 외부를 향하는 죽음 욕동을 가리킨다. 공격 욕동의 목표는 대상의 파괴이다.

1908년에 〈욕동의 교차*Triebverschränkung*〉라는 개념(→ **결합-분리**)과 함께, 공격 욕동이라는 개념을 도입한 사람은 알프레드 아들러Alfred Adler이다).[1]

꼬마 한스의 분석을 통해 공격적인 성향과 행위의 중요성과 범위가 밝혀졌음에도 불구하고, 프로이트는 그것들이 특수한 〈공격 욕동〉에 의한 것이라고 보지 않았다: 〈나는 우리가 잘 알고 있는 자기보존 욕동과 성욕동 곁에, 그것들과 같은 차원의 특별한 공격 욕동이 있다는 것을 인정할 수 없다.〉[2] 공격 욕동이라는 개념이 독단적으로 모든 욕동의 특징이 되는 것은 부당하기 때문이다.(→ **공격성**)

나중에 프로이트가 『쾌락원칙을 넘어서』(1920)에서 공격 욕동이라는 용어를 받아들이는 것은, 삶 욕동과 죽음 욕동이라는 이원론의 틀 안에서이다.

그 텍스트가 그 용어의 단일한 용법을 완전히 세우지도 못하고, 죽음 욕동*과 파괴 욕동* 그리고 공격 욕동 사이를 엄밀하게 구분하지도 못했을지라도, 거기서 공격 욕동이 넓은 의미로는 거의 사용되지 않고 흔히 외부를 향한 죽음 욕동에 국한시켜 사용되고 있다는 것은 확실하다.

1 Adler A., "Der Aggressionstrieb im Leben und in der Neurose (La pulsion d'agression dans la vie et dans la névrose)", in *Fortschritte der Medizin*, 1908.

2 프로이트 S., 「다섯 살배기 남자아이의 공포증 분석: 꼬마 한스」, 1909. 전집 VIII, 173[182] ; G.W., VII, 371 ; S.E., X, 140 ; 프, 193[O.C. IX, 122-3].

공격자와의 동일시

프: *identification à l'agresseur*. 독: *Identifizierung mit dem Angreifer*. 영: *identification with the aggressor*. 스: *identificación con el agresor*. 이: *identificazione con l'aggressore*. 포: *identificação ao agressor*.

안나 프로이트(1936)가 별도로 구분하여 기술한 방어 기제. 외부의 위험(대표적으로 권위적인 비난)에 직면한 주체는 공격자와 동일시한다. 그때 주체는 공격을 있는 그대로 자기의 것으로 받아들이거나, 공격자라는 사람을 육체적으로나 정신적으로 모방하거나, 공격자를 나타내는 힘의 어떤 상징을 차용한다. 안나 프로이트에 따르면, 그 기제는 초자아의 예비 구성 단계에서 지배적이다. 그때 공격은 외부를 향하지, 아직 주체를 향해 자기비판의 형태로 되돌아오지는 않는다.

공격자와의 동일시라는 표현은 프로이트의 저작에는 나타나지 않는다. 그러나 그가 그 기제를 기술했다는 것은 지적할 수 있다. 특히 『쾌락원칙을 넘어서』 (1920) 제3장에서 어린아이의 놀이에 대해 말할 때, 그 기제에 대해 기술하고 있다.

페렌치는 공격자와의 동일시라는 표현을 아주 특수한 의미로 사용하고 있다. 즉 그가 말하는 공격은 순결한 어린아이에 대한, 욕정과 죄책감 속에서 사는 어른의 성범죄이다.(→유혹) 그러한 공포의 결과로 나타나는 행위는 공격자의 의지에 대한 완전한 복종이다. [그리고 어린아이의] 인격 속에 일으킨 변화는 〈…… 어른의 죄책감의 내입(內入)*〉[1]이다.

안나 프로이트는 공격자와의 동일시가 다양한 맥락 — 육체적인 공격, 비난 등 — 에서 활동하고 있다고 보고 있다. 또한 동일시는 두려운 공격 이후나 이전에 개입할 수 있다. 그때 관찰되는 행동은 역할의 역전이이다. 피공격자가 공격자가 되는 것이다.

인격의 발달에서 그러한 기제에 중요한 역할을 부여하는 저자들도, 특히 초자아의 구성에서 그것의 영향력은 서로 다르게 평가한다. 안나 프로이트에 따르면, 주체가 제1단계를 통과할 때, 공격적인 관계 전체가 뒤바뀌어 공격자는 내입되고, 공격받고 비판받고 죄가 있는 사람은 외부로 투사된다. 제2단계가 되어서야 비로소 공격은 내부를 향하게 되고, 관계 전체가 내면화된다.

다니엘 라가슈는 공격자와의 동일시를 오히려 이상적 자아*의 형성의 기원에 둔다. 어린아이와 어른 사이에서 일어나는 요구의 갈등의 틀 안에서, 주체는 전지전능한 힘이 부여된 어른과 동일시하는 것이다. 그것은 타자에 대한 오인과, 그에 대한 복종과, 게다가 그의 소멸을 내포하고 있다.[2]

르네 스피츠René Spitz는 『아니오와 예No and Yes』(1957)에서 공격자와의 동일시라는 개념을 광범위하게 사용하고 있다. 그에 따르면, 공격자에 대한 공격의 반전은 말과 몸짓으로 하는 〈아니오〉의 습득 — 그는 이 시기를 15개월경으로 보고 있다 — 에서 뛰어난 기제이다.

*

분석 이론 전체에서 공격자와의 동일시에 어떤 역할을 부여해야 하는 것일까? 그것은 아주 특수한 기제일까, 아니면 반대로, 보통 동일시로 기술되는 것의 중요한 일부분을 차지하고 있는 것일까? 특히 오이디푸스적인 상황에

공격자와의 동일시

서 경쟁자와의 동일시라고 통용되고 있는 것과 어떻게 연결되는 것일까? 그 개념[공격자와의 동일시]을 전면에 내세운 저자들이 그 문제를 그러한 용어들로 표현한 것 같지는 않다. 그렇지만 보고된 관찰 사례는 일반적으로 그 기제를, 삼각관계의 틀이 아닌 양자 관계 — 다니엘 라가슈가 여러 차례 강조했듯이, 그 내용은 가학-피학증적인 성격을 띠고 있다 — 의 틀 속에 위치시키고 있는 인상을 준다.

1 Ferenczi S., "Sprachverwirrung zwischen den Erwachsenen und dem Kind", 1932-33. 영, in *Final Contributions*, 162. 프, in *Psychanalyse*, P.U.F., Paris, vol. VI, 248.

2 Lagache D., "Pouvoir et Personne", in *L'évolution psychiatrique*, 1962, I, 111-9.

공포증

프: *névrose phobique*. 독: *phobische Neurose*. 영: *phobic neurosis*. 스: *neurosis fóbica*. 이: *nevrosi fobica*. 포: *neurose fóbica*.

→ 〈불안 히스테리〉 참조.

과투여

프: *surinvestissement*. 독: *Überbesetzung*. 영: *hypercathexis*. 스: *sobrecarga*. 이: *superinvestimento*. 포: *sobrecarga* 또는 *superinvestimento*.

이미 투여된 표상, 지각 등에 추가 투여가 일어나는 것. 이 용어는 프로이트의 의식의 이론의 틀에서 특히 주의(注意) 과정에 적용된다.

과투여라는 〈경제학적인〉 용어는 추가 투여*의 대상이나 원천을 미리 문제 삼지 않는다. 예컨대 욕동의 에너지가 새로 공급되는 경우에, 무의식적인 표상에 과투여된다고 말할 수 있다. 또한 프로이트는 정신분열증에서 자아에 대한 리비도의 자기애적인 철수도 과투여라고 말하고 있다.

그러나 그 용어가 도입되고 사용된 것은, 흔히 프로이트가 〈특수한 심리 기능〉[1] — 즉 주의(注意) — 으로 기술한 것에 경제학적인 기반을 제공하기 위한 것이었다. 주의에 대한 아주 정교한 이론은 주로 「과학적 심리학 초고」
(1895)에서 만들어진다. 그 텍스트에서 프로이트는 자아가 주의의 과정에서
따르게 되는 〈생물학적인 규칙〉을 다음과 같이 진술하고 있다:〈현실의 징후
가 갑자기 일어날 때, 그와 동시에 나타나는 지각에 과투여된다.〉[2](→ **의식**)

그와 아주 비슷한 관점에서, 프로이트는 외상을 피하거나 제한하는, 위험
에 대한 대비도 과투여라고 부르고 있다:〈수많은 외상의 결과에서, 결정적인
요인은 대비되지 않은 체계와 과투여에 의해 대비된 체계의 차이이다.〉[3]

  1 프로이트 S., 『꿈의 해석』, 1900. 전집 IV, 683[711] ; G.W., II-III, 599 ; S.E., V, 593 ;
프, 485[O.C., IV, 648].
  2 프로이트 S., 「과학적 심리학 초고」, 『정신분석의 탄생』, 1895. 한, 311 ; 독, 451 ; 영,
429 ; 프, 382.
  3 프로이트 S., 『쾌락원칙을 넘어서』, 1920. 전집 XI, 301-2[304-5] ; G.W., XIII, 32 ;
S.E., XVIII, 31 ; 프, 35[O.C., XV, 303].

(뉴런의) 관성의 원칙

프: *principe d'inertie (neuronique)*. 독: *Prinzip der Neuronenträgheit*(또는
Trägheitsprinzip). 영: *principle of neuronic*(또는 *neuronal*) *inertia*. 스: *principio de
inercia neurónica*. 이: *principio dell'inerzia neuronica*. 포: *principio de inércia
neurônica*.

**프로이트가 「과학적 심리학 초고」(1895)에서 가정한, 뉴런계의 기능 원칙으로, 뉴런은
그것들이 받아들인 에너지의 양을 완전히 비우려는 경향이 있다.**

프로이트는 「과학적 심리학 초고」에서 관성의 원칙을, 그가 그 당시 뉴런계
라고 명명한 것의 작용 원칙으로 내놓는다. 그는 그 표현을 그 이후의 메타심
리학의 논문에서 다시 사용하지는 않는다. 그 개념은 심리 장치에 대한 프로
이트의 개념이 만들어지는 시기에 속하는 개념이다. 다 알다시피, 프로이트
는 「과학적 심리학 초고」에서, 두 가지 기본 개념 — 뉴런과 양(量) — 을 개
입시켜 뉴런계를 기술하고 있다. 양은 체계 내에서 순환하며, 연속적인 뉴런
의 분기점에서 저항(〈접촉-장벽〉)이나, 어떤 뉴런의 요소에서 다른 요소로

가는 이동 통로에 있는 소통*의 변화에 따라 이런저런 길을 택하는 것으로 가정된다. 신경생리학적인 언어로 된 그러한 기술과, 심리 장치에 대한 그 이후의 기술 사이에는 확실히 유사성이 있다. 왜냐하면 후자에도 두 요소, 즉 사슬이나 체계로 조직된 표상과, 심리 에너지가 개입되고 있기 때문이다.

관성의 원칙이라는 개념은, 심리 장치의 작용을 조정하는 경제학적인 기본 원칙의 의미를 분명히 밝히는 데 도움을 주는 이점이 있다.

*

물리학에서 관성은, 〈…… 어떠한 기계적인 힘에 의한 구속도 없고 어떠한 영향도 받지 않는 지점은, 크기와 방향에서 똑같은 속도를 무한히 보존한다(그 속도가 제로zéro인 경우, 다시 말해 물체가 정지 상태에 있는 경우를 포함해서)〉[1]는 것이다.

1. 프로이트가 뉴런계에 관해 내놓은 법칙은, 물리학의 관성의 원칙과 유사성이 있다. 그것은 다음과 같이 공식화할 수 있다: 〈뉴런은 양(量)을 없애려는 경향이 있다.〉[2]

그러한 기능 작용의 모델은 어떤 반사 운동의 개념에 의해 제공되고 있다: 즉, 반사궁(反射弓, arc réflexe)[역주: 감각 기관으로부터 신경 중추를 거쳐 근육의 운동 기관에 이르는 반사의 전체 경로]에서 감각 뉴런이 받은 자극의 양은 운동 말단으로 완전히 방출된다고 여겨진다. 좀 더 일반적으로 말하면, 프로이트가 보기에, 뉴런 장치는 마치 자극을 방출하려는 경향이 있을 뿐 아니라, 그 뒤에는 자극의 원천과 거리를 두려는 경향이 있는 것처럼 행동한다. 내적인 흥분에 대해서 관성의 원칙이 작용하려면, 심한 변화를 겪어야 한다. 사실 적절한 방출이 있기 위해서는 특수 행위*가 필요하고, 그 행위가 성공하려면 에너지의 어떤 저장이 요구된다.

2. 관성의 원칙이라는 개념에 대한 프로이트의 용법과 물리학에서의 용법의 관계는 상당히 느슨하다:

a) 물리학에서 관성은 움직이는 물체의 속성이다. 반면에, 프로이트에게, 그것은 고찰 대상이 된 〈모빌mobile〉 — 즉 흥분 — 의 속성이 아니라, 양이 이동하는 〈체계système〉의 능동적 경향이다.

b) 물리학에서 관성의 원칙은 보편적인 법칙이다. 그것은 고찰 대상이 되는 현상을 구성하고 있고, 보통 관찰자가 보기에 그 법칙에 위배되는 경우에

도 유효한 것처럼 보이는 법칙이다. 예컨대, 포탄의 움직임은 겉으로 보기에 저절로 멈추는 것 같지만, 물리학이 보여준 바에 따르면, 그것의 정지는 공기의 저항에서 기인한다. 만약 그 우연적 요소가 제거된다면, 관성의 원칙의 유효성은 전혀 문제가 되지 않는다. 반대로, 프로이트에 의해 심리생리학적으로 전환된 관성의 원칙이라는 개념은, 우리가 고찰하고 있는 자연적인 성질의 것이 아니다. 그것은 그것의 적용 범위를 제한하는 다른 방식의 기능 작용에 의해 실패로 돌아갈 수 있다. 실제로 투여가 일정하게 이루어지는 뉴런군의 형성은, 에너지의 자유로운 흐름을 거역하는 법칙 — 항상성*의 법칙 — 에 의한 조정을 전제하고 있다. 프로이트는 목적에 호소하는 연역의 형태를 사용함으로써, 관성의 원칙이 어떤 양의 축적된 에너지를 자신의 목적을 위해 이용한다고 공언한다.

c) 목적으로의 그러한 기제의 이동은, 프로이트가 흥분의 방출의 원칙에서 모든 흥분의 원천을 회피하려는 경향을 끌어낸다는 사실에서도 찾아볼 수 있다.

3. 프로이트는 생물학적인 신뢰성을 어느 정도 유지하려다가, 관성의 원칙을 엄청나게 수정하지 않을 수 없게 된다. 사실 그 법칙에 따라 작용하는 유기체가 어떻게 살아남을 수 있겠는가? 유기체라는 개념 자체가 환경과 다르게 안정적인 수준의 에너지를 유지하는 것을 전제하고 있는 것이 사실인데, 어떻게 그것이 〈존재〉할 수 있겠는가?

*

우리 생각으로는, 뉴런의 관성의 원칙에 대한 프로이트의 개념에 반론이 제기될 수 있다고 해서, 그의 개념에 숨어 있는 기초적인 직관을 의심해서는 안 된다. 그러한 직관은 무의식의 발견 자체와 결부되어 있다. 프로이트가 뉴런에서의 에너지의 자유로운 순환이라는 말로써 나타내고 있는 것은, 그의 임상 경험 — 1차 과정*을 특징짓는 자유로운 순환 — 이 전환된 것에 지나지 않는다.

그런 점에서, 프로이트의 저작에서 상당히 늦게 나타나는 열반의 원칙*은, 이미 관성의 원칙의 진술을 끌어내던 근본적인 직관을, 프로이트의 사상의 결정적인 순간(20년대의 〈전환기〉)에 다시 확인하는 것으로 간주할 수 있다.

1 Lalande A., *Vocabulaire technique et critique de la philosophie*, Paris, P.U.F., 1951.

2 프로이트 S., 「과학적 심리학 초고」, 『정신분석의 탄생』, 1895, 한, 216 ; 독, 380 ; 영, 356 ; 프, 316.

관심 또는 자아의 관심

프: *intérêt* 또는 *intérêt du moi*. 독: *Interesse, Ichinteresse*. 영: *interest, ego interest*.

스: *interés (del yo)*. 이: *interesse (dell'io)*. 포: *interêsse (do ego)*.

프로이트가 그의 첫 번째 욕동의 이원론의 틀에서 사용한 용어로, 리비도 또는 성욕동 에너지와 대립하는 자기보존 욕동 에너지를 가리킨다.

우리가 여기서 정의하는 〈관심〉이라는 용어의 특수한 의미는, 1911년과 1914년 사이의 프로이트의 글에서 추출한 것이다. 다 알다시피, 리비도*는 성욕동의 투여 에너지를 가리킨다. 그와 병행해서, 프로이트에 따르면, 자기보존 욕동의 투여 에너지가 존재한다.

일상적인 의미에 가까운 일반적인 의미로 사용되는 관심은, 어떤 용법에서는 그 두 종류의 투여 전체를 포괄한다. 즉 예컨대 프로이트가 그 용어를 도입하고 있는 다음의 구절이 그것이다: 파라노이아증자는 〈…… 아마 리비도의 투여뿐만 아니라, 일반적인 관심, 즉 자아로부터 유래하는 투여〉[1]를 철수시킨다. 프로이트는 융의 논문[α]이 리비도와 〈일반적인 심리적 관심〉을 구분하는 것을 거부하는 것과는 반대로 그 대립을 강조하면서, 관심이라는 용어를 오직 자기보존 욕동 또는 자아 욕동으로부터 나오는 투여에 국한한다.[3] (→ **이기심**)

그러한 특수한 용법에 관해서는, 예컨대 『정신분석 입문 강의』(1917)[4]을 참조할 것.

α 융에 의하면, 관심이라는 용어는 클라파레드Claparède에 의해, 정확히 리비도라는 용어와 동의어로 제안된 것이다.[4]

1 프로이트 S., 「한 파라노이아 사례(파라노이아형 치매)의 자서전적인 기술에 대한 정신분석적 고찰: 슈레버」, 1911. 전집 IX, 179[185], n. 89 ; G.W., VIII, 307, n. 3 ; S.E., XII, 70, n. 2 ; 프, 314, n. 3[O.C., X, 293, n.1].

2 프로이트 S., 「자기애 소개」, 1914. 전집 XI, 54-6[52-4] ; G.W., X, 145-7 ; S.E., XIV, 79-81 ; 프, [O.C., XII, 224-5] 참조.

3 프로이트 S., 『정신분석 입문 강의』, 1917. 전집 I, 556[586] ; G.W., XI, 430 ; S.E., XVI, 414 ; 프, 444[O.C., XIV, 429] 참조.

4 Jung C. G., "Versuch einer Darstellung der psychoanalytischen Theorie", *Jahrbuch psa. Forsch.*, V, 1913, pp. 337 sq.

관통작업[철저작업, 훈습(薰習)]

프: *perlaboration*. 독: *Durcharbeitung*(또는 *Durcharbeiten*). 영: *working-through*. 스: *trabajo elaborativo*. 이: *elaborazione*. 포: *perlaboração*.

분석이 해석을 통합하여 그것이 야기하는 저항을 극복하는 과정. 거기서 문제되는 것은 주체로 하여금 격리[억압]된 요소를 인정하게 하고, 반복 기제의 지배로부터 벗어나게 하는 일종의 심리 작업이다. 관통작업은 치료에서 항구적인 요소이지만, 몇몇 국면 — 즉 치료가 정체되거나 저항이 해석되었지만 지속되는 국면들 — 에서 좀 더 특별하게 작동한다.

그와 관련해서, 기법의 관점에서 본다면, 관통작업은 분석가의 해석 — 문제의 의미작용이 어떻게 서로 다른 문맥에서 다시 만나게 되는지를 보여주는 데 있는 해석 — 에 의해 조장된다.

*durcharbeiten*이라는 명사화된 동사는 *working-through*라는 영어 단어에서 만족할 만한 번역어를 발견한다. 프랑스 연구자들도 종종 그 말에 의존하고 있다. 그러나 프랑스어는 그것의 정확한 번역을 허락하지 않는다. 그래서 이미 그 개념의 주해(註解)인 〈해석적 가공*élaboration interprétative*〉이라는 용어를 받아들이든지, 아니면 신조어를 제안할 수밖에 없다: 우리가 채택한 해결책은 *perlaboration*이라는 신조어이다. 몇몇 번역자에게서 발견되는 *élaboration*(가공)이라는 용어에 관해 말하자면, 우리가 보기에, 그것은 저지돼야 한다. 사실 그것은 프로이트의 저작에서도 접할 수 있는, 독일어의 *bearbeiten*(가공하다)이나 *verarbeiten*(세공하다)과 같은 말에 더 잘 어울리기 때문이다. 게다가 그 말이 포함하고 있는 〈형태화*mise en forme*〉라는 뉘앙스는 *durcharbeiten*의 의미를 왜곡시킬 위험이 있다. (→ **심리적 가공**)

그러한 용어상의 어려움은 그 개념의 불확실성과 관계가 있는 것은 아닐까?

『히스테리 연구』(1895)에서부터 이미, 피분석자는 치료 중에 어떤 작업을 수행한다는 개념이 발견되고 있다. 그리고 *durcharbeiten*과 *Durcharbeitung* 이라는 용어도 이미, 아주 특수한 의미를 띠지는 않지만, 프로이트의 글에 나타나 있다.[1]

그것들이 그러한 특수한 의미를 내포하게 된 것은, 「상기(想起), 반복 그리고 관통작업Erinnern, Wiederholen und Durcharbeiten」(1914)에서이다. 그 표제가 이미 예고하고 있듯이, 관통작업은 격리[억압]된 기억의 회상과 전이에서의 반복에 비견되는 치료의 원동력이다. 그러나 실제로는 프로이트가 그것에 부여하고 있는 의미는 상당히 모호하다. 그 텍스트에서 다음과 같은 특징을 끌어낼 수 있다:

a) 관통작업은 저항에 대한 것이다.

b) 그것은 일반적으로 효과가 없어 보이는, 저항의 해석에 뒤이어 온다. 그러한 의미에서 상대적인 침체기는, 프로이트가 치료 효과의 주된 요인으로 보고 있는 뛰어나게 긍정적인 그 작업을 숨기고 있는 것이다.

c) 그것은 거절이나 순전히 지적인 동의에서, 〈저항을 부양하는〉[2a] 격리[억압]된 욕동의 체험*Erleben*에 근거한 확신으로 이행하게 한다. 그러한 의미에서 주체는 〈저항에 빠져들면서〉[2b] 관통작업을 수행한다.

프로이트는 관통작업이라는 개념을 회상과 반복의 개념에 별로 연결시키지 않는다. 그러면서도 그는 그것을 그 두 개념이 합쳐지는 제3항으로 본 것 같다. 사실 관통작업은 반복이지만, 해석에 의해 수정된 반복이다. 그러한 사실로 해서, 그것은 주체가 반복의 기제로부터 해방되는 것을 도울 수 있다. 프로이트가 관통작업을 최면 요법에서 해소로 대표되는 것과 대응하는 것으로 보는 것은, 아마 그가 그것의 체험적이고 해결적인 특성을 고려했기 때문일 것이다.

『억제, 증상 그리고 불안』(1926)에서는 프로이트가 도입한 그거*의 저항과 자아의 저항의 지형학적인 구분 덕분에, 이전의 텍스트들이 갖고 있던 애매함이 일소된다. 자아의 저항이 극복되었다고 해서 격리[억압]가 제거되는 것은 아니다. 〈…… 반복 강박의 힘, 즉 격리[억압]된 욕동의 과정에 대해 무의식적 원형이 행사하는 인력(引力)도 물리쳐야 한다.〉[3] 그것이 바로 관통작

관통작업[철저작업, 훈습(薰習)]

업의 필요성의 근거이다. 그러한 관점에서 그것은 무의식적 형성물을 주체의 인격 전체와 관계 지음으로써, 그 무의식적 형성물에 고유한 끈질긴 반복을 멈추게 할 수 있는 과정으로 정의될 수 있다.

*

위에서 살펴본 프로이트의 논문에서, 관통작업은 이론의 여지없이 피분석자에 의해 실행되는 작업으로 기술되어 있다. 프로이트 이후, 관통작업의 필요성을 강조하는 저자들은, 분석가가 거기서 담당하고 있는 몫을 강조하지 않을 수 없게 된다. 그 예로서 멜라니 클라인의 다음과 같은 구절을 인용해보자: ⟨우리의 일상적인 경험은 관통작업의 필요성을 끊임없이 확인시켜주고 있다. 예를 들면, 어떤 단계에 통찰insight을 얻은 환자가 바로 그 통찰insight을 다음 회기[의 분석]에서 거부하는 것을 볼 수 있다. 가끔 그들은 그들이 전에 그것을 수용했다는 사실을 잊어버리는 것 같다. 우리는 단지 서로 다른 문맥에서 다시 나타나는 재료로부터 결론을 끌어내고, 그것을 적절하게 해석함으로써만, 환자가 점진적으로 보다 지속적인 통찰insight을 얻어 가는 것을 도울 수 있다.⟩[4]

1 프로이트 S., 『히스테리 연구』, 1895. 전집 III, 374[382], 377[385] ; G.W., I, 292. 295 ; S.E., II, 288, 291 ; 프, 235[O.C., II, 315, 317-8].

2 프로이트 S., 「상기(想起), 반복 그리고 관통작업」, 1914, in『정신분석적 정신치료』.

　a G.W., X, 136 ; S.E., XII, 155 ; 프, 115[O.C., XII, 195].

　b G.W., X, 135 ; S.E., XII, 155 ; 프, 114[O.C., XII, 195].

3 프로이트 S., 『억제, 증상 그리고 불안』, 1926. 전집 X, 291[303] ; G.W., XIV, 192 ; S.E., XX, 159 ; 프, 88[O.C., XVII, 274].

4 Klein M., *Narrative of a Child Analysis*, Hogarth Press, Londres, 1961, 12.

교육 분석

프: *analyse didactique*. 독: *Lehranalyse, didaktische Analyse*. 영: *training analysis*. 스: *análisis didáctico*. 이: *analisi didattica*. 포: *análise didática*.

정신분석가의 직업 훈련을 목표로 하는 사람이 거쳐야 하는 정신분석으로, 그의 교육의 주요 부분을 이룬다.

정신분석의 발견은 프로이트가 자기 자신에 대해 시도한 개인 탐구와 밀접한 관련이 있다.(→ **자기 분석**) 처음부터 그에게는 자기 자신의 무의식의 인식을 통해서만 실제 분석을 할 수 있는 것처럼 보였다. 1910년의 뉘렘베르크 학회 Congrès de Nuremberg에서, 프로이트는 〈자기 분석 Selbstanalyse〉을, 〈…… 의사가 자기 속의 역전이를 인식하고 제어하기 위해〉[1] 요구되는 조건으로 보았다. 여기서 프로이트가 겨냥하고 있는 것은 자기 분석인가 아니면 제3자에 의한 정신분석인가? 자기 분석이라는 용어는 딱 잘라 말하기 어렵다. 문맥으로 보면, 차라리 자기 분석이 문제가 되고 있다고 생각할 수 있다. 그러나 오토 랑크 Otto Rank가 그 학회에 제출한 보고서를 보면,[2] 프로이트는 교육 분석 제도를 계획하고 있었다. 아무튼 그가 보기에, 그 당시에는 자기 분석과 비교해 볼 때, 무엇과도 바꿀 수 없는 교육 분석의 가치가 아직 확고하게 자리 잡지 못했던 것 같다.

개인 분석의 그러한 교육적 가치는 「정신분석적 치료를 하는 의사를 위한 조언」(1912)에서 좀 더 분명히 인식된다. 개인 분석은 이론과 관계를 맺고 있는데, 그 이론에 따르면 분석가는 〈…… 수신 기관으로서의 자기 자신의 무의식을, 발신자인 환자의 무의식을 향하여 방향을 돌려야 한다.〉[3a] 그러기 위해 분석가는 자기 자신의 무의식과 아주 자유롭게 소통할 능력이 있어야 한다.(→ **유동적 주의**) 원칙적으로 교육 분석은 그러한 것을 가능하게 만들어야 한다. 프로이트는 취리히 학파가 〈다른 사람을 분석하려는 사람은 누구나 자기 자신이 먼저 경험자에 의해 분석을 받아야 한다는 요구 사항을 제시한……〉[3b] 것에 대해 경의를 표한다.

베를린 정신분석 연구소 Institut de Psychanalyse de Berlin가 설립된 지 2년 뒤인 1922년, 국제 정신분석 학회 Congrès de l'Association Psychanalytique Internationale에서 모든 분석가 후보에 대한 교육 분석의 요구가 [정식으로] 제기된다.

교육 분석의 기능을 부각시키는데 가장 공헌이 큰 사람은 페렌치 Ferenczi 이다. 그는 교육 분석을 〈정신분석의 제2 기본 규칙〉[4a]으로 보았다. 페렌치는 교육 분석이 치료 분석보다 덜 완전하거나 덜 깊은 것으로 보지 않았다: 〈환자의 일반적인 습격에 저항하기 위해서는 분석가 자신이 충분히 그리고 완벽하게 분석을 받아야 한다. 내가 그것을 고려하는 것은, 예컨대 교육 분석에서 후보자들이 1년이면 기본 기제에 익숙해지는데 충분하다고 생각하고 있기

교육 분석

때문이다. 후보자의 장래 발전은 후보들이 자신의 경험에서 무엇을 배우는지에 남겨진다. 나는 예전에 원칙적으로 치료 분석과 교육 분석 사이의 어떠한 차이도 인정하지 않는다고 자주 주장했다. 나는 지금 거기에 다음의 생각을 덧붙이고 싶다: 치료를 목적으로 하는 모든 기획이 우리가 분석의 종료에 대해 말할 때 계획한 깊이까지 갈 필요는 없지만, 다른 많은 사람의 운명을 담보하고 있는 분석가 자신은 자기 성격의 가장 비밀스러운 약점까지도 알고 있어야 하고, 또한 통제할 수 있어야 한다. [교육] 분석이 충분히 완성되지 않는다면 그것은 불가능하다.〉[5]

페렌치에 의해 공식화된 요구는 오늘날 아주 일반적으로 받아들여지고 있다.[α] 그 요구에 따르면, [남을] 분석하려는 사람의 개인 분석은, 경험에 의한 지식의 습득 — 교육이라는 용어가 부당하게 전면에 배치하는 측면 — 이 유명무실해지는 기획이어야 한다.

교육 분석이라는 개념 자체와 제도화에 고유한, 이론적인 동시에 실천적인 다음의 문제는 정신분석 운동에서 계속 토론의 대상이 되고 있다[β]: 분석은 어떻게 특수한 목적, 즉 교육 분석가의 평가가 중요한 역할을 하는 제도로부터, 전문직을 행사할 수 있는 자격을 얻는 것만큼이나 미리 예상해둔 〈목표-표상〉에 따라 지도될 수 있는가?

α 프로이트 편에서는 교육 분석이 할 수 있는 범위에 대해 유보적이었다. 그는 「끝이 있는 분석과 끝이 없는 분석」(1937)에서, 여전히 교육 분석은 〈…… 몇몇 실천적인 이유들로 해서, 짧고 불완전할 수밖에 없다. 그것의 주된 목표는 교육 분석가에게 후보가 그의 연구를 계속할 소질이 있는지 없는지를 판단하게 하는 것이다. 교육 분석이 학생에게 무의식의 존재를 확실히 납득시킨다면, 그리고 격리[억압]된 것을 드러냄으로써 그로 하여금 자기 분석이 없었다면 믿을 수 없었을 개념들을 획득하게 한다면, 그리고 정신분석 행위만이 유효하다고 인정한 기법을 그에게 견본으로 보여준다면, 그것은 그것의 기능을 다한 것이다.〉[6]

β 분석가의 양성이 제기하는 문제와 [정신분석] 운동에서 그것의 역사에 대해서는, 특히 발린트Balint의 「정신분석가 양성 체계에 대하여On the psycho-analytic training system」)을 참조할 것.[7]

1 프로이트 S., 「정신분석적 치료의 장래 전망」(1910), in 『정신분석적 정신치료』. G.W., VIII, 108 ; S.E., XI, 144-5 ; 프, 27[O.C., X, 67].

2 Kovacs V., "Training and Control-Analysis", in *I.J.P.*, XVII, 1936, 346-54에서 재인용.

3 프로이트 S., 「정신분석적 치료를 하는 의사를 위한 조언」(1912), in 『정신분석적 정신치료』. 1912.

a G.W., VIII, 381 ; S.E., XII, 115 ; 프, 66[O.C., XI, 149].

b G.W., VIII, 382 ; S.E., XII, 116 ; 프, 67[O.C., XI, 150].

4 Ferenczi S., "Die Elastizität der psychoanalytischen Technik", 1927. in *Final Contr.*, 88-9.

5 Ferenczi S., "Das Problem der Beendigung der Analyse", 1928. in *Final Contr.*, 83-4.

6 프로이트 S., 「끝이 있는 분석과 끝이 없는 분석」, in 『끝이 있는 분석과 끝이 없는 분석』, 1937. 한, pp. 275-6; G.W., XVI, 94-5 ; S.E., XXIII, 248 ; 프, 34[O.C., XX, 50].

7 Balint M., "On the psycho-analytic training system", in *I.J.P.*, 1948, 29, 163-73.

구성

프: *construction*. 독: *Konstruktion*. 영: *construction*. 스: *construcción*. 이: *costruzione*. 포: construção.

프로이트가 제시한 용어로, 해석보다 분석 재료에 대한 좀 더 광범위한 분석가의 작업을 가리킨다. 그것은 본질적으로 주체의 어린 시절의 이야기의 일부를, 그것이 갖고 있는 현실적이면서 동시에 환상적인 국면으로 재구성하는 데 있다.

「분석에서의 구성」(1937)에서 프로이트가 구성이라는 말에 부여한 비교적 좁은 의미를 고수하는 것은 어렵기도 하거니와 바람직하지도 않다. 그 논문에서 무엇보다도 그가 강조한 것은, 치료의 이상적인 목적 — 즉 유년기 기억 상실*을 해결하여 완전한 회상을 이룩하는 것 — 은 충족시키기 어렵다는 것이다. 분석가는 진정한 〈구성〉을 이룩하여, 그것을 환자에게 제시하도록 되어 있다. 그것은 잘 될 경우(구성이 정확하고, 환자가 그것을 수용할 준비가 되었을 때 말을 해준다면), 온전한 기억이나 격리[억압]된 기억의 파편들을 떠올리게 할 수 있다.[1] 프로이트에 따르면, 그러한 결과가 없는 경우에도 구성은 어느 정도 치료 효과를 갖는다. 〈종종 우리는 환자에게 격리[억압]된 기억을 상기시키는 데 성공하지 못한다. 그 대신 분석을 정확하게 이끌고 가기만 한다면, 우리는 그에게 구성의 진실에 대한 강한 확신을 심어줄 수 있다. 그러한 확신은 되찾은 기억과 같은 치료 효과를 갖고 있다.〉[2]

*

구성이라는 용어가 함축하고 있는 특별히 흥미로운 개념은, 프로이트가 1937년의 논문에서 사용한 그 용어의 용법인, 거의 기술(技術)적인 의미에만 국한되어 있는 것은 아니다. 그의 다른 저작에서도 분석 재료의 구성과 조직이라는 주제가 다양한 양상으로 등장하고 있다. 프로이트가 무의식을 발견할 무렵, 그는 그것을 치료가 재구성해야 할 조직으로서 기술하고 있다. 실제로 환자의 담화에서, 〈…… 공간적으로 넓게 펼쳐진 병인이 되는 재료의 덩어리 전체는 좁은 틈을 통해 길게 늘어나면서, 파편이나 리본처럼 분열되어 의식에 도달한다. 정신치료사의 임무는 그로부터 추정되는 조직을 재구성하는 것이다. 만약 비교를 허락한다면, 그것은 인내의 놀이*jeu de patience*[역주: 혼자서 그림, 나무 조각 따위를 맞추거나 짜거나 연구해서 해답을 내는 놀이]를 연상시킨다.〉[3]

「〈매 맞는 아이〉」(전집 12, 1919)에서 프로이트가 매달린 것은, 하나의 환상의 모든 전개 과정을 재구성하는 것이었다. 그러한 과정의 어떤 시기는 본질적으로 회상이 불가능하다. 그렇지만 진실한 내적인 논리의 필연에 의해 그것의 존재는 추정되고 재구성된다.

좀 더 일반적으로 말해, 그것은 분석가의 구성이나 치료 중의 구성만을 말하는 것은 아니다. 프로이트의 환상의 개념은 환상 자체가 환자에 의한 조작의 한 방식이라는 사실을 가정하고 있다. 다시 말해 그것은 유아 성욕〈론〉이 명확히 보여주고 있듯이, 현실에 부분적으로만 의존하는 구성이다. 결국 구성이라는 용어가 제기하고 있는 것은, 무의식의 구조와 치료에 의한 구조화의 모든 문제이다.

1 프로이트 S., 「정신분석 개요」, 1938. 전집 XV, 454[475] ; G.W., XVII, 103-4 ; S.E., XXIII, 178 ; 프, 46-7[O.C., XX, 270] 참조.
2 프로이트 S., 「분석에서의 구성」, 1937. in 『끝이 있는 분석과 끝이 없는 분석』. 한, 296 ; G.W., XVI, 53 ; S.E., XXIII, 265-6 ; 프, 278[O.C., XX, 69-70].
3 프로이트 S., 「히스테리의 정신치료에 관하여」, in 『히스테리 연구』, 1895. 전집 III, 378[386] ; G.W., I, 296 ; S.E., II, 291 ; 프, 236[O.C., II, 318].

구속

프: liaison. 독: Bindung. 영: binding. 스: ligazón. 이: legame. 포: ligação.

프로이트가 일반적인 차원에서, 그리고 비교적 다양한 영역에서, 흥분의 자유로운 흐름을 제한하고, 표상들을 서로 묶어 비교적 안정적인 형태를 구성 유지하려는 경향의 작용을 가리키기 위하여 사용한 용어.

구속이라는 용어는 자유 에너지-구속 에너지의 대립과 관계를 맺지 않을 수 없다. 그렇다 하더라도, 그것의 의미가 자유 에너지-구속 에너지의 순전히 경제학적인 의미로 다 규명되는 것은 아니다. 엄밀하게 기술적인 그것의 의미를 넘어서서, 그 용어는 프로이트의 작업의 여러 시점에서 나타나면서, 끊임없이 개념화의 요구에 답하고 있다. 우리는 그것의 용법들을 대조하기보다, 차라리 그것이 주요한 역할을 하는 메타심리학의 세 시기에서 그것의 영향력을 가늠해 보기로 하자.

I. 「과학적 심리학 초고」(1895)에서 *Bindung*은 우선 뉴런 장치의 에너지가 자유로운 상태에서 구속 상태로 넘어가는 것을 가리키거나, 아니면 그 에너지가 구속된 상태로 있는 것을 가리킨다. 프로이트에게 그러한 구속은 잘 결속된 뉴런 덩어리(이것들 사이에 좋은 소통*들이 존재하는), 즉 자아가 있다는 것을 내포하고 있다: 〈자아 자체는 투여를 유지하는 — 다시 말해 구속 상태에 있는 — 그러한 종류의 뉴런 덩어리이다. 그것은 아마 뉴런의 상호 작용에 의해서만 일어날 수 있다.〉[1a]

그렇게 구속된 덩어리 자체는 다른 과정에 대해 억제하거나 구속하는 효과를 행사한다. 예컨대, 프로이트는 〈고통스러운 경험*Schmerzerlebnisse*〉 — 다시 떠올릴 때 〈정동과 불쾌감이 동시에 깨어나는……〉 — 과 관계된 어떤 기억들의 운명에 대해 자문하면서, 그것을 〈길들여지지 않은*ungebändigt*〉것이라고 명명하고 있다: 〈사고의 흐름이 〈아직 길들여지지 않은 기억 이미지〉 중의 하나와 마주치면, 종종 감각적 성질의 질의 징후가 불쾌감과 방출의 경향과 함께 나타난다. 그러한 요소들의 결합은 특정한 정동의 특징을 나타내게 되고, 그래서 사고의 흐름은 끊기게 된다.〉 그러한 기억이 길들여지기 위해서는, 〈자아나 자아의 투여와의 관계……〉가 수립되어야 하고, 〈불쾌감에 이르는 소통과 균형을 맞추기 위해 자아로부터 오는 특별히 강하고 반복적인 구속……)[1b]이 필요하다.

우리가 보기에, 여기서 두 가지 개념이 강조되어야 한다:

1. 에너지의 구속은 이미 투여되어 하나의 전체를 이루고 있는 체계와의 관계와 소통의 수립을, 조건으로 한다: 달리 말하면, 그것은 자아 속으로 〈새로운 뉴런이 삽입……)[1c]되는 것이다.

2. 「과학적 심리학 초고」에서, *Bindung*[역주: 원래의 의미는 〈묶기〉이다]의 반대 극은 항상 *Einbindung*(글자 그대로 〈풀기〉)이었다. 후자는 시동 과정과 에너지의 갑작스러운 해방 ─ 가령 시동 에너지보다 양적인 결과가 훨씬 상회할 때, 근육이나 생식선에서 일어나는 에너지의 해방 ─ 을 가리킨다. *Entbindung*은 주로 다음의 형태로 쓰인다: *Unlustentbindung*(불쾌감의 해방), *Lustentbindung*(쾌락의 해방), *Sexualentbindung*(성적 [흥분의] 해방), *Affektenbindung*(정동의 해방) 그리고 *Angstentbindung*(불안의 해방)이 그것이다. 그 모든 경우에 문제가 되는 것은, 억제할 수 없을 정도로 방출을 지향하는 자유로운 에너지의 갑작스러운 출현이다.

그러한 여러 용어들을 대조해보면, 우리는 그것들이 내포하고 있는 경제학적 개념에 놀라지 않을 수 없다: 사실 쾌감의 해방과 동시에 불쾌감의 해방을 규정하는데 동일한 용어를 사용한다는 것은, 언뜻 보기에도 쾌감과 불쾌감이 동일한 에너지에 작용하는 상반된 두 과정(전자는 긴장의 축소, 후자는 긴장의 증가)이라는 기본적인 생각에 반대되는 것이다. 그것은 쾌감과 불쾌감은 각각 질적으로 구분되는 두 에너지에 해당한다는 프로이트의 가설과 전혀 일치하지 않는다.

그러한 난점으로부터 벗어나기 위해서, *Entbindung-Bindung*의 대립은 특별히 유용하다. 그러한 대립과 자아의 구속이 길항 관계에 있다는 점에서, 1차 과정의 모든 해방은, 긴장의 증가의 방향이든 〈절대적인〉 수준의 감소이든, 비교적 일정한 수준의 자아에 대한 위협이다. 프로이트에게 자아의 구속 기능을 특별히 실패하게 만드는 것은 성적 흥분의 해방이다.(→ **사후작용, 유혹**)

II. 『쾌락원칙을 넘어서』(1920)와 함께, 구속의 문제는 프로이트의 사고의 전면에 등장할 뿐 아니라, 그것의 위치는 더욱 복잡해진다. 주체에 의한 외상의 반복 — 반복되는 불쾌 경험의 모델이 되는 — 에 대해 프로이트는 다시금 구속의 개념에 호소한다. 그는 「과학적 심리학 초고」부터 존재했던 개념, 즉 이미 강력하게 투여된 체계는 심리적으로 에너지의 쇄도를 구속할 수 있다는 개념으로 되돌아간다. 그러나 자아의 경계가 넓게 파괴되는 외상의 경우 덕분에, 그러한 구속의 용량이 위협 당하는 바로 그 순간에, 구속의 용량이 파악될 수 있다. 그 결과 쾌락원칙과 1차 과정에 대한 구속의 예기치 않은 상황이 생긴다. 일반적으로 구속이 1차 과정에 대한 자아의 영향 — 즉 2차 과정과 현실원칙을 특징짓는 억제의 개입 — 으로 간주되는데 반하여, 프로이트는 거기서, 몇몇 경우에 〈쾌락원칙의 지배력 자체〉가 〈홍분을 제어하거나 구속하는 [……] 선행 작업……〉을 가정하고 있는 것은 아닌지 자문한다. 〈그 선행 작업은 아마 쾌락원칙에 대립하는 것이 아니라, 그것과는 별도로 그리고 어느 정도는 무관하게 지배적인 것이다.〉[2]

그러한 구속이 궁극적으로 자아를 위하여 작용할지라도, 프로이트는 그것을 반복 강박의 토대로 본다는 점에서, 그리고 반복 강박을 궁극적으로 욕동적인 것의 표시 자체로 여기고 있다는 점에서, 그는 그것에서 고유한 의미를 발견하고 있다. 따라서 두 가지 형태의 구속이 존재하느냐에 대한 문제가 남는다: 하나는 오래 전부터 인식되어온 것으로, 자아의 개념과 공존하는 것이고, 다른 하나는, 무의식적 욕망과 환상의 구성을 지배하는 법칙, 즉 1차 과정의 법칙에 좀 더 가까운 것이다. 정신분석에서 알아낸 자유 에너지 자체는 홍분의 대량 방출이 아니라, 결합의 〈끈〉을 내포하고 있는 표상의 사슬을 따라 순환하는 것이다.

III. 마지막으로, 욕동의 마지막 이론의 틀에서, 구속은 죽음 욕동에 대립하는 삶 욕동의 주된 특징이다: 〈에로스의 목표는 갈수록 커지는 통일성을 세우고 지키는 것이다; 그것이 바로 구속이다. 반대로 다른 욕동의 목표는 그 관계를 깨뜨리고, 따라서 사물을 파괴하는 것이다.〉[3]

그 이론의 최종적인 공식에서, 자아의 심역과, 그것이 자유롭게 사용하는 욕동의 에너지는 본질적으로 삶 욕동의 편에 있다: 그 에너지는 〈자아를 특징짓는 통일된 전체나 통일성의 경향을 확립하는 데 종사함으로써, 항상 결합하고 구속하는 에로스의 주된 의도를 충실히 이행한다.〉[4]

결론적으로 구속의 정신분석적인 문제는 그 용어 자체가 암시하고 있는 세 가지 의미론적 방향에서 제기될 수 있다: 가령 〈연합적 사슬Verbindung〉로 서로 연결된 여러 항목 사이의 관계라는 개념과, 어떤 응집력이 연결되는 전체, 즉 어떤 한계나 경계(참고. 영어의 *boundary*(경계)의 어근은 *bind*(묶다)이다)에 의해 규정된 형태라는 개념, 마지막으로 더 이상 자유롭게 흐를 수 없는 어떤 양의 에너지가 한 장소에 고착된다는 개념이 그것이다.

1 프로이트 S., 「과학적 심리학 초고」, 『정신분석의 탄생』, 1895.
 a 한, 307; 독, 447 ; 영, 425 ; 프, 379.
 b 한, 323; 독, 459 ; 영, 438 ; 프, 390.
 c 한, 307; 독, 448 ; 영, 426 ; 프, 379.
2 프로이트 S., 『쾌락원칙을 넘어서』, 1920. 전집 XI, 305-6[309] ; G.W., XIII, 36 ; S.E., XVIII, 35 ; 프, 40[O.C., XV, 306].
3 프로이트 S., 「정신분석 개요」, 1938. 전집 XV, 418[436] ; G.W., XVII, 71 ; S.E., XXIII, 148 ; 프, 8[O.C., XX, 237].
4 프로이트 S., 『자아와 그거』, 1923. 전집 XI, 389[394] ; G.W., XIII, 274 ; S.E., XIX, 45 ; 프, 202[O.C., XVI, 288].

구강기

프: *stade oral*. 독: *orale Stufe*(또는 *Phase*). 영: *oral stage*. 스: *fase oral*. 이: *fase orale*. 포: *fase oral*.

리비도 발달의 제1단계. 이 시기의 성적 쾌감은 주로 음식 섭취를 동반하는 구강과 입술의 흥분과 결부되어 있다. 영양 섭취 활동은 대상 관계를 표현하고 조직하는 의미작용을 선택적으로 제공한다. 예컨대 먹고 먹히는 의미작용이 어머니와의 사랑의 관계에 표시되는 것이 그것이다.
아브라함Abraham은 이 단계를 빨기(이른 구강기[구강기 제1기])와 깨물기(가학적 구강기)라는 서로 다른 두 가지 활동 기능으로 세분하자고 제안한다.

『성이론에 관한 세 편의 논문』(1905)의 초판에서, 프로이트는 구강적인 〈성욕〉을 기술하고 있다. 그에 따르면, 그것은 성인에게 뚜렷이 나타나고 있을 뿐 아니라(도착증적인 활동이나 전희(前戱) 활동), 소아과 의사인 린드 너Lindner의 관찰에 의거해볼 때, 어린아이에게도 발견된다(수음의 의미를 갖고 있는 엄지손가락 빨기).[1a] 그러나 그렇다고 해서 그가 구강〈기stade〉, 즉 구강의 조직화라는 말을 사용한 것은 아니다. 마찬가지로 그는 항문의 조직 화라는 말도 사용하지 않는다.

그렇지만, 그때부터 빠는 활동은 프로이트에게 모범적인 가치를 갖게 되고, 그 덕분에 프로이트는 어떻게 성욕동이 처음에는 생명의 기능에 의탁*해서 충족되다가, 자율성을 획득하고 자기-성애적으로 충족되는지를 보여주고 있다. 다른 한편, 구강기의 체험은 욕망이 어떤 대상에 고착되는 것의 원형이 되는 충족 체험*이다. 따라서 욕망과 충족에는 그러한 최초의 체험이 영원히 표시되어 있다는 가설을 세울 수 있다.

1915년 프로이트는 항문의 조직화가 있다는 것을 깨닫고, 구강기 또는 식인기를 성욕의 첫 번째 단계로 기술한다. 그 원천은 구강대(口脣帶)이고, 그 대상은 음식 섭취와 밀접한 관계가 있으며, 그 목표는 합체*이다.[1b] 따라서 이제 성감대 — 특수한 흥분과 쾌감 — 만 강조되는 것이 아니라, 하나의 관계 방식, 즉 합체도 강조된다. 또한 정신분석이 보여주는 바에 따르면, 합체는 유아의 환상 속에서 구강 활동에만 결부되어 있는 것이 아니라, 다른 기능(가령 호흡과 시각)으로도 옮겨갈 수 있다.

프로이트에 따르면, 항문기를 특징짓는 능동성*과 수동성*의 대립은 구강기에는 존재하지 않는다. 칼 아브라함은 구강기에서 문제되고 있는 여러 형태의 관계를 분류하려고 애쓴다. 그 결과 그는 〈양가성 이전의préambivalent〉 이른 빨기 단계 — 프로이트가 처음에 구강기로 기술했던 것에 좀 더 가까운 것처럼 보이는 — 와, 치아의 발육과 일치하는 가학적 구강기 — 대상의 파괴를 내포하는, 깨물고 씹는 활동이 일어나는 — 로 구분한다. 후자에서는 그와 동시에 어머니에 의해 먹히고 파괴되는 환상이 발견된다.[2]

대상 관계에 관심을 둔 몇몇 정신분석가들(특히 멜라니 클라인, 버트램 레윈Bertram Lewin)은 구강기라는 개념이 내포하고 있는 의미를 좀 더 복잡하게 기술하고 있다.

1 프로이트 S., 『성이론에 관한 세 편의 논문』, 1905 참조.

　　a 전집 VII, 74[68] ; G.W., V, 80 ; S.E., VII, 179 ; 프, 72[O.C., VI, 114-5].
　　b 전집 VII, 97[88] ; G.W., V, 98 ; S.E., VII, 198 ; 프, 95[O.C., VI, 134].
　2 Abraham K., *Versuch einer Entwicklungsgeschichte der Libido auf Grund der Psychoanalyse seelischer Störungen*, 1924. 프, II, 272-8 참조.

그거[이드]

프: *ça*(남성 명사). 독: *Es*. 영: *id*. 스: *ello*. 이: *es*. 포: *id*.

프로이트가 심리 장치에 대한 두 번째 이론에서 구분한 세 가지 심역 중의 하나. 그거는 인격 중에서 욕동의 중심이다. 그거의 내용, 즉 욕동의 심리적 표현은 무의식적이고, 한편으로는 유전적이고 생래적이며, 다른 한편으로는 후천적으로 격리[억압]된 것이다. 경제학적 관점에서 보면, 프로이트에게 있어 그거는 심리적 에너지의 가장 중요한 저장소이고, 역학적 관점에서 보면, 그거는 자아 내지 초자아 — 발생학적 관점에서 이것들은 그거에서 분화된 것이다 — 와 갈등을 일으킨다.

　　그거라는 용어는 『자아와 그거』(1923)에서 처음으로 도입된다.[a] 프로이트는 그것을 게오르크 그로덱Georg Groddeck에게 빌려오면서,[b] 니체Nietzsche의 선례를 인용하고 있다. 니체는 그것으로 〈······ 비인격적인 것, 말하자면 우리의 존재 속에 본래 필수 불가결한 것〉[1a]을 가리킨다.

　　그거라는 용어가 프로이트를 사로잡았던 이유는, 그것이 그로덱에 의해 전개된 다음과 같은 관념을 보여주기 때문이다 : 〈······ 우리가 자아라고 부르는 것은 삶 속에서 완전히 수동적으로 움직인다. [······] 우리는 제어할 수 없는 미지의 힘에 의해 '살아진다*vécu*'.〉[1b, γ] 그것은 다음과 같은 표현 속에 있는 환자의 자발적인 언어와도 일치한다 : 〈그거는 나보다 더 강했고, 그거가 갑자기 나를 엄습했다.〉[2]

　　프로이트는 그거라는 용어를 도입하면서, 1920년과 1923년 사이에 자신의 지형학*을 손질한다. 그거가 제2지형학에서 차지하는 위치는 대략 제1지형학에서 무의식 체계*Ics; Ubw가 차지하던 위치와 같다. 그렇지만 다음과 같은 차이는 있다고 분명히 말할 수 있다:

　　1. 계통 발생적으로 획득된 어떤 내용이나 구조를 제외한다면, 제1지형학

의 무의식은 〈격리[억압]된 것〉과 일치한다.

반대로 프로이트는 『자아와 그거』(1장)에서, 〈격리[억압]하는〉 심역 — 자아 — 과 그것의 방어 작용도 대부분 무의식적이라고 주장한다. 그 결과, 그거는 이전에 무의식이 포함하던 것과 똑같은 내용을 포괄하지만, 그렇다고 무의식적인 심리 전체를 포괄하는 것은 아니다.

2. 욕동 이론의 수정과 자아의 개념의 발전에 따라 또 다른 차이가 생긴다. 처음에는 신경증적인 갈등이 성욕동과 자아 욕동 사이의 대립으로 정의되었는데, 그것은 후자가 방어의 동기 부여에서 가장 중요한 역할을 담당하기 때문이었다. (→ **심리적 갈등**) 그러나 1920-23년부터 자아 욕동군(欲動群)이 그 자율성을 잃으면서, 삶 욕동과 죽음 욕동이라는 큰 대립으로 흡수된다. 그리하여 자아는 더 이상 특수한 형태의 욕동으로 정의되지 않고, 그거라는 새로운 심역이 처음으로 그 두 형태의 욕동을 포함하게 된다.

요컨대 방어의 대상인 심역은 더 이상 무의식의 극점이 아니라, 인격 중에서 욕동의 극점이라고 정의될 수 있다.

그러한 의미에서 그거는 리비도[8] — 좀 더 일반적으로 말하면 욕동의 에너지 — 의 〈커다란 저장소〉라고 생각할 수 있다.[1c, 1d] 자아가 사용하는 에너지는 그러한 공동의 자원에서, 특별히 〈탈성욕화(脫性化)되고*désexualisée* 승화된〉 에너지의 형태로 빌려온 것이다.

3. 그 새로운 심역과 다른 심역들과의 경계, 그리고 생물학적인 범위와의 경계는 제1지형학과 다르게 규정되지만, 일반적으로 덜 명확하게 규정된다:

a) 그거와 자아의 경계는, 무의식과 검열의 국경인 전의식-의식 사이보다 덜 엄격하다 : 〈자아는 그거와 명확히 구분되지 않는다. 자아의 밑 부분은 그거와 뒤섞여 있다. 또한 격리[억압]된 것도 그거와 뒤섞인다. 그것은 그거의 일부에 지나지 않는다. 격리[억압]된 것은 격리[억압]의 저항을 통해서만 자아와 명확히 구분된다. 그것은 그거를 통해서 자아와 교류할 수 있다.〉[1e]

그와 같은 그거와 격리[억압]하는 심역 사이의 교류는 무엇보다도 후자에 대한 발생학적 정의에서 기인한다. 자아는 〈…… 외부 세계의 직접적인 영향으로 그거의 일부가, 지각-의식 체계의 중개에 의해 변화된 것이다.〉[1f]

b) 마찬가지로 초자아도 솔직히 자율적인 심역이 아니다. 그것은 대부분 무의식적인 것으로, 〈그거 속에 잠겨 있다.〉[3a]

c) 마지막으로 그거와 욕동의 생물학적인 기반의 구별도, 무의식과 욕동

그거[이드]

의 원천의 구별보다 덜 명확하다. 그거는 〈그 끝이 육체 쪽으로 열려 있다.〉[3b] 〈대표화*représentant*〉라는 개념에서 입증된 욕동의 〈기록*inscription*〉이라는 개념은 솔직히 폐기되지는 않았지만, 재확인되지도 않는다.

4. 그거는 하나의 〈조직 방식〉, 즉 특수한 내적인 구조를 갖고 있는 것일까? 프로이트 자신이 주장했듯이, 그거는 〈혼돈〉이다 : 〈그거는 욕동으로부터 나오는 에너지로 채워진다. 그렇지만 거기에는 조직이 없다. 그것은 어떠한 일반 의지도 일으키지 않는다……〉[3c] 그거의 특징은 자아의 조직 방식과는 대조적으로, 오직 소극적으로만 정의될 수 있다.

사실 프로이트가 제1지형학에서 무의식 체계를 규정했던, 실증적이고 독특한 조직 방식 — 즉 1차 과정에 의한 기능, 복합적인 조직, 욕동의 발생학적인 층위 등 — 을 이루고 있는 대부분의 특성을 그거에 대해 다시 사용하고 있다는 것을 강조해 두자. 마찬가지로, 새로 도입된 삶 욕동*과 죽음 욕동*의 이원론은, 그 욕동들이 하나의 변증법적인 대립으로 조직된다는 것을 내포하고 있다. 따라서 그거의 조직이 없다는 것은 상대적일 뿐이다. 그것은 자아의 조직을 특징짓는 관계 형태가 없다는 것과 같은 의미이다. 무엇보다도 그것은 〈상반된 [욕동의] 움직임이 그거에서 병존하면서도 서로를 억누르거나 서로를 없애지 않는다.〉[3d]는 사실에서 분명히 드러난다. 라가슈가 강조한대로, 그거의 조직을 가장 잘 특징짓는 것은 일관된 주체가 없다는 것이다. 그것이 프로이트가 그거의 조직을 지칭하기 위하여 중성 대명사를 선택한 숨은 뜻이다.[4]

5. 마지막으로 제1지형학의 무의식에서 제2지형학의 그거로의 이행을 보다 잘 설명해주는 것은, 그것들이 기록되는 〈발생학적인 관점〉의 차이이다.

무의식은 격리[억압]에 그 기원을 두고 있다. 격리[억압]는 역사와 신화라는 이중적인 모습에서, 심리에 무의식 체계와 전의식–의식 체계 사이의 근본적인 분열을 가져왔다.

제2지형학과 함께, 심역 사이를 구분하는 근본적인 계기가 사라진다. 서로 다른 심역의 탄생은 차라리 점진적인 분화, 즉 서로 다른 체계의 출현으로 간주된다. 그로부터 생물학적인 욕구에서 그거로, 그거에서 자아와 초자아로 이어지는 발생의 연속성을 강조하려는 프로이트의 배려가 나온다. 그러한 의미에서 심리 장치에 대한 프로이트의 새로운 착상은 제1지형학보다 〈생물학화〉하거나 〈자연화〉하는 해석에 적합하다.

그거[이드]

α 초창기 프랑스어 번역에서는 에스*das Es*가 자기*le soi*라고 번역되었다. 그러나 그 번역어는 점점 더 찾아볼 수 없게 되었고, 몇몇 프랑스 저자들에게 *soi*라는 용어는 차라리 영어의 *self*나 독일어의 *Selbst*의 의미가 마련된다.

β 그로덱은 정신분석계열에 가까운 독일의 정신과 의사였다. 그는 프로이트의 개념에서 영감을 받아 여러 책들을 저술했다. 특히 『그거의 책*Das Buch vom Es:psychoanalytische Briefe an eine Freundin*』(1923)는 『인간의 심연에 있는 그거*Au fond de l'homme, cela*』(Gallimard, 1963)라는 제목으로 프랑스어로 번역되었다.

γ 그로덱은 그거로 의미하는 것을 다음과 같이 기술하고 있다: 〈나는 인간이 미지*Inconnu*에 의해, 즉 그가 행하는 것과 그에게 일어나는 것을 동시에 이끌어가는 놀랄 만한 힘에 의해 살아 움직인다고 주장한다. 〈나는 살아 있다〉는 말은 조건부로만 옳다. 그 말은 〈인간은 그거에 의해 '살아진다*vécu*'〉라는 기본 원리의 편협하고 피상적인 부분만을 표현하고 있을 뿐이다.(5)

δ 이 점에 대해서는 영역 『표준판*Standard Edition*』이 제공하고 있는 주석을 참조하는 것이 유익할 것이다.(SE., XIX, 63-6)

1 프로이트 S., 『자아와 그거』, 1923.

a 전집 XI, 362[366], n. 19 ; G.W., XIII, 251, n. 2 ; S.E., XIX, 23, n. 3 ; 프, 177, n. 2[O.C., XVI, 268, n.2].

b 전집 XI, 362[366] ; G.W., XIII, 251 ; S.E., XIX, 23 ; 프, 177[O.C., XVI, 268].

c 전집 XI, 370[374], n. 33 ; G.W., XIII, 258, n. ; S.E., XIX, 30, n. 1 ; 프, 185, n. 1[O.C., XVI, 274, n.1] 참조.

d 전집 XI, 390[395] ; G.W., XIII, 275 ; S.E., XIX, 46 ; 프, 202[O.C., XVI, 289] 참조.

e 전집 XI, 362-3[366-7] ; G.W., XIII, 251-2 ; S.E., XIX, 24 ; 프, 178[O.C., XVI, 268].

f 전집 XI, 364[368] ; G.W., XIII, 252 ; S.E., XIX, 25 ; 프, 179[O.C., XVI, 269].

2 프로이트 S., 『비전문가 분석의 문제』, 1926. 전집 XV, 316[327] ; G.W., XIV, 222 ; S.E., XX, 195 ; 프, 140[O.C., XVIII, 17-8].

3 프로이트 S., 『새로운 정신분석 입문 강의』, 1932.

a 전집 II, 107[113] ; G.W., XV, 85 ; S.E., XXII, 79 ; 프, 109[O.C., XIX, 162].

b 전집 II, 101[106] ; G.W., XV, 80 ; S.E., XXII, 73 ; 프, 103[O.C., XIX, 156-7].

c 전집 II, 101[106-7] ; G.W., XV, 80 ; S.E., XXII, 73 ; 프, 103[O.C., XIX, 157].

d 전집 II, 101[107] ; G.W., XV, 80 ; S.E., XXII, 73 ; 프, 103[O.C., XIX, 157].

4 Lagache (D), "La psychanalyse et la structure de la personnalité", in *La psychanalyse*, P.U.F., 1961, VI, 21 참조.

5 Groddeck (G), *Das Buch vom Es*, 1923, 독, 10-11 ; 프 20.

금욕[절제](의 규칙)

프: *abstinence (règle d' ~)*. 독: *Abstinenz (Grundsatz der ~)*. 영: *abstinence (rule of ~*). 스: *abstinencia* (*regla de ~*). 이: *abstinenza* (*regola di ~*). 포: abstinência (*regra de ~*).

분석 치료가 환자로 하여금 증상에서 가능한 적게 대체 충족을 찾게 하도록 이끌기 위하여 따르는 분석 실천의 규칙. 분석가에게 그것은 환자의 요구를 충족시키는 것과, 환자가 분석가에게 부과하는 역할을 수행하는 것을 거부해야 한다는 규칙을 내포하고 있다. 금욕의 규칙은 몇몇 치료의 경우, 그리고 몇몇 치료 순간에, 회상과 가공 작업을 방해하는 주체의 반복 행위에 관한 금지 명령 속에 명시된다.

이 규칙의 근거는 본질적으로 경제학적인 영역에 있다. 분석가는 치료에 의해 해방된 리비도의 양이 외부의 대상에 직접 재투여되는 것을 피해야 한다. 그 리비도는 분석 상황으로 전이될 가능성이 가장 높다. 리비도의 에너지는 전이에 의해 구속되고, 언어 표현 이외의 다른 모든 방출 가능성은 거부된다.

역학적 관점에서 치료의 원동력은 좌절에 의한 고통에 그 기원을 갖고 있다. 그 고통은 증상이 더 많은 충족을 주는 대체 행동에 자리를 내어줌으로써 약화될 수 있다. 따라서 치료의 침체를 벗어나기 위해서는 좌절을 유지하거나 재건하는 것이 중요하다.

금욕이라는 개념은 암암리에 분석 방법의 원칙 자체와 관련되어 있다. 왜냐하면 분석이란 환자의 리비도적인 요구를 충족시키는 대신, 해석을 기본 행위로 삼기 때문이다. 프로이트가 1915년에 특별히 절박한 요구 — 전이적 사랑에 고유한 요구 — 에 대해 금욕의 문제를 표명했다는 것은 놀라운 일이 아니다: 〈나는 환자의 욕구와 갈망이 작업과 변화에 대한 압력으로 작용하고, 대용물로 그 욕구와 갈망을 잠재우지 않도록, 환자에게 그것들이 유지되어야 한다는 규칙을 제안하고 싶다.〉[1]

금욕의 규칙을 준수해야 함에 따라 제기되는 기술적인 문제가, 분석에 관한 논의의 전면에 등장하는 것은 페렌치에 이르러서이다. 페렌치는 몇몇 경우에, 환자가 치료 안이나 밖에서 발견하는 대체 충족을 추구하는 데 있어 절도를 권장한다. 프로이트는 부다페스트 학회Congrès de Budapest(1918)에 보낸 폐회사에서, 그러한 절도를 원칙적으로 인정하면서 그것의 이론적 근거를 제시한다: 〈그것이 가혹하게 보일지라도, 우리는 환자의 고통이 너무 일찍 현저하게 사라지지 않도록 주의해야 한다. 증상이 해체되어 그것의 가치를 잃어버려 고통이 약화되면, 우리는 다른 곳에서 고통스러운 박탈의 형태로 그 고통을 다시 만들어야 한다.)[2]

금욕의 개념을 둘러싸고 계속해서 일어나는 논쟁을 해명하기 위해서는, 한편으로 분석가의 원칙과 규칙으로서의 금욕 — 중립성의 단순한 결과 — 과, 다른 한편으로 환자에게 스스로 금욕 상태를 유지하기를 요구하는 활동의 절도를 분명히 구분하는 것이 좋다. 그러한 절도는 해석 — 이것의 강조는 명령에 상당한다 — 에서부터 형식적인 금지에까지 이른다. 여기서 형식적 금지는 그것이 환자에게 모든 성 관계를 금지시키는 것을 목표로 하고 있지는 않다고 하더라도, 일반적으로 몇몇 성행위(성도착)나, 분석 작업을 마비시키는 반복적인 성질의 몇몇 활동을 겨냥하고 있다. 대부분의 분석가는 그러한 활동의 절도에 의지하는 것에 대해 아주 유보적인 태도를 보이고 있다. 그들은 그렇게 되면 분석가가 격리[억압]적인 권위에 동화되는 것을 정당화할 위험이 있다는 것을 특히 내세운다.

1 프로이트 S., 「전이적 사랑에 관한 고찰」(1915), in 『정신분석적 정신치료』. G.W., X, 313 ; S.E., XII, 165 ; 프, 112-3[O.C., XII, 205].
2 프로이트 S., 「정신분석적 치료의 길」(1918), in 『끝이 있는 분석과 끝이 없는 분석』(새물결). 1918. G.W., XII, 188 ; S.E., XVII, 163 ; 프, 136[O.C., XV, 103].

기관 쾌락(器官 快樂)

프: *plaisir d'organe*. 독: *Organlust*. 영: *organ-pleasure*. 스: *placer de órgano*. 이: *piacere d'organo*. 포: *prazer de órgão*.

부분 욕동의 자기-성애적인 충족의 특징을 이루는 쾌락의 양태. 성감대의 흥분은 다른 지대의 충족과 관계없이, 그리고 기능 수행과도 직접적인 관련 없이, 그것이 발생한 장소에서 진정된다.

프로이트는 몇몇 경우에 〈기관 쾌락〉이라는 용어를 사용한다. 그렇다고 그것이 용어상의 혁신인 것 같지는 않다. 그 용어는 좀 더 일상적인 용어인 기능 쾌락*plaisir de fonction*이나 기능적 쾌락*plaisir fonctionnel* — 생명 기능의 수행과 관련된 충족(예컨대, 음식을 먹는 쾌락)으로 정의되는 — 과 대립하고 있음을 암시하고 있다.

특히 프로이트는 기관 쾌락이라는 용어를, 특히 생식 기능을 훨씬 뛰어넘는 정신분석적인 의미에서의 성욕*의 기원과 본질에 관한 가설을 심화시킬 때 사용한다. 성욕의 발생 시기는, 각 부분 욕동이 독립적으로 기능하는 것을 특징으로 하는 소위 자기-성애*의 단계에서 찾을 수 있다.

젖먹이에게 고유한 의미의 성적 쾌락은, 그것이 처음에 의탁했던(→ 의탁) 기능 — 성적 쾌락이 이 기능의 〈부산물Nebenprodukt〉로 얻어지는 — 으로부터 분리되어, 그 자체로 추구된다. 가령, 빨기는 영양 섭취의 욕구 외에도 구강 성감대의 긴장을 진정시키려는 시도이다.

프로이트에 따르면, 기관 쾌락이라는 용어에는 유아 성욕을 근본적으로 정의하는 특징들이 압축되어 있다: 〈…… 유아 성욕은 육체의 중요한 생명 기능에 의탁해서 나타나지만, 아직 성적인 대상을 갖고 있지 않다. 그것은 자기-성애적이다. 그것의 성적 목표는 아직 성감대에 의해 지배되고 있다.〉[1]

『정신분석 입문 강의』(1916-1917)에서 프로이트는 정신분석이 보여준 성기적인 쾌락과 유사성과 연속성이 있는 표출을 통해, 성욕의 본질 자체를 정의할 수 있는지에 대해 길게 논의하고 있다. 프로이트가 그러한 표출을 〈기관 쾌락〉으로 정의하는 것은, 그의 학문적인 대화상대자들이 프로이트가 성적인 것으로 지칭하는 어린아이의 쾌락을 생리학적으로 정의하려는 시도와 같은 것으로 제시된 것이다. 프로이트는 그 구절에서 그러한 정의를 비판한다. 왜냐하면 그것은 유아 성욕의 발견을 부정하거나 제한하기 때문이다. 그러나 프로이트는 그 용어를 그러한 논쟁에 사용하는 것에 반대하면서도, 그것이 자기보존 기능과 관련된 쾌락에 비견되는 유아의 성적인 쾌락의 독창성을 강조하고 있다는 점에서, 그것을 기꺼이 자기의 개념으로 만들고 있다. 그리하여, 그는 「욕동과 욕동의 운명」(1915)에서 다음과 같이 쓰고 있다: 〈일반적으로 성욕동을 다음과 같이 특징지을 수 있다: 그것은 다수이고, 다양한 기관을 원천으로 해서 나타나며, 처음에는 서로 독립적으로 활동하다가, 나중에야 서로 모여 다소 완성된 통합을 이룬다. 그 각각이 지향하는 목표는 기관 쾌락의 획득이다.〉[2]

---

1 프로이트 S., 『성이론에 관한 세 편의 논문』, 1905(1915). 전집 VII, 78[72] ; G.W., V, 83 ; S.E., VII, 182-3 ; 프, 76[O.C., VI, 118].
2 프로이트 S., 「욕동과 욕동의 운명」, 1915. 전집 XI, 112[110] ; G.W., X, 218 ; S.E.,

기관 쾌락(器官 快樂)

XIV, 125-6 ; 프, 41 [O.C., XIII, 173].

기능적 현상

프: *phénomène fonctionnel*. 독: *funktionales Phänomen*. 영: *functional phenomenon*. 스: *fenómeno funcional*. 이: *fenomeno funzionale*. 포: *fenômeno funcional*.

헤르베르트 질베러Herbert Silberer가 반수면 상태에 대해 발견한 현상으로, 나중에 그는 꿈에서도 그 현상을 발견한다: 그것은 주체의 사고 내용이 이미지로 전환되는 것이 아니라, 사고의 실제 기능 방식이 이미지로 전환되는 것을 말한다.

기능적 현상에 대한 질베러의 생각은 계속 발전했다.

그는 반수면 상태에 대한 관찰로부터 출발한다. 그는 그것을 상징의 탄생 과정(또는 〈자동상징autosymbolique〉 현상)을 목도할 수 있는 특권화된 경험 으로 본다. 그는 세 종류의 현상을 구분해낸다: 〈물질적〉 현상은 사고가 초점 을 맞추고 있는 것이 상징화되는 것이고, 〈기능적〉 현상은 표상되는 것이 사 고의 실제 기능, 사고의 완급, 사고의 성패 등인 것이고, 〈신체적〉 현상은 육 체적 인상들의 상징화이다.[1]

질베러는 그러한 구분은 상징을 수반하는 모든 표현 — 특히 꿈 — 에 대 해 유효하다고 생각하고 있다. 그는 사고와 표상의 대상에 대한 상징화만을 〈물질적 현상〉에 남겨두고, 요컨대 〈심리의 상태, 활동, 구조〉[2a]를 상징화하는 모든 것을 기능적 현상으로 분류한다. 정동, 성향, 의도, 콤플렉스, 〈마음의 부 분들〉(특히 검열)은 흔히 의인화된 상징으로 번역된다. 꿈의 〈극 화dramatisation〉는 그러한 기능적 측면을 요약하고 있다. 분명히 질베러는 여 기서, 이미지화하는 의식의 〈지금여기hic et nunc〉 상태가 상징적으로 표상된 다는 개념을 극단적으로 일반화시키고 있다.

마지막으로 질베러는 상징 — 무엇보다도 꿈 — 에는 물질적인 것에서 기 능적인 것으로 이행하려는 경향이 있다고 믿고 있다. 그것은 〈어떤 특수한 주 제라도, 그것으로부터 정동이 비슷한 주제 전체로 향하거나, 흔히 말하듯이, 해당 체험의 심리적인 전형을 향하는〉[2b] 일반화의 경향이다. 예컨대, 첫 번째 단계에서 남근을 상징하는 길쭉한 대상은, (점점 더 추상적인 일련의 중간 단계를 거친 뒤) 결국에는 일반적인 힘을 의미하게 된다. 따라서 상징적 현상은 신비적 해석*과 같은 방향에서, 그것에 의해 보강하는 방향으로 자발적으로 나아간다.

프로이트는 기능적 현상을 〈…… 꿈의 이론에 추가되는 드문 이론 중의 하나로, 이론의 여지없이 가치 있는 것〉으로 인식하고 있다. 〈질베러는 꿈의 형성에 자기 관찰 — 파라노이아적인 망상의 의미에서 — 이 참여한다는 것을 증명한 것이다.〉[3] 프로이트는 경험적 성격을 가진 질베러의 발견에 납득하면서도, 기능적 현상의 범위를, 각성과 수면 사이에 위치한 상태나 꿈이나, 가끔 일어날 수 있는 〈수면이나 각성에 대한 자각〉 — 프로이트는 이것을 〈꿈의 검열관〉, 즉 초자아 탓으로 돌리고 있다 — 에 국한시킨다.

프로이트는 그 개념의 확대를 비판한다: 〈…… 사람들은 지적인 활동이나 감정의 과정이 꿈-사고에 나타날 때마다, 기능적 현상이라고 말한다. 그 재료가 다른 모든 낮의 잔재보다 꿈에 진입할 권리를 더 가지고 있는 것도, 덜 가지고 있는 것도 아닌데도 말이다.〉[4] 따라서 예외적인 것을 별도로 하면, 기능적인 것은 신체적인 자극과 같은 자격으로 물질적인 것으로 환원된다. 프로이트는 질베러와 정확히 반대로 나아가고 있는 것이다.

질베러의 개념의 확대에 대한 비판에 대해서는, 「상징 이론*The Theory of Symbolism*」(1916)이라는 존스의 연구를 참조하는 것이 유용하다.[5]

1 Silberer H., "Bericht über eine Methode, gewisse symbolische Halluzinationserscheinungen hervorzurufen und zu beobachten", in *Jahrbuch der Psychoanalyse*, 1909, 참조.

2 Silberer H., "Zur Symbolbildung", in *Jahrbuch der Psychoanalyse*, 1909.

 a IV. 610.

 b IV. 615.

3 프로이트 S., 「자기애 소개」, 1914. 전집 XI, 78[76] ; G.W., X, 164-5 ; S.E., XIV, 97 ; 프, 100-1[O.C., XII, 240].

4 프로이트 S., 『꿈의 해석』, 1900. 전집 IV, 589[610] ; G.W., III-IV, 509 ; S.E., V, 505 ; 프, 376[O.C., IV, 556].

5 Jones E., "The Theory of Symbolism", in *Papers on Psycho-Analysis*, Baillière, Londres, 5e éd. 1948, 116-37.

기능적 현상

기본 규칙

프: *règle fondamentale*. 독: *Grundregel*. 영: *fundamental rule*. 스: *regla fundamental*. 이: *regola fondamentale*. 포: *regra fundamental*.

분석 상황을 조직하는 규칙: 피분석자는 그가 생각하고 느끼는 것을 말하도록 요청받는다. 그러면 그는 그의 머릿속에 떠오르는 것이 말하기 불쾌하고 우스꽝스럽고 흥미가 없고 당치않은 것이라 할지라도, 아무것도 선택하거나 생략하지 않고 말해야 한다.

기본 규칙은 자유연상* 방법을 정신분석 치료의 원칙으로 삼는다. 프로이트는 최면과, 그다음에는 암시를 거쳐 그러한 규칙에 이르는 길을 자주 이야기한다. 그는 〈…… 환자에게 최면을 걸지 않고, 연상을 말하도록 부추김으로써, 그 재료를 통해 환자가 잊고 있거나 방어하고 있는 것으로 가는 길을 찾으려고〉 했다. 〈나중에 그는 그러한 압박도 필요하지 않다는 것을 깨닫는다. 왜냐하면 환자에게는 거의 항상 수많은 '관념*Einfälle*'이 떠오르기 때문이다. 그것은 자기 자신에게 제기되는 반대 때문에, 환자가 말하거나 의식하지 못하고 그대로 유지하고 있는 관념이다. 그래서 어떤 출발점으로부터 '환자에게 떠오르는 모든 관념*alles, was dem Patienten einfiele*'이 그 출발점과 내적인 관계가 생길 때까지 [……] 기다려야 한다. 그로부터 환자를 교육해서 모든 비판적인 태도를 포기하게 하고, 그렇게 해서 드러난 '관념*Einfälle*'의 재료를 이용하여 우리가 찾는 관계를 밝혀내는 기법이 나온다.〉[1]

위에서 인용한 논문에서 우리가 주목할 것은, *Einfall*이라는 용어에 대한 프로이트의 용법이다. 그것의 문자적인 의미는, 머리에 떠오르는 것, 생각나는 것으로, 여기서는 더 좋은 말이 없어서 〈*idée*(관념)〉로 번역했다. 그것은 *Assoziation*(연상)이라는 용어와 구분하는 것이 좋다. 사실 연상이라는 용어는 사슬 — 논리적 담화의 사슬이나 소위 자유로운(그렇지만 이미 결정되어 있는) 연상의 사슬 — 을 구성하고 있는 요소와 관련이 있다. 반면에 *Einfall*은 〈[분석] 회기*séances*〉 중에 주체에게 떠오르는 모든 관념을 가리킨다. 그 관념을 지탱하는 연상의 연결이 눈에 띄지 않고, 그 관념이 주관적으로 문맥과 관련이 없는 것처럼 보일지라도 말이다.

따라서 기본 규칙은 있는 그대로 1차 과정에 자유로운 흐름을 제공하여, 무의식적인 연상의 사슬에 직접 접근하는 결과를 낳는 것은 아니다. 그것은 담화 속에 드러나는 새로운 연결이나 의미 있는 공백을 통해 무의식적인 결정론에 좀 더 접근할 수 있게 하는 어떤 형태의 의사소통의 출현을 도울 뿐이다.

자유연상 규칙이 프로이트에게 〈기본적인〉 것으로 보이게 된 것은 점진적인 것이었다. 가령 그는 『정신분석에 대하여』(1909)에서 무의식에 접근하는 세 가지 길을 열거하고 있다: 〈주요 규칙*Hauptregel*〉을 따르는 주체의 관념에 대한 작업과, 꿈의 해석, 그리고 실수에 대한 해석이 그것이다.[2] 여기서 그 규칙은 다른 것들 중에서도 의미심장한 재료를 제공함으로써, 무의식의 산물의 발현을 돕는 것으로 되어 있다.

*

기본 규칙은 많은 결과를 가져온다:

1. 그것을 적용하도록 요청을 받은 주체는, 그것을 따르면 따를수록, 모든 것을 이야기하는 길, 오로지 말만 하는 길에 접어들게 된다. 그의 동요, 육체적인 느낌, 관념, 기억 등은 언어로 통한다. 따라서 그 규칙은 보이지 않는 결과로서, 주체의 어떤 활동 영역을 행동화*로 나타나게 한다.

2. 그 규칙의 준수는 연상과 연상의 〈마디점[결절]*points nodaux*〉이 파생되는 방식을 드러낸다.

3. 우리가 자주 지적했듯이, 그 규칙은 주체가 그것을 적용할 때의 어려움도 드러낸다: 의식적인 묵언(黙言)과, 그 규칙에 대한, 그리고 그 규칙에 의한 무의식적인 저항, 다시 말해 그 규칙의 사용에서의 저항(가령, 어떤 피분석자들은 조직적으로 횡설수설의 힘을 빌리거나 그 규칙을 이용하여, 주로 그것의 엄격한 적용이 불가능하거나 불합리하다는 것을 보여주려고 한다)[a]이 그것이다.

그러한 사항을 연장하면, 그 규칙은 조사 기술 이상의 것으로, 분석적 관계 전체를 조직한다고 강조할 수 있다. 그러한 의미에서, 그것이 분석 상황을 구성하는 유일한 것이 아님에도 불구하고, 그것은 기본적이라고 말할 수 있다. 분석상황에서는 다른 조건(특히 분석가의 중립성*)이 결정적인 역할을 한다. 우리는 자크 라캉을 따라 다음과 같은 사실을 강조하는 것으로 충족하자: 즉, 기본 규칙은 분석가와 피분석자의 상호주체적 관계를 언어 관계로 확립하는 데 기여한다.[3] 모든 것을 말해야 한다는 규칙은 무의식에 도달할 수 있는 다른 여러 방법들 ― 즉 경우에 따라 없어도 되는 방법(최면, 마취분석 등) ―
중의 하나로 이해되어서는 안 된다. 그것은 피분석자의 담화 속에 타자에게
건네는 요구의 차원이 드러나도록 마련된 것이다. 그것은 분석가의 무위(無
爲)(non-agir)와 결합하여, 피분석자로 하여금 자신의 요구를, 몇몇 단계에
걸쳐, 그에게 언어의 가치를 가지고 있는 다양한 방식으로 표현하게 만든다.(
→ **퇴행**)

α 분명히 정신분석 규칙은 주체에게 지리멸렬한 말을 조직적으로 하게 하는 것이 아니
라, 선택의 기준을 고수하는 것을 피하게 하는 것이다.

1 프로이트 S., 「〈정신분석〉과 〈리비도 이론〉」, 1923. 전집 XV, 139[141-2] ; G.W., XIII,
214 ; S.E., XVIII, 238 ; 프, 54[O.C., XVI, 186-7].
2 프로이트 S., 「정신분석에 대하여」, 1909. in 『끝이 있는 분석과 끝이 없는 분석』. 한,
197 ; G.W., VIII, 31 ; S.E., XI, 33 ; 프, 147[O.C., X, 30] 참조.
3 특히, Lacan J., "La direction de la cure et les principes de son pouvoir",
Communication faite au Colloque international de Royaumont en 1958, in *La
Psychanalyse*, P.U.F., Paris, 1961, VI, 149-206 참조.

기억의 상징

프: *symbole mnésique*. 독: *Erinnerungssymbol*. 영: *mnemic symbol*. 스: *simbolo
mnémico*. 이: *simbolo mnestico*. 포: *simbolo mnêmico*.

히스테리 증상을 규정하기 위하여 프로이트의 초기 저작에서 자주 사용한 용어.

1895년경의 여러 텍스트(「방어-신경정신증」(1894), 「방어-신경정신증에
관한 진전된 고찰」(1896), 『히스테리 연구』(1895) 등)에서, 프로이트는 히스
테리 증상을, 병인이 되는 외상이나 갈등의 기억의 상징이라고 정의하고 있
다. 예컨대, 그는 다음과 같이 쓰고 있다: 〈자아는 그렇게 모순으로부터 해방
되는 데 성공한다. 그러나 환원할 수 없는 운동 신경 감응의 형태이든지, 아
니면 끊임없이 반복되는 환각의 형태이든지, 자아에는 마치 일종의 기생충처
럼, 의식에 자리 잡은 기억의 상징이 실리게 된다.〉[1] 또 다른 곳에서, 프로이
트는 히스테리 증상을, 사건을 기념하여 세운 기념비에 비유하고 있다. 가령
안나 O.의 증상은 그녀의 아버지의 병과 죽음의 〈기억의 상징〉이다.[2]

1 프로이트 S., 「방어-신경정신증」(1894), in 『신경증의 병인』. G.W., I, 63 ; S.E., III, 49 ; 프, 4[O.C., III, 7].

2 프로이트 S., 『정신분석에 대하여』, 1910. in 『끝이 있는 분석과 끝이 없는 분석』. 한, 176-7 ; G.W., VIII, 11 -12 ; S.E., XI, 16-17 ; 프, 125-6[O.C., X, 12-3].

기억흔적

프: *trace mnésique*. 독: *Erinnerungsspur* 또는 *Erinnerungsrest*. 영: *mnemic trace* 또는 *memory trace*. 스: *huella mnémica*. 이: *traccia mnemonica*. 포: *traço*(또는 *vestígio*) *mnêmico*.

프로이트가 전 저작에 걸쳐 사용한 용어로, 사건이 기억에 새겨지는 방식을 가리킨다. 프로이트에 따르면, 기억흔적은 서로 다른 체계 속에 기록되어 영구적으로 존속하지만, 일단 투여가 되면 다시 활성화된다.

메타심리학의 텍스트에서 끊임없이 사용되고 있는 기억흔적이라는 정신생리학적인 개념은, 프로이트가 한 번도 전체적으로 설명한 적이 없는 기억의 개념을 내포하고 있다. 그래서 그것은 잘못된 해석을 초래하는 경우가 있다: 즉, 그러한 해석에 따르면, 기억흔적과 같은 개념은 시대에 뒤진 신경생리학적인 사고의 유물에 불과하다는 것이다. 여기서 우리는 프로이트의 기억 이론을 개진하지는 않더라도, 프로이트가 기억흔적이라는 용어를 차용한 근본적인 숨은 이유를 상기할 필요가 있다. 프로이트는 지형학*에 따라 기억을 위치시키고, 경제학적인 용어로 그것의 기능을 설명하려고 한다.

1) 전 심리 체계를 기능에 따라 정의하고, 지각-의식 체계를 하나의 특수한 체계의 기능으로 만들 필요성(→ **의식**)은, 의식과 기억의 상호배타성의 원리로 귀결된다: 〈자극의 지속적인 흔적이 지각-의식 체계에 남는다고 생각하기는 어렵다. 만약 그것이 항상 의식적이라면, 그것은 새로운 자극을 받아들이는 그 체계의 용량을 곧 제한하게 될 것이다. 그러나 반대로, 그것이 무의식적인 것이 된다면, 우리는 의식 현상을 동반하는 기능의 체계 내에서 무의식적인 과정을 설명해야 하는 문제에 직면하게 된다. 말하자면, 의식화를 하나의 특수한 체계 속에 가두려는 우리의 가정으로 말미암아, 우리는 아무것

도 변화시킬 수 없고 아무것도 얻을 수 없을 것이다.〉¹ 그것은 정신분석의 기원까지 거슬러 올라가는 개념이다. 그것을 『히스테리 연구』(1895)에서 처음으로 언표한 사람은 브로이어Breuer이다: 〈단 하나의 기관이 서로 모순되는 두 가지 조건을 충족시키는 것은 불가능하다. 반사 망원경의 반사경이 동시에 사진의 감광판일 수는 없다.〉² 프로이트는 그러한 지형학적 개념을 〈만년노트〉의 기능에 비유하여 예증해 보이려고 한다.³

2) 프로이트는 기억 자체 안에 지형학적인 구분을 도입한다. 하나의 주어진 사건은 서로 다른 〈기억 체계〉 속에 기록된다. 프로이트는 그렇게 기억이 체계로 성층화되는 것에 대해, 다소 비유적인 몇 가지 모델을 제시한다. 『히스테리 연구』에서 그는 기억 조직을, 회상록이 여러 분류 방법 — 연대순, 연상의 연결 고리, 의식에의 접근 가능성의 정도 — 에 따라 배열되어 있는 복잡한 고문서 보관소에 비유한다.⁴ 기억 체계 속에 정돈된 일련의 기록에 대한 그 개념은, 플리스W. Fliess에게 보낸 1896년 12월 6일자 편지와 『꿈의 해석』 제7장에서, 좀 더 학리적으로 재론된다. 즉, 전의식과 무의식의 구분은 두 기억 체계의 구분과 일치한다. 모든 기억 체계는 〈서술적인〉 의미에서는 무의식적이지만, 무의식 체계(Ubw; Ics; Ucs)의 흔적이 있는 그대로 의식에 도달할 수는 없다. 반면에 전의식적인 기억(일상적인 의미에서의 기억)은 이런저런 특정한 행위에서 현재화될 수 있다.

3) 유년기의 기억상실*에 대한 프로이트의 개념은, 기억흔적에 대한 메타심리학적인 이론에 빛을 던져준다. 다 알다시피, 프로이트에 따르면, 우리가 생후 몇 년 동안의 사건을 기억하지 못하는 것은, 기억이 고정되지 않았기 때문이 아니라, 격리[억압]되었기 때문이다. 일반적으로, 모든 기억은 이론적으로 기록된다. 그러나 그것의 환기는 그것들에 대해 투여되고 철수되고 역투여되는 방식에 달려 있다. 그러한 개념은 임상에 의해 밝혀진, 표상과 정동량* 사이의 구분에 근거하고 있다: 〈심리 기능에서 [······] 증가, 감소, 이동, 방출될 수 있는 어떤 것(정동량, 흥분량)을 구분해낼 필요가 있다. 그것은 신체의 표면의 전류처럼 표상으로 된 기억흔적 위에서 펼쳐진다.〉⁵

*

기억흔적에 대한 프로이트의 개념은, 분명히 현실과 닮은 인영(印影)으로 정의되는 엔그램engram이라는 경험론적인 개념과 전혀 다르다.

1. 기억흔적은 항시 다른 흔적과 관련 하에 체계 속에 기록된다. 프로이트는 하나의 동일한 대상이 연합 형태에 따라(동시성, 인과성 등에 의해), 자신의 흔적을 기록하게 되는 여러 체계를 구분한다.[6, 7a] 그 결과, 환기의 차원에서, 하나의 기억은 어떤 연합의 문맥 속에서는 재현될 수 있는데 반해, 다른 문맥에서는 기억에 접근할 수 없다.(→ **콤플렉스**)

2. 프로이트는 심지어 기억흔적에는 어떠한 감각적 특질도 없다고 부인하기까지 한다: 〈기억이 다시 의식화될 때, 그것은 감각적 특질을 포함하고 있지 않거나, 지각에 비해 거의 포함하고 있지 않다.〉[7b]

프로이트의 기억 이론의 독창성에 가장 잘 접근할 수 있는 것은 「과학적 심리학 초고」(1895)이다. 그러나 외견상 그것의 신경생리학적인 입장은, 기억흔적을 〈가상(假像; simulacre)〉 이미지와 동일시하는 것을 아주 정당화하고 있는 것처럼 보인다. 실제로 프로이트는 거기서, 흔적과 대상의 유사성에 호소하지 않고, 기억이 뉴런 장치에 기록되는 것에 대해 설명하고 있다. 기억흔적은 소통*의 특수한 배열일 뿐이다. 따라서 그것은 어떤 통로를 다른 통로보다 더 선호하게 된다. 그러한 기억의 기능은 이항 대립의 원리 위에 세워져 있는 사이버네틱스 장치 이론에서 〈기억〉으로 불리는 것에 비교될 수 있다. 마찬가지로 프로이트의 뉴런 장치는 분기(分岐)의 연속으로 정의될 수 있다.

그렇지만 다음의 사실에 주목하자: 프로이트가 나중의 글에서 기억흔적 ─ 종종 〈기억 이미지〉라는 말을 동의어로 사용하는 ─ 을 내세우는 방식은, 그것의 구성 과정을 고려하지 않으면, 경험주의 심리학에서 이해하는 의미대로 사물의 재현*reproduction*이라는 뜻으로 그것을 사용한다는 것을 보여주고 있다.

1 프로이트 S., 『쾌락원칙을 넘어서』, 1920. 전집 XI, 293[295-6] ; G.W., XIII, 24 ; S.E., XVIII, 25 ; 프, 27[O.C., XV, 296].

2 브로이어, 「이론적 고찰」, in 『히스테리 연구』, 1895. 전집 III, 253-4[258], n. 2 ; 독, 164, n. ; S.E., II, 188-9, n. ; 프, 149-50, n.[O.C., II, 209, n.1].

3 프로이트 S., 「〈신기한 만년 노트〉에 대한 메모」, 1925. 전집 XI, 435-41[443-50] ; G.W., XIV, 3-8 ; S.E., XIX, 227-32 ; 프, 119-24[O.C., XVII, 139-43] 참조.

4 프로이트 S., 「히스테리의 정신치료에 관하여」, in 『히스테리 연구』, 1895. 전집 III, 377[385] sqq. ; G.W., I, 295 sqq. ; S.E., II, 291 sqq. ; 프, 235[O.C., II, 317] sqq. 참조.

5 프로이트 S., 「방어-신경정신증」(1894), in 『신경증의 병인』. G.W., I, 74 ; S.E., III, 60 ; 프, 14[O.C., III, 17].

6 프로이트 S., 「플리스에게 보낸 편지」, 『정신분석의 탄생』, 1887-1902. 한, 112 ; 독, 186 ; 영, 174 ; 프, 154-5 참조.

7 프로이트 S., 『꿈의 해석』, 1900.

a 전집 IV, 625-6[649] ; G.W., II-III, 544 ; S.E., V, 538-9 ; 프, 442-3[O.C. IV, 591] 참조.

b 전집 IV, 627[650] ; G.W., II-III, 545 ; S.E., V, 540 ; 프, 443-4[O.C. IV, 593].

꿈-내용(꿈의 발현 내용)

프: contenu (manifeste) du rêve. 독: (manifester) Trauminhalt. 영: (manifest) dream-content. 스: contenido del sueño. 이: contenuto del sogno. 포: conteúdo do sonho.

→ 〈발현 내용〉 참조.

꿈-사고(꿈의 잠재적 사고)

프: pensées (latentes) du rêve. 독: (latente) Traumgedanken. 영: (latent) dream-thoughts. 스: pensamientos (latentes) del sueño. 이: pensieri (latenti) del sogno. 포: pensamentos (latentes) do sonho.

→ 〈잠재 내용〉 참조.

꿈의 작업

프: travail du rêve. 독: Traumarbeit. 영: dream-work. 스: trabajo del sueño. 이: lavaro del sogno. 포: trabalho(또는 labor) do sonho.

꿈의 재료(육체적 자극, 낮의 잔재*, 꿈-사고*)를 하나의 산물, 즉 발현된 꿈으로 변형시키는 작용 전체. 왜곡*은 이 작업의 결과이다.

『꿈의 해석』(1900)의 제6장 끝에서, 프로이트는 다음과 같이 쓰고 있다: 〈꿈의 형성의 심리적 작업은 두 가지의 작용으로 나뉜다: 꿈-사고의 생산과, 그것이 꿈의 [발현] 내용으로 변형되는 것이 그것이다.⟩¹ᵃ 엄격한 의미에서 두 번째 작용이 꿈의 작업을 구성한다. 프로이트는 그것을 네 가지 기제로 분석하고 있다: 압축*Verdichtung*, 이동*Verschiebung*, 형상화의 고려*Rücksicht auf Darstellbarkeit*, 2차적 가공*sekundäre Bearbeitung*이 그것이다.

이 작업의 본질에 관해 프로이트는 두 가지 보충적인 명제를 제안한다:

1) 그것은 완전히 창조적인 것은 아니고, 재료를 변형시키는 데 그칠 뿐이다.

2) 그렇지만 ⟨꿈의 본질⟩을 구성하는 것은 꿈의 작업이지 잠재 내용이 아니다.

꿈이 창조적이 아니라는 명제로부터, 예를 들면 다음과 같은 사실을 끌어낼 수 있다: ⟨······ 판단 기능의 명백한 활동[계산, 추리]과 같은 꿈속의 모든 것은, 꿈의 작업의 지적 작용이 아니라 꿈-사고의 재료에 속하는 것으로 간주되어야 한다.⟩¹ᵇ 꿈-사고는 하나의 재료로서 꿈의 작업에 제공되고, 꿈의 작업은 ⟨······꿈의 자극으로 작용하는 모든 원천을 단 하나의 단위로 결합해야 한다는 일종의 절대적인 필요성⟩¹ᶜ에 따른 것이다.

꿈은 본질적으로 꿈에서 이루어지는 작업이라는 두 번째 사실에 관해 말하자면, 프로이트는 그 점을 「꿈의 해석의 이론과 실천에 대한 고찰」 (1923)²에서 강조하고 있다. 그는 거기서 분석가들에게 ⟨신비한 무의식⟩에 대한 과도한 숭배를 경계하게 한다. 그와 같은 생각은 『꿈의 해석』에 첨가된 다양한 주석 — 일종의 명령을 이루고 있는 — 에서도 나타나 있다. 예컨대, ⟨오랫동안 사람들은 꿈과 그것의 발현 내용을 혼동해왔다. 이제는 꿈을 잠재 사고와 혼동해서는 안 된다.⟩¹ᵈ

1 프로이트 S., 『꿈의 해석』, 1900.
  a 전집 IV, 590[611] ; G.W., II-III, 510 ; S.E., V, 506 ; 프, 377[O.C., IV, 557].
  b 전집 IV, 522[540] ; G.W., II-III, 447 ; S.E., V, 445 ; 프, 329[O.C., IV, 494].
  c 전집 IV, 226[235] ; G.W., II-III, 185 ; S.E., IV, 179 ; 프, 137[O.C., IV, 216].
  d 전집 IV, 669[695], n. 60 ; G.W., II-III, 585, n. 1 ; S.E., V, 579, n. 1 ; 프, 473, n. 1[O.C., IV, 634, n.1].
2 프로이트 S., 「꿈의 해석의 이론과 실천에 관한 고찰」(1923), in 『끝이 있는 분석과 끝이 없는 분석』(새물결). 1923. G.W., XIII, 304 ; S.E., XIX, 111-2 ; 프, 82[O.C., XVI, 170-1].

꿈의 화면

프: *écran du rêve*. 독: *Traumhintergrund*. 영: *dream screen*. 스: *pantalla del sueño*.
이: *schermo del sogno*. 포: *tela do sonho*.

레윈B. D. Lewin[1] 이 도입한 개념으로, 모든 꿈은 흰 화면에 투영되는데, 일반적으로 그
것은 꿈꾸는 사람의 눈에 띄지 않는다. 그것은 어린아이가 젖을 먹은 뒤 빠져드는 잠 속
에서 환각적으로 나타나는 어머니의 젖가슴을 상징한다. 그 화면은 잠의 욕망을 충족시
킨다. 어떤 꿈(백색 꿈)에서는 화면만 나타나는데, 그것은 1차적인 자기애로의 퇴행을
실현하는 것이다.

1 Lewin (B. D.), "Sleep, the mouth and the dream screen", in *The Psycho-Analytic Quarterly*, 1946, XV. "Inferences from the dream screen", in *I.J.P.*, XXIX, 4, 1948. "Sleep, narcissistic neurosis and the analytic situation", in *The Psycho-Analytic Quarterly*, 1954, IV.

남근[팔루스]

프: *phallus*. 독: *Phallus*. 영: *phallus*. 스: *falo*. 이: *fallo*. 포: *falo*.

고대 그리스 로마 시대에 남성의 기관을 형상화한 표상.
정신분석에서 이 용어의 용법은 주체 내의 변증법과 주체 간의 변증법에서 자지[페니스]가 수행하는 상징적 기능을 강조하고 있는데 비해, 자지라는 용어는 차라리 해부학적인 실재로서의 남성 기관을 가리키는데 사용된다.

프로이트의 글에서 남근이라는 용어를 만나는 경우는 그리 많지 않다. 반면에 형용사의 형태로는 여러 가지 표현 — 특히 〈남근기*〉라는 표현 — 에서 발견된다. 현대의 정신분석의 문헌에서는 자지*pénis*와 남근*phallus*을 점점 구분하여 사용하는 것을 확인할 수 있는데, 전자는 육체적인 실재로서의 남성 기관을 가리키고, 후자는 그것의 상징적 가치를 강조한다.

　남녀 모두에게서 리비도의 발달 단계로서 프로이트가 점차 인식하게 된 남근의 조직화는, 거세 콤플렉스의 정점에서 그 콤플렉스와 관련을 맺으면서 중심적 위치를 차지하며, 오이디푸스 콤플렉스의 확립과 해결을 좌우한다. 그 단계에서 주체에게 주어지는 선택의 여지는 남근을 갖거나 거세되는 것이다. 여기서 대립은 자지와 질이라는 해부학적인 두 실재를 가리키는 두 항목 사이의 대립이 아니라, 단 하나의 항목의 존재와 부재 사이의 대립이다. 남녀 모두에게 남근의 우위는, 프로이트에게 어린 소녀가 질의 존재를 알지 못한다는 사실과 관계가 있다. 거세 콤플렉스가 남자아이와 여자아이에게서 서로 다른 양태를 띤다고 하더라도, 남녀 모두에게 그것은 오직 신체로부터 분리될 수 있다고 여겨지는 남근을 중심으로 배치되어 있다. 그러한 관점에서 「특히 항문 성애에서의 욕동의 변형에 관하여」(1917)이라는 논문은, 어떻게 남성 기관이 〈상징의 등식〉(자지=똥=어린아이=선물 등)에서 상호 치환 가능한 일련의 항목 속에 기록되는가를 보여주고 있다. 그 항목들의 공통성은 주체로부터 분리될 수 있고, 한 사람에서 다른 사람에게로 순환할 수 있다는 점이다.[1]

프로이트에게 남성 기관은 단순히 일련의 항목의 마지막 준거로서 발견되는 실체가 아니다. 거세 콤플렉스 이론은 남성 기관에게 상징으로서의 지배적인 역할을 부여하고 있다. 그것이 상징인 까닭은, 그것의 부재나 존재가 해부학적인 차이를, 인간 존재 분류의 주요한 기준으로 바꾸고 있기 때문이고, 또한 각 주체에게 그것의 존재 여부가 자명한 것(단순한 여건으로 환원될 수 있는 것)이 아니라 주체내의 과정과 주체 간의 과정(주체가 자신의 성을 가정하는 과정)의 불확실한 결과이기 때문이다. 아마 그러한 상징의 가치와 관련하여, 프로이트가, 좀 더 체계적으로 말하면, 오늘날의 정신분석이 남근이라는 말을 사용하는 것일 것이다. 그것은 그 용어의 고대(古代) 용법 — 거기서 그 용어는 통과 의례에서 중심 역할을 하는 숭배 대상인 남성 기관을 형상화거나 조각한 표상을 가리킨다 — 을, 다소나마 분명히 참조하고 있다. 〈아주 오래된 그 시대에, 발기한 남근은 지고의 권력을 상징한다. 그것은 마술적이거나 초자연적이고 초월적인 남성성이지, 단지 외설스러운 남성의 힘의 다양성이 아니다. 그것은 부활의 희망이고 부활을 일으키는 힘이며, 반영(反影)도 복수성도 허용하지 않고 영원히 솟구치는 존재의 통일성을 유지하는 빛나는 원리이다. 발기한 남근을 가진 헤르메스와 오시리스 신은 그러한 본질적인 영감을 구현하고 있다.〉[2]

여기서 〈상징적 가치〉는 무엇을 의미하는 것일까? 남근이라는 상징에, 굉장히 넓은 특정한 우의(寓意)적인 의미(다산성, 권력, 권위 등)를 지정할 수는 없다. 다른 한편으로, 그것이 상징하는 바를, 남성 기관이나 육체적인 실재인 자지로 축소할 수도 없다. 결국 남근은 (남성 기관의 형상화되고 도식적인 표상이라는 의미에서) 그것이 하나의 상징인 만큼, 그리고 상징 이상의 것으로서, 의미작용 — 즉 아주 다양한 표상에서 상징된 것 — 으로 존재한다. 프로이트는 그의 상징 이론에서, 그것은 보편적인 상징화된 것 중의 하나라고 지적하고 있다. 그는 작은 것 *das Kleine*이라는 공통된 특징을,[3a] 남성기관과 그것을 표상하는 것 사이의 〈제3의 비교항[공통성]tertium comparationis〉으로 생각했다. 그러나 그러한 지적의 방향에서 생각할 수 있는 것은, 남근의 다양한 형상에서 발견되는 그것의 공통된 특징은 분리될 수 있고 변형될 수 있는 대상 ─ 그러한 의미에서 부분 대상* ─ 이라는 것이다.『꿈의 해석』(1900)에서부터 프로이트가 느끼고 있고,[3b, 3c] 정신분석 탐구에 의해 광범위하게 확인된 사실, 즉 전체적인 인간으로서의 주체가 남근과 동일시될 수 있다는 사실은 앞의 생각을 손상시키지 않는다. 그때, 보이고, 드러나고, 아니면 순환하고, 주어지고, 받아들여질 수 있는 대상과 동일시되는 것은 바로 한 사람 자체이기 때문이다. 프로이트는 특히 여성 성욕의 경우에, 아버지의 남근을 받아들이고 싶은 욕망이 어떻게 그의 아이를 갖고 싶은 욕망으로 변하는가를 보여주고 있다. 그런데 우리는 그 예에 대해, 정신분석의 용어에서 자지와 남근이 근본적으로 구분되는지를 자문할 수 있다. 그러한 애매함은 〈자지선망Penisneid〉(→ **자지선망**)이라는 용어에 집중되어 있는데, 그것은 너무 다채로워서, 가령 성교에서 남자의 실제 자지를 즐기려는 욕망과 남근(남성성의 상징으로서의)을 소유하려는 선망 사이의 도식적인 구분으로는 제거될 수 없다.

프랑스에서 라캉은 〈욕망의 기호형식〉이라는 남근의 개념을 중심으로, 정신분석 이론을 재구성하려고 시도한다. 그가 재구성한 오이디푸스 콤플렉스는 변증법으로 이루어져 있는데, 그것은 남근인가 아닌가, 남근을 갖고 있는가 갖고 있지 않은가라는 중대한 양자택일의 변증법으로, 그것의 세 시기는 세 명의 주동자의 욕망에서 남근이 차지하는 위치를 중심으로 배열되어 있다.[4]

1 프로이트 S., 「특히 항문 성애에서의 욕동의 변형에 관하여」, 1917. 전집 VII, 275-82[253-60] ; G.W., X, 402-10 ; S.E., XVII, 127-33 ; 프, 106-12[O.C., XV, 53-62] 참조.

2 Laurin C., "Phallus et sexualité féminine", in La psychanalyse, VII, Paris, P.U.F., 1964, 15.

3 프로이트 S.,『꿈의 해석』, 1900 참조.
  a 전집 IV, 430[444] ; G.W., II-III, 366 ; S.E., V, 362-3 ; 프, 269[O.C., IV, 409].
  b 전집 IV, 433-4[448] ; G.W., II-III, 370-1 ; S.E., V, 366 ; 프, 272[O.C., IV, 412].
  c 전집 IV, 466[482] ; G.W., II-III, 399 ; S.E., V, 394 ; 프, 293[O.C., IV, 442].

4 Lacan J., "Les formations de l'inconscient, compte rendu de J.-B. Pontalis", in Bulletin de Psychologie, 1958, passim.

남근[팔루스]

남근기

프: *stade phallique*. 독: *phallische Stufe*(또는 *Phase*). 영: *phallic stage*(또는 *phase*).
스: *fase fálica*. 이: *fase fallica*. 포: *fase fálica*.

유년기의 리비도 조직화의 단계로, 구강기와 항문기 뒤에 오고, 부분 욕동들이 성기의 우위 아래 통일되는 것이 특징이다. 그러나 그것은 사춘기의 성기 조직이 아니기 때문에, 남자아이든 여자아이든 어린아이는 그 단계에서 단 하나의 생식 기관 ─ 즉 남성 기관 ─ 밖에 모른다. 두 성은 남근-거세의 대립과 일치한다. 남근기는 오이디푸스 콤플렉스의 절정기와 쇠퇴기에 해당하고, 거기서는 거세 콤플렉스가 지배적이다.

남근기라는 개념[a]은 프로이트에게 나중에 나타나는 개념이다. 왜냐하면 그것은 1923년(「유년기의 성기 조직」)에야 비로소 처음으로 나타나기 때문이다. 그것은 리비도 조직화의 연속적인 양태들에 관한 프로이트의 사상의 발전과, 남근*의 우위에 대한 그의 관점 속에서 태어났다. 우리는 명쾌한 설명을 위하여 두 가지 노선의 생각을 구분하고자 한다.

　1. 첫 번째 논점에 대해 말하면, 프로이트가 처음에는(1905년) 유아 성욕의 조직 결여를, 유아 성욕과 사춘기 이후의 성욕을 구분 짓는 차이로 보았다는 것을 상기할 필요가 있다. 즉 어린아이는 사춘기가 되어 성기대(帶)의 우위가 확보된 다음에야 비로소 무정부적인 욕동으로부터 벗어난다. 항문기적이고 구강기적인 전-성기기 조직화의 도입(1913, 1915)은, 그때까지 성기대에 부여하던 리비도의 조직의 특권을 암암리에 문제 삼게 된다. 그러나 그것은 전적으로 아직 조직화의 〈전조가 되는 초보 단계〉[1a]에 지나지 않는다. 〈부분 욕동들의 결합과, 성기 기관의 우위에 대한 그것들의 종속은 일어나지 않거나 아주 불완전하게만 일어난다.〉[1b] 프로이트가 남근기라는 개념을 도입할 때, 그는 유년기부터 이미 성욕의 진정한 조직화 ─ 성인의 그것과 아주 유사한 ─ 가 존재하고 있음을 인식하고 있었다. 그것은 〈…… 이미 성기적이라는 이름을 받을 만하다. 그 조직화에서는 성적인 대상과 그 대상에 대한 성적인 경향의 집중이 발견되지만, 본질적인 점에서 성적인 성숙기의 결정적인 조직화와 구분된다. 즉, 그것은 단 한 종류의 생식 기관 ─ 남성 기관 ─ 밖에 모른다.〉[1c]

　2. 그러한 남근 우위의 개념은 1923년보다 훨씬 이전의 텍스트에 이미 나

타나 있다. 『성이론에 관한 세 편의 논문』에서부터 다음의 두 명제가 발견되고 있다:

a) 리비도는 〈남자와 마찬가지로 여자에게도 남성적 성질을 갖는다.〉[1d]

b) 〈여자아이에게 주도적인 성감대는 남성의 성기대에 해당하는 음핵에 위치하고 있다.〉[1e, 2]

거세 콤플렉스라는 개념이 도출되는 「꼬마 한스」의 분석은, 남자에게서 남근을 소유하든가 거세된다는 양자택일을 전면에 내세우고 있다. 마지막으로 「어린아이의 성이론에 관하여」(1908)라는 논문은 『성이론에 관한 세 편의 논문』과 똑같이 남자아이의 관점에서 성욕을 고찰하면서, 여자아이가 자지에 대해 보이는 특별한 관심과, 그것에 대한 선망 그리고 남자아이에 비해 박탈되었다는 느낌을 강조한다.

*

우리는 남근기에 대한 프로이트의 생각의 본질을 다음의 세 편의 논문에서 찾을 수 있다: 즉, 「유년기의 성기 조직」(1923), 「오이디푸스 콤플렉스의 소멸」(1924), 「해부학적인 성차의 몇몇 심리적 결과」(1925)가 그것이다. 우리는 프로이트를 따라 남근기를 도식적으로 다음과 같이 특징지을 수 있다.

1. 발생학적 관점에서, 항문기에 지배적인 능동-수동*의 〈대립 쌍〉은 남근-거세의 쌍으로 바뀐다. 남성성-여성성*의 대립은 사춘기에 이르러서야 비로소 확립된다.

2. 오이디푸스 콤플렉스에 대해 남근기의 존재는 본질적인 역할을 한다. 실제로 (남자아이의 경우) 오이디푸스 콤플렉스의 쇠퇴는 거세 위협에 의해 좌우되고, 거세 위협의 효력은 한편으로는 남자아이가 자신의 자지에 대해 갖고 있는 자기애적인 관심에 빚지고 있고, 다른 한편으로 여자아이에게는 자지가 없다는 사실의 발견에 빚지고 있다.(→ **거세 콤플렉스**)

3. 여자아이에게도 남근의 조직화가 존재한다. 성의 차이의 확인은 자지선망*을 불러일으킨다. 그것은 부모와의 관계의 관점에서, 자지를 주지 않은 어머니에 대한 원한과, 사랑의 대상으로서 아버지의 선택을 가져온다. 왜냐하면 아버지는 자지나, 그것의 상징적 등가물인 어린아이를 줄 수 있기 때문이다. 따라서 여자아이의 발달과 남자아이의 발달은 대칭적이지 않다(프로이트에 따르면 여자아이는 질에 대한 인식이 없다). 여자아이의 발달과 남자아

이의 발달은 모두 남근을 중심으로 집중되어 있다.

주로 여자아이에게 남근기의 의미는 정신분석 역사에서 중요한 논쟁거리가 된다. 처음부터 여자아이에게 특수한 성적 감각(특히 질의 구멍에 대한 원초적인 직관적 인식)이 있다고 인정하는 저자들(호니 K. Horney, 클라인 M. Klein, 존스 E. Jones)은 남근기를 방어적인 성격의 2차적인 형태로밖에 보지 않는다.

α 남근적 국면 *phase* 이나 남근적 태도 *position* 라는 용어도 사용된다. 그 용어들은 엄밀한 의미에서의 리비도의 발달 단계라기보다는 오히려 오이디푸스 콤플렉스의 변증법에 통합된 상호주체적인 시기를 강조하고 있다.

1 프로이트 S., 『성이론에 관한 세 편의 논문』, 1905.
  a 전집 VII, 96[88] ; G.W., V, 98 ; S.E., VII, 197-8 ; 프, 95[O.C. VI, 134](1915년에 첨가된 것).
  b 전집 VII, 98[90] ; G.W., V, 100 ; S.E., VII, 199 ; 프, 97[O.C. VI, 136](1915년에 첨가된 것).
  c 전집 VII, 98[90], n.103[27] ; G.W., V, 100 ; S.E., VII, 199 ; 프, 97[O.C. VI, 136] (1924년의 각주).
  d 전집 VII, 121[111] ; G.W., V, 120 ; S.E., VII, 219 ; 프, 129[O.C. VI, 158].
  e 전집 VII, 122-3[112] ; G.W., V, 121 ; S.E., VII, 220 ; 프, 129[O.C. VI, 159].
2 프로이트 S., 「플리스에게 보낸 편지」, 『정신분석의 탄생』, 1887-1902. 한, 172-7 : 독, 244-9 ; 영, 229-35 ; 프, 203-8.

남근적 여성(또는 어머니)

프: phallique (*femme* 또는 *mère*). 독: phallische (*Frau* 또는 *Mutter*). 영: phallic (*woman* 또는 *mother*). 스: fálica (*mujer* 또는 *madre*). 이: fallica (*donna* 또는 *madre*). 포: fálica (*mulher* 또는 *mãe*).

환상의 차원에서 남근을 갖추고 있는 여성. 그러한 이미지는 그 여성이 외적인 남근이나 남근의 속성을 가진 사람으로 나타나느냐 아니면 그녀의 내부에 남성의 남근을 간직하고 있는 것으로 나타나느냐에 따라 두 가지 주요 형태로 나뉜다.

남자의 성기를 갖추고 있는 여자의 이미지는 정신분석에서 꿈과 환상에서 빈번하게 발견된다.

이론적인 차원에서, 〈유아의 성이론〉이 명확해지고, 그다음에는 이른바 리비도 단계가 점점 명확히 드러남에 따라, 남근적 여성의 이미지에 이론적 기반이 제공된다. 그러한 이론과 단계에서는 남성 여성 모두에게 단 하나의 성기만 있다.(→ **남근기**)

루스 맥 브룬즈윅Ruth Mack Brunswick에 의하면, 그러한 이마고가 구성되는 것은, 〈……어머니가 자지를 소유하고 있음을 확실히 하기 위한 것이다. 그래서 그것이 나타나는 것은 아마 어린아이가, 실제로는 어머니가 그것을 소유하고 있다고 더 이상 믿지 못할 때부터이다. 그 이전에 [……] 능동적인 어머니의 수행 기관이 젖가슴이라는 것은 틀림없는 사실이다. 자지의 관념은 그다음에 남근의 중요성이 인정된 뒤, 능동적인 어머니에게 투영된 것이다〉.[1]

프로이트는 임상적인 차원에서, 물품성애증 환자가 어떻게 성애물품fétiche을 어머니의 남근 — 물품성애증 환자는 어머니의 남근이 없다는 것을 부인한다 — 의 대체물로 여기는가를 예를 들어 보여주고 있다.[2]

또 다른 방향에서, 보엠F.Boehm의 뒤를 잇는 정신분석가들은 특히 남자 동성애자들의 분석에서, 어머니가 성교 시에 받아들인 남근을 자신의 신체 안에 잡아두는, 불안을 낳는 환상을 밝혀낸다.[3] 멜라니 클라인은 〈합궁한 부모 상*〉이라는 개념으로, 그러한 환상을 좀 더 확대한다.

남근적 여성이라는 용어는 전체적으로 남근을 〈갖고〉 있는 여성이지, 남근과 〈동일시되는〉 여성이나 여자아이의 이미지가 아니라는 데 주목할 필요가 있다.[4] 마지막으로 지적할 것은, 남근적 여성이라는 표현은 남성적이라고 생각되는 성격적 특징을 갖고 있는 여성 — 가령 권위적인 여성 — 을 막연히 지칭하는 데 종종 사용되기도 한다는 것이다. 이 경우 정확히 어떠한 환상이 숨어 있는지 우리는 아직 알지 못하고 있다.

1 Mack Brunswick R., "The Preoedipal Phase of the Libido Development", 1940, in *Psa. Read.*, 240.

2 프로이트 S., 「물품성애증」, 1927. 전집 VII, 320[298] ; G.W., XIV, 312 ; S.E., XXI, 152-3 ; 프, 133-4[O.C., XVIII. 126] 참조.

3 Boehm (F.), "Homosexualität und Ödipuskomplex", 1926, in *Internationale Zeitschrift für Psychoanalyse*, XII, 66-79 참조.

4 Fenichel O., "Die symbolische Gleichung : Mädchen = Phallus", 1936, in *Internationale Zeitschrift für Psychoanalyse*, XXII, 299-314 ; in *Colleted Papers*, Londres, Routledge and Kegan, 1955, 3-18 참조.

남근적 여성(또는 어머니)

남성성-여성성

프: *masculinité-féminité*. 독: *Männlichkeit-Weiblichkeit*. 영: *masculinty-feminity*. 스: *masculinidad-feminidad*. 이: *mascolinità-femminilità*. 포: *masculinidade-femidade*.

정신분석이 받아들인 대립으로, 정신분석은 그것이 일반적으로 생각하는 것보다 훨씬 더 복잡하다는 것을 보여주었다. 즉, 인간 주체가 생물학적인 성에 대해 자신을 위치시키는 방식은 갈등 과정의 불확실한 결과이다.

프로이트는 〈남성적〉, 〈여성적〉이라는 말이 포괄하고 있는 의미의 다양성을 강조한다: 첫째, 주체를 일차, 이차 성징과 결부시키는 〈생물학적〉 의미. 여기서 그 개념들은 정확한 의미를 갖고 있지만, 정신분석은 그러한 생물학적인 자료만으로는 성심리 행위를 설명하기에 충분하지 않다는 것을 보여준다. 둘째, 특정 문명사회에서 남자와 여자에게 부여된 현실적이고 상징적인 기능에 따라 달라지는 〈사회학적〉 의미. 마지막으로 〈성심리적〉 의미. 이것은 전자의 두 의미, 특히 사회적인 의미작용과 필연적으로 맞물려 있다. 다시 말해, 그 개념들은 아주 문제가 많기 때문에, 신중하게 접근하지 않으면 안 된다. 예컨대, 독립성, 과단성, 자발성 등이 요구되는 전문적인 활동을 하는 여성이 반드시 다른 여성보다 더 남성적이라고 말할 수 없다. 일반적으로 하나의 행동을 남성성-여성성이라는 쌍에 비추어 평가할 때 결정적인 것은, 정신분석적인 탐구만이 찾아낼 수 있는, 그 밑에 숨겨진 환상이다.

양성*이라는 개념은, 거기서 생물학적인 토대를 찾든지 아니면 그것을 동일시나 오이디푸스적인 입장으로 해석하든지 간에, 모든 인간 존재에서 남성적 특징과 여성적 특징이 다소 조화롭고 잘 통합된 종합의 의미를 내포하고 있다.

마지막으로 개인의 발달의 관점에서, 정신분석은 남성-여성의 대립이 처음부터 어린아이에게 있는 것이 아니라, 능동-수동의 대립(→ **능동-수동**)의 시기, 그다음에는 지배적인 기능을 갖고 있는 남근-거세의 대립 시기(→ **남근기**)가 선행한다는 것을 보여주고 있다. 이것은 남녀 모두에게 마찬가지이다.

그러한 관점에서, 가령 프로이트는 여자아이가 적어도 부분적으로 이중의 작업 — 주도적인 성감대의 변화(음핵에서 질로)와 사랑의 대상의 변화(어머니에서 아버지로) — 에 성공했을 때만 여성적이라고 말한다.[1]

1 특히, 프로이트 S., 『새로운 정신분석 입문 강의』, 1932. 제33장 〈여성성〉 참조. 전집 II ; G.W., XV ; S.E., XXII; [O.C., XIX].

낮의 잔재

프: *restes diurnes*. 독: *Tagesreste*. 영: *day's residues*. 스: *restos diurnos*. 이: *resti diurni*. 포: *restos diurnos*.

꿈의 정신분석 이론에서, 꿈의 이야기와 꿈꾼 사람의 자유연상에서 발견되는, 전날의 각성 상태의 요소들을 가리킨다. 그것들은 꿈에서 성취되는 무의식적인 욕망과는 다소 멀리 연결되어 있다. 두 가지 극단적인 경우 — 즉, 그러한 낮의 잔재가 적어도 언뜻 보기에는 전날의 염려나 욕망이 동기가 되어 나타나는 경우와, 꿈의 욕망과 결합됨에 따라 하찮게 보이는 낮의 요소가 선택되는 경우 — 사이에는 온갖 중간 경우가 있다.

『꿈의 해석』(1900) 제1장에서 문제 삼고 있는 전통적인 개념에 따르면, 대부분의 꿈에서 발견되는 요소들은 그 전날의 생활에서 유래한 것이다. 그렇지만 몇몇 연구자들이 지적한 것처럼, 꿈에 유치된 요소들은 항상 중요한 사건이나 관심사에 관한 것이 아니라, 하찮게 보이는 세부 사항에 관한 것이다.

프로이트는 그러한 사실들을 수용한다. 그렇지만 그것에 새로운 의미를 부여하면서, 꿈을 소원성취[욕망의 실현]로 간주하는 그의 이론에 그것을 통합시킨다. 꿈의 에너지는 무의식적 욕망 속에 있다는 기본 명제를 참조하면서, 우리는 다양한 낮의 잔재의 본질과 기능을 정립할 수 있을 것이다.

관건은 주체가 전날에 겪었고, 꿈에 다시 나타난 다양한 욕망이나 걱정이다. 대개 그러한 전날의 문제는 상징적 형태로 꿈에 이동되어 나타난다. 낮의 잔재는 모든 꿈-사고와 같은 자격으로 꿈의 작업의 기제에 종속되어 있다. 프로이트의 유명한 비유에 따르면, 낮의 잔재는 꿈의 〈사업가〉이고, 선동가로 활동한다(잠자면서 받는 육체적인 인상도 비슷한 역할을 할 수 있다). 그러나 그 경우에도, 꿈을 〈욕동의 힘*Triebkraft*〉, 즉 〈자본〉을 제공하는 무의식적 욕망의 개입으로 설명해야만 완전히 설명될 수 있다. 〈내 생각으로는, 의식적 욕망은 그것을 강화하고, 그것과 공명하는 무의식적인 다른 욕망을 깨울 경우에만 꿈을 야기할 수 있다.〉[1a]

극단적인 경우에는 낮의 잔재와 무의식적 욕망의 관계는 현실적인 걱정의 매개가 없어도 된다. 낮의 잔재는 무의식적 욕망이 이용하는 요소나 기호에 불과하기 때문이다. 그 경우에, 그 낮의 잔재의 선택의 임의성은 더욱 더 분명해진다. 그렇다면 그것의 기능은 무엇인가? 그것은 다음과 같이 요약될 수 있을 것이다:

a) 꿈은 그것들을 선택함으로써 검열을 피하게 된다. 즉, 그것들의 하찮은 겉모습으로 위장하여야 격리[억압]된 내용을 표현할 수 있는 것이다.

b) 그것들은 관심의 대상이 되고 이미 풍부한 연상의 복합체에 통합된 기억보다, 어린 시절의 욕망과 결합하기에 적합하다.

c) 프로이트의 눈에는, 그것들의 현대적인 특성이 그것들을 특권화하게 만드는 것 같다. 즉, 모든 꿈에 〈최근의 것〉이 존재한다는 것을 설명하기 위하여 그는 〈전이*〉라는 개념을 내세운 것이다. 〈낮의 잔재는 [……] 꿈의 형성에 참여하게 될 때, 무의식 체계에서 무언가 — 즉 격리[억압]된 욕망이 마음대로 사용할 수 있는 욕동의 힘 — 를 빌려오기만 하는 것이 아니라, 무의식에 필수적인 것 — 즉 전이를 위해 필요한 고리 — 을 제공한다.〉[1b] 현재의 중요성은, 꿈에 선행하는 낮의 잔재가 대개의 꿈에서 발견된다는 사실에서 입증되고 있다.

1 프로이트 S., 『꿈의 해석』, 1900.
  a 전집 IV, 641[665] ; G.W., II-III, 558 ; S.E., V, 553 ; 프, 454[O.C., IV, 607].
  b 전집 IV, 652[677] ; G.W., II-III, 569 ; S.E., V, 564 ; 프, 462[O.C., IV, 618].

내면화

프: intériorisation. 독: Verinnerlichung. 영: internalization. 스: interiorización. 이: interiorizzazione. 포: interiorização.

A) 종종 내입*과 동의어로 쓰이는 용어.

B) 좀 더 특수한 의미로, 주체 간의 관계가 주체 내의 관계(갈등이나 금지의 내면화 등)

로 변화하는 과정을 가리킨다.

내면화라는 용어는 정신분석에서 빈번하게 사용되는 말이다. 그것은 특히 클라인 학파에 의해 종종 내입 — 다시 말해 전체적인 또는 부분적인, 〈좋은〉 또는 〈나쁜〉 대상으로부터 주체 내면으로의 환상적인 이행(移行) — 이라는 의미로 받아들여지고 있다.

좀 더 특수한 의미에서는, 그러한 과정이 〈관계〉에 초점이 맞추어져 있을 때 내면화라고 부른다. 예를 들면, 아버지와 어린아이의 권력 관계가 초자아와 자아의 관계로 내면화하는 것이 그것이다. 그 과정은 관계와 갈등이 심리 내부의 차원에서 체험된 대로, 심리 내부에서 구조적으로 분화되는 것을 전제로 하고 있다. 이렇게 내면화는 프로이트의 지형학적 개념, 특히 심리 장치의 두 번째 이론과 상관이 있다.

용어의 정확성을 기하기 위하여, 우리는 위의 정의에서 A와 B의 의미로 구분했다. 그러나 실제로는 그것들은 아주 긴밀한 관계에 있다: 즉 오이디푸스 콤플렉스가 쇠퇴할 때, 주체는 아버지의 이마고를 내입(內入)하고, 아버지와의 권력 갈등을 내면화한다고 말할 수 있다.

내입(內入)

프: *introjection*. 독: *Introjektion*. 영: *introjection*. 스: *introyección*. 이: *introiezione*. 포: *introjeção*.

분석 탐구를 통해 밝혀진 과정으로, 주체가 환상을 통해 대상이나 그 대상에 내재한 특질을 〈바깥〉에서 〈안〉으로 들여오는 것.
내입은 육체적인 원형을 구성하는 합체에 가깝지만, 반드시 육체적인 것을 참조하는 것은 아니다(자아 속으로의 내입, 자아 이상 속으로의 내입 등).
그것은 동일시와 밀접한 관계가 있다.

투사라는 용어와 대칭적으로 만들어진 내입이라는 용어를 도입한 사람은 산도르 페렌치Sandor Ferenczi이다. 「내입과 전이Introjektion und Übertragung」(1909)에서, 그는 다음과 같이 쓰고 있다: 〈파라노이아증자는 불쾌해진 충동을 자아 밖으로 추방하는데 반해, 신경증자는 외부 세계의 가능한 한 많은 부분을 자아 속으로 들여와, 그것을 무의식적인 환상의 대상으로 만듦으로써 문제를 해결하려고 한다. 따라서 우리는 그 과정에 투사와는 대조적으로 내입이라는 이름을 붙일 수 있을 것이다.)[1a] 그렇지만 그 논문 전체에서, 내입이라는 개념의 정확한 의미를 끌어내기는 어렵다. 페렌치는 거기에서 그것을 광범위한 의미에서, 즉 신경증자의 〈관심을 넓힘으로써 막연히 불안한 그의 감정을 무디게 하는, 전이에 대한 열정〉[1b]이라는 의미에서 사용하고 있다. 그는 결국 내입이라는 용어로, 투사라고도 부를 수 있는 행동 유형(주로 히스테리증자에게 나타나는)을 지칭하게 된다.

프로이트는 내입이라는 용어를 차용하여, 그것을 투사와 확연히 대립시킨다. 그 점에 대해 가장 명확한 텍스트는, 쾌-불쾌의 대립과 상관이 있는, 주체(자아)-대상(외부 세계)의 대립의 발생을 고찰하고 있는 「욕동과 욕동의 운명」(1915)이다. 〈정화된 쾌락-자아〉는 쾌락의 원천이 되는 모든 것의 내입과, 불쾌의 동기가 되는 모든 것의 투사(밖으로의)에 의해 구성된다.(→ **쾌락-자아, 현실-자아**)「부정」(1925)에서도 똑같은 대립이 발견되고 있다: 〈······ 최초의 쾌락-자아는 [······] 모든 좋은 것을 내입하고, 모든 나쁜 것을 자기 밖으로 내던져 버린다.〉[2a]

내입은 또한 구강기적 합체와 결합되는 것이 특징이다. 게다가 그 두 용어는 프로이트와 여러 연구자들에 의해 자주 동의어로 사용되고 있다. 프로이트는 내입-투사의 대립이 일반화되기 이전에, 그것이 처음에 어떻게 구강기적인 방식으로 나타나는지를 보여 주고 있다. 그 과정은 〈······ 가장 오래된 구강기적 언어 — 나는 그것을 먹고 싶다든지, 나는 그것을 뱉고 싶다 — 로 표현되거나, 보다 일반적인 표현 — 나는 그것을 내 속에 넣고 싶다든지 내 바깥으로 쫓아내고 싶다 — 으로 번역된다〉.[2b]

따라서 위의 마지막 인용문이 암시하고 있는, 합체와 내입의 구분은 유지하는 것이 좋을 것이다. 정신분석에서 육체적인 경계는 안과 밖의 모든 구분의 원형이다. 합체의 과정은 그러한 육체적인 외피와 관계가 있다. 내입이라는 용어는 좀 더 광범위하다. 거기서는 육체의 내부 뿐 아니라 심리 장치나 심역의 내부도 문제가 된다. 그래서 자아 속으로의 내입, 자아 이상 속으로의 내입 등으로 말하는 것이다.

내입이 프로이트에 의해 처음 밝혀진 것은 멜랑콜리에 대한 분석에서였고,[3] 그 다음부터 그것은 일반적인 과정으로 인식된다.[4] 그러한 관점에서 그 것은 동일시*에 대한 프로이트의 이론을 갱신하게 한다.

내입이 육체적인 원형에 의해 표시되어 있는 한, 그것은 대상 — 부분 대 상이든 총체적 대상이든 — 에 대한 환상으로 표현된다. 그래서 그 개념은 아 브라함과 같은 연구자들과, 특히 〈좋은〉 대상과 〈나쁜〉 대상이 환상적으로 오 고 가는 것(내입, 투사, 재내입réintrojection)을 기술하려고 했던 클라인에게 중요한 역할을 한다. 그러한 연구자들은 기본적으로 내입된 〈대상들〉이라는 표현을 쓴다. 사실 그 용어는 대상이나 그 대상의 특질이 문제가 되는 경우에 사용해야 한다. 엄격히 말해서 〈공격성의 내입〉[5]이라는 표현은 쓸 수 없다(프 로이트는 우연히 그런 표현을 쓴다). 그런 경우에는 〈자기 자신으로의 선회*〉 라는 표현을 쓰는 편이 나을 것이다.

1 Ferenczi S., in *First Contr.*, 1909.
  a 40.
  b 43.
2 프로이트 S., 「부정」, 1925.
  a 전집 XI, 448[456] ; G.W., XIV, 13 ; S.E., XIX, 237 ; 프, 175[O.C., XVII, 169].
  b 전집 XI, 447[455] ; G.W., XIV, 13 ; S.E., XIX, 237 ; 프, 175[O.C., XVII, 168-9].
3 프로이트 S., 「애도와 멜랑콜리」, 1917. 전집 XI, 243-65[243-67] ; G.W., X, 42-6 ; S.E., XIV, 243-58 ; 프, 189-222[O.C., XIII, 263-80] 참조.
4 Abraham K., *Versuch einer Entwicklungsgeschichte der Libido auf Frund der Psychanalyse seelischer Stärungen*, 1924. 프, II, 272 sqq. 참조.
5 프로이트 S., 『문명 속의 불만』, 1930. 전집 XII, 303[315] ; G.W., XIV, 482 ; S.E., XXI, 123 ; 프, 58[O.C., XVIII, 310] 참조.

내향(성)

프: *introversion*. 독: *Introversion*. 영: *introversion*. 스: *introversión*. 이: *introversione*. 포: *introversão*.

융이 도입한 용어로, 일반적으로 리비도가 외부 대상으로부터 분리되어, 주체의 내부 세 계로 철수하는 것을 가리킨다.

프로이트도 그 용어를 차용하지만, 그 용법을 리비도가 철수하여 심리 내부의 상상적 형 성물에 투여되는 것에 국한시킨다. 그것은 자아로의 리비도 철수(2차적 자기애)와 구분되어야 한다.

내향이라는 말은 융의 「어린아이의 심리 갈등에 대하여Über Konflikte der Kindlichen Seele」(1910)에서 처음으로 나타난다. 그것은 그 후의 많은 텍스트, 특히 『리비도의 변형과 상징Wandlungen und Symbole der Libido』(1913)에서 발견되고 있다. 그 개념은 융 이후의 성격 유형학에서 크게 유행한다(내향성과 외향성의 대립).

프로이트는 그 용어를 받아들이기는 하지만, 처음부터 그 개념의 외연에 제한을 가한다.

그에게 내향은 리비도가 상상적인 대상이나 환상으로 철수하는 것을 가리킨다. 그러한 내향은 신경증 증상이 형성되는 시점, 즉 좌절의 결과 퇴행으로 귀결되는 시점을 나타낸다. 리비도는 〈…… 현실로부터 오는 끈질긴 좌절 때문에, 개인에게 가치를 잃어버린 현실로부터 등을 돌려 새로운 욕망의 형성물을 만들고, 예전에 잊힌 욕망의 형성물의 흔적을 되살릴 수 있는 환상의 삶으로 나아간다〉.[1]

「자기애 소개」(1914)에서 프로이트는 그가 보기에, 너무 광범위한 내향이라는 용어의 용법 ── 융은 정신증을 내향 신경증으로 분류하기까지 한다 ── 을 비판한다. 또한 프로이트는 리비도가 자아로 철수하는 자기애(2차적)라는 개념과 리비도가 환상으로 철수하는 내향이라는 개념을 대립시키고, 정신증을 자기애적 신경증*에 위치시킨다.

1 프로이트 S., 「신경증의 발병 유형에 대하여」, 1912. 전집 X, 97[99]; G.W., VIII, 323-4; S.E., XII, 232; 프, 136[O.C., XI, 120].

능동성 ─ 수동성

프: *activité −passivité*. 독: *Aktivität −Passivität*. 영: *activity −passivity*. 스: *actividad −pasividad*. 이: *attività −passività*. 포: *atividade −passividade*.

심리 생활의 기본적인 대립 쌍 중의 하나. 그것은 욕동의 목표*의 결정적인 유형을 규정한다. 발생학적인 관점에서 능동-수동의 대립은 최초의 대립이지만, 뒤에 오는 대립 쌍

—남근-거세와 남성-여성—에 통합된다.

프로이트에게 능동성과 수동성이 주로 욕동의 양태를 정의한다고 해서, 그것이 능동적 욕동과 수동적 욕동의 대립을 내포하는 것은 아니다. 반대로, 프로이트는 특히 아들러와의 논쟁에서, 아들러가 욕동을 〈능동적이기*être active*〉라고 정의하려는 작업에 착수하고 있다고 지적하고 있다: 〈…… 각각의 욕동은 단편적인 활동이다. 수동적 욕동이라고 경솔하게 말하게 되면, 수동적 목표를 가진 욕동 이외의 다른 아무것도 말할 수 없게 된다.〉[1a]

정신분석가들은 그러한 목표의 수동성을 환자가 학대받기(피학증)를 바라거나 보이기(노출증)를 바라는 특권화된 예에서 관찰할 수 있다. 여기서 수동성은 무엇을 의미하는가? 두 차원을 구분해서 생각해야 할 것이다: 하나는 겉으로 드러난 행위의 차원이고, 다른 하나는 그 뒤에 숨어 있는 환상의 차원이다. 행위의 측면에서, 가령 피학증자는 확실히 충족스러운 상황에 놓이기 위해, 행동으로 욕동의 요구에 부응한다. 그러나 환자가 타자의 처분에 맡겨질 때만, 그는 그의 최종적인 행위에 도달할 수 있다. 우리는 모든 수동적인 위치가 환상의 차원에서 어떻게 그 반대와 불가분의 관계가 되는지 보여줄 수 있다; 피학증에서, 〈…… 수동적 자아는 환상을 통해 [……] 바깥의 주체에게 할당된 위치에 놓이게 된다〉.[1b] 그러한 의미에서, 환상의 차원에서는 능동성과 수동성이라는 두 용어가 항상 동시에 병존하거나 교대되는 것을 볼 수 있다. 그렇지만 추구되는 충족의 성질에서나 환상의 위치에서, 그러한 상보성이 능동적이거나 수동적인 성적인 역할의 고착 속에, 더 이상 환원할 수 없는 것을 숨기고 있지 않은 것은 틀림없다.

주체의 발달에 관한 한, 프로이트는 능동성-수동성의 대립에 큰 역할을 부여한다. 그것은 다른 대립 쌍—남근—거세와 남성—여성—에 선행한다. 프로이트에 따르면, 항문기에 〈…… 그 대립은 성생활의 도처에서 발견되면서 명확히 나타난다. [……] 능동적 요소는 근육 조직과 관계가 있는 지배 욕동으로 구성되고, 수동적인 성적 목표의 기관은 성적인 자극에 민감한 장(腸)의 점액으로 나타난다〉.[2] 그러한 사실이 능동성과 수동성이 항문기에 공존한다는 것을 내포하는 것은 아니다. 그것들은 아직 반대 항으로 자리를 잡지 못한 것이다.

루스 맥 브룬즈윅Ruth Mack Brunswick은 「전-오이디푸스 단계의 리비도 발달The Preoedipal Phase of the Libido Development」(1940)에 대해 기술하면서, 다음과 같이 쓰고 있다: 〈리비도가 발달됨에 따라 세 개의 커다란 대립 쌍이 존재한다. 그것들은 서로 뒤섞이고, 중첩되고, 결코 완전히 일치하지 않으면서도 서로 결합하고, 결국에는 서로 대체된다. 젖먹이와 어린아이의 삶은 전자의 두 개[능동─수동과 남근─거세]로 특징지어지고, 청년은 세 번째 대립 [남성─여성]에 의해 특징지어진다.〉³ᵃ 그녀는 어린아이가 어떻게 그의 욕구를 충족시켜 주는 엄마와의 관계에서, 완전히 수동적이 되는 것부터 시작하는가를 보여주고 있다. 그리고 그녀는 어떻게 점진적으로, 〈…… 각각의 단편적인 행동이 어느 정도 능동적인 엄마와의 동일시 위에 세워지게 되는지〉³ᵇ를 보여주고 있다.

1 프로이트 S., 「욕동과 욕동의 운명」, 1915.
 a 전집 XI, 107[105] ; G.W., X, 214-5 ; S.E., XIV, 122 ; 프, 34[O.C., XIII, 169].
 b 전집 XI, 115[113] ; G.W., X, 220 ; S.E., XIV, 128 ; 프, 45[O.C., XIII, 175].
2 프로이트 S., 『성이론에 관한 세 편의 논문』, 1905. 전집 VII, 97[89] ; G.W., V, 99 ; S.E., VII, 198 ; 프, 96[O.C., VI, 135].
3 Mack Brunswick R., "The Preoedipal Phase of the Libido Development", in *Psa. Read.*, 1940.
 a 234.
 b 234-5.

ㄷ

대립 쌍

프: *couple d'opposés*. 독: *Gegensatzpaar*. 영: *pair of opposites*. 스: *par antitético*. 이: *coppia d'opposti*. 포: *par antitético*.

프로이트가 종종 사용한 용어로, 심리학적이거나 정신병리학적인 표출의 차원에서건 (예컨대 가학증－피학증, 관음증－노출증), 아니면 메타심리학적인 차원에서건(예컨대 삶 욕동-죽음 욕동), 커다란 기초적인 대립을 가리킨다.

이 용어가『성이론에 관한 세 편의 논문』에 나타날 때, 그것은 몇몇 도착증의 기본적인 특성을 밝히기 위한 것이었다: 〈도착증적인 성향의 어떤 것들은 규칙적으로 대립 쌍으로 나타나는 것을 확인할 수 있다. 그것은 [……] 엄청난 이론적 중요성을 갖고 있다.〉[1a] 예컨대 가학증에 대한 연구는 가학증적인 지배적인 경향과 동시에, 피학증적인 쾌락을 보여주고 있다. 마찬가지로 관음증과 노출증은 동일한 부분 욕동*의 능동과 수동의 형태로 긴밀하게 쌍을 이루고 있다. 그러한 대립 쌍은 도착증에서 특히 눈에 띄기는 하지만, 신경증의 정신분석에서 한결같이 발견되고 있다.[1b]

그러한 임상 자료를 넘어서, 대립 쌍이라는 개념은, 프로이트의 사상에서, 항구적이고 본질적인 요소로 기록된다. 즉 그것은 갈등을 궁극적으로 설명해 줄 수 있는 이원론이다.

프로이트 학설의 여러 단계에서 그 이원론이 취하는 형태가 어떤 것이든, 우리는 대립 쌍, 대립*Gegensätzlichkeit*, 양극성*Polarität*[2] 등과 같은 용어를 만나게 된다. 그러한 개념은 기술적인 차원에서뿐 아니라 이론화의 차원에서도

사용되고 있다: 즉 주체의 연속적인 리비도의 입장을 정의하는 세 가지 대립 — 능동-수동, 남근-거세, 남성-여성 — 에서 그렇고, 양가성*이라는 개념에서, 그리고 쾌-불쾌의 쌍에서, 그리고 좀 더 근본적으로는 욕동의 이원론(사랑과 배고픔, 삶 욕동과 죽음 욕동)의 차원에서 그렇다.

주목할 것은, 그렇게 짝을 맺은 용어들은 동일한 차원에 속하고, 서로 환원할 수 없다는 것이다. 그것들은 변증법적으로 서로를 낳을 수 없으며, 모든 갈등의 기원에 있고 모든 변증법의 원동력이다.

1 프로이트 S., 『성이론에 관한 세 편의 논문』, 1905.
  a 전집 VII, 50[47] ; G.W., V, 59 ; S.E., VII, 160 ; 프, 46[O.C., VI, 93].
  b 전집 VII, 59[55] ; G.W., V, 66-7 ; S.E., VII, 166-7 ; 프, 54-5[O.C., VI, 100] 참조.
2 프로이트 S., 「욕동과 욕동의 운명」, 1915. 전집 XI, 122-3[121] ; G.W., X, 226 ; S.E., XIV, 133 ; 프, 55[O.C., XIII, 180] sqq. 참조.

대상

프: *objet*. 독: *Objekt*. 영: *object*. 스: *objeto*. 이: oggetto. 포: *objeto*.

대상이라는 개념은 정신분석에서 크게 다음과 같은 세 가지 큰 관점에서 고찰할 수 있다:

A) 욕동과 관련하여: 대상은 욕동이 그것 속에서, 그리고 그것에 의해서 자신의 목표 — 즉 어떤 형태의 충족 — 에 도달할 수 있는 것이다. 그때 대상은 사람이거나 부분 대상일 수도 있으며, 실제 대상이거나 환상적 대상일 수도 있다.

B) 사랑(또는 증오)과 관련하여: 여기서 문제가 되는 관계는, 인물 전체나 자아의 심역과의 관계, 그리고 그 자체가 전체로서 목표가 된 대상(인물, 실체, 이상 등)과의 관계이다(이것에 해당하는 형용사는 〈*objectal* [대상적]〉이다).

C) 철학과 인지 심리학의 전통적 의미에서 지각하고 인식하는 주체와 관련하여: 대상은 개인의 욕망이나 의견과 관계없이, 이론적으로 모든 주체가 인정할 수 있는 고정적이고 항구적인 성질을 가진 것을 가리킨다(이것에 해당하는 형용사는 〈*objectif* [객관적]〉이다).

정신분석적인 글에서 대상이라는 용어는 단독으로 사용될 뿐만 아니라, 대상 선택*, 대상애*, 대상 상실*, 대상 관계* 등과 같이, 비전문적인 독자를 당황하게 하는 여러 표현에서도 볼 수 있다. 여기서 대상이라는 말은 일상 언어(《나의 연정의 대상, 나의 원한의 대상, 사랑의 대상 등》)가 그것에 부여하는 의미와 비슷한 의미로 이해될 수 있다. 그것은 보통 생명체나 인간과 대립하는 조작 가능한 무생물, 즉 〈사물〉은 포함하지 않는다.

I. 정신분석에서 대상이라는 용어가 여러 가지 용법을 가지게 된 것은, 욕동에 대한 프로이트의 개념에 그 원인이 있다. 프로이트는 욕동이라는 개념을 분석하면서부터, 대상과 목표*를 구분한다: 〈두 용어를 도입하자: 성적인 매력을 풍기는 사람을 성적 대상이라고 부르고, 욕동이 부추기는 행동을 성적 목표라고 부르자.》[1] 프로이트는 그의 전 작품에서 그러한 대립을 유지하고 있으며, 특히 욕동에 대한 가장 완벽한 정의에서 그것을 재확인하고 있다: 〈······ 욕동의 대상은 욕동이 그것 속에서, 그리고 그것에 의해서 자신의 목표에 도달할 수 있는 것이다.》[2a] 동시에 대상은 충족의 우연한 수단으로 정의되고 있다: 〈대상은 욕동에서 가장 변하기 쉬운 요소이다. 그것은 원래 욕동과 결합되어 있는 것이 아니라, 충족을 가능하게 하는 데 적합한 경우에만 거기에 배정된다.》[2b] 이것은 대상의 우연성이라는 프로이트의 불변의 대전제로, 어떠한 대상이라도 욕동을 충족시킬 수 있다는 뜻이 아니라, 흔히 독특한 특징을 가진 욕동의 대상은 각자의 역사 — 주로 어린 시절의 역사 — 에 의해 결정된다는 뜻이다. 대상은 욕동에서 가장 기질적으로 결정되지 않는 것이다.

그러한 개념은 반발을 일으켰다. 우리는 페어번Fairbairn의 구분을 참조함으로써 제기된 문제를 요약할 수 있다.[3] 그는 '리비도가 쾌락을 구하고 있는가pleasure-seeking, 아니면 대상을 구하고 있는가object-seeking?'라는 질문을 던진다. 프로이트가 보기에, 리비도가 아주 일찍부터 이러저러한 대상의 각인을 갖게 된다 하더라도(→ **충족 체험**), 처음에는 전적으로 충족 — 즉 각 성감대의 활동에 적합한 방식에 따라 가장 짧은 길을 통해 긴장을 해결하는 것 — 을 지향한다는 것은 의심할 여지가 없다. 그러나 대상 관계라는 개념이 강조하고 있는 관념 — 즉 목표의 본질과 〈운명〉, 그리고 대상의 본질과 〈운명〉 사이에는 밀접한 관계가 있다는 관념 — 도, 프로이트의 사상에 이질적인 것은 아니다(이 점에 대한 논의는 〈대상 관계〉 항목 참조).

대상

다른 한편, 욕동의 대상에 대한 프로이트의 개념은, 『성이론에 관한 세 편의 논문』(1905)에서 성욕동의 분석으로부터 이루어진다. 다른 욕동의 대상에 대해서는 어떨까? 특히 프로이트의 첫 번째 이원론의 틀 내에 있는 자기보존 욕동*의 대상에 대해서는 어떨까? 후자에 관한 한, 대상(가령, 음식)은 생명의 욕구에 의해 명확히 그 특수성이 규정된다.

그렇지만 성욕동과 자기보존 욕동의 구분이, 그 대상들에 관한 한, 아주 엄격한 대립으로 이어지지는 않는다. 왜냐하면 전자에서는 우연한 대상이고, 후자에서는 생물학적으로 엄격하게 결정된 것이기 때문이다. 요컨대 프로이트는 성욕동이 자기보존 욕동에 의탁해서 작용한다는 것을 보여주고 있다. 그것은 특히 자기보존 욕동이 성욕동에게 대상의 길을 지시해준다는 것을 의미한다.

의탁*이라는 개념에 의지해서, 욕동의 대상의 복잡한 문제를 풀어갈 수 있다. 구강기를 예로 들면, 대상은 자기보존 욕동의 언어로 음식이다. 그것을 구강 욕동의 언어로 말하면, 그것은 합체가 내포하고 있는 환상 전체의 차원과 더불어 합체된다. 구강기적 환상에 대한 분석은 그러한 합체 활동이 섭취 대상과 전혀 다른 대상과 관련될 수도 있다는 것을 보여준다. 그것이 〈구강기적 대상 관계〉를 결정하는 것이다.

II. 정신분석에서 대상이라는 개념이 욕동과의 관계 하에서만 이해되어야 하는 것은 아니다.(욕동의 작용이 순수한 상태에서 파악될 수 있다면 말이다.) 그것은 주체에게 매력의 대상, 사랑의 대상, 가장 일반적으로 한 인간을 가리키기도 한다. 그러한 자아와 사랑의 대상 간의 총체적인 관계를 넘어서, 여러 가지 형태와 변형과 환상의 상관물을 동반하는 욕동의 고유한 작용을 발견하게 하는 것은 정신분석적 탐구뿐이다. 프로이트가 성욕과 욕동의 개념을 처음 연구하던 시기에는, 욕동의 대상과 사랑의 대상을 연결하는 문제가 명백하게 현존하지 않았을 뿐 아니라 현존할 수도 없었다. 사실 『성이론에 관한 세 편의 논문』 초판(1905)은 어린 시절의 성 기능과 사춘기 이후의 성 기능 사이의 대립을 주축으로 하고 있다. 거기서 전자는 본질적으로 자기-성애*적인 것으로 정의되고 있다. 프로이트 사상에서 그 단계는, 고유한 육체와 다른 대상 — 환상적인 것일지라도 — 과의 관계에 대한 문제를 강조하지 않았다. 어린아이에게 욕동이 〈부분적인〉 것으로 정의되는 것은, 그것이 목표로 하는 대상의 유형과 관련된 것이라기보다, 그것의 충족 방식(국지적인 쾌락, 기관 쾌락*) 때문이다. 대상 선택의 〈예고〉와 〈윤곽〉이 어린 시절에 나타난다고 하더라도, 성생활이 통일됨과 동시에 결정적으로 타인을 향하게 하는 대상 선택이 개입하는 것은 사춘기 때이다.

다 알다시피, 1905년부터 1924년 사이에는, 어린아이의 자기-성애와 사춘기의 대상 선택의 대립이 점점 약해진다. 전-성기기적인 일련의 리비도 단계들이 각각 독특한 〈대상 선택〉의 방식을 내포하고 있는 것으로 기술되기 때문이다. 자기-성애라는 개념이 빠지기 쉬운 애매함(자기-성애라는 개념은 주체가 처음에는 외부 대상을 알지 못한다는 의미를 내포하고 있는 것으로 이해될 위험이 있다)이 사라지는 것이다. 자기-성애를 규정하는 부분 욕동이 부분적이라고 하는 것은, 그것의 충족이 특정한 성감대와 결부되어 있을 뿐 아니라, 정신분석 이론이 나중에 부분 대상*이라고 부르는 것과 결부된다는 것을 의미한다. 그 대상들 사이에는 상징적 등가 관계 ─ 「특히 항문 성애에서의 욕동의 변형에 관하여」(1917)에서 프로이트에 의해 밝혀진 ─ 와, 욕동의 삶이 일련의 변모를 겪는 교환이 이루어진다. 부분 대상을 둘러싼 문제들은, 프로이트의 초기 사상에서 성적 대상이라는 비교적 미분화된 개념이 갖고 있던 포괄적인 것을 잘게 부수는 결과를 가져온다. 그리하여 실제로 순수한 의미에서의 욕동의 대상과 사랑의 대상이 분리된다. 전자는 본질적으로 문제의 욕동에 충족을 제공할 수 있는 것으로 정의된다. 그것은 한 인간일 수 있지만, 그것이 반드시 필수조건은 아니다. 왜냐하면 충족은 특별히 신체의 일부분에 의해서 제공되기 때문이다. 그래서 대상이 충족에 종속되어 있다는 점에서 대상의 우연성이 강조되는 것이다. 사랑의 대상과의 관계는 증오와 같은 다른 쌍의 용어를 끌어들인다: 〈…… 사랑과 증오라는 말은 욕동과 그것의 대상의 관계에 대해 사용해서는 안 된다. 그것은 자아 전체와 대상의 관계에 대한 것이다.〉[2c] 그 점에 대해 용어상 주목할 것은, 프로이트가 부분 대상과의 관계를 설명할 때조차, 대상 선택이라는 표현을, 한 인간과 그의 사랑의 대상 ─ 본질적으로 대상 자체도 총체적인 인간이다 ─ 과의 관계를 위해 남겨놓는다는 것이다.

성심리의 발생학적인 관점에서 보면, 주체는 부분 대상 ─ 욕동의 대상으로 기본적으로 전-성기기적인 대상 ─ 과, 전체 대상 ─ 사랑의 대상으로 기본적으로 성기기적 대상 ─ 의 대립으로부터, 성기의 조직화 속에 부분 욕동

대상

을 점진적으로 통합시키면서, 전자에서 후자로 넘어간다. 그러한 관점에서 성기의 조직화는 대상의 다양성과 풍부함, 그리고 대상의 독립성에 대한 고려의 증가와 맥을 같이 한다. 따라서 사랑의 대상은 더 이상 소모적인 욕동의 상관물이 아니다.

부분 욕동의 대상과 사랑의 대상의 구분이 아무리 의심의 여지가 없다고 하더라도, 그것이 반드시 위와 같은 생각을 정당화하는 것은 아니다. 하나의 예로, 부분 대상은 환원될 수도 넘어설 수도 없는 성욕동의 한 극으로 간주될 수 있다. 다른 하나는 정신분석적 탐구가 보여주고 있듯이, 전체 대상은 최종적인 완성으로 나타나기는커녕, 자기애적인 함의로부터 자유로울 수 없다. 전체 대상은 부분 대상의 행복한 종합으로 구성된다기보다, 다양한 부분 대상이 자아를 모델로 하여^α 주조된 형태인 것이다.

「자기애 소개」(1914)와 같은 텍스트는, 성욕이 자기보존의 기능을 위해 지워지는 의탁적 대상 선택*과, 자아의 복제인 자기애적인 대상 선택* 사이에서, 다시 말해 〈길러준 어머니나 보호해준 아버지〉와, 〈현재의 자신, 과거의 자신, 또는 되고 싶은 자신〉 사이에서, 사랑의 대상에 고유한 지위를 설정하는 것은 어렵다고 기술하고 있다.

III. 마지막으로 정신분석 이론은 전통적인 철학적 의미에서의 대상의 개념 — 다시 말해 지각하고 인식하는 주체와 쌍을 이루는 개념 — 을 참조한다. 물론 그렇게 이해되는 대상과 성적인 대상 사이의 연결의 문제가 제기된다. 만약 욕동의 대상의 발달을 생각한다면, 더욱이 그 발달이 성기애의 대상 — 풍부함과 자율성과 총체성으로 정의되는 — 의 구성에 이른다면, 그것은 지각 대상의 점진적인 성립과 관련이 없을 수 없다. 결국, 〈대상성*objectalité*〉과 객관성*objectivité*은 관계가 없을 수 없는 것이다. 그래서 많은 연구자들이 대상 관계의 발달에 대한 정신분석적인 개념과, 인지 발달 심리학의 연구 자료를 일치시키거나, 〈인지에 대한 정신분석 이론〉의 윤곽을 그리려는 시도를 하고 있다(프로이트의 지적에 대해서는 〈쾌락-자아-현실-자아〉, 〈현실 검증〉 항목 참조).

α 자기애에서는 자아 자체가 사랑의 대상으로 정의된다. 자기애적인 선택이 분명히 보여주고 있듯이, 그것은 특히 사랑의 대상의 원형으로 간주될 수도 있다. 그럼에도 불구하고, 프로이트는 그 이론을 발표하는 바로 그 텍스트에서, 고전적인 것으로 남아 있는 자아 리비

도와 대상 리비도*의 구분을 도입하고 있다. 여기서 대상은 외부 대상이라는 좁은 의미로 이해해야 한다.

1 프로이트 S., 『성이론에 관한 세 편의 논문』, 1905. 전집 VII, 20[20] ; G.W., V, 31 ; S.E., VII, 135-6 ; 프, 18[O.C., VI, 67-8].
2 프로이트 S., 「욕동과 욕동의 운명」, 1915.
　a 전집 XI, 108[106] ; G.W., X, 215 ; S.E., XIV, 122 ; 프, 35[O.C., XIII, 170].
　b 전집 XI, 108[106] ; G.W., X, 215 ; S.E., XIV, 122 ; 프, 35[O.C., XIII, 170].
　c 전집 XI, 127[126] ; G.W., X, 229 ; S.E., XIV, 137 ; 프, 61[O.C., XIII, 184].
3 Fairbairn W. R. D., "A Revised Psychopathology of the Psychoses and Psychoneuroses", 1941, I.J.P., XXII, 250-279.

대상 관계

프: relation d'objet. 독: Objektbeziehung. 영: object-relationship 또는 object-relation. 스: relación de objeto 또는 objetal. 이: relazione oggetuale. 포: relação de objeto 또는 objetal.

현대 정신분석에서 널리 통용되고 있는 용어로, 주체와 세계와의 관계 방식을 가리킨다. 그 관계는 인격의 어떤 조직화, 대상에 대한 다소 환상적인 이해, 그리고 이러저런 특권화된 방어 형태의 복잡하고 총체적인 결과이다.
우리는 특정 주체의 대상 관계에 대해서뿐 아니라, 발달 단계에 관계된 것이든(예: 구강기적 대상 관계), 정신병리학에 관계된 것이든(예: 멜랑콜리성 대상 관계), 대상 관계의 유형에 대해서도 말할 수 있다.

대상 관계라는 말은 프로이트의 저작에서 가끔 마주친다.[1] 따라서 흔히 말하듯이, 프로이트가 그것을 몰랐다고 말하는 것은 정확하지 않다. 그렇지만 그것이 그의 개념 장치에 속하는 것은 아니라고 확실히 주장할 수는 있다.

그러나 1930년대 이후 대상 관계라는 개념은 정신분석의 문헌에서 점점 중요해져, 오늘날에는 많은 연구자들에게 주된 이론적 지표가 되고 있다. 라가슈가 자주 강조했듯이, 그 개념의 발전은 유기체를 독립된 상태로 고찰하지 않고 주위와의 상호 작용 속에서 고찰하는, 정신분석에만 국한되지 않는 개념의 운동 속에 기록되어 있다.[2] 발린트M. Balint는 정신분석에는, 커뮤니케이션, 즉 사람과 사람의 관계에 기초한 기법과, 개체 심리학 *one-body psychology* ─ 럭맨Rickman의 표현 ─ 으로 남아 있는 이론 사이에 간극이 있다고 주장하고 있다. 이미 1935년부터 대상 관계의 발달에 좀 더 주목해야 한다고 촉구했던 발린트에게, 〈대상〉과 〈대상 관계〉를 제외한 모든 정신분석 용어와 개념은 개인만을 참조하는 것이다.[3] 마찬가지로 스피츠R. Spitz에 따르면, 어머니와 어린아이의 상호 관계를 문제 삼고 있는 『성이론에 관한 세 편의 논문』(1905)의 한 구절을 제외하면, 프로이트는 주체라는 단 하나의 관점(투여, 대상 선택)에서 리비도의 대상을 다루고 있다.[4]

대상 관계라는 개념의 향상은, 임상, 기법 그리고 발생학의 분야에서 관점의 변화를 동시에 가져왔다. 우리가 여기서 그러한 발달을 개략적으로나마 요약한다는 것은 불가능하다. 우리는 한편으로 용어에 대한 고찰에 만족하고, 다른 한편으로는 프로이트를 참조하면서 대상 관계라는 개념의 현재 용법을 개략적으로 정의하는 데 필요한 점들을 지적하는데 만족할 것이다.

I. 〈대상 관계〉라는 표현은 정신분석 문헌에 익숙하지 않은 독자를 당황케 할 수 있다. 여기서 대상은 정신분석에서 〈대상 선택〉이나 〈대상애〉와 같은 표현이 갖고 있는 특수한 의미에서 이해되어야 한다. 다 알다시피, 사람은 욕동의 표적이 되는 한, 대상이라고 부를 수 있다. 거기에 경멸적인 뜻은 전혀 없다. 다시 말해 그러한 사실로 해서 문제의 사람에게 주체의 자질이 거부된다는 것을 특별히 내포하는 것은 아니다.

관계는 넓은 의미에서 받아들여야 한다. 실제로 그것은 상호 관계를 말한다. 다시 말해 그것은 주체가 자신의 대상을 구성하는 방식 뿐 아니라, 그 대상이 주체의 행위를 주조하는 방식도 포함하고 있다. 클라인Melanie Klein의 이론에서, 그 개념은 한층 더 강화된 의미를 띤다: 즉, 대상 ─ 투사된 것이건, 내입된 것이건 ─ 은, 문자 그대로 주체에 대해 행동(학대하는, 안심시키는 행동 등)하는 것이다 (→〈**좋은**〉 **대상**, 〈**나쁜**〉 **대상**).

우리가 대상과의 관계*relation à l'objet*라는 표현 대신에, 대상 관계*relation d'objet*라는 표현을 쓰는 것은, 그러한 상호 관계를 강조하기 위한 것이다. 사실 대상(들)과의 관계라고 말하는 것은, 대상이 주체와 대상의 관계보다 선행한다는 것과, 그와 병행하여 주체가 이미 구성되어 있다는 것을 함축하고 있다.

II. 대상 관계의 현대적 개념과 관련하여, 프로이트의 이론을 어떻게 위치시켜야 하는가?

욕동의 개념 분석에서, 프로이트가 욕동의 원천*, 대상*, 목표*를 구분했다는 것은 다 알려진 사실이다. 욕동의 원천은 성적인 흥분의 본거지인 신체 부위나 기관이다. 프로이트의 관점에서 그것의 중요성은, 리비도의 여러 발달 단계를 지배적인 성감대의 이름으로 지칭한다는 사실로 입증되고 있다. 목표와 대상에 관한 한, 프로이트는 전 저작을 통해 그것들을 구분하고 있다. 가령 그는 『성이론에 관한 세 편의 논문』에서, 목표에 관한 일탈(예컨대, 가학증)과 대상에 관한 일탈(예컨대, 동성애)을 각기 다른 장으로 나누어 연구하고 있다. 마찬가지로 「욕동과 욕동의 운명」(1915)에서는 목표의 변경과 관련된 욕동의 변형과, 본질적으로 대상과 관련된 과정의 욕동의 변형을 구분하고 있다.

그와 같은 구분은 특히 욕동의 목표가, 해당되는 부분 욕동의 형태에 의해 — 요컨대 신체적 원천에 의해 — 결정된다는 생각에 근거하고 있다. 예를 들면, 합체는 구강 욕동에 고유한 활동 방식이다. 그것은 입 이외의 다른 기관으로 이동할 수도 있고, 반대로 뒤집어질 수도 있고(먹다—먹히다), 승화될 수도 있다, 등등. 그러나 그것의 가소성*은 상대적이다. 대상에 관한 한, 프로이트는 대상의 우연성이라는 것을 자주 강조한다. 우연성이라는 완전히 상호 보완적인 두 개념을 내포하고 있다.

a) 대상에는 충족을 제공하는 수단이어야 한다는 것 이외의 다른 조건은 부과되지 않는다. 그러한 의미에서 그것은 비교적 교환 가능하다. 예컨대, 구강기에서 모든 대상은 합체될 수 있는 소질에 따라 고려된다.

b) 대상은 주체의 역사 속에서 특수화된다. 즉, 원래의 대상의 선택적인 특징을 갖고 있는 단 하나의 대상이나, 그것의 대체물이 충족을 제공하는 경향이 있다. 그러한 의미에서 대상의 특징은 현저하게 독특하다.

그래서 우리는 프로이트가 왜 대상이 〈욕동에서 가장 가변적〉[5a]이고, 〈대상을 발견한다는 것은 실제에서 그것을 재발견하는 것〉[6]이라고 주장하는지를 이해할 수 있다.

프로이트가 준거의 틀로 사용하고 있는 원천, 대상 그리고 목표 사이의 구분은, 그가 욕동의 삶을 고찰하면서부터는 뚜렷한 엄밀성을 잃어버린다.

특정 단계에서 신체 기관(입)의 기능이 대상과의 관계 방식(합체)을 결정한다고 말하는 것은, 그 기능을 원형으로 생각한다는 것과 같은 것이다. 그리하여 주체의 다른 모든 활동 — 신체적이든 아니든 — 에 구강적 의미가 배어들 수 있게 된다. 마찬가지로 대상과 목표 사이에도 수많은 관계가 존재한다. 욕동의 목표의 수정은 대상이 일정한 역할을 하는 변증법에 의해 결정되는 것처럼 보인다; 특히 가학증-피학증과 관음증-노출증의 경우가 그렇다: 〈…… 자기 자신으로의 선회[대상의 변화]와 능동성에서 수동성으로의 전환[목표의 변화]은 합쳐지거나 뒤섞인다.〉[5b] 승화*도 그러한 대상과 목표 사이의 상관관계의 다른 예가 될 것이다.

마지막으로 프로이트는 성격 유형과 대상에 대한 관계 유형을 서로 연관지어 고찰하면서,[7] 임상 작업에서 어떻게 동일한 문제가, 한 개인의 분명히 아주 다른 활동에 나타나는지를 보여주고 있다.

III. 그렇다면 프로이트 이후에, 대상 관계 이론이 가져오는 새로운 것은 무엇인가? 그러나 그 질문에 답하기는 어렵다. 왜냐하면 그 개념을 참조하는 연구자들의 이론이 아주 다양하기 때문에, 거기서 공통분모를 끌어낸다는 것은 억지이기 때문이다. 그래서 우리는 다음의 지적에 국한하려고 한다:

1) 대상 관계의 현대적 개념은 엄격히 말하면, 프로이트의 욕동 이론의 수정을 의미하지는 않지만, 그것의 강조점을 이동시킨 것이다.

거기서는 유기체적인 토대로서의 욕동의 원천이 확실히 2차적인 차원으로 넘어가고, 이미 프로이트가 인식한 단순한 원형으로서의 그것의 가치가 강조된다. 결과적으로 목표는 특정한 성감대의 성적 충족이 아니라, 목표라는 개념 자체가 관계라는 개념에 자리를 내주고 사라진다. 예를 들면, 〈구강기적 대상 관계〉에서 관심의 초점이 되는 것은, 합체의 다양한 모습과, 합체가 주체와 외부 세계의 모든 관계에서 의미와 지배적인 환상으로 나타나는 방식이다. 대상의 지위에 관한 한, 오늘날의 많은 분석가들은 충족의 추구에서 극단적으로 가변적인 그것의 특성도 받아들이지 않을 뿐 아니라, 주체의 고유한 역사에 기록된 그것의 유일성도 받아들이지 않는다. 그들은 오히려 각각의 관계 방식에서 〈전형적인*typique*〉 대상이라는 개념 쪽을 향하고 있다 (그들은 구강적 대상, 항문적 대상이라고 말한다).

2) 그러한 전형적인 것의 탐구는 더 멀리 나아간다. 실제로 어떤 양태의 대상 관계에서, 문제가 되는 것은 욕동의 삶뿐만 아니라, 그것에 상응하는 방어

기제, 자아의 발달 정도와 구조 등 ─ 이것들도 그 관계에 특수하기 때문에 ─ 도 문제가 된다.[α] 그렇게 해서 대상 관계라는 개념은 인격의 발달의 차원에서 포괄적인(〈전체적인〉) 동시에 전형화하는 개념으로 나타난다.

그것에 대해 주목할 것은, 단계 *stade*라는 용어가 대상 관계라는 용어로 대체되는 경향이 있다는 것이다. 그러한 강조점의 변화가 갖는 이점은, 특정한 주체에게서 여러 형태의 대상 관계가 서로 결합하거나 서로 교대한다는 사실을 해명하는 데 도움이 된다는 것이다. 반대로 여러 단계의 공존에 대해 말할 때는 용어상의 모순이 나타난다.

3) 대상 관계라는 개념이 정의상 주체의 생활에서 관계의 측면에 중점을 두고 있기 때문에, 몇몇 연구자들로 하여금 주위와의 실제 관계가 중요한 결정 요소라고 생각하게 할 위험이 있다. 그것은 모든 분석가가 경계해야 할 편견이다. 분석가는 기본적으로 대상 관계를 환상의 차원에서 연구해야 한다 (물론 환상이 현실 파악과 그와 결부된 행동을 변경시킬 수 있다 하더라도 말이다).

α 물론 프로이트는 리비도의 발달 단계와는 다른 계열의 발달을 인식하고 있었다. 그러나 그는 그것들이 서로 상응하는 문제를 다루지 않고, 오히려 그것들 사이의 차이의 가능성을 열어놓고 있다.(→ **단계**)

1 가령, 프로이트 S., 「애도와 멜랑콜리」, 1917. 전집 XI, 252[252] ; G.W., X, 435 ; S.E., XIV, 249 ; 프, 202[O.C., XIII, 269] 참조.

2 Lagache D., "La psychanalyse. Evolution, tendances et problèmes actuels", in *Cahiers d'actualité et de synthèse de l'Encyclopédie française permanente*. Supplément au vol. VIII, 23-34 참조.

3 Balint M., "Critical Notes on the Theory of the Pregenital Organisation of the Libido", 1935, *passim*. 그리고 "Changing Therapeutic Aims and Techniques in Psycho-Analysis", 1949. in *Primary Love and psychoanalytic technique*, Hogarth Press, London, 1952.

4 Spitz (R. A.), *La première année de la vie de l'enfant. ─Genèse des premières relations objectales*, P.U.F., Paris, 1958. 참조.

5 프로이트 S., 「욕동과 욕동의 운명」, 1915.

a 전집 XI, 108[106] ; G.W., X, 215 ; S.E., XIV, 122 ; 프, 35[O.C., XIII, 170].

b 전집 XI, 114[112] ; G.W., X, 220 ; S.E., XIV, 127 ; 프, 44[O.C., XIII, 174].

6 프로이트 S., 『성이론에 관한 세 편의 논문』, 1905. 전집 VII, 125[114] ; G.W., V, 123 ; S.E., VII, 222 ; 프, 132[O.C., VI, 161].

7 가령, 프로이트 S., 「성격과 항문 성애」, 1908. 전집 VII, 189-95[171-6] ; G.W., VII,

203-9 ; S.E., IX, 169-75 ; 프, 143-8[O.C., VIII, 195-219] 참조.

대상 분열

프: clivage de l'objet. 독: Objektspaltung. 영: splitting of the object. 스: escisión del objeto. 이: scissione dell'oggetto. 포: clivagem do objeto.

멜라니 클라인에 의해 기술된 것으로, 불안에 대한 가장 원초적인 방어로서 간주되는 기제. 관능적이고 파괴적인 욕동이 겨냥하고 있는 대상은 〈좋은〉 대상과 〈나쁜〉 대상으로 분열된 뒤, 내입과 투사 작용에서 비교적 독립적인 운명을 갖게 된다. 대상 분열은 특히 파라노이아형-분열형 태도에서 작용하는데, 그때 그것은 부분 대상을 향하는데 반해, 우울성 태도에서는 전체 대상을 향한다.

대상 분열은 그것과 관련된 자아 분열, 즉 〈좋은〉 자아와 〈나쁜〉 자아의 분열을 동반한다. 클라인 학파에서 자아는 본질적으로 대상의 내입에 의해 구성된다.

분열이라는 용어에 대해서는, 〈자아 분열〉이라는 항목의 해설을 참조할 것. 멜라니 클라인의 개념은 주체-대상의 관계의 기원에 관한 프로이트의 지적을 원용하고 있다.(→ 대상; 쾌락-자아, 현실-자아) 이 주제에 관한 클라인의 공헌에 대해서는, 독자들은 다음의 항목을 참조하기 바란다: 〈파라노이아형 태도〉, 〈우울성 태도〉.

대상 선택

프: choix d'objet(또는 choix objectal). 독: Objektwahl. 영: object-choice. 스: elección de objeto(또는 objetal). 이: scelta d'oggetto. 포: escolha de objeto(또는 objetal).

사랑의 대상으로서 어떤 사람이나 어떤 유형의 사람을 선택하는 행위.

유년기의 대상 선택과 사춘기의 대상 선택은 구별된다. 전자는 후자에게 나아갈 길을 지시한다.

프로이트가 보기에, 대상 선택에는 두 가지 주요한 양상이 있다: 의탁적 대상 선택과 자

기애적인 대상 선택이 그것이다.

프로이트는 대상 선택이라는 표현을 『성이론에 관한 세 편의 논문』(1905)에서 처음으로 소개한다. 그 뒤 그것은 정신분석에서 상용어가 된다.

여기서 대상(이 항목 참조)은 사랑의 대상이라는 의미로 받아들여야 한다.

선택이라는 말에 관해서 말하자면, 그것은 〈신경증의 선택*〉이라는 표현에서와 마찬가지로, 지적인 의미(현재의 여러 가능성 중의 선택)로 받아들여서는 안 된다. 그것은 주체의 역사의 결정적인 순간에, 주체가 사랑의 대상의 선택을 결정하는 돌이킬 수 없는 것이 있을 수 있다는 것을 환기시키는 말이다. 『성이론에 관한 세 편의 논문』에서 프로이트는 대상의 발견*Objektfindung*이라고도 말하기도 한다.

주목할 것은, 〈대상 선택〉이라는 표현은 특정한 사람의 선택이든지(예컨대 〈그의 대상 선택은 그의 아버지를 향하고 있다.〉), 아니면 어떤 〈유형*type*〉의 대상 선택(예: 〈동성애적 대상 선택〉)을 가리키기 위해 사용되고 있다는 것이다.

다 알다시피, 유아 성욕과 사춘기 이후의 성욕의 관계에 대한 프로이트의 관점의 발전은 시간이 갈수록 점점 더 그 두 성욕을 접근시켜, 급기야 프로이트는 유년기부터 이미 〈완전한 대상 선택〉이 존재한다는 것을 사실로 받아들인다.α

「자기애 소개」(1914)에서, 프로이트는 두 가지 형태의 커다란 대상 선택을 보고하고 있다: 의탁적 대상 선택과 자기애적 대상 선택(이 항목 참조)이 그것이다.

α「유년기의 성기 조직」(1923)의 서두에 있는, 그러한 발달에 대한 프로이트의 요약 참조. 또한 다음의 항목 참조 : 〈성기기〉, 〈리비도의 조직(화)〉, 〈남근기〉.1

1 프로이트 S., 「유년기의 성기 조직」, 1914. 전집 VII, 285-6[263-4] ; G.W., XIII, 293-4 ; S.E., XIX, 141-2 ; 프, 113[O.C., XVI, 305-6].

대체물

프: *substitut*. 독: *Ersatz*. 영: *substitute*. 스: *sustituto*. 이: *sostituto* 또는 *surrogato*. 포:

substituto.

→〈대체 형성(물)〉 참조.

대체 형성(물)

프: *formation substitutive*. 독: *Ersatzbildung*. 영: *substitutive formation* 또는
substitute-formation. 스: *formación substituta*. 이: *formazione sostitutiva*. 포:
formação substitutiva.

**무의식적인 내용을 대체하는 증상이나 증상의 등가물 ― 실수, 재담 등과 같은 ― 을 가
리킨다.**
**그러한 대체는 두 가지 의미로 이해될 수 있다: 경제학적으로 증상은 무의식적인 욕망에
대체 충족을 제공한다; 상징적으로 무의식적인 내용은 어떤 연합의 사슬을 따라 다른 것
으로 대체된다.**

프로이트가 『억제, 증상 그리고 불안』(1926)에서 신경증의 증상 형성의 문제
를 전체적으로 다시 거론할 때, 그는 그것을,〈방어를 겪은 욕동의 과정 대신
만들어지는……〉[1] 대체 형성과 동일시한다. 그러한 개념은 그에게 아주 오래
된 것이다. 우리는 그것을 그의 초기 저작에서부터 찾아볼 수 있는데, 거기서
그는 그것을 대용물*Surrogat*이라고 표현하고 있다(가령 「방어-신경정신증」
(1894)에서).[2]

　대체는 무엇으로 이루어지는가? 우선 리비도의 경제학적인 이론의 틀에
서, 그것은 다른 충족을, 긴장의 축소와 관련된 충족으로 대체하는 것으로 이
해할 수 있다. 그러나 대체를 순전히 양적인 차원으로 이해해서는 안 된다.
실제로 정신분석은 증상과 그것에 의해 대체되는 것 사이에 연합적 관계가
있음을 보여주고 있다. 그래서 대체물*Ersatz*이라는 말은 상징적 대체 ― 즉
증상의 독특함을 결정하는 이동과 압축의 산물 ― 라는 의미를 갖는다.

　대체 형성이라는 용어는 타협 형성*이나 반동형성*이라는 말과 관계가 있
다. 모든 증상은 방어 갈등의 산물이기 때문에 타협 형성이다. 그리고 충족을
추구하는 것이 주로 욕망인 한, 증상은 무엇보다도 대체 형성으로 나타난다.

그와는 대조적으로 반동형성에서 지배적인 것은 방어 과정이다.

1 프로이트 S., 『억제, 증상 그리고 불안』, 1926. 전집 X, 275[286] ; G.W., XIV, 176 ; S.E., XX, 145 ; 프, 70[O.C., XVIII, 260].
2 프로이트 S., 「방어-신경정신증」(1894), in 『신경증의 병인』. G.W., I, 68 ; S.E., III, 54 ; 프, 8-9[O.C., III, 12].

대표화-표상$^\alpha$

프: *représentant-représentation*. 독: *Vorstellungsrepräsentanz*(또는 *Vorstellungsrepräsentant*). 영: *ideational representative*. 스: *representante ideativo*. 이: *rappresentanza data da una rappresentazione*. 포: *representante ideativo*.

주체의 역사의 흐름에서 욕동이 고착되는 표상이나 표상군으로, 그것을 매개로 하여 욕동이 심리에 기록된다.

représentant-représentation(대표화-표상)이라는 프랑스어는 애매한 표현이다. 왜냐하면 그것은 서로 다른 두 명사가 한 단어를 구성하고 있는 독일어를, 아주 인접한 두 단어로 번역하고 있기 때문이다. 애석하게도 우리는 어떻게 프로이트의 용어를 정확히 번역하면서 그러한 애매함을 피할 수 있을지잘 모르겠다.

*représentant*은 *Repräsentanz*$^\beta$ ── 대표위임*délégation*$^\gamma$이라는 의미로 이해해야 하는 라틴어에서 나온 독일어 ── 의 번역어이다. *Vorstellung*은 철학 용어로, 전통적으로 그것에 해당하는 프랑스어는 *représentation*(표상*)이다. *Vorstellungsrepräsentanz*는 표상의 영역에서 대표하는 것(여기서는 욕동을 대표하는 것)을 의미한다.$^\delta$ 우리는 그 의미를 *représentant-représentation* (대표화-표상)으로 번역하기로 했다.

*

대표화-표상이라는 개념은 프로이트가 육체적인 것과 심리적인 것의 관계를 욕동과 그것의 대표화의 관계로 정의하고 있는 텍스트에서 만날 수 있다. 그 개념이 정의되고 사용되는 것은 무엇보다도 1915년의 메타심리학 작업(「격리[억압]」, 「무의식」)에서인데, 그것은 특히 격리[억압]에 대한 프로이트의 가장 완벽한 이론에서 가장 명확히 드러나 있다.

기억해 두어야 할 것은, 욕동이 육체적인 한, 그것은 무의식으로 격리[억압]하는 심리 작용의 직접적인 영향 밖에 있다는 것이다. 격리[억압]는 욕동의 심리적 대표화 — 엄격히 말해 대표화-표상 — 에 대해서만 작용할 수 있다.

사실 프로이트는 격리[억압]의 심리적 대표화에서 두 개의 요소, 즉 표상과 정동을 구분한다. 그것은 각각 서로 다른 운명을 겪는다. 최초의 요소(즉 대표화-표상)만이 무의식 체계로 그대로 넘어간다(그러한 구분에 대해서는 〈심리적 대표화〉, 〈정동〉, 〈격리[억압]〉를 참조할 것).

대표화-표상은 무엇을 의미하는가? 프로이트는 그 개념을 명확히 밝히지 않는다. 대표화라는 용어와, 그것과 욕동 사이에 가정되는 위임 관계에 대해서는, 〈심리적 대표화〉라는 항목을 참조하기 바란다. 그리고 감정적 요소와 대립되는 관념적 요소를 내포하고 있는 표상이라는 용어에 대해서는 〈표상〉, 〈사물 표상〉, 〈낱말 표상〉을 참조하기 바란다.

1915년 「무의식」에 대한 논문에서, 프로이트는 대표화-표상을 무의식 체계(Ics)의 〈내용〉으로 보고 있을 뿐 아니라, 그것을 구성하고 있는 것으로 보고 있다. 사실, 욕동이 하나의 대표화에 고착되어 무의식이 구성되는 것은, 단 하나의 동일한 행위 — 원격리[억압]* — 에서뿐이다: 〈우리는 [……] 원격리[억압], 첫 번째 단계의 격리[억압]를 인정해야 할 이유가 있다. 그것은 욕동의 (대표적인) 심리적 대표화가 의식 속으로 진입하는 것이 거부당한다는 데 있다. 그것과 함께 고착*fixation*이 일어난다. 그로부터 그에 해당하는 대표화는 변하지 않고 존속하게 되며, 욕동은 거기에 결부되게 된다.〉[1a]

위의 구절에서 고착*이라는 용어는 두 가지 개념을 동시에 환기시키고 있다: 하나는 발생학적인 개념의 중심에 있는 것으로, 욕동이 어떤 단계나 대상에 고착되는 것이고, 다른 하나는 욕동이 무의식에 기록되는 것이다. 후자의 개념 — 또는 후자의 이미지 — 이야말로 프로이트에게 가장 오래된 개념이라는 사실은 이론의 여지가 없다. 그것은 플리스에게 보낸 편지에 나오는, 심리 장치 — 여러 층의 기호의 기록*Niederschriften*이 포함된[2] — 에 대한 최초의 도식에 이미 제시되어 있다. 그리고 『꿈의 해석』(1900)에서, 특히 표상이 한 체계에서 다른 체계로 이동할 때 겪는 기록의 변화에 대한 가설이 논의되

대표화-표상

고 있는 문단[3]에서 다시 거론하고 있다.

아마 욕동과 그것의 대표화의 관계를 기호의 기록(언어학의 용어를 사용하면, 〈기호형식*signifiant*〉의 기록)에 비유하는 것은, 대표화-표상의 본질을 밝히는 데 도움이 될 것이다.

α 〈욕동의 대표화〉라는 항목의 주석(α)을 참조할 것.

β 독일어에서 일상적인 용어는 *Repräsentant*(대표; 대리인)이다. 그러나 그 단어는 프로이트의 저작에서 거의 찾아 볼 수 없다. 프로이트는 라틴어를 좀 더 직접적으로 베끼고 있을 뿐 아니라 아마 좀 더 추상적인 *Repräsentanz*(대표화)를 차용한다.

γ 〈X는 나의 대리인*représentant*이다.〉

δ *Vorstellungsrepräsentanz*를 〈*représentant de la représentation*(표상의 대표)〉로 번역하는 것은 프로이트의 생각에 어긋나는 것이다. 표상은 욕동을 대표하는 것이지, 자신의 차례가 되어 다른 것에 의해 대리되는 것이 아닌 것이다. 프로이트의 텍스트는 그 점을 명확히 하고 있다.[1b, 4]

1 프로이트 S., 「격리[억압]」, 1915.

a 전집 XI, 140[138] ; G.W., X, 250 ; S.E., XIV, 148 ; 프, 71[O.C., XIII, 193].

b 전집 XI, 145-7[144-6] ; G.W., X, 255 ; S.E., XIV, 152-3 ; 프, 80-1[O.C., XIII, 196-8].

2 프로이트 S., 「플리스에게 보낸 편지」, 『정신분석의 탄생』, 1887-1902. 한, 111 ; 독, 185-6 ; 영, 173 ; 프, 153.

3 프로이트 S., 『꿈의 해석』, 1900, 전집 IV, 701[729] ; G.W., II-III, 615 ; S.E., V, 610 ; 프, 496[O.C., IV, 665] 참조.

4 프로이트 S., 「무의식」, 1915. 전집 XI, 176[175] ; G.W., X, 275-6 ; S.E., XIV, 177 ; 프, 112[O.C., XIII, 218] 참조.

덮개-기억[은폐 기억]

프: *souvenir-écran*. 독: *Deckerinnerung*. 영: *screen-memory*. 스: *recuerdo encubridor*. 이: *ricordo di copertura*. 포: *recordação encobridora*.

특별히 선명하고 동시에 그 내용이 눈에 띄게 사소한 것을 특징으로 하는 어린 시절의 기억. 그것의 분석은 지울 수 없는 유년기의 체험과 무의식적 환상으로 인도된다. 덮개-기억은 증상처럼 격리[억압]된 요소와 방어 사이의 타협 형성이다.

프로이트는 최초의 정신분석 치료에서부터, 그리고 자기 분석에서 어린 시절의 사건에 관한 기억의 모순에 주목한다: 즉 중요한 사실은 기억나지 않는(→ **유년기 기억상실**) 반면에, 겉으로 보기에 무의미한 기억은 보존된다는 것이다. 현상적으로 그러한 기억들 중의 몇몇은, 관심을 끌지 못하고 그 내용이 순수한 것과는 대조적으로, 특별히 선명하고 집요하게 나타난다. 그래서 주체는 그것들이 존속하고 있음에 놀란다.

그러한 기억들이 격리[억압]된 성적인 경험이나 환상을 은폐하고 있는 경우에, 프로이트는 그것을 덮개-기억이라고 부른다.ᵅ 프로이트는 1899년에 그것에 관한 논문을 하나 쓰는데, 그것의 본질적인 개념은 「일상생활의 정신병리학」(1904)의 제4장에서 재론된다.

덮개-기억은 실수*나 실언이나, 좀 더 일반적으로는 증상과 같은 타협 형성*이다. 그것의 존속 동기를 격리[억압]된 내용에서 찾으려고 하는 한, 그것은 이해가 되지 않을 것이다.[1a] 거기서 지배적인 기제는 이동*이다. 프로이트는 덮개-기억과 다른 어린 시절의 기억의 구분을 재검토하면서 좀 더 일반적인 문제를 제기한다: 즉, 진실로 우리의 〈어린 시절로부터de notre enfance〉 떠오른다고 말할 수 있는 기억이 과연 있는가, 아니면 우리의 〈어린 시절에à notre enfance〉 관계된 기억이 있을 뿐인가?[1b]

프로이트는 여러 종류의 덮개-기억을 구분한다: 그것의 내용이 격리[억압]된 내용과 대립 관계에 있는지 아닌지에 따라 부정적 덮개-기억과 긍정적 덮개-기억으로 나누고, 그것이 보여주고 있는 발현 장면이 그것보다 앞선 요소와 관계를 갖고 있느냐, 아니면 나중의 요소와 관계가 있느냐에 따라 진행적 의미의 덮개-기억과 퇴행적 의미의 덮개-기억을 구분한다. 따라서 후자의 경우, 덮개-기억은 소급적으로 투영된 환상의 버팀목의 기능밖에 하지 못한다: 〈그러한 기억의 가치는 그것이 그 이후의 인상과 생각 — 이것의 내용은 그 기억과 유사하거나 상징적으로 밀접한 관련이 있다 — 을, 기억 속에 나타내고 있다는 사실에서 유래한다.〉[1c]

덮개-기억이 수많은 어린 시절의 요소 — 사실적이건 환상적이건 — 를 압축하고 있음에 따라, 정신분석은 그것을 매우 중요시한다: 〈덮개-기억이 단순히 어린 시절의 몇몇 본질적인 요소들만을 포함하고 있는 것은 아니다. 그것은 진실로 본질 전체를 포함하고 있다. 그래서 분석의 도움으로 그것을 밝히지 않으면 안 된다. 그것은 꿈의 발현 내용이 꿈-사고를 나타내고 있는 것처럼 정확히 잊어버린 유년 시절을 표현하고 있다.〉[2]

α 프랑스 역자들은 가끔 〈*souvenir de couverture*(덮개-기억)〉이라는 용어를 쓰기도 한다.[역주: 열린책들의 프로이트 번역자와 프로이트 연구자들은 〈은폐 기억〉이라는 역어를 사용하고 있다.]

1 프로이트 S., 「덮개-기억에 대하여」, 1899, in 『끝이 있는 분석과 끝이 없는 분석』

a 한, 60 ; G.W., I, 536 ; S.E., III, 307; 프. 117[O.C. III, 260] [원주: 프랑스어로 번역되지 않은 논문. 앙지외D. Anzieu의 『자기-분석*L'auto-analyse*』(Paris, P.U.F., 1959, 277-86)에 그것의 발췌 번역이 있다. 번역된 부분은 프로이트에 의해 길게 묘사되고 분석된 덮개-기억의 예에 관한 것으로, 베른펠트S. Bernfeld는 그것이 자서전적인 단면이라고 지적하고 있다.]

b 한, 79 ; G.W., I, 553 ; S.E., III, 321-22; 프, 132[O.C., III, 275-6].

c 한, 70 ; G.W., I, 546 ; S.E., III, 315-6 ; 프, 125[O.C., III, 269-70].

2 프로이트 S., 「상기(想起), 반복 그리고 관통작업」, 1914, in 『정신분석적 정신치료』, G.W., X, 128 ; S.E., XII, 148 ; 프, 107[O.C., XII, 188].

도착증[성도착(증)]

프: *perversion*. 독: *Perversion*. 영: *perversion*. 스: *perversión*. 이: *perversione*. 포: *perversão*.

성기의 삽입을 통해 오르가즘을 얻는 것을 목표로 하는, 이성과의 성교로 정의되는 〈정상적인〉 성행위에 비해 일탈된 행위.
다른 성적 대상(동성애, 소아성애, 수간 등)이나 다른 신체 부위(가령, 항문 성교)를 통해 오르가즘에 도달할 때, 그리고 오르가즘이 어떤 비본질적인 조건 ─ 그 자체만으로 성적인 쾌락을 가져올 수 있는 ─ 에 절대적으로 종속되어 있을 때(물품성애증, 의상도착증, 관음증과 노출증, 가학-피학증), 일반적으로 도착증이 있다고 말한다.
좀 더 넓은 의미에서, 성적인 쾌락의 획득에서 그러한 비정형적인 수단을 동반하는 성심리 행위 전체를 성도착이라고 지칭한다.

1. 성도착이라는 개념을 규범과 관계없이 이해하기기는 곤란하다. 프로이트 이전에, 그리고 오늘날도, 그 용어는 어떤 종에 고유하고 그것의 수행과 대상이 비교적 불변하는 것을 특징으로 하는 미리 결정된 행위로 정의되는 본능*의 〈일탈〉을 가리키는 데 사용되고 있다.
본능의 복수성을 인정하는 연구자들은, 따라서, 성도착에 아주 광범위한 의미를 부여하고, 그것의 수많은 형태를 가정한다: 〈도덕적 감각〉의 도착(비행), 〈사회적 본능〉의 도착(성매매), 섭식 본능의 도착(대식증, 갈주증(渴酒症)[역주: 주기적으로 또는 발작적으로 폭음을 하는 알코올성 정신장애])이 그것이다.[1] 그러한 맥락에서, 특별한 잔인성이나 악의를 보이는 주체들의 성격이나 행위를 정의하기 위해서, 도착증 또는 차라리 도착성*perversité*이라고 말하는 것은 일반적이다.[α]

정신분석에서는 성욕과의 관계에서만 도착이라는 말을 쓴다. 프로이트가 성욕동이 아닌 다른 욕동을 인정했다고 하더라도, 그는 그것들에 대해 도착이라는 표현을 쓰지는 않는다. 그는 자기보존 욕동이라고 명명하는 것의 영역(가령 배고픔)에서 도착증이라는 용어를 사용하는 것이 아니라, 섭식 장애*troubles de la nutrition*라는 말을 사용한다. 반면에 많은 연구자들은 그것을 섭식 본능의 도착으로 지칭한다. 프로이트가 보기에, 그러한 장애는 섭식 기능에 대한 성욕의 반향(리비도화)에서 기인한다. 따라서 그 섭식 기능은 성욕에 의해 〈도착된*pervertie*〉 것이라고 할 수 있다.

2. 프로이트가 성욕론을 작업하기 시작했을 때, 성도착에 대한 체계적인 연구는 이미 유행하고 있었다(크라프트-에빙Krafft-Ebbing의 *Psychopathia sexualis*(1893); 해블록 엘리스Havelock Ellis의 *Studies in the Psychology of Sex*(1897)). 그러한 작업이 이미 성인의 성도착을 전체적으로 기술하고 있었지만, 프로이트의 독창성은 다음과 같이 요약되는 전통적인 성욕의 정의를 문제 삼는 받침점을, 도착증에서 찾았다는 데 있다: 〈…… 어린아이에게 성욕동은 없다. 그것은 성숙 과정과의 밀접한 관계 속에서 사춘기에 자리를 잡는다. 그것은 이성이 행사하는 저항할 수 없는 매력의 형태로 나타나며, 그것의 목표는 성적인 결합이거나, 아니면 적어도 그러한 목표를 지향하는 행동이다.〉[2a] 명백한 도착 행위의 빈도와, 특히 신경증 증상에 숨어 있거나 정상적인 성행위에 〈전희〉의 형태로 통합되어 있는 집요한 도착증적인 성향은 다음과 같은 생각으로 귀결된다: 〈…… 도착증의 경향은 드물거나 특별한 것이 아니다. 그것은 이른바 정상적인 기질의 일부분이다.〉[2b] 그것은 유아 성욕이 확인해 주고 있는 사실이다. 유아 성욕이 다양한 성감대와 밀접한 관련이 있는 부분 욕동*의 작용에 종속되어 있는 한, 그리고 그것이 엄밀한 의미에서의 성기의 기능이 확립되기 전에 발달하는 한, 그것은 〈다형(多形)적 도착 소질〉로 기술될 수 있다. 그러한 관점에서 성인의 도착은 성욕의 부분적인 구성 요소의

도착증[성도착(증)]

지속이나 재출현인 것처럼 보인다. 나중에 프로이트는 유아 성욕 내에 리비도 조직*의 제 단계와 대상 선택의 발달이 있음을 확인하고, 그러한 정의(어떤 단계나 어떤 대상 선택에 대한 고착)를 명확히 상술한다: 즉, 도착은 예전의 리비도의 고착으로의 퇴행*이다.

3. 보다시피, 프로이트의 성욕의 개념이 도착이라는 용어의 정의 자체에 영향을 미친 것은 분명하다. 소위 정상적인 성욕은 인간 본성의 여건이 아니다: 〈남자가 여자에게 갖는 전적인 관심은 자명한 사실이 아니라 [……] 해명될 필요가 있는 문제이다.〉[2c] 가령 동성애와 같은 도착증은 우선 성생활의 변이*variante*인 것처럼 보인다: 〈정신분석은 동성애자들이 특별한 성격을 가진 무리들이기 때문에 다른 사람들과 분리해야 한다는 사실을 절대 인정하지 않는다. [……]. 정신분석은 모든 인간은 동성의 대상을 선택할 수 있고, 그들 모두는 무의식 속에서 그러한 선택을 하고 있다는 것을 확고히 밝힌 바 있다.〉[2d] 그러한 방향에서 좀 더 나아가, 인간의 성욕을 근본적으로 〈도착적인〉 것으로 정의할 수 있다. 왜냐하면 그것은 특별한 활동에서 충족을 찾게 하는 것이 아니라, 다른 욕동에 의지하는 기능이나 활동과 결부된 〈쾌락이라는 이득〉에서 충족을 찾게 하는 그것의 근원으로부터 완전히 벗어날 수 없기 때문이다.(→ **의탁**) 생식 행위의 수행에서조차, 주체는 전희에 지나치게 집착하기 때문에 도착으로 미끄러져 들어가기에 충분하다.[2e]

4. 그런데 프로이트와 모든 정신분석가들은 〈정상적인〉 성욕을 이야기한다. 다형적인 도착 소질이 모든 유아 성욕을 규정하고 있다 하더라도, 그리고 모든 개인의 성심리의 발달에서 대부분의 성도착이 발견된다고 하더라도, 또한 그러한 발달의 종착점 — 성기의 조직화 — 이 〈자명하지〉 않고, 그것이 본성에 달려 있는 것이 아니라 개인사의 배열 과정에 달려 있다고 하더라도, 발달이라는 개념 자체가 하나의 규범을 전제하고 있는 것은 사실이다.

그것은 프로이트가 『성이론에 관한 세 편의 논문』(1905)의 서두에서 강력하게 문제 삼고 있는 성욕에 대한 규범적인 개념을, 발생학적인 토대 위에 세우면서 되찾고 있다는 것을 말하는 것인가? 그는 항상 그렇게 인정되던 것을 성도착으로 정리한 것은 아닌가?

우선 주목해야 할 것은, 프로이트에게 규범이 존재한다고 하더라도, 그것은 사회적인 합의에서 구해진 것이 아니라는 사실과 더불어, 성도착도 사회 집단의 중심 경향과 대비되는 탈선이 아니라는 사실이다. 동성애는 그것이 비난을 받기 때문에 비정상적인 것은 아니고, 그것이 용인되고 널리 퍼져 있는 사회나 집단이라고 해서 도착증이 아닌 것은 아니다.

그렇다면 규범성을 세우는 것은 성기의 조직의 확립인가? 그것이 성욕을 통일하고, 부분적인 성적 활동을 생식 행위에 종속시켜 생식 행위를 준비하게 만드는 한 말이다. 그것이 바로 『성이론에 관한 세 편의 논문』의 분명한 명제이다. 그 명제는 연속적인 전-성기기적인 〈조직*〉의 발견으로 말미암아, 유아 성욕과 성인의 성욕 사이의 간극이 좁혀지는 순간까지도 결코 포기하지 않는다. 사실 〈…… 완전한 조직화는 오직 성기와 더불어 달성된다.〉[3a]

그럼에도 불구하고, 생식기성génitalité에 규범적인 역할을 부여하는 것이, 과연 〈부분〉욕동과 반대되는 통일적 특성, 즉 〈전체성〉으로서의 생식기성의 가치에 불과한 것은 아닌지 자문해볼 필요가 있다. 물품성애증과 대부분의 형태의 동성애, 게다가 실제 근친상간과 같은 많은 도착증은 사실 생식기대(帶)의 우위 하에 이루어지는 조직화를 전제하고 있다. 그것이 바로 규범은 엄밀한 의미에서의 생식 기능이 아닌 다른 곳에서 찾아야 한다는 것을 보여주고 있는 것은 아닌가? 프로이트에게 완전한 성기의 조직으로의 이행은 오이디푸스 콤플렉스를 넘어서고, 거세 콤플렉스를 수용하고, 근친상간의 금지를 받아들이는 것을 전제하고 있다는 것을 상기할 필요가 있다. 게다가 도착증에 대한 프로이트의 마지막 탐구는 물품성애증이 어떻게 거세의 〈부인déni〉과 결합되어 있는지를 보여주고 있다.

5. 우리는 프로이트가 신경증과 도착증을 서로 근접시키면서 동시에 대립시키는 유명한 공식을 잘 알고 있다: 〈신경증은 음성적 도착증이고, 도착증의 음화이다.〉[2f] 그것은 흔히 역의 형태로도 제시된다: 즉 도착증은 신경증의 음화이다. 그러한 역의 형태는 도착증을, 유아 성욕이 가공되지 않고 격리[억압]되지 않은 채로 표출된 것으로 만들고 있다. 그런데 도착증에 대한 프로이트와 정신분석가의 탐구는, 그것이 고도로 분화된 질환이라는 것을 보여주고 있다. 물론, 프로이트는 그것에 격리[억압]의 기제가 없다는 점에서, 그것을 자주 신경증과 대립시킨다. 그러나 그는 다른 방식의 방어가 개입한다는 것을 보여주려고 노력한다. 특히 물품성애증에 대한 그의 마지막 작업[3b, 4]은, 그것의 방어 방식들 — 현실 부인*, 자아 분열* 등 — 의 복잡성을 강조하고 있다: 게다가 그것들은 정신증의 기제와 인척 관계가 없지 않다.

α 지적해 둘 것은, 〈*pervers*(도착적)〉이라는 형용사에 해당하는 명사가 두 개 ─ 〈*perversité*(도착성)〉와 〈*perversion*(도착증)〉 ─ 이기 때문에, 그 형용사에는 애매함이 있다는 사실이다.

1 Bardenat Ch., "Perversions", in Porot (A), *Manuel alphabétique de psychiatrie*, P.U.F., Paris, 1960.

2 프로이트 S., 『성이론에 관한 세 편의 논문』, 1905.

   a 전집 VII, 19[19] ; G.W., V, 33 ; S.E., VII, 135 ; 프, 17[O.C., VI, 67].

   b 전집 VII, 64[59] ; G.W., V, 71 ; S.E., VII, 171 ; 프, 61[O.C., VI, 105].

   c 전집 VII, 32[31], n. 20[12] ; G.W., V, 44, n. 1 ; S.E., VII, 144, n. 1 ; 프, n. 13[O.C., VI, 77, n.1].

   d 전집 VII, 32[31], n. 20[12] ; G.W., V, 44, n. 1 ; S.E., VII, 144, n. 1 ; 프, n. 13[O.C., VI, 77, n.1].

   e 전집 VII, 112[104] ; G.W., V, 113-4 ; S.E., VII, 211-2 ; 프, 118-9[O.C., VI, 150] 참조.

   f 전집 VII, 58[53], 135[123] ; G.W., V, 65, 132 ; S.E., VII, 165, 231 ; 프, 54, 145[O.C., VI, 99, 169].

3 프로이트 S., 「정신분석 개요」, 1938.

   a 전집 XV, 426[444] ; G.W., XVII, 77 ; S.E., XXIII, 155 ; 프, 16[O.C., XX, 244].

   b 전집 XV, 485-8[508-11] ; G.W., XVII, 133-5 ; S.E., XXIII, 202-4 ; 프, 78-81[O.C., XX, 300-2] 참조.

4 프로이트 S., 「방어 과정에서의 자아 분열」, 1938. 전집 XI, 471-5[479-83] ; G.W., XVII, 59-62 ; S.E., XXIII, 275-8 ; 프, 283-6[O.C., XX, 221-24].

동일시

프: *identification*. 독: *Identifizierung*. 영: *identification*. 스: *identificación*. 이: *identificazione*. 포: *identificação*.

주체가 다른 사람의 모습이나 특성이나 속성을 동화시켜, 전체적으로나 부분적으로 그 사람을 모델로 자신을 변화시키는 심리 과정. 인격은 일련의 동일시에 의해 구성되고 분화된다.

1. 동일시라는 용어는 일상 언어와 철학 언어이기도 하기 때문에, 우선 의미론적인 관점에서, 정신분석적인 언어로서의 그것의 용법을 명확히 하는 것이 필요하다.

identification(동일시)이라는 명사는 *identifier*(동일시하다) 동사에 상응하는 타동적인 의미이든지, *s'identifier*(동일시되다) 동사에 상응하는 재귀적 의미로 이해될 수 있다. 그러한 구분은 랄랑드Lalande가 구별한 그 용어의 두 가지 의미에도 나타나 있다:

A) 〈동일시하는 행위, 다시 말해 숫자상으로나(가령 한 죄인과의 동일시), 성질상으로(가령 하나의 대상을 어떤 부류에 속한다고 인정하거나 [……], 아니면 어떤 부류의 사실을 다른 부류와 닮았다고 [……] 인정하는 경우), 동일하다고 인식하는 행위.〉

B) 〈한 개인이 다른 사람과 동일해지는 행위나, 두 존재가 동일해지는 행위(사고의 차원에서건 사실의 차원에서건, 그리고 전체적이건 부분적이건 *secundum quid*)〉.[1]

그 두 의미는 프로이트에게도 발견된다. 그는 하나의 이미지를 다른 것으로 대체하거나 〈동일시〉함으로써, 유사성의 관계 — 〈마치 ……과 똑같은*tout comme si*〉 관계 — 를 표현하는 방법을 꿈의 작업의 특징으로 기술하고 있다.[2a] 그것은 랄랑드가 말하는 의미 A)이다. 그러나 프로이트에게 동일시는 인식적 가치를 갖고 있지 않다. 그것은 부분적인 동일성이나 잠재적인 유사성을 전체적인 동일성으로 대체하는 능동적인 방법이다.

그러나 정신분석에서 그 용어가 참조하고 있는 것은 무엇보다도 〈동일시되다*s'identifier*〉라는 의미이다.

2. 〈동일시되다〉라는 의미에서의 동일시는, 일련의 심리학적 개념 — 예컨대 모방, 감정이입*Einfühlung; empathie*, 공감*sympathie*, 정신적 전염, 투사 등 — 을 관용적인 용법으로 통합하고 있다.

그러한 범위 내에서 개념을 명확하게 하기 위해, 동일시가 이루어지는 방향에 따라, 주체가 자기 자신을 다른 사람과 동일시하는 〈이질적인 감정의*hétéropathique*〉(쉘러Scheler) 구심적(발롱Wallon) 동일시와, 주체가 다른 사람을 자기 자신과 동일시하는 〈동일 감정의*idiopathique*〉 원심적 동일시를 구분하자는 제안이 있다. 마지막으로 그 두 움직임이 공존하는 동일시는, 〈우리〉가 형성되는 것을 설명하기 위해 가끔 원용되는, 좀 더 복잡한 형태의 동일시라고 할 수 있다.

*

동일시라는 개념은 프로이트의 작품에서 점점 중심적 위치를 차지하게 된다. 그것은 다른 여러 심리 기제 중의 하나인 것을 넘어서서, 인간 주체가 구성되는 작용이다. 그러한 발전은 주로 오이디푸스 콤플렉스의 구조적 효과가 조명되면서, 그것이 전면에 등장하는 것과 상관이 있고, 그 뒤에는 심리 장치의 두 번째 이론이 가져온 수정 ─ 그거로부터 분화된 심역들이 동일시에 의해 특수성을 갖게 되고 따라서 그 영역들은 동일시의 결과라는 사실 ─ 과 상관이 있다.

그렇지만 프로이트가 동일시를 내세운 것은, 아주 일찍 주로 히스테리 증상에 대해서였다. 이른바 모방이나 정신적 전염이라는 현상이 알려진 것은, 물론 아주 오래 전 일이다. 그러나 프로이트는 그보다 더 나아가, 그것을 당사자들에게 공통된 무의식적인 요소로 설명한다: 〈…… 동일시는 단순한 모방이 아니라, 공동의 병인에 기초한 동화이다. 그것은 〈마치 ……과 똑같은〉 것을 표현한다. 그것은 무의식 속에 있는 공통 요소와 관계한다.〉[2b] 그러한 공통 요소는 환상이다: 가령 광장 공포증자는 무의식적으로 〈거리의 여자〉와 자신을 동일시한다. 그의 증상은 그러한 동일시와, 그 동일시가 전제하고 있는 성적 욕망에 대한 방어이다.[3a] 마지막으로 프로이트는 여러 동일시가 공존할 수 있다고 아주 일찍부터 지적하고 있다: 〈…… 동일시 현상은 글자 그대로 심리적 인간의 복수성을 허용하고 있다.〉[3b]

동일시라는 개념은 나중에 여러 연구 결과에 의해 풍부해진다:

1. 합체라는 개념이 도출되는 것은 1912년과 1915년 사이의 일이다(『토템과 터부』, 「애도와 멜랑콜리」). 프로이트는 특히 멜랑콜리 ─ 주체가 구강기의 특징적인 대상 관계로 퇴행함으로써 구강기적 방식으로 잃어버린 대상과 동일시하는 ─ 에서의 그것의 역할을 보여주고 있다.(→ **합체, 식인적**)

2. 자기애라는 개념이 도출되는 「자기애 소개」(1914)에서, 프로이트는 자기애적인 대상 선택*(자기 자신을 모델로 대상을 선택하는)과, 동일시(주체나 주체의 어떤 심역이 그의 예전의 대상 ─ 부모나 주위 사람들 ─ 을 모델로 구성되는)를 연결하는 변증법을 소개한다.

3. 주체의 구조화에 대한 오이디푸스 콤플렉스의 효과가 동일시에 의해 기술된다: 부모에 대한 투여가 포기되고 동일시로 대체된다.[4]

일단 오이디푸스 콤플렉스의 일반화된 공식이 도출되자, 프로이트는 그러한 동일시가, 아버지와 어머니가 모두 사랑의 대상이자 동시에 경쟁의 대상이 되는 복잡한 구조를 형성한다는 것을 보여준다. 게다가 대상에 대한 그러한 양가성이 모든 동일시의 구성에 본질적이라는 것이 거의 기정사실화된다.

4. 심리 장치에 대한 두 번째 이론의 완성은, 동일시라는 개념의 풍부함과 중요성을 입증하고 있다. 개인의 심역은 이제 이미지, 기억, 심리적 〈내용〉이 기록되어 있는 체계로 기술되지 않고, 대상 관계의 여러 방식의 잔재로 기술된다.

그러한 동일시의 개념의 심화는, 프로이트에게서나 일반 정신분석 이론에서, 동일시의 다양한 양태에 대한 체계화에 이르지 못한다. 사실 프로이트는 그 주제에 대한 자신의 공식에 거의 만족하지 못한다고 고백하고 있다.[5a] 그것에 대해 그가 시도한 가장 완벽한 설명은 『집단 심리학과 자아 분석』(1921)에 있다. 그는 거기서 마침내 세 가지 방식의 동일시를 구분해낸다:

a) 대상에 대한 정동적 관계의 원초적인 형태로서의 동일시. 여기서 문제되는 것은, 처음부터 양가적인 식인적 관계로 특징지어지는 전-오이디푸스기적인 동일시이다.

b) 포기된 대상 관계의 퇴행적 대체로서의 동일시.

c) 타자에 대한 성적인 투여가 없는데, 주체가 그 사람과 동일시할 수 있다. 그 경우는 그들이 공통 요소(가령 사랑 받고 싶은 욕망)를 갖고 있을 경우이다. 이 경우에 동일시가 이동에 의해 다른 특징에 대해 일어날 수도 있다(히스테리적 동일시).

또한 프로이트는 어떤 경우에는 동일시가 대상 전체가 아니라, 그것의 〈단 하나의 특징 trait unique〉에 대해 일어날 수 있다고 지적하고 있다.[6]

마지막으로 최면과, 열렬한 사랑과, 집단 심리학에 대한 연구를 통해, 그는 인격의 심역을 구성하거나 장식하는 동일시와, 대상이 심역을 〈대신하는〉 그 역과정 — 가령 어떤 단체의 지도자가 구성원들의 자아 이상을 대신하는 경우 — 을 대립시킨다. 그 경우에 주목할 것은, 그 단체의 개인들 사이에도 상호적인 동일시가 있다는 것이다. 그러나 그것은 〈······ 대신에〉라는 것을 전제조건으로 하고 있다. 우리가 위에서 인용한 구분(구심적 동일시, 원심적 동일시, 상호적 동일시)은 구조적인 관점에서 정리한 것이다.

*

동일시라는 용어는 합체*, 내입*, 내면화* 등과 같은 유사한 용어들과 구분되어야 한다.

합체와 내입은 동일시의 원형이거나, 아니면 적어도 몇몇 방식의 동일시의 원형 — 정신 과정이 육체적인 작용(삼키다, 먹다, 자기 내부에 간직하다 등)으로 체험되고 상징화되는 — 이다.

동일시와 내면화 사이의 구분은 좀 더 복잡하다. 왜냐하면 그 구분은 주체가 동화되는 〈것〉의 본질과 관계된 이론적인 가정을 이용하기 때문이다. 순전히 개념적인 관점에서, 동일시는 〈대상〉 — 사람(〈한 자아의 다른 자아에 대한 동화〉[5b])이나, 사람의 특징이나 부분 대상 — 과 이루어진다고 말할 수 있는 반면에, 내면화는 주체 간의 〈관계〉에 대한 것이다. 그래도 그 두 과정 중의 어느 것이 먼저인가라는 문제는 남는다. 일반적으로 주체 B에 대한 주체 A의 동일시는 총체적인 것이 아니라 부분적인 것*secundum quid*이라는 사실을 지적할 수 있다. 그것은 B에 대한 A의 관계의 특수한 측면에 관계된 것이다: 가령 나는 나의 주인과 동일시하는 것이 아니라, 그와 나의 가학-피학적 관계와 결부된 그의 특징 중의 어떤 것과 동일시하는 것이다. 그러나 다른 한편으로, 동일시는 항상 그것의 최초의 원형에 의해 각인되어 있으며, 합체는 〈사물〉에 근거를 두고 있다(왜냐하면 관계는 그 관계가 구체화되는 대상과 분리할 수 없기 때문이다). 실제로, 어린아이가 공격성의 관계를 유지하는 대상은 그 당시에 내입된 〈나쁜 대상〉이다. 또 다른 한편으로, 본질적인 사실은, 한 주체의 동일시의 총체가 일관성 있는 관계 체계를 전혀 구성하지 못한다는 것이다. 예컨대, 초자아와 같은 하나의 심역 내에서, 서로 갈등을 일으키는 잡다하고 다양한 요구들을 발견할 수 있다. 마찬가지로 자아 이상은, 반드시 서로 조화로운 것이 아닌 문화적 이상들과의 동일시에 의해 구성되어 있다.

1 Lalande A., *Vocabulaire technique et critique de la philosophie*, P.U.F., Paris, 1951.

2 프로이트 S., 『꿈의 해석』, 1900.

a 전집 IV, 381[395] ; G.W., II-III, 324-5 ; S.E., IV, 319-20 ; 프, 238[O.C., IV, 364] 참조.

b 전집 IV, 194[202] ; G.W., II-III, 155-6 ; S.E., IV, 150 ; 프, 115[O.C., IV, 185].

동일시

3 프로이트 S., 「플리스에게 보낸 편지」, 『정신분석의 탄생』, 1887-1902.

  a 〈편지 53〉(1896년12월17일, 미번역); 독, 193-4 ; 영, 181-2 ; 프, 160-1 참조.

  b 한, 139 ; 독, 211 ; 영, 199 ; 프, 176.

4 특히 프로이트 S., 「오이디푸스 콤플렉스의 소멸」, 1924. 전집 VII, 293-9[271-8] ; G.W., XIII, 395-402 ; S.E., XIX, 171-9 ; 프, 117-22[O.C., XVII, 27-33] 참조.

5 프로이트 S., 『새로운 정신분석 입문 강의』, 1932.

  a 전집 II, 88[93] ; G.W., XV, 70 ; S.E., XXII, 63 ; 프, 90[O.C., XIX, 147] 참조.

  b 전집 II, 87[92] ; G.W., XV, 69 ; S.E., XXII, 63 ; 프, 89[O.C., XIX, 146] 참조.

6 프로이트 S., 『집단 심리학과 자아 분석』, 1921. 전집 XII, 117[122] ; G.W., XIII, 117 ; S.E., XVIII, 107 ; 프, 119[O.C., XVI, 45] 참조.

ㄷ

ㄹ

리비도

libido.

프로이트가 대상과의 관계(투여의 이동), 목표와의 관계(예컨대, 승화), 성적 흥분의 원천과의 관계(다양한 성감대)에 따라 변하는 성욕동의 기저에 있다고 가정한 에너지.
융에게 리비도의 개념은 〈무엇을 향한 모든 지향〉 즉 *appetitus*(식욕, 욕구) 속에 있는 일반적인 〈심리 에너지〉를 가리키는 데까지 확대된다.

리비도란 용어는 라틴어에서 갈망, 욕망을 의미한다. 프로이트는 그것을 몰 A. Moll (『성적인 리비도에 관한 연구*Untersuchungen über die Libido sexualis*』, 제1권, 1898)에게 빌려왔다고 기술하고 있다. 실제로 그것은 플리스에게 보낸 편지와 초고에서 여러 차례 발견되고, 처음으로 발견되는 것은 〈원고 E〉(추정시기: 1894년 6월)에서이다.

리비도에 대해 만족할 만한 정의를 내리기는 힘들다. 리비도 이론은 여러 단계로 발전해온 욕동 이론과 함께 발전되어 왔을 뿐 아니라, 그 개념 자체가 단일한 정의를 허락하지 않기 때문이다.ᵃ 그렇지만 프로이트는 그 개념이 갖고 있는 두 가지 본래의 특징은 항상 유지한다.

1. 〈질적인〉 관점에서, 리비도는 융이 바란 것처럼, 그렇게 특수성이 없는 정신적 에너지로 환원될 수 있는 성질의 것이 아니다. 리비도가 특히 자기애적인 투여에서 〈탈성욕화〉된다고 하더라도, 그것은 항상 성적인 특수한 목표를 단념함으로써 2차적으로 그렇게 되는 것이다.

다른 한편으로, 리비도는 결코 욕동의 전 영역을 포괄하는 것은 아니다. 프로이트의 초기 이론에서, 그것은 자기보존 욕동*에 대립하고 있다. 반면에 프로이트의 후기 이론에서, 자기보존 욕동이 리비도적인 성질의 것으로 드러나자, 그 대립은 리비도와 죽음 욕동의 대립으로 대체된다. 따라서 융의 일원론은 결코 받아들여지지 않으며, 리비도의 성적인 특성은 계속 유지된다.

2. 리비도는 항상 〈양적인〉 개념으로 나타난다: 리비도는 〈…… 성적인 홍분의 영역에서 과정과 변화의 측정을 허락한다.〉[1a] 〈그것의 생산, 증가 그리고 감소, 그것의 분배와 이동은 우리에게 성심리 현상을 설명할 수 있는 방법을 제공한다.〉[1b]

그 두 가지 특징은 다음과 같은 프로이트의 정의에서도 강조되고 있다: 〈리비도는 감정 이론에서 빌려온 표현이다. 우리는 양적인 크기 — 현재 그 것을 측정할 수는 없지만 — 로 간주되는, 사랑이라는 이름으로 이해될 수 있는 모든 것과 관계되어 있는 욕동의 에너지를 그렇게 부르고 있다.〉[2]

성욕동이 정신과 신체의 경계에 위치하는 한, 리비도는 그것의 심리적인 측면을 가리킨다. 그것은 〈심리 생활 속에 성욕동이 역동적으로 표출한 것〉[3]이다. 프로이트는 불안 신경증*에 관한 초기 저작(1896)에서, 리비도의 개념을 분명히 육체적인 성적 흥분과 구별되는 에너지로 소개하고 있다. 〈심리적인 리비도〉의 부족이 육체적인 차원에서 긴장을 일으켜, 그 긴장이 심리적 가공 없이 신체에서 증상으로 나타난다. 〈…… 어떤 심리적인 조건이 부분적으로 결핍되면,〉[4] 내부로부터 발생한 성적 흥분은 제어되지 않기 때문에, 긴장은 심리적으로 이용될 수 없어서, 신체적인 것과 정신적인 것 사이의 분열이 생기고 불안이 나타난다.

『성이론에 관한 세 편의 논문』(1905) 초판에서, 리비도가 섭식 본능에 대한 배고픔과 마찬가지로 사랑에 대한 것으로, 충족을 구하는 성적인 욕망에 가까운 것이고, 그러한 욕망의 여러 변모를 가능하게 하는 것이다. 그래서 거기서는 대상 리비도만이 문제가 되고 있다: 즉, 우리는 리비도가 대상에 집중되든가, 그것에 고착되든가, 아니면 다른 대상을 위해 어떤 대상을 떠남으로써 대상을 버리는 것을 볼 수 있다.

성욕동이 〈압력〉을 행사하는 힘을 나타내는 한, 리비도는 프로이트에 의해 그러한 욕동의 에너지로 정의된다. 자기애와 자아 리비도라는 개념으로부터 도출된 〈리비도 이론〉에서 지배적인 것은 바로 그러한 양적인 측면이다.

사실 〈자아 리비도〉라는 개념은, 투여와 역투여의 전 작용을 포함하는 리비도 경제학의 일반화를 가져오면서, 리비도라는 용어가 환기시키는 주관적인 의미를 약화시키고 있다. 프로이트의 말대로, 여기서 리비도 이론은 솔직히 사변적이 된다. 우리는 프로이트가 『쾌락원칙을 넘어서』(1920)에서, 삶욕동의 기본 원칙 — 즉 생명체의 응집력을 유지하고 새로운 통일성을 만들려는 유기체의 경향 — 으로서 에로스*라는 개념을 도입함으로써, 리비도라는 개념에 원래 내재되어 있는 주관적이고 질적인 차원을, 생물학적인 신화의 영역에서 되찾으려고 한 것은 아닌지 자문해 보아야 한다.

α 리비도 이론의 발전이 가장 명료하게 기술되어 있는 텍스트는, 「〈정신분석〉과 〈리비도 이론〉」(1922)과 『정신분석 입문 강의』(1916-1917)의 제26장이다.

1 프로이트 S., 『성이론에 관한 세 편의 논문』, 1905.
 a 1915년에 첨가된 문단. 전집 VII, 118[109] ; G.W., V, 118 ; S.E., VII, 217 ; 프, 125[O.C., VI, 155].
 b 전집 VII, 119[109] ; G.W., V, 118 ; S.E., VII, 217 ; 프, 126[O.C., VI, 156].
2 프로이트 S., 『집단 심리학과 자아 분석』, 1921. 전집 XII, 98[103] ; G.W., XIII, 98 ; S.E., XVIII, 90 ; 프, 100[O.C., XVI, 29].
3 프로이트 S., 「〈정신분석〉과 〈리비도 이론〉」, 1922. 전집 XV, 148[150] ; G.W., XIII, 220 ; S.E., XVIII, 244 ; 프, 62[O.C., XVI, 193].
4 프로이트 S., 「플리스에게 보낸 편지」, 『정신분석의 탄생』, 1887-1902. 한, 44 ; 독, 101 ; 영, 91 ; 프, 83.

리비도의 가소성(可塑性)

프: *plasticité de la libido*. 독: *Plastizität der Libido*. 영: *plasticity of the libido*. 스: *plasticidad de la libido*. 이: plasticità della libido. 포: *plasticidade da libido*.

대상과 충족 방식을 다소 쉽게 바꾸는 리비도의 능력.

가소성(또는 〈자유로운 유동성*freie Beweglichkeit*〉)은 점착성*과 반대되는 특성이라고 할 수 있다. 독자는 프로이트 글에서 가소성보다 더 자주 쓰이고 있는 후자의 용어에 대한 우리의 설명을 참조하기 바란다.

〈리비도의 가소성〉이란 표현은 정신분석에서, 우선 리비도는 대상에 관한한, 비교적 불확정적이며 항상 대상을 바꿀 수 있다는 기본적인 생각을 보여주고 있다.

목표에 관한 가소성도 마찬가지이다. 어떤 부분 욕동의 불충족은 다른 부분 욕동에 의한 충족이나 승화에 의해 보상되기 마련이다. 성욕동은 〈…… 서로 대체될 수 있다. 즉 하나의 성욕동이 다른 성욕동의 강도(强度)를 떠맡을 수 있고, 현실이 전자의 충족을 거부할 때, 후자의 충족으로 보상될 수 있다. 성욕동은 액체로 가득 채워진 유통 통로의 망과 같다……〉[1]

가소성은 개인에 따라, 그리고 그의 나이와 역사에 따라 가변적이다. 그것은 정신분석 치료의 지시와 예후에서 중요한 요소가 될 뿐 아니라, 프로이트에 따르면, 그것은 주로 리비도 투여의 변경 능력에 기초한 변화 능력이다.

1 프로이트 S., 『정신분석 입문 강의』, 1915-17. 전집 I, 465-6[490] ; G.W., XI, 358 ; S.E., XVI, 345 ; 프, 371[O.C., XIV, 357].

리비도의 발달 단계

프: stade libidinal. 독: Libidostufe(또는 Libidophase). 영: libidinal stage(또는 phase). 스: fase libidinosa. 이: fase libidica. 포: fase libidinal.

어떤 성감대의 우위, 그리고 어떤 대상 관계* 방식의 우세에 의해, 리비도가 다소 선명하게 조직화*되는 것을 특징으로 하는 어린아이의 발달 단계. 정신분석은 자아 발달의 단계들을 정의함으로써, 단계라는 개념을 크게 신장시킨다.

정신분석에서 단계라고 말할 때, 그것은 가장 일반적으로 리비도의 발달 단계를 가리킨다. 그러나 주목할 것은, 리비도의 조직화라는 개념이 도출되기 이전에도, 프로이트는 이미 발달의 〈연령〉과 〈시기〉, 그리고 〈기간〉의 구별에 대해 관심을 보이고 있다는 것이다. 그것은 여러 신경정신 질환이 어린 시절에 기원을 두고 있다는 사실의 발견과 짝을 이루고 있다. 그렇게 해서 프로이트는 1896년과 97년 사이에 플리스 ─ 주지하다시피, 플리스 자신도 단계 이론을 완성했다[1] ─ 에게 보내는 편지에서, 유년기와 사춘기에 제법 정확하게 시기를 추정할 수 있는 일련의 단계를 세우려고 한다. 그러한 시도는 사후*라는 개념과, 그리고 그 당시 프로이트에 의해 만들어진 유혹론*과 밀접한 관련을 맺고 있다. 사실 거기서 고려되고 있는 시기들은 〈성적인 장면〉이 일어난 시기(〈사건의 시기Ereigniszeiten〉)인 반면에, 다른 시기는 〈격리[억압]의 시기 Verdrängungszeiten〉이다. 프로이트는 〈신경증의 선택〉을 그러한 일련의 시기와 관련짓고 있다: 〈여러 신경증들은 그것의 시간적 조건을 성적인 장면에서 발견한다 [……]. 격리[억압]의 시기는 신경증의 선택에서 무관하지만, 사건의 시기는 결정적이다.〉[2a] 마지막으로 한 시기에서 다른 시기로의 이행은, 〈기록inscription〉 체계로 되어 있는 심리 장치*의 분화와 관계를 맺고 있다. 그리고 한 시기에서 다른 시기로의 이행과 한 체계에서 다른 체계로의 이행은, 많든 적든 성공한 〈번역〉에 비유할 수 있다.[2b]

머지않아 그러한 일련의 여러 시기를, 〈성적인 지대zones sexuelles〉나 〈성감대zones érogènes〉(항문 부위, 구강-인두(咽頭) 부위, 그리고 여자아이에게 음핵 부위)의 우세 내지 포기와 연결시키는 착상이 빛을 보게 된다. 1897년 11월 14일자 편지가 보여주듯이, 프로이트는 그러한 이론적인 시도를 상당히 멀리까지 밀고 나간다. 소위 정상적인 격리[억압] 과정은 한 성감대를 위해 다른 성감대를 포기하는 것 ── 즉 성적인 지대의 〈쇠퇴〉 ── 과 밀접한 관련을 맺고 있다.

그러한 생각들은 가장 완성된 형태의 리비도 발달 단계 이론이 어떠할지를 많은 점에서 예시하고 있다. 그러나 놀랍게도, 그것들은 성욕의 발달에 대한 프로이트의 첫 번째 보고서에서 사라지고 보이지 않는다. 그것은 나중에야 비로소 재발견되고 명확히 밝혀진다. 『성이론에 관한 세 편의 논문』의 1905년 판에서, 성기의 우위 하에 조직되는 사춘기와 성인의 성욕과, 다른 한 편의 유아 성욕 사이의 기본적인 대립이 세워진다. 유아 성욕에서 성적인 목표는 그것을 떠받치는 성감대만큼이나 다양하다. 어떤 식으로든 그것들 중의 어느 한 성감대가 우위를 점하거나 대상 선택이 이루어지는 일 없이 말이다. 프로이트가 그 대립을 특별히 강조하는 것은, 아마 그 책(『성이론에 관한 세 편의 논문』)이 띠고 있는 교육적 보고서라는 성격과, 그것이 설파하고 있는 명제 ── 성욕은 본래 도착적이고 다형적이라는 특징을 갖고 있다(→ **성욕, 자기-성애**) ── 의 독창성 때문일 것이다.

1913년과 1923년 사이에, 그 명제는 성기에 선행하는 전-성기기 ── 구강기*, 항문기*, 남근기* ── 라는 개념의 도입으로 점차 수정된다.

그러한 단계들을 특징짓는 것은, 성생활의 조직* 형태이다. 하나의 성감대

리비도의 발달 단계

의 우위라는 개념만으로는, 단계라는 개념 속에 포함되어 있는 구조적이고 규범적인 것을 설명하기에 불충분하다. 단계라는 개념의 기초가 발견되는 곳은, 오직 한 형태의 활동 — 물론 성감대와 결부되어 있는 — 속이지만, 그 활동은 대상 관계*의 여러 수준에서 인정된다. 그래서 구강기의 특징인 합체는, 섭식 이외의 다른 활동 밑에 있는 많은 환상(예컨대, 〈눈으로 먹다.〉)에서 재발견될 수 있는 구조인 것이다.

*

정신분석에서 단계라는 개념의 모델이 발견된 곳이 리비도 활동의 발달 영역이라고 할지라도, 여러 다른 발달 노선도 있다는 것에 주목할 필요가 있다:

1. 프로이트는 리비도의 대상에 대한 접근에서, 시간적인 연속성이 있음을 지적하고 있다. 즉 주체는 연속적으로 자기-성애*, 자기애*, 동성애적 선택, 그리고 이성애적 선택을 거쳐 간다.[3]

2. 또 다른 방향에서, 쾌락원칙에 대해 현실원칙이 우세하게 되는 과정에서 여러 발달 단계가 있음을 인정하지 않을 수 없다. 그 방향에서의 체계적인 시도는 페렌치에 의해 이루어졌다.[4]

3. 몇몇 저자들은 자아*의 형성만이 쾌락원칙에서 현실원칙으로의 이행을 설명할 수 있다고 생각한다. 자아는 〈…… 하나의 독립 변수로서 그 과정에 개입한다.〉[5] 자아의 발달만이 자기와 외부 세계의 구별, 충족의 연기, 욕동의 자극에 대한 상대적인 제어를 가능하게 한다.

프로이트는 자아의 발달과 그 단계들을 정확히 결정하는 데 따른 이점을 지적하면서도, 그 방향에 말려들지는 않는다. 게다가 그 문제를 가령 「강박신경증의 소질」(1913)에서 언급할 때, 자아의 개념은 아직 정확한 지형학적 의미로 규정되어 있지 않다는 데 주목하자. 그것이 정확한 지형학적 의미로 규정되는 것은 『자아와 그거』(1923)에서이다. 프로이트는 〈…… 강박신경증의 소질에, 리비도의 발달과 관계가 있는 자아의 발달의 시간적인 뉘앙스〉를 도입해야 한다고 가정하고 있다. 그러나 그는 〈자아 욕동의 발달 단계에 대해 지금까지 우리에게 알려진 것은 거의 없다.〉[6]고 지적하고 있다.

또한 주목할 것은, 안나 프로이트가 『자아와 방어 기제Das Ich und die Abwehr-mechanismen』(1936)[7]에서, 자아의 방어 기제의 출현에서 시간의 연속성을 세우는 것을 포기했다는 것이다.

리비도의 발달 단계

그렇다면 그러한 서로 다른 노선의 생각에 대해 우리는 어떠한 전체적인 시각을 가질 수 있는가? 서로 다른 형태의 단계 사이에 상응 관계를 세우려는 가장 포괄적인 시도는 아브라함에 의한 것이다(『정신 질환의 정신분석에 기초한 리비도 발달사 초고Versuch einer Entwicklungsgeschichte der Libido auf Grund der Psychoanalyse seelischer Störungen』(1924).[8] 로베르트 플리스는 아브라함이 제시한 도표를 보충한다.[9]

프로이트에 대해 말하자면, 그는 리비도의 발달뿐만 아니라, 방어나 자아 등의 발달을 재편성한, 발달 단계에 관한 전체적인 이론에 동참하지 않았다고 주장하는 것이 옳을 것이다. 그러한 이론은 결국 대상 관계라는 개념을 중심으로, 총체적인 인격의 발달을 단 하나의 발생학적인 노선 속에 포함시키고 만다. 우리는 그러한 불참이 프로이트 사상의 단순한 미완성을 의미한다고 생각하지 않는다. 왜냐하면 프로이트에게 서로 다른 발달 노선 사이의 차이와 변증법의 가능성이, 신경증의 결정에서 가장 중요하기 때문이다.

그러한 의미에서, 프로이트 이론이 심리학사에서, 가장 공헌한 것 중의 하나가 단계라는 개념을 촉진시키는 데 있다고 하더라도, 그것은 기본 발상에서, 발달 심리학이 사용하고 있는 단계라는 개념과 다르다. 왜냐하면 발달 심리학은 발달의 각 단계에, 통합적 성격의 전체 구조가 있다고 가정하기 때문이다.[10]

1 Kris E., 프로이트의 『정신분석의 탄생』(1887-1902) 서문 참조.(미번역) 독, 9-12 ; 영, 4-8 ; 프, 2-6.

2 프로이트 S., 「플리스에게 보낸 편지」, 『정신분석의 탄생』, 1887-1902.
  a 한, 106 ; 독, 175-6 ; 영, 163-5 ; 프, 145-6.
  b 한, 111-9 ; 독, 185-92 ; 영, 173-81 ; 프, 153-60 참조.

3 프로이트 S., 「한 파라노이아 사례(파라노이아형 치매)의 자서전적인 기술에 대한 정신분석적 고찰: 슈레버」, 1911. 전집 IX, 167-8[173] ; G.W., VIII, 296-7 ; S.E., XII, 60-1 ; 프, 306[O.C., X, 283].

4 Ferenczi S., "Stages in the Development of the Sense of Reality", 1913, in First Contributions 참조.

5 Hartmann H., Kris E., Loewenstein M., "Comments on the Formation of Psychic Structure", in Psa. Study of the Child, II, 1946, 11-38.

6 프로이트 S., 「강박신경증의 소질」, 1913. 전집 X, 117[121] ; G.W., VIII, 451 ; S.E., XII, 325 ; 프, 196[O.C., XII, 93].

7 Freud A., 프, P.U.F., Paris, 46-7 참조.

8 Abraham K., 프, II, 255-313, passim. 참조.

리비도의 발달 단계

9 Fliess R., "An ontogenetic Table", in *Ps. Read*, 1942, 254-5.

10 프랑스어권 과학적 심리학회 심포지엄, 제네바, 1955 ; *Le problème des stades en psychologie de l'enfant*, P.U.F., Paris, 1956 참조.

리비도의 점착성

프: *viscosité de la libido*. 독: *Klebrigkeit der Libido*. 영: *adhesiveness of the libido*. 스: *adherencia de la libido*. 이: *vischiosità della libido*. 포: *viscosidade da libido*.

하나의 대상이나 하나의 단계에 고착되는 리비도의 제법 큰 능력을 설명하기 위해 프로이트가 가정한 특질. 일단 대상과 단계가 확립되면 그것의 투여를 바꾸는 것은 꽤 어렵다. 점착성은 개인에 따라 다르다.

프로이트의 텍스트에서는 그와 같은 리비도의 특질을 가리키기 위해 비슷한 여러 용어가 사용되고 있음을 볼 수 있다: 즉, 유착성*Haftbarkeit* 또는 고착성 *Fähigkeit zur Fixierung*, 점착력*Zähigkeit*, 점착성*Klebrigkeit*, 관성*Trägheit* 등이 그것이다.

프로이트가 가장 즐겨 사용한 것은 마지막 두 용어이다. 점착성이라는 용어는 프로이트가 리비도를 액체로 생각했다는 사실을 상기시킨다는 점에서 주목할 필요가 있다. 『성이론에 관한 세 편의 논문』(1905)에서 프로이트가 리비도의 고착*이라는 개념을 도입할 때, 그는 우연한 체험의 보충으로, 고착의 강도를 설명할 수 있는 인자(因子)가 있음을 가정하고 있다.(→ **상보적 계열**) 즉, 그것은 〈…… 근원을 알 수 없는 심리적 요소로 [……], 성생활의 사건들의 고도의 유착성 또는 고착성〉이다.[1]

그러한 생각은 프로이트의 전 저작을 관통하고 있다. 그것은 특히 다음의 두 가지 문맥에서 언급되고 있다.

a) 이론적인 면에서는, 특히 「한 소아 신경증의 이야기: 늑대인간」(1918)에서 유아 성욕과 그것의 고착의 발달을 재구성할 때, 그러한 견해가 나타나고 있다: 〈그[늑대인간]는 일단 리비도가 각 위치에 도달하면, 그 각각의 위치에서, 그 위치를 포기하면 길을 잃는다는 불안으로, 그리고 다음 단계의 리비도의 위치에서는 충분한 충족을 주는 대체물을 찾지 못할 것이라는 두려움

으로, 그 위치를 고수했다. 그것이 내가 『성이론에 관한 세 편의 논문』에서 고착성이라고 불렀던, 핵심적이고 기본적인 심리의 특수성이다.〉²ᵃ

b) 치료 이론에서, 그것은 치료 행위의 한계 중의 하나를 내포하고 있다. 몇몇 주체들에게 〈…… 치료 과정은 다른 사람들보다 훨씬 더 느리게 전개된다. 그것은 그들이 리비도의 투여를 대상으로부터 분리시켜 새로운 대상으로 옮길 결심을 하지 않기 때문이다. 그러한 투여의 충실성에 특별한 이유가 발견되지 않음에도 불구하고 말이다.〉³

게다가 프로이트는 리비도의 과도한 유동성은, 분석 결과가 지극히 불안정하기 때문에 역-장애를 일으킬 수 있다고 지적하고 있다.

결국 프로이트는 중대한 치료 장애를 일으킬 수 있는 그러한 점착성과 고착성을 어떻게 생각하고 있는 것일까? 그는 그것을 더 이상 약분할 수 없는 어떤 것, 즉 〈소수(素數)〉²ᵇ로 보고 있다. 그것은 프로이트가 흔히 기질적인 요인 — 늙을수록 두드러지게 나타나는 — 으로 정의하고 있는, 분석할 수 없는 변경 불가능한 인자이다.

리비도의 점착성은 물리 체계의 엔트로피에 비교될 수 있는, 일종의 심리적 관성을 나타낸다. 즉 심리 에너지의 변화에서, 고정되어 있는 전 에너지의 양을 일시에 동원하는 방도는 절대로 있을 수 없다. 그러한 의미에서 프로이트는 가끔 〈심리적 관성*inertie psychique*〉이라는 융의 표현을 사용한다. 그렇지만 그는 신경증의 병인에서, 융이 그 개념에 부여하는, 지나치게 광범위한 설명적 가치에는 유보적인 태도를 표명한다.

1 프로이트 S., 『성이론에 관한 세 편의 논문』, 1905. 전집 VII, 148[135] ; G.W., V, 144 ; S.E., VII, 242 ; 프, 161[O.C., VI, 180].
2 프로이트 S., 「한 소아 신경증의 이야기: 늑대인간」, 1918.
a 전집 IX, 333[345] ; G.W., XII, 151 ; S.E., XVII, 115 ; 프, 415[O.C., XIII, 113].
b 전집 IX, 334[345] ; G.W., XII, 151 ; S.E., XVII, 116 ; 프, 415[O.C., XIII, 113-4].
3 프로이트 S., 「끝이 있는 분석과 끝이 없는 분석」, in 『끝이 있는 분석과 끝이 없는 분석』, 1937. 한, 266 ; G.W., XVI, 87 ; S.E., XXIII, 241 ; 프, 27[O.C., XX, 43].

리비도의 정체(停滯)

프: *stase libidinale*. 독: *Libidostauung*. 영: *damming up of libido*. 스: *estancamiento de la libido*. 이: *stasi della libido*. 포: *estase da libido*.

프로이트가 신경증이나 정신증의 시원에 있다고 가정하는 경제학적인 과정. 방출의 길을 발견하지 못한 리비도는 심리내의 형성물로 축적되고, 그렇게 축적된 에너지는 나중에 증상을 구성하는 데 사용된다.

리비도의 정체라는 경제학적인 개념의 기원은, 프로이트가 그의 초기 저작에서 발표한 현실 신경증* 이론 속에 있다. 그는 그 신경증의 병인을, 적절한 특수 행동*이 이루어지지 않아 방출의 길을 찾지 못한 성적인 흥분의 축적*Anhäufung*으로 보고 있다.

「신경증의 발병 유형에 대하여」(1912)에서 리비도의 정체라는 개념은, 프로이트에 의해 구분된 신경증 발병의 여러 형태에서 발견되기 때문에 매우 포괄적인 개념이 된다: 〈그것들[신경증 발병의 여러 형태]은 심리적인 경제학에서, 병인이 되는 어떤 별자리*constellation* — 즉 리비도의 정체 — 에 이르는 여러 경로이다. 그러한 리비도의 정체에 대해, 자아가 온갖 수단을 이용하여 유감없이 자신을 방어할 수 있는 것은 아니다.〉[1] 그렇지만 그러한 정체의 병인적 기능은 다음과 같은 중요한 뉘앙스를 함축하고 있다:

1. 프로이트는 정체를 모든 형태의 발병에서 〈1차적인〉 요인으로 만들진 않는다. 그것은 현실 신경증(현실적 좌절*reale Versagung*)에 가장 근접한 경우에만 결정적인 역할을 하는 것처럼 보인다. 다른 경우에, 그것은 심리적인 갈등의 결과에 지나지 않는다.

2. 리비도의 정체는 그 자체로 병인이 되지는 않는다. 그것은 정상적인 행동으로 인도될 수 있다: 승화 즉 현실적인 긴장을, 충족을 줄 수 있는 대상의 획득에 이르는 활동으로 변형시키는 것이 그것이다.

「자기애 소개」(1914)부터, 리비도의 정체라는 개념은 정신증의 기제로 확대된다: 자아에 투여된 리비도의 정체가 그것이다. 〈자기애적인 리비도의 축적이 어느 정도를 넘어서면 더 이상 지탱되지 못하는 것처럼 보인다.〉[2] 그래서 정신분열증의 경과 중에서, 다소 일시적인 단계로 빈번하게 발견되는 건강염려증은, 그러한 자기애적인 리비도의 견딜 수 없는 축적을 보여주고 있다. 또한 경제학적인 관점에서, 망상은 리비도의 에너지를 새로 형성된 외부 세계에 재배치하려는 시도로 나타난다.

1 프로이트 S., 「신경증의 발병 유형에 대하여」, 1912. 전집 X, 103[106] ; G.W., VIII,

329-30 ; S.E., XII, 237 ; 프, 181[O.C., XI, 126].

    2 프로이트 S., 『정신분석 입문 강의』, 1915-17. 전집 I, 565[594] ; G.W., XI, 436 ; S.E., XVI, 421 ; 프, 450[O.C., XIV, 436].

리비도의 조직(화)

프: *organisation de la libido*. 독: *Organisation der Libido*. 영: *organisation of the libido*. 스: *organización de la libido*. 이: *organizzazione della libido*. 포: *organização da libido*.

부분 욕동들의 상대적인 배열로, 성감대의 우위와 특수한 방식의 대상 관계로 특징지어진다. 시간의 연속성의 차원에서 볼 때, 리비도의 조직(화)은 어린아이의 성심리의 발달 단계를 결정한다.

리비도의 조직에 관한 프로이트의 관점의 발전은 대략 다음과 같이 생각해 볼 수 있다:『성이론에 관한 세 편의 논문』 초판(1905)은 구강 및 항문의 활동을 조숙한 성적인 활동으로 분명히 기술하고 있지만, 그것들에 대한 조직을 언급하지는 않는다. 어린아이는 일단 성기대(帶) 영역의 우위가 확립되면, 부분 욕동의 무질서에서 벗어난다. 물론『성이론에 관한 세 편의 논문』의 중심 주제가 생식 기능보다 더 광범위한 성적인 기능의 존재를 보여주고 있다 할지라도, 여전히 전자는 후자를 조직할 수 있는 유일한 특권을 갖고 있다. 프로이트는 1905년에, 사춘기에 동반되는 변화를 도식적으로 다음과 같이 쓰고 있다: 〈이제까지는 성욕동이 월등하게 자기-성애적이었다. 그것은 이제 성적인 대상을 발견한다. 이제까지 그것의 활동은 서로 독립적으로 특정한 쾌락을 유일한 성적인 목표로서 추구하는 여러 욕동과 성감대로부터 나온다. 그러나 지금은 새로운 성적인 목표가 나타나, 성감대들이 성기대의 우위에 종속되면서 모든 부분 욕동이 그 목표에 도달하기 위해 함께 움직인다.〉[1a] 주목할 것은, 프로이트가 그 당시에는 전-성기기적 조직이라는 말을 하지 않았다는 것이다. 결국 욕동의 배열을 가능하게 하는 것은 대상의 발견이다.

    그 뒤에 프로이트는 조직되지 않은 욕동의 상태(자기-성애)와 완전한 대상 선택 사이에 성욕의 조직 한 방식 — 자기애* — 이 끼워져 있음을 발견하는데, 그 발견 역시 대상 쪽에서의 발견이었다. 그때, 대상은 하나의 단위로서의 자아*이다.

프로이트는 1913년이 돼서야, 「강박신경증의 소질」이라는 논문에서 전-성기기적 조직이라는 개념을 도입한다. 거기서 프로이트는 특정한 성감대와 결부되어 있는 성적인 활동이 우월해지면서 욕동들이 통일되는 것을 발견한다. 그는 우선 항문의 조직화를 기술하고(1913, 「강박신경증의 소질」), 이어서 구강의 조직화(『성이론에 관한 세 편의 논문』 1915년 판),[1b] 마지막으로 남근의 조직화(1923년, 「유년기의 성기 조직」)를 기술한다. 그럼에도 불구하고, 주목할 것은, 프로이트가 그 세 가지 조직화를 기술한 뒤에, 〈…… 완전한 조직화는 네 번째 단계인 성기기 안에 있는 사춘기가 되어서야 비로소 이루어진다.〉[2]고 재확인하고 있다는 것이다.

프로이트는 성욕의 전-성기기적인 조직 양태를 정의하면서, 엄격하게 서로 일치하지 않는 두 가지 길을 따르고 있다. 그 길 중의 하나에 따르면, 조직자의 기능을 수행하는 것은 〈대상〉이다. 이 경우, 여러 가지 방식의 조직이 자기-성애로부터 자기애와 동성애적인 대상 선택을 거쳐 이성애적인 대상에 이르기까지, 일련의 대상을 따라가며 늘어선다. 또 다른 길에 따르면, 각각의 조직화는 특정한 성감대에 달려있는 특정한 방식의 성적 활동에 중심을 두고 있다.

두 번째 관점의 경우, 한 성감대의 우위와, 그에 상응하는 활동의 우위를 어떻게 이해해야 될까?

구강의 조직화의 경우에는 (구강) 활동의 우위에, 주위에 대한 배타적 관계의 의미를 부여할 수 있다. 그러나 지배적이지 않은 활동의 기능을 없애지 못하는 그 이후의 조직화는 어떤가? 예컨대, 항문성*analité*의 우위라고 말하는 것은 무엇을 의미하는가? 그것을 구강적인 모든 성욕의 중단이나, 그것이 2선으로 물러나는 것으로 이해할 수는 없다. 사실 구강적인 교환에 항문 활동과 결부된 의미작용이 스며듦에 따라, 구강적인 성욕은 항문의 조직화에 통합된다.

1 프로이트 S., 『성이론에 관한 세 편의 논문』, 1905.
 a 전집 VII, 107[99] ; G.W., V, 108 ; S.E., VII, 207 ; 프, 111[O.C., VI, 146].
 b 전집 VII, 96[88] ; G.W., V, 98 ; S.E., VII, 198 ; 프, 95[O.C., VI, 134] 참조.

리비도의 조직(화)

2 프로이트 S., 「정신분석 개요」, 1938. 전집 XV, 426[444] ; G.W., XVII, 77 ; S.E., XXIII, 155 ; 프, 16[O.C., XX, 244].

메타심리학

프: *métapsychologie*. 독: *Metapsychologie*. 영: *metapsychology*. 스: *metapsicologia*. 이: *metapsicologia*. 포: *metapsicologia*.

프로이트가 만든 용어로, 그가 창시한 심리학을 가장 이론적인 차원에서 고찰한 것을 가리킨다. 메타심리학은 실제 경험과는 다소 거리가 있는 개념적인 모델을 만든다. 예컨대 심리 장치를 심역으로 나누는 가상의 구분, 욕동 이론, 격리[억압] 과정 등이 그것이다. 메타심리학은 세 가지 관점, 즉 역학적, 지형학적, 경제학적 관점을 고려한다.

메타심리학이라는 용어는 플리스에게 보낸 프로이트의 편지에서 가끔 볼 수 있다. 프로이트가 그것을 사용한 것은, 전통적인 의식의 심리학에 대해 〈다른 쪽의 의식으로 인도하는……〉 심리학을 세우려는 자신의 고유한 시도의 독창성을 명확하게 하기 위해서였다.[1a] 아마 독자는 메타심리학과 형이상학*métaphysique*이라는 말의 유사성에 눈이 뜨일 것이다. 그것은 프로이트 쪽에서 의도된 유사성인 듯하다. 왜냐하면 그의 철학적 소명이 어느 정도 강했는지를, 우리는 그 자신의 증언을 통해 알 수 있기 때문이다: 〈나는 네가 메타심리학에 대한 몇 가지 질문에 귀를 기울여주기를 바라네. [……] 나는 젊은 날에, 철학적 지식만을 갈망했었는데, 지금 의학에서 심리학으로 넘어가면서 그 소원을 이룰 시점에 있다네.〉[1b]

그러나 메타심리학과 형이상학의 관계에 대한 프로이트의 성찰은, 그러한 단순한 비교를 넘어서고 있다. 그는 의미심장한 한 문장에서 메타심리학을, 〈형이상학적〉 구조물을 다시 세우려는 과학적 시도로 정의하고 있다. 그에 따르면 〈형이상학적〉 구조물은 미신이나 몇몇 파라노이아적 망상처럼, 본래 무의식에 고유한 것을 외부의 힘에 투사하는 것이다: 〈…… 가장 현대적인 종교에까지 퍼져 있는 대부분의 신화적 세계관은, 외부 세계에 투사된 심리에 다름 아니다. 심리적 요인과 무의식에서 일어나는 것에 대한 막연한 인식(말하자면 심리 내적인 지각)은, […] 과학에 의해 무의식의 심리학으로 바뀌어야 할 초감각적인 현실*réalité suprasensible*의 구성에 반영된다. […] 우리는 형이상학을 메타심리학으로 전환시킬 수 있다고 […] 자부한다.〉[2]

한참 뒤에, 프로이트는 메타심리학이라는 용어를 다시 거론하면서 정확한 정의를 내린다: 〈심리 과정을 역학적이고 지형학적이고 경제학적인 관계에서 기술할 때, 우리는 그것을 메타심리학적인 재현*Darstellung*이라고 부를 것을 제안한다.〉[3, α] 그러나 그 세 가지 영역에 고유한 개념과 가설을 원용하는 모든 이론적인 연구는 메타심리학적인 글이라고 생각해야 하는가? 아니면 오히려 좀 더 근본적으로 정신분석적 심리학 밑에 깔려 있는 가설들 — 즉 〈원칙 *Prinzipien*〉, 〈기본개념*Grundbegriffe*〉, 이론적 〈모델들〉(재현*Darstellungen*, 가설*Fiktionen*, 모범*Vorbilder*)〉 — 을 다듬거나 설명하는 텍스트들을 그렇게 지칭하는 것이 옳지 않겠는가? 그러한 의미에서, 엄밀한 의미에서의 메타심리학적인 많은 텍스트들이 프로이트의 저작 속에 점점이 늘어서 있다. 특히 「과학적 심리학 초고」(1895), 『꿈의 해석』(1900)의 제7장, 「심리적 사건 진행의 두 가지 원칙에 관한 공식화」(1911), 『쾌락원칙을 넘어서』(1920), 『자아와 그거』(1923), 「정신분석 개요」(1938)를 들 수 있다. 마침내 프로이트는 1915년에 『메타심리학의 구성 요소들*Zur Vorbereitung einer Metapsychologie*』를 쓸 계획을 세우고 부분적으로 그것을 실현한다. 그것의 의도는 〈…… 정신분석적 체계의 토대가 될 수 있는 이론적인 가설을 규명하고 심화시키는 것〉이었다.[4, β]

α 하르트만Hartmann과 크리스Kris와 뢰벤슈타인Lœwenstein은 프로이트가 구분한 지형학적이고 역학적이고 경제학적인 관점에, 발생학적 관점을 덧붙일 것을 제안한다. 다비드 라파포르트David Rapaport는 거기에 적응*adaptation*이라는 관점을 덧붙인다.

β 예정된 논문 중에서 다섯 편이 간행되고, 나머지 일곱 편은 쓰긴 했으나 폐기된다.

1 프로이트 S., 「플리스에게 보낸 편지」, 『정신분석의 탄생』, 1887-1902.
  a 한, 181 ; 독, 262 ; 영, 246 ; 프, 218.
  b 한, 〈편지 44〉(1896년 4월 2일, 미번역); 독, 173 ; 영, 162 ; 프, 143-4.

메타심리학

2 프로이트 S., 「일상생활의 정신병리학에 관하여」, 1901. 전집 V, 344-5[358] ; G.W., IV, 287-8 ; S.E., VI, 258-9 ; 프, 298-9[O.C., V, 354-5].

3 프로이트 S., 「무의식」, 1915. 전집 XI, 183[182] ; G.W., X, 281 ; S.E., XIV, 181 ; 프, 12[O.C., XIII, 223].

4 프로이트 S., 「꿈의 이론에 관한 메타심리학적인 보충」, 1915. 전집 XI, 219[219], n. 1 ; G.W., X, 412, n. 1 ; S.E., XIV, 222, n. 1 ; 프, 162, n. 1[O.C., XIII, 247, n.1].

모성 기법

프: *maternage*. 독: *Bemuttern*(또는 *mütterliches Betreuen*). 영: *mothering*. 스: *maternalización*. 이: *maternage*. 포: *maternagem*.

정신증 — 특히 정신분열증 — 에 대한 정신치료 기법으로, 치료사와 환자 사이에 상징적임과 동시에 현실적인 방식으로, 〈좋은 어머니〉와 자식 사이에 존재하는 것과 같은 관계를 세우는 것을 목표로 한다.

모성 기법은 정신증의 병인에 대한 생각, 즉 정신증은 본질적으로 구강기의 너무 이른 좌절 — 유년기에 어머니로 인해 환자가 겪은 좌절 — 과 결부되어 있다는 생각에 기초하고 있다.

넓은 의미로, 〈모성애를 특징짓는 적극적이고 헌신적이고 주의 깊고 한결같은 애정의 분위기 속에서, 유아(인판스*infans*)[역주: 라틴어로 *infans*는 '아직 말을 하지 못하는'이라는 뜻]에게 아낌없이 베푸는 배려의 총체)[1a]를 정의할 때, 모성 기법이라고 한다. 그러나 그 용어는 대개 오로지 정신치료 기법만을 규정할 때 사용된다.

이것은 무엇보다도 회복을 지향한다. 그러나 그것이 환자에게 어머니와의 관계에서 채워지지 않았던 현실적인 충족을 가져다주는 것을 겨냥하고 있다면, 그것은 우선 기본적인 욕구의 이해이어야 한다. 라카미에Racamier가 지적했듯이,[1b] 정신증적 방어에 숨어 있는 욕구를 알고, 선택적으로 채워주어야 할 것(〈기초 욕구〉)을 결정하고, 특히 고전적인 정신분석의 해석과는 다르게 그 욕구에 응답하는 것이 좋다.

그러한 응답의 본질에 대해, 지난 20년 간 그 길에 참여한 연구자들(그 중에서도 슈빙G. Schwing, 로젠J. N. Rosen, 세슈에M.-A. Sèchehaye)은 각기 자기

나름의 생각을 갖고 있다. 여기서 모성 기법이라는 일반적인 명칭으로 정렬시킬 수 있는 그 다양한 기법 — 과 다양한 직관 — 을 기술하기는 불가능하다. 단지 다음의 사실만 지적해두자:

1. 젖먹이-어머니의 관계를 현실적으로 다시 만드는 것이 관건은 아니다;
2. 모성 기법은 모든 연구자들이 역설하고 있듯이, 모성적인 자세 이상의 것을 치료사에게 요구한다. 아무튼 진정한 애정 어린 투신을 요구한다: 〈모성 기법이라는 관계는 수동적으로 충족되기를 절체절명으로 갈망하는 환자와, 그를 이해할 수 있고, 동시에 어머니가 버려진 젖먹이에게 다가가듯이 그에게 갈 수 있는 치료사와의 만남으로부터 태어난다.〉[c]

마지막으로 모성 기법 이론은 정신치료 행위에서, 현실적인 충족, 상징적인 선물 그리고 해석에 속하는 것을 각각 고려해야만 한다.

1 Racamier P.-C., "Psychothérapie psychanalytique des psychoses", in *La Psychanalyse d'aujourd'hui*, P.U.F., Paris, 1956.

a II, 599.
b II, 601-2.
c II, 601.

(욕동의) 목표

프: but (pulsionnel). 독: Ziel (Triebziel). 영: aim (instinctual aim). 스: hito(또는 meta) instintual. 이: meta (istintuale 또는 pulsionale). 포: alvo(또는 meta) impulsor(a)(또는 pulsional).

욕동이 지향하는 것으로 내적 긴장의 해결에 도달하는 것. 그러한 활동은 환상에 의해 유지되고 방향이 정해진다.

욕동의 목표라는 개념은, 프로이트가 욕동을 서로 다른 요소 — 압력*, 원천*, 목표* 그리고 대상* — 로 분해한 것과 관련이 있다.[1a, 2a]

넓은 의미에서, 욕동의 목표는 단일하다고 말할 수 있다. 모든 경우에서 그 것은 충족이다. 다시 말해 프로이트의 경제학적인 개념에 따르면, 그것은 〈항상성의 원칙〉*에 의해 지배되는 에너지의 비-질적인*non qualitative* 방출이다.

그렇지만 프로이트가 〈궁극적인 목표*Endziel*〉라는 말을 할 때조차, 그것은 특정한 욕동과 결부된 특수한 목표를 의미한다.[2b] 그 궁극적인 목표 자체는 많든 적든 교환 가능한 〈중간 목표〉나 중개를 통해 도달할 수 있다. 그런데 각각의 부분 욕동의 목표의 특수성이라는 개념은 『성이론에 관한 세 편의 논문』 (1905)에서부터 이미 주장되고 있다: 〈유아 성욕의 성적 목표는 이러저러한 성감대에 적합한 흥분을 통해 충족을 유발하는 데 있다.〉[1b] 그러한 개념의 기원은 이미 「과학적 심리학 초고」(1895)에, 내적인 긴장을 없애는 〈특수 행동〉의 형태로 나타나 있다. 그것은 『성이론에 관한 세 편의 논문』의 1915년판에서 훨씬 더 명확히 재확인된다: 〈욕동을 서로 구별하고 그것에 특수한 속성을 부여하는 것은, 욕동이 그것의 원천과 목표와 맺고 있는 관계이다.〉[1c]

동시에 그러한 텍스트들은 목표와, 흔히 성감대*로 대표되는 원천의 밀접한 관계를 주장하고 있다: 〈…… [유아 성욕에서] 성적 목표는 성감대의 지배하에 있다.〉[1d] 또는 〈…… 각각[의 성욕동]이 지향하는 목표는 기관 쾌락*Organlust*에 도달하는 것이다.〉[2c] 따라서 구강 욕동에 상응하는 목표는 빠는 행위와 결부된 충족이다. 역으로 성적인 기관에서 일어나는 유기적인 과정이라는 의미에서 욕동의 원천은 욕동의 목표를 통해서만 체험될 수 있다: 〈육체적인 원천으로부터 시작되는 욕동의 기원이 욕동에게 절대적으로 결정적인 계기임에도 불구하고, 욕동은 목표를 통하지 않고서는 우리의 심리에 알려질 수 없다. [……] 확실히 우리는 욕동의 원천을 그것의 목표로부터 끌어낼 수 있다.〉[2d]

따라서 원천은 목표의 존재이유*ratio essendi*이고, 목표는 원천의 인식이유*ratio cognoscendi*이다. 그러한 엄격한 상호 결정 작용은, 어떻게 『성이론에 관한 세 편의 논문』의 한 장 전체의 주제가 되고 있는 〈성적 목표의 일탈〉과 양립할 수 있을까? 그 텍스트에서 프로이트의 의도는 상식과는 달리, 성욕은 어른의 정상적인 성행위 — 다시 말해 단 하나의 원천인 성기와, 단 하나의 목표인 〈성적인 결합이나 적어도 그것으로 귀결되는 행위들〉[1e]에 국한되어 있는 성행위 — 보다 훨씬 더 광범위한 영역을 포함한다는 것을 보여주는 것이다. 그가 보여주고 있는 〈일탈〉은 단 하나의 부분 욕동의 목표의 변경이 아니라, 성적 목표의 서로 다른 여러 가능성들이다. 그러한 다양성은 원천*sources*, 즉 성기대와 다른 성감대 — 가령 구강대와 결부된 키스 — 와 결부된 목표들이든지, 대상*objet*의 이동에서 기인하는 성행위의 변형들이다.

(그래서 프로이트는 물품성애증*fétichisme*을 〈목표의 일탈〉로 기술한다. 그렇지만 본질적으로 문제가 되는 것은 대상에 관한 〈일탈〉이라는 사실을, 프로이트는 이미 알고 있었다.)[1f]

「욕동과 욕동의 운명」(1915)에서의 관점은 아주 다르다. 거기서 문제가 되는 것은 일반적인 성적 목표의 변형들의 목록을 작성하는 것이 아니라, 특정한 부분 욕동*une pulsion partielle déterminée*의 목표가 어떻게 변화하는가를 보여주는 것이다. 그러한 관점에서 프로이트는 자기-성애적인 욕동과, 처음부터 대상을 향하는 욕동(가학증과 〈응시 욕동〉)을 구분한다. 전자에서, 〈…… 기관의 원천의 역할은 결정적이어서, 페더른P. Federn과 예켈L. Jekel의 매혹적인 가설에 따르면, 그 기관의 형태와 기능이 욕동의 목표의 능동성과 수동성을 결정할 정도이다.〉[2e] 오직 후자에서만 〈반전〉(가학증의 피학증으로의 반전과, 관음증의 노출증으로의 반전)이라는 목표의 변경이 있다. 그러나 그러한 목표의 변화는 다시 대상의 변화 — 〈자기 자신으로의 선회〉[2f] — 와 밀접하게 연결된다는 사실에 주목해야 한다.

승화*에서의 욕동의 변화는 본질적으로 목표의 변화에 있다. 그러나 거기서도 그 변화는, 욕동의 다른 요소들의 변화에 의해 결정된다. 대상의 교환과, 하나의 욕동을 다른 욕동으로 대체하는 것(성욕동이 작용할 때, 그것을 그것이 의탁*하는 자기보존 욕동으로 대체하기)이 그것이다.[1g, 2g]

프로이트의 개념이 명백히 개입시키고 있는 범주에 국한시켜 말한다면, 목표라는 개념은 욕동의 원천과 대상이라는 두 개념 사이에 양분되어 있다. 욕동의 목표를 그것과 밀접한 관계가 있는 기관의 원천으로 정의한다면, 그 목표는 아주 정확히 규정되기는 하지만, 꽤 빈약할 것이다. 빨기를 입으로, 시각을 눈으로, 〈지배〉를 근육 조직으로 정의하는 것 등이 그것이다. 정신분석 이론의 발달이 초대하는 대로, 각 유형의 성적 활동을 대상의 유형과의 관계 하에서 고찰한다면, 욕동의 목표라는 개념은 〈대상 관계〉*라는 개념을 위해 사라지게 된다.

*

일단 프로이트에게서 욕동이라는 개념 자체의 애매함이 분명해지면, 아마 프로이트가 욕동의 목표의 문제에서 봉착하고 있는 어려움도 명확히 밝혀질 것이다. 실제로 그는 성욕동과 자기보존 욕동을 동일한 범주에 위치시키고 있다. 그의 성욕론 전체가 그 두 욕동들의 기능과 목표 — 즉 그것들을 충족으로 이끄는 것 — 의 차원에서, 심충적으로 그것들을 구별하는 것이 무엇인지를 정확히 보여주고 있는데도 말이다.

자기보존 욕동의 목표가 욕구 — 어떤 육체 장치 속에 위치시킬 수 있고 실제적인 실현(가령 영양 공급)을 강요하는 — 에 의해 야기된 긴장 상태를 종결짓는 특수 행동*과 다르게 이해될 수 없는데 비해, 성욕구의 목표는 훨씬 더 결정하기 힘들다. 사실 후자는 의탁을 통해 자기보존 기능과 뒤섞였다가 그것과 분리되면서 나타나기 때문에, 그것에는 그것의 받침이 되었던 생명 기능의 낙인이 찍혀 있음과 동시에, 생명 기능에 비해 변경되고 깊이 변질된 행동에서 충족을 찾는다. 육체적인 모형과는 아주 거리가 먼 표상적인 요소를 내포하는 환상 활동이 끼어드는 것은, 바로 그러한 편차 속이다.(→ **자기-성애, 의탁, 욕동, 성욕**)

1 프로이트 S., 『성이론에 관한 세 편의 논문』, 1905.
   a 전집 VII, 19-20[19-20] ; G.W., V, 34 ; S.E., VII, 135-6 ; 프, 17-8[O.C., VI, 67] 참조.
   b 전집 VII, 80[73] ; G.W., V, 85 ; S.E., VII, 184 ; 프, 78[O.C., VI, 119].
   c 전집 VII, 61[56] ; G.W., V, 67 ; S.E., VII, 168 ; 프, 56-7[O.C., VI, 102].
   d 전집 VII, 78[72] ; G.W., V, 83 ; S.E., VII, 182-3 ; 프, 76[O.C., VI, 118].
   e 전집 VII, 19[19] ; G.W., V, 33 ; S.E., VII, 135 ; 프, 17[O.C., VI, 67].
   f 전집 VII, 42[38] ; G.W., V, 52 ; S.E., VII, 153 ; 프, 38[O.C., VI, 86-7].
   g 전집 VII, 105-6[97] ; G.W., V, 107 ; S.E., VII, 205-6 ; 프, 105-7[O.C., VI, 142-3].
2 프로이트 S., 「욕동과 욕동의 운명」, 1915.
   a 전집 XI, 107[106] ; G.W., X, 214 ; S.E., XIV, 121 ; 프, 33[O.C., XIII, 169] 참조.
   b 전집 XI, 108[106] ; G.W., X, 215 ; S.E., XIV, 122 ; 프, 34-5[O.C., XIII, 169] 참조.
   c 전집 XI, 112[110] ; G.W., X, 218 ; S.E., XIV, 125-6 ; 프, 41[O.C., XIII, 173].
   d 전집 XI, 109[107] ; G.W., X, 216 ; S.E., XIV, 123 ; 프, 36[O.C., XIII, 170].
   e 전집 XI, 121[120] ; G.W., X, 225 ; S.E., XIV, 132-3 ; 프, 53[O.C., XIII, 179].
   f 전집 XI, 114[112] ; G.W., X, 220 ; S.E., XIV, 127 ; 프, 43-4[O.C., XIII, 174].
   g 전집 XI, 112-3[110-1] ; G.W., X, 219 ; S.E., XIV, 125-6 ; 프, 41-2[O.C., XIII, 173] 참조.

목표-억제

프: inhibé(e) quant au but. 독: Zielgehemmt. 영: aim-inhibited. 스: coartado(또는

inhibido) *en su meta*. 이: *inibito nella meta*. 포: *inibido quanto ao alvo*(또는 *à meta*).

외적인 장애물이나 내적인 장애물의 영향으로, 직접적인 충족 방식(또는 목표)에 이르지 못하고, 최초의 목표와는 다소 거리가 있지만 근사치로 생각될 수 있는 활동이나 관계에서 약화된 충족을 얻는 욕동을 말한다.

프로이트가 목표-억제라는 개념을 사용한 것은, 특히 애정(이 항목 참조)의 기원 또는 사회적 감정의 기원을 설명하기 위해서였다. 그러나 그 자신은 메타심리학적인 관점에서 그것을 엄밀하게 설명하기는 어렵다고 말하고 있다.[1] 그러한 억제를 어떻게 이해해야 할까? 그것은 최초의 목표의 격리[억압]와, 그 격리[억압]된 것의 회귀를 가정하고 있는 것일까? 다른 한편, 그것과 승화의 관계는 무엇일까? 마지막 문제점에 대해, 프로이트는 억제를 승화의 시작으로 보고 있는 듯하다. 그렇지만 그는 그 두 과정을 구분하려는 것처럼 보인다: 〈사회적인 욕동은 승화된 욕동에 가깝지만, 반드시 승화된 욕동이라고는 아직 볼 수 없는 욕동 층에 속한다. 승화된 욕동은 직접적인 성적 목표를 포기하지 않지만, 내적인 저항이 그것이 후자에 도달하는 것을 방해한다. 그것은 어느 정도 충족에 가까이 가는 것으로 만족한다. 바로 그러한 이유로 해서 그것은 인간들 사이에 특별히 견고하고 지속적인 관계를 세운다. 원래 완전히 성적이었던 부모와 자식 사이의 애정 관계, 우정, 그리고 성적인 매력으로부터 나오는 결혼에서의 감정적인 유대가 특히 그렇다.〉[2]

1 프로이트 S., 『집단 심리학과 자아 분석』, 1921. 전집 XII, 156[162-3] ; G.W., XIII, 155 ; S.E., XVIII, 138-9 ; 프, 155-6[O.C., XVI, 77].
2 프로이트 S., 「〈정신분석〉과 〈리비도 이론〉」, 1923. 전집 XV, 165[168-9] ; G.W., XIII, 232 ; S.E., XVIII, 258 ; 프, 76[O.C., XVI, 207].

목표-표상

프: *représentation-but*. 독: *Zielvorstellung*. 영: *purposive idea*. 스: *representación-meta*. 이: *rappresentazione finalizzata*. 포: *representação-meta*.

전의식적이고 무의식적인 사고의 흐름만큼 의식적인 사고의 흐름을 방향 짓는 것을 설명하기 위해 프로이트가 만들어낸 용어. 각각의 차원에는 사고들 간의 맥락을 보증하는 궁극적인 목적이 있다. 그 맥락은 기계적일 뿐 아니라, 다른 표상을 실제로 끌어당기는 어떤 특권화된 표상들(예를 들면, 의식적인 사고의 경우에는 성취해야 할 임무, 주체가 자유연상의 원칙에 따라 움직일 경우에는 무의식적 환상)에 의해 결정된다.

프로이트는 목표-표상이라는 용어를 특히 메타심리학에 관한 초기 저작에서 사용하고 있다: 「과학적 심리학 초고」(1895)와 『꿈의 해석』(1900) 제7장에서 그 용어는 여러 번 나타나고 있다. 그것은 프로이트의 심리 결정론에서 독창적인 것이 무엇인지를 분명히 보여주고 있다. 사고의 흐름은 결코 비결정적인 것이 아니다. 다시 말해 그것은 모든 법칙으로부터 자유스러운 것이 아니다. 게다가 그 흐름을 지배하는 법칙은 연상주의 심리 이론 — 이것에 따르면 연상의 연결은 항시 인접성과 유사성으로 귀결될 뿐, 거기에는 그 이상의 깊은 의미는 없다 — 이 끌어낸 순전히 기계적인 법칙이 아니다. 〈하나의 심리 요소가 뜻밖의 연상에 의해 다른 것과 결부될 때는 언제나, 그것들 사이에는 정확히 깊은 관계, 즉 검열의 저항을 숨기고 있는 관계가 존재한다.〉[1]

목표-표상이라는 말은 프로이트에게, 연상은 어떤 궁극적인 목적에 복종한다는 것을 일러주고 있다. 목표-표상에 의한 선별이 확실히 이루어지는, 주의 깊고 판별력 있는 사고의 경우에는 분명히 드러난 목적이 있고, 연상이 자유로운 흐름에 맡겨지는 곳에서는 정신분석에 의해 발견된 잠재적인 목적이 있다.(→ **자유연상**)

프로이트는 왜 간단히 목표라든지 목적이라고 말하지 않고 목표-표상이라고 말했을까? 그 질문은 특히 무의식적인 목적에 대해 제기될 수 있다. 그에 대한 대답으로, 문제의 표상은 무의식적인 환상과 다른 것이 아니라고 말할 수 있다. 그러한 해석은 사고의 기능 작용에 대한 프로이트의 최초의 모델을 참조함으로써 정당화될 수 있다. 즉, 2차 과정을 특징짓는 탐구를 포함하여, 사고가 가능해지는 것은, 오직 목표 또는 목표-표상에 투여가 이루어져, 그 목표-표상이 그것에 접근하는 모든 길을 좀 더 투과적이고 좀 더 잘 〈소통되게〉 만드는 인력을 행사할 때뿐이다. 그 목표가 바로 충족 체험*에서 유래하는 〈욕망의 표상*Wunsch-vorstellung*〉이다.[2]

*Zielvorstellung*을 〈목표의 표상 *représentation de but*〉이라 번역하지 않고 〈목

표-표상*représentation-but*)이라 번역한 것은, 그것이 프로이트의 정신에 충실하다고 생각했기 때문이다. 여기서 문제가 되는 표상들은, 그 자체가 연상의 흐름을 조직하고 방향 지을 수 있는 유도 인자인 만큼, 의도적으로 목표와 결부되지는 않는다. *purposive idea*라는 영어의 번역어는 그러한 우리의 해석과 일치한다.

 1 프로이트 S., 『꿈의 해석』, 1900. 전집 IV, 617[639-40] ; G.W., II-III, 535 ; S.E., V, 530 ; 프, 436[O.C., IV, 583].
 2 프로이트 S., 「과학적 심리학 초고」, 『정신분석의 탄생』, 1985. 한, 257-64 ; 독, 411-6 ; 영, 389-94 ; 프, 345-9 참조.

무원(無援) 상태[무력 상태]

프: *détresse (état de~)*. 독: *Hilflosigkeit*. 영: *helplessness*. 스: *desamparo*. 이: *l'essere senza aiuto*. 포: *desamparo* 또는 *desarvoramento*.

프로이트 이론에서 특수한 의미를 띠는 일상용어로, 욕구 충족을 위해서는 완전히 타인에게 의존해야 하기 때문에, 내적 긴장을 끝내는 데 필요한 특수 행동을 수행할 수 없는 젖먹이의 상태를 가리킨다.
성인에게 무원 상태는 불안을 일으키는 외상적 상황의 원형이다.

프로이트가 끊임없이 참조하고 있는 *Hilflosigkeit*라는 용어는 단 하나의 프랑스어로 번역되는 것이 마땅하다. [그러나] 우리는 간단히 *détresse*(궁지)라고 하기보다 *état de détresse*(무원 상태)라고 번역하기를 제안한다. 왜냐하면 프로이트에게 그것은 본질적으로 객관적인 여건 — 즉 갓난아기의 무능력 — 이기 때문이다. 갓난애는 조직적이고 효과적인 행동을 시도할 수 없다.(→ **특수 행동**) 그것이 바로 프로이트가 *motorische Hilflosigkeit*(운동성 무원 상태)라는 말로써 지칭하는 것이다.[1a] 경제학적인 관점에서 그러한 상황은 욕구로 인한 긴장의 증가를 가져오지만, 심리 장치는 그것을 통제할 능력이 없다. 그것이 바로 *psychische Hilflosigkeit*(심리적 무원 상태)이다.

 원초적 무원 상태라는 개념은 정신분석적인 여러 고찰의 근간이 되고 있다.

1. 발생학적인 차원에서 보면,[2] 그것으로부터 충족 체험*의 근본 가치와 그것의 환각적인 재현, 그리고 1차 과정과 2차 과정*의 구분을 이해할 수 있다.

2. 어머니에 대한 어린아이의 총체적인 의존과 관련이 있는 무원 상태는, 어머니의 전능omnipotence을 내포하고 있다. 그렇게 해서 무원 상태는 완전히 타인과의 관계에서 구성되는 심리의 구조화에 결정적인 영향을 미친다.

3. 불안 이론의 틀에서, 무원 상태는 외상적인 상황의 원형이 된다. 그래서 프로이트는 『억제, 증상 그리고 불안』(1926)에서, 〈내적인 위험〉이 공통적으로 갖고 있는 특성은, 점진적인 긴장의 증가를 가져오는 상실이나 분리라고 인식하고 있다. 그러한 증가의 결과, 주체는 결국 흥분을 통제하지 못하고 그것에 의해 압도당한다. 그것이 바로 [고립]무원의 느낌을 일으키는 상태의 정의이다.

4. 마지막으로 주목할 것은, 프로이트가 무원 상태를 분명히 인간 존재의 조산성(早産性)prématuration과 결부시키고 있다는 것이다: 인간 존재의 〈……자궁내의 삶은, 대부분의 동물의 그것과 비교해서 상대적으로 짧은 것 같다. 인간 존재는 후자에 비해 덜 완성된 채로 세계에 던져진다. 그러한 사실로 해서 외부 세계의 영향은 강해지고, 자아와 그거의 조숙한 분리가 조장된다. 게다가 외부 세계의 위험은 과대평가되고, 그 위험으로부터 보호해주고 자궁내의 삶을 대신할 수 있는 대상의 가치는 엄청나게 증가하게 된다. 따라서 최초의 위험한 상황을 설정하고, 영원히 인간을 따라다니는 사랑 받고자 하는 욕구를 만드는 것은 그러한 생물학적인 요인이다.〉[1b]

1 프로이트 S., 『억제, 증상 그리고 불안』, 1926. 참조.
 a 전집 X, 300[313] ; G.W., XIV, 200 ; S.E., XX, 167 ; 프, 97[O.C., XVII, 281].
 b 전집 X, 286-7[298-9] ; G.W., XIV, 186-7 ; S.E., XX, 155 ; 프, 83[O.C., XVII, 269].
2 특히 프로이트 S., 「과학적 심리학 초고」, 『정신분석의 탄생』, 1895. 한, 제1부 참조.

무의식, 무의식적

프: inconscient(명사와 형용사). 독: das Unbewusste, unbewusst. 영: unconscious.
스: inconsciente. 이: inconscio. 포: inconsciente.

A) 무의식적이라는 형용사는 종종 의식의 영역에 현존하지 않는 내용 전체를 내포하기 위하여 사용된다. 여기서 의식의 영역이라는 말은 〈기술적인〉 의미이지 〈지형학적인〉 의미가 아니다. 즉 그것은 전의식 체계와 무의식 체계의 내용의 구별 없이 사용된 것이다.

B) 〈지형학적인〉 의미에서, 무의식은 심리 장치에 대한 첫 번째 이론의 틀에서 프로이트에 의해 정의된 체계들 중의 하나를 가리킨다. 그것은 격리[억압]* 활동에 의해 전의식-의식 체계*의 접근을 거부당한 격리[억압]된 내용으로 구성되어 있다(원격리[억압]*, 사후* 격리[억압]).

체계로서의 무의식 lcs의 본질적인 특징은 다음과 같이 요약될 수 있다:

a) 그것의 〈내용〉은 욕동의 〈대표화들 représentants〉*이다.

b) 그 내용은 1차 과정*의 특수한 기제 — 특히 압축*과 이동* — 에 의해 지배된다.

c) 그것은 욕동의 에너지가 강력하게 투여되기 때문에, 의식과 행동 속으로 복귀하려고 한다(격리[억압]된 것의 회귀*). 그러나 그것은 검열*에 의한 왜곡을 거친 뒤에, 타협 형성물*의 형태로만 전의식-의식 체계에 접근할 수 있다.

d) 무의식 속에 고착*되는 것은 특히 유년기의 욕망이다.

Ics(독일어로는 Ubw)라는 약어는 명사 형태의 체계로서의 무의식을 가리키고, ics(ubw)는 무의식적이라는 형용사의 약어로서 엄밀한 의미에서 소위 그 체계의 내용을 규정하는 말이다.

C) 프로이트의 제2지형학의 틀에서, inconscient이라는 용어는 주로 형용사로 사용된다. 실제로 inconscient은 특수한 한 심역에 고유한 것이 아니다. 왜냐하면 그것은 그거를 규정하는 것이면서도 자아와 초자아의 일부를 규정하고 있기 때문이다. 그렇지만 다음과 같은 것을 명기해두는 것이 좋을 것이다:

a) 제1지형학에서 무의식 체계의 특징으로 알려져 있는 것은, 일반적으로 제2지형학에서는 그거의 특징이 된다.

b) 전의식과 무의식의 차이가 체계간의 구분 위에 세워져 있지는 않지만, 그것은 체계 내의 구분으로 지속된다(자아와 초자아는 모두 부분적으로 전의식적이고, 부분적으로 무의식적이다).

프로이트의 발견을 한 마디로 전달한다면, 두말할 것도 없이 무의식이라는 용어일 것이다. 사실 우리는 이 책의 한정된 지면에서, 프로이트에 앞선 선구자들의 전례와, 프로이트에게서 그 개념의 탄생과 계속적인 완성 과정을 통하여, 그 발견을 추적하지는 않을 것이다. 다만 우리는 명확성에 대한 배려에서, 그 용어의 확산이 종종 흐리게 만들고 있는 몇몇 본질적인 특징을 강조하는 것으로 만족할 것이다.

1. 프로이트의 무의식은 우선 치료 경험에서 나온, 지형학적*이면서 동시에 역학적인* 개념이다. 치료 경험이 우리에게 가르쳐준 바에 따르면, 심리 현상은 의식으로 환원될 수 없을 뿐 아니라, 어떤 〈내용〉은 일단 저항이 극복된 다음에야 비로소 의식에 접근할 수 있다. 또한 그러한 경험은 심리 생활이 〈…… 무의식적이지만 활동적인 생각으로 가득 채워져 있고, 그것으로부터 증상이 발생한다.〉[1]는 것을 보여준다. 그리하여 〈분리된 심리 집단〉의 존재를 가정하게 되는 것이다. 좀 더 일반적으로 말해, 무의식을 특별한 〈심리 장소〉 — 제2의 의식으로서가 아니라 내용과 기제와, 아마 특수한 〈에너지〉도 갖고 있는 하나의 체계로서 생각해야 하는 장소 — 로 인정하지 않을 수 없다.

2. 그 내용contenus은 어떤 것들인가?

a) 프로이트는 「무의식」(1915)이라는 논문에서, 그 내용을 〈욕동의 대표화들〉이라고 명명한다. 실제로 욕동은 신체와 정신의 경계에 있으며, 의식과 무의식의 대립에 선행한다. 한편으로 그것은 의식의 대상이 결코 될 수 없으며, 다른 한편으로 그것은 무의식 내에서 그것의 대표화들 — 본질적으로 〈대표화-표상*〉 — 을 통해서만 존재한다. 첨언하면, 프로이트 이론의 아주 초기 모델 중의 하나가 심리 장치를 기호의 연속적인 기록Niederschriften으로 정의하고 있는데,[2] 그러한 생각은 나중의 텍스트에서도 반복해서 재론되고 있다. 무의식적 표상은 욕동이 집중되어 있는, 진정한 욕망*의 연출이라고 간주할 수 있는 환상이나 상상적 시나리오로 배열되어 있다.(→환상)

b) 제2지형학 이전의 프로이트의 텍스트의 대부분은 무의식을 격리[억압]된 것refoulé과 동일시하고 있다. 그렇지만 그러한 동일시에 제한이 없는 것은 아니라는 점에 주목하자. 즉 여러 텍스트에서, 개인에 의해 획득되지 않은 계통발생적인 내용 — 즉 〈무의식의 핵심〉을 구성하는 — 에 자리를 마련해주고 있다.[3a]

그러한 생각은 주체의 유년기의 성적 체험에 형태를 부여하는, 개인 이전의 구조로서 원환상*이라는 개념에서 완성을 보게 된다.[α]

c) 전통적으로 인정되고 있는 또 다른 동일시는, 우리 속에 있는 유아적인 것infnatile과 무의식의 동일시이다. 그러나 거기에도 단서 조항은 있다. 즉 유

무의식, 무의식적

년기의 체험이 현상학에서 반사적 의식이라 불리는 것의 방식에 따라 자연적으로 경험되는 한, 그것 모두가 주체의 무의식과 뒤섞이는 것은 아니라는 것이다. 프로이트에게 무의식과 전의식-의식 체계의 최초의 분열은 유년기의 격리[억압]*refoulement*에 의해 생긴다. 프로이트의 무의식은 구성된*constitué* 것이다. 설혹 1차 시기의 원격리[억압]가 신화적인 것으로 생각될 수 있다고 하더라도 말이다. 그것은 미분화된 체험이다.

3. 다 알다시피, 꿈은 프로이트에게 무의식을 발견할 수 있는 〈왕도〉이다. 『꿈의 해석』(1900)에서 추출한, 1차 과정을 구성하는 여러 꿈의 기제들(이동, 압축, 상징화)은, 무의식의 다른 형성물(실수, 실언 등)에서도 발견된다. 또한 그 형성물들은 타협의 구조와 〈욕망 성취〉*의 기능을 갖고 있다는 점에서 증상과 동일하다.

프로이트가 무의식을 체계로서 정의할 때, 그는 그것의 특징을 다음과 같이 요약한다[3b]: 1차 과정(자유 에너지*의 특징인 투여의 유동성)과, 부정(否定), 의심, 확신의 부재와, 현실에 대한 무관심과, 그리고 쾌-불쾌의 원칙에 의한 조정(이것은 가장 짧은 길을 통해 지각의 동일성*을 회복하는 것을 목표로 한다)이 그것이다.

4. 마지막으로 프로이트는 무의식 체계 고유의 결속성을 세우고, 그것을 각 체계에 고유한 〈투여 에너지〉라는 경제학적인 개념을 통해 근본적으로 전의식 체계와 구분하고자 한다. 무의식적 에너지는 그것이 투여되거나 철수[탈투여]된 표상들에 적용되며, 한 요소가 한 체계에서 다른 체계로의 이동하는 것은, 전자의 체계에서는 철수[탈투여]로, 후자의 체계에서는 재투여로 일어난다.

그러나 그러한 무의식적 에너지는, 때로는 표상에 작용하는 인력으로서 의식화에 저항하는 힘으로 의식에 나타나고(이것이 바로 이미 격리[억압]된 요소들에 의한 인력이 상위 체계의 격리[억압]와 협력하는 격리[억압] 이론의 경우다),[4] 때로는 그것의 〈파생물*〉을 떠오르게 하는 힘으로 의식에 나타난다.(이것이 프로이트 이론의 어려운 점이다). 그래서 그것은 오로지 검열의 경계심에 의해서만 저지될 수 있다.[3c]

5. 지형학적인 고찰이 프로이트가 수없이 강조했던 무의식의 역학적 가치를 잊게 해서는 안 된다. 반대로 지형학적 구분을, 갈등과 반복과 저항을 설명하는 방식으로 보아야 한다.

*

다 알다시피, 1920년부터 심리 장치에 대한 프로이트 이론은 깊이 수정되어, 새로운 지형학적 구분이 도입된다. 그러한 구분은 무의식, 전의식, 의식의 구분과 더 이상 일치하지 않는다. 실제로 그거의 심역에서 무의식 체계의 주된 특징이 발견된다 하더라도, 다른 심역 ── 자아와 초자아 ── 에서도 무의식적인 기원과 몫이 인정되고 있는 것이다.(→ **그거, 자아, 초자아, 지형학**)

α 프로이트 자신은 원환상과 원격리[억압]의 가설 사이의 관계를 세우지 않았지만, 무의식의 최종적인 기원에 관한 한, 그것들이 거의 똑같은 기능을 수행한다는 점을 지적하지 않을 수 없다.

1 프로이트 S., 「정신분석에서의 무의식에 관한 노트」, 1912. 전집 XI, 30[30] ; G.W., VIII, 433 ; S.E., XII, 262 ; 프, 13[O.C., XI, 175].

2 프로이트 S., 「플리스에게 보낸 편지」, 『정신분석의 탄생』, 한, 113 ; 독, 185-6 ; 영, 173 ; 프, 155 참조.

3 프로이트 S., 「무의식」, 1915.

a 전집 XI, 202[202] ; G.W., X, 294 ; S.E., XIV, 195 ; 프, 144[O.C., XIII, 235].

b 전집 XI, 189-94[189-94] ; G.W., X, 285-8 ; S.E., XIV, 186-9 ; 프, 129-35[O.C., XIII, 227-30].

c 전집 XI, 182[181-2] ; G.W., X, 280 ; S.E., XIV, 181 ; 프, 120[O.C., XIII, 222].

4 프로이트 S., 「격리[억압]」, 1915. 전집 XI, 141-2[138-9] ; G.W., X, 250-1 ; S.E., XIV, 148 ; 프, 71-2[O.C., XIII, 193].

무의식의 파생물

프: rejeton de l'inconscient. 독: Abkömmling des Unbewussten. 영: derivative of the unconscious. 스: derivado del inconsciente. 이: derivato dell'inconscio. 포: derivado(또는 ramificação) do inconsciente.

무의식의 역학적 개념의 틀에서 프로이트가 종종 사용했던 용어. 무의식은 그것과 다소 거리가 먼 산물을, 의식과 행위 속에 나타나게 하는 경향이 있다. 그렇게 격리[억압]된 것에서 파생된 것은, 또 다시 새로운 방어의 대상이 된다.

이 표현은 특히 메타심리학에 관한 1915년의 텍스트에서 만나 볼 수 있다. 그
것은 특별히 무의식의 어떤 산물을 가리키는 것이 아니라, 가령 증상, 분석
회기 중의 연상,[1a] 환상[2] 등을 포괄하고 있다.

〈격리[억압]된 대표화 *représentant refoulé*의 파생물〉[1b] 또는 〈격리[억압]된
것의 파생물〉[1c]이라는 용어는, 두 번째 시기의 격리[억압] 이론과 관련이 있
다. 첫 번째 시기에 격리[억압]된 것(원격리[억압]*)은 파생물의 형태로 의식
속으로 침입한다. 그때 그것은 두 번째 격리[억압](사후격리[억압])를 받게
된다.

파생물이라는 용어는 무의식의 본질적인 특성을 보여주고 있다: 즉 무의
식은 끊임없이 활동하고 있으며, 의식을 향해 압력을 가하고 있다. 식물학에
서 차용한 그 프랑스 용어[역주: *rejeton*; 새싹이라는 뜻]는, 제거된 후에도 다
시 자라는 어떤 것의 이미지를 통해 그러한 생각을 강조하고 있다.

1 프로이트 S., 「격리[억압]」, 1915.

a 전집 XI, 142[140-1] ; G.W., X, 251-2 ; S.E., XIV, 149-50 ; 프, 73-4[O.C., XIII, 194]
참조.

b 전집 XI, 140[138] ; G.W., X, 250 ; S.E., XIV, 148 ; 프, 71-2[O.C., XIII, 193].

c 전집 XI, 140[138] ; G.W., X, 251 ; S.E., XIV, 149 ; 프, 73[O.C., XIII, 193].

2 프로이트 S., 「무의식」, 1915. 전집 XI, 196[196] ; G.W., X, 289 ; S.E., XIV, 190-1 ;
프, 137[O.C., XIII, 231].

ㅂ

반동형성

프: *formation réactionnelle*. 독: *Reaktionsbildung*. 영: *reaction-formation*. 스:
formación reactiva. 이: *formazione reattiva*. 포: *formação reativa*(또는 *de reação*).

무의식적인 욕망과 반대 방향으로 나아가고, 그것의 반작용으로 구성되는 심리적인 태
도나 습관(가령 수치심은 노출증의 경향과 반대된다).
경제학적으로 말하면, 반동형성은 무의식적인 투여와 똑같은 힘으로, 그것과 반대 방향
에서 작용하는 의식적인 요소의 역투여이다.
반동형성은 아주 지엽적이어서 특수한 행동으로 나타날 수도 있고, 많건 적건 인격 전체
에 통합된 성격의 특징을 구성할 정도로 일반화될 수도 있다.
임상적 관점에서, 반동형성은 그것의 우연한 실패로 인해, 즉 그것이 가끔 의식적으로
겨냥했던 것과 정반대되는 결과에 도달함*summum jus summa injuria*으로 인해, 경
직되고 부자연스럽고 강박적인 것을 보일 때, 증상적인 가치를 나타낸다.

프로이트는 강박신경증에 대한 최초의 기술에서부터, 고통스러운 표상을
〈1차적인 방어 증상〉이나 〈역증상*contre-symptôme*〉으로 대체함으로써, 그것
과 직접 싸우는 특수한 심리 기제를 강조하고 있다. 그러한 증상들은 어린 시
절의 성적인 활동 — 소위 〈불멸의 유년기〉라는 최초의 시기에 주체가 몰두
했던 활동 — 과 모순되는 인격의 특징들 — 양심, 수치심, 자기 불신 — 로
구성되어 있다. 그것은 〈성공적인 방어〉의 경우이다. 왜냐하면 갈등에서 작
용하고 있는 요소들 — 성적인 표상 뿐 아니라 그것이 야기하는 〈자기-비난〉
— 이, 극단적인 도덕을 위해 총체적으로 의식으로부터 배제되기 때문이다.[1]

반동형성

그 후에 정신분석은 강박신경증의 임상도(臨床圖)에서 그러한 방어의 중요성을 계속해서 확인한다. 〈반동〉이라는 명칭은 경제-역학적 관점에서 뿐아니라 그것의 의미에서, 그것이 욕망의 실현에 직접적으로 대립한다는 사실을 강조하고 있다.

강박신경증에서 반동형성은 성격적 특징이나 자아의 변화*의 형태를 띠고 있다. 그러한 형태들은 갈등에 연루된 표상이나 환상의 특수성을 숨기고 있는 방어 장치이다. 그래서 어떤 주체는 일반적으로 살아 있는 모든 것에 대해 연민을 느끼는 반면에, 그의 무의식적 공격성은 어떤 특정한 사람을 향한다. 반동형성은 항구적인 역투여를 구성한다. 〈반동형성을 확립한 주체는, 욕동의 위험이 위협적일 때 사용하는 몇몇 방어 기제를 발달시키지 않는다. 왜냐하면 그는 그러한 위험이 항상 있는 것처럼 인격의 구조를 바꾸어, 언제든지 그러한 위험에 준비가 되어 있기 때문이다.〉[2] 반동형성은 특히 〈항문기적 성격〉에서 뚜렷이 나타난다.(→ **성격 신경증**)

반동형성의 기제는 강박적인 구조에만 특수한 것이 아니다. 그것은 특히 히스테리에서도 관찰되고 있다. 그러나 〈…… 강박신경증에서 일어나는 것과는 달리, 히스테리에서의 반동형성은 성격적 특징이라는 일반성을 갖지 않으며, 아주 선별적으로 특정한 관계에만 국한된다. 가령 여자 히스테리증자는 마음속으로 증오하는 자식들을 극진한 애정으로 돌보는데, 그렇다고 해서 그녀가 다른 여자들보다, 전체적으로 다른 아이들을 더 사랑하거나 그들에 대해 애정을 가지고 있는 것은 아니다〉.[3a]

*

반동 〈형성formation〉이라는 용어 자체 때문에, 다른 방식의 증상 형성* — 대체 형성*, 타협 형성* 등 — 과 비교하게 된다. 이론적으로 그것을 구분하기는 쉽다: 타협 형성에서는 항시 격리[억압]된 욕망이 방어 행위와 결합하여 충족되는데(가령 강박관념) 비해, 반동형성에서만 욕동에 대한 대립(가령, 완전히 항문 성애를 숨기고 있는 극단적인 결벽의 태도)이 특별히 뚜렷이 나타난다. 그러나 그것들은 차라리 모델 기제일 뿐이다. 실제로는 반동형성에서도 주체가 자신을 방어하게 되는 욕동의 활동을 찾아낼 수 있다: 한편으로 욕동은 주체가 활동하는 어떤 순간이든 어떤 분야이든 갑자기 나타나는데, 그것은 분명히 주체가 보여주고 있는 태도의 경직성과 대조를 이루는 명백한 실패이다. 우리는 그러한 인격의 특징에 증상의 가치를 부여할 수 있다; 다른 한편, 주체는 그가 과시하는 미덕의 실행 자체를 극에까지 밀고 나감으로써, 적대적인 욕동을 모든 방어 체계에 스며들게 해서 충족시킬 수 있다. 청결에 사로잡힌 주부는 먼지나 더러움에 자신의 존재를 집중하고 있는 것이 아니겠는가? 공정성을 좀스러울 만큼 극단적으로 밀고 나가는 법률가는, 바로 그러한 사실로 해서, 그에게 의뢰한 사람을 위해 그가 변호해 주어야 할 현실적인 문제에 아주 조직적으로 무관심할 수 있다. 그렇게 그는 미덕이라는 가면 아래, 자신의 가학적인 경향을 충족시키고 있는 것이다……

더 나아가, 우리는 욕동과 반동형성의 관계를 훨씬 더 강조하여, 후자를 상반된 두 욕동간의 갈등 — 근원적으로 양가적인 갈등 — 에 대한 직접적인 표현으로 볼 수 있다: 〈…… 서로 대치하고 있는 두 운동 중의 하나 — 대개 애정의 움직임 — 는 엄청나게 강화되는데 반해, 다른 것은 사라진다.〉[3b] 그래서 반동형성은 자아가 욕동의 양가성에 내재한 대립을 이용하는 것으로 정의될 수 있다.

*

그 개념을 순전히 병리학적인 분야 밖에서 사용할 수 있는가? 프로이트가 『성이론에 관한 세 편의 논문』(1905)에서 그 용어를 도입할 때, 그는 잠복기 중에 확립되는 반동형성이 모든 개인의 발달에서 수행하는 역할에 대해 언급하고 있다: 〈…… 성적인 흥분이 반대의 힘(반작용)을 일깨우면, 그 반대의 힘은 불쾌감[성적인 활동에서 유래하는]을 효과적으로 억누르기 위하여 심리적인 방벽을 세운다. [……]: 혐오, 수치심, 도덕성이 그것이다.〉[4a] 이렇게 프로이트는 인간의 성격과 덕성의 구성에서, 승화와 더불어 반동형성이라는 과정이 수행하는 역할을 강조한다.[4b] 나중에 초자아*라는 개념이 도입될 때, 반동형성의 기제는 그것의 발생에서 상당한 몫을 부여받는다.[5]

1 프로이트 S., 「방어-신경정신증에 관한 진전된 고찰」(1896), in 『신경증의 병인』. G.W., I, 386-7 ; S.E., III, 169-70 ; 프, 67-8[O.C., III, 130-1] 참조. 또한 「플리스에게 보낸 편지」, 『정신분석의 탄생』, 1887-1902. 한, 96-7 ; 독, 159-60 ; 영, 148-50 ; 프, 132-3 참조.

2 Fenichel O., The Psychoanalytic Theory of Neurosis, Norton, New York, 1945. 영, 151 ; 프, P.U.F., 1953, 187.

3 프로이트 S., 『억제, 증상 그리고 불안』, 1926.

a 전집 X, 289[301] ; G.W., XIV, 190 ; S.E., XX, 158 ; 프, 86[O.C., XVII, 272].

b 전집 X, 225[234] ; G.W., XIV, 130 ; S.E., XX, 102 ; 프, 20[O.C., XVII, 219].

4 프로이트 S., 『성이론에 관한 세 편의 논문』, 1905.

 a 전집 VII, 73[67] ; G.W., V, 79 ; S.E., VII, 178 ; 프, 71[O.C., VI, 114].

 b 전집 VII, 144-5[131-2] ; G.W., V, 140-1 ; S.E., VII, 238-9 ; 프, 156-7[O.C., VI, 176-7] 참조.

5 프로이트 S., 『자아와 그거』, 1923. 전집 XI, 375[379] ; G.W., XIII, 262-3 ; S.E., XIX, 34-5 ; 프, 189-90[O.C., XVI, 277] 참조.

반복

프: *répétition*. 독: *Wiederholung*. 영: *repetition*. 스: *repetición*. 이: *ripetizione*. 포: *repetição*.

→〈반복 강박〉 참조.

반복 강박

프: *compulsion de répétition*. 독: *Wiederholungszwang*. 영: *compulsion to repeat* 또는 *repetition compulsion*. 스: *compulsi'n a la repetición*. 이: *coazione a ripetere*. 포: *compulsão à repetição*.

A) 실제적인 정신병리학의 차원에서, 무의식에 기원을 둔 억제할 수 없는 과정을 가리킨다. 그러한 과정에서 환자는 고통스러운 상황 속으로 능동적으로 들어가면서 아주 오래된 경험을 반복하지만, 그것의 원형을 기억하지 못하며, 반대로 완전히 현재의 상황이 문제가 되는 것처럼 아주 생생한 인상을 받는다.

B) 프로이트의 이론의 틀에서, 반복 강박은 자율적인 요소, 즉 궁극적으로 갈등 ― 단지 쾌락원칙과 현실원칙이 짝을 이룬 놀이만이 개입하는 갈등 ― 의 역학으로 환원할 수 없는 요소로 간주된다. 그것은 근본적으로 욕동의 가장 일반적인 성격인 보수적 성격과 관계가 있다.

반복 강박이라는 개념은 프로이트가 그의 이론의 가장 기본적인 개념들을 다시 문제 삼고 있는, 『쾌락원칙을 넘어서』(1920)라는 논문의 중심에 있다. 그래서 그것의 엄밀한 뜻뿐 아니라 그것 자체의 문제를 규정하기는 어렵다. 그것은 결정적인 순간에, 프로이트의 망설임과 진퇴양난과 모순을 반영하고 있는 사변적인 가설의 성질을 띠고 있다. 그것이 바로 정신분석 문헌에서 그 개념에 대한 논의가 막연하고 자주 반복되는 이유 중의 하나이다. 그것은 쾌락원칙*, 욕동*, 죽음 욕동*, 구속*과 같은 프로이트의 작업의 가장 본질적인 개념을 필수적으로 개입시킨다.

*

정신분석이 처음부터 반복 현상*phénomènes*을 대면했다는 것은 아주 분명한 사실이다. 특히 증상을 고찰해보면, 한편으로 그것들 중의 몇몇은 반복이 명확히 드러나고(가령 강박적인 의례), 다른 한편으로 정신분석에서 증상을 규정하는 것은 바로 증상이 다소 위장된 방식으로 지나간 갈등의 어떤 요소들을 재현한다는 사실이다(프로이트가 그의 작업을 처음 시작할 때, 히스테리 증상을 기억의 상징*으로 정의한 것은 그러한 의미에서다). 일반적으로 격리[억압]된 것은 꿈이나 증상이나 행위화*의 형태로 현재로 〈회귀하려고〉 한다: 〈…… 이해되지 않은 채로 남은 것은 회귀한다. 고통 속에 있는 영혼처럼, 그것은 해결책과 해방을 찾을 때까지 휴식이란 없다.〉[1]

치료에서 전이 현상은 분석가와의 관계에 현재화하는 격리[억압]된 갈등의 고유한 요구를 입증해주는 것이다. 게다가 프로이트는 그러한 현상과 그것이 제기하는 기술적인 문제에 대한 고찰을 갈수록 늘여간 결과, 회상과는 별도로 치료 과정의 주요 단계로서, 전이적 반복과 관통 작업*을 도출해냄으로써 치료의 이론적 모델을 완성한다. (→ **전이**) 그는 「상기(想起), 반복 그리고 관통작업」(1914)부터 내세운 반복 강박이라는 개념을, 『쾌락원칙을 넘어서』에서 전면에 배치함으로써, 이미 알아낸 반복의 여러 사례들을 규합하고, 그것들로부터 반복이 임상도의 전면에 나타나는 다른 사례들(가령 운명신경증*과 외상성 신경증*)을 분리해낸다. 그러한 사례들은 그가 보기에 새로운 이론적 분석을 요구하는 것들이었다. 실제로 반복되는 것은 분명히 불쾌한 경험이었다. 처음에는 주체의 어떤 심역이 거기서[불쾌한 경험에서] 충족을 찾고 있는지 잘 알지 못했다. 언뜻 보기에 억제할 수 없는 행위 — 즉 무의식으로부터 나오는 모든 것에 고유한 강박의 표시가 있는 행위 — 가 문제임에도 불구하고, 거기서 타협의 형태로 된 격리[억압]된 욕망의 실현을 읽어내기는 어려웠다.

＊

『쾌락원칙을 넘어서』의 전반부에서 프로이트의 성찰 방식은, 증상의 고통과 같이 눈에 띄는 고통 속에서도 욕망의 실현이 추구되기를 바란다는 기본 가설을 거부하지 않는 데 있다. 게다가 그 텍스트에서 프로이트는, 심리 장치의 한 체계에서 불쾌한 것은 다른 체계에서 쾌락일 수 있다는 잘 알려진 명제를 제시한다. 그러나 프로이트에 따르면, 그러한 설명의 시도는 찌꺼기를 남긴다. 거기서 제기된 문제를 라가슈의 용어를 사용하여 다음과 같이 요약할 수 있다: 욕구의 반복*répétition des besoins* 곁에, 그것과는 근본적으로 구분되고 그것보다 더 기본적인 반복의 욕구*besoin de répétition*를 가정해야 되지 않을까? 프로이트는 반복 강박이 순수한 상태로 나타나는 것이 아니라 항시 쾌락원칙에 복종하는 동기에 의하여 강화된다는 사실을 알고 있었음에도 불구하고, 계속해서 마지막 작업까지 그 개념에 더 큰 중요성을 부여한다.[2, 3] 『억제, 증상 그리고 불안』(1926)에서 그는 반복 강박을, 무의식에 고유한 저항의 형태, 즉 〈…… 격리[억압]된 욕동의 과정에 대한 무의식적 원형의 인력 현상〉[4]으로 보고 있다.

＊

불쾌한 데다 고통스러운 것의 강박적인 반복이 분석 경험의 거부할 수 없는 여건으로 인정된다 하더라도, 그것에 대한 연구자들의 이론적 설명은 서로 다르다. 도식적으로 말하면, 그 논의는 다음의 두 질문을 중심으로 진행된다고 할 수 있다:

  1. 반복의 경향은 무엇에 봉사하는가? 특히 심리적 외상의 결과로 나타나는 반복적인 꿈이 보여주듯이, 그것은 자아가 과도한 긴장을 제어한 다음, 그것을 파편화시키는 방식으로 해소하려는 시도인가? 아니면 반복은 궁극적으로, 모든 욕동 속에 있는 가장 〈욕동적이고〉 〈악마적인〉 것 — 즉 죽음 욕동* 이라는 개념에서 증명되고 있는 절대적인 방출의 경향 — 과 관계되어 있다는 사실을 받아들여야 하는가?

  2. 프로이트가 주장했듯이, 반복 강박은 과연 쾌락원칙의 우위를 문제로 만들고 있는가? 프로이트에게 발견되는 공식들 사이의 모순과 그 문제에 대

한 정신분석가들의 다양한 대답은, 우리의 견해로는, 쾌락원칙*과 항상성의 원칙*, 구속* 등의 용어와 결부된 애매성에 대한 예비 논의에 의해 밝혀질 수 있을 것이다. 단 하나의 예를 들어, 쾌락원칙을 〈죽음 욕동에 직접 봉사하는〉[5] 것으로 설정하면, 반복 강박은 프로이트가 제안하는 가장 근본적인 의미로 이해하더라도, 〈쾌락원칙을 넘어서〉 위치할 수 없다.

게다가 위의 두 질문은 밀접하게 연결되어 있고, 전자에 대한 어떤 유형의 대답은 후자에 대한 어떠한 대답도 허락하지 않는다. 제시되는 해결책은 반복 강박을 완전히 유일무이한 요소로 보는 명제에서부터, 그것을 이미 인정된 기제나 기능으로 환원하려는 시도에 이르기까지 전 범위를 포함하고 있다.

에드워드 비브링Edward Bibring의 생각은 중간적인 해결책을 보여주고 있다. 그 저자는 그거를 규정하는 반복적 경향repetitive tendency과 자아의 기능인 복원적 경향restitutive tendency을 구분하자고 제안한다. 반복되는 경험은 고통스러운 만큼 즐겁기 때문에, 전자는 〈쾌락원칙을 넘어서〉는 것이라고 말할 수 있다. 그렇다고 해서 그것이 쾌락원칙에 반대되는 원칙을 구성하는 것은 아니다. 복원적 경향은 여러 방법을 통해 외상 이전의 상황을 회복하려는 기능이다. 그것은 자아를 위해 반복 현상을 이용한다. 그러한 관점에서 비브링은 내적인 긴장의 해결 없이 자아가 반복 강박의 지배하에 놓이는 방어 기제와, 즉각적으로 또는 사후에 흥분을 방출하는 해소* 과정과, 마지막으로 〈…… 긴장을 생기게 하는 내적 조건을 변화시킴으로써 점진적으로 그것을 와해시키는 것을 기능으로 하는〉[6] 소위 해방 기제*를 구분하자고 제안한다.

1 프로이트 S., 「다섯 살배기 남자아이의 공포증 분석: 꼬마 한스」, 1909. 전집 VIII, 154[162] ; G.W., VII, 355 ; S.E., X, 122 ; 프, 180[O.C., IX, 108].

2 프로이트 S., 「피학증의 경제학적 문제」, 1924. passim. 참조.

3 프로이트 S., 「끝이 있는 분석과 끝이 없는 분석」, in 『끝이 있는 분석과 끝이 없는 분석』, 1937. passim. 참조.

4 프로이트 S., 『억제, 증상 그리고 불안』, 1926. 전집 X, 291 [303] ; G.W., XIV, 192 ; S.E., XX, 159 ; 프, 88[O.C., XVII, 274].

5 프로이트 S., 『쾌락원칙을 넘어서』, 1920. 전집 XI, 342[347] ; G.W., XIII, 69 ; S.E., XVIII, 63 ; 프, 74[O.C., XV, 337].

6 Bibring E., "The conception of the repetition compulsion", 1943. in Psychoanalytic Quarterly, XII, 486-519.

반복 강박

(욕동의) 반전

프: *renversement (d'une pulsion) dans le contraire.* 독: *Verkehrung ins Gegenteil.*
영: *reversal into the opposite.* 스: *transformación en lo contrario.* 이: *conversione
nell'opposto.* 포: *interversão do impulso*(또는 *da pulsão*).

능동성에서 수동성으로 이행하는 중에, 욕동의 목표가 반대로 바뀌는 과정.

「욕동과 욕동의 운명」(1915)에서 프로이트는 〈욕동의 운명〉을 고찰하면서,
격리[억압]과 승화와 함께, 반전과 자기 자신으로의 선회*를 거기에 포함시
키고 있다. 그리고 나서 그는 곧바로 그 두 과정 — 반전은 목표에 관한 것이
고 선회는 대상에 관한 것이다 — 이, 가학증-피학증과 관음증-노출증이라
는 두 가지 주요한 예가 보여주고 있듯이, 실제로는 아주 밀접하게 결합되어
있어서 그것들을 따로 기술하기 불가능하다고 지적하고 있다.

　가학증이 피학증으로 뒤집어지는 것은, 능동성에서 수동성으로의 이행과
동시에, 고통을 가하는 사람과 고통을 받는 사람 사이의 역할의 도치를 내포
하고 있다. 그 과정은 중간 단계 — 즉 자기 자신으로 선회하지만(대상의 변
화) 목표가 수동적인 것이 아니라 재귀적인 것(자기 자신을 고통스럽게 하는
것)으로 변하는 단계 — 에서 멈출 수 있다. 수동성으로의 이행이 실현된 완
성된 형태의 피학증은, 〈…… 목표가 변함에 따라 주체의 역할을 담당할 새로
운 대상을 다른 사람에게서 찾는다는 것〉[1a]을 내포하고 있다. 그러한 변화는
타자가 상상적으로 욕동의 활동이 결부된 주체가 되는 환상의 구성이 개입하
지 않으면 상상할 수 없는 것이다.

　그 두 과정은 분명히 반대 방향으로 기능할 수 있다: 즉, 수동성에서 능동
성으로의 변화와, 자기 자신으로부터 타인으로의 선회가 그것이다. 〈…… 욕
동이 대상으로부터 자아로 방향을 돌리든지, 아니면 자아로부터 대상으로 방
향을 돌리는 것은 […] 원칙적으로 차이가 없다.〉[2]

　그렇다면 외부 대상으로부터 자아로 리비도가 철수하는 것(자아 리비도*
또는 자기애적 리비도)도 〈자기 자신으로의 선회〉라고 부를 수 있는지 질문
할 것이다. 프로이트는 그 경우, 〈자아로의, 또는 자아 속으로의 리비도의 철
수〉라는 표현을 사용하기를 선호했다는 것을 지적해둘 필요가 있다.

　행동의 방식이나 〈형태〉에 영향을 미치는, 능동성에서 수동성으로의 반전

과 함께, 프로이트는 〈내용〉의 반전이나 〈실제적〉 반전 — 즉 사랑이 증오로 바뀌는 것 — 을 검토하고 있다. 그러나 여기서 반전이라는 말은, 그에게 순전히 기술(記述)적인 차원에서만 가치를 갖고 있는 것처럼 보인다. 왜냐하면 사랑과 증오는 동일한 욕동의 운명들로 볼 수 없기 때문이다. 프로이트는 두 번째 욕동론[3]에서와 마찬가지로 첫 번째 욕동론[1b]에서도, 그것들의 기원을 서로 다른 것으로 보고 있다.

안나 프로이트는 반전과 자기 자신으로의 선회를 방어 기제로 분류하고, 그것을 가장 원초적인 방어 과정으로 보아야 하는 것은 아닌지 자문하고 있다.[4] (→ **공격자와의 동일시**) 프로이트의 몇몇 구절은 그러한 방향으로 가고 있다.[1c]

1 프로이트 S., 「욕동과 욕동의 운명」, 1915.
　a 전집 XI, 115[113] ; G.W., X, 220 ; S.E., XIV, 127 ; 프, 44[O.C., XIII, 175].
　b 전집 XI, 122[120] sqq. ; G.W., X, 225 sqq. ; S.E., XIV, 133 sqq. ; 프, 53[O.C., XIII, 182] sqq. 참조.
　c 전집 XI, 113[111-2] ; G.W., X, 219 ; S.E., XIV, 126-7 ; 프, 42-3[O.C., XIII, 174] 참조.
　2 프로이트 S., 『쾌락원칙을 넘어서』, 1920. 전집 XI, 331[335] ; G.W., XIII, 59 ; S.E., XVIII, 54 ; 프, 63[O.C., XV, 328].
　3 프로이트 S., 『자아와 그거』, 1923. 전집 XI, 385[390] sqq. ; G.W., XIII, 271 sqq. ; S.E., XIX, 42 sqq. ; 프, 198[O.C., XVI, 284] sqq. 참조.
　4 Freud A., Das Ich und die Abwehrmechanismen, 1936. 독, 41 ; 프, P.U.F., Paris, 1949, 45.

발현 내용

프: contenu manifeste. 독: manifester Inhalt. 영: manifest content. 스: contenido manifesto. 이: contenuto manifesto. 포: conteúdo manifesto(또는 patente)

분석에 들어가기 전의 꿈. 즉 꿈 이야기를 하는 꿈꾼 사람에게 나타난 그대로의 꿈을 가리킨다. 넓은 의미로 분석 방법에 따라 해석되어야 할, 언표화된 모든 것 — 환상에서 문학 작품에 이르기까지 — 을 발현 내용이라고 한다.

〈발현 내용〉이라는 표현은 프로이트가 『꿈의 해석』(1900)에서 〈잠재 내용〉

이라는 표현의 상관 용어로서 도입한 것이다. 수식어가 없는 〈내용〉이라는 말은 종종 발현 내용과 똑같은 의미로 사용되며, 〈꿈의 (잠재적) 사고〉와 대립된다. 프로이트에게 발현 내용은 꿈의 작업의 산물이고, 잠재 내용은 역작업, 즉 해석의 산물이다.

그러한 개념은 현상학적 관점에서 비판을 받을 수 있다. 폴리처Politzer에게 꿈은 엄격히 말해 단 하나의 내용만을 갖고 있다. 프로이트가 발현 내용이라는 말로 의미하는 것은, 주체가 꿈이 표현하는 완전한 의미를 전혀 알지 못하는 상태에서 자신의 꿈에 대해 기술하는 이야기이다.[1]

1 Politzer, G., *Critique des fondements de la psychologie*, 1928, Rieder, Paris, 참조.

방어

프: *défense*. 독: *Abwehr*. 영: *defence*. 스: *defensa*. 이: *difesa*. 포: *defesa*.

생물-심리학적인 개체의 전체성과 항구성을 위험에 빠뜨릴 수 있는 모든 변화를 축소시키고 제거하는 데 궁극적인 목적이 있는 작용의 총체. 자아가 그러한 항구성을 구현하고 유지하는 심역으로 구성되는 한, 그것은 그러한 작용의 대행자로 간주된다.

자극이 균형과 양립할 수 없음으로 해서 자아에게 불쾌감을 주는 한, 방어는 일반적으로 내적인 자극(욕동)을 대상으로 하고 있고, 그러한 자극이 결부되어 있는 어떤 표상(기억, 환상)과, 그러한 자극을 일으킬 수 있는 어떤 상황에 선택적으로 작용한다. 방어의 동기 내지 신호가 되는, 불쾌감을 주는 정동도 방어의 대상이 될 수 있다.

방어의 과정은 많든 적든 자아에 통합된 방어 기제로 나타난다.

방어는 그것이 궁극적으로 대상으로 하고 있는 것 — 즉, 욕동 — 에 의해 낙인이 찍히고 침투되기 때문에, 자주 강박적인 색채를 띠며, 적어도 부분적으로는 무의식적으로 작용한다.

프로이트는 히스테리에서 — 그리고 아주 재빨리 다른 정신신경증에서도 — 방어의 개념을 전면에 내세움으로써, 심리 생활에 관한 동시대인들의 관점과 상반된 자기 자신의 견해를 끌어낸다.(→ **방어 히스테리**)『히스테리 연구』(1895)는 방어와, 그 방어가 결부된 자아 사이의 모든 관계의 복잡성을 보여

방어

주고 있다. 실제로 자아는 인격의 영역으로, 모든 교란(예컨대 서로 대립하는 욕망간의 갈등)으로부터 보호받기를 바라는 〈공간〉이다. 또한 자아는 그것과 〈양립할 수 없는〉 표상과 조화를 이루지 못하는 〈표상군〉이다. 그러한 불화는 불쾌감을 주는 정동의 신호가 된다. 마지막으로 자아는 방어 작용의 대행자이다.(→ **자아**) 방어 정신신경증이라는 개념을 만들어낸 프로이트의 여러 저작은, 항상 어떤 표상과 자아의 양립 불가능성이라는 개념을 강조하고 있다. 따라서 방어의 여러 방식은, 그러한 표상을 다루는 여러 방식에 있다. 특히 그것은 그러한 표상과, 그 표상에 결부된 정동을 분리시키는 데 주안점을 두고 있다. 다른 한편 프로이트는, 다 알다시피, 아주 일찍 방어 정신신경증을 현실 신경증* — 즉 방출되지 않은 성적 흥분에서 기인하는 내적 긴장이 참을 수 없을 만큼 증가하여 다양한 신체적 증상으로 배출구를 찾는 일군의 신경증 — 에 대립시키고 있다. 프로이트가 후자의 경우를 방어라고 말하지 않는 것은 의미심장하다. 거기에는 유기체를 보호하고 어떤 균형을 회복하려는 태도가 있는데도 불구하고 말이다. 방어는 그것이 발견될 때 이미, 어떤 긴장의 증대라도 유기체가 그것을 축소하기 위해 채택하는 방책과 보이지 않게 구분되어 있었던 것이다.

프로이트는 장애에 따른 방어 과정의 여러 양태를 명시한 것과 같은 시기에, 그리고 치료 경험 덕분에 『히스테리 연구』에서 그것의 전개 과정(방어의 동기가 되는 불쾌한 정동의 재출현, 단계적인 저항, 병인이 되는 재료의 성층화 등)을 좀 더 잘 재구성하게 된 것과 같은 시기에, 방어의 메타심리학적인 모델을 제시하려고 시도한다. 그 이론은 처음부터 — 그 이후에도 변함없이 —, 외적인 자극 — 이것은 피할 수 있거나 그것을 선별할 수 있는 기계적인 울타리라는 장치가 있다(→ **보호막**) — 과, 피할 수 없는 내적인 자극 사이의 대립과 관련되어 있다. 여러 가지 방어 조치는, 욕동이라는 내부의 공격에 대해 이루어진다. 「과학적 심리학 초고」(1895)는 방어 문제를 두 가지 방식으로 접근하고 있다:

1) 프로이트는 욕망과, 자아에 의한 욕망의 억제 모델을 〈충족 체험〉에서 발견한 것처럼, 그가 〈1차 방어〉라고 명명한 것의 근원을 〈고통의 체험〉에서 찾는다. 그렇지만 「과학적 심리학 초고」 자체에서는, 그러한 생각이 충족 체험ᵃ만큼 명확하게 포착되지는 않는다.

2) 프로이트는 정상적인 방어와 병인이 되는 방어를 구별하려고 애썼다.

방어

전자는 고통스러운 경험이 재생되는 경우에 작용한다. 그 경우, 자아는 이미 최초의 경험 때, 〈측면 투여investissements latéraux〉를 통해 불쾌감을 억누르기 시작한다: 〈기억흔적의 투여가 반복될 때, 불쾌감도 반복된다. 그러나 자아의 소통 역시 이미 작용한다. 경험에 따르면, 두 번째[반복]에서는 [불쾌감의] 해방이 덜 중요해지고, 여러 번 반복된 뒤 마지막에는, 그 해방이 자아에 적당한 강도의 신호로 축소된다.〉[1a]

그러한 방어는 자아에게 1차 과정에 휘말려 침범 당하는 위험을 면하게 해준다. 그것은 병인이 되는 방어의 경우도 마찬가지이다. 다 알다시피, 프로이트는 성적 장면 — 당시에는 방어를 야기하지 않았지만 그 후에 부활된 그것의 기억이 내부로부터 흥분을 고조시키는 성적장면 — 을, 병인이 되는 방어의 조건으로 보고 있다. 〈주의(注意)는 보통 불쾌감의 해방의 계기가 되는 지각을 향한다. [그런데] 여기서 예상 밖으로 불쾌감을 해방시키는 것은 지각이 아니라, 기억흔적이다. 그러한 사실은 자아에게 너무 늦게 알려진다.〉[1b] 이것은 〈…… 보통 1차 과정에서만 관찰되는 결과들이 자아의 과정processus du moi에서도 일어난다〉[1c]는 것을 보여준다.

이렇게 병인이 되는 방어의 조건은, 불쾌감을 일으키고 어떠한 방어 훈련도 이루어지지 않은, 내부에 기원을 둔 흥분의 가동이다. 따라서 병인이 되는 방어를 작동시키는 것은, 정동 자체의 강도가 아니라, 고통스러운 지각의 경우에도, 그리고 고통스러운 지각의 회상의 경우에도, 재발견되지 않는 아주 특수한 조건이다. 프로이트에 따르면, 그러한 조건은 성욕의 영역에서만 실현된다.(→**사후작용, 유혹**)

*

히스테리, 강박신경증, 파라노이아 등의 방어 과정의 양태가 어떤 것이든지 간에,(→**방어 기제**) 갈등의 양극은 항상 자아와 욕동이다. 자아는 내적 위협에 대항하여 자신을 지키려고 한다. 그러나 그러한 견해는 임상에서 그 타당성이 인정된다고 하더라도, 이론적인 문제를 제기한다. 그것은 프로이트에게 끊임없이 문제된 것이다: 정의에 따라 쾌감을 제공하도록 되어 있는 욕동의 방출이, 어떻게 방어를 일으킬 정도로 불쾌감으로 지각되거나, 불쾌감의 위협으로 지각될 수 있는가? 심리 장치의 지형학적 구분은, 한 체계에 쾌감인 것이 다른 체계(자아)에서는 불쾌감이 될 수 있다고 진술하고 있다. 그러나

방어

그러한 역할 배분은 욕동의 요구를 자아와 대립하게 만드는 것이 무엇인지를 설명하도록 요구한다. 다음과 같은 이론적 해결은 프로이트에 의해 거부된다: 즉 〈…… 욕동이 충족되지 않아 긴장이 참을 수 없을 정도로 증가할 때〉[2] 방어가 작동한다는 이론적 해결이 그것이다. 따라서 진정되지 않은 배고픔은 격리[억압]되지 않는다. 유기체가 그러한 유형의 위험에 맞서기 위해 어떤 〈방어 수단〉을 사용하든지 간에, 그것은 정신분석이 만나는 방어가 아니다. 유기체의 평형성[호메오스타시스]*homéostase de l'organisme*은 정신분석의 방어를 설명하는 충분조건이 아니다.

자아 방어의 최종적인 동인은 무엇일까? 왜 자아는 욕동을 불쾌하게 지각하는 것일까? 정신분석에서 본질적인 그러한 질문들은, 반드시 서로 배타적인 것은 아닌 다양한 대답이 있을 수 있다. 흔히 인정받고 있는 것은, 욕동의 충족에 내재하는 위험의 궁극적인 기원에 관한 최초의 식별이다. 즉 욕동 자체가 자아에 위험한 것으로 간주될 수 있다. 결국 욕동은 그것의 충족이 가져올 수 있는 현실적인 손해가 있을 때만 위험한 것이기 때문에, 모든 위험은 개인과 외부 세계의 관계와 결부되어 있다고 할 수 있다. 이렇게 해서 프로이트가 『억제, 증상 그리고 불안』(1926)에서 받아들인 명제, 특히 공포증에 대한 재해석은 〈현실(적인 위험 앞의) 불안*Realangst*〉을 특권화하고, 마지막에는 신경증적인 불안이나 욕동 앞의 불안을 파생물로 간주하기에 이른다.

이 문제를 자아의 개념의 관점에서 접근하면, 현실의 대행자이면서 현실원칙의 대표라는 자아의 기능에 역점을 두느냐, 아니면 자아의 〈종합 강박*compulsion à la synthèse*〉을 강조하느냐, 그것도 아니면, 무엇보다도 자아를 하나의 형태 — 즉 유기체처럼 평형성의 원칙에 의해 조정되는 일종의 주체 내의 대답 — 로 기술하느냐에 따라, 해결책이 달라질 것은 분명하다. 마지막으로 역학적 관점에서, 욕동에 기원을 둔 불쾌감이 제기하는 문제를, 욕동과 자아의 심역의 적대 관계뿐 아니라, 서로 상반된 방향의 두 종류의 욕동의 적대 관계로 설명할 수도 있을 것이다. 1910년과 1915년 사이에 프로이트가 몰두했던 것은 바로 그러한 길이었다. 즉 그 당시 그는 성욕동에, 자기보존 욕동 아니면 자아 욕동을 대립시켰다. 다 알다시피, 그러한 욕동의 쌍은 프로이트의 마지막 이론에서, 삶 욕동과 죽음 욕동의 대립으로 대체된다. 그러한 새로운 대립은 갈등*의 역학에 존재하는 힘들의 놀이와는 전혀 일치하지 않는다.

방어

방어라는 용어 자체는, 특히 그것이 절대적으로 사용될 때 오해로 가득 차기 때문에, 개념적인 구분의 도입을 필요로 한다. 그것은 자신을 지키는*se défendre* 행위를 가리키는 만큼 방어하는*défendre*; *prendre la défense* 행위도 가리킨다. 게다가 프랑스어로 〈······의 금지*défense de*〉라는 개념이 거기에 덧붙여져 있다. 따라서 방어의 서로 다른 매개변수들이 다소 서로 일치하더라도 구분하는 것이 필요하다: 그러한 매개변수들로는, 위협을 받는 〈심리적 장소〉인 방어의 내기[노름]*son enjeu*, 방어 행위의 지주인 그것의 대행자*son agent*, 예컨대 자아의 전체성과 항상성을 유지하고 재건하려는 경향과 주관적으로 불쾌감을 통해 나타나는 모든 교란을 피하려는 경향이라는 그것의 목적*sa finalité*, 위협을 알려 방어 과정을 개시하도록 하는 것인 그것의 동기*ses motifs*(신호 기능으로 환원된 정동, 신호불안*), 그리고 그것의 기제*ses mécanismes*가 있다.

마지막으로 정신분석에서 거의 전략적인 의미로 사용되는 방어*défense*와, 특히 오이디푸스 콤플렉스에서 공식화된 금지*interdit* 사이의 구분은, 두 가지 수준 — 심리 장치의 구조화의 수준과 가장 기본적인 욕망과 환상의 구조의 수준 — 의 이질성을 강조함과 동시에, 이론과 치료의 실천에서 그것들의 연결의 문제를 열어놓고 있다.

α 충족 체험과 대칭을 이루는 〈고통의 체험〉이라는 명제는 원래부터 이율배반적이다. 뉴런 장치의 기능이 모든 긴장의 증가를 피하는 것이라면, 그 장치는 왜 부하(負荷)의 증가로 정의되는 고통이 환각이 될 때까지 고통을 반복하는가? 이 역설은 고통의 경제학적인 문제로 씨름하고 있는 프로이트 저작의 수많은 문장을 고찰해보면 명확히 밝혀질 수 있을 것이다. 우리가 보기에, 육체적인 고통은 신체적인 한계의 파괴라기보다, 차라리 자아에 대한 욕동의 내적인 공격의 모델로 간주되어야 할 것이다. 〈고통의 체험〉은 실제로 체험되는 고통의 환각적 반복이라기보다, 차라리 그 자체로는 고통스럽지 않은 경험이 재생될 때, 자아에게 불안이라는 〈고통〉이 출현하는 것으로 이해되어야 할 것이다.

1 프로이트 S., 「과학적 심리학 초고」, 『정신분석의 탄생』, 1895.
  a 한, 295 ; 독, 438 ; 영, 416 ; 프, 369.
  b 한, 295 ; 독, 438 ; 영, 416 ; 프, 369.
  c 한, 287 ; 독, 432 ; 영, 410 ; 프, 364.
2 프로이트 S., 「격리[억압]」, 1915. 전집 XI, 139[137] ; G.W., X, 249 ; S.E., XIV, 147 ; 프, 69[O.C., XIII, 192].

방어 기제

프: *mécanismes de défense*. 독: *Abwehrmechanismen*. 영: *mechanisms of defence*(또는 *defence mechanisms*). 스: *mecanismos de defensa*. 이: *meccanismi di difesa*. 포: *mecanismos de defesa*.

방어를 규정하는 여러 가지 형태의 작용. 장애의 형태에 따라, 발달 단계에 따라 그리고 방어 갈등의 정도에 따라, 지배적인 기제가 다르다.
모든 사람이 방어 기제가 자아에 의해 이용된다고 한 목소리로 말하고 있지만, 그것의 작동이 항시 그것의 기반이 되는 조직화된 자아의 존재를 전제하고 있는지의 여부는 아직 이론적인 문제로 남아 있다.

프로이트는 처음부터 〈기제〉라는 용어를 사용했는데, 그것은 심리 현상이 관찰과 과학적 분석이 될 수 있을 정도로 배열되어 있다는 것을 의미하기 위한 것이었다. 그것은 「히스테리 현상의 심리 기제에 대하여Über den psychischen Mechanismus hysterischer Phänomene」라는 브로이어와 프로이트의 「예비적 보고서Vorläufige Mitteilung」(1893)의 제목을 인용하는 것으로도 충분히 알 수 있다.

프로이트가 방어라는 개념을 끌어내어, 그것을 히스테리 현상의 근원에 위치시킨 것과 같은 시기에, 그는 다른 정신신경 장애도 방어를 행사하는 특별한 방식으로 규정한다: 〈…… 여러 신경 장애들은 '자아'가 [어떤 표상과의] 부조화로부터 자유롭기 위하여 끌어들이는 여러 방법으로부터 나온다.〉[1]

그리하여 그는 「방어-신경정신증에 관한 진전된 고찰」(1896)에서, 히스테리적인 전환과 강박증적인 대체 그리고 파라노이아의 투사의 기제를 구분한다.

그 이후 〈기제〉라는 용어는 그의 전 작품을 통해 산발적으로 나타난다. 가령 〈방어 기제〉라는 용어는 1915년 메타심리학에 관한 글에 나타난다. 그것은 거기서 두 가지 의미로 쓰이고 있다: 하나는 어떤 신경증을 특징짓는 방어 과정 전체ensemble를 가리키고,[2] 다른 하나는 이러저러한tel ou tel 〈욕동의 운명〉— 즉 격리[억압], 자기 자신으로의 선회, 반전 — 을 방어적으로 사용하는 것을 내포한다.[3]

『억제, 증상 그리고 불안』(1926)에서, 프로이트는 〈방어*défense*라는 오래된 개념의 복원)⁴ᵃ이라고 부르는 것을 정당화하면서 동시에, 다른 〈방어 방법〉을 격리[억압]에 포함시키는 포괄적인 개념의 필요성을 역설한다. 그리고 〈특수한 형태의 방어들과 특정한 장애 사이에, 긴밀한 관계〉가 있을 가능성이 있다고 강조한 뒤, 마지막으로 다음과 같은 가설을 제시한다: 〈…… 자아와 그거가 확연히 분리되기 이전에는, 그리고 초자아가 형성되기 이전에는, 심리 장치가 그러한 조직 단계에 도달한 뒤에 사용하는 방어 방법과는 다른 방어 방법을 사용했다.〉⁴ᵇ

프로이트가 그러한 생각이 그의 저작에 끊임없이 나타나는 것을 과소평가하고 있는 것처럼 보일지라도, 확실히 1926년 이후에는 방어 기제 연구가, 특히 안나 프로이트의 저작과 함께 정신분석 탐구의 중요한 주제가 된다. 안나 프로이트는 구체적인 예에 근거하여, 방어 기제의 다양성과 복잡성, 그리고 그것의 외연(外延)을 기술한다. 특히 방어적 목적이 어떻게 아주 다양한 활동 (환상, 지적 활동)을 이용하는지, 그리고 방어가 어떻게 욕동의 요구뿐만 아니라 불안의 발달을 야기할 수 있는 모든 것 ― 감정, 상황, 초자아의 강요 등 ― 에 근거하고 있는지를 보여주고 있다. 주목할 것은, 그녀 자신이 완전하고 체계적인 시각을 가지려고 하거나, 특히 방어 기제들 ― 격리[억압]*, 퇴행*, 반동형성*, 고립*, 소급적 취소*, 투사*, 내입*, 자기 자신으로의 선회*, 반전*, 승화* ― 을 열거하려고 하지 않았다는 사실이다.

그 외의 많은 방어 방식이 기술되었다. 안나 프로이트 자신은 환상에 의한 부정, 이상화*, 공격자와의 동일시* 등을 그 틀 안에서 언급하고 있고, 멜라니 클라인은 그녀가 무엇을 가장 원초적인 방어로 생각하고 있는지를 기술하고 있다: 대상 분열*, 투사적 동일시*, 심리적 현실의 부인, 대상의 전제적인 제어 등이 그것이다.

*

방어 기제라는 개념의 일반화된 용법이 문제를 야기하지 않는 것은 아니다. 예컨대, 복잡한 지적인 기제를 개입시키는 합리화*와 욕동의 목표의 〈운명〉인 자기 자신으로의 선회*와 같은 서로 다른 작용을, 단 하나의 기능으로 돌리면서, 그리고 소급적 취소 같은 진짜 강박적인 작용과 승화라는 〈해방〉의 길의 탐구(→ **해방 기제**)를 방어라는 동일한 용어로 지칭하면서, 사람들이 진짜 조작적인 하나의 개념을 사용하고 있는 것은 아닌가?

많은 저자들은 〈자아의 방어 기제〉라고 말하면서도, 다른 것들이 있음을 인정하는 것을 잊지 않고 있다: 〈고립, 소급적 취소와 같은 기법 말고도, 우리는 퇴행, 반전, 자기 자신으로의 선회와 같은 진짜 본능적인 과정을 발견할 수 있다.〉[5a] 그래서 하나의 동일한 과정이 어떻게 여러 차원에서 작용할 수 있는지를 보여주는 것이 필요하다. 예컨대, 내입은 처음에는 욕동과 그 대상의 관계 방식으로 합체에서 육체적 원형을 발견하지만, 2차적으로 그것은 자아에 의한 방어(특히 조증적(躁症的) 방어)로 사용될 수 있다.

또 다른 근본적인 이론적 구분을 간과해서는 안 될 것이다. 즉 격리[억압]에는 다른 모든 방어 방식과 다른 특수성이 있다. 프로이트는 격리[억압]가 방어의 특별한 경우에 불과하다고 말한 다음에도, 반드시 그것의 특수성을 지적하는 것을 잊지 않는다.[6] 그것은 안나 프로이트가 지적한 대로, 격리[억압]가 본질적으로 끊임없는 역투여로 정의되기 때문도 아니고, 방어 기제 중에서 〈가장 유효하고 가장 위험한〉 것이기 때문도 아니다. 그것은 격리[억압]가 바로 무의식을 구성하기 때문이다.(→ 격리[억압])

마지막으로 사람들은 이론을 자아의 방어라는 개념에 집중시키면서, 손쉽게 그 개념을 순수한 욕동의 요구와 대립시킨다. 그러나 원칙적으로 욕동의 요구는 모든 변증법과 전혀 관계가 없는 것이다: 〈자아의 강요나, 자아가 대변하는 외적인 힘의 강요가 압력을 행사하지 않는다면, 욕동은 단 하나의 운명, 즉 충족이라는 운명밖에는 모른다.〉[5a]

그래서 사람들은 욕동을 어떠한 금지의 표시도 없는 완전히 긍정적인 용어로 만들기에 이른다. 그렇다면 욕동의 구조화 작용을 갖고 있는 1차 과정의 기제(이동, 압축 등)는, 그러한 개념과 모순되는 것이 아닐까?

1 브로이어 J. & 프로이트 S., 『히스테리 연구』, 1895. 전집 III, 163[164] ; G.W., I, 181 ; S.E., II, 122 ; 프, 96[O.C., II, 141].

2 프로이트 S., 「무의식」, 1915. 전집 XI, 187[186] ; G.W., X, 283 ; S.E., XIV, 184 ; 프, 126[O.C., XIII, 225].

3 프로이트 S., 「격리[억압]」, 1915. 전집 XI, 139[137-8] ; G.W., X, 249-50 ; S.E., XIV, 147 ; 프, 70[O.C., XIII, 192].

4 프로이트 S., 『억제, 증상 그리고 불안』, 1926.

 a 전집 X, 296[309] ; G.W., XIV, 197 ; S.E., XX, 164 ; 프, 93[O.C., XVII, 278].

 b 전집 X, 296[309] ; G.W., XIV, 197 ; S.E., XX, 164 ; 프, 93-4[O.C., XVII, 279].

5 Freud A., *Das Ich und die Abwehrmechanismen*, 1936. 프 : *Le moi et les mécanismes*

de défense, P.U.F., Paris, 1949.

    a 44-5.

    b 38-9.

  6 가령 프로이트 S., 「끝이 있는 분석과 끝이 없는 분석」, in 『끝이 있는 분석과 끝이 없는 분석』. 한, 259 ; 1937. G.W., XVI, 80 ; S.E., XXIII, 235 ; 프, 22[O.C., XX, 37] 참조.

방어 정신신경증[신경정신증]

프: *psychonévrose de défense*. 독: *Abwehr-Neuropsychose*. 영: *defence neuropsychosis*(또는 *psychoneurosis of defence*). 스: *psiconeurosis de defensa*. 이: *psiconevrosi da difesa*. 포: *psiconeurose de defesa*.

프로이트가 1894년과 1896년 사이에 사용한 용어로, 히스테리에서 발견된 방어적 갈등이 분명히 드러나는 여러 정신신경증 장애(히스테리, 공포증, 강박증, 몇몇 정신증들)를 가리킨다.

모든 정신신경증은 방어를 본질적인 기능으로 갖고 있다는 생각이 확실해지자, 발견적 가치에 의해 정당화되었던 방어 정신신경증이라는 용어는 정신신경증이라는 용어에 자리를 양보하고 사라진다.

이 용어는 「방어-신경정신증」이라는 1894년의 논문에서 도입된다. 거기서 프로이트는 히스테리 영역에서 방어의 역할을 끌어낸 뒤, 공포증과 강박증 그리고 몇몇 정신증에서 다른 형태의 방어를 찾아내려고 애쓴다. 그 단계의 사고에서 프로이트는 방어라는 개념을, 히스테리 전체(→ **방어 히스테리**)나 정신신경증 전체로 일반화하려고 하지 않았다. 그가 그렇게 한 것은 얼마 뒤의 일이다. 실제로 「방어-신경정신증에 관한 진전된 고찰」)이라는 1896년의 논문에서부터, 방어야말로 〈문제가 되는 신경증들의 심리 기제의 핵심〉[1]이라는 사실이 그에게 기정사실화된다.

  1 프로이트 S., 「방어-신경정신증에 관한 진전된 고찰」(1896), in 『신경증의 병인』. G.W., I, 379-80 ; S.E., III, 162 ; 프, 61.

방어 히스테리

프: *hystérie de défense*. 독: *Abwehrhysterie*. 영: *defence hysteria*. 스: *histeria de defensa*. 이: *isteria da difesa*. 포: *histeria de defesa*.

프로이트가 1894년과 1895년 사이에, 다른 두 형태의 히스테리 — 최면형 히스테리와 정체 히스테리 — 와 구분한 히스테리의 형태.

그것은 주체가 불쾌한 정동을 일으킬 수 있는 표상에 대항하여 행사하는 방어 활동으로 특징지어진다.

프로이트는 모든 히스테리에 방어 작용이 있음을 인식하자, 방어 히스테리라는 용어와, 그가 가정했던 그러한 구분에 더 이상 집착하지 않는다.

「방어-신경정신증」(1894)에서 프로이트는 병인학적인 관점에서 세 가지 형태의 히스테리 — 최면형, 정체, 방어 — 를 구분하고, 특히 방어 히스테리를 자신의 공헌이라고 지적하면서 방어 정신신경증*의 원형으로 삼고 있다.[1]

주목할 것은, 브로이어와 프로이트의 「히스테리 현상의 심리 기제에 대하여: 예비적 보고서」(1893) 이래로, 해소*의 불가능성 — 이것은 히스테리의 특징이다 — 은, 다음의 두 가지 조건의 시리즈와 결부된다는 것이다: 하나는 외상이 발생할 때 환자가 놓이는 특수한 상태(최면형 상태*)이고, 다른 하나는 외상*의 본질 자체와 결부된 조건 — 즉 외적인 조건이나, 〈고통스러운〉 내용에 대해 자신을 방어하는 환자의 의도적인*absichtlich* 행동 — 이다.[2a] 그러한 초기 이론에서, 방어, 정체 그리고 최면형 상태는 히스테리를 일으키는데 협력하는 병인으로 나타난다. 그런데 그것들 중의 하나에게 특권이 부여됨에 따라, 브로이어의 영향 하에서는 최면형 상태가 〈신경증의 기본 현상〉으로 간주된다.[2b]

프로이트는 「방어 정신신경증」에서, 그러한 조건 전체를 규정하고 세 가지 형태의 히스테리를 구분한다. 그렇지만 실제로는 방어 히스테리에만 관심을 갖는다.

제3기 — 『히스테리 연구』(1895) — 에도 프로이트는 그러한 구분을 계속 유지한다. 그렇지만 그것은 그에게 최면형 상태를 희생시키고 방어라는 개념을 승격시키는 데 이바지한다. 프로이트는 다음과 같이 적고 있다: 〈이상하게도, 나는 내 개인적인 경험에서 진정한 최면형 히스테리를 마주친 적이 없다.

내가 치료를 시도한 모든 사례는 방어 히스테리로 바뀌었다.)[2c] 마찬가지로 그는 독립적인 정체 히스테리의 존재를 의심한다. 그는 다음과 같은 가설을 세운다: 〈…… 정체 히스테리의 기초에는, 모든 과정을 히스테리 현상으로 변화시키는 방어라는 요소가 있다.〉[2d]

마지막으로, 방어 히스테리라는 용어가 『히스테리 연구』이후에 사라진다는 사실에 주목하자. 따라서 모든 것은 오직 방어라는 개념을 최면형 상태라는 개념보다 우위에 두기 위해 도입된 것처럼 보인다. 그리하여 일단 그러한 목적 — 방어를 히스테리의 기본 과정으로 보고 방어 갈등의 모델을 다른 신경증에 확대하는 것 — 이 달성되자, 물론 방어 히스테리라는 용어도 그 존재 이유를 상실하게 된다.

1 프로이트 S., 「방어-신경정신증」(1894), in 『신경증의 병인』. G.W., I, 60-1 ; S.E., III, 45-7 ; 프, 1-3[O.C., III, 3-5].

2 프로이트 S., 『히스테리 연구』, 1895.

a 전집 III, 22[22] ; G.W., I, 89 ; S.E., II, 10-11 ; 프, 7[O.C., II, 31] 참조.

b 전집 III, 24[24-5] ; G.W., I, 91 ; S.E., II, 12 ; 프, 8[O.C., II, 32] 참조.

c 전집 III, 371[379] ; G.W., I, 289 ; S.E., II, 286 ; 프, 231[O.C., II, 312].

d 전집 III, 372[379] ; G.W., I, 290 ; S.E., II, 286 ; 프, 231[O.C., II, 312-3].

방출

프: *décharge*. 독: *Abfuhr*. 영: *discharge*. 스: *descarga*. 이: *scarica* 또는 *deflusso*. 포: *descarga*.

프로이트가 심리 장치에 대해 제시한 물리학적인 모델의 틀 내에서 사용한 〈경제학적인〉 용어. 내외적인 기원을 가진 흥분이 심리 장치에 가져온 에너지를 외부로 배출하는 것. 그러한 방출은 전체적일 수도 있고 부분적일 수도 있다.

독자는 한편으로는 심리 장치의 경제학적인 기능 작용을 조정하는 다양한 원칙(〈항상성의 원칙〉, 〈관성의 원칙〉, 〈쾌락원칙〉)에 관한 항목을 참조하고, 다른 한편, 방출 장애의 병인적인 역할에 관해서는, 〈현실 신경증〉 및 〈리비도의 정체〉라는 항목을 참조하기 바란다.

배설강(排泄腔) [배설구] (이론)

프: cloacale *(théorie ~).* 독: *Kloakentheorie.* 영: *cloacal*(또는 *cloaca*) *theory.* 스: *teoría cloacal.* 이: *teoria cloacale.* 포: *teoria cloacal.*

질과 항문을 구분할 줄 모르는 어린아이의 성이론: 그 이론에 따르면, 여자는 어린아이가 태어나고 성교가 이루어지는 구멍과 항문이 혼동되는, 단 하나의 구멍만을 가지고 있다.

프로이트는 「어린아이의 성이론에 관하여」(1908)라는 논문에서, 그가 배설강 이론이라고 명명한 것은 어린아이의 전형적인 이론 — 이것은 그의 생각에 남녀 모든 어린아이들의 질에 대한 오인과 관련이 있다 — 이라고 기술한다. 그러한 오인은 다음과 같은 확신을 가져온다: 〈…… 아기는 똥이나 배설물처럼 배설되는 것이 틀림없다. [……]. 결국 많은 동물들에게서 증명되는 배설강 이론은 어린아이에게 그럴듯하게 주어지는 유일한 이론이다.〉[1] 단 하나의 구멍만이 존재한다는 관념은, 성교에 대한 〈배설강적인〉 표상도 내포하고 있다.[2]

   프로이트에 따르면, 그러한 〈이론〉은 아주 일찍 형성된다. 주목할 것은, 그것이 특히 여성의 성의 발달에서, 정신분석에 의해 관찰된 사실과 일치한다는 것이다: 〈나중에 강요되는, 항문 기능과 성기 기능 사이의 확실한 구분은, 해부학적으로나 기능적으로 그것들 사이에 존재하는 밀접한 관계나 유사성과 상반된다. 성기와 배설강은 이웃해 있다; ……《여자에게 그것[성기]은 그것[배설강]의 임대이다.》〉[3], [α] 프로이트에게, 〈…… 배설강에서 유래한 질이 지배적인 성감대로 승격하는 것〉[4]은, 그러한 종류의 미분화로부터 시작된 것이다.

   α 인용 부호 속의 마지막 말은 루 안드레아스 살로메Lou Andreas Salomé의 논문 「항문적인 것과 성적인 것〈Anal〉 und 〈Sexual〉」(1916)에서 인용한 것이다.

   1 프로이트 S., 「어린아이의 성이론에 관하여」, 1908. 전집 VII, 178[161] ; G.W., VII, 181 ; S.E., IX, 219 ; 프, 21[O.C., VIII, 236].

   2 프로이트 S., 「한 소아 신경증의 이야기: 늑대인간」, 1918. 전집 IX, 289[297] ; G.W., XII, 111 ; S.E., XVII, 79 ; 프, 384-5[O.C., XIII, 77].

   3 프로이트 S., 『성이론에 관한 세 편의 논문』, 1905. 전집 VII, 83[76], n. 85[17] ; G.W.,

V, 88, n. ; S.E., VII, 187, n. ; 프, 180, n. 54[O.C., VI, 122, n.1].

4 프로이트 S., 「강박신경증의 소질」, 1913. 전집 X, 118[123] ; G.W., VIII, 452 ; S.E., XII, 325-6 ; 프, 197[O.C., XII, 94].

백일몽[몽상]

프: *rêve diurne(rêverie)*. 독: *Tagtraum*. 영: *day-dream*. 스: *sueño diurno(devaneo)*. 이: *sogno diurno*. 포: *sonho diurno(devaneio)*.

프로이트는 이 이름을 각성 상태에서 상상되는 시나리오에 부여하면서, 그러한 몽상과 꿈의 유사성을 강조하고 있다. 백일몽은 밤의 꿈과 마찬가지로, 소원성취[욕망의 성취]이다. 그것들의 형성 기제는 동일하지만, 백일몽에서는 2차적 가공이 우세하다.

『히스테리 연구』(1895) — 특히 브로이어가 쓴 장 — 는, 히스테리 증상의 생성에서 백일몽이 갖는 중요성을 강조하고 있다. 브로이어에 따르면, 백일몽의 습관(안나 O.의 〈개인 극장〉)은 의식 영역의 내부에 분열*Spaltung*을 조장한다.(→ **최면형 상태**)

프로이트는 백일몽에 관심을 갖게 되면서(특히 꿈의 이론의 틀 안에서), 한편으로는 백일몽의 발생과 꿈의 발생을 비교하고, 다른 한편으로는 백일몽이 밤의 꿈에서 하는 역할을 연구한다.

백일몽은 밤의 꿈과 몇 가지 본질적인 특성을 공유하고 있다: 〈꿈과 마찬가지로, 그것은 소원성취[욕망의 성취]이다. 또한 그것은 꿈과 마찬가지로, 대부분 유년기의 경험이 남긴 인상에 근거하고 있으며, 어느 정도의 검열의 완화를 이용하여 만들어진다. 그것의 구조를 살펴보면, 그것의 생산에 종사하는 욕망의 동기가, 그것의 구성 재료들을 혼합하고 재배열하여 새로운 전체를 구성한다는 것을 알 수 있다. 그것이 파생되는 어린 시절의 기억과 그것의 관계는, 로마의 바로크 양식의 궁전이, 고대의 폐허들 — 현대적인 형태를 건설하기 위하여 재료로 사용된 포석과 기둥 등 — 에 대해 갖고 있는 관계와 같다.〉[1a]

그럼에도 불구하고 백일몽의 특수성은, 2차적 가공*이 지배적인 역할을 함에 따라 밤의 꿈보다 더 큰 일관성을 시나리오에 보장해준다는 데 있다.

『꿈의 해석』(1900)에서 백일몽은 환상*Phantasie*이나 공상*Tagesphantasie*의 동의어로, 항시 의식적인 것은 아니다: 〈엄청난 양의 무의식적인 백일몽이 생산된다. 그것은 그 내용과 기원을 격리[억압]된 재료에 두고 있다는 점에서 무의식적인 것으로 남아 있다.〉[1b](→ **환상**)

백일몽은 꿈의 재료의 중요한 부분을 이루고 있다. 그것은 낮의 잔재* 속에 섞여, 그것들처럼 온갖 왜곡*을 겪을 수도 있고, 좀 더 특수하게, 완전히 조립된 시나리오 — 즉 〈꿈의 외관〉 — 를 2차적 가공에 제공할 수도 있다.[1c]

1 프로이트 S., 『꿈의 해석』, 1900.
 a 전집 IV, 575[595] ; G.W., II-III, 496 ; S.E., V, 492 ; 프, 366[O.C., IV, 543].
 b 전집 IV, 575[595] ; G.W., II-III, 496 ; S.E., V, 492 ; 프, 366[O.C., IV, 543].
 c 전집 IV, 575[596] ; G.W., II-III, 497 ; S.E., V, 493 ; 프, 366[O.C., IV, 543].

병의 1차적 이득과 2차적 이득

프: *bénéfice primaire et secondaire de la maladie*. 독: *primärer und sekundärer Krankheitsgewinn*. 영: *primary and secondary gain from illness*. 스: *beneficio primario y secundario de la enfermedad*. 이: *utile primario e secundario della malattia*. 포: *lucro primário e secundário da doença*.

병의 이득은 일반적으로 환자가 병으로부터 얻는 직접적이거나 간접적인 모든 충족을 가리킨다.

1차적 이득은 신경증의 동기 자체로서 고려되는 것을 말한다. 즉 증상에서 찾는 충족, 병으로의 도피, 주위 사람과의 관계를 유리하게 변경시키는 것 등이다.

2차적 이득은 다음과 같은 점에서 1차적 이득과 구별된다:

- 환자가 이미 형성된 병을 이용해서 얻는 추가 이득과 같은, 나중에 생기는 이득.
- 최초의 병의 결정 조건과 증상의 의미에 비해 비본질적인 특성의 이득.
- 리비도의 직접적인 충족이라기보다 차라리 자기애적인 충족이거나 자기보존과 관련된 충족.

프로이트의 신경증 이론은 처음부터, 병이 환자에게 가져다주는 충족 때문에 병이 시작되고 유지된다는 생각과 불가분의 관계에 있다. 신경증의 과정이 쾌락원칙과 일치하는 것이다. 그것은 경제적인 이득을 얻고 긴장을 감소시키려는 경향이 있다. 그 이득은 환자의 치료에 대한 저항으로 드러난다. 그리하여 그 저항은 낫고자 하는 의식적 욕망을 실패로 돌아가게 만든다.

그렇지만 프로이트가 1차적 이득과 2차적 이득을 구별하는 것은 꽤 나중의 일이고, 항상 어림셈에 의한 것이었다. 우선 프로이트는 《도라 사례》에서, 병의 동기는 증상의 형성에 비해 항상 2차적이라는 생각을 견지하고 있다. 처음에는 증상이 경제적인 기능을 갖고 있지 않기 때문에, 그것이 2차적으로 고정되지 않으면 순간적인 것에 그칠 수 있다: 〈어떤 심리의 흐름은 증상을 이용하는 것을 편하게 여긴다. 그렇게 해서 증상은 2차적인 기능 *fonction secondaire*을 획득하고 심리에 닻을 내리게 된다.〉[1a]

그 문제는 나중에 『정신분석 입문 강의』(1916~17)[2a]와, 1923년 《도라 사례》에 첨가된 개정 각주[1b]에서 재론된다.

〈1차적 이득〉은 증상의 결정 조건 자체와 결부되어 있다. 프로이트는 그것을 두 부분으로 구분한다. 〈1차적 이득의 내적인 부분〉은 증상이 가져오는 긴장의 축소에 있다. 증상은 그것이 아무리 고통스럽다 해도, 그보다 더 고통스러운 갈등을 환자로 하여금 피할 수 있게 하는 것을 목표로 하고 있다. 그것이 소위 〈병으로의 도피〉 기제이다. 〈1차적 이득의 외적인 부분〉은 증상이 가져오는 주체의 대인 관계의 변화이다. 〈남편에게 학대받는〉 여자는 신경증 덕분에, 더 많은 사랑과 주목을 받을 수 있고, 동시에 그녀가 겪은 나쁜 대접을 복수할 수 있다.

그러나 프로이트가 후자의 이득을 〈외적인 또는 우연한〉이라는 말로 지칭하는 것은, 2차적 이득과 경계를 짓기 어렵기 때문이다.

2차적 이득을 기술하기 위해, 프로이트는 외상성 신경증의 사례 ─ 특히 사고로 인해 육체적 불구가 된 경우 ─ 를 참조한다. 여기서 2차적 이득은 불구자에게 지불되는 연금으로 구체화된다. 그것은 재적응에 반대되는 강력한 동기이다: 〈그를 불구로부터 벗어나게 하려면, 우선 당신은 그에게서 그의 생계 수단을 뺏어야 할 것이다. 왜냐하면 그래야 그 자신이 옛날 일을 다시 시작할 수 있는지 스스로 자문하기 때문이다.〉[2b]

이러한 분명한 예에서, 우리는 2차적 이득을 규정하는 세 가지 특징을 쉽게 도출할 수 있다. 그럼에도 분명히 해야 할 것은, 그러한 경우에서조차, 그 사건의 무의식적 동기에 대해 자문해보아야 한다는 것이다(이것은 오늘날 연구가 되고 있다). 신경증이 문제일 때, 하물며 비외상성 신경증일 때, 그러한 구분이 두부 자르듯이 되겠는가? 사실 2차적으로 일어나는, 겉보기에 비본질적인 이득도, 증상이 시작될 때 이미 예견할 수 있고 목표로 삼을 수 있다. 2차적인 이득의 객관적인 모습에 관해 말하자면, 그것은 종종 심층적으로 리비도적인 성격을 숨기고 있다. 예컨대, 위의 경우를 다시 보면, 불구자에게 지급되는 연금은, 상징적으로 아기-엄마 식의 의존과 관계가 있는 것이다.

아마 지형학적 관점은 종합에의 경향 — 심지어 〈강박적〉 경향 — 을 갖고 있는 자아의 심역이 고려되기 때문에, 2차적 이득이라는 용어가 겨냥하고 있는 것이 무엇인지를 가장 잘 설명해주는 것 같다.(→ 자아) 프로이트는 그 문제를 『억제, 증상 그리고 불안』(1926)의 제3장에서 다루고 있다. 거기서 프로이트는 2차적 이득이라는 개념을, 자아에 의한 〈2차적인 방어 투쟁〉 — 욕망과 직접 대결하는 것이 아니라 이미 형성된 증상과 대결하는 — 과 비교하면서 분명히 밝히고 있다. 2차적 방어와 2차적 이득은, 증상이라는 〈이물질〉에 대한 자아의 반응의 두 양태처럼 보인다. 〈…… 자아는 마치 증상이 거기에 계속 있을 것이고 없앨 수 없는 것이라고 생각하면서 움직이는 것 같다. 그러한 상황과 타협하여 거기서 가능한 한 가장 큰 이익을 끌어내기만 하면 되는 것처럼 행동한다는 말이다.〉[3] 프로이트는 증상이 자아와 진정으로 일체가 되는 그러한 병의 2차적 이득에서, 한편으로는 자기보존의 차원에서 증상에서 끌어낸 이익과, 다른 한편으로는 고유한 의미의 자기애적인 충족을 구분해 낸다.

결론적으로 주목할 것은, 2차적 이득이라는 명칭이 신경증의 역학에 좀 더 직접적인 관련이 있는 동기의 탐구에 장애가 되어서는 안 된다는 것이다. 그와 같은 지적이 적합한 경우는, 환자가 치료에서보다 전이적 상황의 유지에서 더 큰 충족을 찾는다는 사실을 설명하기 위하여 2차적 이득이라는 개념을 제시하는 정신분석 치료의 경우이다.

1 프로이트 S., 「한 히스테리 분석의 단편: 도라」, 1905.
  a 전집 VIII, 229[238] ; G.W., V, 203 ; S.E., VII, 43 ; 프, 30[O.C., VI, 223].
  b 전집 VIII, 229[237], n. 37[32] ; G.W., V, 202-3, n. 1 ; S.E., VII, 43, n. 1 ; 프, 30, n. 1[O.C., VI, 223, n.1] 참조.
2 프로이트 S., 『정신분석 입문 강의』, 1916-17.
  a 전집 I, 514[541] sqq. ; G.W., XI, 305 sqq. ; S.E., XVI, 381 sqq. ; 프, 409[O.C., XIV, 395] sqq. 참조.

병의 1차적 이득과 2차적 이득

b 전집 I, 518[545] ; G.W., XI, 399 ; S.E., XVI, 384 ; 프, 412[O.C., XIV, 398] 참조.
3 프로이트 S., 『억제, 증상 그리고 불안』, 1926. 전집 X, 221[230] ; G.W., XIV, 126 ; S.E., XX, 99 ; 프, 15[O.C., XVII, 216].

보호막

프: *pare-excitations*. 독: *Reizschutz*. 영: *protective shield*. 스: *protector* 또는 *protección contra las excitaciones*. 이: *apparato protettivo contro lo stimolo*. 포: *páraexcitações*.

프로이트가 심리생리학적인 모델의 틀에서 사용한 용어로, 유기체를 외부 세계에서 오는 자극 ― 유기체를 파괴할 위험이 있는 강도의 자극 ― 으로부터 보호하는*schützen* 기능과 그 기능을 실행하는 장치를 가리킨다. 그 장치는 유기체를 감싸고 있고 자극을 수동적으로 여과시키는 표층이라고 생각된다.

*Reizschutz*라는 용어는 문자 그대로 자극에 대한 보호를 의미한다. 프로이트는 보호 기능을 설명하면서도, 무엇보다도 특수화된 장치를 가리키기 위하여, 『쾌락원칙을 넘어서』(1920)에서 그것을 도입하여, 「〈신기한 만년 노트〉에 대한 메모」(1925)와 『억제, 증상 그리고 불안』(1926)에서 특히 많이 사용하고 있다. 영어와 프랑스어 번역자들이 그 독일어의 여러 용법을 항상 동일한 말로 번역한 것은 아니다. 우리는 그 개념을 분명히 드러내기 위해, 프로이트의 용어에 상응하는 번역어를 찾는 것이 바람직하다고 생각했고, 그래서 우리는 *pare-excitations*이라는 번역어를 제안한다.

프로이트는 「과학적 심리학 초고」(1895)에서부터 외부 자극에 대한 보호 장치를 가정한다. 외부 세계에서 활동하는 에너지의 양이, 심리 장치가 방출하도록 되어 있는 에너지의 양의 크기와 같은 것은 아니다. 그로부터 내적인 것과 외적인 것의 경계에서 〈외부에서 발생하는 양(量)의 부분*fractions*만을 통과시키는…… 신경 말단 장치〉[1]가 필요하게 된다. 육체 내부에서 오는 흥분에 대해서는 그 장치가 반드시 필요한 것은 아니다. 왜냐하면 여기서 작용하는 양은 처음부터 뉴런을 순환하는 양과 크기가 같기 때문이다.

프로이트가 그러한 보호 장치를, 그 양을 제로*zéro*로 유지하려는 뉴런계의 원초적인 경향에 연결시키고 있다는 데 주목하자.

『쾌락원칙을 넘어서』에서, 프로이트는 살아있는 소포(小胞)라는 단순화된 표상에 의지하여 외상 이론을 제시하고 있다. 소포(小胞)는 살아남기 위하여, 생명체의 속성을 잃어버린 보호층으로 자신을 둘러싼다. 그 층은 일종의 울타리인데, 그 기능은 자극의 강도에 비례해서 자극을 통과시켜, 유기체가 외부 세계의 정보를 받도록 함으로써, 체계 내의 에너지와는 비교할 수 없을 만큼 강한 외부 자극으로부터 소포(小胞)를 보호하는 것이다. 그러한 관점에서 우리는 외상을 1차시기에 보호막이 광범위하게 파열된 것으로 정의할 수 있다.

그러한 보호막의 가설은 지형학의 개념 속에 기록되어 있다. 그 보호층의 바로 아래는, 두 번째 층, 즉 『쾌락원칙을 넘어서』에서 지각-의식 체계로 정의된 수용층 *couche réceptrice*이 있다. 프로이트는 그러한 단계화된 구조를 〈신기한 만년 노트〉에 비유하고 있다.

다음과 같은 사실에 주목하자: 프로이트가 위에서 인용한 텍스트에서, 내적인 자극에 대한 보호막의 존재를 부정하고 있는 것은, 그가 거기서 기술하고 있는 것이 논리적으로 방어의 구성 이전의 심리 장치이기 때문이다.

보호막에 어떤 의미를 부여해야 하는가? 그러한 질문에 대답하기 위해서는, 생리학적인 모델의 가치의 문제를 전체적으로 다루어야 할 것이다. 우리는 프로이트가 자주 그것에 물질적 가치를 부여했다는 것을 지적하는 것으로 만족할 수밖에 없다:「과학적 심리학 초고」에서 그는 감각 수용 기관을 암시하고, 『쾌락원칙을 넘어서』에서는 피막처럼 보이는 〈육체 전체의 보호막 *allgemeiner Reizschutz*〉 아래 감각 기관을 위치시킨다.[2] 그러나 그는 보호막에 특정한 육체적인 지지물을 내포하고 있지 않은, 보다 넓은 심리학적 의미를 부여한다. 그는 그것에 순전히 기능적인 역할을 부여하는 것이다. 자극에 대한 보호는 지각-의식 체계의 주기적인 투여와 철수에 의해 보장되어 있다. 그렇게 해서 지각-의식 체계에 대한 외부 세계의 〈견본〉만을 채취한다. 따라서 자극의 분할은 순전히 공간적인 장치로부터 기인하는 것이 아니라, 〈주기적인 비-홍분성〉[3]을 보장하는 시간적인 기능 방식으로부터 기인한다.

1 프로이트 S., 「과학적 심리학 초고」, 『정신분석의 탄생』, 1895. 한, 229 ; 독, 390 ; 영, 367 ; 프, 325.

2 프로이트 S., 『쾌락원칙을 넘어서』, 1920. 전집 XI, 296[298] ; G.W., XIII, 27 ; S.E.,

XVIII, 28 ; 프, 31 [O.C., XV, 298].

3 프로이트 S., 「〈신기한 만년 노트〉에 대한 메모」, 1925. 전집 XI, 441[449] ; G.W.,
XIV, 8 ; S.E., XIX, 231 [O.C., XVII, 143].

본능

프: *instinct*. 독: *Instinkt*. 영: *instinct*. 스: *instinto*. 이: *istinto*. 포: *instinto*.

A) 전통적으로, 본능은 개인에 따라 거의 변화가 없고, 시간의 흐름에 따라 거의 흔들리지 않고, 하나의 목적에 부응해서 이루어지는, 동물에게 고유한 유전적인 행동 구조를 말한다.

B) 프랑스의 몇몇 정신분석가들은 *Trieb*(욕동)라는 프로이트의 용어의 번역어로 이 용어를 사용하고 있다. 그러나 논리적인 학술어로는 *pulsion*(욕동*)이라는 프랑스어 용어를 쓰는 것이 좋다.

프로이트의 *Trieb*(욕동)라는 개념은 그것이 끌어들이는 행위나 충족을 제공하는 대상에 대해 비교적 불확정적인 압력으로, 고전적인 형태의 본능 이론과 다른 만큼, 현대적인 연구 성과에 의해 갱신된 본능 이론(행동 패턴*pattern*, 선천적인 기제, 특수한 신호-자극 등의 개념)과도 분명히 다르다. 본능이라는 개념은, 욕동이라는 프로이트의 개념과는 아주 동떨어진, 분명히 규정된 내포적 의미를 갖고 있다.

게다가 주목할 것은, 프로이트가 전통적인 의미(정의 A) 참조)에서 본능이라는 용어를 여러 차례 사용하고 있다는 것이다. 즉 그는 〈동물의 본능〉이라든지, 〈위험에 대한 본능적 인식〉 등으로 말하고 있다.[1a]

더욱이 프로이트가 〈인간에게 유전적인 심리의 형성물, 즉 동물의 본능과 비슷한 어떤 것이 존재하는지……〉[2]를 자문할 때, 그는 그것에 해당하는 것을 욕동으로 보지 않고, 원환상(예컨대 원장면, 거세)과 같은 〈유전적인 계통 발생적 구조〉[3]로 보고 있다.(→ **원환상**)

이상에서 본 바와 같이, 프로이트는 분명히 대립하는 두 가지 용어를 사용하고 있다. 그의 이론에서 그러한 대립이 명확한 역할을 보여주지 않는다 할지라도 말이다. 반대로 정신분석 문헌에서는, 그러한 대립이 계속 견지된다.

Trieb(욕동)에 대한 영어나 프랑스어의 번역어로서 *instinct*(본능)를 선택하는 것은 부정확한 번역일 뿐 아니라, 프로이트의 욕동 이론과 동물의 본능에 대한 심리학적인 개념 사이의 혼란을 초래하여, 프로이트의 개념의 독창성 — 특히 근거가 되는 압력이 상대적으로 불확정적이라는 명제와, 대상*의 우연성과 목표*의 가변성이라는 개념 — 을 흐려버릴 위험이 있다.

1 프로이트 S., 『억제, 증상 그리고 불안』, 1926. 전집 X, 301[314] ; G.W., XIV, 201 ; S.E., XX, 168 ; 프, 97-8[O.C., XVII, 282].

2 프로이트 S., 「무의식」, 1915. 전집 XI, 202[202] ; G.W., X, 294 ; S.E., XIV, 195 ; 프, 144[O.C., XIII, 235].

3 프로이트 S., 「한 소아 신경증의 이야기: 늑대인간」, 1918. 전집 IX, 339[351] ; G.W., XII, 156 ; S.E., XVII, 120-1 ; 프, 419-20[O.C., XIII, 118].

ㅂ

부분 대상

프: *objet partiel*. 독: *Partialobjekt*. 영: *part-object*. 스: *objeto parcial*. 이: *oggetto parziale*. 포: *objeto parcial*.

부분 욕동이 겨냥하는 대상의 형태. 그것은 한 사람 전체가 사랑의 대상이 되는 것이 아니라는 사실을 내포하고 있다. 주로 문제가 되는 것은, 실제적이든 환상적이든 신체의 부위(젖가슴, 똥, 자지)나 그것의 상징적 대응물이다. 한 사람이 자신을 부분 대상과 동일시하거나, 부분 대상과 동일시될 수도 있다.

부분 대상이라는 용어를 도입한 것은 클라인 학파의 정신분석가들이다. 그들은 대상 관계에 관한 정신분석 이론에서 그것에 가장 중요한 역할을 부여한다.

그러나 욕동의 대상이 반드시 한 사람 전체가 아니라는 생각은 이미 프로이트에게 분명히 나타나 있다. 아마 프로이트가 대상 선택이나 대상애라고 말할 때, 그것이 가리키는 것은 일반적으로 한 사람 전체이지만, 그가 부분 욕동이 겨냥하는 대상을 연구할 때, 문제가 되는 것은 바로 부분 대상(젖가슴, 젖, 똥 등)[1]이다. 게다가 프로이트는 특히 「특히 항문 성애에서의 욕동의 변형에 관하여」(1917)이라는 논문에서, 여러 가지 부분 대상 사이에 성립하는 등가 관계를 명확히 밝히고 있다(어린아이 = 자지 = 똥 = 돈 = 선물). 또한 그는 어떻게 여성이 자지선망에서 남성 선망으로 넘어가는가를 보여주면서, 〈욕망의 대상으로서 남자가 자지로 일시적으로 퇴행〉할 가능성을 지적하고 있다.[2] 결국 증상학의 차원에서, 물품성애증은 성욕동이 부분 대상에 고착될 수 있음을 증명해 보여주고 있다. 다 알다시피, 프로이트는 [물품성애증의] 성애물품 *fétiche*을 어머니의 자지의 대체물로 정의하고 있다.[3]

한 사람 전체가 부분 대상, 특히 남근과 동일시된다[4, 5]는 고전적인 생각은, 프로이트가 여기저기서 지적한 바 있다.(→ **남근**)

대상 관계의 발달에서 부분/전체의 대립은 칼 아브라함과 함께 전면에 등장한다. 본질적으로 발생학적인 그 저자의 관점에 따르면, 대상의 발달과, 성심리(性心理)의 여러 단계를 특징짓는 리비도의 목표의 발달 사이에는 대응 관계가 있다.[6] 부분적인 대상애는 〈대상애의 발달〉 단계 중의 하나이다.

멜라니 클라인의 작업은 아브라함이 열어놓은 길 위에 위치하고 있다. 부분 대상이라는 개념은 어린아이의 환상 세계에 대한 그녀의 재구성의 핵심에 있다. 여기서는 그 이론을 요약하지 말고, 단지 환상의 변증법이 이루어지는 대립 쌍들을 지적하기로 하자: 즉, 좋은 대상/나쁜 대상*, 내입/투사*, 부분/전체가 그것이다(〈파라노이아형 태도〉와 〈우울성 태도〉와 같은 용어를 참조할 것).

그럼에도 불구하고 아브라함에게 대상 관계의 발달을, 단순히 부분에서 전체로의 발달이라는 의미로만 이해해서는 안 된다. 그는 그것을 훨씬 더 복잡하게 생각하고 있다. 예컨대, 부분적인 사랑의 단계보다 대상과의 전체적인 합체를 포함하는 관계 형태가 선행한다.

특히 부분 대상(이 용어 자체는 아브라함의 글에 나타나지 않지만)은, [아브라함에게] 합체 과정의 노름이다.

멜라니 클라인에 의해, 대상이라는 용어는 부분 대상이라는 표현과 함께 온갖 정신분석적인 가치를 갖게 된다. 다시 말해 대상(젖가슴이나 신체의 다른 부위)은 부분적일지라도, 환상적으로는 한 사람의 성격(예컨대 학대적이거나 안심시키거나 관대한 성격 등)과 비슷한 성격을 갖게 된다.

마지막으로 클라인 학파에서, 부분 대상과의 관계가 단순히 성심리의 발달 단계(파라노이아형 태도)만을 지칭하는 것은 아니다. 그것은 전체 대상과의 관계가 확립된 뒤에도 계속해서 큰 역할을 한다. 자크 라캉도 그 점을 강조하고 있다. 그러나 라캉에게 부분 대상의 순전히 발생학적인 측면은 2선으로 물러난다. 반면에 그는 욕망의 지형학*topique*에서 특권화된 지위를 부분 대상에 부여한다.[7]

1 프로이트 S., 『성이론에 관한 세 편의 논문』, 1905. 전집 VII, 96-106[87-97] ; G.W., V, 98-101 ; S.E., VII, 197-206 ; 프, 94-107[O.C., VI, 133-43] 참조.

2 프로이트 S., 「특히 항문 성애에서의 욕동의 변형에 관하여」, 1917. 전집 VII, 278[258] ; G.W., X, 406 ; S.E., XVII, 130 ; 프, 110[O.C., XV, 58].

3 프로이트 S., 「물품성애증」, 1927. 전집 VII, 319-26[297-304] ; G.W., XIV, 310-17 ; S.E., XXI, 152-7 ; 프, 133-8[O.C., XVIII, 125-31] 참조.

4 Fenichel O., "Die symbolische Gleichung : Mädchen = Phallus", 1936. 독, in *Internal. Zeit. für Psychoanalyse*, XXII, 299-314. 영, in *Collected Papers*, Routledge and Kegan, Londres, 1955, 3-18 참조.

5 Lewin B., "The body as phallus", 1933, in *The Psychoanalytic Quarterly*, 1933, II, 24-47 참조.

6 Abraham K., "Versuch einer Entwicklungsgeschichte der Libido auf Grund der Psychoanalyse seelischer Störungen", II, Teil : *Anfänge und Entwicklung der Objektliebe*, 1924. 프, II, 298-313 참조.

7 특히 Lacan J., "Le désir et son interprétation", 1960, compte rendu de J.-B. Pontalis, in *Bul. Psycho.*, XIII 참조.

부분 욕동

프: *pulsion partielle*. 독: *Partialtrieb*. 영: *component*(또는 *partial*) *instinct*. 스: *instinto parcial*. 이: *istinto*(또는 *pulsione*) *parziale*. 포: *impulso*(또는 *pulsão*) *parcial*.

이 용어는 정신분석이 성욕의 분석에서 최종적으로 도달하는 요소를 가리킨다. 그 요소들 각각은 원천(예컨대 구강 욕동과 항문 욕동)과 목표(예컨대 응시 욕동 *pulsion de voir*과 지배 욕동)에 의해 세분된다.

〈부분〉이라는 말은 부분 욕동들이 성욕동 일반에 속하는 종류들이라는 사실을 의미할 뿐 아니라, 무엇보다도 그것을 발생학적이고 구조적인 의미로 받아들여야 한다는 것을 의미한다. 부분 욕동들은 처음에는 독립적으로 기능하다가 여러 가지 리비도의 조직화에서 통합되는 경향이 있다.

프로이트는 항상 활동 유형에 따라 욕동을 가정하면서(가령 공동생활을 설명하기 위해 〈군거(群居) 본능〉을 내세우면서), 그것의 목록을 작성하는 본능 이론이나 욕동 이론에 대해 비판적이었다. 그는 욕동에 관한 한, 크게 두 가지로 구분할 뿐이다: 즉 성욕동과 자기보존 욕동이든지, 후기 개념에서는 삶 욕동과 죽음 욕동이 그것이다.

그렇기는 하지만 『성이론에 관한 세 편의 논문』(1905)의 초판부터, 그는 이미 부분 욕동이라는 개념을 도입하고 있다. 그 당시 성적인 활동을 세분하는 쪽으로 그를 인도한 것은, 구성 요소composantes를 끌어내어 기관(器官)적인 원천과 결부시키고, 그것을 특수한 목표로 규정하려는 관심이었다.

전체로서의 성욕동은 여러 개의 부분 욕동으로 분해할 수 있다. 그 대부분은 특정한 성감대와 쉽게 연결되지만,$^{\alpha}$ 다른 나머지는 그것에 신체적인 원천(지배 욕동의 경우 근육조직)을 지정할 수 있음에도 불구하고 차라리 그것의 목표에 의해 정의된다(예컨대 지배 욕동*).

부분 욕동의 작용은 어린아이에게 단편적인 성적 활동(〈다형적 도착성 perversité polymorphe〉)에서 찾아볼 수 있고, 성인에게는 성행위의 전희(前戱)의 형태나 도착증에서 발견할 수 있다.

부분 욕동이라는 개념은 전체 또는 조직화라는 개념과 상관관계가 있다. 가령 성의 조직화*를 분석하면, 거기에 통합되어 있는 욕동들을 밝힐 수 있다. 프로이트의 이론은 욕동이 처음에는 무질서한 상태로 움직이다가 2차적으로 조직화된다고 가정하고 있기 때문에,$^{\beta}$ 양자[부분 욕동들과 성의 조직화]의 대립은 발생적이기도 하다.

프로이트는 『성이론에 관한 세 편의 논문』의 초판에서, 성은 사춘기에야 비로소 조직화된다고 가정하고 있다. 그 결과, 어린아이의 성적인 활동 전체는 조직화되지 않은 부분 욕동의 작용으로 정의된다.

어린아이의 전-성기기적 조직이라는 개념은, 부분 욕동의 자유로운 활동 시기를 더 거슬러 올라가게 한다. 즉 그 시기는 〈각각의 부분 욕동이 독자적으로 자신의 신체에서 쾌락 충족Lustbefriedigung을 추구하는〉[1] 자기-성애의 시기이다. (→ **자기-성애**)

α 〈당신은 욕동의 다양성이 성감의 기관의 다양성과 결부되어 있다고 보지 않습니까?〉 1918년 10월 9일 프로이트가 오스카 피스터Oskar Pfister에게 보낸 편지.[2]

β 예컨대 「〈정신분석〉과 〈리비도 이론〉」(1923)에 있는 다음과 같은 프로이트의 문장을

참조할 것: 〈성욕동이 심리 생활 속에 역동적으로 표출되는 것을 리비도라 부를 수 있는데, 그때 성욕동은 부분 욕동으로 구성된다. 따라서 그것은 다시 부분 욕동으로 분해될 수 있다. 그러한 부분 욕동들은 점진적인 과정을 통해서만 비로소 일정한 조직화로 통합된다. [……] 여러 부분 욕동들은 처음에는 서로 독립적으로 충족을 지향하지만, 발달 과정에서 그것들은 점점 더 하나로 집결되고 집중된다. (전-성기기적인) 최초의 조직 단계는 구강기적인 조직화라고 할 수 있다.〉3

1 프로이트 S., 「강박신경증의 소질」, 1913. 전집 X, 112[116] ; G.W., VIII, 446 ; S.E., XII, 321 ; 프, 193[O.C., XII, 89].

2 Jones E., *Sigmund Freud, Life and work*, Hogarth Press, Londres, 1955. 영, II, 506 ; 프, P.U.F., Paris, II, 479.

3 프로이트 S., 「〈정신분석〉과 〈리비도 이론〉」, 1923. 전집 XV, 148[151-2] ; G.W., XIII, 220 ; S.E., XVIII, 244 ; 프, 148[O.C., XVI, 193-4].

(현실의) 부인

프: *déni* (*de la réalité*). 독: *Verleugnung*. 영: *disavowal*. 스: *renegación*. 이: *diniego*. 포: *recusa*.

프로이트가 특수한 의미로 사용한 용어로, 주체가 외상으로 지각되는 현실 — 주로 여자에게 자지가 없다는 현실 — 을 인정하는 것을 거부하는 방어 방식을 가리킨다. 프로이트는 특히 물품성애증과 정신증을 설명하기 위해 그 기제를 내세우고 있다.

프로이트는 1924년부터 *Verleugnung*이라는 용어를 비교적 특수한 의미로 사용하기 시작한다. 1924년과 1938년 사이에, 그렇게 지칭된 과정에 대한 언급은 상당히 많다. 「정신분석 개요」(1938)에서 프로이트는 그것에 대한 가장 완성된 설명을 제시하고 있다. 그가 그것을 이론으로 만들었다거나, 그와 유사한 과정과 엄밀하게 구별했다고 말할 수는 없을지라도, 우리는 그 개념의 발전 과정에서 일관성을 엿볼 수 있다.

프로이트는 거세와 관련하여 *Verleugnung*을 기술하기 시작한다. 여자아이의 자지의 부재 앞에서, 어린아이들은 〈…… 그러한 결핍을 부인하면서*leugnen*, 그래도 자지를 보고 있다고 믿는다……〉1 그들은 점차 자지의 결핍을 거세의 결과로 생각하게 된다.

「해부학적인 성차의 몇몇 심리적 결과」(1925)에서는, 남자아이에 대한 부인뿐 아니라, 여자아이에 대한 부인도 기술된다. 프로이트가 그 과정을 정신증의 기제에 결부시켰다는 것에 주목할 필요가 있다: 〈……《부인*Verleugnung*》이라고 지칭하고 싶은 과정이 일어난다. 그 과정은 어린아이의 정신생활에서 드물지도 아주 위험하지도 않은 것처럼 보이지만, 어른에게 그것은 정신증의 출발점이다.〉[2] 부인은 외적 현실*réalité extérieure*에 대한 것이기 때문에, 프로이트는 그것을 정신증의 초기 단계로 보고, 격리[억압]와 대립시킨다. 신경증자가 그거의 요구를 격리[억압]하는 것으로부터 시작하는데 비해, 정신증자는 현실을 부인하는 것으로부터 시작하는 것이다.[3]

1927년부터 프로이트는 주로 물품성애증의 특수한 예에 근거하여 부인의 개념을 다듬는다. 그는 도착증에 바친 논문(「물품성애증」, 1927)에서, 물품성애증자가 어떻게 양립할 수 없는 두 입장 — 여자의 거세의 부인과 인정 — 을 공존시키면서, 유아적 태도를 영속시키는가를 보여주고 있다. 그것에 대한 프로이트의 해석은 아직 애매하다. 그는 격리[억압] 과정과, 갈등 관계에 있는 두 힘 사이의 타협 형성 과정을 내세워, 그러한 공존을 설명하려고 애쓴다. 뿐만 아니라 그는 그러한 공존이 어떻게 주체의 이중 분열*Spaltung, Zweispältigkeit*을 구성하는지를 보여준다.

그 이후의 텍스트(「방어 과정에서의 자아 분열」(1938); 「정신분석 개요」(1938))에서, 자아 분열이라는 개념은 부인이라는 개념을 좀 더 명확히 밝히는 데 이바지한다. 물품성애증자의 두 가지 태도 — 여자에게 자지가 없다는 것의 지각을 부인하는 것과, 그 결핍을 인정하고 그것의 결과(불안)를 거기서 끌어내는 것 — 는, 〈일생동안 서로 영향을 주지 않으면서 나란히 존속한다. 그것은 자아 분열이라고 명명할 수 있는 것이다.〉[4]

그러한 분열*clivage*은 모든 신경증적인 격리[억압]가 개인 속에 낳는 분열*division*과 구분되어야 한다:

1) 그것은 자아와 그거 사이의 갈등이 아니라, 서로 다른 두 형태의 자아 방어의 공존이다.

2) 자아 방어 중의 하나는 외적 현실에 대한 것으로, 지각의 부인이다.

프로이트에 의한 부인의 과정의 점진적인 도출은, 외적 현실에 대한 원초적인 방어 기제를 기술하려는, 한결같은 그의 관심의 수많은 징후 중의 하나로 볼 수 있다. 그러한 관심은 투사(이 항목 참조)에 대한 그의 최초의 개념이나, 정신증에서의 철수나 현실의 상실이라는 개념 등에서 증명되고 있다. 부

(현실의) 부인

인이라는 개념은 그러한 탐구 방향 속에 기록되어 있다. 그것은 좀 더 정확히 말하면,「한 소아 신경증의 이야기: 늑대인간」의 몇몇 구절에서 예시되고 있다: 〈결국 그에게는 상반된 두 흐름이 나란히 존속하고 있다. 하나는 거세를 몹시 싫어하는 반면에, 다른 하나는 그것을 받아들여, 여성성이라는 대체물로 위로 받을 준비가 되어 있다. 세 번째 흐름은 가장 오래되고 가장 심층적인 것으로, 거세를 무조건 폐기했던*verworfen hatte* 흐름이다. 거기서는 아직 거세의 현실에 대한 판단이 문제가 되지 않는다. 그 흐름은 아직도 활동하고 있다.〉[5] 그러한 윤곽 속에는 이미 독립적인 여러 〈흐름〉으로 인격이 분열된다는 개념과, 근본적인 폐기라는 최초의 방어의 개념과, 마지막으로 그러한 기제가 거세 현실에 대해 선택적으로 작용한다는 개념이 나타나 있다.

이 마지막 점은 아마 프로이트의 부인의 개념을 이해하는 데뿐만 아니라, 그것의 문제 틀을 연장하고 갱신하는 데 가장 좋은 열쇠이다. 거세의 부인이 다른 현실의 부인의 원형이고 기원이라면, 프로이트가 거세 〈현실〉이라는 말이나 현실 지각이라는 말로써 의미하고자 한 것이 무엇인지를 자문해보는 것이 좋을 것이다. 만약 부인되는 것이 여자의 〈자지의 결핍〉이라면, 그것은 지각이나 현실이라고 말하기 어렵다. 왜냐하면 부재는 있는 그대로 지각되지 않고, 현존 가능성과 관계를 가질 때만 비로소 현실이 되기 때문이다. 만약 거부되는 것이 거세 자체라면, 부인은 지각에 대한 것이 아니라(거세는 결코 있는 그대로 지각되지 않는다), 사실에 대한 설명 이론(〈어린아이의 성이론〉)에 대한 것이다. 그것에 대해 기억해야 할 것은, 프로이트가 거세 콤플렉스나 불안을 항상 순수한 현실의 지각과 결부시킨 것이 아니라, 두 가지 여건 — 성의 해부학적인 차이와 아버지의 거세 위협 — 의 결합에 연결시켰다는 것이다.(→ **거세**) 그러한 지적은 우리로 하여금 다음과 같은 자문을 하게 한다: 현실 속에서의 결과가 불을 보듯 뻔한 부인은, 본질적으로 가설적인 〈지각적인 사실〉에 대한 것이라기보다 인간적인 현실을 창설하는*fondateur* 요소에 대한 것이 아닐까?(→ **폐기**)

*

우리는 *Verleugnung*이라는 용어를 *déni*(부인)로 번역하기로 했다. 그것은 *dénégation*(부정)에 비해 다양한 뉘앙스를 갖고 있다:

1) 우선 *déni*(부인)는 흔히 [*dénégation*(부정)보다] 더 강하다. 가령 :

⟨*J'apporte un déni à vos affirmations*(나는 당신의 주장을 [강하게] 부인한다)⟩;

2) *déni*(부인)는 논란이 되는 주장에 대해서 뿐 아니라, 거부되는 권리나 재산에 대해서도 쓰인다;

3) 마지막으로, 문제가 되는 거부는 불법적이다. 가령, 재판 거부*déni*, 음식 거부*déni* 등은 당연한 것의 거부이다.

그러한 여러 가지 뉘앙스는 *Verleugnung*이라는 프로이트의 개념과 일치한다.

1 프로이트 S., 「유년기의 성기 조직」, 1923. 전집 VII, 288[266] ; G.W., XIII, 296 ; S.E., XIX, 143-4 ; 프, 115[O.C., XVI, 307].
2 프로이트 S., 「해부학적인 성차의 몇몇 심리적 결과」, 1925. 전집 VII, 309[286] ; G.W., XIV, 24 ; S.E., XIX, 253 ; 프, 127[O.C., XVII, 196].
3 프로이트 S., 「신경증과 정신증에서 현실의 상실」, 1924. 전집 X, 199-200[207-8] ; G.W., XIII, 364-5 ; S.E., XIX, 184-5 ; 프, 300-1[O.C., XVII, 38-9].
4 프로이트 S., 「정신분석 개요」, 1938. 전집 XV, 487[509] ; G.W., XVII, 134 ; S.E., XXIII, 203 ; 프, 79[O.C., XX, 301].
5 프로이트 S., 「한 소아 신경증의 이야기: 늑대인간」, 1918. 전집 IX, 296[305] ; G.W., XII, 171 ; S.E., XVII, 85 ; 프, 389[O.C., XIII, 83].

부정

프: (*dé*)*négation*. 독: *Verneinung*. 영: *negation*. 스: *negación*. 이: *negazione*. 포: *negação*.

주체가 지금까지 격리[억압]된 욕망이나 사고나 감정을 표현할 때, 계속해서 그것을 방어하면서 그것이 자기 것임을 부정하는 방식.

이 낱말은 무엇보다도 용어상의 몇 가지 지적을 요한다.

1) 일반 언어 의식의 차원에서. 각 언어에 부정하는 행위를 의미하는 용어들 사이에 항상 분명한 구분이 있는 것은 아니다. 하물며 서로 다른 언어의 서로 다른 용어가 일대일 대응하는 경우는 존재하지 않는다.

독어로 *Verneinug*은 논리적이고 문법적인 의미(*neinen*이나 *beneinen*이라는 동사는 존재하지 않는다)에서 프랑스어의 *négation*을 가리키지만, 심리학적인 의미(내가 발설했거나 누가 나의 탓으로 돌리는 주장을 거부하는 것: 가령 '아니야, 나는 그렇게 말하지 않았어, 나는 그렇게 생각하지 않았어.')에서는 *dénégation*을 가리킨다. *verleugnen*(또는 *leugnen*)은 후자의 의미를 갖고 있는 *verneinen*에 가깝다: 즉 *renier*(자신을 알지 못한다고 거짓으로 고하다), *dénier*(자신의 짓으로 인정하기를 거부하다), *désavouer*(자기 것으로 인정하고 싶어 하지 않다), *démentir*(진실을 말하지 않았다고 주장하면서 반박하다)의 뜻이다.

프랑스어에서는 문법적이고 논리적인 의미의 *négation*과 이의나 거부를 의미하는 *dénégation*은 구분된다.

2) 프로이트의 용법에서 *verneinen*과 *verleugnen*에 대해 서로 다른 용법으로 구분하는 것은 정당화되는 것 같다. 사실 *verleugnen*은 프로이트의 거의 마지막 저작에서, 외적인 세계에 주어진 사실에 대한 지각의 거부를 가리킨다. 영역『표준판』의 편집자는 *Verleugnung*이 프로이트에게 갖고 있는 특수한 의미를 인식하고, 그 용어를 *disavowal*이라고 번역한다.[1] 우리는 그것을 프랑스어로 *déni* (부인)(이 항목 참조)라고 번역할 것을 제안한다.

*Verneinung*이라는 용어에 대한 프로이트의 용법에 관해서는, *négation-dénégation* 사이의 애매함이 프랑스 독자에게 생기지 않을 수 없다. 아마 그러한 애매함은 프로이트가 *Verneinung*에 바친 논문[역주:「부정」]이 갖고 있는 풍부함의 원동력 중의 하나이다. 번역자가 각 구절마다 *négation*이나 *dénégation*을 선택하는 것은 불가능하다. 그래서 우리가 권하는 해결책은 *Verneinung*을 *(dé)négation*으로 옮기는 것이다.

또한 프로이트에게 가끔 라틴어에서 온 독일어인 *Negation*이 발견된다는 사실에 주목할 필요가 있다.[2]

정신분석 문헌과 번역에서, 지금까지 우리가 여기서 제안한 개념적인 용어상의 구분과 같은 종류의 구분이 항상 이루어진 것은 아니다. 예컨대, 안나 프로이트의『자아와 방어 기제 *Das Ich und die Abwehrmechanismen*』(1936)의 프랑스어 번역자는, 그녀가 프로이트의 의미와 유사한 의미로 사용하고 있는데도 불구하고, *Verneinung*이라는 용어를 *négation*으로 번역하고 있다.

*

프로이트는 치료 경험을 통해 부정(dé)négation의 방식을 밝혀낸다. 그는 아주 일찍부터 그가 치료하는 히스테리증자에게, 특수한 형태의 저항에 부닥친다: 〈…… 사람들은 점점 깊이 들어갈수록, 떠오르는 기억을 수용하기 점점 더 어려워진다. 그리하여 핵 근처에서는, 환자가 재현하면서도 부인하게 되는 기억에 이르게 된다.〉[3] 〈쥐인간〉은 부정의 좋은 예를 제공하고 있다. 그는 어렸을 때, 자기가 불행을 당하면 소녀의 사랑을 얻을 수 있을 것이라고 생각한다: 〈…… 그에게 떠오른 생각은, 그러한 불행은 아버지의 죽음이라는 것이다. 그는 즉시 그 생각을 강력하게 물리친다. 지금도 그는 〈욕망〉을 그런 식으로 표현할 수 있었던 가능성에 대해 자신을 방어하고 있다. 그것은 〈관념의 연상〉에 지나지 않는데도 말이다. ─ 나는 그에게 반박한다: 그것이 욕망이 아니라면, 당신은 왜 그것을 거부합니까? ─ 단지 내 아버지가 죽을지도 모른다는 그 표상의 내용 때문입니다.〉[4a] 그 다음의 분석은 아버지에 대한 적대적인 욕망이 있다는 것을 증명해주고 있다: 〈…… 최초의 거부의 표시인 '아니오'에는 일단 간접적인 확인이 즉시 덧붙여진다.〉[4a]

격리[억압]된 것의 의식화는 치료에서 종종 부정을 통해 나타난다는 생각은, 프로이트가 1925년 「부정」에 바친 논문의 출발점이다: 〈피분석자가 다음과 같은 말 ─ '나는 그렇게 생각하지 않았어요.' 아니면 '나는 결코 그렇게 생각해본 적이 없어요.' ─ 로 반응하는 것보다 더 강한, 무의식의 증거는 없다.〉[5a]

부정은 그것이 분석가의 해석에 반대될 때, 긍정과 같은 가치를 가지고 있다. 그로부터 프로이트도 피해갈 수 없는 원론적인 반박이 나온다. 그는 「분석에서의 구성」(1937)에서 자문하고 있다: 그렇다면 그러한 가설은 항상 분석가의 승리를 보장하는 위험성이 있지 않은가? 〈…… 피분석자가 우리를 인정할 때는 그가 옳다. 그렇지만 그가 우리를 반박할 때는, 그것은 그의 저항의 신호에 지나지 않는다. 그렇기 때문에, 그는 우리가 옳다고 인정하고 있는 셈이다.〉[6a] 이렇게 프로이트는 그러한 비판에 대해 미묘하게 대답하면서, 분석가에게 치료의 문맥과 전개 과정에서 확인을 구하도록 교사하고 있다.[6b] 그럼에도 불구하고 부정이 프로이트에게, 치료 중이든 치료 밖이든, 무의식적인 관념이나 욕망이 다시 나타나는 순간을 알리는 지침의 가치를 갖고 있는

ㅂ

것은 확실이다.

프로이트는 그 현상에 대해, 「부정」(1925)에서 메타심리학적으로 아주 정확하게 설명하고 있다. 거기서 그는 긴밀하게 연결되어 있는 세 가지 주장을 전개하고 있다:

1) 〈부정은 격리[억압]된 것을 인정하는 수단이다. [······]〉

2) 〈······ 삭제된 것은 격리[억압] 과정의 결과 중의 하나이다. 즉 격리[억압]된 것의 표상 내용은 의식에 도달하지 못한다. 그 결과 격리[억압]된 것에 대한 일종의 지적인 수용은 이루어지지만, 격리[억압]의 본질은 지속된다.〉

3) 〈부정이라는 상징의 도움으로 사고는 격리[억압]의 규제에서 벗어날 수 있다······〉[5b]

마지막 세 번째 명제가 보여주듯이, 프로이트에게 정신분석에 관계되어 있는 (dé)négation과 논리학적이고 언어학적인 의미의 négation은 동일한 기원을 갖고 있다. 그것은 그의 논문의 주요한 명제를 이루고 있다.

1 S.E., XIX, 143, n. 참조.

2 프로이트 S., 「무의식」, 1915. 전집 XI, 189[189] ; G.W., X, 285 ; S.E., XIV, 186 ; 프, 130[O.C., XIII, 227].

3 프로이트 S., 『히스테리 연구』, 1895. 전집 III, 375[382-3] ; G.W., I, 293 ; S.E., II, 289 ; 프, 234[O.C., II, 315].

4 프로이트 S., 「강박신경증의 한 사례에 관한 고찰: 쥐인간」, 1909.

  a 전집 IX, 33[34] ; G.W., VII, 402 ; S.E., X, 178-9 ; 프, 214-5[O.C., IX, 155].

  b 전집 IX, 37[39], n. 20 ; G.W., VII, 406, n. ; S.E., X, 183, n. 2 ; 프, 218, n. 1[O.C., IX, 159, n.1].

5 프로이트 S., 「부정」, 1925.

  a 전집 XI, 450-1[458-9] ; G.W., XIV, 15 ; S.E., XIX, 239 ; 프, 177[O.C., XVII, 171].

  b 전집 XI, 446-7[454] ; G.W., XIV, 12-3 ; S.E., XIX, 236 ; 프, 175[O.C., XVII, 167-8].

6 프로이트 S., 「분석에서의 구성」, 1937. in 『끝이 있는 분석과 끝이 없는 분석』.

  a 한, 285 ; G.W., XVI, 43 ; S.E., XXIII, 257 ; 프, 269[O.C., XX, 61].

  b 한, 291-5 ; G.W., XVI, 49-52 ; S.E., XXIII, 262-5 ; 프, 274-7[O.C., XX, 66-9] 참조.

부정적 치료 반응

프: *réaction thérapeutique négative*. 독: *negative therapeutische Reaktion*. 영:

negative therapeutic reaction. 스: *reacción terapéutica negativa.* 이: *reazione terapeutica negativa.* 포: *reação terapêutica negativa.*

몇몇 정신분석 치료에서 마주치는 현상으로, 극복하기 특히 어려운, 일종의 치유에 대한 저항을 말한다. 분석의 진전으로 말미암아 호전이 기대될 때마다, 어떤 주체들은 마치 치료보다 고통을 더 선호하는 것처럼 악화된다. 프로이트는 그러한 현상을, 몇몇 피학증적인 구조에 고유한 무의식적인 죄책감과 결부시키고 있다.

프로이트가 부정적 치료 반응에 대해 가장 완벽한 기술과 분석을 한 것은『자아와 그거』(1923)이다: 어떤 주체에게는 〈…… 증상의 호전이나 일시적인 소멸의 결과를 가져와야 할 부분적 해결 — 다른 이들의 경우는 실제로 그렇게 된다 — 이, 오히려 고통을 순간적으로 강화시킨다. 그들의 상태는 치료가 진행되면서 호전되는 대신 악화되는 것이다.〉[1a]

이미 그 이전에, 예를 들면 「상기(想起), 반복 그리고 관통작업」(1914)에서, 프로이트는 〈치료 중의 악화〉[2]의 문제에 대해 주목하고 있다. 거기서 증상의 증식은 신경증에 대한 아주 관용적인 태도에 의해 조장되는 격리[억압]된 것의 회귀로 설명되거나, 아니면 치료의 위험성을 분석가에게 증명하려는 환자의 욕망으로 설명되고 있다.

「한 소아 신경증의 이야기: 늑대인간」(1918)에서도, 프로이트는 〈부정적 반응〉을 인용하고 있다: 〈하나의 증상이 철저하게 해결될 때마다, 늑대인간은 일시적으로 그 효과를 증상의 악화를 통해 부정하려고 했다.〉[3] 그러나『자아와 그거』에서 비로소 좀 더 명확한 이론이 제시된다. 우선 부정적 치료 반응을, 그것의 설명을 위해 참고로 내세울 수 있는 다른 형태의 저항들과 구분해야 한다: 리비도의 점착성*, 즉 주체가 자신의 고착을 포기하는 데 대한 특별한 어려움, 부정적 전이, 분석가에게 자기의 우월성을 증명하려는 욕망, 몇몇 심각한 사례에서 나타나는 〈자기애에 의한 접근 불가능성〉, 그리고 병의 이득* 등이 그러한 저항들이다. 프로이트에게 문제가 된 것은, 환자가 매 분석 단계마다 치료보다 고통의 유지를 선호하는 전도된*inversée* 반응이었다. 프로이트는 그것을, 설명하기 아주 어려운 무의식적인 죄책감의 표현으로 보고 있다: 〈…… 그러한 죄책감은 환자에 대해 말이 없다. 그것은 그에게 그가 죄가 있다고 말하지 않는다. 환자는 죄가 있다고 느끼는 것이 아니라 아프다

부정적 치료 반응

고 느낀다.〉[1b]

프로이트는 그 문제를 「피학증의 경제학적 문제」(1924)에서 재론한다. 부정적 치료 반응에 대해 질병의 이득을 말할 수 있는 것은, 피학증자가 고통에서 충족을 찾으면서, 무슨 일이 있어도 〈일정량의 고통〉[4]을 유지하려고 하기 때문이다.

부정적 치료 반응을 초자아의 저항의 효과라고 볼 수 있을까? 그것이 바로 프로이트의 의견인 것처럼 보인다. 적어도 죄책감에서 〈…… 빌려온emprunté 어떤 것, 다시 말해 예전에 성애적인 투여의 대상이었던 다른 사람과의 동일시의 결과〉[1c]를 엿볼 수 있는 경우에, 프로이트의 의견은 그렇다. 즉 『억제, 증상 그리고 불안』(1926)에서 그는 초자아의 저항을 내세우면서 부정적 치료 반응을 암시하고 있다.[5]

그렇지만 프로이트는 처음부터 초자아와 2차적 피학증의 역할로 반드시 환원되는 것은 아닌 어떤 것을 위한 자리를 남겨놓고 있다. 그러한 생각은 「끝이 있는 분석과 끝이 없는 분석」(1937)에서 아주 분명하게 표현되어 있다. 거기서 그는 부정적 치료 반응을 죽음 욕동(이 항목 참조)에 직접 연결시키고 있다. 죽음 욕동의 효과는 완전히 자아와 초자아의 갈등(죄책감, 처벌 욕구)으로 국한될 수 없는 것이다. 거기서 문제가 되는 것은, 〈…… 말하자면 심리적으로 초자아에 의해 구속되어 인식이 가능해지는 부분뿐이다: 동일한 힘의 나머지 양은 어딘지 알 수 없는 곳에서, 자유로운 형태로든 구속된 형태로든, 활동할 수 있는 것이다〉.[6] 부정적 치료 반응이 가끔 극복되거나 정확하게 해석될 수 없는 것은, 그것의 최종적인 동기가 죽음 욕동의 근본적인 특성에 있기 때문이다.

〈부정적 치료 반응〉이라는 표현은 적어도 프로이트의 의도 내에서는, 치유에 대한 저항이 보통 내세우는 개념으로 설명되지 않을 것처럼 보이는 아주 특수한 임상적 현상을 가리킨다. 쾌락원칙의 작용으로(아무리 그것의 복잡한 작용을 가정하더라도) 절대 환원할 수 없는 그 역설은, 프로이트를 1차적 피학증의 가설로 이끌고 간다.(→ 피학증)

그렇지만 정신분석가들은 좀 더 기술적인 의미에서, 그것의 의미를 좁게 한정하지 않고, 치료에서 변화에 대해 특별히 집요한 모든 저항을 가리키는 데 종종 〈부정적 치료 반응〉이라는 표현을 사용한다.

부정적 치료 반응

1 프로이트 S., 『자아와 그거』, 1923.

　a 전집 XI, 393[399] ; G.W., XIII, 278 ; S.E., XIX, 49 ; 프, 206-7[O.C., XVI, 292].

　b 전집 XI, 394[400] ; G.W., XIII, 279 ; S.E., XIX, 50 ; 프, 207[O.C., XVI, 292].

　c 전집 XI, 394[400], n. 61 ; G.W., XIII, 279, n. ; S.E., XIX, 50, n. ; 프, 207, n.[O.C., XVI, 293, n.1]

2 프로이트 S., 「상기(想起), 반복 그리고 관통작업」, 1914, in 『정신분석적 정신치료』, G.W., X, 131-2 ; S.E., XII, 152 ; 프, 111[O.C., XII, 192].

3 프로이트 S., 「한 소아 신경증의 이야기: 늑대인간」, 1918. 전집 IX, 276[285] ; G.W., XII, 100 ; S.E., XVII, 69 ; 프, 376[O.C., XIII, 67].

4 프로이트 S., 「피학증의 경제학적 문제」, 1924. 전집 XI, 426[433] ; G.W., XIII, 379 ; S.E., XIX, 166 ; 프, 219[O.C., XVII, 18].

5 프로이트 S., 『억제, 증상 그리고 불안』, 1926. 전집 X, 292[304] ; G.W., XIV, 193 ; S.E., XX, 160 ; 프, 89[O.C., XVII, 274] 참조.

6 프로이트 S., 「끝이 있는 분석과 끝이 없는 분석」, in 『끝이 있는 분석과 끝이 없는 분석』. 한, 268 ; 1937. G.W., XVI, 88 ; S.E., XXIII, 242-3 ; 프, 28[O.C., XX, 44].

ㅂ

불안 신경증

프: *névrose d'angoisse*. 독: *Angstneurose*. 영: *anxiety neurosis*. 스: *neurosis de angustia*. 이: *nevrosi d'angoscia*. 포: neurose de angústia.

프로이트가 별도로 구분한 병의 한 형태.

a) 증상의 관점에서, 불안이 지배적이라는 점에서(만성적인 기대 불안, 불안 발작 또는 그것에 상당하는 신체적인 증상), 신경쇠약과 구분된다.

b) 병인학적인 관점에서, 히스테리와 구분된다: 불안 신경증은 성적인 흥분의 누적이 심리적인 중개 없이 곧바로 증상으로 바뀌는 것을 고유한 특징으로 하는 현실 신경증*이다.

불안의 기원의 문제와, 그것과 성적인 흥분과 리비도의 관계의 문제는, 플리스와의 편지가 보여주듯이, 1893년부터 프로이트를 사로잡은 문제이다. 프로이트는 그의 논문 「신경쇠약에서 〈불안 신경증〉이라는 특별한 증상복합체를 분리하는 근거에 관하여」(1895)에서 그것을 체계적으로 다루고 있다.

　질병기술학적인 관점에서, 그는 전통적으로 신경쇠약으로 기술되어온 증상군으로부터, 불안이라는 주된 증상에 집중되어 있는 질병을 따로 떼어낸다. 〈일반적인 과민성〉의 바탕 위에, 여러 형태의 불안이 나타난다: 그것을 지탱하는 모든 표상 내용과 결합할 수 있는 만성 불안이나 기대 불안, 순수한 불안 발작이나, 그것에 동반되거나 그것을 대체하는, 그것에 상당하는 신체적인 증상(현기증, 호흡 곤란, 심장 장애, 발한 등), 불안 정동이 하나의 표상에 결부되어 있지만 그 표상이 격리[억압]된 표상의 상징적 대체물이라는 사실을 인식하지 못하는 공포증 등이 그것이다.

프로이트는 불안 신경증을 아주 특수한 병인에 결부시킨다. 그 병인들의 공통분모는 다음과 같다:

a) 성적인 긴장의 누적;

b) 육체적인 성적 흥분 — 이것은 미리 설정된 성적인 표상군과 결합될 때만 〈심리적인 리비도〉로 바뀔 수 있다 — 에 대한 〈심리적 가공〉의 부재나 불충분. 그렇게 성적인 흥분이 제어되지 않을 경우에, 그것은 불안의 형태로 곧장 육체적인 차원으로 흘러간다.[a]

프로이트가 그러한 심리적 가공이 불충분해지는 원인으로 보고 있는 것은, 〈…… 심리적인 성욕의 불충분한 발달이나, 그것에 대한 억압의 시도나, 마지막으로 심리적인 성욕과 육체적인 성욕 사이의 일상화된 간극〉[1a] 등이다.

프로이트는 그러한 기제들이, 그가 목록으로 정리한 여러 병인의 형태 — 현기증 불안, 성적인 금욕, 성교 중절 *coitus interruptus*에 의해 야기된 불안 등 — 에서 어떻게 작용하는지를 보여주려고 노력한다.

그는 불안 신경증과 히스테리의 공통 특징과, 그리고 어느 정도 그것들의 공통 기제에 주목한다: 그 두 경우 모두 〈…… 일종의 '전환'이 일어난다. [……]. 그렇지만 히스테리에서는 심리적인 흥분이 오로지 육체적인 것으로 잘못 길을 접어드는데 반해, 불안 신경증에서는 육체적인 *physique* 긴장이 심리적인 *psychique* 것을 거치지 않고 육체적인 길 위에 그대로 머문다. 그 두 과정은 아주 빈번하게 서로 결합한다.〉[1b]

분명히 프로이트는 불안 신경증의 출현 조건 속에 심리적인 것이 있을지 모른다고 지적했을 뿐 아니라, 불안 신경증과 히스테리 사이에는 유사성이 있고 그것들이 결합하여 〈혼합 신경증〉이 될 가능성이 있다고 강조했다. 그럼에도 불구하고 그는 항상 현실 신경증으로서의 〈불안 신경증〉의 특수성을 포기하지 않는다.

오늘날 정신분석가들은 현실 신경증*이라는 개념을 전적으로 받아들이지 않는다. 그렇지만 불안 신경증 — 이것을 신경쇠약으로부터 끌어낸 사람이 프로이트라는 사실을 사람들은 자주 잊어버린다 — 의 임상도(臨床圖)가 실제 임상에서 질병기술학적인 가치를 갖고 있는 것은 사실이다.

그러한 의미에서, 그것은 불안 히스테리나, 불안이 대체 대상에 고착되는 공포증과 분명히 구분된다.

α 주목할 것은, 이것이 불안에 대한 프로이트의 첫 번째 관점은 아니라는 사실이다. 그 자신이 지적하고 있듯이, 불안은 현실적*actuel*이고 육체적인 하나의 기제라는 그의 개념은, 순전히 심리 발생적인 그의 히스테리 이론에 대한 제한으로 다가왔다고, 그는 지적한다. 『히스테리 연구』(1895)의 에미Emmy의 사례에 대한 주석 참조: 〈나는 그 당시[즉 1889년] 히스테리의 모든 증상에 대해 심리적인*psychique* 기원을 인정하려는 경향이 있었다. 지금은[즉 1895년] 나는 금욕 속에서 사는 그 여자에게 나타나는 불안의 경향(불안 신경증)을, 신경증적[여기서 신경증적이라는 말은 신경 체계 기능의 혼란이라는 1차적인 의미로 이해해야 한다]이라고 선언한다.〉[2]

1 프로이트 S., 「플리스에게 보낸 편지」, 『정신분석의 탄생』, 1887-1902.
   a 한, 47 ; 독, 103 ; 영, 93 ; 프, 84.
   b 한, 47-8 ; 독, 104 ; 영, 94 ; 프, 85.
2 프로이트 S., 『히스테리 연구』, 1895. 전집 III, 91[92], n.41 ; G.W., I, 118, n. ; S.E., II, 65, n. ; 프, 50. n.1[O.C., II, 83, n.1].

불안의 발달

프: *développement d'angoisse*. 독: *Angstentwicklung*. 영: *generation*(또는 *generating*) *of anxiety*. 스: *desarrollo de angustia*. 이: *sviluppo d'angoscia*. 포: *desenvolvimento de angústia*.

프로이트가 만든 용어로, 불안을 시간적인 전개와 개인에게 그것의 상승의 관점에서 바라보는 것을 말한다.

이 용어는 프로이트의 글에서, 특히 『정신분석 입문 강의』(1915~17)와 『억제, 증상 그리고 불안』(1926)에서 여러 차례 마주치게 된다. 그것은 단 하나의 단어로 번역되어야 마땅하지만, 프랑스어 번역의 경우는 그렇지 않다.

그것은 불안이 통제될 수 없는 외상적 상황(자동 불안)과, 자동 불안의 출현을 피하도록 하는 신호불안을 구분하는 불안 이론의 틀 내에서, 의미를 갖게 되는 기술적인 용어이다. 〈불안의 발달〉은 신호불안이 효과적이지 않았다 하더라도, 전자에서 후자로 이행하게 하는 과정을 내포하고 있다.

불안 히스테리

프: *hystérie d'angoisse*. 독: *Angsthysterie*. 영: *anxiety hysteria*. 스: *histeria de angustia*. 이: *isteria d'angoscia*. 포: *histeria de angústia*.

공포증을 중심 증상으로 하는 신경증을 따로 분리하고, 전환 히스테리와의 구조적 유사성을 강조하기 위하여 프로이트가 도입한 용어.

불안 히스테리라는 용어는 프로이트의 제의에 따라,[1] 슈테겔W. Stekel이 『신경증적인 불안 상태와 그 치료*Nervöse Angstzustände und ihre Behandlung*』(1908)에서 정신분석 문헌에 도입한 것이다.

그것의 용어상의 혁신은 다음과 같이 정당화된다:

a) 공포증의 증상은 갖가지 신경증과 정신증에서 나타난다. 강박증이나 정신분열증에서도 찾아볼 수 있고, 또한 프로이트에 따르면, 불안 신경증*에서조차 공포증의 양상을 띤 몇몇 증상들을 만날 수 있다.

그래서 프로이트는 「꼬마 한스」에서, 공포증을 〈독립된 병리 과정〉으로 볼 수 없다고 생각한다.[2a]

b) 그렇지만 공포증이 중심 증상을 이루고 있는 신경증은 분명히 존재한다. 프로이트는 그것을 처음부터 따로 분리하지 않는다. 즉 그의 초기 개념에서 공포증은 강박증과 결부되거나, 현실 신경증으로서의 불안 신경증과 결부되어 있다.[3] 꼬마 한스의 분석을 계기로, 그는 공포증을 특수한 실체로 규정하고, 그것과 전환 히스테리의 구조적 유사성을 지적한다. 사실 두 경우 모두, 본질적으로 격리[억압] 작용이 정동을 표상으로부터 분리시키는 경향이 있다. 그럼에도 불구하고 프로이트는 그것들의 본질적인 차이를 강조한다: 불안 히스테리에서는 〈…… 병인이 되는 재료에서 격리[억압]에 의해 분리된 리비도가 전환되는*convertie* 것이 아니라 [……] 불안이라는 형태로 해방된다〉.[2b]

공포증의 증상이 형성되는 출발은 〈…… 해방되었던 불안을 즉시 심리적으로 다시 구속하려고 하는 심리적인 작업에 있다〉.[2c] 〈불안 히스테리는 점점 더 '공포증'의 방향으로 발전한다.〉[2d]

이 텍스트는 불안 히스테리와 공포증을, 엄밀히 말해 완전한 동의어로 볼 수 없다는 것을 보여주고 있다. 덜 기술적인 불안 히스테리라는 용어는, 문제의 신경증을 구성하는 기제에 관심을 돌림과 동시에, 공포증의 대상으로의 이동이 대상에 구속되지 않는 자유로운 불안의 출현보다 2차적이라는 사실을 강조하고 있다.

1 프로이트 S., 「빌헬름 슈테켈 박사의 『신경성 불안 상태와 그 치료』의 서문」(1908), in 『정신분석적 정신치료』. G.W., VII, 467 ; S.E., IX, 250-1; 프. [O.C., VIII, 223] 참조.

2 프로이트 S., 「다섯 살배기 남자아이의 공포증 분석: 꼬마 한스」, 1909.

　a 전집 VIII, 147[154] ; G.W., VII, 349 ; S.E., X, 115 ; 프. 175[O.C., IX, 102].

　b 전집 VIII, 147[155] ; G.W., VII, 349 ; S.E., X, 115 ; 프. 175[O.C., IX, 102].

　c 전집 VIII, 148[156] ; G.W., VII, 350 ; S.E., X, 117 ; 프. 176[O.C., IX, 103].

　d 전집 VIII, 148[156] ; G.W., VII, 350 ; S.E., X, 116 ; 프. 176[O.C., IX, 103].

3 프로이트 S., 「신경쇠약에서 〈불안 신경증〉이라는 특별한 증상복합체를 분리하는 근거에 관하여」(전집 X), 1895. 「방어-신경정신증」(1894), in 『신경증의 병인』. 「강박과 공포증: 그것들의 심리 기제와 병인」(1895), in 『신경증의 병인』.

人

사물 표상, 낱말[언어] 표상

프: *représentation de chose, représentation de mot*. 독: *Sachvorstellung*(또는 *Dingvorstellung*), *Wortvorstellung*. 영: *thing presentation, word presentation*. 스: *representación de cosa, representación de palabra*. 이: *rappresentazione di cosa, rappresentazione di parola*. 포: *representação de coisa, representação de palavra*.

프로이트가 두 가지 형태의 〈표상〉 — 사물에서 유래하는 본질적으로 시각적인 것과 말에서 유래하는 본질적으로 청각적인 것 — 을 구분하기 위하여, 그의 메타심리학 텍스트에서 사용한 용어. 그러한 구분은 그에게 메타심리학적인 함의를 갖고 있다. 사물 표상만을 포함하고 있는 무의식 체계와는 달리, 전의식-의식 체계는 사물 표상과 그에 상응하는 낱말 표상의 결합을 특징으로 하고 있다.

표상이라는 용어와, 그것과 기억흔적 — 가끔 표상과 동의어로 사용되는 — 이라는 용어를 구분하는 방법에 관해서는, 표상*과 기억흔적*의 두 항목을 참고하기 바란다.

사물 표상과 낱말 표상의 구분은 실어증에 관한 초기 프로이트의 연구에 그 기원을 두고 있다.

사물 표상이라는 개념은 그것과 아주 유사한 〈기억흔적〉 — 서로 다른 기억 체계 속에 남는 — 이라는 용어와 함께 아주 일찍 그의 학설에 등장한다. 『실어증의 이해를 위하여 — 비판적 연구*Zur Auffassung der Aphasien. Eine kritische Studie*』(1891)에서는 대상 표상*Objektvorstellung*이라는 용어가 나타나고, 『꿈의 해석』(1900)에서는 사물 표상*Dingvorstellung*[1]이라는 용어가 나타난다. 그 개념에 대한 프로이트의 가장 명확한 정의 중의 하나는 다음의 것이다: 〈사물 표상은 사물에 대한 직접적인 기억 이미지의 투여는 아닐지라도, 적어도 그 이미지로부터 파생하고 그로부터 좀 더 멀리 떨어진 기억흔적의 투여로 이루어져 있다.〉[2a] 그러한 정의는 두 가지 사항에 주목하게 한다:

1. 여기서 표상은 기억흔적과 분명히 구분된다. 그것은 기억흔적을 재투여하고 더 활기를 띠게 한다. 그러나 기억흔적 자체는 사건의 기록에 다름 아니다.

2. 사물 표상은 사물 전체에 대한 정신적인 유사물로 이해해서는 안 된다. 그것은 사물의 이러저러한 양상을 고려하면서, 여러 체계나 연상의 복합체에 현전(現前)한다.

낱말 표상은 언표화와 의식화를 연결하는 개념으로 도입된다. 이미 「과학적 심리학 초고」(1895)에서, 기억 이미지는 말의 이미지와 결합함으로써 의식의 특수한 〈질의 징후〉를 획득할 수 있다는 생각을 찾아볼 수 있다. 그러한 생각은 나중에도 프로이트에게 계속 남아 있다. 그것은 1차 과정에서 2차 과정으로, 지각의 동일성*에서 사고의 동일성*으로의 이행을 이해하는 데 아주 중요하다. 그것은 「무의식」(1915)에서, 그것의 지형학적인 가치를 강조하는 다음과 같은 모습으로 나타난다: 〈의식적 표상은 사물 표상과 그에 대응하는 낱말 표상을 함께 포괄하는데 반해, 무의식적인 표상은 사물 표상 하나뿐이다.〉[2b]

낱말 표상의 특권은 시각에 대한 청각의 우위로 환원될 수 없다. 여기서 문제가 되는 것은 단지 감각 기관의 차이가 아니다. 프로이트가 보여주었듯이, 정신분열증에서는 낱말 표상 자체가 사물 표상으로 취급되고 있다. 즉 1차 과정의 법칙에 따라 다루어지고 있는 것이다. 그것은 꿈의 경우도 마찬가지이다. 꿈에서도 각성 상태에서 발설한 어떤 문장들은 사물 표상과 똑같이 압축과 이동 작업을 따르고 있다: 〈…… 낮의 잔재에 속하는 낱말 표상이 사고의 표현이 아니라 최신의 지각의 찌꺼기일 때, 그것은 사물 표상으로 취급된다.〉[3] 이미 보았듯이, 사물 표상과 낱말 표상은 단지 〈기억흔적〉의 두 변종을 가리키는 것이 아니다. 프로이트에게 그것들의 구분은 지형학적으로 본질적으로 중요하다.

낱말 표상은 사물 표상인 말 이전의 기호형식*signifiants pré-verbaux*과 어떻게 연결되는가? 전자와 후자는 지각과 어떤 관계를 갖고 있는가? 어떤 조건

사물 표상, 낱말[언어] 표상

이 그것들이 환각적으로 나타나게 하는가? 요컨대 언어적 상징에 특권을 보장하는 조건은 무엇인가? 프로이트는 그러한 질문에 대해 여러 차례 답을 하려고 시도한다.[4]

1 프로이트 S., 『꿈의 해석』, 1900. 전집 IV, 355[368] ; G.W., II-III, 302 ; S.E., IV, 296 ; 프, 222[O.C., IV, 339].
2 프로이트 S., 「무의식」, 1915.
 a 전집 XI, 210[210-1] ; G.W., X, 300 ; S.E., XIV, 201 ; 프, 155-6[O.C., XIII, 241].
 b 전집 XI, 210[210-1] ; G.W., X, 300 ; S.E., XIV, 201 ; 프, 156[O.C., XIII, 242].
3 프로이트 S., 「꿈의 이론에 관한 메타심리학적인 보충」, 1917. 전집 XI, 228[228] ; G.W., X, 418-9 ; S.E., XIV, 228 ; 프, 174[O.C., XIII, 253].
4 특히 프로이트 S., 「과학적 심리학 초고」, 『정신분석의 탄생』, 1895. 한, 302-3; 독, 443: 영, 421: 프, 375 —『꿈의 해석』, 1900, 〈퇴행〉에 관한 장 —「꿈의 이론에 관한 메타심리학적인 보충」, 1917, passim.『자아와 그거』, 1923, 전집 XI, 357[361] : G.W., XIII, 247 sqq. ; S.E., XIX, 20 sqq. ; 프, 173[O.C., XVI, 264] sqq. 참조.

사후작용[사후(의,에)](명사, 형용사, 부사)

프: après-coup. 독: Nachträglichkeit(명사), nachträglich(형용사, 부사). 영: deferred action, deferred(형용사). 스: posterioridad, posterior, posteriormente. 이: posteriore (형용사), posteriormente(부사). 포: posterioridade, posterior, posteriormente.

프로이트가 심리적 시간과 인과성의 개념과 관련하여 자주 사용한 용어. 경험, 인상, 기억흔적*은 사후에 새로운 경험과 관련을 맺으면서 수정되어 다른 차원으로 발달하게 된다. 그렇게 함으로써 그것은 새로운 의미와 동시에 심리적 효과를 부여받는다.

프로이트에게 nachträglich라는 용어는 끊임없이 반복적으로 사용되고 있다. 그는 그것에 자주 밑줄을 그어 강조한다. 명사형인 Nachträglichkeit도 아주 일찍 나타나는데, 그러한 사실은 프로이트에게 사후작용이라는 개념이, 그것에 대한 정의는커녕 전체적인 이론이 세워진 적이 없는데도 불구하고, 그의 개념적 장치의 일부분이었다는 사실을 보여준다. 그 용어의 중요성에 주목한 공적은 라캉J. Lacan에게 있다. 그것에 대해 주목할 것은, 프랑스어와 영어의 번역이 단 하나의 단어로 그것의 용법을 보여줄 수 없다는 것이다.

우리는 여기서 사후작용의 이론을 전개할 생각은 없다. 단지 심리적 시간과 인과성에 대한 프로이트의 견해의 의미와 이점을 간단히 강조하려고 한다.

1. 우선 그 개념은 주체의 역사에 대한 정신분석적인 개념을, 현재에 대한 과거의 영향만을 고찰하는 직선적인 결정론으로 환원하려는 피상적인 해석을 금지시킨다. 흔히 사람들은 정신분석을, 인간의 모든 행동과 욕망을 어린 시절로 환원한다고 비난한다. 그것이 사실이라면, 그러한 경향은 정신분석의 발달과 더불어 점점 더 심해져, 분석가들은 계속해서 더 멀리 거슬러 올라가려 할 것이고, 그 결과 그들에게 인간의 숙명은 생후 1개월부터, 심지어는 태내에서 시작될 것이다.

그런데 프로이트는 처음부터, 주체는 지나간 사건을 사후에 수정할 뿐 아니라, 그 사건에 의미와 병인의 효과나 힘을 부여하는 것은 바로 그 수정이라고 분명히 못을 박는다. 1896년 12월 6일 그는 플리스에게 다음과 같이 편지를 쓰고 있다: 〈…… 나는 심리 기제가 층으로 이루어져 있다는 가설에 대해 연구하고 있다. 기억흔적의 형태로 되어 있는 현재의 재료는 가끔 새로운 조건에 따라, 재조직되고réorganisation 재기록된다réinscription〉.[1a]

2. 그러한 생각은 정신분석에서 마주치는 모든 현상이 소급 ― 심지어 소급적 환상 ― 의 영향 하에 놓인다는 것으로 귀결된다. 그래서 융이 소급적 환상Zurück-phantasieren이라고 말하는 것이다. 그에 의하면, 어른은 자신의 과거를, 자신의 현재 문제에 대한 상징적 표현인 환상 속에서 재해석한다. 그러한 견해에 따르면, 주체에게 재해석은 상상적 과거로, 〈현실의 요구〉를 도피시키는 방식이다.

다른 각도에서, 사후작용이라는 개념은 철학이 전면에 내세우고 있고, 실존적 정신분석의 여러 경향이 이어가고 있는 시간의 개념 ― 의식은 〈투기projet〉를 통해 자신의 과거를 구성하고 끊임없이 그것의 의미를 수정한다는 개념 ― 을 언급하고 있다고 볼 수 있다.

*

사후작용에 대한 프로이트의 개념은 훨씬 더 분명한 것처럼 보인다. 우리가 보기에, 그것을 규정하는 것은 다음과 같이 나뉜다.:

1. 사후에 수정되는 것은 일반적인 체험이 아니라, 그것을 겪을 때, 의미 있

사후작용[사후(의,에)] (명사, 형용사, 부사)

는 문맥 속에 완전히 통합될 수 없었던 것 중에서 선택된 것이다. 그러한 체험의 모델은 외상적 사건이다.

2. 사후의 수정은 돌발적인 사건과 상황에 의하거나, 신체 조직의 성숙에 의하여 촉진된다. 그러한 것들은 주체로 하여금 새로운 형태의 의미에 접근하게 하고, 이전의 경험을 재가공하게 한다.

3. 성욕의 발달은 그것이 내포하고 있는 시간적 간격을 통해, 현저하게 사후작용이라는 현상에 유리하게 작용한다.

이러한 시각은 프로이트가 *nachträglich*라는 용어를 사용하는 여러 텍스트에서 증명되고 있다. 그 중 두 텍스트는, 우리가 보기에, 특히 논증적이다.

「과학적 심리학 초고」(1895)에서 프로이트는 히스테리의 격리[억압]를 연구하면서, 다음과 같이 자문하고 있다: 왜 격리[억압]는 선택적으로 성욕에만 작용하는가? 그는 한 가지 예를 근거로 하여, 격리[억압]가 어떻게 연속적인 시간의 선상에서 서로 분명히 떨어져 있는 두 사건을 전제하는가를 보여주고 있다. 시간의 선상에서 첫 번째 사건은 성적인 장면(성인에 의한 유혹)으로 구성되어 있지만, 그 당시에는 어린아이가 그것의 성적인 의미를 알지 못한다. 두 번째 사건은 첫 번째 사건과 어떤 유사성 — 피상적인 유사성일지라도 — 이 있는 것으로, 이번에는 사춘기가 그 사이에 찾아온다는 사실로 해서, 성적인 흥분을 일으킨다. 주체는 그러한 흥분을 두 번째 사건과 결부시키지만, 사실 그것은 첫 번째 사건에 대한 기억이 야기한 것이다. 여기서 자아는 그러한 불쾌한 성적인 정동에 대해 자신의 정상적인 방어(예컨대 회피)를 사용하지 못한다: 〈주의(注意)〉는 지각을 향한다. 왜냐하면 지각은 보통 불쾌감의 해방이기 때문이다. 그러나 여기서 예기치 않게 불쾌감을 해방시키는 것은 기억흔적이지 지각이 아니다. 자아는 그러한 사실을 너무 늦게 깨닫는다.〉[1b] 그래서 자아는 격리[억압]를 사용한다. 격리[억압]는 자아가 1차 과정에 따라 작용하는 〈병적인 방어〉의 형태이다.

여기서 격리[억압]의 일반 조건은, 프로이트에 따르면, 인간 성욕의 특징인 〈뒤늦은 사춘기〉에 있다: 〈모든 청소년은 고유한 의미에서의 성적인 감각이 갑자기 찾아올 때에야 비로소 이해될 수 있는 기억흔적을 가지고 있다.〉[1c] 〈사춘기의 뒤늦은 출현이 1차 과정의 사후(死後) 출간*posthumes*을 가능하게 만드는 것이다.〉[1d]

그러한 관점에서, 두 번째 장면만이 첫 번째 장면에 병인의 가치를 줄 수

사후작용[사후(의,에)] (명사, 형용사, 부사)

있다. 〈사후에야 비로소 외상이 되는 기억이 격리[억압]되는 것이다.〉[1c] 그러니까 사후작용이라는 개념은 방어*에 대한 프로이트의 1차 개념 작업인 유혹론*과 밀접한 관련이 있다.

그러나 사람들은 프로이트에 의해 그 뒤에 발견된 유아 성욕의 모든 가치를, 그 개념이 빼앗는 것이라고 반박할 것이다. 그러한 반박에 가장 좋은 대답은 「한 소아 신경증의 이야기: 늑대인간」(1918)에 있다. 거기서는 사후작용의 똑같은 과정이 끊임없이 제시되면서, 생후 몇 년 내로 앞당겨진다. 그것은 원장면*과 관련이 있는, 병인이 되는 꿈에 대한 프로이트의 분석의 중심에 있다. 늑대인간이 성교를 이해하게 되는 것은, 〈…… 4살 때 꿈을 꾸었을 때이지, 그것을 보았을 때가 아니다. 그는 한 살 반 때 기억에 남은 인상을, 그의 성적인 발달과 흥분과 성적인 탐구 덕분에, 나중에 꿈을 꾸면서 이해할 수 있었던 것이다.〉[2a] 그 소아 신경증의 이야기에서, 꿈은 프로이트가 보여주고 있듯이, 공포증이 시작되는 순간이다: 〈…… 꿈은 성교의 관찰에, 사후작용의 효과를 제공한다.〉[2b]

프로이트는 1917년에, 「한 소아 신경증의 이야기: 늑대인간」의 관찰에 두 개의 긴 토론을 첨가한다. 그는 거기서 소급적 환상에 대한 융의 명제에 동요된다. 그에 따르면, 원장면은 분석에서 재구성된 결과이기 때문에, 주체 자신에 의해 만들어진 것일 수 있다. 그럼에도 불구하고 프로이트는 개의 교미와 같은 최소한의 지각이 징후를 제공해야 한다고 고집스럽게 주장한다…… 그러나 현실의 토양 — 조사를 해보면 깨지기 쉬운 — 이 제공하는 기반에 관한 한, 그 토양을 버리는 것처럼 보이는 순간까지도, 그는 새로운 개념, 즉 원환상이라는 개념, 요컨대 개인적 체험과 상상된 것을 동시에 넘어서면서 환상의 토대가 되는 구조를 도입한다.(→ **원환상**)

*

우리가 논한 텍스트들은 *Nachträglich*라는 프로이트의 개념을 〈*action différée* (지연된 행위)〉라는 개념 — 이것이 누적 효과에서 기인하는, 흥분과 반응 사이의 가변적인 시간적 간격을 의미한다면 — 으로 환원할 수 없다는 것을 보여주고 있다. 영역 『표준판』이 가끔 차용하는 *deferred action*이라는 번역어는 그러한 해석을 허락한다. 영역 『표준판』의 편집자들은 『히스테리 연구』(1895)의 한 구절을 인용하고 있는데,[2c] 거기서 프로이트는 이른바 정체 히스테리*에 대해, 어떤 기간 동안 〈누적된 외상의 사후 제거〉[3a]라는 말을 하고 있다. 여기서 〈사후〉는 처음으로, 지연된 방출로 이해될 수 있다. 그러나 주목할 것은, 프로이트에게 진정한 가공 작업인 〈기억 작업〉은 누적된 긴장의 단순한 방출이 아니라, 심리 작용의 복합적인 총체라는 것이다: 〈그녀[환자]는 매일 각각의 표현을 다시 훑어보고, 그것을 슬퍼하고, 말하자면 한가하게 그것으로 마음을 달랜다······〉[3b] 우리 견해로는, 사후작용을 엄밀하게 경제학적인 해소의 이론으로 환원하는 것보다, 사후작용이라는 개념으로 해소*의 개념을 조명하는 것이 더 나을 것이다.

1 프로이트 S., 『정신분석의 탄생』, 1887-1902.
  a 「플리스에게 보낸 편지」, 한, 111 ; 독, 185 ; 영, 173 ; 프, 153.
  b 「과학적 심리학 초고」, 한, 295 ; 독, 438 ; 영, 416 ; 프, 369.
  c 「과학적 심리학 초고」, 한, 292 ; 독, 435 ; 영, 413 ; 프, 367.
  d 「과학적 심리학 초고」, 한, 295 ; 독, 438 ; 영, 416 ; 프, 369.
  e 「과학적 심리학 초고」, 한, 292 ; 독, 435 ; 영, 413 ; 프, 366.
2 프로이트 S., 「한 소아 신경증의 이야기: 늑대인간」, 1918(1914).
  a 전집 IX, 237[243-4], n. 30 ; G.W., XII, 64. n. 4 ; S.E., XVII, 37-8, n. 6 ; 프, 350, n. 3[O.C., XIII, 36, n.1].
  b 전집 IX, 325[337] ; G.W., XII, 144 ; S.E., XVII, 109 ; 프, 409 참조.
  c 전집 IX, 246[252-3], n. 38 ; G.W., XII, 72 n. ; S.E., XVII, 45, n. ; 프, 356, n.
3 프로이트 S., 『히스테리 연구』, 1895.
  a 전집 III, 218[222] ; G.W., I, 229 ; S.E., II, 162 ; 프, 129[O.C., II, 184].
  b 전집 III, 219[222] ; G.W., I, 229 ; S.E., II, 162 ; 프, 129[O.C., II, 184].

삶 욕동

프: *pulsions de vie*. 독: *Lebenstriebe*. 영: *life instincts*. 스: *instintos de vida*. 이: *istinti*(또는 *pulsioni*) *di vita*. 포: *impulsos*(또는 *pulsões*) *de vida*.

프로이트가 그의 후기 이론에서, 죽음 욕동과 대립시킨 큰 범주의 욕동. 그것은 끊임없이 보다 더 큰 통일체를 이루어 그것을 유지하려는 경향이 있다. 삶 욕동은 에로스라는 용어로도 지칭되는데, 소위 성욕동뿐만 아니라 자기보존 욕동도 포함하고 있다.

프로이트가 죽음 욕동*과 삶 욕동의 큰 대립을 처음으로 소개한 것은 『쾌락원칙을 넘어서』(1920)이다. 그 이후 그는 그러한 대립을 그의 전 작품에서 끝까지 견지한다. 죽음 욕동은 생명체의 통일성의 파괴와 긴장의 철저한 균등화, 그리고 절대적인 휴식 상태로 가정되는 무생물적인 상태로의 회귀를 지향한다. 역으로 삶 욕동은 존재하는 생명체의 통일성을 유지하려고 할 뿐 아니라, 그러한 경향으로부터 출발하여 보다 포괄적인 통일성을 구성하려고 한다. 가령 세포의 수준에서조차 〈생명체의 각 부분을 응집시켜 그것을 유지하려는⋯⋯〉[1a] 경향이 있다. 그러한 경향은 개별적인 유기체에서도 발견된다. 즉 유기체는 자신의 통일성과 존재를 유지하려고 한다(자기보존 욕동*, 자기애적 리비도*). 여러 형태로 나타나는 성욕 자체도 결합의 원칙으로 정의할 수 있다(짝짓기에서의 개체의 결합, 수정에서의 생식 세포의 결합).

프로이트가 삶 욕동이라는 말로 의미하는 것이 무엇인지를 가장 잘 파악할 수 있는 것은, 죽음 욕동과의 대립이다. 그것들은 마치 물질세계에서 이미 작용하고 있는 커다란 두 원리(인력−척력), 그리고 특히 생명 현상의 토대가 되고 있는 두 원리(동화−이화)처럼 서로 대립한다.

그러한 새로운 욕동의 이원론은 여러 가지 문제를 끌어들인다.

1) 프로이트가 도입한 죽음 욕동이라는 개념은, 모든 욕동에서 가장 근본적인 것, 즉 이전 상태로의 회귀와 관계가 있다. 프로이트가 신봉하는 진화론의 관점에서, 그러한 퇴행적 경향은 덜 분화되고, 덜 조직화된 상태를 회복하고, 최후에는 에너지의 수준 차이가 없는 상태로 되돌아가려고 하는 것을 말한다. 그러한 경향이 죽음 욕동에서 현저하게 나타나는 반면에, 삶 욕동은 그 반대의 움직임, 즉 보다 분화되고 조직화된 형태의 구축과 유지, 그리고 유기체와 환경 사이의 에너지 수준 차이의 항구성과 증가 *la constance et l'augmentation des différences de niveau* 로 정의된다. 프로이트는 삶 욕동이 어떤 점에서, 그가 모든 욕동의 일반 공식으로 정의한 것 — 즉 보수적이고 퇴행적인 특성 — 에 복종하는 지를 보여줄 수 없다고 말한다. 〈에로스(사랑의 욕동)에 대해 말하자면, 우리는 똑같은 공식을 적용할 수 없다. 왜냐하면 그렇게 되면 생명체가 우선 통일성을 이루었다가 나중에 쪼개진 뒤, 다시 재결합한다고 가정하는 것과 같기 때문이다.〉[2a] 그래서 프로이트는 플라톤의『향연』에 나오는 아리스토파네스Aristophane의 신화를 참조한다. 그 신화에 따르면, 성적인 결합은 성이 분리되기 이전의 상태인, 원래 양성적인 존재의 잃어버린 통일성을 회복시키려는 노력이다.[1b]

2) 그러한 두 가지 큰 욕동에 상응하는 심리적 기능의 원칙의 차원에서도, 똑같은 대립과 똑같은 문제가 발견된다. 즉 열반의 원칙*은 죽음 욕동에 상응하는 것으로 확실히 정의될 수 있다. 그러나 쾌락원칙(과 그것의 변형인 현실 원칙*)은 삶 욕동의 요구를 대표한다고 가정되고 있지만, 그것의 경제학적인 의미는 좀체 파악되지 않기 때문에, 프로이트는 그것을 〈질적〉인 용어로 다시 정의하고 있다.(→ **쾌락원칙, 항상성의 원칙**)

프로이트의 마지막 정의(「정신분석 개요」, 1938)는, 삶 욕동의 밑에 숨어 있는 원칙은 결합*의 원칙이라는 사실을 보여주고 있다. 〈에로스의 목적은 언제나 보다 더 큰 통일을 이루어 유지하는 것이다: 그것은 다름 아닌 결합이다. 반대로 다른 욕동의 목적은 관계를 깨뜨리는 것, 따라서 사물을 파괴하는 것이다.〉[2b]

다 알다시피, 경제학적인 차원에서도, 삶 욕동은 긴장의 축소의 경향이라는 욕동의 에너지 모델과 잘 일치하지 않는다. 프로이트는 몇몇 구절에서,[3] 에로스를 욕동의 일반적인 보수적 특징과 대립시키고 있다.

3) 마지막으로 프로이트는 그가 전에 성욕동*이라고 부른 것을 삶 욕동으로 인정할 수 있다고 주장하고 있는데, 우리는 그러한 동일시가 프로이트적인 이원론의 구조에서 성욕의 위상 변화와 관계가 있는 것은 아닌지 자문해보아야 한다. 프로이트가 끌어낸 여러 대립 개념들 — 즉 자유 에너지와 구속 에너지, 1차 과정과 2차 과정, 쾌락원칙과 현실원칙, 그리고 「과학적 심리학 초고」(1895)에 나오는 관성의 원칙과 항상성의 원칙 — 에서, 그 당시까지 성욕은 첫 번째 항목과 일치했고, 본질적으로 폭발적인 힘*la force disruptrice*으로 나타나 있다. 새로운 욕동의 이원론에서는 죽음 욕동이 〈최초의〉 힘이고 〈악마적인〉 힘이며, 엄밀한 의미에서의 욕동이다. 반면에 성욕은 역설적으로 결합 쪽으로 넘어간다.

1 프로이트 S., 『쾌락원칙을 넘어서』, 1920.
  a 전집 XI, 339[343], n. 100 ; G.W., XIII, 66, n. ; S.E., XVIII, 60, n. ; 프, 70, n.[O.C., XV, 335, n.1].
  b 전집 XI, 335[339-40] ; G.W., XIII, 62-3 ; S.E., XVIII, 57-8 ; 프, 66-7[O.C., XV, 331-2] 참조.
2 프로이트 S., 「정신분석 개요」, 1938.
  a 전집 XV, 418[436] ; G.W., XVII, 71 ; S.E., XXIII, 149 ; 프, 8[O.C., XX, 238].
  b 전집 XV, 418[436] ; G.W., XVII, 71 ; S.E., XXIII, 148 ; 프, 8[O.C., XX, 237].

3 프로이트 S., 『문명 속의 불만』, 1930. 전집 XII, 297[309], n. 48 ; G.W., XIV, 477, n. ; S.E., XXI, 118, n. 2 ; 프, 54, n. 2[O.C., XVIII, 304, n.1].

상보(相補)적 계열

프: *série complémentaire*. 독: *Ergänzungsreihe*. 영: *complemental series*. 스: *serie complementaria*. 이: *serie complementare*. 포: *série complementar*.

신경증의 병인을 설명하기 위해, 그리고 외적인 요인이나 내적 요인 사이에 어느 쪽인가를 선택해야 하는 양자택일을 넘어서기 위하여, 프로이트가 사용한 용어. 그 요인들은 사실 상보적이다. 왜냐하면 각각의 요인 중에서 한 쪽이 강해지면, 다른 한쪽은 약해지기 때문이다. 그 결과 모든 사례는 두 가지 형태의 요인들이 반비례적으로 변하는 눈금 위에 배열된다. 단 한 가지 요인만 나타나는 경우는 그러한 상보적 계열의 양극단뿐이다.

상보적 계열이라는 개념이 가장 명확히 주장된 것은 『정신분석 입문 강의』 (1916~17)에서다. 우선 그것은 신경증의 발병의 문제와 관련하여 제기된다.[1a] 병인론적인 관점에서 고착으로 대표되는 내적 요인과 좌절로 대표되는 외적 요인 사이에 어느 한 쪽을 선택해야 할 필요는 없다. 그것들은 서로 반비례하기 때문이다. 따라서 신경증이 발병하기 위해서는, 고착이 강한 경우에 극히 작은 외상으로도 충분하다. 그것은 반대도 마찬가지이다.

다른 한편으로 고착은 그 자체가 상보적인 두 요인, 즉 유전적 기질과 어린 시절의 체험으로 나뉜다.[1b] 상보적 계열이라는 개념 덕분에, 우리는 각각의 사례를, 일련의 어린 시절의 고착과 후일의 외상이라는 구성 요소들의 상대적인 몫에 따라 배치할 수 있다.

프로이트는 주로 신경증의 병인을 설명하기 위해 상보적 계열이라는 개념을 사용한다. 그러나 서로 반비례로 변하는 다양한 요인이 개입하는 다른 영역에서도 그 개념을 원용할 수 있다.

1 프로이트 S., 『정신분석 입문 강의』, 1916-17.
　a 전집 I, 467-9[492-4] ; G.W., XI, 359-60 ; S.E., XVI, 346-7 ; 프, 373-4[O.C., XIV, 359-60].

b 전집 I, 488[513] ; G.W., XI, 376 ; S.E., XVI, 362 ; 프, 388-9[O.C., XIV, 375].

상상계(명사), 상상적(형용사)

프: *imaginaire*(남성 명사, 형용사). 독: *Imaginäre*. 영: *imaginary*. 스: *imaginario*. 이: *immaginario*. 포: *imaginário*.

라캉J. Lacan이 그 용어(대개 명사적으로 사용되는)에 부여한 의미에 따르면, 그것은 정신분석의 세 가지 기본 영역(실재계, 상징계, 상상계)의 하나이다. 그 영역은 닮은자 *semblable*의 이미지와의 관계가 지배적인 것을 그 특징으로 한다.

〈상상계〉라는 개념은 우선 거울 단계*에 관한 라캉의 초기 이론 중의 하나를 참조해야만 이해할 수 있다. 라캉은 거울 단계에 바친 연구에서, 인간의 아이는 특별히 생물학적인 조산(早産)으로 인하여, 그의 닮은자(거울에 비친 자아)로부터 출발하여 자아가 구성된다는 생각을 분명히 밝히고 있다.

그러한 최초의 체험을 고찰해보면, 상상계를 다음과 같이 정의할 수 있다:

a) 주체내의 관점에서, 그것은 기본적으로 주체와 그의 자아의 자기애적인 관계이다.[1]

b) 주체 간의 관점에서: 그것은 닮은자의 이미지(성적인 매력, 공격적인 긴장)에 기초한, 그리고 그것에 사로잡힌 소위 양자적*duelle* 관계이다. 라캉에 따르면, 자아는 원래 타자이기 때문에, 닮은자 — 즉 자아인 타자 — 만이 있는 것이다.[2]

c) 외계[환경]*Umwelt*와 관련해서, 그것은 동물 생태학(로렌츠Lorenz, 틴베르겐Tinbergen)이 기술한 유형의 관계, 즉 행동의 발동에서 이런저런 게슈탈트*Gestalt*의 프레그넌시*pregnancy*[역주: 지각이나 기억에 대한 강한 호소력]를 보여주는 관계를 말한다.

d) 의미작용과 관련해서, 그것은 유사성이나 동형(同形)성과 같은 요인들이 결정적인 역할을 하는 이해의 형태이다. 그것은 기호형식과 기호의미의 일종의 유착의 증거가 된다.

라캉이 상상계라는 용어를 아주 특별하게 사용하고 있다고 해서, 그것이 일상적인 의미와 아무런 관계가 없는 것은 아니다. 라캉에 따르면, 모든 상상

적인 행위와 관계는 본질적으로 미끼이다.[α]

라캉은 상상계와 상징계의 차이와 대립을 강조하면서, 상호주체성은 상상계라는 용어로 묶은 관계의 총체로 환원되지 않는다는 것과, 특히 분석 치료에서 그 두 〈영역〉을 혼동하지 않는 것이 중요하다는 것을 지적하고 있다.[3]

α 동물행동학에서, 가상(假像)*simulacres*의 방법, 즉 본능적 주기(週期)의 발동이 되는 인공적인 자극-신호의 이용은 이것을 실험적으로 보여주고 있다.

1 Lacan J., "Le stade du miroir comme formateur de la fonction du Je", 1949, in *R.F.P.*, XIII, 449-53 참조.

2 예컨대 Lacan J., "L'agressivité en psychanalyse", 1948, in *R.F.P.*, XII, 367-88 참조.

3 Lacan J., "La direction de la cure et les principes de son pouvoir", 1958, in *La Psychanalyse*, Paris, P.U.F., vol. VI.

상징계

프: *le symbolique*. 독: *Symbolische*. 영: *symbolic*. 스: *simbólico*. 이: *simbolico*. 포: *simbólico*.

라캉이 (남성 명사의 형태로) 도입한 용어. 그는 정신분석의 장(場)을 근본적으로 세 개의 영역 — 상징계, 상상계, 실재계 — 으로 구분한다. 상징계는 정신분석이 다루는, 언어처럼 구조화되어 있는 현상들의 질서를 가리킨다. 또한 그 용어는 다음과 같은 개념, 즉 치료 효과의 원동력은 말의 창립성에 있다는 개념과 관계가 있다.

1. 명사로 된 *symbolique*라는 단어는 프로이트에게서도 찾아볼 수 있다. 가령, 『꿈의 해석』(1900)에서, 그는 *la symbolique*(*die Symbolik*)[역주: 라캉의 *le symbolique* (상징계)은 남성 명사인데 반해, 이것은 여성 명사이다])라는 표현을 쓰고 있는데, 그것은 무의식의 여러 산물에서 발견되는, 항상 일정한 의미를 갖고 있는 모든 상징을 의미한다.

프로이트의 *la symbolique*(상징학)와 라캉의 *le symbolique*(상징계) 사이에는 분명한 차이가 있다. 프로이트는 상징과 그것이 표상하는 것의 결합 관계 — 그 결합이 아무리 복잡한 것일지라도 — 에 중점을 두는 데 비해, 라캉에게 1차적인 것은 상징적 체계*système symbolique*의 구조이다. 따라서 상징된 것le symbolisé과의 연결(가령, 유사성, 동형성)은 2차적이다. 왜냐하면 거기에는 상상계*가 스며 있기 때문이다.

그럼에도 불구하고, 우리는 프로이트의 상징학 속에서 그 두 개념을 연결시켜 주는 것을 찾을 수 있다: 즉, 프로이트는 이미지와 증상의 특수성으로부터 일종의 보편적인 〈기본 언어〉를 끌어내고 있다. 그가 그것이 구조화되는 방식보다, 그것이 말하고 있는 것에 더 주목하고 있다 하더라도 말이다.

2. 특히 레비스트로스Lévi-Strauss는 소쉬르F. de Saussure의 가르침에서 나온 구조 언어학을 모델로 하여, 사회 과학에서 인간관계의 현실을 구조화하는 상징적 질서라는 개념을 끌어낸다.[1] 소쉬르의『일반 언어학 강의Cours de linguistique générale』(1955)의 명제에 따르면, 언어의 기호형식signifiant을 따로 떼어서 보면, 그것은 기호의미signifié와 내적인 관련이 없다. 그것이 의미 작용과 관련을 맺는 것은, 그것이 미분적 대립으로 특징지어지는 기호형식의 체계 속에 통합되기 때문이다.[a]

레비스트로스는 구조주의적인 관점을, 문화적 사실에 대한 연구로 확장한다. 그가 보기에, 문화적 사실에서는 기호의 전달만이 작용하고 있는 것이 아니다. 그는 상징적 체계système symbolique라는 용어로 그 구조를 고찰 기술한다: 〈모든 문화는 상징적 체계의 총체로 간주할 수 있다. 그것의 제1열에 언어, 혼인 규칙, 경제 관계, 예술, 학문, 종교가 위치하고 있다.〉[2]

3. 우리가 보기에, 라캉이 정신분석에서 상징계라는 개념을 사용하는 것은 두 가지 의도에 따르는 것 같다:

a) 무의식의 구조를 언어의 구조에 접근시켜, 언어학에서 그 성과가 입증된 방법을 그것에 적용하는 것.

b) 인간 주체가 어떻게 미리 확립된 질서 — 레비스트로스적인 의미에서 그 자체가 상징적인 본질을 가진 — 속에 삽입되는지를 보여주는 것.

〈상징계〉라는 용어의 의미를 엄밀한 정의의 틀 속에 가둬두는 것은, 라캉의 생각 자체에 반하는 것일 것이다. 왜냐하면 그는 기호형식에 기호의미와의 고정된 관계를 부여하는 것을 거부하기 때문이다. 따라서 우리는 라캉이 그 용어를 두 가지 방향에서 사용하고 있다는 것을 지적하는 것에 만족하고자 한다:

a) 하나의 구조structure — 이 구조의 변별적인 요소가 기호형식으로 작용하는 그러한 구조(언어학적 모델) — 를 가리키기 위하여, 또는 좀 더 일반적

으로 말해 그러한 구조들이 속하는 영역(상징적 질서)을 가리키기 위해, [그는 상징계라는 용어를 사용한다].

b) 그 질서의 기초가 되는 법*loi*을 가리키기 위해, [그는 상징계라는 용어를 사용한다]. 그래서 라캉은 상징적 아버지*père symbolique*나 아버지의-이름*Nom-du-père*이라고 말할 때, 법을 공포하는 현실적인 아버지나 상상적인 아버지의 변모로 환원될 수 없는 하나의 심역으로 고려하고 있다.

α 용어학적인 관점에서, 소쉬르는 상징이라는 용어를 언어 기호와 동의어로 생각하지 않는다는 사실에 주목하자. 왜냐하면 상징은 상징된 것*le symbolisé*과 〈자연적인〉 관계나 〈합리적인〉 관계를 내포하고 있기 때문이다.[3]

1 Lévi-Strauss C., *Les structures élémentaires de la parenté*, P.U.F., Paris, 1949. 그리고 *Anthropologie structurale*, Plon, Paris, 1958. 참조.

2 Lévi-Strauss C., "Introduction à l'ouvrage de Marcel Mauss", in *Sociologie et anthropologie*, P.U.F., Paris, 1950. 참조.

3 Saussure F. de, *Cours de linguistique générale*, Payot, Paris, 1955, 101, 참조.

상징적 실현

프: *réalisation symbolique*. 독: *symbolische Wunscherfüllung*. 영: *symbolic realization*. 스: *realización simbólica*. 이: *realizzazione simbolica*. 포: *realização simbólica*.

세슈에M.-A. S`chehaye가 정신분열증에 대한 정신분석적인 정신치료법을 가리키기 위하여 사용한 표현. 거기서 문제 삼고 있는 것은, 환자가 생후 몇 년 안에 겪은 좌절을 수선하기 위해, 그의 욕구를 상징적으로 충족시키고, 그것으로써 그에게 현실에 대한 접근을 열어주는 것이다.

상징적 실현이라는 방법은, 젊은 정신분열증자에 대해 정신분석적 정신치료를 하는 중에 그것을 발견한 세슈에 부인의 이름과 결부되어 있다.ᵅ 그 저자의 개념의 근거가 된 르네 사례*Cas Renée*에 대한 이야기를, 독자는『정신분열증자의 정신치료 입문*Introduction à une psychothérapie des schizophrènes*』(1954)¹ᵃ에서 발견할 수 있을 것이다. 그 이야기는『한 정신분열증자의 일기*Journal d'une schizophrène*』,1950)[2a]에서 환자 자신이 직접 보고한 바 있다.

〈상징적 실현〉이라는 표현에서, 〈실현〉이라는 말은 정신분열증자의 기본 욕구는 치료에서 실제로 충족되어야 한다는 개념을 내포하고 있다. 그리고 〈상징적〉이라는 말은 그것이 표현되는 방식에 따라, 다시 말해 충족을 주는 대상(예컨대, 어머니의 젖가슴)과 그것에 대한 상징(르네의 경우, 사과) 사이에 통일성이 있는 〈상징-마술〉의 방식에 따라 충족되어야 한다는 것을 보여주고 있다.

그 기법은 모성 요법*의 한 형태로 정의될 수 있다. 왜냐하면 정신치료사는 좌절된 구강 욕구를 이해하고 충족시키는 소질이 있는 〈좋은 어머니〉 역할을 하기 때문이다. 〈그 방법은 정신분열증자에게 그가 극복하기 불가능한 갈등 상황에 적응하기를 요구하는 것이 아니라, 〈단단한〉 현실을 보다 〈부드럽고〉 보다 참을 수 있는 새로운 현실로 대체함으로써, 그것을 개조하고 수정하려고 한다.〉[1b]

저자에 따르면, 기본 욕구의 상징적 실현은 가장 심층적인 퇴행의 수준에 있는 주체와 만나야 한다. 그러한 상징적 실현은 연속적인 발달 단계의 순서를 따라 재현 실행되면서, 정신분열증자의 자아를 재구성시켜 주며 그것과 상관된 현실을 정복하게 한다.[2b]

α 세슈에가 그 방법을 처음으로 발표한 것은, *Revue suisse de psychologie et psychologie appliquée*(n.12, Ed. Médicales, Hans Huber, Berne, 1947)의 보유(補遺)인 「상징적 실현: 정신분열증자의 사례에 적용된 새로운 정신치료 방법La réalisation symbolique(Nouvelle méthode de psychothérapie appliquée à un cas de schizophrénie)」이다.

1 Sèchehaye M.-A., *Introduction à une psychothérapie des schizophrènes*, 1954.
  a 22.
  b 9.
2 Sèchehaye M.-A., *Journal d'une schizophrène*, 1950.
  a 제11장.
  b 특히 2부 참조.

상징적 표현[상징]

프: *symbolisme*. 독: *Symbolik*. 영: *symbolism*. 스: *simbolismo*. 이: *simbolismo*. 포: *simbolismo*.

A) 넓은 의미에서, 하나의 개념, 갈등, 무의식적 욕망에 대한 간접적이고 비유적인 표상 방식을 가리킨다. 그러한 의미에서, 정신분석에서는 모든 대체 형성(물)*을 상징적인 것으로 간주할 수 있다.

B) 좁은 의미에서, 주로 상징과 상징된 것le symbolisé 사이의 불변적 관계가 두드러지게 나타나는 표상 방식을 가리킨다. 그러한 불변성은 한 개인에게서 뿐 아니라, 한 개인과 다른 사람 사이에서, 그리고 다양한 영역(신화, 종교, 민속, 언어 등)과 서로 멀리 떨어진 문화권에서도 발견된다.

상징적 표현[상징]이라는 개념은 오늘날 정신분석과 아주 밀접하게 결부되어 있다. *symbolique*(상징적), *symboliser*(상징하다), *symbolisation*(상징화)이라는 말은 아주 자주, 그리고 아주 다양한 의미로 사용되고 있고, 상징적 사고와 상징의 창조와 취급에 관한 문제들은 많은 학문(심리학, 언어학, 인식론, 종교사, 민속학 등)에 걸쳐 있기 때문에, 그 용어들에 대한 정신분석적인 고유의 용법의 범위를 정하고, 여러 가지 의미를 구분해내기는 아주 어렵다. 다음에 지적하는 사항은 정신분석적인 문헌에 대한 독서의 길잡이일 뿐이다.

I. 상징을 기호들*signes*의 범주에 넣는 것에 대해서는 일반적으로 동의한다. 그러나 그것을 〈자연적인 관계를 통해, 부재하거나 지각하기 불가능한 것을 환기시키는 것〉[1]으로 규정하려고 한다면, 당장 몇 가지 반대에 부딪치게 된다.

  1. 수학적 상징*symboles mathématiques*이나 언어학적 상징*symboles linguistiques*이라고 말할 때,[a] 〈자연적인 관계〉나 유추에 의한 일치는 완전히 배제된다. 게다가 심리학에서 상징적 행위*conduite symbolique*라는 이름이 가리키는 것은, 지각된 것 중에서 현실의 질서 ─ 즉 〈사물〉로 환원될 수 없지만, 사물에 대한 일반화된 취급을 가능하게 하는 질서 ─ 를 식별할 수 있는 주체의 소질을 보여주는 행위를 말한다.

  따라서 그것의 용법은 상징이라는 말의 사용의 폭이 아주 넓다는 것을 보여주고 있다. 상징이라는 말은 레비스트로스가 인류학에서, 라캉이 정신분석에서 상징계*라는 용어를 사용할 때 이미 증명되었듯이, 상징과 상징된 것 사이의 내적인 관계를 반드시 내포하는 것은 아니다.

  2. 상징은 〈지각하기 불가능한 어떤 것〉을 환기시킨다(가령 왕홀은 왕권

상징적 표현[상징]

의 상징이다)고 말한다고 해서, 그것이 상징을 통해 추상적인 것에서 구체적인 것으로의 이행이 이루어진다는 개념을 내포하는 것은 아니다. 사실 상징된 것은 상징만큼 완전히 구체적인 것일 수 있다(예: 루이 14세의 상징인 태양).

II. 상징적 표현이라는 용어의 넓은 의미와 좁은 의미를 구분하면서, 우리는 프로이트가 제안하고, 존스가 그것에 의거하여 자신의 상징론을 세울 때 나눈 구분을 채택하고 있다. 그것은 오늘날 정신분석의 용법에서 조금 사라졌을 뿐, 거의 그대로 통용되고 있다.

그 말의 넓은 의미에서, 가령 꿈이나 증상에 대해, 우리는 그것들이 욕망이나 방어 갈등의 상징적 표현이라고 말할 수 있다. 그것은 그것들이 욕망이나 갈등을 간접적이고, 비유적이고, 다소 해독하기 어렵게 표현한다는 것을 의미한다(어린아이의 꿈은 어른의 꿈보다 덜 상징적이라고 생각할 수 있다. 왜냐하면 거기서는 욕망이 거의 위장되지 않거나 전혀 위장되지 않고 표현되기 때문에 쉽게 해독 가능하기 때문이다).

좀 더 일반적으로, *symbolique*(상징적)라는 용어는, 하나의 행위나 생각이나 말의 현재(顯在)적 내용과 그것의 잠재적 내용을 결합하는 관계를 가리키는 데 사용된다. 더욱이 그것은 현재(顯在)적 의미가 가장 부족한 곳에서 사용된다(가령, 주체가 제공하는 어떠한 의식적인 동기로도 환원되지 않는 증상적인 행위의 경우). 몇몇 연구자들(랑크Rank와 작스Sachs, 페렌치Ferenczi, 존스Jones)은 상징된 것이 무의식적일 경우만 상징적 표현이라는 말을 쓸 수 있다고 주장한다: 〈모든 비유가 상징인 것이 아니라, 1차적 요소가 무의식에 격리[억압]된 것만 상징이다.〉[2]

그러한 관점에서, 상징적 표현은 이런저런 기제 — 이동*, 압축*, 중층결정*, 형상화* — 와 아주 명확히 구별됨이 없이, 모든 형태의 간접적인 표상을 포괄하고 있다는 점에 주목할 필요가 있다. 사실, 가령 하나의 행위가 적어도 두 가지 의미 — 하나는 다른 하나를 숨기고 동시에 표현하면서 그것을 대체하는 — 를 지니는 순간부터, 그것들의 관계를 상징적이라고 말할 수 있는 것이다.[γ]

III. 그렇지만 아마 프로이트에게는 현대의 분석가들에게보다, 더 좁은 의미의 상징적 표현이라는 개념이 있다. 그 의미는 상당히 늦게 발표된다. 프로이트 자신은 그 점에 대해, 특히 슈테켈W. Stekel의 영향을 인정하는 증언을 하고 있다.[3]

사실, 프로이트가 『꿈의 해석』(1900)의 원본에 첨가한 것 중에, 가장 중요한 것은 꿈에서 상징적인 표현에 관한 것이었다. 꿈의 작업에 관한 장에서 상징에 의한 표상에 바쳐진 부분은 1914년이 되어서야 삽입된다.

그렇지만 자세히 살펴보면, 프로이트 자신의 증언에는 뉘앙스가 있음을 알 수 있다. 사실 상징적 표현이라는 용어의 좁은 의미는 바깥에서 가져온 것이 아니다.

예컨대, 『히스테리 연구』(1895)에서부터 프로이트는 이미 여러 구절에서, 연상적associatif 결정론과 상징적symbolique 결정론을 구분하고 있다: 가령,[4] 엘리자벳 폰 R. 양의 마비 증상은 연상의 길을 따라 여러 외상적 사건과 연결됨으로써 결정된 것이면서, 다른 한편으로 그 여자 환자의 정신적 상황의 몇몇 특징들을 상징하고 있다(그것의 중개는 정신적인 의미와 동시에 육체적 의미로 사용될 수 있는 몇몇 특수한 표현에 의해 확인되고 있다: 〈그것이 잘 안 돼요ça ne marche pas. 나는 그것을 삼킬 수가 없어요je ne peux pas avaler ça,〉 등.)

『꿈의 해석』(1900)의 초판에서부터,

1) 프로이트는 꿈을 해석하는 옛날 방법 — 그가 상징적이라고 부르는 — 을 비판하면서도, 그 방법과 자신의 방법의 친척 관계를 지적하고 있다;

2) 그는 꿈꾼 사람이 연상을 제공하지 않아도 이해할 수 있는 비유적 표상에 중요한 위치를 부여하고 있다. 그 경우에, 그는 일상적인 언어 표현이 중개 역할을 한다는 사실을 강조하고 있다[5a];

3) 특정한 욕망이나 갈등이 비슷한 방식으로 표현되는 〈전형적인 꿈〉은, 꿈꾼 사람이 누구일지라도, 주체의 개인적인 담화와는 무관한 꿈 언어의 요소들이 있다는 것을 보여주고 있다.

따라서 프로이트는 처음부터 상징의 존재를 알고 있었다고 말할 수 있다. 예컨대, 다음의 구절을 보자: 〈꿈은 이미 무의식적 사고 속에 있는 모든 상징을 이용한다. 왜냐하면 상징은 그것의 형상화되는 능력 때문에, 꿈의 요구 조건에 좀 더 일치할 뿐 아니라, 일반적으로 검열을 벗어나게 해주기 때문이다.〉[5b] 사실 그는 상징에 점점 더 큰 중요성을 부여한다. 그를 그렇게 이끈 것

상징적 표현[상징]

은 전형적인 꿈의 수많은 변형들에 대한 해명과 동시에, 꿈 이외의 곳에서 상징적 표현의 존재를 보여주고 있는 랑크Rank의 인류학적인 작업이었다.[6] 여기에 덧붙일 사실은, 프로이트 이론이 〈과학적인〉 개념에 반하여, 꿈에 하나의 의미만을 부여하는 〈대중적인〉 관점과 다시 관계를 맺게 됨에 따라, 우선 보편적인 상징학을 전제하는 거의 자동적인 해석으로 귀결될 위험이 있는 꿈의 열쇠와 명확히 구별되어야 한다는 것이다.

프로이트가 도식적으로 지적한 점들[6, 5c, 7a]을 다시 묶어, 우리는 상징, 즉 프로이트가 상징학*die Symbolik; la symbolique*이라고 부르는 것을 특징짓는 엄밀한 의미에서의 상징을 다음과 같은 특징으로 정의할 수 있을 것이다:

1) 그것은 꿈의 해석에서 〈무언의 요소〉[7b]로 나타난다. 주체는 그것에 대한 연상을 제공할 수 없다. 프로이트에게 그것은 치료에 대한 저항에 의해 설명될 수 없는 특성으로, 차라리 상징적 표현 방식의 특수성으로 규정되는 것이다.

2) 상징적 표현의 본질은 현재(顯在)적 요소와 그것에 대한 번역 사이의 〈불변적 관계〉에 있다. 그러한 불변성은 꿈에서 뿐 아니라, 아주 다양한 표현 분야(증상과 무의식의 다른 산물들, 즉 신화, 민속, 종교 등), 그리고 서로 멀리 떨어진 문화권에서 발견되고 있다. 그것은 마치 고정된 어휘처럼, 비교적 개인적인 자발성의 영향을 벗어나 있다. 개인적인 것은 상징의 의미 중에서 선택하는 것이지, 새로운 의미를 창조하는 것은 아니다.

3) 그러한 불변적 관계는 본질적으로 (형태, 크기, 기능, 리듬 등의) 유사성에 근거하고 있다. 그렇지만 프로이트의 지적에 따르면, 몇몇 상징은 암시에 가깝다. 가령, 나체는 옷으로 상징될 수 있다.[7c] 왜냐하면 거기서 그것들은 인접성과 동시에 대비의 관계에 있기 때문이다. 다른 한편 주목할 것은, 상징된 것과 상징 사이의 여러 관계가 수많은 상징 속에 압축될 수 있다는 것이다. 예컨대, 존스는 폴리치넬*Polichinelle*[역주: 매부리코에 꼽추의 형상을 한, 이탈리아 소극(笑劇)의 어릿광대]이 아주 다양한 관계를 통해 남근을 표상한다는 것을 보여주고 있다.[8a]

4) 정신분석이 발견한 상징이 아주 많다고 하더라도, 상징된 것의 영역은 아주 제한되어 있다: 육체, 부모와 혈족, 탄생, 죽음, 나체, 특히 성(성기, 성행위) 등이 그것이다.

5) 프로이트는 상징적 표현의 이론을 확대하여, 꿈과 무의식의 산물에 대

한 이론 뿐 아니라 실제 해석*에서 그것에 별도의 자리를 마련해주고 있다. 〈꿈의 검열이 없다 하더라도, 꿈은 우리에게 이해되지 않을 것이다. [······])7d 상징의 의미는 의식을 벗어나 있다. 그렇다고 그것의 무의식적인 본질이 꿈의 작업의 기제에 의해 설명될 수 있는 것은 아니다. 프로이트는 다음과 같이 지적하고 있다: 〈[상징적 표현에 숨어 있는 무의식적인] 비유는 매 경우 새로 만들어지는 것이 아니라, 이미 결정적으로 만들어져 있고 항상 준비되어 있다.)7e 따라서 우리는 주체들이 문화와 언어의 다양성을 넘어, 〈기본 언어〉7f ― 슈레버 원장의 표현을 빌리면 ― 를 마음대로 사용한다는 인상을 준다. 그 결과 두 종류의 꿈의 해석이 존재하게 된다: 하나는 꿈꾼 사람의 연상에 의거하여 해석하는 것이고, 다른 하나는 연상과 관계없이 이루어지는 상징의 해석이다.5d

6) 그러한 특징을 가지고 있는 상징적 표현 방식의 존재는 발생학적인 문제를 제기한다: 즉 상징은 어떻게 인간에 의해 만들어졌는가? 개인은 그것을 어떻게 자기 것으로 만드는가? 우리는 바로 그러한 문제가 융을 〈집단 무의식〉8b 이론으로 인도한 것이라는 사실에 주목할 필요가 있다. 프로이트가 계통 발생적인 유산의 가설9 ― 즉 우리가 보기에, 원환상(이 용어 참조)이라는 개념에 비추어 해석하는 것이 좋다는 가설 ― 을 표명했다 하더라도, 그가 그 문제에 대해 태도를 완전히 결정한 것은 아니다.

α 소쉬르는 〈언어학적 상징〉10이라는 표현을 사용하는 것에 대해 비판적이었다는 사실에 주목하자.

β 상징이라는 말의 어원은, 잘 알려진 바대로, σύμβολον(symbolon)라는 그리스어인데, 그것은 그리스인들에게 하나의 물건을 반으로 쪼개 서로 맞추어보는 신원 확인(가령 같은 종파의 회원끼리)의 수단이었다. 따라서 의미를 만드는 것은 관계라는 개념은 원래 어원에 있었다.

γ 기억의 상징*이라는 용어는 그러한 의미의 틀 속에 있다.

δ 〈전형적인 꿈〉에 대한 부분은 1910년에서 1911년 사이에 점점 증보된다. 거기에 포함된 대부분의 자료는 1914년에, 그 시기에 나타난 〈상징에 의한 표상〉이라는 절(節)로 이동한다.11

1 Lalande A., *Vocabulaire technique et ciritique de la philosophie*, P.U.F., Paris, 1951.

2 Ferenczi S., "The Ontogenesis of Symbols", 1913, in *First Contributions*, 277-8.

3 프로이트 S.,「정신분석 운동의 역사에 대하여」, 1914. 전집 XV, 65[66] ; G.W., X, 58 ; S.E., XIV, 19 ; 프, 277[O.C., XII, 262] 참조.

4 프로이트 S.,『히스테리 연구』, 1895. 전집 III, 205[208] ; G.W., I, 216-7 ; S.E., II, 152

; 프, 120-1[O.C., II, 173] 참조.

5 프로이트 S., 『꿈의 해석』, 1900.

　a 전집 IV, 404-5[419] ; G.W., II-III, 347 ; S.E., V, 341-2 ; 프, 255[O.C., IV, 386] 참조.

　b 전집 IV, 413-4[428] ; G.W., II-III, 354 ; S.E., V, 349 ; 프, 260[O.C., IV, 394].

　c 1914년에 재검토되고 증보된 제4판 6장 5절 〈꿈에서 상징을 통한 묘사〉, 전집 IV, 415[429] sqq. 참조.

　d 전집 IV, 427[441] ; G.W., II-III, 365 ; S.E., V, 359 ; 프, 267-8 참조.

6 프로이트 S., 「꿈에 대하여」, 1901. in 『끝이 있는 분석과 끝이 없는 분석』 참조.

7 프로이트 S., 『정신분석 입문 강의』, 1915-17.

　a *passim*. 참조.

　b 전집 I, 204[212] ; G.W., XI, 151 ; S.E., XV, 150 ; 프, 166[O.C., XIV, 154].

　c 전집 I, 209[217] ; G.W., XI, 154-5 ; S.E., XV, 153 ; 프, 169-70[O.C., XIV, 157].

　d 전집 I, 203[211], 230[239] ; G.W., XI, 150, 171 ; S.E., XV, 149, 168 ; 프, 164, 186[O.C., XIV, 153, 174] 참조.

　e 전집 I, 226[235] ; G.W., XI, 168 ; S.E., XV, 165 ; 프, 183[O.C., XIV, 171].

　f 전집 I, 227[236] ; G.W., XI, 169 ; S.E., XV, 166 ; 프, 184[O.C., XIV, 172].

8 Jones E., "The Theory of Symbolism", in *Papers on Psycho-Analysis*, Baillière, Londres, 제5판, 1948.

　a 93 sqq.

　b 93-104.

9 프로이트 S., 『인간 모세와 유일신교』, 1939. 전집 XIII, 381-2[395-6] ; G.W., XVI, 205-6 ; S.E., XXIII, 99-100 ; 프, 151-2[O.C., XX, 178-9] 참조.

10 Saussure F. de, *Cours de linguistique générale*, Payot, Paris, 1955.

11 S.E., IV, 서문 참조.

성감대

프: *zone érogène*. 독: *erogene Zone*. 영: *erotogenic*(또는 *erogenous*) *zone*. 스: *zona erógena*. 이: *zona erogena*. 포: *zona erógena*.

성적인 흥분의 자리가 될 수 있는 피부나 점막의 모든 부위.
특별히 기능적으로 그러한 흥분의 자리가 되는 몇몇 부위를 가리키기도 한다: 즉 구강대(帶), 항문대(帶), 요도-성기대(帶), 유두가 그것이다.

프로이트는 1896년 12월 6일과 1897년 11월 14일에 플리스에게 보낸 편지에서 처음으로 윤곽이 그려진 성감대 이론을, 『성이론에 관한 세 편의 논문』 (1905)[1a]에서 발표한 뒤 그것을 거의 바꾸지 않는다. 피부-점막의 모든 부위가 성감대로 작용할 수 있는 것은 물론이려니와, 프로이트는 이후에도 계속해서 이른바 성감(性感)*이라는 특성을 모든 내부 기관까지 확대한다[2]: 〈사실 전 신체가 하나의 성감대이다.〉[3] 그러나 몇몇 부위들은 그러한 기능이 이미 〈정해져 있는〉 것처럼 보인다. 빠는 행위의 예를 보면, 구강대는 생리학적으로 그러한 성감 기능에 한정되어 있다: 엄지를 빨 때, 엄지는 〈가치는 좀 떨어지지만 2차 성감대〉[1b]로서 성적 흥분에 참여한다. 성감대는 여러 가지 부분 욕동의 원천*이다(자기-성애*). 그것은 다소 특수하게 성적인 목표*의 형태를 결정한다.

몇몇 신체 부위가 인간의 성에서 지배적인 위치를 차지하고 있다는 것이 정신분석의 기본 사항이라고 하더라도, 해부-생리학적인 해석만으로는 그러한 사실을 충분히 설명할 수 없다. 우리는 그러한 부위가 성심리가 맨 처음 발달할 때, 주위와의 교류 통로로 선택된다는 사실과 동시에, 그것은 어머니 쪽의 가장 많은 관심과 보살핌 — 따라서 자극 — 을 구하고 있는 지대라는 사실을 고려해야 한다.[4]

1 프로이트 S., 『성이론에 관한 세 편의 논문』, 1905.
  a 전집 VII, 78-9[72-3] ; G.W., V, 83-5 ; S.E., VII, 183-4 ; 프, 76-8[O.C., VI, 118-9] 참조.
  b 전집 VII, 77[71] ; G.W., V, 83 ; S.E., VII, 182 ; 프, 75[O.C., VI, 117].
2 프로이트 S., 「자기애 소개」, 1914. 전집 XI, 60[58] ; G.W., X, 150 ; S.E., XIV, 84 ; 프, 90[O.C., XII, 227] 참조.
3 프로이트 S., 「정신분석 개요」, 1938. 전집 XV, 421[439] ; G.W., XVII, 73 ; S.E., XXIII, 151 ; 프, 11[O.C., XX, 240].
4 Laplanche J. & Pontalis J.-B., "Fantasme originaire, fantasmes des origines, origine du fantasme", in *Les temps modernes*, 1964, n.215, 1833-1868.

성감[성]

프: *érogénéité*. 독: *Erogeneität*. 영: *erotogenicity*(또는 *erogenicity*). 스: *erogeneidad*. 이: *erogeneità*. 포: *erogeneidade*.

성적 흥분의 원천이 될 수 있는, 다시 말해 성감대로 작용할 수 있는 신체의 모든 부위의 능력.

거의 사용되지 않는 이 용어는, 「자기애 소개」(1914)에서 프로이트가 만든 말이다.[1] 그 논문에서 성감(性感)은 신체의 일부분이 할 수 있는 성적 활동으로 정의되고 있다.[2]

프로이트는 성적인 〈흥분 가능성Erregbarkeit〉을 하나의 특수한 용어로 지칭함으로써, 성적인 흥분 가능성이 그것이 아주 명확히 나타나는 어떤 성감대의 특권이 아니라, 모든 피부-점막의 표면 — 내장을 포함해서 — 의 일반적인 특성이라는 사실을 보여주고 있다.

프로이트는 성감을, 증가하거나 감소할 수 있으며, 또한 유기체 내에서 이동함으로써 분포가 변화할 수 있는 양적인 요소로 생각하고 있다. 그에 따르면, 가령 건강염려증의 증상을 그러한 변화로써 설명할 수 있다.

1 프로이트 S., 「자기애 소개」, 1914. 전집 XI, 60[58] ; G.W., X, 150 ; S.E., XIV, 84 ; 프, 90[O.C., XII, 227] 참조.
2 프로이트 S., 『성이론에 관한 세 편의 논문』, 1905. 전집 VII, 79[73] (n. 79[13]) ; G.W., V, 85 (1915년에 첨가된 n. 1) ; S.E., VII, 184 (n. 1) ; 프, 179 (n. 50)[O.C., VI, 119 (n.1)] 참조.

성감적

프: érogène. 독: erogen. 영: erotogenic(또는 erogenic). 스: erógeno. 이: erogeno. 포: erógeno.

성적 흥분의 생산과 관계가 있는.

이 형용사는 대개 성감대*zone érogène라는 용어에서 쓰이지만, 성감적 피학증* masochisme érogène, 성감적 활동activité érogène 등과 같은 표현에서도 찾아볼 수 있다.

성격 신경증

프: *névrose de caractère*. 독: *Charakterneurose*. 영: *character neurosis*. 스: *neurosis de carácter*. 이: *nevrosi del carattere*. 포: *neurose de caráter*.

방어 갈등이 뚜렷이 독자적인 증상으로 나타나는 것이 아니라, 성격의 특징이나 행동 양식이나, 심지어는 인격 전체의 병적인 조직으로 나타나는 신경증의 형태.

성격 신경증이라는 용어는 현대의 정신분석에서 통용되고 있지만, 그렇다고 정확한 정의가 이루어진 것은 아니다.

그 개념이 잘 정의가 되지 않은 것은, 아마 그것이 질병기술학적인 문제 (성격 신경증을 따로 구분할 수 있는가?)뿐만 아니라, 심리학적인 문제(심리학이 성격이라고 명명하는 것의 기원, 기반, 기능의 문제)와 기술적인 문제 (소위 〈성격〉이라는 방어 기제의 분석에 어떤 위치를 부여해야 하는가?)를 일으키기 때문이다.

사실 그 개념은 다양한 영감(靈感)의 정신분석 연구들에서 그 전례를 찾아볼 수 있다:

1) 특히 리비도의 발달과 관련되어 있는 성격의 특징이나 유형의 발생에 대한 연구.[1]

2) 〈성격 갑옷*armure caractérielle*〉에 대한 라이히W. Reich의 이론적이고 기술적인 개념과, 특히 고전적인 정신분석을 거역하는 경우에, 언표화된 내용과 관계없이 반복되는 방어적인 태도를 해석할 필요성.[2]

*

엄밀하게 질병기술학적인 관점 — 〈성격 신경증〉이라는 말 자체가 필연적으로 상기시키게 마련인 관점 — 에 국한시킨다 하더라도, 다양한 의미의 가능성에 대해 즉각 혼동이 일어날 것이다:

1) 그 표현은 언뜻 보기에 증상을 나타내는 것이 아니라, 환경과의 관계에서 반복되거나 끊임없이 나타나는, 애로를 초래하는 행동 양식만을 보이는 모든 신경증의 증상도(症狀圖)*tableau névrotique*를 규정하는 말이기 때문에, 종종 정확하지 않게 사용되는 경우가 있다.

2) 정신분석의 영향을 받은 성격론은 여러 유형의 성격을, 정신신경증의

커다란 질병과 연결시키든지(강박증적 성격, 공포증적 성격, 파라노이아적 성격 등), 또는 리비도의 발달의 여러 단계에 연결시킨다(구강기적 성격, 항문기적 성격, 요도기적 성격, 남근기-자기애적 성격, 성기기적 성격 등. 가끔 이것들은 성기기적 성격과 전-성기기적 성격으로 크게 재분류된다). 그러한 관점에서, 언뜻 보기에 증상은 없고 성격 유형이 병리학적인 조직을 보이는 모든 신경증을 가리키기 위해, 성격 신경증이라는 말을 사용할 수 있다.

그러나 더 나아가, 오늘날 점점 더 일반화되어 가고 있는 구조라는 개념의 도움을 빌린다면, 증상이 있는 신경증과 증상이 없는 신경증의 대립을 넘어서서, 갈등이 분명히 드러나는 표현(증상, 성격의 특징)보다는 오히려 욕망과 방어의 조직 방식을 강조하려는 경향이 있다.ᵃ

3) 성격 형성을 설명하기 위해 가장 일반적으로 내세우는 기제는 승화*와 반동형성*이다. 반동형성은 〈단번에 인격의 결정적인 변화를 실현함으로써 2차적인 격리[억압]를 피한다〉.³ 반동형성이 지배적인 한, 성격 자체는 본질적으로 욕동의 위협에 대해서 뿐 아니라, 증상의 출현에 대해서도 개인을 보호하도록 되어 있는 방어 형성처럼 보인다.

기술적인 관점에서 보면, 성격적인 방어는 특히 자아에 비교적 통합된다는 점에서 증상과 구별된다. 거기에는 성격적 특징의 병적인 측면에 대한 오인, 합리화, 원래는 특수한 위험에 대한 방어이던 것이 행동 패턴으로 일반화되는 것이 있다. 그러한 기제는 강박적 구조의 특징으로 볼 수 있다.⁴ 그러한 의미에서 성격 신경증에서는 반동형성의 기제가 우세한 반면에, 증상(강박관념, 강박행동)은 눈에 띄지 않거나 산발적인 강박신경증에서 특히 흔하다.

4) 마지막으로 다양한 〈신경증적 성격〉이라는 개념과는 대조적으로, 〈성격 신경증〉이라는 용어로써 하나의 유일한 정신병리학적 구조를 가리키려는 시도가 있다. 그런 식으로, 앙리 소게Henri Sauguet는 〈자아의 침투가 아주 현저해서 정신증 이전의prépsychotique 구조를 연상시키는 조직을 결정하는 경우에 한해서, 성격 신경증이라는 용어……〉⁵를 붙인다.

그러한 개념은 신경증 증상과 정신증 질환 사이에, 성격 이상을 배치하려는 일련의 정신분석 연구(알렉산더Alexander, 페렌치Ferenczi, 글로버Glover)를 계승하고 있다.⁶

α 심리 장치에 대한 구조적인 개념에서, 구조라는 개념과 성격이라는 개념은 확실히 구

분하는 것이 좋다. 라가슈의 표현에 따르면, 성격은 여러 체계 사이의 관계와 체계 내의 관계가, 자아 체계에 투사된 것으로 정의할 수 있다. 그러한 관점에서, 개인의 타고난 기질로 나타나는 성격의 어떤 특징에서, 어떤 심역(예를 들면, 자아 이상)이 우세한지를 밝혀내야 한다.

1 특히 프로이트 S., 「특히 항문 성애에서의 욕동의 변형에 관하여」, 1908. 「정신분석 작업에서 드러난 몇 가지 성격 유형」, 1915. 「리비도의 여러 가지 유형」, 1931. — Abraham K., *Ergänzung zur Lehre vom Analcharakter*, 1921. *Beitrage der Oralerotik zur Charakterbildung*, 1924. *Zur Charakterbildung auf der genitalen Entwicklungsstufe*, 1924. — Glover E., *Notes on oral character-formation*, 1925. 참조.

2 Reich W., *Charakteranalyse*, Berlin, 1933. Trad., 영 : *Character-Analysis*, Noonday Press, New-York, 1949. 참조.

3 Fenichel O., *The Psychoanalytic Theory of Neurosis*, 1945. 프, *La théorie psychanalytique des névroses*, P.U.F., Paris, 1953, 187.

4 프로이트 S., 『억제, 증상 그리고 불안』, 1926. 전집 X, 288-9[300-1] ; G.W., XIV, 190 ; S.E., XX, 157-8 ; 프, 85-6[O.C., XVII, 271-2] 참조.

5 Ey H., *Encyclopédie médico-chirurgicale : Psychiatrie*, 1955. 37320 A 20, 1.

6 특히 Glover E., "The Neurotic Character", in *I.J.P.*, VII, 1926, 11-30 참조.

성기기[생식기기], 성기[생식기]의 조직화

프: *stade génital*(또는 *organisation génitale*). 독: *genitale Stufe*(또는 *Genitalorganisation*). 영: *genital stage*(또는 *organization*). 스: *fase*(또는 *organigación*) *genital*. 이: *fase*(또는 *organizzazione*) *genitale*. 포: *fase*(또는 *organização*) *genital*.

성심리의 발달 단계로, 부분 욕동들이 성기대(性器帶)의 우위 하에 조직되는 것을 특징으로 한다. 그것은 잠복기를 사이에 두고 두 시기로 나뉜다: 남근기(또는 유년기의 성기 조직화)와, 사춘기에 확립되는 고유한 의미에서의 성기의 조직화가 그것이다.
몇몇 연구자들은 남근기를 전-성기기적 조직화에 포함시키고, 성기의 조직화라는 용어는 두 번째 시기에만 국한시키기도 한다.

『성이론에 관한 세 편의 논문』(1905) 초판이 보여주고 있듯이, 처음에는 프로이트에게 단 하나의 성의 조직화 — 즉 〈다형(多形)적 도착성〉 내지 유아 성욕의 자기-성애와 대립하고, 사춘기에 확립되는 성기의 조직화 — 밖에 없

었다. 그 후, 프로이트는 그 최초의 개념을 점차 수정하게 된다:

1) 그는 전-성기기적 조직화를 기술한다.(1913년, 1915년)(→ **리비도의 조직화**)

2) 프로이트는『성이론에 관한 세 편의 논문』에 추가한 〈성적 조직화의 발달 단계〉라는 장에서, 성적인 대상 선택은 어린 시절부터 이루어진다는 생각을 분명히 밝히고 있다:〈…… 모든 성적 경향은 단 한 사람으로 집중되고, 그 사람 속에서 충족을 찾는다. 그리하여 몇 년 동안의 어린 시절에, 성생활의 결정적인 형태와 가장 가까운 성욕의 형태가 실현된다. 차이가 있다면, [……] 단지 어린아이에게는 부분 욕동들의 종합이 실현되지 않고, 그것들이 성기대의 우위에 완전히 종속되는 일도 일어나지 않는다는 것이다. 성기대의 우위는 성적 발달의 최종 단계에서만 비로소 확립된다.〉[1]

3) 프로이트는 위에 인용된 문장에서 기술된 이론을 나중에 다시 문제 삼는다. 소위 남근기라는, 잠복기 이전의 〈성기의 조직화〉가 있다는 것을 인식했기 때문이다. 그것과 사춘기 이후의 성기의 조직화와 유일한 차이점은, [남근기에는] 남녀 모두에게 유일한 성기는 남근*뿐이라는 사실이다.(1923)(→ **남근기**)

성심리의 발달에 대한 프로이트의 생각의 발전은, 점점 더 유아 성욕과 성인의 성욕을 근접시키는 쪽으로 가는 것처럼 보인다. 그렇다고 해서, 사춘기의 성기의 조직화와 함께 부분 욕동이 통합되고 결정적으로 계층화되며, 성기가 아닌 성감대와 결부된 쾌락은 오르가즘의 〈예비〉 단계가 된다는 등의 최초의 생각이 사라지는 것은 아니다.

사실 프로이트는 유년기의 성기의 조직화는 오이디푸스기적인 요구와 생물학적인 발달의 불일치로 특징지어진다는 것을 힘주어 강조하고 있다.[2]

1 프로이트 S.,『성이론에 관한 세 편의 논문』, 1905. 전집 VII, 98[90] ; G.W., V, 100 ; S.E., VII, 199 ; 프, 97[O.C., VI, 135-6].
2 프로이트 S.,「오이디푸스 콤플렉스의 소멸」, 1924. 전집 VII, 293-9[271-8] ; G.W., XIII, 395-402 ; S.E., XIX, 173-9 ; 프, 394-9[O.C., XVII, 27-33].

성기애(愛) [생식기애]

프: génital (amour ∼). 독: genitale Liebe. 영: genital love. 스: amor genital. 이:

amore genitale. 포: *amor genital*.

현대 정신분석에서 자주 사용하는 용어로, 성심리의 발달이 완성될 때, 주체가 도달하는 사랑의 형태를 가리킨다. 그것은 성기기에 대한 접근뿐만 아니라 오이디푸스 콤플렉스의 초월을 전제하고 있다.

프로이트는 성기애라는 표현을 사용한 적이 없다. 그렇지만 성의 완성된 형태라는 개념과, 관능의 흐름과 〈애정*Zärtlichkeit*〉의 흐름이 합류하는 〈사랑에서 완전히 정상적인 태도〉[1a]라는 개념은 분명히 그에게서 찾아볼 수 있다. 사랑하는 여자(이상화하는 여자)를 욕망할 수 없고, 욕망하는 여자(창녀)를 사랑할 수 없는 남자의 예 — 정신분석 임상에서 흔한 — 는, 프로이트에게 그것들이 분리되어 있음을 보여주고 있다.

관능의 흐름의 발전은 『성이론에 관한 세 편의 논문』(1905)에서 기술된 대로, 마지막에 성기의 조직화*에 도달한다. 사춘기와 함께, 〈…… 새로운 성적인 목표가 주어진다. 모든 부분 욕동은 그 목표의 실현을 위해 협력한다. 한편 성감대는 성기대의 우위에 종속된다. […]. 성욕동은 이제 생식 기능에 종사하기 시작한다.〉[2]

〈애정〉에 관해서 말하면, 프로이트는 그것의 기원을, 어린아이와 어머니 사이의 가장 오래된 관계와, 성적인 충족과 생명의 욕구 충족이 서로 분리할 수 없을 정도로 의탁*하고 있는 1차적인 대상 선택에서 찾는다.(→ **애정**)

*

발린트Michael Balint는 성기애에 바친 논문에서,[3a] 사람들이 그것에 대해 부정적으로 말한다는 사실을 지적하고 있다. 마치 아브라함의 양가성 이후의* 단계*stade post-ambivalent*에 대해, 사람들이 기본적으로 그 이전 단계들[양가성 이전 단계와 양가성 단계]의 특징이 없는 단계로 정의하는 것처럼 말이다.

성기애를 긍정적으로 정의하려면, 규범적인 관점과 솔직히 교훈적인 말 — 타인에 대한 이해와 존중, 헌신, 이상적인 결혼 등 — 을 피하기 어렵다.

정신분석 이론과 관련하여, 성기애라는 개념은 몇 가지 의문과 설명을 요구한다:

1) 성기적인 충족 — 주체의 충족이나 상대의 충족이나 또는 상호적인 충

족 — 이, 결코 사랑이 있다는 것을 내포하는 것은 아니다. 역으로 사랑은 성기적인 충족 뒤에도 살아남는 관계를 내포하고 있는가?[3b]

2) 사랑에 대한 정신분석적인 개념은 모든 규범을 배제하더라도, 정신분석이 사랑의 기원에 대해 발견한 것을 무시할 수 없다.

– 대상 관계에 관한 것: 합체, 지배, 증오와의 결합[*4];

– 성기적인 충족이 불가분으로 혼합되어 있는 전-성기기적인 충족 방식에 관한 것;

– 대상에 관한 것: 프로이트가 말하는 〈완전한 대상애〉는 의탁적 대상 선택의 형태이든, 엄밀한 의미에서 자기애적인 대상 선택의 형태이든, 항상 1차적 자기애로 특징지어지는가? 프로이트에게 자기애를 도입하게 된 동기는, 〈인간의 애정 생활〉이었다는 것을 기억하자.[5]

3) 오늘날 성기애라는 개념을 사용할 때, 그것은 흔히 욕동의 완전한 충족, 게다가 모든 갈등의 해결이라는 개념을 동반한다(그래서 어떤 저자는 〈한 마디로, 성기적인 관계는 역사가 없다.〉고 쓸 수 있었던 것이다).[6] 물론 프로이트의 성이론은 그와 같은 개념에 반대한다. 즉, 다음의 구절을 예로 들어보자: 〈우리는 성욕동의 본질 자체 속에, 완전한 충족의 실현에 방해가 되는 어떤 것이 있을 가능성을 고려해야 한다.〉[1b]

4) 일반적으로 사람들이 성기애라는 용어 하에, 서로 일치하지 않는 여러 차원을 혼동하고 있는 것은 아닌지 모르겠다: 즉, 부분 욕동들이 성기의 우위 하에 통합되는 것으로 귀결되는 리비도의 발달의 층위, 오이디푸스 콤플렉스의 완성을 가정하고 있는 대상 관계의 층위, 그리고 마지막으로 개인적인 만남의 층위가 그것이다. 더욱이 성기애를 원용하는 연구자들이 다음과 같은 모순에 빠지는 것은 놀라운 일이다: 즉, 그들은 사랑의 대상을 교환 가능하면서 *interchangeable* (〈성기적인 것〉은 반드시 사랑의 대상을 찾기 때문에), 동시에 유일한 *unique* 것으로(〈성기적인 것〉은 타인의 독특함을 고려하기 때문에) 간주하고 있다.

1 프로이트 S., 「애정 생활에 대한 보편적인 폄하에 관하여」, 1912.

a 전집 VII, 223[204] ; G.W., VIII, 79 ; S.E., XI, 180 ; 프, 11-2[O.C., XI, 130].

b 전집 VII, 233[214] ; G.W., VIII, 89 ; S.E., XI, 188-9 ; 프, 19[O.C., XI, 139].

2 프로이트 S., 『성이론에 관한 세 편의 논문』, 1905. 전집 VII, 107[99] ; G.W., V, 108-9 ; S.E., VII, 207 ; 프, 111-12[O.C., VI, 145].

성기애(愛)[생식기애]

3 Balint M., "On Genital Love", 1947. in *Primary Love and Psychoanalytic Technique*, Hogarth Press, Londres, 1952. 참조.

a *Passim*.

b *Passim*.

4 프로이트 S.,「욕동과 욕동의 운명」, 1915. 전집 XI, 129[127] sqq. ; G.W., X, 230 sqq. ; S.E., XIV, 138 sqq. ; 프, 57[O.C., XIII, 185] sqq. 참조.

5 프로이트 S.,「자기애 소개」, 1914. 전집 XI, 64[62] sqq. ; G.W., X, 153 sqq. ; S.E., XIV, 87[O.C., XII, 231] sqq. 참조.

6 Bouvet M., in *La Psychanalyse d'aujourd'hui*, P.U.F., Paris, 1956, I, 61.

성욕[성(性)]

프: *sexualité*. 독: *Sexualität*. 영: *sexuality*. 스: *sexualidad*. 이: *sessualità*. 포: *sexualidade*.

정신분석의 실제와 이론에서, 성욕은 생식 기관의 기능에 의존하는 활동과 쾌락을 가리킬 뿐 아니라, 기본적인 생리적 욕구(호흡, 배고픔, 배설 기능 등)의 충족으로 환원할 수 없는 쾌락을 가져다주고, 이른바 정상적인 성애의 형태를 구성하는 요소로 계속 다시 나타나는, 어린 시절부터 존재하는 모든 범위의 흥분과 활동을 가리킨다.

다 알다시피, 정신분석은 인간 존재의 성장과 심리 생활에서, 성욕을 아주 중요시한다. 그러나 그러한 명제를 이해하기 위해서는, 정신분석이 성욕이라는 개념을 어느 정도로 변형시키고 있는가를 헤아려보아야 한다. 우리는 여기서 인간에 대한 정신분석적 이해에서, 성욕이 어떤 기능을 하는가를 결정하기보다, 정신분석가들이 성욕이라는 개념*concept*을 사용하는 범위와 그것의 이해 방식을 명확히 기술하려고 한다.

만약 성욕을 본능* — 다시 말해 비교적 고정된 대상*(이성의 상대)과 목표* (성교에서 성기의 결합)를 가지고 있는, 인간을 특징짓는 미리 형성된 행동 — 으로 정의하는 일반적인 관점에서 출발한다면, 우리는 그러한 관점이 직접적인 관찰과 분석에 의해 제공된 사실을 설명하기에 아주 불완전하다는 것을 금방 알 수 있다.

A) 개념의 확장

1. 몇몇 정신병리학자들(크라프트-에빙 Krafft-Ebing, 해블록 엘리

스Havelock Ellis)이 19세기말에 목록을 작성한 성도착증의 존재와 빈도가 보여주고 있는 것은, 성적 대상의 선택과, 충족을 얻기 위해 사용하는 행동 방식이 엄청나게 다양하다는 것이다.

2. 프로이트는 변태 성욕과 소위 정상적인 성욕 사이에는 수많은 과도적 단계가 있다는 것을 입증했다: 가령, 일상적인 충족이 불가능해질 때 일시적인 도착증이 출현한다는 것과, 성교를 준비하고 성교에 수반되는 행위의 형태(전희)에서, 도착증에서 발견되는 행동 — 성교의 대체이든 충족에 필수적인 조건이든 — 이 존재한다는 것 등이 그것이다.

3. 신경증의 정신분석은 증상이 방어와의 타협에 의해, 이동되고 변형된 형태로 실현되는 성적인 욕망의 성취라는 것을 보여주고 있다. 다른 한편으로 이런저런 증상 뒤에는 자주 도착증적인 성적 욕망이 발견된다.

4. 특히 프로이트가 태어날 때부터 활동한다고 보고 있는 유아 성욕의 존재는, 정신분석가들이 성적이라고 부르는 것의 영역을 확장시키고 있다. 우리가 유아 성욕이라고 말할 때, 그것은 아주 이른 [시기에 이미] 성기적 흥분과 욕구가 존재한다는 것을 인정하는 것일 뿐 아니라, 어른의 변태 행위를 닮은 행위가 [어린아이에게] 존재한다는 것을 인정하는 것이다. 왜냐하면 유아 성욕은 첫째, 성기대만이 아닌 다른 신체 부위(성감대*)를 이용하고, 둘째, 생물학적인 기능(가령 영양 섭취)과는 별도의 쾌락(가령 엄지손가락 빨기)을 추구하기 때문이다. 정신분석가들이 구강 성욕, 항문 성욕 등으로 말하는 것은 그러한 의미에서이다.

B) 개념의 이해 — 그러한 성욕의 영역 확대로 말미암아, 프로이트는 필연적으로 그러한 다양한 활동에서 특별히 성적인 것에 대한 기준을 정하지 않을 수 없게 된다. 성적인 것은 성기적인* 것으로 환원될 수 없다(심리 현상이 의식으로 환원되지 않는 것과 마찬가지로)는 것이 일단 확인된 이상, 그렇다면 정신분석가는 무엇을 근거로 성기적인 것이 없는 과정에 성적인 특성을 부여하는 것일까? 그러한 질문은 특히 유아 성욕에 대해 제기된다. 왜냐하면 성인의 도착증의 경우에는, 일반적으로 성기의 흥분이 존재하기 때문이다.

프로이트는 그 문제를 특히 『정신분석 입문 강의』(1915~17) 제20장과 제21장에서 직접 다루고 있다. 거기서 프로이트는 자기 자신에게 다음과 같은 반론을 제기한다: 〈왜 당신은 당신 자신이 정의를 내릴 수 없다고 생각하고 있는, 어린 시절에 나타나는 그러한 표출들을 성욕이라고 명명하기를 고집하

　　　　　　　　　　　　　　　　　　　　　　　성욕[성(性)]

는가? 성적인 것은 그러한 표출로부터 나중에 구성되는데 말이다. 왜 당신은 생리학적인 기술에 만족하지 않고, 빨기나 배설 억제처럼 어린아이가 기관 쾌락*Organlust*을 겨냥하고 있는 것처럼 보이는 행동이, 젖먹이에게서 이미 관찰되고 있다고 아주 단순하게 말하는가?〉[1a]

프로이트는 그 질문을 미해결로 남겨놓은 채, 성인의 증상을 분석해보면 반드시 성적인 재료를 통해 쾌락을 낳는 어린 시절의 활동으로 소급 환원된다는 임상적인 논거를 제시하고 있다.[1b] 어린 시절의 활동 자체가 성적이라는 가정은 한 걸음 더 나아간다: 즉, 프로이트가 보기에, 한 걸음씩 재구성되는 발달의 끝에 만나게 되는 것은, 처음부터 적어도 싹의 상태로 존재해야만 한다. 그렇지만 결국 그는 다음과 같이 인정한다: 〈…… 우리는 아직 보편적으로 인정받을 수 있는, 어떤 과정의 성적인 본질에 대한 기준을 가지고 있지 않다.〉[1c]

프로이트는 자주 그러한 기준은, 생화학 분야에서 찾아야 한다고 말하고 있다. 정신분석에서 가정할 수 있는 것은, 성적 에너지, 또는 리비도가 존재한다는 것이 전부이다. 임상은 그것의 정의를 우리에게 제공하는 것이 아니라, 그것의 발달과 변형을 우리에게 보여주고 있다.

*

성욕의 본질(이것에 대한 마지막 말은 생화학적인 가설적인 정의에 남겨놓고 있다)과 그것의 발생에 관한 한, 프로이트의 사고가 이중의 궁지에 몰리는 것은 분명하다. 그는 결국 성욕은 처음부터 잠재적으로 존재한다고 가정하는 것으로 만족한다.

그러한 어려움은 유아 성욕에 대해 가장 현저하게 드러난다. 또한 그것의 해결에 관한 암시를 발견할 수 있는 곳도 바로 거기다.

1. 유아의 성행위에 대한 준(準)-생리학적인 기술 *description quasi physiologique*의 차원에서, 프로이트는 이미 성욕동이 유기체의 보존을 보증하는 주요 기관의 기능으로부터 나온다는 것을 보여주고 있다. 첫 번째 단계에서는 성욕동이 기능 수행에 부수적으로 제공되는 쾌락의 덤(배고픔을 채우는 것에 덧붙여지는 빨기의 즐거움)으로서만 알려진다. 두 번째 단계에서는, 그 부수적인 쾌락이 모든 영양 섭취의 욕구나 모든 기능적 쾌락을 벗어나, 외부 대상과 관계없이 성감대의 차원에서 완전히 국부적으로 그 자체로 추구

된다.

프로이트에 의하면, 의탁*, 성감대*, 자기-성애*는 유아 성욕을 정의하는 세 가지 특징으로, 서로 밀접하게 연결되어 있다.[2] 다 알다시피, 프로이트가 성욕동의 출현 시기를 결정하려고 할 때, 그것은 거의 특정 대상과 기관의 목적이 사라진 본능이 도착된 것으로 나타난다.

2. 그와 상당히 다른 시간적인 관점에서, 프로이트는 여러 차례에 걸쳐 사후작용*이라는 개념을 강조한다: 그것은 비교적 조숙한 막연한 경험이 새로운 경험을 통해, 원래 가지고 있지 않던 의미를 부여받는 것을 말한다. 그렇다면 결국 어린 시절의 체험(가령, 빨기)이 처음에는 비(非)-성적이다가, 성기의 활동이 나타나자 2차적으로 성적인 특성을 부여받는 것이라고 말하는 것일까? 그러한 결론은 성욕의 구성에서 소급적인 것의 중요성을 강조하는 것이기 때문에, 우리가 위에서 성욕의 출현에 대해서 말한 것은 물론이려니와, 성적인 것은 이미 심리-생물학적인 발달이 시작될 때부터 암암리에 내포되어 있다는 발생학적인 관점까지도 무효화하는 결과를 가져온다.

사실 그것이 바로 프로이트의 성욕론의 주된 난점이다. 성욕은 완전히 조립된 장치가 아니라 개인의 역사에서 장치와 목표를 바꾸어가며 확립되어 가는 것이기 때문에, 생물학적인 발생의 차원에서만 이해될 수 있는 것은 아니다. 그러나 역으로, 그러한 사실은 유아 성욕이 소급적 환상이 아니라는 것도 보여주는 것이다.

3. 우리가 보기에, 그러한 난점의 해결은 사후작용이라는 개념을 보완하는 원환상*이라는 개념에서 찾을 수 있을 것이다. 다 알다시피, 프로이트는 〈계통 발생적인 설명〉에 의거하여 그 개념을 설명하고 있는데, 그것은 모든 주체에게 나타나고 인간의 성욕을 보여주는 몇몇 환상(원장면, 거세, 유혹)을 가리킨다. 따라서 성욕은 내인(內因)적인 욕동의 성숙에 의해서만 설명될 수 있는 것은 아니다. 그것은 개인의 출현보다 선행하는 주체 간의 구조에서 구성되는 것이다.

〈원장면〉이라는 환상은 그것의 내용 면에서, 즉 그것에 포함되어 있는 신체적 의미에서, 특정한 리비도의 단계(가학적 항문기)와 관련이 있지만, 그것의 구조 자체(임신의 표상과 그 신비의 해결)에서는, 프로이트가 보기에, 관찰 가능한 요소들의 결합으로 설명되지 않는 것이다. 즉, 그것은 주체에게 이미 주어진déjà là 〈구조〉의 변형이다. 다른 구조적인 차원에서, 아이와 부모

성욕[성(性)]

사이의 삼각관계를 지배하는 것으로 정의되는 오이디푸스 콤플렉스에 대해 서도 똑같은 말을 할 수 있다. 그런데 유아 성욕에 내재하는 환상의 작용을 기술하는 데 가장 역점을 두는 정신분석가들(클라인Klein 학파)은, 오이디푸 스적인 구조가 아주 일찍부터 환상에서 활동한다는 사실을 찾아냈다. 그것은 아주 의미심장한 일이다.

4. 성욕에 대한 순전히 발생적이고 내인적인 개념에 대해 프로이트가 보이 는 유보적인 태도는, 유아 성욕이 확인된 후에도 그가 계속해서 유혹에 일정 한 역할을 부여하는 것에서도 알 수 있다(유혹 개념의 발전에 대해서는 〈유 혹〉이라는 항목을 참조할 것).

5. 이렇게 유아성욕은 적어도 그 근원에서, 전통적으로 본능으로 지칭되는 욕구와 결부되어 있음과 동시에 그것으로부터 독립되어 있고, 그것이 발달 과정을 따라 여러 단계를 통과한다는 점에서 내생적임과 동시에, 어른의 세 계로부터 주체에게 침입한다(주체는 처음부터 부모의 환상의 세계 속에 위 치하며, 그들로부터 다소 가려진 형태로 성적인 자극을 받는다)는 점에서 외 인(外因)적이다. 유아 성욕이 이해하기 어려운 데에는 또 다른 이유가 있다: 그것은 생리학적인 기능으로 환원하는 설명에 의해서든, 프로이트가 유아 성 욕이라는 이름하에 애정 관계의 다양한 형태를 기술하고 있는 〈위로부터의〉 해석에 의해서든, 해명할 수 없다는 것이다. 사실 프로이트가 유아 성욕을 정 신분석에서 찾아낼 때에는 항상 욕망의 형태였다. 욕망은 사랑과 다르게 특 정한 육체적인 기반에 긴밀하게 의존하고 있고, 그것은 욕구와 다르게, 대상 선택과 활동 방향을 엄격하게 결정하는 환상의 조건에 충족을 종속시킨다.

1 프로이트 S., 『정신분석 입문 강의』, 1916-17.
  a 전집 I, 437[459] ; G.W., XI, 335 ; S.E., XVI, 323 ; 프, 348[O.C., XIV, 334-5].
  b 전집 I, 439[461] ; G.W., XI, 336 ; S.E., XVI, 324 ; 프, 349[O.C., XIV, 336] 참조.
  c 전집 I, 433[455] ; G.W., XI, 331 ; S.E., XVI, 320 ; 프, 344[O.C., XIV, 331].
2 프로이트 S., 『성이론에 관한 세 편의 논문』, 1905. 전집 VII, 76-7[70-1] ; G.W., V, 83 ; S.E., VII, 182 ; 프, 76[O.C., VI, 116-7].

성욕동

프: *pulsion sexuelle*. 독: *Sexualtrieb*. 영: *sexual instinct*. 스: *instinto sexual*. 이:

istinto(또는 *pulsione*) *sessuale*. 포: *impulso*(또는 *pulsão*) *sexual*.

일반적인 의미의 성적인 활동보다 훨씬 더 넓은 영역에서 작용하는 것으로 정신분석이 보고 있는 내적인 압력. 본능과 구별되는 욕동의 특성 중의 몇 가지가 성욕동에서 아주 뛰어나게 입증되고 있다: 그것의 대상은 생물학적으로 미리 결정되어 있지 않고, 그것의 충족(목표)의 양상도 일정하지 않다. 그 충족 양상은 특히 특정한 신체 부위(성감대)의 기능과 연결되어 있지만, 그것이 의탁하는 아주 다양한 활동을 동반할 수 있다. 성적 흥분의 신체적 원천이 그렇게 다양하다는 것은, 성욕동이 처음부터 통합되어 있는 것이 아니라, 처음에는 국부적인 충족(기관 쾌락)으로 이루어진 부분 욕동으로 세분되어 있다는 것을 의미한다.

정신분석은 인간의 성욕동이 표상이나 환상 — 이것은 인간의 성욕동의 특수성을 규정한다 — 의 작용과 밀접하게 연관되어 있다는 것을 보여준다. 그것은 복잡하고 불안정한 발달 끝에 비로소 성기의 우위 하에 구조화되고, 본능의 명백한 불변성과 궁극성을 되찾는다.

경제학적인 관점에서, 프로이트는 성욕동의 변모 속에는 리비도라는 유일한 에너지가 존재한다고 가정하고 있다.

역학적 관점에서, 프로이트는 성욕동을 심리적 갈등에 반드시 존재하는 하나의 극으로 보고 있는데, 그것은 성욕동이 무의식으로 격리[억압]되는 특권화된 대상이기 때문이다.

위에서 우리가 내린 정의는 외연(外延)에서 뿐만 아니라 내포(內包)적 의미에서, 정신분석이 〈성본능*instinct sexuel*〉이라는 개념에 가져온 혁신을 잘 보여주고 있다.(→ **성욕**) 그러한 혁신은 성욕이라는 개념과 동시에 욕동이라는 개념에 관계하고 있다. 프로이트는 성욕의 〈생물학적〉 또는 〈통속적〉 개념[1]에 대한 비판을 통해, 하나의 동일한 〈에너지〉, 즉 리비도*가 성행위와는 매우 동떨어진 아주 다양한 현상 속에서 작용하고 있음을 발견하는데, 그러한 비판은 인간의 욕동과 본능의 근본적인 구분과도 일치한다. 그러한 관점에서, 인간의 성욕에 관한 연구로부터 만들어진 욕동이라는 프로이트의 개념은, 오로지 성욕동에서만 완전히 입증된다는 주장도 가능하다.(→ **욕동, 본능, 의탁, 자기보존 욕동**)

프로이트는 그의 전 작업을 통해, 격리[억압] 활동은 성욕동에만 선택적으로 작용한다고 주장하고 있다. 결과적으로 그는 그러한 특권의 결정적인 근거가 무엇인지에 대한 문제는 열어둔 채, 심리적 갈등*에서 성욕동에 주요한 역할을 부여한다. 〈이론적으로 모든 욕동의 요구는 어떠한 것이라도, 똑같은 격리[억압]와 그에 따른 결과를 초래할 수 있다. 우리의 관찰을 근거로 판단을 해볼 때, 한결같이 그렇게 병을 일으키는 역할을 하는 흥분은 성욕의 부분 욕동으로부터 나온다.〉[2] (→ 유혹, 오이디푸스 콤플렉스, 사후작용)

프로이트가 첫 번째 욕동 이론에서 자기보존 욕동에 대립시킨 성욕동은, 두 번째 욕동의 이원론에서는 삶 욕동* 또는 에로스*와 동일시된다. 첫 번째 이원론에서, 성욕동은 쾌락원칙만을 따르고, 〈교육〉하기 힘들고, 1차 과정의 법칙에 따라 작용하고, 끊임없이 심리 장치의 균형을 위협하러 오는 내부의 힘이었는데 비해, 두 번째 이원론에서는 삶 욕동이라는 이름하에, 생명의 통일성을 구성 유지하며, 〈구속하는〉 경향이 있는 힘으로 바뀐다. 반면에, 그것의 길항(拮抗)인 죽음 욕동은 완전 방출의 원칙에 따라 작용한다.

그러한 변화는 1920년 이후 프로이트가 완수한 개념의 수정을 전체적으로 고려하지 않으면 정확히 이해될 수 없다. (→ 죽음 욕동, 자아, 구속)

1 프로이트 S., 『성이론에 관한 세 편의 논문』, 1905. 전집 VII, 19[19] ; G.W., V, 33 ; S.E., VII, 135 ; 프, 17[O.C., VI, 65].
2 프로이트 S., 「정신분석 개요」, 1938. 전집 XV, 463[484] ; G.W., XVII, 112 ; S.E., XXIII, 186 ; 프, 55-6[O.C., XX, 280].

소통

프: *frayage*. 독: *Bahnung*. 영: *facilitation*. 스: *facilitación*. 이: *facilitazione*. 포: *facilitação*.

프로이트가 심리 장치의 기능에 대한 신경학적인 모델을 제시할 때(1895) 사용한 용어. 흥분은 뉴런에서 뉴런으로 이동할 때, 일정한 저항을 극복해야 한다. 그러한 이동이 저항의 항구적인 감소를 가져올 때, 그것을 소통된다고 말한다. 흥분은 그러한 소통이 되는 길을 그렇지 않은 길보다 선호한다.

소통이란 개념은 「과학적 심리학 초고」(1895)에서, 프로이트가 제시한 〈뉴런 장치〉의 기능에 대한 기술에서 핵심적인 것이다. 존스에 따르면, 그것은 이미 1년 전에 발간된 엑스너Exner의 책, 『심리 현상의 생리학적 설명을 위한 초고*Entwurf zu einer physiologischen Erklärung der psychischen Erscheinungen*』(1894)[1]에서 중요한 역할을 하고 있다. 프로이트가 그것을 포기한 적은 없지만, 메타심리학에 관한 글에서는 거의 사용하지 않는다. 그렇지만 『쾌락원칙을 넘어서』(1920)에서 그가 생리학적 모델을 다시 사용할 때, 소통이라는 개념은 다시 나타난다.[2]

1 Jones E., *Sigmund Freud : Life and Work*, 1933. 영, 417 ; 프, 417-8.

2 프로이트 S., 『쾌락원칙을 넘어서』, 1920. 전집 XI, 295[297-8] ; G.W., XIII, 26 ; S.E., XVIII, 26 ; 프, 29[O.C., XV, 297].

수선[복구]

프: *réparation*. 독: *Wiedergutmachung*. 영: *reparation*. 스: *reparación*. 이: *riparazione*. 포: *reparação*.

멜라니 클라인이 기술한 기제로, 주체는 사랑의 대상에 대한 파괴 환상의 결과를 수선하려고 하는 경향이 있다. 그 기제는 우울증적 불안과 죄책감과 결부되어 있다. 어머니라는 내외적인 대상에 대한 환상의 수선은, 자아에 이로운 대상과의 안정적인 동일시를 확보해줌으로써, 우울성 태도를 극복할 수 있게 해준다.

우선 멜라니 클라인의 글에는 아주 비슷한 의미를 가진 여러 용어가 있다는 사실에 주목하자: *Wiederherstellung*(영어로는 *restoration*(복원)), *Wiedergutmachung*(이것은 영어로 *restitution*(원상회복)이나 *reparation*(수선)으로 번역할 수 있는데, 후자가 클라인이 최근의 글에서 즐겨 사용한 번역어이다) 등이 그것이다. 그 용어들은 다양한 의미론적인 뉘앙스를 가지고 사용되는데, 특히 *réparation*(수선)는 〈어떤 것을 수선하다*réparer quelque chose*〉와 마찬가지로 〈누구에게 보상하다*faire réparation à quelqu'un*〉라는 의미로도 쓰이고 있다.

수선은 파괴*Zerstörung* 환상, 자르기[썰기]*Ausschneiden; Zerschneiden* 환상, 먹어치우기*Fressen* 환상 등으로 나타나는, 어린아이의 초기 가학증에 대한 클라인의 이론에 기록되어 있는 개념이다. 수선은 본질적으로 대상 전체와의 관계의 도래와 동시적인 우울성 태도(이 항목 참조)와 결부되어 있다. 어린 아이가 어머니 육체의 총체성을 유지하거나 회복하려는 것은, 그러한 태도에 내재된 불안과 죄책감에 대한 반응이다. 여러 환상은 〈가학증에 의한 재앙〉[1a]을 수선하려는 경향을 현실화한다. 예를 들면, 어머니의 육체를 〈나쁜〉 대상의 공격으로부터 지키고, 그것의 흩어진 파편을 모으고, 살해당한 것에 생명을 다시 부여하는 것 등이 그것이다. 그렇게 어린아이는 사랑의 대상에게 총체성을 돌려주고, 그를 아프게 했던 고통을 없앰으로써, 완전히 안정된 〈좋은〉 대상을 확보하고 내입함으로써 자아를 강화한다. 수선 환상은 그렇게 자아의 발달에서 구성의 역할을 갖고 있다.

수선 기제는 그것이 잘 확보되지 않으면, 때로는 조증(躁症)적 방어(전능의 느낌)와 흡사하고, 때로는 강박증의 기제(반복 강박, 속죄 행위)와 흡사하다. 클라인에 따르면, 수선의 성공은 죽음 욕동에 대한 삶 욕동의 승리를 가정하고 있다(→ **죽음 욕동, 삶 욕동**).

멜라니 클라인은 애도 작업과 승화에서 수선이 하는 역할을 강조한다: 〈…… [대상이] 축소된 분해 상태를 없애기 위한 노력은 그것을 아름답고 완전하게 만들 필요성을 전제하고 있다.〉[1b, 1c]

1 Klein M., *Contributions to Psycho-Analysis*, 1921-45.
  a 289.
  b 290.
  c 227-235 참조.

승화

프: sublimation. 독: *Sublimierung*. 영: *sublimation*. 스: *sublimación*. 이: *sublimazione*. 포: *sublimação*.

성욕과 눈에 띄는 관계는 없지만, 성욕동의 힘이 원동력이 되는 인간의 활동을 설명하기 위해 프로이트가 가정한 과정. 프로이트는 주로 예술 활동과 지적 탐구를 승화의 활동으로 기술하고 있다.

욕동이 비성적(非性的)인 새로운 목표를 향하고, 사회적으로 가치 있는 대상을 겨냥하고 있으면, 그것을 승화되었다고 말한다.

프로이트가 정신분석에 도입한 승화라는 용어는, 특히 예술의 영역에서 위대함과 고귀함을 암시하는 창조를 가리키는 숭고*sublime*라는 말과, 동시에 화학에서 하나의 물체를 고체 상태에서 직접 기체 상태로 이행하게 하는 방법을 가리키는 승화*sublimation*라는 말을 생각나게 한다.

프로이트는 그의 모든 작업에서 승화라는 개념에 의지하여, 겉으로는 성적인 목표를 겨냥하고 있지 않은 욕망에 의해 지탱되는 유형의 활동 — 예를 들면, 예술 창조, 지적 탐구, 일반적으로 사회가 큰 가치를 부여하는 활동 — 을, 경제학적이고 역학적인 관점에서 설명하고 있다. 프로이트는 그러한 행동의 궁극적인 원동력을 성욕동의 전환에서 찾고 있다: 〈성욕동은 엄청난 양의 힘을 문화적인 작업에 쏟아붓는다. 그것이 그렇게 할 수 있는 것은, 본질적으로 그것이 강도를 잃지 않으면서 그것의 목표를 이동시킬 수 있는, 특별히 눈에 띄는 그것의 특성 때문이다. 우리는 원래 성적이던 목표를, 더 이상 성적이지는 않지만 심리적으로 그것과 결부된 다른 목표로 바꾸는 능력을 승화의 능력이라고 명명할 것이다.〉[1a]

기술적인*descriptif* 관점에서, 승화에 관한 프로이트의 공식이 아주 멀리까지 밀고 나간 것은 아니다. 승화된 활동의 영역이 아직 확정되지 않은 것이다: 가령, 거기에 사고 작업 전체를 포함시켜야 하는가, 아니면 단지 특정 형태의 지적 창조를 포함시켜야 하는가? 이른바 승화된 활동이 주어진 문화 속에서, 사회적으로 특별한 가치부여의 대상이라는 사실을, 승화의 주된 특징으로 기억해야 하는가? 아니면, 승화는 소위 적응 활동 전체(일, 여가 등)를 포괄하고 있는 것인가? 욕동의 과정에 개입한다고 가정되는 변화는, 프로이트가 오랫동안 주장했듯이 목표에만 관련된 것인가, 아니면 『새로운 정신분석 입문 강의』(1932)에서 다음과 같이 말했듯이 욕동의 목표와 대상에 동시에 관련된 것인가?: 〈사회적 평가가 참작되는, 어떤 종류의 목표의 수정과 대상의 변경을 우리는 승화라고 부르자.〉[2]

프로이트 자신이 지적했듯이, 메타심리학적인*métapsychlogique* 관점에서도, 그러한 불확실성은 여전히 남아 있다.[3] 지적이고 예술적인 활동이라는 주제에 집중된 텍스트 — 예컨대 「레오나르도 다 빈치의 유년의 기억」(1910)과 같은 텍스트 — 에서조차 경우는 마찬가지이다.

*

우리는 여기서 승화의 총체적인 이론을 제시할 생각은 없다. 프로이트의 텍스트에서 발견되는 주제들이 충분히 다듬어지지 않았기 때문에, 그러한 이론은 아직 나오지 않은 상태이다. 우리는 그것을 종합하지 않고, 프로이트 사상의 여러 방향을 지적하는 것으로 만족할 것이다.

1) 승화는 오직 부분 욕동*, 특히 성기기의 결정적인 형태로 통합되지 않은 부분 욕동에 근거를 두고 있다: 〈문화적인 작업에 사용되는 힘은, 그렇게 대부분 성적 흥분의 도착적인 요소라고 부르는 것의 격리[억압]로부터 나온다.〉[1b]

2) 승화라는 기제의 관점에서, 프로이트는 두 가지 가설을 연속해서 제시한다. 첫 번째 가설은 자기보존 욕동에 대한 성욕동의 의탁* 이론에 근거를 두고 있다. 비성적(非性的)인 기능이 성에 의해 오염될 수 있는 것(예컨대, 섭식과 시각의 심인성 장애 등)과 마찬가지로, 〈…… 성적인 장애가 다른 신체 기능에 영향을 미치는 바로 그 통로가, 정상적인 주체에게 다른 중요한 과정에 이바지하는 것이 틀림없다. 그러한 통로를 통해 비성적(非性的)인 목표를 향하는 성욕동의 힘 — 다시 말해 성욕의 승화 — 가 성취되는 것이 틀림없다.〉[4] 그것이 레오나르도 다 빈치에 대한 프로이트의 연구 밑에 깔려 있는 가설이다.

자기애*라는 개념의 도입과 함께, 그리고 심리 장치에 대한 최종 이론과 함께, 다른 개념이 제기된다. 성적 활동이 승화된 활동으로 전환되는 것은(그 두 활동은 서로 독립된 외부 대상을 향하고 있다), 중간적인 시기, 즉 리비도가 자아로 철수해서 탈성욕화(脫性欲化, désexualisation)하는 시기를 필요로 한다. 그러한 의미에서 프로이트는 『자아와 그거』(1923)에서, 자아의 에너지를 비성적인 활동으로 이동할 수 있는 〈탈성욕화되고 승화된〉 에너지라고 말하고 있다. 〈그러한 이동 에너지가 탈성욕화된 리비도의 성격을 가지고 있다면, 우리는 그것을 승화되었다고 말할 수 있을 것이다. 왜냐하면 그것은 자아나 자아의 경향을 특징짓는 통일된 전체를 확립하는 데 종사함으로써, 통합하고 결합하는 에로스의 거대한 의도에 항상 만족하기 때문이다.〉[5]

여기서 우리는 승화가 자아의 자기애적인 차원에 거의 전적으로 의존하고 있어서, 프로이트가 자아에 부여하고 있는 아름다운 통일성이라는 특성을,

승화된 활동이 겨냥하는 대상에서 찾아낼 수 있다는 그의 생각을 발견할 수 있을 것이다. 우리는 그와 동일한 사고의 선상에서, 승화를 파괴적 욕동에 의해 산산 조각난 〈좋은〉 대상을 수선하고 복원하려는 경향이라고 보고 있는 멜라니 클라인의 관점을 위치시킬 수 있을 것이다.[6]

3) 프로이트의 승화 이론은 완성되지 않은 것이기 때문에, 그것과 인접한 과정들(반동형성*, 목표의 억제*, 이상화*, 격리[억압]*)과의 경계 구분도 단순한 암시 상태로 남아 있다. 마찬가지로 프로이트가 승화 능력을 성공적인 치료에서 본질적인 것으로 여기고 있다고 하더라도, 그는 그것을 구체적으로 보여주지 못하고 있다.

4) 승화의 가설은 성욕동에 대해 진술된 것이지만, 프로이트는 공격 욕동의 승화의 가능성에 대해서도 언급하고 있다.[7] 그 문제는 프로이트 이후에 다시 거론된다.

*

승화의 개념은 정신분석 문헌에서 자주 원용되고 있다. 사실 그것은 프로이트의 학설의 기본적인 요구에 대한 지침이다. 그것이 없으면 그의 학설이 어떻게 진행될 수 있을지 상상하기 힘들다. 승화에 대한 일관성 있는 이론의 부재는 정신분석의 사상에서 결함 중의 하나로 남아 있다.

1 프로이트 S., 「〈문명적〉 성도덕과 현대의 신경증 질환」, 1908.
  a 전집 XII, 16[16-7] ; G.W., VII, 150 ; S.E., IX, 187 ; 프, 33[O.C., VIII, 203].
  b 전집 XII, 18[18] ; G.W., VII, 151 ; S.E., IX, 189 ; 프, 34[O.C., VIII, 204].
2 프로이트 S., 『새로운 정신분석 입문 강의』, 1932. 전집 II, 130[138-9] ; G.W., XV, 103 ; S.E., XXII, 97 ; 프, 133[O.C., XIX, 179].
3 프로이트 S., 『문명 속의 불만』, 1930. 전집 XII, 252-3[263-4] ; G.W., XIV, 438 ; S.E., XXI, 79 ; 프, 18[O.C., XVIII, 266] 참조.
4 프로이트 S., 『성이론에 관한 세 편의 논문』, 1905. 전집 VII, 106[97] ; G.W., V, 107 ; S.E., VII, 206 ; 프, 107[O.C. VI, 143].
5 프로이트 S., 『자아와 그거』, 1923. 전집 XI, 389[394] ; G.W., XIII, 274 ; S.E., XIX, 45 ; 프, 201-2[O.C., XVI, 288].
6 예컨대, Klein M., "Infantile anxiety-situations reflected in a work of art and in the creative impulse", 1929, in *Contributions to Psycho-Analysis*, 227-35 참조.
7 Jones E., *Sigmund Freud : Life and Work*, 1957, vol. III. 영, Horgath Press, Londres, 493-4. 참조.

식인적

프: *cannibalique*. 독: *kannibalisch*. 영: *cannibalistic*. 스: *canibalistico*. 이: *cannibalico*. 포: *canibalesco*.

구강 활동과 관련된 대상 관계와 환상을 규정하기 위해, 어떤 종족의 식인주의 풍습을 참고하여 사용한 말. 그 용어는 여러 차원의 구강적인 합체* ─ 사랑, 파괴, 자기 내부에 저장하기, 대상의 특질을 자기 것으로 만들기 ─ 를 형상적으로 표현하고 있다. 가끔 구강기의 동의어로서 식인기라고 말하거나, 좀 더 특수하게 아브라함의 제2차 구강기(가학적 구강기)의 동의어로 식인기라고 말하기도 한다.

1905년판『성이론에 관한 세 편의 논문』에서 식인주의*cannibalisme*에 대한 암시를 만날 수 있다. 그렇지만 그 개념이 처음으로 전개되는 텍스트는『토템과 터부』(1912~13)이다. 프로이트는 〈원시인〉의 그 종교 의례가 내포하고 있는 믿음을 강조한다: 〈…… 먹는 신앙 행위에서 사람의 육체 일부분을 먹는 것은, 그 사람에게 속했던 특성들을 자기 것으로 만드는 것이다.〉[1a] 〈살부(殺父)〉와 〈토템적인 식사〉에 대한 프로이트의 개념은, 그러한 생각에 커다란 영향을 미친다 : 〈어느 날 형제들이 [……] 모여, 아버지를 죽이고 잡아먹는다. 그들은 그렇게 그 원시 유목민을 해치운다. [……] 먹는 신앙 행위에서 그들은 그와 동일시를 성취하고, 각자가 그의 힘의 일부분을 자기 것으로 만드는 것이다.〉[1b]

프로이트의 인류학적인 관점의 가치가 어떻든지 간에, 〈식인적〉이라는 용어는 정신분석적 심리학에서 정확한 뜻을 갖고 있다. 프로이트가 구강기의 개념을 소개하는 1905년판『성이론에 관한 세 편의 논문』에서, 식인주의는 성 심리의 발달 중에서 그 단계를 특징짓는 말이다. 프로이트의 뒤를 이어, 사람들은 가끔 구강기를 가리키기 위해 식인기라는 말을 쓰기도 한다. 아브라함이 구강기를 두 시기 ─ 양가성 이전의 빨기 단계와 양가적인 깨물기 단계 ─ 로 세분할 때, 그가 〈식인적〉이라고 부르는 것은 후자이다.

〈식인적〉이라는 말은 구강적인 대상 관계의 특징들을 강조하는 말이다: 즉 리비도와 공격성의 결합*, 합체 그리고 대상과 그것의 특질을 자기 것으로 만들기가 그것이다. 구강적인 대상 관계와 동일시의 최초의 방식(→ **1차적 동일시**) 사이의 밀접한 관계가, 이미 식인주의라는 개념에 포함되어 있는 것이다.

1 프로이트 S., 『토템과 터부』, 1912-13.

  a 전집 XIII, 139[144] ; G.W., IX, 101 ; S.E., XIII, 82 ; 프, 115[O.C., XI, 291].

  b 전집 XIII, 215[223] ; G.W., IX, 171-2 ; S.E., XIII, 141-2 ; 프, 195-6[O.C., XI, 360-1].

신경 감응[신경 지배, 신경 분포]

프: *innervation*. 독: *Innervation*. 영: *innervation*. 스: *inervación*. 이: *innervazione*. 포: *inervação*.

프로이트가 초기 저작에서 사용한 용어로, 어떤 에너지가 신체의 이러저러한 부위에 전달되어, 거기에서 운동 현상이나 감각 현상을 일으키는 것을 가리킨다.
신경 감응은 생리학적인 현상으로, 심리 에너지가 신경 에너지로 전환*되면서 일어난다.

신경 감응이라는 용어는 프로이트의 독자에게는 이해하기 어려울지 모른다. 실제로 그것은 오늘날 일반적으로 해부학적인 사실(어떤 기관까지 가는 신경의 통로)을 가리키기 위해 사용되는데 반해, 프로이트는 신경 감응이라는 말로써 생리학적인 과정, 에너지가 신경의 경로를 따라 — 대개는 원심적인 방향으로 — 전달되는 것을 가리킨다. 가령 히스테리에 대한 다음의 구절을 보자: 〈…… [표상에서] 뿌리 뽑힌 정동은 신체적인 신경 감응에 사용된다: 그것이 흥분의 전환이다.〉[1]

1 프로이트 & 브로이어, 『히스테리 연구』, 1895. 전집 III, 370[378] ; G.W., I, 288 ; S.E., II, 285 ; 프, 230[O.C., II, 311].

신경쇠약(증)

프: *neurasthénie*. 독: *Neurasthenie*. 영: *neurasthenia*. 스: *neurastenia*. 이: *nevrastenia*. 포: *neurastenia*.

미국인 의사 조지 비어드George Beard(1839-1883)에 의해 기술된 질환으로, 그것은 〈신경〉에 근원을 둔 육체적인 피로에 집중된 임상도(圖)와, 아주 다양한 종류의 증상을 포함하고 있다.

프로이트는 이 증상군이 차지하는 범위가 지나치게 넓어서, 일부를 다른 임상 단위들로 쪼개야 한다고 강조한 최초의 인물 중의 하나이다. 그래도 그는 신경쇠약을 하나의 독립된 신경증이라고 주장한다. 그는 그것의 특징을 육체적인 피로감, 두통, 소화불량, 변비, 척추 지각 이상, 성적 활동의 감퇴로 규정하고 있다. 그는 그것을 현실 신경증의 틀 안에 넣어, 불안 신경증과 병치시킨다. 그리고 그것의 병인을 리비도의 긴장을 적절하게 해결하지 못하는 성적 기능(자위)에서 찾고 있다.

신경쇠약neurasthénie는 어원적으로 〈신경이 약하다〉는 뜻이다)이라는 용어를 만든 사람은 비어드이다. 그가 그 말로써 보여주는 임상도에 관해서는, 그 저자의 연구를 참고하기 바란다.[1]

프로이트는 특히 그의 연구 초기에 신경쇠약에 관심을 갖는데, 그것은 그를 현실 신경증의 범위를 정하고 그것을 세분하는 쪽으로 끌고 간다.(→ **현실 신경증**)[2,3] 그러나 그는 그 뒤에도 그 신경증의 특수성을 계속해서 주장한다.[4]

1 Beard G., *American nervousness, its causes and consequences*, New-York, 1881. *Sexual neurathenia (nervous exhaustion), its hygiene, causes, symptoms, and treatment*, New-York, 1884, 참조.
2 프로이트 S., 「신경쇠약에서 〈불안 신경증〉이라는 특별한 증상복합체를 분리하는 근거에 관하여」, 1895. 전집 X, 참조.
3 프로이트 S., 「신경증의 병인에서의 성욕」, 1898. in『끝이 있는 분석과 끝이 없는 분석』, 참조.
4 특히 프로이트 S., 『정신분석 입문 강의』, 1916-17, 제24장, 전집 I 참조.

신경증

프: *névrose*. 독: *Neurose*. 영: *neurosis*. 스: *neurosis*. 이: *nevrosi*. 포: *neurose*.

증상이 심리적 갈등 ― 주체의 어린 시절 속에 뿌리가 있고 욕망과 방어 사이에서 타협을 구성하는 ― 의 상징적 표현이 되는 심인성 질환.

신경증이라는 용어의 외연은 변화해왔다. 오늘날 그것은 수식어 없이 단독으로 쓰일 경우, 강박신경증, 히스테리, 공포증과 결부된 임상 형태에 국한하는 경향이 있다. 그리하여 질병기술학은 신경증, 정신증, 도착증, 심신증(心身症) affections psychosomatiques으로 분류한다. 반면에, 〈현실 신경증〉, 〈외상성 신경증〉, 〈성격 신경증〉이라 불리는 것의 질병기술학적인 위상은 아직 논란의 여지가 있다.

신경증이라는 용어는 스코틀랜드의 의사인 윌리엄 컬렌William Cullen에 의해, 1777년에 발간된 의학 논문 「제일선의 의술First Lines of Practice of Physic」에서 처음으로 도입되었다. 그 논문의 제2부의 제목이 〈신경증 또는 신경 질환Neurosis or Nervous Diseases〉인데, 거기서는 정신 질환이나 〈정신 착란vésanie〉 뿐만 아니라 소화불량, 심계항진[두근거림], 복통, 건강 염려증, 히스테리가 다루어지고 있다.

19세기 중에는 일관되게 다음과 같은 특징을 갖고 있는 일련의 질환을 신경증이라는 이름으로 분류했다:

a) 그것들은 정확한 신체 본거지가 있다고 인정되거나(그래서 〈소화기 신경증〉, 〈심장 신경증〉, 〈위 신경증〉등의 용어가 나온다), 히스테리(자궁, 소화기)와 건강 염려증 같이 단 하나의 기관을 가정하고 있다.

b) 그것들은 기능 질환, 다시 말해 해당 기관의 〈염증이나 조직 손상이 없는〉[1] 기능 질환이다.

c) 그것들은 신경 체계의 질병으로 간주된다.

19세기의 신경증의 개념은, 내포적인 의미의 관점에서, 오늘날의 심신 질환이나 기관 신경증의 개념에 근접해 있다. 그러나 질병기술학적인 외연의 관점에서 보면, 그 용어는 오늘날 신경증(가령 히스테리), 심신증(신경쇠약, 소화기 질환), 신경 질환(간질, 파킨슨씨병)의 세 분야로 분류되는 질환을 포괄하고 있다.

19세기 말에 신경증이라는 개념이 겪는 변모를 분석하기 위해서는, 개념의 발달이 나라에 따라 다른 만큼 더욱 더 광범위한 역사적 조사가 필요하다. [여기서 그것을 다룰 수는 없지만] 그 시대의 대부분의 연구자들이, 〈신경증〉이라는 항목 아래 분류되는 질환들이 잡다하다는 것을 이미 느끼고 있었다는 사실을 염두에 둔다면, 개념이 좀 더 명확해질 것이다.[a]

그러한 잡탕으로부터, 신경 체계의 손상이 존재한다고 추정할 만한 충분한 이유가 있는 질환(간질, 파킨슨씨병, 무도병(舞蹈病, chorée)[역주: 얼굴,

손, 발, 혀 등 몸의 일부분이 의지와 관계없이 저절로 심하게 움직이며 불안 상태에 빠지는 질병])들은 점차 분리된다.

다른 한편, 그러한 잡탕과 정신 질환을 구분하는 불분명한 경계에서, 〈정신증〉이나 〈광증folie〉이나 〈망상délire〉으로 분류된 임상도(臨床圖)(강박관념과 공포증)가, 일부 학자들에 의해 신경증 군(群)에 편입되는 경향이 생긴다.

피에르 자네Pierre Janet의 입장은 19세기말 프랑스에서 그러한 발전의 성과를 보여주고 있다. 자네는 본질적으로 커다란 두 범주의 신경증을 구분한다: 히스테리와 신경쇠약이 그것이다(후자는 아주 광범위하게, 프로이트가 〈강박신경증〉이라고 부른 것을 포함하고 있다).

*

그 시기(1895~1900)에 프로이트는 어떠했을까? 그는 독일어권의 정신의학에서, 임상적 관점에서 정신증*과 신경증 사이의 비교적 확실한 구분을 발견한다. 용어상의 동요를 제외한다면, 그는 여러 질환을 그 두 용어로 지칭하고 있는데, 그러한 분류는 현재에도 아직 통용되고 있다.

그러나 그 당시 프로이트의 주된 관심사는 신경증과 정신증의 경계를 확정하는 것이 아니라, 모든 계열의 질환 속에 있는 심인성 기제를 밝히는 것이었다. 그 결과, 그의 분류의 축이 신체적인 성기능 부전에 병인이 있는 현실 신경증*과, 심리적 갈등이 결정 인자인 정신신경증* 사이로 옮겨간다. 후자의 그룹이나 〈방어 정신신경증〉의 그룹은 히스테리와 같은 신경증과, 파라노이아와 같은, 가끔 〈방어 정신증〉이라는 용어로 지칭되는 정신증을 포함하고 있다.[2, 3]

그와 같은 관점에서, 계속 프로이트는 그 당시 정신의학에서 정신증으로 정의된 것을 지칭하기 위하여 자기애적 정신신경증(또는 신경증)*이라는 용어를 개발한다. 그는 결국 정신의학에서 통용되는 분류로 되돌아갔고, 자기애적 신경증은 조울증을 가리키는 용어로만 남게 된다.[4] 마지막으로 기억할 것은, 프로이트가 아주 일찍 신경증의 영역과 도착증*의 영역을 분명히 구분했다는 사실이다.

요컨대 정신분석적인 질병기술학에서, 외연상의 신경증이라는 개념의 발달은 다음과 같은 도표로 도식화될 수 있을 것이다.

		정신신경증		
1915년	현실 신경증	전이		자기애적
1924년	현실 신경증	신경증	자기애적 신경증	정신증
오늘날의 분류	심신증	신경증	정신증	
			조울증	파라노이아 정신분열증

연구자에 따라 신경증군 내의 하위구분이 다르다 하더라도(가령 공포증이 히스테리와 결부되거나, 하나의 특수한 질환으로 간주될 수 있다), 오늘날에는 신경증으로 간주되는 증상군 전체의 임상적 범위에 대한 아주 광범위한 동의가 이루어졌음을 확인할 수 있다. 현대의 임상 의학에 의한 〈경계성-사례*〉의 인식은, 어떤 의미에서 신경증의 영역이 적어도 이론적으로는 확실히 규정되었다는 것을 증명하고 있다. 정신분석적인 사고는 대부분의 정신의학에서 채택하고 있는 임상의 경계 확정과 아주 광범위하게 일치한다고 말할 수 있다.

신경증의 개념을 〈내포적 의미〉로 정의하는 것으로 말하자면, 그 정의는 이론적으로 증상학(신경증의 증상을 정신증이나 도착증의 증상과 구분 짓는 많은 특징들의 목록화)의 차원에서 생각하든지, 아니면 구조적인 차원에서 생각해볼 수 있다.

사실 그러한 정의의 시도들을 단순히 〈보다 심각한〉 장애와 〈덜 심각한〉 장애 사이의 정도 차이에 국한시키지 않는다면, 정신의학에 제안된 대부분의 정의는 그 두 차원 사이에서 갈피를 잡지 못한다. 하나의 예로서 최근의 개론서에서 시도한 정의를 인용해보자: 〈신경증의 임상 형태는 다음과 같이 특징지어진다:

a) 신경증 증상들 *symptômes névrotiques*에 의해: 그것들은 불안에 대해 방어를 나타내고 *manifestent*, 내적인 갈등에 대해 타협 — 주체가 신경증적인 위치에서 어떤 이득(신경증의 2차적 이득)을 끌어내는 타협 — 을 구성하는 행동 장애나, 감각 장애나, 사고 장애이다.

b) 자아의 신경증적 성격*caractère névrotique du Moi*에 의해: 자아는 자기 자신의 인격을 동일시할 수 없기 때문에, 타인과의 좋은 관계나 만족할 만한 내적인 균형을 이룰 수 없다.〉[5]

*

임상 의학이 밝힌 신경증의 특수성을 내포적인 의미의 차원에서 규정하려는 시도는, 정신분석 이론 자체와 혼동되는 경향이 있다. 왜냐하면 정신분석 이론 자체가 근본적으로 신경증적인 갈등과 그것의 양태들에 관한 이론으로 구성되어 있기 때문이다.

정신증적이고 도착증적이고 신경증적인 구조 사이의 구분이 이미 완성되었다고 보기는 어렵다. 그래서 우리의 정의는 지나치게 넓을 수밖에 없다. 왜냐하면 그것은 적어도 부분적으로 도착증과 정신증에도 적용될 수 있기 때문이다.

α 가령 악센펠드A. Axenfeld 참조: 〈신경증의 전 분류는 부정적인 생각에 근거하고 있다. 즉 그것은 질병을 기관의 변질로 설명하는 병리 해부학이, 이유를 알 수 없는 여러 병적인 상태에 직면하던 날 태어났다.〉[6]

1 Barras, *Traité sur les gastralgies et les enteralgies, ou maladies nerveuses de l'estomac et de l'intestin*, Paris, Bruxelles, 1829.

2 프로이트 S., 「방어-신경정신증」(1894), in 『신경증의 병인』. G.W., I, 74 ; S.E., III, 60 ; 프, [O.C., III, 17] 참조.

3 프로이트 S., 「방어-신경정신증에 관한 진전된 고찰」(1896), in 『신경증의 병인』. G.W., I, 392 ; S.E., III, 174 ; 프, [O.C., III, 136] 참조.

4 프로이트 S., 「신경증과 정신증」, 1924. 전집 X, 193[201] ; G.W., XIII, 390 ; S.E., XIX, 152 ; 프, 286[O.C., XVII, 6] 참조.

5 Ey H., Bernard P., Brisset Ch., *Manuel de psychiatrie*, Masson, Paris, 1963.

6 Axenfeld A., *Traité des névroses*, Germer Baillière, 2e éd., 1883, 14.

신경증의 선택

프: *choix de la névrose*. 독: *Neurosenwahl*. 영: *choice of neurosis*. 스: *elección de la neurosis*. 이: *scelta della nevrosi*. 포: *escolha da neurose*.

주체가 다른 정신신경증이 아닌, 특별히 어떤 형태의 정신신경증 형성에 말려드는 과정 전체.

〈신경증의 선택〉이라는 표현이 제기하는 다음의 질문은, 분석적 정신병리학의 근원에 있는 문제이다: 신경증의 형성을 설명하는 일반 과정(예컨대 방어적 갈등)이 어떻게, 그리고 왜, 질병기술학이 세워질 만큼, 신경 조직에서 세분되어 특수화되는가?

그러한 질문은 프로이트가 연구를 계속하는 동안 내내 그를 사로잡는다. 그것은 신경증의 구조에 대한 심층적인 설명과 불가분의 관계가 있다. 그 문제에 대한 프로이트의 대답은 계속 변한다. 그것의 역사를 여기서 서술할 생각은 없다. 왜냐하면, 그 역사는 외상 충격, 고착, 소질, 리비도와 자아 사이의 발달 불균형 등의 개념을 포함하고 있기 때문이다. 그 문제는 그 넓이로 해서, 이 책의 한계를 벗어난다.

그 문제의 용어학적인 측면에 국한시키기 위해, 우리는 프로이트가 왜 〈선택〉[1]이라는 말을 택해서 계속 유지했는지 자문해 보자. 물론 그 용어는 현재의 여러 가능성 중에서 하나가 선택된다고 가정하는 지적인 개념과 관계가 없다. 그러한 상황은 대상 선택*Objektwahl*이라는 개념에 대해서도 마찬가지이다. 그렇지만 정신분석에 의해 밝혀진 역사적이고 기질적인 여러 요인이 의미와 합당한 가치를 갖기 위해서는 주체의 행위가 필수적이라는 사실을 암시하는 그 용어가, 절대적인 결정론을 내세우는 개념 안에서 나타난다는 것은 의미심장한 일이다.

1 프로이트 S., 「플리스에게 보낸 편지」, 『정신분석의 탄생』, 1887-1902. 한, 104-8(〈편지 46〉, 1896년 5월 20일). 그리고 「강박신경증의 소질」, 1913. 전집 X, 107[111] ; G.W., VII, 442 ; S.E., XII, 317 ; 프, 437[O.C., XII, 85].

신비적 해석

프: *intreprétation anagogique*. 독: *anagogische Deutung*. 영: *anagogic interpretation*. 스: *interpretación anagógica*. 이: *interpretazione anagogica*. 포: *interpretação anagógica*.

질베러Silberer가 사용한 용어. 상징적 형성물(신화, 꿈 등)의 보편적인 정신적 의미를 설명하는 해석 방식. 따라서 그것은 상징을 〈고차원적인 이상〉으로 몰고 가기 때문에, 상징을 개별적인 성적 내용으로 환원하는 분석적 해석과 반대된다.

신비적(그리스어 ἀνάγω[anagō = 높은 데로 데려가다]에서 유래) 해석이라는 개념은 신학에 속하는 것으로, 〈문자적 의미에서 정신적 의미로 올라가는〉(『리트레 *Littré* 사전』) 해석을 가리킨다. 그것은 상징적 표현에 대한 질베러의 사상에서 가장 고차원적인 단계처럼 보인다. 그 개념은 『신비와 그것의 상징적 표현의 문제 *Probleme der Mystik und ihrer Symbolik*』(1914)에서 개진되어 있다. 우화, 제식, 신화 등에서 질베러는 이중의 결정 작용을 발견한다: 예컨대 정신분석에서 아버지의 죽음을 나타내는 바로 그 상징이 신비적 해석의 차원에서는, 우리 속에 있는 〈늙은 아담의 죽음〉으로 해석된다.[1a] 그러한 대립은 〈물질적 현상〉과 〈기능적 현상〉(이 용어 참조) — 질베러가 이것에 부여하는 넓은 의미에서 — 의 대립으로 귀결된다.

〈기능적인 것〉과 〈신비적인 것〉의 차이로 말하자면, 〈…… 진정한 기능적 현상은 현재의 심리 상태나 과정을 기술하는 데 반해, 신비적 이미지는 체험되어야 할 *erlebt werden soll* 상태나 과정을 가리킨다〉.[1b] 따라서 신비적 해석은 점점 더 보편적인 새로운 기능적 상징의 형성을 지향하면서, 인간 영혼의 중대한 윤리적 문제를 드러낸다. 게다가 질베러는 정신분석 치료 중에, 꿈에서 그러한 발달을 확인할 수 있다고 믿고 있다.[1c]

프로이트와 존스는 그러한 견해를 비판한다. 프로이트는 그러한 신비적 해석을 정신분석 이전의 개념으로 회귀하는 것으로 보고 있다. 즉 프로이트에 따르면, 그러한 개념은 반동형성이나 합리화 등을 통해 유래한 것을, 상징의 최종 의미로 여기고 있는 것이다.[2] 존스는 그러한 신비적 해석을, 융이 상징에 부여한 〈미래 전망적인〉 의미작용과 결부시킨다: 〈상징은 고결한 정신적 이상을 목적으로 하는 노력의 표현이다. 그 노력은 그러한 이상에 도달하지 못하면 상징으로 머물러버린다. 그렇지만 최종적인 이상은 상징 속에 함축되어 있고, 그것에 의해 상징화된다고 가정해야 한다.〉[3]

1 Silberer H., *Probleme der Mystik und ihrer Symbolik*, Hugo Heller, Vienne et Leipzig, 1914 참조.
  a 168.

b 155.

c 153.

2 프로이트 S., 「꿈과 텔레파시」(1922), in 『끝이 있는 분석과 끝이 없는 분석』(새물결).
G.W., XIII, 187 ; S.E., XVIII, 216 ; 프, 44[O.C., XVI, 140].

3 Jones E., "The Theory of Symbolism", 1948. in *Papers on Psycho-Analysis*, Baillère,
Londres, 5e éd., 1950, 136. (질베러의 이론 전체에 대한 비판에 대해서는 4장 전체를 참조
할 것.)

신체적 호응

프: *complaisance somatique*. 독: *somatisches Entgegenkommen*. 영: *somatic
compliance*. 스: *complacencia somática*. 이: *compiacenza somatica*. 포:
complacêncka somática.

**히스테리 〈신경증의 선택〉과, 전환*이 이루어지는 신체 기관의 선택을 설명하기 위해
프로이트가 도입한 표현. 특히 히스테리증자에게 육체나 어떤 특수한 기관은 무의식적
인 갈등의 상징적 표현에 특권화된 매체를 제공한다.**

프로이트가 처음으로 신체적 호응이라는 말을 한 것은, 「도라」의 사례에서이
다. 그에 따르면, 히스테리의 심리적인 원천과 신체적인 원천 사이에는 선택
의 여지가 없다: 〈히스테리 증상은 두 측면의 이바지를 필요로 한다. 그것은
신체적 호응이 없다면 일어날 수 없다. 그 호응은 육체 기관 내에서, 또는 그
것과 관계된, 정상적이거나 병리적인 과정에 의해 제공된다.〉[1a] 〈무의식적 심
리 과정에 육체적인 출구를 제공하는……〉[1b] 것이, 바로 그러한 신체적 호응
이다. 따라서 그것은 〈신경증의 선택*〉에서 결정적인 요인이다.

신체적 호응이라는 개념이 히스테리의 영역을 훨씬 넘어, 격리[억압]된 것
을 의미할 줄 아는 육체의 표현적 힘과 육체의 특별한 능력에 관한 일반적인
문제를 제기하게 되는 것이 사실이라 하더라도, 그 문제가 나타나는 서로 다
른 장부(帳簿)를 처음부터 혼동하지 않는 것이 좋을 것이다. 예컨대,

1. 신체 질환은 무의식적 갈등의 표현에 호출 부호 역할을 한다. 그래서 프
로이트는 그의 여자 환자 중의 하나의 루마티스 증상을, 〈…… 나중에 히스테
리적인 재현의 원형이 될 기관 장애〉[2]로 본다.

2. 성감대에 대한 리비도의 투여는 주체의 성의 역사 속에서, 성적인 감각을 일으키지 않는 육체의 부위나 기관으로 이동할 수 있다.(→ **성감대**) 따라서 그 육체 부위나 기관은 격리[억압]된 욕망을 위장된 형태로 의미하는 데 가장 알맞은 것이다.

3. 〈신체적 호응〉이라는 표현이 육체의 어떤 기관의 선택뿐만 아니라, 육체 자체를 표현 수단으로 선택하는 것도 설명할 수 있게 됨에 따라, 우리는 특히 주체 자신의 육체에 대한 자기애적인 투여의 변천을 고려하지 않을 수 없다.

1 프로이트 S., 「한 히스테리 분석의 단편: 도라」, 1905.
  a 전집 VIII, 226[235] ; G.W., V, 200 ; S.E., VII, 40 ; 프, 28[O.C., VI, 220].
  b 전집 VIII, 227[236] ; G.W., V, 201 ; S.E., VII, 41 ; 프, 29[O.C., VI, 221].
2 프로이트 S., 『히스테리 연구』, 1895. 전집 III, 198[200] ; G.W., I, 211 ; S.E., II, 147 ; 프, 116[O.C., II, 168].

신호불안

프: *signal d'angoisse*. 독: *Angstsignal*. 영: *signal of anxiety* 또는 *anxiety as signal*. 스: *señal de angustia*. 이: *segnale d'angoscia*. 포: *sinal de angústia*.

프로이트가 불안에 대한 이론을 수정할 때(1926) 도입한 용어로, 위험한 상황 앞에서 흥분이 쇄도하는 것을 피하기 위해 자아가 작동시키는 장치를 가리킨다. 신호불안은 외상적 상황에서 최초에 체험했던 불안 반응을 약화된 형태로 재현한다. 그것은 방어 작용을 가동시킨다.

이 개념은 『억제, 증상 그리고 불안』(1926)에서 도입된 것으로, 일반적으로 불안의 두 번째 이론이라고 불리는 것의 중심 개념을 형성하고 있다. 우리는 여기서 그러한 불안 이론의 수정을 설명하거나, 프로이트의 개념의 발달에서 그것의 영향력이나 역할을 논의하지는 않을 것이다. 그럼에도 불구하고 프로이트가 만든 *Angstsignal*(신호불안)이라는 용어는 간략하게나마 몇 가지 설명을 요한다.

1. 그것은 새로운 불안 이론의 본질적인 성과를 압축하고 있다. 프로이트

가 처음으로 불안에 대해 제시한 경제학적인 설명에서는, 불안이 결과*résultat*로 간주되었다. 즉 그것은 에너지의 양이 제어되지 않은 것에 대한 주관적인 표현이다. 그에 비해 신호불안*signal d'angoisse*라는 용어는 자아의 방어의 동기가 되는 불안의 새로운 기능을 보여주고 있다.

2. 신호불안의 시동이 반드시 경제학적인 요인에 종속되는 것은 아니다. 신호불안은 사실 아직 나타나지는 않았지만 피해야 하는 상황에 대한 〈기억의 상징〉이나 〈정동의 상징〉[1]으로 작용할 수 있다.

3. 그렇다고 해서 신호불안라는 개념의 차용이 경제학적인 모든 설명을 배제하는 것은 아니다. 신호의 형태로 재현되는 정동은, 한편으로 주체에게 흥분이 쇄도할 때, 소위 자동 불안*이라는 형태로 과거에 수동적으로 겪었던 것이고 다른 한편으로 신호의 시동은 어떤 에너지의 양을 동원하는 것을 가정하고 있다.

4. 마지막으로 프로이트가 신호불안을 자아와 결부시키고 있다는 데 주목하자. 새롭게 발견된 그러한 불안의 기능은, 그가 2차 과정의 틀에서 끊임없이 기술하고 있는 것과 동일시할 수 있다. 동시에 그것은 약화된 형태로 반복되는 불쾌한 정동이 어떻게 검열을 동원할 수 있는지를 보여주고 있다.

1 프로이트 S., 『억제, 증상 그리고 불안』, 1926. 전집 X, 215[223] ; G.W., XIV, 120-1 ; S.E., XX, 93-4 ; 프, 9-10[O.C., XVII, 211].

실수

프: *acte manqué*. 독: *Fehlleistung*. 영: *parapraxis*. 스: *acto fallido*. 이: *atto mancato*. 포: *ato falho*(또는 *perturbado*).

분명히 목표한 결과에 도달하지 않고 다른 결과로 대체되는 행위. 실수라고 말할 때, 그것은 실패한 말이나 기억이나 행동 모두를 가리키는 것이 아니라, 보통 주체가 성공할 능력이 있는데 부주의나 우연에 의해서 실패하게 되는 행위를 가리킨다.
프로이트는 실수가 증상처럼, 주체의 의식적인 의도와 격리[억압]된 것 사이의 타협의 산물이라는 것을 보여주었다.

실수 이론에 관한 한, 독자는 프로이트의「일상생활의 정신병리학에 관하여」를 참조하기 바란다. 그는 거기서, 소위 실수는 다른 차원에서 보면 성공한 행위라는 사실을 명시하고 있다. 무의식적 욕망이 대개 실수에서 아주 분명히 성취되기 때문이다.

acte manqué(실수)라는 프랑스어는 *Fehlleistung*이라는 독일어의 번역어이다. 프로이트는 그 단어로써 엄밀한 의미에서의 행동뿐 아니라, 말과 심리의 기능에서 빗나간*d'à côtés* 온갖 종류의 실수를 포괄하고 있다.

확실히 독일어에서 실패를 나타내는 모든 단어는 접두사 *ver-*를 공통적으로 가지고 있다. 그것은 *Vergessen*(망각; *oulbi*), *Versprechen*(실언; *lapsus linguae*), *Verlesen*(잘못 읽기; *erreur de lecture*), *Verschreiben*(잘못 쓰기; *lapsus calami*), *Vergreifen*(서툰 행동; *méprise de l'action*), *Verlieren*(분실; *fait d'égarer un objet*) 등에서 발견된다.

주목할 것은, 프로이트 이전에 그러한 일상생활의 지엽적인 현상을 동일한 개념으로 묶거나 동일한 개념에 포함시킨 적이 없다는 것이다. 그러한 개념을 불러일으킨 것은 프로이트의 이론이다. 영역『표준판』의 편집자들은, 그러한 개념을 가리키기 위해서 *parapraxis*[역주: *para*-(옆에, 저편에, 반대의)라는 접두사와 *praxis*(실천, 활동)라는 단어의 합성어]라는 영어 단어를 만들어야만 했다고 말하고 있다.「일상생활의 정신병리학에 관하여」의 프랑스어 번역자는 *acte manqué*라는 용어를 사용하고 있는데, 그것은 허용될 만하긴 하지만, 프랑스에서 통용되는 용법에서는 오히려 *Fehlleistung*이라는 용어의 일부분, 즉 엄밀한 의미에서 실패한 행위만을 가리키고 있는 듯하다.

실패 신경증[증상군]

프: *névrose*(또는 *syndrome*) *d'échec*. 독: *Misserfolgsneurose*. 영: *failure-neurosis*(또는 *syndrome*). 스: *neurosis de fracaso*. 이: *nevrosi di scacco*. 포: *neurose de fracasso*.

르네 라포르그René Laforgue에 의해 도입된 용어로, 그것의 의미는 아주 광범위하다. 그것은 일반적으로 자기 자신을 불행의 장본인으로 생각하는 사람들에서부터, 자기가 가장 열망하는 것을 얻는 것을 견디지 못하는 사람에 이르기까지, 모든 층위의 주체의

심리적 구조를 가리킨다.

정신분석가들이 실패 신경증이라고 말할 때, 그들은 실패를 신경증적인 불안정의 결과로 보지, 신경증을 일으키는 조건(현실적 실패에 대한 반응 장애)으로 보지 않는다.

실패 신경증이라는 개념은 초자아의 기능, 자기 처벌의 기제, 실패의 정신병리에 대해 많은 연구를 한 르네 라포르그의 이름과 깊이 연관되어 있다.[1] 그 저자는 개인이나 사회 집단(가족, 계급, 민족 집단)에서, 감정생활과 사회생활에서 관찰할 수 있는 온갖 종류의 실패 증상군을 망라하여, 그것의 공통된 동인을 초자아의 기능에서 찾아낸다.

정신분석에서 실패 신경증이라는 용어는 질병기술학적 의미보다는 기술(記述)적인 의미로 쓰이고 있다.

일반적으로, 실패는 모든 신경증이 지불하는 대가이다. 왜냐하면 증상은 주체의 가능성을 제한하고 그의 에너지를 부분적으로 차단하는 것을 내포하고 있기 때문이다. (자기 보호의 수단으로 이동 가능성을 축소시키는 공포증자처럼) 실패가 증상의 증가의 산물이 아니라, 실패가 증상 그 자체를 구성하여 특별한 설명을 필요로 하는 경우에만 실패 신경증이라고 말할 수 있다.

「정신분석 연구에 의해서 드러난 몇 가지 인물 유형」(1915)에서, 프로이트는 〈…… 성공 앞에서 실패하는〉 특별한 유형의 환자들에 주목한다. 거기서 자기 처벌에 의한 실패의 문제가, 르네 라포르그보다 제한된 의미로 고찰되고 있다:

a) 문제가 되는 것은 분명히 무의식적 욕망이 결부되어 있는, 정확히 한 점(點)에 관한 충족을 참지 못하는 주체들이다.

b) 그러한 주체들의 사례는 다음과 같은 모순을 드러내고 있다: 외적인 좌절*이 병인이 아닌데도, 현실이 욕망을 충족시키는 가능성을 참지 못하고 〈내적인 좌절〉을 일으킨다. 주체는 자기 자신에게 충족 제공을 거부하는 것이다(2).

c) 이러한 기제는 프로이트에게 신경증이나 증상군을 구성하는 것이 아니라, 신경증의 발동 방식이고 질병의 최초의 증상이다.

『쾌락원칙을 넘어서』(1920)에서 프로이트는 몇 가지 형태의 신경증적 실패를 반복 강박, 특히 그가 〈운명강박〉이라 부르는 것(→ **운명신경증**)과 결부시킨다.

1 Laforgue R., *Psychopathologie de l'échec*, Payot, Paris, 1939 참조.
2 프로이트 S., 「정신분석 작업에서 드러난 몇 가지 성격 유형」, 1916. 전집 XIV, 356[369] ; G.W., X, 372 ; S.E., XIV, 317-8 ; 프, 115[O.C., XV, 22] 참조.

심리 장치

프: *appareil psychique*. 독: *psychischer*(또는 *seelischer*) *Apparat*. 영: *psychic*(또는 *mental*) *apparatus*. 스: *aparato psiquico*. 이: *apparato psichico*(또는 *mentale*). 포: *aparêlho psíquico*(또는 *mental*).

프로이트가 심리에 부여하는 몇몇 특징 ― 즉 일정한 에너지를 전달하고 변형시키는 심적 능력과 체계나 심역으로의 분화 ― 을 강조하는 용어.

프로이트는 『꿈의 해석』(1900)에서 심리 장치를 광학 장치와 비교하면서 정의하고 있다. 그렇게 함으로써 그는 그 자신의 말에 따라, 〈…… 복잡한 심리 기능을 세분하고 그 장치를 구성하는 각 부분에 특수한 기능을 부여함으로써, 그것을 이해시키려고 한다.〉[1a]

그와 같은 텍스트는 다음의 몇 가지 사실에 주목하고 있다:

1) 프로이트가 심리 장치라는 말로써 암시하는 것은 어떤 내적인 배치이다. 그렇지만 그것은 단순히 특수한 〈심리적 장소〉를 서로 다른 기능과 연결시키는 것을 넘어선다. 그는 그 장소들에게, 정해진 시간적 연속성을 끌어들이는 일정한 순서*ordre*를 부여한다. 심리 장치를 구성하는 서로 다른 체계의 공존을, 뇌의 위치 결정 이론이 제공하는 해부학적 의미로 파악해서는 안 된다. 그것의 내포적 의미는, 흥분은 다양한 체계의 위치가 결정하는 순서를 따른다는 것이다.[2]

2) 장치라는 용어는 임무*tâche*라는 개념은 물론이려니와 작업*travail*이라는 개념도 암시한다. 프로이트는 여기서 반사궁(反射弓, *arc réflexe*)이라는 개념에서 중요한 아이디어를 빌려온다. 반사궁은 그것이 받은 에너지를 전부 전달한다는 착상 말이다 : 〈심리 장치는 반사 장치로 생각해야 한다. 반사 과정은 모든 심리 기능의 모델*Vorbild*이다.〉[1b]

심리 장치의 기능은 결국 유기체 내의 에너지를 가장 낮은 수준으로 유지하는 데 있다.(→ **항상성의 원칙**) 하부구조로의 그것의 분화는, 그러한 에너지의 변형*transformations de l'énergie*(자유로운 상태에서 구속된 상태로)(→ **심리적 가공**)과 투여, 역투여, 과투여의 개념화를 좀 더 용이하게 만든다.

3) 그러한 간단한 지적이 보여주고 있는 것은, 심리 장치가 모델*modèles*의 가치나, 프로이트 자신이 말했듯이, 〈허구*fiction*〉[1c]의 가치를 갖고 있다는 것이다. 위에서 인용한 첫 번째 텍스트[『꿈의 해석』]나 「정신분석 개요」(1938)의 제1장에서는, 그 모델이 물리학적인데, 다른 데서는 생물학적이다(『쾌락 원칙을 넘어서』(1920)의 제4장의 〈원형 동물〉). 심리 장치라는 용어에 대한 주석은, 프로이트의 메타심리학과, 그 메타심리학이 사용하고 있는 은유 전체에 대한 평가와 관계가 있다.

1 프로이트 S., 『꿈의 해석』, 1900.
  a 전집 IV, 623[647] ; G.W., II-III, 541 ; S.E., V, 536 ; 프, 441[O.C., IV, 589].
  b 전집 IV, 624-5[648] ; G.W., II-III, 543 ; S.E., V, 538 ; 프, 441[O.C., IV, 591].
  c 전집 IV, 689[716] ; G.W., II-III, 604 ; S.E., V, 598 ; 프, 508[O.C., IV, 654].
2 예컨대, 프로이트 S., 「플리스에게 보낸 편지」, 『정신분석의 탄생』, 1887-1902. 한, 111-9(〈편지 52〉, 1896년 12월 6일) 참조.

심리적 가공

프: *élaboration psychique*. 독: *psychische Verarbeitung*(또는 *Bearbeitung*, *Ausarbeitung*, *Aufarbeitung*). 영: *psychical working over*(또는 *out*). 스: *elaboración psíquica*. 이: *elaborazione psichia*. 포: *elaboração psíquica*.

A) 심리 장치가 그것에 도달하는 흥분 — 이것의 축적은 병을 일으킬 위험이 있다 — 을 통제할 목적으로 수행하는 작업을 가리키기 위하여, 여러 가지 문맥에서 프로이트가 사용한 용어. 그 작업은 흥분을 심리 속으로 통합하여, 흥분들 사이에 연상의 끈을 만드는 데 있다.

B) *élaboration*(가공)이라는 프랑스어는 종종 번역자들에 의해, 독일어의 *Durcharbeiten* (관통작업) — 영어의 *working through* — 의 번역어로 사용된다. 우리가 보기에, 그런 의미에서는 *élaboration*보다 *perlaboration**이 더 낫다.

Arbeit(작업)라는 말은, *Traumarbeit*(꿈의 작업), *Trauerarbeit*(애도 작업), *Durcharbeiten*(관통작업)과 같은 프로이트의 여러 표현과, 프랑스어로 *élaboration*으로 번역되는 여러 용어(*Verarbeitung, Bearbeitung, Ausarbeitung, Aufarbeitung*)에서 발견되고 있다. 거기에는 심리 내의 작용에 적용된, 작업이라는 개념의 독창적인 용법이 있다. 그것은 받아들인 에너지를 변화시키고 전달하는 심리 장치*에 대한 프로이트의 개념을 참조함으로써 이해될 수 있다. 그러한 관점에서 욕동은 〈심리에 강요된 작업량〉[1]으로 정의될 수 있다.

아주 넓은 의미에서 심리적 가공은 그러한 장치의 작용 전체를 가리킬 수 있다. 그러나 프로이트의 용법은 좀 더 특수하다: 즉 심리적 가공은 에너지의 양을 딴 데로 돌리거나 그것을 구속함으로써, 그것을 통제하는 그것의 변화이다.

프로이트와 브로이어는 그 용어를 샤르코Charcot에게서 발견한다. 샤르코는 히스테리증자의 경우에, 외상과 증상의 출현 사이에 있는 심리적 가공의 시간에 대해 말하곤 했다.[2] 그들은 그와 다른 관점에서, 즉 병인학과 치료의 관점에서 그 용어를 히스테리 이론에 받아들인다. 보통 사건의 외상적 효과는 해소에 의하든지, 아니면 〈커다란 연상 복합체〉[3]로의 통합에 의해서 청산되게 마련이다. 따라서 그 복합체는 교정 작용을 하는 셈이다. 그런데 히스테리증자는 여러 조건(→ **최면형 히스테리, 방어 히스테리**)이 그러한 청산을 방해한다. 외상의 기억이 연상 가공*Verarbeitung* 없이 〈별개의 심리군(群)〉으로 남아 있는 것이다. 치료 효과는 외상의 점진적인 청산을 가능하게 하는 연상의 끈을 만드는 데 있다(→ **정화**).

현실 신경증 이론에서도 가공이라는 용어가 사용된다. 거기서는 육체적인 성적 긴장에 대한 심리적 가공의 부재로 인해, 그 긴장이 증상으로 직접 변경된다. 그 기제는 히스테리의 기제와 닮았지만,[4] 가공의 결여가 더 근본적이다: 〈…… 성적 긴장은 그것이 강하게 일어날 때, 심리적 가공 — 이것은 그 긴장을 정동으로 변화시킨다 — 을 겪지 않는데, 그 경우 모두 불안으로 변형된다.〉[5]

프로이트는 「자기애 소개」(1914)에서, 심리적 가공의 부재나 불충분이 리비도의 정체*를 야기하면서, 다양한 양상의 신경증이나 정신증의 근간이 된다는 개념을 다시 발전시킨다.

*

히스테리 이론에서의 심리적 가공과, 현실 신경증 이론에서의 그것의 용법을 비교해보면, 우리는 프로이트에게 [심리적 가공의] 두 가지 측면을 구분해낼 수 있을 것이다: 1. 물리적 양의 심리적 양으로의 변화; 2. 그러한 변화를 전제 조건으로 하는 연상의 통로가 그것이다.

그러한 구분은 「자기애 소개」에 암시되어 있다. 거기서 프로이트는 현실 신경증을 모든 정신신경증의 근간에 놓으면서, 리비도의 정체와 심리적 가공을 연속적인 두 시기로 가정하고 있다.

그렇게 가공이라는 개념은 프로이트 이론의 경제학적인 차원과 상징적 차원의 접점을 이루고 있다. 그 문제의 논의를 위해서는 〈구속Bindung〉이라는 항목의 주석을 참조하기 바란다.

마지막으로 주목할 것은, 가공과 관통작업은 아주 가까운 사이라는 것이다. 심리 장치의 자발적인 기능 방식과 치료 작업 사이에는 유사성이 있는 것이다.

1 프로이트 S., 『성이론에 관한 세 편의 논문』, 1905. 전집 VII, 61[56] ; G.W., V, 67 ; S.E., VII, 168 ; 프, 56[O.C., VI, 102].

2 Charcot J.-M., *Leçon du mardi à la Salpêtrière*, 1888, Paris, I, 99 참조.

3 프로이트 S., 『히스테리 연구』, 1895. 전집 III, 20[21] ; G.W., I, 87 ; S.E., II, 9 ; 프, 6[O.C., II, 29].

4 프로이트 S., 「신경쇠약에서 〈불안 신경증〉이라는 특별한 증상복합체를 분리하는 근거에 관하여」, 1894. 전집 X, 36[35], 43[43] ; G.W., I, 336, 342 ; S.E., III, 109, 115 ; 프, 33, 38[O.C., III, 51, 57-8] 참조.

5 프로이트 S., 「플리스에게 보낸 편지」, 『정신분석의 탄생』, 1887-1902. 한, 46-7 ; 독, 103 ; 영, 93 ; 프, 84.

심리적 갈등

프: *conflit psychique*. 독: *psychischer Konflikt*. 영: *psychical conflict*. 스: *conflicto psíquico*. 이: *conflitto psichico*. 포: *conflito psíquico*.

주체 내에서 서로 반대되는 내적인 요구가 대립할 때, 정신분석에서 갈등이라고 말한다. 갈등은 겉으로 드러날 수도 있고(가령 욕망과 도덕적인 요구 사이의 갈등이나 모순적인 두 감정 사이의 갈등), 잠재적일 수도 있다. 후자의 경우, 그것은 왜곡된 형태로 겉으로 드러난다. 특히 증상의 형성이나 행동 장애나 성격 장애 등으로 나타난다. 정신분석은 갈등을 인간 존재의 구성 요소로 본다. 그것은 여러 가지 관점에서 그렇다: 즉 욕망과 방어 사이의 갈등, 서로 다른 체계나 심역 사이의 갈등, 욕동 사이의 갈등, 마지막으로 반대되는 욕망이 서로 대결할 뿐 아니라 그 욕망들과 금지가 맞서 싸우고 있는 오이디푸스적인 갈등이 그것이다.

정신분석은 처음부터 심리적 갈등과 만난다. 그리하여 정신분석은 재빠르게 그것을 신경증 이론의 중심 개념으로 만든다. 『히스테리 연구』(1895)는 프로이트가 치료에서 어떻게, 병인이 되는 기억에 접근할수록 저항이 커지는가를 보여주고 있다.(→ 저항) 그 저항 자체는 프로이트가 양립할 수 없는 *unverträglich* 것으로 기술하고 있는 표상에 대한, 주체의 내적인 방어의 실제 표현에 지나지 않는다. 그러한 방어 활동은 1895-1896년부터 히스테리 병인에서 주요한 기제로 인식되고,(→ **방어 히스테리**) 다른 〈정신신경증〉 ── 그 당시에는 〈방어 정신신경증〉이라고 지칭된 것 ── 에 일반화된다. 신경증의 증상은 반대되는 방향의 두 힘 ── 둘 다 현실적이고 긴박하여 서로 팽팽한 ── 으로 작용하는 두 가지 표상 집단 사이의 타협*으로 정의된다: 〈…… 여기서 기술된 과정 ── 즉 갈등, 격리[억압], 타협의 형태로 된 대체 ── 은 모든 정신신경증의 증상에서 되풀이된다.〉[1] 일반적으로 그러한 과정은 꿈이나 실수, 덮개-기억 등과 같은 현상에서 볼 수 있다.

  분명히 갈등이 정신분석적 경험의 주요한 여건이고, 그것의 임상적 양태를 기술하기가 비교적 쉬울지라도, 그것에 대한 메타심리학적 이론을 제공하는 것은 어렵다. 프로이트의 전 작업에 걸쳐, 갈등의 궁극적인 기초 문제는 서로 다른 방식으로 해결되어 왔다. 우선 비교적 동떨어진 별개의 두 차원에서 갈등을 설명하고 있다는 데 주목할 필요가 있다: 지형학적인* 차원에서는 체계간의 갈등이나 심역 사이의 갈등으로 설명하고 있고, 경제학적-역학적 차원에서는 욕동 사이의 갈등으로 설명하고 있다. 프로이트에게 가장 근원적인 것은 후자의 설명 방식이다. 그러나 종종 그 두 차원을 연결하는 것은 어렵다. 왜냐하면 갈등의 당사자인 심역이 반드시 특수한 형태의 욕동과 일치하는 것은 아니기 때문이다.

첫 번째 메타심리학의 이론에서, 갈등은 지형학적 관점에서 도식적으로 검열*에 의해 나뉜, 한편의 *Ics* 체계[무의식 체계]와 다른 한편의 *Pcs-Cs* 체계[전의식-의식 체계]의 대립의 소산이다. 그러한 대립은 쾌락원칙과 현실원칙의 이원성 — 후자가 전자에 대해 우위를 확보하려고 하는 것을 포함해서 — 과도 일치한다. 그 당시 프로이트에게 갈등 관계에 있는 두 힘은 성욕*과, 특히 인격에 대한 윤리적이고 미학적인 갈망을 포함하고 있는 격리[억압]하는 심역이라고 할 수 있다. 격리[억압]의 동기는 〈자아*〉와 양립할 수 없고, 자아에게 불쾌감을 일으키는 성적인 표상의 특수한 성격에 있다.

프로이트는 상당히 늦게서야, 격리[억압]하는 심역에 욕동의 기반을 찾아주려고 노력한다. 그래서 그는 성욕동*과 자기보존 욕동*(〈자아 욕동〉으로 정의되는)의 이원론을 심리적 갈등의 기반으로 여긴다. 〈……정신분석적 사고는 [어떤] 표상이 그것보다 더 강한 다른 표상, 즉 우리가 〈자아〉 — 서로 다른 시기에 다양하게 구성되는 복합체 — 라고 부르는 포괄적인 개념으로 표현하는 표상과 대립한다는 것을 받아들여야 한다. 그래서 전자의 표상이 격리[억압]되는 것이다. 그러나 자아와 어떤 표상 집단 사이의, 격리[억압]를 야기하는 그러한 대립은 어디에서 유래하는 것일까? […] 표상에서 욕동의 중요성이 우리의 주목을 끈다. 우리는 각 욕동이 그것의 목적과 일치하는 표상을 활성화시키면서 실재한다는 것을 발견할 수 있다. 그러한 욕동들이 항상 서로 양립하는 것은 아니다. 그것들의 이해관계는 종종 갈등에 처하게 된다. 표상들의 대립은 서로 다른 욕동들 사이의 전투적인 표현에 지나지 않는다……〉[2] 그렇긴 하지만, 프로이트가 자아의 방어적인 심역과 특정 형태의 욕동 사이가 일치한다고 생각한 단계에도, 분명히 〈배고픔-사랑〉이라는 궁극적인 대립이, 상술하기 아주 어려운 일련의 중개 과정을 거쳐, 갈등의 구체적인 여러 양태들로 나타나는 것으로 기술되어 있다.

이후의 단계에서, 두 번째 지형학은 그러한 구체적인 양태 — 즉 심역 사이의 갈등, 어떤 심역 내의 갈등, 가령 초자아 내에서 발견되는 아버지와 어머니의 동일시의 갈등 — 들에 좀 더 가깝고, 좀 더 다양화된 인격의 모델을 제공한다.

프로이트가 내세운 새로운 욕동의 이원론, 즉 삶 욕동과 죽음 욕동의 이원론은, 그것이 이용하는 근본적인 대립에 의해, 갈등 이론에 토대를 제공해주는 것처럼 보인다. 그러나 사실 두 원칙의 차원 — 즉 에로스와 죽음 욕동 —

과, 갈등의 구체적인 역학 사이의 그러한 중첩은 전혀 확인되지 않는다(이 점에 대해서는 〈죽음 욕동〉 참조). 그럼에도 불구하고 갈등이라는 개념은 재검토된다:

1) 심역들 중 어떤 것도 오로지 하나의 욕동의 영향만을 받는 것은 아니라 할지라도, 욕동의 힘들이 서로 다른 심역을 활성화시킨다는 사실은 점점 더 명확해진다(가령 프로이트는 초자아를 가학증적인 것으로 기술하고 있다).

2) 삶 욕동이 프로이트가 전에 임상으로부터 도출한 갈등의 대립의 대부분을 포괄하게 된다: 〈······ 자기보존 욕동과 종족 보존의 욕동 사이의 대립과 마찬가지로, 자기애와 대상애의 대립은 에로스의 틀 속에 위치한다.〉[3a]

3) 죽음 욕동은 갈등의 한 축이라기보다, 오히려 프로이트는 그것을 가끔 전투의 원칙 자체로 해석한다. 즉 그는 그것을 엠페도클레스가 이미 사랑(φιλία=philia)과 대립시킨 증오(νεῖχος=neikos)로 해석한다.

그렇게 해서 프로이트는 〈갈등에의 경향〉을, 그것의 개입이 인간 존재에 고유한 양성애가 어떤 경우에 전혀 양립할 수 없는 요구 사이의 갈등으로 변화되는 결과를 가져오는, 그러한 가변적 요소로 규정하기에 이른다. 반면에 그러한 가변적 요소가 없으면, 동성애적 경향과 이성애적 경향이, 하나의 균형 잡힌 해결책으로 실현되는 것을 방해하는 것은 아무것도 없게 된다.

그와 같은 사고의 방향에서, 프로이트가 욕동의 결합이라는 개념에 부여한 역할을 해석할 수 있다. 그것은 성욕과 공격성이 서로 다른 비율로 배합된 것을 가리킬 뿐 아니라, 죽음 욕동이 그 자체로 분리를 끌어들인다는 것도 의미한다.(→ **(욕동의) 결합 ─ 분리**)

*

갈등에 대한 프로이트의 관념의 발달 과정을 전체적으로 조망해보면, 한편으로는 그가 갈등을 항시 환원할 수 없는 이원론 ── 궁극적으로 상반되는 두 개의 커다란 힘들 사이의 거의 신화적인 대립에 기초하고 있는 ── 으로 귀결시키려고 한다는 사실과, 다른 한편으로 갈등의 축들 중의 하나는 항시 성욕*이고 다른 하나는 현실 속에서 여러 가지로 변한다(〈자아〉, 〈자아 욕동〉, 〈죽음 욕동〉)는 사실이 인상적임을 알 수 있다. 그가 작업을 시작할 때부터, 게다가 「정신분석 개요」(1938)에서도, 프로이트는 성욕과 갈등 사이에 존재하는 내재적인 연관성을 강조한다. 확실히 그러한 연결은 갈등에 대해, 〈어떠한 욕동의 요구에도〉 적용될 수 있는 추상적인 이론적 모델을 제공하고 있다. 그러나 〈······ 우리의 판단이 미치는 한에서, 우리의 관찰에 따르면, 병을 일으키는 역할을 하는 흥분은 한결같이 성생활의 부분 욕동으로부터 나온다.〉[3b] 갈등에서 성욕에 인정된 그러한 특권의 최종적인 이론적인 근거는 무엇일가? 그 질문은 프로이트에게 미해결로 남아 있다. 그렇지만 그는 그의 작업의 여러 순간에, 〈성적인 기능과의 관계에서, 자아 조직의 연약한 지점〉[3c]이 발견되는 결과를 가져오는, 인간 성욕의 특수한 시간적인 성격을 지적하고 있다.

정신분석가에게 심리적 갈등의 문제에 대한 심층 탐구는, 인간 주체의 핵심 갈등인 오이디푸스 콤플렉스*로 나아갈 수밖에 없다. 오이디푸스 콤플렉스에서 갈등은 방어 갈등이기 이전에, 욕망과 금지의 변증법적이고 원초적인 연결로서 주체 이전에 présubjectif 이미 기록되어 있다.

오이디푸스 콤플렉스가 어린아이의 상호 심리적인 interpsychologique 영역의 방향을 결정하는 불가피한 주요 여건인 한, 그것은 방어 갈등의 아주 다양한 양태 뒤에서(가령 자아와 초자아의 관계에서) 항시 발견되게 마련이다. 오이디푸스 콤플렉스를 주체 자신의 자리를 찾아야 하는 구조로 본다면, 갈등은 좀 더 근본적으로 욕동과 방어의 놀이 이전에, 즉 각 개인에게 고유한 심리 갈등을 구성하는 놀이 이전에, 거기에 이미 존재하는 것으로 보아야 한다.

1 프로이트 S., 「덮개-기억에 대하여」, 1899. in 『끝이 있는 분석과 끝이 없는 분석』. 한, 61 ; G.W., I, 537 ; S.E., III 308 ; 프, 118[O.C., III, 261].
2 프로이트 S., 「심인성 시각장애에 관한 정신분석적적인 해석」, 1910. 전집 X, 86-7[88-9] ; G.W., VIII, 97 ; S.E., XI, 213 ; 프, 169-70[O.C., X, 181-2].
3 프로이트 S., 「정신분석 개요」, 1938.
 a 전집 XV, 418[436] ; G.W., XVII, 71 ; S.E., XXIII, 148 ; 프, 8[O.C., XX, 237].
 b 전집 XV, 463[484] ; G.W., XVII, 112 ; S.E., XXIII, 186 ; 프, 55-6[O.C., XX, 280].
 c 전집 XV, 464[485] ; G.W., XVII, 113 ; S.E., XXIII, 186 ; 프, 57[O.C., XX, 281].

심리적 대표화[α]

프: représentant psychique. 독: psychische Repräsentanz(또는 psychischer Repräsentant). 영: psychical representative. 스: representante psíquico. 이: rappresentanza psichica(또는 rappresentante psichico). 포: representante psíquico.

프로이트가 욕동론의 틀에서, 신체 내의 흥분이 심리적 차원에서 표현되는 것을 가리키기 위하여 사용한 용어.

이 용어는 욕동과의 관련 하에서만 이해될 수 있다. 프로이트는 그것을 육체적인 것과 심리적인 것의 경계 개념으로 보고 있다. 사실, 육체 쪽에서 보면, 욕동은 주체가 피할 수 없는 내적인 긴장을 생산하는 기관(器官)의 현상에 그 근원을 두고 있다. 그러나 욕동이 겨냥하는 목표와 그것과 결부된 대상에 의해, 욕동은 본질적으로 심리적인 〈운명*Triebschicksal*〉을 겪는다.

아마 프로이트가 심리적인 것 속의 육체적인 것의 대표화 — 이것은 일종의 대표파견*délégation*을 의미한다 — 라는 개념에 의지한다는 것을 설명해주는 것은 그러한 경계 상황이다. 그러나 대표파견이라는 개념은 서로 다른 두 가지 방식으로 공식화될 수 있다.

즉, 때로는 욕동 자체가 〈…… 육체 내부로부터 나와서 마음에 도달하는 흥분의 심리적인 대표화〉[1, 2]로 나타나고, 때로는 육체적인 흥분과 동일시되기 때문에 〈욕동의 대표화〉를 통해서만 심리에 나타난다. 후자는 두 가지 요소를 포함하고 있다: 하나는 대표화-표상*이고 다른 하나는 정동량*이다.[3]

그런데 우리가 보기에, 영어 『표준판』이 암시하듯이, 그 문제에 대한 프로이트의 생각이 발전하고 있지 않을 뿐더러(그 두 공식은 1915년에 동시에 제출된다), 하물며 프로이트가 그의 마지막 저술에서 두 번째 개념을 채택하고 있다는 주장은 설득력이 없다(사실 「정신분석 개요」(1938)에서 발견되는 것은 첫 번째 개념이다). 그렇다면 영어 『표준판』이 제안하고 있듯이, 그러한 모순을 육체적인 것과 심리적인 것 사이의 경계라는, 욕동의 개념의 애매성으로 무마시켜야 하는가? 그 점에 관한 한, 우리는 프로이트의 생각을 분명히 밝힐 수 있을 것 같다.

1) 그러한 두 공식화가 언뜻 보기에 모순된다고 하더라도, 한 가지 개념은 항상 남는다: 즉 육체적인 것과 심리적인 것의 관계*relation*는 평행하지도 인과적이지도 않다는 것이다. 그것은 대표자와 위임자 사이의 관계의 비유를 통해 이해될 수 있다.[β]

그러한 관계는 프로이트의 공식에서 변함이 없기 때문에, 우리는 그 공식들 사이의 차이는 표현의 차이일 뿐이라고 가정할 수 있다. 사실 전자의 공식화에서 욕동이라는 용어로 지칭되는 육체의 변화는 후자에서 흥분이라는 용

심리적 대표화

어로 지칭되고 있고, 전자에서 대표화-표상으로 명명되는 심리적 대표화는 후자에서 욕동으로 명명되고 있다.

2) 그럼에도 불구하고 우리가 보기에, 두 공식 사이에는 차이가 있다. 우리가 보기에는 육체적인 것으로 간주되는 욕동이 심리적 대표화를 파견한다는 해결 방식이, 육체적인 것과 심리적인 것 사이의 전반적인 표현*expression*의 관계를 단순히 원용하는 것에 그치지 않는다는 점에서 좀 더 정확하다. 그리고 그 해결 방식은 프로이트의 무의식의 개념과 불가분의 관계에 있는 표상 기록*inscription de représentations*이라는 개념과 좀 더 부합하는 것 같다.

α 〈욕동의 대표화〉라는 항목의 주석(α)을 참조할 것.

β 다 알다시피, 그 경우에, 대표자는 원칙적으로 위임자의 〈권력의 대리인〉임에도 불구하고, 그는 자신의 관점을 수정하고, 그에게 주어진 지침을 굴절시킬 위험이 있는 새로운 관계 체계 속으로 들어간다.

1 프로이트 S., 「욕동과 욕동의 운명」, 1915. 전집 XI, 107[105] ; G.W., X, 214 ; S.E., XIV, 122 ; 프, 33[O.C., XIII, 169].

2 다음의 텍스트에 있는 공식화도 여기에 속한다: 프로이트 S., 「한 파라노이아 사례(파라노이아형 치매)의 자서전적인 기술에 대한 정신분석적 고찰: 슈레버」, 1911. 전집 IX, 184[190] ; G.W., VIII, 311 ; S.E., XII, 73-4 ; 프, 317-8[O.C., X, 297]. — 프로이트 S., 『성이론에 관한 세 편의 논문』, 1905, 1915년에 추가된 문단. 전집 VII, 60-1[55-6] ; G.W., V, 67 ; S.E., VII, 168 ; 프, 56[O.C., VI, 101-2]. — 프로이트 S., 「정신분석 개요」, 1938. 전집 XV, 417[435] ; G.W., XVII, 70 ; S.E., XXIII, 148 ; 프, 7[O.C., XX, 237].

3 전집 XI, 94-5[93-4] ; S.E., XIV, 113, 「욕동과 욕동의 운명」(1915)의 해설.

심리적 현실

프: *réalité psychique*. 독: *psychische Realität*. 영: *psychical reality*. 스: *realidad psíquica*. 이: *realtà psichica*. 포: *realidade psíquica*.

프로이트가 자주 사용한 용어로, 주체의 심리에서, 물질적 현실의 일관성과 저항에 비교될 수 있는 일관성과 저항을 보여주는 것을 가리킨다. 즉, 그것은 근본적으로 무의식적 욕망과 그와 결합된 환상이다.

프로이트가 심리적 현실이라고 말할 때, 그것은 자신의 고유한 현실의 질서를 갖고 있어서, 과학적 탐구를 할 수 있는 것으로 생각되는 심리학의 영역을 가리킬 뿐 아니라, 주체에게 현실의 힘을 갖고 있는 심리 속의 모든 것을 가리킨다.

정신분석의 역사에서, 심리적 현실이라는 개념은 유혹론*과, 어린 시절의 현실적인 병인(病因)으로서의 역할에 관한 이론을 포기하거나 아니면 적어도 제한하면서 나타난다. 환상은 현실적인 사건에 기초하지 않는다고 하더라도, 주체에게는 병인적 가치를 갖고 있다(프로이트는 이 가치를 처음에는 〈무의식적 기억réminiscences〉에 부여한다): 〈환상은 물질적matérielle 현실과 반대되는 심리적psychique 현실을 갖고 있다[……]; 신경증의 세계에서 지배적인 역할을 하는 것은 심리적 현실이다.〉[1a]

환상과 그것에 근거를 제공하는 사건과의 관계에 대한 이론적인 문제는 분명히 있다.(→ 환상) 그러나 프로이트는 〈…… 아직 우리는 어린 시절의 사건이 환상의 산물인지 현실의 산물인지에 따라, 어떤 결과의 차이가 있는지를 확인하지 못했다.〉고 지적하고 있다.[1b] 사실 정신분석 치료는 신경증 증상이 적어도 심리적 현실에 기초하고 있고, 그러한 의미에서 신경증자는 〈…… 얼마간은 분명히 옳아야 한다〉라는 전제로 시작된다.[2] 프로이트는 전혀 동기가 없는 것처럼 보이는 정동 — 가령 강박신경증에서의 죄책감 — 도 심리적 현실에 근거하고 있다는 점에서, 완전히 정당화된다는 것을 여러 차례 강조한 바 있다.

일반적으로 신경증 — 정신증은 물론이고 — 은 주체의 삶에서 심리적 현실의 우세를 특징으로 하고 있다.

심리적 현실이라는 개념은 무의식의 과정에 대한 프로이트의 가설과 밀접한 관련이 있다. 그 과정은 외적 현실을 고려하지 않을 뿐 아니라, 그것을 심리적 현실로 바꾸어 버린다.[3] 아주 엄격한 의미에서, 〈심리적 현실〉은 무의식적 욕망과, 그것과 결합된 환상을 가리킨다. 꿈의 분석에 대해 프로이트는 다음과 같이 자문하고 있다: 무의식적 욕망을 현실로 생각해야 하는가? 〈물론 모든 과도기적이고 중간적인 사고에 관한 한, 그것은 받아들일 수 없다. 만약 우리가 가장 궁극적이고 가장 진실한 표현으로 환원된 무의식적 욕망 앞에 있다면, 우리는 심리적 현실이 물질적 현실과 혼동해서는 안 되는 특수한 존재 형태라고 말하지 않을 수 없을 것이다.〉[4, a]

α 〈심리적 현실〉이라는 개념의 역사와 문제에 대해서, 우리는 감히 독자에게 라플랑슈 J. Laplanche와 퐁탈리스J.-B. Pontalis의 논문「원환상, 기원의 환상, 환상의 기원Fantasme originaire, Fantasmes des origines, origine du fantasme」(in *Les Temps modernes*, avril, 1964, n.215)을 참조하기를 권한다.

1 프로이트 S.,『정신분석 입문 강의』, 1916-17.
  a 전집 I, 497[523] ; G.W., XI, 383 ; S.E., XVI, 368 ; 프, 396[O.C., XIV, 382].
  b 전집 I, 500[526] ; G.W., XI, 385 ; S.E., XVI, 370 ; 프, 398[O.C., XIV, 384].
2 프로이트 S.,「애도와 멜랑콜리」, 1917. 전집 XI, 248[248] ; G.W., X, 432 ; S.E., XIV, 246 ; 프, 196[O.C., XIII, 266].
3 프로이트 S.,「무의식」, 1915. 전집 XI, 191[190] ; G.W., X, 286 ; S.E., XIV, 187 ; 프, 131[O.C., XIII, 228].
4 프로이트 S.,『꿈의 해석』, 1900. 전집 IV, 712[741] ; G.W., II-III, 625 ; S.E., V, 620 ; 프, 504[O.C., IV, 675].

심역[심급]

프: instance. 독: Instanz. 영: agency. 스: instancia. 이: istanza. 포: instância.

심리 장치에 대한 지형학적이고 동시에 역학적인 개념의 틀에서, 각각의 하부구조를 심역(心域)이라 한다. 예를 들면, 검열의 심역(제1지형학), 초자아의 심역(제2지형학).

프로이트는 심리 장치*에 대한 개념을 여러 가지로 설명할 때, 일반적으로 〈체계〉 또는 〈심역〉이라는 말을 사용하여, 그 장치의 부분이나 하부 구조를 지칭한다. 드물기는 하지만 〈조직Organisation〉, 〈형성Bildung〉, 〈영역Provinz〉이라는 말도 사용한다.

　프로이트가 처음 도입한 용어는 체계système였다.[1] 그것은 본질적으로 심리의 지형학적 도식에 관계된 것이다. 왜냐하면 그것은 빛이 광학 장치의 여러 〈체계〉를 통과하듯이, 심리를 흥분이 통과하는 일련의 장치로 생각했기 때문이다. 심역이라는 용어는『꿈의 해석』(1900)에서 체계와 동의어로 도입되어,[2a] 프로이트의 말년의 글에서까지 사용된다.[3]

　그 두 용어가 종종 서로 교환해서 쓰임에도 불구하고, 〈체계〉는 오로지 지형학적인 개념에 관계된 것인 데 비해, 〈심역〉은 지형학적임과 동시에 역학적인 의미를 포함하는 용어라는 데 주목할 필요가 있다. 프로이트는 예컨대 기억 체계,[2b] 지각-의식 체계라고 말하면서도, 그 경우를 심역이라고 하지는 않는다. 역으로 그는 초자아나 검열에 대해서는 심역이라는 말을 즐겨 사용한다. 왜냐하면 그것은 단순히 흥분을 통과시키기만 하는 것이 아니라 적극적으로 행동하고 있기 때문이다. 그래서 초자아는 〈부모의 심역〉의 상속자로 간주된다.[4] 게다가 『꿈의 해석』에서 심역이라는 용어는 무엇을 통과시킬 것인지를 판단하는 재판소나 정부에 비유해서 도입되었다는 데 주목해야 한다.[2c]

그러한 뉘앙스가 합법적인 한, 체계라는 용어는 프로이트의 제1지형학의 정신에 더 잘 부합하고, 심역이라는 용어는 심리 장치에 대한 보다 역학적이고 보다 구조적인 두 번째 이론에 부합한다.

1 프로이트 S., 「과학적 심리학 초고」, 『정신분석의 탄생』, 1895. 한, 전권; 독, 373-466 ; 영, 348-445 ; 프, 307-96.

2 프로이트 S., 『꿈의 해석』, 1900. 참조.

　a 전집 IV, 624[647] ; G.W., II-III, 542 ; S.E., V, 536-7 ; 프, 441[O.C., IV, 590].

　b 전집 IV, 626[649] ; G.W., II-III, 544 ; S.E., V, 539 ; 프, 443[O.C., IV, 592].

　c 전집 IV, 185-190[193-7] ; G.W., II-III, 147-50 ; S.E., V, 141-5 ; 프, 109-11[O.C., IV, 177-81].

3 가령 프로이트 S., 「정신분석 개요」, 1940. 전집 XV, 414[432], 433[451] ; G.W., XVII, 67, 83 ; S.E., XXIII, 145, 161 ; 프, 3, 24[O.C., XX, 233, 251] 참조.

4 프로이트 S., 『새로운 정신분석 입문 강의』, 1933. 전집 II, 86-89[91-4] ; G.W., XV, 68, 70 ; S.E., XXII, 62-64 ; 프, 88-91[O.C., XIX, 145-8].

ㅇ

아버지 콤플렉스

프: complexe paterenel. 독: Vaterkomplex. 영: father complex. 스: complejo paterno. 이: complesso paterno. 포: complexo paterno.

프로이트가 오이디푸스 콤플렉스의 주요 차원 중의 하나 — 즉 아버지와의 양가적 관계 — 를 가리키기 위해 사용한 용어.

아파니시스

프: aphanisis. 독: Aphanisis. 영: aphanisis. 스: afánisis. 이: afanisi. 포: afânise.

존스E. Jones가 도입한 용어 : 성적인 욕망의 사라짐. 존스에 따르면, 아파니시스는 남녀 모두에게 거세 공포보다 더 근본적인 공포의 대상이다.

존스는 거세 콤플렉스의 문제와 관련하여 $\dot{\alpha}\varphi\acute{\alpha}\nu\iota\sigma\iota\varsigma$[= aphanisis](사라지게 하는 행위, 사라짐)라는 그리스어를 도입한다.[1a] 그에 따르면, 남자에게 성욕의 소멸과 거세는 일치하지 않는다(예컨대, 〈……많은 남자들은 무엇보다도 관능적인 이유로 해서 거세되기를 원한다. 그래서 그들의 성욕은 확실히 자지를 포기해도 사라지지 않는다〉[1b]). 그것들이 서로 혼동되는 것은, 거세 공포가 아파니시스라는 좀 더 일반적인 개념이 (죽음의 개념 곁에서) 구체화되는 방식에 지나지 않기 때문이다.

여자에게 아파니시스의 공포는 사랑하는 대상과의 이별의 공포에서 발견된다.

존스가 아파니시스라는 개념을 도입한 것은, 여성의 성욕에 대한 연구의 일환이었다. 프로이트가 여자아이의 성적 발달을 남자아이처럼 거세 콤플렉스와 남근의 우위에 집중시켰는데 반해, 존스는 좀 더 특수한 방식으로 여자아이의 발달을, 애초부터 자신의 목표와 활동을 갖고 있는 성욕으로 기술한다.

여자아이와 남자아이의 성욕의 공통분모는 거세 콤플렉스의 이편, 즉 아파니시스에서 찾아야 할 것이다.

1 Jones E., "Early development of female sexuality", 1927. in *Papers on Psycho-Analysis*, Baillière, Londres, 5e éd., 1950 참조.
   a 438-51.
   b 439-40.

(욕동의) 압력

프: *poussée (de la pulsion)*. 독: *Drang*. 영: *pressure*. 스: presión. 이: *spinta*. 포: *pressão*.

궁극적으로 충족을 얻기 위해 시동되는 행동을 설명하는 용어로, 각 욕동에 할당된 가변적인 양적 요소. 충족이 수동적일 때(보여지다, 매맞다)에도, 욕동은 〈압력〉을 행사하기 때문에 능동적이다.

「욕동과 욕동의 운명」(1915)의 서두에 나오는 욕동의 개념 분석에서, 프로이트는 욕동의 원천, 대상, 목표와 병행하여, 욕동의 압력을 다음과 같은 말로 정의하고 있다: 〈욕동의 압력은 욕동이 나타내는 운동의 측면이나, 힘의 총계나, 요구의 양을 의미한다. 각각의 욕동은 하나의 활동의 단편이다. 느슨하게 수동적 욕동이라고 말할 때, 그것은 수동적 목표를 가진 욕동이라는 말과 다른 것을 의미하지 않는다.〉[1]

그 텍스트에서 욕동의 두 가지 특성이 강조되고 있다:

1. 프로이트가 항상 강조한 양적인 요소. 그는 그것을 병적인 갈등의 결정

요소로 본다.(→ **경제학적**)

2. 모든 욕동의 능동적 성격. 이 점에서 프로이트는, 능동성을 오직 공격 욕동의 속성으로 삼는 아들러를 은근히 겨냥하고 있다: 〈내가 보기에, 아들러는 모든 욕동의 일반적이고 필수적인 특성을, 하나의 특별한 욕동의 특성으로 범주를 전환하는 잘못을 저지르고 있다. 그 특성은 정확히 모든 욕동에 있는 '욕동적인' 것, 즉 추동적인 것*das Drängende*이다. 그것은 우리가 발동 능력, 즉 운동 기능으로 기술하는 것이다.〉[2]

욕동은 본질적으로 그것이 행사하는 압력에 의해 정의된다는 생각은, 프로이트의 이론적 사고가 헬름홀츠Helmholtz의 개념에 영향을 받아 시작될 때부터 이미 있었다. 「과학적 심리학 초고」(1895)는 유기체가 피할 수 있는 외적인 자극과, 신체적 요소로부터 생기는 내인성 자극을 근본적으로 구분하는 것으로부터 시작한다: 〈유기체는 그것[내인성 자극]을 벗어날 수 없다 [……]. 그것은 축적된 양을 견디는 법을 배워야 한다.〉[3] 긴장을 해결할 수 있는 특수 행동*으로 유기체를 밀고 가는 것이, 바로 삶의 절박성*die Not des Lebens*이다.

1 프로이트 S., 「욕동과 욕동의 운명」, 1915. 전집 XI, 107[105] ; G.W., X, 214-5 ; S.E., XIV, 122 ; 프, 34[O.C., XIII, 169].
2 프로이트 S., 「다섯 살배기 남자아이의 공포증 분석: 꼬마 한스」, 1909. 전집 VIII, 173-4[182-3] ; G.W., VII, 371 ; S.E., X, 140-1 ; 프, 193[O.C., IX, 123].
3 프로이트 S., 「과학적 심리학 초고」, 『정신분석의 탄생』, 1895. 한, 218 ; 독, 381 ; 영, 357-8 ; 프, 317.

압축

프: *condensation*. 독: *Verdichtung*. 영: *condensation*. 스: *condensación*. 이: *condensazione*. 포: *condensação*.

무의식적 과정의 본질적인 기능 작용 중의 하나: 단 하나의 표상이 그 자체로, 여러 연상의 사슬의 교차점에 있으면서 그것들을 대표하는 것. 경제학적인 관점에서 보면, 그 표상에는 서로 다른 사슬에 묶여 있던 에너지가 투여되고 덧붙여진다.
압축은 증상이나, 일반적으로 무의식의 여러 형성물에 작용한다. 그것이 가장 확연히 드러나는 것은 꿈이다.

그것은 잠재 내용에 비해 표면적 이야기가 간결하다는 것을 특징으로 한다. 즉 표면적 이야기는 잠재 내용의 요약된 번역이다. 그렇다고 해서 압축이 요약과 동일시되어서는 안 된다. 각각의 표면적 요소가 여러 개의 잠재적 의미에 의해 결정되기는 하지만, 역으로 각각의 잠재적 의미가 여러 표면적 요소에 참여할 수 있는 것이다. 다른 한편으로, 표면적 요소가 그것이 유래된 각각의 잠재적 의미와 대응 관계에 있는 것이 아니기 때문에, 하나의 개념이 그렇듯이, 표면적 요소는 잠재적 의미들을 포함하지 않는다.

압축이 프로이트에 의해 처음으로, 〈꿈의 작업*〉이 이루어지는 본질적인 기제 중의 하나로 기술된 것은 『꿈의 해석』(1900)에서이다. 그것은 다양한 방식으로 일어난다. 예컨대 단 하나의 요소(주제, 인물 등)가 여러 꿈-사고에서 여러 번 등장하기도 하고(〈마디점[결절]point nodal〉), 여러 요소가 잡다하게 모여 하나의 통일체를 이루기도 한다(가령 혼합 인물). 더욱이 여러 개의 이미지가 압축되는 바람에 공통된 특징만을 유지하고 강화하기 위하여, 그것에 부합하지 않는 특징은 희미하게 만들기도 한다.[1]

압축의 기제가 꿈에서 분석되었다고 해서, 그것이 꿈만의 특징인 것은 아니다. 「일상생활의 정신병리학에 관하여」(1901)와 『기지(機智)와 무의식의 관계』(1905)에서, 프로이트는 압축이 기지의 기술과, 실수와 단어 망각 등의 본질적인 요소 중의 하나라는 사실을 밝힌다. 『꿈의 해석』에서, 그는 압축 과정이 단어에 미칠 때(신조어), 특히 두드러지게 나타난다고 지적하고 있다.

압축을 어떻게 설명해야 할까? 거기에서는 검열의 결과와 검열을 피하는 방식을 볼 수 있다. 즉 프로이트가 지적한 바와 같이, 압축이 검열의 결과라는 인상은 없지만, 〈검열은 거기서 일정한 이득을 보고 있다〉.[2] 실제로 압축은 표면적인 이야기의 독서를 어렵게 만든다.

그러나 꿈이 압축을 행하는 것은, 단지 검열을 피하기 위한 것만은 아니다. 압축은 무의식적인 사고의 한 특징이다. 1차적 과정에는 압축을 허락하고 조장하는 조건(구속되지 않은 자유 에너지*, 지각의 동일성*의 경향)이 형성되어 있다. 무의식적 욕망은 처음부터 그 조건을 따르는데 반해, 전의식적 사고는 〈무의식으로 끌어내려지기〉 때문에 검열에 2차적으로 그렇게 된다. 압축은 어느 단계에서 이루어지는가? 〈아마 그것은 지각의 영역에 도달할 때까지의 전 코스에서 전개되는 과정이라고 할 수 있을 것이다. 그러나 일반적으로 그것은 꿈의 형성에 개입하는 모든 힘이 동시적으로 작용한 결과라고 가정하

는 것이 좋을 것이다.)[3]

이동[*]과 마찬가지로, 압축은 프로이트에게 경제학적인 가설에 기초를 두고 있는 과정이다. 네거리-표상*représentation-carrefour*에는 다양한 연상의 사슬을 따라 이동한 에너지가 첨가된다. 특히 꿈에서 어떤 이미지가 아주 특별한 활력을 얻는다면, 그것은 압축의 산물로 에너지가 강력하게 투여되었기 때문이다.

1 프로이트 S.,『꿈의 해석』, 1900. 전집, IV, 352-5 ; G.W., II-III, 299-300 ; S.E., IV, 293-5 ; 프, 220-2[O.C., IV, 336] 참조.
2 프로이트 S.,『정신분석 입문 강의』, 1916-17. 전집 I, 235[245] ; G.W., XI, 176 ; S.E., XV, 173 ; 프, 191[O.C., XIV, 178].
3 프로이트 S.,『기지(機智)와 무의식의 관계』, 1905. 전집 VI, 209[209] ; G.W., V, 187-8 ; S.E., VIII, 164 ; 프, 191[O.C., VII, 191].

애도 작업

프: *travail du deuil*. 독: *Trauerarbeit*. 영: *work of mourning*. 스: *trabajo del duelo*. 이: *lavoro del lutto*(또는 *del cordoglio*). 포: *trabalho*(또는 *labor*) *do luto*.

애착의 대상을 잃어버린 결과로 생기는 심리 내부의 과정으로, 주체는 그 과정을 통해 점진적으로 그 대상으로부터 분리된다.

이미 널리 통용되고 있는 애도 작업이라는 표현은, 프로이트에 의해 「애도와 멜랑콜리」(1915)에서 처음으로 도입된다. 애도 작업이라는 표현 자체가 정신분석적 관점이 심리 현상의 이해에 가져온 혁신을 환기시키고 있다. 전통적으로 사람들은 이미 사랑하는 사람의 죽음이 야기하는 고통이 점차 약해지는 것을 당연시했다. 그러나 프로이트에게 그러한 최종적인 결과는 주체의 활동 — 병적인 애도의 임상이 보여주듯이 실패할 수도 있는 활동 — 을 포함하는 내적인 과정 전체의 도달점이다.

애도 작업이라는 개념은, 심리 장치가 외상화하는 인상들을 구속할 필요성으로 간주되는 심리적 가공[*]이라는 좀 더 일반적인 개념과 대조해야 한다. 『히스테리 연구』(1895)에서부터, 프로이트는 애도의 경우에 그러한 가공이

취하는 특수한 형태에 주목한다: 〈환자가 죽은 직후에, 그녀[프로이트가 지켜보던 여자 히스테리증자]에게 재현 작업이 시작되었다. 즉 그녀의 눈앞에 병과 죽음의 장면이 다시 상연되었다. 그녀는 매일 자기의 인상을 하나씩 다시 불러내어, 그것 때문에 울고, 그러면서 말하자면 천천히 마음을 달래었다.〉[1]

프로이트에 따르면, 애도 작업이 심리 내부에 있다는 것은, 대상의 상실과 함께 오는, 외부 세계에 대한 흥미의 결여에 의해 입증된다. 〈…… 말하자면, [잃어버린 대상과] 운명을 함께 할지를 결정해야 하는 자아가, 삶 속에 남아 있는 자기애적인 충족을 고려하여 죽은 대상과의 인연을 끊기로 결심할〉[2a] 때까지, 주체의 모든 에너지는 고통과 기억에 의해 독점되고 있는 것처럼 보인다. [죽은 대상과의] 그러한 분리가 이루어지고 마지막으로 새로운 투여가 가능해지기 위해서는, 심리적인 노력이 필요하다: 〈리비도를 대상에 묶어두는 모든 회상과 모든 기대는 현재화되고 과투여되었다가, 그 하나하나에 대해 리비도의 분리가 이루어진다.〉[2b] 그러한 의미에서 애도 작업은 〈죽은 자를 죽이는〉[3a] 것에 있다고 말할 수 있다.

프로이트는 정상적인 애도, 병적인 애도(환자는 돌발적인 죽음의 죄가 자기에게 있다고 생각하고, 그 죽음을 부인하고, 고인에 의해 감응되거나 귀신 들렸다고 믿고 있고, 자기도 고인에게 죽음을 불러왔던 병에 걸렸다고 생각하는 등등), 그리고 멜랑콜리 사이에 단계가 있다는 것을 지적하고 있다. 아주 도식적으로 말하면, 프로이트에 따르면, 병적인 애도에서는 양가적인 갈등이 전면에 나오고, 멜랑콜리에서는 한 단계를 더 뛰어넘어 자아가 잃어버린 대상과 동일시된다.

프로이트 이후, 정신분석가들은 정상적인 애도 현상을, 그것의 병리학적인 형태들 — 우울증적*dépressive*이고 멜랑콜리적인*mélancolique* 형태뿐 아니라 조증(躁症)적인*maniaque* 형태 — 로부터 규명하려고 했다. 특히 그들은 양가성*의 역할과 죽은 자에 대한 공격성 — 이것이 죽은 자에 대한 분리를 가능하게 한다 — 의 기능을 강조한다.

그러한 정신병리학적인 자료들을 어떤 원시 사회들에서의 애도와, 그 애도에 동반되는 집단 신앙과, 의식에 대한 문화 인류학적인 자료들과 비교하는 것은 유익한 결과를 가져왔다.[3b, 4]

애도 작업

1 프로이트 S., 『히스테리 연구』, 1895. 전집 III, 219[222] ; G.W., I, 229 ; S.E., II, 162 ;
프, 129[O.C., II, 184].

2 프로이트 S., 「애도와 멜랑콜리」, 1917.

 a 전집 XI, 261[262] ; G.W., X, 442-3 ; S.E., XIV, 255 ; 프, 215[O.C., XIII, 276].

 b 전집 XI, 246[246] ; G.W., X, 430 ; S.E., XIV, 245 ; 프, 193[O.C., XIII, 265].

3 Lagache D., "Le travail du deuil", 1938, in R.F.P., X, 4.

 a 695.

 b 695 참조.

4 Hertz R., "Contribution à une étude de la représentation collective de la mort", in
Mélanges de sociologie religieuse et de folklore, Alcan, Paris, 1928.

애정

프: tendresse. 독: Zärtlichkeit. 영: tenderness. 스: ternura. 이: tenerezza. 포: ternura.

프로이트가 이 용어에 부여하고 있는 특수한 용법에서, 그것은 〈관능Sinnlichkeit〉이라
는 용어와 대조적으로, 어린아이의 최초의 애정 관계의 형태를 영속시키거나 재현하고
있는 타인에 대한 태도를 가리킨다. 그 애정 관계에서 성적인 쾌감은 독립적으로 발견되
는 것이 아니라, 항상 자기보존 욕동의 충족에 의탁해서 나타난다.

특수한 형태의 애정 행위를 분석하면서(「애정 생활에 대한 보편적인 폄하에
관하여」(1912)), 프로이트는 임상에서 〈관능의 흐름〉과 〈애정의 흐름〉이 분
리되어 나타남에 따라, 그것들을 구분한다.(→ 성기애)

 프로이트는 애정의 기원을 탐구하는 만큼, 애정 현상을 기술하는 데 매달
리지는 않는다. 그는 애정을 어린아이의 최초의 대상 선택 ― 즉 돌보고 먹여
주는 사람에 대한 사랑 ― 에서 찾는다. 그러한 사랑은 처음부터 성애적인 요
소를 포함하고 있지만, 그 요소는 처음에는 육체적인 양육과 보살핌에서 찾
는 충족과 분리되지 않는다.(→ 의탁)

 그와는 대조적으로, 유년기에서 〈관능의〉 흐름, 정확히 말해 성적인 흐름
은, 성애적인 쾌락이 생명의 욕구들이 가리키고 있는 대상의 길을 벗어나 자
기-성애가 된다는 사실에 의해 정의될 수 있다.(→ 성욕)

 잠복기* 동안, 성적인 목표는 격리[억압]의 영향으로 일종의 진정 상태에
놓이게 된다. 그것은 애정의 흐름을 강화시킨다. 사춘기에 욕동이 추진되기

시작하면, 〈······ 강한 관능의 흐름은 더 이상 그것의 목표를 무시할 수 없게 된다〉. 이렇게 성적인 대상은 오직 점진적으로만, 〈······ 예전의 대상과 결부되어 있는 애정을 자기 쪽으로 끌어당기는 것이다〉.[1]

1 프로이트 S., 「애정 생활에 대한 보편적인 폄하에 관하여」, 1912. 전집 VII, 224[206] ; G.W., VIII, 80-1 ; S.E., XI, 181 ; 프, 12[O.C., XI, 131].

양가성

프: *ambivalence*. 독: *Ambivalenz*, 영: *ambivalence*. 스: *ambivalencia*. 이: *ambivalenza*. 포: *ambivalência*.

동일한 대상과의 관계에서 서로 상반되는 성향이나 태도나 감정 ― 전형적으로 사랑과 증오 ― 이 공존하는 것.

양가성이라는 용어는 프로이트가 그것을 만든 블로일러Bleuler에게 빌려온 것이다.[1] 블로일러는 양가성을 세 가지 차원에서 고찰하고 있다. 의지적인 양가성: 가령 주체가 먹고 싶으면서 동시에 먹고 싶지 않은 것. 지적 양가성: 주체가 어떤 제안을 하면서 동시에 그 반대를 말하는 것. 감정적 양가성: 주체가 동일한 사람을 사랑하면서 증오하는 것.

블로일러는 양가성을 정신분열증의 주요한 증상으로 보고 있지만,[2] 정상적인 양가성도 인정하고 있다.

양가성이라는 개념의 독창성은, 예전에 복합 감정이나 태도의 변화로 기술되었던 것과 비교할 때, 한편으로는 긍정과 부정이 동시적이고 분리될 수 없는 〈예-아니오〉 형태의 대립이 유지된다는 것이고, 다른 한편으로는 그러한 기본적인 대립이 심리 생활의 여러 분야에서 찾아볼 수 있다는 것이다. 블로일러는 마지막에는 감정적 양가성에 특권을 부여하는데, 그 용어의 프로이트적인 용법에 방향을 제공하는 것은 바로 그러한 의미이다.

프로이트에게 양가성이라는 용어가 처음 나타난 것은, 부정적 전이 현상을 보고하고 있는 「전이의 역학에 관하여」(1912)라는 논문에서이다: 〈······ 흔히 동일한 한 사람을 대상으로 하는 가벼운 전이 곁에는 양가성이 있다.

[……] 〈감정의 방향Gefühlsrichtungen〉의 양가성 덕분에, 우리는 전이를 저항의 수단으로 사용하는 신경증자의 능력을 아주 잘 이해할 수 있다.〉³ 그러나 사랑과 증오가 결합된다는 생각은 그 이전에도 발견되고 있다. 「꼬마 한스」⁴와 「쥐인간」의 분석이 그 예이다: 〈우리가 사랑하는 쥐인간에게는, 동일한 사람을 향한 사랑과 증오 사이의 전투가 맹렬하게 벌어지고 있다.〉⁵

「욕동과 욕동의 운명」(1915)에서, 프로이트는 능동성-수동성*의 대립 쌍을 양가성이라고 말하고 있다: 〈…… 능동적 욕동은 수동적 욕동과 공존한다.〉⁶ᵃ 양가성이라는 용어가 아주 광범위하게 사용되는 경우는 드물다. 위의 텍스트[「욕동과 욕동의 운명」]에서 가장 분명하게 보여주고 있는 양가성은, 동일한 한 대상을 향한 사랑과 증오의 〈구체적인〉 대립이다.

양가성은 몇몇 증상(정신증, 강박증)과 상태(질투, 애도)에서 특히 눈에 띈다. 또한 그것은 대상에 대한 사랑과 파괴가 공존하는 리비도의 어떤 발달 단계(가학증적 구강기와 가학증적 항문기)에서 특징적으로 나타난다.

그러한 의미에서, 아브라함Abraham은 그것을, 각 [발달] 단계에 고유한 대상 관계를 규정하는 발생학적인 범주로 본다. 그는 원초적 구강기를 〈양가성 이전〉이라고 부른다: 〈[빨기]는 하나의 합체이지만, 대상의 존재에 종지부를 찍지 못하는 합체이다.〉⁷ 그 저자에게 양가성은 대상에 대한 적개심을 포함하는 가학증적이고 식인적인* 구강기에서만 나타난다. 그 이후에 개인은 자신의 대상을 배려하고 파괴로부터 구하는 법을 배운다. 결국 양가성은 (양가성 이후postambivalent) 생식기에 이르러 극복된다. 아브라함과 같은 계보인 멜라니 클라인Melanie Klein의 연구에서, 양가성이라는 개념은 본질적이다. 그녀에게 욕동은 처음부터 양가적이다. 대상에 대한 〈사랑〉은 그것의 파괴와 불가분의 관계에 있다. 그리하여 양가성은 대상 자체의 질이 된다. 주체는 대상을 〈좋은〉 대상과 〈나쁜〉 대상*으로 가르면서, 그 질 사이에서 싸운다. 완벽하게 호의적이면서, 동시에 근본적으로 파괴적인 양가적인 대상은 견딜 수 없는 것이다.

*

양가성이라는 용어는 정신분석에서 종종 아주 넓은 의미로 사용된다. 사실 그것은 양립할 수 없는 동기가 작용하는 방어 갈등에서 기인하는 행동과 감정을 가리키는 데 쓰이고 있다. 어떤 체계에 기분 좋은 것이 다른 체계에는 기분 나쁜 것이 될 수 있기 때문에, 모든 〈타협 형성〉을 양가성이라고 부를 수 있는 것이다. 그러나 그렇게 되면, 양가성이라는 용어가 막연하게 갈등적인 온갖 태도를 모두 내포할 위험이 있다. 그것이 본래 갖고 있는 기술적이고, 게다가 증상적인 가치를 계속 지니기 위해서는, 특수한 갈등의 분석에만 그 개념을 빌려주는 것이 좋을 것이다. 즉 감정적인 태도의 긍정적인 요소와 부정적인 요소가 동시에 현존하고, 분리되지 않으면서, 변증법적이지 않은 대립 — 예와 아니오를 동시에 말하는, 주체에게 뛰어넘을 수 없는 — 을 구성하는 특수한 갈등이 그것이다.

그렇다면 결국 프로이트의 욕동 이론이 그랬듯이, 양가성을 설명하는 데 근본적인 이원론을 가정해야 하지 않는가? 따라서 사랑과 증오의 양가성은 욕동의 특수한 발달로 설명될 수 있을 것이다. 증오는 그 기원이 자기보존 욕동(〈이것의 원형은 자기를 유지하고 확인하기 위한 자아의 투쟁에 있다.〉[6b])에 있고, 사랑은 그 기원이 성욕동에 있다. 프로이트는 두 번째 욕동 이론에서, 삶 욕동과 죽음 욕동의 대립을 통하여 양가성의 뿌리를 좀 더 분명하게 욕동의 이원론에 두고 있다. (→ **결합-분리**)

주목할 것은, 프로이트가 그의 마지막 저작에서, 임상과 갈등 이론에서 양가성에 대한 중요성을 증대시키고 있다는 것이다. 거기서 오이디푸스적인 갈등은 그것의 뿌리가 되는 욕동의 차원에서, 양가적 갈등*Ambivalenz Konflikt*으로 간주된다. 왜냐하면 그것의 주된 차원 중의 하나가, 〈동일한 사람을 향하는 아주 정당한 사랑과, 그것 못지않게 정당화될 수 있는 증오……〉[8] 사이의 대립이기 때문이다. 그러한 관점에서 신경증 증상의 형성은, 그러한 갈등을 해결하려는 시도로 간주된다. 그리하여 공포증은 갈등을 구성하는 요소 중의 하나인 증오를 대체 대상으로 이동시키는 것이고, 강박신경증은 리비도의 힘을 반동형성*의 형태로 강화하여 증오심을 격리[억압]하는 것이다. 갈등에 대한 프로이트의 개념에서, 그러한 관점의 차이는 방어적 갈등을 욕동의 역학에 닻을 내리게 한다는 점에서, 그리고 갈등이 심리 장치의 심역들을 움직이게 하는 한, 방어 갈등 뒤에서 욕동에 내재한 모순을 찾도록 도와준다는 점에서 대단히 흥미롭다.

1 Bleuler E., "Vortrag über Ambivalenz", 1910, in *Zentralblatt für Psychoanalyse*, 1, 266 참조.

2 Bleuler E., *Dementia praecox oder Gruppe der Schizophrenien*, Leipzig und Wien,

양가성

1911 참조.

3 프로이트 S., 「전이의 역학에 관하여」(1912), in『정신분석적 정신치료』. G.W., VIII, 372-3 ; S.E., XII, 106-7 ; 프, 58-9[O.C., XI, 115].

4 프로이트 S., 「다섯 살배기 남자아이의 공포증 분석: 꼬마 한스」, 1909. 프로이트 전집 VIII, 11-183[11-192] ; G.W., VII, 243-377 ; S.E., X, 5-147 ; 프, 93-198[O.C., IX, 5-130] 참조.

5 프로이트 S., 「강박신경증의 한 사례에 관한 고찰: 쥐인간」, 1909. 프로이트 전집 IX, 45[47] ; G.W., VII, 413 ; S.E., X, 191 ; 프, 223[O.C., IX, 165].

6 프로이트 S., 「욕동과 욕동의 운명」, 1915.

   a 프로이트 전집 XI, 119[117] ; G.W., X, 223-4 ; S.E., XIV, 131 ; 프, 51[O.C., XIII, 178].

   b 프로이트 전집 XI, 129[127] ; G.W., X, 230 ; S.E., XIV, 138 ; 프, 63[O.C., XIII, 185].

7 Abraham K., *Versuch einer Entwicklungsgeschichte der Libido auf Grund der Psychoanalyse seelischer Störungen*, 1924. 프, 11, 276.

8 프로이트 S., 『억제, 증상 그리고 불안』, 프로이트 전집 X, 225[233] ; G.W., XIV, 130 ; S.E., XX, 102 ; 프, 20[O.C., XVII, 219].

양가적, 양가성 이전의, 양가성 이후의

프: ambivalent, préambivalent, postambivalent. 독: ambivalent, prä-ambivalent, post-ambivalent. 영: ambivalent, pre-ambivalent, post-ambivalent. 스: ambivalente, preambivalente, postambivalente. 이: ambivalente, preambivalente, postambivalente. 포: ambivalente, pré-ambivalente, pós-ambivalente.

아브라함이 도입한 용어: 그것은 대상 관계의 관점에서, 리비도의 발달 단계를 규정한다. 구강기 전기(빨기)는 양가성 이전의 단계이고, 양가성은 구강기 후기(깨물기)에 나타나서 항문기에 절정을 이룬다. 그것은 남근기까지 계속되다가, 잠복기에 성기적 대상애가 시작되면서 비로소 사라진다.

우리는 독자에게 아브라함의 논문을 참조하기를 권한다: 「정신 장애의 정신분석에 기초한 리비도의 발달사 시론Versuch einer Entwicklungsgeschichte der Libido auf Grund der Psychoanalyse seelischer Störungen」(1924).
   그리고 독자는 플리스가 제시한 개체발생의 도표를 참조할 수 있다.¹

(→ **양가성**, 그리고 리비도의 여러 단계에 바쳐진 항목들)

1 Fliess R., *The Psycho-analytic reader*, 1950 : 254-5

양성성[양성애]

프: *bisexualité*. 독: *Bisexualität*. 영: *bisexuality*. 스: *bisexualidad*. 이: *bisessualità*.
포: *bissexualidade*.

프로이트가 플리스Wilhelm Fliess의 영향 하에 정신분석에 도입한 개념 : 모든 인간 존재는 기질적으로 남성과 여성의 소질을 동시에 갖고 있고, 그러한 양성적 소질은 주체가 자기 자신의 성을 받아들일 때 겪게 되는 갈등을 통해 드러난다.

정신분석 운동의 역사에서, 양성성이라는 개념은 두말할 것도 없이 플리스의 영향에서 그 기원을 찾는 것이 옳을 것이다. 그 개념은 1890년대의 철학과 정신의학 문헌에 이미 있었던 것인데,[1a] 프로이트 곁에서 그를 변호한 사람은 플리스이다. 그들의 서신이 그것을 증명하고 있다.[2]

　우선 양성성 이론은 해부학과 태생학의 자료에 기초를 두고 있다[a] : 〈어느 정도의 해부학적인 자웅동체는 정상적이다. 남성이든 여성이든 모든 개인에게는, 반대되는 성의 성기 흔적이 있다. [……] 이미 오래전부터 알려진 그러한 해부학적인 사실에서 기인하는 개념은, 원래 양성적 기관이던 것이 진화의 과정에서 한 가지 성을 지향하게 되고, 그에 따라 퇴화된 성은 약간의 잔재를 남기게 된다는 생각이다.〉[1b]

　플리스는 양성성을 보여주는 생물학적인 사실에 엄청난 중요성을 부여한다. 양성성은 보편적인 인간 현상이다. 예컨대, 그것은 병리학적인 동성애의 경우에만 국한되는 것은 아니다. 그리하여 플리스는 모든 개인에게 존재하는, 남성적 성향과 여성적 성향 사이의 갈등을 내세우면서, 프로이트의 격리[억압] 이론을 해석한다. 프로이트는 플리스의 해석을 다음과 같은 말로 요약한다 : 〈어떤 사람에게 우세한 성이, 열세한 성의 심리적 표상을 무의식 속으로 격리[억압]한다.〉[3a]

　양성성의 문제에 대해 프로이트의 입장이 명확히 표명된 것은 아니다. 그 자신이 1930년에 다음과 같이 인정하고 있다 : 〈…… 양성성 이론은 아직 해결되지 않은 많은 것을 내포하고 있다. 우리는 정신분석에서 그것과 욕동 이론의 관계를 아직 발견하지 못해 진실로 갑갑할 뿐이다.〉[4] 프로이트는 양성성의 심리학적인 중요성을 계속해서 주장한다. 그러나 그 문제에 대한 그의 생각은 다음과 같이 분류할 수 있는 유보와 주저를 안고 있다 :

1. 양성성이라는 개념은 남성-여성에 대한 명확한 파악을 전제로 하고 있다. 그런데 프로이트가 기술한 바와 같이, 그 개념들은 생물학, 심리학, 사회학의 차원에 따라 서로 다른 의미를 띤다. 또한 그러한 의미들은 종종 뒤섞이기 때문에, 각 차원의 용어들을 서로 등가로 만들 수 없다.[1c]

2. 프로이트는 격리[억압]의 심리학적 기제를 성화(性化)시키려 는sexualiser 플리스의 생각을 비판한다. 여기서 〈성화시킨다〉는 것은 〈…… 그것의 기원을 생물학적인 기반에 둔다.〉[5a]는 뜻이다. 사실 그러한 생각은 방어 갈등의 양상이 선험적으로 결정된다는 쪽으로 귀결된다. 왜냐하면 격리[억압]하는 힘은 생물학적으로 겉으로 드러난 성에 속하고, 격리[억압]되는 것은 반대되는 성이기 때문이다. 프로이트는 그것에 대해 다음과 같이 반박한다 : 〈…… 두 성 모두에게 여성적인 욕동과 동시에 남성적인 욕동이 존재한다. 그것들은 모두 격리[억압]에 의해 무의식적인 것이 될 수 있다.〉[3b]

그렇긴 해도 프로이트는 「끝이 있는 분석과 끝이 없는 분석」(1937)에서 플리스의 생각에 접근하는 것처럼 보인다. 그는 거기서 〈…… 주체의 성과 반대되는 것(여성에게는 남근 선망, 남성에게는 여성적 태도)은 격리[억압]된다.〉[5b]는 것을 인정하고 있는 것이다. 그러나 그것은 생물학적인 자료로 설명하기에 충분치 않은 거세 콤플렉스*의 중요성을 강조하고 있는 텍스트이다.

3. 프로이트에게 가장 큰 어려움은, 생물학적인 양성성의 개념과, 두 성 모두에게서 남근*의 우위라는 개념 — 이 개념은 그의 저작에서 갈수록 분명해진다 — 을 조화시키는 것이었다.

α 『성이론에 관한 세 편의 논문』의 1920년판에서, 프로이트는 성적인 특성의 결정에 작용하는 호르몬에 관한 생리학적인 실험을 과외로 다루고 있다.

1 프로이트 S., 『성이론에 관한 세 편의 논문』, 1905 참조.
 a 전집 VII, 30[29], n. 19[11] ; G.W., V, 42, n. ; S.E., VII, 143, n. ; 프, 166, n. 12[O.C., VI, 76, n.1].
 b 전집 VII, 28[27] ; G.W., V, 40 ; S.E., VII, 141 ; 프, 26[O.C., VI, 74].

c 전집 VII, 122[111], n. 124[8] ; G.W., V, 121, n. ; S.E., VII, 219, n. ; 프, 184-5, n. 76[O.C., VI, 158, n.1].

2 프로이트 S.,「플리스에게 보낸 편지」,『정신분석의 탄생』, 1887-1902. *passim.*

3 프로이트 S.,「〈매 맞는 아이〉」, 1919.

    a 전집 X, 166[173] ; G.W., XII, 222 ; S.E., XVII, 200-1 ; 프, 294[O.C., XV, 143].

    b 전집 X, 168[175-6] ; G.W., XII, 224 ; S.E., XVII, 202 ; 프, 296[O.C., XV, 145].

4 프로이트 S.,『문명 속의 불만』, 1930. 전집 XII, 283-4[295-6], n. 36; G.W., XIV, 466, n. ; S.E., XXI, 106, n. ; 프, 43. n[O.C., XVIII, 293, n.1].

5 프로이트 S.,「끝이 있는 분석과 끝이 없는 분석」, in『끝이 있는 분석과 끝이 없는 분석』, 1937.

    a 한, 279 ; G.W., XVI, 98 ; S.E., XXIII, 251 ; 프, 36[O.C., XX, 54].

    b 한, 279 ; G.W., XVI, 98 ; S.E., XXIII, 251 ; 프, 36[O.C., XX, 54].

억압

프: *répression*. 독: *Unterdrückung*. 영: *suppression*. 스: *supresión*. 이: *repressione*. 포: *supressão*.

A) 넓은 의미에서, 불쾌하거나 반갑지 않은 내용 ─ 관념, 정동 등 ─ 을 의식으로부터 제거하려는 심리 작용. 그러한 의미에서 격리[억압]는 억압의 특수한 형태라고 할 수 있다.

B) 좁은 의미에서, A의 의미 중에서 격리[억압]와 다른 몇몇 작용을 가리킨다:

a) 의식적인 성격의 작용이거나, 격리[억압]된 내용이 무의식적이지 않고 단순히 전의식적인 경우이거나,

b) 정동의 억압의 경우. 왜냐하면 정동은 무의식 속으로 옮겨지는 것이 아니라 억제되거나 제거되기 때문이다.

C) 영어로 번역된 어떤 텍스트에서는, Verdrängung(격리[억압])의 번역어로 잘못 사용되는 경우도 있다.

억압이라는 용어는 정신분석에서 자주 사용되지만, 그것의 용법은 약호화되어 있지 않다.

    우선 C의 의미를 [억압의] 용법에서 없애는 것이 좋다. 프로이트의 영어 번역자들은 일반적으로 *Verdrängung*(격리[억압])을 *repression*으로 번역하고, 경우에 따라 *Unterdrückung*(억압)에 대해서는 *suppression*(진압)이라는

용어를 사용한다. 그러나 프랑스어의 *répression*(억압)에는 영어의 *repression*의 흔적은 없다. 왜냐하면 프랑스어에서는 *refoulement*(격리[억압])이라는 용어가 확립되어 있고 그것으로 충분한 반면에, *répression*(억압)이라는 프랑스어는 이미 독일어의 *Unterdrückung*에 꼭 일치하는 일상적인 용법을 갖고 있기 때문이다. 따라서 영어 텍스트의 프랑스어 번역에서, *repression*은 *refoulement*으로 옮기는 것이 좋을 것이다.

A의 의미는 예컨대 프로이트의 『성이론에 관한 세 편의 논문』(1905)[1]에서 가끔 발견된다. 그러나 전체적으로 그것은 거의 통용되지 않는다. 그 의미는 〈방어 기제〉 전체를 포괄하지 못한다는 데 주목해야 한다. 왜냐하면 많은 방어 기제는 내용을 의식의 영역 밖으로 내쫓는 것을 내포하고 있지 않기 때문이다(예컨대 소급적 취소*).

『꿈의 해석』(1900)[2]에서부터 흔히 사용되는 의미는 B의 의미, 특히 B 중에서도 a)의 의미이다. 여기서 억압은 특히 지형학적인 관점에서 격리[억압]와 대립된다. 후자에서 격리[억압]하는 심역(자아)과 작용, 그리고 그 결과는 무의식적이다. 반대로 억압은 프로이트가 의식과 전의식 사이에 위치시킨 〈2차적인 검열〉의 층위에서 작용하는 의식적인 기제이다. 거기서 문제가 되는 것은, 현재 의식의 영역으로부터 배제이지, 한 체계(전의식-의식)에서 다른 체계(무의식)로의 이행이 아니다. 역학적 관점에서, 하압에서는 도덕적인 동기가 지배적인 역할을 한다.

또한 억압과 유죄 선고*Verurteilung는 구분해야 한다. 후자는 의식 밖으로 폐기의 동기가 되지만, 반드시 그것을 전제하지는 않는다.

마지막으로 B의 b)의 의미는 특히 프로이트의 격리[억압] 이론에서 발견되는데, 그때 그것은 정동의 운명을 가리킨다는 데 주목하자. 실제로 프로이트에 의하면, 엄밀하게 말해 욕동의 대표화-표상*만이 격리[억압]되는 반면에 정동은 무의식이 될 수 없다. 그것은 다른 정동으로 변하거나 억압된다. 〈…… 그 결과 아무런 정동도 찾을 수 없거나〉,[3] 〈…… [무의식 체계에서는] 정동에 부합하는 것으로 발달하지 못한 퇴화의 흔적만이 있을 뿐이다.〉[4]

1 프로이트 S., 『성이론에 관한 세 편의 논문』, 1905. 전집 VII, 65[59], 70[65] ; G.W., V, 71, 77 ; S.E., VII, 172, 176 ; 프, 61-2, 69[O.C. VI, 105, 111].
2 프로이트 S., 『꿈의 해석』, 1900. 전집 IV, 697[725], n. 82 ; G.W., II-III, 611-2, n. ; S.E., V, 606, n. 2 ; 프, 494, n.[O.C. IV, 661, n.1].

억압

  3 프로이트 S., 「격리[억압]」, 1915. 전집 XI, 147[145] ; G.W., X, 255-6 ; S.E., XIV, 153 ; 프, 81[O.C., XIII, 198].

  4 프로이트 S., 「무의식」, 1915. 전집 XI, 178[177] ; G.W., X, 277 ; S.E., XIV, 178 ; 프, 115[O.C., XIII, 219].

얽힘 − 풀림

프: *intrication − désintrication.*

→ 〈(욕동의) 결합 − 분리〉 참조.

에로스

éros (여러 나라 언어에서 그리스어를 그대로 차용하고 있다.)

그리스 사람들은 이 용어로써 사랑과 사랑의 신을 가리켰다. 프로이트는 후기 욕동 이론에서 이 용어를 사용하는데, 그것은 죽음 욕동과 대립하는 삶 욕동의 총체를 의미한다.

독자들은 〈삶 욕동〉이라는 항목을 참조하기 바란다. 우리는 여기서 다음과 같은 사실을 의미하는 에로스라는 용어의 용법을 지적하는 것으로 만족할 것이다.

프로이트가 욕동*에 관한 그의 생각을 일반적인 철학적 개념과 결부시키려 했다는 것은 이미 다 알려진 사실이다: 전기 이론에서는 사랑과 배고픔이라는 〈통속적인〉 대립이 그것이고, 후기 이론에서는 $\varphi\iota\lambda\acute{\iota}\alpha$ [=*philia*](사랑)과 $\nu\varepsilon\widetilde{\iota}\chi o\varsigma$ [=*neikos*](불화)라는 엠페도클레스적인 대립이 그것이다.

프로이트는 플라톤의 에로스를 여러 차례 참고한다. 그는 그것을, 그가 성욕*이라는 말로 의미하고자 하는 것과 아주 유사한 개념으로 보고 있다. 사실 그는 처음부터 성욕이 생식 기능과 혼동되어서는 안 된다는 것을 지적하고 있다.[1] 몇몇 비평가들은 프로이트가 모든 것을 성욕(통속적인 의미에서)으로 귀결시키고 있다고 주장하고 있지만, 일단 그러한 혼동이 일소되면 그들은 자신의 주장을 꺾지 않을 수 없을 것이다. 성욕이라는 말은 〈…… 정신분석이 오늘날 일반적으로 사용하고 있는 의미 — 즉 에로스라는 의미로〉[2] 사용하는 것이 좋을 것이다.

반대로 프로이트는 에로스라는 말의 용법이 보여주는 불리한 점도 잊지 않고 강조하고 있다. 즉 그 용어는 성욕을 위장시키고 있다. 예컨대, 다음의 문장을 보자: 〈성욕을 인간성에 수치가 되고 인간성을 떨어뜨리는 어떤 것으로 생각하는 사람들은 에로스나 에로틱이라는 좀 더 고상한 용어를 자유롭게 사용한다. 나 자신도 처음부터 그랬다면 많은 반대를 면할 수 있었을 것이다. 그러나 나는 그렇게 하고 싶지 않았다. 왜냐하면 그러한 소심함에 양보하는 것은 나에겐 기분 나쁜 일이었기 때문이다. 사람들은 그렇게 하는 것이 어디까지 이르는지를 알지 못한다. 처음에는 말을 양보하지만 마지막에는 사실을 양보하게 된다.〉[3] 에로스라는 말의 사용이 성욕의 범위를 점점 더 그것의 승화된 표출에 국한시킬 위험이 있다는 것은 사실이다.

프로이트가 『쾌락원칙을 넘어서』(1920)부터 보통 에로스를 삶 욕동의 동의어로 사용하는 것은, 그의 새로운 욕동 이론을 보편성이 있는 철학과 신화의 전통에 편입시키기 위한 것이었다(예컨대, 플라톤의 『향연』에 나오는 아리스토파네스의 신화). 그렇게 해서 에로스는 〈…… 분자로 분열된 생명의 물질을 점점 더 큰 단위로 결집하여 생명을 복잡하게 만들고, 동시에 그러한 상태로 그것을 유지하는 것〉[4]을 목적으로 하는 것이라고 여겨지게 된다.

에로스라는 말은 사변적인 의미에서 일반적으로 성욕동을 함축하기도 한다. 다음과 같은 구절이 그 예이다: 〈사변(思辨)은 그러한 [리비도적인 욕동과 파괴 욕동의] 대립을 삶 욕동(에로스)과 죽음 욕동의 대립으로 전환시킨다.〉[5a]

에로스와 리비도라는 용어의 상호 관계는 어떻게 되는 것일까? 『쾌락원칙을 넘어서』에서 프로이트가 에로스를 도입할 때, 그는 그것들을 동일시하고 있는 것처럼 보인다: 〈…… 우리가 말하는 성욕동의 리비도는 시인과 철학자들이 말하는 에로스 — 살아있는 모든 것의 일관성을 유지시키는 — 와 일치한다.〉[5b] 주목할 것은 두 용어 모두 고대 언어에서 빌려온 것으로, 분석 경험의 영역을 넘어서는 이론화의 배려에 의한 것이라는 사실이다.[α] 그런데 리비도라는 용어는 항시 경제학적인 관점에서 사용되어 왔고, 에로스의 도입 이후에도 여전히 그렇게 사용되고 있다. 그것은 성욕동의 에너지*énergie*를 가리킨다(가령 「정신분석 개요」(1938)의 다음의 말 참조: 〈에로스의 모든 에너지

를 지금부터 우리는 리비도라고 부를 것이다.〉)[6]

α 이것에 관해 『히스테리 연구』(1895)에 나오는 한 문장을 인용해보자. 거기서 브로이어
는 에로스라는 용어를 악마적인 경향의 힘을 가리키는 데 사용하고 있다: 〈그 소녀는 에로
스에서 자신의 운명을 조정하고 결정하는 무시무시한 힘을 예감하고 있다. 그것이 그녀를
공포에 떨게 하는 것이다.〉[7]

1 예컨대 프로이트 S., 『성이론에 관한 세 편의 논문』(1905)의 1920년 서문 참조. 전집
VII, 15-7[15-7] ; G.W., V, 31-2 ; S.E., VII, 133-4 ; 프, 11-13[O.C., VI, 65-6].
2 프로이트 S., 『꿈의 해석』, 1900. 1925년의 각주. 전집 IV, 206[214] ; G.W., II-III, 167
; S.E., IV, 161 ; 프(메이에르송I. Meyerson이 번역하고 베르제Denise Berger가 보완한 불
역본, P.U.F., 1967), 146[O.C., IV, 196].
3 프로이트 S., 『집단 심리학과 자아 분석』, 1921. 전집 XII, 100[104] ; G.W., XIII, 99 ;
S.E., XVIII, 91 ; 프, 101[O.C., XVI, 30].
4 프로이트 S., 『자아와 그거』, 1923. 전집 XI, 382-3[387] ; G.W., XIII, 269 ; S.E., XIX,
40 ; 프, 196[O.C., XVI, 283].
5 프로이트 S., 『쾌락원칙을 넘어서』, 1920.
a 전집 XI, 339[343], n. 100 ; G.W., XIII, 66, n. ; S.E., XVIII, 61, n. ; 프, 70, n.[O.C.,
XV, 335, n.1].
b 전집 XI, 325[329] ; G.W., XIII, 54 ; S.E., XVIII, 50 ; 프, 58[O.C., XV, 324].
6 프로이트 S., 「정신분석 개요」, 1938. 전집 XV, 419[437] ; G.W., XVII, 72 ; S.E., XXIII,
149 ; 프, 9[O.C., XX, 238].
7 브로이어, 『히스테리 연구』, 1895. 전집 III, 323[330] ; 독, 216 ; S.E., II, 246 ; 프,
199[O.C., II, 272].

엘렉트라 콤플렉스

프: complexe d'Electre. 독: Elektrakomplex. 영: Electra complex. 스: complejo de
Electra. 이: complesso di Elettra. 포: complexo de Electra.

**여성적 오이디푸스 콤플렉스와 동의어로서 융이 사용한 용어로, 남녀에게 부모에 대한
태도가 대칭적임을 가리키는 말.**

융은 「정신분석이론의 보고서Versuch einer Darstellung der psychoanalytischen
Theorie」(1913)에서, 엘렉트라 콤플렉스라는 표현을 도입한다.[1] 프로이트는
우선 그 명칭에 이점이 없다고 선언한다.[2] 여성의 성욕에 관한 논문에서, 그

는 더욱 더 단정적이 된다. 즉 여성적 오이디푸스 콤플렉스는 남성의 그것과 대칭적이지 않다. 〈부모 중의 하나를 사랑하고, 동시에 다른 하나에 대해서는 경쟁자로서 증오하는 숙명적 관계가 성립되는 것은 오직 남자아이 경우뿐이다.〉³

프로이트가 각각의 성에서 거세 콤플렉스의 서로 다른 결과와, 여자아이의 경우 어머니에 대한 전-오이디푸스기적인 애착의 중요성과, 두 성 모두에게서 남근의 우위를 보여준다는 사실이, 부모에 대한 여자아이의 위치와 남자아이의 위치 사이의 유사성을 전제하고 있는 엘렉트라 콤플렉스라는 용어의 거부를 입증하고 있다.

1 Jung C. G., "Versuch einer Darstellung der psychoanalytischen Theorie", in *Jahrbuch für psychoanalytische und psychopathologische Forschungen*, vol. V, 1913, p. 370.
2 프로이트 S., 「한 여자 동성애 사례의 심리기원에 관하여」, 1920. 전집 IX, 358[370], n.2 ; G.W., XII, 281, n. ; S.E., XVIII, 155, n. ; 프, 138, n.[O.C., XV, 244, n.1].
3 프로이트 S., 「여성의 성욕에 관하여」, 1931. 전집 VII, 342[320] ; G.W., XIV, 521 ; S.E., XXI, 229 ; 프, 142[O.C., XIX, 13].

역전이

프: *contre-transfert*. 독: *Gegenübertragung*. 영: *counter-transference*. 스: *contratransferencia*. 이: *controtransfert*. 포: *contratransferência*.

피분석자에 대한 ─ 특히 피분석자의 전이에 대한 ─ 분석가의 무의식적인 반응의 총체.

프로이트 자신이 역전이라고 명명한 것을 암시하고 있는 구절을 찾기는 아주 힘들다. 그는 그것을 〈의사의 무의식적인 감정에 대한 환자의 영향〉¹ᵃ의 결과로 보면서, 〈어떠한 분석가도 그 자신의 콤플렉스와 내적인 저항이 허락하는 것보다 더 멀리 가지 못한다.〉¹ᵇ고 강조하고 있다. 결과적으로 분석가는 반드시 개인 분석을 받아야 한다.

프로이트 이래로, 역전이는 정신분석가들에게 점점 더 많은 주목을 받아왔다. 왜냐하면 특히 치료가 점점 더 관계로서 이해되고 기술되면서, 정신분석이 분석가의 무의식적인 반응이 좀 더 촉발되는 새로운 영역(어린아이와

정신증자에 대한 정신분석)으로 확장되었기 때문이다. 여기서 우리는 두 가지 점만 다룰 것이다:

1. 개념 규정의 관점에서 보면, [연구자에 따라] 큰 편차가 있다. 어떤 연구자는 역전이라는 말로써, 분석가의 인격 중에서 치료에 개입하는 모든 것을 의미하고, 다른 연구자들은 역전이를 피분석자의 전이가 분석가를 끌어들이는 무의식적인 과정에 국한시킨다.

다니엘 라가슈는 후자의 규정을 받아들여 그것을 상술하면서, 그러한 의미의 역전이(타자의 전이에 대한 반응)는 분석가에게만 있는 것이 아니라 피분석자에게도 있을 수 있다고 지적하고 있다. 따라서 전이와 역전이는, 전자는 피분석자에게, 후자는 분석가에게 고유한 과정과 일치하지 않는다. [그에 따르면] 분석 영역 전체를 고려하여, 분석에 참여하는 두 사람 각각에게 전이적인 것과 역전이적인 것을 구분하는 것이 좋다.[2]

2. 기법의 관점에서 보면, 도식적으로 세 가지 방향으로 나뉜다:

a) 개인 분석을 통해 역전이의 표출을 가능한 한 줄여, 궁극적으로 분석 상황을 오직 환자의 전이가 투영되는 장으로 구조화하는 것.

b) 프로이트의 지적대로, 역전이가 분석 작업에 표출되는 것을 감독하면서 이용하는 것. 프로이트의 지시에 따르면, 〈…… 모든 사람은 자기 자신의 무의식 속에, 다른 사람의 무의식의 표현을 해석할 수 있는 도구를 갖고 있다.〉[3] (→ **유동적 주의**)

c) 해석 *interprétation* 자체를 위해, 스스로 역전이의 반응으로 나아가는 것. 그러한 관점에서 그것은 감정의 느낌과 자주 동일시된다. 그러한 태도는 〈무의식에서 무의식으로의〉 공명이 정신분석의 진정하고 유일한 소통 형태라는 것을 가정하고 있다.

1 프로이트 S., 「정신분석적 치료의 장래 전망」(1910), in 『정신분석적 정신치료』.
  a G.W., VIII, 108 ; S.E., XI, 144-5 ; 프, 27[O.C., X, 67].
  b G.W., VIII, 108 ; S.E., XI, 144-5 ; 프, 27[O.C., X, 67].
2 Lagache D., "La méthode psychanalytique", in Michaux L. et coll., *Psychiatrie*, 1036-66, Paris, 1964. 참조.
3 프로이트 S., 「강박신경증의 소질」, 1913. 전집 X, 111[115] ; G.W., VIII, 445 ; S.E., XII, 320 ; 프, 441[O.C., XII, 88].

역투여

프: *contre-investissement*. 독: *Gegenbesetzung*. 영: *anticathexis*(또는 *countercathexis*). 스: *contracarga*. 이: *controcarcia*(또는 *controinvestimento*). 포: *contra-carga*(또는 *contra-investimento*).

프로이트가 자아의 수많은 방어 활동의 토대로서 가정한 경제학적인 과정. 그것은 무의식적 표상이나 욕망이 의식과 운동에 접근하는 것을 방해하는 표상이나 표상 조직, 태도 등에 대한 자아의 투여로 이루어진다.

그 용어는 또한 그러한 과정의 다소 지속적인 결과를 가리키기도 한다.

프로이트는 역투여라는 개념을 주로 격리[억압]의 경제학적인 이론의 틀 내에서 제기하고 있다. 격리[억압]해야 할 표상이 욕동에 의해 끊임없이 투여되고 계속해서 의식으로 침범하려고 할 때, 그것을 무의식 속에 그대로 유지하기 위해서는, 그와 똑같은 일정한 힘이 반대 방향에서 작용해야만 한다. 따라서 일반적으로 격리[억압]는 서로 연루되어 있는 두 개의 경제학적인 과정을 가정하고 있다:

1) 그때까지 어떤 불쾌한 표상에 결부되어 있던 투여가 전의식*Pcs* 체계에 의해 철수되는 것(철수[탈투여]).

2) 앞의 작용[철수]에 의해 사용 가능해진 에너지를 이용한 역투여.

여기서 역투여의 대상으로 선택되는 것은 무엇인가라는 문제가 제기된다. 주목할 것은, 역투여는 하나의 표상을 욕동의 에너지가 생기는 체계 속에 유지시키는 결과를 가져온다는 것이다. 따라서 그것은 전의식-의식 체계의 요소의 투여로, 격리[억압]된 표상이 그 요소의 자리에 나타나는 것을 막는 투여이다. 역투여된 요소는 서로 다른 성질을 가질 수 있다: 즉 무의식적인 표상의 단순한 파생물(대체 형성*, 가령 무의식적 욕망과 그와 관계된 환상을 격리[억압]된 상태로 유지시키는 기능을 가진 특별한 경계의 대상인 공포증의 동물)이거나, 무의식적인 표상에 직접적으로 대립하는 요소(반동형성, 가령 공격적인 욕망을 은폐하고 있는, 아이에 대한 어머니의 과장된 염려; 항문 기적인 경향과 싸우는 청결에 대한 관심)이다.

다른 한편으로, 어떤 상황이나 행위, 성격 특징 등도 표상과 마찬가지로 역투여될 수 있으며, 그것의 목적은 항상 가능한 한, 일정하게 격리[억압]를 유지시키는 것이다. 그만큼 역투여라는 개념은 자아 방어라는 역학적 개념의 경제학적인 측면을 내포하고 있다. 그리하여 〈양쪽에서 동시에 지탱되는〉(프로이트의 표현) 증상의 안정성은 그 개념을 통해 설명될 수 있다. 무의식적 욕망의 파괴 불가능성에 대립하는 것은, 에너지의 지속적인 소비가 필요한 자아의 방어 구조들의 상대적인 단단함이다.

역투여라는 개념이 한편의 무의식 체계와 다른 한편의 전의식 체계의 경계에 대해서만 적용되는 것은 아니다. 프로이트가 그것을 처음 제기한 것은 격리[억압]* 이론이지만,[1] 그것은 수많은 방어 작용 ─ 고립, 소급적 취소, 현실에 의한 방어 등 ─ 에서도 발견되고 있다. 그러한 방어 작용에서, 또는 주의나 분별적 사고의 기제에서, 역투여는 전의식-의식 체계의 내부에서 작용한다.

마지막으로 프로이트는 유기체와 주위 환경의 관계의 틀에서, 역투여라는 개념에 의지하여 보호막*pare-excitations 속으로 침입하는 외부 에너지의 유입(고통, 외상)에 대한 방어 반응을 설명하고 있다. 그때 유기체는 자극의 쇄도를 예고하거나 제한하기 위한 일종의 방벽을 세우기 위하여, 자신의 활동을 희생시키면서(그만큼 그 활동은 빈곤해진다) 내부 에너지를 동원한다.[2]

1 프로이트 S., 『꿈의 해석』, 1900. 전집 IV, 695-6[723-5] ; G.W., II-III, 610 ; S.E., V, 604-5 ; 프, 493[O.C., IV, 659].

2 예컨대, 프로이트 S., 『쾌락원칙을 넘어서』, 1920. 전집 XI, 299[302] ; G.W., XIII, 30-1 ; S.E., XVIII, 30-1 ; 프, 33-4[O.C., XV, 301] 참조.

역학적(형용사)

프: dynamique. 독: dynamisch. 영: dynamic. 스: dinámico. 이: dinamico. 포: dinâmico.

심리 현상을 어떤 압력을 행사하는 힘들의 갈등과, 그것들의 결합으로 보는 관점을 가리킨다. 그 힘들은 궁극적으로 욕동에 기원을 두고 있다.

정신분석은 무의식에 대한 이른바 정적인 개념을 역학적 개념으로 대체했다고 자주 강조한다. 프로이트 자신이 지적했듯이, 그는 그의 이론과 자네Janet

의 이론을 구분하는 것을 다음과 같이 표현하고 있다: 〈우리는 심리 분열을 심리 장치에 타고난 종합에 대한 무능력에서 추론하는 것이 아니라, 그것을 역학적으로 서로 대립하는 심리적 힘의 갈등으로 설명한다. 우리는 그것을 두 심리군(群)의 활발한 싸움의 결과로 본다.〉[1] 문제의 〈분열〉은 의식-전의식과 무의식의 분열이다. 그러나 다 알다시피, 그러한 〈지형학적〉 구분은 장애에 대한 설명을 제공하는 것이 아니라, 심리적 갈등을 전제하고 있다. 프로이트의 입장의 독창성은, 예컨대 강박신경증의 개념에서 분명히 드러난다: 억제, 의심, 무의지증aboulie 같은 형태의 증상들을 자네는 정신적인 종합력의 부족, 그리고 심리적인 쇠약이나 〈신경쇠약〉과 직접 관련시키는데 비해, 프로이트에게 그것들은 대립하는 힘의 작용의 결과에 지나지 않는다. 역학적 관점은 힘이라는 개념을 고려할 뿐 아니라(이것은 이미 자네의 경우도 마찬가지다), 심리에서는 반드시 여러 힘들이 서로 갈등하게 된다는 개념을 내포하고 있다. 결국 심리적 갈등(이 항목 참조)은 그 원동력을 욕동의 이원론에 두고 있는 것이다.

*

프로이트의 저작에서, 〈역학적〉이라는 말은 특히 무의식을 규정한다. 왜냐하면 그것은 영속적으로 활동을 하면서, 동시에 그 활동이 의식에 접근하지 못하도록 똑같이 영속적으로 작용하는 반대의 힘을 필요로 하기 때문이다. 임상적으로 그러한 역학적인 성격은, 무의식에 접근하려면 저항*에 부딪친다는 사실과 동시에, 격리[억압]된 것의 파생물*은 계속 재생된다는 사실에 의해 증명되고 있다.

또한 역학적 성격은 타협 형성*이라는 개념에 의해서도 예증되고 있다. 분석이 보여주고 있는 바에 따르면, 그것[타협 형성]의 견고성은 그것이 〈양쪽으로부터 동시에 지탱된다.〉는 사실에 빚지고 있다.

그래서 프로이트는 무의식*의 개념을 두 가지 의미로 구분한다. 〈기술적인〉 의미에서, 무의식은 의식의 영역밖에 있는 것을 내포한다. 그 범위 속에는 그가 전의식*이라고 명명하는 것이 포함된다. [다른 한편], 〈역학적〉 의미에서, 〈…… 그것은 일반적인 잠재적 사고를 가리키는 것이 아니라, 특별히 어떤 역학적 성격을 가진 관념, 그것의 강도와 활동에도 불구하고 의식으로부터 분리되어 있는 관념을 가리킨다.〉[2]

역학적(형용사)

1 프로이트 S.,『정신분석에 대하여』, 1909. in『끝이 있는 분석과 끝이 없는 분석』. 한, 188 ; G.W., VIII, 25 ; S.E., XI, 25-6 ; 프, 138[O.C., X, 22-3].
2 프로이트 S.,「정신분석에서의 무의식에 관한 노트」, 1912. 전집 XI, 31[31] ; G.W., VIII, 434 ; S.E., XII, 262 ; 프, 15-16[O.C., XI, 176].

연상[연합]

프: association. 독: Assoziation. 영: association. 스: asociación. 이: associazione. 포: associação.

연합[연상] 심리학에서 빌려온 용어로, 일련의 연상의 사슬을 이루는 둘 내지 여러 심리 요소 사이의 모든 연결을 가리킨다.

가끔 이 용어는 그렇게 결합된 요소들을 가리키기 위해 사용되기도 한다. 치료에서는 보통 후자의 의미를 따른다. 예컨대 주체의 말에서 꿈과 연상적인 관계에 있는 것을 가리키기 위해, 〈꿈의 연상〉이라고 말한다. 결국 〈연상〉이라는 용어는 정신분석 회기 중에 발설된 자료의 총체를 가리킨다.

연상이라는 용어를 철저하게 설명하려면, 19세기 독일에서의 연합주의 이론의 확산과, 〈청년 프로이트〉의 사상에 대한 그것의 영향을 자세히 그리는 역사 비평적 조사가 요구된다. 특히 어떻게 그 영향이 무의식의 법칙에 대한 프로이트의 발견에 의해 통합되고 변형되었는가를 보여주어야 한다.

우리는 후자에 대해 다음과 같은 점을 지적하는 것으로 만족하자:

1. 자유연상 방법이 도출된 임상 경험을 참조하지 않고서는, 정신분석에서 연상이라는 개념의 의미와 영향력을 이해할 수 없다.『히스테리 연구』(1895)는 프로이트가 어떻게 그의 여자 환자들이 보여주는 자유연상의 길을, 점점 더 따라 들어가게 되었는지를 보여주고 있다. (→ **자유연상**) 연상 이론의 관점에서, 정신분석을 발견하게 되는 몇 해 동안, 프로이트의 경험에서 나온 결과는 다음과 같이 도식화될 수 있다:

a) 주체에게 〈떠오르는 생각*Einfall*〉은 모두 겉으로는 독립되어 있지만, 실제로는 의식적이든 아니든 간에, 다른 요소들을 참조하는 하나의 요소일 뿐이다. 이렇게 발견된 연상의 시리즈를, 프로이트는 여러 가지 비유적 용어로

지칭한다: 선*Linie*, 실*Faden*, 연쇄*Verkettung*, 열(列, *Zug*) 등. 그러한 행렬은 그 것들 중의 몇몇이 집결되는 〈마디점[결절]*points nodaux; Knotenpunkte*〉을 포함 하는 진짜 망으로 뒤얽혀 있다.

b) 주체의 담화에서 사슬처럼 서로 이어지는 연상은, 프로이트에 따르면, 기억의 복잡한 조직과 일치한다. 그는 그러한 조직이 여러 분류 방식에 따라 정리되어 있어서, 그것이 서로 다른 길(연대기적 순서, 주제에 의한 순서 등) 에 따라 뒤질 수 있는 고문서 보관 체계에 비유하고 있다.[1a] 그러한 조직은 동 일한 사건의 표상*Vorstellung*이나 기억흔적*Erinnerungsspur*이 여러 집단(이 것이 프로이트가 〈기억 체계〉라고 부르는 것이다)에서 발견될 수 있다는 것 을 암시한다.

c) 그러한 체계로 된 조직은 임상 경험에서 확인되고 있다: 실제로 〈분열된 심리군(群)들〉,[1b] 다시 말해 연상의 흐름에서 분리된 표상 복합체들이 존재한 다. 브로이어가 기술했듯이, 〈그러한 관념적 복합체 속에 포함된 고립된 표상 들은, 의식적 사고로 돌아올 수 있다. 그것들의 특정한 결합 군(群)만이 의식 에서 추방된다〉.[1c] 프로이트는 브로이어와 다르게, 그러한 사실의 마지막 설 명을 최면형 상태로 보지 않는다. 그럼에도 그는 심리의 중심에 분열*Spaltung* 이 있다고 주장한다. 그렇게 분리된 연합 군(群)은 무의식이라는 지형학적 개 념의 기원이 된다.

d) 연합 복합체에서 한 요소의 〈힘〉은 항상 그것과만 결부되는 것이 아니 다. 연상 작용은 경제학적인 요인에 의존한다: 투여 에너지는 한 요소에서 다 른 요소로 이동하고, 마디점[결절]에서 압축된다, 등.(표상에 대한 정동*의 독립)

e) 결국 연상적 담화는 연합심리학에서 규정한 것과 같은 일반 법칙에 의 해 수동적으로 지배되는 것이 아니다. 주체는 〈이미지의 폴립모체(母體)〉가 아니기 때문이다. 연상들의 집결과 돌발적인 고립, 그것들의 〈위장 결합〉, 그 리고 의식에의 접근 가능성은, 각각에 고유한 방어 갈등의 역학에 포함되어 있는 것이다.

2. 「과학 심리학 초고」(1895)는 연상이라는 개념에 대한 프로이트의 용법 을 조명하면서, 사변(思辨)적인 차원에서, 무의식의 정신분석적인 발견이 어 떻게 프로이트가 의지하고 있는 연상주의적인 전제에 새로운 의미를 부여하 는가를 보여주고 있다:

a) 거기서 연상의 기능은 계속 이어진 갈래가 층층으로 복잡하게 구조화된 〈뉴런 장치〉 내의 에너지 순환으로 이해되고 있다. 각각의 흥분은 네거리를 지날 때마다, 그 이전의 흥분이 남긴 〈소통〉을 따라, 어떤 길을 다른 길보다 더 선호하게 된다. 소통*이라는 개념은 하나의 이미지에서 다른 이미지로 갈 때 좀 더 쉬운 통로가 아니라, 대립적인 차이의 과정으로 이해되어야 한다. 즉 어떤 길이 소통될 때는 그것과 대립적인 길이 비소통일 때뿐이다.

b) 프로이트의 출발이 되는 가설에서 관건은, 실제 대상과 닮은 심리적 각인이나 뉴런의 각인이라는 의미에서의 이미지가 아니다. 모든 것은 우선적으로 〈뉴런〉이고 〈양〉일 뿐이다.[2]

그러한 생각은 그것의 기계론적인 특성과 신경 생리학적인 언어로 말미암아 경험과 아주 동떨어져 보일 수 있다. 그래서 우리는 그러한 생각을 프로이트의 심리학 이론에서 표상과 정동량*의 항구적인 대립에 접근시키지 않을 수 없다. 표상은 뉴런처럼 하나의 사슬에서 각기 독립된 불연속적인 요소이다. 그것의 의미는 그것이 다른 요소들과 함께 구성하는 복합체에 의존한다는 것이다. 그러한 관점에서 〈뉴런 장치〉의 기능을 구조 언어학이 분석한 언어의 기능 — 이분법적인 대립으로 배열되는 불연속적인 단위로 구성된 — 과 비교할 수 있을 것이다.

1 브로이어 J. & 프로이트 S., 『히스테리 연구』, 1895.

a 전집 III, 373[381] sqq. ; G.W., I, 291 sqq. ; S.E., II, 288 sqq. ; 프, 233[O.C., II, 314] sqq. 참조.

b 전집 III, 371[379] ; G.W., I, 92, 289 ; S.E., II, 12, 286 ; 프, 9, 231[O.C., II, 32-3, 312].

c 전집 III, 284[289], n. 21 ; G.W., I, 187 (각주) ; S.E., II, 214-15 ; 프, 171[O.C., II, 238, n.1].

2 프로이트 S., 「과학 심리학 초고」, 『정신분석의 탄생』, 1895. 한, 215-24; 독, 379-386 ; 영, 355-363 ; 프, 315-321.

열등감

프: sentiment d'infériorité. 독: Minderwertigkeitsgefühl. 영: sense(또는 feeling) of inferiority. 스: sentimiento de inferioridad. 이: senso d'inferiorità. 포: sentimento de inferioridade.

아들러Adler에 의하면, 열등감이란 실제 신체 기관의 열등성에 기초를 둔 감정이다. 열등 콤플렉스를 갖고 있는 개인은 많든 적든 적당히 자신의 결함을 채우려고 한다. 아들러는 그러한 기제에, 모든 질병에 유효한 아주 일반적인 병인적 가치를 부여한다.

프로이트에 따르면, 열등감이 오직 신체 기관의 열등성과 관련되어 있는 것은 아니다. 그것은 최종적인 병인적 요소가 아니라, 하나의 증상으로서 이해되고 해석되어야 한다.

정신분석 문헌에서 〈열등감〉이라는 말은 아들러적인 울림을 갖고 있다. 아들러의 이론은 신경증과 여러 정신 질환과, 좀 더 일반적으로는 인격 형성을, 유년기부터 나타난 형태적이거나 기능적인 신체 기관의 열등성 ― 그것이 아무리 작을지라도 ― 에 대한 반응으로 설명하고 있다. 〈유년기의 체질적인 결함과 그와 유사한 다른 상태들은 열등감을 일으키고, 그 열등감은 인격의 고양이라는 방향의 보상을 필요로 한다. 그리하여 주체는 권력 의지로 특징 지어지는 순전히 허구적인 최종 목표, 즉 모든 심리적 힘을 그 방향으로 끌어당기는 [……] 최종 목표를 스스로 만들어낸다.〉[1]

프로이트는 그러한 생각이 불완전하고 불충분하고 빈약하다는 것을 여러 차례 지적한 바 있다. 〈아들러로부터 영감을 받은 개인 심리학의 추종자는, 동성애자이건, 시간(屍姦)증자이건, 불안으로 고통스러워하는 히스테리증자이건, 신경증에 사로잡힌 강박증자이건, 미치광이이건, 어떠한 경우라도 그러한 상태를 결정하는 동기는, 자신을 돋보이게 하려고 하고, 자신의 열등감을 과잉 보상하려는 데 [……] 있다고 주장할 것이다.〉[2a]

물론 그러한 신경증 이론이 병인론의 관점에서 받아들여질 수 없다는 것이, 곧 정신분석이 열등감의 중요성을 부인한다는 것은 아니다. 정신분석은 심리적 동기의 연결에서 열등감의 빈도와 그것의 기능을 부인하지 않는다. 프로이트는 열등감의 기원의 문제를 체계적으로 다루지는 않지만, 다음의 몇 가지 사실은 지적하고 있다: 즉, 열등감은 어린아이가 겪을 수 있는, 현실적 내지는 환상적인 두 가지 손실 ― 사랑의 상실과 거세 ― 에 대응하는 것이다. 〈어린아이는 자신이 사랑 받지 못한다는 사실을 알아차릴 때, 열등감을 느낀다. 그것은 성인에게도 마찬가지이다. 현실적으로 열등하다고 여겨지는 단 하나의 기관은, 발육부전의 자지, 즉 여자아이의 음핵뿐이다.〉[2b]

구조적으로 열등감은 자아와, 그 자아를 비난하는 초자아 사이의 긴장을 나타낸다. 그러나 그러한 설명은 열등감과 죄책감의 인척 관계를 강조함으로써, 그것들의 구별을 힘들게 만들어 버린다. 라가슈D. Lagache는 특별히 죄책감을 〈초자아-자아 이상의 체계〉와 연결시키고, 열등감을 이상적 자아*와 연결시키고 있다.[3]

임상적인 관점에서, 죄책감과 열등감의 중요성이 돋보이는 곳은 여러 가지 형태의 우울증이다. 파슈F. Pasche는 오늘날 특히 빈번한 형태인 〈열등감 우울증dépression d'infériorité〉을 따로 명시하고 있다.[4]

1 Adler A., *Über den nervösen Charakter*, 1912. 프 : *Le tempérament nerveux*, Payot, Paris, 1955, 49.

2 프로이트S., 『새로운 정신분석 입문 강의』, 1933.

 a 전집 II, 191[203] ; G.W., XV, 152 ; S.E., XXII, 141 ; 프, 193[O.C., XIX, 226].

 b 전집 II, 90[95] ; G.W., XV, 71 ; S.E., XXII, 65 ; 프, 92-3[O.C., XIX, 148].

3 Lagache D., "La psychanalyse et la structure de la personnalité", in *La psychanalyse*, P.U.F., Paris, 1961, vol. VI, 40-8.

4 Pasche (F.), "De la dépression", in *R.F.P.*, 1963, n.2-3, 191.

열등 콤플렉스

프: *complexe d'infériorité*. 독: *Minderwertigkeitskomplex*. 영: *complex of inferiority*. 스: *complejo de inferioridad*. 이: *complesso d'inferiorità*. 포: *complexo de inferioridade*.

아들러의 심리학에 기원을 둔 용어. 그것은 일반적으로 많든 적든 열등감이나 그 반응을 숨기고 있는 표현들—태도, 표상, 행위—의 총체를 가리킨다.

→ 〈열등감〉 참조.

열반[니르바나]의 원칙

프: *principe de Nirvana*. 독: *Nirwanaprinzip*. 영: *Nirvana principle*. 스: *principio de nirvana*. 이: *principio del Nirvana*. 포: *principio de nirvana*.

바바라 로우Babara Low가 제창하고 프로이트가 받아들인 용어로, 내외적인 기원의 모든 흥분량을 제로 zéro로 만들거나, 적어도 가능한 한 축소하려는 심리 장치의 경향을 가리킨다.

쇼펜하우어에 의해 서구에 보급된 〈니르바나〉라는 용어는 불교에서 유래한 것으로, 그것은 인간의 욕망의 〈소멸〉과, 개체성이 집단적 영혼 속에 녹아 없어지는 것과, 무념무상과 완전한 행복의 상태를 가리킨다.

『쾌락원칙을 넘어서』(1920)에서, 프로이트는 영국의 정신분석가 바바라 로우가 제창한 그 표현을 받아들여, 열반의 원칙을 〈…… 내적인 흥분에 의한 긴장을 축소시켜 일정하게 유지하거나 없애려는 경향〉[1]이라고 기술하고 있다. 그러한 정의는 같은 텍스트에서 프로이트가 항상성의 원칙에 대해 했던 것과 동일하다. 따라서 그것은 어느 수준을 항상 유지하려는 경향과, 모든 흥분을 제로 zéro로 만들려는 경향을 동일한 것으로 여기는 애매함을 내포하고 있다(이 점에 대한 논의는 〈항상성의 원칙〉 참조).

그렇지만 프로이트가 철학적인 여운을 가진 니르바나라는 용어를 도입해, 생각을 더 밀고 나갔다는 것을 지적하는 것이 가치가 없는 일은 아니다. 프로이트는 힌두교나 쇼펜하우어의 니르바나가 죽음 욕동*이라는 개념과 일치한다는 것을 발견한다. 그러한 일치는 「피학증의 경제학적 문제」(1924)에서 강조되고 있다: 〈열반의 원칙은 죽음 욕동의 경향을 표현한다.〉[2] 그에 따라 〈열반의 원칙〉은 항상성이나 호메오스타시스 homéostase[역주: 생체 내의 균형을 유지하려는 경향]의 법칙과는 다른 것을 의미한다. 즉, 그것은 프로이트가 전에 〈관성의 원칙*〉이라는 용어로 기술했던, 흥분을 제로 zéro의 수준으로 되돌리려는 근본적인 경향을 가리킨다.

다른 한편으로 니르바나라는 용어는 쾌락과 소멸 사이의 깊은 관계 — 이것은 프로이트에게 문제로 남아 있다 — 를 암시하고 있다.(→ **쾌락원칙**)

1 프로이트 S., 『쾌락원칙을 넘어서』, 1920. 전집 XI, 341[345] ; G.W., XIII, 60 ; S.E., XVIII, 62 ; 프 59[O.C., XV, 336].
2 프로이트 S., 「피학증의 경제학적 문제」, 1924. 전집 XI, 419[425] ; G.W., XIII, 373 ; S.E., XIX, 160 ; 프 213[O.C., XVII, 12].

오이디푸스 콤플렉스

프: complexe d'Œdipe. 독: Ödipuskomplex. 영: Œdipus complex. 스: complejo de Edipo. 이: complesso di Edipo. 포: complexo de Édipo.

어린아이가 부모에 대해 느끼는 사랑과 증오의 욕망 조직 전체. 이른바 그 콤플렉스의 양성적 형태는 오이디푸스 왕의 이야기에서처럼, 경쟁자인 동성의 부모의 죽음을 욕망하고 이성의 부모에 대한 성적 욕망으로 나타난다. 부정적 형태에서는 역으로 동성의 부모에 대한 사랑과 이성의 부모에 대한 질투와 증오로 나타난다. 소위 완전한 형태의 오이디푸스 콤플렉스에서는 실제로 그 두 가지 형태가 다양한 정도로 병존한다.

프로이트에 의하면, 오이디푸스 콤플렉스는 남근기인 3세부터 5세 사이에 절정을 이룬다. 그것의 쇠퇴는 잠복기로의 진입을 의미한다. 그것은 사춘기에 되살아나, 특수한 형태의 대상 선택을 통해 다소 성공적으로 극복된다.

오이디푸스 콤플렉스는 인격의 구조화와 인간의 욕망의 방향을 결정짓는 데 근본적인 역할을 한다.

정신분석가는 그것을 정신병리학의 주요한 참조 축으로 삼아, 모든 병리학적 형태의 위치와 해결 방식을 규명하려고 한다.

정신분석적 인류학은 가족이 주류를 이루는 문화 뿐 아니라, 다양한 문화에서 오이디푸스 콤플렉스의 삼각 구조를 찾아내어 그것의 보편성을 증명하려고 애쓴다.

오이디푸스 콤플렉스라는 표현이 프로이트의 저작에 나타나는 것은 1910년이지만,[1] 그것이 실제 정신분석에서 이미 받아들여지고 있었다는 것을 증명해주는 표현은 많이 있다.[α] 프로이트에게, 환자들의 분석을 통해 오래 전부터 준비되어 온 오이디푸스 콤플렉스의 발견은, (→ 유혹) 자기 분석의 과정에서 완성된다. 그는 자기 분석을 통해, 자기 속에 있는 어머니에 대한 사랑과, 아버지에 대한 애정과, 그 애정과 갈등하고 있는 질투를 인식한다. 1897년 10월 15일, 그는 플리스에게 다음과 같은 편지를 쓴다: 〈…… 오이디푸스 왕의 영향력이 이해가 된다. [……] 그 그리스 신화는 누구나 자기 자신 안에서 그 존재의 흔적을 지각할 있는 강박관념을 부각시키고 있다.〉[2a]

이 최초의 진술로부터 시작하여, 프로이트는 역사와 개인적 체험의 다양성을 넘어, 하나의 신화를 자발적으로 참조한다. 그는 처음부터 오이디푸스의 보편성을 단정하고 있었다. 그 명제는 그 이후에 계속 강화된다: 〈모든 인

간에게는 오이디푸스 콤플렉스를 극복하는 임무가 주어져 있다.)[3]

우리는 그 발견이 점진적으로 다듬어지는 복잡한 과정을 이야기하지는 않을 것이다. 그것의 역사는 정신분석의 역사와 궤를 같이 할 뿐 아니라, 프로이트는 어디에서도 오이디푸스 콤플렉스에 대해 체계적인 설명을 한 적이 없기 때문이다. 우리는 개인의 발달에서 그것의 위치와, 그것의 기능과 그것의 영향력에 관한 몇몇 문제를 보여주는데 만족할 것이다.

I. 오이디푸스 콤플렉스가 발견된 것은 이른바 단순하고 긍정적인 형태였다(신화에 나타난 것도 이 형태이다). 그러나 프로이트가 기술하고 있듯이, 그것은 그 경험의 복잡성에 비하면, 〈단순화되거나 도식화된 것〉에 지나지 않는다. 〈…… 남자아이는 아버지에 대해 양가적 태도를 보이며 어머니를 애정 어린 대상으로 선택하기도 하고, 동시에 여자아이처럼 행동하면서, 아버지에 대해선 여성적인 부드러운 태도를 보이고, 어머니에 대해선 질투 섞인 적개심에 해당하는 태도를 나타내기도 한다.)[4] 실제로 긍정적 형태와 부정적 형태 사이에는, 그 두 형태가 변증법적인 관계로 공존하는 일련의 혼합된 경우를 확인할 수 있다. 그 경우, 정신분석가는 오이디푸스 콤플렉스의 수용과 해결에서 주체가 취하고 있는 다양한 입장을 규명하려고 노력해야 한다.

그러한 관점에서, 루스 맥 브룬즈윅Ruth Mack Brunswick이 강조한 것처럼, 오이디푸스 콤플렉스는 삼각 구도 내에서의 어린아이의 입장을 내포한다.[5] 완전한 형태의 오이디푸스 콤플렉스의 기술은 프로이트로 하여금, (남자아이의) 아버지에 대한 양가성을 단순한 경쟁 상황의 결과로서가 아니라, 이성애적인 요소와 동성애적인 요소의 작용으로 설명할 수 있게끔 허락한다.

1) 그 이론의 최초의 구상은 남자아이를 모델로 해서 이루어진다. 프로이트는 오랫동안 그 콤플렉스가 여자아이의 경우에도 필요한 변경을 가하여 *mutatis mutandis* 적용될 수 있다고 생각한다. 그러나 그 가정은 아래의 사실에 의해 무너진다.

a) 「유년기의 성기 조직」에 대한 1923년의 논문에서 발전시킨 명제에 따르면, 남근기, 다시 말해 오이디푸스 콤플렉스의 절정기에, 두 성 모두에게 문제가 되는 것은 단 하나의 기관, 즉 남근*뿐이다.[6]

b) 전-오이디푸스기에는 어머니에 대한 애착이 돋보인다. 그러한 전-오이디푸스기는 특히 여자아이에게 발견된다. 그에 따라 여자아이에게 오이디

오이디푸스 콤플렉스

푸스 콤플렉스는 사랑의 대상의 변화 — 어머니에게서 아버지에게로 — 를 의미한다.[7a]

정신분석가들은 그러한 두 가지 방향에서 여성의 오이디푸스 콤플렉스의 특수성을 밝히려고 노력한다.

2) 프로이트에게 오이디푸스 콤플렉스가 나타나는 나이는, 처음에는 확실하게 결정되지 않았다. 예를 들어, 『성이론에 관한 세 편의 논문』(1905)에서 대상 선택은 사춘기가 되어서야 비로소 충분히 이루어지고, 유아 성욕은 본질적으로 자기-성애적이었다. 그러한 관점에서 보면, 오이디푸스 콤플렉스가 유년기에 시작된다고 하더라도, 그것은 사춘기가 되어서야 밖으로 나났다가 빠르게 극복된다고 할 수 있다. 그러한 불확실성은 1916-1917년에도 발견된다(『정신분석 입문 강의』).[8] 그 시기에는 프로이트가 이미 성인의 대상 선택에 아주 가까운 유아의 대상 선택의 존재를 인식하고 있었는데도 불구하고 말이다.

프로이트의 최종적인 관점에서, 유아의 성기의 조직화와 남근기의 존재가 일단 확인되자, 오이디푸스 콤플렉스는 그 시기[남근기], 즉 도식적으로는 3살에서 5살까지의 시기로 되돌려진다.

3) 다 알다시피, 프로이트는 개인의 삶에서, 오이디푸스기에 선행하는 시기가 있다는 것을 항상 인정했다. 전-오이디푸스기를 오이디푸스기와 구분하고, 게다가 그것들을 대립시키게 되면, 우리는 단순히 그러한 사실을 인정하는 것 이상으로 그것을 넘어서게 된다. 즉 어머니와 어린아이 사이의 양자적 형태의 복잡한 관계relation의 존재와 영향이 강조된다. 그리고 아주 다양한 정신병리학적인 구조 속에서, 그러한 관계의 고착을 찾게 된다. 그러한 관점에서 본다면, 오이디푸스 콤플렉스가 〈신경증의 핵심 콤플렉스〉라는 유명한 공식을 과연 절대적으로 옳다고 말할 수 있겠는가?

많은 저자들은 오이디푸스의 삼각 구조에 선행하는 순전히 양자적인 관계가 존재하고, 그 시기와 관계된 갈등은 제3자에 대한 갈등을 개입시키지 않고도 분석된다고 주장하고 있다.

다 알다시피, 유년기의 아주 이른 시기를 가장 중요시하는 클라인 학파에서는, 엄밀하게 말해 전-오이디푸스기를 설정하지 않는다. 거기서는 전체적인 인간과의 관계가 개입하자마자, 오이디푸스 콤플렉스를 소위 우울성 태도*로까지 끌어올린다.[9]

오이디푸스 콤플렉스

전-오이디푸스기의 구조의 문제에 대한 프로이트의 입장은 미묘하다. 그는 어머니와의 원시적 관계의 중요성을 뒤늦게 알게 되었다는 것과, 특히 여자 정신분석가들이 여자아이에게서 전-오이디푸스기를 밝혀냈다는 사실에 놀랐다는 것을 솔직히 고백한다.[7b] 그러면서도 그는 그러한 사실들을 설명하기 위해, 오이디푸스 콤플렉스 이외의 다른 참조 축을 내세울 필요는 없다고 생각한다.(→ **전-오이디푸스기**)

II. 프로이트가 항상 주장하는 오이디푸스 콤플렉스의 우위 — 그는 구조적이고 병인학적인 관점에서 오이디푸스적인 관계와 전-오이디푸스적인 관계를 동일한 수준에 놓는 것을 거부한다 — 는, 그가 그것에 다음과 같은 근본적인 기능을 부여했다는 사실로 입증되고 있다.

a) 사랑의 대상 선택이 사춘기 이후에, 오이디푸스 콤플렉스에 고유한 대상에 대한 투여와 동일시에 의해 특징지어짐과 동시에, 근친상간의 금지에 의해 특징지어진다는 점.

b) 생식 능력이 단순히 생물학적인 성숙에 의해서만 보장되는 것은 아니라는 점. 성기의 조직화는 남근의 우위를 전제로 하고 있고, 오이디푸스적인 위기가 동일시의 길을 통해 해결되지 않는다면, 남근의 우위가 확립되었다고 생각할 수 없다.

c) 인격의 구조화와 여러 심역 — 특히 초자아와 자아 이상 — 의 구성에 대한 [오이디푸스 콤플렉스의] 영향.

프로이트에게, 인간 내부의 지형학의 발생에서 [오이디푸스 콤플렉스의] 구성적 역할은, 그 콤플렉스의 쇠퇴와 잠복기*로의 진입과 관계가 있다. 프로이트에 따르면, 그 과정은 격리[억압] 이상의 것이다: 〈…… 이상적인 경우에, 그것은 그 콤플렉스의 파괴와 제거를 뜻한다. [……] 자아가 그 콤플렉스를 격리[억압]하는 것 이상을 할 수 없을 때, 그것은 그거 속에 무의식 상태로 남았다가, 나중에 그것은 병을 일으킨다.〉[10a] 우리가 여기서 인용한 논문에서, 프로이트는 그러한 쇠퇴를 일으키는 여러 가지 요인을 언급하고 있다. 남자아이의 경우, 아버지에 의한 〈거세 위협〉이 근친상간의 대상을 단념하는 데 결정적이다. 그것에 의해 오이디푸스 콤플렉스는 비교적 가파르게 종결된다. 여자아이의 경우, 오이디푸스 콤플렉스와 거세 콤플렉스*의 관계는 아주 다르다: 〈…… 남자아이의 오이디푸스 콤플렉스는 거세 콤플렉스에 의해 파괴

오이디푸스 콤플렉스

되는 반면에, 여자아이의 오이디푸스 콤플렉스는 거세 콤플렉스에 의해 가능해지고 도입된다.〉[11] 여자아이에게, 〈…… 남근의 단념은 보상을 얻으려는 시도 이후에나 실현된다. 여자아이는 이른바 상징적인 등가물의 길을 따라 남근에서 아기로 이동하고, 오이디푸스 콤플렉스는 아버지의 아기를 선물로 얻으려는, 오래 유지되는 욕망에서 정점을 이룬다〉.[10b] 결과적으로 여자아이에게는 그 콤플렉스의 쇠퇴의 시기를 명확히 표시하기 힘들다.

III. 위의 기술로는 프로이트의 오이디푸스 콤플렉스가 갖고 있는 창립적인 *fondateur* 특성을 제대로 설명하기 힘들다. 그 특성은 『토템과 터부』(1912–13)에서 제기한, 인류의 근원이 되는 계기라 여겨지는 원시적 아버지의 살해의 가설에서 입증되고 있다. 역사적인 관점에서 논란의 여지가 많은 그 가설은, 무엇보다도 모든 인간 존재에게 제기된, 〈오이디푸스의 싹〉[2b]이어야 한다는 요구를 표현한 신화로 이해해야 한다. 오이디푸스 콤플렉스는 현실적 상황이나, 부모가 실제로 어린아이에게 행사하는 영향으로 환원할 수 없다. 그것의 효력은 그것이 자연적으로 얻을 수 있는 충족을 가로막고, 욕망과 법을 떨어지지 않도록 결합(라캉이 강조하고 있는 점이다)하고 있는 금지의 심역(근친상간의 금지)을 개입시킨다는 사실에서 나온다. 그러한 사실은 말리노프스키Malinowski가 처음으로 시작하고 소위 문화인류학자들이 재개한 반박의 영향력을 축소시키고 있다.(그들의 반박에 따르면, 아버지에게 격리[억압] 기능이 없는 문명에서는 오이디푸스 콤플렉스가 있는 것이 아니라 그러한 사회 구조 특유의 핵심 콤플렉스가 [따로] 있다.) 실제로 정신분석가들은 문명 속에서, 금지의 심역이 어떤 실제 인물에게 그리고 어떤 기관 속에 구현되고 있는지, 그리고 어린아이와 그의 자연적인 대상과 법의 소지자에 의해 구성되는 삼각 구조가 어떤 사회적 양상으로 나타나는지를 발견하려고 한다.

오이디푸스에 대한 그러한 구조적인 생각은 「친족 체계의 기본 구조*Structures élémentaires de la parenté*」의 저자[레비스트로스]의 명제와 일치한다. 그는 근친상간 금지를, 하나의 〈문명〉이 〈자연〉으로부터 분화하기 위한 최소한의 보편적인 법이라고 생각하고 있다.[12]

오이디푸스가 그것이 구현되는 개인적 체험을 넘어선다는 해석을 뒷받침하는, 프로이트의 또 다른 개념이 있다: 〈계통 발생적으로 전해지는〉 원환상*의 개념이 그것이다. 그것은 주체의 상상을 구조화하는 구조로, 삼각 구도의 상황의 변형들(유혹, 원장면, 거세 등)이다.

삼각관계 자체에 관심을 두고 보면, 이미 주어진 오이디푸스 콤플렉스의 구성에서, 주체와 그의 욕동뿐 아니라 다른 가족(부모의 무의식적 욕망, 유혹*, 부모의 관계)도 중요한 역할을 하게 된다는 사실에 주목할 필요가 있다.

인격의 구조화에서 내재화되어 살아남는 것은, 적어도 부모의 이러저러한 이미지만큼, 삼각형의 꼭지점들 사이의 다양한 형태의 관계이다.

α 프로이트에게도 핵심 콤플렉스*Kernkomplex*라는 표현이 발견된다. 일반적으로 오이디푸스 콤플렉스와 같은 뜻으로 사용되는 그 표현이 처음 도입된 것은, 「어린아이의 성이론에 관하여」(1908)에서이다. 다니엘 라가슈가 지적한 바와 같이, 그 논문에서 고찰하고 있는 것은, 한편으로 어린아이의 성에 대한 탐구와 정보 요구와, 다른 한편으로 그에 대한 성인의 거짓 답변 사이의 갈등이다.[13]

1 프로이트 S., 「남자들의 대상 선택 중 특이한 한 유형에 대하여」, 1910. 전집 VII, 213[196] ; G.W., VIII, 73 ; S.E., XI, 171 ; 프, 7[O.C., X, 197] 참조.

2 프로이트 S., 「플리스에게 보낸 편지」, 『정신분석의 탄생』, 1887-1902.

 a 한, 167 ; 독, 238 ; 영, 223-4 ; 프, 198.

 b 한, 167 ; 독, 238 ; 영, 223-4 ; 프, 198.

3 프로이트 S., 『성이론에 관한 세 편의 논문』, 1905. 전집 VII, 129[118], n. 133[14] ; G.W., V, 127, n. 2 (1920년에 첨가) ; S.E., VII, 226, n. 1 ; 프, 187, n. 82[O.C., VI, 165, n.2].

4 프로이트 S., 『자아와 그거』, 1923. 전집 XI, 373-4[378] ; G.W., XIII, 261 ; S.E., XIX, 33 ; 프, 187-8[O.C., XVI, 276-7].

5 Mack Brunswick R., "The Preœdipal Phase of the Libido Development", 1940. in *Psa. Read.*, 232.

6 프로이트 S., 「유년기의 성기 조직」, 1923. 전집 VII, 286-7[264] ; G.W., XIII, 294-5 ; S.E., XIX, 142 ; 프, 114[O.C., XVI, 306] 참조.

7 프로이트 S., 「여성의 성욕에 관하여」, 1931 참조.

 a 전집 VII, 337-61[315-38] ; G.W., XIV, 517-37 ; S.E., XXI, 223-43 ; 프, 139-55[O.C., XIX, 9-28].

 b 전집 VII, 339-340[317-8] ; G.W., XIV, 519 ; S.E., XXI, 226-7 ; 프, 141[O.C., XIX, 11].

8 프로이트 S., 『정신분석 입문 강의』, 1916-17. 전집 I, 441-2[463-4] ; G.W., XI, 338 ; S.E., XVI, 326 ; 프, 351[O.C., XIV, 337].

9 Klein M., "Some Theorical Conclusions regarding the Emotional Life of the Infant", 1952. in *Developments* 참조.

10 프로이트 S., 「오이디푸스 콤플렉스의 소멸」, 1924.

 a 전집 VII, 297[275] ; G.W., XIII, 399 ; S.E., XIX, 177 ; 프, 397[O.C., XVII, 31].

 b 전집 VII, 298[277] ; G.W., XIII, 401 ; S.E., XIX, 178-9 ; 프, 399[O.C., XVII, 32].

11 프로이트 S., 「해부학적인 성차의 몇몇 심리적 결과」, 1925. 전집 VII, 313[290] ;

G.W., XIV, 28 ; S.E., XIX, 256 ; 프, 130[O.C., XVII, 200].

12 Lévi-Strauss C., *Structures élémentaires de la parenté*, P.U.F., Paris, 1949. 서론과 2장 *passim.* 참조.

13 프로이트 S., 「어린아이의 성이론에 관하여」, 1908. 전집 VII, 172[155] ; G.W., VII, 176 ; S.E., IX, 213-4 ; 프, [O.C., VIII, 231] 참조.

왜곡[변형]

프: *déformation*. 독: *Entstellung*. 영: *distortion*. 스: *deformación*. 이: *deformazione*. 포: *deformação*.

꿈의 작업의 종합적인 결과로서, 잠재적 사고가 알아보기 힘든 발현된 산물로 변형되는 것.

다음의 항목을 참조하기 바란다: 〈꿈의 작업〉, 〈발현된 내용〉, 〈잠재적 내용〉.
　『꿈의 해석』(1900)의 프랑스어 판은 *Entstellung*을 *transposition*(전위)으로 번역하고 있다. 그러나 그 용어는 우리에게 너무 모자라 보인다. 왜냐하면 잠재적 사고는 다른 영역으로 이동되어(멜로디의 조바꿈 참조) 표현될 뿐 아니라, 해석 작업을 통해서만 복원될 수 있을 정도로 변형되기 때문이다. *altération*(변질)이라는 말은 경멸적인 뉘앙스 때문에, 사용하기 꺼려진다. 그래서 우리는 *déformation*(왜곡, 변형)이라는 용어를 제안한 것이다.

(정신적) 외상[상처]

프: *trauma* 또는 *traumatisme (psychique)*. 독: *Trauma*. 영: *trauma*. 스: *trauma*, *traumatismo*. 이: *trauma*. 포: *trauma*, *traumatismo*.

주체의 삶 속의 사건으로, 그것의 강렬함과, 그것에 적절하게 대응할 수 없는 주체의 무능력과, 그것이 심리 조직에 야기하는 대혼란과 지속적인 병인의 효과에 의해 정의되는 사건을 가리킨다.
경제학적인 용어로 말하면, 외상은 상대적으로 주체의 내성과, 자극을 제어하고 심리적으로 해결할 능력을 넘어서는 자극의 쇄도로 특징지어진다.

*trauma*와 *traumatisme*이라는 말은 옛날에 의학과 외과에서 사용하던 용어이다. *trauma*라는 말은 τραύμα(상처)라는 그리스어에서 온 것으로 τιτρώσχω(=*titrōoskō*, 뚫다)에서 파생한 말로, 피부의 침해를 동반하는 상처를 가리킨다. 그것에 비해, *traumatisme*은 차라리 외부의 폭력에 의한 손상이 유기체 전체*ensemble*에 미치는 결과를 의미하는 데 사용된다. 그렇지만 피부의 침해라는 개념이 항상 현전하는 것은 아니다. 왜냐하면 가령 〈피하성 뇌-두개(頭蓋) 외상*traumatisme cranio-cérébraux fermés*〉이라고 말하는 경우가 있기 때문이다. 아울러 *trauma*와 *traumatisme*이라는 두 용어는 의학에서 동의어로 사용하는 경향이 있다는 것을 염두에 두어야 한다.

정신분석은 그 용어들(프로이트에게는 *Trauma*라는 용어밖에 나타나지 않는다)을 받아들이면서, 거기에 내포된 세 가지 의미를 심리적 차원으로 옮겨놓는다: 극심한 충격, 침해, 조직 전체에 미치는 결과라는 의미가 그것이다.

*

외상이란 개념은 우선 프로이트 자신이 지적했듯이, 경제학적인 개념을 참조하고 있다: 〈우리가 그렇게 부르는 것은, 짧은 시간 안에 심리적 삶에 엄청난 자극의 증가를 가져와서 정상적인 방법으로는 그것의 정리나 해결이 실패로 돌아가는 체험이다. 그것은 반드시 에너지의 작용에 지속적인 장애를 가져온다.〉[1a] 그러한 자극의 쇄도는 그것이 아주 강렬한 단일한 사건(강력한 감정)이든지, 참을 만한 개별적인 자극이 누적된 것이든지, 심리 장치의 허용 한계를 넘어가는 것이다. 심리 장치가 자극을 방출할 수 없기 때문에, 우선 항상성의 원칙이 먹혀들지 않는다.

프로이트는 『쾌락원칙을 넘어서』(1920)에서 그러한 상태의 사건의 이미지를 제시하면서, 유기체와 환경 사이의 기본 관계의 차원에서 고찰하고 있다: 즉, 〈살아있는 소포(小胞, *vésicule vivante*)〉는 자극의 허용량만큼만 통과시키는 보호층이나 보호막*pare-excitations*을 통해 외부 자극으로부터 보호되어 있다. 그 층이 광범위하게 침해당하는 것이 바로 외상이다. 그때 심리 장치의 임무는 사용 가능한 모든 힘을 동원하여 역투여*를 확립하고 유입되는 자극량을 고정시켜, 쾌락원칙*이 작용할 수 있는 조건을 회복시키는 것이다.

*

전통적으로 초기 정신분석(1890년에서 1897년)은 다음과 같이 특징지어진다: 이론적인 차원에서, 신경증의 병인은 과거의 외상적 경험과 관계가 있다. 그 경험의 날짜는 분석 탐구가 심화됨에 따라, 성인에서 유년기로 점점 더 멀리 소급해 올라간다; 기술적인 차원에서, 치료의 효과는 외상적 경험의 해소*와 심리적 가공*에서 찾을 수 있다. 전통적인 설명에 따르면, 그러한 개념은 점점 2선으로 물러나고 있다.

정신분석이 형성되는 그 당시에는, 외상이 우선 주체의 개인사적인 사건 — 날짜를 추정할 수 있고, 그것이 유발하는 고통스러운 정동 때문에 주관적으로 중요한 — 에 적용되었다. 주체의 고유한 〈감수성Empfänglichkeit〉을 고려하지 않는다면, 외상적 사건에 대해 완전하게 말할 수 없을 것이다. 엄밀한 의미에서의 외상, 다시 말해 심리 속에 〈이물질(異物質)〉로 남아 있는 해소되지 않은 경험이 있기 위해서는, 객관적인 조건이 충족되어야 한다. 물론 사건의 〈본질〉 상, 완벽한 해소는 배제된다.(예컨대, 〈아무도 대신할 수 없는, 사랑하는 사람의 상실〉) 그러나 그러한 경계성-사례를 제외하면, 사건에 외상적 가치를 보증하는 것은 특수한 사정이다: 그 사정은 첫째, 사건이 발생할 때 주체가 처한 특수한 심리 상태(브로이어의 〈최면형 상태*〉)와, 둘째, 적절한 반응을 금지하거나 방해하는(〈정체〉) 실제 상황(사회적 상황, 진행 중인 업무의 요구), 그리고 마지막으로, 프로이트의 관점에서 가장 중요한 것으로, 주체가 자신에게 일어난 경험을 의식적인 인격에 통합하는 것을 방해(방어)하는 심리적 갈등이다. 또한 브로이어와 프로이트는 일련의 사건들 — 그 하나하나는 외상으로 작용하지 않는 — 이 그들의 효과를 합할 수 있다(〈총량〉)고 지적하고 있다.[2a]

우리는 『히스테리 연구』(1895)에 나오는 다양한 조건 밑에는 경제학적인 공통분모가 있다는 사실을 알 수 있다. 왜냐하면 외상의 결과는 심리 장치가 항상성의 원칙에 따라 자극을 청산할 능력이 없기 때문이다. 또한 우리는 병인(病因)의 효과가 그것의 격렬함과 우발성에 있는 사건(예컨대 돌발사건)으로부터, 이미 특정한 지점에 금이 간 심리 조직에 삽입됨으로써만 그 효과가 생기는 사건에 이르기까지, 모든 범위의 외상적 사건이 작성될 수 있다는 것을 알 수 있다.

(정신적) 외상[상처]

*

프로이트가 히스테리의 발생에서, 그리고 보다 일반적으로 방어 정신신경증의 발생에서, 방어 갈등을 강조하는 것은 외상의 기능을 무효화시키는 것이 아니라, 그것의 이론을 더 복잡하게 만든다는 것을 의미한다. 우선 주목할 것은, 외상은 본질적으로 성적이라는 명제가 1895년에서 1897년 사이에 입증되고, 그와 같은 시기에 사춘기 이전의 원초적 외상[원외상, *traumatisme originel*]이 발견된다는 사실이다.

그 당시 프로이트가 외상의 개념과 방어의 개념의 관계에 대해 품었던 생각을 체계적으로 제시하는 것은, 여기의 과제가 될 수 없다. 왜냐하면 정신신경증의 병인에 대한 그의 관점이 끊임없이 발전해 가는 과정에 있었기 때문이다. 그럼에도 불구하고 그 당시의 여러 텍스트[3]는 잘 정의된 명제를 보여주거나 가정하고 있다. 그 명제는 고통스러운 사건에 대해 일상적으로 사용되는 정상적인 방어(예컨대, 주의의 전환) 대신에, 외상적 사건이 어떻게 1차 과정에 따라 작용하는 〈병적인 방어〉 — 프로이트에게 이것의 모델은 격리[억압]이다 — 를 가동시키는지를, 자아 쪽에서 설명하고 있다.

외상 행위는 여러 가지 요소로 분해된다. 그것은 항상 적어도 두 가지 사건을 전제로 하고 있다. 소위 유혹 장면이라는 첫 번째 장면에서 어린아이는 어른에게 성적인 구애를 받지만, 그것은 그에게 아무런 성적 흥분을 일으키지 못한다; 흔히 아무렇지도 않게 보이는 두 번째 장면은 사춘기 이후에 일어나고, 어떤 연상적 특징을 통해 첫 번째 장면을 생각나게 한다. 그 첫 번째 장면의 기억은 자아의 방어를 넘어서는 성적인 자극의 쇄도를 가동시킨다. 비록 프로이트가 첫 번째 장면을 외상적이라고 명명했지만, 엄밀한 경제학적인 관점에서 보면, 그것에 가치를 부여하는 것은 사후작용*nachträglich이라는 것은 분명하다. 달리 표현하면, 첫 번째 장면은 오직 기억의 자격으로서 내적인 흥분의 쇄도를 야기한 뒤, 사후에 병인이 되는 것이다. 그러한 이론은 『히스테리 연구』의 유명한 공식 — 〈…… 히스테리증자는 주로 회상으로 인해 고통을 받고 있다〉[2b] — 에서, 비로소 완전한 의미를 띠게 된다.

동시에 외적인 사건이 수행하는 역할에 대한 평가가 미묘하게 변화되는 것을 볼 수 있다. 두 번째 장면은 그 자체의 에너지로 작용하는 것이 아니라, 내인성 흥분을 일깨움으로써 영향력을 갖기 때문에, 심리적 외상이 신체적 외상을 모델로 한다는 개념은 흐려진다. 그러한 의미에서 우리가 여기서 요약한 프로이트의 개념은, 이미 외부 사건의 효력은 그것에 의해 활성화되는 환상*과, 그것이 가동시키는 욕동의 흥분의 쇄도로부터 나온다는 개념으로의 길을 열고 있다. 그러나 다른 한편으로 우리는 프로이트가 그 당시에 외상을, 기폭제에 불과한 외적인 사건이 내적인 자극을 일깨우는 것으로 기술하는 데 그치지 않았다는 것을 알 수 있다. 즉, 그는 그 사건과, 그 모든 과정의 근원에 있는 이전의 사건을 연결시킬 필요성을 느끼고 있었다.(→ 유혹)

*

이후 몇 년간, 외상의 병인적인 영향력은 환상의 삶과, 여러 리비도의 단계에 대한 고착에 자리를 내주고 사라진다. 〈외상적 관점〉은 프로이트가 강조하는 것처럼, 〈포기하지는〉 않았을지라도,[1b] 기질과 유년기의 역사와 같은 다른 요인들을 개입시키는 이론에 통합된다. 그리하여 어른에게 신경증을 야기하는 외상은 소질과 더불어 상보적 계열*을 구성하고, 다시 소질 자체는 두 가지 상보적인 요인, 즉, 내인적 요인과 외인적 요인을 포함하게 된다.

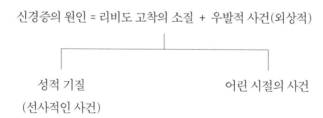

『정신분석 입문 강의』(1915-17)[1c]에 프로이트가 제시한 도표에서, 외상이라는 용어는 분명히 두 번째 시기에 일어난 사건을 가리키는 것이지, 고착의 근원에서 발견되는 유년기의 사건을 가리키는 것은 아니다. 외상의 중요성은 축소되고, 동시에 그것의 독자성은 약화된다. 사실, 외상은 신경증의 기폭제라는 맥락에서, 프로이트가 다른 곳에서 좌절*Versagung이라고 명명한 것과 동일시되는 경향이 있다.

그러나, 그렇게 신경증의 외상 이론*théorie traumatique de la névrose*의 절대성은 부인되는 반면에, 재해 신경증, 그 중에서도 전쟁 신경증은 외상성 신경증*névroses traumatiques*이라는 임상 형태로, 외상의 문제를 프로이트의 관심

(정신적) 외상[상처]

의 전면에 배치시킨다.

이론적인 관점에서, 『쾌락원칙을 넘어서』가 그러한 관심을 입증하고 있다. 프로이트는 거기서 외상을 경제학적으로 파열로 정의하는 것을 그대로 이어가면서, 자극의 과도한 쇄도는 쾌락원칙의 작용을 일거에 정지시키고, 심리 장치로 하여금 〈쾌락원칙을 넘어서는〉 좀 더 긴급한 임무 — 흥분을 구속했다가 나중에 방출할 수 있게 하는 임무 — 를 수행하지 않을 수 없게 만든다는 가설을 세운다. 또한 그는 주체가 사건을 강렬하게 재경험하면서, 외상적 상황에 (마치 그것을 제어하기 위한 것처럼) 계속 다시 놓이게 되는 꿈의 반복을, 반복 강박*의 탓으로 돌리고 있다. 좀 더 일반적으로 말하면, 프로이트가 보기에 그러한 강박이 작용하는 모든 임상 현상은, 쾌락원칙이 작용하려면 어떤 조건들이 충족되어야 한다는 것을 보여주고 있다. 외상은 단순한 리비도 경제의 혼란이 아니라, 좀 더 근본적으로 주체의 완전성을 위협하는 한, 그것은 그러한 조건을 폐지하려고 한다.(→ **구속**)

*

마지막으로 외상의 개념은 『억제, 증상 그리고 불안』(1926)과 같은 쇄신된 불안 이론에서, 즉 보다 일반적으로 말하면 제2지형학에서, 고유한 의미에서의 외상성 신경증과의 관계를 떠나 그 중요성이 더 증대된다. 자아는 신호불안*를 가동함으로써, 자동 불안 — 자아가 의지할 데가 없는 외상적 상황으로 정의되는 — 의 분출에 압도당하는 것을 피하려고 한다.(→ **무원 상태**) 그러한 개념은 외적 위험과 내적 위험 사이에 일종의 대칭을 세우는 것으로 귀결된다: 즉, 자아는 외부로부터 공격당하는 것처럼comme, 내부로부터, 다시 말해 욕동의 흥분에 의해 공격당한다. 그리하여 프로이트가 『쾌락원칙을 넘어서』에서 제시한 소포(小胞)의 단순화된 모델은 더 이상 효력을 잃고 만다.

끝으로 프로이트가 청산을 요구하는 내적인 흥분의 쇄도에서 기인하는 긴장의 증가 — 허용 기준을 넘어서는 — 에서, 위험의 핵을 발견한다는 것에 주목할 필요가 있다. 프로이트에 따르면, 바로 그것이 궁극적으로 〈탄생의 외상〉을 설명해줄 수 있는 것이다.

1 프로이트 S., 『정신분석 입문 강의』, 1916-17.
  a 전집 I, 374-5[392-3] ; G.W., XI, 284 ; S.E., XVI, 275 ; 프, 298[O.C., XIV, 285].
  b 전집 I, 376[395] ; G.W., XI, 285 ; S.E., XVI, 276 ; 프, 299[O.C., XIV, 286] 참조.

(정신적) 외상[상처]

c 전집 I, 488[514] ; G.W., XI, 376 ; S.E., XVI, 362 ; 프, 389[O.C., XIV, 375].

2 브로이어 J. & 프로이트 S.,「히스테리 현상의 심리 기제에 대하여: 예비적 보고서」
(1893), in『히스테리 연구』, 1895.

  a 전집 III, 19-23[19-24] ; G.W., I, 86-90 ; S.E., II, 8-11 ; 프, 5-8[O.C., II, 28-32].

  b 전집 III, 19[19] ; G.W., I, 86 ; S.E., II, 7 ; 프, 5[O.C., II, 28].

3 특히 프로이트 S.,『정신분석의 탄생』, 1887-1902.「플리스에게 보낸 편지」, 한, 91-
103,「과학적 심리학 초고」, 한, 285-93 ; 독, 155-66, 432-6 ; 영, 146-55, 410-4 ; 프, 129-
137, 363-7 참조.

외상성 신경증

프: *névrose traumatique*. 독: *traumatische Neurose*. 영: *traumatic neurosis*. 스: *neurosis traumática*. 이: *nevrose traumatica*. 포: *neurose traumática*.

일반적으로 주체가 생명에 위험을 느끼는 상황과 관련된 정서적인 충격의 결과로 증상이 나타나는 신경증의 유형. 그것은 충격의 순간에, 초조, 혼미, 정신적 착란을 일으키는 극도의 불안 발작으로 나타난다. 흔히 어느 정도의 진정 기간이 지난 뒤 일어나는 그것의 향후 전개는, 도식적으로 두 가지 경우로 구분된다:

a) 그 외상이 이미 존재하는 신경증의 구조를 가동시키고 드러내는 요소로 작용한다.

b) 그 외상이 증상의 내용 자체에서 결정적인 부분을 차지한다(외상을 일으키는 사건의 되씹기, 반복적인 악몽, 수면 장애 등). 그러한 증상은 외상을 〈구속〉하고 해소하려는 반복된 시도로 나타난다. 그와 같은 〈외상에 대한 고착〉은 많건 적건 주체의 활동 전반에 대한 억제를 동반한다.

프로이트와 정신분석가들은 일반적으로 후자의 임상도를 외상성 신경증이라고 명명한다.

외상성 신경증이라는 용어는 정신분석 이전부터 있었다.ᵃ 그것이 아직도 정신의학에서 다채롭게 사용되고 있는 것은 외상이라는 개념의 애매 모호성과, 그러한 모호성 때문에 생기는 이론적인 선택의 다양성 때문이다.

외상이라는 개념은 처음에는 신체적인 것이었다. 그것은 〈…… 기계적인 요인의 상해 작용이, 그 요인이 닿는 근육 조직이나 기관의 저항력을 상회할 때, 그 요인에 의해 우연히 순간적으로 발생하는 손상〉¹을 가리킨다. 피부의 침해가 있는지 없는지에 따라 외상은 상처와 타박상(또는 피하 외상)으로 세분된다.

　신경정신의학에서는 외상이라는 말을 두 가지 서로 다른 의미로 사용하고 있다:

　1) 외상이라는 외과적인 의미는 중추 신경 체계의 특별한 경우에 적용되는데, 그 외상의 결과는 신경 조직에 명백히 나타나는 손상에서부터, 현미경적인 손상(예컨대 〈뇌진탕〉이라는 개념)이 가정되는 경우에까지 이른다.

　2) 외상이라는 개념이 은유적으로 심리적인 차원으로 옮겨가면, 개인의 심리 조직을 갑자스럽게 침해하는 모든 사건을 지칭한다. 외상성 신경증을 일으키는 대부분의 상황(사건, 전투, 폭발 등)은 정신과 의사에게 실질적인 차원에서 진단의 문제를 제기하고(신경학적인 손상이 있는가 없는가?), 이론적인 차원에서는 각자의 이론적인 선택에 따라 장애의 최종 원인을 평가하는 데 상당한 여지를 남긴다. 몇몇 연구자들은 외상성 신경증의 임상도를 극단적으로 〈뇌-두개(頭蓋) 외상〉의 틀 속에 집어넣는다.[2](→ **외상**)

*

정신분석에서 고찰된 외상의 영역에 국한한다면, 외상성 신경증이라는 용어는 상당히 다른 두 관점에서 파악할 수 있다:

I. 프로이트가 신경증의 발병에서 〈상보적 계열*〉이라고 명명한 것을 참조해 볼 때, 서로 반비례하는 요인인 소질과 외상을 고려해야 한다. 따라서 주체가 이러저러한 특수한 흥분을 거의 허용하지 않기 때문에 사소한 사건이 발병의 가치를 갖는 경우와, 객관적으로 예외적인 강도를 갖고 있는 사건이 갑자기 주체의 균형을 깨뜨리는 경우 사이에는 완전한 사다리 같은 분포가 있다.

　그에 대해 몇 가지 지적할 것이 있다:

　1) 여기서 외상이라는 개념은 순전히 상대적이다.

　2) 외상-소질의 문제는, 현실적인 요인과 이미 존재하는 갈등의 각자 역할의 문제와 혼동되는 경향이 있다.(→ **현실 신경증**)

　3) 증상이 발생할 때 큰 외상이 있었던 것이 분명한 경우도, 정신분석가들은 주체의 개인사에서, 그 사건이 단지 촉발 요인에 불과한 신경증적 갈등을 찾는 데 전념한다. 그러한 관점에서 볼 때, 외상(전쟁, 사건 등)에 의해 시작

된 장애는, 많은 경우 고전적인 전이 신경증에서 마주치는 장애와 혈연관계가 있다는 것에 주목해야 한다.

4) 그러한 관점에서 특히 흥미로운 것은, 외적인 사건이 환자의 격리[억압]된 욕망을 실현시키고 무의식적인 환상에 불을 댕기는 경우이다. 그러한 경우로 시작된 신경증은 외상성 신경증과 유사한 특징, 즉 되씹기나 반복되는 꿈 등의 특징을 보인다.[3]

5) 그와 같은 방향에서, 외상을 일으키는 사건의 돌발 자체를 특수한 신경증의 소질 탓으로 돌릴 수 있다. 어떤 주체들은 외상을 일으키는 상황을 두려워하면서도 그것을 무의식적으로 추구한다. 페니셸Fenichel에 따르면, 그들은 그렇게 함으로써 어린 시절의 외상을 해소할 목적으로 그것을 반복한다: 〈…… 자아는 고통스러운 긴장을 해결하기 위하여 반복을 원한다. 그러나 반복은 그 자체로 고통스러운 것이다 [……]. 환자는 악순환에 빠지고, 반복을 통해 외상을 제어하는 데 결코 성공하지 못한다. 왜냐하면 각각의 시도는 새로운 외상적 경험을 초래하기 때문이다.〉[4a] 페니셸은 〈외상 기호증(嗜好症)자traumatophiles〉로 기술되는 그러한 환자를, 〈외상성 신경증과 정신신경증의 결합〉의 전형적인 경우로 본다.[4b] 그에 대해 주목할 것은, 〈외상 기호증traumatophilie〉이라는 용어를 도입한 아브라함이 어린 시절의 성적인 외상 자체를, 이미 존재하는 외상 기호적인 소질로 돌리고 있다는 사실이다.[5]

II. 정신분석적인 탐구가 어떻게 외상성 신경증이라는 개념을 문제 삼게 되는가를 살펴보자. 정신분석은 외상적 사건의 결정적인 기능을 인정하지 않는다. 그것은 한편으로 주체의 허용의 차이에 따른 그것의 상대성을 강조하면서, 다른 한편으로 외상적 경험을 주체의 특수한 개인사나 심리 조직 속에 끼워 넣는다. 그러한 관점에서, 외상성 신경증이라는 개념은 순전히 서술적인 최초의 근사치에 불과하기 때문에, 문제의 요인들에 대한 좀 더 깊은 분석에 살아남지 못한다.

그렇지만 질병기술학적이고 병인론적 관점에서, 외상이 그것의 본질과 강도로 해서, 발병에서 옛날부터 지배적인 요인이면서 작용 기제와 증상이 정신신경증의 그것에 비해 상대적으로 특수한 경우, 그것에 별도의 자리를 남겨두어야 하지 않을까?

그것이 바로 『쾌락원칙을 넘어서』(1920)에서 주로 끌어낼 수 있는 프로이

트의 입장이다: 〈외상성 신경증 증상의 그림은 유사한 운동 근육의 증상들이 풍부하다는 점에서 히스테리의 그림에 가깝다. 그러나 일반적으로 그것은 주관적 고통을 심하게 호소하는 징후 — 이것은 건강염려증이나 멜랑콜리를 떠올리게 한다 — 와, 심리 기능의 약화와 혼란이 훨씬 더 일반화되어 있다는 특징이 히스테리를 능가한다.〉[6a] 프로이트가 외상성 신경증이라고 말할 때, 그는 외상의 신체적인 성격(흥분의 쇄도를 야기하는 유기체의 〈충격Erschütterung〉)과 동시에 심리적인 성격(경악Schreck)을 강조한다.[7] 〈······ 무방비 상태에서 위험에 빠질 때 일어나는 상태〉[6b]인 그러한 경악(驚愕)을, 프로이트는 외상성 신경증의 결정적인 요인으로 보고 있다.

주체에게 난입하여 통일성을 위협하는 흥분의 쇄도에 대해, 주체는 적절한 방출이나 심리적인 가공으로 대응할 수 없다. 구속 기능이 무너진 그는, 강박적으로 외상을 일으킨 상황을, 특히 꿈의 형태로[β] 반복하면서 그것을 구속하려고 한다.(→ **반복 강박, 구속**)

그럼에도 불구하고 프로이트는 외상성 신경증과 전이 신경증 사이의 연결 지점이 있을 수 있다는 것을 잊지 않고 지적한다.[8] 「정신분석 개요」(1938)의 다음과 같은 구절이 보여주고 있듯이, 그는 외상성 신경증의 특수성에 관한 문제를 열어놓고 있다: 〈외상성 신경증이라 불리는 것(지나치게 강한 경악이나, 열차의 충돌과 낙상(落傷)과 같은 심각한 신체적 충격에 의해 가동되는 것)은 아마 예외적인 것일 것이다. 그렇지만 그것과 어린 시절의 요인과의 관계는 지금까지 우리의 연구를 벗어나 있다.〉[9]

α 아마 그것은 오펜하임Oppenheim에 의해 도입되었을 것이다(『의학-외과학 백과사전: 정신의학Encyclopédie médico-chirurgicale: Psychiatrie』), 37520 C 10, p. 6 에 따르면).
β 〈외상성 신경증의 꿈은 그것이 환자를 끊임없이 사건의 상황으로 데려가, 환자가 그 상황에 대해 새로운 경악을 느끼며 깨어나는 것으로 특징지어진다.〉[6c]

1 Forgue E., *Précis de pathologie externe*, 1948, I, 220, 11e éd., Masson, Paris.
2 이 점에 대해서는 다음을 참조할 것 : Ey H., *Encyclopédie médico-chirurgicale: neurologie*, 〈Traumatismes cranio-cérébraux〉, n.17585, 1955.
3 예컨대 Lagache D., "Deuil pathologique", 1957, in *La Psychanalyse*, P.U.F., Paris, II, 45-74 참조.
4 Fenichel O., *The Psychoanalytic Theory of Neurosis*, 1945. 프: *La théorie psychanalytique des névroses*, P.U.F., Paris, 1953.
   a) 649-51.
   b) XXI 장.

5 Abraham K., *Das Erleiden sexueller Traumen als Form infantiler Sexualbetätigung*, 1907. 프, I, 24-35.

6 프로이트 S., 『쾌락원칙을 넘어서』, 1920.

a) 전집 XI, 276[278] ; G.W., XIII, 9 ; S.E., XVIII, 12 ; 프, 7[O.C., XV, 282].

b) 전집 XI, 276[278] ; G.W., XIII, 10 ; S.E., XVIII, 12 ; 프, 8[O.C., XV, 282].

c) 전집 XI, 277[279] ; G.W., XIII, 10 ; S.E., XVIII, 13 ; 프, 8[O.C., XV, 283].

7 프로이트 S., 『성이론에 관한 세 편의 논문』, 1905. 전집 VII, 101-2[93] ; G.W., V, 103 ; S.E., VII, 202 ; 프, 101[O.C. VI, 139] 참조.

8 프로이트 S., 「『전쟁신경증의 정신분석에 관하여』의 서문」(1919), in 『끝이 있는 분석과 끝이 없는 분석』(새물결). G.W., XII, 321 sqq. ; S.E., XVII, 207 sqq. ; 프, 243[O.C., XV, 219] sqq. 참조.

9 프로이트 S., 「정신분석 개요」, 1938. 전집 XV, 462[483] ; G.W., XVII, 111 ; S.E., XXIII, 184 ; 프, 54[O.C., XX, 279].

외상성 히스테리

프: *hystérie traumatique*. 독: *traumatische Hysterie*. 영: *traumatic hysteria*. 스: *histeria traumática*. 이: *isteria traumatica*. 포: *histeria traumática*.

샤르코Charcot에 의해 기술된 히스테리의 형태. 흔히 신체적인 외상 뒤에 어느 정도 잠복기를 거친 뒤, 육체적인 증상들 — 특히 마비 — 이 나타나지만, 그 신체적인 외상이 그 증상을 기계적으로 설명할 수 없는 경우를 말한다.

샤르코는 1880년과 1890년 사이에 히스테리에 대한 작업에서 히스테리적인 마비를 연구한다. 그것은 신체적인 외상의 결과로 일어난 마비로, 주체가 생명의 위협을 느낄 정도로 강력한 것이지만, 의식의 상실을 초래하지는 않는다. 그러나 그러한 신체적 외상은 신경학적인 관점에서, 그 마비를 설명할 수 없다. 또한 샤르코는 그러한 마비가 다소 긴 심리적 〈잠복기〉와 〈가공*〉의 기간을 거친 뒤에 나타난다는 것을 지적하고 있다.

샤르코는 최면 하에서 최소의 외상이나 간단한 암시를 이용하여, 실험적으로 똑같은 형태의 마비를 재현시킬 생각을 갖는다. 그리하여 그는 그 증상이 육체적인 충격에 의해 야기된 것이 아니라, 육체적 충격과 결합된, 특수한 심리 상태에서 일어난 표상에 의해 야기된 것이라는 증거를 보여준다.

프로이트는 그러한 설명과, 브로이어와 그 자신이 제시한 히스테리에 대한 최초의 설명 사이의 연속성에 주목한다: 〈외상성 마비와 외상성이 아닌 일반 히스테리 사이에는 완전한 유사성이 있다. 단 하나의 차이점은 전자에서는 큰 외상이 작용한 데 반해, 후자에서는 특기할 만한 것이 단 하나의*seul* 큰 사건인 경우는 드물고, 오히려 일련의*série* 정동적인 인상들이 문제가 된다 [……] 외상성 히스테리의 기계적인 큰 외상의 경우에도, 그러한 결과를 일으키는 것은 기계적인 요소가 아니라 경악(驚愕, *effroi*)이라는 정동, 즉 심리적*psychique* 외상이다.〉[1]

다 알다시피, 최면형 히스테리*의 도식도 이미 샤르코가 지적한 두 가지 병인적 요소를 지니고 있다: 심리적 외상*과 그것이 떠오를 때의 특수한 심리 상태(최면형 상태*, 경악*이라는 정동)가 그것이다.

1 프로이트 S., "Über den psychischen Mechanismus hysterischer Phänomene", 1893. 독, in *Wien. med. Presse*, 34(4), 121-6 ; S.E., III, 30-1.

요도 성애[배뇨 성애]

프: *érotisme urétral*(또는 *urinaire*). 독: *Urethralerotik*(또는 *Harnerotik*). 영: *urethral erotism*. 스: *erotismo uretral*(또는 *urinario*). 이: *erotismo uretrale*. 포: *erotismo uretral*(또는 *urinário*).

배뇨와 연관된 리비도의 충족 방식.

프로이트는 배뇨 기능의 쾌락과 성애적인 의미를 1905년부터 『성이론에 관한 세 편의 논문』에서 처음으로 꺼냈고, 실제 경험에 좀 더 가까운 것은 「도라」의 사례에서 발표한다. 한편 그는 어린아이의 유뇨증(遺尿症, *énurésie*)을 자위와 동의어로 해석하면서,[1] 다른 한편으로는 배뇨와 불 사이에 존재하는 상징직 관계를 지적한다. 그 관계는 나중에 「불의 획득에 대하여」(1932)에서 다시 전개된다.

프로이트의 세 번째 공헌은, 어떤 성격의 특징과 요도 성애의 관계를 암시했다는 것이다. 「성격과 항문 성애」(1908)라는 논문의 마지막에서, 그는 다음과 같이 쓰고 있다: 〈일반적으로 다른 성격 콤플렉스들이 특정한 성감대의 흥분과 연결되어 있는지를 자문해보아야 한다. 지금까지 나는 엄청나게 '강렬한*brûlante*' 야망을 가진 사람들은 과거에 유뇨증자였다는 사실만을 알고 있을 뿐이다.〉[2] 같은 방향에서, 아브라함은 어린 시절의 전지전능의 환상은 배뇨 행위에 동반된다는 것을 밝혀낸다: 〈…… 거의 무한한 위대한 힘을 소유하고 있다는 느낌이나, 모든 대상을 창조하거나 파괴할 수 있다는 느낌〉[3]이 그것이다.

멜라니 클라인은 그러한 환상 — 특히 소변에 의한 공격과 파괴의 환상 — 의 중요성을 강조한다. 그녀는 〈…… 지금까지 거의 알려지지 않은, 어린아이의 발달에서 요도 가학증〉의 역할을 발표한다. 그녀는 다음과 같이 덧붙이고 있다: 〈나는 어린아이의 분석 뿐 아니라 어른의 분석에서, 소변이 부식과 풍화와 부패로 상상되거나 은밀하고 음흉한 독으로 상상되는 환상의 존재를 끊임없이 확인할 수 있었다. 그러한 요도-가학적인 성질의 환상은 자지에 잔인한 역할을 무의식적으로 부여하는 데 이바지하고, 남성의 성적인 능력의 장애에 광범위하게 이바지한다.〉[4]

또한 여러 연구자들(예컨대 페니셸Fenichel)이 배뇨 기능과 연관된 여러 가지 방식의 쾌락(〈수동적으로 흘려보낸다〉, 〈참는다〉등)을 알아냈다는 것을 지적해둘 필요가 있다.

*

프로이트는 배뇨 성애*érotisme urinaire*, 다른 연구자들(자드거Sadger의 「요도 성애에 대하여Über Urethralerotik」(1910)를 필두로 한)은 요도 성애*érotisme urétral*라고 말하고 있다는 데 주목하자. 멜라니 클라인처럼 요도 가학증에 중요한 역할을 부여하는 사람들에게서조차, 요도 단계*stade*에 대한 언급은 없다.

그런데, 프로이트가 요도 성애를 특히 〈유년기 자위의 2차시기〉(네 살 경)에 위치시킨다는 데 주목할 필요가 있다. 〈그러한 성적인 표출의 증상은 빈약하다. 그것은 아직 덜 발달된 성적 장치를 대신하여, 대개 그 장치의 이름으로 행동하는 배뇨 장치를 통해 드러난다. 소위 그 나이의 방광 질환은 대부분 성적 장애이다. 야뇨증(夜尿症, *énurésie nocturne*)은 [……] 몽정에 상응하는 것이다.〉[5] 그 시기는 프로이트가 나중에 남근기라고 기술하는 것과 일치한다. 따라서 요도 성애와 남근 성애의 관계는 너무 밀접해서, 특별히 요도기(期)를

요도 성애[배뇨 성애]

따로 구분할 수 없다.

프로이트는 어린아이와 어른에게서, 그 두 기능 사이의 서로 다른 관계를 지적하고 있다. 어린아이의 믿음에 따르면, 〈…… 아이는 남자가 여자의 몸속에 보는 소변으로부터 나온다. 그러나 어른은 두 행위가 불과 물처럼 실제로는 서로 일치할 수 없다는 것을 알고 있다〉.[6]

1 프로이트 S., 「한 히스테리 분석의 단편: 도라」, 1905. 전집 VIII, 264[273] ; G.W., V, 236-7 ; S.E., VII, 74 ; 프, 54[O.C., VI, 253] 참조.

2 프로이트 S., 「성격과 항문 성애」, 1908. 전집 VII, 195[176] ; G.W., VII, 209 ; S.E., IX, 175 ; 프, 148[O.C., VIII, 194].

3 Abraham K., "Zur narzisstischen Bewertung der Exkretionsorgänge in Traum und Neurose", 1920 ; 프, II, 100.

4 Klein M., "Frühstadien des Ödipuskonfliktes und der Über-Ich-Bildung", 1932. in *La psychanalyse des enfants*, P.U.F., Paris, 1959, 143.

5 프로이트 S., 『성이론에 관한 세 편의 논문』, 1905. 전집 VII, 87[79] ; G.W., V, 90 ; S.E., VII, 190 ; 프, 85[O.C., VI, 126].

6 프로이트 S., 「불의 획득에 대하여」, 1932. 전집 XIII, 250[260] ; G.W., XVI, 9 ; S.E., XXII, 192 ; 프, 196[O.C., XIX, 36-7].

욕동(欲動)

프: *pulsion*. 독: *Trieb*. 영: *instinct*(또는 *drive*). 스: *instinto*. 이: *istinto*(또는 *pulsione*). 포: *impulso*(또는 *pulsão*).

유기체로 하여금 하나의 목표를 향하게 하는 압력(에너지의 충전, 운동 요인)으로 되어 있는 역학적 과정. 프로이트에 의하면 욕동의 원천은 육체적 자극(긴장 상태)으로 되어 있고, 그것의 목표는 욕동의 원천을 지배하는 긴장 상태를 없애는 것이고, 그 목표는 대상 속이나 대상을 통해 도달할 수 있다.

I. 학술 용어의 관점에서, *pulsion*이라는 용어는 프로이트의 프랑스어 번역에서 *Trieb*이라는 독어의 번역어로 처음 소개된 것이다. 그것은 본능*instinct*이나 성향*tendance*과 같은 좀 더 오래된 일상용어가 내포하고 있는 의미를 피하기 위해 만들어진 것이다. 그러한 협약이 항상 존중되어 온 것은 아니지만, 그것은 지금도 유효하다.

1. 독일어에는 *Instinkt*(본능)와 *Trieb*(욕동)이라는 두 가지 용어가 있다. *Trieb*이라는 말은 게르만 어를 어원으로 하고 있다. 그것은 아주 오래 전부터 사용되고 있는 말로, 언제나 압력*poussée*(*treiben = pousser*, 몰다)이라는 뉘앙스를 띠고 있다. 그것의 초점은 분명한 목적보다는 일반적인 방향성에 있다. 그것은 목표와 대상의 고정성보다는 차라리 억제할 수 없는 압력의 특성을 강조한다.

어떤 저자들은 *Instinkt*와 *Trieb*을 구별하지 않고 사용하기도 하고,ᵅ 또 어떤 저자들은 암암리에 구별하기도 한다. 예컨대 후자에게 *Instinkt*는 동물학에서 유전적으로 고정되어, 동일한 종의 모든 개체들에게 거의 똑같은 형태로 나타나는 행동을 가리킨다.[1]

2. 프로이트에게 그 두 가지 용어는 분명히 서로 다른 의미로 사용되고 있다. 프로이트가 *Instinkt*라고 말할 때, 그것은 유전에 의해 고정된, 그 종 특유의 동물적 행동을 지칭한다. 그것의 전개 과정은 대상에 적합하도록 미리 형성되어 있다.(→ **본능**)

프랑스어로 *instinct*이라는 말은 프로이트의 *Instinkt*와 같은 의미를 갖고 있다. 따라서 *instinct*이라는 말은 *Instinkt*의 번역어로 남겨두어야 한다. 그것을 *Trieb*를 번역하는 데 사용한다면, 그것은 프로이트의 용법을 왜곡하는 것이다.

pulsion(욕동)이라는 말은 독어의 *Trieb*과 같은 언어에 속하지는 않지만, 압력*poussée*이라는 의미를 분명히 드러내는 장점이 있다.

영역『표준판』은 *Trieb*을 *instinct*로 번역함으로써, *drive*(충동)나 *urge*(강한 충동)와 같은 다른 가능성을 배제하고 있다.ᵝ 이 문제는 영역『표준판』제1권의 일반 서문에 논의되어 있다.

II. *Trieb*이라는 말은 1905년에야 비로소 프로이트의 텍스트에 나타난다. 그렇지만 에너지의 개념으로서의 그것의 기원은, 그가 아주 일찍부터 두 가지 형태의 자극*Reiz* — 이것은 유기체가 벗어날 수 없는 것으로 항상성의 원칙에 따라 방출하지 않으면 안 되는 것이다 — 을 구분할 때 이미 나타나 있다. 즉 외적인 자극은 주체가 피함으로써 자신을 지킬 수 있는 데 반해, 그 옆에는 유기체가 피할 수 없는 흥분의 쇄도를 일정하게 가져오는 내적인 원천이 존재하는데, 그러한 흥분은 심리 장치의 작용의 원동력이 된다.

『성이론에 관한 세 편의 논문』(1905)는 *Trieb*이라는 용어와 함께, 원천*, 대상*, 목표*를 구별한다. 이때부터 프로이트는 그러한 구별을 계속해서 사용한다.

프로이트가 욕동의 개념을 도출한 것은 인간의 성욕을 기술하면서이다. 프로이트는 특히 도착증과 유아 성욕의 양상에 대한 연구에 힘입어, 성욕동은 특수한 목표와 대상을 갖고 있고, 성기의 흥분과 작용에 국한되어 있다는, 이른바 일반적인 통념을 맹렬히 공격한다. 반대로 그는 대상이 얼마나 변하기 쉽고 우연한지, 그리고 그것이 어떻게 주체의 역사의 변모와 관련해서 결정적인 형태로 선택되는지를 보여준다. 또한 그는 목표가 얼마나 다양하게 세분되고(→ **부분 욕동**), 육체적인 원천에 얼마나 밀접하게 의존되어 있는가를 보여준다. 마찬가지로 육체적인 원천은 다양할 뿐 아니라, 주체에 대해 우월한 기능을 가질 수 있다(성감대). 부분 욕동이 성기대에 종속되어 성교의 실현에 합류하는 것은, 생물학적인 성숙으로 충분히 보장될 수 없는 복잡한 발달을 거친 뒤에나 가능한 것이다.

프로이트가 욕동 개념에 관해 소개한 마지막 요소는, 경제학적인 양적 요소인 압력이다. 그것은 〈심리 장치에 부과된 작업의 요구〉[2a]이다. 프로이트는 「욕동과 욕동의 운명」(1915)에서, 그 네 가지 요소 — 압력, 원천, 대상, 목표 — 를 다시 분류하면서, 욕동을 전체적으로 정의하고 있다.[2b]

III. 내부로부터 유기체를 공격하면서, 흥분의 방출을 야기할 수 있는 행동을 하도록 유기체를 몰아붙이는 그 힘을 어떻게 자리매김해야 하는 것일까? 육체적인 힘일까, 심리적인 에너지일까? 프로이트가 제기한 그 질문은, 욕동이 〈심리적인 것과 신체적인 것 사이의 경계-개념〉[3]으로 정의됨에 따라, 여러 가지 답변이 있을 수 있다. 프로이트에게 그 문제는 〈대표화*représentant*〉의 개념과 관련되어 있다. 프로이트는 그것을 육체적인 것이 심리에 파견하는 일종의 대표화라고 생각했다. 독자들은 그 문제에 대한 좀 더 완벽한 검토를, 〈심리적 대표화〉라는 항목의 해설에서 찾아 볼 수 있을 것이다.

IV. 우리가 이미 지적했듯이, 욕동이라는 개념은 성욕을 모델로 하여 분석된 것이다. 그렇지만 프로이트의 이론 내에서, 성욕동은 다른 욕동들과 처음부터 대립한다. 다 아는 바와 같이, 프로이트의 욕동 이론은 계속해서 이원론이었다. 프로이트가 최초로 내세운 이원론은 성욕동*과 자아 욕동* 내지는 자기 보존 욕동*이었다. 후자의 욕동으로 프로이트는, 개체의 생존에 필수불가결한 기본적인 욕구나 기능 ─ 이것의 모델은 배고픔과 섭식 기능이다 ─ 을 의미하고자 했다.

프로이트에 따르면, 그 이원론은 성욕이 시작될 때부터 작동한다. 즉, 처음에는 자기보존 기능에 의탁하던 성욕동이 그 기능으로부터 분리되는 것이다.(→ **의탁**) 프로이트는 심리적 갈등을 설명하려고 애쓴다. 그러한 설명에 따르면, 자아는 자기보존 욕동에서 성욕의 방어에 필요한 에너지의 대부분을 얻는다.

『쾌락원칙을 넘어서』(1920)에서 도입된 욕동의 이원론은 삶 욕동과 죽음 욕동인데, 그 이원론은 갈등에서 욕동의 기능과 상황을 변경시킨다.

1. (방어적 심역과 격리[억압]된 심역 사이의) 지형학적 갈등은 더 이상 욕동의 갈등과 일치하지 않는다. 왜냐하면 그거* 자체가 두 가지 형태의 욕동을 포함하고 있는 저장소이기 때문이다. 자아*가 사용하고 있는 에너지는 그러한 공동의 자산[그거]에서, 특히 〈탈성욕화되고*désexualisée* 승화된〉 형태로 빌려온 것이다.

2. 후기 이론에서는 두 가지 형태의 큰 욕동이 유기체 기능의 구체적인 동인으로서 가정되기보다, 오히려 유기체의 활동을 궁극적으로 조정하는 기본 원칙으로 가정되고 있다: 〈우리가 욕동이라는 이름을 부여하는 것은, 그거로부터 욕구를 발생시키는 긴장의 배후에 있다고 가정되는 힘이다.〉[4] 그러한 강조의 변화는 다음과 같은 유명한 구절에서 특히 돋보인다: 〈말하자면 욕동론은 우리의 신화학이다. 욕동은 불확정적이라는 점에서 거창한 신화적 존재이다.〉[5]

*

이 간단한 개관에서 보았듯이, 프로이트의 욕동의 개념은 고전적인 본능의 개념의 파괴로 이어진다. 그것은 상반된 두 방향에서 진행된다. 한편으로는 〈부분 욕동〉의 개념 덕분에, 성욕동은 처음부터 〈다형적인*polymorphe*〉 상태로 존재하면서, 주로 육체적 원천의 차원에서 긴장의 제거를 목표로 하고 있으며, 또한 그것은 주체의 역사 속에서 대상과 충족의 방식을 규정하는 대표화들과 결부된다는 생각이 강조된다: 즉 처음에 불확정적이던 내적인 압력은

　　　　　　　　　　　　　　　　　　　　　　　욕동(欲動)

고도로 개성화된 특징을 가진 운명을 겪게 된다. 다른 한편, 프로이트는 본능
이론가들이 편의대로 각각의 형태의 활동 뒤에 그것과 일치하는 생물학적인
힘이 있다고 가정하지 않고, 욕동의 표출 전체를 신화적 전통에서 빌려온 단
하나의 커다란 기본적인 대립 — 배고픔과 사랑의 대립이다가 사랑과 불화
의 대립 — 으로 몰고 간다.

α 예를 들면, 『본능 개념의 어제와 오늘*Der Begriff des Instinktes einst und jetzt*』(Jena,
제3판, 1920)에서, 지글러Ziegler는 *Geschlechtstrieb*(성욕동)이라 말하기도 하고, 때로는
Geschlechtsinstinkt(성본능)라고 말하기도 한다.[6]
β 앵글로-색슨의 몇몇 저자들은 *Trieb*를 *drive*(충동)로 번역하는 것을 선호한다.

1 Hempelmann (F.), *Tierpsychologie*, Akademische Verlagsgesellschaft, Leipzig, 1926,
passim. 참조.
2 프로이트 S., 「욕동과 욕동의 운명」, 1915.
  a 전집 XI, 107[105] ; G.W., X, 214 ; S.E., XIV, 122 ; 프, 33.[O.C., XIII, 169]
  b 전집 XI, 107[105] ; G.W., X, 214-5 ; S.E., XIV, 122 ; 프, 33-4[O.C., XIII, 169].
3 프로이트 S., 『성이론에 관한 세 편의 논문』, 1905. 전집 VII, 61[55] ; G.W., V, 67 ;
S.E., VII, 168 ; 프, 56[O.C., VI, 101-2].
4 프로이트 S., 「정신분석 개요」, 1938. 전집 XV, 417[435] ; G.W., XVII, 70 ; S.E.,
XXIII, 148 ; 프, 130[O.C., XX, 237].
5 프로이트 S., 『새로운 정신분석 입문 강의』, 1932. 전집 II, 128[136] ; G.W., XV, 101 ;
S.E., XXII, 95 ; 프, 130[O.C., XIX, 178].
6 예컨대, Kris E., Hartmann H., Loewenstein H., "Notes on the Theory of Aggression",
in *Psychoanalytic Study of the Child*, 1946, III-IV, 12-3 참조.

욕동의 구성요소

프: *composante pulsionnelle*. 독: *Triebkomponent*. 영: *instinctual component*. 스:
componente instinctivo. 이: *componente di pulsione*. 포: *componente impulsor(a)*
(또는*pulsional*).

→〈부분 욕동〉 참조.

욕동의 대표화[α]

프: représentant de la pulsion. 독: Triebrepräsentanz(또는 Triebrepräsentant). 영: instinctual representative. 스: representación(또는 representante) del instinto. 이: rappresentanza(또는 rappresentante) della pulsione. 포: representante do impulso 또는 pulsional(da pulsão).

욕동이 자신의 심리적 표현을 찾게 되는 여러 요소나 과정을 가리키기 위해 프로이트가 사용한 용어. 때로 그 용어는 대표화-표상*과 동의어가 되기도 하고, 때로 넓은 의미로 정동을 포괄하기도 한다.

일반적으로 프로이트는 욕동의 대표화를 대표화-표상과 동일시한다. 격리 [억압]의 여러 과정에 대한 기술에서, 〈심리적 대표화의 다른 요소〉인 정동량* Affektbetrag이 고려될 때까지, 유일하게 문제되는 것은 대표화-표상의 운명이다. 그런데 〈······ 욕동이 표상으로부터 분리되는 한, 정동량은 욕동과 일치한다. 그리고 그것은 정동으로 느껴지는 과정에서 자신의 양에 적합한 표현을 찾는다〉.[1a]

따라서 욕동의 대표화의 표상적 요소 곁에는, 그 표현의 양적 요소 내지는 정동적 요소가 있다고 말할 수 있다. 주목할 것은, 그럼에도 불구하고 프로이트가 대표화-표상과 대칭적인 조어로 정동의 대표화représentant affectif라는 용어를 사용하지 않는다는 것이다.

그렇다고 해서 정동적 요소의 운명이 격리[억압]에서 중요하지 않은 것은 아니다. 실제로 격리[억압]는 〈······ 불쾌감의 회피 이외의 다른 동기나 목적을 갖고 있지 않다. 그 결과 그 대표화의 정동량의 운명은 표상의 운명보다 훨씬 더 중요하다〉.[1b]

그러한 〈운명〉이 다양할 수 있다는 것을 기억하자. 정동이 유지되면서 다른 표상으로 이동할 수도 있고, 다른 정동 — 특히 불안 — 으로 바뀔 수도 있고, 아니면 억압된다.[1c, 2a] 그러나 주의해야 할 것은, 그러한 억압*répression은 표상에 대해 가해지는 무의식에서의 격리[억압]refoulement가 아니라는 것이다. 사실 엄밀한 의미에서 무의식적인 정동이라는 말은 쓸 수 없다. 그러한 명칭에 합당한 것은 무의식 체계 속의 〈······ 발육하지 못한 퇴화 흔적〉[2b]뿐이다.

따라서 엄격히 말해, 전의식-의식 체계 ─ 또는 자아 ─ 의 차원에서만, 욕동이 정동에 의해 대표된다고 주장할 수 있다.

α 명확성에 대한 배려의 일환으로, 우리는 의미가 대부분 서로 겹치는 세 개의 항목 ─ 욕동의 대표화, 심리적 대표화, 대표화-표상 ─ 을 따로 구분했다. 그것들은 프로이트의 대부분의 텍스트에서 상호 교환이 가능하다. 그 세 항목은 동일한 개념을 다루고 있지만, 우리는 각 항목의 해설에서, 각각의 고유한 점에 대해 검토했다.

이 항목에서 우리가 주목한 것은, 프로이트가 욕동의 대표화로서 표상과 정동에 각각 부여한 기능이다. 두 번째 항목인 〈심리적 대표화〉는 프로이트가 (심리적인 것 속에 육체적인 것의) 대표화*représentant*이라는 말로 의미하고자 했던 것이 무엇인지를 정의하고 있다. 대표화-표상은 욕동을 표현하는 역할이 주로 표상*Vorstellung*에 달려 있다는 것을 보여주고 있다.

아울러 〈표상〉, 〈사물 표상, 낱말 표상〉의 항목들이 동일한 개념 군에 속한다는 사실을 지적해두고 싶다.

1 프로이트 S., 「격리[억압]」, 1915.
  a 전집 XI, 146[144] ; G.W., X, 255 ; S.E., XIV, 152 ; 프, 79-80[O.C., XIII, 197].
  b 전집 XI, 147[146] ; G.W., X, 256 ; S.E., XIV, 153 ; 프, 81[O.C., XIII, 198].
  c 전집 XI, 147[145-6] ; G.W., X, 255-6 ; S.E., XIV, 153 ; 프, 81[O.C., XIII, 198] 참조.
2 프로이트 S., 「무의식」, 1915.
  a 전집 XI, 177[177] ; G.W., X, 276-7 ; S.E., XIV, 178 ; 프, 114[O.C., XIII, 219] 참조.
  b 전집 XI, 178[177] ; G.W., X, 277 ; S.E., XIV, 178 ; 프, 115[O.C., XIII, 219].

욕동(의 움직임)

프: *motion pulsionnelle*. 독: *Triebregung*. 영: *instinctual impulse*. 스: *impulso instintual*. 이: *moto pulsionale*(또는 *istintivo*). 포: *moção impulsora*(또는 *pulsional*).

프로이트가 욕동의 역동적 측면을 가리키기 위해 사용한 용어. 다시 말해 욕동이 특정한 내적 자극이 되어 현실로 나타나는 것을 말한다.

욕동(의 움직임)*Triebregung*이라는 용어가 처음 나타나는 것은 「욕동과 욕동의 운명」(1915)이지만, 그것에 함축된 개념은 이미 오래 전부터 프로이트에게 있었다. 「과학적 심리학 초고」(1895)에서 그는 내인성 자극*endogene Reize*

이라는 말로, 정확히 그것을 가리키고 있다.

욕동의 움직임과 욕동*Trieb*은 거의 차이가 없다. 프로이트는 흔히 그 둘을 구분하지 않고 사용한다. 그럼에도 그의 텍스트 전체를 통해 그 둘의 구분이 가능하다면, 다음과 같을 것이다: 즉, 욕동의 움직임은 유기체의 변화가 욕동을 흔들어놓을 때 일어나는 활동 중인 욕동이다.

따라서 프로이트에 따르면, 욕동의 움직임은 욕동과 같은 수준에 위치한다. 즉 욕동이 생물학적인 변화로 이해되고, 그 결과, 엄밀히 말해, 욕동이 의식-무의식의 구분보다 더 깊은 데 있다면, 욕동의 움직임도 마찬가지이다. 〈우리가 무의식적인 욕동의 움직임이라거나 격리[억압]된 욕동의 움직임이라고 말하는 것은, 느슨하지만 진중하지 않은 표현방식이다. 우리의 눈에 띄는 것은 언제나 욕동의 움직임이고, 무의식적인 것은 그것의 대표화-표상 *représentant-représentation*이다. 사실 그 밖의 다른 것은 문제가 될 수 없다.〉[1]

우리는 *Triebregung*을 종종 정동의 영역에 직접 기록되어 있는 용어인 *emoi pulsionnel*(욕동의 흥분)로 번역하는 데 그것은 적절하지 않다고 생각한다. 독일어도 그렇지 않을 뿐더러, 영어의 번역어인 *instinctual impulse*(본능적 충동)도 그렇지 않다. 우리는 도덕 심리학에서 빌려온 *motion*(움직임)이라는 오래된 용어를 다시 쓸 것을 제안한다. 우리가 보기에, 그것이 *regen*(움직이다)이라는 독일어 동사로부터 나온 명사인 *Regung*(운동)이라는 말 — 그리고 그것의 프로이트의 용법 — 에 좀 더 가깝기 때문이다. 주목할 것은 〈욕동의 움직임〉이라는 말이, 동기*motif*, 원동력*mobile*, 동인*motivation*과 같은 일상적인 심리학 용어 — 이 모든 것은 운동*mouvement*을 개입시킨다 — 의 계열에 기록되어 있다는 것이다.

*Triebregung*이라는 표현 외에도, *Regung*이라는 용어가 프로이트에게 발견된다는 사실을 덧붙여두자. 예컨대 내부의 움직임의 뉘앙스를 갖고 있는 소원의 움직임*Wuschregung*, 정동의 움직임*Affektregung* 등이 그것이다.

1 프로이트 S., 「무의식」, 1915. 전집 XI, 176[175] ; G.W., X, 276 ; S.E., XIV, 177 ; 프, 112[O.C., XIII, 218].

욕동(의 움직임)

욕동의 원천

프: *source de la pulsion*. 독: *Triebquelle*. 영: *source of the instinct*. 스: *fuente del instinto*. 이: *fonte dell'istinto*(또는 *della pulsione*). 포: *fonte do impulso*(또는 *da pulsão*).

흥분이 나타나는 장소(성감대, 기관, 장치)이든지, 육체의 그러한 부위에서 일어나서 흥분으로 지각되는 육체적 과정이든지, 특정한 각 욕동의 특수한 내적 기원.

프로이트의 저작에서, 원천이라는 용어의 의미는 일반적인 은유적 용법으로 부터 분화된 것이다. 『성이론에 관한 세 편의 논문』(1905)에서, 프로이트는 〈유아 성욕의 원천〉이라는 항목 하에 아주 다양한 현상을 열거하지만, 결국에는 그것들을 보통대로 두 그룹으로 분류한다: 여러 가지 자극에 의한 성감대의 흥분과, 〈간접적인 원천〉 ─ 〈기계적인 흥분〉, 〈근육의 활동〉, 〈정동적인 과정〉, 〈지적인 작업〉[1a] 등과 같은 ─ 이 그것이다. 후자의 형태의 원천은 하나의 특정한 부분 욕동의 기원에만 있는 것이 아니라, 일반적인 의미의 〈성적 흥분〉을 증대시키는 데 기여한다.

　프로이트는 그 장에서 성적 흥분을 일으키는 내외적인 요인을 망라하고 있다. 그에 따라 욕동이 내적인 기원을 가진 긴장과 일치한다는 생각은 자취를 감춘다. 그러한 생각은 「과학적 심리학 초고」(1895)[2]에서부터 이미 나타나 있다. 즉 외적인 자극[흥분]은 피해서 벗어날 수 있는데, 내인성 자극[흥분]*endogene Reize*이 쇄도하면, 유기체는 긴장에 종속되어 그것을 벗어날 수 없게 된다는 것이다.

　「욕동과 욕동의 운명」(1915)에서 프로이트는 부분 욕동의 여러 양상 ─ 원천, 압력, 목표 그리고 대상 ─ 에 대해 좀 더 조직적인 분석에 착수한다. 그러한 구별은 모든 욕동에 대해 유효하지만, 특히 성욕동에 더 잘 적용된다.

　거기서 원천은 정확한 의미를 갖고 있는데, 그 의미는 1895년의 메타심리학적인 최초의 저술의 관점과 일치한다. 다시 말해 그때의 원천은 유기체 내의 원천인 〈기관 원천*Organquelle*〉이나 〈육체적 원천*somatische Quelle*〉[3a]이다. 그리하여 원천이라는 용어는 가끔 흥분의 본거지인 기관 자체를 가리킨다. 그러나 프로이트는 그 용어를 보다 정확하게, 흥분의 기원에 있는 유기적이고 물리화학적 과정을 가리키는 데 사용한다. 따라서 원천은 심리적인 것이 아니라 육체적인 것이다. 〈……그것의 자극[흥분]Reiz이 욕동에 의해 심리 생활에 나타나는 것이다.〉[3b] 그 육체적 과정은 심리학으로 접근할 수 없고 대부분 미지로 남아 있다. 그러나 그 과정은 각각의 부분 욕동*에 특수하며, 그것의 고유한 목표*는 결정되어 있다.

프로이트는 각각의 욕동에 일정한 원천을 지정하려고 한다. 욕동의 명백한 원천인 많은 성감대*에서, 근육 조직은 지배 욕동*의 원천이며, 눈은 〈응시 욕동Schautrieb〉[3c]의 원천이다.

*

이러한 발전을 통해 원천이라는 개념은 보다 명확해지고, 단일한 의미를 띠게 된다. 결국 성욕동의 특수성은 유기적 과정의 특수성으로 전락한다. 일관된 체계를 세우기 위해서는, 자기보존 욕동 각각에 대해서도 별개의 원천을 지정해주어야 할 것이다. 따라서 그렇게 용어의 의미를 고정시키는 것은 성욕동의 기원에 대한 이론적 문제를 일방적으로 한꺼번에 잘라내는 것이 아닌지 자문해볼 수 있다. 예컨대 『성이론에 관한 세 편의 논문』에서 〈유아 성욕의 원천〉의 열거는, 결국 성욕동이 비-성적인 여러 가지 활동에 병행하는 효과, 즉 그것의 부산물Nebenwirkung, Nebenprodukt[1b]로 생긴다는 생각으로 귀결된다. 그것은 소위 〈간접적인〉 원천의 경우지만, 성욕동이 자기보존 기능에 의탁하는(→ **의탁**) 성감대(성기대를 제외한)의 기능 작용에 대한 것이기도 하다. 따라서 그 모든 〈원천〉에 공통된 특성은, 하나의 기관이 자신의 분비물을 내놓듯이, 그 원천들이 성욕동을 본래의 특수한 산물로 생산하는 것이 아니라, 어떤 생명 기능에 덧붙여진 부수적 효과로서 내놓는다는 것이다. 그러한 생명 기능 전체(이 자체로 원천, 압력, 목표 그리고 대상을 내포할 수 있다)가, 넓은 의미에서 성욕동의 〈원천〉이며 기원이다.

리비도는 이러저러한 생명 활동이 리비도와 맺는 관계 형태에 따라, 구강적, 항문적 등으로 특화된다(예컨대, 구강기에서 사랑한다는 것은 먹고-먹히는 형태 위에서 구성된다).

1 프로이트 S., 『성이론에 관한 세 편의 논문』, 1905.
  a 전집 VII, 100-6[91-7] ; G.W., V, 101-7 ; S.E., VII, 201-6 ; 프, 99-107[O.C., VI, 137-43].
  b 전집 VII, 104[96], 137[125] ; G.W., V, 106, 134 ; S.E., VII, 204, 233 ; 프, 105,

148[O.C., VI, 141, 171] 참조.

2 프로이트 S., 「과학적 심리학 초고」, 『정신분석의 탄생』, 1895. 한, 244 ; 독, 402 ; 영, 379 ; 프, 336.

3 프로이트 S., 「욕동과 욕동의 운명」, 1915.

a 전집 XI, 108[107], 121[119-20] ; G.W., X, 216, 225 ; S.E., XIV, 123, 132 ; 프, 36, 53[O.C., XIII, 170, 179].

b 전집 XI, 108-9[107] ; G.W., X, 215 ; S.E., XIV, 123 ; 프, 35-6[O.C., XIII, 170].

c 전집 XI, 121[120] ; G.W., X, 225 ; S.E., XIV, 132 ; 프, 53[O.C., XIII, 179].

욕망[소원]

프: *désir*. 독: *Wunsch*(때로는 *Begierde* 또는 *Lust*). 영: *wish*. 스: *deseo*. 이: *desiderio*. 포: *desejo*.

프로이트의 역학적 개념에서, 방어 갈등의 양극 중의 하나. 무의식적 욕망은 최초의 충족 체험과 결부되어 있는 기호들을, 1차 과정의 법칙에 따라 복원시키면서 실현되는 경향이 있다. 정신분석은 꿈을 모델로 하여, 욕망이 어떻게 증상이라는 타협의 형태로 나타나는가를 보여주었다.

인간의 개념에는 너무 근본적이어서 윤곽을 그릴 수 없는 개념들이 있다. 프로이트의 학설에서 욕망의 경우가 그렇다는 것은 이론의 여지가 없다. 여기서는 그 전문용어와 관계있는 몇 가지 사실만을 지적하는 데 국한할 것이다.

1. 우선 지적할 것은, *désir*(욕망)라는 말은 독일어의 *Wunsch*와 영어의 *wish*와 동일한 사용 가치를 갖고 있지 않다는 것이다. *Wunsch*는 차라리 소원*souhait*이나 말로 표현된 기원(祈願)*voeu*을 가리키는데 반해, *désir*(욕망)은 독어로 *Begierde*나 *Lust*로 번역되는, 정욕*concupiscence*과 탐욕*convoitise*의 움직임을 생각나게 한다.

2. 프로이트가 *Wunsch*라는 말로 무엇을 의미하는지는 꿈의 이론에서 가장 명확히 밝혀져 있다. 그것 덕분에 우리는 *Wunsch*를, 그것과 인접한 여러 개념과 구분할 수 있다.

[욕망에 대해] 가장 공들인 정의는, 충족 체험(이 항목 참조)에 의거하고 있다. 충족 체험에 뒤이어, 〈…… 어떤 지각의 기억 이미지가 욕구에서 생긴

흥분의 기억흔적과 결합된다. 그리고 그 욕구가 다시 생길 때, 이미 수립된 그 결합 덕분에, 그 지각의 기억 이미지에 [심리 에너지를] 재투여하여 그 지각을 불러일으키려는, 다시 말해 최초의 충족 상황을 재현하려는 심리적 움직임이 일어난다. 그러한 움직임이 바로 우리가 욕망이라고 부르는 것이고, 지각의 재출현이 바로 '욕망의 성취accomplissement du désir'이다〉.[1a] 그러한 정의는 다음과 같은 사실을 가정하게 한다.

a) 프로이트는 욕구와 욕망을 동일시하지 않는다. 욕구는 내적인 긴장 상태로부터 발생하여, 적절한 대상(예컨대 양식)을 제공하는 특수 행동*에 의해 충족Befriedigung을 얻는다. 그에 비해 욕망은 〈기억흔적〉과 불가분의 관계에 있고, 그것의 성취Erfüllung는 그러한 충족의 기호가 되어버린 지각의 환각적 재현에 있다.(→ **지각의 동일성**) 그렇지만 그 차이가 프로이트의 용어 사용에서 항상 분명한 것은 아니다. 어떤 텍스트에서는 Wunschbefriedigung(소원충족)이라는 합성어가 보이기도 한다.

b) 현실에서의 대상 탐구는 완전히 그러한 기호들과의 관계에 의해 방향이 정해진다. 환상*이라는 욕망의 상관 항을 구성하는 것도 그러한 기호의 배열이다.

c) 욕망에 대한 프로이트의 개념은, 특히 유년기의 파괴 불가능한 기호와 결부된 무의식적 욕망과 관계가 있다. 그렇지만 주의해야 할 것은, 욕망이라는 용어에 대한 프로이트의 용법이, 항상 위에서 인용한 정의만큼 엄격한 것은 아니라는 사실이다. 그래서 그는 수면 욕망désir de dormir이니 전의식적 욕망désir préconscient이니 하는 말을 하는 것이다. 심지어 그는 갈등의 결말을, 〈…… 각각 서로 다른 심리 체계에 원천이 있는 상반된 두 욕망의 성취〉[1b] 사이의 타협으로 표현하기도 한다.

라캉J. Lacan은 프로이트의 발견을 욕망의 개념에 다시 집중시켜, 그것을 분석 이론의 전면에 내세우는 데 전념한다. 그러한 관점에서, 그는 욕망의 개념을, 그것과 종종 혼동되는 욕구besoin와 요구demande라는 개념과 구분한다.

욕구는 특수한 대상을 목표로 하고 있으며, 그 대상으로부터 충족을 얻는다. 요구는 말로 표현되며 타인을 향한다. 요구가 아직 대상과 관계한다고 하더라도, 대상은 요구에서 비본질적인 것이다. 왜냐하면 말로 표현된 요구는 그 근원에서 사랑의 요구이기 때문이다.

욕망은 욕구와 요구 사이의 편차에서 생긴다. 욕망은 욕구로 환원할 수 없다. 왜냐하면 욕망은 원칙적으로 주체로부터 독립되어 있는 현실 대상과의 관계가 아니기 때문이다. 그것은 환상과 관계한다. 또한 그것은 요구로도 환원할 수 없다. 왜냐하면 욕망은 언어나 타자의 무의식을 고려하지 않고 부과되는 것이며, 타자로부터 절대적으로 인정받기를 강요하는 것이기 때문이다.[2]

1 프로이트 S., 『꿈의 해석』, 1900.
  a 전집 IV, 654[679] ; G.W., II-III, 571 ; S.E., V, 565-6 ; 프, 463[O.C., IV, 620].
  b 전집 IV, 658[683] ; G.W., II-III, 575 ; S.E., V, 569 ; 프, 466[O.C., IV, 623-4].
2 Lacan J., "Les formations de l'inconscient", 1957-58, in *Bul. Psycho* 참조.

욕망의 성취[소원성취]

프: *accomplissement de désir*. 독: *Wunscherfüllung*. 영: *wish-fulfilment*. 스: *realización de deseo*. 이: *appagamento di desiderio*. 포: *realização de desejo*.

욕망이 상상적으로 실현된 것처럼 나타나도록 하는 심리의 형성 과정. 무의식의 산물들 (꿈, 증상 그리고 특히 환상)은 욕망이 다소 위장된 형태로 표현되는 욕망의 성취이다.

여기서 문제가 되는 것은, 꿈의 정신분석 이론의 개진이 아니다. 다 알다시피, 꿈에 대한 프로이트의 기본 명제 ―〈꿈은 욕망의 성취이다.〉― 는 그의 발견의 출발 신호이다.[a] 그는 『꿈의 해석』(1900)에서 그러한 명제의 보편성을 증명하고, 모든 경우에서 ― 명백한 반증의 경우(불안의 꿈, 처벌의 꿈 등)에서도 ― 그것을 확인하는 데 전념한다. 기억해둘 것은, 『쾌락원칙을 넘어서』(1920)에서 프로이트가 외상성 신경증에서 사건의 꿈이 반복되는 문제 때문에, 욕망의 성취로서의 꿈의 기능을 문제 삼으면서, 꿈의 보다 본원적인 기능을 찾는다는 것이다.[1] (→ **반복 강박, 구속**)

꿈과 증상의 유사성은 프로이트에게 금세 눈에 띈다. 그는 그것을 이미 1895년부터 기술하고 있고,[2a] 『꿈의 해석』 이후로는 그것의 전 범위를 완전히 이해하고 있었다. 예컨대 플리스에게 보낸 다음의 구절을 보자: 〈나의 최근의 일반화는 굳건하고 무한히 뻗어나갈 것 같다. 꿈뿐만 아니라 히스테리 발작도 욕망의 성취이다. 그것은 히스테리 증상과, 아마 모든 신경증적인 사실에 대해서도 적용된다. 심한 망상에서[β] 나는 이미 그러한 사실을 밝힌 바 있다.)[2b]

주목해야 할 것은, 프로이트가 꿈이 욕망을 성취한다는 생각을 명사구의 형태로 제시했다는 것이다. 그래서 독자는 다음과 같은 표현과 마주치게 된다: 두 가지 욕망의 성취가 그 꿈의 잠재 내용에서 발견된다 등. 그러한 사실로부터 욕망의 성취라는 용어는 자율적인 가치를 갖게 된다. 마치 그것은 꿈의 기능뿐 아니라, 다른 구조와 결합할 수 있는 꿈의 내적인 구조도 가리키는 것 같다. 그러한 의미에서 실제로 꿈은 환상과 동의어가 된다.

그러한 지적은 무의식의 어떠한 산물도 하나의*un* 욕망만을 성취한다고 말할 수 없는 것으로 귀결된다. [무의식의] 각 산물은 갈등과 타협의 결과로 나타나는 것이다: 〈히스테리 증상은 서로 상반되는 두 가지 욕망의 성취 — 서로 다른 심리 체계에 원천을 두고 있는 — 가, 단 하나의 표현 속에서 경합하는 곳에서만 일어난다.〉[3]

*

〈욕망을 현실로 착각하다*prendre ses désirs pour des réalités*〉라는 일상적인 프랑스어의 관용구와 일치하는 *wishful thinking*(소원충족인 생각)이라는 앵글로-색슨의 표현은, 욕망의 성취라는 정신분석적 개념과 관계가 있다. 그렇다고 그것들을 순진하고 단순하게 혼동하는 것은 잘못이다. 사실 *wishful thinking*이라고 말할 때, 그것은 주체가 실제로 그의 욕망을 실현시켜줄 조건을 무시하든지, 현실에 대한 파악을 왜곡하든지 간에, 주체가 오인하고 있는 현실을 강조하고 있다. 반면에 욕망의 성취라고 말할 때, 그것은 욕망과, 그것의 환상적 장면화[미장센]를 강조한다. 일반적으로 거기서는 현실의 차원이 오인되지 않는다. 왜냐하면 현실의 차원이 현전하지 않기 때문이다.(그것은 꿈이다.) 다른 한편, *wishful thinking*은 차라리 소원, 계획, 무의식과의 관계가 본질적이지 않은 욕망이 문제될 때 사용된다.

α 예컨대, 1900년 6월 12일에 플리스에게 보낸 편지 참조: 〈너는 대리석 판에, 이 집에 관한 다음과 같은 글이 새겨질 날이 올 것이라고 진짜 믿지?: '1895년 7월 24일 바로 이 집에서 꿈의 불가사의가 지그문트 프로이트 박사에게 계시되다.'〉

β 여기서 프로이트는 「방어—신경정신증」(1894)에서 주장한 이론을 암시하고 있다.

1 프로이트 S., 『쾌락원칙을 넘어서』, 1920. 전집 XI, 301[304] sq. ; G.W., XIII, 31 sq. ;
S.E., XVIII, 31 sq. ; 프, 35[O.C., XV, 302] sq. 참조.
2 프로이트 S., 『정신분석의 탄생』, 1887-1902.
a「과학적 심리학 초고」, 한, 268 ; 독, 419-20 ; 영, 397-8 ; 프, 352 참조.
b「플리스에게 보낸 편지」, 한, 189 ; 독, 295-6 ; 영, 277 ; 프, 246.
3 프로이트 S., 『꿈의 해석』, 1900. 전집 IV, 658[683] ; G.W., II-III, 575 ; S.
E., V, 569 ; 프, 466[O.C., IV, 623-4].

우울성 태도[자세]

프: position dépressive. 독: depressive Einstellung. 영: depressive position. 스:
posici'n depresiva. 이: posizione depressiva. 포: posição depressiva.

멜라니 클라인에 따르면, 파라노이아형 태도에 뒤이어 나타나는 대상 관계의 양태를 가
리킨다. 그것은 생후 4개월경에 확립되어, 돌을 지나면서 점차 극복된다. 그렇지만 그것
은 유년기에 다시 나타날 수 있으며, 성인이 되어, 특히 애도와 우울증인 상태에서 다
시 활성화될 수 있다.

그것은 다음과 같은 특징을 갖고 있다: 어린아이는 이때부터 어머니를 총체적인 대상으
로 파악한다; 〈좋은〉 대상과 〈나쁜〉 대상의 분열은 약화되고, 리비도적이거나 적대적
인 욕동이 동일한 대상에 결부되는 경향이 있다; 소위 우울성 불안은 주체의 가학증 때
문에 어머니를 파괴하고 잃어버린다는 환상적 위험과 결합되어 있다; 그러한 불안은 여
러 가지 방식의 방어(조증(躁症)적인 방어나, 공격성의 분배나 억제와 같은 보다 적절한
방어)로 대처하게 되고, 사랑하는 대상이 안전하게, 그리고 안정적으로 내입*될 때 극복
된다.

클라인이 〈태도〉라는 용어를 선택한 것에 대해서는, 〈파라노이아형 태도〉에
대한 우리의 해설을 참조하기 바란다.

우울성 태도에 대한 클라인의 이론은 프로이트의 「애도와 멜랑콜리」
(1915)와, 아브라함의 「심리 장애의 정신분석에 기초한 리비도 발달사 시론
Versuch einer Entwicklungsgeschichte der Libido auf Grund der Psychoanalyse
seelischer Störungen」(1924)의 제1부 〈조울증적 상태와 전-성기기적인 리비도
의 조직 단계 Die manisch-depression Zustände und die prägenitalen

Organisationsstufen der Libido〉)라는 작업의 전통 속에 있다. 그 저자들은 멜랑콜리적인 우울증에서, 사랑하는 대상의 상실과 내입이라는 개념을 전면에 배치하고, 성심리의 발달에서 그 우울증의 고착점(아브라함에 따르면 두 번째 구강기)을 찾고 있으며, 마지막으로 애도와 같은 정상적인 과정과 우울증 사이에 존재하는 유사성을 강조하고 있다.

클라인의 첫 번째 독창적인 공헌은, 유아의 발달 단계를 우울증의 임상도(臨床圖)와 깊은 유사성이 있는 것으로 기술했다는 것이다.

우울성 태도라는 개념은 1934년 클라인에 의해, 「조울증적 상태의 심리 발생에 대한 고찰A Contribution to the Psychogenesis of Manic-Depressive States」[1]에서 처음으로 도입된다. 클라인은 그 이전에 이미 어린아이에게 우울증적인 증상이 빈발한다는 것에 주목한 적이 있다: 〈…… 한결같이 어린아이에게는 우울증적인 상태를 특징으로 하는, 원기왕성과 의기소침 사이의 이동이 있다.〉[2] 우울성 태도에 대한 그녀의 가장 체계적인 설명은, 「어린아이의 감정 생활에 대한 몇 가지 이론적 결론Some Theoretical Conclusions regarding the Emotional Life of the Infant」(1952)[3a]에서 찾을 수 있다.

우울성 태도는 생후 6개월쯤에 파라노이아형 태도 이후에 확립된다. 그것은 한편으로는 대상과 자아, 그리고 다른 한편으로는 욕동과 관계된 일련의 변화와 상관이 있다.

1) 어머니가 총체적인 인간으로서 지각되면서 욕동과 내입의 대상으로 여겨진다. 대상의 〈좋은*〉 측면과 〈나쁜〉 측면은, 근본적으로 분열*을 겪는 대상들로 나뉘어 배분되지 않고 동일한 대상과 결부된다. 마찬가지로 내적인 환상의 대상과 외적인 대상의 간격도 줄어든다.

2) 공격 욕동과 리비도적인 욕동은 동일한 대상에 초점이 맞추어지면서 서로 결합된다. 그리하여 그것은 완전한 의미에서의 양가성을 창설한다(→ **양가성**): 〈사랑과 증오는 아주 가까워지고,《좋은》젖가슴과《나쁜》젖가슴,《좋은》어머니와《나쁜》어머니의 간격은 더 이상 이전 단계만큼 넓지 않다.〉[3b]

그러한 변경과 관련해서, 불안의 성격이 바뀐다. 그것은 이제 내부적이건 외부적이건 총체적인 대상의 상실에 집중되어 있고, 그것의 동기는 유년기의 가학증에 있다. 클라인에 따르면, 그 가학증은 이미 그 이전 단계보다 심하지 않은데도 불구하고, 어린아이의 환상 세계에서 파괴하고, 훼손하고, 유기(遺棄)할 위험이 있다. 어린아이는 그러한 불안에 대해, 파라노이아형 태도의 단계의 기제들(부인, 이상화, 분열, 대상의 절대적인 통제)을, 다소 변경된 형태로 사용하는 조증(躁症)적 방어로 대응한다. 그러나 그가 우울증적 불안을 실제로 극복하고 넘어서는 것은, 공격성의 억제와 대상의 수선*이라는 두 과정을 통해서이다.

덧붙여둘 것은, 우울성 태도가 지배적인 동안에는, 어머니와의 관계가 독점권을 상실하고, 어린아이는 클라인이 〈조숙한 오이디푸스기〉라고 명명한 시기로 진입한다는 것이다: 〈…… 리비도와 우울증적 불안은 어머니로부터 어느 정도 등을 돌린다. 그러한 분배 과정은 대상 관계를 자극할 뿐 아니라, 우울한 느낌의 강도를 약화시킨다.〉[3c]

1 Klein M., in *Contributions*, 1934, 282 sqq. 참조.

2 Klein M., *Die Psychoanalyse des Kindes*, 1932; 프. *La psychanalyse des enfants*, P.U.F., Paris, 1959, 170.

3 Klein M., in *Developments*, 1952.

  a) 198-326 참조.

  b) 212.

  c) 220.

운명 신경증

프: *névrose de destinée*. 독: *Schicksalsneurose*. 영: *fate neurosis*. 스: *neurosis de destino*. 이: *nevrosi di destino*. 포: *neurose de destino*.

일반적으로 불행한 사건들이 동일한 연쇄적 주기로 재발하는 것을 특징으로 하는 존재 형태를 가리킨다. 주체는 그 사건을 마치 외적인 숙명처럼 따르게 되는데, 정신분석에 따르면, 그것의 동기는 무의식, 특히 반복 강박에서 찾을 수 있다.

『쾌락원칙을 넘어서』(1920)의 제3장 끝에서,[1] 프로이트는 반복의 예로서, 〈존재에 악마적인 방향의 운명이 따라 다니는 듯한 인상을 주는……〉 사람들(배은망덕으로 보답을 받는 선행자(善行者), 친구에게 배신당하는 사람들, 등)의 사례를 들고 있다. 단지 주의할 것은, 그것에 대해 프로이트는 운명 신경증이라고 말하지 않고, 운명 강박*Schicksalzwang*이라고 말하고 있다는 것이다. 그럼에도 불구하고 정신분석이 소위 증상이 없는 신경증(성격 신경증*,

실패 신경증* 등)으로 확대됨에 따라, 운명 신경증라는 용어가 더 우세해진다. 아무튼 그 용어는 질병기술학적 가치를 가지고 있는 것이 아니라 기술적인 가치를 갖고 있다.

운명 신경증이라는 개념은 아주 넓은 의미에서 쉽게 이해될 수 있다: 모든 삶의 흐름은 〈…… 주체에 의해 미리 짜여진〉 것이라고 할 수 있기 때문이다. 그러나 그 개념을 그렇게 일반화하면, 그것의 기술적인 가치를 잃어버릴 위험이 있다. 즉 그것은 개인의 행동에서 모든 것이 반복적이고, 게다가 변함이 없다는 것을 내포하게 되는 것이다.

위에서 인용한 구절에서 프로이트가 지적하고 있는 것에 충실하면, 운명 신경증이라는 용어에 좀 더 정확한 의미를 부여할 수 있고, 특히 그것을 성격 신경증과 구분할 수 있을 것이다. 실제로 프로이트가 제공한 예는, 그가 오직 다음과 같은 비교적 특수한 경험을 설명하기 위해서, 〈운명 강박〉을 내세우고 있다는 사실을 보여주고 있다:

a) 그 경험은 불쾌한 특성에도 불구하고 반복된다.

b) 그것은 불변의 시나리오에 따라 전개되고, 장기간에 걸친 전개를 필요로 하는 일련의 사건을 구성한다.

c) 그것은 외적인 숙명처럼 보이며, 주체는 당연히 그것의 희생자라고 느낀다. 이 경험은 스스로 어찌 해볼 수 없는 외부적 운명에 의해 좌우되는 것처럼 생각되고, 당연히 주체는 자신을 희생자라고 느끼는 것처럼 보인다(세 번 결혼해서, 세 번 다 결혼 직후 남편이 병에 걸려, 그들이 죽을 때까지 그들을 보살피는 여자의 예).

이 경우, 반복은 식별 가능한 사건의 주기에서 금방 눈에 띈다. 참고로, 운명 신경증의 경우에 주체는 밖으로부터 그에게 되돌아오는 무의식적 욕망에 접근하지 못했다고 말할 수 있다. 그래서 프로이트는 그것에 〈악마적〉 측면이 있다고 강조하는 것이다. 반면에 성격 신경증에서는, 방어 기제와 행동 패턴의 강박적인 반복이 개입하여 하나의 굳어진 형태(성격의 특징)로 발견된다.

1 프로이트 S., 『쾌락원칙을 넘어서』, 1920. 전집 XI, 289-91 [291-4] ; G.W., XIII, 20-1 ; S.E., XVIII, 21-2 ; 프, 22-3 [O.C., XV, 292-4].

원(초적)격리[억압]

프: refoulement originaire. 독: Urverdrängung. 영: primal repression. 스: repressión primitiva(또는 originaria). 이: rimozione originaria(또는 primaria). 포: recalque(또는 recalcamento) primitivo(또는 originário).

프로이트가 1차시기의 격리[억압] 작용으로 기술한 가설적 과정. 그 결과, 다수의 무의식적 표상이나 〈원초적인 격리[억압]물refoulé originaire〉이 형성된다. 그렇게 구성된 무의식의 핵은 나중에, 상위의 심역으로부터 오는 반발과 합동으로 격리[억압]해야 할 내용을 끌어당김으로써, 고유한 의미에서의 격리[억압]와 협력한다.

프랑스어 번역에서는 refoulement primaire, refoulement primitif, refoulement primordial과 같은 말이 흔히 사용된다. 우리는 독일어의 Ur-라는 접두사를 originaire로 번역하는 것을 택했다. 그 점에 대해 지적해둘 것은, 원환상* fantasme originaire; Urphantasie이나 원장면*scène originaire; Urszene과 같은 프로이트의 다른 용어에서도 그 접두사가 발견된다는 사실이다.

원격리[억압]라는 개념이 아무리 애매해도, 그것은 프로이트의 격리[억압] 이론의 주요한 부분이고,《슈레버 사례》연구부터 프로이트의 전 저작을 통해 발견되고 있다. 원격리[억압]는 그것의 결과로부터 소급적으로 가정되는 것이다. 즉 프로이트에 따르면, 하나의 표상은 이미 무의식적인 내용이 그것을 끌어당기고 동시에 상위의 심역으로부터 오는 행동[밀어내는 힘]이 그것에 작용할 때만 격리[억압]될 수 있다. 그러나 그러한 논리를 반복하면, 그 자체가 다른 [무의식의] 형성물이 끌어당겨지지 않은 무의식의 형성물의 존재를 가정해야 한다. 그것이 바로 〈원격리[억압]〉의 역할이다. 그렇게 해서 그것은 고유한 의미의 격리[억압], 또는 사후격리[억압]Nachdrängen와 구별된다. 원격리[억압]의 본질에 대해, 프로이트는 1926년에도 아주 제한된 지식밖에 가지고 있지 않다고 술회하고 있다.[1a] 그러나 우리는 프로이트의 가설로부터 몇 가지 점을 끌어낼 수 있을 것이다.[α]

1. 원격리[억압]와 고착* 사이에는 밀접한 관계가 있다.《슈레버 사례》의 연구에서, 이미 1차적 격리[억압]가 고착으로 기술되고 있다.[2] 그 논문에서는 고착이 〈발달 억제〉로 간주되고 있는데, 다른 곳에서는 그 용어가 좀 더 넓게

발생학적인 의미를 갖고 있다. 또한 리비도 단계에 대한 고착뿐만 아니라 하나의 떤 표상에 대한 욕동의 고착과 그 표상이 무의식에 〈기록*Niederschrift*〉되는 것도 가리키고 있다: 〈따라서 우리는 원격리[억압]를 인정할 근거가 있다. 그것은 제1단계의 격리[억압]로, 욕동의 심리적 대표화*(대표화-표상*)가 의식 속에 실리는 것을 거부당하는 것을 말한다. 그것과 함께 고착이 일어난다. 즉 그것에 해당하는 대표화*représentant*가 그때부터 변질되지 않고 존속되고, 그것과 결부된 욕동이 남게 된다.〉[3]

2. 원격리[억압]가 무의식의 최초의 형성물들의 기원에 있다고 하더라도, 그것의 기제는 무의식 쪽에서의 투여*로 설명될 수 없다. 게다가 그것은 전의식-의식 체계의 철수*에서 나오는 것이 아니라, 오직 역투여*에 의해서만 생긴다: 〈원격리[억압]의 항구적인 지출을 나타내고, 또한 그것의 항구성을 보장해주는 것은 역투여이다. 역투여는 원격리[억압]의 유일무이한 기제이다. 고유한 의미의 격리[억압](사후격리[억압])에서는, 전의식적인 투여의 철수가 거기에(원격리[억압]) 덧붙여진다.〉[4]

3. 그러한 역투여의 본질에 대해서는 애매한 점이 있다. 프로이트에 따르면, 그것이 초자아로부터 유래할 수는 없다. 왜냐하면 초자아는 원격리[억압]보다 나중에 형성되기 때문이다. 아마 그것의 기원은 아주 강력한 태곳적 경험에서 찾아야 할 것이다. 〈대단히 큰 자극의 힘과 보호막*Reizschutz*에 대한 침입과 같은 양적인 요인이, 원격리[억압]가 생긴 최초의 계기일 가능성이 매우 높다.〉[1b]

α 라플랑슈J. Laplanche와 르클레르S. Leclaire는 「무의식L'inconscient」(*Les Temps Modernes*, 1961, XVII, n° 183)이라는 논문에서 원격리[억압]의 개념에 대한 해설을 시도하고 있다.

1 프로이트 S., 『억제, 증상 그리고 불안』, 1926.
  a 전집 X, 216[224] ; G.W., XIV, 121 ; S.E., XX, 94 ; 프, 10[O.C., XVII, 212] 참조.
  b 전집 X, 216[224] ; G.W., XIV, 121 ; S.E., XX, 94 ; 프, 10[O.C., XVII, 212].
2 프로이트 S., 「한 파라노이아 사례(파라노이아형 치매)의 자서전적인 기술에 대한 정신분석적 고찰: 슈레버」, 1911. 전집 IX, 175-6[181] ; G.W., VIII, 303-4 ; S.E., XII, 67 ; 프, 311[O.C., X, 289] 참조.
3 프로이트 S., 「격리[억압]」, 1915. 전집 XI, 140[138] ; G.W., X, 250 ; S.E., XIV, 148 ; 프, 71[O.C., XIII, 193].
4 프로이트 S., 「무의식」, 1915. 전집 XI, 182[182] ; G.W., X, 280 ; S.E., XIV, 181 ; 프, 120[O.C., XIII, 222].

원(초적)장면

프: *scène originaire*(또는 *primitive*).α 독: *Urszene*. 영: *primal scene*. 스: *escena primitiva*(또는 *originaria, protoescena*). 이: scena originaria(또는 *primaria*). 포: *cena primitiva*(또는 *originária, protocena*).

어린아이가 실제로 관찰하거나, 몇 가지의 단서로 추측하고 상상하는 부모의 성관계 장면. 그것은 일반적으로 어린아이에 의해 아버지 쪽의 폭력 행위로 해석된다.

원장면*Urszenen*이라는 용어는 프로이트의 1897년 원고[1]에서 [처음으로] 나타나는데, 그때 그것은 특별히 부모의 성교가 아니더라도, 시나리오나 장면(→ **환상**)으로 조직된, 외상을 일으키는 어린 시절의 어떤 경험을 의미하는 것이었다.

『꿈의 해석』(1900)에는 원장면이라는 용어가 나오지 않지만, 프로이트는 거기서 불안을 낳는 것으로서 부모의 성교에 대한 관찰의 중요성을 강조하고 있다: 〈나는 불안을 설명하면서, 어린아이가 이해하고 제어할 수 없는 성적인 흥분 ─ 아마 부모가 관련되어 있기 때문에 포기한 흥분 ─ 이 문제가 된다는 것을 지적한 바 있다.〉[2]

분석 경험은 프로이트로 하여금, 어린아이가 부모의 성관계를 목격하게 된 장면을 점점 더 중요시하도록 만든다. 그것은 〈…… 무의식적인 환상의 저장소에 거의 항상 있는 요소로, 모든 신경증자와 아마 모든 꼬마 인간에게 찾아볼 수 있는 것〉[3]으로, 프로이트가 원환상*Urphantasien*이라 부르는 것의 일부를 이루는 것이다. 부모의 성교에 대한 목격이 〈원장면〉이라는 이름으로 기술된 것은, 「한 소아 신경증의 이야기: 늑대인간」(1918)에서이다. 프로이트는 그 사례를 근거로 여러 가지 사실을 밝혀낸다: 첫째, 성교는 어린아이에게 가학-피학증적인 관계에서 아버지의 공격으로 이해된다; 둘째, 그것은 어린아이에게 성적 흥분을 일으킴과 동시에, 거세 불안에 근거를 제공한다; 셋째, 그것은 유아의 성이론의 틀에서 항문 성교로 해석된다.

덧붙일 것은, 루스 맥 브륀스윅Ruth Mack Brunswick에 따르면, 〈…… 부모의 성교에 대한 어린아이의 이해와 관심은, 자신의 어머니와의 전-오이디푸스기적인 육체의 경험과, 그로부터 기인하는 욕망에 의거하고 있다〉[4]는 사실이다.

원장면을 주체가 실제로 경험한 사건의 기억으로 보아야 하는가, 아니면 순수한 환상으로 보아야 하는가? 프로이트와 융, 그리고 프로이트와 자기 자신의 논쟁 대상이었던 그 문제는, 「한 소아 신경증의 이야기: 늑대인간」에서 여러 차례 논의된 바 있다. 프로이트의 대답이 아무리 가변적으로 보일지라도, 그것은 양극단 사이에 위치하고 있다: 즉, 프로이트가 원장면의 사실성을 증명하려고 한 「한 소아 신경증의 이야기: 늑대인간」의 초고(1914)에서, 그는 이미 원장면이 사후에*nachträglich 어린아이에 의해 이해되고 해석된다는 사실을 강조하면서, 반대로 소급적 환상Zurückphantasieren에서 원장면으로 진입하려면 적어도 현실이 단서(소리, 동물의 성교 등)를 제공해야 한다고 주장하고 있다.[5]

원장면에서 현실과 환상의 상대적인 비율에 관한 논의를 넘어서, 프로이트가 특히 융에 반대해서 주장한 것은, 그 장면은 개인의 과거 — 개체 발생적이거나 계통 발생적인 — 에 속하는 신화적 성질의 사건이지만, 사후에 제공되는 모든 의미작용에 앞서 이미 거기에 존재한다는 것이다.

α *scène primitive*라는 표현은 일반적으로 프랑스어권 정신분석가들에 의해, 프로이트가 *Urszene*라고 명명한 것의 번역어로 차용된다. 그렇지만 우리는 그것보다 *scène originaire*라는 번역어를 더 선호한다.

1 프로이트 S., 「플리스에게 보낸 편지」, 『정신분석의 탄생』, 1887-1902. 한, 137 ; 독, 210 ; 영, 197 ; 프, 174 참조.

2 프로이트 S., 『꿈의 해석』, 1900. 전집 IV, 675[701] ; G.W., II-III, 591 ; S.E., V, 585 ; 프, 478[O.C., IV, 640].

3 프로이트 S., 「정신분석 이론에 반하는 파라노이아의 한 사례」, 1915. 전집 X, 129[135-6] ; G.W., X, 242 ; S.E., XIV, 269 ; 프, 8[O.C., XIII, 318].

4 Mack Brunswick R., "The Preoedipal Phase of the Libido Development", 1940, in *The Psycho-Analytic Reader*, 1950, 247.

5 프로이트 S., 「한 소아 신경증의 이야기: 늑대인간」, 1918. 전집 IX, 318[328-9], n. 92 ; G.W., XII, 137, n. ; S.E., XVII, 103, n. ; 프, 404, n.[O.C., XIII, 101, n.1].

원(초적)환상

프: *fantasmes originaires*. 독: *Urphantasien*. 영: *primal phantasies*. 스: *protofantasias*. 이: *fantasmi*(또는 *fantasie*) *originari*(*e*)(또는 *primari*(*e*)). 포:

protofantasias(또는 *fantasias primitivas* 또는 *fantasias originárias*).

주체의 개인적인 경험과는 관계없이 환상 생활을 조직하는 것으로, 정신분석이 발견한 전형적인 환상의 구조물들(자궁내의 생활, 원장면, 거세, 유혹). 프로이트에 따르면, 그 러한 환상의 보편성은 그것들이 계통 발생적으로 전해지는 유산을 구성한다는 사실로 써 설명된다.

원환상*Urphantasien*이라는 용어는 프로이트의 저작에서 1915년에 나타난다: 〈나는 다음과 같은 환상의 형성물들을 원환상이라 명명한다 ─ 부모의 성관 계의 관찰, 유혹, 거세 등.〉[1] 이른바 원환상은 각 개인이 실제로 체험한 장면 을 증거로 내세울 수는 없지만, 일반적으로 모든 인간 존재에게서 만나게 되 는 것이다. 따라서 프로이트에 따르면, 그것은 현실적인 근거가 있는 계통 발 생적인 설명을 요구한다. 예를 들면, 거세는 태곳적 인류에게 실제로 아버지 에 의해 행해졌을 것이다. 〈오늘날 분석에서 이야기되는 모든 환상은, [……] 아마 옛날 원초적인 시대의 인간 가정에서는 현실이었을 것이다. 지금은 어 린아이가 환상을 만들어냄으로써, 선사 시대의 진실의 도움으로 개인적인 진 실의 공백을 메우는 것이다.〉[2] 달리 말하면, 선사 시대에 실제 사실이었던 것 이 심리적 현실*이 된 것이다.

　프로이트가 원환상이라는 말로 의미하는 것을 따로 떼어서 생각하면 이해 하기 어렵다. 사실 그 개념은 정신분석이 신경증의 기원에서, 일반적으로 말 하면 모든 개인의 환상 뒤에서 밝히려는 최종적인 요소에 대한 오랜 논쟁 끝 에 도입된 것이다.

　프로이트는 아주 일찍부터 신경증 증상의 최종적인 토대를 제공하는 태곳 적 실제 사건을 찾으려고 노력한다. 그는 외상을 일으키는 그러한 실제 사건 을 〈원장면*Urszenen*〉이라 명명한다. 그러한 사건에 대한 기억은 가끔 환상에 의해 가공되고 은폐된다. 그 중의 하나만이 정신분석적인 용어로 원장면이라 는 이름을 간직하게 된다: 어린아이가 목격했을 부모의 성교 장면이 그것이 다.(→**원장면**) 그러한 최초의 사건들이 장면*scènes*이라는 이름으로 지칭되고, 그러한 장면들 중에서 처음부터 프로이트가 제한된 수의 전형적인 시나리오 를 끌어내려고 했다는 것은 의미심장한 일이다.[3]

　〈원장면〉에 대한 실재론적인 생각에서 〈원환상〉이라는 개념으로 이어지는, 프로이트의 이론의 발전을 여기서 추적할 수는 없다. 복잡하게 전개되는 것의 발전은 환상*이라는 정신분석적인 개념의 도출과 어깨를 나란히 하고 있다. 프로이트가 신경증의 병인을 우연한 어린 시절의 외상에서 찾으려는 최초의 생각을 완전히 포기하고, 환상을 증상의 전조로 보고, 환상에서 욕동의 삶 — 이것의 큰 줄기는 생물학적으로 결정되어 있다 — 을 상상적 방식으로 표현하는 것 이외의 다른 현실을 인정하지 않는 이론으로 갔다고 생각하는 것은 지나치게 도식적인 것이다. 실제로 환상의 세계는 정신분석에서 처음부터, 〈심리적 현실〉이라는 용어가 함축하고 있는 일관성과 조직, 그리고 효력을 갖고 있는 것으로 나타나고 있다.

1907년과 1909년 사이에 환상에 대한 많은 연구가 이루어지고, 그것의 무의식적인 효과에서 환상이, 가령 그것을 상징하는 히스테리 발작 아래 숨어 있는 것으로 완전히 인식됨에 따라, 프로이트는 신경증자와 아마 〈모든 꼬마 인간〉이 자기 존재의 근본적인 수수께끼에 대한 답을 찾는 수단인 전형적인 시퀀스나 상상적 시나리오(가족 소설*), 또는 이론적인 구성(유아의 성이론)을 규명하려고 노력한다.

그러나, 환상을 자율적이고 탐구 가능하고 자기 자신의 독특한 일관성을 갖고 있는 영역으로 충분히 인식하고 있으면서도, 프로이트가 그것의 기원에 대한 탐구를 중단하지 않는 것은 주목할 만하다. 「한 소아 신경증의 이야기: 늑대인간」의 분석은 그것 중에서 가장 눈에 띄는 예이다. 프로이트는 부모의 성교에 대한 관찰 장면의 아주 작은 세부 사항까지 그것을 재구성함으로써 그것의 현실을 구축하려고 한다. 그러한 장면은 어른이 된 주체가 소급적으로 구축한 환상에 지나지 않는다는 융의 주장에 의해 동요될 때에도, 그는 실제 지각이 어린아이에게 그러한 환상의 징후를 제공한다고 고집스럽게 주장한다. 그러나 그는 무엇보다도 원환상이라는 개념을 도입한다. 그 개념에서, 사건의 초석(礎石, *roc de l'événement*)(이 사건이 굴절되고 감축(減縮)되어 개인의 역사에서 지워진다고 하더라도, 우리는 종족의 역사까지 거슬러 올라갈 수 있을 것이다)이라 부를 수 있는 것을 발견하려는 요구와, 그 사건과 다른 것 위에 환상 자체의 구조를 세우려는 마음이 합류한다. 그러한 마음은 프로이트를 개인적 경험에 대한, 주체 이전의*présubjective* 구조의 우위를 주장하는 데까지 끌고 간다: 〈사건이 유전적인 도식에 들어맞지 않는 바로 그 곳에서, 사건은 환상으로 수정된다. [……] 그것이 바로 독자적인 도식이 존재한다는 것을 우리에게 보여주기에 알맞은 경우들이다. 우리는 자주 그 도식이 개인적 경험을 압도하는 것을 관찰할 수 있다. 예를 들면, 우리의 사례[늑대인간의 사례]에서, 어떻게 보면 그것이 전도된 오이디푸스 콤플렉스임에도 불구하고, 아버지는 거세자가 되어 어린아이의 성을 위협하는 사람이 된다. [……] 경험과 도식의 사이에 존재하는 모순은 어린 시절의 갈등에, 풍부한 소재를 제공하는 것처럼 보인다.)[4]

우리가 지금 원환상에서 발견하는 주제(원장면*, 거세*, 유혹*)를 검토해 본다면, 공통성이 있다는 것에 놀랄 것이다. 그것들은 모두 기원과 관계되어 있다. 집단적인 신화처럼 그것들은 어린아이에게 근본적인 수수께끼로 제공되는 것에, 표상과 〈해결〉을 가져다준다. 그것들은 주체에게 설명과 〈이론〉을 필요로 하는 성질의 현실로 보이는 것을, 출현의 순간으로, 즉 역사의 기원으로 극화시킨다. 원장면에서 형상화되는 것은 주체의 기원이고, 유혹 환상에서 형상화되는 것은 성욕의 기원과 출현이며, 거세 환상에서 형상화되는 것은 성별의 기원이다.

결론적으로 원환상이라는 개념은 분석 경험과 이론에서 중심적인 관심사라는 사실에 주목하자. 마찬가지로 우리의 견해로는,[α] 유전적인 발생학적 계승 이론이 불러오는 유보 조항이, 개인적인 체험의 우연성으로 환원할 수 없는 구조가 환상 속에 존재한다는 개념을 무효로 만들지 않는 것은 분명하다.

α 우리는 「원환상, 기원의 환상, 환상의 기원Fantasme originaire, fantasmes des origines, origine du fantasme」[5]에서, 원환상이라는 프로이트의 개념에 대한 하나의 해석을 제안한 바 있다. 그 구조의 보편성은 프로이트가 오이디푸스 콤플렉스(이 항목 참조) — 그가 선험적으로 구조화하는 성질을 갖고 있다고 자주 지적한 핵 콤플렉스 — 에서 인식한 보편성과 연결되어 있음에 틀림없다: 〈어린 시절의 성생활의 내용은 지배적인 성적 요소의 자기-성애적인 활동과, 대상애의 흔적과, 신경증의 핵 콤플렉스complexe nucléaire des névroses라고 명명할 수 있는 오이디푸스 콤플렉스의 형성에 있다. (……) 현실 생활의 산물이 아무리 변화무쌍할지라도, 일반적으로 자기 자신의 어린 시절에 관해 똑같은 환상을 만든다는 사실은, 그 내용의 획일성과, 나중에 수정을 가져오는 영향의 항상성으로 설명될 수 있다. 아버지가 어린 시절에 성적인 적 — 즉 자기-성애적인 활동을 방해하는 사람 — 의 역할을 담당하는 것은, 완전히 어린 시절의 핵 콤플렉스에 속하는 특성이다. 그리고 현실은 대부분의 경우, 그러한 것에 폭넓게 이바지한다.)[6]

1 프로이트 S., 「정신분석 이론에 반하는 파라노이아의 한 사례」, 1915. 전집 X, 129[136] ; G.W., X, 242 ; S.E., XIV, 269 ; 프 8[O.C., XIII, 318].
2 프로이트 S., 『정신분석 입문 강의』, 1915-17. 전집 I, 501[527] ; G.W., XI, 386 ; S.E., XVI, 371 ; 프 399[O.C., XIV, 385].

3 프로이트 S., 「플리스에게 보낸 편지」, 『정신분석의 탄생』, 1897. 한, 142-6 ; 독, 215-9 ; 영, 202-5 ; 프, 179-82 참조.

4 프로이트 S., 「한 소아 신경증의 이야기: 늑대인간」, 1918. 전집 IX, 338[350] ; G.W., XII, 155 ; S.E., XVII, 119-20 ; 프, 418-9[O.C., XIII, 118].

5 Laplanche J. & Pontalis J.-B., in *Les Temps Modernes*, 1964, n. 215, p. 1833-68 참조.

6 프로이트 S., 「강박신경증의 한 사례에 관한 고찰: 쥐인간」, 1909. 전집 IX, 60-2, n. 42 ; G.W., VII, 428 n. ; S.E., X, 207-8 n. ; 프, 234, n.[O.C., IX, 178, n.1].

유기(遺棄) 신경증

프: *névrose d'abandon*. 독: *Verlassenheitsneurose*. 영: *neurosis of abandonment*. 스: *neurosis de abandono*. 이: *nevrosi d'abbandono*. 포: *neurose de abandono*.

스위스 정신분석가들(샤를 오디에Charles Odier, 제르멘 구엑스Germaine Guex)이 도입한 용어로, 유기 불안과 안전 욕구가 지배적인 임상도를 보여준다. 그것은 병인이 전-오이디푸스기에 있는 신경증이다. 그것은 어린 시절에 겪었던 유기 경험과 반드시 일치하는 것은 아니다. 그러한 신경증을 보이는 환자를 〈유기 공포증자〉라고 부른다.

제르멘 구엑스는 『유기 신경증*Névrose d'abandon*』[1]이라는 저서에서, 고전적인 병리학의 어떠한 틀에도 속하지 않는, 이러한 형태의 신경증을 따로 분리해 야한다고 생각하고 있다.[a]

　유기 공포증자의 증상은 언뜻 보기에, 불안, 공격성, 피학증, 무가치한 느 낌과 같은 아주 특별한 것을 전혀 내보이지 않는다. 사실 그 증상은 정신분석 에 의해 일상적으로 드러나는 갈등(특히 오이디푸스적인 갈등)과 결부되어 있는 것이 아니라, 근본적인 불안전의 감정과 관련이 있다.

　다양한 형태로 표출되기 때문에 흔히 알아보기 힘든 끝없는 애정 욕구는, 잃어버린 안전성 ─ 어린아이와 어머니의 본원적인 혼연일체가 이것의 원형 이다 ─ 의 추구를 의미한다. 그것은 어머니에 의한 실제 유기 ─ 이것의 결 과는 스피츠Spitz에 의해 연구된 바 있다 ─ 와 반드시 상응하는 것은 아니 다.(→ **입원 장애, 의탁적 우울증**) 오히려 그것은 본질적으로 [어린아이에게] 애 정의 거부로 느껴지는 어머니의 감정적 태도(예컨대, 어머니의 〈위선적 현전 (現前)〉)에 대응한다. 결국 제르멘 구엑스에 따르면, 여기서는 심리-유기체적인*psycho-organique* 기질적 요인(감정적인 〈폭식〉, 좌절에 대한 인내성의 부재, 자율신경의 불균형)을 고려해야 한다.

제르멘 구엑스는 유기 공포증자가 그의 안전을 극도로 위협하는 오이디푸스기 이전에 머물러 있다고 생각하고 있다. 즉 유기 신경증은 흔히 정신분석 치료 중에만 나타나는 〈자아 혼란*perturbation du moi*〉과 결부되어 있다.

〈유기 공포증자〉라는 용어는 제르멘 구엑스의 개념을 병리학적인 관점에서건, 병인론적인 관점에서건 차용하지 않았던 저자들에 의해서도 서술적으로 사용된다는 점에 주목하자.

α 구엑스는 개인적인 대화에서, 유기 신경증*névrose*이라고 말하는 것보다 유기 증상군*syndrome*이라고 말하는 것이 더 낫다고 지적한 바 있다.
1 Guex G., *La névrose d'abandon*, P.U.F., Paris, 1950.

유년기 기억상실

프: *amnésie infantile*. 독: *infantile Amnesie*. 영: *infantile amnesia*. 스: *amnesia infantil*. 이: *amnesia infantile*. 포: *amnésia infantil*.

일반적으로 인생의 초년기의 사실들을 가리고 있는 기억상실. 프로이트는 그것을 기능적인 결함으로 인해 어린아이가 자신의 인상을 기억하지 못하는 것과는 다른 것으로 보았다. 그것은 유아 성욕에 대한 격리[억압]에서 기인한다. 그리고 그것의 영향은 유년기의 거의 모든 사건에까지 미친다. 유년기 기억상실이 포함하고 있는 영역의 시간적 경계는 오이디푸스 콤플렉스의 쇠퇴와 잠복기의 진입까지이다.

유년기 기억상실은 정신분석이 발견한 것이 아니다. 그러나 프로이트는 명명백백한 그 현상을 기능적인 미성숙으로 설명하는 것에 만족하지 않는다. 그는 그것을 특수하게 해석한다. 유년기 기억상실은 이론적으로 히스테리성 기억상실과 마찬가지로 제거될 수 있다. 그것은 기억의 소멸이나 부재가 아니라, 격리[억압]의 결과이다.[1] 프로이트는 유년기 기억상실에서, 차후의 격리[억압]의 조건과 특히 히스테리적인 기억상실의 조건을 발견한다(유년기 기억상실에 대해서는 특히 아래의 책을 참조할 것).

1 프로이트 S., 『성이론에 관한 세 편의 논문』, 1905. 전집 VII, 68-70[63-5] ; G.W., V, 175-7 ; S.E., VII, 174-6 ; 프, 66-9[O.C., VI, 109-11].

(공평한) 유동적[유연한] 주의(注意)

프: *attention (également) flottante*. 독: *gleichschwebende Aufmerksamkeit*. 영: *(evenly) suspended*(또는 *poised*) *attention*. 스: *atención (parejamente) flotante*. 이: *attenzione (ugualmente) fluttuante*. 포: *atenção equiflutuante*.

프로이트에 따르면, 분석가가 피분석자의 말을 경청하는 방식으로, 분석가는 피분석자의 담화의 어떠한 요소에도 선험적으로 특권을 부여해서는 안 된다. 이것은 그가 자기 자신의 무의식의 활동을 가능한 한 자유롭게 움직이게 해야 하며, 습관적으로 주의를 유도하는 동기를 중단시켜야 한다는 것을 의미한다. 이 기술적인 충고는 피분석자에게 제안되는 자유연상의 규칙과 짝을 이루는 것이다.

정신분석가가 환자의 말을 경청할 때, 그의 주관적인 태도를 규정하는 이 본질적인 충고는, 프로이트에 의해 「정신분석적 치료를 하는 의사를 위한 조언」(1912)에서 처음으로 발설되고 주해된다. 그것은 습관적으로 주의의 초점을 모으는 모든 것 — 개인적인 성향, 선입견, 가장 정당한 이론적 전제까지 — 을, 가능한 한 완벽하게 중지하는 데 있다. 〈환자가 자기에게 선택하도록 부추기는 모든 논리적이고 감정적인 반대를 무릅쓰고, 그의 머릿속에 스쳐 지나가는 모든 것을 이야기해야 하는 것과 마찬가지로, 의사는 그에게 들리는 모든 것을 해석하여 거기서 무의식이 숨기고 있는 모든 것을 발견할 수 있도록 해야 한다. 그렇게 하려면, 환자가 포기한 선택을 자기 자신의 검열로 대체하지 말아야 한다.〉[1a]

프로이트에 따르면, 그러한 규칙을 통해서만 분석가는 환자의 담화 속에 있는 무의식적인 연결을 발견할 수 있다. 또한 분석가는 그 규칙 덕분에, 겉보기에 의미 없는 많은 요소들을 기억에 저장했다가, 나중에 그것들의 상호관계를 드러낼 수 있다.

유동적 주의는 용어 자체가 이미 명백한 모순으로, 이론적이고 실천적인 문제를 제기하고 있다.

1. 그 개념의 이론적 기초는 피분석자와 관련하여 고찰해보면 분명히 드러난다. 프로이트가 기술한 대로, 무의식적 구조는 여러 가지 변형을 거쳐 드러난다. 예컨대, 그러한 〈온갖 심리적 가치를 지닌 변모〉[2a]는 겉보기에 가장 무의미한 요소들 뒤에, 대개 가장 중요한 무의식적인 생각이 숨어 있다는 사실로 귀결된다. 유동적 주의는 그렇게 기본적으로 변형된 대상에 적합한 객관적인*objective* 유일한 태도이다. 그밖에 주목할 것은, 프로이트는 유동적 주의라는 용어를 사용하지 않았지만, 『꿈의 해석』(1900)에서부터 이미 그와 비슷한 정신적 태도 — 그는 이것을 꿈의 자기 분석의 조건으로 보고 있다 — 를 기술하고 있다는 것이다.[2b]

2. 반면에, 공평한 유동적 주의의 이론은, 분석가의 측에서 보면, 어려운 문제들을 야기한다.

분석가가 피분석자의 자격으로, 의식적인 선입견과 무의식적인 방어가 그의 주의에 미치는 영향을 제거하려고 애쓰는 것을 생각해 볼 수 있다. 프로이트가 교육 분석을 권하는 것은, 가능한 한 무의식적인 방어를 제거하기 위한 것이다. 왜냐하면 〈청산되지 않은 모든 격리[억압]는, 슈테켈Stekel이 분석 지각 능력에서 정확히 맹점*punctum caecum*이라고 부른 것을 구성하기 때문이다.〉[1b]

그러나 프로이트는 그 이상을 요구한다. 달성해야 할 목표는 무의식에서 무의식으로 이어지는 진정한 의사소통이다.[a] 〈전화 수화기가 마이크에 대해 작동하듯이, 분석가의 무의식은 환자에게서 솟아오르는 무의식에 대해 행동해야 한다.〉[1c] 그것이 바로 테오도르 라이크Theodor Reik가 나중에 비유적으로 〈제3의 귀로 듣기〉라고 부른 것이다.[3]

그런데 프로이트 자신이 자유연상*에 대해 지적했듯이, 의식적인 〈목표-표상*〉의 중지는 무의식적인 〈목표-표상〉으로의 대체라는 결과를 가져올 뿐이다.[2c] 그 결과 분석가가 유동적 주의의 태도로 임할 때, 그에게 특별한 어려움이 생긴다: 어떻게 그의 주의가 그 자신의 무의식적인 동기에 의해 좌우되지 않을 수 있을까? 여기서 대답은 아마 이렇다: 정신분석가의 개인차는 교육 분석을 통해 축소되어야 할 뿐 아니라, 역전이에 대한 자기 분석에 의해 평가되고 감독되어야 한다.

일반적으로 유동적 주의의 규칙을 이상적인 규칙으로 이해해야 한다. 그러나 그것은 실제에서 반대되는 요구에 부딪힌다: 예컨대 어떤 순간에 분석

(공평한) 유동적[유연한] 주의(注意)

가가 어떤 자료를 특권화하고 그것을 비교하고 간략화하는 등등을 하지 않는다면, 어떻게 해석과 구성*으로 이행할 수 있을까?

*

오늘날 정신분석 운동에서 유동적 주의의 문제에 관한 한, 여러 가지 동향이 있다. 그런데 주목할 것은, 프로이트가 제2의 지형학의 틀 내에서는 유동적한 주의를 다시 표명하지 않는다는 것이다.

  a) 몇몇 저자들은 라이크(앞의 책)의 뒤를 이어, 무의식에서 무의식으로 이어지는 청취를, 언어 밑의 층위에서 일어나는 것을 본질로 하는 감정이입 *Einfühlung*)[역주: 상담심리학에서는 이것을 보통 〈공감〉으로 번역한다]의 의미로 해석하는 경향이 있다. 여기서 역전이는 의사소통과 대립하기는커녕, 지각의 형태로 간주되는 깊은 의사소통의 특징의 표시가 된다.

  b) 또 다른 저자들에게 유동적 주의의 기술적 규칙은, 자아의 억제와 선택 기능의 완화를 요구한다. 그것은 느낀 것에 대한 어떠한 가치부여도 내포하지 않는다: 즉 간단히 말해 분석가가 자기 자신의 심리 장치의 자극에 〈마음을 열어놓는 것〉, 즉 그의 방어 강박의 간섭을 피하는 것을 목적으로 하는 마음 열기를 의미하지 않는다. 여기서 정신분석적 대화의 본질은 자아에서 자아로 이어지는 데 있다.

  c) 마지막으로 무의식의 기제와 언어의 기제의 유사성을 강조하는 이론적 관점(라캉)에서 문제가 되는 것은, 정신분석적인 청취에서 모든 무의식적 현상들 사이의 구조적 유사성을 가능한 한 자유롭게 작용하도록 내버려두는 것이다.

  α 그 문제에 대해 프로이트의 두 구절을 인용하자 : 〈…… 각자는 자기 자신의 무의식 속에, 다른 사람의 무의식의 표현을 해석할 수 있는 도구를 가지고 있다.〉[4] 〈한 주체의 무의식 체계는 의식 체계를 거치지 않고도, 다른 사람의 무의식 체계에 대해 반응할 수 있다. 특별히 전의식의 활동이 거기서 어떤 역할을 하는지 않는지를 결정하기 위해서는, 그러한 사실에 좀 더 세밀한 연구가 요구된다. 그러나 서술적인 차원에서 그것은 이론의 여지가 없는 사실이다.〉[5]

  1 프로이트 S., 「정신분석적 치료를 하는 의사를 위한 조언」(1912), in 『정신분석적 정신 치료』.
    a G.W., VIII, 381 ; S.E., XII, 115 ; 프, 66[O.C., XI, 149].
    b G.W., VIII, 382 ; S.E., XII, 116 ; 프, 67[O.C., XI, 150].

c G.W., VIII, 381 ; S.E., XII, 115-6 ; 프, 66[O.C., XI, 149-50].

2 프로이트 S., 『꿈의 해석』, 1900.

a 전집 IV, 392[406] ; G.W., II-III, 335 ; S.E., IV, 330 ; 프, 246[O.C. IV, 375].

b 전집 IV, 142-3[147-8] ; G.W., II-III, 108 ; S.E., IV, 103 ; 프, 79[O.C. IV, 139] 참조.

c 전집 IV, 615[637] ; G.W., II-III, 533 ; S.E., V, 528-9 ; 프, 435[O.C. IV, 581].

3 Reik (Th.), *Listening with the third ear. The inner experience of a psychoanalyst*, Grove Press, New York, 1948 참조.

4 프로이트 S., 「강박신경증의 소질」, 1913. 전집 X, 111[115] ; G.W., VIII, 445 ; S.E., XII, 320 ; 프, 192[O.C., XII, 88].

5 프로이트 S., 「무의식」, 1915. 전집 XI, 200[200] ; G.W., X, 293 ; S.E., XIV, 194 ; 프, 142-3[O.C., XIII, 234].

유죄 선고

프: *jugement de condamnation*. 독: *Verurteilung*(또는 *Urteilsverwerfung*). 영: *judgment of condemnation*. 스: *juicio de condenación*. 이: *rifiuto da parte del giudizio* (또는 *condanna*). 포: *julgamento de condenação*.

주체가 욕망이 의식되면, 주로 도덕적인 이유나 시기를 이유로 그 욕망의 성취를 스스로에게 금지시키는 작업이나 태도를 말한다. 프로이트는 그것을 격리[억압]보다 더 치밀하게 만들어진 방어 형태로 본다. 다니엘 라가슈는 그것을, 특히 분석 치료에서 작업 중인 자아의 〈해방〉 과정으로 보자고 제안한다.

프로이트에게 유죄 선고*Verurteilung*와 판결 기각*Urteilsverwerfung*이라는 용어는 자주 눈에 띈다. 프로이트 자신은 그것들을 동의어로 사용하고 있다.[1a] 프로이트에게 유죄 선고는 가장 기본적인 것에서부터 가장 치밀한 것에 이르기까지, 방어들의 단계 속에 기록되어 있다: 도피에 의한 반사적 방어(외적인 위험), 격리[억압](내적인 위험), 유죄 선고가 그것이다.[1b] 유죄 선고를 격리[억압]와 관련하여 어떻게 정의해야 하는가? 때로 그것은 격리[억압]와 같은 궁극적인 목적을 갖고 있는 것처럼 보인다: 〈…… 욕동에 대항하는 좋은 방법〉[1c] 말이다. 때로 그것은 격리[억압]의 적절한 변형으로 정의된다: 〈과거에 개인은 불편한 욕동을 격리[억압]하는 데만 성공했다. 왜냐하면 개인은 그 당시 연약했고 불완전하게 조직되어 있었기 때문이다. 그가 성숙하고 강해진 지금, 아마 그는 그에게 적대적인 것을 유감없이 지배하게 될 것이다.〉²

유죄 선고의 그러한 긍정적인 측면은, 「다섯 살배기 남자아이의 공포증 분석: 꼬마 한스」(1909)의 마지막 문장에서 프로이트에 의해 강조되고 있다. 프로이트는 거기서 꼬마 한스가 오이디푸스기의 근친상간적이고 공격적인 욕망을 의식화한 결과에 대해 자문하고 있다. 분석이 한스로 하여금 그러한 욕망의 직접적인 충족의 길로 들어서지 못하게 하는 것은, 분석이 〈…… 자동적이고 과도한 격리[억압]의 과정을, 상위에 있는 심역의 도움을 받아 절도 있고 의도적인 제어로 대체했기〉 때문이다. 〈한 마디로, 그것은 격리[억압]를 유죄 선고로 대체한다.〉³

여기서 유죄 선고는 아마 프로이트가 보기에, 한스의 연령 단계에서는 그것이 근친상간의 금지와 잠복기로의 진입이 갖고 있는 구조화의 기능과 상관관계가 있는 만큼 더욱 더, 구조화의 기능을 갖는다는 것에 주목하자.

어쨌든 프로이트에게 유죄 선고는 부정*이 표변한 것으로, 그것이 대체하는 격리[억압]의 표시를 계속 갖고 있다. 〈유죄 선고는 격리[억압]의 지적인 대체물이다. 그것의 〈아니오〉는 격리[억압]의 표시, 말하자면 〈독일제*Made in Germany*〉와 같은 원산지 증명서이다.〉⁴ᵃ 프로이트에 따르면, 유죄 선고에서는 판단 기능 자체에 내재해 있는 모순이 현저하게 드러난다: 판단 기능은 〈…… 부정의 상징을 창조함으로써만 가능해진다. 그러한 부정의 상징은 격리[억압]의 결과들에 대한 — 따라서 쾌락원칙의 강박에 대한, 독립의 첫 단계를 사고에 제공한다.〉⁴ᵇ 그러나 판단이 아니라고 말할 때, 그것은 본질적으로 방어적인 역할을 갖고 있다: 〈…… 부정은 추방의 계승자[인 것이다].〉⁴ᶜ

*

다니엘 라가슈에 따르면, 우리는 유죄 선고에 의거하여 프로이트적인 방어 개념에 내재한 난점을 해결할 수 있고, 방어적인 강박과 해방* 기제 사이의 구분 — 이것에 유죄 선고가 자리하고 있다 — 을 좀 더 명확히 할 수 있다. 한스의 경우, 처음부터 〈뿌리내린〉 자지가 커질 것이라는 생각과 함께 표명되었던 커진다는 희망은, 자아가 오이디푸스적인 갈등과 거세 불안으로부터 벗어나는 구체적인 기제들 중의 하나이다. 좀 더 일반적으로 말하면, 다니엘 라가슈는 그러한 과정을, 분석 치료의 결과들 — 충족의 연기, 목표와 대상의 변경, 현실이 주체에게 제공하는 가능성들에 대한 고려와, 서로 다른 가치들의 이용에 대한 고려, 그리고 주체의 요구 전체와의 양립 가능성 — 중의 하나로 보고 있다.

1 프로이트 S., 「격리[억압]」, 1915.
    a 전집 XI, 137[135] ; G.W., X, 248 ; S.E., XIV, 146 ; 프, 67[O.C., XIII, 191] 참조.
    b 전집 XI, 137[135] ; G.W., X, 248 ; S.E., XIV, 146 ; 프, 67[O.C., XIII, 191].
    c 전집 XI, 137[135] ; G.W., X, 248 ; S.E., XIV, 146 ; 프, 67[O.C., XIII, 191].
2 프로이트 S., 『정신분석에 대하여』, 1910. in 『끝이 있는 분석과 끝이 없는 분석』. 한, 223 ; G.W., VIII, 58 ; S.E., XI, 53 ; 프, 175[O.C., X, 53].
3 프로이트 S., 「다섯 살배기 남자아이의 공포증 분석: 꼬마 한스」, 1909. 전집 VIII, 178[187] ; G.W., VII, 375 ; S.E., X, 145 ; 프, 196[O.C., IX, 126].
4 프로이트 S., 「부정」, 1925.
    a 전집 XI, 447[455] ; G.W., XIV, 12 ; S.E., XIX, 236 ; 프, 175[O.C., XVII, 168].
    b 전집 XI, 450[458] ; G.W., XIV, 15 ; S.E., XIX, 239 ; 프, 177[O.C., XVII, 171].
    c 전집 XI, 450[458] ; G.W., XIV, 15 ; S.E., XIX, 239 ; 프, 177[O.C., XVII, 170].

유혹(유혹 장면, 유혹론)

프: séduction (scène de ~, théorie de la ~). 독: Verführung (Verführungsszene, Verführungstheorie). 영: seduction (scene, theory of ~). 스: escena de, teoría de la seducción. 이: seduzione (scena di ~, teoria della ~). 포: cena de, theoria da sedução.

1. 주체(일반적으로 어린아이)가 타인(대부분 성인)으로부터 수동적으로 성적인 접근이나 성적인 농락을 당한 실제 장면이나 환상적 장면.
2. 1895년부터 1897년 사이에 프로이트가 구상했으나 그 후에 포기한 이론으로, 정신 신경증의 원인에서, 실제 유혹 장면의 기억에 결정적인 역할을 부여하는 이론.

유혹은 하나의 이론 — 프로이트는 정신분석의 초창기에 이것으로 성욕의 격리[억압]를 설명할 수 있다고 생각한다 — 이기 이전에 하나의 임상적 발견이었다. 즉 환자들은 치료 중에 성적인 유혹의 경험을 기억해내기에 이른다. 그것은 주체가 경악*을 느끼면서 수동적으로 당한 체험 장면으로, 거기서 주도권은 타인(일반적으로 성인)에게 있고, 말이나 몸짓과 같은 단순한 접근에서부터 분명한 성폭행 — 정도의 차이가 있긴 하지만 — 에 이르기까지 다양한 장면으로 이루어져 있다.

프로이트는 1893년부터 유혹에 대해 언급하기 시작한다. 그리고 그가 그것에 주요한 이론적 기능을 부여한 것은 1895년과 1897년 사이의 일이다. 동시에 그는 연대기적인 관점에서 정신적 충격을 주는 유혹 장면을, 점점 더 어린 시절로 뒤로 물린다.

유혹론이라고 말하는 것이, 단순히 다른 정신적 외상에 비해 성적인 장면에 더 중요한 병인적 기능을 인정한다는 것은 아니다. 사실은 프로이트에게 그러한 우위성[성적인 장면을 중시하는 것]은, 격리[억압]의 기제를 그 기원에서 설명하려는 아주 치밀한 시도의 기본 원칙이다.

도식적으로 그 이론은, 외상*이 사춘기를 중심으로 나뉜 두 시기에 일어난다는 것을 가정하고 있다. 1차시기의 유혹은 엄밀한 의미에서의 유혹으로, 프로이트는 그것을 〈성적이기 이전의*présexuel*〉 성적인 사건으로 특징짓는다. 그 성적인 사건은 외부로부터, 아직 성적인 감정의 능력이 없는(흥분의 신체적인 조건이 부재하고, 경험을 통합하는 능력이 없는) 주체에게 온다. 따라서 그 장면이 일어났을 때, 그것은 격리[억압]의 대상이 아니다. 2차시기가 되어서야 비로소, 새로운 사건 — 이 자체는 반드시 성적인 의미를 포함할 필요는 없다 — 이 1차시기의 기억을 몇몇 연상적 특징을 통해 환기시킨다. 프로이트는 다음과 같이 적고 있다: 〈여기서 기억이 사건 그 자체보다 훨씬 더 중대한 결과를 낳을 유일한 가능성이 주어진다.〉[1a] 기억이 격리[억압]되는 것은 그 기억에 의해 시동되는 내인성 흥분의 쇄도 때문이다

유혹 장면이 수동적으로 체험된다는 것은, 주체가 그 장면에서 수동적인 행동을 취한다는 것을 의미할 뿐 아니라, 그 장면이 그에게 아무런 반응도 불러일으키지 않을 뿐더러 성적인 표상의 반향도 일으키지 않은 채 체험된다는 것을 의미한다. 수동성의 상태는 무방비*non-préparation*와 상관관계가 있기 때문에, 유혹은 〈성적 경악*Sexualschrek*〉을 불러일으킨다.

프로이트는 격리[억압]의 발생과 관련하여 유혹을 아주 중요시했기 때문에, 히스테리 — 프로이트가 유혹 장면을 제일 먼저 발견한 것은 히스테리에서이다 — 에서와 마찬가지로 강박신경증에서도 수동적인 유혹의 장면을 체계적으로 찾으려고 노력한다. 〈나는 나의 모든 강박신경증 사례에서, 아주 어린 나이에, 쾌감의 경험이 있기 몇 년 전에, 순전히 수동적인*purement passive*

경험이 있다는 것을 발견했다. 그것은 우연이라고 할 수 없다.〉[1b] 프로이트는 강박신경증을 히스테리와 구분하면서, 전자는 능동적으로 쾌감을 느끼며 체험된 조숙한 성적 경험에 의해 결정된다고 말하고 있다고 하더라도, 그는 그러한 경험 뒤에서 히스테리에서 발견되는 것과 같은 수동적인 유혹 장면을 발견하는 것이다.

다 알다시피, 프로이트는 결국 유혹 장면의 진실성에 의심을 품고, 그것에 관한 이론을 포기하게 된다. 플리스에게 보낸 1897년 9월 21일자 편지는 그러한 포기의 동기를 전해주고 있다. 〈나는 지난 몇 개월 동안 천천히 밝혀진 커다란 비밀을 자네에게 지금 털어놓아야겠네. 나는 더 이상 나의 신경증 이론*neurotica*을 믿지 않는다네.〉[1c] 프로이트는 유혹 장면이 때로는, 환상적인 재구성의 산물이라는 사실을 발견한 것이다. 그것은 유아 성욕에 대한 점진적인 발견과 맥을 같이 하는 발견이었다.

*

일반적으로 프로이트의 유혹론의 포기(1897)를, 정신분석 이론의 도래, 무의식적인 환상이나 심리적 현실, 자연 발생적인 유아 성욕 등의 개념을 전면에 내세우는데 결정적인 발걸음을 내디딘 것으로 보는 것이 통설이다. 프로이트 자신도 그의 사상의 역사에서 그 순간이 갖고 있는 중요성을 여러 차례 확언한 바 있다: 〈히스테리증자가 그들의 증상을 허구적인 외상과 결부시키는 것이 사실이라면, 새로운 사실은 바로 그들이 그와 같은 장면을 환상적으로 만든다는 것이다. 따라서 실제 현실과는 별도로 심리적 현실을 고려할 필요가 있다. 곧이어 우리는 그러한 환상이 유년기 초기의 자기-성애적인 활동을 숨기고 미화하고 좀 더 높은 차원으로 끌어올리는 데 쓰인다는 것을 발견했다. 그리하여 그러한 환상 뒤에 있는 어린아이의 성생활의 전모가 드러나게 된 것이다.〉[2]

그러나 그러한 개관은 뉘앙스를 고려해야 마땅할 것이다:

1. 프로이트는 그의 생애 마지막까지, 어린아이가 실제로 체험하는 유혹 장면의 존재와 빈도와 질병 발생의 가치를 계속해서 주장했다.[3, 4]

유혹 장면의 연대기적인 상황에 관해서 말하면, 그는 겉으로만 서로 모순되는 두 가지 상세한 자료를 가져온다:

a) 유혹은 흔히 비교적 늦은 시기에 일어난다. 그때 유혹하는 사람은 동년

배의 다른 어린아이이거나 약간 더 나이가 많은 어린아이이다. 그 뒤에 그 유혹은 소급적인 환상에 의해, 그 시기보다 더 이른 시기와 결부되고 부모에 해당하는 사람에게 전가된다.[5a]

b) 특히 소녀의 경우에, 어머니와의 전-오이디푸스기적인 유대에 대해, 젖먹이에 대한 육체적인 보살핌의 형태로 된, 어머니에 의한 진짜 성적인 유혹에 대해 말한다. 그것은 나중에 환상의 원형이 되는 실질적인 유혹이다. ⟨여기서 환상은 현실의 토양을 되찾게 된다. 왜냐하면 실제로 어린아이를 육체적으로 돌보면서 어쩔 수 없이 성기에 최초의 쾌감을 불러일으키고 깨운 사람은 어머니이기 때문이다.⟩[6]

2. 이론적인 면에서, 우리가 위에서 밝힌 프로이트의 설명적 도식을, 그가 완전히 그리고 간단히 포기했다고 말할 수 있을까? 그 도식에 포함된 여러 본질적인 요소들은 그 이후에 정신분석 이론으로 옮겨와 다듬어지는 것처럼 보인다:

a) 뒤에 오는 시기가 사후에* 1차시기에 외상적 의미를 부여하기 때문에, 격리[억압]은 몇 개의 시기를 개입시킬 때만 비로소 이해될 수 있다는 관념. 가령 그러한 견해의 완전한 전개는 「한 소아 신경증의 이야기: 늑대인간」(1918)에서 볼 수 있다.

b) 자아는 2차시기에 내인적*endogène* 흥분의 공격 — 즉 쇄도 — 을 겪게 된다는 관념. 유혹 이론에서 정신적 외상을 주는 것은 기억이지 사건 자체가 아니다. 그러한 의미에서, ⟨기억⟩은 그 이론에서 이미 ⟨심리적 현실*⟩의 가치와, 나중에 환상*으로 귀속될 ⟨이물질*corps étranger*⟩의 가치를 갖고 있다.

c) 역으로 그러한 기억이나 환상의 심리적 현실은, 그것의 최종적인 기반을 ⟨현실의 토양⟩에서 찾아야 한다는 관념. 프로이트는 결코 환상을, 어린아이의 자연 발생적인 성생활의 순수한 개화로 본 것 같지는 않다. 게다가 무조건적 개화로 보려고 한 것은 절대 아니다. 그는 끊임없이 환상의 배후에서, 그것을 현실 속에 세우는 것이 무엇인지를 찾으려 한다: 지각된 원환상*의 징후(「한 소아 신경증의 이야기: 늑대인간」), 젖먹이에 대한 어머니의 유혹(위의 1.b를 볼 것), 그리고 좀 더 근본적으로 환상이 결국 ⟨원환상*⟩ — 즉 인류 역사를 통해서 체험된 경험들이 계승되면서 전달되는 기억의 잔재 — 위에 세워져 있다는 개념 등이 그것이다: ⟨실제로 분석에서 환상의 형태로 우리에게 이야기된 모든 것은 [……] 과거의 원시적인 인간 가족에서는 현실이었

유혹(유혹 장면, 유혹론)

다.)[5b] 그런데 프로이트가 유혹론과 함께 제시한 첫 번째 도식은, 우리가 보기에, 그러한 차원의 사고의 표본이다. 즉 유혹 장면이 일어나는 첫 번째 시기는, 필연적으로 주체의 단순한 상상보다 더 현실적인 어떤 것 위에 세워져 있어야만 한다.

d) 마지막으로 프로이트는 나중에 유혹 환상을 고안해내면서 〈…… 처음으로 오이디푸스 콤플렉스를 만났다〉[7]는 사실을 인정한다. 사실 소녀에 대한 아버지의 유혹에서, 아버지에 대한 딸의 오이디푸스적인 사랑으로 건너뛰는 데는 단 한 발자국의 거리밖에 없다.

그러나 문제는, 유혹 환상을 오이디푸스 콤플렉스의 긍정적인 요소에 대한 방어적이고 투사적인 단순한 왜곡으로 간주해야 하는지, 아니면 그것을 기본적인 여건의 표현으로 보아야 하는지 아는 것이다. 그 여건이란 바로 어린아이의 성욕이, 바깥 — 즉 부모들 사이의 관계와, 주체의 욕망 이전에 존재하면서 그 욕망에 형태를 부여하는 부모들의 욕망 — 으로부터 그에게 오는 어떤 것에 의해 완전히 구조화된다는 사실을 말한다. 그러한 의미에서 실제로 체험된 유혹은 유혹 환상만큼이나 그러한 여건의 현실화에 지나지 않는다.

페렌치는 그와 동일한 사고의 방향에서, 1932년 유혹론을 자기 것으로 가져와, 성인의 성욕(〈정념의 언어le langage de la passion〉)가 어떻게 어린아이의 세계(〈애정의 언어le langage de la tendresse〉) 속에 실제로 침입하는가를 기술한다.[8]

그렇게 유혹론으로 회귀하는 것의 위험은, 어린아이의 성은 순진무구한데 성인의 성욕이 그것을 타락시킨다는 정신분석 이전의 개념과 다시 결합하는 것이다. 프로이트가 거부하는 것은, 그러한 불법침입이나 그러한 도착이 일어나기 이전에, 어린아이의 세계가 자신의 고유한 실존을 갖고 있었다고 말하는 것이다. 바로 그러한 이유 때문에, 그는 결국 유혹을, 기원이 인류의 선사시대로 거슬러 올라가는 〈원환상〉속에 집어넣는 것이다. 유혹은 본질적으로 주체의 개인사 속에 자리할 수 있는 현실적인 사실이 아니라, 역사적으로 신화의 형태로만 옮겨 다닐 수 있는 하나의 구조적인 여건이다.

1 프로이트 S., 「플리스에게 보낸 편지」, 『정신분석의 탄생』, 1887-1902.
 a 한, 93 ; 독, 157 ; 영, 147 ; 프, 130.
 b 한, 96 ; 독, 160 ; 영, 149 ; 프, 132.

c 한, 157 ; 독, 229 ; 영, 215 ; 프, 190.

2 프로이트 S., 「정신분석 운동의 역사에 대하여」, 1914. 전집 XV, 63[63-4] ; G.W., X, 56 ; S.E., XIV, 17-8 ; 프, 275[O.C., XII, 260].

3 프로이트 S., 『성이론에 관한 세 편의 논문』, 1905. 전집 VII, 87-8[80] ; G.W., V, 91-2 ; S.E., VII, 191 ; 프, 86-7[O.C., VI, 126] 참조.

4 프로이트 S., 「정신분석 개요」, 1938. 전집 XV, 464-5[486] ; G.W., XVII, 113-4 ; S.E., XXIII, 187 ; 프, 57[O.C., XX, 281] 참조.

5 프로이트 S., 『정신분석 입문 강의』, 1915-17.
a 전집 I, 499[525] ; G.W., XI, 385 ; S.E., XVI, 370 ; 프, 398[O.C., XIV, 384] 참조.
b 전집 I, 501[527] ; G.W., XI, 386 ; S.E., XVI, 371 ; 프, 399[O.C., XIV, 385].

6 프로이트 S., 『새로운 정신분석 입문 강의』, 1932. 전집 II, 162[171] ; G.W., XV, 129 ; S.E., XXII, 120 ; 프, 165[O.C., XIX, 204].

7 프로이트 S., 『자화상』, 1925. 전집 XV, 235[240] ; G.W., XIV, 60 ; S.E., XX, 34 ; 프, 52[O.C., XVII, 82].

8 Ferenczi S., "Sprachverwirrung zwischen den Erwachsenen und dem Kind", 1932-33. 프 in *La Psychanalyse*, Paris, P.U.F., 1961, VI, 241-53. *passim.* 참조.

(심리학적) 의식

프: *conscience (psychologique)*.

A) 독: *Bewusstheit*. 영: *the attribute*(또는 *the fact*) *of being conscious*, being conscious. 스: *el estar consciente*. 이: *consapevolezza*. 포: *o estar consciente*.

B) 독: *Bewusstsein*. 영: *consciousness*. 스: *conciencia psicológica*. 이: *coscienza*. 포: *consciência psicológica*.

A) 기술적인 의미 : 전체 심리 현상 중에서 내외적인 지각을 특징짓는 순간적인 특성.

B) 프로이트의 메타심리학적인 이론에 따르면, 의식은 지각-의식 체계*Pc-Cs; W-Bw*의 기능이라고 할 수 있다.

지형학적 관점에서, 지각-의식 체계는 심리 장치의 주변에 위치하면서, 외부 세계의 정보와 동시에 내부로부터 오는 정보 — 즉 쾌-불쾌의 계열 속에 기록되는 감각과 기억의 재생 — 를 받아들인다. 프로이트는 가끔 지각-의식 기능을 전의식 체계와 결부시켜, 전의식-의식 체계*Pcs-Cs; Vbw-Bw*로 지칭한다.

기능적 관점에서, 지각-의식 체계는 무의식과 전의식이라는 기억흔적 체계와 대립한다. 그것에는 자극에 대한 어떠한 지속적인 흔적도 기록되지 않는다. 경제학적인 관점에서, 그것은 자유롭게 움직이는 에너지를 사용하여 이러저러한 요소에 과투여할 수 있다(주의(注意) 기제).

의식은 갈등의 역학(불쾌한 것에 대한 의식적인 회피, 쾌락원칙에 대한 선별적인 조정)과, 치료의 역학(의식화의 기능과 한계)에서 중요한 역할을 한다. 그렇지만 그것을 방어적 갈등에서 작용하는 극(極) 중의 하나로 규정할 수는 없다.[α]

정신분석 이론이 의식으로 심리의 장(場)을 정의하는 것을 거부하면서 만들어졌다고 해서, 그것이 의식을 비본질적인 현상으로 여기는 것은 아니다. 그러한 의미에서 프로이트는 몇몇 심리학파의 주장을 비웃는다: 〈어떤 극단적인 학파, 가령 미국에서 태어난 행동주의 학파와 같은 것은, 그러한 기본적인 사실을 고려하지 않는 심리학을 세울 수 있다고 생각하고 있다.〉[1a]

프로이트는 의식을 직접적인 직관에 주어지는, 개인적 체험의 여건으로 생각하고 있다. 그는 그것에 대한 기술을 되풀이하지 않는다. 그것은 〈…… 설명될 수도 기술될 수도 없는, 다른 말이 필요 없는 사실이다. 그렇지만 사람들이 의식이라고 말할 때, 우리는 그것이 무엇인지 경험을 통해서 즉각적으로 알 수 있다.〉[1b]

그러한 이중적인 명제 — 심리 과정은 대부분 무의식적이기 때문에 의식은 심리 과정에 대해 불충분한 시각밖에 제공하지 못한다는 사실과, 하나의 현상이 의식적인지 아닌지가 중요하지 않은 것은 아니라는 사실 — 는, 의식의 기능과 위치를 결정하는 의식의 이론을 요구한다.

프로이트의 최초의 메타심리학 모델로부터, 두 가지 본질적인 주장이 제기되고 있다: 한편으로 프로이트는 의식과 지각을 동일시하면서, 지각의 본질을 감각적인 질(質)을 받아들이는 능력으로 보고 있다. 다른 한편으로 그는 심리 전체에 대해 자율적이면서, 순전히 양적인 기능 원칙에 따라 움직이는 체계(ω 또는 W[지각] 체계)에 지각-의식의 기능을 부여하고 있다: 〈의식은 질(質, qualité) — 차이différence에 대한 다양한 감각 — 이라고 하는 것을 우리에게 제공한다. 그것의 차이는 외부 세계와의 관계에 달려 있다. 그러한 차이에서는 계열이나 유사성 등이 발견된다. 그러나 순전히 양적인 것은 아무것도 없다.〉[2a]

위의 명제 중에서 첫 번째 것은 그의 전 저작을 통해 견지된다: 〈우리가 보기에, 의식은 신경 계통에서 일어나는 물리적 과정 — 특히 지각 과정 — 의 부분 중에서 주관적인 측면이다……〉[2b] 그러한 주장은 의식 현상에서 지각, 주로 외부 세계의 지각에 우선권을 부여한다: 〈의식에 이르는 길은 무엇보다도 우리의 감각 기관이 외부 세계로부터 받아들이는 지각과 관련되어 있다.[1c] 현실 검증* 이론에서, 질(質)의 지표, 지각의 지표 그리고 현실의 지표가 동의어라는 사실은 의미심장하다.[2c] 처음에는 〈지각 = 현실(외부 세계)이라는 등식〉[1d]이 성립한다. 심리 현상에 대한 의식 *la conscience des phénomènes psychiques*도 질(質)의 지각과 불가분의 관계가 있다. 의식은 〈…… 심리적인 질(質)의 지각을 위한 감각 기관〉[3a]에 다름 아니다. 그것은 욕동의 긴장 상태와 자극의 방출을 쾌-불쾌라는 질의 형태로 지각한다. 그러나 의식이 제기하는 가장 어려운 문제는 프로이트가 〈사고 과정〉이라고 명명한 것이 무엇이냐 하는 것이다. 그것은 기억의 재생뿐만 아니라 추리, 그리고 일반적으로 〈표상*〉이 관여하는 모든 과정을 의미한다. 프로이트는 그의 전 저작을 통해, 사고 과정의 의식화는 그 과정과 〈말의 잔재*Wortreste*〉의 연합에 의존한다는 이론을 유지한다.(→ **사물 표상, 낱말 표상**) 말의 잔재의 재활성화는 새로운 지각의 성격을 갖고 있기 때문에(낱말의 상기는 적어도 희미한 상태로 다시 발음된다),[2d] 의식은 그것에서 일종의 정박 지점을 발견하고, 그 지점으로부터 과투여* 에너지를 발산할 수 있다: 〈인간에게 하나의 질(質)이 [사고 과정에] 주어지도록 하기 위해, 사고 과정은 말의 기억과 연합되어 있다. 그 기억의 질적인 잔재는 의식의 주의를 끌고, 새로운 유동적인 투여를 의식으로부터 사고로 향하게 하기에 충분하다.〉[3b]

  의식과 지각의 그러한 연결은 보통 프로이트를 그것들을 하나의 체계로 묶는 쪽으로 몰고 간다. 그는 그 체계를 「과학적 심리학 초고」(1895)에서는 ω 체계라는 이름으로 불렀고, 1915년의 메타심리학의 작업에서는 〈지각-의식*Pc-Cs; W-Bw*〉이라고 명명했다. 기억흔적의 기록 장소인 체계들[*Pcs*(*Vbw*; 전의식)와 *Ics*(*Ubw*; 무의식)]과 그 체계[지각-의식]의 구분은, 브로이어가 이미 〈이론적 고찰〉(1895)에서 개진했던 생각에 대한 일종의 논리적인 추론에 기반을 두고 있다: 〈단 하나의 기관이 서로 모순되는 두 조건을 충족시킬 수 없다.〉: 따라서 새로운 지각을 받아들이기 위해 가능한 한, 빨리 이전의 상태*statu quo ante*를 회복해야 하고, 그것을 재생할 수 있도록 인상을 저장해야 한다.[4] 프로이트는 나중에 그러한 생각을 완성하여, 의식의 〈설명할 수 없는〉 출현을 설명하는 공식을 내놓는다: 〈…… 그것[의식]은 지각 체계 내에서 지

속적인 흔적 대신에 *à la place* 나타난다.)[5a]

*

의식의 지형학적인* 상황을 정의하기란 쉬운 일이 아니다. 「과학적 심리학 초고」에서 의식은 심리 체계의 〈상층〉에 위치하지만, 프로이트는 곧바로 의식과 지각을 긴밀하게 결합시켜, 그것을 외부 세계와 기억 체계 사이의 테두리에 위치시킨다: 〈심리적인 지각 장치는 두 층위를 포함하고 있다: 하나는 외적인 층위로, 외부로부터 오는 자극의 크기를 축소시키는 것을 임무로 하는 보호막*pare-excitation*이고, 다른 하나는 그 층위 뒤에서 자극을 받아들이는 표면, 즉 지각-의식*Pc-Cs; W-Bw* 체계이다.)[5b] (→ **보호막**) 그러한 테두리의 상황은 나중에 자아에게 할당될 상황을 예고하고 있다. 『자아와 그거』(1923)에서 프로이트는 지각-의식 체계를 〈자아의 핵〉으로 보고 있다[6a]: 〈…… 자아는 지각-의식 체계의 중개를 통해, 외부 세계의 직접적인 영향으로 변형된 그거의 일부이다. 어떤 식으로든 그것은 표면 분화의 연장이다.)[6b] (→ **자아**)

경제학적* 관점에서도 의식은 프로이트에게 특별한 문제를 제기한다. 사실 의식은 감각적인 질(質)에 대한 지각이 일깨우는 질적인 현상이다. 긴장과 이완이라는 양적인 현상은 질적인 형태로만 의식될 수 있다. 그러나 다른 한편으로, 강도의 높고 낮음을 내포하고 있음에도 불구하고 주의(注意)와 같이 의식과 밀접히 관계된 기능이나, 치료에서 아주 중요한 역할을 하는 의식화*Bewusstwerden*와 같은 과정은 경제학적인 용어로 설명될 필요가 있다. 프로이트는 예컨대 지각에 〈과투여〉된 주의(注意) 에너지는 자아로부터 오거나(「과학적 심리학 초고」) 지각*Pc; W* 체계에서 오는(『꿈의 해석』) 에너지로, 의식이 제공하는 질적인 지표에 의해, 방향이 설정된다는 가설을 세운다: 〈그렇게 주의(注意)의 생물학적인 법칙은 자아를 위해 움직인다. 현실의 지표가 나타남과 동시에 존재하는 지각의 투여도 과투여된다.)[2c]

마찬가지로 사고 과정과 결부된 주의(注意)는 쾌락원칙이 제공하는 조절보다 더 세밀하게 사고 과정을 조절한다: 〈우리의 감각 기관을 통한 지각은 주의(注意)의 투여를, 부수적인 감각 자극이 펼쳐지는 통로로 향하게 하는 결과를 낳는 것으로 보인다. 지각 체계의 질적인 자극은 심리 장치 속에서 움직이는 양의 흐름에 대해 조절 장치 구실을 한다. 우리는 그와 같은 것이 의식*Cs; Bw* 체계라는 고등 감각 기관의 기능이라고 여기고 있다. 그것은 새로운 질(質)을 지각함으로써, 이동하는 투여의 양의 방향을 정하고 그것을 적당하게 분배하는 데 이바지한다.⟩[3c] (→ **자유 에너지-구속 에너지, 과투여**)

마지막으로 역학적 관점에서, 프로이트가 의식이라는 요소에 부여한 중요성에 대해 말하자면, 치료의 효과에서만큼 방어 과정에서도 뚜렷한 발전이 있음을 확인할 수 있다. 그러한 발전의 궤적을 그릴 수는 없고, 그것의 몇몇 요소들을 지적하기로 하자:

1. 격리[억압]라는 기제는 정신분석 초기에는, 주의(注意)라는 기제와 비슷한 의도적인 거부로 간주되었다: ⟨후천적 히스테리의 경우, 의식의 분열은 [……] 의도적이고 계산된 분열이거나, 적어도 그것은 자주 자유 의지 행위에 의해 유발된다……⟩[7]

다 알다시피, 프로이트는 치료에서 나타나는 방어와 저항의, 적어도 부분적으로 무의식적인 특성을 점점 더 강조하면서, 자아의 개념을 수정하고 심리 장치의 후기 이론을 세우게 된다.

2. 그러한 발전의 중요한 단계의 획은, 1915년 메타심리학에 관한 글에 의해 그어진다. 프로이트는 거기서 다음과 같이 말하고 있다: ⟨…… 의식한다는 사실은 우리에게 직접적으로 주어지는 심리 과정의 유일한 특성으로, 결코 체계 간 구분의 기준이 될 수 없다.⟩[8a] 그렇다고 해서 프로이트가 의식이 하나의 체계, 즉 특수한 실제 ⟨기관⟩이라는 생각을 포기했다는 것을 의미하는 것은 아니다. 그는 의식화의 능력만으로는 전의식 체계나 무의식 체계 속에 있는 이런저런 내용물의 지형학적인 위치를 결정하기에 불충분하다고 지적하고 있다: ⟨우리가 심리 생활에 대한 메타심리학적인 개념의 길을 열고자 한다면, 우리는 "의식한다*être conscient*"는 증상에 부여된 중요성으로부터 해방되는 법을 배워야 한다.⟩[8b, β]

3. 치료 이론에서, 의식화와 그것의 효과의 문제는 중요한 성찰의 주제로 남아 있다. 여기서 치료에 개입하는 서로 다른 요인들의 상대적인 중요성과 복합 작용을 평가해야 한다: 그러한 요인들에는 회상과 구성, 전이에서의 반복, 관통작업이 있다. 그리고 마지막으로 구조의 수정을 가져온다는 점에서, 그 충격이 의식적인 전달에만 국한되지 않는 해석이 거기에 포함된다. ⟨정신분석 치료는 무의식*Ics; Ubw* 체계에 대한 의식*Cs; Bw* 체계의 영향 위에 세워져 있다. 그것이 우리에게 보여주는 바에 따르면, 그러한 작업은 어렵다고 하더라도 불가능하지는 않다.⟩[8c] 그러나 다른 한편으로 프로이트는, 환자에게

(심리학적) 의식

해석을 해주는 것만으로는, 이러저러한 무의식적 환상*에 대한 정확한 해석일지라도 구조의 수정을 가져오기에 충분하지 않다는 사실을 계속해서 강조하고 있다: 〈환자에게 그가 예전에 격리[억압]된 표상을 꿰뚫어보고 알려준다 하더라도, 그것은 그의 심리 상태에 아무런 변화도 가져오지 못한다. 무엇보다도 그것은 격리[억압]를 제거하지 못하기 때문에, 격리[억압]의 효과를 없애지 못하는 것이다……〉[8d]

의식으로의 이행만으로는 격리[억압]된 것을 전의식 체계에 통합시킬 수 없다. 그것은 무의식 체계와 전의식 체계의 교통을 구속하는 저항을 제거하고, 무의식적인 기억흔적과 그것의 언표화 사이에 점점 더 긴밀한 관계를 세워 나갈 수 있는 작업이 보충되어야 한다. 그러한 작업 끝에서야 비로소, 〈…… 내용은 동일할지라도 완전히 서로 다른 심리학적인 성질을 갖고 있는, 들은 것과 경험한 것〉[8e]이 서로 합쳐질 수 있는 것이다. 관통작업*의 시간이 그러한 전의식과의 점진적인 통합을 가능하게 할 수 있을 것이다.

α bewusst(의식적)라는 형용사는 conscient(의식적)을 의미하는데, 능동적이고(……를 의식하다) 수동적인(의식의 대상이 되는 것의 질(質)) 이중의 의미를 갖고 있다. 독일어에는 bewusst로부터 만들어진 여러 명사가 있다. Bewusstheit는 의식의 대상이 되는 질(質)로, 우리는 이것을 〈의식하는 행위le fait d'être conscient〉이라고 번역할 것이다. Bewusstsein은 심리적 현실로서의 의식으로, 주로 활동이나 기능을 가리킨다(양심은 das Gewissen이라는 전혀 다른 용어로 지칭된다). Das Bewusste는 의식적인 것le conscient으로, 전의식적이거나 무의식적인 내용과는 다른 유형의 내용을 가리킨다. Das Bewusstwerden은 어떤 표상이 〈의식화되는devenir conscient〉것으로, 우리는 이것을 〈의식화(의식에 접근; l'accès à la conscience)〉라고 번역할 것이다. Das Bewusstmachen은 〈어떤 내용을 의식적이게 하는 행위〉이다.

β 이 점에 대해 주목할 것은, 심리 장치의 초기 이론에서 체계들에 대한 명칭이 의식의 축을 기준으로 하고 있다는 사실이다: 〈무의식〉, 〈전의식〉, 〈의식〉이 그렇다.

1 프로이트 S., 「정신분석 개요」, 1938.
  a 전집 XV, 428[446], n. 7 ; G.W., XVII, 79, n. ; S.E., XXIII, 157, n. ; 프, 18, n.[O.C., XX, 247, n.1]
  b 전집 XV, 428[446] ; G.W., XVII, 79 ; S.E., XXIII, 157 ; 프, 18[O.C., XX, 247].
  c 전집 XV, 433[451] ; G.W., XVII, 83 ; S.E., XXIII, 161 ; 프, 24[O.C., XX, 251].
  d 전집 XV, 434[452] ; G.W., XVII, 84 ; S.E., XXIII, 162 ; 프, 25[O.C., XX, 252].
2 프로이트 S., 「과학적 심리학 초고」, 『정신분석의 탄생』, 1895.
  a 한, 232 ; 독 393 ; 영, 369 ; 프, 328.
  b 한, 236 ; 독 396 ; 영, 373 ; 프, 331.
  c 한, 전권; 독 373-466 ; 영, 348-445 ; 프, 307-96 참조.

(심리학적) 의식

d 한, 302-3 ; 독 443-4 ; 영, 421-2 ; 프, 375-6 참조.

e 한, 311 ; 독 451 ; 영, 428-9 ; 프, 382.

3 프로이트 S., 『꿈의 해석』, 1900.

a 전집 IV, 707[736] ; G.W., II-III, 620 ; S.E., V, 615 ; 프, 500[O.C., IV, 671].

b 전집 IV, 709[738] ; G.W., II-III, 622 ; S.E., V, 617 ; 프, 502[O.C., IV, 673].

c 전집 IV, 708[736-7] ; G.W., II-III, 621 ; S.E., V, 616 ; 프, 501[O.C., IV, 671-2].

4 브로이어, 「이론적 고찰」, in 『히스테리 연구』, 1895. 전집 III, 253-4[258], n.2 ; 독, 164, n ; S.E., II, 188-9, n. ; 프, 149-50, n.[O.C., II, 209, n.1] 참조.

5 프로이트 S., 「〈신기한 만년 노트〉에 대한 메모」, 1925.

a 전집 XI, 437[445] ; G.W., XIV, 4-5 ; S.E., XIX, 228 ; 프, 120[O.C., XVII, 140].

b 전집 XI, 439[447] ; G.W., XIV, 6 ; S.E., XIX, 230 ; 프, 122[O.C., XVII, 142].

6 프로이트 S., 『자아와 그거』, 1923.

a 전집 XI, 362[366] ; G.W., XIII, 251 ; S.E., XIX, 24 ; 프, 178[O.C., XVI, 268].

b 전집 XI, 364[368] ; G.W., XIII, 252 ; S.E., XIX, 25 ; 프, 179[O.C., XVI, 269].

7 프로이트 S., 『히스테리 연구』, 1895. 전집 III, 164[165] ; G.W., I, 182 ; S.E., II, 123 ; 프, 96[O.C., II, 142].

8 프로이트 S., 「무의식」, 1915.

a 전집 XI, 197[197] ; G.W., X, 291 ; S.E., XIV, 192 ; 프, 139[O.C., XIII, 232].

b 전집 XI, 198[198] ; G.W., X, 291 ; S.E., XIV, 192 ; 프, 139[O.C., XIII, 233].

c 전집 XI, 201[201] ; G.W., X, 293 ; S.E., XIV, 194 ; 프, 141[O.C., XIII, 234].

d 전집 XI, 174-5[173] ; G.W., X, 274 ; S.E., XIV, 175 ; 프, 109-10[O.C., XIII, 217].

e 전집 XI, 175[174] ; G.W., X, 275 ; S.E., XIV, 175-6 ; 프, 110[O.C., XIII, 217].

ㅇ

의탁

프: *étayage*. 독: *Anlehnung*. 영: *anaclisis*. 스: *apoyo*(또는 *anáclisis*). 이: *appoggio*(또는 *anaclisi*). 포: *anaclísia*(또는 *apoio*).

성욕동이 자기보존 욕동과 갖는 최초의 관계를 가리키기 위해 프로이트가 도입한 용어. 2차적으로만 독립적일 수 있는 성욕동은, 그것에 육체적 원천과 방향과 대상을 제공하는 생명 기능에 의존할 수밖에 없다. 그 결과, 주체가 자기보존 욕동의 대상에 의지하여 사랑의 대상을 선택하는 것을 가리켜 의탁이라고 말한다. 그것이 바로 프로이트가 의탁적 대상 선택이라고 부른 것이다.

독일어 *Anlehnung*을 *étayage*로 번역하는 것에 대해서는 〈의탁적〉이라는 항목을 참조하길 바란다. 거기에서 독자는 그 용어에 관한 고찰을 발견할 수 있을 것이다.

의탁이라는 개념은 성욕에 대한 프로이트 학설의 주요 부분이다. 그것은 『성이론에 관한 세 편의 논문』(1905)의 초판부터 나타나면서, 해가 거듭할수록 더욱 두드러지게 나타난다.

1905년 욕동이라는 개념에 대한 최초의 이론적 작업에서, 프로이트는 성욕동과 몇 가지 커다란 신체 기능 사이의 밀접한 관계를 기술하고 있다. 그 관계는 젖먹이의 구강 활동에서 특히 분명히 나타난다. 젖을 빠는 쾌감 속에, 〈……성감대의 충족이 처음으로 영양의 욕구 충족과 밀접하게 결부된다〉.[1a] 신체 기능이 성욕에 그것의 원천이나 성감대를 제공하는 것이다. 그것은 성욕에게 하나의 대상 — 즉 젖 — 을 단번에 가리켜 준다. 결국 그것은 단순한 포만감으로 환원할 수 없는 쾌감, 즉 일종의 최고의 쾌감을 제공한다. 〈…… 그러한 성적인 충족을 반복하려는 욕구는, 곧 영양 섭취의 욕구로부터 분리된다.〉[1b] 따라서 성욕은 2차적으로만 자율적이 될 수 있다. 그것은 외부 대상이 포기되면 자기-성애적으로 작용한다. (→ **자기-성애**)

또한 의탁은 다른 부분 욕동의 경우에도 적용된다: 〈항문 부위는 구강 부위와 마찬가지로, 그 여건이 성욕이 의탁하기에 알맞다.〉[1c]

마지막으로, 1905년부터 〈대상의 발견〉이라는 장에서 프로이트가 기술한 대상 선택은, 그가 나중에 〈의탁적 대상 선택*〉[1d]이라고 부른 것이다.

1910년에서 1912년에 걸쳐, 프로이트가 성욕동*과 자기보존 욕동*의 큰 대립을 끌어낸 텍스트에서도, 의탁이라는 개념은 항상 등장하고 있다. 의탁은 두 가지 큰 욕동 사이의 근원적인 관계를 가리킨다. 〈……성욕동은 최초의 성적인 충족이 생명 보존에 필요한 신체 기능에 의탁해서 체험되는 것과 똑같이, 자아 욕동이 인정하는 가치에 의탁해서 최초의 대상을 찾는다.〉[2]

프로이트가 1914년에 도입한 두 가지 형태의 대상 선택의 대립이, 의탁의 개념을 바꾸는 것은 아니다. 그것은 의탁에 의한 대상 선택을, 다른 형태의 대상 선택, 즉 자기애적인 대상 선택*과 대립시킴으로써, 그것의 확장을 제한할 뿐이다.

마침내 1915년, 『성이론에 관한 세 편의 논문』 제3판에서, 프로이트는 몇몇 부기(附記)를 통해 *Anlehnung*(의탁)이라는 용어와, 그가 그것에 부여한 의미의 범위를 더욱 분명히 하고 있다. 그렇게 해서 그는 〈생명에서 중요한 신체 기능 중의 하나에 대한 의탁〉[1e]을, 유아 성욕의 세 가지 본질 중의 하나로 만들고 있다.

*

우리가 보기에, 지금까지 의탁이라는 개념은 프로이트 저작에서 완벽하게 도출된 적이 없었다. 대개는 기껏해야 그것을 대상 선택의 개념에 개입시키는 정도였다. 그러나 그것은 의탁이라는 개념을 전체적으로 정의하고 있지는 않지만, 그것을 이미 욕동 이론의 중심에 있는 것으로 가정하고 있다.

사실 그것의 주요한 의미는 성욕동과 자기보존 욕동 사이의 관계와 대립을 세우는 것이다.

1. 근원적으로 성욕동이 자기보존 욕동으로부터 그것의 원천과 대상을 빌려온다는 생각은, 그 두 종류의 욕동의 본질에 차이가 있다는 것을 내포하고 있다. 자기보존 욕동의 모든 기능은 육체적 장치에 의해 미리 결정되어 있고, 그 대상도 처음부터 고정되어 있다. 반대로 성욕동은 처음에는 자기보존 욕동의 여분으로 얻어진 이득*Lustnebengewinn*에 불과한 어떤 충족 방식에 의해 결정된다. 프로이트에게 그러한 본질적인 차이는 자기보존 욕동에 대해 말할 때, 반복해서 사용하고 있는 기능*fonction*과 욕구*besoin*라는 용어에 의해 증명된다. 그러한 방향의 생각에 따른다면, 프로이트가 〈자기보존 욕동〉이라고 부르는 것을, 성욕동과 확실하게 구별하기 위하여 좀 더 엄밀한 전문 용어로 욕구라는 말로 지칭하는 것이 좋지 않을까 생각한다.

2. 의탁이라는 개념은 욕동의 발생의 이해를 돕고, 프로이트 이론에서 성욕의 위치를 분명하게 밝혀준다. 우리는 자주 프로이트를 범성욕주의*pansexualisme*라고 비난한다. 프로이트는 그러한 비난에 대해 한결같이 욕동의 이원론으로 반박한다. 의탁이라는 개념은 좀 더 뉘앙스 있는 대답을 가능하게 할 것이다. 어떤 의미에서, 성욕은 여러 신체 활동의 기능에서 생기는 것이고, 프로이트가 『성이론에 관한 세 편의 논문』에서 지적했듯이, 온갖 종류의 다른 활동, 가령 지적인 활동에서도 생기기 때문에, 도처에서 찾아볼 수 있는 것이다. 그러나 다른 한편 성욕은 2차적으로만 분리되기 때문에, 완전히 자율적인 기능의 경우는 거의 발견되지 않는다.

3. 정신분석에서 자주 논쟁이 되는 문제 — 〈원초적인 대상애(愛)〉의 존재를 가정해야 하는가, 아니면 어린아이는 우선 자기-성애나 자기애*의 상태에 있다고 인정해야 하는가 — 에 대한 프로이트의 해결 방식은, 일반적으로 주

장되는 것보다 복잡하다. 성욕동은 대상 선택에 이르는 발달 과정을 거치기 전에, 자기-성애적인 방식으로 충족된다. 반면에 자기보존 욕동은 처음부터 대상과 관계를 맺는다. 따라서 성욕이 자기보존 욕동에 의탁해서 작용하는 한, 성욕동에서도 마찬가지로 대상과의 관계가 존재한다. 성욕동은 일단 분리된 후에야 비로소 자기-성애가 된다. 〈성적인 충족이 그 기원에서 아직 영양의 흡수와 결부되어 있을 때, 성욕동은 신체 바깥에 성적인 대상 — 즉 엄마의 젖가슴 — 을 갖게 되는 것이다. 그것[성욕동]이 대상을 잃는 것은 좀 더 나중이다. [······] 그때가 되면 성욕동은 일반적으로 자기-성애적이 된다. [······] 따라서 대상을 발견한다는 것은 결국 대상을 재발견하는 것이다.〉[1f]

1 프로이트 S., 『성이론에 관한 세 편의 논문』, 1905.

a 전집 VII, 76[70-1] ; G.W., V, 82 ; S.E., VII, 181-2 ; 프, 74[O.C., VI, 117].

b 전집 VII, 77[71] ; G.W., V, 82 ; S.E., VII, 182 ; 프, 75[O.C., VI, 117].

c 전집 VII, 81[75] ; G.W., V, 86 ; S.E., VII, 185 ; 프, 79[O.C., VI, 121].

d 전집 VII, 124-34[114-23]와 125[114], n. 127[9] ; G.W., V, 123-30 과 n. 1, p. 123(1915년에 첨가) ; S.E., VII, 222-30 과 n. 1, p. 222 ; 프, 132-40 과 n. 77[O.C., VI, 160-8과 161, n.1] 참조.

e 전집 VII, 78[72] ; G.W., V, 83 ; S.E., VII, 182 ; 프, 76[O.C., VI, 118].

f 전집VII, 125[114] ; G.W., V, 183 ; S.E., VII, 222 ; 프, 132[O.C., VI, 160].

2 프로이트 S., 「애정 생활에 대한 보편적인 폄하에 관하여」, 1912. 전집 VII, 223[205] ; G.W., VIII, 80 ; S.E., XI, 180-1 ; 프, 12[O.C., XI, 131].

의탁적(형용사)

프: anaclitique. 독: Anlehnungs-. 영: anaclitic (또는 attachment). 스: anaclítico. 이: anaclitico(또는 per appoggio). 포: anaclítico.

→〈의탁〉과〈의탁적 대상 선택〉참조.

1)〈의탁적〉이라는 형용사[그리스어 ἀναχλίνω(=anaklinō; 기대다, 의지하다)에서 유래]는, Anlehnungstypus der Objektwahl[일반적으로 type anaclitique de choix d'objet(의탁적 대상 선택)로 번역된다]과 같은 표현에 있는 Anlehnung의 제2격인 Anlehnungs-에 해당하는 말을 만들기 위해, 영어로 된 정신분석 문헌에 처음 소개된 뒤, 프랑스어 번역가에 의해 차용된 말

이다. 그렇지만 프로이트의 저작을 프랑스어 번역본으로 읽는 독자가 어쩔 수 없이 놓치게 되는 것은, *Anlehnung*이라는 개념이 프로이트의 최초의 욕동 론의 주요 부분을 구성하고 있다는 것이다. 프로이트는 〈의탁적〉 대상 선택 을 논할 때 말고도 많은 경우에 그 개념에 의존하고 있다. 그리하여 독자는 *Anlehnung*이라는 명사형이든지, *sich an (etwas) anlehnen*(기대다, 의존하 다)과 같은 동사형을 종종 만나게 된다. 그런데 그러한 형태는 영어와 프랑스 어로 다양하게 번역되었고,[α] 그 결과 프로이트의 독자는 *Anlehnung*이라는 개념을 명확하게 끌어낼 수 없었던 것이다.

그리하여 오늘날에 용어의 문제가 제기되었고, 그로부터 *anaclitique*라는 용어는, 정신분석의 국제 용어가 된다. 아마 그것을 없앨 수는 없을 것이다. 그러나 *Anlehnung*의 번역어인 *anaclise*라는 명사형은 더 이상 받아들여지지 않는다.[β] 게다가 *Anlehnung*은 일상 언어인데 비해, *anaclise*나 *anaclitique*와 같은 용어는 인위적으로 만들어진 〈현학적인〉 말이라는 불편함이 있다. 그래 서 우리는 *Anlehnung*의 번역어로서 *étayage*(의탁)라는 말을 제안한다. 그것 은 이미 몇몇 번역자들에 의해 (특히 르베르숑-주브B. Reverchon-Jouve의 『성이론에 관한 세 편의 논문』(1905)의 번역본에서) 이미 사용된 바 있으며, *Anlehnung*과 똑같은 동사형 ─*s'étayer sur*(의지하다, 의탁하다) ─ 이 있다 는 장점이 있다. 또한 *type de choix d'objet anaclitique*(의탁적 대상 선택)와 같은 관용적 표현도 *type de choix d'objet par étayage*(의탁에 의한 대상 선 택)로 바꿀 수 있다.

2) *anaclitique*라는 용어는 프로이트 이론에서, *Anlehnung*이라는 개념과 직접적인 관계가 없는 좀 더 느슨한 의미로 사용된다. 가령 의탁적 우울 증*dépression anaclitique*이라는 표현이 그것이다.

α 예컨대, 그 동사형은 *être attaché à*(……에 결부되다), *être basé sur*(……에 근거를 두다), *prendre appui sur*(……에 기대다) 등으로 번역되고 있다.

β 그 대신, 독일어에는 *anaclitique*에 상응하는, *Anlehnung*으로부터 만들어진 형용사가 없다.

의탁적[의탁에 의한] 대상 선택

프: *choix d'objet par étayage*. 독: *Anlehnungstypus der Objektwahl*. 영: *anaclitic type of object-choice*. 스: *elección objetal anaclítica*(또는 *elección objetal de apoyo*). 이: *tipo anaclítico*(또는 *per appoggio*) *di scelta d'oggetto*. 포: *escolha anaclítica de objeto*.

어린아이에게 양식을 주고 돌보아 주고 안전을 보장하는 부모의 모습을 모델로 하여, 사랑의 대상이 선택되는 대상 선택의 유형. 그러한 선택은 근원적으로 성욕동이 자기보존 욕동에 의탁한다는 사실에 기반을 두고 있다.

*Anlehnungstypus der Objektwahl*을 *choix d'objet par étayage*(의탁에 의한 대상 선택)로 번역하는 것에 대해서는, 〈의탁적〉이라는 항목을 참조하면, 독자들은 그 용어에 대한 고찰을 볼 수 있을 것이다.

「자기애 소개」(1914)에서, 프로이트는 자기애적인 대상 선택*에 대립되는 것으로서 〈의탁적 대상 선택〉을 기술하고 있다.

프로이트가 그 텍스트에서 제기하는 것은, 본질적으로 사랑의 대상 선택에는 두 가지*deux* 기본 유형이 있다는 생각과, 자기애적인 대상 선택에 관한 기술이다. 그러나 또 다른 의탁적 대상 선택은 그것이 전제하고 있는 의탁에 관한 일반 이론과 관련하여, 『성이론에 관한 세 편의 논문』(1905)에서부터 이미 기술되어 있다. 프로이트가 거기서 보여주고 있는 것은, 최초의 성적 충족이 처음에 어떻게 생명의 보존에 종사하는 기관의 작동을 계기로 하여 나타나는가와, 그러한 본원적인 의탁의 결과, 어떻게 자기보존 기능이 성욕에 최초의 대상 — 엄마의 젖가슴 — 을 일러주는가 하는 것이다. 나중에 〈…… 어린아이는 무원 상태에서 그를 도와주고 그의 욕구를 충족시켜 주는 다른 사람들을 사랑하게*aimer* 된다. 그러한 사랑은 완전히 수유기에 젖을 준 엄마와의 관계의 모델에 따라, 그리고 그것의 연장 선상에서 형성된다.〉[1] 바로 그것이 사춘기 이후의 대상 선택의 방향을 결정짓는 것이다. 프로이트에 따르면, 그러한 대상 선택은 항시 부모의 이미지에 다소 긴밀하게 의탁하면서 일어난다. 프로이트가 「자기애 소개」에서 말한 바와 같이, 〈사람은 의탁적 대상 선택 — a) 젖을 준 여자, b) 보호해 준 남자, 그리고 그들을 이어가는, 그들을 대체하는 사람 등 — 에 따라…… 사랑하게 된다〉.[2a]

이미 보았듯이, 의탁적 대상 선택이라는 개념은, 욕동의 차원에서는 자기보존 욕동*에 대한 성욕동*의 의탁을 함축하고 있고, 동시에 대상의 차원에서는 사랑의 선택을 내포하고 있다. 그러한 선택 가운데서, 〈…… 어린아이의 양육과 보살핌과 보호에 관여했던 사람들〉[2b]은 성적으로 충족을 주는 대상의 원형이 된다.

1 프로이트 S., 『성이론에 관한 세 편의 논문』, 1905. 전집 VII, 125[115] ; G.W., V, 124 ; S.E., VII, 222-3 ; 프, 133[O.C., VI, 161].
2 프로이트 S., 「자기애 소개」, 1914.
  a 전집 XI, 68[67] ; G.W., X, 157 ; S.E., XIV, 90 ; 프, 95[O.C., XII, 233-4].
  b 전집 XI, 64[62] ; G.W., X, 153-4 ; S.E., XIV, 87 ; 프, 93[O.C., XII, 231].

의탁적 우울증

프: *dépression anaclitique*. 독: *Anlehnungsdepression*. 영: *anaclitic depression*. 스: *depresión anaclítica*. 이: *depressione anaclitica*. 포: *depressão anaclítica*.

르네 스피츠René Spitz가 만든 용어[1] : 임상적으로 성인 우울증 환자들을 생각나게 하는 장애로, 적어도 생후 6개월 동안 어머니와 정상적인 관계를 가진 뒤에, 어머니를 잃은 어린아이에게서 점진적으로 일어난다.

독자들은 〈의탁적〉이라는 항목을 참조하기 바란다. 거기서 〈의탁적〉이라는 형용사의 용법에 대한 고찰을 발견할 수 있을 것이다.

르네 스피츠는 의탁적 우울증의 임상도를 다음과 같이 그리고 있다[2a]:

〈생후 1개월 — 아이는 거짓으로 울고 보채며, 그들과 접촉하는 관찰자에게 매달린다.

생후 2개월 — 접촉 거부. 이 질병 특유의 태도(아이들은 대부분의 시간을 요람에 엎드려 있다). 불면. 계속되는 체중 감소. 합병증에 걸리는 경향. 운동 지체의 일반화. 안면 표정의 경직.

생후 3개월 이후 — 안면 경직이 정착되고, 눈물을 흘리지 않는 대신 드물게 흐느껴 운다. 운동 지체가 증가하고, 마비 상태가 된다.

3개월 말과 5개월 말 사이에 위치한 결정적인 시기 이전에, 어머니를 아이에게 돌려주거나, 갓난아이가 받아들일 수 있는 대리인을 찾아준다면, 장애는 놀라울 정도로 빠르게 사라진다.〉

스피츠에 따르면, 〈의탁적 우울증의 역학적 구조는 성인의 우울증과 근본적으로 다르다.〉[2b]

1 Spitz R.-A., "Anaclitic Depression", in *The Psycho-analytic Study of the Child*, I.U.P., New York, II, 1946, 313-42.
2 Spitz R.-A., *La première année de la vie de l'enfant*, P.U.F., Paris, 1953.
  a 119-21.
  b 121.

이기심[에고이즘]

프: *égoisme*. 독: *Egoismus*. 영: *egoism*. 스: *egoísmo*. 이: *egoismo*. 포: *egoísmo*.

자아가 자기 자신에 대해 갖는 관심.

프로이트는 이기심이라는 용어를, 꿈을 특징짓는 과정에서 처음 사용한다. 꿈이 〈이기적*égoïste*〉이라고 불리는 것은, 〈…… 어떤 꿈에서도 가장 사랑하는 자아가 등장하기〉[1a] 때문이다. 그것은 가장 〈사심 없는〉 감정이 꿈에는 나타날 수 없다는 것을 의미하는 것이 아니라, 꿈꾸는 사람의 자아가 항상 직접 등장하거나 동일시를 통해 등장한다는 것을 의미한다.[1b]

프로이트는 자기애*를 도입하면서, 개념상으로 자기애와 이기심을 구별한다. 자기애는 〈…… 이기심에 리비도가 보충〉[2]된 것이다. 그것들은 반드시 그런 것은 아니지만, 종종 혼동된다. 그러한 구별은 성욕동과 자아 욕동*의 구분에 의거하고 있다. 이기심 또는 〈자아에 대한 관심*Ichinteresse*〉(→ **관심**)은 자아 욕동에 의한 투여로서 정의되고, 자기애는 자아에 대한 성욕동의 투여로서 정의된다.

1 프로이트 S., 『꿈의 해석』, 1900.
  a 전집 IV, 325[337] ; G.W., II-III, 274 ; S.E., IV, 267 ; 프, 202[O.C., IV, 308].
  b 전집 IV, 385[398] ; G.W., II-III, 328 ; S.E., IV, 323 ; 프, 240[O.C., IV, 367-8] 참조.
2 프로이트 S., 「꿈의 이론에 관한 메타심리학적인 보충」, 1917. 전집 XI, 221[221] ; G.W., X, 413 ; S.E., XIV, 223 ; 프, 164[O.C., XIII, 248].

이동[전치(轉置)]

프: *déplacement*. 독: *Verschiebung*. 영: *displacement*. 스: *desplazamiento*. 이: *spostamento*. 포: *deslocamento*.

표상의 악센트, 흥미, 강도가 그 표상과 분리되어, 본래 강하지 않은 다른 표상 ― 연상의 사슬로 전자와 연결되어 있는 ― 으로 이동하는 것을 가리킨다.

그와 같은 현상은 특히 꿈의 분석에서 볼 수 있는데, 정신신경증의 증상 형성과, 일반적으로 모든 무의식의 형성물에서도 볼 수 있다.

이동에 대한 정신분석적 이론은, 표상으로부터 분리되어 연상의 길을 따라 미끄러져 내려가는 투여 에너지에 대한 경제학적인 가설에 의지하고 있다.

그러한 에너지의 〈자유로운〉 이동은, 무의식 체계의 움직임을 지배하는 1차 과정의 주된 특징 중의 하나이다.

1. 이동의 개념은 신경증에 대한 프로이트 이론의 시초부터 나타난다.[1] 그것은 정동과 표상의 상대적인 독립성에 대한 임상적인 확인과, 그것을 설명하는 경제학적인 가설과 결부되어 있다. 즉, 투여 에너지는 〈…… 증가되기도 하고, 감소되기도 하고, 이동되기도 하고, 방출되기도 한다.〉[2a]는 가설 말이다.(→ **경제학적, 정동량**)

그러한 가설은 프로이트가 「과학적 심리학 초고」(1895)에서 제시한 〈뉴런 장치〉의 움직임에 대한 모델과 함께 완전한 발전을 이룩한다. 〈양(量)〉은 뉴런에 의해 구성된 길을 따라 이동한다. 왜냐하면 뉴런은 〈뉴런의 관성의 원칙〉*에 따라 에너지를 전체적으로 방출하려는 경향만을 갖고 있기 때문이다. 〈전체적 내지는 1차적〉 과정은 에너지 전체를 어떤 표상에서 다른 표상으로 이동시키는 것으로 정의된다. 이렇게 증상 ― 즉 히스테리 형태의 〈기억의 상징〉 ― 의 형성에서, 〈…… 변화되는 것은 [양의] 분배이다. 표상 B에서 물러난 어떤 것이 표상 A에 덧붙여진다. 병리적인 과정은 하나의 이동이다. 그것은 우리가 꿈에서 알아낸 것과 유사하다. 따라서 그것은 1차적 과정이다〉.[3a]

2차적 과정*에도 이동이 있다. 그러나 그러한 이동은 노정(路程)에 한계가 있고, 에너지의 양도 적다.[3b]

심리학적 관점에서 보면, 프로이트에게 이동이라는 용어의 외연적 의미에 관한 한, 분명히 동요가 있음을 확인할 수 있다. 그는 때로 이동을 표상 간에 일어나는 것으로서, 특히 강박신경증을 특징짓는 현상(이동에 의한 대체물의 형성Verschiebungsersatz)으로 보고, 그것을 정동이 제거되고 에너지의 투여 영역이 표상의 차원에서 육체적 차원으로 바뀌는 전환과 대립시키고 있다.[2b] 또 때로는 이동이 모든 증상 형성을 특징짓는 것처럼 보이는데, 그 경우는 충족이 〈…… 극단적인 이동에 의해 리비도적인 콤플렉스 전체 중의 하나의 작은 부분에 국한된다〉.[4a] 그 정도로 전환 그 자체가 이동을 내포하게 된다. 예컨대, 성기의 쾌락에서 육체의 다른 지역으로의 이동을 내포하는 것이 그것이다.[4b]

2. 프로이트에 의해 이동이 밝혀진 것은 특히 꿈을 통해서였다. 실제로 꿈의 발현 내용과 잠재 사고를 비교해보면, 중심점의 차이가 나타난다. 즉, 잠재 내용의 가장 중요한 요소가 극히 사소한 사실 — 흔히 관심을 끌지 않은 최근의 사실이거나 어린 시절에 이동이 이미 이루어진 오래된 사실 — 로 나타난다. 그러한 기술적인 관점에서, 프로이트는 이동을 포함하는 꿈과 포함하지 않는 꿈을 구별하기에 이른다.[5a] 후자에서는, 〈…… 꿈의 작업이 이루어질 때, 여러 가지 요소가 대략 그것들이 꿈사고에서 차지하고 있는 위치를 그대로 유지하고 있다〉.[5b] 그러한 구분은 자유로운 이동이 무의식적 과정의 특수한 기능이라는 프로이트의 주장에서 볼 때 의외라는 생각이 든다. 프로이트는 이동이 꿈의 각 요소에 작용한다는 것을 부인하지 않는다. 그러나 『꿈의 해석』(1900)에서 그는 일반적으로 심리적 에너지가 하나의 표상에서 다른 표상으로 이동하는 것을 가리키기 위해, 보통 〈전이transfert〉라는 용어를 사용한다. 반면에 이동은 오히려 꿈의 해석 전체의 중심이 바뀌는 현상 — 즉 〈심리적 가치의 변화〉[6] — 으로, 그 현상이 서술적으로 뚜렷하고 다른 꿈에서보다 몇몇 꿈에서 확실히 두드러질 때 사용한다.

꿈의 분석에서 이동은 꿈의 작업의 다른 기제와 밀접하게 연결되어 있다. 예컨대, 그것은 두 가지 연상의 사슬을 따라가다, 결국 네거리[교차점]를 구성하는 표상과 언어 표현에 도달하기 때문에, 압축*에 유리하게 작용한다. 또한 이동에 의해 추상적인 개념이 시각화된 등가물로 이행하기 때문에 형상화*가 용이해지는데, 그때 심리적인 관심이 감각적인 강렬함으로 번역된다. 마지막으로 2차적 가공은 이동 작업을 자기 자신의 목적에 종속시키면서, 그 작업을 계속 추구한다.

이동[전치(轉置)]

분석가가 찾아내는 여러 형성물에서, 이동은 확실히 방어의 기능을 갖고 있다. 예를 들어 공포증에서, 공포의 대상으로의 이동은 불안을 객관화시키고, 정착시키고, 한정시킨다. 꿈에서 이동과 검열의 관계는 이동이 검열의 결과로 나타난다는 것이다 : ⟨그것에 의해 이득을 얻는 것이 그것을 일으키는 것이다 *Is fecit, cui prodest*. 우리는 꿈의 이동이 검열과 심리 내부의 방어의 영향에 의해 일어난다는 것을 인정하고 있다.⟩5c 그러나 이동은 자유롭게 이루어진다고 생각되기 때문에, 그것은 그 본질에서 1차적 과정의 가장 확실한 표시이다 : ⟨그것은 [무의식에서] 매우 큰 투여 강도의 기동성을 갖고 있다. 하나의 표상은 이동 과정을 통해 자신의 모든 투여량을 다른 표상에 물려줄 수 있다.⟩7 그 두 명제는 서로 모순되는 것이 아니다. 왜냐하면 검열은 전의식적인 어떤 표상들을 격리[억압]하여, 그것을 무의식 속으로 끌어내려 1차적 과정의 법에 의해 지배를 받게 할 때, 비로소 그것은 이동을 야기하기*provoque* 때문이다. 그리하여 검열은 이동의 기제를 이용하여*utilise*, 현실적으로 극히 사소한 표상이나, 방어 갈등으로부터 아주 멀리 떨어진 연상의 문맥에 편입될 수 있는 표상을 특권화하는 것이다.

프로이트에게 이동이라는 용어는 그것이 실행되는 이러저러한 형태의 연상 관계 — 인접성이나 유사성에 의한 연상 — 에 특권을 부여하지 않는다. 그러나 언어학자인 로만 야콥슨Roman Jakobson은 프로이트에 의해 기술된 무의식의 기제를, 은유*métaphore*와 환유*métonymie*의 수사법 — 그에 의하면 이것들은 모든 언어의 기본적인 양극이다 — 에 연결시킨다. 그리고 그는 이동을 인접 관계가 문제가 되는 환유와 결부시키는 한편, 상징을 유사에 의한 연상이 지배하는 은유의 차원에 해당하는 것으로 보았다.8 라캉은 그와 같은 사항을 수용 발전시켜, 이동을 환유와, 압축을 은유와 동일시한다.9 그에 따르면, 인간의 욕망은 근본적으로 무의식의 법칙에 의해 구조화되는데, 그것은 현저하게 환유로서 구성된다.

1 프로이트 S., 「브로이어에게 보낸 편지」(1892-6-29), in 『신경증의 병인』. G.W., XVII, 3-6 ; S.E., I, 147-8 ; 프, [O.C., II, 355-6] 참조.
2 프로이트 S., 「방어-신경정신증」(1894), in 『신경증의 병인』.
  a G.W., I, 74 ; S.E., III, 60 ; 프, 14[O.C., III, 17].

b G.W., I, 59-72 ; S.E., III, 45-58 ; 프, 1-11[O.C., III, 3-15] 참조.

3 프로이트 S., 「과학적 심리학 초고」, 『정신분석의 탄생』, 1895.

a 한, 283 ; 독, 429 ; 영, 407 ; 프, 361.

b 한, 305 이하 ; 독, 446 이하 ; 영, 423 이하 ; 프, 377 이하 참조.

4 프로이트 S., 『정신분석 입문 강의』, 1916-7.

a 전집 I, 494[520] ; G.W., XI, 381 ; S.E., XVI, 366 ; 프, 394[O.C., XIV, 380].

b 전집 I, 438[460-1] ; G.W., XI, 326 ; S.E., XVI, 324-5 ; 프, 349-50[O.C., XIV, 335] 참조.

5 프로이트 S., 『꿈의 해석』, 1900.

a 전집 IV, 227[236] ; G.W., II-III, 187 ; S.E., IV, 180-1 ; 프, 138-9[O.C., IV, 217] 참조.

b 전집 IV, 367[380] ; G.W., II-III, 311 ; S.E., IV, 306 ; 프, 229[O.C., IV, 350].

c 전집 IV, 369[382] ; G.W., II-III, 314 ; S.E., IV, 308 ; 프, 230[O.C., IV, 352-3].

6 프로이트 S., 「꿈에 대하여」, 1901. in 『끝이 있는 분석과 끝이 없는 분석』. 한, 119 ; G.W., II-III, 667 ; S.E., V, 655 ; 프, 76[O.C., V, 40].

7 프로이트 S., 「무의식」, 1915. 전집 XI, 190[189] ; G.W., X, 285 ; S.E., XIV, 186 ; 프, 130[O.C., XIII, 227-8].

8 예컨대 Jakobson, "Deux aspects du langage et deux types d'aphasies", in *Essais de linguistique générale*, Ed. de Minuit, Paris, 1963, 65-6 참조.

9 Lacan J., "L'instance de la lettre dans l'inconscient ou la raison depuis Freud", in *La Psychanalyse*, P.U.F., Paris, 1957, vol. III, 47-81.

이마고

imago (이 라틴어가 여러 나라에서 그대로 쓰이고 있다).

주체가 타인을 파악하는 방식을 선택적으로 결정하는 무의식적 인물의 원형. 그 원형은 가족과의 상호주체적인 최초의 관계 — 현실적이면서 환상적인 — 로부터 만들어진다.

이마고라는 개념은 융에게서 나온 것이다. 그는 「리비도의 변형과 상징 *Wandlungen und Symbole der Libido*」(1911)에서, 어머니, 아버지, 형제의 이마고에 대해 기술하고 있다.

이마고와 콤플렉스는 인접한 개념으로, 그것들은 모두 어린아이가 그 가족과 그의 주위 사람과 맺는 관계의 장과 연관되어 있다. 그러나 콤플렉스는 인간의 상황 전체가 주체에게 미치는 영향을 가리키는 데 반해, 이마고는 그 상황의 이런저런 가담자의 상상적 잔영을 가리킨다.

이마고는 흔히 〈무의식적 표상〉으로서 정의된다. 그렇지만 그것은 단순히 하나의 이미지라기보다 차라리 이미 습득된 상상적 형태, 즉 그것을 통해 주체가 타인을 겨냥하는 고정된 연관이다. 따라서 이마고는 이미지에서만큼, 감정이나 행동에서도 객관적으로 표출된다. 덧붙일 것은, 그것이 다소 변형된 현실의 반영으로 이해되어서는 안 된다는 사실이다. 그래서 무서운 아버지의 이마고는 지워진 현실적인 아버지와 정확히 일치할 수 있는 것이다.

이상적 자아

프: *moi idéal*. 독: *Idealich*. 영: *ideal ego*. 스: *yo ideal*. 이: *io ideale*. 포: *ego ideal*.

몇몇 저자들에 따르면, 이상적 자아는 자아 이상과 구별되는 것으로, 유년기의 자기애 모델에 따라 만들어진, 자기애적인 전지전능의 이상으로 정의되는 심리 내적인 형성물이다.

이상적 자아*Idealich*라는 용어를 만든 사람은 프로이트이다. 우리는 그것을 「자기애 소개」(1914)와 「자아와 그거」(1923)에서 만날 수 있다. 그러나 그에게 이상적 자아*Idealich*와 자아 이상*Ichideal* 사이의 개념적 구분은 발견할 수 없다.

프로이트의 뒤를 이은 몇몇 연구가들은 그 두 용어를 한 쌍으로 묶어, 서로 다른 심리 내적인 형성물을 가리키는 데 사용한다.

무엇보다도 눈베르크Nunberg는 이상적 자아를 초자아보다 먼저 발생한 형성물로 보고 있다: 〈그거에 통합되어 아직 조직되지 않은 자아는 이상적인 상태와 일치한다……〉[1] 주체는 그러한 자기애적인 이상을 뒤에 남겨둔 채 발달하지만, 그것으로 되돌아가기를 갈망한다. 그러한 회귀는 특히 정신증에서 일어나는데, 오로지 정신증에서만 일어나는 것은 아니다.

라가슈는 이상적 자아로 대표되는 동일시의 축과, 자아 이상-초자아의 쌍에 의해 구성되는 축을 구분하는 것이 좋다고 주장한다. 그에게 문제가 되는 것은, 무의식적인 자기애적 형성물이다. 그렇지만 라가슈의 생각은 눈베르크의 그것과 일치하지 않는다: 〈전지전능의 자기애적인 이상이라고 생각되는

이상적 자아

이상적 자아는 자아와 그거의 통합으로 귀결되는 것이 아니라, 전능이 부여된 다른 존재, 다시 말해 어머니와의 1차적 동일시를 내포한다.)[2a] 이상적 자아는 라가슈가 영웅적 동일시identification héroïque)(신망이 높은 예외적인 인물과의 동일시)라는 명칭 하에 기술한 것에 밑받침 역할을 하고 있다:〈이상적 자아는 독립심과 자부심과 영향력으로 특징지어지는 역사상의 위인이나 현대의 위대한 인물에 대한 열렬한 찬미로도 나타난다. 치료가 진전됨에 따라, 이상적 자아는 자아 이상으로 환원될 수 없는 형성물로 윤곽을 드러낸다.)[2b] 라가슈에 의하면, 이상적 자아의 형성물은 가학-피학적인 내포적 의미를 갖고 있다. 특히 그것은 자기주장과 상관관계가 있는 타자의 부정을 포함하고 있다.(→ **공격자와의 동일시**)

라캉에게도 이상적 자아는 본질적으로, 거울 단계*에 그 기원을 두고 있고 상상계*에 속하는 자기애적인 형성물이다.[3]

이렇게 여러 저자들은 시각의 차이를 보이고 있음에도 불구하고, 이상적 자아라는 무의식적 형성물을 정신분석 이론 안에 명시하는 것이 좋다는 것과, 자기애적인 특성이 그 형성물의 가장 눈에 띄는 특징이라는 것에 의견이 일치한다. 게다가 주목할 것은, 프로이트가 그 용어를 도입한 논문에서 이상적인 인격의 심역이 형성되는 기원에 이상화의 과정을 위치시키고 있다는 것이다. 주체는 그 과정을 통해 이른바 유년기의 자기애적인 전능 상태를 다시 획득하는 것을 목표로 삼는 것이다.

1 Nunberg H., *Allgemeine Neurosenlehre auf psychoanalytischer Grundlage*, 1932, trad. fr. *Principes de psychanalyse*, P.U.F., Paris, 1957, 135.

2 Lagache D., "La psychanalyse et la structure de la personnalité", 1958, in *La psychanalyse*, P.U.F., Paris, VI.

  a 43.

  b 41-2.

3 Lacan J., "Remarques sur le rapport de Daniel Lagache", 1958, in *La psychanalyse*, P.U.F., VI, 133-46.

이상화

프: *idéalisation*. 독: *Idealisierung*. 영: *idealization*. 스: *idealización*. 이: *idealizzazione*. 포: *idealização*.

대상의 질과 가치를 완벽하게 만드는 심리적 과정. 이상화된 대상과의 동일시는, 소위 이상적인 인격의 심역(이상적 자아, 자아 이상)을 형성하고 풍부하게 하는 데 기여한다.

프로이트는 그가 이미 특히 연애에서 작용하는 것(성적인 과대평가)으로 보여준 바 있는 이상화를, 자기애*라는 개념의 도출과 관계해서 정의한다. 그는 이상화와 승화를 구분한다. 승화는 〈…… 대상 리비도와 관련된 과정으로, 욕동이 성적인 충족과 동떨어진 다른 목표를 향하는 것이다 [……]. 이상화는 대상과 관련된 과정으로, 대상의 성질은 변하지 않은 채, 대상이 심리적으로 확대되고 고양되는 것이다. 이상화는 대상 리비도의 영역에서만큼 자아 리비도의 영역에서도 일어날 수 있다〉.[1]

이상화, 특히 부모의 이상화는 주체 내에서 이상적인 심역(→ **이상적 자아**, **자아 이상**)을 구성하는 데 필수적인 부분을 이루고 있다. 그러나 그것은 이상형의 형성*formations des idéaux*과 동의어는 아니다. 실제로 이상화는 독립된 하나의 대상에 관계될 있다. 예컨대, 사랑하는 대상의 이상화가 그것이다. 그렇지만 주목할 것은, 그 경우에도 이상화는 항시 자기애적인 성격을 강하게 띤다는 것이다: 〈대상이 자기 자아처럼 취급되어, 사랑의 감정에서 상당한 양의 자기애적인 리비도가 대상으로 흘러 들어가는 것을 볼 수 있다.〉[2]

*

이상화의 방어적 역할은 많은 저자들, 특히 멜라니 클라인에 의해 강조된다. 그녀에게 대상의 이상화는 본질적으로 파괴 욕동에 대한 방어이다. 그러한 의미에서, 그것은 이상화되고 모든 자질을 갖춘 〈좋은〉 대상*(예컨대 언제나 사용 가능하고 고갈되지 않는 어머니의 젖)과, 박해적 특징이 절정에 달한 나쁜 대상 사이의 극단적인 분열*clivage*과 상관관계가 있다.[3]

1 프로이트 S., 「자기애 소개」, 1914. 전집 XI, 74-5[72-3] ; G.W., X, 161 ; S.E., XIV, 94 ; 프, 98-99[O.C., XII, 237].

2 프로이트 S., 『집단 심리학과 자아 분석』, 1921. 전집 XII, 124[129] ; G.W., XIII, 124 ; S.E., XVIII, 112 ; 프, 126[O.C., XVI, 50].

3 가령 Klein M., "Some Theoretical Conclusions regarding the Emotional Life of the Infant", in *Developments*, 1952, 222.

2차적 가공

프: *élaboration secondaire*. 독: *sekundäre Bearbeitung*. 영: *secondary revision*(또는 *elaboration*). 스: *elaboración secundaria*. 이: *elaborazione secundaria*. 포: *elaboração secundária*.

비교적 일관성 있고 이해 가능한 각본의 형태로 나타내기 위하여 꿈을 손질하는 것.

꿈에서 불합리하고 조리가 없는 모습을 제거하고, 구멍을 막고, 그것의 요소를 선별하고 첨가함으로써 그 요소에 대해 부분적이거나 전체적인 손질을 하고, 백일몽*Tagtraum*과 같은 어떤 것으로 만들려는 것, 이것이 프로이트가 2차적 가공, 또는 〈이해 가능성의 고려*Rücksicht auf Verständlichkeit*〉라고 부르는 것의 본질이다.

  그것은 그것의 명칭인 *Bearbeitung*이 말해주듯이, 꿈의 작업*Arbeit*의 2차 시기를 구성한다. 따라서 그것은 이미 다른 기제(압축, 이동, 형상화)에 의해 만들어진 산물에 대해 작용한다. 그렇지만 프로이트는 그러한 2차적 가공이 사후에, 형성물에 작용해서 손질하는 것이 아니라, 반대로 〈······ 처음부터 꿈-사고의 재료에 대해 유도(誘導)적이고 선택적인 영향력을 행사한다.〉[1] 그래서 꿈의 작업은 이미 조립된 몽상을 쉽게 사용하는 것이다.(→ 환상)

  2차적 가공은 검열의 결과이기 때문에(이것에 대해 프로이트는 2차적 가공이 부정적인 역할만 하는 것이 아니라 첨가할 수도 있다고 강조하고 있다), 그것은 특히 주체가 각성 상태에 접근할 때, 더구나 그가 꿈을 이야기할 때 작용한다. 그러나 그것은 실제로는 꿈의 각 순간과 동시적이다.

  『토템과 터부』(1912)에서 프로이트는 2차적 가공과, 몇몇 사고 체계의 형성 과정을 비교하고 있다: 〈우리 속에는 지적인 기능이 내재하고 있다. 그것은 우리의 감각이나 사고에 나타나는 모든 재료에 대해, 통일성과 일관성과 이해 가능성을 요구한다. 그것은 어떤 특수한 상황의 결과로 정확한 관계를 파악할 수 없을 경우, 부정확한 관계를 세우는 것을 마다하지 않는다. 그런 식의 체계가 우리에게 알려진 것은 꿈뿐만 아니라, 공포증과 강박증, 그리고 여러 형태의 망상을 통해서이다. 그 체계가 가장 뚜렷이 드러나는 것은 망상 질환(파라노이아)이다. 거기서 그것은 질병의 그림을 지배하고 있다. 그렇다고 다른 형태의 정신신경증에서 그것이 등한시되어서는 안 된다. 그 모든 경우에서 새로운 목표를 위해 심리 재료가 손질되는 것을 볼 수 있다. 그 손질은 흔히 체계의 관점에서 보면 이해될 수 있는 것처럼 보일지라도, 기본적으로는 억지로 꾸며진 것이다.)² 그러한 의미에서 2차적 가공은 합리화*와 닮았다고 말할 수 있다.

1 프로이트 S., 『꿈의 해석』, 1900. 전집 IV, 582[603] ; G.W., II-III, 503 ; S.E., V, 499 ; 프, 371[O.C., IV, 549].
2 프로이트 S., 『토템과 터부』, 1912. 전집 XIII, 156[161-2] ; G.W., IX, 117 ; S.E., XIII, 95 ; 프, 133[O.C., XI, 306].

1차 과정, 2차 과정

프: *processus primaire, processus secondaire*. 독: *Primärvorgang, Sekundärvorgang*. 영: *primary process, secondary process*. 스: *proceso primario, proceso secundario*. 이: *processo primario, processo secondario*. 포: *processo primário, processo secundário*.

프로이트가 끌어낸 심리 장치의 두 가지 기능 작용. 근본적으로 그것을 다음과 같은 특징으로 구별할 수 있다:

a) 지형학적 관점에서, 1차 과정은 무의식 체계의 특징이고, 2차 과정은 전의식-의식 체계의 특징이다.

b) 역학적-경제학적 관점에서, 1차 과정의 경우, 심리 에너지는 자유롭게 흘러 이동과 압축의 기제에 따라 아무런 구속 없이 하나의 표상에서 다른 표상으로 옮겨 다닌다. 그것은 욕망을 구성하고 있는 충족 체험(원초적 환각)과 결부된 표상을 완전히 재투여하는 경향이 있다. 2차 과정의 경우, 에너지는 흐름이 통제되기 전에 우선 〈구속〉된다. 즉 표상은 좀 더 안정적으로 투여되고, 충족이 연기됨에 따라, 가능한 다양한 충족의 길을 모색하는 정신적 실험이 시도된다.

1차 과정과 2차 과정의 대립은 쾌락원칙과 현실원칙의 대립과 상관관계가 있다.

1차 과정과 2차 과정에 대한 프로이트의 구분은 무의식적인 과정의 발견과 동시적이다. 그것은 무의식적인 과정의 발견에 최초의 이론적인 표현을 제공하고 있다. 그것은 「과학적 심리학 초고」(1895)에서부터 나타나기 시작하여,

『꿈의 해석』(1900) 제7장에서 발전된 뒤, 프로이트 사상의 변함없는 참조 사항으로 남는다.

프로이트는 증상 형성에 대한 연구와 꿈의 분석을 통해, 몇몇 법칙에 의해 지배되고 자신의 고유한 기제를 보여주고 있는 정신 기능의 형태를 인식하게 되는데, 그것은 전통적인 심리학의 관찰 대상이 되는 사고 과정과는 전혀 다른 것이었다. 그러한 형태의 기능은 특히 꿈에서 명확히 드러나는데, 그렇다고 해서 그것이 고전적인 심리학이 주장하는 것처럼, 의미의 부재를 특징으로 하는 것은 아니다. 그것은 의미의 끊임없는 미끄러짐을 특징으로 하고 있다. 거기서 구체적으로 작용하고 있는 기제로는, 한편으로 이동* — 흔히 무의미하게 보이는 표상이 모든 심리적 가치, 즉 원래 다른 표상에 부여되어야 하는 모든 심리적 가치와 의미와 강도를 부여받는 작용 — 과, 다른 한편으로 압축* — 단 하나의 표상에 연상의 사슬이 갖고 있는 모든 의미작용이 합류하여 교차하는 작용 — 이 있다. 증상의 중층결정*은 무의식에 고유한, 그러한 형태의 기능의 다른 예를 제공하고 있다.

또한 무의식적인 과정의 목표는 가장 빠른 길을 통해 지각의 동일성*을 세우는 것 — 즉 최초의 충족 체험*이 특권적인 가치를 부여한 표상을 환각적 방식으로 재현하는 것 — 이라는 가설을 프로이트로 하여금 세우도록 만든 것도 꿈의 모델이었다.

반대로 심리학에서 전통적으로 기술하고 있는 각성 사고, 주의, 판단, 추론, 통제된 행동과 같은 기능은, 그러한 형태의 정신 기능과 대립하는 2차 과정으로 기술될 수 있다. 2차 과정에서 추구되는 것은 사고의 동일성*이다: 〈사고는 표상의 강도에 속지 않고, 그 표상들의 연결 방식에만 관심을 갖는다.〉[1] 그러한 관점에서 2차 과정은 1차 과정의 수정이다. 그것[2차 과정]은 자아 — 이것의 주된 역할은 1차 과정을 억제하는 것이다 — 가 정립됨으로써 가능해진 조절 기능을 수행한다.(→ **자아**) 그렇다고 해서 자아가 관여하는 모든 과정이 2차 과정인 것은 아니다. 프로이트는 처음부터 자아가 어떻게 1차 과정의 영향을 받는지 — 특히 병적인 방어 형태에서 — 를 지적하고 있다. 그 경우, 방어의 최초의 특징은 임상적으로 강박적인 양상으로 나타난다. 즉 경제학적인 용어로, 그것은 문제의 에너지가 가장 빠른 길을 통해 직접적이고 총체적으로 방출되려고 한다는 사실로 나타난다[a]: 〈환각에까지 이르는 욕망의 투여와, 방어의 완전한 지출을 의미하는 불쾌감의 완전한 발달을, 우리는 1차적인 심리 과정*processus psychiques primaires*이라는 용어로 지칭할 것이다. 반면에 자아의 적당한 투여에 의해서만 가능해지는 것으로, 앞의 과정의 조절을 나타내는 과정을, 우리는 2차적인 심리 과정*processus psychiques secondaires*이라고 부를 것이다.)[2a]

1차 과정과 2차 과정의 대립은 심리적 에너지의 두 가지 순환 방식 — 자유 에너지와 구속 에너지* — 의 대립과 일치한다. 그것은 또한 쾌락원칙과 현실원칙*의 대립과도 비교 검토되어야 한다.

*

1차, 2차라는 용어는 시간적이고, 게다가 발생학적인 내포적 의미를 갖고 있다. 그러한 함의는 심리 장치에 관한 프로이트의 두 번째 이론 — 자아를 그거*에서 점진적으로 분화된 결과로 정의하고 있는 이론 — 에서 강조되고 있다.

그렇지만 그 문제는 프로이트의 최초의 이론적인 모델에서부터 나타나고 있다. 다시 말해 「과학적 심리학 초고」에서도, 그 두 가지 과정은 표상의 차원에서의 기능 방식과 일치할 뿐 아니라, 뉴런 장치의 분화와 유기체의 발달의 두 단계*étapes*와도 일치한다. 즉 프로이트는 거기서 〈1차 기능〉과 〈2차 기능〉을 구분하고 있는데, 전자는 유기체와 유기체의 특수한 부분인 뉴런 체계가 〈반사궁(反射弓, *arc réflexe*)〉의 모델에 따라 움직이는 기능 — 흥분량의 직접적이고 총체적인 방출 — 이고, 후자는 외적인 자극의 회피와, 내적인 긴장을 종결시키면서 어떤 에너지의 축적을 전제하고 있는 특수 행동*이다: 〈……뉴런 체계의 모든 실행은 1차 기능의 관점에서 검토되든가, 아니면 삶의 절박성*Not des Lebens*이 강요하는 2차 기능의 관점에서 검토되어야 한다.)[2b] 프로이트는 그에게 과학의 기본적인 요구로 보이는 것을 쉽게 벗어날 수 없었다: 그것은 바로 1차적인 심리 과정과 2차적인 심리 과정의 발견을, 흥분의 쇄도에 대한 유기체의 반응 방식을 도입하는 생물학적인 개념 속에 삽입시켜야 한다는 요구였다. 그러한 시도는 결과적으로 생물학적 차원에서는 거의 지지 받을 수 없는 주장이 되고 만다. 예컨대, 말초 감각에서 받은 자극과 같은 양의 흥분을 말단 운동으로 전달한다고 여겨지는 반사궁이 그렇고, 또는 좀 더 근본적인 수준에서, 하나의 유기체는 그것이 받아들이는 에너지의 완전한 배출이라는 유일한 원칙에 따라 작동하는 한 단계를 겪는다는 개념이 그렇다. 그 결과 역설적으로 살아 있는 존재의 출현을 가능하게 하는 것은 〈삶의 절박성〉이다.(→ **항상성의 원칙**)

그렇지만, 주목할 것은, 프로이트가 생물학적인 모델을 따르는 바로 그 곳에서, 그는 유기체의 1, 2차 〈기능〉을 1, 2차 〈과정〉과 동일시하지 않는다는 것이다. 그는 그 두 과정을, 두 가지 양태의 심리 기능, 즉 Ψ 체계[비투과성 뉴런 체계;「과학적 심리학 초고」참조]의 기능으로 만들고 있다.[2c]

α 프로이트는「과학적 심리학 초고」에서 1차 과정을 〈충만한〉과정 또는 〈총체적인*voll*〉 과정이라고 부르기도 한다.

1 프로이트 S.,『꿈의 해석』, 1900. 전집 IV, 693[721] ; G.W., II-III, 607-8 ; S.E., V, 602 ; 프, 491 [O.C., IV, 657].

2 프로이트 S.,「과학적 심리학 초고」,『정신분석의 탄생』, 1895.
 a 한, 256 ; 독, 411 ; 영, 388 ; 프, 344.
 b 한, 218 ; 독, 381 ; 영, 358 ; 프, 317.
 c 한, 253-56 ; 독, 409-11 ; 영, 386-9 ; 프, 342-4 참조.

1차적 동일시

프: *identification primaire*. 독: *primäre Identifizierung*. 영: *primary identification*.
스: *identificación primaria*. 이]: *identificazione primaria*. 포: *identificação primária*.

타자를 모델로 하여 주체가 구성되는 원초적인 방식으로, 그것은 대상이 처음부터 독립적인 것으로 제시되는 미리 설정된 관계에 종속되는 것이 아니라, 1차적 동일시는 소위 구강기적 합체라는 관계와 긴밀하게 연관되어 있다.

1차적 동일시라는 개념은 그것이 정신분석 용어의 일부분이 될 때부터, 저자(著者)가 개별적인 존재의 최초의 시기를 어떻게 재구성하느냐에 따라 상당히 다른 의미를 띤다.

1차적 동일시는 시간적으로 최초라는 점에서뿐만 아니라, 엄밀한 의미에서 대상 관계의 결과로서 세워지는 것이 아니라 〈…… 대상과의 감정적인 가장 원초적인 연결 형태〉[1a]라는 점에서, 그 위에 포개지는 2차적 동일시와 대립된다. 〈맨 처음에는, 다시 말해 개인의 최초의 구강기에는 대상 투여와 동

1차적 동일시

일시가 서로 구분되지 않는다.)[2a]

자아와 타아(他我, *alter ego*)의 구분이 확고하게 확립되기 이전에는, 어린아이와 타인의 관계가 주로 어머니*mère*와의 최초의 관계로 기술된다. 그러한 관계는 분명히 합체의 과정으로 특징지을 수 있을 것이다. 그렇지만 엄격히 말해, 1차적 동일시를 완전히 미분화된 대상이나 대상이 없는 상태와 연결시키기는 어렵다.

게다가 프로이트가 1차적 동일시라는 표현을 아주 드물게 사용했을 뿐더러,[2b] 그것으로 〈개인적인 선사 시대의〉 아버지*père* ─ 남자아이가 이상형이나 원형*Vorbild*으로 생각하는 아버지 ─ 와의 동일시를 가리켰다는 것은 흥미로운 일이다. 거기서 문제가 되는 것은, 〈어떤 대상 투여보다 앞서서 위치하는, 매개를 통하지 않는 직접적인 동일시〉[2b, 1b]일 것이다.

1 프로이트 S., 『집단 심리학과 자아 분석』, 1921.
 a 전집 XII, 117[122] ; G.W., XIII, 118 ; S.E., XVIII, 107 ; 프, 120[O.C., XVI, 44].
 b 전집 XII, 114[119] sqq. ; G.W., XIII, 115 sqq. ; S.E., XVIII, 105 sqq. ; 프, 117[O.C., XVI, 42] sqq. 참조.
2 프로이트 S., 『자아와 그거』, 1923.
 a 전집 XI, 368[372] ; G.W., XIII, 257 ; S.E., XIX, 29 ; 프, 183[O.C., XVI, 272-3].
 b 전집 XI, 371[375] ; G.W., XIII, 259 ; S.E., XIX, 31 ; 프, 185[O.C., XVI, 275].

1차적 자기애[나르시시즘], 2차적 자기애[나르시시즘]

프: *narcissisme primaire, narcissisme secondaire*. 독: *primärer Narzissmus, sekundärer Narzissmus*. 영: *primary narcissism, secondary narcissism*. 스: *narcisismo primario, narcisismo secundario*. 이: *narcisismo primario, narcisismo secondario*. 포: *narcisismo primário, narcisismo secundário*.

1차적 자기애는 어린아이가 자신의 전 리비도를 자기 자신에게 투여하는 아주 이른 상태를 가리킨다. 2차적 자기애는 리비도가 대상 투여로부터 철수하여 자아에게로 선회하는 것을 가리킨다.

그 용어들은 정신분석 문헌은 물론이려니와 프로이트의 저작에서도 아주 다양한 뜻을 갖고 있기 때문에, 우리가 제시하는 정의보다 더 정확하고 일관된 정의를 제공할 수는 없을 것이다.

1. 2차적 자기애라는 표현은 1차적 자기애보다 문제가 적다. 프로이트는 그것을 「자기애 소개」(1914)에서부터, 정신분열적인 자기애와 같은 상태를 가리키는 데 사용하고 있다: 〈…… 그 자기애는 대상 투여를 철수할 때 나타나기 때문에, 우리는 그것을 1차적 자기애 — 이것은 이미 여러 가지 영향으로 흐려진 상태다 — 의 기반 위에 세워진 2차적인 상태로 생각하지 않을 수 없다.〉[1] 프로이트에게, 2차적 자기애가 단지 어떤 극단적인 퇴행 상태만을 가리키는 것은 아니다. 그것은 주체의 영속적인 구조이기도 하다: a) 경제학적인 차원에서, 대상 투여가 자아 투여를 완전히 제거하는 것은 아니다. 그 두 종류의 투여 사이에는 진정한 에너지의 균형이 존재한다; b) 지형학적 차원에서, 결코 떼어버릴 수 없는 자기애의 형성물을 대표하는 것이 자아 이상이다.

2. 1차적 자기애라는 개념은 저자에 따라 극단적인 편차를 보이고 있다. 거기서 문제가 되는 것은 유아 리비도라는 가설적인 단계를 정의하는 것인데, 특히 그것의 상태에 대한 기술과, 그것의 연대기적인 상황과, 몇몇 저자에게는 그것의 존재 자체에 대해 복잡하게 대립하고 있다.

프로이트에게 1차적 자기애는 일반적으로 최초의 자기애를 가리킨다. 그것은 어린아이가 외부의 대상을 선택하기 이전에 자기 자신을 사랑의 대상으로 삼는 자기애이다. 그러한 상태는 어린아이가 자기 사고의 전능을 믿는 것과 일치한다.[2]

그러한 상태의 형성 시기를 정확히 밝히려다 보면, 이미 프로이트에게 관점의 변화가 있음을 보게 된다. 1910년과 1915년 사이의 논문에서,[3] 그 시기는 원초적인 자기-성애와 대상애 사이에 위치하는데, 최초의 주체의 통일, 즉 자아의 출현과 동시적인 것 같다. 그 후에, 프로이트는 제2지형학을 만들면서, 1차적 자기애라는 용어로, 차라리 자아가 구성되기 이전인 초기 삶의 상태를 의미한다.[4] 그것의 원형은 아마 자궁 내의 삶일 것이다. 그리하여 자기-성애*와 자기애의 구분은 없어진다. 지형학적 관점에서 그렇게 합의된 1차적 자기애에 투여된 것이 무엇인지는 잘 알 수 없다.

오늘날 일반적으로 정신분석 이론에서 지배적인 것은 후자의 의미로서의 1차적 자기애이다. 그 결과 논쟁의 의미와 여지가 줄어든다. 그 개념을 받아들이건 거부하건, 그것은 항시 완전히 〈대상이 없거나〉, 적어도 〈분화되지 않은〉, 즉 주체와 외부 세계 사이가 분리되지 않은 상태를 가리킨다.

그러한 자기애의 개념에 대해, 두 가지 반론이 제기될 수 있다:

용어의 차원에서, 그러한 의미는 자기애라는 용어가 어원적으로 전제하고 있는 자기 이미지, 즉 거울 관계에 대한 참조를 시야에서 놓치고 있다. 따라서 〈1차적 자기애〉라는 용어는 대상이 없는 단계를 지칭하기에 부적절하다고 여겨진다.

사실의 차원 : 그러한 단계의 존재 여부가 진짜 문제이다. 어떤 저자들은 젖먹이 때부터 대상 관계 — 〈1차적 대상애〉[5] — 가 존재한다고 생각하고 있다. 그래서 그들은 최초의 자궁 밖의 삶에서 대상이 없는 단계로 이해되는 1차적 자기애라는 개념을 신화적이라고 거부한다. 멜라니 클라인에 의하면, 대상 관계는 태어날 때부터 확립되기 때문에, 자기애 단계라는 표현은 사용할 수 없다. 단지 리비도가 내면화된 대상으로 선회하는 것으로 정의되는 자기애적인 〈상태〉는 말할 수 있다.

그러한 비판으로부터 출발하여, 우리는 프로이트가 의도한 궁극적인 의미를 회복시킬 수 있다고 생각한다. 왜냐하면 프로이트는 해블록 엘리스H. Ellis가 병리학에 도입한 자기애 개념을 받아들여, 그것을 부분 욕동의 무정부적이고 자기-성애적인 기능에서 대상 선택으로 이어지는 발달에서, 필수적인 한 단계로 확대 재편하고 있기 때문이다. 1차적 자기애라는 용어가, 최초의 형태의 자아와 그것의 리비도의 투여가 동시적으로 나타나는 것으로 특징지어지는 아주 이른 단계나 형성기를 가리킨다는 데는 이의가 없을 것이다. 따라서 그러한 사실은 최초의 자기애가 인간 존재의 최초의 상태라는 것을 의미하지도 않을 뿐더러, 경제학적인 관점에서 그러한 자기애의 우위가 모든 대상 투여를 배제한다는 것을 의미하는 것도 아니다. (→ **자기애**)

1 프로이트 S., 「자기애 소개」, 1914. 전집 XI, 48[46] ; G.W., X, 140 ; S.E., XIV, 75 ; 프, 82[O.C., XII, 219].

2 프로이트 S., 『토템과 터부』, 1912. 전집 XIII, *passim*. 참조.

3 프로이트 S., 「한 파라노이아 사례(파라노이아형 치매)의 자서전적인 기술에 대한 정신분석적 고찰: 슈레버」, 1911. 『토템과 터부』, 1912. 「자기애 소개」, 1914. 참조.

4 프로이트 S., 『정신분석 입문 강의』, 1916-17. 전집 I, 557-8[587-8] ; G.W., XI, 431-2 ; S.E., XVI, 415-6 ; 프, 444-5[O.C., XIV, 430-1] 참조.

5 Balint M., "Early developmental states of the Ego. Primary object. love", 1937, in *Primary love and Psychoanalytic technique*, Hogarth Press, Londres, 1952, 103-8.

입원 장애

프: hospitalisme. 독: Hospitalismus. 영: hospitalism. 스: hospitalismo. 이: ospedalismo. 포: hospitalismo.

르네 스피츠René Spitz의 연구 이래로 사용된 용어로, 완전히 어머니 없이 병원 같은 기관에 오랫동안 입원함으로써, 어린아이(생후 18개월 내에)에게 생기는 심신 장애 전체를 가리킨다.

우리는 독자들에게 이 문제에 관한 전문화된 연구,[1] 특히 권위 있는 스피츠의 연구[2]를 참조하기를 권한다. 그 연구는 수많은 주의 깊은 관찰과, 다양한 범주의 어린아이들(고아원이나, 어머니가 가끔 참석하는 보육원이나, 어머니에 의해 길러진 어린아이들 등) 사이의 비교에 근거하고 있다.

　익명의 보살핌만 주어지고 사랑의 유대 관계가 없는 기관에서, 어린아이들이 완전히 어머니 없이 양육될 때, 스피츠가 입원 장애라는 이름으로 묶은 심각한 장애를 확인할 수 있다: 즉 신체 발육 부진, 신체 제어 부진, 환경에 대한 적응 부진, 언어 부진과, 질병에 대한 저항력의 저하, 그리고 가장 심각한 경우인 노쇠와 죽음이 그것이다.

　입원 장애는 지속적인, 게다가 돌이킬 수 없는 결과를 가져온다. 스피츠는 입원 장애를 기술한 뒤, 그것을 모자 관계의 혼란에 의해 야기된 장애 속에 위치시키려고 했다. 그는 그것을 총체적인totale 애정 결핍으로 정의하고, 의탁적 우울증*과 구분한다. 의탁적 우울증은 어머니와의 정상적인 관계의 혜택을 받았던 어린아이에게, 부분적인patielle 애정의 상실의 결과로 생기기 때문에, 일단 어머니를 되찾으면 회복될 수 있다.[3]

1 스피츠의 논문「입원 장애Hospitalism」의 참고 문헌 참조.
2 Spitz (R. A.), "Hospitalism", 1945. Trad. fr. in *R.F.P.*, XIII, 1949, pp. 397-425 참조.
3 Spitz (R. A.), *La première année de la vie de l'enfant*, P.U.F., Paris, 1953 참조.

ㅈ

자기보존 욕동

프: *pulsions d'auto-conservation*. 독: *Selbsterhaltungstriebe*. 영: *instincts of self-preservation*. 스: *instintos de autoconservación*. 이: *istinti*(또는 *pulsioni*) *d'autoconservazione*. 포: *impulsos*(또는 *pulsões*) *de autoconservação*.

프로이트는 이 용어로써, 개체의 생명 보존에 필수적인 신체 기능과 결부된 욕구의 총체를 가리킨다. 배고픔은 그것의 원형을 이루고 있다.
프로이트는 최초의 욕동 이론의 틀에서, 자기보존 욕동을 성욕동에 대립시킨다.

프로이트에게 자기보존 욕동이라는 용어는 1910년에야 비로소 나타나지만, 성욕동과 대립하는 다른 형태의 욕동이 있다는 생각은 그 이전에 이미 있었다. 실제로 그 생각은 『성이론에 관한 세 편의 논문』(1905)부터, 프로이트가 신체의 다른 기능에 대한 성욕의 의탁에 대해 말하고 있는 것 속에 함축되어 있다.(→ **의탁**) 예컨대, 구강기에는 영양 섭취 활동이 성적인 쾌락을 떠받친다: 〈처음에는 성감대의 충족이 섭식 욕구의 충족과 결합되어 있다.〉[1a] 같은 문맥에서, 프로이트는 〈섭식 욕동*pulsion d'alimentation*〉[1b]이라는 말도 한다.

  1910년 프로이트는 최초의 욕동 이론의 중심이 되는 대립을 다음과 같이 진술하고 있다: 〈성욕 ― 즉 성적인 쾌감의 획득 ― 에 종사하는 욕동과, 개체의 자기보존을 목표로 하는 욕동, 즉 자아 욕동 사이의 부정할 수 없는 대립은 [……] 아주 특별히 중요하다. 우리의 심리 속에서 활동하고 있는 유기체의 모든 욕동은, 한 시인의 말에 따르면, '배고픔'과 '사랑'으로 분류될 수 있다.〉[2] 그러한 이원론은 프로이트가 그 시기의 논문들에서, 서로 연관지어 설명하고 있는 두 가지 측면을 포함하고 있다: 자기보존 욕동에 대한 성욕동의 의탁과, 심리적 갈등*에서 그것들의 대립의 결정적인 역할이 그것이다. 히스테리성 시각 장애와 같은 예가 그러한 이중적인 측면을 보여주고 있다. 거기서 눈이라는 동일한 기관은 두 가지 형태의 욕동의 활동을 떠받치고 있다. 그리하여 그것은 그것들 사이에 갈등이 있을 때 증상의 장소가 된다.

의탁 문제에 관한 한, 그 용어에 대한 우리의 설명을 참조하기 바란다. 크게 두 가지로 대별되는 욕동이 방어 갈등에서 서로 대립하는 방식에 대해 말하자면, 가장 명확한 대목 중의 하나가 「심리적 사건 진행의 두 가지 원칙에 관한 공식화」(1911)에 나타나 있다. 자아 욕동은 현실의 대상에 의해서만 충족될 수 있기 때문에, 쾌락원칙에서 현실원칙*으로 재빨리 이동한다. 그 결과 자아욕동은 현실의 대행자가 되어, 환상적 방식으로 충족될 수 있고 오랫동안 쾌락원칙*의 지배 하에만 머물러 있는 성욕동에 대립하게 된다: 〈신경증에 걸리기 쉬운 심리적 소질의 본질적인 부분은, 성욕동이 현실을 고려하는 것을 지연하는 데서 생긴다.〉[3]

그러한 개념은 프로이트가 가끔 표명한 다음의 생각 속에 압축되어 있다: 즉 성욕동과 자기보존 욕동 사이의 갈등은 전이 신경증의 이해에 열쇠를 제공한다(이 점에 관해서는 〈자아 욕동〉 참조).

*

프로이트가 자기보존 욕동의 여러 종류를 전체적으로 개관하려고 애쓴 적은 한 번도 없다. 그가 그것에 대해 말할 때는, 흔히 뭉뚱그려 말하거나, 배고픔의 특권화된 모델에 따라 말했다. 그렇지만 유기체의 여러 커다란 기능들(영양 섭취, 배변, 배뇨, 근육 활동, 시각 등)이 존재하는 만큼, 수많은 자기보존 욕동이 존재한다는 사실은 인정했다.

성욕동과 자기보존 욕동의 프로이트적인 대립은, 그 두 가지 모두를 욕동Trieb이라는 동일한 용어로 지칭할 수 있는지의 정당성에 대해 자문하게 한다. 우선 주목할 것은, 프로이트가 욕동 일반을 다룰 때, 다소 분명하게 성욕동을 참조하고 있다는 것이다. 예를 들면 그는 목표의 변화의 가능성과 대상의 우연성과 같은 특징들을 그 욕동에 부여하고 있다. 반대로 자기보존 〈욕동〉은 접근 통로가 미리 형성되어 있고, 충족을 주는 대상은 처음부터 결정되어 있다. 막스 셸러Max Scheler의 공식에 따르면, 젖먹이의 배고픔은 〈먹이의 가치에 대한 직관)을 내포하고 있다.[4] 의탁적 대상 선택*에 대한 프로이트의 생각이 보여주고 있듯이, 성욕에 대상의 길을 일러주는 것은 자기보존 욕동이다. 아마 그러한 차이 때문에, 프로이트는 자기보존 욕동을 가리키기 위해 욕구*Bedürfnis*라는 용어를 여러 차례 사용한 것 같다.[5a] 그러한 관점에서, 양자 모두 점진적으로 현실원칙을 따르기 이전에는 쾌락원칙만을 따랐다고 해서, 발생학적 관점에서 자기보존 기능과 성욕동 사이에 엄밀한 대응 관계가 있다고 가정하는 것은 인위적인 데가 있다. 사실 자기보존 기능은 오히려 처음부터 현실원칙 편에 위치해 있고, 성욕동은 쾌락원칙 편에 서 있다.

프로이트는 욕동 이론을 계속 수정해 나가면서, 자기보존 기능의 위상을 여러 방식으로 바꾸지 않을 수 없게 된다. 우선 주목할 것은, 욕동에 대한 재분류의 시도와 함께, 예전에는 서로 일치하던 자아 욕동과 자기보존 욕동이 더 이상 완전히 일치하지 않는다는 것이다. 자아 욕동에 관해서는, 다시 말해 자아의 심역에 종사하는 욕동의 에너지의 본질에 관해서는, 다음의 항목의 설명을 참조하기 바란다: 〈자아 욕동〉, 〈자아 리비도─대상 리비도〉, 〈자아〉 등. 그리고 자기보존 기능에 관해서는 다음과 같이 도식적으로 말할 수 있다:

1. 자기애[나르시시즘]의 도입(1915년)과 함께, 자기보존 욕동은 성욕동과 대립한다. 설혹 후자가 외적인 대상을 겨냥하느냐(대상 리비도) 아니면 자아를 겨냥하느냐(자아 리비도)에 따라 세분된다고 하더라도 말이다.

2. 1915년과 1920년 사이에 프로이트가 〈눈에 띄게 융의 관점에 접근〉(5b)하여 욕동의 일원론을 채택하고 싶은 유혹을 느낄 때, 자기보존 욕동은 자기 사랑 또는 자아 리비도의 특수한 경우로 간주되는 경향이 있다.

3. 1920년 이후, 죽음 욕동*과 삶 욕동*이라는 새로운 이원론이 도입된다. 처음에[6] 프로이트는 자기보존 욕동의 위상에 대해 망설인다. 우선 그는 그것을 죽음 욕동 속에 분류한다. 왜냐하면 그것은 〈유기체가 오직 자신의 방식으로 죽고 싶어 한다.〉[7]는 사실을 우회적으로 표현하고 있기 때문이다. 그러나 그는 곧 그러한 생각을 수정하여, 개체의 보존을 삶 욕동의 특수한 경우로 본다.

그 뒤에 그는 다음과 같은 최종적인 관점을 견지한다: 〈자기보존 욕동과 종족 보존 욕동의 대립은, 자기애와 대상애의 대립과 마찬가지로, 에로스 내부에 위치되어야 한다.〉[8]

자기보존 욕동

1 프로이트 S.,『성이론에 관한 세 편의 논문』, 1905.
  a 전집 VII, 76[70-1] ; G.W., V, 82 ; S.E., VII, 181-2 ; 프, 74[O.C., VI, 117].
  b 전집 VII, 77[71] ; G.W., V, 83 ; S.E., VII, 182 ; 프, 76[O.C., VI, 118].
2 프로이트 S.,「심인성 시각장애에 관한 정신분석적인 해석」, 1910. 전집 X, 87[89] ;
G.W., VIII, 97-8 ; S.E., XI, 214 ; 프, 170[O.C., X, 182].
3 프로이트 S.,「심리적 사건 진행의 두 가지 원칙에 관한 공식화」, 1911. 전집 XI, 18[18]
; G.W., VIII, 235 ; S.E., XII, 223 ; 프, 140[O.C., XI, 18].
4 Scheler M., *Wesen und Formen der Sympathie*, 1913. 프, 295.
5 프로이트 S.,「〈정신분석〉과 〈리비도 이론〉」, 1923 참조.
  a 전집 XV, 149[151] ; G.W., XIII, 221 ; S.E., XVIII, 245 ; 프, 62[O.C., XVI, 194].
  b 전집 XV, 164[167] ; G.W., XIII, 231-2 ; S.E., XVIII, 257 ; 프, 75[O.C., XVI, 207].
6 프로이트 S.,『쾌락원칙을 넘어서』, 1920. *passim*. 참조.
7 프로이트 S.,『쾌락원칙을 넘어서』, 1920. 전집 XI, 311[315] ; G.W., XIII, 41 ; S.E.,
XVIII, 39 ; 프, 45[O.C., XV, 311].
8 프로이트 S.,「정신분석 개요」, 1938. 전집 XV, 418[436] ; G.W., XVII, 71 ; S.E.,
XXIII, 148 ; 프, 8[O.C., XX, 237].

자기 분석

프: *auto-analyse*. 독: *Selbstanalyse*. 영: *self-analysis*. 스: *autoanálisis*. 이: *auto-analisi*. 포: *auto-análise*.

정신분석적 방법의 몇몇 기법 ─ 자유연상, 꿈의 분석, 행위의 해석 등 ─ 에 의존하여 다소 체계적으로 수행되는 자기에 의한 자기 탐구.

프로이트는 결코 자기 분석의 문제에 대해 텍스트를 바친 적이 없다. 그러나 그는 여러 차례, 특히 자기 자신의 경험을 참조하면서 그것을 암시하고 있다. 〈자기 분석의 필요성은 나에게 아주 분명하게 나타났다. 그것은 나의 어린 시절의 모든 사건을 가로질러 나를 인도하는, 나 자신의 일련의 꿈의 도움으로 이루어졌다. 나는 지금도 여전히 그러한 종류의 분석은, 너무 비정상적이지 않은 좋은 꿈을 꾸는 모든 사람에게 적합하다고 생각하고 있다.〉[1] 그가 보기에, 그러한 방법은 그가 창설한 것이었다: 〈누가 나에게 어떻게 정신분석가가 될 수 있느냐고 물으면, 나는 자기 자신의 꿈을 연구함으로써 그렇게 될 수 있다고 대답한다.〉[2]

그러나 다른 많은 글에서, 프로이트는 자기 분석의 범위에 대해 아주 유보적인 태도를 보인다. 그는 자기 자신의 실험이 진행되는 중에도, 플리스에 다음과 같은 편지를 쓴다: 〈나의 자기 분석은 중단되었다. 나는 지금 그 이유를 알고 있다. 왜냐하면 내가 나 자신을 분석할 수 있는 것은, (하나의 이방인으로서) 객관적으로 습득된 지식을 이용할 때뿐이기 때문이다. 진정한 자기 분석은 불가능하다. 그렇지 않다면, 아마 정신질환은 없었을 것이다.〉[3] 솔직히 말해서 자기 분석은 나중에 고유한 의미의 분석에 비해 평가 절하된다: 〈처음에는 자기 자신의 인격을 연구함으로써 자기 자신에 대한 정신분석을 배운다. [……] 그러나 그러한 길에서 발전은 일정한 한계에 부닥친다. 유능한 정신분석가와 분석하면 훨씬 더 멀리 나갈 수 있다.〉[4]

자기 분석이 정신분석을 대체할 수 있다고 주장할수록, 프로이트는 자기 분석에 대해 더욱 더 유보적이 된다. 일반적으로는 자기 분석을 정신분석에 대한 특수한 형태의 저항으로 간주하고 있다. 그것은 자기애를 충족시키고, 치료의 본질적인 원동력인 전이를 제거하기 때문이다.[5] 캐런 호니Karen Horney같이 그것의 사용을 권하는 사람에게조차, 그것은 치료를 준비하거나 계속하는 치료의 보조 수단으로 비쳐지고 있다. 프로이트의 자기 분석에 관해 말하자면, 그것은 지극히 독특하다. 왜냐하면 그것은 부분적으로 정신분석의 기원에 있으면서도, 정신분석적인 지식의 적용이 아니기 때문이다.

분석가에 관한 한, 그들의 무의식의 역학을 계속 밝히려고 애쓰는 것은 지극히 바람직하다. 프로이트는 1910년부터 역전이*에 대해 다음과 같이 기술하고 있다: 〈[……] 어떠한 정신분석가도 자기 자신의 콤플렉스나 내적인 저항이 허락하는 것보다 더 멀리 나아갈 수 없다. 그래서 우리는 그가 자기 분석으로 자신의 활동을 시작하고,[α] 환자와의 분석을 통해 배우는 동안, 자기 분석을 계속해서 심화시키기를 요구한다. 그러한 자기 분석을 완수하지 못하는 사람은, 서슴지 말고 환자를 분석으로 치료하는 것을 단념하는 것이 좋다.〉[6] 교육 분석 제도가 자기 분석의 필요성을 없애는 것은 아니다. 자기 분석은 교육 분석에 의해 시작된 과정을 〈무한히〉 연장하는 것이다.[β]

α 안 베르망Anne Berman이 그녀의 프랑스어 번역판에서 썼듯이, 〈분석을 받는 것부터 *par subir une analyse*〉 시작하는 것이 아니다.

β 이 문제의 체계적인 연구에 대해서는, Anzieu D., 『자기 분석*L'auto-analyse*』, P.U.F., Paris, 1959 참조.

1 프로이트 S., 「정신분석 운동의 역사에 대하여」, 1914. 전집 XV, 66[67] ; G.W., X, 59 ; S.E., XIV, 20 ; 프, 278[O.C., XII, 263].

2 프로이트 S., 『정신분석에 대하여』, 1909. in 『끝이 있는 분석과 끝이 없는 분석』. 한, 198 ; G.W., VIII, 32 ; S.E., XI, 33 ; 프, 147[O.C., X, 30].

3 프로이트 S., 「플리스에게 보낸 편지」, 『정신분석의 탄생』, 1887-1902. 한, 177 ; 독, 249 ; 영, 234 ; 프, 207.

4 프로이트 S., 『정신분석 입문 강의』, 1916-7. 전집 I, 24[22] ; G.W., XI, 12 ; S.E., XV, 19 ; 프, 30[O.C., XIV, 16].

5 Abraham K., *Über eine besondere Form des neurotischen Widerstandes gegen die psychoanalytische Methodik*, 1919, 프, II, 83-9 참조.

6 프로이트 S., 「정신분석적 치료의 장래 전망」(1910), in 『정신분석적 정신치료』. G.W., VIII, 108 ; S.E., XI, 145 ; 프, 27[O.C., X, 67].

자기-성애[자가-성애]

프: auto-érotisme. 독: *Autoerotismus*. 영: *auto-erotism*. 스: *autoerotismo*. 이: *auto-erotismo*. 포: *auto-erotismo*.

A) 넓은 의미에서, 자기-성애는 주체가 외부 대상 없이 오직 자기 자신의 육체에 의존해서 충족을 얻은 성행위를 특징으로 한다. 그러한 의미에서 자위는 자기-성애적 행위라고 말할 수 있다.

B) 좀 더 특수한 의미에서, 그것은 하나의 기관의 기능이나 성감대의 흥분과 결부된 부분 욕동이 제 자리에서, 다시 말해

1. 외부 대상의 도움 없이,

2. 육체의 통일된 이미지, 즉 자기애의 특징인 자아에 대한 최초의 윤곽을 참조함이 없이,

충족을 찾는 아주 어린 시절의 성행위를 특징으로 한다.

A)의 의미와 가까운 넓은 의미에서, 자기-성애라는 용어를 도입한 사람은 해블록 엘리스이다[α]: 〈나는 자기-성애로써, 직접이든 간접이든 외적인 자극이 전무한 상태에서 일어나는 자발적인 성적 흥분 현상을 의미한다.〉[1a]

그렇지만 해블록 엘리스가 자기-성애에서, 그것의 〈극단적인 형태〉인 자기애를 이미 구분해냈다는 것에 주목할 필요가 있다. 자기애는 〈많든 적든 완전히 자기 자신에 대한 감탄에 몰두하는 [……] 가끔 성적 흥분을 나타내는 경향)[1b]이다.

프로이트는 『성이론에 관한 세 편의 논문』(1905)에서, 기본적으로 유아 성욕을 정의하기 위하여, 그 용어를 다시 차용한다. 그는 엘리스의 의미가 너무 광범위하다고 생각하고,[2a] 욕동이 그것의 대상과 맺고 있는 관계와 관련하여 자기-성애를 정의한다: 〈그 욕동은 다른 사람을 향하지 않는다. 그것은 자기의 육체 위에서 충족된다.〉[2b] 그러한 정의는 프로이트가 세운, 욕동의 여러 요소 — 압력*, 원천*, 목적*, 대상* — 사이의 구분을 통해서 이해될 수 있다. 자기-성애에서, 〈…… [욕동의] 대상은 욕동의 원천인 기관을 위하여 없어지고, 일반적으로 그 기관과 일치한다.〉[3a]

1. 자기-성애 이론은 『성이론에 관한 세 편의 논문』의 기본 명제인, 성욕동의 대상의 우연성과 연관이 있다. 성생활의 초기에 충족이 대상에 의존하지 않고 어떻게 얻어지는가를 보여주는 것은, 주체를 정해진 대상을 향해 나아가게 하는 미리 설정된 길이 없다는 것을 보여주는 것과 같다.

그러한 이론이 〈무(無)대상적인anobjectal〉 원초적 상태를 주장하는 것은 아니다. 프로이트가 자기-성애의 모델로 삼고 있는 빠는 행위는, 사실 성욕동이 자기보존 욕동(배고픔)에 의탁*해서, 어머니의 젖가슴이라는 대상 덕분에 충족되는 첫 번째 단계보다 2차적이다.[2c] 구강적 성욕동은 배고픔과 분리되면서 대상을 잃어버리고 자기-성애적이 된다.

따라서 자기-성애에 대상이 없다고 말한다면, 그것은 자기-성애가 대상과의 관계 이전에 나타나기 때문도 아니고, 그것의 출현과 동시에 대상이 충족의 추구에서 사라지기 때문도 아니다. 단지 대상의 파악 방식이 자연스럽게 분리되기 때문이다. 즉 성욕동은 그것이 전에 의탁했고, 그것에 목적과 대상을 지시해 주었던 비성욕적인 기능(가령 양육)과 분리된다.

자기-성애의 〈기원〉은, 따라서, 정해진 발달 시기에 위치한다기보다, 항상 갱신되는 순간으로, 성욕이 자연스런 대상으로부터 분리되어 환상에 내맡겨지고, 바로 그러한 사실로 해서, 성욕으로 태어나는 순간이다.

2. 다른 한편, 자기-성애라는 개념은 프로이트가 최초로 사용할 때부터, 대상과의 관계와는 다른 준거 틀을 내포하고 있다: 즉 그것은 각각의 욕동이 전체 조직이 존재하지 않아도 그 자체로 충족되는 유기체 상태를 준거로 삼는다. 『성이론에 관한 세 편의 논문』서부터, 자기-성애는 여러 가지 〈부분 요

소)의 활동으로 계속 정의된다. 그것은 자기 자리에서 — 즉 개별적인 각 성감대의 차원에서 — 태어나고 가라앉는 성적인 자극으로 이해되어야 한다(기관 쾌락*). 아마 자기-성애적 활동은 대개 성감대가 육체의 다른 부분과 접촉하는 것(엄지손가락 빨기, 자위 등)을 필요로 하지만, 그것의 이상적인 모델은 그 자체로 입맞춤을 하는 입술이다.[2d]

자기애라는 개념의 도입은 자기-성애의 개념을 뒤늦게 명확히 드러낸다. 자기애에서 자기애적인 리비도의 대상은 통일된 육체의 이미지로서의 자아이다. 반대로 자기-성애는 그렇게 하나의 공통된 대상에 부분 욕동들을 수렴시키는 단계보다 선행하는 태곳적 단계로 정의된다: 〈사실 개인에게 자아에 비견할 만한 통일체가 처음부터 존재한 것은 아니다. 자아는 발달을 겪는다. 그러나 자기-성애적 욕동들은 처음부터 존재한다. 따라서 새로운 심리 행위인 어떤 것이 자기-성애에 덧붙여져야 자기애가 되는 것이다.〉[4]

프로이트는 여러 텍스트에서, 다음과 같은 생각을 분명히 밝히고 있다: 자기-성애에서 자기애로의 이행에서, 〈…… 그 당시까지 서로 떨어져 있던 성욕동들이 그때부터 모여들어 하나의 통일체를 이룸과 동시에, 하나의 대상을 찾는다.〉[5a] 그 대상은 자아이다. 나중에 프로이트가 〈1차적 자기애*〉의 존재가 처음부터, 게다가 태내에서부터 있었다는 사실을 받아들이는 몇몇 텍스트들에서는 특히 그러한 구분이 사라진다. 그때 자기-성애는 〈자기애적인 단계의 리비도 조직이 성적으로 활동하는 것……〉[6, 3b]으로밖에 정의되지 않는다.

결론적으로 자기-성애라는 용어가 함의하는 것은, 성욕동의 분할에서 유래하는 상태로부터 정의해야, 일관성 있게 정의될 수 있다. 대상과의 관계에 관한 한, 그러한 분할이 내포하고 있는 것은, 전체적 대상(자아나 모르는 사람)의 부재이지, 환상적인 부분적 대상의 부재가 조금도 아니다.

자기-성애는 발생학적 개념인가? 자기-성애적 리비도의 단계라는 말을 쓸 수 있는가?

그에 대해 프로이트의 생각은 변한다: 1905년에는 유아 성욕 전체를 자기-성애의 항목에 배치해, 그것과 대상 선택을 포함하고 있는 성인의 활동을 대립시킨다. 그 후에 그는 그러한 제안을 완화시켜 다음과 같은 사실을 지적한다: 〈[……] 나는 위에서 개진한 것 — 〈자기-성애〉와 〈대상애〉라는 두 단계를 명확성에 대한 집착 때문에 시간적으로 구분하여 기술한 것 — 의 잘못을 깨닫게 되었다.〉[2e]

자기-성애[자가-성애]

프로이트가 자기-성애에서 대상애로의 발생적 이행이라는 개념을 포기하지 않았다는 것은 확실하다. 그가 나중에 자기애를 도입할 때, 그는 그것을 그러한 시간적 연속성 속에 끼워 넣는다.[5b] 그러나 그러한 시간적 연속성이 지나치게 엄격하게 지켜지는 것은 아니다. 특히 그것은 구조적 구분과 겹친다. 자기-성애는 특정한 욕동의 활동(구강, 항문 등)의 전유물이 아니다. 그것은 욕동의 각각의 활동에서 아주 이른 단계로서 발견됨과 동시에, 다음 발달 단계에서는 구성요소 ─ 기관 쾌락 ─ 로 발견된다.

자기-성애를 분명히 획정된 시간적 단계로 삼는 경향은 아브라함Abraham에 의해 극단적으로 배척된다. 그는 자기-성애적 단계를 리비도 조직의 여러 단계 중의 하나 ─ 아주 이른 구강기*의 빨기 ─ 와 일치시킨다.

α 자기-성애라는 단어는 엘리스가 1898년 발표한 논문 ─ 「자기-성애: 심리학적 연구 Auto-erotism: A psychological study」(*Alien. Neurol.*, 19, 260) ─ 에서 처음으로 사용했다. 프로이트는 그것을 1899년 12월 9일 플리스에게 보낸 편지에서 처음으로 사용한다.

1 Ellis H., *Studies in the Psychology of Sex*, 1899. Trad. fr. *Mercure de France*, Paris, 5e éd. 1916.

　a 프, 227.

　b 프, 281.

2 프로이트 S., 『성이론에 관한 세 편의 논문』, 1905.

　a 전집 VII, 76[70], n. 76[12] ; G.W., V, 82 n. 1 ; S.E., VII, 181, n. 2 ; 프, 179, n. 49[O.C., VI, 116, n.2].(불충분한 원주) 참조. [주(註)] 1920년 이전의 독일어판은 그 이후의 판본에는 나타나지 않는 주석을 포함하고 있다. 그것의 번역은 이렇다: 〈해블록 엘리스는 그 용어를 만들었음에도 불구하고, 거기에 히스테리와 온갖 자위행위를 포함시킴으로써 그것의 의미를 위태롭게 만들고 있다.〉

　b 전집 VII, 76[70] ; G.W., V, 81-2 ; S.E., VII, 181 ; 프, 74[O.C. VI, 116].

　c 전집 VII, 76-8[70-1], 96-7[88-9], 125[114] ; G.W., V, 82-3, 98-9, 123 ; S.E., VII, 181-3, 198, 222 ; 프, 74-6, 95-6, 132[O.C., VI, 116-8, 134, 161] 참조.

　d 전집 VII, 77[71] ; G.W., V, 83 ; S.E., VII, 182 ; 프, 76[O.C., VI, 117] 참조.

　e 전집 VII, 91[83], n. 94[21] ; G.W., V, 94, 1910년의 주석 ; S.E., VII, 194 ; 프, 181, n. 58[O.C., VI, 130, n.1].

3 프로이트 S., 「욕동과 욕동의 운명」, 1915.

　a 전집 XI, 121[119] ; G.W., X, 225 ; S.E., XIV, 132 ; 프, 53[O.C., XIII, 179].

　b 전집 XI, 124[123] ; G.W., X, 227 ; S.E., XIV, 134 ; 프, 57[O.C., XIII, 181-2].

4 프로이트 S., 「자기애 소개」, 1914. 전집 XI, 50[48] ; G.W., X, 142 ; S.E., XIV, 76-7 ; 프, [O.C., XII, 221].

5 프로이트 S., 『토템과 터부』, 1912.

a 전집 XIII, 148[153] ; G.W., IX, 109 ; S.E., XIII, 88 ; 프, 125[O.C., XI, 299]

b 전집 XIII, 147-8[153] ; G.W., IX, 109 ; S.E., XIII, 88 ; 프, 125[O.C., XI, 298-9].

6 프로이트 S., 『정신분석 입문 강의』, 1916-7. 전집 I, 558[588] ; G.W., XI, 431 ; S.E., XVI, 416 ; 프, 445[O.C., XIV, 431].

자기애[나르시시즘]

프: *narcissisme*. 독: *Narzissmus*. 영: *narcissism*. 스: *narcisismo*. 이: *narcisismo*. 포: *narcisismo*.

나르키소스 신화에 근거한 것으로, 자기 자신의 이미지에 대한 사랑을 말한다.

1. 자기애라는 용어[a]가 처음 프로이트에게 나타난 것은 1910년으로, 그는 동성애자의 대상 선택을 설명하기 위하여 그 용어를 사용한다: 동성애자는 〈…… 자기 자신을 성적인 대상으로 삼는다. 그들은 자기애로부터 출발하여, 어머니가 그들을 사랑했듯이 그들이 사랑할 수 있는 그들과 닮은 젊은이를 찾는다.〉[1a]

자기애의 발견으로 프로이트는 「한 파라노이아 사례(파라노이아형 치매)의 자서전적인 기술에 대한 정신분석적 고찰: 슈레버」(1910)에서, 성적인 발달에서 자기-성애와 대상애 사이에 중간 단계가 존재한다고 주장하기에 이른다. 〈주체는 자기 자신을, 즉 자기 자신의 신체를 사랑의 대상으로 삼는 것으로부터 시작한다.〉[2] 그에 따라 성욕동의 최초의 통합이 이루어진다. 똑같은 관점이 『토템과 터부』(1913)에도 나타나 있다.

2. 프로이트는 이렇게 한 특별한 연구(「자기애 소개」, 1914)를 통해 자기애라는 개념을 〈소개하기〉 이전에 이미 그것을 사용하고 있다. 그러나 그가 특별히 리비도의 투여를 고찰하면서, 그 개념을 정신분석 이론 전체에 통합시킨 것은 그 텍스트에 이르러서다. 사실 정신증(〈자기애적 신경증*〉)은 리비도가 대상에서 철수하여, 자아에 재투여될 가능성을 보여주고 있다. 그러한 사실이 내포하는 것은, 〈…… 기본적으로 자아의 투여는 지속되며, 대상 투여에 대해서는 마치 원생동물의 몸이 그것이 내미는 위족(僞足)에 대해 행동하는 것처럼 행동한다〉[3a]는 의미를 내포하고 있다. 프로이트는 일종의 리비

도의 에너지 보존의 법칙에 근거하여, 〈자아 리비도〉(자아에 투여된)와 〈대상 리비도〉 사이의 균형 관계를 세운다: 즉 〈한쪽이 흡수하면 할수록, 다른 쪽은 적어진다.〉[3b] 〈자아는 리비도의 큰 저장소로 생각할 수 있다. 리비도는 그곳으로부터 대상으로 보내어지지만, 그것은 항상 리비도를 흡수하여 대상으로부터 철수시킬 준비가 되어 있다.〉[4]

자아에 대한 항구적인 리비도 투여를 주장하는 개념의 틀에서, 이제 우리가 해야 할 것은 자기애를 구조적으로*structurale* 정의하는 것이다. 왜냐하면 자기애는 이제 하나의 발달 단계가 아니라, 어떠한 대상 투여도 완전히 넘어설 수 없는 리비도의 댐*stase de la libido*처럼 보이기 때문이다.

3. 그러한 대상의 철수와 주체로의 리비도 철수 과정은, 이미 1908년에 아브라함이 조발성 치매*démence précoce*의 예에 근거하여 도출한 바 있다: 〈조발성 치매의 성 심리적인 특성은 환자가 자기-성애로 회귀하는 것이다. [……] 정상적인 사람의 리비도가 주위의 모든 생물이나 무생물을 향하는 것과는 대조적으로, 정신 질환자는 마치 자기 자신이 유일한 성적 대상인 것처럼 전 리비도를 자기 자신에게로 옮긴다.〉[5] 프로이트는 그러한 아브라함의 개념을 자기 것으로 받아들인다: 〈…… 그것[아브라함의 개념]은 정신분석에서 지지를 받고, 정신증에 대한 우리의 태도의 기초가 되었다.〉[6] 그러나 그는 거기에 자기-성애*에 비해 자기애의 특수성을 규정할 수 있는, 다음과 같은 개념을 덧붙인다: 자아는 처음부터 통일체로 존재하는 것이 아니라, 자아가 구성되기 위해서는 〈새로운 심리 활동〉이 요구된다는 개념이 그것이다.[3c]

만약 성욕동이 무질서하게 서로 독립적으로 충족을 얻는 상태와, 자아 전체가 사랑의 대상이 되는 자기애 사이의 구별을 유지하려고 한다면, 어린 시절에 자기애가 지배적이던 때와 자아의 형성 시기를 일치시켜야 한다.

그 점에 대해, 정신분석 이론은 의견의 일치를 보지 못하고 있다. 발생학적인 관점에서, 신체의 윤곽의 구성과 상관이 없는 심리적인 통일체로서의 자아의 구성을 생각해볼 수 있다. 또한 그러한 통일체는 주체가 타자를 모델로 하여 자기 자신에 대해 얻는 어떤 이미지 — 이것이 자아이다 — 에 의하여 촉진된 것이라고 생각할 수 있다. 자기애는 주체가 그러한 이미지에 반해 사로잡히는 것이다. 라캉J. Lacan은 자아 형성의 최초의 순간을, 그러한 근본적인 자기애적인 체험과 결부시키고, 그것을 거울 단계*라고 명명한다.[7] 자아가 타자의 이미지와의 동일시로 정의되는 그러한 관점에서 보면, 자기애는 〈1차적 자기애)조차, 주체 간의 어떠한 관계도 없는 상태가 아니라, 오히려 관계가 내면화된 상태이다. 그것이 바로 「애도와 멜랑콜리」(1915)라는 논문에서 제기하고 있는 개념이다. 거기서 프로이트는 자기애를 단지 대상과의 〈자기애적 동일시〉로 보고 있다.[8]

그러나 심리 장치에 대한 두 번째 이론을 만드는 과정에서, 그러한 개념은 사라진다. 프로이트는 전체적으로 (대상이 없는) 최초의 자기애의 상태와 대상 관계를 대립시킨다. 그가 1차적 자기애라고 부르는 그러한 원초적 상태는 주위와의 관계가 전혀 없다는 점과, 자아와 그거가 미분화 상태라는 점을 특징으로 하고 있으며, 그것의 원형은 자궁 내의 생활 ─ 잠이 다소나마 이것의 완전한 재현이다 ─ 에서 찾을 수 있다.[9]

그렇다고 해서 자기애가 타인과의 동일시에 의한 자아 형성과 동시적이라는 개념이 포기되는 것은 아니다. 그래서 그것은 〈1차적 자기애〉라고 불리지 않고 〈2차적 자기애〉라고 불린다: 〈동일시에 의해 자아로 흘러드는 리비도는 [……] 자아의 〈2차적 자기애〉를 대표한다.〉[10a] 〈자아의 자기애는 대상에서 철수한 2차적 자기애이다.〉[10b]

프로이트의 관점의 근본적인 수정은, 첫째, 그거 ─ 다른 심역들이 분화되어 나오는 독립된 심역 ─ 라는 개념의 도입과 관계가 있고, 둘째, 자아의 개념 ─ 자아를 낳는 동일시를 강조하는 만큼, 분화된 심리 장치로서의 자아의 적응 기능을 강조하는 자아개념 ─ 의 발달과 관계가 있고, 마지막으로 자기-성애와 자기애의 구분의 말소와 관계가 있다. 그러한 개념을 액면 그대로 받아들인다면, 그것은 갓난아기가 외부 세계에 대해 어떠한 지각의 통로도 갖고 있지 않다고 주장하면서 체험을 부인할 위험이 있으며, 동시에 〈생물학적인〉 공식화에 의해 언어도단이 된 관념론의 아포리마[역주: 아리스토텔레스 철학에서 해결하기 어려운 논리적 궁지] ─ 어떻게 그 자체로 닫힌 단자(單子, monade)에서 대상에 대한 점진적인 인식으로 이동하는가? ─ 를 소박한 용어로 갱신할 위험이 있다.

α 프로이트는 「자기애 소개」(1914)의 첫 줄에서, 이 용어를 도착증을 기술하는 데 사용하고 있는 내케P. Näcke(1899)에게 빌려왔다고 밝히고 있다. 그러나 『성이론에 관한 세 편의 논문』에 첨가된 1920년 주석에서, 그는 그 주장을 취소하면서 그 용어의 창시자는 엘리스H. Ellis라고 말하고 있다.[1b] 실제로 자기애라는 말을 만든 사람은 내케이다. 그러나 그것은 1898년에(「자기-성애, 심리학적 연구Autoerotism, a psychological Study」) 최초로 도

착적인 행동을 나르시스 신화와 관련하여 기술한 엘리스의 관점에 주석을 붙이기 위한 것이었다.

1 프로이트 S., 『성이론에 관한 세 편의 논문』, 1905.

a 전집 VII, 32-5[31-3], n. 20[12] ; G.W., V, 44, n. 1 ; S.E., VII, 145, n. 1 ; 프, 167-8, n. 13[O.C., VI, 77-9, n.1].

b 전집 VII, 120[110], n. 123[7] ; G.W., V, 119, n. 3 ; S.E., VII, 218, n. 3 ; 프, 184, n. 75[O.C., VI, 157, n.2] 참조.

2 프로이트 S., 「한 파라노이아 사례(파라노이아형 치매)의 자서전적인 기술에 대한 정신분석적 고찰: 슈레버」, 1911. 전집 IX, 168[173] ; G.W., VIII, 296-7 ; S.E., XII, 60-1 ; 프, 349-50[O.C., X, 283].

3 프로이트 S., 「자기애 소개」, 1914.

a 전집 XI, 49[47] ; G.W., X, 141 ; S.E., XIV, 75-6 ; 프, 83-4[O.C., XII, 220].

b 전집 XI, 49[47] ; G.W., X, 141 ; S.E., XIV, 75-6 ; 프, 83-4[O.C., XII, 220].

c 전집 XI, 50[48] ; G.W., X, 142 ; S.E., XIV, 77 ; 프, 84[O.C., XII, 221].

4 프로이트 S., 「〈정신분석〉과 〈리비도 이론〉」, 1923. 전집 XV, 164[167] ; G.W., XIII, 231 ; S.E., XVIII, 257 ; 프, 75[O.C., XVI, 206].

5 Abraham K., "Les différences psychosexuelles entre l'hystérie et la démence précoce", 1908. 프, I, 36-47.

6 프로이트 S., 『정신분석 입문 강의』, 1916-17. 전집 I, 557[587] ; G.W., XI, 430 ; S.E., XVI, 415 ; 프, 444[O.C., XIV, 430].

7 Lacan J., "Le stade du miroir comme formateur de la fonction du Je", in *R.F.P.*, 1949, XIII, 4, 449-55 참조.

8 프로이트 S., 「애도와 멜랑콜리」, 1915. 전집 XI, 252-256[253-7] ; G.W., X, 435-7 ; S.E., XIV, 249-51 ; 프, 202-5[O.C., XIII, 270-2] 참조.

9 프로이트 S., 『집단 심리학과 자아 분석』, 1921. 전집 XII, 145-6[151-2] ; G.W., XIII, 146 ; S.E., XVIII, 130-1 ; 프, 146-7[O.C., XVI, 69-70] 참조.

10 프로이트 S., 『자아와 그거』, 1923.

a 전집 XI, 370[374], n.33 ; G.W., XIII, 258, n. ; S.E., XIX, 30 ; 프, 185, n. 1[O.C., XVI, 274, n.1].

b 전집 XI, 390[395] ; G.W., XIII, 275 ; S.E., XIX, 46 ; 프, 203[O.C., XVI, 289].

자기애적[나르시시즘적] 대상 선택

프: *choix d'objet narcissique*. 독: *narzisstische Objektwahl*. 영: *narcissitic object-choice*. 스: *elección objetal narcisista*. 이: *scelta d'oggetto narcisistica*. 포: *escolha narcísica de objeto*.

주체와 주체 자신의 관계를 모델로 하여 이루어지는 대상 선택의 유형. 거기서 대상은 이러저러한 양상의 주체 자신이다.

어떤 주체들은, 특히 동성애자들은 〈…… 자기 자신을 모델로 하여 [……] 사랑의 대상을 선택한다〉. 그러한 사실의 발견은 프로이트에게, 〈자기애의 존재를 받아들이게 한 가장 강력한 동기)[1a]가 된다. 자기애적인 대상 선택은 앞서 존재하는 대상 관계의 재생산이 아니라, 주체와 주체 자신의 관계를 모델로 하여 형성된 대상 관계라는 점에서, 의탁적 대상 선택과 대립된다. 자기애라는 개념에 대한 1차 구상에서, 프로이트는 동성애적인 자기애적 선택을, 주체를 자기애에서 이성애로 인도하는 하나의 단계로 설정한다. 어린아이는 우선 성기가 자기의 것과 비슷한 대상을 선택한다.[2]

　그러나 동성애의 경우에 이미 자기애적 선택이라는 개념은, 그렇게 간단한 것이 아니다. 대상은 주체가 아주 어린아이였을 때나 청년이었을 때를 모델로 하여 선택된다. 그리고 주체는 예전에 그를 보살펴준 어머니와 자신을 동일시한다.[3]

　「자기애 소개」(1914)에서 프로이트는 자기애적 선택이라는 개념을 확대하여, 그것의 일람표를 다음과 같이 제시한다:

〈사람은 [……] 자기애적인 유형에 따라,

　a) 지금의 자신을,

　b) 과거의 자신을,

　c) 자기가 바라는 자신을,

　d) 자기 자신의 일부분이었던 사람을,

　사랑한다.〉[1b]

　이러한 부류들은 아주 다른 현상들을 포함하고 있다. 전자의 세 경우에 문제가 되는 것은, 주체 자신과 비슷한 대상의 선택이다. 그러나 한편으로 선택의 모델 역할을 하는 것은 하나의 이미지이거나 이상형이라는 사실과, 다른 한편으로 선택된 대상과 모델이 닮은 점은 아주 부분적이고, 특권화된 몇몇 몸짓으로 축소될 수 있다는 사실을 강조해야 한다. d) 부류에서, 프로이트가 겨냥하고 있는 것은, 어머니가 예전에 〈그 자신의 일부〉였던 그녀의 아이에게 주는 자기애적인 사랑이다. 이 경우는 아주 다르다. 왜냐하면 선택된 대상이 주체 자신의 통일성과 닮지 않았기 때문이다. 그렇지만 그것은 주체로 하

　자기애적[나르시시즘적] 대상 선택

여금 그의 잃어버린 부분을 되찾아 회복하게 한다.

「자기애 소개」에서 프로이트는 일반적으로 의탁에 의해 이루어지는 남성의 대상 선택과, 여성의 좀 더 일반적으로 자기애적인 대상 선택을 대립시킨다. 그러나 그는 그러한 대립은 도식적인 것에 불과하다고 지적하면서, 〈대상 선택에 이르는 두 길은 모든 인간에게 열려 있다〉[c]고 말하고 있다.

따라서 두 가지 유형의 선택은 순전히 관념적인 것이다. 그것들은 개별적인 각각의 경우 내에서, 교대되거나 결합될 수 있다.

그러나 과연 관념적인 형태라 하더라도, 자기애적인 선택과 의탁적 선택이 대립하는지는 의문이다. 프로이트는 〈의탁에 의한 유형의 완전한 대상애〉에서, 〈어린아이의 1차적 자기애에 기원을 두고 있는 놀라운 성적인 과대평가〉를 발견한다. 〈따라서 그러한 성적인 과대평가는 성적인 대상에 대한 자기애의 전이와 일치한다.〉[d] 역으로 프로이트는 〈엄격히 말해 자기 자신만을 사랑하는 자기애적인 여자〉의 경우를 기술하고 있다. 〈…… 그녀들은 남자들이 그녀들을 사랑하는 것과 거의 같은 강도로 자신만을 사랑한다. 그녀들의 욕구는 사랑하게 하는 데 있는 것이 아니라, 사랑받게 하는 데 있다. 그러한 조건을 충족시키는 남자만이 그녀들의 마음에 들게 되어 있다.〉[e] 자기애적이라고 기술된 그 경우는, 주체가 아기였을 때 길러준 엄마와 가졌던 관계를 재현하는 것 — 프로이트에게 이것이 의탁적 선택이다 — 이 아닌지 자문해 볼 필요가 있다.

ᄌ

1 프로이트 S., 「자기애 소개」, 1914.
  a 전집 XI, 65[63] ; G.W., X, 154 ; S.E., XIV, 88 ; 프, 93[O.C., XII, 231].
  b 전집 XI, 68[66] ; G.W., X, 156 ; S.E., XIV, 90 ; 프, 95-6[O.C., XII, 233].
  c 전집 XI, 65[63] ; G.W., X, 154 ; S.E., XIV, 88 ; 프, 93-4[O.C., XII, 231].
  d 전집 XI, 65[64] ; G.W., X, 154 ; S.E., XIV, 88 ; 프, 94[O.C., XII, 232].
  e 전집 XI, 66[64] ; G.W., X, 155 ; S.E., XIV, 89 ; 프, 94[O.C., XII, 232].
2 프로이트 S., 「한 파라노이아 사례(파라노이아형 치매)의 자서전적인 기술에 대한 정신분석적 고찰: 슈레버」, 1911. 전집 IX, 168[173] ; G.W., VII, 297 ; S.E., XII, 60-1 ; 프, 306[O.C., X, 283] 참조.
3 프로이트 S., 「레오나르도 다 빈치의 유년의 기억」, 1910. 전집 XIV, 212[217] ; G.W., VIII, 170 ; S.E., XI, 99-100 ; 프, 112[O.C., X, 125] 참조.

자기애적[나르시시즘적] 리비도

프: *libido narcissique*. 독: *narzisstische Libido*. 영: *narcissistic libido*. 스: *libido narcisista*. 이: *libido narcisistica*. 포: *libido narc'sica*.

→ 〈자아 리비도─대상 리비도〉 참조.

자기애적[나르시시즘적] 신경증

프: *névrose narcissique*. 독: *narzisstische Neurose*. 영: *narcissistic neurosis*. 스: *neurosis narcisista*. 이: *nevrosi narcisistica*. 포: *neurose narcísica*.

이 용어는 오늘날 정신의학과 정신분석에서 사라지는 경향이 있다. 프로이트의 저작에서 그것은 리비도가 자아로 철수하는 것을 특징으로 하는 정신증을 가리킨다. 따라서 그것은 전이 신경증*과 대립한다.
질병기술학적 관점에서, 자기애적 신경증 군(群)은, (그 증상이 신체적 손상의 결과가 아닌) 모든 기능적인 정신증을 포괄한다.

자기애적 신경증이라는 용어는 자기애에 대한 설명을 기원으로 하고 있다.[1] 프로이트는 특히 정신증에 정신분석 이론을 적용하면서 자기애에 이른다. 프로이트는 흔히 그 용어에 의지하여, 그것을 전이 신경증이라는 용어에 대립시키고 있다.

그러한 대립은 기술적인 면 ── 리비도의 전이의 어려움이나 불가능성 ── 과, 이론적인 면 ── 자아로의 리비도 철수 ── 을 동시에 갖고 있다. 달리 말하면, 자기애적인 관계가 해당 구조에서 지배적인 것이다. 그러한 의미에서 프로이트는 자기애적 신경증과 정신증 ── 이 당시 그는 정신증을 아직 파라프레니아* *paraphrénie*라고 부르고 있다 ── 을 동일한 것으로 생각하고 있다.

나중에 그는 특히 「신경증과 정신증」(1924)이라는 논문에서, 자기애적 신경증이라는 용어의 사용을 멜랑콜리 형태의 질환으로 제한하고, 그것을 전이 신경증뿐 아니라 정신증과도 구분한다.[2]

오늘날 이 용어는 사용되지 않는 경향이 있다.

1 프로이트 S., 「자기애 소개」, 1914. 전집 XI, 45-85[43-84] ; G.W., X, 138-70 ; S.E., XIV, 73-102 ; 프, 81-105[O.C., XII, 217-45] 참조.

2 프로이트 S., 「신경증과 정신증」, 1924. 전집 X, 192-3[201] ; G.W., XIII, 390 ; S.E., XIX, 151-2 ; 프, 285-6[O.C., XVII, 6].

자기 자신으로의 선회

프: *retournement sur la personne propre*. 독: *Wendung gegen die eigene Person*. 영: *turning round upon the subject's own self*. 스: *vuelta en contra del sujeto*. 이: *riflessione sulla propria persona*. 포: *volta contra si mesmo*.

욕동이 독립적인 대상을 주체 자신으로 대체하는 과정.

→ 〈반전〉 참조.

자기-조형적─타자-조형적

프: *autoplastique─alloplastique*. 독: *autoplastisch─alloplastisch*. 영: *autoplastic─alloplastic*. 스: *autoplástico─aloplástico*. 이: *autoplastico─alloplastico*. 포: *autoplástico─aloplástico*.

두 가지 형태의 반응이나 적응을 정의하는 용어. 전자는 자기 유기체만을 변경시키는 데 있고, 후자는 주변 환경을 변경시키는 데 있다.

정신분석에서 자기-조형적─타자-조형적이라는 용어는, 유기체와 주변 환경의 상호작용에 의해 정의되는 심리학의 장(場) 이론의 틀 내에서 가끔 사용된다. 그것은 두 가지 형태의 상호작용을 구별하고 있다: 하나는 주체 자신을 향하면서 내적인 변화를 끌어들이고, 다른 하나는 외부를 향한다. 다니엘 라가슈Daniel Lagache[1]는 행위의 개념을 만드는 과정에서, 그 개념들을 참조한다.[α]

페렌치Ferenczi가 자기-조형적 적응이라고 말할 때, 그것은 좀 더 특수한

ㅈ

발생학적 의미를 갖고 있다. 그에게 문제가 되는 것은, 개체 발생적이면서 계통 발생적인 발달 단계(〈원시 심리*protopsyché* 단계〉)와 일치하는 아주 원초적인 적응 방법이다. 그 단계에서 유기체는 자기 자신에 대해서만 영향력을 갖기 때문에 자기 육체의 변화만을 일으킨다. 페렌치는 거기에 히스테리적 전환*, 더 정확히 말하면, 그가 〈물질화 현상*phénomènes de matérialisation*〉이라고 명명하는 것을 결부시킨다. 그것의 〈…… 본질은 자기 마음대로 할 수 있는 육체를 가지고, 비록 원시적이라 할지라도, 조형적 표상대로 마술처럼 욕망을 실현하는 데 있다〉.[2] 거기서 문제가 되는 것은 꿈속에서보다 더 깊은 퇴행이다. 왜냐하면 무의식적 욕망이 시각적 이미지가 아닌 육체의 상태나 행위에서 구현되기 때문이다.

그와는 대조적으로, 페렌치는 가끔 타자-조형적 적응이라는 표현을 쓰기도 한다. 그것은 자아로 하여금 균형을 유지하게 하는, 외부를 향한 행동 전체를 지칭한다.[3]

α 다음의 도식을 가정할 수 있다:

	작용	
	자기-조형적	타자-조형적
구체적	생리학적	육체적 행위
상징적	의식적, 무의식적인 정신 활동	의사소통, 언어

1 Lagache D., "Elément de Psychologie médicale", 1955. in *Encyclopédie médicale-chirurgicale. Psychiatrie* 37030 A10.

2 Ferenczi S., "The Phenomenons of Hysterical Materialization. Thoughts on the Conception of Hysterical Conversion and Symbolism", 1919. in *Further Contributions*, 96.

3 또한 프로이트 S., 「신경증과 정신증에서 현실의 상실」, 1924. 전집 X, 200[208] ; G.W., XIII, 366 ; S.E., XIX, 185 ; 프, 301. 그리고 Alexander E., "Der neurotische Charakter", in *Internat. Zeit*, 1928 참조.

자동 불안

프: *angoisse automatique*. 독: *automatische Angst*. 영: *automatic anxiety*. 스: *angustia automática*. 이: *angoscia automatica*. 포: *angústia automática*.

주체가 외상적 상황에 놓일 때마다, 다시 말해 그가 제어할 수 없는 내외적인 원인의 흥분이 쇄도할 때마다 보이는 반응. 프로이트에게 자동 불안은 신호불안*에 대립된다.

이 표현은 프로이트가 『억제, 증상 그리고 불안』(1926)에서 불안 이론을 수정하면서 소개한 것이다. 그것은 신호불안라는 개념과의 비교를 통해 설명되고 있다.

그 두 경우에, 〈…… 불안은 자동 현상으로서든지 경고 신호로서든지 간에, 생물학적인 무원 상태의 보상인 것이 분명한, 젖먹이의 심리적인 무원 상태의 산물로 간주되어야 한다〉.[1] 자동 불안은 외상적 상황이나 그것의 재현에 대한 유기체의 자발적인 반응이다.

〈외상적 상황〉이라는 말은, 너무 다양하고 너무 강해서 제어할 수 없는 흥분의 쇄도를 의미한다. 그것이 바로 프로이트의 아주 오래된 생각이다. 그러한 생각은 불안에 대한 초창기 글에서 찾아볼 수 있다. 거기서 불안은 방출되지 않고 축적된 리비도의 긴장으로부터 기인하는 것으로 정의되고 있다.

자동 불안이라는 용어는, 외상적인 흥분의 내외적인 원인을 미리 판단하지 못하는 형태의 반응을 내포하고 있다.

1 프로이트 S., 『억제, 증상 그리고 불안』, 1926. 전집 X, 267[278] ; G.W., XIV, 168 ; S.E., XX, 138 ; 프, 62[O.C., XVII, 253].

ㅈ

자아

프: *moi*. 독: *Ich*. 영: *ego*. 스: *yo*. 이: *io*. 포: *ego*.

프로이트가 심리 장치에 관한 두 번째 이론에서, 그거와 초자아로부터 따로 떼어 구분한 심역.
지형학적 관점에서, 자아는 그거의 요구와 의존 관계에 있는 만큼, 초자아의 명령과 현실의 요청에 대해서도 의존 관계에 있다. 그것은 개인의 총체성의 이해관계를 책임지고 있고, 중개자로서의 지위를 갖고 있으면서도, 그것의 자율성은 완전히 상대적일 뿐이다.
역학적 관점에서, 자아는 무엇보다도 신경증적인 갈등에서 인격의 방어 축을 대표한다.

불쾌한 정동(신호불안)의 지각이 일련의 방어 기제에 동기를 부여하면, 그것은 그 방어 기제를 작동시킨다.

경제학적 관점에서, 자아는 심리 과정을 구속하는 요소로서 나타난다. 그러나 방어 작용에서, 욕동 에너지를 구속하려는 시도는 1차 과정의 특징들에 의해 오염된다. 즉 그 시도들은 강박적이고, 반복적이고, 탈현실적인 성질을 띤다.

정신분석 이론은 자아의 발생을 비교적 이질적인 두 차원에서 설명한다: 하나는 자아를 그거가 외적 현실과 접촉하면서 그거로부터 분화된 적응 장치로 보는 것이고, 다른 하나는 그것을 그거에 의해 투여된 사랑의 대상이 개인의 내부에 형성시키는 동일시의 산물로 정의하는 것이다.

심리 장치에 대한 첫 번째 이론에 관한 한, 자아는 그것의 방어 작용이 대부분 무의식적이라는 점에서, 전의식-의식 체계보다 광범위하다.

역사적 관점에서, 자아의 지형학적 개념은 프로이트 사상의 기원에서부터, 그에게 끊임없이 존재하는 개념의 마지막 귀결점이다.

프로이트에게는 심리 장치에 대한 지형학적 이론이 두 개가 있다. 첫 번째 이론은 무의식 체계, 전의식-의식 체계를 도입한 것이고, 두 번째 이론은 그거, 자아, 초자아라는 세 가지 심역을 도입한 것이다. 그에 따라 정신분석에서 자아라는 개념이 엄밀하게 정신분석적이고 기술적인 의미를 띠게 되는 것은, 1920년의 〈전환점〉이라고 불리는 시기 이후라는 것이 일반적인 인식이다. 아마 그러한 이론의 근본적인 변화는 실제 분석에서, 무의식의 내용을 지향한다기보다 자아와 그 방어 기제의 분석을 지향하는 새로운 방향과 일치할 것이다. 물론 프로이트가 초기 저작부터 〈자아Ich〉라는 말을 썼다는 사실을 모르는 사람은 없지만, 거기서는 그것이 대개 특수한 의미α가 아니라 전체로서의 인격을 가리키는 말이었다. 그러나 심리 장치 내에서 자아에 특정한 기능이 할당되는 보다 특수한 개념들(예를 들면 「과학적 심리학 초고」, 1895)은, 두 번째 지형학의 개념들을 별도로 예시하고 있는 것으로 생각된다. 사실, 우리가 앞으로 보게 되겠지만, 프로이트 사상의 역사는 훨씬 더 복잡하다. 한편으로 프로이트의 텍스트 전체를 연구해보아도, 서로 다른 두 시기와 일치하는 두 가지 자아의 의미를 지정하기 불가능하다. 비록 그 의미가 계속적인 연구 성과(자기애*, 동일시* 개념의 도출 등)에 의해 갱신되었다 할지라도, 자아라는 개념은 계속 존재했다. 다른 한편으로, 1920년의 전환은 자아를 인

자아

격의 중심이 되는 심역으로 정의하는 것으로 그치지 않는다. 다 알다시피, 그 것은 이론 전체의 구조를 수정하는 다른 많은 본질적인 연구 성과를 포함하고 있다. 그 연구 성과들은 상호관계 속에서만 충분히 평가될 수 있다. 마지막으로 우리가 보기에, 개인*personne*으로서의 자아와 심역*instance*으로서의 자아를 처음부터 칼로 자르듯이 구분하는 것은 바람직하지 않다. 왜냐하면 그 두 의미야말로 자아 문제의 핵심에 있기 때문이다. 프로이트에게 그러한 문제는 은연중에 아주 일찍 존재했고, 1920년 이후에도 여전히 존재하고 있다. 따라서 그러한 용어상의 애매함을 고발하고 없애려고 하는 것은 근본적인 문제를 덮어버리는 것에 지나지 않는다.

프로이트 사상의 역사를 살펴보는 것과는 별도로, 어떤 연구자들은 하나의 심역, 즉 인격의 하부구조로서의 자아와, 그 개인 자신에 대한 사랑의 대상으로서의 자아 ── 라 로슈푸코 La Rochefoucauld에 따르면 자존심*amour-propre*의 자아이고, 프로이트에 따르면 자기애적 리비도가 투여된 자아 ── 의 개념적 차이를 명확히 하려고 한다. 예를 들면, 하르트만Hartmann은 자기애라는 개념 속에 내포된 애매함과, 자아 투여 *Ich-Besetzung, ego-cathexis, investissement du moi*와 같은 용어 속에 내포된 애매함을 일소하자고 제안한다: 〈자기애라는 말을 사용할 때, 두 대립 쌍을 혼동하는 경우가 종종 있다: 하나는 자기*self*, 즉 대상과 대립하는 자기 자신에 관계된 것이고, 다른 하나는 인격의 다른 하부구조와 대립하는 [심리 체계로서의] 자아와 관계된 것이다. 그렇기는 하지만 대상 투여의 반대는 자아 투여*ego-cathexis*가 아니라, 그 개인 자신에 대한 투여, 다시 말해 자기 투여*self-cathexis*이다. 우리가 자기 투여라고 할 때, 그것은 투여가 그거나 자아나 초자아 속에 위치한다는 것을 의미하는 것은 아니다. [……] 따라서 자기애를 자아에 대한 리비도 투여가 아니라 자기에 대한 리비도 투여로 정의함으로써 문제를 명확히 해야 할 것이다.〉[1]

그러한 입장은, 우리가 보기에, 순전히 개념적인 구분을 통해 본질적인 문제를 서둘러 해결해버리고 있다. 일반적으로, 정신분석에 특수한 자아의 의미와, 전통적인 의미를 단순히 병렬한다면, 하물며 서로 다른 의미를 처음부터 별개의 어휘로 나타낸다면, 정신분석이 자아라는 개념에 공헌한 것이 부분적으로 오인될 위험이 있다. 사실 프로이트는 고전적인 의미를 발굴하여 사용하고 있을 뿐 아니라 ── 예컨대, 유기체와 환경, 주체와 객체, 안과 밖을

자아

대립시키고 있다 ─, 자아*Ich*라는 동일한 용어를 서로 다른 차원에서 사용하면서, 그러한 용법의 애매성을 이용하고 있다. 그러한 사실은 프로이트가 자아*moi*라든가 나*Ich, je*라는 말과 결부된 어떠한 의미도, 자신의 영역에서 배제하지 않는다는 것을 보여주는 것이다.[β]

*

I. 프로이트는 자아라는 개념을 초기 저작에서부터 사용하고 있다. 나중에 다시 등장하는 많은 주제와 문제들이 1894년부터 1900년에 걸친 텍스트에서 도출되고 있다는 것은 흥미로운 사실이다.

　프로이트로 하여금 자아에 대한 전통적 개념을 근본적으로 바꾸게 한 것은 신경증의 임상적 경험이었다. 1880년대의 심리학, 특히 정신병리학은 〈인격의 변질과 이중화〉와 〈2차적 상태〉 등에 대한 연구를 통해, 자아가 하나이고 영속적이라는 개념을 무너뜨린다. 나아가, 자네*P. Janet*는 히스테리에서 인격의 동시적인*simultané* 이중화를 밝혀낸다: 〈…… 정신에는 두 그룹의 현상이 형성되어 있는데, 하나는 보통의 인격을 구성하고, 다른 하나는 세분되기 쉬운 것으로, 전자와 다르게, 그리고 완전히 전자가 모르는, 비정상적인 인격을 형성한다.〉[2] 자네는 그러한 인격의 이중화를, 히스테리증자에게 〈자절(自切, *autotomie*)〉에까지 이르게 하는 〈의식 영역의 협착(狹窄)〉과 〈심리적 종합 능력의 결함〉의 결과로 본다. 〈인격이 모든 현상을 지각할 수는 없다. 그것은 그 중의 몇몇을 결정적으로 희생시킨다. 그것은 일종의 자절(自切)이다. 그렇게 버려진 현상은 주체가 그것의 활동을 알지 못하는 상태에서, 독자적으로 발달한다.〉[3] 다 알다시피, 그러한 현상의 해석에서, 프로이트의 공헌은 그것을 심리적 갈등*conflit*의 표현으로 보았다는 데 있다. 즉 어떤 표상들은 그것이 자아와 양립할 수 없는*unverträglich, inconciliables* 한, 방어*défense*의 대상이 된다.

　1895년에서 1900년에 걸친 시기에, 프로이트는 자아라는 말을 여러 텍스트에서 자주 사용한다. 그 개념이 사용되는 영역 ─ 치료 이론, 방어 갈등의 모델, 심리 장치의 메타심리학 등 ─ 에 따라, 그것이 어떻게 작용하는지 살펴보는 것은 유익한 일이다.

　1. 〈히스테리의 정신치료에 관하여〉라는 제목이 붙은 『히스테리 연구』의 한 장에서, 프로이트는 병을 일으키는 무의식적인 질료 ─ 그는 이것이 고도로 조직되어 있다고 강조한다 ─ 가 어떻게 점진적으로만 정복될 수 있는지

를 기술하고 있다. 그는 의식 또는 〈자아의식*conscience du moi*〉을 협로(夾路)로 지칭하는데, 그 협로는 병인이 되면서, 동시에 관통작업*Durcharbeitung*이 저항을 극복하지 못하면 막힐 수 있는 하나의 기억만을 통과시킨다: 〈[그것을 뚫고] 나타나는 기억들 중의 하나는, 그것이 자아의 공간 속에 받아들여질 때까지 환자 앞에 남아 있다.〉[4a] 여기서 의식과 자아의 아주 밀접한 관계(〈자아의식〉이라는 말이 증명해주고 있다)와, 자아는 실제 의식보다 더 광범위하다는 개념이 분명해진다. 그것은 프로이트가 조만간 〈전의식〉으로 통합할 전 영역을 포괄하고 있다.

『히스테리 연구』의 첫 번째 분석에서 이미, 환자가 보이는 저항*résistance*은 〈방어에서 쾌락을 얻는〉 자아로부터 나온다고 기술되어 있다. 어떤 기술적인 방법이 환자의 경계심을 일시적으로 속일 수는 있어도, 〈진짜 심각한 모든 경우에, 자아는 다시 정신을 차려 자신의 목표를 되찾고 저항을 계속한다.〉[4b] 그러나 다른 한편으로, 자아에는 무의식적인 〈병인(病因)의 핵〉이 침투한다. 그래서 가끔 그 둘[자아와 무의식] 사이의 경계가 순전히 편의적인 것처럼 보일 때도 있다. 더욱이 〈저항은 바로 그러한 침투 자체에서 나온다.〉[4c] 거기에 이미 엄밀한 의미의 무의식적인 저항의 문제가 개략적으로 그려져 있는 것이다. 프로이트는 나중에 그 문제에 대해 서로 다른 두 가지 대답을 제시한다: 하나는 무의식적 자아라는 개념에 의지하는 것이고, 다른 하나는 그거에 고유한 저항이 있다는 개념이다.

2. 자아라는 개념은 신경증적 갈등에 대한 프로이트의 초기 설명에 끊임없이 나타나고 있다. 그는 방어를, 히스테리, 강박신경증, 파라노이아, 환각적 착란 등 다양한 정신신경증에 상응하는 여러 〈방식*modes*〉, 〈기제*mécanismes*〉, 〈조치(措置, *procédés*)〉, 〈장치*dispositifs*〉로 규정하려고 애쓴다. 그러한 여러 양태의 갈등의 출발점에는 표상과 자아의 양립 불가능성이 있다.

예를 들면 히스테리에서, 자아는 방어의 심역으로 개입하지만, 복잡한 방식으로 개입한다. 우선 자아가 자신을 방어한다*se défend*고 말하는 것에 애매함이 없는 것은 아니다. 그 공식은 다음과 같이 이해될 수 있다: 즉, 자아는 의식의 영역으로서, 갈등 상황(이해의 갈등, 욕망의 갈등, 또는 욕망과 금지의 갈등) 앞에 놓여 그것을 극복할 수 없을 때, 그것을 피하거나 그것에 대해 아무것도 알려고 하지 않음으로써 자신을 보호한다. 그러한 의미에서 자아는 방어 활동을 통해 갈등으로부터 보호받아야 하는 영역이라고 할 수 있다. 그

자아

러나 프로이트가 관찰한 심리 갈등은 다른 차원을 갖고 있다: 〈지배적인 표상 군(群)〉으로서의 자아는 그것과 양립할 수 없다고 생각되는 하나의*une* 표상에 의해 위협을 받는다. 그러면 자아에 의해 격리[억압]가 일어난다. 루시 R.의 사례는 프로이트가 갈등이라는 개념과, 거기서 자아가 차지하는 몫을 도출해낸 최초의 사례 중의 하나로, 특히 그러한 애매성을 예증해 보여주고 있다. 프로이트는 자아가 필요한 〈도덕적 용기〉의 부족으로, 그것을 혼란시키는 〈정동의 갈등〉에 대해 아무것도 알고 싶어 하지 않는다는 설명으로 만족하지 않는다. 치료는 오직 자아가 일련의 〈기억의 상징〉 — 즉 특정한 무의식적 욕망이 나타나는 장면의 상징 — 의 해명에 접어들 때 진전되는 것이다. 그 무의식적 욕망은 여자 환자가 유지하려고 하는 자기 이미지*image de soi*와 양립할 수 없는 것을 제공한다는 점에서 쉽게 확인되는 욕망이다.

자아에 영향을 미치는 불쾌감 — 프로이트에게 양립 불가능성과 직접 관련이 있는 — 이, 방어 활동의 동기 자체 — 그때부터 프로이트가 가끔 말했듯이 방어의 신호*signal* — 인 것은, 바로 자아가 갈등의 당사자이기 때문이다.[4d]

마지막으로 히스테리의 방어 작용이 자아에 부여되었다고 해서, 그 작용이 오로지 의식적이고 의지적인 것으로 간주된다는 것을 의미하는 것은 아니다. 프로이트가 「과학적 심리학 초고」에서 히스테리적인 방어의 도식을 제공하면서 설명하려고 하는 중요한 점 중의 하나는, 〈…… 왜 자아의 과정*processus du moi*은 보통 1차 과정에서만 발견되는 결과를 동반하는가?〉[5a]이다. 히스테리 증상인 〈기억의 상징〉이 형성될 때, 모든 정동량과 모든 의미작용이 상징화되는 것*symbolisé*에서 상징*symbole*으로 옮겨간다. 그것은 정상적인 사고의 경우가 아니다. 그러한 자아에 의한 1차 과정의 작동은, 자아가 정상적인 방어(가령 주의와 회피)를 가동시키는 상태를 벗어났을 때만 일어난다. 성적 외상에 대한 기억의 경우(→ **사후작용, 유혹**), 자아는 내적인 기습을 당해, 〈1차 과정이 작동하게 내버려 둘〉 수밖에 없게 된다.[5b] 따라서 〈병적인 방어〉와 자아의 관계는 명확하게 결정되어 있는 것이 아니다. 즉 어떤 의미에서 자아는 방어의 대리인이지만, 그것은 자신을 위협하는 것으로부터 자신을 분리함으로써만 자신을 방어할 수 있기 때문에, 양립 불가능한 표상을 그것의 영향력이 미치지 않는 유형의 과정에 넘겨준다.

3. 심리 기능에 대한 프로이트의 최초의 메타심리학적인 연구에서, 자아의

자아

개념은 가장 중요한 역할을 부여받는다. 「과학적 심리학 초고」에서 자아의 기능은 본질적으로 억제적이다. 프로이트가 〈충족 체험〉(이 항목 참조)으로 기술하고 있는 것에서 자아가 개입하는 것은, 충족을 준 최초의 대상에 대한 기억 이미지의 투여가, 힘을 얻어 실제 대상의 지각과 같은 〈현실 징후*indice de réalité*〉를 발동시키지 않도록 하기 위한 것이다. 현실 징후가 주체에게 기준*critère*의 가치를 갖기 위해서는, 다시 말해 환각을 피하고, 실제 대상이 없을 때는 그것이 있을 때만큼 방출이 일어나지 않기 위해서는, 흥분이 이미지에까지 자유롭게 번식하는 1차 과정이 억제되는 것이 필수적이다. 그러나 자아가 주체로 하여금 내적 과정과 현실을 혼동하지 않게 할 수 있는 것은, 자아가 현실 세계에 접근할 수 있는 특권을 갖고 있거나, 표상을 비교할 수 있는 측정기를 갖고 있기 때문이 아니다. 현실에 대한 그러한 직접적인 접촉을, 프로이트는 소위 〈지각 체계〉(W 또는 ω라는 문자로 표시되는)라는 자율적인 체계에 할당하고 있다. 그것은 완전히 다른 방식으로 기능하는, 자아가 속한 ψ 체계와는 근본적으로 다른 체계이다.

프로이트는 자아를 뉴런의 〈조직〉으로 기술하고 있다(또는 프로이트는 다른 논문에서 〈생리학적〉이 아닌 언어를 사용하여 표상의 조직이라고 부르고 있다). 그것은 여러 특징으로 이루어져 있다: 그 그룹의 뉴런 내부에 있는 연결 통로의 소통, 내인성 에너지, 다시 말해 욕동의 에너지에 의한 일정한 투여, 불변의 부분과 가변의 부분의 구분 등이 그것이다. 자아 속에는 항상 일정한 수준의 투여가 이루어지기 때문에, 자아는 환각에 이르는 1차 과정 뿐 아니라, 불쾌감을 일으키는 1차 과정도 억제할 수 있다(〈1차 방어〉). 〈욕망이 환각에까지 투여되는 것, 방어의 총체적인 사용을 포함하는 불쾌감의 완전한 발달, 이 모든 것을 우리는 1차 심리 과정이라는 용어로 지칭할 것이다. 반면에 자아의 적절한 투여만을 가능하게 하고, 1차 과정의 금욕을 대표하는 과정은 2차 심리 과정이다.〉[γ, 5c]

프로이트는 자아를 개인의 총체로 정의하지도, 심리적 장치의 총체로 정의하지도 않는다. 자아는 그것의 일부분일 뿐이다. 그렇지만 자아와 개인의 관계가 심리적 차원에서 뿐 아니라 개인의 생물학적 차원(유기체)에서 특별한 위치를 차지하고 있는 만큼, 그 명제는 보충되어야 한다. 그러한 자아의 근본적인 애매함은, 내부라는 개념이나 내적 흥분이라는 개념을 정확히 정의하기 어렵다는 데서도 나타나고 있다. 내인성 홍분은 처음에는 신체 내부로부터 오는 것으로 생각되다가, 다음에는 심리 장치의 내부에서 오는 것으로 생각되고, 마지막에는 에너지의 저장소*Vorratsträger*로 정의되는 자아 속에 저장된 것으로 연속적으로 간주된다. 거기에는 일련의 연속적인 끼워 맞추기가 있다. 만약 프로이트가 자아를 설명하는 데 사용한 기계적인 설명의 도식을 괄호에 넣는다면, 그러한 끼워 맞추기는 자아의 개념을 육체에 실현된 일종의 은유로 생각하게 한다.

II. 『꿈의 해석』(1900)의 메타심리학을 다루고 있는 장(이것은 심리 장치에 대한 〈첫 번째〉 이론의 설명으로, 프로이트의 유고에 비추어볼 때, 실제로는 오히려 두 번째 메타심리학처럼 보인다)은, 앞에서 개진된 I의 개념에 비해 확연한 차이를 보여주고 있으며, 자아의 개념이 개입되지 않은 〈장치〉의 틀에서, 무의식 체계, 전의식 체계, 의식 체계 사이의 체계 분화를 수립한다.

프로이트는 꿈이 〈무의식에 이르는 왕도〉라는 사실을 발견하면서, 〈꿈의 작업*〉의 1차 기제와, 그 기제가 전의식의 재료에 자신의 법칙을 강요하는 방식을 특히 강조한다. 하나의 체계에서 다른 체계로의 이행은 번역으로 간주되거나, 광학에 비유해, 한 매체에서 굴절률이 상이한 또 다른 매체로의 이행으로 생각된다. 꿈에 방어 활동이 없는 것은 아니지만, 프로이트는 그것을 자아라는 용어로 결코 묶지 않는다. 이전의 저작에서 자아에 대해 인식했던 여러 측면이, 여기서는 여러 차원으로 분배되어 나타난다.

1. 방어의 대리점으로서의 자아는 부분적으로 검열*에서 다시 나타난다. 그러나 검열은 본질적으로 금지의 역할을 하기 때문에, 프로이트에 따르면 신경증적 갈등에서 작용하는 분화된 기제들을 개입시킬 수 있는 복잡한 조직[자아]과 동일시될 수 없다는 데 주목할 필요가 있다.

2. 1차 과정에 대해 자아가 행사하는 조절과 억제의 역할은, 경계심(警戒心)으로 기능하는 전의식 체계에 다시 나타난다. 그렇지만 그 점에 대해, 「과학적 심리학 초고」의 개념과 『꿈의 해석』의 개념 사이에, 차이가 있다는 데 주목할 필요가 있다. 전의식 체계는 2차 과정이 기능하는 장소 자체인 반면에, 「과학적 심리학 초고」에서 자아는 자기 자신의 조직과 관련하여 2차 과정을 유도하는 것이다.

3. 자아는 리비도가 투여된 조직으로서, 수면욕의 운반자로서 다시 등장한다. 프로이트는 그것을 꿈의 형성의 동기 자체로 보고 있다.[6]

III. 1900년에서 1915년에 걸친 시기는 자아의 개념에 관한 한, 모색의 시기라고 특징지을 수 있다. 도식적으로 말하면, 프로이트의 연구는 다음의 네 방향에서 진행된다:

1. 심리 장치에 관한 프로이트의 가장 이론적인 보고서에서, 그가 항시 참조하는 것은, 꿈의 예에 근거하여 1900년에 도출한 모델이다. 그는 지형학적인 세분에 자아라는 개념을 개입시키지도, 자아 욕동*이라는 개념을 에너지의 고찰에 개입시키지도 않고, 그 모델을 그의 마지막 결론까지 밀고 간다.[7]

2. 자아와 현실의 관계에 관한 한, 이론적인 문제의 해결에 진정한 변화가 있다고 말할 수는 없지만, 강조점이 이동한다고는 말할 수 있다. 기본적인 참조틀은 충족 체험과 원초적 환각이다.

a) 〈생활 체험〉의 가치가 중시된다: 〈계속되는 기대했던 충족의 결핍, 즉 실망은 환각의 방식에 의한 충족의 시도를 포기하게 만든다. 그 대신에 심리 장치는 외부 세계의 실제 상태를 표상하여 현실의 수정을 모색하겠다고 결심한다.〉[8a]

b) 심리 기능의 양대 원칙의 도출은 1차 과정과 2차 과정의 구분에 새로운 것을 덧붙인다. 현실원칙*이 외부 세계로부터 그 세계의 요구를 심리 장치에 강요하러 오는 법칙으로 나타난다. 심리 장치는 그 요구를 점차 자기 것으로 만든다.

c) 프로이트는 현실원칙의 요구에 특별한 지지를 보낸다. 쾌락원칙에 의한 〈기능〉을 비교적 빨리 포기하고, 현실에 의한 교육을 빨리 받아, 〈…… 유용한 것*utile*을 지향하고 손상에 대해 자신을 지키는 것밖에 하지 않는〉[8b] 〈현실-자아〉의 에너지 기반을 제공하는 것은 자기보존 욕동*이다. 그러한 관점에서, 현실에 대한 자아의 접근은 거의 문제를 남기지 않는다. 따라서 자아가 욕망의 환각적 충족을 종식시키는 방식은 의미가 바뀐다: 즉 자아는 자기보존 욕동을 중개로 현실에 대한 검증épreuve de la réalité을 한 다음, 성욕동에 현실 규범을 부과한다(이 개념에 대한 논의를 위해서는 〈현실 검증*épreuve de réalité*〉과 〈쾌락-자아, 현실-자아〉를 참조할 것).

d) 자아와 전의식-의식 체계의 관계, 특히 자아와 지각 및 운동과의 관계는 아주 긴밀하게 된다.

3. 방어 갈등에 대한 기술 ─ 특히 강박신경증에 대한 임상 ─ 에서, 자아는 욕망과 대립되는 심역으로 나타난다. 불쾌한 정동이 그러한 대립의 표시인

데, 그 대립은 처음부터 욕동의 표시를 갖고 있는 두 힘 사이의 투쟁의 형태를 띠고 있다. 프로이트는 「쥐인간」에서 〈완전한〉 유아 신경증의 존재를 규명하면서, 〈성애적인 욕동과 그에 대한 반항, 욕망(아직 강박적이지 않은)과 그것과 싸우는 두려움(이미 강박적인), 고통스러운 정동과 방어 행동을 수행하려는 압력〉[9]을 발견한다. 프로이트가 갈등을 성욕동과 자아 욕동*의 대립으로 기술하게 된 것은, 성욕과 대칭적으로 자아에도 욕동의 지지 기반을 제공하려는 배려에서였다.

같은 맥락에서, 프로이트는 자아 욕동의 발달 ― 리비도의 발달과 같은 자격으로 고려되어야 하는 발달 ― 에 대해 자문하고, 강박신경증의 경우, 자아 욕동의 발달이 리비도의 발달보다 앞서 있을 수 있다고 암시한다.[10]

4. 이 시기에, 새로운 개념, 즉 사랑의 대상으로서의 자아의 개념이, 특히 동성애와 정신증의 예에 의거하여 나온다. 그것은 프로이트 사상의 진정한 전환점이 되는 1914년과 1915년 사이의 많은 텍스트에서 지배적인 개념이 된다.

IV. 서로 밀접하게 연관되어 있는 세 가지 개념이 그 전환기(1914~1915)에 만들어진다: 자기애*, 자아를 구성하는 것으로서의 동일시*, 그리고 자아 내에서의 어떤 〈이상적〉 구성 요소들의 분화가 그것이다.(→ **이상적 자아, 자아 이상**)

1. 자기애의 도입이 자아의 정의에 관해 가져오는 것을 우리는 다음과 같이 요약할 수 있다:

a) 자아는 처음부터 나타나는 것도 아니고, 점진적인 분화의 결과로 나타나는 것도 아니다. 그것이 구성되기 위해서는 〈새로운 심리 활동〉[11a]이 있어야 한다.

b) 자기-성애*의 특징인 무질서하고 세분된 성욕의 기능과는 대조적으로, 자아는 통일성unité으로 정의된다.

c) 그것은 외부 대상과 같은 자격으로 성욕에 사랑의 대상으로 제공된다. 대상 선택의 생성 과정의 관점에서, 프로이트는 자기-성애, 자기애, 동성애적 대상 선택, 이성애적 대상 선택과 같은 진행 순서를 제시한다.

d) 자아가 대상으로 정의됨에 따라, 그것을 주체의 내부 세계 전체와 동일시하는 것도 금지된다. 그리하여 프로이트는 융과는 반대로, 환상에 대한 리

자아

비도의 내향(內向)*과 〈리비도의 자아로의 회귀〉의 구분을 유지하려고 애쓴다.[11b]

e) 경제학적 관점에서, 〈자아는 리비도의 거대한 저장소로 생각해야 한다. 리비도는 거기로부터 대상으로 보내지고, 또한 그것은 대상으로부터 역류하는 리비도를 항상 흡수할 준비가 되어 있다.〉[12] 그러한 저장소의 이미지는 자아가 단순히 투여 에너지의 통과 장소가 아니라 투여 에너지의 항구적인 정체(停滯) 장소라는 사실과, 그것은 그러한 에너지 충전에 의해 형태로 결정(結晶)된 것이라는 사실을 내포하고 있다. 그래서 그것을 특징짓기 위하여, 〈원형질의 원생동물〉[11c]과 같은 유기체의 이미지가 사용된다.

f) 마지막으로 프로이트는 사랑의 대상이 개인의 자아와 닮은자로 정의되는 〈자기애적인 대상 선택*〉을 전형적인 것으로 기술한다. 그러나 프로이트는 남자 동성애의 몇몇 사례가 보여주는 특수한 형태의 대상 선택을 넘어서, 소위 의탁적 대상 선택*을 포함하는 대상 선택이라는 개념 전체를 다시 손질하여, 거기에 주체의 자아를 위치시킨다.

2. 같은 시기에 동일시의 개념이 엄청나게 풍부해진다. 히스테리에서 처음 발견된 동일시의 형태 — 개인과 타인 사이의 무의식적인 유사성이 증상에 표현되는 식으로 일시적으로 나타나는 동일시 — 와는 별도로, 프로이트는 그것의 좀 더 기본적인 형태를 끌어낸다: 즉 그것은 단순히 자아와 타인의 관계의 표현만은 아니다. 그것은 동일시에 의해 심층적으로 변화되면서, 주체 간의 관계가 주체 내에 남긴 찌꺼기가 될 수 있다. 그래서 남자 동성애의 경우, 〈그 청년은 어머니를 포기하는 것이 아니라, 자신을 어머니와 동일시하여 어머니로 바뀌는 것이다. […] 그러한 동일시에서 인상적인 것은 그것의 영향력의 범위이다. 즉 그것은 그 이전에 대상이었던 것을 원형으로 하여, 자아의 가장 중요한 부분 중의 하나인 성적인 특징을 개조한다〉.[13]

3. 멜랑콜리와 그것이 보여주는 과정의 분석은 자아의 개념에 근본적인 변화를 가져온다.

a) 멜랑콜리증자에게 분명히 드러나는, 잃어버린 대상과의 동일시는, 아주 태곳적 동일시로의 퇴행으로 해석되고, 대상 선택의 전 단계라고 생각된다. 〈…… [그 단계에서] 자아는 대상과 합체가 된다.〉[14a] 그러한 생각은, 자아는 2차적 동일시에 의해 재정비될 뿐 아니라, 원래부터 구강기의 합체*를 원형으로 하는 동일시에 의해 구성된다는 자아의 개념으로 길을 연다.

b) 프로이트는 자아 속에 내입(內入)된 대상을 의인화해서 기술하고 있다: 〈그것은 가장 가혹한 취급을 받는다〉, 〈그것은 고통스러워한다〉, 〈자살은 그것을 죽이는 것을 겨냥한다〉 등[으로 의인화하고 있다].[14b]

c) 사실 대상의 내입과 동시에, 관계 전체가 내면화될 수도 있다. 멜랑콜리에서 대상에 대한 양가적인 갈등은 자아와의 관계로 이동된다.

d) 자아는 더 이상 심리 내부에서 인격화된 유일한 심역으로 생각되지 않는다. 어떤 부분들은 분열을 통해 분리되는데, 특히 비판의 심역이나 양심이 그렇다. 자아의 일부가 자아의 다른 부분과 대면하면서, 그것을 비판적으로 판단하고, 말하자면 그것을 대상으로 여긴다.

이렇게 해서 자아 리비도와 대상 리비도 사이의 커다란 대립만으로는 리비도의 자기애적인 철수의 모든 양태를 설명하기에 불충분하다는 것 — 이미 「자기애 소개」(1914)에 나타나 있는 개념 — 이 확인된 셈이다. 〈자기애적인〉 리비도는 복잡한 체계를 형성하고 있는 일련의 심역 전체를 대상으로 할 수 있는 것이다. 그리고 그 심역들이 자아 체계système du moi에 참여한다는 것은, 프로이트가 그것을 자아 이상*, 이상적 자아*, 초자아*라는 말로 지칭하고 있다는 사실에서도 입증된다.

V. 1920년의 〈전환기〉: 적어도 자아 개념의 도입에 관한 한, 전환기라는 표현을 전적으로 받아들일 수 없다는 것은 분명하다. 그럼에도 불구하고 그 당시의 근본적인 변화에 대한 프로이트 자신의 증언을 거부할 수는 없다. 제2지형학이 자아를 하나의 체계 또는 심역으로 만들고 있는 것은, 우선 그것이 제1지형학보다 좀 더 심리 갈등의 양태들을 모델로 삼는 것을 목표로 하고 있기 때문이다. 도식적으로 말하자면, 제1지형학은 정신적 기능의 서로 다른 형태들(1차 과정과 2차 과정)을 주요한 참조 기준으로 삼고 있다. 그러나 이제 갈등의 당사자들, 즉 방어의 대리인으로서의 자아, 금지 체계로서의 초자아, 욕동의 중심으로서의 그거는 심리 장치의 심역instances으로 승격된다. 제1지형학에서 제2지형학으로 이동된다고 해서, 새로운 〈지역〉이 그 이전의 무의식, 전의식, 의식간의 경계선을 무효화한다는 것을 의미하는 것은 아니다. 그러나 제1지형학에서 여러 체계로 분배되었던 기능과 과정이 자아의 심역에서 다시 집결된다.

1. 메타심리학의 초창기 모델에서 의식conscience은 완전히 자율적인 체계

(「과학적 심리학 초고」의 ω 체계[지각 뉴런의 체계])를 구성하고 있다가, 곧이어 프로이트에 의해, 어려움이 없었던 것은 아니지만, *Pcs* 체계[전의식 체계]와 결부된다.(→ **의식**) 그러나 이제 그것의 지형학적 상황은 명확해진다. 즉 의식은 〈자아의 핵〉이 된다.

2. [지금까지] 전의식 체계에 속했던 기능은 대부분 자아에 포함된다.

3. 프로이트가 특히 강조하는 점은, 자아는 대부분 무의식적*inconscient*이라는 것이다. 그러한 사실은 임상에 의해, 특히 치료에서의 무의식적인 저항에 의해 입증된다: 〈우리는 자아 자체에서 무의식적인 것을 발견했다. 그것은 격리[억압]된 것과 똑같이 행동한다. 다시 말해 그것은 의식화되지 않으면서 강력한 영향력을 발휘하기 때문에, 의식화되기 위해서는 특별한 작업을 필요로 한다.〉[15a] 여기서 프로이트는 그의 후계자들에 의해 폭넓게 탐구될 길을 열어놓고 있다. 그래서 그들은 주체가 동기와 기제를 모른다는 의미에서 뿐 아니라, 자아의 방어술이 강박적이고 반복적이고 탈현실적인*déréelle*) 양상을 보여준다는 관점에서, 무의식적인 자아의 방어술을 기술하게 된다. 그러한 양상이 자아의 방어술과, 그것이 투쟁하는 격리[억압]된 것을 혈연관계로 만드는 것이다.

그와 같은 자아의 개념의 확대는 제2지형학에서 그것에 아주 다양한 기능이 부여된다는 것을 의미한다: 즉 운동과 지각의 통제, 현실 검증, 예상(豫想), 정신적 과정의 시간적인 정리, 합리적 사고 등이 그것이지만, 오인, 합리화, 욕동의 요구에 대한 강박적 방어도 포함된다. 이미 지적한 바와 같이, 그 기능들은 대립 쌍으로 다시 분류될 수 있다(욕동과 욕동의 충족, 통찰*insight*과 합리화, 객관적 인식과 체계적인 왜곡, 저항과 저항의 제거의 대립 등). 그것들은 다른 두 심역과 현실에 비해, 자아에만 할당된 상황을 반영하고 있는 이율배반들이다.[6] 프로이트 자신의 관점에 따르면, 그는 어떤 때는 자아의 타율성을 강조하고, 어떤 때는 상대적인 자율성의 가능성을 강조한다. 자아는 본질적으로 서로 모순되는 요구를 고려하려고 애쓰는 중개자처럼 보인다. 그것은 〈…… 삼중의 예속 상태에 처해 있다. 그로 인해 그것은 세 가지 위험에 위협받고 있다: 외부 세계에서 오는 위험, 그거의 리비도로부터 오는 위험, 그리고 초자아의 엄격함으로부터 오는 위험이 그것이다. [……] 경계-존재*être-frontière*로서 자아는 세계와 그거 사이를 중개하고, 그거를 세계에 순종하게 만들며, 근육 활동을 통해 세계를 그거의 욕망에 일치시키려고 노력

자아

한다〉.[15b]

VI. 정신분석 이론에서 자아의 개념의 확장은, 많은 연구자들이 그것에 보여준 관심과 동시에 접근 방식의 다양성으로 입증되고 있다. 그래서 어떤 학파 전체가 그러한 정신분석의 성과를 다른 학문 — 정신 생리학, 학습 심리학, 아동 심리학, 사회 심리학 등 — 의 연구 성과와 연결시켜, 진정한 일반적인 자아 심리학을 세우는 것을 목표로 하고 있다.[5] 그러한 시도는 자아의 재량에 일임된 탈성욕화되고 중립화된 에너지라는 개념과, 소위 〈종합적인〉 기능이라는 개념과, 갈등이 없는 자아의 영역과 같은 개념을 끌어들인다. 거기서 자아는 무엇보다도 현실에 대한 조절과 적응 장치로 생각되고 있고, 그 장치의 생성 과정은 젖먹이가 감각-운동 장치를 갖추는 것으로부터 시작하여, 성숙과 학습 과정을 통해 이루어지는 것으로 그려지고 있다. 그러한 개념 중의 어떤 것이 프로이트의 사상에 그 기원이 있다고 하더라도, 그것들이 심리 장치에 대한 프로이트의 마지막 이론의 가장 적합한 표현이라고 하기는 어렵다. 물론 그러한 자아 심리학*ego psychology*의 방향을, 프로이트의 〈진정한〉 자아 이론과 대립시키는 것은 문제가 될 수 없을 것이다. 오히려 자아 개념에 대한 정신분석의 공헌 전체를 단 하나의 방향으로 몰고 가는 것은 엄청나게 어렵다. 도식적으로 말해, 자아의 생성 과정과 그것의 지형학적 상황 — 특히 그거에 대한 자아의 지위 — 과, 마지막으로 역학적이고 경제학적인 관점에서 자아의 에너지라는 말의 의미가 제기하는 세 가지 주요한 문제를 고찰해보면, 프로이트의 개념은 두 가지 방향으로 다시 분류할 수 있다.

A) 첫 번째 관점에서, 자아는 외적 현실의 영향에서 기인하는 그거의 점진적인 분화의 산물인 것처럼 보인다. 그러한 분화는 생명체의 소포(小胞)의 피질 층에 비유되는 지각-의식 체계로부터 시작된다. 자아는 〈…… 그거의 피질 층으로부터 발달한다. 그 층은 자극을 받아들이고 피하기 위해 마련된 것으로 외부(현실)와 직접 접촉한다. 자아는 의식적인 지각을 출발점으로 하여, 갈수록 더 넓은 영역과 갈수록 더 깊은 그거의 층을 자신의 영향권으로 종속시킨다〉.[16]

그래서 자아는 그것이 어떠한 현실적인 실패를 겪는다 하더라도, 정의에 따르면 현실의 대표자로, 욕동에 대한 점진적인 제어를 확보해야 하는 진짜 하나의 기관으로 정의될 수 있다: 〈그것은 외부 세계의 영향이 그거와 그거의 경향을 지배하도록 만들려고 노력한다. 또한 그것은 그거 속에서 무제한적으로 지배적이던 쾌락원칙을 현실원칙으로 대신하려고 애쓴다. 지각은 자아에게 그거 속의 욕동으로 되돌아오는 역할을 하고 있다.)[15c] 그리하여 프로이트가 지적했듯이, 자아와 그거의 구별은 이성과 열정의 대립과 결합한다.[15d]

그러한 문맥에서, 자아가 이용할 수 있는 에너지의 문제에 어려움이 없는 것은 아니다. 실제로 자아가 외부 세계의 활동의 직접적인 산물이라면, 어떻게 그것이 정의상 자기 자신의 에너지로 작용하는 심리 장치 내에, 활동 에너지를 외부 세계로부터 끌어들일 수 있는가? 프로이트는 가끔 현실을, 개인이 자신의 기능을 조절하기 위하여 고려해야 하는 외부 여건으로서 뿐 아니라, 갈등의 역학에서 작용하는 하나의 진정한 심역의 무게를 가진 것으로(자아와 초자아라는 인격의 심역과 같은 자격으로) 끌어들인다.[17] 그러나 심리 장치가 이용하는 유일한 에너지가 욕동으로부터 오는 내적인 에너지라면, 자아가 이용할 수 있는 에너지는 그거로부터 나오는 2차적인 것일 수밖에 없다. 프로이트가 가장 일반적으로 받아들이고 있는 그러한 해결책은, 리비도의 〈탈성욕화désexualisation〉라는 가설에 이를 수밖에 없다. 그러나 그러한 가설은 그 학설의 난점을 아주 애매한 표현으로 하나의 개념 속에 가둬놓을 뿐이라고 생각할 수도 있다.[ㄲ]

우리가 지금 개관한 개념은 전체적으로 두 가지 중요한 문제를 제기한다: 한편, 개념이 기초하고 있는 명제, 즉 신분이 명확하게 규정되지 않은 심리적 실체에서 자아가 분화한다는 명제를 어떻게 이해해야 하는가? 게다가 다른 한편으로, 자아라는 개념에 대한, 순전히 정신분석적인 일련의 공헌 — 본질적인 — 을, 심리 장치의 생성에 관한 거의 이상적인 모델에 통합시키기는 어렵지 않은가?

자아의 생성에 대한 개념은 애매성으로 가득 차 있다. 게다가 프로이트는 그의 전 작품에 걸쳐 애매성을 유지하고 있으며, 그 애매성은 『쾌락원칙을 넘어서』(1920)에서 제안한 모델로 가중될 뿐이다. 사실 그 텍스트에서 언급하고 있는 〈생명체의 소포(小胞)〉의 발달은 여러 차원에서 생각될 수 있다: 그것은 인류의 계통 발생이나 일반적인 생명에 대한 설명인가, 아니면 유기체의 발달에 대한 설명인가, 아니면 미분화된 상태로부터 심리 장치의 분화에 대한 설명인가? 마지막 경우, 외적인 자극에 대한 반응으로 자신의 경계와 수용 장치와 보호막* pare-excitations을 세우는, 유기체에 대한 단순화된 그 가설

자아

에 어떤 가치를 부여해줄 수 있을까? 그것은 생물학에서 빌려온 다소 가치 있는 이미지(원생동물)를 통해, 심리적인 개체와 그것의 바깥에 있는 것과의 관계를 예증하기illustrer 위한 단순한 비유인가? 그 경우에, 육체는 엄격히 말해, 심리적인 소포에 비해 〈외부〉에 속하는 것으로 간주해야 한다. 그러나 그것은 프로이트의 생각에 완전히 반대되는 개념이다. 그에게서, 외적인 자극과 내적인 자극, 또는 욕동(도망가지 못하게 끊임없이 내부에서 심리 장치와 자아를 공격하는) 사이의 등가란 결코 있을 수 없다. 그래서 우리는 생물학적인 그 표상과 그것의 심리적인 치환 사이에, 보다 밀접한 관계를 찾게 되는 것이다. 가령 프로이트는 가끔 자아의 기능과 유기체의 보호 기능이 있는 지각 장치 사이에 실재하는 유사성에 주목한다. 외피가 육체의 표면인 것과 똑같이, 지각–의식 체계는 심리의 〈표면〉에 속한다. 그러한 관점은 심리 장치를 육체 기능의 특수화된 결과로 생각하게 하고, 자아를 적응 장치의 오랜 발달의 최종산물로 생각하게 한다.

마지막으로 다른 차원에서, 살아 있는 형태(외부와는 에너지의 수준 차이로 정의되고, 불법침입에 예속된 경계, 즉 끊임없이 방어하고 재구성해야 하는 경계를 갖고 있는)의 이미지를 사용하려는 프로이트의 고집이, 자아의 생성과 유기체의 이미지 사이의 실제 관계에 기초하고 있는 것은 아닌지 자문해볼 수 있다. 프로이트가 그 관계를 겉으로 표명한 적은 거의 없다: 〈자아는 무엇보다도 육체적 자아이다. 그것은 표면으로 된 존재일 뿐 아니라, 그 자체가 표면의 투영이다.〉[15e] 〈자아는 요컨대 육체적인 감각 — 주로 육체의 표면에서 태어나는 감각 — 으로부터 생긴 것이다. 그래서 그것은 심리 장치의 표면을 나타내는 [……] 것과는 별도로, 육체의 표면의 정신적인 투영으로 간주될 수 있다.〉[θ] 그러한 지적은 자아의 심역을, 유기체가 심리에 〈투영〉되는 데 있는 실제 심리 작용 위에 세워진 것으로 정의하게끔 한다.

B) 이 마지막 지적은 정신분석에서 중심적인 일련의 개념들을 재편성하고, 또 다른 관점을 구성하게 한다. 그러나 그 관점은 자아의 생성 문제를 피하지 못한다. 그렇지만 그것은 기능의 분화라는 개념의 힘을 빌리지 않고, 특수한 심리 작용 — 즉 타인에게서 빌려온 특징, 이미지, 형태를 심리 속으로 침전시키는 것(특히 〈동일시〉, 〈내입〉, 〈자기애〉, 〈거울 단계〉, 《좋은》대상 —《나쁜》대상〉 참조) — 을 개입시킴으로써 그 문제의 해결책을 찾는다. 정신분석가들은 그러한 동일시의 선택 시기와 단계를 탐구하고, 서로 다른 심

역 — 자아, 이상적 자아, 자아 이상, 초자아 — 의 특수한 동일시를 정의하는 데 몰두한다. 그렇다고 해서 자아와 지각, 내지는 외부 세계와의 관계가 제거된 것이 아니라, 새로운 의미를 띠게 된 것이라는 사실에 주목할 필요가 있다. 자아는 지각-의식 체계로부터 발달하는 장치라기보다, 특권화된 어떤 지각들*certaines perceptions*, 즉 일반적으로 외부 세계로부터 오는 것이 아니라 인간 간의 세계로부터 유래하는 지각들 속에 자신의 기원을 두고 있는 내적인 형성물이다.

그래서 지형학적인 관점에서, 자아는 그거의 발현이라기보다 그거가 겨냥하는 대상으로 정의된다. 자기애의 이론과, 에너지의 균형에 따라 자아 아니면 외부 대상을 향하는 리비도라는 개념은, 프로이트에 의해 버려진 것이 아니라, 그에 의해 마지막 글에서까지 재확인되고 있는 것이다. 정신분석적인 임상, 특히 정신증의 임상은 그러한 개념을 옹호하고 있다: 멜랑콜리 환자에게 자기 비하와 자기혐오, 그리고 조증 환자에게 이상적 자아와 융합되기에 이르는 자아의 확장, (페데른P. Federn이 강조한 것처럼) 이인증(離人症) 상태에서 경계로부터의 리비도 철수*désinvestissement*로 인한 자아의 〈경계〉 상실 등이 그것이다.

끝으로 자아의 활동에 필요한 에너지원이라는 어려운 문제는, 자기애적 투여라는 개념과의 관계 하에 검토하는 것이 유익하다. 이 때 문제는 탈성욕화나 중립화라는 가설적인 질적 변화가 의미하는 것이 무엇인지를 아는 것이라기보다, 리비도의 대상인 자아가 어떻게 〈저장소〉가 아니라, 거기서 나오는 리비도 투여의 주체가 될 수 있는가를 이해하는 것이다.

우리가 여기서 몇 가지 요소를 제시한 그러한 후자 계열의 생각이 전자보다 덜 종합적으로 보이는 것은, 그것이 분석 경험과 발견에 더 가깝기 때문이다. 그러나 그것은 한 정신분석 학파가 일반 심리학을 세우려는 일념에서 자아의 기능 속에 목록화한(마치 이러한 목록화가 자명한 것처럼) 일련의 작용과 활동을, 순전히 정신분석적인 심리 장치의 이론과 연결시키는 필수적인 작업을 미해결 과제로 남겨 놓는다.

α 그럼에도 불구하고, 자아가 문제가 되고 있는 『히스테리 연구』(1895)의 몇몇 구절에서, 프로이트는 개인*das Individuum*, 인물*die Person*을 가리키기 위해, 다른 특수한 용어를 사용하고 있다.

β 자아*le moi*, 그거*le ça* 그리고 초자아*le surmoi*에 대한 긴 설명을 결론짓고 있는, 〈Wo

Es war, soll Ich werden〉— 직역하면 〈*où ça était, je(moi) dois advenir*(그거가 있던 곳에서 내가 생기는 것이 틀림없다)〉— 이라는 유명한 공식만으로도 그것은 증명이 된다.[역주: 정관사에 주목할 것. 그 유명한 공식에는 *moi*와 *ça*에 정관사가 없다]

γ 「과학적 심리학 초고」에 기술된 자아의 여러 특징과, 현대 사상에 의해 게슈탈트*Gestalt*(형태)라고 명명되는 것을 비교해볼 수 있다. [자아의 특징은] 핵*Ichkern*[자아-핵]의 항구성에 의해 보장된 형태의 균형을 뒤흔들지 않는 범위 내에서, 어느 정도 변동의 가능성을 가지고 있지만 비교적 고정된 경계를 갖고 있으며, 나머지 심리에 비해 에너지 수준이 항상 일정하며, 자아의 주변을 구성하는 울타리와는 대조적으로 자아 내의 에너지 순환이 원활하며, 자아 자신의 경계 밖에서 전개되는 과정에 대해서는 인력(引力)과 조직력(프로이트는 이것을 측면 투여*Nebenbesetzung, investissement latéral*라는 이름으로 기술하고 있다)을 행사한다. 마찬가지로 〈게슈탈트도 그것이 떨어져 나온 장(場)을 결속하고, 조직하며 그것의 배경을 구조화한다〉. 자아가 사고 — 일반적으로 2차 과정 — 의 장소, 게다가 사고의 주체이기는커녕, 오히려 2차 과정이 자아의 조절력의 결과로 이해되어야 한다.

δ 그래서 다음과 같은 가설을 세울 수 있을 것이다: 즉 『꿈의 해석』의 메타 심리학에서 자아의 방어 기능과 심역 자체가 불명확하다면, 그것은 수면 중의 자아의 위치가, 방어 갈등에서 그것이 차지하는 위치와 전혀 다르기 때문이 아니겠는가? 수면 중의 자아은 더 이상 방어 갈등의 한 축이 아니다. 자아의 자기애적인 투여(수면욕)는, 말하자면 꿈의 장면의 차원에서 자아를 확대하고, 동시에 자아를 육체적인 자아와 일치시키려고 한다.[18]

ε 자아의 기능에 대한 일반 이론의 지리멸렬함과 불충분함에 대한 비판에 대해서는, 라가슈의 「정신분석과 인격의 구조*La psychanalyse et la structure de la personnalité*」[19]를 참조할 것.

ζ 특히 하르트만Hartmann, 크리스Kris, 뢰벤쉬타인Loewenstein의 작업과 라파포르트D. Rapaport의 작업을 참조할 것.

η 이러한 난점에 대해 민감한 몇몇 연구자들은, 자아가 그것의 장치와 그것의 실행 구조와 그것에 고유한 쾌락을 포함하는 특수한 욕동을 갖추고 있는 것으로 생각했다. 그래서 헨드릭스I. Hendricks가 〈*instinct to master*(지배 본능)〉(→ **지배 욕동**)를 기술한 것이다.

θ 이 각주는 영역 『표준판』의 편집자가 지적하고 있듯이, 『자아와 그거』의 독일어 판에는 들어 있지 않다. 그것은 1927년 영역판에 나타나는데, 거기에 프로이트의 승인을 받았다고 명기되어 있다.[20]

1 Hartmann H., "Comments on the Psychoanalytic Theory of the Ego", in *Psychoanalytic Study of the Child*, vol. V, p. 84-5.

2 Janet P., *L'automatisme psychologique*, Alcan, Paris, 1889, p. 367.

3 Janet P., *L'état mental des hytériques*, Alcan, Paris, 1893-4, p. 443(재판, 1911).

4 브로이어 J. & 프로이트 S., 『히스테리 연구』, 1895.

 a 전집 III, 377-8[386] ; G.W., I, 295-6 ; S.E., II, 291 ; 프, 236[O.C., II, 318].

 b 전집 III, 362[369] ; G.W., I, 280 ; S.E., II, 278 ; 프, 225[O.C., II, 304].

 c 전집 III, 377[385] ; G.W., I, 294-5 ; S.E., II, 290 ; 프, 235[O.C., II, 317].

 d 전집 III, 154[155] ; G.W., I, 174 ; S.E., II, 116 ; 프, 91[O.C., II, 135] 참조.

5 프로이트 S., 「과학적 심리학 초고」, 1895.

a 한, 287; 독, 432 ; 영, 410 ; 프, 364.

b 한, 294; 독, 438 ; 영, 416 ; 프, 369.

c 한, 256; 독, 411 영, 388-9., 344

6 프로이트 S., 「꿈에 대하여」, 1901, in 『끝이 있는 분석과 끝이 없는 분석』. 한, 148-9 ; G.W., II-III, 692-4 ; S.E., V, 679-80 ; 프, 151-6[O.C., V, 64] 참조.

7 프로이트 S., 「정신분석에서의 무의식에 관한 노트」, 1912. 「무의식」, 1915. 「격리[억압]」, 1915. 참조.

8 프로이트 S., 「심리적 사건 진행의 두 가지 원칙에 관한 공식화」, 1911.

a 전집 XI, 13[13] ; G.W., VIII, 231 ; S.E., XII, 219 ; 프, 136[O.C., XI, 14].

b 전집 XI, 18[18] ; G.W., VIII, 235 ; S.E., XII, 223 ; 프, 223[O.C., XI, 18].

9 프로이트 S., 「강박신경증의 한 사례에 관한 고찰: 쥐인간」, 1909. 전집 IX, 19[19-20] ; G.W., VII, 389 ; S.E., X, 163 ; 프, 205[O.C., IX, 142-3].

10 프로이트 S., 「강박신경증의 소질」, 1913. 전집 X, 117[122] ; G.W., VIII, 451 ; S.E., XII, 324-5 ; 프, 196-7[O.C., XII, 93].

11 프로이트 S., 「자기애 소개」, 1914.

a 전집 XI, 50[48] ; G.W., X, 142 ; S.E., XIV, 77 ; 프, 84[O.C., XII, 221].

b 전집 XI, 55[53] ; G.W., X, 146 ; S.E., XIV, 80-1 ; 프, 88[O.C., XII, 224-5].

c 전집 XI, 49[47] ; G.W., X, 141 ; S.E., XIV, 75 ; 프, 83[O.C., XII, 220].

12 프로이트 S., 「〈정신분석〉과 〈리비도 이론〉」, 1923. 전집 XV, 164[167] ; G.W., XIII, 231 ; S.E., XVIII, 257 ; 프, 75[O.C., XVI, 206].

13 프로이트 S., 『집단 심리학과 자아 분석』, 1921. 전집 XII, 119-20[124-5] ; G.W., XIII, 111 ; S.E., XVIII, 108 ; 프, 121[O.C., XVI, 46].

14 프로이트 S., 「애도와 멜랑콜리」, 1915.

a 전집 XI, 253[254] ; G.W., X, 436 ; S.E., XIV, 249 ; 프, 204[O.C., XIII, 270].

b 전집 XI, 255[256] ; G.W., X, 438-9 ; S.E., XIV, 251 ; 프, 207[O.C., XIII, 272].

15 프로이트 S., 『자아와 그거』, 1923.

a 전집 XI, 354[358] ; G.W., XIII, 244 ; S.E., XIX, 17 ; 프, 170[O.C., XVI, 262].

b 전집 XI, 402-3[408] ; G.W., XIII, 286 ; S.E., XIX, 56 ; 프, 214[O.C., XVI, 299].

c 전집 XI, 364[368] ; G.W., XIII, 252-3 ; S.E., XIX, 25 ; 프, 179[O.C., XVI, 269].

d 전집 XI, 364[368] ; G.W., XIII, 253 ; S.E., XIX, 25 ; 프, 179[O.C., XVI, 269].

e 전집 XI, 365[369] ; G.W., XIII, 253 ; S.E., XIX, 26 ; 프, 179[O.C., XVI, 270].

16 프로이트 S., 「정신분석 개요」, 1938. 전집 XV, 481[503-4] ; G.W., XVII, 129 ; S.E., XXIII, 198-9 ; 프, 74[O.C., XX, 297].

17 특히 프로이트 S., 「신경증과 정신증」(1924)과 「신경증과 정신증에서 현실의 상실」(1924) 참조.

18 프로이트 S., 「꿈의 이론에 관한 메타심리학적인 보충」, 1915. 전집 XI, 220-1[220-1] ; G.W., X, 413 ; S.E., XIV, 223 ; 프, 165[O.C., XIII, 248] 참조.

19 In *La Psychanalyse*, P.U.F., Paris, vol. 6, 특히 4장.

20 프로이트 S., 『자아와 그거』, 1923. 전집 XI, 365, n.24 ; S.E., XIX, 26, n.; 프, 179, n.[O.C., XVI, 270, n.1] 참조.

자아 리비도 ─ 대상 리비도

프: *libido du moi ─libido d'objet*. 독: *Ichlibido ─Objektlibido*. 영: *ego-libido ─ object-libido*. 스: *libido del yo ─libido objetal*. 이: *libido dell'io ─libido oggettuale*. 포: *libido do ego ─libido objetal*.

두 가지 방식의 리비도 투여를 구분하기 위해 프로이트가 도입한 용어. 리비도는 주체 자신을 대상으로 삼든지(자아 리비도 또는 자기애적 리비도), 외부 대상을 대상으로 삼 는다(대상 리비도). 프로이트에 따르면, 그 두 방식의 투여 사이에는 균형이 존재하기 때문에, 자아 리비도와 대상 리비도 중의 어느 한쪽이 증가하면 다른 한쪽은 감소한다.

프로이트는 특히 정신증 연구를 통하여, 주체가 자기 자신을 사랑의 대상으 로 삼을 수 있다는 것을 깨닫는다.(→ **자기애**) 에너지에 관한 용어로 말한다 면, 그것은 리비도가 외부 대상뿐 아니라 자아에 대해서도 투여될 수 있다는 것을 의미한다. 그것이 바로 자아 리비도와 대상 리비도 사이에 도입된 구분 의 기원이다. 그러한 구분이 제기하는 경제학적인 문제는 「자기애 소개」 (1914)에서 다루고 있다.

프로이트에 따르면, 리비도는 처음에는 자아에 투여되고(1차적 자기애), 다음에는 자아에서 외부 대상으로 옮겨간다: 〈우리는 이렇게 자아에 대한 원 초적인 리비도 투여의 표상을 갖게 된다. 나중에 그 중의 일부가 대상으로 넘 어가지만, 근본적으로 자아의 투여는 지속되면서, 대상 투여에 대해서는 마 치 원생동물이 몸에서 위족(僞足)을 내보내듯이 행동한다.〉[1a]

대상 리비도가 자아로 철수하는 것이 2차적 자기애를 구성하는데, 그것은 특히 정신증적인 상태(건강 염려증, 과대망상)에서 관찰할 수 있다.

용어상 주의해야 할 점: 1) 대상 리비도*libido d'objet*라는 표현에서 대상은 외부 대상이라는 좁은 의미로 보아야 한다. 그것은 넓은 의미에서 욕동의 대 상의 자격이 있는 자아는 포함하지 않는다(→ **대상**); 2) *libido d'objet*(대상 리비도)와 *libido du moi*(자아 리비도)라는 프랑스어의 표현에서 전치사 *de* 는, 리비도의 도달점을 가리키는 것이지, 그것의 출발점을 가리키는 것이 아 니다.

두 번째 사항은 단지 용어상의 문제만이 아닌 어려운 문제를 끌어들인다.

처음에는 프로이트가 성욕동*과 자아 욕동*(또는 자기보존 욕동*)으로 이루어진 욕동의 이원론밖에는 인식하지 못한다. 전자의 에너지는 리비도*libido*로 지칭되고, 후자의 에너지는 자아욕동의 에너지 또는 관심*으로 지칭된다. 나중에 도입된 새로운 구분에서는 성욕동이 투여 대상에 따라 세분된다.

그러나 자아 욕동과 자아 리비도의 구분이 개념적으로는 분명하다고 하더라도, 자기애적인 상태(수면, 신체 질환)에서는 그렇지 않다: 〈여기서 리비도와 자아의 관심은 같은 운명을 갖고 있다. 따라서 그것을 서로 구분하는 것은 불가능하다.〉[1b] 그럼에도 프로이트는 융의 욕동의 일원론을 인정하지 않는다.[α]

비슷한 어려움이 프로이트가 빈번히 사용하는, 〈…… 리비도는 자아로부터 출발하여 대상으로 보내진다.〉와 같은 표현에서도 발생한다. 그렇다면 〈자아 리비도〉는 자아 속에서, 그 대상뿐만 아니라 그것의 원천을 발견한다고 생각할 수 있지 않을까? 그 결과 자아 리비도와 자아 욕동의 구분은 없어져야 하는 것이 아닐까? 그 질문은 프로이트가 자아 리비도 개념을 도입할 때와, 자아의 지형학적 개념 — 고유한 의미에서의 — 을 만들던 때가 같은 시기인 만큼, 해결하기 더욱 어렵다. 그러한 애매성은 프로이트가 자아를 〈리비도의 거대한 저장소〉라고 규정한 표현에서도 찾아볼 수 있다. 그 점에 대한 프로이트의 생각에 대해 제안할 수 있는 가장 일관성 있는 해석은 다음과 같다: 욕동 에너지로서의 리비도는 서로 다른 성감대를 원천으로 하고 있다; 자아는 총체적인 개인으로서 그러한 리비도 에너지를 저장하면서, 동시에 그것의 최초의 대상이 된다. 그러나 그 다음엔 그 〈저장소〉가 외부 대상에 대해, 원천 역할을 한다. 왜냐하면, 모든 투여는 그것으로부터 나오기 때문이다.

α 이것은 1914년 융의 명제에 대한 프로이트의 검토로부터 나온 것이다.[1c] 프로이트는 「정신분석」과 〈리비도 이론〉」(1923)에서 리비도 이론의 발달에 대해 회고적으로 기술하면서,[2] 자아 욕동을 자아 리비도로 환원하는 방향으로 생각하던 때를 재해석하고 있다. 마치 1914년에 그는 융의 관점에 근접한 것 같았다. 주목할 것은, 1922년에 프로이트는 이미 새로운 욕동 이론을 만들었다는 것이다. 거기서 욕동은 삶 욕동과 죽음 욕동의 대립으로부터 출발하여 재분류되고 있다. 우리 생각으로는, 그 결과 그는 1914년에 도입하고 1917년에

『정신분석 입문 강의』³에서 재확인한 구분에 더 이상 주의를 기울이지 않는다.

  1 프로이트 S., 「자기애 소개」, 1914.
  a 전집 XI, 49[47] ; G.W., X, 140-1 ; S.E., XIV, 75 ; 프, 83[O.C., XII, 220].
  b 전집 XI, 58[56] ; G.W., X, 149 ; S.E., XIV, 82 ; 프, 89[O.C., XII, 226].
  c 전집 XI, 50-6[48-54] ; G.W., X, 142-7 ; S.E., XIV, 77-81 ; 프, 84-8[O.C., XII, 220-5] 참조.
  2 프로이트 S., 「〈정신분석〉과 〈리비도 이론〉」, 1923. 전집 XV, 161-4[164-7] ; G.W., XIII, 231-2 ; S.E., XVIII, 257-9 ; 프, 75-7[O.C., XVI, 204-6] 참조.
  3 프로이트 S., 『정신분석 입문 강의』, 1917. 전집 I, 563-4[592-4] ; G.W., XI, 435-6 ; S.E., XVI, 420 ; 프, 449-50[O.C., XIV, 434-5] 참조.

자아 분열

프: *clivage du moi*. 독: *Ichspaltung*. 영: *splitting of the ego*. 스: *escisión del yo*. 이: *scissione dell'io*. 포: *clivagem do ego*.

특히 물품성애증과 정신증에서 작용하고 있는 것으로 보이는 아주 특수한 현상을 가리키기 위해 프로이트가 사용한 용어. 외적 현실이 욕동의 요청을 방해하는 한, 그것에 대한 두 가지 심리적 태도가 자아 한가운데서 공존한다: 하나는 현실을 고려하고, 다른 하나는 문제의 현실을 부인하면서 그 대신 욕망을 생산한다. 그러한 두 가지 태도는 서로 영향을 미치지 않고 어깨를 맞대고 공존한다.

I. 우리가 〈*clivage*〉라고 불역하는 *Spaltung*(분열)이라는 용어는, 정신분석과 정신의학에서 아주 오래되고 다양한 용법을 갖고 있다. 프로이트를 포함한 많은 저자들은, 인간이 이러저러한 모습으로 자기 자신과 분리되는 것을 가리키기 위해 그 말을 사용한다. 19세기 말, 정신병리학적 연구, 특히 히스테리와 최면에 대한 연구에서 〈인격의 이중화〉, 〈이중 의식〉, 〈심리 현상의 해리〉와 같은 개념이 나타난다.

브로이어와 프로이트에게서, 〈의식의 분열*Bewusstseinsspaltung*〉, 〈의식 내용의 분열〉, 〈심리의 분열〉 등의 표현은 동일한 사실을 내포하고 있다. 몇몇 히스테리 사례가 보여준 대로, 또는 최면이 유발시킨 대로, 번갈아 교대되는 인격이나 의식의 이중화로부터, 자네Janet와 브로이어와 프로이트는 심리 한 가운데 두 그룹의 현상 — 게다가 서로 모르는 두 인격 — 이 공존한다는 생각을 갖게 된다. 〈자네와 브로이어와 프로이트의 훌륭한 작업의 결과, 히스테리 증상의 콤플렉스가 의식의 분열의 가설을 정당화한다는 사실이 일반적으로 인정을 받게 된다. 그러한 의식의 분열의 기원과, 히스테리 신경증에서 분열의 특성이 갖고 있는 역할에 관해서는 의견이 분분하다.〉[1] 그렇게 평가가 불일치하는 가운데, 무의식은 격리[억압] 작용에 의해 의식의 영역으로부터 분리된다는 프로이트의 개념이 수립된다. 그러한 개념은 〈심리적 종합의 결함〉에 기초한 자네의 관점과 대립할 뿐 아니라, 〈최면형 상태〉*나 〈최면형 히스테리〉*라는 브로이어의 개념과도 구별된다.

프로이트에게서 분열은 갈등의 결과이다. 따라서 그 개념이 그에게 서술적 가치를 가지고 있다 하더라도, 그것 자체는 어떠한 설명적 가치도 갖고 있지 않다. 반대로 그것은 의문을 불러일으킨다. 왜, 어떻게 의식적 주체는 그렇게 표상의 일부분으로부터 분리되는가?

프로이트가 무의식을 발견하는 몇 년간의 역사를 서술할 때, 그는 *Spaltung*이라는 용어와, 그와 똑같은 기본적인 여건인 심리 내의 분할을 가리키는 비슷한 용어들을 사용하지 않을 수 없었다. 그러나 그는 *Spaltung*이라는 용어를 가끔씩 사용할 뿐 아니라, 그것을 개념적 도구로 삼지도 않는다. 그것은 특히, 심리 장치가 체계들(무의식 체계와 전의식-의식 체계)과 심역(그거, 자아, 초자아)으로 분할되어 있다는 것을 가리키거나, 또는 자아가 관찰하는 부분과 관찰되는 부분으로 이중화되어 있다는 것을 가리킨다.

*

다른 한편, 다 알다시피, 블로일러Bleuler는 그가 정신분열증*이라고 부른 증상군의 기본 증상을 가리키기 위해 *Spaltung*이라는 용어를 사용한다.[a] 그에게 *Spaltung*은 관찰 자료를 내포하는 것 이상이다. 그것은 정신 기능에 대한 어떤 가설을 포함하고 있다.(→ **정신분열증**)

그 점에 관한 한, 블로일러가 정신분열증적인 *Spaltung*을 해명하기 위해 제시한 설명 방식과, 자네의 설명 방식이 보여주는 유사성은 아주 인상적이다. [자네에 따르면] 서로 다른 연상 군(群)으로 심리가 분열되는 것은, 1차적 연상의 결함으로 해리된 심리 세계의 한 가운데서 2차적인 재편성이 일어나는 것이다.

자아 분열

프로이트는 블로일러의 가설을 받아들이지 않고, 그것과 관계된 정신분열증이라는 용어를 비판한다. 그러나 프로이트는 말년에 분열이라는 용어를 다시 사용하긴 하는데, 그렇지만 그것은 전혀 다른 관점에서이다.

II. 프로이트는 주로 「물품성애증」(1927)과 「방어 과정에서의 자아 분열」(1938)과 「정신분석 개요」(1938)라는 논문, 그리고 정신증과 물품성애증에 대한 성찰의 틀 내에서, 자아 분열이라는 용어를 끌어낸다. 프로이트에 따르면, 그러한 질환은 주로 자아와 〈현실〉의 관계에 문제가 있다. 프로이트는 그러한 질환으로부터 특수한 기제인 부인*Verleugnung — 이것의 원형은 거세의 부인이다 — 을 확실하게 도출해낸다.

그러나 부인 자체만으로는 정신증과 물품성애증의 임상에서 발견되는 것을 설명할 수 없다. 실제로 프로이트는 다음과 같이 기술하고 있다: 〈자아가 현실로부터 완전히 분리될 수 있다면, 정신증의 문제는 단순하고 분명해질 것이다. 그러나 그와 같은 일은 거의 — 아마 결코 — 일어날 수 없다.〉[2a] 모든 정신증에서, 그것이 아무리 깊더라도, 두 가지 심리적 태도를 발견할 수 있다: 〈…… 하나는 현실을 고려하는 것으로 정상적인 태도이고, 다른 하나는 욕동의 영향 하에 자아를 현실과 분리시키는 태도이다.〉[2b] 그러한 두 번째 태도는 새로운 망상적 현실이 생산될 때 나타난다. 물품성애증에서 프로이트는 거세 〈현실〉과 관련하여, 자아의 한 가운데 모순되는 두 태도가 있음을 발견한다: 〈한편, [물품성애증자는] 그들의 눈에 비친, 여성의 성기에 자지가 결핍되어 있다는 사실에 대한 지각을 부인한다.〉 그러한 부인은 여성의 자지의 대체물인 성애물féticbe의 창조로 나타난다. 그러나 〈…… 다른 한편으로, 그들은 여자에게서 자지의 결핍을 인식하고, 거기서 정확한 결론을 이끌어내기도 한다. 그러한 두 태도는 전 생애에 걸쳐, 서로 영향을 주지 않으면서 나란히 존속한다. 그것이 바로 자아 분열이라 부르는 것이다.〉[2c]

다 알다시피, 그러한 분열은 엄격히 말해 자아의 방어가 아니다. 그것은 두 가지 방식 — 즉 하나는 현실을 향하고(부정), 다른 하나는 욕동을 향하는 — 의 방어를 공존하게 하는데, 후자는 신경증의 증상(예컨대 공포증의 증상)을 형성할 수 있다.

프로이트는 자아의 분열이라는 용어를 도입하면서, 그가 그 용어에 공헌한 것이 〈…… 오래 전부터 자명하게 알려져 있는 것인지, 아니면 완전히 새롭고 놀라운 것인지)[3] 자문하고 있다. 사실 동일한 주체 내에, 〈······ 서로 대립되고 독립적인 두 가지 서로 다른 태도〉[2d]가 공존한다는 것은, 정신분석적 인격 이론의 원칙 자체에 속하는 것이다. 그러나 프로이트는 심역간의*entre instances* 분열(자아와 그거 사이의)이 아닌 자아의*du moi* 분열(체계 내적인)을 기술하면서, 격리[억압]와 격리[억압]된 것의 회귀의 모델과 관련된 새로운 과정을 밝힌다. 실제로 그러한 과정의 특징 중의 하나는, 현존하는 두 태도 간의 타협 형성에 이르지 못하고, 그것들 간에 변증법적 관계가 이루어짐이 없이 그것들을 동시에 유지한다는 것이다.

프로이트가 자아 분열이라는 개념을 만들 필요를 느낀 것이 정신증의 영역(블로일러가 [프로이트와] 다른 이론적 개념에서 *Spaltung*이라고 말한 곳도 바로 이 영역이었다)이라는 사실을 지적하는 것은 아주 흥미로운 일이다. 우리가 보기에, 거기서 그러한 개념을 끌어낸 것은 유익했다. 그것이 정신분석가들에게 거의 이어지지 않았다 하더라도 말이다. 그것은 완전히 만족스러운 이론적 해결을 가져오지는 못했다 하더라도, 전형적인 현상을 강조한다는 장점이 있다.

α 정신분열증적인 분열*Spaltung*을 가리키기 위해, 프랑스의 정신의학자들은 일반적으로 해리*dissociation*라는 용어를 차용한다.

1 프로이트 S., 「방어-신경정신증」(1894), in 『신경증의 병인』. G.W., I, 60 ; S.E., III, 45-6 ; 프, 2[O.C., III, 3-4].
2 프로이트 S., 「정신분석 개요」, 1938.
  a 전집 XV, 484[507] ; G.W., XVII, 132 ; S.E., XXIII, 201 ; 프, 77[O.C., XX, 299].
  b 전집 XV, 485[508] ; G.W., XVII, 133 ; S.E., XXIII, 202 ; 프, 78[O.C., XX, 300].
  c 전집 XV, 486-7[509] ; G.W., XVII, 134 ; S.E., XXIII, 203 ; 프, 79[O.C., XX, 300-1].
  d 전집 XV, 488[510] ; G.W., XVII, 134 ; S.E., XXIII, 204 ; 프, 80[O.C., XX, 302].
3 프로이트 S., 「방어 과정에서의 자아 분열」, 1938. 전집 XI, 471[479] ; G.W., XVII, 59 ; S.E., XXIII, 275 ; 프, 283[O.C., XX, 221].

자아 욕동

프: *pulsions du moi*. 독: *Ichtriebe*. 영: *ego instincts*. 스: *instintos del yo*. 이: *istinti*(또는 *pulsioni*) *dell'io*. 포: *impulsos*(또는 *pulsões*) *do ego*.

최초의 욕동 이론(프로이트가 1910년부터 1915년에 걸쳐 공식화한)의 틀에서, 자아 욕동은 방어 갈등에서 에너지가 자아의 편에 서는 특수한 형태의 욕동을 가리킨다. 자아 욕동은 자기보존 욕동과 동일시되고, 성욕동과는 대립된다.

성욕동*과 자기보존 욕동*을 대립시키고 있는 프로이트의 최초의 욕동 이론에서, 자기보존 욕동는 자아 욕동이라고 불리기도 한다.

다 알다시피, 프로이트는 처음부터 심리적 갈등*을 성욕과, 그것을 격리[억압]하고 방어하는 심역, 즉 자아*의 대립으로 기술하고 있다. 그러나 그때까지도 자아는 특정한 욕동의 지지를 받지 못하고 있었다.

다른 한편, 프로이트는 『성이론에 관한 세 편의 논문』(1905)에서부터, 성욕동과 그가 〈욕구〉(또는 〈생명의 중요한 기능〉)라고 부르는 것을 대립시키면서, 어떻게 전자가 후자에 의탁*해서 태어났다가, 특히 자기-성애*에서 서로 갈라지는가를 보여준다. 프로이트는 자신의 〈최초의 욕동 이론〉을 표명하면서, 다음의 두 가지 대립을 일치시키려고 노력한다: 방어 갈등에서 자아와 성욕동 사이의 임상적인 차원의 대립과, 인간의 성(性)의 기원에서 자기보존 기능과 성욕동 사이의 발생학적인 차원의 대립이 그것이다.

1910년이 되어서야, 프로이트는 「심인성 시각장애에 관한 정신분석적인 해석」에서 처음으로, 한편으로는 성적이지 않은 〈거대한 욕구〉 전체를 〈자기보존 욕동〉이라는 이름으로 묶고, 다른 한편으로는 그 욕동을 〈자아 욕동〉이라는 이름하에 심리적 갈등의 당사자로 지칭한다. 요컨대 심리적 갈등의 양극은 똑같이 힘으로 정의되어야 하기 때문이다: 〈성에 종사하는 욕동, 즉 성적인 쾌락의 획득에 종사하는 욕동과, 개인의 자기보존을 목적으로 하는 다른 욕동, 즉 자아 욕동 사이에 존재하는 부정할 수 없는 대립은, 우리가 시도한 설명의 관점에서 특별히 중요하다. 우리의 정신에서 활동하는 유기체의 모든 욕동은, 시인의 언어로 말한다면, 《배고픔》과 《사랑》으로 분류될 수 있다.〉[1a]

*

프로이트가 자기보존 욕동과 자아 욕동을 동의어로 내세우는 의미는 무엇일까? 어떤 점에서 일군의 특정한 욕동들이 자아에 내재하는 것으로 볼 수 있는 것일까?

1. 생물학적 차원에서, 프로이트는 개체의 보존Selbsterhaltung을 지향하는 욕동과 종족의 목적Arterhaltung에 종사하는 욕동의 대립에 의지한다: 〈개인은 현실적으로 이중의 존재를 영위하고 있다. 하나는 자기 자신의 목적으로서, 그리고 다른 하나는 개인이 자기의 의지에 반해서 복종하거나 어쨌든 본의 아니게 복종하게 되는 사슬의 일원으로서 살아간다. [······] 성욕동과 자아 욕동의 구분은 그러한 개인의 이중적인 기능을 반영한 것에 지나지 않는다.〉[2a] 그러한 관점에서, 〈자아 욕동〉은 〈자기보존 욕동〉을 의미한다. 왜냐하면 심역으로서의 자아는 개체의 보존을 담당하는 심리의 대리점이기 때문이다.

2. 심리 장치의 기능의 측면에서, 프로이트는 자기보존 욕동이 성욕동과 대조적으로 어떻게 현실원칙에 따라 기능하는 것에 특별히 적합한지를 보여 주고 있다. 게다가 프로이트는 〈현실-자아*〉를 자아 욕동의 특성 자체로 정의하고 있다: 〈······ 현실-자아는 유용성utile을 지향하고 손상으로부터 자기의 안전을 지키는 것 이외에 다른 아무것도 하지 않는다.〉[3]

3. 끝으로 간과해서 안 될 것은, 프로이트가 자아 욕동이라는 개념을 도입하면서부터, 그것이 (그것과 갈등 관계에 있는 성욕동과는 대칭적으로) 특정한 표상représentations 군(群) ── 〈경우에 따라 서로 다른 방식으로 구성되는 자아라는 집합 개념을 사용할 수 있는 군(群)〉[1b] ── 과 결부된다는 것이다.

이 마지막 지적의 함의를 인정한다면, 자아 욕동은 〈표상 군〉으로서의 〈자아〉에 투여된다는 결론, 즉 그것은 자아를 겨냥한다visent le moi는 결론을 내리지 않을 수 없다. 여기서 pulsions du moi(자아'의' 욕동)의 계사 du의 의미가 애매해진다. 즉 자아 욕동은 한편으로는 유기체로부터(또는 자아가 유기체의 보존을 보장하는 책임이 있는 심역인 한 그 자아로부터) 나오는émanant 경향으로, 비교적 특수한 외부 대상(가령 음식)을 겨냥하는 것으로 여겨지지만, 다른 한편으로, 그것은 마치 그것의 대상objet과 결부되는 것처럼 자아와 결부된다.

*

프로이트가 1910년부터 1915년에 걸쳐 성욕동과 자아 욕동의 대립을 제안할 때, 그는 그것이 〈······ 순전히 전이 신경증(히스테리와 강박신경증)의 분석에 의해 강요된〉[2b] 가설이라는 사실을 거의 빠뜨리지 않고 언급하고 있다. 그에 대해 주목할 것은, 갈등에 대한 프로이트의 해석에서 자기보존 욕동이

격리[억압]의 원동력으로 작용하는 예는 실제로는 결코 볼 수 없다는 것이다:

1. 1910년 이전에 간행된 임상적 연구에서, 갈등에서의 자아의 위치는 빈번하게 언급되지만, 생물학적인 개체의 보존에 필요한 기능과 자아의 관계는 지적되고 있지 않다.(→ 자아) 그 후, 자기보존 욕동이 자아 욕동 이론으로서 명확히 제시된 뒤에도, 그것을 격리[억압]하는 에너지로서 거론하는 경우는 드물다. 1914년에서 1915년에 걸쳐 작성된 「한 소아 신경증의 이야기: 늑대인간」(1918)에서는, 격리[억압]를 야기하는 힘을 〈자기애적인 성기적 리비도〉에서 찾고 있다.[4]

2. 1914년에서 1915년에 걸친 메타심리학의 저작(「무의식」, 「격리[억압]」, 「욕동과 욕동의 운명」)에서, 격리[억압]는 전이 신경증의 세 가지 주요 형태에서, 투여, 철수, 역투여라는 순전히 리비도적인*libidinal* 작용으로 간주되고 있다: 〈여기서 우리는 《투여》를 《리비도》로 바꿀 수 있다. 왜냐하면 우리가 보았듯이, 그것은 성욕동의 운명이기 때문이다.〉[5]

3. 자아 욕동이라는 개념을 도입한 논문에서, 즉 프로이트가 그것에 갈등의 당사자라는 역할을 부여한 유일한 논문 중의 하나에서 받을 수 있는 인상은, 〈자기보존〉 기능(여기서는 시각)이 방어 갈등의 역학적인 요소 중의 하나라기보다 오히려 그것의 내기이거나 지대라는 것이다.

4. 프로이트는 그러한 욕동의 이원론의 도입을 정당화하는데, 그것을 〈필요한 가정〉으로 보는 것이 아니라, 다만 정신분석적인 발견을 훨씬 넘어서는 〈보조적인 가설〉로만 보고 있다. 사실 정신분석적인 발견이 정당화하고 있는 것은, 오직 〈성의 요구와 자아의 요구의 갈등〉[6a]이라는 개념뿐이다. 요컨대 욕동의 이원론은 〈생물학적인〉 고찰에 근거하고 있다. 〈…… 여기서 내가 확실히 해 두고 싶은 것은, 서로 분리된 성욕동과 자아 욕동의 가설은 [……], 아주 작은 부분만 심리학적인 토대 위에 세워져 있고, 본질적으로 그것은 생물학에 지지 기반을 두고 있다.〉[2c]

*

자기애*라는 개념의 도입이 처음부터 성욕동과 자아 욕동의 대립을 무효로 만든 것은 아니지만,[2d, 6b] 그것은 그 대립에 추가적인 구분을 덧붙인다: 성욕동은 자기의 에너지를 외부 대상을 향하게 하거나(대상 리비도), 자아를 향하게 할 수 있다(자아 리비도 또는 자기애적 리비도). 자아 욕동의 에너지는 리비도가 아니라 〈관심*〉이다. 그러한 새로운 재편성은 자아'의' 욕동pulsions *du* moi이라는 용어에 대한, 위에서 지적한 애매성을 제거하기 위한 것이다. 자아 욕동은 자아로부터 나와서 독립적인 대상(예컨대 음식)과 관계한다; 그렇지만 자아는 성욕동(자아 리비도)의 대상이 될 수 있다.

그러나 자아 리비도와 대상 리비도*의 대립은 자아 욕동과 성욕동의 대립에 대한 프로이트의 관심을 급속하게 빼앗아가 버린다.

실제로 자기보존 욕동은 프로이트가 보기에 자기 사랑, 다시 말해 자아 리비도로 귀결될 수 있다. 프로이트는 자신의 욕동 이론의 역사를 귀납적으로 기술하면서, 그가 자기애적 리비도라는 개념을 도입하게 된 전환점을, 욕동의 에너지에 대한 일원론적 접근으로 해석한다: 〈…… 대상 리비도의 자기애로의 변형이 탈성욕화*désexualisation*와 필연적으로 연결되어 있는 만큼, 정신분석적 탐구의 완만한 진행이 마치 원초적 리비도에 대한 융의 성찰의 발걸음을 따르고 있는 것 같다.〉[7]

그럼에도 불구하고, 프로이트가 그러한 〈일원론적〉 사고의 양상을 깨달았을 때, 그는 이미 삶 욕동*과 죽음 욕동*이라는 본질적인 새로운 이원론*nouveau dualisme*을 확립했다는 데 주목할 필요가 있다.

*

그러한 이원론이 도입된 이후, 자아 욕동이라는 용어는 프로이트의 어휘집에서 사라진다. 그렇지만 우선 프로이트는 『쾌락원칙을 넘어서』(1920)에서, 그가 그 당시까지 자아 욕동이라고 명명한 것을 그 새로운 틀 안에 위치시키려고 노력한다. 그 시도는 상반된 두 방향으로 진행된다:

1. 삶 욕동과 성욕동이 동일시되면서, 프로이트는 대칭적으로 자아 욕동과 죽음 욕동을 일치시키려고 한다. 욕동은 그 근원에서 무생물의 상태를 회복하려는 경향이 있다는 사변적인 이론을 그의 최종 결론으로까지 밀고 나가면서, 그는 자기보존 욕동을 〈…… 죽음을 향한 자기 자신의 길을 유기체에 보장하는 것을 기능으로 하는 부분 욕동〉[8a]으로 본다. 자기보존 욕동은 단지 다음과 같은 점에서 무생물로 회귀하려는 즉각적 경향과 구분된다: 〈…… 유기체는 자신의 방식으로만 죽기를 바란다. 삶의 수호자 자체가 근원적으로는 죽음의 앞잡이였던 것이다.〉[8b]

자아 욕동

2. 프로이트는 그와 같은 그 논문의 흐름 속에서 그러한 견해를 수정하고, 자기보존욕동은 본래 리비도적이라는 명제를 다시 채택하기에 이른다.[8c]

마지막으로 심리 장치의 두 번째 이론의 틀에서, 프로이트는 그러한 형태의 특질을 가진 욕동과 그러한 심역을 더 이상 일치시키지 않는다(자기보존*auto-conservation* 욕동과 자아*moi* 욕동을 동일시할 때 그랬던 것처럼). 욕동이 그거에 기원을 두고 있다면, 그것은 어떤 심역에서도 모두 활동할 수 있다. 자아가 어떤 욕동 에너지를 좀 더 특별히 이용하는가 하는 문제는 여전히 남지만,(→**자아**) 프로이트는 자아 욕동이라는 말을 사용하지 않는다.

1 프로이트 S.,「심인성 시각장애에 관한 정신분석적인 해석」, 1910.
  a 전집 X, 87[89] ; G.W., VIII, 97-8 ; S.E., XI, 214-5[O.C., X, 182].
  b 전집 X, 86[88] ; G.W., VIII, 97 ; S.E., XI, 213[O.C., X, 181].
2 프로이트 S.,「자기애 소개」, 1914.
  a 전집 XI, 52[50] ; G.W., X, 143 ; S.E., XIV, 78 ; 프, 86[O.C., XII, 222].
  b 전집 XI, 51[49-50] ; G.W., X, 143 ; S.E., XIV, 77 ; 프, 85[O.C., XII, 223].
  c 전집 XI, 53[51] ; G.W., X, 144 ; S.E., XIV, 79 ; 프, 86[O.C., XII, 220].
  d *passim.* 참조.
3 프로이트 S.,「심리적 사건 진행의 두 가지 원칙에 관한 공식화」, 1911. 전집 XI, 18[18] ; G.W., VIII, 235 ; S.E., XII, 223 ; 프, 140[O.C., XI, 18].
4 프로이트 S.,「한 소아 신경증의 이야기: 늑대인간」, 1918. 전집 IX, 247[254] ; G.W., XII, 73 ; S.E., XVII, 46 ; 프, 357[O.C., XIII, 43].
5 프로이트 S.,「무의식」, 1915. 전집 XI, 183[183] ; G.W., X, 281 ; S.E., XIV, 181-2 ; 프, 122[O.C., XIII, 223].
6 프로이트 S.,「욕동과 욕동의 운명」, 1915.
  a 전집 XI, 110[108] ; G.W., X, 217 ; S.E., XIV, 124 ; 프, 38[O.C., XIII, 172].
  b 전집 XI, 109[107] sqq. ; G.W., X, 216 sqq. ; S.E., XIV, 123 sqq. ; 프, 37[O.C., XIII, 171] sqq. 참조.
7 프로이트 S.,「〈정신분석〉과 〈리비도 이론〉」, 1923. 전집 XV, 164[168] ; G.W., XIII, 231-2 ; S.E., XVIII, 257 ; 프, 75[O.C., XVI, 206].
8 프로이트 S.,『쾌락원칙을 넘어서』, 1920.
  a 전집 XI, 311[315] ; G.W., XIII, 41 ; S.E., XVIII, 39 ; 프, 45[O.C., XV, 311].
  b 전집 XI, 311[315] ; G.W., XIII, 41 ; S.E., XVIII, 39 ; 프, 45[O.C., XV, 311].
  c 전집 XI, 328[332] ; G.W., XIII, 56 ; S.E., XVIII, 52 ; 프, 60[O.C., XV, 326] 참조.

자아의 변화

프: *altération du moi.* 독: *Ich-Veränderung.* 영: *alteration of the ego.* 스: *alteración del yo*. 이: *modificazione dell'io*. 포: *alteração do ego*.

여러 단계의 방어 갈등의 과정에서 자아가 획득하는 시대착오적인 태도와 제한의 총체. 그것은 자아의 적응 가능성에 불리한 영향을 미친다.

프로이트에게서 〈자아의 변화〉라는 용어는, 그의 작품의 맨 처음과 맨 끝에서 아주 다른 두 문맥에서 나타나고 있다.

「방어-신경정신증에 관한 진전된 고찰」(1896)에서, 프로이트는 파라노이아에 대해 기술하면서, 격리[억압]된 것의 회귀로서의 망상과, 2차적 망상, 즉 〈결합*combinatoire*〉 망상이나 다른 곳에서는 〈동화*assimilation*〉 망상이라고 명명한 해석 망상을 구분한다. 후자는 자아가 망상적 사고에 적응했다는 표시일 것이다. 파라노이아증자는 1차적인 망상적 사고와, 사고의 논리적인 기능 사이의 모순을 완화하기 위한 시도에서, 결국 허위정신의 소유자*un esprit faux*이 되고 만다.

「끝이 있는 분석과 끝이 없는 분석Die endliche und die unendliche Analyse」(1937)에서, 프로이트는 비교적 체계적으로, 〈······ 사람들이 《자아의 변화》라는 용어로 아주 막연하게 가리키는 것〉을 논한다.[1a] 그는 최근에 발간된 방어 기제에 관한 안나 프로이트의 저작(1936)의 연장선상에서, 일정한 내적인 위험에 대항하기 위해 본래 구성되어 있는 그 기제들이, 어떻게 〈자아 속에 고정되고〉, 〈성격이라는 규칙적인 반응 방식〉을 구성하는가를 보여주고 있다. 주체는 그러한 〈성격이라는 규칙적인 반응 방식〉을, 최초의 위협이 사라졌을 때조차 일생동안 반복적으로, 그리고 시대착오적인 습관으로 사용하게 된다.[1b] 그러한 방어 습관의 뿌리는 〈비틀림*Verrenkungen*〉과 〈제한*Einschränkungen*〉에까지 이른다. 치료 작업은 그것들을 특별히 분명하게 밝히는 것이고, 진정한 저항은 그러한 저항 자체를 밝히는 것에 저항하는 것이다.

자아의 변화는 차라리 비교 행동학파가 본능적인 행위에 대해 지적한 대로, 〈헛되이[현실과 유리되어]*à vide*〉 기능하거나 스스로 인위적인 동기 상황을 창출하는 행위와 비교될 수 있다. 자아는 〈······ 본원적 위험을 대략 대체할 수 있는 상황을 현실에서 찾으라고 강요당한다〉.[1c] 여기서 프로이트가 마음에 두고 있는 것은, 자아에 대한 방어적 갈등의 직접적인 반향(증상 자체가 자아의 변경 — 자아 속의 이물질 — 로 간주될 수 있다: 이렇게 반동형성은 자아를 변경시키기도 한다)과는 다른 것이다.

프로이트가 자아의 변화에 대해 말하고 있는 그 두 텍스트는 여러 가지 공통점을 갖고 있다. 두 경우 모두 자아의 변화를, 갈등이나 무의식의 표시를 갖고 있는 것과는 거리가 먼 2차적인 것으로 간주하고 있다. 그러한 의미에서 자아의 변화는 치료하기가 특별히 어렵다. 왜냐하면 갈등의 해명은, 〈유기체의 상해 장애〉[2]에 비교될 수 있을 정도 돌이킬 수 없을 만큼, 자아 속에 기록된 변경에 대해서는 영향력이 거의 없기 때문이다. 다른 한편, 첫 번째 텍스트에서 중심적이었던 정신증에 대한 참조가 두 번째 텍스트에서도 똑같이 이루어지고 있다. 모든 인간 존재의 자아는 〈…… 이러저러한 부분에서 다소 큰 비율로 정신증자의 자아와 비슷하다〉.[1d]

1 프로이트 S., 「끝이 있는 분석과 끝이 없는 분석」, in 『끝이 있는 분석과 끝이 없는 분석』, 1937.
　a 한, 259 ; G.W., XVI, 80 ; S.E., XXIII, 235 ; 프, 21[O.C., XX, 36].
　b 한, 262 ; G.W., XVI, 83 ; S.E., XXIII, 237 ; 프, 24[O.C., XX, 39].
　c 한, 262 ; G.W., XVI, 83 ; S.E., XXIII, 238 ; 프, 24[O.C., XX, 39].
　d 한, 258 ; G.W., XVI, 80 ; S.E., XXIII, 235 ; 프, 21[O.C., XX, 36].
2 Nacht S., "Causes et mécanismes des déformations névrotiques du moi", 1958. in R.F.P., 2, 199-200.

자아 이상

프: *idéal du moi*. 독: *Ichideal*. 영: *ego ideal*. 스: *ideal del yo*. 이: *ideale dell'io*. 포: *ideal do ego*.

프로이트가 심리 장치의 두 번째 이론의 틀에서 사용한 용어. 자기애의 수렴(자아의 이상화)과, 부모나 그 대리인이나 집단적인 이상형과의 동일시의 결과로 생기는 인격의 심역. 자아 이상은 분화된 심역으로 주체가 자신을 맞추려고 하는 모델이다.

프로이트에게서 〈자아 이상〉이라는 용어의 단일한 의미를 확정하기는 어렵다. 그 개념의 변화는 그것이 초자아라는 개념과, 좀 더 일반적으로 말해 심리 장치의 두 번째 이론이 점진적으로 만들어지는 것과 밀접하게 관련되어 있다는 사실에서 기인한다. 그래서 『자아와 그거』(1923)에서 자아 이상과 초자아가

동의어로 쓰이고 있는 반면, 다른 텍스트에서는 이상의 기능이 하나의 심역으로 따로 분화되거나, 적어도 초자아 내부에 있는 특수한 하부구조에 할당된다.(→ **초자아**)

「자기애 소개」(1914)에서 〈자아 이상〉이라는 용어는, 자아의 실제적인 실현 정도를 평가하는 데 기준 역할을 하는, 비교적 자율적인 심리내의 형성물을 가리키는 것으로 나타나 있다. 그것의 기원은 주로 자기애적이다: 〈인간이 자기 앞에 이상으로 투사하는 것은, 그의 어린 시절에 잃어버린 자기애의 대체물이다. 그때 그것은 그에게 자기 자신의 이상이었다.〉[1a] 프로이트가 진정한 과대망상과 비교하고 있는 그러한 상태의 자기애는, 특히 어린아이에 대한 아버지의 비판 때문에 포기하게 된다. 주목할 것은, 그러한 비판은 특별한 심역, 즉 검열과 자기-관찰의 심역의 형태로 내면화되는데, 그 심역은 그 텍스트 전체에 걸쳐 자아 이상과 구분되는 것으로 기술되어 있다는 것이다: 그 것은 〈…… 끊임없이 현재의 자아를 관찰하고, 이상과 자아를 저울질한다〉.[1b]

『집단 심리학과 자아 분석』(1921)에서는 자아 이상의 기능이 전면에 등장한다. 프로이트는 그것을 자아와 확실히 구별되는 형성물로 보고 있다. 그것은 특히 사랑의 마력, 최면술사에 대한 예속, 지도자에 대한 복종을 설명해줄 수 있다. 주체가 타인을 자아 이상의 위치에 놓는 많은 경우도 마찬가지이다.

그러한 과정은 인간 집단 구성의 원리이다. 집단적 이상은 개인적인 〈자아 이상〉들의 수렴에서 그 효력이 나온다: 〈…… 많은 개인이 단 하나의 동일한 대상을 그들의 자아 이상의 자리에 놓는다. 그 결과 그들은 자신들의 자아에서 서로 동일시된다.〉[2a] 역으로 그들은 부모나 교육자 등과 동일시함으로써, 여러 집단적 이상의 수탁(受託)자가 된다: 〈각 개인은 여러 집단에 속하고, 여러 측면의 동일시에 의해 결속되고, 아주 다양한 모델에 따라 자기의 자아 이상을 세운다.〉[2b]

『자아와 그거』에서 처음으로 초자아라는 용어가 나타나는데, 그것은 자아 이상과 동의어로 간주된다. 그것은 오이디푸스 콤플렉스의 쇠퇴와 함께 이루어지는 부모와의 동일시에 의해 형성되는 심역으로, 금지와 이상의 기능을 통합하는 유일한 심역이다. 〈[초자아와] 자아의 관계는,《너는 (아버지처럼) 그래야 돼》라는 규범에 국한되는 것은 아니다. 그것은《너는 (아버지처럼) 그럴 권리가 없어》는 금지도 포함하고 있다. 다시 말해 아버지가 하는 것은 모두, 할 권리가 없다는 말이다. 많은 것이 그[아버지]에게만 허용되어 있다.〉[3]

자아 이상

『새로운 정신분석 입문 강의』(1932)에서 새로운 구분이 도입된다. 즉 초자아는 세 가지 기능 — 〈자기-관찰, 양심 그리고 이상〉[4] — 을 포함하는 포괄적인 구조로 나타난다. 후자의 두 기능[양심과 이상]의 구별은, 특히 프로이트가 세우려고 했던 죄책감과 열등감의 차이에서 드러난다. 그 두 감정은 자아와 초자아 사이의 긴장의 결과이지만, 전자는 양심과 관계가 있고, 후자는 자아 이상과 관계가 있다. 왜냐하면 자아 이상은 두려움의 대상이라기보다 오히려 사랑의 대상이기 때문이다.

*

정신분석 문헌은 초자아라는 용어가 자아 이상이라는 용어를 말소시킨 것이 아니라는 사실을 보여주고 있다. 대부분의 저자들은 후자 대신 전자를 사용하지 않는다.

〈자아 이상〉이 무엇을 가리키는지에 대해서는 비교적 의견이 일치하지만, 반면에 그것과 초자아 내지 양심과의 관계에 관한 한, 견해가 서로 다르다. 게다가 저자들은 때로 프로이트가 『새로운 정신분석 입문 강의』에서 했던 것처럼 여러 하부구조를 포함하는 전체 구조를 초자아라고 부르기도 하고, 때로 금지 기능을 가진 〈양심의 소리〉를 특별히 초자아라고 부르기 때문에, 문제가 더 복잡해진다.

가령 눈베르크Nunberg에게 자아 이상과 금지의 심역은 명백히 분리되어 있다. 그는 자아 속에 끌어들인 동기로써 그것들을 구분한다: 〈자아는 벌에 대한 두려움 때문에 초자아에 복종하는데 반해, 그것이 자아 이상에 복종하는 것은 사랑 때문이다.〉[5] 또한 기원에 따라 그것을 구분하기도 한다(자아 이상은 주로 사랑하는 대상의 이미지에 따라 형성되고, 초자아는 두려워했던 인물의 이미지에 따라 형성된다).

그러한 구분은 기술적인 차원에서 보면 근거가 있는 것처럼 보이지만, 메타심리학적인 관점에서는 엄격하게 유지되기 힘들다. 그래서 많은 저자들은 프로이트가 『자아와 그거』(위에서 인용한 텍스트)에서 지적한 방향에서, 이상과 금지라는 두 가지 측면은 서로 뒤얽혀 있다는 사실을 강조한다. 라가슈는 초자아-자아 이상 체계라는 표현을 쓰면서, 그 내부에 구조적 관계가 있다고 지적한다: 〈…… 초자아는 권위에 일치하고, 자아 이상은 주체가 권위의 기대에 부응하기 위해 행동하는 방식에 대응한다.〉[6]

1 프로이트 S., 「자기애 소개」, 1914.

　a 전집 XI, 74[72] ; G.W., X, 161 ; S.E., XIV, 94 ; 프, 98[O.C., XII, 237].

　b 전집 XI, 76[74] ; G.W., X, 162 ; S.E., XIV, 85 ; 프, 99[O.C., XII, 238].

2 프로이트 S., 『집단 심리학과 자아 분석』, 1921.

　a 전집 XII, 129[134] ; G.W., XIII, 128 ; S.E., XVIII, 116 ; 프, 130[O.C., XVI, 54].

　b 전집 XII, 144[149] ; G.W., XIII, 144 ; S.E., XVIII, 129 ; 프, 145[O.C., XVI, 67].

3 프로이트 S., 『자아와 그거』, 1923. 전집 XI, 375[379-80] ; G.W., XIII, 262 ; S.E., XIX, 34 ; 프, 189[O.C., XVI, 278].

4 프로이트 S., 『새로운 정신분석 입문 강의』, 1923. 전집 II, 91[96] ; G.W., XV, 72 ; S.E., XXII, 66 ; 프, 94[O.C., XIX, 149].

5 Nunberg H., *Allgemeine Neurosenlehre auf psychoanalytischer Grundlage*, 1932. Trad. fr. *Principes de psychanalyse*, P.U.F., 1957, 155.

6 Lagache D., "La psychanalyse et la structure de la personnalité", in *La Psychanalyse*, Paris, P.U.F., VI, 1961, 39.

자아 친화적[동조적]

프: *conforme au moi*. 독: *Ichgerecht*. 영: *ego-syntonic*. 스: *concorde con el yo*. 이: *corrispondente all'io* 또는 *egosintonico*. 포: *egossintînico*.

자아가 수용할 수 있는, 다시 말하면 자아의 통일성과 요구와 양립할 수 있는 욕동과 표상을 가리키는 용어.

이 용어는 프로이트의 글에서 가끔 마주친다(예컨대, 「〈정신분석〉과 〈리비도 이론〉」,[1] 「자기애 소개」[2] 참조). 그것은 심리적 갈등이 추상적인 *in abstracto* 자아와 모든 욕동의 대립이 아니라, 두 범주의 욕동 — 하나는 자아와 양립하고 (자아 욕동*), 다른 하나는 자아와 대립하거나 *ichwidrig* 비친화적인 *nichtichgerecht*, 따라서 격리[억압]되는 욕동 — 사이의 대립이라는 개념을 내포하고 있다. 첫 번째 욕동 이론의 틀에서, 자아 욕동이 정의에 따라 자아 친화적이라면, 성욕동이 자아와 화합할 수 없을 때 그것은 격리[억압]된다.

〈자아 친화적〉이라는 표현은, 가령 「자기애 소개」(1914)에서 정의된 대로, 전체성, 통일성, 이상 등으로서의 자아*의 개념을 포함하고 있다.(→ **자아**) 그러한 내포적 의미는 존스가 그 표현을 사용할 때도 발견된다: 그는 〈자기*self*의 규범과 조화되고 양립하며 일관성이 있는가 없는가〉에 따라 자아 친

화적*ego-syntonic* 경향과 자아 비친화적*ego-dystonic* 경향을 대립시킨다.[3]

1 프로이트 S., 「〈정신분석〉과 〈리비도 이론〉」, 1923. 전집 XV, 150[153] ; G.W., XIII, 222 ; S.E., XVIII, 246 ; 프, 64[O.C., XVI, 195] 참조.
2 프로이트 S., 「자기애 소개」, 1914. 전집 XI, 82[80] ; G.W., X, 167 ; S.E., XIV, 99 ; 프, 103[O.C., XII, 242] 참조.
3 Jones E., *Papers on Psycho-Analysis*, Baillière, Londres, 5e éd., 1950, 497.

자유 에너지─구속 에너지

프: *énergie libre─énergie liée*. 독: *freie Energie─gebundene Energie*. 영: *free energy─bound energy*. 스: *energ'a libre─energ'a ligada*. 이: *energia libera─ energia legata*. 포: *energia livre─energia ligada*.

경제학적인 관점에서, 프로이트의 1차 과정과 2차 과정의 구분을 내포하고 있는 용어. 1차 과정에서는 에너지가 가능한 한 가장 직접적이고 빠르게 방출을 향해 흘러가기 때문에, 그것은 자유롭고 유동적이라고 말하고, 2차 과정에서는 방출을 향한 에너지의 움직임이 지연되고 통제되기 때문에 그것은 구속된다고 말한다. 발생학적 관점에서, 프로이트에게 에너지의 자유로운 상태는 구속된 상태에 선행하고, 후자는 심리 장치의 구조화의 정도가 전자보다 더 높은 것이 특징이다.

프로이트는 자유 에너지와 구속 에너지의 구분에 대해, 브로이어에게 분명히 경의를 표하고 있다.[1, 2] 그렇지만 실제로는 그 용어가 브로이어의 것이 아니라는 사실과, 브로이어가 도입한 구분은 프로이트와 동일한 의미를 갖고 있지 않다는 사실에 주목할 필요가 있다.

　브로이어의 구분의 토대는 물리학자들이 세운 두 종류의 기계적인 에너지들 ─ 이것들의 합은 어떤 닫힌 체계 내에서 항상 일정하다 ─ 의 차이에 있다. 브로이어와 프로이트의 사상에 영향을 주었다고 알려진 헬름홀츠Helmholtz는 활력(活力, *lebendige Kräfte*) ─ 라이프니츠Leibniz로부터 차용한 용어 ─ 에 장력(張力, *Spannkräfte*), 즉 〈하나의 점 M을 움직이게 하는 힘(이 힘이 아직까지 어떠한 운동도 일으키지 못한 한에서)〉[3]을 대립시킨다. 그러한 대립은 19세기 중에 다른 저자들에 의해 도입된 대립 ─ 현재 에너지와 잠재 에너지(랑키네Rankine)의 대립이든지, 아니면 운동 에너지와 정지 에너지(톰슨Thomson)의 대립 — 을 포함하고 있다. 브로이어는 그 물리학자들의 그러한 구분과 용어를 분명히 참조하고 있다.

브로이어는 특히 신경 체계 속에 있는 잠재 에너지의 형태를 정의하려고 애쓴다. 그는 그것을 〈뇌 내의 긴장 흥분〉 또는 〈신경의 긴장〉 아니면 〈정지된〉 에너지 등으로 명명한다. 하나의 저수지가 물을 붙잡아두고 있음에 따라, 그것이 어떤 양의 잠재 에너지를 지니게 되는 것처럼, 〈…… [신경 섬유의] 거대한 망 전체가 단 하나의 신경 긴장 저수지를 형성하고 있다〉.[4a]

그러한 긴장 흥분은 여러 원천에서 비롯된다: 신경 세포 자체, 외적인 자극, 육체 내부로부터 오는 자극(생리학적 욕구) 그리고 〈심리적 정동〉이 그것이다. 그것은 여러 종류의 활동 — 운동 활동, 지적 활동 등 — 에 쓰이거나 방출된다.

브로이어에 따르면, 그러한 정지 에너지에는 적정 수준이 존재하는데, 그것은 외적인 자극의 적당한 수용과, 관념들 사이의 연합과, 그리고 신경 체계의 길 전체 속에서 에너지의 자유로운 순환을 허락하는 적정 수준이다. 유기체는 그러한 수준을 일정하게 유지하거나 회복하려고 노력한다.(→ **항상성의 원칙**) 사실 유기체는 신경 에너지가 고갈되든지(이것은 수면 상태를 유발하여 에너지를 재충전하게 한다), 아니면 그 수준이 너무 높아짐으로 해서, 그러한 적정 수준으로부터 멀어진다. 한편, 그러한 수준의 상승 자체는 일반화되고 획일적이거나(강렬한 기대 상태), 아니면 불규칙하게 분배된다.(이것은 정동이 돌발해서 그 에너지가 방출되거나, 연상 가공*을 통해 체계 전체로 분배되지 못하는 경우이다; 브로이어가 〈감돈(嵌頓)된 정동affects coincés〉이라고 말하는 것은 이러한 문맥에서이다).

위와 같은 사실로부터 다음과 같은 사실을 알 수 있다:

1) 브로이어가 구분한 에너지의 두 형태 — 〈정지〉와 〈운동〉 — 는 상호적으로 변화 가능하다.

2) 발생학적 관점에서건 논리학적 관점에서건 운동 에너지는 어떠한 우선권도 없다. 따라서 1차 과정과 2차 과정에 대한 프로이트의 구분은 브로이어의 생각에는 낯선 것이다.

3) 브로이어에게 기본적인 것은 신경 에너지의 정지 상태이다. 왜냐하면 에너지가 자유롭게 순환하려면 일단 어떤 수준이 되어야 하기 때문이다. 여

자유 에너지-구속 에너지

기서 프로이트와의 차이가 분명히 드러난다: 예컨대 브로이어는 정지 에너지가 아주 낮은 수준에 있는 수면 상태에서는 흥분의 자유로운 순환이 봉쇄된다*entravée*고 생각하고 있다.[4b]

4) 브로이어에게 항상성의 원칙은 프로이트와 다른 의미를 갖고 있다.(→ **항상성의 원칙, (뉴턴의) 관성의 원칙**)

*

심리 에너지에 관한 한, 자유 에너지와 구속 에너지라는 대립적인 용어를 도입한 사람은 실제로는 프로이트인 것 같다. 그 두 용어도 헬름홀츠에 의해 물리학에 소개되지만, 그것은 원래 열역학의 제2법칙(에너지의 점감(漸減))의 틀에서 소개된 것이라는 데 주목할 필요가 있다. 헬름홀츠는 자유 에너지라는 말로써 〈자유롭게 다른 종류의 작업으로 변화될 수 있는……〉 에너지를 지칭하고, 구속 에너지라는 말로써 〈열의 형태로만 나타나는 에너지……〉[5]를 가리켰다.

그러한 대립은 정확히, 정지(또는 긴장*tonique*) 에너지와 운동 에너지 사이의 대립과 같은 차원에 위치하지 않는다. 사실 후자의 대립은 기계적인 에너지만을 고려하고 있는데 비해, 자유 에너지-구속 에너지의 대립은 여러 종류의 에너지(열에너지, 화학 에너지 등)와, 에너지끼리의 이행을 가능하게 하거나 못하게 하는 조건에 대한 고려를 가정하고 있다. 그럼에도 불구하고 정지 에너지는 헬름홀츠의 의미에서 자유 에너지라고 말할 수 있다. 왜냐하면 그것은 다른 형태의 에너지로 변할 수 있는데 반해, 운동 에너지 — 적어도 무질서한 분자 운동의 에너지 — 는 구속 에너지이기 때문이다. 프로이트가 브로이어의 정지 또는 긴장 에너지를 구속 에너지라고 명명하고, 운동 에너지를 자유 에너지라고 명명하면서, 물리학에서 그 용어들이 가지고 있던 의미를 사실상 뒤집은 것은 분명한 사실이다. 따라서 프로이트에게서 자유는 자유롭게 변화할 수 있다는 것이 아니라 자유롭게 움직일 수 있는*frei beweglich*이라는 뜻이다.

요컨대,

1) 브로이어가 사용하는 대립 쌍(긴장 에너지, 운동 에너지)은 열역학의 제2법칙을 고려하지 않은 이론으로부터 받아들인 것이다. 반면에 프로이트가 사용하는 용어(자유 에너지, 구속 에너지)는 그러한 제2법칙의 틀 속에

자유 에너지-구속 에너지

있다.

2) 그렇지만 프로이트는 물리주의 학파*École physicaliste*(헬름홀츠, 브뤼케 Brücke)의 개념을 자세히 알고 있었음에도 불구하고, 그가 물리학에서 빌려온 용어의 의미를 뒤집어버림으로써, 그 용어들이 브로이어의 대립을 거의 포괄하고 있다.

3) 그러한 명백한 일치에도 불구하고, 프로이트의 개념은 브로이어의 그것과 아주 다르다: 즉 무의식적 과정을 특징짓는 자유 에너지는 구속 에너지에 비해 1차적이다. 그러한 관점의 근본적인 차이는 특히 항상성의 원칙의 애매한 공식에 반영된다.

*

두 가지 에너지의 대립은 「과학적 심리학 초고」(1895)에 이미 나타나 있다. 뉴런 장치의 1차적 기능에서, 에너지는 즉각적이고 완전한 방출을 지향한다(뉴런의 관성의 원칙). 2차 과정에서 에너지는 구속된다. 다시 말해 그것은 몇몇 뉴런이나 뉴런 체계 속에 갇혀 축적된다. 그러한 구속의 조건은, 우선 에너지의 이동을 방해하거나 제한하는 뉴런들 사이의 〈접촉 장벽*barrières de contact*〉의 존재이고, 둘째로는 일정한 수준으로 투여된 뉴런 군(群)(자아)이, 그 장치 내에서 전개되는 다른 과정에 대해 수행하는 활동이다. 그것이 바로 자아의 억제 작용의 토대인, 프로이트가 측면 투여*Nebenbesetzung*라고 부르는 것이다.[6a]

프로이트에 따르면, 에너지의 〈구속〉 작용이 특권화된 경우를 제공하는 것은, 높은 투여의 주의(注意)가 전제되어 있고, 에너지의 이동량이 적은 것 ─ 이것이 없다면 사고의 실행 자체가 불가능하다 ─ 이 서로 결합되어 있는 사고 과정이다.[6b] 그러한 흐름은 양적인 관점에서 아무리 적은 양이라 하더라도, 쉽게 순환한다. 왜냐하면 〈적은 양은 수준이 낮을 때보다 높을 때 더 쉽게 이동할 수 있기〉[6c] 때문이다.

서로 구분되는 뉴런의 상태들을 참조하지 않는 것을 제외하면, 자유 에너지와 구속 에너지의 대립은 『꿈의 해석』(1900)에서 그대로 이어진다. 즉 프로이트는 그것을 1차 과정*과 2차 과정*이라는 근본적인 구분의 경제학적인 표현으로 계속해서 이어간다. (→ **구속**)

  1 예컨대, 프로이트 S., 「무의식」, 1915. 4장 끝 부분 참조. 전집 XI ; G.W., X ; S.E., XIV; 프, [O.C., XIII, 226-7].

  2 예컨대, 프로이트 S., 『쾌락원칙을 넘어서』, 1920. 전집 XI, 295[297-8] ; G.W., XIII, 26 ; S.E., XVIII, 26-7 ; 프, 29[O.C., XV, 297-8] 참조.

  3 Helmholtz H., *Über die Erhaltung der Kraft*, Engelmann, Leipzig, 1847, 12.

  4 브로이어 J. & 프로이트 S., 『히스테리 연구』, 1895.

  a) 전집 III, 260[264], n. 8 ; 독, 169, n. ; S.E., II, 194, n. ; 프, 154, n.[O.C., II, 215, n.1]

  b) 전집 III, 258-9[262-3] ; 독, 168 ; S.E., II, 192-3 ; 프, 153[O.C., II, 214] 참조.

  5 Helmholtz H., "Über die Thermodynamik chemischer Vorgänge", 1882, in *Abhandlungen zur Thermodynamik chemischer Vorgänge*, Engelmann, Leipzig, 1902, 18.

  6 프로이트 S., 「과학적 심리학 초고」, 『정신분석의 탄생』, 1895.

  a) 제1부 4장(한, 224-8) 참조.

  b) 한, 306-7 ; 독, 447 ; 영, 425 ; 프, 378-9 참조.

  c) 한, 312 ; 독, 451 ; 영, 429 ; 프, 382.

자유연상(의 방법 또는 규칙)

프: libre association (méthode 또는 règle de ~). 독: freie Assoziation. 영: free association. 스: asociación libre. 이: libera associazione. 포: associação livre.

마음에 떠오르는 모든 생각 ─ 특정한 요소(단어, 숫자, 꿈의 이미지, 어떤 표상이라도)로부터 출발한 생각이든, 자발적인 생각이든 ─ 을 선별하지 않고 표현하는 데 있는 방법.

자유연상의 방법은 정신분석의 기법을 구성한다. 그것이 발견된 정확한 날짜는 확정적으로 말할 수 없다. 그것은 1892년과 1898년 사이에 여러 통로를 거쳐 점진적으로 만들어진다.

　1. 『히스테리 연구』(1895)가 보여주듯이, 자유연상은 주어진 표상에 대한 환자의 정신 집중과 암시에 의지하는 무의식의 탐구 방법 ─ 정신분석 이전의 *préanalytique* ─ 에서 나왔다. 병인이 되는 요소에 대한 집요한 탐구가 환자의 자발적인 표현에 자리를 내준 것이다. 『히스테리 연구』는 그러한 발전에서 환자가 공헌한 역할을 분명히 밝히고 있다.[a]

　2. 그와 병행해서 프로이트는 자유연상의 방법을, 자신의 자기 분석과 특히 자신의 꿈의 분석에 사용한다. 거기서, 꿈-사고에 이르는 연상의 사슬을

발견하는 데 출발점 구실을 하는 것은, 하나의 꿈의 요소다.

3. 취리히 학파[1]의 실험은 분트Wundt 학파가 실시한 좀 더 오래된 실험 ─
자극어(語)에 대한 반응과 반응 시간(주체의 상태에 따라 가변적인)에 대한
연구 ─ 을 정신분석적인 관점에서 받아들인다. 융은 그렇게 해서 드러난 연
상은 〈······ 감정적 색깔을 띤 특정한 사건과 관련된 관념의 총체〉[2]에 의해 결
정된다는 사실을 밝히고, 그러한 총체성을 콤플렉스*라고 명명한다.

프로이트는 「정신분석 운동의 역사에 대하여」(1914)에서, 그 실험의 이점
은 〈정신분석적인 사실을 실험을 통해 빨리 확인하는 데 있고, 분석가만이 이
야기할 수 있는 이러저러한 연결을 학생에게 직접 보여주는 데〉[3] 있다고 말하
고 있다.

4. 아마 프로이트 자신이 「분석기법의 선사(先史)에 대하여」(1920)에서
지적한 [그 방법의] 기원을 고려하는 것이 좋을 것이다: 즉 프로이트가 젊었
을 때 읽었던 뵈르네Ludwig Börne라는 작가는, 〈3일 만에 독창적인 작가가 되
려면〉 마음에 떠오르는 모든 것을 써야 한다고 권하면서, 지적인 작품에 대한
자기검열의 결과를 고발했다고 한다.[4]

*

〈자유연상〉이라는 표현에서 〈자유〉라는 말은 다음과 같은 고찰을 요구한다:

1. 출발점이 자극어에 의해 주어지는 경우든지(취리히 학파의 실험), 꿈의
한 요소에 의해 주어지는 경우든지(『꿈의 해석』(1900)에 있는 프로이트의
방법), 연상의 전개가 선택적 의도에 의해 방향이 정해지거나 조절되지 않는
다면, 그것은 〈자유〉연상이라고 할 수 있다.

2. 그러한 〈자유〉는 어떠한 출발점도 주어지지 않은 경우에, 더 두드러지
게 나타난다. 그러한 의미에서 자유연상의 규칙을 기본 규칙*의 동의어라고
말하는 것이다.

3. 사실 자유라는 말을 불확정이라는 의미로 받아들여서는 안 된다. 자유
연상의 규칙은 우선 사고의 의지적인 선택을 배제하는 것, 즉 프로이트의 제
1지형학의 용어로 말하면, (의식과 전의식 사이의) 2차 검열seconde censure의
활동을 봉쇄하는 것을 겨냥하고 있다. 그렇게 함으로써 그것은 무의식적인
방어, 즉 (전의식과 무의식 사이의) 1차 검열première censure 작용을 드러낼
수 있다.

자유연상(의 방법 또는 규칙)

마지막으로, 자유연상 방법은 무의식의 일정한 질서를 밝힐 수 있다: 〈의식적인 목표-표상*Zielvorstellungen을 버리고 나면, 감춰졌던 목표-표상이 표상의 흐름을 지배하게 된다.〉[5]

α 특히 에미 폰 N.이라는 여자 환자에 대한 프로이트의 보고서를 참조할 것. 증상의 기원을 찾으려는 프로이트의 집요함에, 그녀는 다음과 같이 대답한다: 〈[……] 이것저것이 어디에서 유래하는지를 나에게 계속해서 물어보지 말고, 내가 말하고 싶은 것을 이야기하게 내버려두어야 한다.〉[6a] 그 환자에 대해 프로이트는 그녀가 〈자신[프로이트]의 방법을 자기 것으로 만든 것〉 같다고 지적하고 있다: 〈그녀가 나에게 건네는 말은 [……] 겉보기만큼 비의도적인 것은 아니었다. 오히려 그것은 지난번 회기부터 그녀에게 영향을 미쳤던 기억과 새로운 인상을 상당히 충실하게 재현하고 있었고, 종종 아주 예기치 않게 병인이 되는 무의식적 기억에서 나오기도 했다. 그럴 때면 그녀는 말을 통해 그 무의식적 기억의 짐을 자발적으로 벗어 던졌다.〉[6b]

1 Jung C. G., *Diagnostische Assoziationsstudien*, 1906, 참조.

2 Jung C. G. & Ricklin (F.), *Diagnostische Assoziationsstudien, I Beitrag : Experimentelle Untersuchungen über Assoziationen Gesunder*, 1904. N. p. 57.

3 프로이트 S., 「정신분석 운동의 역사에 대하여」, 1914. 전집 XV, 76[77] ; G.W., X, 67 ; S.E., XIV, 28 ; 프, 285[O.C., XII, 271].

4 프로이트 S., 「분석기법의 선사(先史)에 대하여」(1920), in 『끝이 있는 분석과 끝이 없는 분석』(새물결). G.W., XII, 311 ; S.E., XVIII, 265 ; 프, 257-8[O.C., XV, 268].

5 프로이트 S., 『꿈의 해석』, 1900. 전집 IV, 618[641] ; G.W., II-III, 536 ; S.E., V, 531 ; 프, 437[O.C., IV, 584].

6 프로이트 S., 『히스테리 연구』, 1895.

　a) 전집 III, 88[89] ; G.W., I, 116 ; S.E., II, 63 ; 프, 48[O.C., II, 81].

　b) 전집 III, 78-9[80] ; G.W., I, 108 ; S.E., II, 56 ; 프, 42[O.C., II, 74].

자지선망[남근선망]

프: envie du pénis. 독: Penisneid. 영: penis envy. 스: envidia del pene. 이: invidia del pene. 포: inveja do pênis.

여자의 성의 기본 요소이자, 그것의 변증법의 원동력.

자지선망은 성의 해부학적인 차이의 발견으로부터 나온다. 여자아이는 남자아이에 비해 박탈되었다고 느끼고, 남자아이처럼 자지를 갖기를 바란다(거세 콤플렉스). 그다음에, 자지선망은 오이디푸스 콤플렉스의 과정에서 두 가지 형태를 띠게 된다: 하나는 자기 내부에 자지를 획득하고 싶은 욕망(주로 어린아이를 갖고 싶다는 형태)이고, 다른 하나는 성교에서 자지를 즐기고 싶은 욕망이다.

자지선망은 여러 가지 병적인 형태나 승화된 형태에 이를 수 있다.

자지선망이란 개념은, 프로이트가 처음에는 암묵적으로 남자아이의 성과 대칭적이라고 여겨지던 여자의 성의 특수성을 규정함에 따라, 점점 더 중요성을 갖게 된다.

남자아이의 성의 발달에 초점이 맞추어져 있는 『성이론에 관한 세 편의 논문』(1905)의 초판은 자지선망에 대한 어떠한 언급도 포함하고 있지 않다. 최초의 암시는 1908년 「어린아이의 성이론에 관하여」에서 비로소 나타난다. 거기서 프로이트는 여자아이가 남자아이의 자지에 대해 갖고 있는 관심을 지적하고 있다. 그 관심은 〈…… 선망Neid에 의해 지배되고 있다 [……]. 여자아이가 그 욕망을《남자아이가 되고 싶다》는 말로 표현할 때, 우리는 그 욕망이 수선하고자 하는 결핍이 어떤 것인지를 알 수 있다〉.[1]

프로이트가 1914년에 〈자지선망〉이라는 용어를 언급할 때,[2] 그것은 이미 여자아이의 거세 콤플렉스의 표출을 가리키는 분석적 용법으로 받아들여지는 것 같다.

「특히 항문 성애에서의 욕동의 변형에 관하여」(1917)에서, 프로이트는 〈자지선망〉이라는 말로써 남자아이와 같이 자지를 소유하고 싶은 여자아이의 욕망뿐만 아니라, 그 선망의 주요한 변모들을 보여주고 있다; 즉 자지=아기라는 상징적 등가성에 따른 아이에 대한 욕망과, 〈자지의 연장(延長)appendice du pénis〉으로서의 남자에 대한 욕망이 그것이다.[3]

여성의 성에 대한 프로이트의 개념[4]에 따르면, 자지선망은 성감대의 변화(음핵에서 질로)와 대상의 변화(어머니에 대한 전-오이디푸스기적인 애착이 아버지에 대한 오이디푸스적인 사랑에 자리를 내주는 것)를 전제로 하고 있는, 여성성을 향한 성심리의 발달에서 본질적인 위치를 차지하고 있다. 그러한 변화에서, 거세 콤플렉스*와 자지선망은 서로 다른 차원에서 전환점의 역할을 한다:

a) 딸에게 자지를 마련해주지 않은 어머니에 대한 원망.

b) 거세된 것처럼 보이는 어머니에 대한 멸시.

c) 수동성이 우세해짐에 따라, 남근 활동(음핵의 자위)의 포기.

자지선망[남근선망]

d) 자지와 아기의 상징적인 등가성.

〈아버지를 향한 여자아이의 욕망[소원] *Wunsch*은 아마 근원적으로 자지 — 어머니가 그녀에게 거부했던 자지, 지금은 그녀가 갖고 싶은 아버지의 자지 — 에 대한 욕망이다. 그렇지만 여성의 상황이 확립되는 것은, 자지선망이 아기에 대한 욕망으로 대체되고, 아기가 오래된 상징적 등식에 따라 자지를 대신할 때이다.〉[5a]

프로이트는 자지선망이 여성의 성격(예컨대 〈남성 콤플렉스〉)과 신경증 증상에서 어떤 방식으로 존속하는지 여러 차례 보여준 바 있다. 더욱이 자지선망이라고 할 때, 보통 암시하는 것은 성인에게 남아 있는 그러한 잔재들이다. 정신분석은 그것들이 아주 위장된 형태를 띠고 있다는 것을 발견한다.

마지막으로 프로이트는 항상 자지선망이 분명히 포기되었음에도 불구하고 어떻게 무의식 속에서 존속하는가를 강조하면서, 후기 저작 중의 하나에서, 그것이 분석에 환원할 수 없는 것을 제공한다는 것을 지적하고 있다.[6]

*

이처럼 〈자지선망〉이라는 표현은 분명히 애매하다. 존스Ernest Jones는 그러한 애매성을 강조하면서, 그것을 세 가지 의미로 구별하여 그러한 애매성을 해결하고자 했다:

a) 보통 자지를 삼킴으로써 자지를 획득하고, 그것을 신체 내부에 보유하다가 아기로 변화시키고 싶은 욕망.

b) 음핵 부위에 자지를 갖고 싶은 욕망.

c) 성교에서 자지를 즐기고 싶은 성인의 욕망.[7]

이러한 구분이 유용하다고 할지라도, 그러한 자지선망의 세 가지 양상을 서로 배타적인 것으로 생각해서는 안 된다. 왜냐하면 여성의 성에 대한 정신분석적인 개념은, 바로 그것들을 연결하는 경로와 등가 관계가 무엇인지를 기술하는 것이기 때문이다.[α]

*

[자지선망이] 보다 원초적인 욕망과 거리를 두기 위하여 2차적으로 구성되거나 사용된 형성물이 아니라, 자지선망을 1차적인 여건으로 만드는 프로이트의 이론을, 몇몇 연구자들(호니Karen Horney, 도이치Helene Deutsch, 존

스Ernest Jones, 클라인Melanie Klein)은 논박했다. 비록 그 중요한 논의를 여기서 요약할 수는 없지만, 프로이트가 자신의 명제를 유지하는 동기는, 남녀 모두에게 남근에 부여되는 중심적인 기능에 있다는 사실에 주목할 필요가 있다.(→ **남근기, 남근**)

α 프로이트의 몇몇 구절에서, 자지 선망*Neid*과 자지 욕망[소원]*Wunsch*이라는 두 가지 표현이 눈에 띄지만, 그것들 사이에 용법의 차이를 끌어내기는 힘들다(예컨대『새로운 정신분석 입문 강의』(1932)).5b

1 프로이트 S., 「어린아이의 성이론에 관하여」, 1908. 전집 VII, 176-7[160] ; G.W., VII, 180 ; S.E., IX, 218 ; 프, 21[O.C., VIII, 235].
2 프로이트 S., 「자기애 소개」, 1914. 전집 XI, 71[69] ; G.W., X, 159 ; S.E., XIV, 92 ; 프, 97[O.C., XII, 235] 참조.
3 프로이트 S., 「특히 항문 성애에서의 욕동의 변형에 관하여」, 1917. 전집 VII, 278[256] ; G.W., X, 405 ; S.E., XVII, 129 ; 프, 108[O.C., XV, 58].
4 특히, 프로이트 S., 「해부학적인 성차의 몇몇 심리적 결과」, 1925. 「여성의 성욕에 대하여」, 1931. 『새로운 정신분석 입문 강의』, 1932. — Mack Brunswick R., "The Preoedipal Phase of the Libido Development", 1940, in *Psa. Read.* 참조.
5 프로이트 S., 『새로운 정신분석 입문 강의』, 1932.
  a) 전집 II, 172[182] ; G.W., XV, 137 ; S.E., XXII, 128 ; 프, 175[O.C., XIX, 211].
  b) 전집 II, 172-5[182-5] ; G.W., XV, 137-9 ; S.E., XXII, 128-30 ; 프, 175-7[O.C., XIX, 211-4].
6 프로이트 S., 「끝이 있는 분석과 끝이 없는 분석」, in『끝이 있는 분석과 끝이 없는 분석』. 1937. 한, 278-9 ; G.W., XVI, 97-8 ; S.E., XXIII, 250-1 ; 프, 35-7[O.C., XX, 52-3] 참조.
7 Jones E., "The Phallic Phase", 1932. in *Papers on Psychoanalysis*, Baillière, Londres, 5e éd., 1950, 469.

잠복기[잠재기]

프: *latence (période de ~)*. 독: *Latenzperiode* 또는 *Latenzzeit*, 가끔 *Aufschubsperiode*. 영: *latency period*. 스: *período de latencia*. 이: *periodo di latenza*. 포: *período de latência*.

어린아이의 성욕의 쇠퇴(5, 6세)에서부터 사춘기의 시작에 이르는 기간으로, 성욕의 발달이 중지되는 시기에 해당한다. 그러한 관점에서 그 시기에 관찰되는 것은, 성적인 활동의 감소와, 대상 관계와 감정의 탈성성욕화(특히 성욕보다 애정의 우위)와, 수치심과 혐오감 같은 감정의 출현과, 도덕적이고 미학적인 열망의 출현이다. 정신분석 이론에 따르면, 잠복기의 기원은 오이디푸스 콤플렉스의 쇠퇴에 있다. 그것은 격리[억압]의 강화 — 그 결과 유년기 전반에 걸친 기억상실이 일어난다 — 와, 대상 투여가 부모와의 동일시로 변화하는 것과, 승화의 발달과 일치한다.

우선 성적인 잠복기ᵃ라는 개념을 순전히 생물학적인 관점에서, 리비도의 두 〈압력〉[성기기와 사춘기]ᵝ 사이로 예정되어 있는 휴지기(休止期) — 그 발생에 관한 어떠한 심리학적인 설명도 필요하지 않은 — 로 이해할 수 있다. 그래서 그것은 『성이론에 관한 세 편의 논문』(1905)에서처럼,¹ᵃ 주로 그것의 결과에 의해 기술된다.

프로이트가 잠복기를 오이디푸스 콤플렉스의 쇠퇴와 연결시킬 때, 그는 그러한 개념을 다음과 같이 말하고 있다: 〈…… 오이디푸스 콤플렉스는 소멸된다. 왜냐하면 영구치가 나올 때 유치가 빠지는 것처럼, 그것의 와해 시기가 찾아오기 때문이다.〉²ᵃ 그러나 잠복기의 마지막을 알리는 것이 사춘기의 〈부상〉이라는 사실이 이론의 여지가 없다 하더라도, 잠복기의 진입을 결정하는 것이 어떤 생물학적인 예정요인인지는 불분명하다. 그래서 프로이트는 〈해부학적인 성장과 심리학적인 발달이 정확히 일치할……〉¹ᵇ 필요가 없다는 데 주목한다.

이렇게 프로이트는 오이디푸스 콤플렉스의 쇠퇴를 설명하기 위해, 그것의 〈내적인 불가능성〉²ᵇ — 즉 오이디푸스 콤플렉스의 구조와 생물학적 미성숙 사이의 일종의 불일치 — 을 내세우고 있다: 〈…… 기대했던 충족의 계속된 부재와, 아기에 대한 욕망의 영구적인 좌절이, 그 꼬마 연인에게 희망이 없는 감정을 포기하게 만든다.〉²ᶜ

결국 잠복기의 진입은 오이디푸스 콤플렉스의 발달과, 그것의 해결 양상을 고려하지 않으면 이해될 수 없다.(→ 오이디푸스 콤플렉스, 거세 콤플렉스)

2차적으로 사회 교육이 그것의 활동을 초자아의 활동과 연결시키면서 성적인 잠복을 강화한다. 성적인 잠복은 〈…… 어린아이의 성욕의 격리[억압]를 자신의 계획에 포함시키고 있는 문화 조직 내에서만, 성생활의 완전한 중단을 가져올 수 있다〉.³

프로이트가 단계*stade라고 말하지 않고 잠복〈기(期, période)〉라고 말하는 것에 주목할 필요가 있다. 그것은 다음과 같이 이해되어야 한다: 즉, 문제의 기간 중에 성적인 표출이 관찰된다고 하더라도, 엄격한 의미에서 성욕의 새로운 조직화*organisation*라고 말할 수 없다는 것이다.

α 프로이트는 이 용어를 플리스Wilhelm Fliess에게 빌려왔다고 말하고 있다.

β 플리스에게 보낸 편지4에, 생의 시기들*Lebensalter*과 〈일반적으로 격리[억압]가 일어나는〉 과도기*Übergangszeiten*에 대한 프로이트의 최초의 언급이 있다.

1 프로이트 S., 『성이론에 관한 세 편의 논문』, 1905.

a 전집 VII, 70-4[65-8] ; G.W., V, 77-80 ; S.E., VII, 176-9 ; 프, 69-72[O.C., VI, 111-4].

b 전집 VII, 125[114], n. 127[9] ; G.W., V, 77, n. 2 (1920년에 첨가) ; S.E., VII, 222-3, n. ; 프, 178, n. 43.[O.C., VI, 161, n.1].

2 프로이트 S., 「오이디푸스 콤플렉스의 소멸」, 1924.

a 전집 VII, 293[271-2] ; G.W., XIII, 395 ; S.E., XIX, 173 ; 프, 394[O.C., XVII, 27].

b 전집 VII, 293[271] ; G.W., XIII, 395 ; S.E., XIX, 173 ; 프, 394[O.C., XVII, 27].

c 전집 VII, 293[271] ; G.W., XIII, 395 ; S.E., XIX, 173 ; 프, 394[O.C., XVII, 27].

3 프로이트 S., 『자화상』, 1925. 전집 XV, 238[242], n. 34 ; G.W., XIV, 64, n. 2 (1935년에 첨가) ; S.E., XX, 37, n. 1 ; 프, 번역되지 않은 각주[O.C., XVII, 84, n.1].

잠재 내용

프: *contenu latent*. 독: *latenter Inhalt*. 영: *latent content*. 스: *contenido latente*. 이: *contenuto latente*. 포: *conteúdo latente*.

무의식의 산물 — 특히 꿈 — 의 분석을 통해 도달하는 의미작용의 총체. 꿈은 일단 해석되면, 더 이상 이미지로 된 이야기가 아니라, 사고의 조직, 즉 하나 또는 여러 개의 욕망을 표현하고 있는 담화로 나타난다.

잠재 내용이라는 표현은 넓은 의미로, 분석이 계속해서 밝혀내는 것의 총체(피분석자의 연상, 분석가의 해석)로 이해될 수 있다. 따라서 꿈의 잠재 내용은 낮의 잔재, 유년기의 기억, 신체적인 인상, 전이적 상황의 암시로 구성된다.

좀 더 좁은 의미로, 잠재 내용은 발현 내용 — 결함이 있거나 거짓인 — 과는 대조적으로, 꿈꾼 사람의 말에 대한 완전하고 진실한 번역, 그리고 그의 욕망에 대한 정확한 표현을 가리킨다. 발현 내용(프로이트가 자주 〈내용〉이라는 단 한 마디로 지칭하고 있는)은 중요 부분이 삭제된 번역이고, 분석에 의해 발견되는 잠재 내용(꿈의 〈사고〉나, 〈잠재적 사고〉라고 불리기도 한다)은 정확한 번역이다. 그것들은 〈…… 우리에게 동일한 내용을 서로 다른 두 언어로 제시한 것처럼 보인다. 좀 더 정확하게 말하면, 꿈-내용은 꿈-사고를 다른 표현 방식으로 바꾼 것처럼 보인다. 우리는 원문과 번역을 대조함으로써, 그러한 표현 방식의 기호와 구성의 법칙을 배워야 한다. 우리가 그것을 알게 되면, 꿈-사고는 즉각적으로 이해될 수 있다.〉[1a]

프로이트에 따르면, 잠재 내용은 발현 내용에 선행한다. 꿈의 작업은 전자를 후자로 변형시킨다. 그러한 의미에서, 꿈의 작업은 〈결코 창조적인 것이 아니다.〉[2] 그렇다고 그러한 사실이 분석가가 모든 것을 재발견할 수 있다는 것을 의미하지도 않는다: 〈가장 잘 해석한 꿈에서조차, 어떤 점을 어둠 속에 남겨둘 수밖에 없는 일이 종종 있다. […] 그것이 바로 꿈의 배꼽이다.〉[1b] 또한 결과적으로 그것은 하나의 꿈에 대한 결정적인 해석이 있을 수 있다는 것을 의미하지도 않는다.(→ 중층 해석)

1 프로이트 S., 『꿈의 해석』, 1900.
  a 전집 IV, 335[347] ; G.W., II-III, 283 ; S.E., IV, 277 ; 프, 207[O.C., IV, 319].
  b 전집 IV, 612[634] ; G.W., II-III, 530 ; S.E., V, 525 ; 프, 433[O.C., IV, 578].
2 프로이트 S., 「꿈에 대하여」, 1901. 한, 133 ; G.W., II-III, 680 ; S.E., V, 667 ; 프, 112[O.C., V, 52].

잠재의식

프: *subconscient, subconscience*. 독: *Unterbewusste, Unterbewusstsein*. 영: *subconscious, subconsciousness*. 스: *subconsciente, subconciencia*. 이: *subconscio*. 포: *subconsciente, subconsciencia*.

심리학에서 사용되는 용어로, 약하게 의식적인 것을 가리키거나, 실제 의식의 문턱 아래에 있거나, 의식이 접근할 수 없는 것을 가리킨다. 프로이트는 초기 저작에서 그 용어를 무의식의 동의어로 사용하지만, 그것이 조장하는 애매모호함 때문에 그것을 재빨리 내던

져 버린다.

〈젊은 프로이트〉가 잠재의식이라는 말을 자신의 것으로 만들어 사용한 텍스트는 드물다. 그것은 특히 〈인격의 이중화〉라는 현상을 설명하기 위하여, 19세기 말 심리학과 정신병리학에서 꽤 많이 사용하던 용어였다.[α] 그것은 프로이트가 1893년에 프랑스어로 발표한 논문인 「기질성 운동 마비와 히스테리성 운동 마비의 비교 연구를 위한 몇 가지 고찰」과, 『히스테리 연구』 (1895)[1, β]의 한 구절에서 찾아볼 수 있다. 문맥을 고려해볼 때, 그 당시 프로이트에게 〈잠재의식〉과 무의식이라는 이름으로 밝혀지고 있는 것 사이의 용법 차이는 없는 것 같다.

잠재의식이라는 용어는 아주 빨리 포기되고, 그 용법은 비판된다. 프로이트는 『꿈의 해석』(1900)에서 다음과 같이 쓰고 있다: 〈우리는 정신신경증에 관한 최근의 문헌이 즐겨 사용하고 있는 상부의식*supraconscience*과 잠재의식의 구분을 피해야 한다. 왜냐하면 그러한 구분은 확실히 심리와 의식의 등가를 강조하고 있기 때문이다.〉[2]

그러한 비판은 여러 차례 반복되고 있다. 가장 명확하게 나타나는 텍스트는 『비전문가 분석의 문제』(1926)에 나오는 다음의 구절이다: 〈누군가가 잠재의식에 대해 말할 때, 나는 그가 지형학적인 의미에서 마음속의 의식 아래에 있는 어떤 것을 말하는지, 아니면 질적인 의미에서, 이를테면 지하에 있는 다른 의식을 말하는지 알 수 없다.〉[3, γ]

프로이트가 잠재의식이라는 용어를 내던져 버린 것은, 그것이 그에게는 〈제2의식〉 ─ 아무리 미약하더라도 의식 현상과 질적인 연속성을 갖고 있는 ─ 이라는 개념을 내포하고 있는 것처럼 보였기 때문이다. 프로이트가 보기에, 무의식이라는 용어만이 그것이 포함하고 있는 부정성(否定性)으로 해서, 두 가지 심역 사이의 지형학적인 분열과, 거기서 전개되는 과정의 질적인 구분을 나타낼 수 있다.[δ] 제2의식이라는 개념에 반대하는 〈…… 가장 강력한 논거는, [정신]분석적인 연구가 우리에게 가르쳐 주는 것 ─ 즉 그러한 잠재적인 과정의 일부는 우리에게 생소하고 믿을 수 없는 것처럼 보일 뿐 아니라, 의식의 잘 알려진 특성과 정면으로 대립하는 특수성과 성격을 가지고 있다는 사실 ─ 에서 나온다〉.[4]

α 잠재의식이라는 개념은, 다 알다시피, 특히 피에르 자네Pierre Janet의 기본 개념의 일부이다. 프로이트가 잠재의식이라는 용어에 대해 표명하는 비판은, 그것이 자네를 겨냥하고 있긴 하지만, 그 저자의 이론에 대한 타당한 반론으로 간주하기는 어렵다. 자네의 〈잠재의식〉과 프로이트의 무의식 사이의 구분은, 의식과의 관계라는 기준에서 이루어진다기보다, 심리의 〈분열〉을 야기하는 과정의 본질에서 이루어지는 것이다.

β 그것은 [프로이트보다] 브로이어의 글에서 더 자주 발견된다.

γ 잠재의식이라는 용어의 불명확성 — 부분적으로 그것의 접두사에서 기인하는 — 은, 랄랑드Lalande의 『전문적이고 비판적인 철학 용어 사전Vocabulaire technique et critique de la philosophie』에도 나타나 있다. 거기서 〈희미한 의식〉이라는 의미가 〈의식적 인격과는 다소 구분되는 인격〉이라는 개념과 함께 지적되고 있다.

δ 이 점에 대해 주목할 것은, 정신분석을 지지한다고 선언하는 몇몇 사람들이 무의식이라는 개념을 잠재의식이라는 명칭으로만 받아들이고 있다는 사실이다.

1 프로이트 S., 『히스테리 연구』, 1895. 전집 III, 93[95], n. 42[26] ; G.W., I, 54, 122, n. ; S.E., I, 171-172 : II, 69 n. ; 프, 53 n.[O.C., II, 85, n.1] 참조.

2 프로이트 S., 『꿈의 해석』, 1900. 전집 IV, 707[735] ; G.W., II-III, 620 ; S.E., V, 615 ; 프, 500[O.C., IV, 670].

3 프로이트 S., 『비전문가 분석의 문제』, 1926. 전집 XV, 319[331] ; G.W., XIV, 225 ; S.E., XX, 198 ; 프, 144[O.C., XVIII, 20].

4 프로이트 S., 「무의식」, 1915. 전집 XI, 167[166-7] ; G.W., X, 269 ; S.E., XIV, 170 ; 프, 100-1[O.C., XIII, 212].

재료

프: matériel. 독: Material. 영: material. 스: material. 이: materiale. 포: material.

일반적으로 정신분석에서 해석과 구성에 제공되는 일종의 원료가 되는 환자의 모든 말과 행동을 가리키기 위해 사용되는 용어.

재료라는 말은 환자가 제공한 자료에 대한 가공을 가리키는 해석*이나 구성*이라는 용어와 상보적이다.

프로이트는 자주 분석 작업을, 발굴 현장에서 나온 조각들로부터 사라진 건물을 재구성하는 고고학자의 작업에 비유한다. 또한 그는 발생적이고 구조적인 기준에 따라 다소 〈깊은〉 재료라고 말할 때, 지층의 이미지를 참조한다.

프로이트는 가끔, 가령 「분석에서의 구성」(1937)에서, 분석 작업에서 재료

의 공급과 그것의 가공을 분명히 구분하고 있다. 그 구분은 분명히 도식적이다:

1) 치료의 역사에서 연속적인 두 시기 — 재료 공급과 가공 — 를 구분하기는 힘들다. 거기서 확인되는 것은 끊임없는 상호작용이다. 예를 들면, 우리는 하나의 해석이 새로운 재료(기억, 환상)를 나타나게 한다는 것을 잘 알고 있다.

2) 게다가 재료의 공급과 그것의 가공을, 전자는 피분석자에게, 후자는 분석가에게 부여된 기능으로 정의할 수 없다. 실제로 피분석자는 재료의 해석에 적극적으로 참여할 수 있고, 해석을 통합해야 한다, 등등.(→ **관통작업**)

그러한 유보 조건은 있지만, 재료라는 말은 무의식에 기원을 둔 산물의 본질적인 측면, 즉 의식적 주체에 대한 그 산물의 타자성을 강조하고 있다. 즉 주체는 무의식적 산물을 처음부터 주체의 인격에 비교적 이질적인 것 — 따라서 재료를 구성하는 것 — 으로 간주하든지, 분석 작업과 기본 원칙*의 적용의 최초의 효과를 통해 이러러한 행동의 억제할 수 없는 증상의 측면을 깨닫고, 그것을 의식적인 동기로 환원할 수 없는 것 — 즉 분석해야 할 재료 — 으로 생각한다.

그 용어는 비교적 느슨한 일상 용법을 넘어, 프로이트적인 무의식의 실재론을 참조할 때 비로소 완전한 의미를 띠게 된다. 즉, 프로이트가 보기에는 무의식적 〈내용〉, 즉 병을 일으키는 무의식적인 재료가 실재하는 것이다.[1]

1 프로이트 S., 「다섯 살배기 남자아이의 공포증 분석: 꼬마 한스」, 1909. 전집 VIII, 155[163] ; G.W., VII, 356 ; S.E., X, 123 ; 프, 181[O.C., IX, 109] 참조.

저항

프: résistance. 독: Widerstand. 영: resistance. 스: resistencia. 이: resistenza. 포: resistência.

정신분석 치료 중에, 피분석자가 무의식에 도달하는 것에 반대하는 그의 모든 말과 행동을 저항이라고 한다. 의미를 확장하여, 프로이트는 정신분석에 대한 저항이라는 표현을 쓰고 있는데, 그것은 프로이트의 발견이 무의식적 욕망을 드러내고 인간에게 〈모욕〉을

줌에 따라, 그것에 대해 적대적인 태도를 보이는 것을 말한다.α

저항은 일찍이 프로이트에 의해 도입된 개념이다. 그것은 정신분석의 출현에 결정적인 역할을 했다고 말할 수 있다. 실제로 프로이트가 암시와 최면을 포기한 주된 이유는, 한편으로 그것들에 대한 환자들의 대대적인 저항이 그에게 정당한 것처럼 보였고,β 다른 한편으로는 그러한 저항이 암시와 최면으로는 극복될 수도 해석될 수도 없는 것처럼 보였기 때문이다.γ 그에 반해, 정신분석적 방법은 환자가 기본 원칙을 위반하는 여러 방식을 통해 표현되는 저항들을 분명히 밝힌다는 점에서, 저항의 해석과 극복을 가능하게 한다. 『히스테리 연구』(1895)에서는 그러한 저항의 여러 임상 현상 — 분명히 눈에 띄건 안 띄건 간에 — 이 최초로 열거되고 있다.[1a]

　저항은 증상의 해명과 치료의 진전에 대한 장애로서 발견된 것이다: 〈저항은 결국 [치료] 작업을 저해하는 것을 만들어낸다.〉[2a, δ] 프로이트는 우선 그러한 장애를 강조 — 저항과 반대 방향의 힘 — 와 설득으로 타파하려 한다. 그러다가 그는 거기서 격리[억압]된 것과 신경증의 비밀에 접근하는 수단을 찾아낸다. 실제로, 저항과 격리[억압]에서 작용하는 힘은 동일하다. 그러한 의미에서, 프로이트가 정신분석 기법에 관한 저술에서 역설하고 있듯이, 분석기법의 발전은 저항에 대한 좀 더 정확한 평가, 즉 격리[억압]를 제거하기 위해서는 환자에게 증상의 의미를 알려주는 것만으로 충분하지 않다는 임상적 사실에 대한 좀 더 정확한 평가에 달려 있다. 주지하다시피, 프로이트는 전이의 해석과 함께 저항의 해석을 그의 기법의 특성으로 줄곧 여겨 왔다. 더욱이 전이*는 말로 하는 회상을 행동화된 반복으로 대체한다는 점에서, 부분적으로 저항으로 간주되어야 한다. 거기에 덧붙여둘 것은, 저항은 전이를 이용할 뿐이지 만들어내지 않는다는 사실이다.

　저항 현상의 설명에 관한 한, 프로이트의 관점을 끌어내기는 쉽지 않다. 『히스테리 연구』에서 프로이트는 다음과 같은 가설을 내놓고 있다: 기억은 저항의 정도에 따라, 병인이 되는 핵심을 중심으로, 동심원적으로 층을 이루며 모여 있다. 따라서 치료 중에 하나의 원에서 핵에 가까운 다른 원으로 이동할 때, 저항은 그만큼 더 커지게 된다.[1b] 프로이트는 그 시기부터 이미 저항을 고통스러운 표상에 대해 자아가 행사하는 힘의 표출로 정의하고, 그것을 치료와 그 치료가 요구하는 회상에 적절한 표출로 생각하고 있다. 그렇지만 그는 저항의 최종적인 기원을 격리[억압]된 것 자체에서 나오는 반발로 보고 있다. 다시 말해 그는 그 기원을, 격리[억압]된 것이 의식화되지 않고, 특히 주체에 의해 완전히 받아들여지지 않는다는 점에서 찾고 있다. 따라서 여기에는 두 가지 논쟁의 요소가 있다: 하나는 저항은 저항과 격리[억압]된 것과의 거리에 의해 규정된다는 것과, 다른 하나는 저항은 방어 기능과 일치한다는 것이다. 정신분석 기법에 관한 프로이트의 저술은 그러한 애매성을 유지하고 있다.

그러나 제2지형학에서는 방어적인 국면, 즉 몇 편의 논문이 집중적으로 다루고 있는 자아에 의한 방어가 강조된다: 〈무의식, 즉《격리[억압]된 것》은 치료의 노력에 대해 어떠한 종류의 저항도 보이지 않는다. 사실 그것은 자기를 억누르고 있는 압력을 물리치고, 의식으로의 길이나 실제 행위를 통한 방출로의 길을 열려고 할뿐이다. 치료에서 저항은 전에 격리[억압]를 만들어낸 층과 같은 상층의 심리 체계에서 유래한다.〉[3] 그러한 자아 방어의 역할의 중요성을, 프로이트는 만년의 저작 중의 하나에서도 주장하고 있다: 〈옛날의 위험에 대한 방어 기제는 치유에 대한 저항의 형태로 치료 속으로 되돌아온다. 왜냐하면 자아는 치유 자체를 새로운 위험으로 여기기 때문이다.〉[4a] 그러한 관점에서, 저항의 분석은 자아의 영속적인 방어의 분석(안나 프로이트) ─ 분석 상황에서 분명히 드러나는 ─ 과 구별된다.

자아의 분명한 저항으로는 분석 작업의 진전과 완수의 과정에서 마주치는 어려움을 설명하기에 충분하지 않다고 프로이트는 밝히고 있다. 분석가는 자아의 변화*와 결부되지 않은 저항을 경험하게 된다.[4b]

『억제, 증상 그리고 불안』(1926)의 끝 부분에서, 프로이트는 다섯 가지 형태의 저항을 구별하고 있다. 그 중 셋은 자아와 결부되어 있다: 격리[억압], 전이 저항, 그리고 〈증상이 자아로 통합되는 것에 기초한〉 질병의 2차적인 이득이 그것이다. 거기에 무의식이나 그거의 저항과 초자아의 저항을 계산에 넣어야 한다. 기술적으로 전자[무의식이나 그거의 저항]는 관통작업*을 필요로 한다: 그것은 〈……반복 강박의 힘, 격리[억압]된 욕동의 과정에 대한 무의식적인 원형의 흡인력〉이다. 반면에 초자아의 저항은 무의식적인 죄책감과 처벌 욕구에서 유래한다.[5a] (→ **부정적 치료 반응**)

그러한 메타심리학적인 분류의 시도는 프로이트에게 흡족하게 보이지는 않았지만, 적어도 그가 주체 간의 저항이면서 동시에 주체 내적인 저항을, 자아 구조에 내재된 방어 기제와 동일시하는 것을 계속 거부했다는 것을 드러내는 장점이 있다. '누가 저항하는가?'라는 문제는 아직 그에게 미해결인 채 의문으로 남아 있다.ᵋ 정신분석 작업의 마지막 장애로서 〈……역투여에 집착하는〉,⁵ᵇ 자아를 넘어서는 근본적인 저항이 있다. 그것의 본질에 대한 프로이트의 가설은 여러 번 바뀌지만, 어쨌든 그것은 방어 작용으로 환원될 수 없는 성질의 것이다.(→ **반복 강박**)

α 이러한 견해는 이미 1896년부터 표명되고 있다: 〈사람들이 나에게 보인 적의와 나의 고립을 미루어볼 때, 나는 가장 위대한 진실을 발견했다고 가정해도 좋을 것이다.〉²ᵇ

〈모욕〉에 대해서는 「정신분석의 어려움」(1917)을 참조할 것.6

β 〈어떤 사람이 완강하게 반항하는 환자에게, '당신은 무엇을 하고 있는 겁니까? 당신은 역(逆)-암시contre-suggestion를 걸고 있는 것입니다.'라고 소리치는 것을 보고, 나는 그 소리치는 사람이 부정과 폭력에 자신을 내맡기고 있다고 생각했다. 확실히 인간은 자신을 누군가가 암시를 통해 예속시키려고 할 때, 역-암시를 걸 권리가 있는 것이다.〉7

γ 암시법은 〈……예컨대 우리가 저항 — 환자가 병에 매달리고, 그러한 사실로 해서 회복에 반대 투쟁을 하게 하는 저항 — 을 깨닫도록 허락하지 않는다.〉8

δ 『꿈의 해석』(1900)에 나오는 저항의 정의 참조: 〈분석 작업이 계속되는 것을 방해하는 것은 모두 저항이다.〉9

ε 글로버E. Glover의 『정신분석 기법The Technique of psycho-Analysis』(1955) 참조. 저자는 심리 장치의 영속적인 방어의 표현 — 분석에 의해 초래된 — 으로서의 저항을 조직적으로 열거한 뒤, 아직 하나의 저항이 남아 있음을 인정하고 있다: 〈자아나 초자아로부터 유래하는 저항의 가능한 목록을 철저히 조사한 뒤에도, 똑같은 표상의 끊임없는 반복이 우리 앞에 전개된다는 명백한 사실이 우리에게 남는다. [……] 우리는 자아와 초자아의 저항을 물리침과 동시에 압박의 자동적인 해방과 같은 것이 일어나거나, 일시적인 증상에서 흔히 볼 수 있듯이, 또 다른 방어가 그 해방된 에너지를 급히 묶어버리기를 기대하고 있다. 그러나 그것 대신, 우리가 반복 강박을 자극한 결과, 그거는 자아의 방어 약화에 편승하여 전의식적인 표상에 대한 흡인력을 증대시켜 나가는 것 같다.〉10

1 프로이트 S., 『히스테리 연구』, 1895 참조.
 a 전집 III, 362[369] ; G.W., I, 280 ; S.E., II, 278 ; 프, 225[O.C., II, 304].
 b 전집 III, 375[382-3] ; G.W., I, 284 ; S.E., II, 289 ; 프, 234[O.C., II, 316].
2 프로이트 S., 「플리스에게 보낸 편지」, 『정신분석의 탄생』, 1887-1902.
 a 한, 169 : 독, 240 : 영, 226 : 프, 200.
 b 〈편지 43〉(1896년 3월 16일, 미번역); 독, 172 : 영, 161 ; 프, 143.
3 프로이트 S., 『쾌락원칙을 넘어서』, 1920. 전집 XI, 285[288] ; G.W., XIII, 17 ; S.E., XVIII, 19 ; 프, 19[O.C., XV, 289].
4 프로이트 S., 「끝이 있는 분석과 끝이 없는 분석」, in 『끝이 있는 분석과 끝이 없는 분석』, 1937.

a 한, 263 ; G.W., XVI, 84 ; S.E., XXIII, 238 ; 프, 24-5[O.C., XX, 40].

b 한, 266 ; G.W., XVI, 86 ; S.E., XXIII, 241 ; 프, 27[O.C., XX, 43] 참조.

5 프로이트 S., 『억제, 증상 그리고 불안』, 1926.

a 전집 X, 289-92[301-4] ; G.W., XIV, 191-3 ; S.E., XX, 158-60 ; 프, 87-9[O.C., XVII, 272-4] 참조.

b 전집 X, 289-92[301-4] ; G.W., XIV, 191-3 ; S.E., XX, 158-60 ; 프, 87-9[O.C., XVII, 272-4].

6 프로이트 S., 「정신분석의 어려움」(1917), in 『끝이 있는 분석과 끝이 없는 분석』(새물결). G.W., XII, 1-26 ; S.E., XVIII, 137-44 ; 프, 137-47[O.C., XV, 43-51] 참조.

7 프로이트 S., 『집단 심리학과 자아 분석』, 1921. 전집 XII, 97[101] ; G.W., XIII, 97 ; S.E., XVIII, 89 ; 프, 99[O.C., XVI, 28].

8 프로이트 S., 「정신치료에 관하여」(1904), in 『정신분석적 정신치료』. G.W., V, 18 ; S.E., VII, 261 ; 프, 14[O.C., VI, 51].

9 프로이트 S., 『꿈의 해석』, 1900. 전집 IV, 602[624] ; G.W., IV, 521 ; S.E., V, 517 ; 프, 427[O.C., IV, 569].

10 Glover Ed., *The Technique of Psycho-Analysis*, Baillière, Londres, 1955, 81 ; 프, *Technique de la psychanalyse*, P.U.F., Paris, 1958, 94-5.

적극적 기법

프: *technique active*. 독: *aktive Technik*. 영: *active technique*. 스: *técnica activa*. 이: *tecnica attiva*. 포: *técnica ativa*.

페렌치가 추천한 기법의 총체를 가리킨다: 분석가는 그의 행동을 해석에 국한시키지 않고, 치료 중이나 치료 바깥에서 피분석자가 하는 반복적인 행동 ─ 회상과 치료의 진행을 방해하는 충족을 주체에게 제공하는 행동 ─ 에 관해 명령과 금지를 표현할 수 있다.

정신분석의 역사에서 적극적 기법이라는 표현과 개념은 산도르 페렌치Sandor Ferenczi와 관계가 있다. 그는 히스테리 사례의 분석 중에 접하게 된 자위의 잠재적인 형태에 대해 금지시키는 것이 좋다고 생각하고, 처음으로 그것을 제기한다. 실제로 환자는 〈…… 병을 일으키는 환상을 자위와 결부시킴으로써, 그것을 의식화하는 대신, 운동에 의한 방출을 통해 끊임없이 그것을 단락(短絡)시킬 위험이 있다〉.[1a] 페렌치는 그러한 금지에 호소하는 것은, 단지 분석 작업의 정체 상태를 뛰어넘기 위한 것일 뿐이라고 강조한다. 그러면서 그는 공포증자들에게 분석의 어떤 순간에, 공포를 일으키는 상황과 대결하도록 명령하는 프로이트의 예를 인용하고 있다.[1b, 2]

1919년 부다페스트 학회에서 금욕*의 원칙을 공식화한 프로이트의 지지에 고무된 페렌치는, 1920년 헤이그 학회에서 적극적 치료에 대한 개관을 발표한다. 그것은 성애적인 경향 — 승화된 것일지라도 — 의 활성화와 통제를 허락하는 두 단계로 이루어져 있다. 첫 번째 단계는 격리[억압]된 욕동을 분명한 충족으로 바꾸어 완전히 의식적인 형성물로 만드는 것을 목표로 하는 명령*injonctions*으로 구성된다. 두 번째 단계는 그러한 형성물에 대한 금지*prohibitions*로 구성된다. 그리하여 분석가는 첫 번째 단계를 통해 밝혀진 활동과 정동을 어린 시절의 상황과 결부시킬 수 있다.

이론적으로 적극적 방법은 다음과 같이 정당화될 수 있다: 즉, 기억을 되살려 감정의 반응을 이끌어내는 정화 요법*과는 반대로, 적극적 방법은 행위화*와 정동*의 표출을 야기함으로써, 격리[억압]된 것의 회귀를 용이하게 하는 방법이다: 〈아주 어린 시절의 어떤 내용들은 [......] 회상되지 않고 단지 재경험될 뿐이다.〉[3]

기술적으로 페렌치는, 예외적인 경우에만 아주 제한된 시간에 한해, 즉 전이가 하나의 강박이 되었을 때, 본질적으로 치료의 끝 무렵에 적극적 방법에 의지하는 것이 바람직하다고 생각하고 있다. 마지막으로 그는 기본 원칙을 바꾸려는 것은 아니라고 강조한다: 즉 그가 제안하는 〈인위적인 수단〉은 오히려 원칙의 준수를 용이하게 하기 위한 것이라는 것이다.

그 뒤에, 페렌치는 적극적 방법의 적용 범위를 엄청나게 확대한다.[4] 오토 랑크*Otto Rank*와 공동으로 저술한 얇은 저서(『정신분석의 발달 목표*Entwicklungsziele der Psychoanalyse*』, 1924)에서, 그는 리비도의 용어로, 치료 과정에 대한 해석을 제공하고 있다: [그것에 따르면] 특히 마지막 단계(〈리비도로부터 젖떼기〉)에서 적극적 방법(치료 기간의 고정)은 필수적이다.

페렌치는 그의 이론의 발전의 마지막 단계에서 그러한 관점을 뒤집는다. 왜냐하면 적극적 방법이 환자의 저항을 엄청나게 증가시켰기 때문이다. 사실 분석가는 명령과 금지를 표현하기 때문에 부모나 학교 선생의 초자아 역할을 담당하기 마련이다. 치료 기간의 고정에 관해 말하자면, 그것은 곧잘 실패하기 때문에 그것에 별로 의지하지 않는 것이 좋으며, 다른 모든 적극적 방법에 대해서와 마찬가지로, 환자의 동의를 구하고 포기할 가능성을 열어놓아야 한다.[5] 결국 페렌치는 적극적 방법의 포기에 이르게 된다: 〈…… 우리는 환자의 숨겨진 행위화의 경향을 해석하고, 지금까지 고통을 받아온 신경증적인 억제를 극복하려는 환자의 미약한 노력을 지지해주는 것으로 만족해야 한다. 그렇지만 그 모든 것은 그가 격렬한 수단을 받아들이도록 강요하거나 충고하지 않고 이루어져야 한다. 만약 우리가 충분히 참는다면, 환자 자신이 그러한 노력을 해야 하는지의 문제, 가령 공포의 상황에 용감히 맞서야 하는지의 문제에 도달할 것이다. [……] 달리 말하면, 행동의 시기를 결정하거나, 적어도 그러한 때가 왔다는 분명한 표시를 주는 것은 바로 환자 자신인 것이다.〉[6]

적극적 기법은 흔히 정신분석적 방법이 요구하는 순전히 수동적으로 〈기다리는〉 태도와 대립된다. 그러나 실제로 그 대립은 억지로 만들어진 것이다. 왜냐하면 한편 페렌치는 계속해서 그가 권장하는 방법을 보조적인 것으로 생각했지, 분석적 방법의 변형이라고 생각하지 않았기 때문이고, 다른 한편으로 분석적 방법은 분석가 측의 어떤 활동(질문, 분석 회기의 간격, 등)을 배제하지 않기 때문이다. 해석이 어쩔 수 없이 연상의 흐름을 바꾸는 한, 그것 자체가 적극적인 것이다. 적극적 기법의 특수성을 규정하는 것은, 그것이 강조하고 있는 반복* — 프로이트는 이것을 회상과 대립시킨다 — 이다. 페렌치가 보기에, 그러한 반복 강박을 극복하고 궁극적으로 회상이든지 아니면 적어도 분석 작업의 진전을 가능하게 하기 위해서는, 그 반복을 허용할 뿐만 아니라 장려할 필요가 있었던 것이다. 그것이 바로 적극적 기법의 동인(動因)이다.[α]

α 이 주제에 관한 좀 더 광범위한 논의를 위해서는 글로버의 『정신분석의 기법 *The Technique of Psychoanalysis*』(1955)[7]을 참조할 수 있을 것이다. 그 책은 적극적 기법이 제기한 문제가 아직 해결되지 않았다는 것을 보여주고 있다.

1 Ferenczi S., "Technische Schwierigkeiten einer Hysterieanalyse", 1919.
  a 독, in *Intern. Zeit. für ärtzliche Psychoanalyse*, V, 37 ; 영, in *Further Contributions*, 193.
  b 독, 39 ; 영, 196 참조.
2 프로이트 S., 「정신분석적 치료의 장래 전망」(1910), in 『정신분석적 정신치료』, G.W., VIII, 108-9 ; S.E., XI, 145 ; 프, 27-8[O.C., X, 67-8] 참조.
3 Ferenczi S., "Weiterer Ausbau der aktiven Technik in der Psychoanalyse", 1920. 독, in *Intern. Zeit. für Psychoanalyse*, VII, 233-51 ; 영, in *Further Contributions*, 217.
4 특히 Ferenczi S., "Zur Psychoanalyse von Sexualgewohnheiten", 1925, in

Further Contributions, 259-97, 그리고 "Über forcierte Phantasien", 1924. in *Further Contributions*, 68-77 참조.

  5 Ferenczi S., "Kontraindikationen der aktiven psychoanalytischen Technik", 1925. in *Further Contributions*, 217-230 참조.

  6 Ferenczi S., "Die Elastizität der psychoanalytischen Technik", 1928. 독, in *Intern. Zeit. für Psychoanalyse*, XIV, 197-209 ; 영, in *Final Contribution*, 96-7.

  7 Glover E., 제4장 참조.

전(前)-성기기의[전-생식기기의]

프: *prégénital*. 독: *prägenital*. 영: *pregenital*. 스: *pregenital*. 이: *pregenitale*. 포: *pregenital*.

성심리의 발달에서, 성기대(帶)의 우위가 아직 확립되지 않은 시기와 관련된 욕동, 조직, 고착 등을 규정하는 형용사.(→ 리비도의 조직)

프로이트는 「강박신경증의 소질」(1913)에서 이 용어를 처음 도입하는데, 그것은 성기의 우위 하에 이루어지는 조직화 이전의 리비도 조직*organisation*의 개념과 일치한다. 다 알다시피, 프로이트는 아주 일찍부터, 그러한 성기의 우위 이전에 어린아이의 성생활이 존재한다는 것을 인식하고 있었다. 1897년 11월 14일 플리스Fliess에게 보낸 편지[1]에서, 그는 이후에 포기되는 성적 지대라는 표현을 쓰고 있다. 그리고 『성이론에 관한 세 편의 논문』(1905)에서, 그는 성기에 속하는 않는 부분 욕동의, 원래 무질서한 기능을 기술하고 있다.

〈전-성기기적〉이라는 형용사는 아주 광범위한 외연을 갖고 있다. 오늘날의 정신분석 용어에서, 그것은 욕동이나 리비도의 조직을 의미할 뿐 아니라, 아주 이른 성심리의 기능으로의 퇴행과 고착을 의미한다. 그러한 고착이 지배적일 때, 전-성기기적 신경증이라고 말한다. 그 형용사를 명사화하여, 특정한 인격의 유형으로서 〈전-성기기적〉이라고 말하기까지 한다.

  1 프로이트 S., 「플리스에게 보낸 편지」, 『정신분석의 탄생』, 1887-1902. 한, 173-7 ; 독, 244-9 ; 영, 229-34 ; 프, 205-8.

전(前)-오이디푸스기의

프: préædipien. 독: präædipal. 영: preædipal. 스: preedípico. 이: preedipico. 포: pré-edipiano.

성심리(性心理)의 발달에서 오이디푸스 콤플렉스가 형성되기 이전의 시기를 가리킨다. 그 시기에는 남녀 모두에게 어머니에 대한 애착이 지배적이다.

이 용어는 프로이트에게 아주 늦게, 즉 그가 여성의 성의 특수성을 밝히고, 딸과 어머니 사이의 최초의 관계의 중요성과 복잡성과 기간을 강조할 때에야 비로소 나타난다.[1a] 그러한 시기는 남자아이에게도 있지만, 여자아이보다 덜 길고, 결과가 덜 풍부하고, 대상이 동일하기 때문에 오이디푸스기의 사랑과 구별하기 더 어렵다.

용어상으로 보면, 전-오이디푸스기와 전-성기기*는 자주 혼동되는데, 분명하게 구분하는 것이 좋다. 전자는 인간 간의 상황에 관계된 것이고(오이디푸스기의 삼각형은 아직 존재하지 않는다), 후자는 성적인 활동의 형태와 관계된 것이다. 물론 오이디푸스 콤플렉스의 발달은 원칙적으로 성기 조직의 성립과 함께 끝나지만, 성기의 생식력génitalité와 오이디푸스 콤플렉스와 관련된 완전한 대상 선택이 일치한다고 주장하는 것은 도식적인 생각에 불과하다. 그런데 경험에 따르면, 오이디푸스 콤플렉스가 완성되지 않았는데도 만족스러운 성기의 활동이 있을 수 있고, 또한 오이디푸스적인 갈등이 전-성기기의 성적인 영역에서 작용할 수도 있다.

그러나 엄밀하게 말해서, 전-오이디푸스기라는 표현을 쓸 수 있을까? 다시 말해, 오로지 모자(母子)의 양자 관계에만 존재하는 국면phase이 있을까? 그러한 문제는 프로이트를 비켜가지 못했다. 그는 어머니와의 관계가 지배적이라 할지라도, 아버지는 〈귀찮은 경쟁자〉로 존재한다고 지적하고 있다. 그는 그 사실을 다음과 같이 표현하고 있다: 〈…… 여자가 정상적이고 긍정적인 오이디푸스적인 상황에 이르는 것은, 부정적 콤플렉스가 지배적인 선행 시기를 극복한 다음이다.〉[1b] 이 공식은 프로이트가 보기에, 오이디푸스 콤플렉스가 신경증의 핵심 콤플렉스라는 개념을 유지할 수 있는 장점이 있다.

프로이트의 미묘한 명제로부터 두 가지 길이 열린다고 도식적으로 말할 수 있다: 하나는 양자 관계의 독점권을 강조하는 것이고, 다른 하나는 아주 이른 오이디푸스 콤플렉스의 표출을 밝혀내어, 엄밀한 의미에서의 전-오이디푸스기를 확정지을 수 없도록 만드는 것이다.

첫 번째 방향의 예로서 루스 맥 브룬즈윅Ruth Mack Brunswick의 작업을 들 수 있다.[2] 그것은 프로이트와의 긴 공동 연구의 결과로, 그녀는 그것을 프로이트의 생각의 표현이라고 여기고 있다:

1) 아버지가 심역에 확실히 존재하고 있다 하더라도, 아버지는 경쟁자로 지각되지 않는다고, 그녀는 생각하고 있다.

2) 그녀는 전-오이디푸스기의 특수성을 인정하면서 그것을 기술하려고 노력한다. 특히 능동-수동의 대립의 우월성을 강조한다.

반대로 멜라니 클라인Melanie Klein 학파는 가장 원초적인 환상을 분석하면서, 특히 어머니의 신체에 간직된 아버지 자지의 환상이 보여주듯이(→ **합궁한 부모 상**), 아버지가 어머니와의 관계에 아주 일찍 개입한다고 주장한다. 그러나 원초적인 모자 관계에 제3항(남근)이 개입한다는 사실이, 그 시기를 〈조숙한 오이디푸스기〉라고 기술할 수 있는 정당한 근거가 되는지는 의문이다. 실제로 아버지는 그때 금지의 심역으로 현전하는 것은 아니다.(→ **오이디푸스 콤플렉스**) 그러한 관점에서 라캉은 클라인의 개념을 검토하고, 어머니-아이-남근의 관계를 〈전-오이디푸스적인 삼각형〉이라고 말하고 있다. 여기서 남근은 어머니의 욕망의 환상적 대상으로 개입한다.[3]

1 프로이트 S., 「여성의 성욕에 대하여」, 1931.

a 전집 VII, 337-61[315-38] ; G.W., XIV, 515-37 ; S.E., XXI, 223-43 ; 프, 139-55[O.C., XIX, 9-28] 참조.

b 전집 VII, 339[317] ; G.W., XIV, 518 ; S.E., XXI, 226 ; 프, 140[O.C., XIX, 10].

2 Mack Brunswick R., "The Preoedipal Phase of the Libido Development", 1940, in *The Psychoanalytic Reader*, 231-53 참조.

3 Lacan J., "La relation d'objet et les structures freudiennes", compte rendu de J.-B. Pontalis, in *Bull. Pshco.*, 1956-7.

전의식, 전의식적

프: *préconscient*. 독: *das Vorbewusste, vorbewusst*. 영: *preconscious*. 스: *preconsciente*. 이: *preconscio*. 포: *preconsciente*.

A) 프로이트가 제1지형학의 틀에서 사용한 용어. 명사일 때, 그것은 무의식 체계*Ubw*; *Ics*와 확연히 구분되는 심리 장치의 한 체계를 가리킨다. 형용사일 때, 그것은 전의식 체계*Vbw*; *Pcs*의 작용과 내용을 규정한다. 그것들은 의식의 영역에 있는 것이 아니고, 따라서 그 용어의 〈기술적인〉ᵅ 의미에서 무의식적이지만(→ **무의식**, B항), 이론적으로 의식에 접근할 수 있는 것(예컨대, 현재 현시화되지 않은 지식과 기억)이라는 점에서 무의식 체계의 내용과 구분된다.

메타심리학적인 관점에서, 전의식 체계는 2차 과정의 지배를 받는다. 그것은 무의식의 내용과 과정이 변형을 거치지 않고서는, 전의식 체계를 통과할 수 없는 검열*에 의해 무의식 체계와 나뉘어 있다.

B) 프로이트의 제2지형학의 틀에서는, 전의식이라는 용어가 주로 형용사로 사용되어, 엄격한 의미에서 무의식적인 것은 아니지만 현재의 의식을 벗어나는 것을 지칭하고 있다. 체계의 관점에서 보면, 그것은 본질적으로 자아와, 그리고 초자아와도 결부된 내용과 과정을 의미한다.

전의식과 무의식의 구분은 프로이트에게 기본적인 것이다. 아마 현재의 의식의 영역을 넘어 흘러 들어오는 심리적 삶이 틀림없이 존재한다는 것에 의거하여, 일반적인 무의식의 가설을 옹호하는 입장에서 그렇게 구분했던 것은 사실이다.¹ᵃ 무의식을 프로이트가 〈기술적(記述的, *descriptif*)〉이라고 부른 의미 — 의식을 벗어난다는 — 에서 이해한다면, 전의식과 무의식의 구분은 없어진다. 요컨대 그 구분은 본질적으로 지형학적(또는 체계적인)이고 역학적인 의미로 이해해야 한다.

그것은 아주 일찍 프로이트가 메타심리학적인 관점을 만드는 과정에서 확립된 것이다.²ᵃ『꿈의 해석』(1900)에서 전의식 체계는 무의식 체계와 의식 사이에 위치하고 있다. 그것은 전자와, 무의식의 내용이 전의식과 의식으로 가는 것을 금지시키는 검열*에 의해 분리되어 있고, 그것의 다른 끝에서 그것은 의식과 운동성으로의 접근을 통제하고 있다. 그러한 의미에서 의식을 전의식에 결부시킬 수 있다. 그래서 프로이트는 의식-전의식 체계*Bw-Vbw*; *Pcs-Cs*라고 말하는 것이다. 그러나『꿈의 해석』의 다른 구절을 보면, 전의식은 프로이트가 지각-의식 체계라고 명명하는 것과 확실히 구분되어 있다. 그러한 애매함은 프로이트가 나중에 지적했듯이, 의식이 구조적인 고찰에 적합하지 않다는 데서 기인한다.(→ **의식**)¹ᵇ

프로이트는 전의식에서 의식으로 가는 통로를 〈2차 검열〉 작용에 예속시킨다. 그러나 그것은 변형시키지는 못하고 선택하는 것이기 때문에, 엄밀한 의미에서의 검열(무의식 체계Ics와 전의식 체계Pcs 사이의)과 구분된다. 그것의 기능은 본질적으로 교란시키는 관념들이 의식에 닿는 것을 피하는 데 있다. 그래서 그것은 주의 집중을 촉진한다.

전의식 체계는 무의식 체계에 비해, 에너지의 형태(〈구속〉 에너지)와 거기서 일어나는 과정(2차 과정)이 특징적이다. 그렇지만 그러한 구분이 절대적인 것은 아니라는 데 주목해야 한다. 프로이트가 지적했듯이, 무의식의 어떤 내용들이 2차 과정에 의해 변형되는 경우(예컨대, 환상)가 있는 것과 마찬가지로, 전의식의 요소가 1차 과정에 의해 지배받는 경우도 있다(예를 들면, 꿈에서 낮의 잔재). 보다 일반적으로, 전의식의 작용은 방어적인 측면에서 쾌락 원칙에 지배되고 1차 과정의 영향 하에 있다.

프로이트는 항상 무의식 체계와 전의식 체계의 차이를, 전의식적인 표상이 음성 언어, 즉 〈낱말 표상*〉(→ **사물 표상, 낱말 표상**))과 관련이 있다는 사실에 결부시키고 있다.

덧붙일 사실은, 전의식과 자아 사이의 관계는 분명히 아주 밀접하다는 것이다. 프로이트가 전의식을 처음 도입할 때, 그것을 〈우리의 공식적인 자아〉[2b]로 생각했다는 것은 의미심장하다. 그리고 제2지형학에서 자아를 재정의할 때, 전의식 체계가 자아 — 부분적으로 무의식적인 — 와 공유하는 것이 없는데도 불구하고, 전의식 체계는 자동적으로 그러한 자아에 포함된다. 그러나 결국 전의식적인 측면이 밝혀지는 것은 새로 도출된 초자아의 심역이다.

*

주체의 체험에서, 특히 치료 경험에서, 전의식이라는 개념은 무엇을 포함하고 있는가? 가장 흔한 예는 현재 의식하고 있지는 않지만 주체가 상기할 수 있는 기억이다. 보다 일반적으로, 전의식은 정신 활동에서 암암리에implicitement 존재하지만, 그렇다고 해서 의식의 대상으로 제시되는 것은 아닌 것을 가리킨다. 그것이 바로 프로이트가 전의식을 〈기술적으로는〉 무의식적이지만, 의식에 접근할 수 있는 것으로 정의할 때, 그가 말하고자 하는 것이다. 반면에 무의식은 의식으로부터 단절되어 있다.

「무의식」(1915)에서 프로이트는 전의식 체계를 〈의식적인 앎bewusste

Kenntnis⟩[1c]이라고 부르고 있다. 그것은 무의식과의 차별성을 강조하는 의미심장한 용어이다. 즉, ⟨앎⟩이라는 말은 주체와 그의 개인적인 세계와 관련된 어떤 지식이라는 것을 내포하고 있고, ⟨의식적⟩이라는 말은 내용과 과정이 비-의식적*non-conscients*임에도 불구하고, 지형학적 관점에서 의식과 결부되어 있다는 것을 알려주고 있다.

지형학적인 구분은 치료에서 역학적 관점에 의해, 특히 라가슈가 강조하고 있는 특징에 의해 입증되고 있다: 즉, 전의식적인 내용의 고백이 묵언(黙言)*réticences* ── 이것은 자유연상*의 규칙이 제거하게 되어 있는 것이다 ── 을 야기할 수 있다면, 무의식의 인정은 저항 ── 그 자체가 무의식적인 ── 에 부딪치게 된다. 분석은 그 저항을 점진적으로 해석하고 극복해야만 한다.(물론 대부분의 묵언이 저항에 근거하고 있지만 말이다.)

α 프로이트의 이 단어는 아주 만족스러운 선택으로 보이지 않는다. 사실, 지형학적인 구분을 내세우지 않고 기술적 차원에만 국한하더라도, 전의식인 것과 무의식인 것의 차이를 끌어낼 수 있다. ⟨기술적인 의미에서의 무의식⟩이라는 표현은, 의식적이 아니라는 부정적(否定的)인 유일한 성격만을, 공통적으로 갖고 있는 심리의 내용과 과정 전체를 별 구분 없이 총칭하고 있다.

1 프로이트 S., 「무의식」, 1915. 참조.
  a 전집 XI, 162-3[160-1] ; G.W., X, 264-5 ; S.E., XIV, 166-7 ; 프, 92-3[O.C., XIII, 208].
  b 전집 XI, 198[198] ; G.W., X, 291 ; S.E., XIV, 192 ; 프, 139[O.C., XIII, 232].
  c 전집 XI, 163[161] ; G.W., X, 265 ; S.E., XIV, 167 ; 프, 94[O.C., XIII, 208].
2 프로이트 S., 「플리스에게 보낸 편지」,『정신분석의 탄생』, 1887-1902, ⟨편지 52⟩ (1896년 12월 6일 편지).
  a 한, 111 ; 독, 185 ; 영, 173 ; 프, 153.
  b 한, 113 ; 독, 186 ; 영, 174 ; 프, 155.

전이

프: *transfert*. 독: *Ubertragung*. 영: *transference*. 스: *transferencia*. 이: *traslazione*(또는 *transfert*). 포: *transferência*.

전이는 정신분석에서 무의식적인 욕망이 어떤 형태의 대상 관계 ── 특히 분석적 관계 ──

의 틀에서, 어떤 대상에 대해 현실화되는 과정을 가리킨다.

거기서 문제가 되는 것은, 현실적으로 확연히 체험되는 유년기적인 원형의 반복이다.

분석가들이 별다른 수식어 없이 전이라고 부를 때, 그것은 대개 치료과정에서의 전이를 말한다.

전통적으로 전이는 정신분석 치료의 문제가 드러나는 장소로 여겨지고 있다. 그것의 배치, 그것의 양태, 그것의 해석, 그것의 해결이 정신분석 치료의 특징을 구성하는 것이다.

*transfert*라는 프랑스어는 본래 정신분석의 어휘가 아니다. 실제로 그것은 *transport*(운반)라는 말에 가까운 아주 일반적인 의미를 갖고 있다. 그렇지만 그것은 물건의 물질적인 이동보다는 오히려 가치, 권리, 본질의 이동을 함축하고 있다(예컨대, 자금의 이전*transfert de fonds*, 소유권의 이전*transfert de propriété* 등). 심리학에서 그것은 여러 가지 뜻으로 사용되고 있다: 감각의 전이*transfert sensoriel*(하나의 감각 영역으로부터 다른 감각 영역으로의 지각의 이행), 감정의 전이*transfert de sentiment*,[1] 특히 현대의 실험 심리학에서 학습과 습관의 전이*transfert d'apprentissage et d'habitudes* (어떤 형태의 행동 학습에서 얻어진 발전이 다른 행동의 실행에 개선을 가져오는 것) 등이다. 이러한 학습의 전이는, 두 번째 학습에 대한 첫 번째 학습의 부정적인 간섭 현상을 가리키는 소위 부정적 전이와는 대조적으로 가끔 긍정적 전이라고 불린다.[a]

*

전이를 정의하는 데 특별한 어려움이 있다면, 그것은 그 개념이 수많은 학자들에 의해 아주 광범위한 의미로 사용되어, 환자와 분석가 사이의 관계를 구성하는 현상의 총체를 가리키는 데까지 이르고 있다는 것이다. 그래서 그것에는 어떠한 개념보다도 훨씬 더, 치료와 그것의 대상과 그것의 역학과 그것의 전술과 목표 등에 대한 각 분석가의 개념 전체가 실려 있다. 이렇게 전이란 개념에는 전통적인 논쟁의 대상이 되는 일련의 모든 문제가 내포되어 있다:

a) 치료에서 전이의 특수성에 관해 말하자면, 분석 상황은 과연 그 좌표의 엄밀성과 불변성으로 해서, 다른 데서도 발견되는 현상들이 특별히 전개되고 관찰될 수 있는 특권적 기회를 제공하고 있는가?

b) 전이와 현실의 관계에 대해 말하자면, 〈탈현실*déréel*〉이라는 개념만큼

문제가 있는 개념에서, 그리고 분석 상황의 현실이라는 개념만큼 결정하기 어려운 개념에서, 어떤 근거를 찾을 수 있겠는가? 치료에서 나타난 그러한 표출의 특성 — 즉 그러한 현실에 적응된 것인지 아닌지, 그리고 전이적인지 아닌지의 특성 — 을 평가하기 위해서는 근거가 있어야 하는데 말이다.

c) 치료에서 전이의 기능에 대해 말하자면, 회상과 반복 경험이 갖고 있는 각각의 치료 가치는 무엇인가?

d) 전이된 것의 본질에 대해 말하자면, 문제되는 것이 행동 유형, 대상 관계 유형, 긍정적 또는 부정적 감정, 정동, 리비도의 부하(負荷), 환상, 하나의 이마고*imago*나 그 이마고의 특징 전체, 게다가 심리 장치에 대한 후기 이론의 의미에서 심역(心域)인가?

*

프로이트는 전이라는 현상의 갑작스러운 출현이 얼마만큼 예기치 않은 것이었는가를 끊임없이 강조하고 있다.[2] 정신분석에서 전이라는 현상과의 우연한 만남은, 다른 상황에서의 전이의 활동을 인식하게 되는 계기가 된다. 즉 그것은 문제된 관계의 토대 자체에 있거나(최면, 암시), 그 관계의 한계 내에서 중요한 역할을 한다(의사-환자 뿐 아니라, 선생-학생, 성직자-고해자 등). 또한 전이는 정신분석의 태동기에, 브로이어가 〈정화 요법〉으로 치료한 안나 O.의 사례에서 이미 그 효력의 광범위함을 보여준 바 있다.[β] 그때는 그 치료사가 그것을 전이라고 인식하고 그것을 사용하기 훨씬 이전이다. 프로이트에게 그 개념의 역사를 살펴보면, 그것에 대한 분명한 생각과 실제 경험 사이에는 편차가 있다. 「한 히스테리 분석의 단편: 도라」(1905)에서 기록한 대로, 프로이트는 큰 희생[치료의 중단이라는 불행한 결과]을 치루고 나서야 그 편차를 경험한다. 그 결과, 프로이트의 사상에서 전이의 발전을 추적하려면, 그의 글을 넘어서서 우리에게 전해지고 있는 치료 보고서에 나타난 구체적인 전이를 뒤져봐야 한다.

*

프로이트가 꿈에 대해 〈전이〉라든가 〈전이 사고*pensées de transfert*〉라는 말을 할 때, 그 말이 가리키는 것은 무의식적 욕망이 전날의 전의식적인 잔재에 의해 제공된 재료를 통해 변장 표현되는 이동*déplacement*의 방식이다.[3a] 그러나 그것을 프로이트가 치료에서 마주친 것을 설명하기 위하여 내세운 것과, 다른 기제로 보는 것은 잘못일 것이다: 〈……무의식적 표상이 그 자체로 전의식으로 들어가는 것은 완전히 불가능하다. 그것은 이미 전의식에 있는 무해한 표상과 연계하여 그 표상에 자신의 강도를 전이시키고, 그 표상을 통해 자신을 은폐함으로써 비로소 효과를 발휘할 수 있다. 그것이 바로 신경증자의 정신생활에서 많이 나타나는 현상을 설명해줄 수 있는 전이이다.〉[3b] 그와 같은 방식으로 프로이트는 『히스테리 연구』(1895)에서, 어떤 여자 환자가 의사에게 무의식적 표상을 전이시키는 경우를 보고하고 있다: 〈우선 욕망의 내용이 환자의 의식 속에 나타났다. 그러나 그녀는 과거에 있었던 주변 상황을 전혀 기억하지 못했다. 그리고 그 욕망은 의식을 지배하고 있던 연합 강박compulsion à associer에 따라, 당연히 환자의 사고를 차지하고 있던 사람과 결부되고, 내가 잘못된 연결이라고 명명한 잘못된 결합mésalliance의 결과, 예전에 그 여자 환자로 하여금 금지된 욕망을 거부하게 만들었던 것과 똑같은 정동이 깨어났다.〉[4a]

처음에는 적어도 이론적인 면에서, 전이는 프로이트에게 정동의 이동 — 하나의 표상에서 다른 표상으로 — 의 특수한 경우에 지나지 않았다. 분석가라는 표상이 주체에 의해 특권적으로 선택된 것은, 그것이 항상 주체가 사용할 수 있는 일종의 〈낮의 잔재〉를 구성하고 있기 때문이고, 동시에 격리[억압]된 욕망을 고백하는 것이 특별히 어려울 때(그 욕망이 겨냥하는 사람에게 고백해야 할 때), 그러한 형태의 전이가 저항을 도와주기 때문이다.[4b, 5a] 그 당시 전이는 아주 제한된 현상으로 간주되었다. 모든 전이는 다른 모든 증상과 마찬가지로, 상호 신뢰적인 협력에 기초한 치료 관계를 유지하거나 회복할 수 있도록 다루어져야 한다.[4c] 프로이트는 여기서 다른 여러 요인 중에서, 전이와 조금도 관계가 없는 의사의 개인적인 영향력을 개입시킨다.[4d]

그래서 처음에 프로이트는 전이를 치료 관계의 본질에 속하지 않는 것으로 규정했던 것 같다. 그러한 생각은 「한 히스테리 분석의 단편: 도라」(1905)에서도 발견된다. 관찰 보고서에 덧붙인 주석에서, 프로이트가 치료의 조기 중단을 전이에 대한 해석의 오류로 돌릴 정도로, 거기에서 전이의 역할은 중요하게 나타나고 있다. 그 보고서의 많은 표현이 보여주고 있듯이, 프로이트는 그 구조와 역동에서 치료 전체를 전이 관계와 동일시하지는 않았다: 〈전이들transferts이란 무엇인가? 그것은 분석이 진행됨에 따라 자각되고 의식화되어야 하는 환상과 행동의 재판이거나 복사판이다. 그러한 종류를 특징짓는 것은 예전에 알았던 인물에 대한 의사라는 사람의 대체이다.〉[6] 그러한 전이들(복수형에 주의할 것)에 대해서, 프로이트는 그것들이 분석가를 향하느냐 아니면 다른 사람을 향하느냐에 따라 본질이 달라지는 것이 아니며, 그 하나하나가 설명되고 〈파괴될〉 경우에만 치료에 동맹하게 된다고 지적하고 있다.

오이디푸스 콤플렉스의 발견은 전이를 이해하는 프로이트의 방식에 영향을 미친다. 페렌치는 1909년부터,[7] 분석에서(그러나 이미 암시와 최면에서) 어떻게 환자가 사랑하거나 두려워하는 아버지 상의 역할을 무의식적으로 의사에게 부여하는지를 보여준다. 프로이트는 전이에 관한 최초의 전체적인 설명(1912)에서, 전이는 〈원형*prototype*〉과 이마고*(주로 아버지의 이마고이지만, 어머니나 형제 등의 이마고일 때도 있다)와 연결되어 있다고 주장한다: 〈……의사는 환자가 이미 만들어 낸 심리 《계열》 중의 하나에 삽입된다.〉[5b]

프로이트는 주체와 아버지의 상과의 관계가 어떻게, 특히 그 관계를 특징짓는 욕동의 양가성*을 동반하는 전이 속에서, 재경험되는가를 밝히고 있다: 〈[쥐인간] 전이라는 고통스러운 길을 통해 납득한 것은, 자신과 아버지의 관계가 그러한 무의식적인 보충을 포함하고 있다는 사실이었다.〉[8] 그러한 의미에서 프로이트는 두 가지 전이를 구분한다: 하나는 긍정적 전이로 애정의 전이이고, 다른 하나는 부정적 전이로 적대감의 전이이다.[7] 우리는 이들 용어와 오이디푸스 콤플렉스의 긍정성과 부정성이라는 용어의 유사성에 주목할 필요가 있다.

유년기의 갈등이라는 원형의 토대 위에 치료 전체를 구조화하는 과정을 전이라고 보는, 전이 개념의 확장을 통해, 프로이트는 전이 신경증이라는 새로운 개념을 끌어내기에 이른다: 〈……우리는 정확히 병의 모든 증상에 대해 새로운 전이적 의미를 부여하게 되었고, 보통의 신경증을 치료 작업에 의해 치유될 수 있는 전이 신경증으로 바꿔줄 수 있게 되었다.〉[9]

*

치료에서의 전이 기능이라는 관점에서 보면, 전이는 처음에는 프로이트에 의해 격리[억압]된 재료에 대한 회상을 방해하는 커다란 〈장애〉 중의 하나로 아주 분명히 거론되고 있다.[4c] 그러나 그러한 사실과 함께, 그것의 출현이 빈번하고 일반적이라는 사실도 지적되고 있다: 〈……비교적 중증의 모든 분석에서 전이가 발견되는 것은 확실하다.〉[4f] 또한 그러한 생각을 하던 시기에, 프로이트는 의사라는 사람에 대한 전이 기제가 시작되는 것은, 특별히 중요한 격리[억압]된 내용이 폭로될 위험이 있을 때라는 것을 확인한다. 그러한 의미에서 전이는 저항의 한 형태로 나타나는 것이다. 동시에 그것은 무의식적 갈등에 가까이 왔음을 알려준다. 이렇게 프로이트는 처음부터 전이의 모순 자체를 구성하는 것을 만나게 되고, 그것의 기능에 관해 그가 제공한 매우 다양한 진술의 근거가 되는 것과 부딪치게 된다. 어떤 의미에서 그것은 구술된 회상과의 관계에서 보면 〈전이 저항Übertragungswiderstand〉이고, 또 다른 의미에서 보면 그것은 주체에게서나 분석가에게서 유년기 갈등의 요소들을 그것이 태어날 당시의in statu nascendi 〈생생함〉으로 파악할 수 있는 특권화된 방법이라는 점에서, 환자의 독특한 문제가 거부할 수 없는 현실 속에서 상연되는 장이고, 환자가 자신의 무의식적 욕망과 환상의 존재와 그것의 항구성과 그것의 힘과 마주치는 장이다 : 〈그 장에서 승리를 거두지 않으면 안 된다. [……] 전이 현상을 길들이는 일이 분석가에게 가장 큰 어려움이라는 것은 부인할 수 없다. 그러나 묻히고 잊힌 사랑의 욕동을 현실화하고 드러내는 데 더할 나위 없이 도움이 되는 것이 바로 그 어려움이라는 사실을 잊어서는 안 된다. 왜냐하면 요컨대, 사람이 없는 상태에서 초상화만 가지고 사형을 집행할 수는 없기 때문이다.〉[5c]

프로이트에게서 후자의 차원이 점점 더 중요성을 띤다는 것은 이론의 여지가 없어 보인다: 〈긍정적 형태의 전이이든 부정적 형태의 전이이든, 전이는 저항에 종사한다. 그러나 그것은 의사의 수중에서 가장 강력한 치료 수단이 되고, 치유 과정의 역동에서 높이 평가해도 지나치지 않은 역할을 갖고 있다.〉[10]

그렇지만 반대로, 프로이트가 전이에서의 반복의 특성 — 〈환자는 자신 속에 격리[억압]된 모든 것을 기억할 수 없다. 정확히 본질적인 것은 기억할 수 없다. [……] 오히려 환자는 격리[억압]된 것을 현재의 체험으로 어쩔 수 없이 반복한다〉[11a] — 을 지나치게 의식할 때조차, 그는 다음과 같은 사실을 강조했다는 것을 간과해서는 안 된다: 분석가는 〈가능한 한 전이 신경증의 영역을 제한하고, 가능한 한 많은 내용을 회상케 하고, 가능한 한 그 내용을 반복에 내맡기지 않도록 하는 것〉[11b]이 필요하다.

사실 프로이트는 항상 완전한 회상을 이상적인 치료라고 주장했고, 완전한 회상이 불가능하다는 것이 판명되었을 때는, 유년기의 과거 공백을 채우기 위하여 〈구성〉*에 의탁하였다. 그 반면에, 그는 유년기 체험의 해소*라는 관점에서든, 아니면 대상과의 탈현실적déréel 관계의 교정이라는 관점에서든, 전이적 관계 자체에 가치를 부여하지는 않았다.

*

『히스테리 연구』에서 프로이트는 전이의 여러 현상에 대해 말하면서 다음과 같이 쓰고 있다: 〈······ 오래된 모델에 따라 생겨난 이 새로운 증상은 오래된 증상과 같은 방식으로 다루어져서는 안 된다.〉[4g] 마찬가지로, 프로이트가 나중에 전이 신경증을 임상적인 신경증을 대체하는 〈인위적인 병〉으로 기술할 때, 그는 전이 반응과 고유한 의미의 증상 사이에, 경제학적이면서 동시에 구조적인 등가 관계를 전제하고 있는 것이 아닐까?

실제로 프로이트는 〈······[저항의] 요구와 분석 작업의 요구 사이의 타협〉[5d]으로서의 전이의 출현을 보고하고 있다. 그렇지만 그것과 동시에 그는, 전이 현상은 〈병인이 되는 콤플렉스〉에 가까워질수록 더욱더 피할 수 없다는 사실에 주목하고 있다. 그리고 그것을 반복 강박*과 결부시킬 때, 그는 〈치료 작업이 격리[억압]을 완화시켜 그 강박증을 만나기 전까지는〉[11c] 그 강박증이 전이로 표현될 수 없다는 사실을 지적하고 있다. 전이를 무의식적 환상에 비해 조금의 변형도 포함하고 있지 않은 진정한 〈재판(再版)〉에 비유하고 있는 「한 히스테리 분석의 단편: 도라」(1905)에서부터, 전이에서의 재현에 대해 〈······ 그것은 원치 않았던 정직성을 동반해서 일어나고, 항시 유년기의 성생활 — 따라서 오이디푸스 콤플렉스와 그것의 가지 — 의 단편을 내용으로 하고 있다.〉[11d]고 말하고 있는 『쾌락원칙을 넘어서』(1920)에 이르기까지, 계속해서 분명해지는 생각은 유년기의 갈등의 본질은 전이에서 현실화된다는 것이다.

다 알다시피, 『쾌락원칙을 넘어서』에서 전이에서의 반복은, 반복 강박을 전면에 내세우는 것을 정당화하기 위해 프로이트가 제시한 자료 중의 하나이다. 궁극적으로 불멸의 무의식적 환상이 나타나는 상황과 감정은 치료에서 반복된다.

그렇다면 프로이트가 전이 저항이라 명명한 것에, 어떠한 의미를 부여하고 있는지 궁금해진다. 그는 『억제, 증상 그리고 불안』(1926)에서, 전이 저항이 기억의 회상과 반대로, 격리[억압]된 행동을 현실 속에 부활시킨다는 점에서, 그것을 자아의 저항에 연결시키고 있다. 그러나 주목해야 할 사실은, 같은 논문에서 그는 반복 강박이 기본적으로는 그거의 저항*résistances du ça*으로 나타난다고 지적하고 있다는 것이다.(→ **반복 강박**)

결국 프로이트가 과거 경험이나 부모에 대한 태도 등의 전이에서 반복에 대해 말할 때, 그 반복을 사실주의적인 의미 ── 현실화를 실제로*effectivement* 경험한 관계에 국한시키는 ── 로 이해해서는 안 된다. 본질적으로 전이된 것은, 한편으로 심리적 현실*, 즉 가장 깊은 곳에 있는 무의식적인 욕망과 그와 관계된 환상이고, 다른 한편으로 전이 현상은 문자 그대로의 반복이 아니라 전이된 것의 상징적 등가물이다.

*

자기 분석*의 유효성에 관해 말하자면, 그것에 대해 이루어진 고전적인 비판 중의 하나는, 그것이 인간관계 자체와 그 관계의 개입을 원천적으로 배제한다는 것이다.

프로이트는 이미 자기 분석의 한계성을 지적한 바 있다. 더욱이 그는 암시로 작용하는 전이가 분석가에게 특권을 부여한다는 바로 그 점으로 해서, 해석이 받아들여지는 것이라고 강조한 바 있다. 그러나 치료에서 분석가의 역할을 타자*autre*로 규정하는 것은, 그의 후계자들이었다. 여기에는 몇 가지 방향이 있다:

1. 심리 장치에 대한 프로이트의 두 번째 이론의 연장선상에서, 정신분석 치료는 어린 시절의 주체 간의 관계 ── 실재적이든 환상적이든 ── 의 잔재인 주체내의 갈등이, 의사소통이 열려 있는 관계 속에, 다시 나타날 수 있는 장소를 제공하는 것으로 이해될 수 있다. 프로이트 자신이 지적했듯이, 가령 분석가는 초자아의 위치에 있을 수 있다. 좀 더 일반적으로 말하면, 우리는 동일시*의 모든 작용이 전개되고, 고삐가 〈풀리는〉 기회를 거기서 발견할 수 있는 것이다.

2. 대상 관계*라는 개념에 중점을 두는 노선에서는 전이 관계[6]를, 주체가 그의 다른 유형의 대상(부분적 또는 전체적)과 맺고 있는 특권화된 형태의 관계가 구체화된 것으로 보는 경향이 있다. 발린트M. Balint가 지적한 바와 같이, 결국 〈환자의 세부적인 전이 하나하나는 대상 관계의 용어로 해석될〉[12] 수 있다. 그러한 관점은 치료의 진전을 발생 단계의 연속으로 보기까지 한다.

3. 또 다른 관점으로 치료에서 — 따라서 전이 관계에서 — , 말이 갖고 있는 특별한 가치를 강조할 수 있다. 그러한 차원은 정신분석의 기원에 이미 나타나 있다. 즉 정화 요법에서는 적어도 정동의 해소만큼 격리[억압]된 기억의 언표화verbalisation(말치료talking cure)를 강조하고 있다. 그렇지만 프로이트가 전이라는 가장 부인할 수 없는 현상을 기술할 때 인상적인 것은, 그가 그것을 〈행위화*Agieren〉라는 항목으로 분류하고, 회상과 실제 체험으로서의 반복에 대립시키고 있다는 점이다. 그러나 그러한 대립이 과거의 현실화와 분석가 개인으로의 이동이라는 이중의 차원에서, 전이를 인식하는 데 밝은 빛을 던져주는지는 자문해 보아야 한다.

실제로 주체가 행동으로 분석가를 공격할 때보다, 분석가에게 과거의 이런저런 사건을 이야기하고 이런저런 꿈을 보고할 때,[6] 왜 분석가가 덜 연루되는지는 알려지지 않고 있다.

〈행동〉과 마찬가지로 환자의 말도, 가령 분석가의 마음에 들거나 그를 멀리하는 것을 목표로 하는 관계의 한 방식이다. 또한 말과 마찬가지로 행동도 의사소통을 전달하는 하나의 방식이다(예컨대 실수).

4. 마지막으로, 몇몇 저자는 전이를 순전히 자발적인 현상, 즉 분석가라는 화면에 대한 투영으로 보려는 극단적인 주장에 대한 반동으로, 본질적으로 전이는 주체에 고유한 요소, 즉 전이 체질disposition au transfert에 의존하고 있다는 이론을 완성시켜, 분석 상황에서 전이의 출현을 조장하는 것이 무엇인지를 밝히려고 한다.

사람들은 이다 마칼핀Ida Macalpine[13]처럼 분석 환경의 현실적 요인(불변적 조건, 좌절, 유년기의 환자의 태도)에 역점을 두든지, 아니면 분석에 의해 처음에 만들어지는 요구 관계에 역점을 둔다. 그 요구 관계를 매개로 하여, 〈……전 과거가 최초의 유년기의 밑바닥까지 열린다. 주체가 [최초에] 하는 것은 요구밖에 없다. 그는 그것을 통해서만 살 수 있다. 우리는 [지금] 그 뒤를 잇고 있는 것이다. […] 퇴행이란 시효가 다된 요구에서, 지금 통용되는 현재의 기호형식으로 회귀하는 것에 다름 아니다.〉[14]

그러한 분석 상황과 전이 사이의 상관관계를 프로이트는 놓치지 않는다. 그는 다양한 형태의 전이(어머니, 형제 등의)가 있을 수 있지만, 〈……의사와의 실질적인 관계에서 결정적인 것은 아버지의 이마고〉[5e]라는 사실까지 지적하고 있다.

α 영어권의 심리학자들은 두 용어 — *transfer*와 *transference* — 를 구분해서 사용하고 있다. 정신분석적인 의미에서 전이는 후자에 해당하는 것 같다(잉글리쉬H.B.English와 잉글리쉬A.C.English의 『심리학과 정신분석 용어 사전』, 〈*transfer*〉와 〈*transference*〉 항 참조).

β 이 에피소드의 결말에 대해서는, 존스의 *Sigmund Freud, Life and Work*(1953-55-57) 제1권 참조.

γ 여기서 '긍정적', '부정적'이라는 말은 전이된 정동의 성질을 가리키는 것이지, 치료에 대한 전이의 좋고 나쁜 영향을 가리키는 것이 아니다. 다니엘 라가슈에 따르면, 〈……전이의 긍정적, 부정적 효과라는 용어가 더 포괄적이고 더 정확하다. 주지하다시피, 긍정적 감정의 전이가 부정적 효과를 가질 수 있고, 역으로 부정적 감정의 표현이 결정적인 진전의 계기가 될 수 있다.〉15

δ 이 용어가 프로이트에게 나타나고 있다는 데 주목하자.16

ε 〈영합(迎合)의 꿈*rêves de complaisance*〉이라 불리는 꿈 참조. 그것은 꿈속에서 분석가를 충족시키고 그의 해석을 확인시켜주려는 욕망이 성취되고 있다는 것이 분석에서 밝혀지는 꿈을 말한다.

1 Ribot Th.-A, *La psychologie des sentiments*, Alcan, Paris, 1896, 제1부, XII, §1 참조.

2 프로이트 S., 「정신분석 개요」, 1938. 전집 XV, 450-1[470-1] ; G.W., XVII, 100 ; S.E., XXIII, 174-5 ; 프, 42[O.C., XX, 267-8] 참조.

3 프로이트 S., 『꿈의 해석』, 1900.

　a 전집 IV, 650[675] ; G.W., II-III, 568 ; S.E., V, 562 ; 프, 461[O.C., IV, 616] 참조.

　b 전집 IV, 651[676] ; G.W., II-III, 568 ; S.E., V, 562 ; 프, 461[O.C., IV, 616].

4 프로이트 S., 「히스테리의 정신치료에 관하여」, in 『히스테리 연구』, 1895.

　a 전집 III, 390-1[399] ; G.W., I, 309 ; S.E., II, 303 ; 프, 245-6[O.C., II, 330].

　b 전집 III, 391[400] ; G.W., I, 308-9 ; S.E., II, 303 ; 프, 245[O.C., II, 330] 참조.

　c 전집 III, 391[400] ; G.W., I, 308-9 ; S.E., II, 303 ; 프, 245-6[O.C., II, 330] 참조.

　d 전집 III, 367-8[375] ; G.W., I, 285-6 ; S.E., II, 282-3 ; 프, 228-9[O.C., II, 309] 참조.

　e 전집 III, 392[401] ; G.W., I, 308-9 ; S.E., II, 303 ; 프, 245[O.C., II, 331] 참조.

　f 전집 III, 389[398] ; G.W., I, 307 ; S.E., II, 301 ; 프, 244[O.C., II, 329].

　g 전집 III, 392[402] ; G.W., I, 309 ; S.E., II, 303 ; 프, 246[O.C., II, 331].

5 프로이트 S., 「전이의 역학에 관하여」(1912), in 『정신분석적 정신치료』.

　a G.W., VIII, 370 ; S.E., XII, 104 ; 프, 56[O.C., XI, 112] 참조.

　b G.W., VIII, 365 ; S.E., XII, 100 ; 프, 51[O.C., XI, 108].

　c G.W., VIII, 374 ; S.E., XII, 108 ; 프, 60[O.C., XI, 116].

　d G.W., VIII, 369 ; S.E., XII, 103 ; 프, 55[O.C., XI, 111].

　e G.W., VIII, 365-6 ; S.E., XII, 100 ; 프, 51-2[O.C., XI, 108].

6 프로이트 S., 「한 히스테리 분석의 단편: 도라」, 1905. 전집, VIII, 310 ; G.W., V, 279 ; S.E., VII, 116 ; 프, 86-7[O.C., VI, 295].

7 Ferenczi S., "Introjection and transference", 1909, in *First Contr.*, 35-93.

8 프로이트 S., 「강박신경증의 한 사례에 관한 고찰: 쥐인간」, 1909. 전집, IX, 63 ; G.W., VII, 429 ; S.E., X, 209 ; 프, 235[O.C., IX, 179].

9 프로이트 S., 「상기(想起), 반복 그리고 관통-작업」, 1914, in『정신분석적 정신치료』, 1914. G.W., X, 134-5 ; S.E., XII, 154 ; 프, 113[O.C., XII, 194].

10 프로이트 S., 「〈정신분석〉과 〈리비도 이론〉」, 1923. 전집, XV, 151 ; G.W., XIII, 223 ; S.E., XVIII, 247 ; 프, 64-5[O.C., XVI, 196].

11 프로이트 S., 『쾌락원칙을 넘어서』, 1920.

 a 전집, XI, 284 ; G.W., XIII, 16 ; S.E., XVIII, 18 ; 프, 18[O.C., XV, 288].

 b 전집, XI, 285 ; G.W., XIII, 17 ; S.E., XVIII, 19 ; 프, 19[O.C., XV, 289].

 c 전집, XI, 286 ; G.W., XIII, 18 ; S.E., XVIII, 20 ; 프, 20[O.C., XV, 290].

 d 전집, XI, 284-5 ; G.W., XIII, 16-7 ; S.E., XVIII, 18 ; 프, 19[O.C., XV, 289].

12 Balint M., *Primary Love and Psycho-Analytic Technique*, Hogarth Press, Londres, 1952, 225.

13 Macalpine I., "The Development of the Transference", in *Psa Quarterly*, XIX, 4, 1950 참조.

14 Lacan J., "La Direction de la cure et les principes de son pouvoir", 1958, in *La Psychanalyse*, P.U.F., 1961, 6, 180.

15 Lagache D., "Le problème du transfert", 1952, in *R.F.P.*, XVI, 102.

16 가령 프로이트 S., 「분석에서의 구성」, 1937. in『끝이 있는 분석과 끝이 없는 분석』. 한, 286 ; G.W., XVI, 44 ; S.E., XXIII, 258; 프, 270[O.C., XX, 62] 참조.

전이 신경증

프: *névrose de transfert*. 독: *Übertragungsneurose*. 영: *transference neurosis*. 스: *neurosis de transferencia*. 이: *nevrosi di tranfert*. 포: *neurose de transferência*.

A) 질병기술학적인 의미에서, 프로이트가 정신신경증* 내에서, 자기애적 신경증*과 구분한 신경증의 범주(불안 히스테리*, 전환 히스테리*, 강박신경증*이 여기에 속한다). 자기애적 신경증에 비해, 이 범주의 신경증들은 리비도가 자아로 철수하는 대신에, 항상 실제 대상이나 상상적 대상으로 이동하는 것을 특징으로 한다. 그 결과, 그것은 정신분석 치료가 접근하기 좀 더 용이하다. 왜냐하면 그것은 치료하는 동안, B의 의미에서의 전이 신경증을 구성하는 데 유리하기 때문이다.

B) 정신분석 치료 이론에서, 전이의 표출이 조직되는 인위적인 신경증을 가리킨다. 그것은 분석가와의 관계를 중심으로 구성된다. 그것은 임상 신경증의 신판(新版)이다. 그것의 해명은 어린 시절의 신경증의 발견으로 귀결된다.

ㅈ

I. A의 의미에서, 〈전이 신경증〉이라는 용어는, 융이 〈정신증〉에 대한 대립 개념으로 도입한 것이다.[1] 후자에서 리비도는 〈내향적*introvertie*〉(융)이거나, 자아에 투여된다(아브라함[2]과 프로이트[3]). 그것은 자신의 리비도를 대상으로 전이시키는 환자의 능력을 축소하는 것이고, 결과적으로 환자의 치료에 거의 접근할 수 없다. 왜냐하면 치료의 원동력은 전이이기 때문이다. 그래서 정신분석 치료의 최초의 대상이었던 신경증은, 전이의 능력이 존재하는 장애로 정의되는 것이고, 전이 신경증이라는 말로 지칭되는 것이다.

프로이트는 다음과 같이 요약되는 분류 체계를 확립한다(예컨대, 『정신분석 입문 강의』(1916~17)에서): 전이 신경증과 자기애적 신경증은 정신신경증 내에서 서로 대립한다. 다른 한편으로, 정신신경증은 그것의 증상이 심리적 갈등의 상징적 표현인 한, 그 기제가 본질적으로 육체적인 현실 신경증과 대립한다.

주목할 것은, 정신신경증의 두 범주의 구분이 항상 유효하다고 하더라도, 그것들을 무조건 전이의 유무로 구분하는 것은 용납되지 않는다는 것이다. 사실, 오늘날 받아들여지고 있는 견해는, 전이의 명백한 부재가 일반적으로 정신증자에 고유한 전이 방식의 양상들 중의 하나 — 아주 뚜렷한 — 에 지나지 않는다는 것이다.

II. 환자가 전이에서 어린 시절의 갈등을 반복한다는 관념과 관련해서, 프로이트가 전이 신경증(B의 의미에서)을 도입한 것은 「상기(想起), 반복 그리고 관통작업」(1914)에서이다. 〈환자가 치료의 조건을 존중한다면, 어김없이 우리는 병의 모든 증상에 새로운 전이적 의미를 부여하고, 보편적인 신경증을 전이 신경증으로 대체함으로써, 환자를 치료 작업으로 치유할 수 있다.〉[4a]

이 구절에 의하면, 전이 반응과 엄밀한 의미에서의 전이 신경증의 차이는 다음과 같이 이해될 수 있다: 즉, 전이 신경증에서 환자의 모든 병적인 행동은 분석가와의 관계 속에 재집중된다. 전이 신경증은 한편으로는, 우선 흩어진 전이 반응(글로버Glover의 표현에 따르면, 〈유동적인 전이*transfert flottant*〉)을 정리하고, 다른 한편으로는 그것으로 말미암아 환자의 증상과 병적인 행위 전체가 분석 상황과 관계를 가지면서 새로운 기능을 갖게 된다. 프로이트가 보기에, 전이 신경증의 확립은 치료의 역학에 있어 긍정적인 요소이다: 〈새로운 상태가 병의 모든 특성들을 떠맡는다. 그러나 그것은 어디서나

접근 가능한 인위적인 병을 나타낸다.)[4b]

그러한 관점에서 다음의 패턴을 치료의 이상적인 모델로 생각할 수 있다: 임상 신경증은 전이 신경증으로 바뀌고, 그것에 대한 해명은 어린 시절의 신경증의 발견으로 이어진다.[α]

그럼에도 불구하고, 주목해야 할 것은, 프로이트가 나중에 반복 강박의 중요성을 강조할 때, 전이 신경증에 대한 덜 일방적인 개념을 제시하면서, 그 개념이 발전될 경우 겪게 될 위험을 강조하고 있다는 사실이다: 〈의사는 그러한 전이 신경증의 범위를 가능한 한 제한하고, 가능한 한 많은 내용을 회상하도록 부추기고, 가능한 한 적게 반복으로 나타나게 해야 한다. [……] 일반적으로 의사는 피분석자에게 그러한 치료 단계를 면제해줄 수 없다. 그는 피분석자에게 그의 잊힌 삶의 편린을 재경험하도록 해야 한다. 그러나 그는 환자가 상황을 굽어보는 능력을 가지고 있다는 것을 경계해야 한다. 왜냐하면 그 상황은 어쨌든, 그로 하여금 현실로 나타나는 것이 지나간 과거의 새로운 반영임을 인식할 수 있게 해주기 때문이다.〉[5]

α 라도S. Rado는 치료 이론에 대한 잘츠부르크 학회(1924)의 발표(「정신분석 기법에서의 경제학적 원칙The Economic Principle in Psychoanalytic Technique」)[6]에서, 정신분석 이전의 기법(최면과 정화 요법)에서 나타나는 〈치료 신경증〉을 기술하면서, 그것을 분석 치료에서 나타나는 신경증과 구분하고 있다. 전이 신경증은 분석 치료에서만 분석되고 해결될 수 있다.

1 Jung C. G., *Über die Psychologie der Dementia praecox*, Halle, 1907. "Wandlungen und Symbolik der Libido", in *Jahrbuch Psa.-Forsch.*, 1911, 1912, 참조.

2 Abraham K., "Les différences psychosexuelles entre l'hystérie et la démence précoce", 프, I, 36-47 참조.

3 프로이트 S., 「자기애 소개」, 1914. 전집 XI 참조.

4 프로이트 S., 「상기(想起), 반복 그리고 관통작업」, 1914, in 『정신분석적 정신치료』.
   a G.W., X, 134-5 ; S.E., XII, 154 ; 프, 113[O.C., XII, 194].
   b G.W., X, 135 ; S.E., XII, 154 ; 프, 114[O.C., XII, 194].

5 프로이트 S., 『쾌락원칙을 넘어서』, 1920. 전집 XI, 285[287] ; G.W., XIII, 17 ; S.E., XVIII, 19 ; 프, 19[O.C., XV, 289].

6 Rado S., in *I.J.P.*, 1925, VI, 35-44 참조.

전환

프: *conversion*. 독: *Konversion*. 영: *conversion*. 스: *conversión*. 이: *conversione*. 포: *conversão*.

히스테리에서, 특히 전환 히스테리(이 항목 참조)에서 작용하는 증상 형성의 기제.
그것은 심리적 갈등을 신체적 증상 — 운동(가령 운동마비)이나 감각(가령 국부적인 감각마비나 고통) — 으로 치환시키면서 그 갈등의 해결을 시도하는 데 있다.
전환이라는 용어는 프로이트에게서 경제학적인 개념과 상관이 있다: 즉 격리[억압]된 표상으로부터 분리된 리비도는 신경 감응*innervation* 에너지로 바뀐다. 그러나 전환 증상의 특수성을 규정하는 것은 그것들의 상징적 의미작용이다: 즉 그것들은 육체를 통해 격리[억압]된 표상을 표현하는 것이다.

프로이트가 전환이라는 용어를 정신병리학에 도입한 것은, 그 자신이 이 해하기 어렵다고 생각했던 〈심리적인 것이 신체적인 신경 감응으로 도약〉하는 것을 설명하기 위해서였다.[1] 그러한 개념은 19세기 말로서는 새로운 것으로서, 다 알다시피, 특히 심신증(心身症, *psychosomatique*)에 대한 연구의 발달과 함께, 아주 광범위한 외연을 갖게 된다. 그에 따라 그렇게 아주 넓어진 영역에서, 특히 전환과 관계된 것의 범위를 정하는 것이 한층 더 필요해진다. 더욱이 그러한 염려 — 특히 히스테리 증상과 현실 신경증의 신체 증상 사이의 구분에 대한 — 는, 이미 프로이트에게 존재한다는 것에 주목할 필요가 있다.

전환은 히스테리에 대한 프로이트의 초기 연구와 같은 시기의 개념이다. 그것이 처음 나타난 것은, 『히스테리 연구』(1895)와 「방어-신경정신증」(1894)에 나오는 에미 폰 N. 부인의 사례였다. 그것의 최초의 의미는 경제학적인 것이었다: 즉 신체적인 신경 감응으로 바뀌고 전환되는 것은 리비도 에너지이다. 전환은 격리[억압] 과정에서 리비도가 표상으로부터 분리되는 것과 상관이 있다. 분리된 리비도 에너지는 〈······ 육체적인 것으로 치환〉[2a]된다.

전환에 대한 그러한 경제학적인 해석은, 프로이트에게 상징의 개념과 불가분의 관계가 있다. 격리[억압]된 표상이 압축과 이동의 기제에 의해 왜곡되면서, 신체적인 상징으로 〈말하고*parlent*〉[3] 있는 것이다. 프로이트는 상징과 의미작용을 연결하는 상징적 관계가, 동일한 증상이 여러 의미를 동시에*à* *la fois* 표현할 뿐 아니라 연속적으로*successivement* 표현한다는 사실에 주목한다:〈몇 년이 흐르는 동안, 하나의 증상은 그것의 의미 중의 하나, 또는 그것의 지배적인 의미를 바꿀 수 있다. [……] 그러한 종류의 증상의 생산은 아주 까다롭다. 순전히 심리적인 흥분이 육체의 영역으로 치환되는 것 — 내가 전환이라고 명명한 과정 — 은, 많은 유리한 조건들의 경쟁에 달려 있고, 전환에 필요한 신체적인 호응은 가까스로 얻어지는 것이기 때문에, 무의식으로부터 나오는 흥분의 방출을 향한 추진은, 가능한 한 이미 통행 가능한 방출의 길을 따르게 된다.〉[4]

다른 증상 — 예컨대 공포증이나 강박증 — 과 다른 전환 증상이 형성되는 이유에 관해, 프로이트는 처음에는〈전환 능력*capacité de conversion*〉[2b]을 내세우고 있다. 그는 나중에 그 개념을〈신체적 호응*complaisance somatique*〉이라는 표현으로 이어간다. 신체적 호응은 일반적으로 어떤 주체에게 전환의 소질을 마련하고, 좀 더 특수하게는 어떤 기관이나 어떤 장치를 전환에 알맞게 만드는 기질적인 요인이나 후천적인 요인을 의미한다. 그리하여 질문은〈신경증의 선택〉과 신경증적인 구조의 특수성에 대한 질문으로 옮겨간다.

전환을 질병기술학적인 관점에서 어떻게 위치시켜야 할까?

1. 히스테리의 차원 : 처음에 그것은 프로이트에게, 정도의 차이는 있지만 히스테리에서 항상 작용하는 기제로 보였다. 그 뒤, 히스테리 구조의 심층 연구를 통해 프로이트는, 전환 증상을 포함하지 않는 신경증의 형태 — 무엇보다도 그가 불안 히스테리*로 따로 분류한 공포증의 증상 군 — 를 히스테리에 포함시킨다. 그 대신 그러한 사실은 전환 히스테리의 경계를 규정하게 된다.

히스테리와 전환이 더 이상 외연을 공유하지 않는 것으로 여기는 경향은, 오늘날 전환 증상이 없는데도 히스테리나 히스테리 구조라고 말할 때마다 발견된다.

2. 좀 더 일반적인 신경증의 차원 : 히스테리와 다른 신경증에서도, 환자의 무의식적 환상과 상징적 관계를 갖고 있는 신체적인 증상을 만날 수 있다(예컨대「한 소아 신경증의 이야기: 늑대인간」의 대장 장애 참조). 그렇다면 정도는 다르지만 여러 범주의 신경증에서 발견되는 만큼, 전환을 증상의 형성에서 기본적인 기제로 생각해야 하는가, 아니면 계속해서 그것을 히스테리에 특수한 것으로 여겨, 다른 질환에서 그것이 발견될 때,〈히스테리의 핵〉이라고 주장하거나〈혼합 신경증〉이라고 말해야 하는가? 그것은 단지 용어상의

전환

문제가 아니다. 왜냐하면 그것은 증상의 관점이 아니라 구조의 관점에서 신경증을 구분하도록 우리를 인도하기 때문이다.

3. 현재 심신증이라고 불리는 차원 : 오늘날은 논의가 아직 종결되지 않고 진행 중에 있지만, 히스테리 전환과 다른 증상 형성의 과정 — 예컨대 신체화 *somatisation*라는 이름을 내세울 수 있는 — 을 구분하는 경향이 있다: 히스테리 전환 증상은 [신체화보다] 더 명확하게 환자의 개인사와 상징적 관계를 갖고 있고, 신체적인 질병기술학적 단위(예컨대, 위궤양, 고혈압)로 따로 떼어낼 수 없으며 덜 안정적이다, 등등. 많은 경우에 임상적 구분을 피할 수는 없지만, 그것을 이론적으로 따로 구분하기는 아직 어렵다.

1 프로이트 S., 「강박신경증의 한 사례에 관한 고찰: 쥐인간」, 1909. 전집 IX, 12[13] ; G.W., VII, 382 ; S.E., X, 157 ; 프, 200[O.C., IX, 136].
2 프로이트 S., 「방어-신경정신증」(1894), in 『신경증의 병인』.
a G.W., I, 63 ; S.E., III, 49 ; 프, 4[O.C., III, 7].
b G.W., I, 65 ; S.E., III, 50 ; 프, 5[O.C., III, 8].
3 프로이트 S., 『히스테리 연구』, 1895. 전집 III, 199[201] ; G.W., I, 212 ; S.E., II, 148 ; 프, 117[O.C., II, 169].
4 프로이트 S., 「한 히스테리 분석의 단편: 도라」, 1905. 전집 VIII, 240[249] ; G.W., V, 213 ; S.E., VII, 53 ; 프, 38[O.C., VI, 233].

전환 히스테리

프: *hystérie de conversion*. 독: *Konversionshysterie*. 영: *conversion hysteria*. 스: *histeria de conversión*. 이: *isteria di conversione*. 포: *histeria de conversão*.

전환 증상이 지배적인 것을 특징으로 하는 히스테리의 형태.

프로이트의 초기 작업에서는 전환 히스테리라는 용어가 사용되지 않았다. 그 당시 전환* 기제는 히스테리 일반을 특징짓는 것이었다. 프로이트가 《꼬마 한스》의 분석에서, 불안 히스테리*라는 이름으로 공포 증의 증상 군을 히스테리와 결부시킬 때, [처음으로] 전환 히스테리라는 용어가 히스테리 형태 중의 하나로 나타난다: 〈전환이 없이 불안감과 공포증으로 표출되는 불안 히스테리가 있듯이, 어떠한 불안도 없는 순수한 전환 히스테리가 있다.〉[1]

  1 프로이트 S., 「다섯 살배기 남자아이의 공포증 분석: 꼬마 한스」, 1909. 전집 VIII, 147[155] ; G.W., VII, 349 ; S.E., X, 116 ; 프, 175[O.C., IX, 102].

정동(情動)

프: *affect*. 독: *Affekt*. 영: *affect*. 스: *afecto*. 이: *affetto*. 포: *afeto*.

정신분석이 독일 심리학에서 차용한 용어로, 대량 방출의 형태로 나타나든지 아니면 보통의 강도로 나타나든지, 희미하든지 명확하든지 고통스럽거나 기분 좋은 모든 감정 상태를 의미한다. 프로이트에 따르면, 모든 욕동은 정동과 표상이라는 두 영역으로 표현된다. 정동은 욕동 에너지의 양과 그 변이들의 질적인 표현이다.

정동이라는 개념은 히스테리의 정신치료와 해소의 치료적 가치의 발견에 대한 브로이어와 프로이트의 초기 작업(『히스테리 연구』, 1985)에서부터 아주 중요한 의미를 띠고 있다. 히스테리 증상의 기원은, 정동이 적절히 방출되지 못한 외상적 사건(감돈(嵌頓)된*eingeklemmt*; *coincé* 정동)에서 발견할 수 있다.

기억의 환기가 애초에 그 기억과 결부되어 있는 정동을 재생시킬 경우에만, 그 회상은 치료 효과를 발휘한다.

히스테리의 고찰로부터 프로이트가 얻은 결론은, 정동이 반드시 표상과 결합하는 것은 아니라는 것이다. 그것들의 분리(표상을 동반하지 않는 정동, 정동을 동반하지 않는 표상)는 그 각각에게 서로 다른 운명을 마련한다. 프로이트는 정동의 여러 가지 변용의 가능성을 지적하고 있다: 〈내가 알고 있는 것은 세 가지 기제이다: 1. 정동의 전환(전환 히스테리), 2. 정동의 이동(강박증), 3. 정동의 변형(불안 신경증, 멜랑콜리).〉[1]

그로부터 정동이라는 개념은 두 가지 관점에서 사용된다: 그것은 일반적으로 강력한 경험의 정서적 반향을 가리킬 때, 기술적인 가치밖에 갖지 않는다. 그러나 그것은 흔히 투여량의 이론을 가정하고 있다. 그러한 양(量) 이론은 정동의 다양한 표현에 비해 정동의 자율성을 보고하는 장점이 있다.

프로이트는 이 문제를 메타심리학과 관련된 저술(「격리[억압]」, 1915; 「무의식」, 1915)에서 체계적으로 다루고 있다. 거기서 정동은 욕동의 양의 주관적 번역으로 정의되고 있다. 그러한 점에서 프로이트는 정동의 주관적 측면과 그것을 결정하는 에너지의 과정을 명확하게 구분한다. 주목할 것은, 프로이트가 정동이라는 용어와 병행해서, 경제학적인 측면을 가리키기 위하여 〈정동량*_Affektbetrag_〉이라는 용어를 사용한다는 점이다. 만약 정동량이 〈욕동과 일치한다면, 그것은 욕동이 표상으로부터 분리되어 그것의 양에 상응하는 표현을 정동으로 느끼는 과정에서 찾기 때문이다.〉[2a, α]

정동이라는 용어가 자의식과 전혀 무관하게 하나의 의미를 갖는 경우란 생각하기 어렵다. 프로이트는 의문을 제기한다: 무의식적 정동이라는 말이 과연 가능할까?[3a] 소위 〈무의식적〉 정동(예컨대, 무의식적 죄책감)과 무의식적 표상을 나란히 놓는 것을 그는 거부한다. 무의식적 표상과 무의식적 감정은 현격한 차이가 있다. 〈무의식적 표상은 일단 격리[억압]되면 무의식 체계_Ics_ 속에 실질적인 구성 요소로 머물지만, 무의식적 정동은 발달에 이를 수 없었던 퇴화 흔적에 지나지 않는다.〉[3b] (→ **격리[억압]**, **억압**)

마지막으로 프로이트가 정동의 경험적 측면을 보고하기 위해 발생학적인 가설을 세웠다는 것에 주목하자. 그에 따르면, 정동은 〈보편적이고 전형적이고 선천적인 히스테리 발작〉과 비견되는, 〈절대적으로 중요하고, 경우에 따라서는 개체 이전의 오래된 사건의 재현〉[4]이다.

α 다른 글에서는 [정동과 정동량의] 차이가 무시되고 있다. 왜냐하면 프로이트는 전환 히스테리에 대해, 주관적 정동의 소멸을 결정하는 정동량의 전환이라고 말하지 않고, 단순히 〈정동량의 완전한 소멸〉[2b]이라고 말하고 있기 때문이다.

1 프로이트 S., 「플리스에게 보낸 편지」, 『정신분석의 탄생』, 1887-1902. 한, 37 ; 독, 95 ; 영, 84 ; 프, 76-7.

2 프로이트 S., 「격리[억압]」, 1915.

a 전집 XI, 146[144] ; G.W., X, 255 ; S.E., XIV, 152 ; 프, 79-80[O.C., XIII, 197].

b 전집 XI, 150[149] ; G.W., X, 258 ; S.E., XIV, 155 ; 프, 85[O.C., XIII, 200].

3 프로이트 S., 「무의식」, 1915.

a 전집 XI, 177-8[176-7] ; G.W., X, 276-7 ; S.E., XIV, 178 ; 프, 113-4[O.C., XIII, 219] 참조.

b 전집 XI, 178[177] ; G.W., X, 277 ; S.E., XIV, 178 ; 프, 114-5[O.C., XIII, 219].

4 프로이트 S., 「억제, 증상 그리고 불안」, 1926. 전집 X, 261[272] ; G.W., XIV, 163 ; S.E., XX, 133 ; 프, 57[O.C., XVII, 249].

정동량

프: *quantum d'affect*. 독: *Affektbetrag*. 영: *quota of affect*. 스: *cuota*(또는 *suma*) *de afecto*. 이: *import*(또는 *somma*) *d'affetto*. 포: *quota*(또는 *soma*) *de afeto*.

**주관적으로 경험되는 정동의 토대로 가정되는 양적인 요소. 그것은 정동의 여러 변형 —
이동, 표상의 분리, 질적인 변형 — 가운데서도 변하지 않는 것을 가리킨다.**

〈정동량〉이라는 용어는 프로이트의 경제학적인 가설*을 표현하는 용어 중의
하나이다. 그러한 양적인 토대는 〈투여 에너지〉, 〈욕동의 힘〉, 욕동의 〈압력〉,
또는 성적인 욕동이 문제될 때 단순히 〈리비도〉라는 용어로도 지칭된다. 프
로이트가 정동량이라는 용어를 사용할 때는, 흔히 그가 표상에 대한 정동의
운명과 독립성을 다룰 때이다: 〈심리 기능에서, 우리는 측정할 수는 없다 하
더라도 양적인 온갖 속성을 갖고 있는 어떤 것(정동량, 흥분량)을 구별할 필
요가 있다. 그것은 증가, 감소, 이동, 방출될 수 있는 어떤 것으로, 신체의 표
면의 전기처럼 표상의 기억흔적 위를 흐르는 것이다.〉[1]

존스가 지적한 바와 같이, 〈정동이 독립적으로 분리될 수 있다는 생각은,
《감정적 색조》라는 오래된 믿음과는 아주 다른 것이다.〉[2, α] 정동량이라는 개
념은 기술적인 것이 아니라, 메타심리학적인 것이다: 〈정동량은 욕동이 표상
으로부터 분리되어, 그것의 양에 상응하는 표현을 정동으로 느끼는 과정 속
에서 찾는다는 점에서, 욕동과 일치한다.〉[3] 그렇지만, 프로이트에게는 두 용
어(정동과 정동량) 간의 대립 — 도식적으로 말해 질과 양의 대립 — 이 없는,
다소 느슨한 용법의 예가 발견되기도 한다.

α 프랑스어로 쓴 자신의 논문 ―「기질성 운동 마비와 히스테리성 운동 마비의 비교 연
구를 위한 몇 가지 고찰」(1893), in 『신경증의 병인』 ― 에서, 프로이트가 *Affektbetrag*(정동
량)을 〈정동적 가치*valeur affective*〉로 번역했다는 사실에 주목하자.

1 프로이트 S., 「방어-신경정신증」(1894), in 『신경증의 병인』. G.W., I, 74 ; S.E., III, 60;
프, [O.C., III, 17].
2 Jones E., *Sigmund Freud : Life and Work*, London, Hogarth Press, 1953. I, 영, 435 ; 프,
Paris, P.U.F., 435.
3 프로이트 S., 「격리[억압]」, 1915. 전집 XI, 146[144] ; G.W., X, 255 ; S.E., XIV, 152 ;
프, 79[O.C., XIII, 197].

정신분석(학)

프: *psychanalyse*. 독: *Psychoanalyse*. 영: *psycho-analysis*. 스: *psicoanálisis*. 이: *psicoanalisi*(또는 *psicanalisi*). 포: *psicanálise*.

프로이트가 창설한 학문으로, 그에 따르면, 그것은 세 가지 차원으로 구분된다:

A) 주체의 말, 행동, 상상적 산물(꿈, 환상, 망상)의 무의식적인 의미작용을 밝히는 데 본질이 있는 조사 방법. 그 방법은 주로 해석*의 타당성의 보증인 주체의 자유연상*에 의거하고 있다. 정신분석적 해석은 자유연상을 사용할 수 없는 인간의 산물에까지 확대될 수 있다.

B) 그러한 조사를 토대로, 저항, 전이, 욕망에 대해 검사된 해석을 특징으로 하는 정신치료 방법. 정신분석을 정신분석 치료 — 예를 들면 〈정신분석(또는 분석)을 시작한다〉 — 의 동의어로 사용하는 것은 그러한 의미와 결부되어 있다.

C) 정신분석적인 조사와 치료 방법이 가져온 자료들이 체계화된 심리학적이고 정신병리학적인 이론의 총체.

프로이트는 그의 최초의 논문 「방어-신경정신증」(1894)에서, 처음으로 분석, 심리 분석*analyse psychique*, 심리학적 분석*analyse psychologique*, 최면 분석*analyse hypnotique*이라는 용어를 사용한다.[1] 정신분석*psycho-analyse*이라는 용어가 도입된 것은, 나중에 프랑스어로 출판된, 신경증의 병인에 관한 논문에서였다.[2] 독일어로 *Psychoanalyse*(정신분석)이라는 용어가 처음으로 나타난 것은, 1896년 「방어-신경정신증에 관한 진전된 고찰」에서였다.[3] 정신분석이라는 용어는 최면에 의한 정화*와 암시의 포기를 정식으로 인정하는 것이었으며, 자유연상의 규칙에만 의거하여 재료*를 얻는다는 것을 의미한다.

프로이트는 정신분석에 대해 여러 가지 정의를 하고 있다. 가장 명쾌한 것 중의 하나는, 1922년에 출간된 『백과사전*Encyclopédie*』 항목의 서두에 있다: 〈정신분석은 다음과 같은 것의 명칭이다.

　　1. 다른 방법으로는 거의 접근할 수 없는 정신적 과정에 대한 조사 방법;

　　2. 그 조사에 기초하여 신경증적 장애를 치료하는 방법;

　　3. 그렇게 해서 얻어진 일련의 심리학적 개념들이 쌓여 점진적으로 형성되는 새로운 과학적 학문.〉[4]

　　그 항목의 모두(冒頭)에 제시된 이 정의는, 같은 텍스트에서 프로이트에 의해 좀 더 상세한 형태로 재생되고 있다.

정신분석이라는 용어의 선택에 관한 한, 우리는 그것을 발견한 시기에 그 용어를 만든 프로이트에게 발언권을 넘기는 것 이외에 달리 할 수 있는 일이 없을 것이다: 〈우리는 환자 속에 있는 격리[억압]된 심리를 환자의 의식으로 가져오는 작업을 정신분석이라 명명했다. 왜 〈분석〉인가? 그것은 기능적으로 분해를 의미할 뿐 아니라, 화학자가 자연 상태의 물질을 실험실로 가져와 행하는 작업과 유사하기 때문이다. 실제로 그러한 유사성은 하나의 중요한 사실 위에 세워져 있다. 환자의 증상과 병리적 현상은 그의 모든 심리 활동과 마찬가지로, 매우 복잡하게 구성되어 있다. 그러한 구성의 요소들은 궁극적으로 동기(動機), 즉 욕동 행위이다. 그러나 환자는 그러한 기본적인 동기들에 대해 전혀 알지 못하거나 거의 알지 못한다. 따라서 우리는 그에게 매우 복잡한 심리적 형성물들의 구성을 이해하도록 가르치고, 증상을 그것의 동기인 욕동 행위로 돌리고, 증상 속에 있는 환자에게 그때까지 몰랐던 욕동의 동기를 지적해 보여주는 것이다. 그것은 마치 화학자가 다른 원소와 결합하여 알아볼 수 없게 된 소금으로부터, 기본 물질, 즉 화학 원소를 분리해내는 것과 같다. 같은 방식으로 우리는 환자에게, 병리적이라고 여기지 않던 심리 현상에 대해, 그가 그 현상의 동기를 불완전하게 의식하고 있을 뿐이라는 사실을 보여주고, 그에게 미지로 남아 있던 다른 욕동의 동기들이 그 현상을 생산하는데 이바지한다는 사실을 보여준다.〉

〈우리는 또한 성적인 성향을 구성 요소로 분해함으로써, 사람들에게 그 성향을 규명해 보여준다. 그리고 우리가 꿈을 해석할 때, 우리는 꿈을 전체로서 보지 않고, 연상을 개별적인 요소들로부터 출발하게 한다.〉.

〈그러한 정신분석적인 의료 활동과 화학 작업의 정당한 비교는, 우리의 치료에 새로운 방향을 시사해줄 수 있을 것이다. [……] 사람들은 병적인 심리의 분석에는 반드시 종합이 뒤따라야 한다고 나에게 말한다. 그리고 곧 이어 사람들은 환자가 너무 많은 분석을 받았다는 사실에 대해 불안해하면서, 정신치료 행위의 중심 무게를 종합에 두어야 한다고 걱정한다. 말하자면 중심을 가혹한 해부에 의해 파괴된 것에 대한 일종의 회복에 두어야 한다고 걱정한다.〉

〈[……] 심리 생활에서 우리는 통일과 결합 강박에 복종하는 성향을 다루어야 한다는 점에서, 화학적 분석과 비교하는 것은 한계가 있다. 하나의 증상

정신분석(학)

을 분해하고, 하나의 욕동 행위를 전체 관계로부터 해방시킨다고 하더라도, 그 욕동은 고립되는 것이 아니라, 곧바로 새로운 전체 속으로 편입되는 것이다.〉.

〈[……] 따라서 분석 치료를 받는 환자에게서, 심리 통합은 우리의 개입이 없이도, 자동적으로 그리고 필연적으로 이룩되는 것이다.〉[5]

프로이트에 의해 발표되고 출판된 정신분석의 일반 원칙들의 목록은 영역 『표준판Standard Edition』에 있다.[6]

정신분석의 유행과 함께 정신분석이라는 용어는 많은 저자들에 의해, 내용, 방법, 결과가 고유한 의미의 정신분석과는 아주 느슨한 관계밖에 유지하고 있지 않은 여러 작업을 가리키게 되었다.

1 프로이트 S., 「방어-신경정신증」(1894), in 『신경증의 병인』. G.W., I, 59-74 ; S.E., III, 45-68 ; 프, 1-14[O.C., III, 3-18] 참조.

2 프로이트 S., "L'hérédité et l'étiologie des névroses", 1896. G.W., I, 407-22 ; S.E., III, 143-56 ; 프, 47-60 참조.

3 프로이트 S., 「방어-신경정신증에 관한 진전된 고찰」(1896), in 『신경증의 병인』. G.W., I, 379, 383 ; S.E., III, 162, 165-6 ; 프, 61, 64[O.C., III, 123, 126-7] 참조.

4 프로이트 S., 「〈정신분석〉과 〈리비도 이론〉」, 1923. 전집 XV, 135[137] ; G.W., XIII, 211 ; S.E., XVIII, 235 ; 프, 53[O.C., XVI, 183].

5 프로이트 S., 「정신분석적 치료의 길」(1918), in 『끝이 있는 분석과 끝이 없는 분석』(새물결). G.W., XII, 184-6 ; S.E., XVII, 159-61 ; 프, 132-4[O.C., XV, 99-102].

6 S.E., XI, 56.

정신분열증[조현병]

프: schizophrénie. 독: Schizophrenie. 영: schizophrenia. 스: esquizofrenia. 이: schizofrenia. 포: esquizofrenia.

오이겐 블로일러Eugen Bleuler(1911)가 일군의 정신증을 가리키기 위하여 고안한 용어이지만, 크래펠린Kraepelin은 이미 그 정신증들을 〈조발성 치매démence précoce〉라는 항목으로 분류하고, 거기서 아직도 고전으로 남아 있는 세 가지 형태 ― 파과(破瓜)형hébéphrénique[역주: 파과기(사춘기)에 발병하는 경우가 많아서 생긴 이름], 긴장형catatonique, 파라노이아형paranoïde ― 를 구분함으로써 그것들의 통일성을 보여준 바 있다.

블로일러가 정신분열증이라는 용어(그리스어 ⟨σχίζω(schizō; 쪼개다, 분열시키다.)⟩와 ⟨φρήν(phrēn; 정신)⟩의 합성어)를 도입한 것은, 그 정신증들의 근본적인 증상을 구성하는 것이 분열Spaltung(⟨해리dissociation⟩)임을 강조하기 위한 것이었다. 정신분열증의 특수성과 그것의 질병기술학적인 틀에 대해서는 연구자에 따라 의견을 달리함에도 불구하고, 그 용어는 일반적으로 정신의학과 정신분석에서 받아들여지고 있다.

임상적으로, 정신분열증은 외견상 아주 다른 형태로 다양하게 나타난다. 그로부터 우리는 보통 다음과 같은 특성을 끌어낼 수 있다: 즉, 사고, 행위, 감정 상태가 지리멸렬하고 (고전적인 용어로, 불일치, 해리, 붕괴로 지칭된다), 현실로부터 괴리되고 자기로 퇴각해서 내면생활이 우세해짐에 따라 환상의 생산으로 귀결되며(자폐증), 항상 체계화되어 있지 않은 망상 활동이 다소 눈에 띈다. 마지막으로 아주 다양한 리듬에 따라 지적이고 정서적인 ⟨악화⟩의 방향으로 발전하여, 흔히 치매 상태에 도달하는 그 병의 만성적인 특성을, 대부분의 정신과 의사들은 정신분열증의 진단에 필수적인 주요 특징으로 삼고 있다.

크래펠린이 ⟨조발성 치매⟩라는 용어를 일군의 질병 — 그는 이것들의 혈연관계를 보여준다 — 으로 넓게 확대하는 것은, 예약된 그 용어와 고착된 [질병의] 임상도 사이의 부적합성으로 귀결된다. 왜냐하면 그 임상도들 전체에 치매라는 말을 적용하는 것도, 조발성이라는 수식어를 적용하는 것도 무리이기 때문이다. 블로일러가 새로운 용어를 제안한 것은 바로 그러한 이유 때문이다. 그가 정신분열증이라는 말을 선택한 것은, 그 명칭 자체가 다른 것에서 볼 수 있는 ⟨부수적인 증상⟩(예를 들면, 환각) 너머에 있는 그 질병의 근본적인 증상, 즉 분열Spaltung을 상기시키려는 배려에서이다: ⟨나는 조발성 치매를 정신분열증이라고 명명할 것이다. 왜냐하면 [……] 아주 다양한 심리적 기능의 분열이 그것의 가장 중요한 특성 중의 하나이기 때문이다.⟩[1a]

블로일러는 자신의 생각에 대한 프로이트의 발견의 영향을 강조했을 뿐 아니라 취리히의 정신의학 교수로서 융이 이끄는 연구에 참여했음에도 불구하고(→ **연상**), 분열이라는 용어를 프로이트의 의미와는 아주 다른 의미로 사용하고 있다.(→ **자아 분열**)

그는 그것으로써 무엇을 의미하는 것일까? 분열의 결과는 심리 생활의 서로 다른 영역(사고, 감정, 행위)에서 찾아볼 수 있지만, 그것은 무엇보다 사고의 흐름을 지배하는 연상 장애이다. 정신분열증에서는 병적인 과정(블로일러는 이것을 기질(器質)적인organique 것으로 생각한다)의 직접적 표현인 〈1차〉 증상과, 발병 과정에 대한 〈병적인 정신의 반응〉에 지나지 않는 〈2차〉 증상은 구분하는 것이 좋다.[1b]

사고의 1차 장애는 연상의 해체로 정의될 수 있다: 〈…… 연상은 응집력을 잃는다. 우리의 사고를 이끄는 수많은 실들 중에서, 병은 여기저기서 불규칙하게, 때로는 이러저러한 실을, 때로는 여러 줄의 실을, 때로는 대부분의 실을 끊어버린다. 그 결과 사고는 괴상망측하고 논리적 관점에서 대개 거짓이다.〉[1c]

사고의 또 다른 장애는 2차적이다. 그것은 〈목표-표상〉(블로일러는 이 용어로 의식적이거나 전의식적인 목표-표상만을 가리킨다)(→ **목표-표상**)이 없는 상태에서, 관념들이 정동 복합체라는 명칭 하에 집결되는 방식을 나타낸다: 〈정동에 대립하는 모든 것은 정상적으로 억압되는 것보다 더 억압되고, 정동의 방향으로 가는 것은 비정상적으로 조장되기 때문에, 결과적으로 주체는 결국 정동이 실린 관념에 반하는 것을 전혀 생각할 수 없게 된다. 예컨대, 야망 속에 사는 정신분열증자는 자기의 욕망만을 꿈꾸기 때문에, 그것의 실현에 방해가 되는 것은 그에게 존재하지 않는다. 그런 식으로 관념 복합체 — 여기서 관념들의 끈은 논리적 관계라기보다 공통의 정동이다 — 가 형성될 뿐 아니라 강화된다. 그러한 복합체에서 다른 관념으로 가는 연상의 길은 사용되지 않기 때문에, 적절한 연상은 효력을 상실한다. 정동으로 점철된 관념 복합체는 계속해서 더 분리되어, 점점 더 독립에 이르게 된다(심리 기능의 분열).〉[1d]

그러한 의미에서 블로일러는 정신분열증적인 분열을, 프로이트가 무의식의 고유성으로 기술한 것, 즉 서로 독립된 표상군이 나란히 공존하는 것에 비교하고 있다.[1e] 그러나 그에게 분열은 연상 군의 강화를 내포하고 있다는 점에서, 정신 과정의 진정한 붕괴인 1차적인 결손에 비해 2차적이다. 사실 블로일러는 분열Spaltung의 두 시기를 구분하고 있다: 원초적 분열Zerspaltung(분해, 진정한 파열)과, 고유한 의미의 분열Spaltung(사고가 서로 다른 그룹으로 분열되는 것)이 그것이다. 〈분열은 그 병의 좀 더 복잡한 대부분의 현상의 선행 조건이다. 그것은 전체 증상에 특별한 낙인을 찍고 있다. 그러나 그렇게 특정한 관념 복합체로 체계적으로 분열된 것 뒤에, 예전에 있었던 연상 조직의 최초의 해체 — 이것은 구체적인 개념처럼 견고한 형성물로 이루어진 지리멸렬한 Zerspaltung(분열)로 귀결된다 — 가 있다. 따라서 정신분열증이라

정신분열증[조현병]

는 용어에서 내가 겨냥하는 것은 두 종류의 분열인데, 그것의 결과물들은 서로 자주 융합한다.)[1f]

정신분열증적인 *Spaltung*(분열)을 *dissociation*(해리)이라는 프랑스어로 번역하는 것은, 의미론적으로 차라리 블로일러가 *Zerspaltung*(분열)으로 기술하고 있는 것과 일치한다.

*

프로이트는 정신분열증이라는 용어 자체에 대해 유보적인 태도를 취한다: 〈······ 그것은 그 질병의 본질에 대해 속단하고 있다. 왜냐하면 그것은 이론적으로 가정된 그 질병의 특성을, 그것을 지칭하는 데 사용하고 있기 때문이다. 게다가 그 특성은 그 질병에만 속하지 않을 뿐더러, 다른 고찰에 비추어볼 때, 그것의 본질적인 특성으로 간주할 수 없다.〉[2a] 프로이트가 정신분열증이라는 말을 사용하면서도(조발성 치매라는 용어도 계속 사용한다), 그는 파라프레니아*라는 용어를 제안하기도 한다. 그에 따르면, 그 용어는 좀 더 쉽게 파라노이아*라는 용어와 짝을 이루어, 정신증*의 영역의 통일성을 기함과 동시에, 그것을 두 가지 기본 유형으로 나눌 수 있게 해준다.

사실 프로이트는 그 두 정신증이 여러 가지 방식으로 결합할 수도 있고 (《슈레버 사례》가 예증해 보여주고 있듯이), 경우에 따라 환자가 그 형태들 중의 하나에서 다른 것으로 이동할 수도 있다는 사실을 인정하고 있다. 그러나 다른 한편으로, 그는 파라노이아와 비교되는 정신분열증의 특수성을 주장하면서, 그 특수성을 과정의 차원과 고착의 차원에서 규명하고자 한다: 정신분열증에서는 원상회복의 경향보다 〈격리[억압]〉의 과정이나 현실에 대한 철수가 우세하고, 원상회복의 기제 중에서는 히스테리와 비슷한 기제(환각)가, 강박신경증과 비슷한 파라노이아의 기제(투사)보다 우세하다; 후자[고착]의 차원에서는, 〈고착의 소질이 파라노이아의 고착보다 더 뒤로 거슬러 올라가, 자기-성애에서 대상애로 가는 발달 초기에 위치하고 있다〉.[2b]

프로이트가 특히 정신분열증적인 사고와 언어에 대해 많은 것을 보여주었음에도 불구하고,[3] 그 질병의 구조를 정의하는 작업은 그의 후계자들의 작업으로 넘겨지고 있다고 말할 수 있다.

1 Bleuler E., *Dementia praecox oder Gruppe der Schiziphrenien*, Leipzig und Wien,

정신분열증[조현병]

1911.

    a 5.

    b 284-5 참조.

    c 10.

    d 293.

    e 296 참조.

    f 296.

    2 프로이트 S., 「한 파라노이아 사례(파라노이아형 치매)의 자서전적인 기술에 대한 정신분석적 고찰: 슈레버」, 1911.

    a 전집 IX, 185[191] ; G.W., VIII, 312-3 ; S.E., XII, 75 ; 프, 319[O.C., X, 298].

    b 전집 IX, 187[193] ; G.W., VIII, 314 ; S.E., XII, 77 ; 프, 320[O.C., X, 299].

    3 특히, 프로이트 S., 「무의식」, 1915. 전집 XI, 제7장 ; G.W., X, 제7장 ; S.E., XIV, 제7장 ; 프, 제7장[O.C., XIII, 236 sqq.] 참조.

정신신경증[신경정신증]

프: *psychonévrose*. 독: *Neuropsychose*. 영: *psychoneurosis*(또는 *neuro-psychosis*).
스: *psiconeurosis*. 이: *psiconevrosi*. 포: *psiconeurose*.

현실 신경증과 대립하는 것으로, 프로이트가 그 증상이 어린 시절의 갈등의 상징적 표현으로 나타나는 정신 질환 — 즉 전이 신경증*과 자기애적 신경증* — 을 특징짓기 위하여 사용한 용어.

정신신경증이라는 용어는 프로이트에게 아주 일찍 나타나고 있다. 예컨대, 「방어-신경정신증」(1894)이라는 논문은, 그 부제가 보여주듯이, 〈후천성 히스테리와 수많은 공포증과 강박증, 그리고 몇몇 환각적 정신증에 대한 심리학적 이론〉을 제시하는 것을 목표로 하고 있다.

    프로이트가 정신신경증이라고 말할 때, 그는 그 질환이 심인성이라는 사실에 중점을 두고 있다. 그는 기본적으로 그 용어를 현실 신경증*의 대립 개념으로 사용하고 있다: 가령 「유전과 신경증의 병인」(1896), 「신경증의 병인에서의 성욕」(1898)에서 그렇고, 『정신분석 입문 강의』(1916~ 1917)에서도 그렇다.

    정신신경증이 신경증*의 동의어가 아닌 것은 분명하다. 그것은 한편으로 현실 신경증을 포함하고 있지 않으며, 다른 한편으로는 프로이트가 나중에 정신의학 용어를 빌려 정신증(그 당시부터 계속해서 인정받은)이라고 명명하게 되는 자기애적 신경증을 포함하고 있다.

또한 주목할 것은, 일반 정신의학에서는 가끔 정신신경증이라는 용어가 애매함을 불러일으킨다는 사실이다. 왜냐하면 〈psycho〉라는 어근이 몇몇 사람들에게 정신증[사이코]이라는 용어를 떠올리기 때문이다. 그리하여 신경증이라는 용어에, 병의 심각성과 기질성이라는 보충적인 뉘앙스를 덧붙이려는 잘못된 의도에서, 정신신경증이라고 말하는 경우가 있다.

정신증[정신병]

프: *psychose*. 독: *Psychose*. 영: *psychosis*. 스: *psicosis*. 이: *psicosi*. 포: *psicose*.

1. 정신과 임상에서, 정신증이라는 개념은 보통, 분명히 기관-발생적인 것(예컨대, 진행성 마비)이든지, 아니면 궁극적인 병인이 수수께끼로 남아 있는 것(예컨대 정신분열증)이든지 간에, 모든 범주의 정신 질환을 포괄할 정도로, 아주 광범위한 의미로 받아들여지고 있다.

2. 정신분석에서는 정신과 의사가 알아야 하는 모든 정신 질환에 대해, 분류 체계를 세우려는 임무가 처음부터 주어진 것은 아니었다. 처음에 관심은 정신분석적 탐구가 가장 직접 접근할 수 있는 질병을 향하고 있었다. 그리고 정신의학보다 좁은 영역 안에서, 주로 도착증과 신경증 그리고 정신증 사이의 구분이 이루어지고 있었다.

정신분석은 정신증 내에서 서로 다른 구조를 정의하려고 노력했다: 한편의 파라노이아(정신분석은 일반적으로 망상 질환을 여기에 포함시킨다)와 정신분열증, 다른 한편의 멜랑콜리와 조증(躁症)이 그것이다. 기본적으로 정신분석이 정신증의 공통분모로 보는 것은, 현실과 리비도의 관계의 근본적인 혼란이다. 겉으로 드러난 대부분의 증상(특히 망상 구조)은 대상과의 끈을 복원하려는 2차적인 시도이다.

19세기에 정신증이라는 용어는, 정신 질환이 신체 질환으로서의 뇌 질환이나 신경 질환뿐만 아니라, 수 천 년의 철학적 전통이 실수나 죄악과 같은 〈영혼의 병〉으로 생각했던 것으로부터 독립하여, 하나의 자율적인 영역을 구성하게 되는 발전의 끝에 출현하게 된 것이다.ᵅ

19세기에 정신증이라는 용어는, 특히 독일어로 된 정신분석 문헌에서, 광기나 정신이상 등 일반적인 정신 질환을 가리키는 것으로 통용되었지, 광기에 대한 심리발생학적 이론을 내포하고 있지는 않았다. 그러나 적어도 개념적인 차원에서, 서로 배타적인 한 쌍의 대립 개념 — 신경증과 정신증 — 이 도출된 것은 19세기말에 이르러서다. 사실 그 두 용어의 발전은 서로 다른 차원에서 이루어진다: 신경증은 신경증대로, 신경 질환이라고 생각되었던 수많은 질병으로부터 조금씩 경계가 구분되었다: 즉, 기관이 문제가 된 질병이지만 기관 손상이 발견되지 않아 신경 체계의 기능 결함으로 돌리는 질병이든지(심장 신경증, 소화기 신경증 등), 아니면 신경학적 징후는 있지만 손상도 발견할 수 없고 열도 없는 질병(무도(舞蹈)병, 간질, 히스테리의 신경학적인 표출)이 그것이다. 도식적으로 말하면, 그러한 종류의 환자들은 의사에게 진찰을 받지만 보호 시설로 보내지지는 않았다고 할 수 있다. 더욱이 신경증이라는 용어는 병인론에 기초한 분류를 내포하고 있다(신경의 기능 질환).

역으로, 그 당시 정신증이라는 용어는 정신증 전문의의 소관인 질병으로, 본질적으로 심리적인 증상학으로 표현되는 질병이다. 그러한 사실은 그 용어를 사용하는 연구자들에게서 정신증의 원인은 신경 체계에 있는 것이 아니라는 것을 내포하고 있다.

*

프로이트의 초기 저작뿐 아니라 플리스와의 편지에서부터 이미 정신증과 신경증은 확실하게 구분되어 있었다. 예컨대 1894년 1월 24일자 〈원고 H〉에서, 프로이트는 정신병리학적인 방어 전체에 대한 분류를 제안하면서, 환각적 착란 *la confusion hallucinatoire*, 파라노이아, 그리고 히스테리성 정신증(히스테리성 신경증과 구분되는)을 정신증이라고 지칭하고 있다. 마찬가지로 방어 정신신경증에 바친 두 논문에서, 프로이트는 정신증과 신경증의 구분을 기정사실로 받아들이면서, 그 예로 〈방어 정신증〉에 대해 말하고 있다.[1]

그렇지만 그 시기에 프로이트의 관심은 기본적으로 방어라는 개념을 끌어내는 것과, 여러 질병에서 활동하고 있는 그것의 다양한 양태를 밝히는 것이었다. 질병기술학적인 관점에서, 정신신경증(방어 정신신경증)과 현실 신경증 사이에 이루어진 구분은 주요한 구분이었다. 그 구분을 프로이트는 나중에도 유지한다. 그러나 정신신경증 군 내에서의 구분을 점점 더 강조하고 중요시한다. 그 결과 신경증-정신증의 대립에 중심축을 두게 된다(프로이트의

정신증[정신병]

분류의 발전에 대해서는 특히 〈신경증〉, 〈자기애적 신경증〉 참조).

*

오늘날 임상 정신의학에 여러 학파가 있음에도 불구하고, 정신증과 신경증이 별개의 영역이라는 사실에 대해서는 아주 광범위한 동의가 이루어지고 있다: 그에 대해서는 앙리 에Henri Ey가 감수한 『의학-외과학 백과사전Encyclopédie médico-chirurgicale』의 〈정신의학〉을 참조하기 바란다. 분명히 정신분석이 그러한 질병기술학적인 범주의 정착에 기여한 역할을 결정하는 것은 아주 어렵다. 왜냐하면 그것의 역사는 블로일러E. Bleuler와 취리히Zurich 학파 이후, 정신의학적인 개념의 발전과 밀접하게 연관되어 있기 때문이다.

정신증이라는 개념을 이해compréhension의 차원에서 고찰해보면, 그것은 정신의학에서 체계적으로 정의되었다기보다, 아주 다양한 영역에서 빌려온 특징을 통해 직관적으로 정의된 것임을 알 수 있다. 그래서 현재 통용되고 있는 정의에, 사회에 대한 부적응(입원의 문제), 다소 중대한 증상의 〈심각성〉, 의사소통 능력의 혼란, 병적인 상태에 대한 인식의 부재, 현실과의 접촉 상실, 〈이해할 수 없는〉(야스퍼스Jaspers의 용어) 장애들의 특성, 기질적 요인이나 심인성 요인에 의한 결정, 자아의 회복할 수 없는 다소 깊은 변질 등과 같은 갖가지 기준들이 나열되어 있는 것을 볼 수 있다.

정신분석은 신경증-정신증의 대립에 대한 책임이 크기 때문에, 정신증에 대한 일관성 있는 구조적인 정의를 내리는 작업을 다른 정신의학 학파에 넘겨줄 수 없게 된다. 프로이트의 작업에서 그러한 관심이 중심적인 것은 아니지만, 그럼에도 불구하고 그것은 여러 경우에서 우리가 여기서 제시하려고 하는 방향의 시도를 통해 나타나고 있다.

1. 초기 저작에서 프로이트는 확실히 몇몇 정신증의 예를 통해, 성에 대한 방어 갈등이 활동하고 있음을 보여주려고 노력한다. 그것은 그가 신경증에서 방어 갈등의 기능을 발견한 직후였다. 그러나 동시에 그는 주체와 외부 세계의 관계에서 처음부터d'emblée dans la relation du sujet avec l'extérieur 작용하는 독특한 기제의 특수성을 규정하려고 노력한다: 그것이 바로 환각적인 착란의 경우에 의식 밖으로 완전히 〈폐기rejet; verwerfen〉되는 것이든지,[2] (→ 폐기) 아니면 외부 세계로 〈비난〉을 투사하는 일종의 원초적인 투사이다.[3] (→ 투사)

2. 심리 장치와 욕동에 대한 첫 번째 이론의 틀 내에서, 프로이트는 1911년

정신증[정신병]

부터 1914년 사이에,대상에 대한 리비도의 투여와 자아 욕동의 투여(〈관심〉) 사이의 관계라는 관점에서 그 문제를 다시 거론한다.(〈슈레버 사례〉의 분석과 「자기애 소개」) 그러한 방향은 정신증에서 무분별하게 〈현실의 상실〉이라는 개념에 의존해서는 안 된다는 것을 보여주는 임상적 관찰을 미묘하고 유연하게 설명하고 있다.

3. 심리 장치에 대한 두 번째 이론에서, 신경증-정신증의 대립은 그거와 현실 사이의 중재자로서 자아의 역할을 설정한다. 신경증에서 자아는 현실(과 초자아)의 요구에 따라 욕동의 요구를 격리[억압]하는 데 반해, 정신증에서는 우선 자아와 현실(자아를 그거의 지배하에 놓는) 사이에 단절이 일어난다. 2차시기 — 망상의 시기 — 에, 자아는 그거의 욕망에 일치하는 새로운 현실을 재구성한다. 여기서 모든 욕동이 방어 갈등의 하나의 극(그거)으로 재집결하기 때문에, 프로이트는 현실 자체에 자율적인 진정한 힘 — 거의 그 자체가 심리 장치의 하나의 심역에 버금가는 — 을 부여한다. 그에 따라 리비도 투여와 [자아의] 관심 사이의 구분은 시야에서 사라진다. 왜냐하면 예전에는 후자가 심리 장치 내에서 현실에 대한 적응 관계를 중재하는 책임을 맡고 있었기 때문이다.

4. 프로이트는 그러한 단순화된 도식 — 흔히 프로이트의 정신증 이론으로 간주되는 — 을 충분히 만족스러운 것으로 생각지 않았다.[4] 프로이트는 그의 작업의 마지막 단계에서, 부인*(이 항목 참조)이라는 개념을 강조하면서, 다시금 현실의 폐기*rejet de la réalité*, 아니 차라리 아주 특수한 어떤 〈현실〉 — 즉 거세 — 의 폐기라는 완전히 독창적인 기제를 탐구하기 시작한다.

α 헌터R. A. Hunter와 마칼핀I. Macalpine에 따르면,[5] 정신증이라는 용어는 1845년 포이히터스레벤Feuchtersleben에 의해 그의 『의학적 심리학 교과서*Lehrbuch der ärztlichen Seelenkunde*』에서 처음으로 도입된다. 그에게서 그 용어는 정신 질환*Seelenkrankheit*을 가리키는데 반해, 신경증은 신경 체계의 질병을 가리킨다. 그러한 신경 체계의 질병 중의 어떤 것들은 〈정신증〉의 증상으로 나타날 수 있다. 〈모든 정신증은 동시에 하나의 신경증이다. 왜냐하면 신경의 개입이 없다면, 심리적인 것에 어떠한 변화도 나타나지 않기 때문이다. 그러나 모든 신경증이 반드시 정신증은 아니다.〉

1 프로이트 S., 「방어-신경정신증」(1894), in 『신경증의 병인』. G.W., I, 74 ; S.E., III, 60 ; 프, 13-4[O.C. III, 17] : 「방어-신경정신증에 관한 진전된 고찰」(1896), in 『신경증의 병인』. G.W., I, 392-3 ; S.E., III, 174-5 ; 프, 72-3[O.C., III, 136].

2 프로이트 S., 「방어-신경정신증」(1894), in 『신경증의 병인』. G.W., I, 72-4 ; S.E., III,

정신증[정신병]

58-61 ; 프, 11-4[O.C., III, 15-8].

　3 프로이트 S., 「방어-신경정신증에 관한 진전된 고찰」(1896), in 『신경증의 병인』. G.W., I, 392-403 ; S.E., III, 174-185 ; 프, 72-81[O.C., III, 136-46].

　4 프로이트 S., 「물품성애증」, 1927. 특허 전집 VII, 324[302] ; G.W., XIV, 315 ; S.E., XXI, 155-6[O.C., XVIII, 129].

　5 Hunter R. A. & Macalpine I., in D. P. Schreber, introduction à *Memoirs of my nervous illness*, Dawson and Sons, London, 1955, p. 16.

정신치료[심리치료]

프: *psychothérapie*. 독: *Psychotherapie*. 영: *psychotherapy*. 스: *psicoterapia*. 이: *psicoterapia*. 포: *psicoterapia*.

A) 넓은 의미에서, 심리적인 수단을 이용하여, 좀 더 정확히 말하면, 치료사와 환자의 관계를 이용하여 심신의 장애를 치료하는 모든 방법을 가리킨다. 최면, 암시, 심리적인 재교육, 설득 등이 그것이다. 그러한 의미에서 정신분석은 정신치료의 한 형태이다.

B) 좀 더 좁은 의미에서, 정신분석은 종종 여러 형태의 정신치료와 대립된다. 그것에는 일련의 이유가 있는데, 특히 [정신분석은] 무의식적인 갈등의 해석을 주된 기능으로 하고, 전이의 분석을 통해 그 갈등을 해결하기 때문이다.

C) 〈분석적 정신치료〉는 정신분석의 이론과 기법의 원리에 기초하고는 있지만, 엄격한 정신분석 치료의 조건을 실현하지 않는 정신치료의 형태를 가리킨다.

정체(停滯) 히스테리

프: *hystérie de rétention*. 독: *Retentionshysterie*. 영: *retention hysteria*. 스: *histeria de retentión*. 이: *isteria da ritenzione*. 포: *histeria de retenção*.

1894년부터 1895년에 사이에 브로이어와 프로이트가 다른 두 가지 형태의 히스테리 — 최면형 히스테리와 방어 히스테리 — 와 구분한 히스테리의 형태.

그것의 발병 원인은 정동이 특히 불리한 외적 상황의 영향으로, 해소될 수 없었다는 사실로 특징지어진다.

프로이트가 정체 히스테리를 히스테리의 한 형태로 따로 분리시킨 것은 「방어 정신신경증」(1894)에서이다.

「예비적 보고서」(1893)에서 정체라는 용어는 아니더라도 그 개념은 나타나 있다. 그것은 병인이 되는 일련의 조건을 가리킨다. 최면형 상태와는 대조적으로, 거기서 해소를 불가능하게 만드는 것은 외상의 본질*nature*이다. 즉 외상은 해소를 방해하는 사회적 조건에 부닥치든지, 아니면 환자 자신의 방어에 부닥친다.[1a]

설명적인 것 이상으로 기술적인 정체라는 개념은 빠르게 사라진다. 사실 프로이트가 정체 현상을 설명하려고 할 때, 그는 방어를 만나게 된다. 그것은 치료 경험에서, 프로이트의 관찰 — 〈로잘리Rosalie 사례〉[1b] — 이 예증해주고 있다. 그는 아마 그러한 사실을 암시하면서 다음과 같이 쓰고 있다: 〈전형적인 정체 히스테리라고 생각되는 사례에서, 나는 쉽고 확실한 성공을 기대했었다. 그러나 실제로 그 작업이 용이했을지라도, 성공은 하지 못했다. 그래서 나는 무지에 어울리는 조심스러움으로, 정체 히스테리의 토대에는, 전 과정을 히스테리 현상으로 변화시키는 방어라는 요소가 있다고 가정하고 싶다.〉[1c]

1 프로이트 S., 『히스테리 연구』, 1895.
 a 전집 III, 20[21] ; G.W., I, 89 ; S.E., II, 10 ; 프, 7[O.C., II, 29] 참조.
 b 전집 III, 228-33[231-7] ; G.W., I, 237-41 ; S.E., II, 169-73 ; 프, 135-38[O.C., II, 191].
 c 전집 III, 371-2[379] ; G.W., I, 289-90 ; S.E., II, 286 ; 프, 231[O.C., II, 312-3].

정화[카타르시스] 요법

프: *cathartique (méthode ~)*. 독: *kathartisches Heilverfahren*(또는 *kathartische Methode*). 영: *cathartic therapy*(또는 *cathartic method*). 스: *terapia catártica*(또는 *método catártico*). 이: *metodo catartico*. 포: *terapêutica(terapia) catártica*(또는 *método catártico*).

추구하는 치료 효과가 〈정화(카타르시스)〉, 즉 병인이 되는 정동의 적절한 방출인 정신 치료 방법. 그 치료는 환자에게 정동이 얽혀 있는 외상적 사건을 환기시켜 다시 체험하게 함으로써 그 정동을 해소시킨다.

역사적으로 〈정화 요법〉은, 정신분석 치료가 최면 하에 이루어지는 치료로부터 점차 벗어나는 시기(1880-1895)에 속한다.

카타르시스라는 용어는 정화를 의미하는 그리스 말이다. 그것은 비극이 관객에게 일으키는 효과를 가리키기 위해 아리스토텔레스에 의해 처음 사용되었다: 〈비극은 공포와 연민을 통해, 그러한 감정의 정화를 일으키는 고결하고 완전한 행동의 모방이다.〉[1]

브로이어와 그 뒤를 이어 프로이트가 그 용어를 이어 받는다. 그들에게 그것은 외상 충격의 적절한 해소*로부터 기대되는 효과를 내포하고 있다.[2a] 실제로 다 알다시피, 『히스테리 연구』(1895)에서 전개된 이론에 따르면, 방출의 길을 발견하지 못한 정동은, 〈감돈(嵌頓)되면서eingeklemmt〉 병적인 결과를 초래한다. 나중에 정화 이론을 요약하면서, 프로이트는 다음과 같이 쓰고 있다: 〈히스테리 증상은 심리 과정의 에너지가 의식 작업에 도달하지 못하고, 육체적인 신경 조직을 향할 때(전환) 일어나는 것으로 가정된다. [……] 치료는 빗나간 정동을 해방시키고, 그것을 정상적인 길을 통해 방출함으로써(해소) 이루어진다.〉[3]

처음에는 정화 요법이 최면과 밀접하게 결부되어 있었다. 그러나 프로이트는 곧 환자에게 증상이 사라진다는 암시를 줌으로써, 증상을 직접 제거하는 방법인 최면술을 더 이상 사용하지 않는다. 그러나 그것은 증상 밑에 숨어 있는 주체에 의해 잊히고 〈격리[억압]된〉 경험을, 의식의 장으로 다시 끌어들임으로써 회상을 유도하는 데 도움을 준다.[4] 그렇게 환기되고, 게다가 극적일 정도로 강렬하게 재경험되는 기억들은, 주체에게 처음부터 외상 경험과 결부되어 억압*되었던 정동을 표현하고 방출할 기회를 제공한다.

프로이트는 재빨리 고유한 의미의 최면을 포기하고, 그것을 병인이 되는 기억을 되찾을 것이라고 환자를 설득하는 단순한 암시(손으로 환자의 이마를 누르는 인위적인 기술[압박법])로 대체한다. 그리고 최종적으로 프로이트는 암시에 더 이상 의지하지 않고, 단순히 환자의 자유연상*에 맡긴다. 겉으로 보기에, 치료의 궁극적 목적(정동의 방출을 위한 정상적인 길을 열어줌으로써 환자의 증상을 치유하는 것)은 기술적인 방법의 발전에도 불구하고 똑같다. 그러나 실제로는 프로이트의 「히스테리의 정신치료」(『히스테리 연구』)

에 관한 한 장(章)에서 보면, 기술의 발전은 치료 이론에서의 관점의 변화와 어깨를 나란히 하고 있다: 저항*과 전이*의 고려, 심리 가공과 관통작업*의 유효성을 점점 더 강조해가는 것이 그것이다. 그렇게 됨에 따라, 해소와 연관된 정화 효과는 이제 치료의 주된 원동력인 것을 멈추게 된다.

그럼에도 정화는 모든 분석적 정신치료가 갖고 있는 여러 차원 중의 하나임에 틀림없다. 한편으로는 정신병리학적인 구조에 따라, 수많은 치료에서 다소 격렬한 감정의 방출을 동반하는 어떤 기억들의 강렬한 부활을 마주치게 되고, 다른 한편으로는 치료 중에 나타나는 반복의 여러 양태에서, 특히 전이의 현실화에서, 정화 효과가 발견된다는 사실을 우리는 쉽게 알 수 있다. 마찬가지로 관통작업과 언어에 의한 상징화는 브로이어와 프로이트가 인정한 언어 표현의 정화적인 가치 속에 이미 예고되어 있다: 〈······ 언어 속에서 인간은 행위의 대체를 찾는다. 그 대체 덕택에 정동은 거의 같은 방식으로 해소*abréagi될 수 있다. 그 외에도 말 자체는 하소연의 형태나 무거운 비밀의 표현(고백!)으로서 적절한 반사 행동을 구성한다.〉[2b]

모든 정신분석에서 발견되는 정화 효과 외에도, 무엇보다 정화를 겨냥하는 몇몇 형태의 정신치료가 있다는 것에 주목할 필요가 있다: 마취 분석이 그것으로, 그것은 특히 외상성 신경증의 경우에, 약물을 통해 브로이어와 프로이트가 최면을 통해 얻었던 것과 비슷한 효과를 일으킨다. 모레노Moreno에 따르면, 심리 드라마는 드라마 놀이를 통한 내적인 갈등의 해방으로 정의될 수 있다.

α 프로이트의 최면 사용의 발전에 대해서는, 예컨대 「최면에 의한 성공적인 치료 사례 Ein Fall von hypnotischer Heilung」(1892-3) 참조.

1 Aristote, *Poétique*, 1449 b, 27.
2 프로이트 S., 『히스테리 연구』, 1895.
  a 전집 III, 20[20] ; G.W., I, 87 ; S.E., II, 8 ; 프, 5[O.C., II, 28-9].
  b 전집 III, 20[20-1] ; G.W., I, 87 ; S.E., II, 8 ; 프, 5-6[O.C., II, 29].
3 프로이트 S., 「정신분석」(1926), in 『끝이 있는 분석과 끝이 없는 분석』(새물결). G.W., XIV, 300 ; S.E., XX, 263-4; 프, [O.C., XVII, 289-90].

조야한[조잡한] 정신분석

프: *psychanalyse sauvage*. 독: *wilde Psychoanalyse*. 영: *wild psycho-analysis*. 스: *psicoanálisis silvestre*. 이: *psicoanalisi selvaggia*. 포: *psicanálise selvagem*(또는 *inculta*).

넓은 의미에서, 이것은 초심자나 경험이 없는 〈분석가〉의 개입 방식을 말한다. 그러한 〈분석가〉는 흔히 제대로 이해하지 못한 정신분석 개념에 의거하여, 증상, 꿈, 말, 행동 등을 해석한다. 좀 더 전문적인 의미에서는, 특정한 분석 상황의 현실적인 역동성과 특수성을 무시하고, 특히 저항과 전이를 고려하지 않은 채, 격리[억압]된 내용을 직접 드러내는 해석을 조야하다고 말할 수 있을 것이다.

프로이트는 조야한 분석에 바친 논문 「〈조야한〉 정신분석에 대하여」(1910)에서, 우선 그것을 무지(無知)로 정의한다. 프로이트는 거기서 학문적인 오류(성욕, 격리[억압], 불안의 본질에 관한)와 기술적인 오류를 범한 의사의 개입을 비난하고 있다: 〈첫 번째 상담*consultation*에서 의사가 짐작하는 비밀을 갑자기 환자의 머릿속에 주입하는 것은 기술적인 오류이다.〉[1a] 그래서 〈정신분석의 발견과 관련된 어떤 개념〉을 갖고 있지만, 이론적이고 기술적인 교육[α]을 받지 못한 모든 사람은 조야한 분석을 한다고 말할 수 있다.

그러나 프로이트의 비판은 더 나아간다. 그것은 진단이 정확하고, 무의식의 내용에 대한 해석이 정밀한 경우에까지 확대된다: 〈우리는 환자가 일종의 무지 때문에 고통을 받는다는 생각을 넘어선지 오래다. 즉 대화를 통해 무지(환자의 병과 그의 생활, 또는 유년기의 사건과의 인과 관계에 관한)를 제거하면, 확실히 치유가 된다는 생각 말이다. 그런데 병인의 요인이 되는 것은 그러한 무지*non-sovoir* 자체가 아니라, 그 무지가 내적인 저항*résistances intérieurs*에 근거하고 있다는 사실이다. 그 내적인 저항이 먼저 무지를 야기하고, 그것을 계속해서 유지하는 것이다. [……] 환자에게 그들의 무의식을 알려 준다 하더라도, 환자의 갈등은 계속 재연되고 그들의 고통은 계속 악화된다.〉[1b] 그래서 그러한 폭로에는 전이가 확립되고 격리[억압]된 내용이 의식에 접근해야 한다는 조건이 요구된다. 그렇지 않으면 그러한 폭로는 분석가에 의해 통제되지 않은 불안 상황을 일으킨다. 그러한 의미에서 프로이트가 자주 강조했듯이, 그 기원에서, 최면 요법과 정화 요법과 확연히 구별되지 않았던 분석 방법은 오늘날 조야했다고 말할 수 있다.

그렇지만 조야한 분석을 자격이 없는 정신치료사의 행위로 간주하거나, 지난 시대의 정신분석에 속하는 것으로 여기는 것은 주제넘은 일이다. 그것은 조야한 정신분석으로부터 자신을 보호하는 편리한 수단일 뿐이다. 사실 프로이트가 조야한 분석에서 고발하고 있는 것은, 무지라기보다 자신의 〈지식science〉에서 자신의 힘의 정당성을 찾는 분석가의 태도이다. 프로이트는 조야한 분석이라는 용어를 사용하지 않으면서도 그 문제를 다루고 있는 논문에서, 햄릿을 인용하여, 〈너희들은 피리를 부는 것보다 나를 휘두르는 것이 더 쉽다고 생각하느냐?〉[2]라고 쓰고 있다. 그러한 의미에서 방어나 전이의 분석도 내용의 분석만큼 조야할 수 있다.

페렌치Ferenczi는 조야한 분석을 〈분석 강박〉이라 정의하고 있다. 그것은 분석 상황 바깥에서만큼 안에서도 나타날 수 있다. 페렌치는 그것이 미리 설정된 계획에 따라 세워진 구조라는 것을 보지 못하는 순간부터, 모든 분석에 요구되는 유연성élasticité을 그것과 대립시키고 있다.[3] 글로버Glover는 하나의 실언에 〈덤벼드는〉 분석가는, 하나의 꿈이나 그 단편 중의 하나를 따로 떼어, 거기서 〈깨지기 쉬운 전능(全能)〉을 맛보는 기회를 찾는다고 지적한다.[4]

그와 같은 지적을 연장하면, 〈박식한〉 분석이건 무지한 분석이건, 조야한 분석은 분석가가 연루된 독특한 분석에 대한 분석가의 저항으로 볼 수 있다. 그 저항은 분석가로 하여금 환자의 말을 간과하게 하고, 그의 해석을 〈도금하게〉 할 위험이 있다.

α 국제정신분석학회가 창설된 것은, 이 논문이 출간된 1910년이다.

1 프로이트 S., 「〈조야한〉 정신분석에 대하여」(1910), in 『정신분석적 정신치료』.
 a G.W., VIII, 124 ; S.E., XI, 226 ; 프, 41[O.C., X, 212].
 b G.W., VIII, 123 ; S.E., XI, 225 ; 프, 40[O.C., X, 211].
2 프로이트 S., 「정신치료에 관하여」(1904), in 『정신분석적 정신치료』. G.W., V, 19 ; S.E., VII, 262 ; 프, 15[O.C., VI, 52].
3 Ferenczi S., "The elasticity of Psycho-analytic Technique"(1928), in *Further Contributions*, p. 97.
4 Glover E., *Technique of Psycho-Analysis*(1955), fr. Paris, P.U.F., 1958, p. 8.

⟨좋은⟩ 대상, ⟨나쁜⟩ 대상

프: ⟨*bon*⟩ *objet*, ⟨*mauvais*⟩ *objet*. 독: ⟨*gutes*⟩ *Objekt*, ⟨*böses*⟩ *Objekt*. 영: ⟨*good*⟩ *object*, ⟨*bad*⟩ *object*. 스: *objeto* ⟨*bueno*⟩, *objeto* ⟨*malo*⟩. 이: *oggetto* ⟨*buono*⟩, *oggeto* ⟨*cattivo*⟩. 포: *objeto* ⟨*bom*⟩, *objeto* ⟨*mau*⟩.

어린아이의 환상에 나타나는, 부분적이든 전체적이든 최초의 욕동의 대상을 가리키기 위해 멜라니 클라인Melanie Klein이 도입한 용어. ⟨좋다⟩, ⟨나쁘다⟩는 특질은, 욕구충족이나 욕구불만을 주는 대상의 특성과 관련이 있는 것이 아니라, 무엇보다도 대상에 대한 리비도적이든지 파괴적인 주체의 욕동의 투사에서 기인한다. 클라인에 따르면, 부분 대상(젖가슴, 자지)은 ⟨좋은⟩ 대상과 ⟨나쁜⟩ 대상으로 나뉘는데, 그러한 분열은 불안에 대한 최초의 방어 형태를 구성한다. 대상 전체도 마찬가지 방식으로 나뉜다.(⟨좋은⟩ 어머니와 ⟨나쁜⟩ 어머니 등).
⟨좋은⟩ 대상과 ⟨나쁜⟩ 대상은 내입* 과정과 투사* 과정에 예속된다.

⟨좋은⟩ 대상과 ⟨나쁜⟩ 대상의 변증법은 클라인의 정신분석 이론의 중심에 있다. 그것은 가장 오래된 환상에 대한 분석에서 나온 것이다.

우리는 여기서 그러한 복잡한 변증법 전체를 기술하지는 않을 것이다. 우리는 단지 ⟨좋은⟩ 대상과 ⟨나쁜⟩ 대상이라는 개념의 몇 가지 주된 특징을 지적하고, 몇몇 애매한 점을 해결하는 것으로 만족할 것이다.

1) 클라인의 텍스트에서 인용부호가 자주 발견되는데, 그것은 ⟨좋은⟩ 대상과 ⟨나쁜⟩ 대상의 환상적 특성을 강조하기 위한 것이다.

사실 문제가 되는 것은 ⟨이미지⟩, 즉 ⟨······ 현실적 대상이 환상적으로 변형된 이미지 — 이것은 현실적 대상에 기반을 두고 있다 — ⟩[1]이다. 그러한 변형은 두 가지 요인에서 기인한다. 하나는 젖가슴으로 욕구충족이 되었다면 ⟨좋은⟩ 젖가슴이 되고, 반대로 ⟨나쁜⟩ 젖가슴의 이미지는 젖가슴의 박탈과 거절과 상관해서 형성된다. 다른 하나는 어린아이가 충족을 주는 젖가슴에는 사랑을 투사하고, 특히 나쁜 젖가슴에는 공격성을 투사한다는 것이다. 그 두 가지 요인이 악순환(⟨젖가슴이 나를 미워하여 나를 단념시키게 하므로, 나는 젖가슴을 미워한다. 그 반대도 마찬가지이다⟩)[2]을 이루고 있음에도 불구하고, 클라인은 투사적 요인을 특히 강조한다.

2) 좋은 대상과 나쁜 대상의 작용 원리가 되는 것은 삶 욕동*과 죽음 욕동*

ㅈ

의 이원론이다. 클라인은 개인이 존재하기 시작할 때부터 그러한 이원론이 변함없이 작용한다고 보고 있다. 클라인에 따르면, 삶이 시작할 때, 이미 리비도와 파괴성향 사이의 균형이, 오히려 후자 쪽으로 기울어져 있기 때문에, 가학증은 그〈절정〉에 있다.

3) 두 종류의 욕동이 처음부터 존재하고, 그것은 동일한 현실 대상(젖가슴)을 향하고 있기 때문에, 양가성*이 있다고 말할 수 있다. 그러나 어린아이에게 불안을 일으키는 양가성은, 대상 분열*clivage de l'objet과 그 대상과 관계된 정동의 기제에 의해 저지된다.

4) 그러한 대상의 환상적 성격 때문에, 그것들이 마치 현실적인réelle 확실성(프로이트가 심리적 현실réalité이라고 말하는 의미에서)을 갖고 있는 것처럼 취급된다는 사실을 잊지 말자. 클라인은 그것들을 어머니의 〈내부〉에 포함된 것으로 기술하고 있다. 그녀는 그것들에 대한 내입과 투사를, 좋거나 나쁜 특질에 대한 것이 아니라 그 특질과 분리될 수 없는 대상에 대한 작용으로 정의한다. 더욱이 대상에는, 좋건 나쁘건, 인간의 힘과 비슷한 힘이 환상적으로 부여되어 있다(〈박해하는 나쁜 젖가슴〉, 〈안심시키는 좋은 젖가슴〉, 어머니의 육체에 대한 나쁜 대상의 공격, 신체 내부에서 좋은 대상과 나쁜 대상의 싸움 등).

젖가슴은 이렇게 분열된 최초의 대상이다. 모든 부분 대상은 그와 비슷한 분열을 겪는다(자지, 똥, 아기 등). 대상 전체도 어린아이가 그것을 파악할 수 있을 때가 되면 마찬가지이다.〈좋은 젖가슴 — 내외적인 — 은 도움을 주고 충족을 주는 모든 대상의 원형이 되고, 나쁜 젖가슴은 박해를 주는 내외적인 모든 대상의 원형이 된다.〉[3]

마지막으로 주목할 것은, 대상이 〈좋고〉〈나쁜〉 것으로 분열된다는 클라인의 생각은, 프로이트가 특히 「욕동과 욕동의 운명」(1915)과 「부정」(1925)에서 보여주고 있는 몇몇 사실과 결부되어 있다는 것이다. (→ **쾌락-자아, 현실-자아**)

1 Klein M., "A Contribution to the Psychogenesis of Manic-Depressive States", 1934. in *Contributions*, 282.

2 Riviere J., "On the Genesis of Psychical Conflict in Earilest Infancy", 1936. in *Developments*, 47.

3 Klein M., "Some Theoretical Cconclusions regarding the Emotional Life of the

〈좋은〉 대상, 〈나쁜〉 대상

Infant", 1952. in *Developments*, 200.

좌절

프: *frustration*. 독: *Versagung*. 영: *frustration*. 스: *frustració*n. 이: *frustrazione*. 포: frustração.

욕동의 요구의 충족을 거부당하거나 스스로 거부하는 주체의 조건.

영어로 된 문헌에서 *frustration*이라는 개념이 유행함에 따라 일상적으로 사용하게 된 그 용어는, *Versagung*을 일반적으로 *frustration*으로 번역하는 결과를 가져왔다. 그러한 번역은 다음과 같은 지적을 필요로 한다:

1) 현대 심리학은 특히 학습에 관한 연구에서, 욕구불만*frustration*과 욕구충족*gratification*을 한 조로 만들어, 그것들을 각각 유쾌한 자극의 부재와 현존에 종속되는 유기체의 조건으로 정의하는 경향이 있다. 그러한 개념은 프로이트의 몇몇 관점들과 일치한다고 할 수 있다. 특히 좌절을, 욕동을 충족시킬 수 있는 외적인 대상의 부재와 동일시하는 프로이트의 관점이 그렇다. 그러한 의미에서 그는 「심리적 사건 진행의 두 가지 원칙에 관한 공식화」(1911)에서, 외부 대상을 요구하는 자기보존 욕동과, 오랫동안 자기-성애적으로 그리고 환상적으로 자족하는 성욕동을 대립시키고 있다. 그러한 관점에서 자기보존 욕동도 좌절될 수 있다.[1]

2) 그러나 *Versagung*이라는 프로이트의 용어는 흔히 다른 내포적 의미를 갖고 있다. 그것은 경험적 사실뿐 아니라, (〈말하다〉라는 의미의 *sagen*이라는 어간이 보여주고 있듯이) 대리인 쪽에서의 거절과 주체 쪽에서 표명한 요구를 내포하는 관계를 가리킨다.

3) *frustration*이라는 용어는 주체가 수동적으로 좌절된다는 것을 의미하는데 반해, *Versagung*에는 누가*qui* 거절하는지 전혀 나타나 있지 않다. 어떤 경우에는 〈스스로 거부하다*se refuser à*〉(참여를 취소하다*déclarer forfait*)라는 재귀적 의미가 우세한 것처럼 보인다.

이러한 조건들[a]은, 우리가 보기에, 프로이트가 *Versagung*이라는 개념에 바친 여러 텍스트에 드러나고 있는 것들이다. 「신경증의 발병의 유형들」

(1912)에서 프로이트는 리비도의 충족에 방해가 되는 모든 장애 — 외적이
든 내적이든 — 를 의미할 때, *Versagung*이라는 말을 쓰고 있다. 그는 신경증
이 현실 속의 결핍(예컨대 사랑의 대상의 상실)에 의해 유발되는 경우와, 내
적인 갈등이나 고착의 결과 현실이 제공하는 충족을 주체가 거부하는 경우를
구분하면서, *Versagung*을 그것들을 모두 포괄할 수 있는 개념으로 보고 있
다. 따라서 우리는 신경증 형성의 여러 양태들을 비교해본다면, 변하는 것은
관계*relation*, 즉 외부적인 사정과 동시에 개인에게 고유한 특수성에 의해 결
정되는 어떤 균형이라는 결론을 끌어낼 수 있다.

『정신분석 입문 강의』(1916~17)에서 프로이트는, 외적인 박탈은 그 자체
로 병인이 될 수 없고, 그것이 〈주체가 요구하는 충족〉[2]에 영향을 미칠 때에만
병인이 될 수 있다는 사실을 강조하고 있다.

〈성공에 도달하는 그 순간에 병이 나는 주체들〉[3]의 역설은 〈내적인 좌절〉
의 탁월한 역할을 보여주고 있다. 여기서 프로이트는 한 걸음 더 나아간다:
즉, 환자가 거부하는 것은 그의 욕망의 현실적인 충족인 것이다.

프로이트의 그러한 텍스트로부터 나오는 결론은, 좌절에서 문제가 되는
것은 현실적인 대상의 결핍이라기보다, 주어진 충족의 방식을 내포하고 있거
나 어떠한 충족도 받아들일 수 없는 요구에 대한 응답이다.

기술적(技術的)인 관점에서, 신경증의 조건이 *Versagung*에 있다는 개념은
금욕*의 원칙의 기초가 된다. 따라서 리비도의 요구를 진정시킬 수 있는 대체
충족을 환자에게 거부하게 해야 한다. 달리 말하면, 분석가는 좌절을 유지시
켜야 한다.[4]

α 우리는 이 용어가 보편적으로 사용되고 있는데다, 문맥에 관계없이 모든 경우에 적용
될 수 있는 번역어를 찾기 어렵기 때문에, *Versagung*에 대한 번역어로*frustration*이라는 말
을 그냥 쓸 것이다.

1 프로이트 S., 「심리적 사건 진행의 두 가지 원칙에 관한 공식화」, 1911. 전집 XI, 17-
8[17-8] ; G.W., VIII, 234-5 ; S.E., XII, 222-3[O.C., XI, 17] 참조.
2 프로이트 S., 『정신분석 입문 강의』, 1916-17. 전집 I, 465[489] ; G.W., XI, 357 ; S.E.,
XVI, 345 ; 프, 371[O.C., XIV, 356-7].
3 프로이트 S., 「정신분석 작업에서 드러난 몇 가지 성격 유형」, 1916. 전집 XIV, 345-
82[357-95] ; G.W., X, 364-91 ; S.E., XIV, 311-33 ; 프, 105-36[O.C., XV, 15-51].
4 프로이트 S., 「정신분석적 치료의 길」(1918), in 『끝이 있는 분석과 끝이 없는 분석』(새
물결). G.W., XII, 183-94 ; S.E., XVII, 159-68 ; 프, 131-41[O.C., XV, 99-108] 참조.

죄책감

프: *sentiment de culpabilité*. 독: *Schuldgefühl*. 영: *sense of guilt, guilt feeling*. 스: *sentimiento de culpabilidad*. 이: *senso di colpa*. 포: *sentimento de culpa*.

정신분석에서 사용되는 아주 폭넓은 의미를 가진 용어.

그것은 주체가 하나의 행위에 내세운 이유가 다소 적절함에도 불구하고, 스스로 비난받아 마땅하다고 생각하는 행위의 결과로 나타나는 감정의 상태를 가리키거나(죄인의 양심의 가책이나 외견상 불합리한 자책), 주체가 자책하는 구체적인 행위와는 아무 관계없이 자신을 무가치하다고 여기는 막연한 감정을 가리킨다.

다른 한편, 분석은 그것을 실패 행위, 경범죄, 주체가 스스로 가하는 고통 등을 보고하는 무의식적인 동기들의 체계로 가정하고 있다.

후자의 의미에서, 주체가 의식적인 경험의 수준에서는 죄가 있다고 느끼지 않을 수 있기 때문에, 감정이라는 말은 신중하게 사용해야 한다.

우선 죄책감은 주로 강박신경증에서 볼 수 있다. 그것은 자책과, 주체가 보기에 비난받아 마땅하기 때문에 주체가 맞서 싸우는 강박관념, 그리고 마지막으로 방어 수단과 결부되어 있는 수치심의 형태를 띠고 있다.

이미 이 단계에서 지적할 수 있는 것은, 죄책감은 부분적으로 무의식적이라는 것이다. 왜냐하면 거기서 작용하고 있는 욕망(특히 공격적인)의 실제 본질은 주체에 의해 의식되지 않기 때문이다.

정신분석은 멜랑콜리에 대한 연구를 통해 죄책감에 대한 보다 완성된 이론에 도달한다. 다 알다시피, 그 병[멜랑콜리]은 특히 자기 비난, 자기 비하, 자살에까지 이를 수 있는 자기 처벌의 경향으로 특징지어진다. 거기에는 고소인(초자아)과 피고인으로서의 자아의 진정한 분열, 즉 그 자체가 상호주체적 관계로부터 내면화 과정을 거쳐 생겨나는 분열이 있다: ⟨…… 자책은 사랑의 대상에 대한 비난이 그 대상으로부터 자아 자체로 반전된 것이다. [……]; [멜랑콜리증자의] 하소연*plaintes*은 반대로 당한 고소*plaintes portées contre*이다.⟩[1a]

프로이트는 초자아*라는 개념을 도출함에 따라, 방어적 갈등에서 죄책감에 좀 더 일반적인 역할을 떠맡긴다. 그는 「애도와 멜랑콜리」(1917)에서 이미 다음과 같은 사실을 인식하고 있었다: ⟨…… 여기서 분열에 의해 자아와 분리된 비판적인 심역[초자아]은, 아마 다른 상황에서도 그것의 자율성을 보여 줄 것이다.)[1b] 그리고 〈자아의 의존 관계……〉에 바쳐져 있는 『자아와 그거』(1923)의 제5장에서, 프로이트는 죄책감의 여러 양상 — 정상적인 형태로부터 정신병리학적인 구조의 표현에 이르기까지 — 을 구분하고자 노력하고 있다.[2a]

실제로 자아에 대한 비판적이고 처벌적인 심역으로서 초자아를 따로 구별하는 것은, 심리 장치 내의 체계들 간의 관계로서의 죄의식을 도입하는 것이다: 〈죄책감이란, [초자아의] 비판에 상응하는 자아 내부의 지각이다.)[2b]

그러한 관점에서 여기서 〈무의식적인 죄책감〉이라는 표현은, 그것이 무의식적으로 동기가 부여된 감정을 가리킬 때보다 더 근본적인 의미를 갖고 있다. 즉 이제 초자아와 자아의 관계는 무의식적일 수 있고, 그에 따라 종국에는 어떤 죄책감도 부재하는 주관적인 결과로 나타날 수 있다. 그래서 몇몇 경범죄자에게서, 〈…… 범죄 이전에 강력한 죄책감이 존재하는 것을 볼 수 있는 것이다. 따라서 죄책감은 범죄의 결과가 아니라 동기이다. 마치 주체는 그 무의식적인 죄책감을 실재적이고 현실적인 어떤 것과 결부시키면, 그 죄책감이 경감될 수 있다고 느끼는 것 같다.)[2c]

프로이트는 무의식적 죄책감*sentiment de culpabilité inconscient*이라는 말의 모순을 피할 수 없었다. 그러한 의미에서, 그는 처벌 욕구*라는 용어가 더 적절하다는 사실을 인정한다.[3] 그러나 주목할 것은, 처벌 욕구라는 용어는 가장 근본적인 의미에서, 주체의 파멸을 지향하는 힘을 가리킨다는 것이다. 아마 그것은 체계들 간의 긴장으로 환원될 수 없다. 반면에 죄책감은 그것이 의식적이든 무의식적이든, 항상 하나의 동일한 지형학적 관계, 즉 그 자체가 오이디푸스 콤플렉스의 잔재인 자아와 초자아의 관계로 환원된다: 〈대부분의 죄책감은 보통 무의식적이라는 가설을 내세울 수 있다. 왜냐하면 양심의 출현은 무의식에 속하는 오이디푸스 콤플렉스와 밀접하게 관련되어 있기 때문이다.)[2d]

1 프로이트 S., 「애도와 멜랑콜리」, 1917.
　a 전집 XI, 250-1[251] ; G.W., X, 434 ; S.E., XIV, 248 ; 프, 201[O.C., XIII, 268-9].
　b 전집 XI, 250[250] ; G.W., X, 433 ; S.E., XIV, 247 ; 프, 199[O.C., XIII, 268].
2 프로이트 S., 『자아와 그거』, 1923.
　a 전집 XI, 392-407[397-413] ; G.W., XIII, 276-89 ; S.E., XIX, 48-59 ; 프, 205-

죄책감

18[O.C., XVI, 290-301] 참조.

    b 전집 XI, 398[404] ; G.W., XIII, 282 ; S.E., XIX, 53 ; 프, 211[O.C., XVI, 296].

    c 전집 XI, 398[403] ; G.W., XIII, 282 ; S.E., XIX, 52 ; 프, 210[O.C., XVI, 295].

    d 전집 XI, 397[402-3] ; G.W., XIII, 281 ; S.E., XIX, 52 ; 프, 210[O.C., XVI, 295].

    3 프로이트 S., 「피학증의 경제학적 문제」, 1924. 전집 XI, 426-7[433] ; G.W., XIII, 379 ; S.E., XIX, 166 ; 프, 219[O.C., XVII, 18].

죽음 욕동

프: *pulsions de mort*. 독: *Todestriebe*. 영: *death instincts*. 스: *instintos de muerte*. 이: *istinti*(또는 *pulsioni*) *di morte*. 포: *impulsos*(또는 *pulsões*) *de morte*.

프로이트의 후기 욕동 이론의 틀에서 쓰인 용어로, 삶 욕동과 반대되는 기본적인 범주의 욕동으로, 긴장의 완벽한 삭감을 지향하는, 다시 말해 생물을 무생물의 상태로 환원시키는 욕동을 가리킨다.

죽음 욕동은 처음에는 내부를 향해 자기파괴를 지향하다가, 2차적으로 외부를 향해 공격 욕동이나 파괴 욕동의 형태로 나타난다.

죽음 욕동은 『쾌락원칙을 넘어서』(1920)에서 프로이트에 의해 도입되어, 그의 저작의 마지막까지 끊임없이 재확인된 개념이다. 그렇지만 그것은 대다수의 그의 다른 개념과 마찬가지로, 프로이트의 제자들과 후세에게 인정받는 데 성공하지 못한다. 그것은 가장 논란이 되는 개념 중의 하나로 남아 있다. 그 의미를 파악하기 위해서는, 우리가 보기에, 그것과 관련된 프로이트의 논문을 참조하거나, 그러한 사변적인 가설을 정당화하는 데 가장 적당한 것처럼 보이는 임상적 사실들을 발견하는 것으로는 충분하지 않고, 그것을 프로이트 사상의 발달과 연관시켜, 그것을 좀 더 일반적으로 수정된 이론의 틀(1920년대의 전환점)에 도입한 것이 어떤 구조적인 필연성에 대응하는 것인지를 밝힐 필요가 있을 것이다. 그러한 평가만이 겉으로 드러난 프로이트의 진술을 넘어서, 그리고 근본적인 혁신에 대한 그의 자각을 넘어서, 그 개념의 필연성, 다시 말해 이미 그 이전의 [이론적] 모델에서 다른 형태로 자리를 차지할 수 있었던 그 개념의 필연성을 재발견하게 할 수 있을 것이다.

우선 죽음 욕동에 관한 프로이트의 논문을 요약해보자. 그것은 모든 생물이 무생물의 상태로 돌아가고자 하는 근본적인 경향을 가리킨다. 그러한 맥락에서, 〈생물은 무생물 이후에 나타났고 무생물로부터 생겨났다는 것을 우리가 인정한다면, 죽음 욕동은 [······] 욕동이 예전의 상태로 돌아가려는 경향을 갖고 있다는 공식과 일치하는 것이다.〉[1a] 그러한 관점에서, 〈모든 생물은 내적인 원인에 의해 필연적으로 죽는 법이다.〉[2a, 2b] 다세포 생물에서 〈······ 리비도는 세포 조직을 분해시키고 각 조직 원소(각 세포)를 무생물의 안정성으로 이끌려는 경향이 있는, 그것을 지배하는 죽음 욕동이나 파괴 욕동과 조우한다. [······] 리비도는 그러한 파괴 욕동을 무해한 것으로 만드는 것을 임무로 하고 있다. 즉 그것은 파괴 욕동의 대부분을 외부로 방향을 바꾸어, 외부 세계의 대상에 대항하게 함 — 특수한 조직 체계(근육조직)의 도움을 빌어 — 으로써 그러한 임무를 수행한다. 그래서 그 욕동을 파괴 욕동, 지배 욕동, 권력 의지라고 부르는 것이다. 그러한 욕동의 일부는 성적인 기능에 직접적으로 봉사한다. 그것은 거기서 중요한 역할을 행한다. 그것이 바로 가학증이다. 그러나 다른 일부분은 외부를 향한 이동을 따라가지 않고 유기체에 남아, 리비도적으로 구속된다. [······] 우리는 거기서 본원적인 성감적 피학증을 볼 수 있다.〉[3a]

프로이트는 개인의 리비도 발달에서 삶 욕동과 죽음 욕동이 가학증적인 형태[2c]나 피학증적인 형태[3b]로 결합된다는 것을 기술한 바 있다.

죽음 욕동은 삶 욕동(또는 에로스*)과 대립되어 새로운 이원론을 형성하고, 그 후부터 삶 욕동은 그 이전에 프로이트에 의해 구분된 모든 욕동(→ **삶 욕동, 성욕동, 자기보존 욕동, 자아 욕동**)을 포괄하게 된다. 따라서 프로이트의 개념화에서, 죽음 욕동은 그 이전의 분류에는 없었던 완전히 새로운 형태의 욕동이다.(예를 들면 가학증과 피학증은 아주 실질적인 목표를 가진 욕동들의 복잡한 작용으로 설명되었었다.)[4a] 그렇지만 동시에, 프로이트는 죽음 욕동에서 욕동의 반복적인 특성이 현저하게 실현되는 것을 보고, 그것을 전형적인 욕동으로 삼는다.

*

프로이트가 죽음 욕동을 가정하게 된 가장 명확한 동기는 무엇일까?

1) 아주 다양한 수준에서 나타나는 반복 현상(→ **반복 강박**)에 대한 고려. 그러한 현상은 리비도의 충족 추구나, 불쾌한 경험을 억제하려는 단순한 시도로 환원하기 힘들었다. 프로이트는 그것에서, 쾌락원칙에 예속되지 않고 그것에 대립하기까지 하는 억누를 수 없는 힘의 〈악마적인〉 특징을 발견한다. 그러한 개념으로부터 출발하여, 프로이트는 욕동의 퇴행적 특성이라는 관념에 도달한다. 그러한 관념을 체계적으로 추적한 결과, 그는 죽음 욕동에서 전형적인 욕동을 발견하게 된다.

2) 양가성*, 공격성*, 가학증, 피학증 등의 개념이 정신분석적 경험에서 갖고 있는 중요성. 예컨대 그러한 개념들은 강박증과 멜랑콜리의 임상에서 나온 것이다.

3) 처음에는 프로이트에게 증오가 메타심리학적인 관점에서 성욕동으로부터 연역하기 불가능한 것처럼 보였다. 그는 〈…… 애정 속에 있는 모든 위험과 적대적인 것은 애정 그 자체가 갖고 있는 본래의 양극성 탓〉[5a]이라는 주장을 도저히 받아들일 수 없었다. 「욕동과 욕동의 운명」(1915)에서, 가학증과 증오는 자아 욕동과 관련을 맺고 있다: 〈…… 증오 관계의 진정한 원형은 성생활로부터 나오는 것이 아니라, 자기를 보존하고 확인하기 위한 자아의 투쟁으로부터 나온다.〉[4b] 프로이트는 증오를 〈애정보다 더 오래된〉[4c] 대상과의 관계로 보고 있다. 그는 자기애*를 도입하면서, 두 욕동(성욕동과 자아 욕동)의 구분을 없애고, 그것들을 리비도의 서로 다른 양태로 귀결시킨다. 그에 따라 그가 보기에 욕동의 일원론의 틀에서 증오를 이끌어내는 것은 무리였다. 그리하여 1915년부터[4d] 제기된 원초적인 피학증*masochisme primaire*의 문제는 새로운 욕동의 이원론의 양극을 가리키는 지침이 된다.

주지하다시피, 이원론적인 경향은 프로이트의 사상에서 근본적인 것이다. 그것은 그의 이론의 여러 구조적인 양상에서 나타나고 있다. 예를 들면, 대립 쌍*의 개념으로 드러나는 것이 그것이다. 욕동이 문제일 때, 그것은 특히 절대적이다. 왜냐하면 욕동은 심리적 갈등에서 최종적으로 맞부딪치는 힘이기 때문이다.[2d]

ㅈ

*

프로이트는 죽음 욕동에 어떠한 역할을 부여하고 있을까? 우선 그 자신은 무엇보다도, 그것이 사변적인 고찰에 의해 세워졌으며 그에게 점진적으로 제기되었다는 사실을 강조하고 있다: 〈처음에 나는 그 개념들이 어떻게 되는지를 보려는 단순한 의도로 그것들을 제시했다. 그런데 시간이 흐르면서 그것은 나의 마음을 사로잡았고, 나는 달리 생각할 수 없게 되었다.〉[5b] 정신분석학계로부터의 〈저항〉과, 구체적 경험 속에 그 기초를 세우기 곤란함에도 불구하고, 프로이트가 죽음 욕동의 명제를 열심히 주장한 것은, 특히 그 개념의 이론적 가치와, 그 개념과 욕동에 대한 어떤 관점의 일치 때문이었다. 사실 프로이트가 여러 차례 강조했듯이, 타자나 자기 자신의 파괴 경향이 아주 뚜렷하여 파괴의 분노가 아주 맹목적인 경우에도, 리비도의 충족, 즉 대상을 향한 성적인 충족이나 자기애적인 향락은 항시 존재한다는 사실이 드러난다.[5c] 〈우리가 다루는 것은, 말하자면 결코 순수한 욕동의 움직임이 아니라, 다양한 비율로 결합된 두 욕동의 혼합물이다.〉[6a] 프로이트가 가끔 죽음 욕동에 대해, 그것이 〈…… 성애로 채색되지 않으면, 그것은 지각에서 벗어난다〉[5d]고 말하는 것은 바로 그러한 의미이다.

　　그러한 사실은 프로이트가 신경증의 이론이나 갈등의 모델에서 새로운 이원론을 이용하는 데 느끼는 어려움에서도 나타나고 있다: 〈우리가 욕동의 움직임의 노정을 그려보면, 우리는 그것이 에로스의 싹으로 나타난다는 것을 항시 반복해서 경험한다. 『쾌락원칙을 넘어서』에서의 진전된 고찰과, 최종적으로는 에로스에 대한 가학증의 공헌이 없었다면, 우리는 이원론적인 기본 개념을 유지하기 힘들었을 것이다.〉[7a] 『억제, 증상 그리고 불안』(1926)과 같은 텍스트는 신경증적인 갈등의 문제와 그것의 다양한 양태를 재검토하고 있다. 그렇지만 우리는 프로이트가 거기서 두 가지 형태의 커다란 욕동의 대립에, 약간의 자리밖에 할애하지 않는 것을 보고 아주 놀라게 된다. 그는 그 대립에 어떠한 역동적인 역할도 부여하지 않는다. 프로이트가 자신이 구분한 인격의 심역 ― 그거, 자아, 초자아 ― 과 두 범주의 욕동 사이의 관계의 문제를 스스로 제기할 때,[7b] 우리는 심역 사이의 갈등이 욕동의 이원성과 서로 중복되지 않는다는 것에 주목해야 한다. 사실 프로이트는 각 심역의 구성에서 두 욕동이 차지하는 부분을 정하려고 애쓰는데, 갈등의 양태를 기술할 때는

568　　　　　　　　　　　　　　　　　　　　　　　　　　　　　　**죽음 욕동**

삶 욕동과 죽음 욕동의 대립이 작용하지 않는 것처럼 보인다: 〈기본적인 욕동 중의 어느 하나를 심리 영역 중의 하나로 한정할 수는 없다. 그것들은 어디서든지 발견된다.〉[1b] 새로운 욕동 이론과 새로운 지형학 사이의 단절이 한층 더 두드러질 때가 많다: 그 경우 갈등은 심역 사이의 갈등이 되어, 그거*ça*가 자아*moi*와 대립하면서 결국에는 욕동의 요구 전체를 대표하게 된다. 프로이트가 자아 욕동과 대상 욕동의 구분이 경험의 차원에서 아직 가치를 갖고 있다고 말하는 것은 바로 그러한 의미에서이다: 〈…… 겉으로 드러나는 욕동들 — 자아 욕동과 대상 욕동 — 뒤에 숨어 있는 두 기본적인 욕동[에로스와 파괴 욕동]의 존재를 추측케 할 수 있는 것은 이론적인 성찰〉[8]뿐이다. 여기서 프로이트는『쾌락원칙을 넘어서』이전의 갈등 모델을 이어받아(→ **자아 리비도—대상 리비도**), 욕동의 차원에서 실제로 맞부딪치고 있는 두 힘(〈자아 욕동〉과 〈대상 욕동〉)은 각각 삶 욕동과 죽음 욕동의 결합*을 내포하고 있다고 가정하고 있다.

결국 새로운 욕동 이론이 욕동의 발달 단계의 기술에서나, 방어적인 갈등의 기술에서 분명한 변화를 거의 가져오지 못하고 있는 것이다.[6b]

프로이트가 그의 마지막 저작까지, 신경증 이론이 불가피하게 요구하는 가설로서, 죽음 욕동의 개념을 주장하고 견지하는 것은 아니다. 왜냐하면 한편으로 그 개념은 프로이트가 기본적이라고 여기는 사변의 산물이고, 다른 한편으로 더 이상 환원할 수 없을 만큼 아주 명확한 사실 — 그의 눈에 임상 및 치료에서 점점 더 중요해지고 있는 것처럼 보이는 사실 — 이 그것을 암시하고 있기 때문이다: 〈만약 많은 사람에게 내재하는 피학증의 표출이나 부정적 치료 반응, 그리고 신경증의 죄책감이 구성하는 그림을 전체적으로 바라본다면, 심리 기능이 오로지 쾌락의 경향에 의해서만 지배된다는 믿음에 더 이상 매달릴 수는 없을 것이다. 그러한 현상들은 심리 생활에서, 목표의 관점에서 우리가 공격 욕동이나 파괴 욕동이라고 명명하는 힘의 존재를 무시할 수 없다는 것을 보여주고 있다. 우리는 그러한 힘이 생물의 타고난 죽음 욕동에서 유래한다고 생각한다.〉[9]

죽음 욕동의 작용을 순수한 상태로 엿볼 수 있는 것은, 그것이 삶 욕동과 분리될 때이다. 예를 들면, 멜랑콜리 환자의 경우, 초자아는 〈죽음 욕동의 문화……〉[7c]로서 나타난다.

프로이트 자신은 그의 가설이 〈…… 본질적으로 이론적인 기반에 근거하고 있기 때문에, 이론의 여지가 전혀 없는 것은 아니라는 사실을 받아들여야 하다.〉[5e]고 기술하고 있다. 실제로 많은 분석가들은 그러한 방향에서, 한편으로 죽음 욕동이라는 개념notion은 받아들일 수 없고, 다른 한편으로 프로이트가 내세운 임상적 사실faits은 그 개념의 도움을 빌리지 않고도 해석될 수 있다고 주장하고 있다. 그러한 비판은 아주 도식적으로 다음과 같은 여러 차원으로 나눌 수 있다:

1) 메타심리학적인 관점에서, 긴장의 축소를 일정한 욕동의 전유물로 만드는 것에 대한 거부.

2) 공격성의 발생을 기술하려는 시도: 즉 공격성은 주체가 대상에 가하는 활동에서 실현되기 때문에, 공격성을 모든 욕동과 관계가 있는 요소로 만들거나, 그것을 대상으로부터 오는 좌절에 대한 2차적인 반응으로 본다.

3) 공격 욕동의 중요성과 자율성은 인정하지만, 그것이 자기-공격적 경향과 결부될 수는 없다: 즉 모든 생명체 내에서 삶 욕동-자기파괴 욕동의 대립 쌍을 실체화하는 것에 대한 거부. 물론 욕동의 양가성은 처음부터 존재한다고 단언할 수 있지만, 구강적인 합체*에서 처음부터 나타나는 바와 같이 사랑과 증오의 대립은 외부 대상과의 관계에서만 이해될 수 있다.

반대로 멜라니 클라인 학파에서는 온 힘을 다해 죽음 욕동과 삶 욕동의 이원론을 재확인하면서, 인간 존재가 시작될 때부터 죽음 욕동은 중대한 역할을 한다고 주장하기까지 한다. 왜냐하면 그것은 외부 대상을 향해 있을 뿐 아니라, 유기체 내에 작용하여 붕괴되고 사멸된다는 불안을 가져오기 때문이다. 그러나 그러한 클라인의 마니교적인 이원론이 프로이트가 자신의 이원론에 부여한 모든 의미를 받아들이고 있는지는 의문의 여지가 있다. 사실 멜라니 클라인이 내세운 두 가지 유형의 욕동은 그것들의 목표가 대립적일 뿐, 그것들의 기능 원리에서는 근본적인 차이가 없다.

*

프로이트의 후예들이 죽음 욕동의 개념을 통합하는 데 있어서 부닥친 어려움은, 프로이트가 후기 이론에서 욕동Trieb이라는 용어로 가리키고자 했던 것이 무엇인지에 대해 자문하는 것으로 이어진다. 사실 프로이트가 가령 인간의 성욕의 기능 작용을 상세히 기술하면서 보여주었던 것(『성이론에 관한 세 편의 논문』, 1905)과, 임상적으로 관찰되는 갈등의 차원보다는, 인간 개인을 넘어서는 전투 — 왜냐하면 이것은 가장 원시적인 모든 생명체에게서조차 가려진 형태로 나타나기 때문에 — 에서 마주치게 되는 그러한 〈신화적 존재〉를, 욕동이라는 동일한 이름으로 가리키는 데에는 어려움이 있다: 〈…… 삶을 죽음으로 데려가려는 욕동의 힘은 모든 생명체에게 처음부터 작용한다. 그렇지만 그 힘의 존재를 직접 증명하는 것은 매우 어렵다. 왜냐하면 그것의 효과는 삶을 보존하려는 힘에 의해 가려져 있기 때문이다.〉[2e]

그 두 가지 기본적인 욕동의 대립은 동화와 이화(異化)라는 생명의 커다란 과정에서 접근해야 할 것이다. 결국 그것은 〈…… 무생물을 지배하는 대립 쌍, 즉 인력과 척력〉으로까지 환원될 수 있다.[1c] 사실 그러한 죽음 욕동의 근본적이고, 게다가 보편적인 양상은 프로이트에 의해 여러 방식으로 강조되고 있다. 특히 그것은 엠페도클레스와 쇼펜하우어의 철학적 개념들을 참조하는 것으로 입증되고 있다.

프로이트의 프랑스 역자들 가운데 몇몇은 후기 〈욕동〉 이론이 이전의 이론과 다른 차원에 있다는 것을 이미 느끼고 있었다. 그들이 〈삶의 본능instinct de vie〉과 〈죽음의 본능instinct de mort〉이라고 번역하는 것을 더 좋아했다는 사실이 그것을 보여주고 있다. 다른 데서는 프로이트의 *Trieb*을 〈*pulsion*(욕동)〉으로 번역했는데 말이다. 그러나 그러한 어휘는 비판의 여지가 있다. 왜냐하면 본능*instinct이라는 용어는 차라리 관용적으로, 생명의 질서에 특수한, 관찰 분석될 수 있는 미리 형성되고 정해진 행위를 내포하는 것이기 때문이다.(이것은 프로이트에게도 마찬가지다)

실제로 프로이트가 죽음 욕동이라는 용어로 분명히 드러내려고 하는 것은, 욕동이라는 개념에서 가장 근본적인 것, 즉 이전 상태로의 회귀이고, 결국 무생물의 절대적인 휴식으로의 회귀이다. 그가 여기서 가리키고 있는 것은, 특수한 유형의 욕동을 넘어서서, 모든 욕동의 원리*principe*에 속하는 것이다.

그 점에 관해서는, 프로이트가 오래 전부터 제기했던 〈심리 기능의 원칙〉, 무엇보다도 쾌락원칙과 관련하여 죽음 욕동을 위치시킬 때 느꼈던 어려움을 살펴보는 것이 유익할 것이다. 예를 들자면, 책제목 자체가 보여주듯이, 『쾌락원칙을 넘어서』에서 죽음 욕동은 소위 쾌락원칙을 실패하게 만드는 것으로 가정되는 것인데, 프로이트는 동시에 〈쾌락원칙이 실제로는 죽음 욕동에 봉사하는 것처럼 보인다.〉2f고 결론을 내리고 있다.

다른 한편, 그는 그러한 모순을 깨닫고 있었다. 그것은 그 뒤에, 그가 쾌락원칙*과 열반의 원칙*을 구분하는 계기가 된다. 후자는 긴장을 제로zéro로 환원하려는 경제학적인 원칙으로, 〈…… 완전히 죽음 욕동에 봉사하는 것이다.〉3c 쾌락원칙으로 말하자면, 그것의 정의는 경제학적이기보다 질적이다. 그것은 〈리비도의 요구를 나타낸다〉.3d

〈죽음 욕동의 경향을 나타내는〉 열반의 원칙의 도입이, 근본적으로 혁신적인 것인지의 여부는 의문의 여지가 있다. 프로이트가 그의 전 저작을 통해 제시하고 있는 쾌락원칙에 대한 정의를 통해, 우리는 그가 어떻게 두 경향 — 즉 흥분의 완전한 방출의 경향과 일정한 수준의 유지 경향(호메오스타시스) — 을 혼동하고 있는지를 쉽게 보여줄 수 있다. 더욱이 우리는 프로이트가 메타심리학을 최초로 구성할 때(「과학적 심리학 초고」, 1895), 그 두 경향을 구분하여, 한편으로는 관성의 원칙*에 대해 말하면서, 다른 한편으로는 어떻게 그것이 〈긴장의 수준을 일정하게 유지하려는〉 경향으로 변하는가를 보여주고 있다는 사실에 주목할 필요가 있다.10

게다가 그 두 경향은 두 가지 형태의 에너지 — 자유 에너지와 구속 에너지* — 와, 두 가지 방식의 심리 기능(1차 과정과 2차 과정*)과 일치했기 때문에, 더욱 더 계속 구분되었다. 그러한 관점에서, 우리는 프로이트가 파괴될 수 없는 탈현실적인déréel 것을 무의식의 본질로 여겨왔다는 사실을 죽음 욕동의 명제에서 재확인할 수 있다. 무의식적인 욕망 속에 있는 가장 근본적인 것에 대한 재확인은, 프로이트가 후기 이론에서 성욕에 부여하고 있는 기능에서의 변화와 상관관계가 있다. 사실 [후기 이론에서] 후자는 에로스라는 이름으로, 파괴적이고 현저하게 교란적인 힘으로서가 아니라 응집의 원리로서 정의되고 있다: 〈[에로스의] 목표는 갈수록 더 큰 단위를 형성하고 유지하는 것이다. 그것은 결합이다. 반대로 [죽음 욕동의] 목표는 집합을 해체하고, 따라서 사물을 파괴하는 것이다.〉1d (→ **삶 욕동**)

*

그렇지만 죽음 욕동이라는 개념에서 우리는 프로이트 사상의 기본적이고 항구적인 필수 조건의 새로운 변모를 드러낼 수 있지만, 그것이 새로운 착상을 가져온다는 것을 강조하지 않을 수 없다. 예컨대 그것은 가학-피학증에서 나타나는 파괴에의 경향을 환원할 수 없는 여건으로 만들고, 또한 그것은 심리 기능의 가장 근본적인 원칙의 특권화된 표현이고, 마지막으로 그것은 그것이 〈가장 욕동적인 것〉인 만큼, 공격적이거나 성적인 모든 욕망을 죽음의 욕망 *désir de mort*에 분리할 수 없을 만큼 결부시킨다.

1 프로이트 S., 「정신분석 개요」, 1938.
  a 전집 XV, 418[436] ; G.W., XVII, 71 ; S.E., XXIII, 148-9 ; 프, 8[O.C., XX, 238].
  b 전집 XV, 419[437] ; G.W., XVII, 71-2 ; S.E., XXIII, 149 ; 프, 9[O.C., XX, 238].
  c 전집 XV, 418[436] ; G.W., XVII, 71 ; S.E., XXIII, 149 ; 프, 8-9[O.C., XX, 238].
  d 전집 XV, 418[436] ; G.W., XVII, 71 ; S.E., XXIII, 148 ; 프, 8[O.C., XX, 237].
2 프로이트 S., 『쾌락원칙을 넘어서』, 1920.
  a 전집 XI, 317[321] ; G.W., XIII, 47 ; S.E., XVIII, 44 ; 프, 51[O.C., XV, 317].
  b 전집 XI, 323[327] ; G.W., XIII, 55 ; S.E., XVIII, 49 ; 프, 57[O.C., XV, 322].
  c 전집 XI, 330[334] ; G.W., XIII, 58 ; S.E., XVIII, 54 ; 프, 62[O.C., XV, 327].
  d 전집 XI, 328-9[333] ; G.W., XIII, 57 ; S.E., XVIII, 54 ; 프, 61[O.C., XV, 326].
  e 전집 XI, 323[327] ; G.W., XIII, 52 ; S.E., XVIII, 49 ; 프, 56-7[O.C., XV, 322].
  f 전집 XI, 342[347] ; G.W., XIII, 69 ; S.E., XVIII, 63 ; 프, 74[O.C., XV, 337].
3 프로이트 S., 「피학증의 경제학적 문제」, 1924.
  a 전집 XI, 423[429] ; G.W., XIII, 376 ; S.E., XIX, 163 ; 프, 216[O.C., XVII, 15-6].
  b 전집 XI, 424[430] ; G.W., XIII, 377 ; S.E., XIX, 164 ; 프, 217[O.C., XVII, 16].
  c 전집 XI, 418[424] ; G.W., XIII, 372 ; S.E., XIX, 160 ; 프, 212[O.C., XVII, 12].
  d 전집 XI, 418[424] ; G.W., XIII, 373 ; S.E., XIX, 160 ; 프, 213[O.C., XVII, 12].
4 프로이트 S., 「욕동과 욕동의 운명」, 1915.
  a 전집 XI, 114[112] sq. ; G.W., X, 220 sq. ; S.E., XIV, 127 sq. ; 프, 44[O.C., XIII, 174] sq.
  b 전집 XI, 128-9[127] ; G.W., X, 230 ; S.E., XIV, 138 ; 프, 63[O.C., XIII, 185].
  c 전집 XI, 130[128] ; G.W., X, 231 ; S.E., XIV, 139 ; 프, 64[O.C., XIII, 186].
  d 전집 XI, 115[113] ; G.W., X, 220-1 ; S.E., XIV, 128 ; 프, 45[O.C., XIII, 175].
5 프로이트 S., 『문명 속의 불만』, 1930.
  a 전집 XII, 298[310] ; G.W., XIV, 478 ; S.E., XXI, 119 ; 프, 55[O.C., XVIII, 305].
  b 전집 XII, 298[310-1] ; G.W., XIV, 478-9 ; S.E., XXI, 119 ; 프, 55[O.C., XVIII, 305].
  c 전집 XII, 300-1[313] ; G.W., XIV, 480 ; S.E., XXI, 121 ; 프, 56[O.C., XVIII, 307-8].
  d 전집 XII, 299[311] ; G.W., XIV, 479 ; S.E., XXI, 120 ; 프, 55[O.C., XVIII, 306].
  e 전집 XII, 301[313] ; G.W., XIV, 480-1 ; S.E., XXI, 121-2 ; 프, 56[O.C., XVIII, 308].
6 프로이트 S., 『억제, 증상 그리고 불안』, 1926.
  a 전집 X, 252[262] ; G.W., XIV, 155 ; S.E., XX, 125 ; 프, 48[O.C., XVII, 241].

ㅈ

b 전집 X, 251[262] ; G.W., XIV, 155 ; S.E., XX, 124-5 ; 프, 47-8[O.C., XVII, 241].

7 프로이트 S., 『자아와 그거』, 1923.

a 전집 XI, 390[395-6] ; G.W., XIII, 275 ; S.E., XIX, 46 ; 프, 203[O.C., XVI, 289].

b 4 장, *passim*.

c 전집 XI, 399[404] ; G.W., XIII, 283 ; S.E., XIX, 53 ; 프, 211[O.C., XVI, 296].

8 프로이트 S., 「정신분석」(1926), in 『끝이 있는 분석과 끝이 없는 분석』(새물결). G.W., XIV, 302 ; S.E., XX, 265; 프, [O.C., XVII, 291].

9 프로이트 S., 「끝이 있는 분석과 끝이 없는 분석」, in 『끝이 있는 분석과 끝이 없는 분석』, 1937. 한, 268 ; G.W., XVI, 88 ; S.E., XXIII, 243 ; 프, 28-9[O.C., XX, 45].

10 프로이트 S., 「과학적 심리학 초고」, 『정신분석의 탄생』, 1895. 한, 217-8 ; 독, 380-1 ; 영, 356-8 ; 프, 316-7.

중간 대상[과도적 대상]

프: *objet transitionnel*. 독: *Übergangsobjekt*. 영: *transitional object*. 스: *objeto transicional*. 이: *oggetto transizionale*. 포: *objeto transicional*.

위니콧D. W. Winnicott이 도입한 용어로, 특히 잠잘 때 젖먹이와 유아에게 선택적 가치를 갖고 있는 물질적 대상(예컨대 그가 입으로 빠는 이불 귀퉁이나 수건)을 가리킨다. 그 저자에 따르면, 그러한 형태의 대상에 의존하는 것은, 어린아이로 하여금 어머니와의 최초의 구강적인 관계와 〈진정한 대상 관계〉 사이의 중간 과정을 수행하게 하는 정상적인 현상이다.

중간 대상에 대한 위니콧의 생각의 본질은, 「중간 대상과 중간 현상*Transitional Objects and Transitional Phenomena*」, 1953)라는 논문에서 찾아볼 수 있다.

1. 임상적 서술의 차원에서, 그 저자는 어린아이에게 흔히 관찰되는 행위를 명확히 밝히고, 그것을 중간 대상과의 관계라고 지칭한다.

어린아이가 4개월에서 12개월 사이에, 털실 뭉치 또는 베개나 이불 귀퉁이 등과 같은 특정 대상에 애착을 보이는 것은 흔히 볼 수 있는 현상이다. 그들은 그것을 입으로 빨고 꼭 껴안기도 하며, 특히 잠잘 때는 그것이 없어서는 안 된다. 그러한 〈중간 대상〉은 오랫동안 그 가치를 지니다가, 점차 그 힘을 잃게 된다. 그것은 나중에, 특히 우울증의 국면에 접어들 때 다시 나타날 수도 있다.

위니콧은 어떤 몸짓과 여러 가지 구강 활동(예컨대 옹알이)을 같은 무리에 편입시키면서, 그것을 〈중간 현상〉이라고 명명한다.

2. 발생학적 차원에서, 중간 대상은 〈엄지손가락과 곰 인형〉 사이에 위치한다.[1a] 사실 그것은 〈어린아이와 거의 분리할 수 없는 부분〉[1b]이라는 점에서, 미래의 장난감과 구분되기도 하지만, 그것은 〈내가 아닌 어떤 것의 (최초의) 소유*not-me possession*〉이기도 하다.

리비도의 관점에서, 그 활동은 아직 구강적인 형태의 것이다. 달라지는 것은 대상의 위상이다. 가장 최초의 구강 활동(젖가슴과의 관계) 속에는, 위니콧이 〈1차적 창조성〉이라고 명명한 것이 존재한다: 〈젖가슴은 어린아이의 사랑하는 능력이나 소위 그의 욕구에 의해 끊임없이 재창조된다. [……] 어머니가 실제 젖가슴을 위치시키는 바로 그 자리에, 어린아이는 적당한 순간에 그것을 창조할 준비가 되어 있다.〉[1c] 나중에 현실 검증*이 작동하는데, 중간 대상과의 관계는 그 두 시기 사이에 위치한다. 그러니까 그것은 주관적인 것과 객관적인 것의 도중에 있는 것이다: 〈우리의 관점으로는, 대상은 외부로부터 오지만, 어린아이는 그것을 그렇게 생각하지 않는다. 그렇다고 그것이 내부로부터 오는 것도 아니기 때문에, 환각도 아니다.〉[1d]

3. 중간 대상이 주체와 분명히 구분되는 대상에 대한 지각을 향해 가는, 다시 말해 〈엄밀한 의미에서의 대상 관계〉를 향해 가는 한 단계를 구성한다고 해서, 뒤에 오는 개체의 발달에 의해 그 기능이 폐지되는 것은 아니다. 〈중간 대상과 중간 현상은 처음부터 모든 인간 존재에게 영원히 중요한 것으로 남을 어떤 것 — 즉 의심의 여지가 없는 중립적 경험의 영역 — 을 끌어들인다.〉[1e] 그것들은 위니콧에 따르면, 〈착각*illusion*〉의 영역에 속한다: 〈내적 현실에도 속하지 않고 외적 현실에도 속한다고 할 수 없는, (양쪽에 걸쳐 있는) 그러한 중간 영역의 경험은, 어린아이의 체험에서 가장 중요한 부분을 구성한다. 그것은 전 생애를 통해, 예술, 종교, 상상 활동, 과학적 창조의 영역에 속하는 강렬한 경험으로 연장된다.〉[1f]

1 Winnicott D. W., 영, in *I.J.P.*, XXIV, 2 ; 프, in *La Psychanalyse*, V, P.U.F., Paris, 1959.
  a 영, 89 ; 프, 22.
  b 영, 92 ; 프, 30.
  c 영, 95 ; 프, 36.

중간 대상[과도적 대상]

d 영, 91 ; 프, 27.
e 영, 95 ; 프, 37-8.
f 영, 97 ; 프, 41.

중립성

프: *neutralité*. 독: *Neutralität*. 영: *neutrality*. 스: *neutralidad*. 이: *neutralità*. 포: *neutralidade*.

치료에서 분석가의 태도를 정의하는 자질 중의 하나. 분석가는 종교, 도덕, 사회적 가치에 대해 중립적이어야 한다. 다시 말해 어떤 이상(理想)이든지 그것에 따라 치료를 지도해서는 안 되고 어떤 조언도 삼가야 한다. 전이의 표명에 대해서도 중립적이어야 한다. 그것은 보통 〈환자의 게임에 개입하지 말라〉는 공식으로 표현된다. 마지막으로 피분석자의 담화에 대해서도 중립적이어야 한다. 다시 말해, 담화의 어떤 부분이나 어떤 형태의 의미작용을 이론적인 선입견에 따라 선험적으로 특권화해서는 안 된다.

정신분석 기법은 환자에 대한 치료사의 계획적인 영향을 내포하고 있는 암시요법으로부터 벗어나, 중립성이라는 개념으로 나아간다. 그러한 발전의 흔적은 『히스테리 연구』(1895)에서 발견되고 있다. 그 저서의 말미에서 프로이트가 치료사의 행위에 대해 다음과 같이 쓰고 있다는 데 주목하자: 〈우리는 (무지가 두려움을 일으키는 곳에서) 될 수 있으면, 계몽가*Aufklärer*로서, 선생으로서, 보다 자유롭고 높은 세계에 대한 생각의 대표로서, 일단 고백을 들은 뒤, 그것에 대한 지속적인 공감과 존중에 의해 일종의 사면을 행사하는 신부(神父)로서 행동한다.〉[1]

「정신분석적 치료를 하는 의사를 위한 조언」(1912)에서, 프로이트는 중립성이 무엇을 의미하는지에 대해 아주 정확한 개념을 제시하고 있다. 그는 거기서 〈치료의 오만〉과 〈교육의 오만〉을 고발하고 있다. 그는 〈환자에게 지침 — 기억을 집중하라든지, 어떤 특정 시기의 삶을 생각하라든지 하는 등 — 을 내리는 것을 금기〉[2a]로 여기고 있다. 분석가는 외과 의사처럼 단 하나의 목적만을 갖고 있어야 한다: 〈…… 가능한 한 능란하게 수술을 성공적으로 이끌어야 한다.〉[2b]

「치료의 시작에 대하여」(1913)에서, 프로이트는 전이의 확립은 분석의 중립성에 달려 있다고 보고 있다: 〈처음부터 이해가 바탕이 된 공감의 관점과는 다른 관점 ─ 예컨대, 도덕군자의 관점 ─ 을 취하거나, 제3자의 대표자나 대리인으로 행동하면 [······] 최초의 성공을 망칠 수 있다.〉[3] 중립성이라는 개념은,「정신분석적 치료의 길」(1918)의 다음과 같은 구절 ─ 이것은 융 학파를 겨냥하고 있다 ─ 에서도 아주 강하게 표현되어 있다: 〈우리는 우리에게 도움을 요청하면서 우리의 손안에 들어오는 환자를, 우리 자신의 재산으로 여기는 것을 단호히 거부한다. 우리는 그를 위해 그의 운명을 결정하거나, 그에게 우리의 이상을 주입시키거나, 창조자의 오만으로 그를 우리의 이미지에 따라 만들려고 하지 않을 것이다.〉[4]

외교 용어에서 빌려온 관대한 중립성이라는 표현은, 분석가의 태도를 규정하는 데 있어서 고전이 되었지만, 정작 프로이트에게는 나타나지 않는다는 것에 주목할 필요가 있다. 그리고 중립성의 요구는 엄격하게 치료에 관계된 것이라는 사실을 덧붙여두자. 그것은 기술적인 권고로, 정신분석가라는 직업을 수행하는 사람의 절대적인 〈객관성〉을 내포하지도 보증하지도 않는다.[5] 중립성은 분석가라는 실존 인물을 규정하는 것이 아니라 그의 기능을 규정하는 것이다. 해석을 하고 전이를 견디는 사람은 중립적이어야 한다. 즉 심리-사회적인 개인으로서 개입해서는 안 된다. 그것은 분명히 절대적인 명령이라기보다 이상적인 목표이다.

중립성과 관계된 모든 권고가 항시 고수되는 것은 아니지만, 일반적으로 분석가들은 그것에 대해 이의를 제기하지 않는다. 그럼에도 불구하고, 가장 정통적인 분석가들조차 특수한 경우(특히 어린아이의 불안이나 정신증, 몇몇 도착증)에는, 절대적인 중립성이 바람직하거나 가능하지 않은 것으로 여기는 경우가 있다.

1 프로이트 S.,「히스테리의 정신치료에 관하여」, in『히스테리 연구』, 1895. 전집 III, 367[375] ; G.W., I, 285 ; S.E., II, 282 ; 프, 228[O.C., II, 308].

2 프로이트 S.,「정신분석적 치료를 하는 의사를 위한 조언」(1912), in『정신분석적 정신치료』.

a G.W., VIII, 386 ; S.E., XII, 119 ; 프, 70-1[O.C., XI, 154].

b G.W., VIII, 381 ; S.E., XII, 115 ; 프, 65[O.C., XI, 149].

3 프로이트 S.,「치료의 시작에 대하여」(1913), in『정신분석적 정신치료』. G.W., VIII, 474 ; S.E., XII, 140 ; 프, 100[O.C., XII, 181].

4 프로이트 S., 「정신분석적 치료의 길」(1918), in 『끝이 있는 분석과 끝이 없는 분석』(새물결). G.W., XII, 190 ; S.E., XVII, 164 ; 프, 137-8[O.C., XV, 105].

5 이 점에 대한 적절한 지적은 다음의 책에서 발견할 수 있다: Glover Ed., *The Technique of Psycho-Analysis*, 1955; 프. *Technique de la psychanalyse*, P.U.F., Paris, 1958, 197.

중층결정[다원결정]

프: *surdétermination*(또는 *détermination multiple*). 독: *Überdeterminierung*(또는 *mehrfache Determinierung*). 영: *overdetermination*(또는 *multiple determination*). 스: *superdeterminación*. 이: *sovradeterminazione*. 포: *superdeterminação*(또는 *determinação múltiplia*).

무의식의 형성물 ― 증상, 꿈 등 ― 의 결정 요인이 복수라는 사실을 가리킨다. 그것은 상당히 다른 두 가지 의미로 이해될 수 있다:
a) 무의식의 형성물은 여러 원인의 결과이다. 왜냐하면 단 하나의 원인으로는 그것을 설명하기에 충분하지 않기 때문이다.
b) 그 형성물은 여러 가지 무의식적인 요소 ― 이 요소는 의미 있는 서로 다른 시퀀스를 조직하고, 각각의 시퀀스는 특수한 해석의 차원에서 보면 그 자체로 일관성을 갖고 있다 ― 와 관련되어 있다. 이 두 번째 의미가 가장 일반적으로 받아들여지고 있는 의미이다.

그 두 의미가 아무리 다르다고 하더라도, 그것들 사이에 통하는 점이 없는 것은 아니다.

『히스테리 연구』(1895)에서, 그것들은 서로 병치되어 있다. 가끔,[1a] 히스테리 증상은 기질적인 소질과 동시에 여러 가지 외상적 사건의 결과라는 점에서, 중층결정된다고 말해진다. 그러한 요인 중의 하나만으로는 증상을 일으키거나 유지하기에 충분하지 않다. 그래서 정화 요법은 히스테리적인 기질을 개선하지 않고도, 회상과 외상의 해소를 통해 증상을 사라지게 하는데 성공할 수 있는 것이다. 프로이트의 같은 책의 다른 구절은 두 번째 의미에 접근하고 있다: 즉 증상을 〈병인의 핵〉에 연결시켜 주는 연상의 사슬은, 〈여러 가닥으로 나뉘면서도 하나로 수렴되는 체계〉[1b]를 이루고 있다.

중층결정을 가장 여실히 예증해주는 것은 꿈의 연구이다. 사실 정신분석이 보여주고 있는 바대로, 〈…… 꿈의 발현 내용의 각 요소는 중층결정된다 *surdéterminé*. 즉 그것은 꿈의 잠재적 사고에서 여러 차례 연상된다.〉[2a] 중층결정은 압축* 작업의 결과이다. 그것은 꿈의 개별적인 요소의 차원에서만 나타나는 것이 아니라, 꿈 전체가 중층결정될 수도 있다: 〈…… 압축의 결과는 아주 놀라운 것이다. 그것은 기회만 있으면, 완전히 다른 두 계열의 잠재적 사고를 하나의 꿈-내용으로 결합시킨다. 그래서 2단계의 해석의 가능성을 깨닫지 못하면, 겉으로만 충분해 보이는 꿈의 해석밖에 얻지 못하게 된다.〉[3a] (→ **중층 해석**)

그렇다고 중층결정이, 증상이나 꿈이 무한하게 해석될 수 있는 것을 보장하는 것은 아니라는 사실을 강조할 필요가 있다. 프로이트는 꿈을, 어떤 단어나 문장이 겉보기에 많은 해석을 포함하고 있는 것 같은 고대 언어에 비유한다.[3b] 그러한 고대 언어에서 애매성을 일소하는 것은, 문맥이나 억양이나 부수적인 부호들이다. 꿈의 불확정성은 그보다 더 근본적이긴 하지만, 여러 가지 해석의 가능성이 과학적으로 증명될 수 있다.

또한 중층결정이 동일한 현상의 여러 의미가 독립적이고 평행적이라는 사실을 의미하는 것은 아니다. 의미 있는 여러 사슬은, 연상이 증명해주듯이, 하나 이상의 〈마디점[결절]*point nodal*〉에서 교차한다. 증상은 그러한 여러 의미가 교차하여 서로 타협*compromis*을 실현한 흔적을 갖고 있다. 프로이트는 히스테리 증상의 예에 근거하여, 〈…… 그것은 상반된 두 욕망 — 서로 다른 두 심리 체계에서 나오는 — 이 단 하나의 표현에서 실현될 때에만 나타날 수 있다.〉[2b]는 것을 보여주고 있다.

그렇다면 우리의 정의 중, a)의 의미에서 남는 것은 무엇인가? 분석해야 할 현상은 하나의 합력이다. 중층결정은 실증적인 특징이라는 뜻이지, 완전하고 유일한 의미가 없다는 것을 뜻하는 것은 아니다. 라캉은 중층결정이 무의식의 형성물의 일반적인 특징이라는 사실을 다음과 같이 강조하고 있다: 〈프로이트에 따르면, 정신분석적 정신병리학에서 하나의 증상으로 받아들여지기 위해서는, 그것이 신경증적이든 아니든 간에, 이중 의미가 구성하는 최소한의 중층결정이 요구된다. 즉 그것은 지나가버린 갈등을 상징한다. 그것 못지않게 상징적인 현재의 갈등 속에 있는 그것의 기능 너머로 사라져버린 갈등 말이다. [……]〉[4] 그 이유는 (넓은 의미에서) 증상은 〈언어처럼 구조화되고〉, 따라서 본질적으로 의미의 미끄러짐과 중첩에 의해 구성되기 때문이다. 한 단어가 하나의 신호로 환원될 수 없는 것과 마찬가지로, 증상은 유일한 무의식적인 내용의 일의적(一義的)인 기호가 아니다.

1 프로이트 S., 『히스테리 연구』, 1895.

a 전집 III, 342-3[348-9] ; G.W., I, 261 ; S.E., II, 262-3 ; 프, 211, 169-70[O.C., II, 287] 참조.

b 전집 III, 375[383] ; G.W., I, 293-4 ; S.E., II, 289 ; 프, 234[O.C., II, 316].

2 프로이트 S., 『꿈의 해석』, 1900.

a 전집 IV, 342[354] ; G.W., II-III, 289 ; S.E., IV, 283 ; 프, 212[O.C., IV, 326].

b 전집 IV, 658[683] ; G.W., II-III, 575 ; S.E., V, 569 ; 프, 466[O.C., IV, 622].

3 프로이트 S., 『정신분석 입문 강의』, 1916-17.

a 전집 I, 235[245] ; G.W., XI, 176 ; S.E., XV, 173 ; 프, 191[O.C., XIV, 178].

b 전집 I, 312-18[327-34] ; G.W., XI, 234-9 ; S.E., XV, 228-33 ; 프, 249-54[O.C., XIV, 235-40] 참조.

4 Lacan J., "Fonction et champ de la parole et du langage en psychanalyse", in *La Psychanalyse*, P.U.F., Paris, 1956, I, 114.

중층 해석[다원 해석]

프: *surinterprétation*. 독: *Überdeutung*. 영: *over-interpretation*. 스: *superinterpretatión*. 이: *sovrinterpretazione*. 포: *superinterpretação*.

프로이트가 꿈에 대하여 여러 차례 사용한 용어로, 일관성이 있고 언뜻 보기에 완벽한 1차 해석이 이루어졌는데도, 2차적으로 밝혀지는 해석을 가리킨다. 중층 해석의 본질적인 근거는 중층결정*에서 찾을 수 있다.

『꿈의 해석』(1900)의 몇몇 구절에서 프로이트는 꿈의 해석이 완벽하다고 간주할 수 있는지를 자문하고 있다. 다음과 같은 구절이 그 예이다: 〈하나의 꿈이 완벽하게 해석되는 것은 실제로 절대 불가능하다는 것을 나는 이미 지적한 바 있다. 그 해석이 만족스럽고 결함이 없는 것 것처럼 보일지라도, 꿈은 항상 다른 의미를 갖고 있다.〉[1a]

이미 나름대로의 일관성과 가치를 갖고 있는 해석에 새로운 해석이 추가되는 모든 경우를, 프로이트는 중층 해석이라고 말하고 있다. 그러나 중층 해석이라는 개념은 문맥에 따라 상당히 다르게 나타난다.

중층 해석의 근거는 여러 층들의 의미작용의 중첩에 있다. 프로이트의 저작에서 그러한 층계를 이해하는 방식은 다양하다.

예컨대, 피분석자의 새로운 연상이 재료를 확장하면서 분석가로 하여금 새로운 접근을 하게 한다면, 약간 산만하고 피상적인 것일지라도, 어떤 의미에서 중층 해석이라고 말할 수 있다. 그 경우 중층 해석은 재료의 증가와 관계가 있다.

좀 더 정확한 의미에서, 그것은 의미작용과 관계가 있으며, 보다 〈깊은〉해석과 동의어이다. 실제로 해석은 주체의 행동과 표현을 규명하거나 밝히는데 그치는 것에서부터, 무의식적 환상을 대상으로 하는 단계에 이르기까지 여러 단계로 되어 있다.

그러나 하나의 꿈의 중층 해석의 가능성과, 나아가 그것의 필연성의 기초가 되는 것은, 꿈의 형성에 작용하는 기제들 — 특히 압축* — 이다: 압축은 단 하나의 이미지가 일련의 〈무의식적인 사고의 행렬〉전체를 참조하게 한다. 아마 좀 더 나아가 단 하나의 꿈이 여러 욕망의 표현일 수 있다는 것을 인정해야 할 것이다. 〈꿈은 종종 하나 이상의 의미를 갖고 있는 것처럼 보인다. 여러 욕망의 성취가 꿈속에서 서로 통합될 뿐 아니라, [……] 하나의 욕망의 성취는 다른 욕망의 성취를 은폐하고 있어서, 그 밑바닥에서 아주 어린 시절의 욕망의 성취와 마주칠 수 있다.〉[1b]

여기서 그러한 궁극적인 욕망이 중층 해석을 할 수 없는, 더 이상 나아갈 수 없는 마지막 지점인지 의문을 제기할 수 있다. 아마 그것이 바로『꿈의 해석』의 유명한 구절에서, 프로이트가 꿈의 배꼽*l'ombilic du rêve*이라는 이미지로 환기하려는 것이다: 〈가장 잘 해석된 꿈에서조차, 흔히 어떤 점을 어둠 속에 남겨놓지 않을 수 없다. 왜냐하면 해석을 할 때, 더 이상 풀리지 않으면서도 꿈-내용에 새로운 어떤 것도 덧붙여지지 않는, 꿈-사고가 밀집된 매듭이 나타나는 것을 깨닫게 되기 때문이다. 그것이 바로 꿈의 배꼽으로, 꿈이 미지의 세계에 도달하는 지점이다. 해석을 통해 우리가 도달하는 꿈-사고는 본질상 결말이 있을 수 없다. 그것은 우리 정신세계의 복잡한 망 속에서 사방으로 가지를 친다. 그러한 그물망이 특별히 조밀한 한 지점에서, 버섯이 균사체에서 나오는 것처럼 꿈의 욕망이 자란다.〉[1c]

1 프로이트 S., 『꿈의 해석』, 1900.

중층 해석[다원 해석]

a 전집 IV, 337[349] ; G.W., II-III, 285 ; S.E., IV, 279 ; 프, 208[O.C., IV, 321].
b 전집 IV, 271[281][; G.W., II-III, 224 ; S.E., IV, 214 ; 프, 166[O.C., IV, 257].
c 전집 IV, 612[634] ; G.W., II-III, 530 ; S.E., V, 525 ; 프, 433[O.C., IV, 578].

증상 형성

프: *formation de symptôme*. 독: *Symptombildung*. 영: *symptom-formation*. 스: *formación de síntoma*. 이: *formazione di sintomo*. 포: *formação de sintoma*.

정신신경증의 증상은 특수한 과정과 심리 가공의 결과라는 사실을 가리키기 위하여 사용된 용어.

프로이트의 전 저작에서 발견되는 이 용어는, 정신신경증의 여러 증상의 형성은 신경증 발생의 특수한 시기로 간주되어야 한다는 것을 강조하고 있다. 처음에 프로이트는 그 시기를 방어의 시기와 본질적으로 구분되는 것으로 보는 것을 망설인다. 그렇지만 그는 결국 증상 형성을 격리[억압]된 것의 회귀와 동일시하고, 격리[억압]를 별도의 과정으로 만든다. 증상에 특유의 형태를 부여하는 요소는, 방어 갈등에서 작용하는 요소와 비교적 관계가 없기 때문이다 : 〈…… 증상 형성의 기제와 격리[억압]의 기제는 일치하는가? 그것들은 아주 다를 가능성이 더 많다. 대체 형성과 증상을 일으키는 것은 격리[억압] 그 자체가 아니다. 그것들은 격리[억압]된 것의 회귀의 표시이다. 그것들은 자신의 존재를 전혀 다른 과정에 빚지고 있다.〉[1] (→ **격리[억압]된 것의 회귀, 신경증의 선택**)

넓은 의미에서 증상 형성은 〈대체 형성〉*이나 〈타협 형성〉*의 형태로 된 격리[억압]된 것의 회귀뿐만 아니라, 〈반동 형성〉*도 포함한다.[2]

그러한 여러 용어에서 독일어의 *Bildung*(형성)은, 프로이트의 용법에서 과정과 동시에 그 과정의 결과를 가리킨다.

1 프로이트 S., 「격리[억압]」, 1915. 전집 XI, 148[147] ; G.W., X, 256-7 ; S.E., XIV, 154 ; 프, 82-3[O.C., XIII, 199].
2 예컨대 프로이트 S., 「정신분석에 관하여 [정신분석의 기본 원칙과 목적에 관하여]」 (1911), in 『정신분석적 정신치료』. S.E., XII, 208; 프 [O.C., XI, 31] 참조.

지각의 동일성—사고의 동일성

프: *identité de perception—identité de pensée*. 독: *Wahrnehmungsidentität—Denkidentität*.영: *perceptual identity—thought identity*. 스: *identidad de percepción—identidad de pensamiento*. 이: *identità di percezione—identità di pensiero*. 포: *identidade de percepção*(또는 *perceptual*)*—identidade de pensamento*.

1차 과정과 2차 과정이 각각 지향하는 것을 가리키기 위하여 프로이트가 사용한 용어. 1차 과정은 충족 체험에서 기인하는 대상의 이미지와 동일한 지각을 되찾는 것을 목표로 하고 있고, 2차 과정에서 추구하는 것은 사고들 사이의 동일성이다.

그 용어들은 『꿈의 해석』(1900) 제7장에 처음 등장한다. 그것들은 충족 체험*이라는 프로이트의 개념과 관계가 있다. 1차 과정과 2차 과정은 순전히 경제학적인 용어 — 전자의 경우는 직접적인 방출이고, 후자에서는 충족의 억제, 연기 그리고 우회 — 로 정의될 수 있다. 그렇지만 우리는 지각의 동일성이라는 개념으로 경제학적인 영역에서 나와, 표상들 사이에 세워져 있는 등가에 주목해야 한다.

충족 체험은 지각의 동일성을 추구하는 기원이다. 그것은 선택된 대상의 표상을, 뛰어나게 충족을 주는 방출과 결부시킨다. 그로부터 주체는 〈욕구 충족과 결부된 지각을 반복하게〉[1a] 된다. 최초의 환각이 지각의 동일성을 얻는 지름길이다. 일반적으로 1차 과정은 그러한 모델에 따라 작용한다고 말할 수 있다. 프로이트는 『꿈의 해석』의 또 다른 장에서, 두 이미지 사이의 동일성의 관계(〈동일시〉)는, 논리적 관계 중에서도 꿈에 고유한 정신 기능과 가장 잘 일치하는 것이라는 사실을 지적하고 있다.[1b]

사고의 동일성은 지각의 동일성과 다음과 같은 이중의 관계에 있다:

1. 그것은 심리 과정을 쾌락원칙의 배타적인 지배로부터 해방시키는 것을 목표로 하고 있다는 점에서, 지각의 동일성의 변형이다: 〈사고는 표상들의 강도(強度)에 미혹되지 않고, 그것들 사이의 연결 통로에만 관계한다.〉[1c] 그러한 의미에서 그 변형은 논리학에서 동일률이라고 부르는 것으로부터의 해방이라고 할 수 있다.

2. 그렇지만 그것은 여전히 지각의 동일성에 봉사한다: 〈…… 기억 이미지

로부터 외부 세계에 의한 지각의 동일성의 수립에 이르는 모든 복잡한 사고 활동은, 욕망의 성취에 이르는 에움길[우회]*détour* ── 그 체험에 의해 필수적이 되어 버린 ── 에 지나지 않는다.〉[1d]

우리가 여기서 정의한 용어들은 프로이트의 다른 글들에서는 더 이상 나타나지 않는다. 그렇지만 사고와 판단의 관점에서, 1차 과정과 2차 과정의 대립 개념은 그의 이론의 중심을 차지하고 있다. 그러한 대립은 다른 무엇보다도 사물 표상과 낱말 표상*의 대립에서 다시 나타난다.

*

프랑스의 다니엘 라가슈Daniel Lagache는 프로이트가 지각의 동일성과 사고의 동일성 사이에 세워 놓은 대립의 이점을 여러 차례 강조한다. 그는 특히 그 대립을, 자아가 지각 동일성의 영향 아래 있는 방어적인 강박과, 불쾌한 관념이나 정동의 간섭에 저항할 수 있는 주의력과 분별력을 작동시키는 해방 기제*를 구별하는 수단으로 삼고 있다: 〈…… 각 사고의 대상의 개별적인 동일성을 유지하는 객관화하는 동일시는, 융합적인 동일시에 반대해야 한다.〉[2]

또한 동일성의 두 방식의 구별은 감성과 이성이나, 〈감정의 논리〉와 이성의 논리의 전통적인 대립으로 환원될 수 없다는 것에 주목하자. 사실 『꿈의 해석』 전체가 〈학문적〉 편견에 대항하여, 꿈은 로고스*logos*의 첫 번째 기능 방식을 구성하는 법칙에 복종한다는 사실을 확립하는 것을 목표로 하고 있다.

1 프로이트 S., 『꿈의 해석』, 1900.

  a 전집 IV, 654[679] ; G.W., II-III, 571 ; S.E., V, 565 ; 프, 463[O.C., IV, 620].

  b 전집 IV, 381[395] sqq. ; G.W., II-III, 324 sqq. ; S.E., IV, 319 sqq. ; 프, 238[O.C., IV, 364] sqq. 참조.

  c 전집 IV, 693[721] ; G.W., II-III, 607-8 ; S.E., V, 602 ; 프, 491[O.C., IV, 657].

  d 전집 IV, 655[680] ; G.W., II-III, 572 ; S.E., V, 566-7 ; 프, 464[O.C., IV, 621].

2 Lagache D., "La psychanalyse et la structure de la personnalité", 1958, in *La psychanalyse*, Paris, P.U.F., 6, 51.

지각-의식 체계

프: *perception-conscience*(*Pc-Cs*). 독: *Wahrnehmung-Bewusstsein*(*W-Bw*). 영:

perception-consciousness(*Pcpt.-Cs.*). 스: *percepción-conciencia*. 이: *percezione-coscienza*. 포: *percepção-consciência*.

→〈의식〉B의 의미 참조.

지도 분석

프: *psychanalyse contrôlée*(또는 *sous contrôle*). 독: *Kontroll-Analyse*. 영: *control*(또는 *supervisory, supervised*) *analysis*. 스: *análisis de control*(또는 *supervisión*). 이: *analisi di controllo*(또는 *analisi sotto controllo*) 포: *análise sob contrôle*(또는 *supervisão*).

교육 과정 중에 있는 분석가에 의해 인도되는 정신분석으로, 그가 그 분석을 숙련된 분석가에게 정기적으로 보고하면, 그 분석가는 치료에 대한 이해와 방향에서 그를 지도하고, 그가 역전이를 의식하게끔 도와준다. 이러한 수련 방법은 학생으로 하여금 다른 방식의 정신치료 행위(암시, 충고, 지도, 해명, 지지 등)에 비해, 고유한 의미에서의 정신분석 치료가 무엇으로 이루어져 있는지를 파악하도록 하기 위해 특별히 고안된 것이다.

지도 분석이 실행되기 시작한 것은 1920년경인데,[1] 그것은 점차 정신분석가의 전문적인 수련의 주된 요소가 되고, 전문가 자격 취득의 선행 조건이 된다. 오늘날 후보자는 자기 자신의 교육 분석*이 충분히 진전된 다음에야 비로소, 지도 분석(후보자는 일반적으로 두 번의 지도 분석을 수행해야 한다)을 시도할 수 있는 권한을 갖게 되는 것이, 여러 정신분석 협회에서 통용되는 일반적인 현실이다.[α]

α 지도의 주요한 두 측면을, 지도 분석*Kontrollanalyse*과 분석 지도*Analysenkontrolle*라는 두 용어로 구별하자는 제안이 있다는 것에 주목하자: 전자는 후보자의 역전이에 대한 분석을 가리키고, 후자는 환자의 분석에 대한 감독을 가리킨다.

1 아이팅온M. Eitingon이 1922년 국제 정신분석학회에 제출한, 베를린 정신분석 임상 강의에 대한 보고서 참조. in *I.J.P.*, 1923, 4, 254-69.

지배 욕동[장악 욕동]

프: *pulsion d'emprise*. 독: *Bemächtigungstrieb*. 영: *instinct to master*(또는 *for mastery*). 스: *instinto de dominio*. 이: *istinto*(또는 *pulsione*) *d'impossessamento*. 포: *impulso*(또는 *pulsão*) *de apossar-se*.

프로이트가 몇몇 경우에 사용한 용어이지만, 그 용법이 정확히 약호화된 적은 없다. 프로이트는 그 말로써, 힘으로 대상을 지배하는 것이 목표인, 2차적으로만 성욕과 결합되는 비성적(非性的)인 욕동을 의미한다.

독일어의 *Bemächtigungstrieb*라는 용어는 번역하기 어렵다.[α] 지금까지 사용되어 온 *pulsion de maîtrise*(제어 욕동)나 *instinct de possession*(소유 본능)이라는 번역어는 그다지 적합한 것 같지 않다. 왜냐하면 *maîtrise*(제어)는 통제된 지배를 상기시키고, *possession*(소유)은 유지해야 할 재산이라는 개념을 떠올리는데 반해, 독일어의 *sich bemächtigen*은 *s'emparer*(점령하다), *dominer par la force*(힘으로 지배하다)를 의미하기 때문이다. 그래서 우리가 보기에, *pulsion d'emprise* (지배 욕동)[β]라고 번역하는 것이 그 뉘앙스를 더 존중하는 것 같다.

프로이트에게서, 그 욕동은 무엇인가? 용어학적인 조사에 따르면, 도식적으로 다음의 두 가지 개념을 끌어낼 수 있다:

1. 『쾌락원칙을 넘어서』(1920)보다 이전의 논문에서, 지배 욕동은 2차적으로만 성욕과 결합되는 비성적(非性的)인 욕동으로 기술되어 있다. 그것은 처음부터 외부 대상을 향해 있으며, 어린아이의 원초적인 잔인성 속에 있는 유일한 요소이다.

『성이론에 관한 세 편의 논문』에서 프로이트는 처음으로 그 욕동을 언급한다. 어린아이의 잔인성의 기원은 애초부터 타인의 고통을 목표로 하는 것이 아니라, 오히려 타인을 고려하지 않는 데 있는 지배 욕동과 관계가 있다(가학증과 연민보다 이전 단계).[1a] 그것은 성욕과는 무관하다. 〈……그것들의 원천 지점 곁에 있는 관상(管狀) 기관의 접합 때문에, 그것이 아주 이른 단계에 성욕과 결합할 수 있음에도 불구하고 말이다.〉[1b]

「강박신경증의 소질」(1913)에서 문제가 되고 있는 것은, 가학적 항문기*에 지배적인 능동성–수동성*이라는 대립 쌍과 지배 욕동의 관계이다. 수동성이 항문 성애에 기반을 두고 있는데 반해, 〈…… 능동성은 넓은 의미에서의 지배 욕동 — 이것이 성욕동에 봉사할 때 우리는 그것을 가학증이라고 부른다 — 에서 기인한다.〉[2]

『성이론에 관한 세 편의 논문』의 1915년도 판에서, 프로이트는 가학적 항문기의 능동성과 수동성의 문제를 다시 거론하면서, 지배 욕동의 토대로 근육 조직을 지정한다.

마지막으로, 가학-피학증*에 관한 프로이트의 첫 번째 명제가 명확히 전개되고 있는 「욕동과 욕동의 운명」(1915)에서, 〈가학증〉의 최초의 목표는 폭력에 의한 대상의 굴복과 정복domination; Überwältigung이라고 정의된다. 고통을 주는 것은 원래의 목적이 아니다. 고통을 일으키려는 목표와, 성욕과의 결합은 피학증으로의 반전에서 나타난다. 성애적인 의미에서의 가학증은 두 번째 반전, 즉 피학증에서 대상으로의 반전의 결과이다.

2. 『쾌락원칙을 넘어서』와 더불어 죽음 욕동이라는 개념이 도입되면서, 특수한 지배 욕동의 문제가 다른 방식으로 제기된다.

가학증은 원래 주체 자신의 파괴를 목표로 하고 있는 죽음 욕동이 대상을 향해 방향을 바꿀 때 생긴다고 기술하고 있다: 〈정확히 말해 그 가학증은, 자기애적인 리비도의 영향으로 자아로부터 밀려난 죽음 욕동이 대상과 관계를 맺을 때 나타나는 것이라고 가정할 수 있지 않을까? 그렇게 해서 그것은 성적 기능에 봉사하게 된다.〉[3a]

피학증과 가학증에 관해 말하자면, 그것들은 죽음 욕동의 현신(現身)으로 생각되면서, 지배가 아닌 파괴가 강조된다.

대상에 대한 지배는 어떻게 될까? 그것은 더 이상 특수한 욕동과 결부되지 않는다. 그것은 죽음 욕동이 성욕동에 〈봉사하게〉 되면서 취하게 되는 하나의 형태로 나타난다: 〈리비도의 구강기적 조직 단계에서는, 사랑에서의 지배 Liebesbemächtigung가 아직 대상의 파괴와 일치하지만, 나중에 가학증적 욕동이 분리되고, 마지막으로 번식을 목적으로 하는 성기의 우위가 세워지는 단계에, 그것은 성적인 대상을 제어하는 기능 — 성행위의 수행이 그 기능을 요구함에 따라 — 을 갖게 된다.〉[3b]

*

한편, Bemächtigung(지배, 장악)이라는 말 옆에서, 그 의미와 아주 비슷한

　지배 욕동[장악 욕동]

Bewältigung(극복)이라는 말이 자주 발견된다는 데 주목할 필요가 있다. 우리는 그 말을 〈*maîtrise*(제어)〉라고 번역했는데, 일반적으로 프로이트는 욕동에 기원을 둔 흥분이든 외부 세계에 기원을 둔 흥분이든, 그것을 제어하고 구속하는 것을 가리킬 때, 흥분의 제어를 가리키기 위해 그 말을 사용한다.(→ **구속**)[Y] 그렇지만 용어상의 구분은 그렇게 엄격하지 않다. 특히 분석 이론의 관점에서, 대상에 대한 지배와 흥분의 제어 사이에는 몇 가지 공통점이 있다. 그래서 프로이트는 『쾌락원칙을 넘어서』에서, 어린아이의 놀이에서 볼 수 있는 반복을, 외상성 신경증에서 발견되는 반복과 같은 것으로 설명하면서, 〈…… 그 경향을 지배 욕동으로 돌리는……〉[3c] 가설을 내세우는 것이다. 여기서 대상에 대한 지배(대상이 상징적인 형태로 완전히 주체의 뜻에 맡겨지는 지배)는, 외상의 기억과 그 기억에 투여된 에너지에 대한 구속과 어깨를 나란히 하고 있다.

*

Bemächtigungtrieb(지배 욕동)에 대한 프로이트의 몇몇 지적을 응용하려는 얼마 안 되는 저자 중의 하나인 이브 헨드릭Ives Hendrick은, 그의 일련의 논문에서, 학습*learning*에 관한 연구로부터 영감을 받은 자아의 발달 심리학의 틀 내에서, 그 문제를 재론하고 있다. 그의 명제는 도식적으로 다음과 같이 요약될 수 있다:

1) 정신분석가들이 쾌락 추구의 기제를 위하여 무시해 온, 환경을 극복하기 위한 욕구, 즉 제어 본능*instinct to master*이 존재한다. 그것은 〈행동하려는 타고난 욕동이며, 어떻게 행동해야 하는지를 배우고자 하는 타고난 욕동〉[4a]이다.

2) 그 욕동은 본래 비성적이다. 그러나 그것은 2차적으로 가학증과 결합하여 리비도화된다.

3) 그것은 특별한 쾌락, 즉 기능을 성공적으로 수행하는 쾌락을 포함하고 있다: 〈…… 1차적 쾌락은 자아의 통합 기능의 성취를 위한 중추 신경 체계의 효과적인 사용에 의해 추구된다. 그러한 성취는 개인으로 하여금 환경을 통제하거나 변화시킬 수 있게끔 한다.〉[5a]

4) 왜 제어 본능*instinct*이라고 말하는 것일까? 왜 자아를 본능의 충족이 아닌 쾌락의 행태를 제공하는 조직으로 보지 않는 것일까? 그것은 그 저자가

지배 욕동[장악 욕동]

〈……어떤 힘이 자아를 작용하게 하는지를 설명할 수 있는 개념을 설정하고 자〉[6] 하기 때문이다. 그리고 〈자아를 본능이라는 용어로 정의하려고……〉[4b] 하기 때문이다. 또한 다른 한편으로 그에 따르면, 문제가 되는 것은, 〈…… 정신분석적으로 특수한 행동 패턴*patterns*으로 몰고 가는 생물학적인 긴장의 원천이라고 정의된 본능〉[5b]이기 때문이다.

그러한 개념은 우리가 프로이트의 저작에서 끌어낸 지배 욕동의 의미와 관계가 없지 않다. 그러나 헨드릭이 문제 삼고 있는 것은, 점차 적용되어 가는 행동 자체의 통제라는 2차적인 수준의 제어이다.

사실 프로이트가 자기 자신의 육체의 제어 — 즉 최초의 자기 지배의 경향 — 라는 개념을 생각하지 않은 것은 아니다. 그는 〈자기 자신의 사지(四肢)의 주인이 되려는*Herr werden* 어린아이의 노력〉[7]을 그 근거로 내세우고 있다.

α 프랑스어 번역에서, 이 용어는 다양하게 번역되기 때문에, 그 개념을 따로 떼어내기는 어렵다.

β 이미 그랭베르제B. Grunberger가 채택한 번역어(8).

γ 예컨대, 그러한 *Bewältigung*(극복)의 용법에 대해서는 프로이트의 여러 저작(9)을 참조할 것. 또한 *bändigen*(길들이다, 지배하다)이라든가, *Triebbeherrschung*(욕동 지배)(10)라는 용어도 발견된다.

1 프로이트 S., 『성이론에 관한 세 편의 논문』, 1905.
 a 전집 VII, 90[82] ; G.W., V, 93-4 ; S.E., VII, 192-3 ; 프, 89[O.C., VI, 129] 참조.
 b 전집 VII, 90-1[82-3] ; G.W., V, 94 ; S.E., VII, 193 ; 프, 89[O.C., VI, 129].
2 프로이트 S., 「강박신경증의 소질」, 1913. 전집 X, 114[118] ; G.W., VIII, 448 ; S.E., XII, 322 ; 프, 443[O.C., XII, 90].
3 프로이트 S., 『쾌락원칙을 넘어서』, 1920.
 a 전집 XI, 330[334] ; G.W., XIII, 58 ; S.E., XVIII, 54 ; 프, 62[O.C., XV, 327].
 b 전집 XI, 330[334-5] ; G.W., XIII, 58 ; S.E., XVIII, 54 ; 프, 62[O.C., XV, 327-8].
 c 전집 XI, 281[283] ; G.W., XIII, 14 ; S.E., XVIII, 16 ; 프, 15[O.C., XV, 286].
4 Hendrick I., "Instinct and the ego during infancy", 1942, in *Psychoanalytic Quarterly*, XI, 40.
5 Hendrick I., "Work and the pleasure principle", 1943, in *Psychoanalytic Quarterly*, XII, 40.
 a 311.
 b 314.
6 Hendrick I., "The Discussion of the 〈instinct to master〉", 1943, in *Psychoanalytic Quarterly*, XII, 563.
7 프로이트 S., 「욕동과 욕동의 운명」, 1915. 전집 XI, 118[116] ; G.W., X, 223 ; S.E.,

XIV, 130 ; 프, 49[O.C., XIII, 177].

8 Grunberger B., in *R.F.P.*, 1960, 24, n.2, 143.

9 가령, 프로이트 S., 「신경쇠약에서 〈불안 신경증〉이라는 특별한 증상복합체를 분리하는 근거에 관하여」, 1895. 전집 X, 37[36]과 39[38] ; G.W., I, 336과 338 ; S.E., III, 110과 112 ; 프, 34와 35[O.C. III, 50과 52]. 「자기애 소개」, 1914. 전집 XI, 61-2[59-60] ; G.W., X, 152 ; S.E., XI, 85-6 ; 프, 91-2[O.C., XII, 229]. 「한 소아 신경증의 이야기: 늑대인간」, 1918. 전집 IX, 257-9[265-7] ; G.W., XII, 83-4 ; S.E., XVII, 54-5; 프, 364[O.C., XIII, 51-3].

10 프로이트 S., 「끝이 있는 분석과 끝이 없는 분석」, in 『끝이 있는 분석과 끝이 없는 분석』, 1937. 한, 246, 252 ; G.W., XVI, 69, 74 ; S.E., XXIII, 225, 229-230 ; 프, 12[O.C., XX, 26, 30-1].

지성화

프: *intellectualisation*. 독: *Intellektualisierung*. 영: *intellectualization*. 스: *intelectualización*. 이: *intellettualizzazione*. 포: *intelectualização*.

주체가 자신의 갈등과 감정을 제어하기 위하여 그것에 논증적인 형태를 부여하는 과정. 그 용어는 흔히 나쁜 의미로 해석된다. 그것은 특히 치료에서, 정동과 환상의 출현과 그 것에 대한 인정보다, 추상적 사고에 우월성을 부여하는 것을 가리킨다.

지성화라는 용어는 프로이트에게서 찾아볼 수 없을 뿐더러, 정신분석 문헌 전체에서도 그 과정에 대한 이론적 설명이 거의 눈에 띄지 않는다. 그것에 대한 가장 명확한 텍스트는 젊은이의 지성화를 방어 기제로 기술하고 있는 안나 프로이트의 텍스트이다. 그러나 그녀는 그것을, 〈자아〉가 〈…… 의식적으로 가지고 놀 수 있는 개념에 욕동을 결부시킴으로써 그것들을 제어하려는〉 정상적인 과정의 악화로 보고 있다. 그 저자에 따르면, 지성화는 〈…… 인간의 자아의 가장 일반적이고 가장 오래되고 가장 필요한 후천적인 힘 중의 하나〉[1]이다.

지성화라는 용어는 특히 치료에서 마주치는 저항의 방식을 가리킨다. 그러한 저항의 방식은 다소 명백하지만, 항상 기본 원칙*의 내포적 의미를 회피하는 방식이다.

예컨대 어떤 환자는 자신의 문제를 합리적이고 일반적인 말로만 표현한다

(사랑의 선택에서 그는 결혼과 자유연애의 상대적인 장점에 대해 논할 것이다). 다른 환자는 자신의 이야기와 성격과 자기 자신의 갈등을 잘 떠올리면서도, 처음부터 그것들을 일관성 있게 재구성된 언어(정신분석적인 언어에서 빌려온 것일 수도 있다)로 표현한다: 가령, 아버지와의 관계에 대해 말하는 대신에 〈권위에 대한 반대〉를 내세운다. 지성화의 좀 더 미묘한 형태는 아브라함이 1919년부터 「정신분석 방법에 대한 신경증적 저항의 특수한 형태에 대하여Über eine besondere Form des neurotischen Widerstandes gegen die psychoanalytische Methodik」)에서 기술한 것과 대조해보아야 한다. 어떤 환자들은 〈좋은 분석적 작업〉을 하는 것 같다. 그들은 규칙을 적용해서, 기억과 꿈과 감정적 경험도 가져온다. 그러나 모든 것이 마치 프로그램에 따라 말하고 피분석자의 모델로서 행동하는 것처럼 진행된다. 그들 자신이 해석을 제공하고, 그렇게 함으로써 위험한 침입으로 여겨지는 무의식의 난입이나 분석가의 개입을 피한다.

지성화라는 용어를 사용하는 데는 몇 가지 유보 사항이 있다:

1) 우리의 마지막 예가 보여주듯이, 주체가 이미 발견한 사실과 이미 제시한 해석을 표현하고 흡수하는 필수적인 풍요로운 시간으로부터, 그러한 저항을 구분해내기가 항상 쉬운 것은 아니다.(→ **관통작업**)

2) 지성화라는 용어는 〈능력〉 심리학의 유산인 지적인 것과 감정적인 것의 대립에 의거하고 있다. 그리하여 분석치료에서 그것은 일단 지성화라는 사실이 고발되면, 〈감정의 체험〉에 대한 과대평가로 이어지게 되기 때문에, 정화요법과 혼동되는 결과를 가져온다는 위험이 있다. 페니셸Fenichel은 그 두 대칭적인 저항 모두를 지지하지 않는다: 〈…… 전자의 환자는 항상 합리적이고 감정의 특별한 논리와 타협하는 것을 거부한다; [……] 후자의 환자는 끊임없이 감정의 모호한 세계로 빠져들어 거기서 헤어나지 못한다. [……]〉[2]

*

지성화는 항상 정신분석에서 기술된 다른 기제 — 주로 합리화* — 와 비교된다. 지성화의 주된 목적 중의 하나는, 정동과 거리를 유지하고 그것을 중립화하는 것이다. 그 점에서 합리화는 다른 입장에 있다: 그것은 정동에 대한 조직적인 회피를 내포하는 것이 아니라, 합리적이거나 이상적으로 그것을 정당화시킴으로써, 그것에 동기 — 진실한 동기라기보다 그럴듯한 동기 — 를 부여한다.(예컨대 전시(戰時)에 가학적 행동은 전투와 조국애 등의 필연성에 의해 정당화된다).

1 Freud A., *Das Ich und die Abwehrmechanismen*, Imago Publishing, Londres, 1936. 독, 127 ; 프, P.U.F., Paris, 147.

2 Fenichel C., *The Psychoanalytic Theory of Neurosis*, Norton, New York, 1945. 영, 28 ; 프, P.U.F., Paris, 32.

지형학, 지형학적

프: *topique*(명사 및 형용사). 독: *Topik, topisch*. 영: *topography, topographical*. 스: *tópica, topográfico*. 이: *punto di vista topico, topico*. 포: *tópica, tópico*.

심리 장치가 여러 체계로 분화되어 있다고 가정하는 이론이나 관점. 그 각각의 체계는 서로 다른 특성이나 기능을 가지고 있으며, 서로에 대해 독특하게 배치되어 있어서, 그 것들은 심리적인 장소 ― 즉 공간적으로 형상화된 표상을 부여할 수 있는 심리적 장소 ―에 비유될 수 있다.
보통 프로이트는 두 가지 지형학을 이야기한다: 첫째는 무의식, 전의식, 의식 사이의 주요한 구분이고, 둘째는 그거, 자아, 초자아라는 세 가지 심역 사이의 구분이다.

장소*lieux*의 이론을 의미하는 *topique*(그리스어 *τόποι*[topoi]에서 파생)라는 용어는, 고대 그리스부터 철학 용어의 하나였다. 고대인들에게, 특히 아리스토텔레스에게 장소는 논증의 전제가 도출되는, 논리학적이거나 수사학적인 가치를 갖고 있는 항목이었다. 또한 독일 철학에서 칸트가 지형학이라는 용어를 사용했다는 것은 주목할 만하다. 그는 선험적 지형학이라는 말로, 〈각 개념에 적합한 장소에 대한 판단 결정······〉을 의미했다. 〈그러한 결정은 항상 개념들이 정확히 어떤 인식 능력에 속하는지를 분간하는 것이다.〉[α, 1]

*

I. 심리적인 지형학에 대한 프로이트의 가설은, 과학적인 맥락(신경학, 정신생리학, 정신병리학)에 그 뿌리를 두고 있다. 우리는 그 맥락 중에서 직접적으로 가장 결정적인 요소만을 지적하는 것으로 만족하고자 한다.

1. 19세기 후반에 지배적이었던 대뇌의 위치에 관한 해부-생리학 이론은, 아주 특수한 기능이나 특수한 형태의 표상이나 이미지 — 대뇌 피질의 어떤 부위에 저장되는 것으로 생각되는 — 를 엄밀하게 위치시키려는 신경학적인 토대에 정착하는 것을 겨냥하고 있다. 프로이트는 실어증에 대한 지형학적인 문제에 바친 1891년의 소책자에서, 그가 지형학이라고 부르는 그 이론을 비판한다. 그는 그 당시 베르니케Wernicke와 리히트하임Lichtheim 같은 연구자들이 제시했던 복잡한 해부학적인 도식의 한계와 모순을 지적하면서, 위치 지정에 대한 지형학적인 고찰을 기능 형태의 설명으로 보충해야 한다고 주장하고 있다.

2. 실제로 병리학적 심리학의 영역에서 일련의 관찰은, 항상 그리고 전체적으로 주체의 소질에 달려 있지는 않지만 힘을 보여줄 수 있는 행동, 표상, 기억들이, 거의 사실주의적인 방식으로 서로 다른 심리 군(群)과 관계한다는 것을 보여주고 있다: 최면 현상이나 〈이중인격〉의 경우 등이 그것이다.(→ **자아의 분열**)

그것이 바로 프로이트가 발견한 무의식이 시작되는 영역이다. 그러나 그 발견은 별개의 심리적 장소들이 존재한다는 것에 대한 인식에 그치는 것이 아니라, 그 각각의 장소에 서로 다른 기능의 본질과 방식을 할당해준다. 『히스테리 연구』(1895)에서부터 무의식의 개념은 심리 장치의 지형학적인 분화를 내포하고 있다. 무의식 그 자체는 층으로 조직되어 있으며, 따라서 정신분석적 탐구는 반드시 표상 군들 사이에 어떤 순서를 가정하는 몇몇 길을 통해 이루어지게 된다. 〈병을 일으키는 핵〉 주변에 진짜 〈고문서〉로 정돈되어 있는 기억의 조직은 단순히 연대기적인 것이 아니다. 그것은 여러 표상 사이의 연합이 다양한 방식으로 이루어지기 때문에 논리적인 의미도 갖고 있다. 다른 한편, 의식화, 즉 자아로 무의식적인 기억이 재통합되는 것도 공간적으로 형상화된 모델로 기술된다. 의식은 한 번에 하나의 기억만을 〈자아의 공간〉으로 통과시키는 〈협로(峽路)〉로 정의된다.[2]

3. 다 알다시피, 프로이트는 항상 브로이어가 지형학적인 심리 이론의 본질적인 가설을 세운 데 대해 경의를 표했다. 그 가설에 따르면, 심리 장치가 서로 다른 체계로 구성되는 한, 그 분화는 기능적 의미를 가져야 한다. 그래서 특히 그 장치의 똑같은 한 부분이 자극의 수용과 그것의 흔적의 보존이라는 모순된 기능을 동시에 수행할 수 없다.[3]

4. 마지막으로 꿈의 연구를 통해, 무의식의 영역이 고유한 기능 법칙을 갖고 있다는 개념이 명확해짐에 따라, 심리 체계 사이의 분리에 대한 가설이 강화된다. 그 점에 대해, 프로이트는 페히너Fechner의 직관을 높이 평가한다. 페히너는 이미 꿈의 행동 무대가, 각성 상태의 표상 활동이 약화된 형태로 연장되는 것이 아니라, 진정으로 〈다른 무대eine andere Schauplatz〉라는 사실을 인식했기 때문이다.[4a]

II. 심리 장치에 대한 첫 번째 지형학적 개념은,『꿈의 해석』(1900) 제7장에 나타나 있다. 그러나 그것의 전개는 「과학적 심리학 초고」(1895) — 여기서는 아직 그 개념이 뉴런 장치의 신경학적인 틀 속에서 설명되고 있다 — 에서부터, 그다음에는 플리스Fliess에게 보낸 편지 — 그 중에서도 1896년 1월 1일자 편지와 1896년 12월 6일자 편지[β] — 를 통해 추적할 수 있다. 다 알다시피, 그러한 제1지형학(이것은 1915년 메타심리학 텍스트에서 더욱 발전된다)은 세 가지 체계, 즉 무의식*, 전의식*, 의식*을 구분하고 있는데, 그 각각은 자신의 기능, 과정의 형태, 투여 에너지를 갖고 있으며, 고유한 표상 내용으로 특징지어진다. 프로이트는 그 체계들 사이에, 한 체계에서 다른 체계로의 이행을 억제하고 통제하는 검열*을 배치시키고 있다. 검열이라는 용어는 프로이트의 다른 이미지들(〈대기실〉, 체계 사이의 〈경계〉 등)과 마찬가지로 심리 장치 이론의 공간적 측면을 나타내고 있다.

지형학적 관점은 그러한 근본적인 구분을 넘어선다. 프로이트는 한편으로 1896년 12월 6일자 편지와 『꿈의 해석』 제7장의 도식에서, 독자적인 연합 법칙으로 특징지어지는 표상 군으로 구성된 연속적인 기억 체계들의 존재를 가정하고 있다. 다른 한편으로, 그 체계들의 차이는 한 지점에서 다른 지점으로의 에너지의 이동이 결정된 순서를 따라야 하는 것과 상관이 있다. 다시 말해, 그 체계들은 정상적인 〈전진적〉 방향이거나, 아니면 퇴행적인 방향으로 통과하게 된다. 꿈의 현상은 그러한 프로이트의 〈지형학적 퇴행〉이라는 말이 가리키는 것을 예증해 보여주고 있다. 거기서는 사고가 시각적인 특성을 띠면서 환각에까지 이른다. 즉 자극 발생의 기원에 있는 지각과 가장 가까운 이미지의 형태로 퇴행하는 것이다.

프로이트 이론이 내포하고 있는 심리적 장소라는 개념을 어떻게 이해해야 할까? 프로이트가 강조했듯이, 그것을 단순히 기능의 해부학적인 위치를 지정하는 새로운 시도로 보는 것은 잘못일 것이다: 〈나는 여기서 문제되고 있는 심리 장치가, 해부학적인 표본의 형태로 알려져 있다는 사실도 완전히 무시할 것이다. 우리는 심리의 위치를 어떻게든 해부학적으로 결정하고 싶은 유혹을 조심스럽게 피해야 한다.〉[4b] 그렇다고 하더라도, 실제로 해부학적인 참조가 없는 것은 아니라는 사실에 주목해야 한다. 예컨대, 『꿈의 해석』에서 모든 심리 과정은 심리 장치의 지각 말단과 운동 말단 사이에 위치하고 있다. 프로이트가 거기서 원용하고 있는 반사궁(反射弓, arc réflexe)의 도식은 〈모델〉의 기능을 갖고 있지만, 동시에 액면 그대로의 의미도 갖고 있다.[7] 그 이후에도 프로이트는 계속해서 여러 차례, 정확한 일치는 아닐지라도, 적어도 신경 체계의 공간 구조에서 유사성이나 비유를 구하고 있다. 예컨대, 그는 외부의 자극을 받아들이는 지각-의식 체계와 대뇌 피질의 말단 조직 사이에는 관계가 있다고 주장한다.

그렇지만 프로이트는 자신의 시도의 독창성이라고 여겨지는 부분에 대해서는 강한 집착을 보인다: 〈…… 심리 기능을 분해하여 각각의 특수한 기능을 심리 장치의 여러 부분에 할당함으로써 그 기능의 복잡성을 이해하게 만드는 것〉[4c]이 그것이다. 〈심리적 위치〉라는 개념은, 주지하다시피, 부분들끼리 서로에 대한 외재성과 각 부분의 특수성을 내포하고 있다. 그러한 개념은 시간 속에서 전개되는 과정에 일정한 순서를 정하는 것도 가능하게 만든다.[6]

마지막으로 프로이트는 심리 장치와 광학 기계(예를 들면, 복잡한 현미경)를 비교하고 있는데, 그것은 그가 심리적 장소lieu psychique라는 말로 무엇을 의미하는지를 분명히 보여주고 있다. 그것에 따르면, 심리 체계는 그것의 부품에 해당한다기보다 차라리 두 렌즈 사이에 있는 가공의 지점에 해당한다.[4d]

III. 체계들 사이의 구분 — 근본적으로 무의식과 전의식-의식[e] 사이의 분리 — 에 대한 주요 명제는, 똑같이 정신분석에 본질적인 역학적 개념 — 이것에 따르면 체계들은 서로 갈등 관계에 있다 — 과 분리할 수 없다.(→ **역학적, 심리적 갈등**) 그 두 가지 관점의 연결은 지형학적인 구분에 대한 기원의 문제를 제기한다. 아주 도식적으로 말하면, 우리는 프로이트의 저작에서 아주 다른 두 종류의 답을 찾을 수 있다. 하나는 나중에 심리 장치의 두 번째 이론에 의해 강화되는 발생학적인 색채를 띤 것으로(→ 특히 〈그거〉), 그 자체로 생물학적인 것에 뿌리를 두고 있는, 무의식 체계로부터 심역이 분화되고 출현한다는 가정이다(〈의식적인 모든 것은 처음에는 무의식적인 것이었다〉). 다른 하나는 무의식의 구성을 격리[억압] 과정으로 설명하는 것으로, 그러한 해결은 프로이트로 하여금 최초의 단계에 원격리[억압]*를 가정하게 한다.

IV. 1920년부터 프로이트는 인격에 대한 다른 이론을 세워 나간다(이것은 흔히 간단하게 〈제2지형학〉이라는 용어로 지칭된다). 일반적으로 사람들은 그러한 변화에 대한 주된 동기를, 무의식적인 방어를 점점 더 중요시하게 된 것으로 설명하고 있다. 그것은 방어 갈등의 양극과, 앞에서 정의한 체계 — 즉 격리[억압]된 것과 무의식, 자아와 전의식-의식 체계 — 를 일치시키는 것을 불가능하게 만든다.

사실 지금 문제가 되고 있는 수정된 의미를, 오래 전부터 프로이트에게 분명히 존재하고 있던 개념(→ **자아**)에 국한시킬 수는 없을 것이다. 그것을 필연적으로 만들었던 주요한 발견 중의 하나는, 여러 가지 동일시가 인격 형성과 그것들이 인격 속에 남겨 놓은 영구적인 형성물(이상, 비판적 심역, 자기 이미지)에서 수행하는 역할에 대한 것이었다. 그 두 번째 이론은 도식적인 형태로, 세 가지 〈심역〉을 끌어들인다: 즉 인격의 욕동의 극인 그거ça와, 인격 전체의 관심을 대변하는 것으로 나타나고 그 자체로 자기애적인 리비도가 투여되는 심역인 자아moi와, 마지막으로 부모의 요구와 금지가 내면화함으로써 구성되는 판단과 비판의 심역인 초자아surmoi가 그것이다. 그러한 개념은 그 세 심역 사이의 관계만을 세우는 것은 아니다. 그것은 한편으로 좀 더 특수한 형성물(예컨대 이상적 자아*, 자아 이상*)을 세분함으로써, 결과적으로 〈체계 간의〉 관계뿐 아니라 〈체계 내의〉 관계를 개입시키고 있고, 다른 한편으로 그것은 여러 체계들 사이에 존재하는 〈의존 관계〉에 특별한 중요성을 부여하고 있는데, 특히 자아의 경우, 소위 자아의 적응 활동에서도 욕동의 충족을 발견하기에 이른다.

그러한 새로운 〈지형학〉에서 심리적 위치라는 개념은 어떻게 되는 것일까? 심역을 가리키는 용어의 선택 자체가, 모델이 자연 과학적인 것에서 차용한 것이 아니라, 완전히 의인화의 색채를 띠고 있음을 볼 수 있다. 즉 주체내의 영역은 주체 간의 관계를 모델로 하여 구상되고, 체계들은 한 인간 속에 비교적 자율적인 여러 인간으로 나타나고 있다(예컨대, 〈초자아는 자아에 대해 가학적으로 행동한다〉고 말하고 있다). 그렇게 심리 장치에 대한 과학적

이론은, 주체가 자신을 이해하고 자신을 구축하는 환상적인 방식에 접근하는 경향이 있다.

프로이트는 그 두 지형학을 일치시키려는 시도를 포기하지 않는다. 그는 여러 차례 자아-그거-초자아의 구분과, 무의식-전의식-의식의 구분이 공존하는 총체적인 심리 장치에 대해, 공간적으로 형상화된 표상을 제시하고 있다.[5, 6] 「정신분석 개요」(1938) 제4장에서 그러한 시도의 가장 정확한 설명을 찾을 수 있을 것이다.

α 지형학이라는 개념의 칸트인 용법은, 고대 그리스 인들의 논리학적인 또는 수사학적인 개념과, 프로이트의 심리적 장소라는 개념 사이에 위치시킬 수 있을 것이다. 칸트에 따르면, 개념들에 대한 논리학적인 올바른 사용은, 사물의 표상을 이러저러한 우리의 능력(감성과 오성)에 정확히 결부시키는 우리의 역량에 달려 있다.

β 두 번째 편지는 마침 프로이트가 나중에 『꿈의 해석』의 이론이 되는 심리 장치 이론을 만들 때이기 때문에, 지형학이라는 말에는 해부학적인 색채가 강하게 남아 있어서, 프로이트는 심리 체계 사이의 구분이 〈…… 반드시 지형학적일 필요는 없다〉고 분명히 밝히고 있다.

γ 그밖에 강조할 것은, 이른바 반사궁의 도식이 감각 말단에서 받아들인 에너지와 같은 에너지를 운동의 형태로 되돌려주는 것인데도, 그 시대의 신경 생리학이 세운 사실들 ─ 뛰어난 신경학자인 프로이트가 완벽하게 알고 있던 사실들 ─ 을 고려하지 않고 있다는 사실이다. 그와 같은 〈소홀〉은 아마, 프로이트가 〈내적인 자극〉이라고 규정한 욕동의 에너지와 〈외적 자극〉의 에너지의 순환을 단 하나의 도식으로 설명하려고 했기 때문이다. 그러한 관점에서 보면, 위에서 제시한 모델은 근본적으로 프로이트가 외적인 자극의 에너지 자체도 체계 내에서 순환한다고 주장하면서, 정신생리학적인 체계의 전체 모델로 일반화시킨 욕망의 모델로 이해해야 한다. 그러나 그러한 의사(擬似)-생리학pseudo-physiologie과 그것이 제공하는 비유에는, 그 의사-생리학이이 욕망을 안으로부터 주체를 공격하는 〈이물질(異物質)〉로 그리고 있다는 점에서, 아마 좀 더 깊은 진실이 있을 것이다.

δ 이러한 심리 장치의 광범위한 특성은 프로이트에게 아주 기본적인 사실이어서, 그는 그러한 특성을 공간의 선험적 형태의 기원으로 봄으로써, 칸트의 관점을 뒤집는다:〈공간성은 아마 심리 장치가 갖는 넓이의 투영일 것이다. 다른 어떠한 연역도 있을 것 같지 않다. 칸트 대신에, 우리 심리 장치의 선험적 조건을 생각해보자. 심리는 펼쳐져 있지만, 심리는 그 사실에 대해 아무것도 알지 못한다.〉[7]

ε 프로이트는 일반적으로 전의식-의식 체계라는 이름으로 의식과 전의식을 결합시킨다는 사실을 기억하자.(→ **의식**)

1 Kant E., *Critique de la raison pure*, trad. fr., P.U.F., 1944, p. 236.

2 프로이트 S., 『히스테리 연구』, 1895. 전집 III, 377[385] ; G.W., I, 295-6 ; S.E., II, 291 ; 프, 235-6[O.C., II, 318].

3 브로이어, 「이론적 고찰」, in 『히스테리 연구』, 1895. 전집 III, 253-4[258], n. 2 ; 독,

164, n. ; S.E., II, 188-9, n. ; 프, 149-50, n.[O.C., II, 209, n.1].

4 프로이트 S.,『꿈의 해석』, 1900.

a) 전집 IV, 77[79], 623[646] ; G.W., II-III, 51, 541 ; S.E., IV, 48, V, 536 ; 프, 51, 440[O.C., IV, 78, 589].

b) 전집 IV, 623[646] ; G.W., II-III, 541 ; S.E., V, 536 ; 프, 440[O.C., IV, 589].

c) 전집 IV, 623[647] ; G.W., II-III, 541 ; S.E., V, 536 ; 프, 441[O.C,. IV, 589].

d) 전집 IV, 624[647] ; G.W., II-III, 541 ; S.E., V, 536 ; 프, 441[O.C., IV, 590] 참조.

5 프로이트 S.,『자아와 그거』, 1923. 전집 XI, 363[367] ; G.W., XIII, 252 ; S.E., XIX, 24 ; 프, 178[O.C., XVI, 269].

6 프로이트 S.,『새로운 정신분석 입문 강의』, 1932. 전집 II, 108[113] ; G.W., XV, 85 ; S.E., XXII, 78 ; 프, 111[O.C., XIX, 168].

7 프로이트 S.,「결과, 관념 그리고 문제들」(1938; 수고본), in『끝이 있는 분석과 끝이 없는 분석』(새물결). G.W., XVII, 152 ; S.E., XXIII, 300 ; 프, 287-8[O.C., XX, 320].

직접 분석

프: *analyse directe*. 독: *direkte Analyse*. 영: *direct analysis*. 스: *análisis directo*. 이: *analisi diretta*. 포: *análise direta*.

로젠 J. N. Rosen이 추천하는 정신증의 정신분석 치료 방법. 그 명칭은 환자에게 제공되는 〈직접 해석〉으로부터 나왔다. 직접 해석은 다음과 같은 특징을 갖고 있다:

a) 주체가 말이나 다른 방식(몸짓, 자세, 손짓, 행위)으로 표현하는 무의식적인 내용의 급소를 찌른다.

b) 저항의 분석을 강요하지 않는다.

c) 반드시 연상의 고리를 매개로 하는 것은 아니다.

게다가 이 방법은 〈무의식에서 무의식으로〉 이어지는 긴밀한 감정적 관계 — 즉 치료사가 환자에게 끊임없이 베풀고 보호하는 어머니의 모습이 되어야 한다 — 를 구축하는 일련의 기법을 내포하고 있다.[1a]

이 방법은 1946년부터 로젠에 의해 발표되고 향상되었다. 〈직접적〉이라는 말은 특히 해석의 한 형태를 특징짓는 말이다. 그 해석은 정신증 특히 정신분열증에서, 주체의 무의식이 방어를 넘어서서 그의 말이나 행동에 공공연히 표현된다는 이론에 기초하고 있다. 직접 해석은 주체가 이미 알고 있는 것을 좀 더 분명히 말해주기만 하면 된다. 따라서 그것의 효과는 통찰력*insight*의 발전에 달려 있는 것이 아니라, 긍정적인 전이의 구축과 강화에 달려 있다. 환자는 치료사에 의해 이해되고*compris* 있다는 것을 느끼고, 그에게 이상적 어머니의 전지전능한 이해심을 부여한다. 그러면 그는 그의 불안했던 어린 시절의 급소를 찔러 그것의 부질없음을 보여주는 [치료사의] 말을 통해 안심하게*rassuré* 된다. 해석 이외에도, 넓은 의미에서의 〈직접〉 분석은 여러 가지 적극적 방법을 포함하고 있다. 그것은 신경증자의 분석에서 규칙으로 되어 있는 중립성과는 상당한 거리가 있는 방법으로, 모든 방법이 치료사가 정신증자의 닫힌 세계 속으로 침투하는 것을 목표로 하고 있다. 그렇게 해서 치료사는 사랑하고 보호하는 어머니의 역할을 수행함으로써, 변태적인 모성을 가진 어머니 때문에 환자가 어린 시절에 겪었을 심각한 좌절을 점진적으로 찾아낸다.[1b](→ **모성 기법**)

1 Rosen J. N., *Direct analysis. Selected Papers.* Grune and Stratton, New York, 1953. Trad. fr., *L'analyse directe*, P.U.F., Paris, 1960.

　a 영, 139 ; 프, 122.
　b 4장 〈The perverse mother(못된 어머니)〉 참조.

질병으로의 도피

프: *fuite dans la maladie*. 독: *Flucht in die Krankheit*. 영: *flight into illness*. 스: *huída en la enfermedad*. 이: *fuga nella malattia*. 포: *fuga para a doença*(또는 *refúgio na doença*).

주체가 신경증에서 자신의 심리적 갈등을 벗어나는 수단을 찾는 것을 가리키는 비유적 표현.

이 표현은 정신분석의 보급과 함께 대단한 호응을 얻었다. 오늘날 그것은 신경증의 영역뿐만 아니라, 심리학적인 요인이 분명히 있는 신체적인 병의 영역에까지 퍼져 있다.

우리는 프로이트에게서 우선 〈정신증으로의 도피〉,[1] 〈신경 질환으로의 도피〉[2]와 같은 표현을 발견할 수 있고, 그다음으로 〈질병으로의 도피〉[3, 4]라는 표현을 발견할 수 있다.
　〈질병으로의 도피〉라는 역학적 개념은 질병의 이득이라는 경제학적 개념과 똑같은 생각을 나타내고 있는 말이다. 그런데 그것들이 과연 정확하게 똑같은 외연(外延)을 갖고 있는 것일까? 그 점에 대해 잘라 말하기는 힘들다. 왜냐하면 질병의 이득은 1차적인 부분과 2차적인 부분으로 나누는 것도 그렇게 쉽지 않기 때문이다. (→ **병의 1차적 이득과 2차적 이득**) 프로이트는 질병으로의 도피를 1차적 이득으로 분류하고 있는 것처럼 보인다. 그렇지만 그 표현은 좀 더 넓은 의미로 사용되기도 한다. 어쨌든 그것은 주체가 긴장을 일으키는 갈등 상황을 피해, 증상의 형성을 통해 긴장을 완화하려 하는 것을 말한다.

1 프로이트 S., 「방어-신경정신증」(1894), in 『신경증의 병인』. G.W., I, 75 ; S.E., III, 59; 프, [O.C., III, 16].

2 프로이트 S., 「〈문명적〉 성도덕과 현대의 신경증 질환」, 1908. 전집 XII, 21[22] ; G.W., VII, 155 ; S.E., IX, 192 ; 프 37[O.C., VIII, 208].

3 프로이트 S., 「히스테리 발작에 관한 일반적 고찰」, 1909. 전집 X, 76[78] ; G.W., VII, 237 ; S.E., IX, 231 ; 프, 163[O.C., VIII, 247].

4 프로이트 S., 「한 히스테리 분석의 단편: 도라」, 1905. 전집 VIII, 229[237], n. 37[32] ; G.W., V, 202, n. 1, 1923년에 첨가 ; S.E., VII, 43, n. ; 프, 30, n.[O.C., VI, 223, n.1].

ㅈ

ㅊ

처벌 욕구

프: *besoin de punition.* 독: *Strafbedürfnis.* 영: *need for punishment.* 스: *necesidad de castigo.* 이: *bisogno di punizione.* 포: *necessidade de castigo*(또는 *de punição*).

정신분석적 탐구의 결과, 고통스럽거나 창피스러운 상황을 추구하면서 그것을 즐기는 환자들의 행동(정신적 피학증)의 근원에 있다고 프로이트가 가정하고 있는 내적인 요구. 그러한 행동들에서 더 이상 환원할 수 없는 것은, 궁극적으로 죽음 욕동과 결부되어 있다.

자기-처벌을 포함하고 있는 현상들은 일찌감치 프로이트의 관심을 불러일으킨다: 욕망의 성취의 검열에 지불하는 조세와 같은 처벌의 꿈*rêves*[1]이나, 특히 강박신경증*névrose obsessionnelle*의 증상들이 그것이다. 그러한 질병에 대한 최초의 연구에서부터, 프로이트는 자기-비난에 대해 말하고 있고, 그다음에는 「강박신경증의 한 사례에 관한 고찰: 쥐인간」(1909)에서 자기-처벌적 행동을 기술하고 있다. 좀 더 일반적으로 말해, 강박관념증자를 자기 자신의 사형집행인으로 만드는 것은 고통을 포함하고 있는 증상 전체이다.

멜랑콜리*mélancolie*의 임상에서 두드러진 것은, 자살까지 갈 수 있는 자기-처벌에 대한 강박 행동의 폭력이다. 그러나 자기-처벌이 겉보기에는 몇몇 공격적이고 위법적인 행동들*actions agressives et délictueuses*의 원치 않던 결과일 뿐인 처벌 행위의 동기라는 사실을 보여준 것은, 프로이트와 정신분석의 공헌 중의 하나이다.[2] 그러한 의미에서, 그 과정을 복잡한 현상의 유일한 동기로 보지 않는다면, 〈자기-처벌에 의한 살인범〉이라는 말이 나올 수 있다.

마지막으로 프로이트는 치료cure에서, 그가 부정적 치료 반응*이라고 명명하는 것에 점점 더 주목한다. 그는 다음과 같이 쓰고 있다: 분석가는 〈······ 온갖 수단을 동원하여 치유에 저항하고 완전히 병과 고통에 매달리고 싶어 하는 힘이 있다〉³ᵃ는 인상을 받게 된다.

프로이트는 심리 장치에 대한 두 번째 이론의 틀에서 그러한 현상이 제기한 메타심리학적인 문제를 깊이 연구하고, 가학증-피학증에 대한 성찰을 진전시키고, 마지막으로 죽음 욕동을 도입함으로써, 자기-처벌적 행동을 좀 더 세분하고 잘 파악하게 된다.

1. 프로이트 자신은 무의식적 죄책감*sentiment de culpabilité inconscient이라는 표현에 관한 한 유보적이었다. 그러한 의미에서 〈처벌 욕구〉라는 용어가 그에게는 더 적당한 것처럼 보인다.⁴ᵃ

2. 지형학적 관점에서 프로이트는 자기-처벌적 행동을, 특별히 강제적인 초자아와 자아 사이의 긴장으로 설명한다.

3. 그러나 처벌 욕구bseoin de punition라는 말의 용법은, 몇몇 주체들을 고통 속으로 밀어붙이는 환원 불가능한 힘과, 동시에 그 고통 속에서 주체들이 충족을 찾는다는 역설을 부각시키고 있다. 프로이트는 두 가지 경우를 구분하기에 이른다: 어떤 사람들은 〈······ 특별히 생생한 도덕의식의 지배하에 있다〉는 인상을 준다. 〈그러한 초-도덕sur-morale이 그들에게 의식되지 않는데도 말이다. 좀 더 깊은 연구가 우리에게 보여주는 것은, 그러한 도덕의 무의식적인 연장(延長)과 정신적 피학증 사이에는 차이가 있다는 것이다. 전자의 경우에는 자아가 예속되어 있는 초자아에 의해 강화된 가학증이 강조되고, 후자에서는 반대로 처벌이 초자아로부터 오건 아니면 외적인 부모의 힘으로부터 오건, 처벌을 요구하는 자아의 피학증이 강조되고 있다.〉⁴ᵇ 그에 따라 초자아의 가학증과 자아의 피학증은, 단순히 동일한 긴장의 대칭적인 측면으로 간주될 수 없다.

4. 이러한 생각의 방향에서, 프로이트는 「끝이 있는 분석과 끝이 없는 분석」(1937)에서, 죽음 욕동의 표현으로서의 처벌 욕구를, 전적으로 초자아와 자아의 긴장 관계로 설명하는 것은 가능하지 않다는 가설을 내놓기까지 한다. 죽음 욕동의 일부분이 〈심리적으로 초자아에 의해 구속되어 있다〉 하더라도, 다른 부분들은 〈······ 자유로운 형태든지 구속된 형태든지 간에, 어디인

지 모르는 곳에서 활동할〉[3b] 수 있는 것이다.

1 프로이트 S.,『꿈의 해석』, 1900. 전집 IV, 554-9[574-9], 646-9[670-4] ; G.W., II-III, 476-80, 563-6 ; S.E., V, 473-6, 557-60 ; 프, 352-55, 458-9[O.C., IV, 523-8, 612-5]와 각주.

2 프로이트 S.,『자아와 그거』, 1923. 전집 XI, 398[403] ; G.W., XIII, 282 ; S.E., XIX, 52 ; 프, 210[O.C., XVI, 295].

3 프로이트 S.,「끝이 있는 분석과 끝이 없는 분석」, in『끝이 있는 분석과 끝이 없는 분석』, 1937.

　a 한, 268 ; G.W., XVI, 88 ; S.E., XXIII, 242 ; 프, 28[O.C., XX, 44].

　b 한, 268 ; G.W., XVI, 88 ; S.E., XXIII, 242-3 ; 프, 28[O.C., XX, 44].

4 프로이트 S.,「피학증의 경제학적 문제」, 1924.

　a 전집 XI, 426-7[433] ; G.W., XIII, 378-9 ; S.E., XIX, 166 ; 프, 218-9[O.C., XVII, 18] 참조.

　b 전집 XI, 429-30[436] ; G.W., XIII, 381 ; S.E., XIX, 168-9 ; 프, 221[O.C., XVII, 21].

철수[탈투여]

프: *désinvestissement*. 독: *Entziehung*(또는 *Abziehung*) *der Besetzung*, *Unbesetzheit*. 영: *withdrawal of cathexis*. 스: *retiro*(또는 *ausencia*) *de carga psíquica*. 이: *sottrazione di carcia* 또는 *disinvestimento*. 포: *retraimento de carga psíquica* 또는 *desinvestimento*.

전에 하나의 표상이나 표상 군, 대상, 심역 등과 결부되었던 투여를 철수시키는 것.
그러한 철수로 인하여 그 표상에 어떠한 투여도 없는 상태.

정신분석에서 투여*의 철수는 여러 심리 과정, 특히 격리[억압]*의 경제학적인 기초로 가정되고 있다. 프로이트는 처음부터 정동량과 표상의 분리가 격리[억압]의 결정적인 요인이라는 사실을 인식하고 있었다. 그가 격리[억압]에 대해 체계적으로 기술할 때, 그는 〈사후〉 격리[억압]가 어떻게, 전에 전의식-의식 체계에 받아들여진 표상, 따라서 그것에 의해 투여된 표상이 에너지를 잃어버린다는 것을 전제하고 있는지를 보여주고 있다. 그렇게 자유로워진 에너지는 역투여*의 대상이 되는 방어 형성(반동형성*)의 투여에 사용될 수

있다.[1]

마찬가지로 자기애적인 상태에서, 자아 투여는 대상의 철수에 비례해서 증가한다.[2]

1 프로이트 S., 「무의식」, 1915. 전집 XI, 181-2[181-2] ; G.W., X, 279-80 ; S.E., XIV, 180-1 ; 프, 118-21[O.C., XIII, 222] 참조.
2 프로이트 S., 「자기애 소개」, 1914. *passim.* 전집 XI, 45-85[43-84] ; G.W., X, 138-70 ; S.E., XIV, 73-102 ; 프, 81-105[O.C., XII, 217-45] 참조.

체계

프: *système.* 독: *System.* 영: *system.* 스: *sistema.* 이: *sistema.* 포: *sistema.*

→〈심역〉 참조.

초자아

프: *surmoi*(또는 *sur-moi*). 독: *Über-Ich.* 영: *super-ego.* 스: *superyó.* 이: *super-io.* 포: *superego.*

심리 장치에 관한 두 번째 이론의 틀에서, 프로이트가 기술한 인격의 심역 중의 하나이다. 그것의 역할은 자아에 대한 재판관이나 검열관의 역할이다. 프로이트는 양심, 자기관찰, 이상의 형성을 초자아의 기능으로 보고 있다.

고전적인 이론에서 초자아는 오이디푸스 콤플렉스의 상속인이다. 그것은 부모의 요구와 금지의 내면화를 통해 구성된다.

어떤 정신분석가들은 초자아의 형성을 좀 더 이른 시기로 끌어올리면서, 그 심역이 전-오이디푸스기부터 이미 활동을 하고 있다고 보거나(멜라니 클라인Melanie Klein), 적어도 초자아의 전조를 구성하는, 아주 이른 시기의 심리적 행동과 기제를 찾아내고 있다(예컨대, 글로버Glover, 스피츠Spitz).

초자아라는 용어는 프로이트에 의해 『자아와 그거』(1923)에서 도입되었다.[α] 프로이트는 초자아의 비판적 기능이 자아와 분리되어 하나의 심역을 구성하고 자아를 지배한다고 밝히고 있다. 주체가 비판당하고 경시되는 병적인 애도나 멜랑콜리 상태가 그것을 잘 보여주고 있다: 〈우리는 어떻게 자아의 일부가 [자아의] 다른 부분과 대립하여, 그것을 비판적으로 판단하고, 말하자면 그것을 대상으로 여기는지 살펴볼 것이다.〉[1]

초자아라는 개념은 프로이트의 제2지형학에 속한다. 그러나 그것을 그렇게 명명하고 구분하기 이전에, 정신분석 임상과 이론은 욕망의 실현과 의식화를 금지시키는 것을 목표로 하고 있는 기능 — 가령 꿈의 검열* — 이, 심리적 갈등에서 맡고 있는 몫을 이미 알고 있었다. 더욱이 프로이트는 그러한 검열이 무의식적으로 작용할 수 있다는 것 — 이것이 양심에 대한 고전적인 관점으로부터 초자아라는 그의 개념을 구분 짓는 것이다 — 을 인식하고 있었다. 마찬가지로 그는 강박신경증에서의 자기-비난이 반드시 의식적인 것은 아니라고 지적하고 있다: 〈…… 강박과 금지로 고통스러워하는 주체는, 마치 자기가 죄책감*sentiment de culpabilité*에 의해 지배받고 있는 것처럼 행동한다. 그렇지만 그는 그것에 대해 아무것도 모르고 있다. 그래서 우리는 명백한 용어상의 모순에도 불구하고 그것을 무의식적인 죄책감이라 부를 수 있을 것이다.〉[2]

그러나 관찰 망상*délires d'observation*, 멜랑콜리, 병적인 애도에 대한 고찰은, 인격의 한 가운데서 자아의 다른 부분에 대항하는 자아의 일부분으로서, 초자아*sur-moi*를 따로 구분하도록 프로이트를 이끌고 간다. 프로이트가 그러한 심역을 1914년 1915년 사이에 처음으로 끌어낼 당시, 그는 그것 자체가 두 가지 부분적인 구조 — 즉 엄밀한 의미에서의 자아 이상과 비판적 심역 — 를 포함하는 하나의 체계로 이루어져 있다고 생각했다(→ **자아 이상**)

만일 초자아의 개념을 『자아와 그거』 — 이미 말했듯이 그 용어*terme*가 처음으로 나타난 텍스트 — 에서처럼 거의 분화되지 않은 넓은 의미로 받아들인다면, 그것은 금지와 이상의 기능을 포괄한다. 다른 한편, 만약 자아 이상을 적어도 특수한 하부구조로서 유지한다면, 그때 초자아는 주로 법을 구현하고 그것을 위반하는 것을 금지시키는 하나의 심역이 된다.

*

프로이트에 따르면, 초자아의 형성*formation*은 오이디푸스 콤플렉스*의 쇠퇴와 관계가 있다. 즉, 어린아이는 금지된 오이디푸스적인 욕망을 충족시키는 것을 포기하고, 부모에 〈대한sur〉 투여를 부모〈와의aux〉 동일시로 바꾸면서 금지를 내면화시킨다.

프로이트는 그 점에 대해 남자아이의 발달과 여자아이의 발달 사이에 차이가 있음을 지적하고 있다. 남자아이의 경우 오이디푸스 콤플렉스는 거세 위협과 결정적으로 충돌한다: 〈…… 엄격한 초자아가 거세 위협을 계승한다.〉 3a 반대로 여자아이의 경우, 〈…… 거세 콤플렉스는 오이디푸스 콤플렉스를 파괴하는 대신에 그것의 출현을 준비한다. [……] 소녀는 불특정 기간 동안 그 콤플렉스에 머물다가, 뒤늦게 그것도 불완전하게 그것을 허물어 버린다. 그러한 조건 속에서 타협 형성된 초자아는, 문화적인 관점에서 그것에 필수적인 힘과 독립성에 이르지 못한다.〉3b

초자아의 형성의 근저에는 사랑하고 미워하는 오이디푸스적인 욕망의 포기가 있지만, 프로이트에 따르면, 그것은 나중에 사회 문화적인 요구(교육, 종교, 도덕)에 의해 풍부해진다. 역으로 고전적인 이론에서 말하는 초자아의 형성 시기 이전에, 이미 조숙한 초자아나 초자아의 전조 단계가 존재한다는 주장도 제기되고 있다. 그래서 몇몇 연구자들은 금지의 내면화가 오이디푸스 콤플렉스의 쇠퇴보다 훨씬 이전이라고 주장하고 있다. 가령 교육의 가르침, 특히 페렌치Ferenczi가 1925년 「성적인 습관의 정신분석Zur Psychoanalyse von Sexualgewohnheiten」에서 기술하고 있는, 괄약근의 조절 교육은 아주 일찍 채택된다. 멜라니 클라인Melanie Klein학파에 의하면, 구강기부터 초자아가 존재하는데, 그것은 〈좋은〉 대상과 〈나쁜〉 대상의 내입(內入)을 통해 형성된다. 특히 그것은 소아 가학증의 절정에 잔인해진다.4 또 다른 연구자들은 전-오이디푸스기적인 초자아를 말하지는 않지만, 초자아의 형성이 어떻게 해서 아주 일찍 시작되는 과정인지를 보여주고 있다. 가령 르네 스피츠René Spitz는 강요된 신체적 행동과, 동일시에 의한 동작의 숙달 시도, 그리고 공격자와의 동일시*를 초자아의 세 가지 원기(原基, primordia)로 보고 있다. 그 중에서 마지막 기제가 가장 중요한 역할을 한다.5

*

동일시 중에서, 초자아, 자아 이상*, 이상적 자아*, 그리고 심지어 자아*의 형성에 특별히 작용하는 것이 무엇인지를 결정하기는 어렵다.

〈초자아의 확립은 부모의 심역과의 동일시가 성공적인 경우로 생각할 수 있다〉[3c]고, 프로이트는 『새로운 정신분석 입문 강의』(1923)에서 쓰고 있다. 부모의 심역이라는 표현 자체가 일러주는 것은, 초자아를 구성하는 동일시가 다른 사람들과의 동일시로 이해되어서는 안 된다는 사실이다. 프로이트는 다음과 같은 구절에서 특히 분명하게 그러한 생각을 밝히고 있다: 〈어린아이의 초자아는 부모의 형상에 따라 형성되는 것이 아니라, 부모의 초자아의 형상에 따라 형성되는 것이다. 그것은 [부모의 초자아와] 같은 내용으로 채워지고, 대대로 이어지는 모든 가치 판단과 전통의 대표자가 된다.〉[3d]

프로이트의 제2지형학의 의인화가 비판받는 것은 주로 초자아에 대해서이다. 그러나 라가슈Daniel Lagache가 지적했듯이, 심리 장치의 기능과 발생에서 의인화의 역할과 〈애니미즘적인 고유 영역〉[6]을 밝힌 것은 분명히 정신분석의 공헌이다. 사실 정신분석 임상은 초자아가 〈사실주의적〉 방식으로, 〈자율적인〉 심역으로서(내부의 〈나쁜 대상〉, 〈꾸짖는 목소리grosse voix〉[β] 등) 작용한다는 것을 보여주고 있다. 몇몇 저자들은 프로이트를 따라, 초자아가 부모나 교사들이 실제로 발설하는 금지나 가르침과는 아주 동떨어져 ― 초자아의 〈엄격성〉이 그들의 엄격함과 반대될 정도로 ― 있다고 강조한다.

α 프랑스어 용어로 채택된 것은 *surmoi*나 *sur-moi*이다. 그렇지만 가끔, 특히 그 문제에 대한 라포르그R. Laforgue의 여러 저작에서, *superego*라는 용어가 발견되고 있다.

β 프로이트는 초자아가 본질적으로 낱말 표상을 포함하고 있고, 그것의 내용은 청각, 교훈, 독서로부터 유래한다고 강조하고 있다.[7]

1 프로이트 S., 「애도와 멜랑콜리」, 1917. 전집 XI, 250[250] ; G.W., X, 433 ; S.E., XIV, 247 ; 프, 199[O.C., XIII, 268].

2 프로이트 S., 「강박 행위와 종교 의례」, 1907. 전집 XIII, 16[17] ; G.W., VII, 135 ; S.E., IX, 123 ; 프, 172-3[O.C., VIII, 142].

3 프로이트 S., 『새로운 정신분석 입문 강의』, 1932.
   a) 전집 II, 173[184] ; G.W., XV, 138 ; S.E., XXII, 129 ; 프, 177[O.C., XIX, 212].
   b) 전집 II, 174[184] ; G.W., XV, 138 ; S.E., XXII, 129 ; 프, 177[O.C., XIX, 212].
   c) 전집 II, 88[93] ; G.W., XV, 70 ; S.E., XXII, 63-4 ; 프, 90[O.C., XIX, 147] 참조.
   d) 전집 II, 92[97] ; G.W., XV, 73 ; S.E., XXII, 67 ; 프, 94-5[O.C., XIX, 147].

4 Klein M., "The Early Development of Conscience in the Child", 1933, in *Contributions, passim.* 참조.

5 Spitz R., "On the Genesis of Super-ego Components", in *Psa. Study of the Child*, 1958, XIII, 375-404 참조.

6 Lagache D., "La psychanalyse et la structure de la personnalité", in *La Psychanalyse*, P.U.F., Paris, 1961, vol. VI, 12-3 참조.

7 프로이트 S., 『자아와 그거』, 1923. 전집 XI, 398[403-4] ; G.W., XIII, 282 ; S.E., XIX, 52-3 ; 프, 210-1[O.C., XVI, 295] 참조.

최면형 상태[유사 최면 상태]

프: *état hypnoïde*. 독: *hypnoider Zustand*. 영: *hypnoid state*. 스: *estado hipnoide*. 이: *stato ipnoide*. 포: *estado hipnóide*.

브로이어가 도입한 용어로, 최면 상태와 유사한 의식 상태. 그 상태에서 나타나는 의식의 내용은, 나머지 정신생활과 거의, 또는 전혀 연상 관계가 없다. 그 결과 그것은 별도의 연상 군(群)을 형성한다.
브로이어는 최면형 상태가 심리 생활에 분열*Spaltung*을 가져오기 때문에, 그것이 히스테리를 구성하는 현상이라고 생각하였다.

최면형 상태라는 용어는 브로이어라는 이름과 결부되어 있지만, 정작 브로이어 자신은 뫼비우스P. J. Moebius를 선구자로 기술하고 있다.

브로이어가 최면형 상태라는 개념을 제창하기에 이른 것은, 최면 상태와 히스테리의 연관성, 특히 최면 상태로 인해 생기는 현상과 히스테리의 몇몇 증상 사이의 유사성 때문이다. 최면 상태 중에 일어난 사건(예컨대 최면술사의 명령)은 자율적이다. 즉 그것은 2차적인 최면 상태나 각성 상태에서, 주체의 정상적인 행동과는 단절된, 겉보기에 비정상적인 행위로 독립적으로 다시 나타날 수 있다. 최면 상태와 그 결과들은, 히스테리증자의 행동 중에서 주체의 동기와는 전혀 관계없이 나타나는 것에 대한 일종의 실험적 모델을 제공한다.

최면형 상태란 히스테리에 기원을 두고 있는, 최면에 의해 인공적으로 유도된 상태의 자연적인 등가물이다. 〈그것[최면형 상태]은 하나의 표상이 떠오를 때, 그것이 다른 표상으로부터 어떠한 저항도 받지 않는 의식의 공백 — 말하자면 최초로 도래한 표상에게 자유로운 장(場)이 되는 상태 — 과 일치하는 것이 분명하다.〉ᵃ

최면형 상태는, 브로이어에 따르면, 두 가지 조건을 갖고 있다: 몽상 상태(백일몽, 몽롱한 상태)와 돌발적인 정동이 그것이다. 〈평범한 몽상에 감정이 침입할······〉[1a] 때, 자발적인 자기최면이 시작된다. 몇 가지 상황 — 사랑에 빠진 상태, 사랑하는 환자에 대한 간호 — 은 그러한 요인들이 결합되는 것을 돕는다. 〈간호는 주위가 조용해야 하며, 단 하나의 대상에 대한 정신 집중, 즉 환자의 호흡에 대한 주의 집중을 요구한다. 다시 말해 최면술의 많은 수법과 공통된 조건이 갖추어지는 것이다. 그렇게 만들어진 몽롱한 상태에 불안이 몰려든다.〉[1b] 브로이어에게 최면형 상태는 극단적인 경우에 그 두 가지 요인 중의 어느 하나만으로도 일어날 수 있다: 몽상이 정동의 개입 없이 자기최면으로 바뀌든가, 강렬한 감정(경악*)이 연상의 흐름을 마비시키기는 것이 그것이다.

브로이어와 프로이트의 공저인 「예비적 보고서」(1893)는 약간 다른 말로 그 문제를 제기하고 있다. 거기서는 최면형 상태의 생산에서 몽상 상태와 정동의 각각의 역할을 규명하는 것보다, 오히려 히스테리의 원인에서 최면형 상태의 몫과 외상적인 정동의 몫을 정하는 것이 문제가 되고 있다. 외상이 최면형 상태를 야기하거나, 최면형 상태 중에 외상이 일어나면, 그 외상만으로 병인이 될 수 있는 것이다.

최면형 상태의 병인으로서의 가치는, 그 상태에서 일어나는 표상이 〈연상의 유통경로〉 — 따라서 모든 〈연상 작업*〉 — 로부터 절단되는 것과 관련이 있다. 그러한 표상들은 정동이 실린 〈별도의 심리군〉을 형성하는데, 그 심리군은 의식의 내용과는 연결되어 있지 않지만, 그와 유사한 상태에서 일어난 또 다른 심리 군과 연결되어 있다. 그렇게 해서 정신생활 한 복판에 분열이 생긴다. 그러한 분열은 의식과 무의식으로 심리가 분리되는 인격의 이중화의 경우에 특히 확실하게 드러난다.

브로이어는 최면형 상태를 히스테리의 기본 조건으로 생각했다. 프로이트는 우선, 그가 보기에 그러한 이론이 제공하는 긍정적인 점 — 특히 자네Janet의 이론과 비교해서 — 을 지적한다. 그에 따르면 그 이론은 히스테리증자에게 나타나는, 〈······ 별도의 심리 군이 형성되어 있는 의식의 분열〉[2a]을 잘 설명하고 있다. 즉 자네가 〈······ 심리 통합 능력의 선천적인 결함과 '의식의 영역'의 협소함〉[1b, β]을 내세우는 곳에서, 브로이어는 히스테리의 기본적인 특성인 의식의 분열 그 자체가, 최면형 상태라는 특별한 순간을 출발점으로 하는 발생학적 설명을 가능하게 한다는 것을 보여주고 있다.

그러나 프로이트는 지체 없이 방어 히스테리*라는 개념을 만들어, 브로이어의 시각의 한계를 지적한다.

결국 프로이트는 브로이어의 견해를 거슬러 올라가 근본부터 비난하기에
이른다: 〈최면형 상태라는 가설은 완전히 브로이어의 발의로부터 나온 것이
다. 나는 그러한 용어의 사용이 불필요하고 오해를 일으키기 쉽다고 생각한
다. 왜냐하면 그것은 히스테리 증상의 형성에 작용하는 심리 과정의 본질과
관련된 문제의 연속성을 단절시키기 때문이다.〉[3]

α 브로이어가 「이론적 고찰」(1895)(1c)에서 인용한 뫼비우스의 정의(in 「기립 불능—보
행 불능증에 대해서Über Astasie−Abasie」, 1894).

β 실제로는 자네의 주장은 여러 가지 뉘앙스를 담고 있다. 그는 한편으로는 외상의 중요
성을 잘 인식하고 있었고, 다른 한편으로는 〈정신적 결함〉이 반드시 선천적이라고 생각하지
도 않았다.[4]

1 브로이어 J. & 프로이트 S., 『히스테리 연구』, 1895.
  a 전집 III, 289[294] ; 독, 191 ; S.E., II, 218-9 ; 프, 175[O.C., II, 242].
  b 전집 III, 289[295] ; 독, 191 ; S.E., II, 219 ; 프, 175[O.C., II, 242].
  c 전집 III, 285[290] ; 독, 188 ; S.E., II, 215 ; 프, 172[O.C., II, 239].
2 프로이트 S., 「방어−신경정신증」(1894), in 『신경증의 병인』.
  a G.W., I, 60 ; S.E., III, 46 ; 프, 2[O.C., III, 4].
  b G.W., I, 60 ; S.E., III, 46 ; 프, 2[O.C., III, 4].
3 프로이트 S., 「한 히스테리 분석의 단편: 도라」, 1905. 전집 VIII, 210-1[219], n.
19[14] ; G.W., V, 185, n. ; S.E., VII, 27, n. ; 프, 17, n.[O.C., VI, 207, n.1].
4 특히 Janet P., *L'état mental des hystériques*, Alcan, Paris, 1892, 635-7 참조.

최면형[유사 최면] 히스테리

프: *hystérie hypnoïde*. 독: *Hypnoidhysterie*. 영: *hypnoid hysteria*. 스: *histeria
hipnoide*. 이: *isteria ipnoida*. 포: *histeria hipnóide*.

1894년에서 1895년에 걸쳐 브로이어와 프로이트가 사용한 용어로, 최면형 상태에 기
원을 두고 있는 히스테리의 한 형태. 주체는 그 상태에서 일어나는 표상들을 그의 인격
과 개인사 속에 통합하지 못한다. 그래서 그 표상들은 병을 일으키는 결과를 초래할 수
있는, 별도의 무의식적인 심리 군을 형성하고 있다.

이 개념의 이론적 토대에 관한 한, 독자는 「최면형 상태」[『히스테리 연구』의

제3장 브로이어의 「이론적 고찰」 제4절]라는 논문을 참조하기 바란다. 주목할 것은, 최면형 히스테리라는 용어가 브로이어가 혼자 쓴 저작에서는 발견되지 않는다는 것이다. 따라서 그것은 프로이트의 명명이라고 생각하는 것이 논리적일 것이다. 사실 브로이어에게 모든 히스테리는 최면형 상태를 그것의 마지막 조건으로 하고 있기 때문에 〈최면형hypnoïde〉이다. 반면에 프로이트에게 최면형 히스테리는 정체 히스테리*와, 특히 방어 히스테리*와 어깨를 나란히 하는 히스테리의 한 형태에 불과하다. 프로이트는 그와 같은 구분 덕분에, 방어의 역할에 비해 최면형 상태의 역할을 제한하고, 나중에는 그 역할을 부인한다.

충족 체험

프: *expérience de satisfaction*. 독: *Befriedigungserlebnis*. 영: *experience of satisfaction*. 스: *vivencia de satisfacción*. 이: *esperienza di soddisfacimento*. 포: *vivência de satisfação*.

프로이트가 가정한 최초의 경험 형태로, 젖먹이에게 욕구가 만들어낸 긴장이 외부의 개입에 의해 진정되는 체험으로 이루어진다. 그때 충족을 주는 대상의 이미지는 주체의 욕망의 구성에서 선택적인 가치를 갖는다. 그것은 실제 대상이 없는 상태에서도 재투여되며(욕망의 환각적 충족), 나중에 충족을 주는 대상을 추구하는 데 항상 길잡이가 된다.

충족 체험은 정신분석에서 통용되는 개념은 아니지만, 우리는 그것을 정의함으로써, 고전적이고 기본적인 프로이트의 관점을 밝힐 수 있을 것이다. 프로이트는 그것을 「과학적 심리학 초고」(1895)에서 기술 분석하고, 『꿈의 해석』(1900) 제7장에서도 여러 차례 언급하고 있다.

충족 체험은 〈인간 존재의 타고난 무원 상태Hilflosigkeit〉[1a]와 관련이 있다. 유기체는 내인성 흥분의 쇄도에서 기인하는 긴장을 제거할 수 있는 특수 행동*를 할 수 없다. 그러한 행동은 외부 사람의 도움(가령 음식의 제공)을 필요로 한다. 그렇게 해야 유기체는 긴장을 제거할 수 있다.

그러한 실질적인 결과를 넘어서, 그 체험은 여러 가지 결과를 가져온다:

1) 그 후부터 충족은 충족을 제공했던 대상의 이미지와 동시에, 방출을 가

능하게 했던 반사 운동의 이미지와 연결된다. 그리하여 긴장 상태가 다시 나타날 때, 그 대상의 이미지가 재투여된다: 〈…… 그러한 재활성화 — 욕망 — 는 지각과 유사한 것, 즉 환각을 낳는다. 그래서 반사 행동이 시작되면, 실망이 일어나지 않을 수 없다.〉[1b]

그런데 주체는 그렇게 아주 어린 단계에서는, 대상이 실제로 없다는 것을 확인할 능력이 없다. 그래서 그 이미지에 대한 과도한 투여가 지각과 똑같은 〈현실 징후〉를 낳는 것이다.

2) 그러한 체험 전체 — 현실적인 충족과 환각적인 충족 — 가 욕망의 토대를 이룬다. 사실 욕망의 기원은 현실적인 충족의 추구에 있지만, 그것은 원초적인 환각의 모델에 따라 구성된다.

3) 자아의 형성은 환각과 지각을 구분하지 못하는 주체의 최초의 실패를 완화시킨다. 자아는 그것의 억제 기능으로, 충족을 주는 대상의 이미지에 대한 재투여가 과도해지는 것을 막는다.

프로이트는 위와 비슷한 방식으로 『꿈의 해석』에서 충족 체험과 그것의 결과를 기술하고, 그와 관련해서 새로운 두 개념 — 지각의 동일성*과 사고의 동일성* — 을 소개한다. 직접적인 길(환각)이든 간접적인 길(사고에 의해 인도되는 행동)이든, 주체가 추구하는 것은 오로지 〈욕구 충족과 결부된 지각〉[2]의 동일성이다.

그 뒤의 저작에서는 충족 체험에 대한, 겉으로 드러난 언급은 없다. 그러나 그 개념에 내재해 있는 생각들은 계속해서 프로이트에게 남는다. 특히 「심리적 사건 진행의 두 가지 원칙에 관한 공식화」(1911)의 서두와 「부정」(1925)을 참조하기 바란다. 프로이트는 「부정」에서 최초 충족의 환원불가능성과, 나중에 대상의 추구에서 그것의 결정적인 기능을 다시 한 번 강조하고 있다: 〈……. 현실 검증 체제를 결정하는 것은, 과거에 현실적인 충족을 주었던 대상이 사라졌다는 사실이다.〉[3]

충족 체험 — 현실적이고 환각적인 — 은 충족에 대한 프로이트의 기본 개념이다. 그것에서 욕구의 진정과 욕망의 성취*가 서로 연결된다.(→ **욕망, 환상**)

1 프로이트 S., 「과학적 심리학 초고」, 『정신분석의 탄생』, 1895.
   a 한, 244 ; 독, 402 ; 영, 379 ; 프, 336.
   b 한, 247 ; 독, 404 ; 영, 381 ; 프, 338.

2 프로이트 S., 『꿈의 해석』, 1900. 전집 IV, 654[679] ; G.W., II-III, 571 ; S.E., V, 565 ; 프, 463[O.C., IV, 620].

3 프로이트 S., 「부정」, 1925. 전집 XI, 449[457] ; G.W., XIV, 14 ; S.E., XIX, 238 ; 프, 176[O.C., XVII, 170].

(소급적) 취소

프: *annulation rétroactive*. 독: *Ungeschehenmachen*. 영: *undoing* (*what has been done*). 스: *anulación retroactiva*. 이: *rendere non accaduto*(또는 *annullamento retroattivo*) 포: *annulação retroativa*.

주체가 과거의 생각과 말과 몸짓과 행동이 일어나지 않았다고 취소하려는 심리 기제. 그러기 위해 그는 반대되는 의미를 가진 생각이나 행동을 한다.

여기서 문제가 되는 것은, 특히 강박신경증의 특징인 〈마술적인〉 강박이다.

프로이트는 「쥐인간」에서 취소에 대해 거칠게 기술하고 있다. 그는 거기서 〈······ 강박 행위를 두 시기로 나누어 분석하고 있다. 그것의 1차시기는 2차시기에 의해 취소된다. [······] 그것들의 진정한 의미는, 그것들이 거의 같은 강도의 서로 상반된 두 움직임의 갈등을 나타낸다는 데 있다. 내 경험에 따르면, 그것은 항시 사랑과 증오의 대립이다.〉[1a]

프로이트는 그러한 과정을 『억제, 증상 그리고 불안』(1926)에서 *Ungeschehen-machen*(문자 그대로의 의미 : 무효로 만들다)이라는 용어로 다시 거론하고 있다. 그는 그것을 고립*과 함께, 강박신경증을 특징짓는 방어 형태로 보고 있다. 그리고 그것을 마술적인 방식으로 규정하면서, 그것이 어떻게 특히 강박적인 의식(儀式)으로 작용하는가를 보여주고 있다.[2a]

안나 프로이트는 소급적 취소를, 그녀의 자아의 방어 기제 목록에 집어넣고 있다.[3] 일반적으로 그것은 정신분석 문헌에서 자아의 방어 기제로 정의된다.[4a]

주목할 것은, 소급적 취소가 아주 다양한 양상으로 나타난다는 것이다. 때로는 어떤 행위가 그것과 직접 반대되는 행위에 의해 취소된다(그래서 〈쥐인간〉은 1차시기에 그의 여자 친구의 자동차가 부딪칠 위험이 없도록 치웠던

돌을, [2차시기에] 길 위에 다시 갖다 놓는다). 때로는 동일한 행위가 반복되는데, 의식적이건 무의식적이건 서로 반대되는 의미로 반복되고, 때로는 취소 행위가 그가 지워버리려는 행위에 의해 오염되기도 한다. 가령 페니셀Fenichel이 제공한 예를 들어보자.[4b] 그 예는 후자의 두 양상을 보여주고 있다. 한 주체가 신문을 사는 데 돈을 낭비했다고 자신을 나무란다. 그는 그러한 낭비를 취소해서 보상받고 싶어 한다. 그는 감히 그렇게 할 수 없기 때문에, 다른 신문을 사는 것이 그의 고통을 덜어줄 것이라고 생각한다. 그러나 가두 판매점은 닫혀 있다. 그래서 주체는 신문과 같은 가격의 물품을 땅에 던진다. 프로이트는 그러한 연속적인 행동의 내포적 의미를 나타내기 위해, 〈이상적(二相的, diphasiques)〉 증상이라고 말한다. 즉 〈어떤 명령을 실행에 옮기는 행동에, 그 반대를 실행에 옮기지는 못하더라도, 그것을 멈추거나 취소하는 다른 행동이 즉각 뒤따른다〉.[2b]

소급적 취소를 자아의 방어 기제에 분류하는 것은, 다음의 지적을 불러온다: 〈2차시기〉를 단순히 방어의 산물로 생각해야 하는가? 임상의 다양한 예는 미묘한 대답으로 끌고 간다. 사실 대개 욕동의 동기는, 특히 사랑-증오라는 양가성*의 형태로 그 두 시기에 작용한다. 가끔이라도 욕동의 승리를 가장 잘 보여주는 것은 2차시기이다. 페니셀의 예에서, 하나의 증상을 형성하는 것은 전체로서의 행위이다.

게다가 그러한 관점에서 주목할 것은, 프로이트가 자아의 방어 기제를 아직 강조하지 않던 시기에는, 문제가 되는 전체를 2차적으로 위장하는 합리화만을 방어적 행동으로 본다는 것이다.[1b]

결국 두 가지 차원의 심리적 갈등*과 연관된 두 가지 해석의 차원에서만, 서로 대립되는 두 가지 견해를 끌어낼 수 있을 것이다. 하나는 욕동의 갈등을 강조하는 것으로, 요컨대 사랑과 증오의 양가성을 발견한다. 다른 하나는 욕동과 자아 사이에 갈등을 설정하고, 자아가 자신을 보호해야 하는 욕동에 반대되는 욕동에서 동맹군을 발견하는 것이다.

*

우리는 소급적 취소의 기제를 아주 널리 퍼져 있는 정상 행위와 연결시키는 것이 적합한지 자문해 보아야 한다. 사람들은 흔히 주장을 취소하고, 손해를 보상하고, 유죄 선고를 취소하고, 어떤 생각이나 말이나 행위의 영향력을 앞

당겨 부정함으로써(예 : 〈……라고 믿지 마십시오 *n'allez pas croire que* ……〉)
약화시킨다 등.

그렇지만 그 모든 경우에 문제가 되는 것은, 어떤 행동의 의미나 가치나 결
과를 약화시키거나 무효화시키는 것이라는 사실이다. 소급적 취소 — 병리
적인 의미에서 — 는 행위의 현실*réalité* 자체를 근본적으로 없애는 것을 겨냥
하고 있다. 마치 시간을 거꾸로 돌릴 수 있는 것처럼 말이다.

아마 그러한 구별은 도식적인 것처럼 보일 수 있다. [그래서 다음과 같이
질문할 수 있다:] 주체가 행위 자체를 무효화시킬 때, 상반된 의미를 사용하
는 것은 아닌가? 그렇지만 임상이 보여주는 바에 따르면, 강박증 환자는 철
수*나 역투여*로 만족하지 않는다. 그가 겨냥하는 것은 있는 그대로의 지나간
사건*Geschehen*의 불가능한 취소이다.

1 프로이트 S., 「강박신경증의 한 사례에 관한 고찰: 쥐인간」, 1909.

　a 전집 IX, 46[47-8] ; G.W., VII, 414 ; S.E., X, 192 ; 프, 224[O.C., IX, 166].

　b 전집 IX, 46[47] ; G.W., VII, 414 ; S.E., X, 192 ; 프, 224[O.C., IX, 166] 참조.

2 프로이트 S., 『억제, 증상 그리고 불안』, 1926.

　a 전집 X, 246[256] ; G.W., XIV, 149-50 ; S.E., XX, 119-20 ; 프, 41-2[O.C., XVII,
237] 참조.

　b 전집 X, 238[248] ; G.W., XIV, 142 ; S.E., XX, 113 ; 프, 33[O.C., XVII, 230].

3 Freud A., *Das Ich und die Abwehrmechanismen*, 1936, éd., Imago, Londres, 1946 ;
P.U.F., Paris, 1949, 38-9 참조.

4 예컨대 Fenichel O., *The psychoanalytic Theory of Neurosis,* Norton, New York, 1945,
éd. fr., P.U.F., 1953 참조.

　a 영, 153-5 ; 프, 189-92.

　b 영, 154 ; 프, 190-1.

ㅊ

ㅋ

콤플렉스

프: *complexe*. 독: *Komplex*. 영: *complex*. 스: *complejo*. 이: *complesso*. 포: *complexo*.

부분적으로 또는 전체적으로 무의식적인 강력한 감정적 가치를 가진 표상과 기억의 조직 집단. 하나의 콤플렉스는 어린 시절의 인간관계로부터 구성된다. 그것은 모든 심리학적 차원 ─ 즉 감정, 태도, 적응 행위 ─ 을 구조화할 수 있다.

콤플렉스라는 말은 일상 언어에서 많이 애용된다(〈콤플렉스를 갖고 있다.〉 등). 반대로 정신분석가들은 오이디푸스 콤플렉스*와 거세 콤플렉스*라는 표현을 제외하고, 점차 그것에 대한 흥미를 잃고 있다.

프로이트를 포함한 대부분의 저자들은, 콤플렉스라는 용어에 관한 한, 정신분석이 취리히 정신분석 학파에 빚지고 있다고 쓰고 있다. 사실 그것은『히스테리 연구』(1895)에서, 가령 브로이어가 히스테리에 대한 자네Janet의 관점을 설명할 때나, 그가 〈······ 실제적이고 활동적이지만 무의식적인〉 표상이 존재한다는 것을 내세울 때 이미 발견되고 있다: 〈거의 항상 표상 복합체[콤플렉스], 즉 외부의 사건이나 주체 자신의 사고의 연쇄와 관계가 있는 기억과 관념의 집합이 문제이다. 그러한 표상 복합체 속에 포함되어 있는 고립된 표상들은 가끔 의식적으로 전부 사고(思考)로 되돌아온다. 그것들 중 아주 특정한 결합만이 의식으로부터 추방된다.〉[1a]

융의 〈연상 실험〉[2]은 히스테리의 사례에 대해 공식화된 콤플렉스의 가설에, 실험적이고 동시에 좀 더 넓은 기반을 제공한다. 그것에 대한 프로이트의 첫 번째 논평에서, 그는 다음과 같이 쓰고 있다: 〈[······] 자극어에 대한 반응은 우연의 소산이 아니라, 반응 주체의 마음속에 이미 존재하는 표상 내용에 의해 결정된다. 사람들은 그렇게 자극어에 대한 반응에 영향을 줄 수 있는 표상 내용을 〈콤플렉스〉라고 부르는 데 익숙해져 있다. 그러한 영향은 자극어가 콤플렉스를 직접 스치면서 나타나든, 아니면 그것이 매개를 통해 자극어와 관계를 맺으면서 나타난다.〉[3]

그러나 프로이트는 연상 실험의 이점을 인정하면서도, 콤플렉스라는 용어의 사용에 대해서는 아주 일찍부터 유보적인 태도를 보인다. 그것은 〈…… 심리학적 사실을 끌어 모아 기술하는데 편리하고 종종 없어서는 안 될 용어이다. 정신분석이 그 자신의 필요에 의해 만들어진 다른 어떤 용어도 그것만큼 넓은 대중성을 얻은 것은 없고, 그것보다 더 정확한 개념의 구축을 희생시키면서 잘못 적용된 것도 없다〉.[4] 존스에게 보내는 편지에서도 똑같은 판단을 찾아볼 수 있다: 콤플렉스는 만족스러운 이론적 개념이 아니다[5a]; 융의 콤플렉스 신화가 있다(페렌치에게 보내는 편지).[5b]

이렇게 프로이트에 따르면, 콤플렉스라는 용어는 겉으로 보기에 별개의 우연한 요소로부터 출발해서, 〈…… 강한 감정의 색채를 띤 어떤 사고나 관심의 집단〉[6]을 드러내려는 논증적이고 기술(技術)적인 의도에 도움이 된다. 그러나 그것은 이론적 가치가 없다. 사실 프로이트는 정신분석을 원용하는 많은 저자들과는 다르게, 그것을 거의 사용하지 않는다.[β]

프로이트의 그러한 유보에는 여러 동기가 있다. 그는 어떤 심리학적인 유형화를 싫어한다(가령 실패 콤플렉스). 그것은 사례들의 특수성을 감출 위험이 있고, 동시에 문제가 되는 것을 설명으로 간주할 위험이 있다. 다른 한편, 콤플렉스라는 개념은 제거해야 할 병원(病源)의 핵과 혼동되는 경향이 있다.[7] 그래서 인간 발달의 어떤 시기에, 콤플렉스 — 특히 오이디푸스 콤플렉스 — 의 구조화하는 기능을 시야에서 놓칠 수가 있다.

*

아직 막연하지만 콤플렉스라는 용어의 용법을 단순화시키면 다음의 세 가지 의미로 구분할 수 있다:

1. 본래의 의미는 상대적으로 고정되어 있는 연상의 사슬의 배열을 가리킨다.(→ **연상**) 그러한 차원에서 콤플렉스는 연상이 파생하는 독특한 방식을 설명하기 위해 전제된 것이다.

2. 좀 더 일반적인 의미는 많건 적건 개인적인 특징 — 가장 통합이 잘 된 특징을 포함해서 — 으로 조직된 집합을 가리킨다. 특히 감정적 반응이 강조된다. 그러한 차원에서, 주로 새로운 상황이 무의식적으로 어린 시절의 상황으로 환원된다는 사실에서, 콤플렉스의 존재가 인정된다. 그래서 행위는 변치 않는 잠재적 구조에 의해 주조되는 것처럼 보인다. 그러나 그러한 의미는 일반화의 남용을 불러올 위험이 있다. 실제로 사람들은 많은 심리학적인 유형을 생각하는 만큼의 콤플렉스, 또는 그보다 더 많은 콤플렉스를 만들고 싶어 한다. 프로이트로 하여금 콤플렉스라는 용어를 유보하게 하고, 그런 다음 그의 흥미를 잃게 하는 것이, 우리의 생각으로는 바로 그러한 일탈이다.

3. 좀 더 엄격한 의미는, 프로이트가 항상 유지한 오이디푸스 콤플렉스라는 표현에서 발견된다. 그것은 인간관계의 기본 구조와, 그 관계 속에서 개인이 자기의 위치를 찾고 그것을 자기 것으로 만드는 방식을 가리킨다.

〈거세 콤플렉스〉나 〈아버지 콤플렉스Vaterkomplex〉와 같이 프로이트의 언어에 속하는 용어들이나, 〈어머니 콤플렉스〉, 〈형제 콤플렉스〉, 〈부모 콤플렉스〉와 같이 거의 발견되지 않는 용어들이, 그러한 틀 속에 위치한 것들이다. 주목할 것은 〈아버지〉, 〈어머니〉…… 등의 다양한 말들이, 어떤 차원이 어떤 주체에게 특별히 우세하든지, 아니면 프로이트가 분석의 어떤 순간을 특별히 강조하려고 하든지 간에, 각 경우에 오이디푸스적인 구조의 여러 차원을 가리킨다는 것이다. 그런 식으로 그는 아버지 콤플렉스라는 이름으로써, 아버지와의 양가적인 관계를 강조한다. 그리고 거세 콤플렉스는 그 주체가 상대적으로 고립되어 있다고 할지라도, 오이디푸스 콤플렉스의 변증법 속에 완전히 통합된다.

α 의식 영역의 협소함에 대해: 〈지각되지 않은 감각적 인상과, 나타났다 하더라도 의식 속으로 들어오지 못한 표상은, 일반적으로 아무런 효과 없이 소멸된다. 그렇지만 그것들은 가끔 서로 모여 콤플렉스를 형성한다. [……]〉[b]

β 마리즈 슈와지Maryse Choisy의 감수 하에 『프쉬케Psyché』라는 잡지에 간행된 『정신분석과 심리기법 사전Dictionnaire de Psychanalyse et Psychotechnique』에는, 50여 개의 콤플렉스가 기술되어 있다. 그 필자 중의 하나는 다음과 같이 쓰고 있다: 〈우리는 지금까지 알려진 콤플렉스의, 가능한 한 완벽한 목록을 제시하려고 했다. 그러나 항상 새로운 것이 발견된다.〉

γ 이미 인용된 페렌치에게 보내는 편지 참조: 〈인간은 콤플렉스를 제거하기 위하여 투쟁하는 것이 아니라, 그것과 조화되기 위하여 싸우는 것이다. 그것들은 합법적으로 인간의 행

동을 세계 속으로 인도하는 것이다.)5c

1 브로이어, 「이론적 고찰」, in 『히스테리 연구』, 1895.

  a 전집 III, 284[289], n. 21 ; 독, 187, n. 1 ; S.E., II, 214-5, n. 2 ; 프, 171, n. 1.[O.C., II, 238, n.1].

  b 전집 III, 304[310] ; 독, 202 ; S.E., II, 231 ; 프, 186[O.C., II, 255].

2 Jung C. G., *Diagnostische Assoziationsstudien*, J. A. Barth, Leipzig, 1906 참조.

3 프로이트 S., 「사실 정황의 진단과 정신분석」(1906), in 『정신분석적 정신치료』. G.W., VII, 4 ; S.E., IX, 104 ; 프, 44-5[O.C., VIII, 16].

4 프로이트 S., 「정신분석 운동의 역사에 대하여」, 1914. 전집 XV, 78[79] ; G.W., X, 68-9 ; S.E., XIV, 29-30 ; 프, 286[O.C., XII, 273].

5 Jones E., *Sigmund Freud, Life and Work*, 1955.

  a 영, II, 496 ; 프, 470.

  b 영, II, 188 ; 프, 177.

  c 영, II, 188 ; 프, 177.

6 프로이트 S., 『정신분석 입문 강의』, 1916-17. 전집 I, 148[153] ; G.W., XI, 106-7 ; S.E., XV, 109 ; 프, 122-3[O.C., XIV, 108].

쾌락원칙

프: *principe de plaisir*. 독: *Lustprinzip*. 영: *pleasure principle*. 스: *principio de placer*. 이: *principio di piacere*. 포: *principio de prazer*.

프로이트에 의하면, 정신 기능을 지배하는 두 가지 원칙 중의 하나. 전 심리 활동은 불쾌를 피하고 쾌락을 얻는 것을 목표로 하고 있다. 불쾌는 흥분량의 증가와 관련을 맺고 있고 쾌락은 그것의 축소와 관계가 있기 때문에, 쾌락원칙은 경제학적인 원칙이다.

쾌락에 의거해서 정신 기능의 조절 원칙을 세워야 한다는 생각은, 프로이트의 고유한 것이 아니다. 프로이트에게 흔적을 남긴 사상의 소유자로 알려져 있는 페히너Fechner는 이미 〈행동의 쾌락원칙〉을 진술한 바 있다.[1a] 그가 그것으로써 의미하고자 했던 것은, 전통적인 쾌락주의처럼 인간의 행동이 추구하는 궁극적인 목적이 쾌락이라는 것이 아니라, 우리의 행위는 실행해야 할 행동이나 그 결과의 표상에 의해 현실 속에dans l'actuel 제공되는 쾌나 불쾌에 의해 결정된다는 것이다. 그는 또한 그러한 동기는 의식적으로 지각되지 않는다는 것도 지적하고 있다: 〈…… 쾌와 불쾌의 경우 역시 그 동기가 무의식

속으로 사라진다. 그것은 아주 자연스러운 일이다.)[1b, α]

그러한 현재의 동기라는 특성은 프로이트의 개념의 중심에 있다. 즉 심리 장치*는 불쾌감을 일으키는 긴장의 회피나 배출에 의해 조정된다. 처음에는 그 원칙이 〈불쾌의 원칙〉[2a]으로 지칭되었다는 데 주목할 필요가 있다: 즉, 그 동기는 현재의 불쾌이지 획득해야 할 쾌락의 전망이 아니다. 그것은 〈자동〉 조절 기제이다.[2b]

*

쾌락원칙이라는 개념은 프로이트의 전 저작에 걸쳐 큰 변화 없이 그대로 지속된다. 반면에 프로이트에게서 문제가 되고 다양한 반응을 일으키는 것은, 그 원칙과 다른 이론의 관계이다.

그 원칙의 진술 자체에서 이미 감지되는 첫 번째 어려움은, 쾌와 불쾌의 정의와 결부되어 있다. 심리 장치의 모델에서, 프로이트의 일관된 가설 중의 하나는, 지각-의식 체계의 심리 기능은 외부 세계로부터 오는 질(質)의 다양성은 민감하게 감지하지만, 내부로부터 오는 긴장의 증가와 감소는 질적인 두 음계 — 즉 쾌-불쾌라는 척도 — 로 번역해서 지각한다는 것이다.[2c, β] 그렇게 쾌와 불쾌가 양적인 변화의 질적인 번역에 지나지 않는다면, 그것은 순전히 경제학적인 정의에 그치는 것이 아닐까? 다른 한편으로, 그 두 가지 측면, 즉 질적인 것과 양적인 것의 관계는 정확히 무엇일까? 프로이트는 점차 그 문제에 대해 간단히 대답하기 어렵다는 것을 강조한다. 그가 초기에는 쾌락과 긴장의 감소, 불쾌와 긴장의 증가를 등가로 진술하는 데 만족했지만, 그는 재빨리 그러한 관계를 간단명료한 것으로 여기는 것을 그만둔다: 〈……우리가 쾌-불쾌와 심리 생활에 작용하는 흥분량의 변동 사이의 관계의 본질을 밝히는 데 성공하지 못하는 한, 그러한 가설이 아주 불확정적이라는 것을 잊어서는 안 된다. 확실한 것은 그 관계가 아주 다양하기 때문에, 어쨌든 그것이 아주 단순한 것이 아니라는 사실이다.〉[3]

프로이트에게서 발견할 수 있는 것은, 문제의 기능 유형에 관한 몇몇 지적뿐이다. 『쾌락원칙을 넘어서』(1920)에서, 그는 불쾌와 긴장을 구분하는 것이 좋다고 기술하고 있다. 왜냐하면 유쾌한 긴장도 존재하기 때문이다. 〈쾌-불쾌의 정도가 단위 시간 내의 투여량의 변화를 가리키는데 반해, 긴장은 투여의 절대적인 규모와, 경우에 따라 그것의 수준과 관계를 갖고 있는 것은 아닐까?)[4a] 또한 나중의 텍스트에서는 시간적인 요인, 즉 리듬을 고찰하면서, 동시에 쾌락의 질적인 측면을 재강조하고 있다.[5a]

쾌와 불쾌라는 질적인 상태에 대한 양적인 정확한 등가를 찾는 것은 어렵다고 하더라도, 정신분석 이론은 그러한 상태의 경제학적인 해석에 대해 분명히 관심을 가지고 있다. 그것은 인격의 의식적인 측면뿐만 아니라 그것의 무의식적인 심역에 대해서도 가치 있는 원칙을 진술할 수 있는 길을 열어준다. 가령, 표면적으로는 고통스러운 증상과 결부된 무의식적인 쾌락에 대해 말하는 것은, 심리학적인 기술의 차원에서 반대를 자초하는 것이다. 프로이트는 심리 장치와 거기서 일어나는 에너지의 변화의 관점에서, 각각의 하부구조도 심리 장치 전체와 같은 원칙에 의해 조정되는 것으로 간주하는 모델을 사용하고 있다. 그렇지만 그러한 모델은 각각의 하부구조에 대해, 그러한 긴장의 증가가 실제로 불쾌의 동인으로 느껴지는 시기와 양태를 결정해야 하는 어려운 문제를 미해결로 남겨놓는다. 그러나 그 문제가 프로이트의 저작에서 간과되고 있는 것은 아니다. 그것은 『억제, 증상 그리고 불안』(1926)에서 자아에 대해 논할 때 직접 논의되고 있다(방어의 동기로서 신호불안*의 개념).

*

게다가 앞의 것과 관련이 없지 않은 또 다른 문제는, 쾌락과 항상성 사이의 관계에 관한 것이다. 사실 쾌락의 경제학적인 의미, 즉 양적인 의미를 일단 받아들인다 하더라도, 프로이트가 쾌락원칙이라고 명명한 것이 에너지 수준을 일정하게 유지하는 것과 일치하는지, 아니면 긴장을 가장 낮은 수준으로 줄이는 것과 일치하는지를 알아야 하는 문제가 남는다. 쾌락원칙과 항상성의 원칙을 동일시하는 프로이트의 많은 진술들은, 전자의 해결 방향으로 가고 있다. 그러나 반대로, 프로이트의 기초 이론(특히 「과학적 심리학 초고」 (1895)와 『쾌락원칙을 넘어서』와 같은 텍스트에서 도출되는) 전체를 보면, 항상성이 에너지의 구속*과 일치하는 데 비해, 쾌락은 에너지의 자유로운 배출과 일치하기 때문이건, 아니면 프로이트가 결국 쾌락원칙이 〈죽음 욕동에 봉사〉[4b, 5b]하는 것은 아닌지 자문하고 있기 때문이건, 아무튼 우리는 쾌락원칙이 차라리 항상성의 유지의 맞은편에 있다는 것을 알 수 있다. 우리는 그 문제를 〈항상성의 원칙〉의 항목에서 좀 더 깊이 논의할 것이다.

ㅋ

쾌락원칙

〈쾌락원칙을 넘어서는 것〉의 존재 여부에 관한, 정신분석에서 자주 논의되는 문제가 타당하게 제기되려면, 일단 쾌락, 항상성, 구속, 긴장의 제로zéro화라는 개념들이 개입되는 문제가 충분히 도출되어야 한다. 사실 프로이트가 쾌락원칙을 넘어서는 원칙이나 욕동이 존재한다고 주장하고 나서는 것은, 그가 혼동되는 경향이 있는 쾌락원칙을 항상성의 원칙과 동일한 것으로 해석할 때뿐이다. 역으로 그가 쾌락원칙을 제로zéro화의 원칙(열반의 원칙)과 동일시할 때는, 분명히 그는 그것이 최초의 원칙의 기본 성격을 갖고 있다고 생각하고 있다(→ 특히 〈죽음 욕동〉 참조).

*

쾌락원칙이라는 개념은 주로 현실원칙과 쌍을 이루어 정신분석 이론에 개입한다. 요컨대 프로이트는 심리 기능의 두 원칙을 명시할 때, 다음과 같은 커다란 기준 축을 전면에 내세우고 있다. 우선 욕동은 오로지 가장 빠른 길을 통해 방출되고 충족되려고 한다. 그러다가 그것은 점차 현실을 체험하면서, 현실만이 반드시 우회와 연기를 통해 충족이라는 목표에 도달하게 한다는 것을 배우게 된다. 이렇게 단순화된 명제에서, 우리는 쾌락과 현실의 관계가 어떻게 정신분석에서 쾌락이라는 용어에 부여된 의미에 의존하는지를 알 수 있다. 본질적으로 쾌락이 욕구의 진정을 의미한다면 — 자기보존 욕동의 충족이 그 모델이다 —, 쾌락원칙과 현실원칙의 대립은 전혀 근본적인 것이 아니다. 왜냐하면 생명체에는 쾌락을 삶의 안내자로 삼아 그것을 적응의 기능과 행동에 종속시키려는 소질과 천성이 있다는 사실을 쉽게 인정할 수 있기 때문이다. 그러나 정신분석이 쾌락의 개념을 전면에 내세우는 것은 아주 다른 문맥에서이다. 즉, [정신분석에서] 쾌락은 [현실적인 충족과는] 반대로 탈현실적déréel 성격이 뚜렷한 여러 과정(충족 체험)이나 현상(꿈)과 결부되어 있는 것으로 나타나고 있다. 그러한 관점에서, 무의식적인 욕망의 성취 Wunscherfüllung는 생명의 욕구 충족Befriedigung과 전혀 다른 요구에 부응하고 전혀 다른 법칙에 따라 기능하기 때문에, 그 두 가지 원칙은 근본적으로 적대적인 것으로 나타나게 마련이다.(→ **자기보존 욕동**)

α 페히너가 그의 〈쾌락원칙〉과 〈안정의 원칙principe de stabilité〉을 확실히 연결시키지 않은 것은 흥미로운 일이다. 프로이트는 후자만 참조한다.

β 이것은 단순화된 모델일 뿐이다. 사실 프로이트는 현실의 외부 지각에 의한 것이 아닌,

일련의 〈질적인〉 현상 — 내면의 언어, 기억-이미지, 꿈 그리고 환각 — 을 설명하지 않으면 안 되었다. 결국 그에게서 질(質)은 항상 지각 체계의 실제 자극에 의해 제공된다. 내면의 언어와 환각 사이에, 사르트르Sartre 이후로 〈상상계〉라고 명명되는 것에 여지를 남기지 않는 그러한 생각의 난점은, 「꿈의 이론에 관한 메타심리학적인 보충」(1915)에 특히 선명하게 나타나 있다.(→ 기억흔적)

1 Fechner, "Über das Lustprinzip des Handelns", in *Zeitschrift für Philosophie und Philosophische Kritik*, Halle, 1848.
　a 1-30 과 163-194.
　b 11.
2 프로이트 S., 『꿈의 해석』, 1900.
　a 전집 IV, 691[718] ; G.W., II-III, 605 ; S.E., V, 600 ; 프, 490[O.C., IV, 656].
　b 전집 IV, 663[689] ; G.W., II-III, 580 ; S.E., V, 574 ; 프, 470[O.C., IV, 629].
　c 전집 IV, 708[736] ; G.W., II-III, 621 ; S.E., V, 616 ; 프, 501[O.C., IV, 672] 참조.
3 프로이트 S., 「욕동과 욕동의 운명」, 1915. 전집 XI, 106[104] ; G.W., X, 214 ; S.E., XIV, 120-1 ; 프, 32-3[O.C., XIII, 169].
4 프로이트 S., 『쾌락원칙을 넘어서』, 1920.
　a 전집 XI, 342[346] ; G.W., XIII, 69 ; S.E., XVIII, 63 ; 프, 74[O.C., XV, 337].
　b 전집 XI, 342[347] ; G.W., XIII, 69 ; S.E., XVIII, 63 ; 프, 74[O.C., XV, 337].
5 프로이트 S., 「피학증의 경제학적 문제」, 1924.
　a 전집 XI, 419[425] ; G.W., XIII, 372-3 ; S.E., XIX, 160-1 ; 프, 212[O.C., XVII, 12].
　b 전집 XI, 418[424] ; G.W., XIII, 372 ; S.E., XIX, 160 ; 프, 212[O.C., XVII, 12].

쾌락-자아—현실-자아

프: *moi-plaisir—moi-réalité*. 독: *Lust-Ich—Real-Ich*. 영: *pleasure-ego—reality-ego*. 스: *yo placer—yo realidad*. 이: *io-piacere—io-realtà*. 포: *ego-prazer—ego-realidade*.

주체와 외부 세계의 관계, 그리고 현실 접촉의 발생과 관련하여 프로이트가 사용한 용어. 그 두 용어는 항상 서로 대립하지만, 일의적인 정의를 내리기에는 서로 너무 다른 의미를 갖고 있고, 다의적인 정의를 내리기에는 너무 의미가 중첩된다.

쾌락-자아와 현실-자아의 대립은, 프로이트가 주로 「심리적 사건 진행의 두 가지 원칙에 관한 공식화」(1911)와 「욕동과 욕동의 운명」(1915), 그리고 「부정」(1925)에서 제기한 것이다. 우선 지적할 것은, 프로이트 사상의 서로 다른 시기에 해당하는 그 텍스트들이, 그렇지만 서로 연속성을 갖고 있고, 제1지형학에서 제2지형학으로 이동할 때, 자아의 정의에 어떠한 수정도 하지 않는다는 것이다.

1. 「심리적 사건 진행의 두 가지 원칙에 관한 공식화」에서 쾌락-자아와 현실-자아의 대립은 쾌락원칙*과 현실원칙* 사이에 존재하는 대립과 결부되어 있다. 프로이트가 거기서 쾌락-자아*Lust-Ich*와 현실-자아*Real-Ich*라는 용어를 사용하는 것은, 자아 욕동*의 발달을 보여주기 위한 것이었다. 욕동은 처음에는 쾌락원칙에 따라 움직이지만, 점차 현실원칙을 따르게 된다. 그러나 성욕동의 경우, 그러한 발달은 자아 욕동보다 느리고 불완전하며 〈교육하기〉 어렵다. 〈쾌락-자아가 쾌락을 바라고 쾌락을 얻으려고 애쓰고 불쾌를 피하는 것밖에 하지 않는 것과 마찬가지로, 현실-자아는 유용한 것을 지향하고 손해로부터 자신을 지키는 것밖에 하지 않는다.〉[1] 주목할 것은, 여기서는 자아가 주로 욕동 — 자아에 에너지의 바탕을 제공한다고 여겨지는 욕동 — 의 각도에서 고찰되고 있다는 것이다. 결국 쾌락-자아와 현실-자아는 근본적으로 서로 다른 자아의 두 형태가 아니라, 자아 욕동의 기능 작용을 쾌락원칙과 현실원칙에 따라 규정한 두 양태인 것이다.

2. 「욕동과 욕동의 운명」에서도 관점은 발생학적이다. 그러나 여기서 검토되고 있는 것은, 쾌락원칙과 현실원칙의 연결도 아니고 자아 욕동의 발달도 아니다. 그것은 쾌-불쾌의 대립과 상관이 있는 주체(자아)-대상(외부 세계)의 대립의 발생이다.

그러한 관점에서 프로이트는 두 단계를 구분한다: 주체는 〈…… 유쾌한 것과 일치하고 외부 세계는 무관심한 것과 일치하는〉[2a] 첫 번째 단계와, 주체와 외부 세계가 유쾌한 것과 불쾌한 것의 대립처럼 서로 대립하는 두 번째 단계가 그것이다. 주체는 첫 번째 단계에서 현실-자아로 규정되고, 두 번째 단계에서는 쾌락-자아로 규정된다. 여기서 우리는 용어의 순서가, 앞선 텍스트[「심리적 사건 진행의 두 가지 원칙에 관한 공식화」]와 반대임을 알 수 있다. 그러나 그러한 용어들 — 특히 현실-자아라는 용어 — 이 동일한 의미로 쓰이고 있는 것은 아니다. 여기서 현실-자아와 쾌락-자아의 대립은 현실원칙이 개입하기 이전의 것으로, 현실-자아에서 쾌락-자아로의 이행은 〈…… 쾌락원칙의 지배하에 수행된다〉.[2b]

그러한 〈최초의 현실-자아〉를 프로이트는 다음과 같이 규정하고 있다: 〈…… 그것은 좋은 객관적 기준에 의거하여 안과 밖을 구분한다.〉[2c] 이 명제는

쾌락-자아 — 현실-자아

다음과 같이 이해할 수 있다: 사실, 그 자체로 무관심한 외부 세계의 속성과 관계없이, 처음에 쾌감과 불쾌감을 주체에게 허락하는 것은 객관적 태도였다.

그렇다면 쾌락-자아는 어떻게 구성되는 것일까? 주체도 외부 세계와 마찬가지로 유쾌한 부분과 불쾌한 부분으로 나뉘어 있다. 그로부터 주체는 모든 유쾌한 것과 일치하고, 세계는 모든 불쾌한 것과 일치하는 새로운 편성이 생긴다. 그러한 편성은 쾌락의 원천인 외부 세계의 대상의 일부분이 내입(內入)되고, 안에서 불쾌의 동기가 되는 것을 밖으로 투사함으로써 이루어진다. 주체의 그러한 태도는 모든 불쾌한 것이 밖에 있기 때문에, 〈정화된 쾌락-자아〉라고 정의할 수 있다.

이렇게 「욕동과 욕동의 운명」에서 쾌락-자아라는 용어는 불쾌-쾌의 원칙에 의해 지배되는 자아뿐 아니라, 유쾌한 것 — 불쾌한 것과 대립하는 — 과 자신을 동일시하는 자아도 의미한다. 그러한 새로운 의미에서, 대립되는 것은 여전히 자아의 두 단계이지만, 이번에는 그것들이 그것의 경계와 내용의 변화에 의해 정의되고 있다.

3. 「부정」에서도 프로이트는 앞선 텍스트와 같은 관점 — 즉 주체와 외부 세계의 대립은 어떻게 구성되는가의 관점 — 에서 쾌락-자아와 현실-자아라는 구분을 사용한다. 〈최초의 현실-자아〉라는 표현은 문자 그대로는 사용되지 않는다. 그렇지만 프로이트는 그 개념을 포기하지 않는 것 같다. 왜냐하면 그는 주체가 처음에는 현실에 대해 편견 없이 접근한다고 주장하고 있기 때문이다: 〈처음에는 표상représentation이 표상된 것représenté의 현실적인 보증이었다.〉[3a]

두 번째 시기, 즉 〈쾌락-자아〉의 시기도 「욕동과 욕동의 운명」과 동일한 말로 기술되고 있다: 〈최초의 쾌락-자아는 [……] 모든 좋은 것을 내입하고 싶어 하고, 모든 나쁜 것은 자기 밖으로 내던져 버리고[투사하고] 싶어 한다. 그것에게 처음에는, 나쁜 것, 자아에 생소한 것, 밖에 있는 것은 동일한 것이었다.〉[3b]

〈결정적 현실-자아〉는 세 번째 시기와 일치한다. 그것은 주체가 최초로 충족을 준 잃어버린 대상의 표상과 일치하는 현실적인 대상을 외부에서 되찾으려고 하는 시기이다.(→ 충족 체험) 그것이 바로 현실 검증*의 동인이다.

그러한 쾌락-자아에서 현실-자아로의 이행은 「심리적 사건 진행의 두 가

쾌락-자아─현실-자아

지 원칙에 관한 공식화」에서처럼, 현실원칙의 정립에 의존하고 있다.

*

프로이트는 쾌락-자아와 현실-자아의 대립을, 그의 메타심리학적인 관점과 특히 심리 장치의 심역으로서의 자아의 이론에 통합시키지 않는다. 그렇지만 그러한 연결을 세우는 데 대한 관심은 분명히 있었다. 왜냐하면 그러한 접근은 자아에 대한 정신분석 이론의 많은 문제점을 쉽게 해결해주기 때문이다:

1. 쾌락-자아와 현실-자아의 발달에 관한 프로이트의 관점은, 생물심리학적인 개체(우리가 보기에 프로이트가 제시한 〈최초의 현실-자아〉와 동일한)와, 심역으로서의 자아 사이의 중개와 생성 과정을 세우려는 시도이다.

2. 그 관점에 의하면, 그러한 생성의 원동력이 되는 것은 내입과 투사라는 원시적인 심리 작용이다. 왜냐하면 내입과 투사에 의해 안과 밖을 포함하는 자아의 경계가 구성되기 때문이다.

3. 그 관점은 1차적 자기애와 같은 용어와 결부된, 끊임없이 정신분석 이론에 부담이 되는 애매성을 불식시키는 장점이 있다. 왜냐하면 그것은 흔히 개체가 외부 세계에 전혀 접근할 ─ 초보적인 접근일지라도 ─ 수 없는 가설적인 원초적 상태를 의미하기 때문이다.

1 프로이트 S., 「심리적 사건 진행의 두 가지 원칙에 관한 공식화」, 1911. 전집 XI, 18[18] ; G.W., VIII, 235 ; S.E., XII, 223 ; 프 140[O.C., XI, 18].

2 프로이트 S., 「욕동과 욕동의 운명」, 1915.
  a 전집 XI, 125[123] ; G.W., X, 227 ; S.E., XIV, 135 ; 프 57[O.C., XIII, 182].
  b 전집 XI, 125[124] ; G.W., X, 228 ; S.E., XIV, 135-6 ; 프 57[O.C., XIII, 182].
  c 전집 XI, 126[124] ; G.W., X, 228 ; S.E., XIV, 135-6 ; 프 57[O.C., XIII, 182-3].

3 프로이트 S., 「부정」, 1925.
  a 전집 XI, 448[456] ; G.W., XIV, 14 ; S.E., XIX, 237 ; 프 176[O.C., XVII, 169].
  b 전집 XI, 448[456] ; G.W., XIV, 13 ; S.E., XIX, 237 ; 프 175-6[O.C., XVII, 169].

ㅋ

E

타나토스

프: *Thanatos*. 독: *Thanatos*. 영: *Thanatos*. 스: *Tánatos*. 이: *Thanatos*. 포: *Tânatos*.

죽음을 의미하는 그리스어로, 가끔 에로스라는 용어와 대조적으로 죽음 욕동을 가리키기 위해 사용된다. 그것의 용법은 거의 신화적인 의미를 그것에 부여하면서 욕동의 이원론적인 기본 성격을 강조하는 것이다.

타나토스라는 용어는 프로이트의 저작에서 발견되지 않는다. 그러나 존스Jones에 의하면, 일상 대화에서는 프로이트가 그것을 종종 사용하곤 했다고 한다. 그것을 정신분석 문헌에 도입한 사람은 페더른Federn이다.[1]

다 알다시피, 프로이트는 에로스*라는 용어를 삶 욕동*과 죽음 욕동*의 이론의 틀 속에서 사용했다. 그 당시 그는 형이상학과 고대 신화를 참조하여, 그의 심리학적이고 생물학적인 성찰을 광범위한 이원론적인 개념에 기록한다. 주로 『쾌락원칙을 넘어서』(1920) 제6장[2]과, 「끝이 있는 분석과 끝이 없는 분석」(1937) 제7절을 참조하기 바란다. 거기서 프로이트는 자신의 이론을 엠페도클레스의 φιλία(*philia*, 사랑)과 νεῖκος (*neikos*, 불화)의 대립으로 수렴시킨다: 〈엠페도클레스의 두 가지 기본 원리, 즉 φιλία (*philia*, 사랑)과 νεῖκος(*neikos*, 불화)은 이름으로 보나 기능으로 보나, 우리의 최초의 욕동인 에로스*Éros*와 파괴*destruction*에 해당한다.〉[3]

타나토스*Thanatos*라는 용어는, 프로이트의 후기 이론에서 두 가지의 커다란 욕동이 갖고 있는 보편적인 원리의 성격을 강조하고 있다.

1 Jones E., *Sigmund Freud : Life and Work*, 1957, vol. III. 영, Horgath Press, Londres, 29
5 참조.

2 프로이트 S., 『쾌락원칙을 넘어서』, 1920. 전집 XI, 316-39[320-43] ; G.W., XIII, 46-
66 ; S.E., XVIII, 44-61 ; 프, 26-38[O.C., XV, 315-35].

3 프로이트 S., 「끝이 있는 분석과 끝이 없는 분석」, in 『끝이 있는 분석과 끝이 없는 분
석』, 1937. 한, 274-7 ; G.W., XVI, 93-6 ; S.E., XXIII, 247-50 ; 프, 32-35[O.C., XX, 49-
52].

타자-성애

프: *allo-érotisme*. 독: *Alloerotismus*. 영: *allo-erotism*. 스: *aloerotismo*. 이:
alloerotismo. 포: *alo-erotismo*.

**자기-성애와 반대되는 개념으로 프로이트가 가끔 사용한 용어: 외부 대상을 통해 충족
을 찾는 성적 활동.**

프로이트가 1899년에 자기-성애*auto-érotisme*라는 용어를 처음으로 사용할 때,
그는 그것을 타자-성애라는 용어와 짝을 지우고, 타자-성애를 다시 동성-성
애*homo-érotisme*(동성의 대상을 통해 얻는 충족: 동성애*homosexualité*)와 이성-
성애*hétéro-érotisme*(이성의 대상을 통해 얻는 충족: 이성애*hétérosexualité*)로 세
분한다.[1] 그 용어는 거의 사용되지 않다가, 특히 존스E. Jones에 의해 다시 사
용된다.

1 프로이트 S., 「플리스에게 보낸 편지」, 『정신분석의 탄생』, 1887-1902. 한, 192 ; 독,
324 ; 영, 303 ; 프, 270.

E

타협 형성(물)

프: *formation de compromis*. 독: *Kompromissbildung*. 영: *compromise-formation*.
스: *transacción* 또는 *formación transaccional*. 이: *formazione di compromesso*. 포:
transação 또는 *formação de compromisso*.

격리[억압]된 것이 증상이나, 꿈이나, 좀 더 일반적으로 모든 무의식의 산물로 되돌아올 때, 그것이 의식에 수용되기 위하여 취하는 형태. 거기서 격리[억압]된 표상은 방어에 의해 알아볼 수 없을 정도로 왜곡된다. 동일한 형성물에서 무의식적 욕망과 방어의 요구가 단 한 번의 타협으로 동시에 충족된다.

강박신경증의 기제에 대한 연구로부터, 프로이트는 증상 자체 속에는 그것을 낳는 방어 갈등*의 흔적이 있다는 개념을 끌어낸다. 「방어-신경정신증에 관한 진전된 고찰」(1896)에서, 그는 격리[억압]된 기억의 회귀는 강박적 표상에서 왜곡된 형태로 이루어진다고 지적하고 있다. 그러한 표상이 〈격리[억압]된 표상과 격리[억압]하는 표상 사이의 타협compromis 형성······〉[1]이 되는 것이다.

그러한 타협의 개념은 모든 증상, 꿈, 그리고 무의식의 산물 전체로 급속히 확대된다. 그것은 나중에 『정신분석 입문 강의』(1916~17)의 제23장에서 재론된다. 거기서 프로이트는 다음과 같이 강조하고 있다: 신경증 증상은 〈갈등의 결과이다. [······] 서로 갈라진 두 힘은 증상에서 다시 만나서, 이를테면 증상 형성이 보여주고 있는 타협을 통해 화해한다. 그렇게 양쪽에서 떠받치기 때문에, 증상의 내성이 생기는 것이다.〉[2a]

모든 증상의 표출은 타협인가? 그러한 개념의 가치는 이론의 여지가 없다. 그러나 임상적으로 방어나 욕망이 지배적으로 나타나는 경우가 있다. 그래서 그것은 적어도 처음에는 방어에 반대로 작용하는 것에 의해 조금도 오염되지 않은 방어처럼 보이거나, 반대로 욕망이 타협 없이 표현된 격리[억압]된 것의 회귀처럼 보인다. 그것은 상보적 계열*로 이해해야 하는 타협에서 극단적인 경우이다: 〈······ 증상은 성적인 충족을 목표로 하든지, 아니면 그것에 대한 방어를 목표로 하고 있다. 전체적으로 히스테리에서는 욕망의 성취라는 긍정적 성격이 지배적이고, 강박신경증에서는 금욕적이고 부정적인 성격이 지배적이다.〉[2b]

E

1 프로이트 S., 「방어-신경정신증에 관한 진전된 고찰」(1896), in 『신경증의 병인』, G.W., I, 387 ; S.E., III, 170; 프 [O.C., III, 131].
2 프로이트 S., 『정신분석 입문 강의』, 1916-7.
  a 전집 I, 484[509] ; G.W., XI, 373 ; S.E., XV-XVI, 358-9 ; 프 386[O.C., XIV, 372].
  b 전집 I, 408[428] ; G.W., XI, 311 ; S.E., XV-XVI, 301 ; 프 324-5[O.C., XIV, 311].

퇴행

프: *régression*. 독: *Regression*. 영: *regression*. 스: *regresión*. 이: *regressione*. 포: *regressão*.

진행이나 발달 방향을 포함하고 있는 심리 과정에서, 퇴행은 이미 도달한 지점으로부터 역방향으로 그 이전에 위치한 지점으로 회귀하는 것을 가리킨다.

프로이트에 따르면, 지형학적인 의미에서 퇴행은 흥분이 보통 주어진 방향을 따라 끝에서 끝으로 가는 연속적인 심리 체계를 따라 움직인다.

시간적인 의미에서 퇴행은 발생학적 연속성을 가정하고 있으며, 주체가 지나간 발달 단계(리비도의 [발달] 단계, 대상 관계, 동일시 등)로 회귀하는 것을 가리킨다.

형식적인 의미에서 퇴행은 복잡성과 구조화와 분화의 관점에서, 낮은 단계의 행동 방식이나 표현 방식으로 이행하는 것을 가리킨다.

퇴행은 정신분석과 현대 심리학에서 아주 자주 사용되는 개념이다. 퇴행은 일반적으로 옛날 형태의 사고나 대상 관계나 행동의 구조로 회귀하는 것이다.

　프로이트가 맨 처음 퇴행을 기술할 때, 완전히 발생학적인 관점은 아니었다. 더욱이 용어의 관점에서 주목할 것은, *régresser*(후퇴하다)라는 동사는 *marcher en arrière*(뒤로 물러가다), *faire retour en arrière*(뒤로 돌아가다)를 의미한다는 것이다. 그것은 시간적인 의미에서뿐 아니라 논리적인 의미나 공간적인 의미로도 이해될 수 있다는 것을 뜻한다.

　『꿈의 해석』(1900)에서 프로이트가 퇴행이라는 개념을 도입한 것은 꿈의 기본적인 특성을 설명하기 위해서였다. 꿈-사고는 주로 주체에게 거의 환각적으로 주어지는 감각적 이미지의 형태로 나타난다. 그러한 특성을 설명하기 위해서는, 방향이 정해진 연속 체계로 구성된 심리 장치에 대한 지형학적인* 개념이 필요했다. 각성 상태에서는 흥분이 진행 방향으로(지각에서 운동으로) 그 체계를 편력하는 반면에, 수면 상태에서는 사고가 운동에 접근하는 것이 거부되기 때문에 지각 체계까지 역행한다.[1a] 따라서 프로이트가 퇴행이라는 개념을 도입한 것은 무엇보다도 지형학적인*topique* 의미에서였다.[α]

　그것의 시간적*temprorelle* 의미는 처음에는 암시적이었는데, 개인의 성심리의 발달에 관한 프로이트의 연구가 계속됨에 따라, 갈수록 더 중요해지게 된다.

비록 퇴행이라는 용어가 『성이론에 관한 세 편의 논문』(1905)에는 나타나지 않지만, 리비도가 충족의 옆길[2a]이나 예전의 대상[2b]으로 회귀할 가능성에 대한 암시는 이미 발견되고 있다. 그 점에 대해 주목할 것은, 퇴행을 명시적으로 문제 삼고 있는 구절이 1915년에 추가되었다는 사실이다. 사실 프로이트 자신이 기술하고 있듯이, 리비도가 예전 형태의 조직화로 퇴행한다는 개념을 발견하는 것은 한참 뒤의 일이다.[3a] 시간적인 퇴행의 개념이 완전히 도출되기 위해서는, 결정된 순서로 이어지는 어린 시절의 성심리의 발달 단계에 대한 점진적인(1910년부터 1912년에 걸친) 발견이 선행되어야 한다. 예를 들면, 프로이트는 「강박신경증의 소질」(1913)에서, 〈…… 강박신경증의 소질이 거주하는 성적인 조직화가 일단 자리를 잡게 되면, 그 조직화가 결코 완전히 극복되지 않은……〉 경우와, 〈…… 그 조직화가 우선 상급 단계의 조직화로 대체되었다가, 그다음에 그 상급 단계로부터 퇴행에 의해 다시 활성화되는〉[4] 경우를 대립시키고 있다.

그래서 1914년에 출간된 『꿈의 해석』의 추가된 구절이 보여주고 있듯이, 프로이트는 퇴행의 개념을 세분하지 않을 수 없게 된다: 〈우리는 세 종류의 퇴행을 구분하고자 한다: a) [심리 장치의] 도식의 의미에서 지형학적*topique* 퇴행. b) 예전의 심리 형태가 다시 나타나는 시간적*temporelle* 퇴행. c) 일상적인 표현이나 형상화의 방식이 원시적인 방식으로 대체되는 형식적*formelle* 퇴행. 이 세 유형의 퇴행은 근본적으로 같은 것으로, 대부분의 경우 그것들은 서로 만난다. 왜냐하면, 시간적으로 오래된 것은 그 형식에서 원시적이며, 심리 지형학적으로 지각 말단에 좀 더 가까이 위치하고 있기 때문이다.〉[1b]

지형학적 퇴행은 특히 꿈에서 분명히 드러난다. 거기서 퇴행은 그것의 끝까지 간다. 그것은 다른 병리 과정에서도 나타나지만, 그 경우는 [꿈보다] 덜 총체적이고(환각), 정상적인 과정에서도 나타나지만, 그 경우는 [꿈보다] 더 멀리 가지 않는다(기억).

프로이트는 2차 과정에서 1차 과정으로의 회귀가 나타나는 많은 현상을, 형식적 퇴행이라는 명칭(사고 동일성*에 의한 기능에서 지각 동일성*에 의한 기능으로의 이행) 하에 분류하고 있음에도 불구하고, 그 개념을 잘 사용하지 않는다. 프로이트가 형식적 퇴행이라 부르는 것은, 〈형태 심리학[게슈탈트 심리학]〉과 잭슨Jackson의 신경생리학이 탈구조화*déstructuration*(행동과 의

E

식 등의)라고 명명한 것과 비교해 볼 수 있다. 여기서 전제되고 있는 순서는, 개인이 실제로 거친 일련의 연속적인 단계의 순서가 아니라, 기능이나 구조의 위계 순서이다.

시간적 퇴행의 틀에서, 프로이트는 다양한 발달 노선에 따라 대상에 관계된 퇴행과, 리비도의 [발달] 단계에 관계된 퇴행과, 자아의 발달에서의 퇴행을 구분한다.[3b]

그 모든 구분이 단순히 분류의 필요성에 부응하고 있는 것만은 아니다. 실제로 어떤 정상적인 구조나 병리적인 구조에는, 서로 다른 유형의 퇴행 사이에 격차가 있게 마련이다. 예컨대 프로이트는 다음과 같이 기술하고 있다: 〈…… 물론 히스테리에서는 리비도가 최초의 근친상간적인 성적 대상으로 퇴행한다. 그것은 반드시 일어난다. 그러나 이전 단계의 성적 조직화로의 퇴행은 일어나지 않는다.〉[3c]

*

프로이트는 자주 어린 시절의 과거 — 개인뿐만 아니라 인류의 과거 — 가 우리 속에 영원히 남는다는 사실을 강조했다: 〈원시적인 상태는 항상 다시 건설될 수 있다. 원시적인 심리는 말 그대로 불멸이다.〉[5] 프로이트는 과거로의 회귀라는 그 개념을, 정신병리학, 꿈, 문명의 역사, 생리학 등 다양한 분야에서 발견한다. 과거가 현재 속에 다시 나타나는 것은, 반복 강박*이라는 개념에 의해서도 강조되고 있다. 게다가 그 개념은 프로이트의 어휘에서, *Regression*(퇴행)이라는 용어뿐만 아니라 *Rückbildung*(퇴화), *Rückwendung*(복귀), *Rückgreifen*(후퇴 파악) 등 비슷한 용어로 표현되고 있다.

프로이트 자신이 지적한 것처럼, 퇴행이라는 개념은 서술적인 개념이다. 주체가 어떤 형태의 과거로 회귀하는지를 이해하기 위해서는, 분명히 그것을 내세우는 것만으로는 충분치 않다. 어떤 뚜렷한 정신병리학적인 상태에서는 퇴행을 사실주의적으로 이해하는 것이 필요하다. 예를 들면, 정신분열증 환자가 다시 어린애가 되었다거나, 긴장증자*le catatonique*가 태아 상태로 돌아갔다고 가끔 말하는 경우가 그것이다. 이것은 강박신경증자가 항문기로 퇴행할 수 있다는 것과는 분명히 다른 의미를 띠고 있다. 전이에서 퇴행이라고 말하는 것은, 주체의 행동 전체를 고려해볼 때, 훨씬 더 제한적인 의미이다.

비록 프로이트의 구분이 이론적으로 엄밀하게 퇴행이라는 개념을 확립하지는 못했다고 하더라도, 그것은 적어도 퇴행을 대량적인 현상으로 생각하지 않게 하는 이점이 있다. 그러한 문맥에서, 퇴행이라는 개념이 고착이라는 개념과 쌍을 이룬다는 것과, 고착은 하나의 행동 패턴의 조립으로 환원될 수 없다는 것에 주목해야 한다. 고착을 〈기록inscription〉으로 이해한다면(→ **고착, 대표화-표상**), 퇴행은 〈기록된inscrit〉 것의 재활동으로 해석할 수 있을 것이다. 그러한 관점에서, 특히 치료에서 〈구강기적 퇴행〉이라고 말할 때, 그것은 프로이트가 〈구강 욕동의 언어〉라고 부른 것이, 주체의 말과 태도에 다시 나타나는 것으로 이해해야 할 것이다.[6]

α 꿈과 환각에서 지각 장치의 〈퇴행적regrédiente; rückläufige〉 흥분이라는 개념은, 이미 브로이어의 『히스테리 연구』(1895)[7]와 프로이트의 「과학적 심리학 초고」(1895)[8]에서부터 나타나고 있는 개념으로, 19세기에 환각을 다룬 저자들에게 상당히 널리 퍼져 있었던 것 같다.

1 프로이트 S., 『꿈의 해석』, 1900.
  a 전집 IV, 620-37[643-61] ; G.W., II-III, 538-55 ; S.E., V, 533-49 ; 프, 438-52[O.C., IV, 586-603] 참조.
  b 전집 IV, 636[660] ; G.W., II-III, 554 ; S.E., V, 548 ; 프, 451[O.C., IV, 602].
2 프로이트 S., 『성이론에 관한 세 편의 논문』, 1905.
  a 전집 VII, 62-4[57-9] ; G.W., V, 69-70 ; S.E., VII, 170-1 ; 프, 58-60[O.C., VI, 103-4].
  b 전집 VII, 132-3[121-2] ; G.W., V, 129 ; S.E., VII, 228 ; 프, 139[O.C., VI, 167].
3 프로이트 S., 『정신분석 입문 강의』, 1915-17.
  a 전집 I, 463-4[487-8] ; G.W., XI, 355-7 ; S.E., XVI, 343-4 ; 프, 369-70[O.C., XIV, 355] 참조.
  b 전집 I, 459-64[484-9], 481-2[507] ; G.W., XI, 353-7, 370-1 ; S.E., XVI, 340-4, 357 ; 프, 367-70, 384[O.C., XIV, 353-6] 참조.
  c 전집 I, 463[487] ; G.W., XI, 355 ; S.E., XVI, 343 ; 프, 369[O.C., XIV, 355].
4 프로이트 S., 「강박신경증의 소질」, 1913. 전집 X, 113-4[118] ; G.W., VIII, 448 ; S.E., XII, 322 ; 프, 443[O.C., XII, 90].
5 프로이트 S., 「전쟁과 죽음에 관한 시사(時事)적 고찰」, 1915. 전집 XII, 51[53-4] ; G.W., X, 337 ; S.E., XIV, 286 ; 프, 232[O.C., XIII, 141].
6 프로이트 S., 「부정」, 1925. 전집 XI, 447[455] ; G.W., XIV, 13 ; S.E., XIX, 237 ; 프, 175[O.C., XVII, 168].
7 브로이어 J. & 프로이트 S., 『히스테리 연구』, 1895. 전집 III, 254[258] ; 독, 164-5 ; S.E., II, 188-9 ; 프, 175[O.C., II, 210] 참조.
8 프로이트 S., 「과학적 심리학 초고」, 『정신분석의 탄생』, 1895. 한, 272-3 ; 독, 423 ; 영, 401 ; 프, 355.

E

투사

프: *projection*. 독: *Projektion*. 영: *projection*. 스: *proyección*. 이: *proiezione*. 포: *projeção*.

A) 신경생리학과 심리학에서 사용되는 아주 일반적인 의미로는, 신경학적이거나 심리학적인 사실이 중심에서 변두리로 이동하건, 주체에서 대상으로 이동하건, 외부로 이동해서 거기에 위치하는 작용을 가리키는 용어. 그러나 그 의미는 상당히 다양한 뜻을 내포하고 있다(설명 참조).

B) 정신분석에 고유한 의미로는, 주체가 자기 속에 있는 자기가 모르거나 거부하는 특성, 감정, 욕망, 게다가 〈대상〉을 자기 밖으로 추방하여 타자(사람이나 사물) 속에 위치시키는 작용을 가리킨다. 거기서 문제가 되는 것은 아주 오래된 방어이다. 그것은 특별히 파라노이아에서 작용하지만, 미신 같은 〈정상적인〉 사고방식에서도 발견된다.

I. 투사라는 용어는 오늘날 정신분석뿐만 아니라, 심리학에서도 아주 널리 사용되고 있다. 그것은 자주 지적되듯이, 서로 잘 구분되지 않는 여러 가지 의미를 내포하고 있다. 따라서 우선 의미론적인 차원에 국한해서, 〈투사〉가 내포하고 있는 것을 열거하는 것이 좋을 것이다:

a) 신경학*neurologie*에서는, 기하학에서 나온 의미로 투사라는 말을 사용한다. 기하학에서 그 용어[역주: 기하학에서는 '투영'이라고 번역한다]는 가령 공간 속의 모양과 평면적인 모양 사이에 점 대 점이 일치하는 것을 가리킨다. 그런 식으로 뇌의 어떤 표면은 어떤 신체 장치 — 수용기(受容器) 또는 효과기(效果器) — 의 투사라고 말할 수 있다. 따라서 그것은 지점 대 지점이건, 구조 대 구조건, 일정한 법칙에 따라 결정되는 일치를 가리킨다. 그것은 구심적인 방향뿐만 아니라 원심적인 방향에서도 이루어진다.

b) 그러한 사실로부터 두 번째 의미가 나온다. 즉, 그것은 특히 중심에서 변두리를 향하는 움직임을 내포하고 있다. 심리생리학적인 언어로, 가령 후각은 투사에 의해 수용 장치의 차원에 위치하게 된다고 말할 수 있다. 프로이트는 그와 같은 의미에서, 〈가려움이나 흥분의 감각을, 중심의 원천*origine centrale*에서 주변 성감대로 투사된 것〉[1]이라고 말하고 있다. 그러한 관점에서, 잉글리쉬H. B. English와 잉글리쉬A. C. English가 정의했듯이, 〈중심을 벗어나는〉 투사는, 〈자극-대상이 공간 속에 차지하는 위치에 감각적 여건의 국

지(局地)화*localisation*이지, 육체의 자극 지점에 감각적 여건의 국지화)[2a]가 아니라고 정의할 수 있다.

심리학*psychologie*에서는 다음과 같은 과정을 의미할 때 투사라는 말을 쓴다:

c) 주체는 주위 환경을 지각하고, 자기 자신의 관심, 적성, 습관, 지속적이거나 순간적인 감정 상태, 기대, 욕망 등에 따라 거기에 반응한다. 그러한 내부 세계*Innenwelt*와 외부 세계*Umwelt*의 상호 관계는, 현대 생물학과 심리학 ― 특히 〈형태 심리학[게슈탈트 심리학]〉의 자극을 받은 ― 의 공헌 중의 하나이다. 그것은 모든 차원의 행동에서 입증되고 있다: 동물은 지각 영역으로부터, 그의 모든 행동의 방향을 결정짓는 특수한 자극들을 선택한다. 어떤 사업가는 모든 대상을 사고파는 관점에서 바라보는 것이고(〈직업적인 왜곡〉), 유머 감각이 좋은 사람은 삶을 〈낙관적으로〉 보는 경향이 있다, 등등. 보다 심층적으로 말하면, 인격의 구조나 본질적인 특징은 표면적인 행동으로 나타날 수 있다. 그것은 소위 투사 기법의 기본 원칙에 있는 사실이다: 가령, 어린아이의 그림은 그의 인격을 드러낸다. 엄밀한 의미에서, 투사 테스트(예컨대 로르샤하*Rorschach*, 티에티*T.A.T.*)인 표준화된 검사에서, 주체는 거의 구조화되지 않은 상황과 애매한 자극의 상황 속에 놓이게 되는데, 그러한 상황은 〈……제시된 재료와 창조 활동의 유형에 알맞은 해독 법칙에 따라, 그의 성격의 어떤 특징이나 그의 행동과 감정의 조직 체계를 판독할〉[3] 수 있게 한다.

d) 주체는 자신의 태도를 통해 어떤 사람을 다른 사람과 동일시한다는 것을 보여주고 있다. 그래서 그는 가령 그의 아버지의 이미지를 그의 주인에게 〈투사하고〉 있다고 말할 수 있다. 그러나 그것으로 정신분석이 전이*transfert*라는 이름하에 발견한 현상을 가리키는 것은 적절치 못하다.

e) 주체는 자신을 다른 사람들과 동일시하거나, 역으로 다른 사람이나 유-무생물들을 자기 자신과 동일시한다. 그래서 흔히 소설의 독자는 자기 자신을 이런저런 주인공에 투사한다고 말할 수 있다. 라퐁텐*La Fontaine*은 다른 방향에서 그의 『우화*Fables*』의 동물에, 인간과 유사한 감정과 논리를 투사하고 있다. 차라리 그러한 과정이야말로 정신분석가들이 동일시*identification*라고 명명하는 것의 영역 속에 포함시켜야 할 것이다.

f) 주체는 자신 속에 있는 자기가 모르는 성향, 욕망 등을 타인에게 부여한다. 가령, 인종주의자는 자신이 멸시하는 집단에 대해, 자기 자신의 잘못과 은

밀한 경향을 투사한다. 그러한 의미는 잉글리쉬H. B. English와 잉글리쉬 A. C. English가 책임 회피성 투사*disowning projection*[역주: 자기 책임이 아니라고 부인하는 투사]라고 지칭하는 것으로, 프로이트가 투사*projection*라는 이름으로 기술한 것과 가장 가깝다.

II. 프로이트가 투사를 인용하는 것은, 정상 심리학과 이상 심리학의 여러 현상들을 설명하기 위한 것이었다.

1) 투사가 처음 발견된 것은 파라노이아에서였다. 프로이트는 1895~1896년부터 그 질병에 두 개의 짧은 글[4a]과, 「방어-신경정신증에 관한 진전된 고찰」(1896)의 제3장을 바친다. 거기서 투사는 불쾌의 원인을 외부에서 찾는 정상적인 기제의 남용으로서의 원초적인 투사로 기술되고 있다. 파라노이아증자는 참을 수 없는 표상을 투사하는데, 그것은 밖으로부터 비난의 형태로 그에게 되돌아온다: 〈······ 실제 내용은 그대로이지만, 전체적인 자리 배치에 변화가 있는 것이다.〉[4b]

프로이트가 그 이후에 파라노이아를 다룬 경우 — 특히《슈레버 사례*Cas Schreber*》에 대한 연구 — 에도, 그는 투사를 인용한다. 그러나 우리는 프로이트가 거기서 투사의 역할을 제한하는 방식에 주목해야 할 것이다. 그것은 거기서 파라노이아적인 방어 기제의 일부분에 지나지 않는 것으로 국한된다. 따라서 그것이 모든 형태의 질병에서 똑같이 나타나는 것은 아니다.[5a]

2) 프로이트는 1915년 공포증*phobique*의 구성 전체를, 욕동의 위험이 현실로 진짜 〈투사〉되는 것으로 기술하고 있다: 〈자아는 마치 불안의 발전의 위험이 욕동의 움직임으로부터 오는 것이 아니라, 지각으로부터 오는 것처럼 행동하면서, 그 외부 위험에 대한 공포의 회피로써 대응한다.〉[6]

3) 프로이트는 그가 〈투사적 질투〉 — 〈정상적인〉 질투뿐 아니라 파라노이아적인 질투 망상과도 구분되는 — 라고 지칭하는 것에서도, 투사가 작용하고 있음을 발견한다.[7] 주체는 부정(不貞)한 자기 자신의 욕망으로부터, 그 부정을 배우자에게 돌림으로써 자신을 방어한다. 그렇게 함으로써 그는 자기 자신의 무의식으로부터 자기의 주의(注意)를 타인의 무의식으로 돌려, 자기 자신에 대해서는 오인하면서 타인에 대해서는 많은 통찰력을 얻는다. 따라서 투사를 잘못된 지각이라고 알려주는 것은 가끔 불가능할뿐더러 항상 효과도 없다.

4) 프로이트는 여러 차례 투사라는 기제의 정상적인*normal* 성격을 강조한다. 그래서 그는 미신이나, 신화나 〈물활론[애니미즘]〉에서도 투사가 작용하고 있다고 보고 있다. 〈무의식 속에 있는 심리적인 요인과 관계들에 대한 막연한 인식(말하자면 심리 내부의 지각)은 [……] 초감각적인 현실*réalité suprasensible* — 이것은 학문에 의해 다시 무의식의 심리학*psychologie de l'inconscient*으로 바뀌어야 한다 — 의 구성에 반영된다.〉[8]

5) 마지막으로 프로이트는 분석 상황에 대해서는, 아주 드물게 투사를 인용하고 있다. 그는 일반적인 전이를 결코 투사로 지칭하지 않는다. 그는 후자[전이]를, 그것과 관계있는 특수한 현상을 가리킬 때만 사용한다: 즉, 실제로는 자기 자신의 말과 생각인데, 주체가 그것을 분석가의 것으로 돌릴 경우에만 사용한다(가령, 〈당신은 ……라고 생각할 테지만, 그것은 사실이 아니다.〉)[9a]

위의 목록을 통해 분명히 알 수 있는 사실은, 프로이트가 투사를 여러 영역에서 발견하고 있다고 하더라도, 그는 그것에 상당히 좁은 의미를 부여하고 있다는 것이다. 즉, 투사는 항상 방어로서, 주체가 자신 속에서 거부하거나 오인하는 특성이나 감정이나 욕망을, 타자(사람이나 사물)에게 돌리는 것으로 나타나 있다. 물활론[애니미즘]이야말로 프로이트가 투사를 자기와 타자의 단순한 동일시의 의미로 여기지 않고 있다는 가장 좋은 예이다. 사실 물활론[애니미즘]적인 믿음은 흔히, 인간을 모델로 하지 않고서는 자연을 생각하지 못하는 원시인들의 무능력으로 이해되어 왔다. 마찬가지로 신화에 대해서도, 고대인들은 자연의 힘에 대해, 인간의 특질이나 열정을 〈투사했다〉고 자주 말해지고 있다. 프로이트는 그러한 동일시의 원리와 목적은 오인*méconnaissance*에 있다고 주장한다(이것이 바로 그의 주된 공헌이다): 〈악마〉와 〈유령〉은 무의식적인 나쁜 욕망을 구현하고 있을 뿐이다.

III. 프로이트가 투사라고 말하는 경우의 대부분에서, 그는 그 문제를 전체적으로 다루는 것을 피하고 있다. 〈슈레버 사례*Cas Schreber*〉에서 그러한 자신의 태도를 다음과 같이 해명하고 있다: 〈…… 투사의 이해는 보다 일반적인 심리학적인 문제를 내포하고 있기 때문에, 우리는 다른 전체 속에서 연구하기 위하여, 투사의 문제를 일반적인 파라노이아적인 증상의 형성 기제와 함께 별도로 떼어 놓기로 결정했다.〉[5b] 아마 그러한 연구는 쓰기는 했지만 출판하

투사

지는 않은 것 같다. 그렇지만 프로이트는 여러 차례 투사의 메타심리학에 대해 암시하고 있다. 우리는 그의 이론의 요소들과 그것이 제기하는 문제들을 다음과 같이 재편성할 수 있을 것이다:

1) 투사의 가장 일반적인 원리는 프로이트의 욕동의 개념에서 찾을 수 있다. 다 알다시피, 프로이트에게 유기체는 긴장을 낳는 두 종류의 흥분에 종속되어 있다: 하나는 피할 수 있고, 자신을 보호할 수 있는 흥분이고, 다른 하나는 피할 수 없을 뿐 아니라 처음에는 보호 장치나 보호막*이 없는 흥분이다. 그것이 바로 외부와 내부를 가르는 첫 번째 기준이다. 그 시점에서 투사는 내적인 흥분 — 이것의 강도(强度) 때문에 아주 불쾌한 것이 되는 — 에 대한 최초의 방어 수단으로 나타난다. 주체는 그 흥분을 외부로 투사함으로써, 그것을 피하고(가령 공포증적인 회피), 그것으로부터 자신을 보호한다. 그것은 〈마치 그 흥분이 내부로부터 작용하는 것이 아니라 외부로부터 작용하는 것처럼 그것을 취급하여, 그것에 대해 보호막이라는 방어 수단을 사용하려는 경향……〉인 것 같다. 〈그것이 투사의 기원이다.〉[10] 프로이트가 지적했듯이, 그러한 해결책의 결점은, 주체가 그 후부터 현실의 범주에 종속된 것을 완전히 믿는다는 것이다.[4c]

2) 프로이트에 따르면, 투사는 내입*과 함께, 주체(자아)-대상(외부 세계)의 대립의 탄생에 아주 중요한 역할을 한다. 주체는 〈…… 자아 속에, 그에게 쾌락의 원천으로 나타나는 대상을 받아들인다. 그는 그것을 (페렌치의 표현에 따르면) 내입하는 것이다. 한편, 그것은 자신의 내부에서 불쾌의 동기가 되는 것을 자기 밖으로 내쫓는다(투사의 기제).〉[11] 그러한 내입과 투사의 과정은, 〈구강 욕동의 언어로〉[9b] 삼키다-뱉다의 대립으로 표현된다. 그것이 바로 프로이트가 말하는 〈정화된 쾌락-자아〉의 단계이다.(→ 쾌락-자아, 현실-자아) 그러한 프로이트의 개념을 연대기적인 관점에서 고찰하는 저자들은, 투사-내입의 움직임이 안과 밖의 구분을 전제하고 있는 것인지, 아니면 전자[투사-내입]가 후자[안과 밖]를 구성하는 것인지에 대해 의문을 제기한다. 그래서 안나 프로이트는 다음과 같이 쓰고 있다: 〈우리는 내입과 투사가, 자아와 외부 세계가 구분된 다음 시기에 나타난다고 생각한다.〉[12] 그러한 점에서 그녀는, 〈좋은〉 대상과 〈나쁜〉 대상*의 내입-투사의 변증법을 전면에 배치하면서, 그것을 내부-외부의 구분의 토대 자체로 보는 멜라니 클라인 학파와 대립한다.

IV. 그래서 프로이트는 투사의 메타심리학적인 동인이 무엇인지를 지적하고 있다. 그러나 그의 개념은 일련의 기본적인 질문을 미해결로 남겨놓기 때문에, 그 질문에 대한 명확한 답을 찾기는 불가능하다.

1) 첫 번째 어려움은 투사된 것이 무엇*ce qui*인지에 관한 것이다. 프로이트의 말에 따르면 투사는, 외부 세계에서 정동의 원인*cause*을 찾는 정상적인 과정의 변형이다. 그가 공포증에서 투사를 찾아낼 때, 그는 그런 식으로 생각했다. 반면에, 〈슈레버 사례*Cas Schreber*〉에서 볼 수 있는 파라노이아의 기제에 대한 분석에서는, 원인이 경험에 의한 투사의 합리화로 나타나고 있다: 〈……《나는 그를 미워한다》라는 문장은, 투사에 의해 다른 문장 ―《그는 나를 미워한다(그는 나를 박해한다)》― 으로 바뀐다. 그것은 내가 그를 미워할 권리를 나에게 주고 있다.〉[5c] 여기서 투사되는 것은 증오의 정동*affect*(말하자면 욕동*pulsion* 자체)이다. 마지막으로 「욕동과 욕동의 운명」(1915)과 「부정」(1925)과 같은 메타심리학적인 논문에서, 투사되는 것은 〈미워하는〉 것이나 〈나쁜〉 것이다. 그것은 클라인에게서 완전히 개화하는, 투사의 〈사실주의적〉 개념에 아주 가깝다. 그녀에게서 투사되는 것은 환상적인 〈나쁜〉 대상이다. 그것은 마치 욕동이나 정동이 진실로 추방되기 위해서 반드시 하나의 대상*objet*으로 구현되어야 하는 것처럼 진행된다.

2) 두 번째 큰 어려움은 파라노이아에 대한 프로이트의 개념 속에 나타나 있다. 사실 그 질병의 방어 과정 전체를 총괄해볼 때, 프로이트가 투사를 항상 같은 자리에 놓고 있는 것은 아니다. 파라노이아적인 투사를 다룬 첫 번째 텍스트에서, 프로이트는 투사를 강박신경증에서 작용하는 격리[억압]와의 비교를 통해 그 성격이 밝혀질 수 있는 최초의 방어 기제로 생각하고 있다. 즉, 그 신경증에서 최초의 방어는 병을 일으키는 기억 전체를 무의식으로 격리[억압]하고, 그 기억을 〈최초의 방어 증상〉 ― 즉 자기 불신 ― 으로 대체하는 데 있다. [그렇지만] 파라노이아에서 최초의 방어는 그와 대조적이다. 즉, 거기에도 격리[억압]는 있지만, 그것은 외부 세계로의 격리[억압]이다. 따라서 최초의 방어 증상은 타인에 대한 불신이다. 망상은 그러한 방어의 실패이자, 밖으로부터 오는 〈격리[억압]된 것의 회귀〉로 간주할 수 있다.

《슈레버 사례*Cas Schreber*》에서 투사의 위치는 사뭇 다르다. 그것은 〈증상이 형성〉되는 중에 일어나는 것으로 기술되어 있다. 그러한 개념은 파라노이아의 기제와 신경증의 기제를 접근시키고 있다. 첫 번째 단계에서, 참을 수

E

없는 감정(동성애)은 내면, 즉 무의식으로 격리[억압]되어, 그것의 반대로 변형된다. 두 번째 단계에서, 그것은 외부 세계로 투사된다. 여기서 투사는 무의식 속으로 격리[억압]된 것이 되돌아오는 방식이다.

파라노이아의 기제에 대한 개념화가 그렇게 달라짐에 따라, 투사에 두 가지 의미가 생긴다:

a) 영화에 비유할 수 있는 의미에서: 주체는 자기 안에 무의식적으로 존재하는 것의 이미지를 밖으로 내보낸다. 여기서 투사는 오인의 한 방식으로 정의된다(그 대신 정확히 주체 속에서 오인된 것을 타인 속에서 인식한다).

b) 거의 사실적인 추방 과정으로서: 주체는 자신이 원치 않는 것을 자기 밖으로 내던진 다음, 그것을 외부 세계에서 다시 찾는다. 도식적으로 말하면, 여기서 투사는 〈알고 싶지 않은 것 *ne pas vouloir connaître*〉으로 정의되는 것이 아니라, 〈……이고 싶지 않은 것 *ne pas vouloir être*〉으로 정의된다.

첫 번째 관점(a)은 투사를 착각으로 환원하고 있고, 두 번째 관점의 투사는 주체와 외부 세계의 원초적인 분리에 근거하고 있다.(→ **폐기**)

그러한 두 번째 관점은, 다음과 같은 구절이 보여주듯이, 《슈레버 사례 *Cas Schreber*》에 대한 연구에는 없다: 〈내부에서 격리[억압]된 감각이 외부로 투사된다고 말하는 것은 정확하지 않다. 오히려 우리는 내부에서 폐지[폐기]된 *aufgehobene* 것이 외부로부터 돌아온다고 알고 있다.〉[5d] 이 구절에서 주목할 것은, 프로이트가 투사라는 용어로써, 우리가 방금 전에 오인의 방식으로 기술한 것을 지칭하고 있다는 것이다. 그러나 그는 그렇게 정의된 투사로는 정신증을 설명하기에 충분하지 않다고 생각하고 있다.

3) 투사로서의 환각과 꿈에 대한 프로이트의 이론에 이르게 되면, 새로운 어려움에 봉착하게 된다. 프로이트가 강조하듯이, 투사되는 것이 불쾌한 것이라면, 욕망의 성취의 투사는 어떻게 설명해야 하는가? 프로이트는 그 문제를 비켜갈 수 없었다. 그는 그것에 다음과 같이 공식화할 수 있는 대답을 제시한다: 꿈이 그 내용에서는 기분 좋은 욕망을 성취하고 있다 하더라도, 그것의 최초의 기능에서 그것은 방어적이다. 그것의 목표는 처음에는 잠을 교란할 위험이 있는 것과 거리를 두는 것이다: 〈…… 그[잠자는 사람]를 완전히 사로잡는 내적인 소원 대신에, 외적인 경험이 자리를 잡게 되고, 그 잠자는 사람은 그것[외적인 경험]에 대한 소원으로부터 벗어난다. 꿈은, 따라서, 다른 무엇보다도 투사이다. 즉 내적인 과정의 외면화이다.〉[13]

V. 1) 그러한 기초적인 어려움에도 불구하고, 투사라는 용어*terme*에 대한 프로이트의 용법은 분명히 방향이 설정되어 있다. 항시 문제가 되는 것은, 자기 자신 속에 있다고 인정하기를 거부하는 것이든지, 아니면 자기 자신이라고 인정하기를 거부하는 것을 밖으로 내던지는 것이다. 그런데 그러한 폐기나 배출의 의미는 프로이트 이전에는 지배적인 것이 아니었다. 가령 르낭Renan의 다음의 구절이 그것을 증명해주고 있다: 〈어린아이는 자기 속에 가지고 있는 경이로운 것을 모든 것에 투사한다.〉 물론 그러한 용법은 프로이트의 개념보다 오래 살아남아, 현재 심리학에서 ─ 가끔 정신분석가들에게서조차 ─ 그 용어가 갖는 애매함의 이유가 된다.[α]

2) 우리가 투사에 대한 프로이트의 개념의 명확성을 간직하려고 애쓴다고 하더라도, 위에서 분류하고 구분한 모든 과정이 부정되는 것은 아니다(참조: I). 사실, 정신분석가들은 폐기나 오인으로서의 투사가 그러한 여러 과정에서 작용하고 있음을 보여주고 있다.

긴장 상태나 걷잡을 수 없는 고통이 육체의 한 기관으로 투사된 경우는, 그 투사를 고착시키고 그것의 진정한 기원을 오인하게 만든다(참조: I, b).

마찬가지로, 투사 테스트에 대해서도(참조: I, c) 문제가 되는 것은 인격의 구조와 일치하는 자극의 구조화만이 아니라는 것을 쉽게 알 수 있다. 특히 T.A.T. 그림판의 경우, 주체는 그 자신을 투사하지만, 자기가 거부하는 자기도 투사한다. 우리는 투사 기법이 투사 기제를 자극하여 〈나쁜〉 것만을 선택적으로 밖으로 유도하는 것은 아닌지 자문해볼 필요가 있다.

또한 주목할 것은, 어떤 정신분석가도 전이 전체를 투사와 동일시하지는 않는다는 것이다(참조: I, d). 반면에 그들은 투사가 전이에 어떻게 관여하는지를 알아내려고 한다. 예컨대, 그들은 주체가 분석가에게 자신의 초자아를 투사하여, 그러한 추방에서 보다 이로운 상황과 내면의 투쟁의 완화를 이끌어낸다고 말한다.

마지막으로 동일시와 투사의 관계는 매우 얽혀 있다. 부분적으로 그것은 용어의 느슨한 용법 때문이다. 가령 히스테리증자는 어떤 사람과 동일시*s'idendifie à*한다거나, 그 사람에게 자기 자신을 투사한다*se projette dans*는 말을 가끔 별 구분 없이 사용하곤 한다. 그러한 혼동은 상당해서, 페렌치조차 그 과정[동일시]을 지칭하기 위하여 내입이라는 표현을 쓸 정도였다. 동일시와 투사라는 두 기제 사이의 관계를 전혀 다루지 않더라도, 그러한 투사의 용

E

법은 남용이라고 말할 수 있다. 왜냐하면 투사에 대한 정신분석적 정의에서 항상 전제되는 것 — 개인 내부의 양분과, 거부된 자기의 부분을 타자에게 폐기하는 것 — 을, 그 경우[동일시]에서는 찾아볼 수 없기 때문이다.

α 그러한 혼동을 예증하는 데 도움이 되는 일화가 있다. 서로 다른 두 경향의 철학자들 사이에 토론이 진행되는 중에, 한 참석자가 물었다: 〈우리가 동일한 프로그램을 가지고 있는 것입니까?〉 반대편을 지지하는 사람이 대답했다: 〈나는 그렇지 않기를 바랍니다.〉 일반적인 심리학적인 의미에서, 첫 번째 사람은 프로이트적인 의미에서 〈투사했고〉, 두 번째 사람은 그의 자세가 그의 반대자의 생각 — 자신 속에서 발견될까 봐 두려워하는 생각 — 을 근본적으로 거부하고 있다는 것을 보여준다는 점에서 투사했다고 가정할 수 있다.

1 프로이트 S., 『성이론에 관한 세 편의 논문』, 1905. 전집 VII, 80[74] ; G.W., V, 85 ; S.E., VII, 184 ; 프, 78[O.C., VI, 120].

2 English H. B. & English A. G., *A Comprehensive Dictionary of Psychological and Psychoanalytical Terms*, 1958.

  a 〈Projection-Eccentric〉 항목.

  b 〈Projection〉 항목, 3.

3 Anzieu D., *Les méthodes projectives*, P.U.F., Paris, 1960, 2-3.

4 프로이트 S., 「플리스에게 보낸 편지」, 『정신분석의 탄생』, 1887-1902.

  a 한, 67-75, 100-2 ; 독, 118-24, 163-4 ; 영, 109-15, 152-4 ; 프, 98-102, 135-6.

  b 한, 70 ; 독, 120 ; 영, 111 ; 프, 99.

  c 한, 67-75, 100-2 ; 독, 118-24, 163-4; 영, 109-15, 152-4; 프, 98-102, 135-6 참조.

  d 한, 67-75, 100-2 ; 독, 118-24, 163-4; 영, 109-15, 152-4; 프, 98-102, 135-6 참조.

5 프로이트 S., 「한 파라노이아 사례(파라노이아형 치매)의 자서전적인 기술에 대한 정신분석적 고찰: 슈레버」, 1911.

  a 전집 IX, 175[180] ; G.W., VIII, 302-3 ; S.E., XII, 66 ; 프, 311[O.C., X, 289] 참조.

  b 전집 IX, 175[180] ; G.W., VIII, 303 ; S.E., XII, 66 ; 프, 311[O.C., X, 289].

  c 전집 IX, 171[176] ; G.W., VIII, 299 ; S.E., XII, 63 ; 프, 308[O.C., X, 285].

  d 전집 IX, 180[186] ; G.W., VIII, 308 ; S.E., XII, 71 ; 프, 315[O.C., X, 294].

6 프로이트 S., 「무의식」, 1915. 전집 XI, 187[186] ; G.W., X, 283 ; S.E., XIV, 184 ; 프, 126[O.C., XIII, 225].

7 프로이트 S., 「질투, 파라노이아 그리고 동성애에서의 몇몇 신경증적 기제에 대하여」, 1922. 전집 X, 173-6[181-4] ; G.W., XIII, 195-8 ; S.E., XVIII, 223-5 ; 프, 271-3[O.C., XVI, 87-9] 참조.

8 프로이트 S., 「일상생활의 정신병리학에 관하여」, 1901. 전집 V, 345[358] ; G.W., IV, 287-8 ; S.E., VI, 258-9 ; 프, 299[O.C., V, 355].

9 예컨대, 프로이트 S., 「부정」, 1925. 참조.

  a 전집 XI, 445[453] ; G.W., XIV, 11 ; S.E., XIX, 235 ; 프, 174[O.C., XVII, 167].

  b 전집 XI, 447[455] ; G.W., XIV, 13 ; S.E., XIX, 237 ; 프, 175[O.C., XVII, 168].

10 프로이트 S., 『쾌락원칙을 넘어서』, 1920. 전집 XI, 298[301] ; G.W., XIII, 29 ; S.E.,

XVIII, 29 ; 프, 32[O.C., XV, 300].

11 프로이트 S.,「욕동과 욕동의 운명」, 1915. 전집 XI, 125-6[124] ; G.W., X, 228 ; S.E., XIV, 136 ; 프, 58[O.C., XIII, 182].

12 Freud A., *Das Ich und die Abwehrmechanismen*, 1936. 프 : *Le moi et les mécanismes de défense*, Paris, P.U.F., 1949, 47.

13 프로이트 S.,「꿈의 이론에 관한 메타심리학적인 보충」, 1917. 전집 XI, 221[221-2] ; G.W., X, 414 ; S.E., XIV, 223 ; 프, 165[O.C., XIII, 249].

투사적 동일시

프: *identification projective*. 독: *Projektionsidentifizierung*. 영: *projective identification*. 스: *identificación proyectiva*. 이: *identificazione proiettiva*. 포: *identificação projetiva*.

멜라니 클라인이 도입한 용어로, 주체가 자기*his self*의 전부 내지는 일부를 대상의 내부에 삽입해 그를 해치고 소유하고 통제하는 환상으로 나타나는 기제를 가리킨다.

투사적 동일시라는 말을 멜라니 클라인Melanie Klein은 아주 특수한 의미로 사용한다. 그것은 언뜻 보기에 두 단어의 결합이 암시하는 것 ─ 즉 자기 자신의 어떤 특징이나 자기 자신과 전체적으로 닮은꼴을 타인에게 부여하는 것 ─ 을 의미하지 않는다.

클라인은『어린아이의 정신분석*Die Psychoanalyse des Kindes*』(1932)에서 어머니의 체내에 대한 공격 환상과 어머니의 체내로의 가학적인 침입 환상을 기술하고 있다.[1] 그러나 그녀가 투사적 동일시라는 용어를 도입해, 〈공격적인 대상 관계의 원형이 되는 특수한 형태의 동일시〉[2a]를 가리키게 된 것은 한참 뒤(1946년)의 일이다.

파라노이아형-분열형 태도*와 밀접한 관계가 있는 그 기제는, 어머니를 내부로부터 해치고 통제하기 위하여, 주체 자신의 잘라낸 부분(나쁜 부분 대상만은 아니다) 또는 주체 전체를 어머니의 체내에 환상적으로 투사하는 데 있다. 그러한 환상은 어머니의 체내에 갇혀 박해를 받는 불안의 원천이다. 아니면 반대로, 투사적 동일시는 〈폭력적인 투사에 대한 징벌로서 외부에서 내부로 강제로 진입하는 것과 같은……〉[2b] 내입*으로 느껴지는 결과를 낳을 수도 있다. 또 다른 위험은 자아가 투사적 동일시에서 그 자신의 〈좋은〉 부분을 잃어버릴 위험이 있는 한, 연약해지고 빈약해질 수 있다. 그리하여 자아 이상과 같은 심역이 주체 바깥에 있게 된다.[2c]

클라인과 리비어 Joan Riviere는 투사적 동일시가 이인증(離人症, dépersonnali-sation) 이나 밀실 공포증 같은 여러 병적인 상태에서도 작용한다고 보고 있다.

따라서 투사적 동일시는 투사*의 한 양태처럼 보인다. 여기서 클라인이 동일시라고 말하는 것은, 자기 자신이 투사되기 때문이다. 그러한 클라인의 용법은 정신분석에서 투사라는 용어에 부여한 엄밀한 의미, 즉 주체 속에 있으면서 주체가 거부하는 것을 외부로 던져버리는 것, 다시 말해 나쁜 것의 투사와 일치한다.

*

그러한 의미는 동일시*에서 주체가 타자에게 동화되는 방식과, 타자가 주체에게 동화되는 방식을 구분할 수 있는지의 문제를 고스란히 남겨놓는다. 후자의 방식을 투사적 동일시라는 이름으로 묶는다는 것은, 투사라는 정신분석적인 개념의 약화를 전제하는 것이다. 따라서 구심적 동일시와 원심적 동일시와 같은 대립을 공식화하는 것이 더 좋을 것이다.

1 가령 Klein M., *Die Psychanalyse des Kindes*, 1932. in trad. fr., P.U.F., Paris, 1959, 145 참조.

2 Klein M., "Notes on some schizoid mechanisms(「몇 가지 분열형 기제에 대한 주석」)", in *Developments*, 1952.

　　a 300.
　　b 304.
　　c 301.

E

투여[집중]

프: investissement. 독: Besetzung. 영: cathexis. 스: carga. 이: carica 또는 investimento. 포: carga 또는 investimento.

경제학적 개념: 어떤 심리적 에너지가 표상이나 표상 군, 또는 육체의 일부분이나 대상

등에 달라붙는 것.

*Besetzung*을 *investissement*으로 번역하는 것은 이미 인정된 사실이다(가끔 *occupation*(점유)도 발견된다). 그것에 대한 한 가지 지적: 독어의 동사 *besetzen*은 여러 가지 의미를 갖고 있다. 그 중에 *occuper*(점유하다)도 있다 (가령, 어떤 장소를 점유하거나, 군사적으로 도시나 나라를 점령하다). 한편 프랑스어로 *investissement*은 그보다 특수하게 군사 용어로 어떤 장소를 포위하는(그것을 차지하는 것이 아니라) 행위를 생각하게 하고, 다른 한편으로는 재정(財政) 용어로 어떤 기업에 자본을 투자하는 것을 떠오르게 한다(아마 오늘날 일반 언어 의식에서는 후자의 의미가 우세하다). 따라서 독어와 프랑스 어는 정확히 서로 겹치지 않는다. 그리고 그 프랑스어 용어는 좀 더 자발적으로 프로이트가 고찰한 〈경제학〉을, 경제 과학이 다루고 있는 경제학과 비교하는 쪽으로 밀고 가는 것 같다.

*

*Besetzung*이라는 용어는 프로이트가 작업하는 동안 내내 사용되고 있다; 그것의 외연과 범위는 다를 수 있지만, 프로이트의 사상에서 그것은 모든 단계에서 나타나고 있다.

　그것은 1895년 『히스테리 연구』와 「과학적 심리학 초고」에서 처음 나타난다. 그렇지만 〈흥분량〉이나 〈감정적 가치〉와 같은 그와 이웃한 용어들은 그 이전에도 나타나고 있다(1893, 1894). 『암시와 그것의 치료 적용에 대하여 *De la suggestion et de ses applications à la thérapeutique*』, 1888~9)라는 베르넴Bernheim의 저서에 대한 번역 서문에서부터, 프로이트는 신경 체계에서의 흥분성의 이동*Verschiebung von Erregbarkeit im Nervensystem*이라는 표현을 쓰고 있다. 그러한 가설은 임상적이면서 동시에 이론적인 고찰에 기초하고 있다.

　임상적으로 신경증자 — 특히 히스테리증자 — 의 치료는 프로이트에게, 기본적으로 〈표상〉과 표상에 투여되는 〈흥분량*〉을 구분하지 않을 수 없도록 만든다. 그러한 구분 덕분에, 주체의 역사에서 중요한 사건이 어떻게 무심하게 환기될 수 있고, 불쾌하고 참을 수 없는 성격의 경험이 불쾌감을 일으킨 원래의 사건과 관계가 있는 것이 아니라, 오히려 하찮은 사건과 관계하는지

E

(이동, 〈잘못된 연결fausse connexion〉) 설명 가능해진다. 『히스테리 연구』에 기술된 대로, 치료는 문제가 된 여러 표상들의 연결을 재건함으로써, 외상적 사건의 기억과 정동 사이의 관계를 재건하고, 그렇게 해서 정동의 방출(해소*)을 촉진하는 것이다. 다른 한편으로, 히스테리에서 육체적 증상의 소멸은 격리[억압]된 정동의 경험을 드러내는 것과 상관이 있다. 이것은 역으로 증상의 생성은 심리 에너지가 〈신경 감응 에너지〉로 전환됨으로써 이루어진다는 것을 암시하고 있다.

그러한 사실들 — 특히 전환* 현상들 — 은, 여러 형태를 띠는 신경 에너지의 보존 법칙에 기초하고 있는 것처럼 보인다. 그러한 개념의 체계적인 공식은, 신경 장치의 기능을 뉴런 체계 내의 에너지의 변화로써 기술하고 있는 「과학적 심리학 초고」에 나타나 있다. 그 텍스트에서 Besetzung이라는 용어는 뉴런(또는 체계)에 투여하는 행위, 다시 말해 그것에 에너지의 부하(負荷)를 거는 행위뿐 아니라, 투여된 에너지의 양, 특히 정지 에너지도 가리킨다.[1]

그 뒤에 프로이트는 투여 에너지라는 개념을 〈심리 장치*〉의 차원으로 옮김으로써, 그러한 신경학적 도식으로부터 벗어난다. 그렇게 해서 『꿈의 해석』(1900)에서 그는 투여 에너지가 어떻게 여러 체계로 분배되는지를 보여준다. 무의식 체계는 그 기능에서 흥분량의 방출의 원칙을 따른다; 전의식 체계는 그러한 직접적인 방출을 억제하려고 함과 동시에, 소량의 에너지를 외부 세계의 탐구에 필요한 사고 활동에 바친다: 〈…… 후자의 체계는 능률을 위해 그 투여 에너지의 대부분을, 휴식 상태로 유지하고 그것의 적은 부분만 이동에 사용한다고 나는 가정하고 있다.〉[2a] (→ 자유 에너지-구속 에너지)

그렇지만 주목할 것은, 그렇다고 해서 그러한 「과학적 심리학 초고」의 가설을 바꾸는 것이 신경 에너지의 개념에 대한 참조를 포기하는 것을 의미하지는 않는다는 것이다: 〈그러한 개념을 중시하기를 원하는 사람은 그것에 대응하는 육체적인 유사성을 찾아, 뉴런의 흥분의 운동 경로를 머릿속으로 그려낼 수 있는 길을 찾아야 한다.〉[2b]

욕동이라는 개념의 완성은 『꿈의 해석』의 경제학적인 개념화에 남아 있는 문제에 대한 답변을 제공한다: 즉 투여된 에너지는 내적인 원천으로부터 나오는 욕동의 에너지이며, 그것은 계속 압력을 행사함으로써 심리 장치에 그것을 변형시키는 임무를 부과한다. 그리하여 〈리비도의 투여〉라는 표현은 성욕동의 에너지에 의한 투여를 의미하게 된다. 심리 장치의 두 번째 이론에서 모든 투여의 기원은, 인격 속의 욕동의 극점인 그거$ça$이다. 다른 심역들도 자신의 에너지를 그러한 최초의 원천에서 끌어낸다.

*

투여라는 개념은 대부분의 경제학적인 개념처럼, 엄격한 이론적인 정의가 내려지지 않은 프로이트의 개념 장치에 속한다.

　사실 그 개념들은 〈젊은 프로이트〉가 부분적으로, 그에게 영향을 준 신경생리학자들(브뤼케Brücke, 마이네르트Meynert 등)로부터 이어받은 것이다. 그러한 사정은 몇몇 의문에 직면하는 프로이트의 독자가 놓여 있는 불확실성의 이유를 설명해주고 있다:

　1) 투여라는 용어의 용법은 분석 이론이 제거하지 못한 양가성을 벗어날 수 없다. 그 개념은 일반적으로 비유적 의미로 이해된다. 그래서 그것은 심리 작용과, 에너지를 모델로 하여 이해되는 신경 장치 기능 사이의 유사성으로 특징지어져 있다.

　하나의 표상$représentation$의 투여라고 말하는 것은 심리 작용을, 유추를 통해 심리 투여에 대응하는 생리학적인 기제를 생각나게 하는 언어(가령, 뉴런의 투여, 엔그램$engramme$[역주: 과거의 개인적인 사건이 기억 속에 남긴 흔적]의 투여)로 정의하는 것이다. 반면에 표상의 투여에 대립하는 대상$objet$의 투여라고 말하는 것은, 신경 체계와 유사한 닫힌 체계로서의 심리 장치의 개념을 더 이상 붙들고 있지 않는 것이다. 표상에 대해서는, 그것이 부하(負荷)되면 그것의 운명은 그 부하에 달려 있다고 말할 수 있는 반면에, 독립적인 현실 대상의 투여는 그와 같은 〈사실적인〉 의미를 가질 수 없다. 그러한 애매성은 내향성(현실 대상의 투여에서 심리 내적인 상상적 대상의 투여로 이동하는 것)이라는 개념에 의해 드러난다. 왜냐하면 그러한 철수[현실대상에서 상상적 대상으로] 때 에너지가 보존된다고 생각하기는 힘들기 때문이다.

　어떤 정신분석가들은 투여와 같은 용어가, 그들의 역동 심리학이 적어도 이론적으로 신경생리학과 연결되어 있다는 사실에 객관적인 증거를 제공하는 것처럼 생각하고 있다. 사실 육체의 일부분에 대한 투여, 지각 장치에 대한 투여 등과 같은 표현을 사용하면, 신경생리학적인 언어를 말하는 것 같고, 정신분석 이론과 신경생리학 사이의 통로를 만드는 것 같은 인상을 준다. 그러나 실제로는, 그렇게 생각하는 신경생리학은 정신분석이 자리 이동을 한

E

것에 불과하다.

2) 또 다른 어려움이 투여라는 개념을 지형학적 개념과 결부시킬 때 나타난다. 한편으로, 모든 투여 에너지는 그 근원을 욕동에 두고 있는 것으로 생각된다. 그렇지만 다른 한편으로는, 각 체계에 고유한 투여라는 표현을 쓰기도 한다. 어려움이 완연히 드러나는 것은, 이른바 무의식적인 투여의 경우이다. 사실 그러한 투여가 리비도에 근원을 두고 있다고 생각한다면, 그것은 투여된 표상을 끊임없이 의식을 향해, 그리고 운동을 향해 떠민다고 생각해야 한다. 그러나 프로이트는 자주 무의식적인 투여를 무의식 체계에 고유한 것으로서, 그 곳으로 표상을 끌어당기는 응집력이라고 말하고 있다. 그러한 힘은 격리[억압]에서 주된 역할을 한다. 그래서 투여라는 용어가 이질적인 개념들을 포괄하고 있는 것은 아닌지 의문이 간다.[3]

3) 투여라는 개념을 경제학적인 의미에만 국한시킬 수 있는가? 물론 프로이트는 그것을 대상이나 표상에 부여된 실증적인 부하의 개념과 동일시하고 있다. 그러나 임상과 서술적인 차원에서, 그것은 보다 넓은 의미를 띠고 있는 것은 아닌가? 사실 주체의 개인적인 세계에서, 대상과 표상에는 지각과 행동의 영역이 조직하는 어떤 가치*valeurs*가 충당되어 있다. 한편으로 그러한 가치들은 질적으로 서로 이질적인 것으로 보여서 그것들 사이에 등가나 대체를 생각하기 힘들다. 다른 한편으로는 주체에 대해 가치를 가득 내포하고 있는 대상들은, 양성적인 부하가 걸려 있는 것이 아니라 음성적인 부하가 걸려 있는 것을 확인할 수 있다. 예컨대 공포증의 대상은 철수된 것이 아니라, 피해야만-하는*devant-être-évité* 것으로서 강력하게 〈투여되어〉 있다.

그래서 경제학적인 언어를 버리고, 투여라는 프로이트의 개념을 지향성, 가치-대상 등의 개념에 기초한, 현상학에 영감을 받은 언어로 번역하고 싶은 유혹이 생긴다. 사실 프로이트의 언어에서도 그러한 접근 방식을 정당화할 수 있는 표현을 찾을 수 있다. 예컨대, 프랑스어로 된 그의 논문인 「기질성 운동 마비와 히스테리성 운동 마비의 비교 연구를 위한 몇 가지 고찰」(1893)에서, 그는 정동량*Affektbetrag*의 번역어로 〈정동적 가치*valeur affective*〉라는 말을 선택하고 있다.[4] 다른 텍스트에서도 투여라는 용어는 리비도적인 에너지의 측정 가능한 부하를 의미한다기보다, 질적으로 구분되는 정동을 겨냥하고 있다. 가령 모성적 대상이 젖먹이에게 결여되면, 그 대상은 〈그리움[갈망]의 투여*Sehnsuchtbesetzung*〉[5]라고 말할 수 있다.

E

*

투여라는 개념의 사용이 어떤 어려움을 제기한다고 하더라도, 정신분석가들이 그것 없이 수많은 임상적 사실을 설명하거나 치료의 진전을 평가하기는 힘들다. 어떤 질병들은 주체가 특정 양의 에너지를 자기 마음대로 사용하여, 대상이나 그 자신과의 관계에 변동적인 비율로 분배한다는 것을 보여주고 있다. 예컨대, 애도와 같은 상태에서 주체의 인간관계가 현저하게 빈약해지는 것을, 우리는 잃어버린 대상에 대한 과투여*surinvestissement*로 설명할 수 있다. 마치 외부 대상들이나 환상적인 대상들, 자신의 육체, 자아 등의 갖가지 투여 사이에 에너지의 진정한 균형이 세워져 있는 것처럼 말이다.

1 프로이트 S., 「과학적 심리학 초고」, 『정신분석의 탄생』, 1895. 한, 219-20 ; 독, 382 ; 영, 358-9 ; 프, 318 참조.

2 프로이트 S., 『꿈의 해석』, 1900.

 a 전집 IV, 690[718] ; G.W., II-III, 605 ; S.E., V, 599 ; 프, 489[O.C., IV, 655].

 b 전집 IV, 690[718] ; G.W., II-III, 605 ; S.E., V, 599 ; 프, 489[O.C., IV, 655].

3 이 질문에 대한 보다 광범위한 검토를 위해서는, Laplanche J. & Leclaire S., "L'inconscient", in *Les Temps Modernes*, 1961, n.183, 2장 참조.

4 프로이트 S., 「기질성 운동 마비와 히스테리성 운동마비의 비교 연구를 위한 몇 가지 고찰」(1893), in 『신경증의 병인』, G.W., I, 54 ; S.E., I, 171; 프, [O.C., I, 364] 참조.

5 프로이트 S., 『억제, 증상 그리고 불안』, 1926. 전집 X, 305[318] ; G.W., XIV, 205 ; S.E., XX, 171 ; 프, 100[O.C., XVII, 286].

투여 에너지

프: *énergie d'investissment*. 독: *Besetzungsenergie*. 영: *cathectic energy*. 스: *energia de carga*. 이: *energia di carica*(또는 *d'investimento*). 포: *energia de carga*(또는 *de investimento*).

심리 장치를 움직이는 양적 요소로 가정되는 에너지의 기반.

이 개념의 논의를 위해서는 〈경제학적〉, 〈투여〉, 〈자유 에너지─구속 에너지〉, 〈리비도〉 항목 참조.

특수 행동

프: *action spécifique*. 독: *spezifische Aktion*. 영: *specific action*. 스: *acción especifica*. 이: *azione specifica*. 포: *ação especifica*.

초기의 몇몇 저작에서 프로이트가 사용한 용어로, 욕구 때문에 생긴 내적인 긴장을 해결하는 데 필요한 과정 전체 — 즉 적절한 외부의 개입과, 행위를 성취할 수 있게 하는 미리 형성된 유기체의 반응 전체 — 를 가리킨다.

프로이트가 특수 행동이라는 개념을 사용한 것은 주로 「과학적 심리학 초고」에서이다. 프로이트가 뉴런 장치의 기능을 조정하는 것으로 가정하고 있는 관성의 원칙*은, 내인성 흥분이 개입하자마자 복잡해진다. 사실 유기체는 그러한 흥분을 벗어날 수 없다. 유기체는 그것을 두 가지 방식으로 방출할 수 있을 뿐이다:

　a) 특수하지 않은 반응(감정 표출, 고함 등)에 의한 직접적인 방식 : 흥분이 계속해서 모여들면 그러한 부적절한 반응을 구성하게 된다;

　b) 긴장을 지속적으로 해결하게 하는 특수한 방식 : 프로이트는 「신경쇠약에서 〈불안 신경증〉이라는 특별한 증상복합체를 분리하는 근거에 관하여」(1895)에서, 특히 역치라는 개념을 끌어들여, 이 방식의 도식을 제공하고 있다.[1a]

　특수 행동이나 적절한 행동이 이루어지기 위해서는, 특수한 대상과 일련의 외적인 조건(배고픈 경우에는 양식의 공급)이 필수적이다. 젖먹이의 경우에는 근원적인 무원 상태(→ **무원 상태**)로 말미암아, 외부의 도움이 욕구 충족에 필수 불가결한 선행 조건이 된다. 따라서 프로이트는 특수 행동이라는 용어로써, 때로는 행위를 성취시키는 반사 행위 전체를 가리키기도 하고, 때로는 외부의 개입을 가리키기도 한다. 아니면 그 두 가지의 결합을 가리키기도 한다.

　그러한 특수 행동은 충족 경험*이 전제하고 있는 것이다.

*

특수 행동이라는 프로이트의 개념은 본능 이론*의 초안으로 생각할 수 있다.[α] 그것은 어떻게 프로이트의 저작에서 도출되는 성욕동의 개념과 양립하는가?

그 문제에 대한 프로이트의 입장은 1895년과 1905년 사이에 달라진다 :

1)「과학적 심리학 초고」에서 성욕은 〈커다란 욕구〉[2] 중의 하나로 분류된다. 그것은 배고픔과 똑같이 특수 행동을 요구한다.(→ **자기보존 욕동**)

2) 주목할 것은, 1895년까지 프로이트는 아직 유아 성욕을 발견하지 못했다는 것이다. 그 시기에 특수 행동이라는 용어로부터 나온 결과는, 어른의 성행위와 배고픔의 충족 사이의 유사성이다.

3) 위에서 인용한「과학적 심리학 초고」와 같은 시기의 논문(「신경쇠약에서 〈불안 신경증〉이라는 특별한 증상복합체를 분리하는 근거에 관하여」)에서, 성적인 충족에 필요한 특수 행동이 특히 어른들에 대해 기술되어 있다. 그러나 일종의 유기체적인 조립*montage*을 구성하는 행위 요소들 바로 옆에 프로이트가 도입하는 것은, 심리적 리비도의 가공이라는 항목으로 된, 역사적인 근원을 가진 〈심리적인〉 조건이다.[1b]

4) 유아 성욕의 발견과 함께, 그의 관점은 바뀐다.(→ **성욕**) 그로부터 프로이트는 인간의 성욕을 어른의 성행위 — 즉 성욕의 전개와 대상과 목적이 한결같은 행위 — 로써 정의하는 학설을 비판한다. 〈대중적인 견해는 성욕동의 본질과 특성에 관한 아주 고정된 관념으로 만들어진다. 그것에 따르면, 유년기에는 성욕동이 없고, 성욕동은 자위행위와의 밀접한 관련 하에 사춘기에나 나타난다는 것이다. 그리고 그것은 이성이 행사하는 거역할 수 없는 매력의 형태로 나타나고, 그것의 목표는 성적인 결합 또는 적어도 그 목표로 인도되는 행위라는 것이다.〉[3]

프로이트는『성이론에 관한 세 편의 논문』에서, 유아 성욕의 기능에서 성적인 쾌락을 제공하는 유기체의 조건이 왜 특수하지 않은가를 보여주고 있다. 그러한 조건이 빠르게 특수화되는 것은, 역사적인 요인 때문이다. 결국 어른들에게, 이러저러한 개인에게 성적인 충족을 주는 조건은, 마치 한 인간이 그의 역사를 통하여 본능적인 조립과 비슷한 행위에 도달하는 것처럼 결정된다. 그것이 바로 프로이트가 위에서 인용한 글에서 기술한 대로, 〈대중적인 견해〉의 근원에 있는 모습이다.

α 이러한 관점에서, 특수 행동에 관한 프로이트의 이론과, 현대의 동물 심리학(비교 행동 학파)이 분석한 본능적 과정을 비교할 수 있을 것이다.

1 프로이트 S., 「신경쇠약에서 〈불안 신경증〉이라는 특별한 증상복합체를 분리하는 근거

에 관하여」, 1895.

  a) 전집 X, 35[34] ; G.W., I, 334-5 ; S.E., III, 108 ; 프, 32[O.C., III, 51].

  b) 전집 X, 33-9[32-9] ; G.W., I, 333-9 ; S.E., III, 106-12 ; 프, 30-5[O.C., III, 49-54] 참조.

  2 프로이트 S., 「과학적 심리학 초고」, 『정신분석의 탄생』, 1895. 한, 218 ; 독, 381 ; 영, 357 ; 프, 317 참조.

  3 프로이트 S., 『성이론에 관한 세 편의 논문』, 1905. 전집 VII, 19[19] ; G.W., V, 33 ; S.E., VII, 135 ; 프, 17[O.C., VI, 67].

ㅍ

파괴 욕동

프: *pulsion de destruction*. 독: *Destruktionstrieb*. 영: *destructive instinct*. 스: *instinto destructivo*(또는 *destructor*). 이: *istinto*(또는 *pulsione*) *di distruzione*. 포: *impulso destrutivo*(또는 *pulsão destrutiva*).

프로이트가 생물학적이고 심리학적인 경험에 좀 더 가까운 관점에서, 죽음 욕동*을 가리키기 위하여 사용한 용어. 때로는 그것의 외연이 죽음 욕동이라는 용어의 외연과 같은 경우도 있지만, 대부분 그것은 외부 세계를 향하는 죽음 욕동을 지칭한다. 그러한 좀 더 특수한 의미에서, 프로이트는 공격 욕동*Aggressionstrieb이라는 용어도 사용한다.

죽음 욕동이라는 개념은 『쾌락원칙을 넘어서』(1920)에서, 정말 사변적인 문맥에서 도입되었다. 그렇지만 프로이트는 그 텍스트 이래로, 경험 속에서 그것의 결과를 찾아내는데 몰두한다. 그래서 그 이후의 텍스트에서, 프로이트는 종종 파괴 욕동이라는 표현을 사용하는데, 그것은 죽음 욕동의 목표를 좀 더 정확하게 드러내기 위함이었다.

프로이트의 말에 따르면, 죽음 욕동은 〈본질적으로 침묵 속에서〉 작용하고, 따라서 밖으로 작용할 때 외에는 거의 인식되지 않기 때문에, 파괴 욕동이라는 용어가 그것의 가장 뚜렷하고 가장 근접할 수 있는 효과를 규정하는 말이 될 것이다. 죽음 욕동은 주체 자신을 우회한다. 왜냐하면 그것은 자기애적인 리비도에 의해 투여되기 때문이다. 그리고 그것은 근육 조직을 매개로 해서 외부 세계를 향한다. 그리하여 그것은 〈…… 이제 부분적으로만 파괴 욕동으로서, 세계와 다른 생명체에 대항하는 것으로 표출된다〉.[1]

죽음 욕동에 비해 그러한 제한적인 파괴 욕동의 의미가 다른 텍스트에서도 그렇게 분명히 나타나지 않는 것은, 프로이트가 파괴 욕동 속에 자기파괴 *Selbstdestruktion*를 포함시키기 때문이다.[2] 공격 욕동이라는 말에 관해 말하자면, 그것은 외부를 향한 파괴에 마련된 용어이다.

1 프로이트 S., 『자아와 그거』, 1923. 전집 XI, 383[388] ; G.W., XIII, 269 ; S.E., XIX, 41 ; 프, 197[O.C., XVI, 284].
2 프로이트 S., 『새로운 정신분석 입문 강의』, 1932. 전집 II, 142[151] ; G.W., XV, 112 ; S.E., XXII, 106 ; 프, 144[O.C., XIX, 189].

파라프레니아

프: *paraphrénie*. 독: *Paraphrenie*. 영: *paraphrenia*. 스: *parafrenia*. 이: *parafrenia*. 포: *parafrenia*.

A) 크래펠린Kraepelin이 제안한 용어로, 만성 망상적 정신증을 가리킨다. 그것은 파라노이아처럼 지적인 능력의 저하를 동반하지도, 치매로 발전하지도 않는다. 그것은 환각과 허구에 기초한 체계화되지 않은 풍부한 망상으로 구성된다는 점에서 정신분열증에 가깝다.
B) 프로이트는 이 용어로, 정신분열증(〈고유한 의미에서의 파라프레니아〉)이나, 파라노이아-정신분열증군(群) 전체를 가리킬 것을 제안했다.
오늘날에는 크래펠린의 정의가 프로이트가 제안한 것을 완전히 압도하고 있다.

크래펠린은 프로이트보다 먼저(1900년에서 1907년 사이에) 파라프레니아라는 용어를 제안한다. 오늘날에는 고전이 되어버린, 파라프레니아에 대한 그의 질병분류학적인 개념에 관해서는, 정신의학 개론서를 참조하기 바란다.
프로이트가 그 용어를 사용한 것은 전혀 다른 의미에서였다. 그는 정신분열증*이라는 용어와 마찬가지로, 〈조발성 치매*démence précoce*〉라는 용어도 적절하지 않다고 생각했다. 그는 그것들보다 파라프레니아라는 용어를 더 선호했다. 왜냐하면 그 용어는 기본적인 병의 기제에 관한 한, 똑같은 선택을 내포하고 있지 않았기 때문이다. 게다가 파라프레니아는 파라노이아에 가까워서, 두 질병의 유사성을 강조할 수 있었다.[1]

나중에 「자기애 소개」(1914)에서, 프로이트는 파라프레니아라는 용어를 좀 더 포괄적인 의미로 다시 손질하여, 파라노이아-정신분열증 군(群)을 지칭하는 데 사용하고 있다. 그러나 그는 정신분열증을 〈고유한 의미에서의 파라프레니아*eigentliche Paraphrenie*〉라고 계속 지칭한다.[2]

프로이트는 그 용어가 암시하는 바를 곧 포기하고 만다. 그것은 아마 블로일러Bleuler의 정신분열증이라는 용어가 성공을 거두었기 때문일 것이다.

1 프로이트 S., 「한 파라노이아 사례(파라노이아형 치매)의 자서전적인 기술에 대한 정신분석적 고찰: 슈레버」, 1911. 전집 IX, 185[191] ; G.W., VIII, 312-3 ; S.E., XII, 75 ; 프, 319[O.C., X, 298].
2 프로이트 S., 「자기애 소개」, 1914. 전집 XI, 45-85[43-84] ; G.W., X, 138-70 ; S.E., XIV, 73-102 ; 프, 81-105[O.C., XII, 217-45].

파라노이아[편집증]

프: *paranoïa*. 독: *Paranoia*. 영: *paranoia*. 스: *paranoia*. 이: *paranoia*. 포: *paranóia*.

다소 체계화된 망상, 탁월한 해석, 지적인 능력의 저하가 없고 일반적으로 정신의 노화로 발전하지 않는 것을 특징으로 하는 만성 정신증.
프로이트는 박해 망상 뿐 아니라, 호색 망상, 질투 망상, 그리고 과대망상을 파라노이아로 설정하고 있다.

paranoïa(파라노이아)라는 용어는 광증, 즉 정신 착란을 의미하는 그리스어이다. 정신의학이 그 용어를 사용한 것은 아주 오래되었다. 그 용어의 복잡한 역사는 정신의학 개론서에 대개 요약되어 있기 때문에, 독자들은 그것을 참조하면 될 것이다.[1] 다 알다시피, 파라노이아는 19세기 독일 정신의학에서 온갖 종류의 망상을 다 포괄하는 개념이었는데, 20세기에 들어와 주로 크래펠린Kraepelin의 영향으로 그것의 의미와 적용 범위가 제한된다. 그렇지만 오늘날까지도 여러 학파들 사이에 그것의 질병분류학적인 범위에 관해 의견이 분분하다.

정신분석은 그 개념의 발전에 직접적인 영향을 주지는 못한 것 같다. 그러나 그것은 블로일러Bleuler를 매개로 하여 인접한 영역인 정신분열증을 정의

ㅍ

하는 데 공헌하면서, 직접적인 영향을 행사하게 된다.

파라노이아라는 용어에 대한 프로이트의 용법이 그 개념의 발전에 어떻게 개입하는지를 살펴보는 것은 프로이트의 독자에게 유용할 것이다. 그는 플리스와의 편지와 그의 초기 저작들에서, 크래펠린 이전의 의미에 머물러 있으면서, 파라노이아를 대부분의 만성적인 망상 형태를 망라하는 아주 광범위한 실체로 여기고 있는 것 같다. 1911년 이후에 발표된 논문에서, 그는 크래펠린의 커다란 구분 — 파라노이아와 조발성 치매démence précoce의 구분 — 을 받아들인다: 〈크래펠린이 지금까지 파라노이아라고 명명되어 오던 것의 대부분과, 긴장증catatonie 그리고 다른 형태의 질병을 한데 묶어, 하나의 새로운 임상 단위로 만드는 발걸음을 내디딘 것은 전적으로 옳다고 나는 생각한다.〉[2a] 다 알다시피, 크래펠린은 정신분열증 형태와 긴장증 형태의 조발성 치매 곁에는, 망상은 존재하지만 거의 체계화되어 있지 않고, 감정이 없고 치매 말기를 향해 진행되는 파라노이아형의 형태가 존재한다고 인식했다. 프로이트는 그 용어를 차용하면서, 그의 저작 중의 하나에서 〈만성적 파라노이아〉라는 진단을 파라노이아형 치매dementia paranoides로 수정한다.[3]

프로이트는 크래펠린에 동의하면서, 항상 체계화된 망상 전체를 파라노이아라는 명칭 하에 분류하여, 조발성 치매 군(群)으로부터 독립시킨다. 그리고 그는 거기에 박해 망상뿐만 아니라 호색 망상, 질투 망상, 그리고 과대망상을 포함시킨다. 프로이트의 입장은 그의 제자 블로일러 — 파라노이아를 정신분열증 군(群)에 넣고 거기서 근원적이고 근본적인 동일한 장애, 즉 〈해리〉[4]를 찾아내는 — 와는 분명히 다르다.(→ **정신분열증**) 오늘날 정신분석의 영향을 받은 미국 정신의학 학파에서는 특히 후자[블로일러]의 경향이 우세하다.

그러나 프로이트의 입장은 미묘하다. 그는 여러 차례 고착 지점과 작용 기제라는 측면에서 파라노이아와 정신분열증을 구분하려고 했음에도 불구하고, 〈…… 파라노이아와 정신분열증의 증상은 어떤 비율로든 결합될 수 있다〉[2b]는 사실을 인정한다. 그리고 그는 그러한 복합 구조를 발생학적으로 설명한다. 만약 우리가 크래펠린이 도입한 구분을 기준으로 삼는다면, 프로이트의 입장은 블로일러와 정반대인 것처럼 보인다. 크래펠린은 한쪽의 파라노이아와 다른 한쪽의 파라노이아형 조발성 치매를 분명히 구분하고 있고, 블로일러는 파라노이아를 조발성 치매나 정신분열증 군(群)에 편입시키고 있다. 프로이트는 보통 몇몇 형태의 소위 파라노이아형 조발성 치매를 파라노이아와 결부시키고 있다. 왜냐하면 그가 보기에, 특히 망상의 〈체계화〉는 파라노이아를 정의하는 데 좋은 기준이 되지 못하기 때문이다. 〈슈레버 사례〉에 대한 연구와 그것의 제목[「한 파라노이아 사례(파라노이아형 치매)의 자서전적인 기술에 대한 정신분석적 고찰: 슈레버」]이 강조하고 있듯이, 슈레버 원장의 〈파라노이아형 치매〉는 프로이트에게는 본질적으로 〈파라노이아〉 자체였다.

우리는 여기서 파라노이아에 대한 프로이트의 이론을 개진할 생각은 없다. 단지 지적할 것은, 파라노이아는 그것이 동반하는 망상의 여러 양태에도 불구하고, 동성애에 대한 방어로서 정의된다는 사실이다.[2c, 5, 6] 그 기제[동성애에 대한 방어]가 소위 파라노이아형 망상에서 지배적이라는 사실이, 프로이트가 그 파라노이아형 망상을 〈체계화〉가 없음에도 파라노이아에 접근시키는 주된 이유이다.

상당히 다른 기반 위에 있음에도 불구하고, 멜라니 클라인은 파라노이아형 정신분열증과 파라노이아에 공통적인 토대를 찾으려는 프로이트의 경향을 따르고 있다. 그것이 〈파라노이아형 태도*position paranoïde*〉라는 그녀의 용어의 애매함에 대한 설명 중의 하나이다. 파라노이아형 태도는 〈나쁜〉 부분 〈대상〉에 의한 박해 환상에 중심을 두고 있다. 클라인은 그 환상을 파라노이아적*paranoïaque*인 만큼 파라노이아형*paranoïde*인 망상에서 발견하고 있다.

1 가령, Ey H., *Groupes des psychoses schizophréniques et des psychoses délirantes chroniques*, 37281 A 10, 1955. — Ey H. & Pusol R., *Groupe des délires chroniques* : III. *Les deux grands types de personnalités délirantes*, 1955, 37299 C 10 (이 두 항목은 Ey의 *Encyclopédie médico-chirurgicale, Psychiatrie*에 수록되어 있다) — Porot A., *Manuel alphabétique de psychiatrie* (〈Paranoïa〉 항목), P.U.F., Paris, 1960.

2 프로이트 S., 「한 파라노이아 사례(파라노이아형 치매)의 자서전적인 기술에 대한 정신분석적 고찰: 슈레버」, 1911.

  a) 전집 IX, 185[191] ; G.W., VIII, 312 ; S.E., XII, 75 ; 프, 318[O.C., X, 298].

  b) 전집 IX, 187[193] ; G.W., VIII, 314 ; S.E., XII, 77 ; 프, 320[O.C., X, 299-300].

  c) 전집 IX, 166-74[171-9] ; G.W., VIII, 295-302 ; S.E., XII, 59-65 ; 프, 304-10[O.C., X, 281-9] 참조.

3 프로이트 S., 「방어-신경정신증에 관한 진전된 고찰」(1896), in 『신경증의 병인』. G.W., I, 392, n. ; S.E., III, 174, n.; 프, [O.C., III, 136, n.]]

4 Bleuler E., *Dementia Praecox oder Gruppe der Schizophrenien*, Leipzig und Wien, 1911. *passim*.

5 프로이트 S., 「정신분석 이론에 반하는 파라노이아의 한 사례」, 1915. 전집 X, 121-

파라노이아[편집증]

33[127-40] ; G.W., X, 234-46 ; S.E., XIV, 263-72 ; 프, 209-18[O.C., XIII, 311-21].

6 프로이트 S., 「질투, 파라노이아 그리고 동성애에서의 몇몇 신경증적 기제에 대하여」, 1922. 전집 X, 176-82[184-91] ; G.W., XIII, 198-204 ; S.E., XVIII, 225-30 ; 프, 273-8[O.C., XVI, 89-95].

파라노이아형(형용사)

프: *paranoïde*. 독: *paranoid*. 영: *paranoid*. 스: *paranoide*. 이: *paranoide*. 포: *paranóide*.

→ 〈파라노이아형 태도〉와 〈파라노이아〉의 해설 참조.

파라노이아형[편집형] 태도[자세]

프: *position paranoïde*. 독: *paranoide Einstellung*. 영: *paranoid position*. 스: *posición paranoide*. 이: *posizione paranoide*. 포: *posição paranóide*.

멜라니 클라인에 따르면, 그것은 생후 4개월 된 아이에게 특수한 대상 관계의 양태를 가리키지만, 나중에 유년기에 다시 나타날 수 있으며, 성인에게서도 특히 파라노이아적이고 정신분열증적인 상태에서 다시 나타날 수 있다.

그것은 다음과 같은 특징을 갖고 있다: 공격 욕동이 처음부터 리비도적인 욕동과 공존하고 특별히 강하다; 대상은 부분적이고(주로 어머니의 젖가슴) 둘로 분열되어 있다(〈좋은〉 대상과 〈나쁜〉 대상*); 지배적인 심리 과정은 내입*과 투사*이다; 강한 불안은 박해적인 성격을 띤다(〈나쁜〉 대상에 의한 파괴).

용어에 대한 설명부터 시작하자: 형용사 *paranoïde*(파라노이아형)는 크래펠린Kraepelin으로부터 나온 정신의학 용어로, 정신분열증의 한 형태 — 즉 파라노이아처럼 망상적이지만 주로 해리*dissociation* 때문에 파라노이아와 구분되는 형태 — 를 위해 마련된 것이다.[1] 그렇지만 영어로 *paranoid*(파라노이아형)와 *paranoiac*(파라노이아적)이라는 두 형용사의 구분은 명확하지 않다. 그것들 각각이 파라노이아*paranoïa*와 관계할 수도 있고, 파라노이아형

정신분열증schizophrénie paranoïde과 관계할 수도 있다.[2]

클라인이 보기에, 파라노이아와 파라노이아형 정신분열증의 질병기술학적인 구분은 이론의 여지가 없음에도 불구하고, paranoïde(파라노이아형)라는 용어는 그 두 질병에서 발견되는 망상의 박해적 측면을 가리킨다. 사실 클라인은 처음에는 박해적 국면persecutory phase라는 표현을 사용했다. 마지막으로 주목할 것은, 그녀가 말년의 글에서 파라노이아형-분열형 태도paranoid-schizoid position라는 표현을 쓰고 있다는 것이다. 그 표현에서 parnoid는 불안의 박해적 성격을 강조하고 있고, schizoid는 실제 작용하는 기제들의 분열형 성격을 강조하고 있다.

태도postion라는 용어에 관해 말하면, 클라인은 국면phase라는 용어보다 그것을 더 선호한다고 고백하고 있다: 〈…… 처음에는 그러한 불안과 방어 전체가 아주 이른 단계에 나타나지만, 그렇다고 그것이 그 시기에 국한되는 것은 아니다. 그것은 유년기의 처음 몇 년 동안, 그리고 그 뒤에는 몇몇 조건하에서 다시 나타난다.〉[3a]

클라인은 그가 작업을 시작할 때부터, 어린아이 — 특히 정신증적인 아이 — 의 분석에서 마주친 어떤 박해적인 환상을 인용하고 있다. 그녀는 나중에서야 그것이 〈기본적인 파라노이아형 상태état paranoïde rudimentaire〉라고 말하면서, 그것을 아주 이른 발달 단계로 간주한다.[4] 그녀는 처음에 그것을 아브라함의 1차 항문기에 위치시키지만, 나중에는 그것을 구강기에서의 최초 형태의 대상 관계로 만들면서, 그것을 파라노이아형 태도라고 명명한다. 그것에 대한 가장 체계적인 기술은, 「어린아이의 감정생활에 대한 몇 가지 이론적 결론Some Theoretical Conclusions regarding the Emotional Life of the Infant」(1952)[3b]에서 찾아볼 수 있다.

파라노이아형-분열형 태도는 도식적으로 다음과 같이 특징지어진다:

1) 욕동의 관점에서 리비도와 공격성(가학적-구강 욕동: 먹다, 찢다)은 처음부터 존재하고 결합되어 있다; 그러한 의미에서, 클라인이 보기에, 양가성은 빨기라는 초기 구강기부터 존재한다.[3c] 욕동의 삶과 결합된 감정은 강렬하다(식탐, 불안 등).

2) 대상은 부분 대상이고, 어머니의 젖가슴은 그것의 원형이다.

3) 그러한 부분 대상은 처음부터 〈좋은〉 대상과 〈나쁜〉 대상으로 분열된다. 왜냐하면 어머니의 젖가슴은 베풀든지 좌절시키든지 할 뿐 아니라, 특히

파라노이아형[편집형] 태도[자세]

어린아이는 그것에 자신의 사랑과 증오를 투사하기 때문이다.

4) 분열*splitting*로부터 나오는 좋은 대상과 나쁜 대상은 서로에 대해 비교적 자율적이며, 둘 다 내입과 투사 과정에 종속되어 있다.

5) 좋은 대상은 〈이상화〉된다. 그것은 〈무한하고, 직접적이고, 끝없는 욕구 충족〉[3d]을 제공할 수 있다. 그것의 내입은 박해 불안으로부터 어린아이를 보호한다(재보증*réassurance*). 나쁜 대상은 무서운 박해자이다. 그것의 내입은 어린아이에게 파괴라는 내적인 위험을 겪게 한다.

6) 〈거의 통합되지 않은〉 자아는 불안을 견뎌내는 제한된 능력밖에 없다. 그것은 분열과 이상화 이외에, 박해적인 대상의 모든 현실을 인정하지 않는 부인*déni; denial*과 대상의 절대적 통제*contrôle*를 방어 방식으로 사용한다.

7) 〈그렇게 내입된 최초의 대상은 초자아의 핵을 구성한다.〉[3e](→ **초자아**)

*

마지막으로 클라인의 관점에서, 모든 개인은 불안과 정신증적인 기제들이 지배하는 단계 — 파라노이아형 태도와 그다음에 우울성 태도* — 를, 정상적으로 통과해야 한다는 것을 강조해두자. 파라노이아형 태도의 극복은 특히 공격 욕동에 대한 리비도적인 욕동의 상대적인 힘에 달려 있다.

1 가령, Porot A., *Manuel alphabétique de psychiatrie*, P.U.F., Paris, 1960, 참조.

2 English H. B. & English A. G., *A comprehensive Dictionary of Psychological and Psychoanalytical Terms*, 1958, 참조.

3 Klein M., "Some Theoretical Conclusions regarding the Emotional Life of the Infant", 1952, in *Developments*, 참조.

    a 236.

    b 198.

    c 260, n.

    d 202.

    e 200, n.

4 Klein M., *Die Psychoanalyse des Kindes*, 1932. 프 : *La Psychanalyse des enfants*, P.U.F., Paris, 1959, 232-3. 참조.

폐기[폐제]

프: *forclusion*. 독: *Verwerfung*. 영: *repudiation*(또는 *foreclosure*). 스: *repudio*. 이:

reiezione. 포: rejeição(또는 repúdio).

라캉이 도입한 용어로, 정신증의 기원에 있다고 가정되는 특수한 기제. 그것은 본원적으로 기본적인 〈기호형식*signifiant*〉(예컨대 거세 콤플렉스에서 기호형식으로서의 남근)을 주체의 상징계* 밖으로 배제하는 데 있다. 폐기는 두 가지 의미에서 격리[억압]와 구분된다:
1) 폐기된 기호형식들은 주체의 무의식에 통합되지 않는다;
2) 그것들은 〈내부에서〉 되돌아오는 것이 아니라, 실재계의 한가운데서, 특히 환각 현상으로 다시 나타난다.

라캉은 프로이트가 정신증과 관련해서 *Verwerfung*이라는 용어를 가끔 사용했다는 사실을 내세우면서, 그것에 대한 프랑스어 번역어로 *forclusion*(폐기)을 제안한다.

그것에 대해 라캉은 프로이트와의 혈연관계를 내세우는데, 그것은 두 가지 지적을 필요로 한다: 하나는 정신증적인 방어의 용어에 관한 것이고, 다른 하나는 그 개념에 관한 것이다.

I. 프로이트의 전 텍스트에 걸친 용어학적 조사*enquête terminologique*는 다음과 같은 결론에 도달하게 한다:

1) 프로이트는 *Verwerfung*(또는 동사 *verwerfen*)이라는 용어를 아주 다양한 의미로 사용하였는데, 도식적으로 다음의 세 가지로 귀결시킬 수 있다:

a) 가령 격리[억압]의 방식으로 작용하는 거부라는 아주 느슨한 의미[1];

b) 유죄를 의식하는 판결의 형태인 기각이라는 의미. 오히려 이 의미로는, 프로이트가 *Verurteilung*(유죄 선고*)과 동의어라고 지적한 *Urteilsverwerfung* [판결 거부]이라는 복합어가 사용되고 있다;

c) 라캉이 내세우는 의미는 다른 텍스트에서 더 잘 확인된다. 예컨대 「방어-신경정신증」(1894)에서, 프로이트는 정신증에 대해 다음과 같이 쓰고 있다: 〈훨씬 더 강력하고 훨씬 더 효과적인 일종의 방어가 있다. 거기서 자아는 참을 수 없는 표상과, 동시에 그것의 정동을 폐기한다*verwirft*. 그것은 마치 그 표상이 자아에 결코 도달한 적이 없었던 것처럼 행동한다.〉[2a]

라캉이 폐기라는 개념을 추진하기 위하여 흔쾌하게 의지하는 텍스트는, *verwerfen*과 *Verwerfung*이라는 말이 여러 차례 나오는 「한 소아 신경증의 이

야기: 늑대인간」이다. 가장 확실한 구절은, 아마 프로이트가 거세에 대한 여러 태도가 환자에게 공존한다는 것을 환기시킨 다음의 구절일 것이다: 〈…… 가장 오래되고 가장 깊숙한 세 번째 흐름은 무조건 거세를 폐기한*verworfen* 흐름으로, 거기서는 아직 거세의 사실성에 대한 판단조차 문제가 되지 않는다. 그 흐름은 확실히 다시 활성화되는 능력이 있다. 나는 다른 텍스트에서 그 환자가 다섯 살 때 겪었던 환각을 이야기한 적이 있다…….〉[3a]

2) 우리는 *Verwerfung* 이외에, 문맥에 따라 *forclusion*(폐기)이라는 개념과 근사한 의미로 사용되는 용어를 프로이트에게서 만날 수 있다:

Ablehnen(거절하다, 거부하다)[3b];

Aufheben(폐지하다, 폐기하다)[4a];

Verleugnen(부인하다).

결론적으로 용어학적인 관점에 국한시킨다면, *Verwerfung*이라는 용어가 〈*forclusion*〉이 내포하는 것을 항시 포괄하는 것은 아니라는 사실을 확인할 수 있다. 역으로 프로이트의 다른 용어들이 라캉이 밝히려는 것을 가리키고 있다.

II. 이렇게 단순한 용어학적인 조사를 넘어서, 라캉이 폐기*forclusion*라는 용어를 도입한 것은, 정신증의 특수한 방어 기제를 정의하고자 하는 프로이트의 한결같은 요구의 연장선상에 있다는 것은 자명하다. 사실 프로이트의 용어 선택은, 특히 정신증에 대해 〈격리[억압]〉라고 말할 때 가끔 기만적이다. 프로이트 자신도 그러한 애매성을 다음과 같이 강조한다: 〈…… 정신증에서 격리[억압]라고 불리는 과정이 전이 신경증에서의 격리[억압]와 어떤 공통점을 가지고 있는지 의심스럽다.〉[5]

1) 정신증에 관한 그러한 방향의 사고는 프로이트의 전 작품에 걸쳐 발견된다. 프로이트의 초기 텍스트에서 그것은 특히 투사 기제에 대한 논의에 의해 입증되고 있다. 거기서, 정신증자에게 투사는 처음부터 바깥으로 폐기[거부]*rejet*된 것이지 무의식적으로 격리[억압]된 것이 2차적으로 되돌아오는 것이 아니라고 이해되고 있다. 나중에 프로이트가 투사를 단순히 신경증적인 격리[억압]의 2차시기로 해석할 때, 그는 그러한 의미의 투사는 더 이상 정신증의 본질적인 동인이 아니라는 사실을 인정한다: 〈내부에서 억압된*unterdrückt* 지각이 외부로 투사된다고 말하는 것은 정확한 것이 아니다. 오히려 우리는 내부에서 폐기된 것*das Aufgehobene*이 외부에서 돌아온다고 알

고 있다.)[4b] (→ **투사**)

마찬가지로 〈현실의 철수*désinvestissement*〉[4c]나 〈현실의 상실〉[6]이라는 용어도, 참을 수 없는 지각이 외부로 폐기[거부]*rejet*되고 분리되는 1차적인 기제를 가리키는 것으로 이해해야 한다.

마지막으로 프로이트는 후기 작품에서 자신의 성찰을, *Verleugnung* 즉 〈현실의 부인〉(이 항목 참조)이라는 개념에 집중시킨다. 그는 그것을 주로 물품성애증의 사례에서 연구하지만, 그가 명확히 지적하고 있는 것은, 그 기제가 도착증과 정신증을 혈연관계로 맺어준다는 것이다.[7, 8a] 여자에게 자지가 없다는 〈현실〉에 대한, 어린아이와 물품성애증자와 정신증자의 대응인 부인은, 〈지각〉 자체를 인정하는 것에 대한 거부와, 그것으로부터 〈거세에 대한 유아 성이론〉이라는 결론을 끌어내는 것에 대한 거부로 이해해야 한다. 프로이트는 1938년에 두 가지 방식의 방어, 즉 〈욕동의 요구를 내부 세계로부터 배척하는*repousser* 것〉과 〈현실적인 외부 세계의 한 단편을 부인하는 것〉을 대립시킨다.[8b] 1894년에 그는 이미 거의 똑같은 말로 정신증적인 방어를 기술한 적이 있다: 〈자아는 참을 수 없는 표상에서 자신을 떼어내지만, 그 표상은 현실의 단편과 밀착되어 있다. 그러한 결과를 성취하면, 자아는 완전히 아니면 부분적으로 현실과 분리된다.〉[2b]

2) 요컨대 신경증적인 격리[억압]와 대칭적인, 외부 세계 속으로의 그러한 〈격리[억압]〉를 어떻게 생각해야 하는가? 일반적으로 프로이트는 그것을 경제학적인 용어로 기술하고 있다: 즉, 지각된 것의 철수*désinvestissement*라든지, 비-리비도적인 〈관심*〉의 철수를 동반하는 리비도의 자기애적인 철수라고 기술하고 있다. 다른 경우에 프로이트는 의미의 철수라고 부를 수 있는 것 — 즉 지각된 것에 의미를 부여하는 것의 거부 — 에 도달하기도 한다. 그러한 두 가지 개념은 프로이트의 정신에서 서로 배타적인 것이 아니다. 투여*Besetzung*의 철수는 의미*Bedeutung*의 철수이기도 하기 때문이다.[9]

III. 폐기*forclusion*라는 개념은 그러한 방향의 프로이트의 생각을, 라캉의 〈상징계〉 이론의 틀 내에서 연장하고 있다. 라캉은 특히 「한 소아 신경증의 이야기: 늑대인간」이라는 텍스트 — 프로이트는 여기서 원장면 때 지각된 요소가 어떻게 〈사후*〉에 의미와 해석을 받게 되는지를 보여주고 있다 — 에 의거하고 있다. 주체는 그러한 최초의 외상 체험 때 — 한 살 반 —, 어머니에게 자지가 없다는 가공되지 않은 사실을 거세 이론의 형태로 만들 능력이 없다: 〈그는 [거세를] 폐기하고verwarf, 항문 성교라는 관점에서 멈춰버린다. [……] 그러한 점에서, 정확히 말해, 거세에 대한 어떠한 판단도 이루어지지 않았는데, 마치 거세가 아예 존재하지 않았던 것 같다.〉[3c]

프로이트의 여러 텍스트에는, 어린아이가 거세를 거부할 때 폐기되거나 verworfen 부인된verleugnet 것에 관한 한, 확실히 애매함이 있다. 그것은 거세 자체인가?[3d] 그 경우에 배제된rejeté 것은, 사실에 대한 진정한 이론적 해석이지 단순한 지각이 아닐 것이다. [그렇다면] 거기서 문제가 되는 것은 여성의 〈자지의 결핍〉인가? 그러나 그렇다면 부인된 〈지각〉이라고 말하기는 어렵다. 왜냐하면 부재absence는 현전présence의 가능성과 관계를 맺는 한에서만 지각적 사실이 되기 때문이다.

라캉의 해석은 우리가 방금 밝힌 어려움에 대한 해결책을 찾게 해준다. 그는 「부정」에 대한 프로이트의 텍스트에 의거해서, 상보적인 두 작용을 포함하는 〈최초의 과정〉[10]과 관련하여 폐기forclusion를 정의한다: 〈주체 속으로의 도입introduction dans le sujet, Einbeziehung ins Ich과 주체 밖으로의 추방 expulsion hors du sujet, Ausstossung aus dem ich〉이 그것이다. 그 작용 중에서 전자는 라캉이 〈상징화symbolisation〉, 또는 〈최초의 긍정Bejahung(position, affirmation)〉이라고 명명하는 것이다. 그리고 후자는 〈…… 상징화 밖에 존속하는 영역으로서 실재계를 구성한다〉. 따라서 폐기는 상징화되었어야 했을 것(거세)을 상징화하지 못하는 데 있다. 그것은 〈상징적 폐지abolition symbolique〉이다. 거기에서 라캉의 환각에 대한 공식이 나온다: 〈…… 상징계에서 폐기된forclos 것은 실재계에서 다시 나타난다.〉(이것은 우리가 위에서 인용한 프로이트의 구절 — 〈내부에서 억압된unterdrückt 지각이……〉[4b] — 을 라캉이 자기의 언어로 번역한 것이다.)

라캉은 나중에 「정신증의 가능한 모든 치료에 선행하는 문제에 대하여D'une question préliminaire à tout traitement possible de la psychose」라는 논문에서, 폐기forclusion라는 개념을 언어학적인 개념의 틀에서 발전시킨다.[11]

1 가령 프로이트 S., 『성이론에 관한 세 편의 논문』, 1905. 전집 VII, 130[119] ; G.W., V, 128 ; S.E., VII, 227 ; 프, 137[O.C., VI, 165] 참조.

2 프로이트 S., 「방어-신경정신증」(1894), in 『신경증의 병인』.

　　a) G.W., I, 72 ; S.E., III, 58 ; 프, 12[O.C., III, 15].

b) G.W., I, 73 ; S.E., III, 59 ; 프, 13[O.C., III, 16].

3 프로이트 S., 「한 소아 신경증의 이야기: 늑대인간」, 1918.

a) 전집 IX, 296[305] ; G.W., XII, 117 ; S.E., XVII, 85 ; 프, 389[O.C., XIII, 83].

b) 전집 IX, 220[227] ; G.W., XII, 49 ; S.E., XVII, 25 ; 프, 339[O.C., XIII, 22] 참조.

c) 전집 IX, 296[305] ; G.W., XII, 117 ; S.E., XVII, 85 ; 프, 389[O.C., XIII, 83]

d) 전집 IX, 295-6[304-5] ; G.W., XII, 117 ; S.E., XVII, 85 ; 프, 389[O.C., XIII, 82-3] 참조.

4 프로이트 S., 「한 파라노이아 사례(파라노이아형 치매)의 자서전적인 기술에 대한 정신분석적 고찰: 슈레버」, 1911.

a) 전집 IX, 180[186] ; G.W., VIII, 308 ; S.E., XII, 71 ; 프, 315[O.C., X, 294] 참조.

b) 전집 IX, 180[186] ; G.W., VIII, 308 ; S.E., XII, 71 ; 프, 315[O.C., X, 294].

c) 전집 IX, 179[184] ; G.W., VIII, 307 ; S.E., XII, 70 ; 프, 314[O.C., X, 292].

5 프로이트 S., 「무의식」, 1915. 전집 XI, 212[212] ; G.W., X, 31 ; S.E., XIV, 203 ; 프, 159[O.C., XIII, 243].

6 프로이트 S., 「신경증과 정신증에서 현실의 상실」, 1924. 전집 X, 197-203[205-11] ; G.W., XIII, 363-8 ; S.E., XIX, 183-7 ; 프, 299-303[O.C., XVII, 37-41] 참조.

7 예컨대 프로이트 S., 「물품성애증」, 1927. 전집 VII, 319-26[297-304] ; G.W., XIV, 310-7 ; S.E., XXI, 152-7 ; 프, 133-8[O.C., XVIII, 125-31] 참조.

8 프로이트 S., 「정신분석 개요」, 1938.

a) 전집 XV, 484[507] sqq. ; G.W., XVII, 132 sqq. ; S.E., XXIII, 201 sqq. ; 프, 77[O.C., XX, 300] sqq. 참조.

b) 전집 XV, 488[511] ; G.W., XVII, 135 ; S.E., XXIII, 204 ; 프, 80-1[O.C., XX, 302].

9 프로이트 S., 「신경증과 정신증」, 1924. 전집 X, 191[199] ; G.W., XIII, 389 ; S.E., XIX, 150-1 ; 프, 284-5[O.C., XVII, 5].

10 Lacan J., "Réponse au commentaire de Jean Hyppolite sur la ⟨Verneinung⟩ de Freud", in *La Psychanalyse*, P.U.F., Paris, I, 46.

11 Lacan J., "D'une question préliminaire `tout traitement possible de la psychose", in *La Psychanalyse*, P.U.F., Paris, IV, 1-50.

표상

프: *représentation*. 독: *Vorstellung*. 영: *idea*(또는 *presentation, representation*). 스: *representación*. 이: *rappresentazione*. 포: *representação*.

철학과 심리학에서 쓰이는 고전적인 용어로, ⟨머릿속으로 그리는 것, 즉 사고 행위의 구체적인 내용을 형성하는 것⟩ 그리고 ⟨특히 예전에 지각했던 것의 재현⟩[1]을 가리킨다. 프로이트는 심리 과정에서 서로 다른 운명을 겪는 표상과 정동을 대립시킨다.

*Vorstellung*이라는 용어는 독일 철학의 고전적인 어휘에 속한다. 프로이트는 그것의 의미를 처음에는 바꾸지 않지만, 나중에는 그것을 독창적인 용법으로 만든다.ª 우리는 여기서 어떠한 점에서 그러한가를 간단히 보여주려고 한다.

1. 정신신경증을 설명하는 최초의 이론적인 모델은 〈정동량*〉과 표상의 구분에 있었다. 강박신경증에서 정동량은 외상적인 사건과 결부된 병을 일으키는 표상에서, 주체가 하찮은 것으로 여기는 다른 표상으로 이동한다. 히스테리에서 정동량은 육체적인 에너지로 전환되고, 격리[억압]된 표상은 신체의 부위나 활동에 의해 상징화된다. 그러한 명제에 따르면, 격리[억압]의 근원에는 정동과 표상의 분리가 있다. 그 결과 그 요소들 각각에 대해 서로 다른 운명과 별개의 과정을 가정하게 된다: 표상은 〈격리[억압]*되고*refoulée*〉 정동은 〈억압*된다*réprimé*〉, 등.

2. 다 알다시피, 프로이트는 〈무의식적 표상〉이라는 표현을 사용한다. 물론 그 두 용어의 연결에는 피할 수 없는 역설이 있다는 것을 그도 알고 있다. 그럼에도 불구하고 그가 그러한 표현을 유지하는 것은, *Vorstellung*이라는 용어에 대한 그의 용법에서, 고전 철학에서 지배적이던 측면 — 즉 하나의 대상을 주관적으로 마음속에 그리는*se représenter* 행위 — 이 배경 속으로 사라지는 징후이다. 프로이트에게 표상은 차라리 대상으로부터 〈기억 체계*systèmes mnésiques*〉 속에 기록되는 것으로 이해해야 한다.

3. 그런데 다 알다시피, 프로이트는 기억을 엄격한 경험적인 개념에 따라 순전히 이미지의 집합소로 생각한 것이 아니라, 기억 체계라는 표현을 사용하면서 기억을 여러 계열의 연합체로 쪼개고, 결국 기억흔적*이라는 이름으로 대상과 닮은꼴의 관계에 머물러 있는 〈약한 인상*impression faible*〉을 지칭하기보다, 다른 기호와 항상 함께 조직되고 이러저러한 감각적 질과 결부되지 않은 하나의 기호를 가리킨다. 그러한 관점에서 프로이트의 *Vorstellung*은 기호형식*signifiant*이라는 언어학적 개념에 가깝다고 할 수 있다.

4. 그럼에도 불구하고, 기억해 두어야 할 것은 프로이트가 그러한 〈표상〉을 두 가지 차원으로 구분하고 있다는 것이다: 〈낱말 표상*〉과 〈사물 표상*〉이 그것이다. 그러한 구분은 프로이트의 관점에서, 근본적인 지형학적인 가치를 갖고 있다는 차이를 강조하고 있다; 즉 사물 표상은 무의식 체계를 특징짓는 것으로, 사물과 좀 더 직접적인 관계를 갖고 있다. 그리하여 어린아이는 〈원초적인 환각〉을 통하여 사물 표상을 지각 대상의 등가물로 여기고, 그것이 부

표상

재하는데도 그것에 투여한다. (→ **충족 체험**)

마찬가지로, 프로이트가 특히 1894-96년의 치료에 대한 최초의 기술에서,[2] 연상의 끝에 있는 〈병을 일으키는 무의식적인 표상〉을 탐구할 때, 겨냥하는 것은 대상과 그것의 흔적이 분리될 수 없고, 기호의미*signifié*과 기호형식*signifiant*이 분리될 수 없는 궁극적인 지점이다.

5. 기억흔적과, 그 기억흔적의 투여로서의 표상 사이의 구분이, 프로이트적인 용법에 보이지 않게 항상 주어져 있다 하더라도,[3] 그것이 항상 분명히 드러나는 것은 아니다.[4] 아마 프로이트는 순수한 기억흔적*trace mnésique pure* — 다시 말해 의식 체계에 의한 것만큼 무의식 체계에 의해서도 완전히 철수된*désinvestie* 표상 — 을 마음속에 그리기는 힘들다고 생각한 것 같다.

α 사람들은 헤르바르트Herbart가 개발한 〈표상 기계*Vorstellungsmechanik*〉라는 개념이 프로이트에게 미친 영향을 자주 지적한다. 올라 안데르손Ola Andersson이 지적했듯이, 〈…… 헤르바르트의 학설*herbartianisme*은 프로이트의 학문이 발달 형성되는 몇 년 동안, 학문 세계에서 지배적인 심리학이었다.〉[5]

1 Lalande A., *Vocabulaire technique et critique de la philosophie*, P.U.F., Paris, 1951.
2 프로이트 S., 『히스테리 연구』, 1895. *passim.* 참조.
3 프로이트 S., 「무의식」, 1915. 전집 XI, 210[210] ; G.W., X, 300 ; S.E., XIV, 201-2 ; 프, 155-6[O.C., XIII, 241] 참조.
4 프로이트 S., 『자아와 그거』, 1923. 전집 XI, 357[361] ; G.W., XIII, 247 ; S.E., XIX, 20 ; 프, 173[O.C., XVI, 264] 참조.
5 Andersson O., *Studies in the Prehistory of Psychoanalysis*, Svenska Bokförlaget, Norstedts, 1962, 224.

피학증[마조히즘]

프: *masochisme*. 독: *Masochismus*. 영: *masochism*. 스: *masoquismo*. 이: *masochismo*. 포: *masoquismo*.

환자가 고통이나 치욕을 겪으면서 충족을 느끼는 성도착증.

프로이트는 피학증이라는 개념을 성과학자들에 의해 기술된 도착증을 넘어서 확장시킨다. 한편으로 그는 수많은 성행위에서 피학증적인 요소를 확인하고, 어린아이의 성에서 피학증의 기초를 찾아낸다. 다른 한편으로 그는 그로부터 파생되는 여러 형태들, 특히

〈도덕적 피학증〉— 이것은 주체가 무의식적인 죄책감 때문에 성적인 쾌감이 전혀 내포되어 있지 않은 희생자의 위치를 추구하는 것이다 — 을 기술하고 있다.

성도착증을 완전한 형태로 기술한 최초의 인물은 크라프트-에빙Krafft Ebing이다. 그는 자혜르 마조흐Sacher Masoch의 이름에서 파생한 이름을 거기에 부여한다. 〈모든 임상 현상이 거기에 언급되어 있다: 즉 찌르기, 매질, 채찍질에 의한 육체적 고통, 어쩔 수 없는 육체적인 형벌이라고 판단되는, 여성에 게 노예와 같은 굴종적 태도에 의한 정신적인 치욕이 그것이다. 피학증적인 환상의 역할도 크라프트-에빙을 피해가지는 못했다. 게다가 그는 피학증과 그것의 반대인 가학증의 관계를 지적하면서, 서슴지 않고 피학증 전체를 여성적인 심리 요소의 병적인 증가로, 그리고 여성 정신의 어떤 특징의 병적인 강화로 간주한다.〉[1a]

　피학증과 가학증의 긴밀한 관계와, 심리 생활에서 프로이트가 그 대립 쌍에 부여하는 기능에 대해서는 〈가학-피학증〉의 항목을 참조하기 바란다. 여기서는 프로이트가 제안하고 흔히 정신분석에서 받아들여지고 있는 개념상의 구분을 지적하는 것에 국한하고자 한다.

　「피학증의 경제학적 문제」(1924)에서 프로이트는 피학증의 세 가지 형태를 구분한다: 성감적érogène, 여성적féminin, 도덕적moral 피학증이 그것이다. 〈도덕적 피학증〉이라는 개념은 쉽게 윤곽이 잡히지만(다음 항목의 정의를 참조할 것: 〈처벌 욕구〉, 〈죄책감〉, 〈초자아〉, 〈실패 신경증〉, 〈부정적 치료 반응〉), 다른 두 형태는 오해를 불러일으킬 소지가 있다.

　1. 〈성감적 피학증〉이라는 용어는 피학증적인 성도착증을 가리키는 경향이 있다.[1b] 비록 그러한 명칭이 적절하게 보일지라도(피학증적 성도착자는 고통에서 성적 흥분을 찾기 때문에), 그것은 프로이트가 그것으로써 지칭하고자 했던 것과 일치하지 않는다. 그에게서 문제가 되는 것은, 임상적으로 확인할 수 있는 피학증의 형태가 아니라, 피학증적인 도착증의 기저에 있고 도덕적 피학증에서도 발견되는 조건, 즉 성적 쾌감과 고통의 연관성이다.

　2. 사람들은 분명히 여성적 피학증masochisme féminin으로 〈여성의 피학증masochisme de la femme〉을 의미하고 싶어질 것이다. 물론 프로이트는 그 용어로 〈여성적 본질의 표현〉을 가리키는 데 사용했지만, 양성(兩性)* 이론의 맥락에서 보면, 여성적 피학증은 모든 인간 존재에 내재한 가능성이다. 더 나아

　　　　　　　　　　　　　　　　　　　　　　　　　　피학증[마조히즘]

가 프로이트는 남성에게서 피학증적인 도착증의 본질 자체를 이루고 있는 것도, 바로 그 명칭하에 기술하고 있다: 〈만약 피학증적인 환상이 특별히 풍부하게 만들어진 사례를 연구할 기회가 있다면, 그 환상이 주체를 여성성을 특징으로 하는 상황 속에 위치시킨다는 사실을 쉽게 발견할 수 있을 것이다.〉[2]

*

다른 두 가지 고전적인 개념은 1차적 피학증*masochisme primaire*과 2차적 피학증*masochisme secondaire*이다.

프로이트는 1차적 피학증으로써, 죽음 욕동이 아직 주체 자신을 향하고 있지만, 리비도에 의해 구속되고 리비도와 결합되어 있는 상태를 의미한다. 그 피학증을 〈1차적〉이라고 말하는 것은, 그것은 공격성이 외부 대상을 향하는 시기에 뒤이어 오는 것이 아니기 때문이고, 또한 그것은 가학증이 자기 자신에게로 선회하는 것으로 정의되고 1차적 피학증에 덧붙여지는 2차적 피학증과 대립하기 때문이다.

피학증을 가학증이 자기 자신에게로 선회하는 것으로 환원할 수 없다는 생각을, 프로이트가 받아들인 것은 죽음 욕동의 가설을 제기한 이후이다.

1 Nacht S., "Le masochisme", in *R.F.P.*, 1938, X, n.2.
  a 177.
  b 193 참조.
2 프로이트 S., 「피학증의 경제학적 문제」, 1924. 전집 XI, 421[427] ; G.W., XIII, 374 ; S.E., XIX, 162 ; 프, 215[O.C., XVII, 14].

피학증[마조히즘]

ㅎ

합궁한 부모 상(像)

프: *parent(s) combiné(s)*. 독: *vereinigte Eltern, vereinigte Eltern-Imago*. 영: *combined parents, combined parent-figure*. 스: *pareja combinada, imago de la pareja combinada*. 이: *figura parentale combinata*. 포: *pais unificados, imago de pais unificados*.

멜라니 클라인에 의해 도입된 용어로, 끊임없는 성관계로 아예 결합되어 있는 부모에 대한 다양한 환상으로 표현되는 어린아이의 성이론을 가리킨다. 즉 아버지의 자지나 아버지 전체를 품고 있는 어머니상(像)이나, 어머니의 젖가슴이나 어머니 전체를 품고 있는 아버지상(像)이나, 성교로 서로 분리할 수 없을 만큼 섞여 있는 부모 상(像)이 그것이다.

여기서 문제되는 것은 아주 태곳적 환상이면서 불안을 심하게 일으키는 환상이다.

〈합궁한 부모 상(像)〉이라는 관념은, 오이디푸스 콤플렉스에 대한 클라인의 개념(¹과 불가분의 관계가 있다: 〈그것은 아주 이른 발달 단계에 구성되는 성이론이다. 그 이론에 따르면, 어머니는 성교 중에 아버지의 자지를 체화시키고, 결국 자지를 소유한 여자는 합궁한 부모를 나타낸다.〉²ª

〈자지를 가진 여성〉이라는 환상은 멜라니 클라인의 발견은 아니다. 프로이트는 1908년부터 「어린아이의 성이론에 관하여」에서 이미 그것을 인용하고 있다.³ 그러나 프로이트에게서, 그 환상은 성별과 여성의 거세를 인식하지 못하는 어린 시절의 성이론에 속한다. 멜라니 클라인은 『어린아이의 정신분석*Die Psychoanalyse des Kindes*』(1932)에서 그것에 대해 아주 다른 기원을 제시하고 있다. 그녀는 그것이 아주 조숙한 환상들 — 즉 가학증의 색채가 강한 원장면*, 아버지의 자지의 내재화, 〈좋은〉 대상*과 특히 〈나쁜〉 대상*의 집합소로서의 어머니의 육체의 표상 — 에서 유래하는 것으로 보고 있다. 〈어머니의 내부에 품고 있는 아버지의 자지 환상은, 어린아이에게 또 다른 환상, 즉《자지를 가진 여자》의 환상을 야기한다. 여성적 자지를 갖춘 남근적 어머니라는 성이론은, 어머니의 육체에 체화된 자지들과 부모들의 성관계가 보여주는 위험에 의해 생기고, 이동에 의해 변형되는 보다 원초적인 불안에까지 거슬러 올라간다. 나의 관찰로는,《자지를 가진 여자》는 항상《아버지의 자지를 가진 여자》를 나타낸다〉.[2b] 이렇게 어린 시절의 태곳적 가학증과 연결되어 있는 〈합궁한 부모 상(像)〉의 환상은 불안을 일으키는 엄청난 힘을 갖고 있다.

그 뒤의 논문에서, 클라인은 〈합궁한 부모 상(像)〉이라는 개념을 어린아이의 기본적인 태도와 결부시킨다: 〈어린아이가 구강기적이고 항문기적이고 성기적인 본질의 상호적인 충족 상태를 그의 부모에게 부여해야 하는 것은, 어린아이의 격렬한 감정과 행동의 특징이다.〉[4]

1 Klein M., "Early Stages of the Œdipus Conflict", 1928, in *Contributions*, 202-14.
2 Klein M., *Die Psychoanalyse des Kindes*, 1932. 프, *La psychanalyse des enfants*, Paris, P.U.F., 1959.
 a 77-8.
 b 256-7.
3 프로이트 S., 「어린아이의 성이론에 관하여」, 1908. 전집 VII, 167-186[151-168] ; G.W., VII, 177-88 ; S.E., IX, 209-26 ; 프, 14-27[O.C., VIII, 227-42] passim. 참조.
4 Klein M., "The Emotional Life of the Infant", 1952, in *Developments*, 219.

합리화

프: *rationalisation*. 독: *Rationalisierung*. 영: *rationalization*. 스: *racionalización*. 이: *razionalizzazione*. 포: *racionalização*.

진정한 동기가 지각되지 않는 태도, 행동, 관념, 감정 등에 대해, 주체가 논리적 관점에서 일관성 있는 설명이나, 도덕적 관점에서 수용할 수 있는 설명을 하는 방식. 특히 증상과 방어 강박과 반동형성의 합리화를 말한다. 합리화는 망상에도 개입해, 다소 뚜렷한 체계화에 이른다.

이 용어는 존스에 의해 「일상생활에서의 합리화Rationalization in everyday life」 (1908)라는 논문에서 도입되어, 정신분석에서 일반적으로 사용된다.

합리화는 망상에서 정상적인 사고에 이르는 전 영역을 포괄하는 아주 일반적인 방식이다. 모든 행위가 합리적인 설명을 허락한다고 하더라도, 흔히 그 설명에 결함이 있는지를 결정하기는 어렵다. 특히 정신분석 치료에는 다음과 같은 양극단 사이에 수많은 중간 단계가 있다: 즉 어떤 경우에는 환자에게 그가 내세운 동기의 인위성을 보여주어, 그의 설명에 만족하지 말도록 자극하기가 용이하다; 그런데 다른 경우에는, 합리적 동기가 특별히 견고하다 (예컨대 〈현실의 핑계〉가 숨기고 있는 저항을 분석가가 아는 경우가 있다). 그러나 후자의 경우에도, 그 동기들을 〈괄호 속〉에 넣고 거기에 덧붙여진 무의식적인 충족이나 방어를 발견하는 것이 유익할 수 있다.

첫 번째 경우의 예로는, 신경증이나 도착증적인 증상의 합리화(가령 남성의 동성애 행위를 남성의 지적이고 미적인 우월성으로 설명하는 것)와, 방어 강박의 합리화(가령 식사의 예식을 위생의 배려로 설명하는 것)를 들 수 있다.

성격적 특성의 경우나 자아에 완전히 편입된 행동의 경우에는, 주체에게 합리화의 역할을 깨닫게 하기 아주 어렵다.

보통 합리화는 방어 기능이 명확함에도 불구하고, 방어 기제*로 분류하지 않는다. 왜냐하면 그것은 직접적으로 욕동의 충족에 반하는 것이 아니라, 오히려 방어 갈등의 여러 요소를 2차적으로 숨기러 오는 것이기 때문이다. 그래서 방어, 분석 중의 저항 그리고 반동형성 자체가 합리화될 수 있다. 합리화는 기존의 이데올로기, 일반 도덕, 종교, 정치적 신념 등에서 확고한 지지 기반을 얻는다. 거기서는 초자아의 작용이 자아의 방어를 강화하기 때문이다.

합리화는 꿈의 이미지를 일관성이 있는 시나리오로 만드는 2차적 가공*에 비유될 수 있다.

프로이트에 따르면, 망상의 설명에 합리화가 개입되는 것은 그러한 제한된 의미에서이다. 사실 프로이트는 합리화에 망상의 주제를 만들어내는 기능이 있다고 생각하지는 않았다.[1] 가령 그는 과대망상을 박해 망상의 합리화 (〈나는 아주 강한 존재에 의해 박해받을 만큼 위대한 인물임에 틀림없다.〉)로 보는 고전적인 이론에 반대한다.

지성화*는 합리화와 비슷한 용어이다. 그렇지만 그것들은 서로 구분되어야 한다.

1 프로이트 S., 「한 파라노이아 사례(파라노이아형 치매)의 자서전적인 기술에 대한 정신분석적 고찰: 슈레버」, 1911. 전집 IX, 153[158-9] ; G.W., VIII, 248 ; S.E., XII, 48-9 ; 프 296[O.C., X, 271].

합체

프: *incorporation*. 독: *Einverleibung*. 영: *incorporation*. 스: *incorporación*. 이: *incorporazione*. 포: *incorporação*.

주체가 다소 환상적인 방식으로, 대상을 자신의 육체 내부에 흡수시켜 간직하는 과정. 합체는 욕동의 목표이고 구강기를 특징짓는 대상 관계의 방식이다. 구강 활동과 음식의 섭취와 특별한 관계에 있으면서도, 그것은 다른 성감대나 다른 기능과의 관계에서도 경험될 수 있다. 그것은 내입*과 동일시*의 육체적인 모델을 구성한다.

프로이트가 대상 관계가 강조되는 합체라는 용어를 도입한 것은,[1] 그가 구강기라는 개념을 완성할 때(1915)이다. 그러나 그 이전에는, 특히 『성이론에 관한 세 편의 논문』(1905)에서, 프로이트는 구강 활동을 기술하면서 비교적 빠는 즐거움의 측면에 국한시킨다.

합체에는 여러 욕동의 목표가 뒤얽혀 있다. 프로이트는 1915년, 그 당시의 욕동 이론(한편의 성욕동과 다른 한편의 자아 욕동 또는 자기보존 욕동의 대립)의 틀에서, 두 가지 활동이 합체에서 밀접하게 뒤섞인다고 강조한 바 있다. 그리고 그의 최종적인 욕동 이론(삶 욕동과 죽음 욕동의 대립)의 틀에서는, 특히 리비도와 공격성의 결합으로 밝혀진다: 〈리비도의 구강기적인 조직화에서는, 대상에 대한 성적인 지배가 대상의 파괴와 일치한다.〉[2] 그러한 개념은 아브라함, 나중에는 멜라니 클라인에 의해 발전된다.(→ **가학적 구강기**)

실제로 합체에는 세 가지 의미가 있다: 대상을 자기 속에 흡수함으로써 기쁨을 얻는 것, 그 대상을 파괴하는 것, 그리고 그 대상을 자기 속에 간직함으로써 그 대상의 특질을 자기 것으로 만드는 것이 그것이다. 합체를 내입이나 동일시의 모태로 만드는 것은 마지막 세 번째 측면이다.

구강기성이 모든 합체의 모델임에도 불구하고, 합체는 고유한 의미의 구강적 활동에 국한되는 것도, 구강기에 국한되는 것도 아니다. 실제로 다른 성감대나 다른 기능이 합체의 버팀목이 될 수 있다(피부, 호흡, 시각, 청각에 의한 합체). 마찬가지로 항문이 입과 동일시될 수 있기 때문에 항문적 합체도 있고, 특히 몸속에 자지를 보유하는 환상에서 나타나는 성기적 합체도 있다.

아브라함과, 그다음에 클라인은, 합체의 과정이나 식인주의*cannibalisme*가 부분적일 수도 있다 — 즉 부분 대상에 대해 작용할 수도 있다 — 고 지적하고 있다.

1 프로이트 S., 『성이론에 관한 세 편의 논문』, 1905(1915년에 추가된 6절 참조): 전집 VII, 97[88] ; G.W., V, 98 ; S.E., VII, 197 ; 프, 95[O.C., VI, 134].
2 프로이트 S., 『쾌락원칙을 넘어서』, 1920. 전집 XI, 330[334] ; G.W., XIII, 58 ; S.E., XVIII, 54 ; 프, 62[O.C., XV, 327].

항상성의 원칙

프: *principe de constance*. 독: *Konstanzprinzip*. 영: *principle of constancy*. 스: *principio de constancia*. 이: *principio di costanza*. 포: *principio de constânzia*.

프로이트가 기술한 원칙으로, 그 원칙에 따르면, 심리 장치는 그것이 보유하고 있는 흥분의 양을 가능한 한 낮게, 아니면 적어도 일정하게 유지하려는 경향이 있다. 항상성은 한편으로는 이미 있는 에너지를 방출함으로써 이루어지고, 다른 한편으로는 흥분의 양을 증가시키는 것을 피하고, 그러한 증가를 막음으로써 얻어진다.

항상성의 원칙은 프로이트의 경제학적 이론의 초석이다. 그것은 초기 저작에서부터 나타나고 있으며, 심리 장치의 기능 작용을 조정하는 것으로 계속해서 암암리에 가정되고 있다. 즉 심리 장치는 그 내부의 흥분 총량을 일정하게 유지하려고 애쓰고, 거기에 도달하기 위해, 외부 자극에 대해서는 회피의 기제를, 그리고 내적인 긴장의 증가에 대해서는 방어와 방출(해소)의 기제를 작동시킨다. 일단 최종적인 경제학적인 표현에 이르면, 심리 생활의 지극히 다양한 표출들은 그러한 항상성을 유지하거나 회복하는 데 다소 성공한 시도로 이해되어야 한다.

항상성의 원칙은 쾌락원칙과 밀접한 관계가 있다. 왜냐하면 경제학적인 관점에서, 불쾌는 긴장의 증가에 대한 주관적인 지각으로 볼 수 있고, 쾌락은 그러한 긴장의 감소를 보여주고 있기 때문이다. 그러나 쾌-불쾌라는 주관적인 감각과 그것들의 토대가 된다고 생각되는 경제학적인 과정 사이의 관계는, 깊이 생각해보면, 프로이트에게 아주 복잡한 것으로 보인 것 같다. 쾌감이 긴장의 증가를 동반하는 경우가 있기 때문이다. 그러한 사실은 항상성의 원칙과 쾌락원칙의 관계를 단순한 등가로 환원할 수 없다는 결론을 내릴 수밖에 없게 만든다.(→ **쾌락원칙**)

*

프로이트가 브로이어와 함께 항상성의 법칙을 심리학의 토대에 둔 것은, 19세기 말의 학문적인 환경에서 널리 받아들여지고 있던 요구를 그들이 부담한 것에 불과하다. 즉 물리학의 가장 일반적인 원칙을 모든 학문의 기초에 둠으로써, 심리학과 정신생리학에까지 확장시키려고 한 것에 지나지 않는다. 항상성의 법칙이 정신생리학에서도 실제 작용하고 있다는 것을 발견하려는 프로이트의 시도와 같은 것은, 프로이트 이전에도 있었고(주로 〈안정성의 법칙 *principe de stabilité*〉을 보편적인 범위로 확대하는 페히너Fechner의 시도),[1] 그와 동시대에도 있었다.

그러나 프로이트 자신이 지적한 바와 같이, 항상성이라는 용어는 외견상 단순해 보이지만, 〈…… 그것은 아주 다양한 것으로 이해될 수 있다.〉[2a]

물리학의 모델에 따라 심리학에서 항상성의 원칙을 내세울 때, 도식적으로 다음과 같은 여러 가지 의미로 묶을 수 있다:

1. 닫힌 체계 내의 에너지의 총량은 일정하다는 에너지 보존의 법칙을 심리학에 적용한 것에 국한시킬 수 있다. 심리적인 사실을 그 법칙에 종속시키는 것은, 여러 가지 변형이나 이동을 거치더라도 그 양이 변하지 않는 심리 에너지나 신경 에너지의 존재를 가정하는 것이다. 또한 그렇게 규정하는 것은, 심리학적인 사실을 에너지에 관한 언어로 번역할 가능성을 세우는 것이다. 주목할 것은, 정신분석에서 경제학적 이론을 구성하는 그 법칙은, 프로이트가 항상성의 원칙이라는 용어로 지칭한 조절 기능의 원칙과 동일한 차원에 있지 않다는 것이다.

2. 항상성의 원칙은 가끔 열역학의 제2법칙에 비교될 수 있는 것으로 이해

ㅎ

되고 있다. 즉 그 법칙에 따르면 닫힌 체계 내에서 에너지 수준의 차이는, 궁극적인 이상적인 상태인 평형 상태가 되도록 균등화를 지향한다. 페히너가 말한 〈안정성의 법칙〉도 그와 유사한 의미를 띠고 있다. 그러나 그렇게 전환할 경우, 고찰되는 체계를 정의하지 않으면 안 된다: 그 경우, 문제가 되는 것은 심리 장치와 그 장치의 내부에서 순환하는 에너지일까, 심리 장치-유기체라는 전체에 의해 구성된 체계일까, 아니면, 유기체-환경이라는 체계일까? 사실 균등화의 경향이라는 개념은 경우에 따라 서로 상반된 의미를 띨 수 있다. 그래서 마지막 세 번째 가설에서, 그러한 경향의 결과는 유기체 내부의 에너지가 무생물의 상태로 갈 정도로 축소일 수 있다.(→ **열반의 원칙**)

3. 마지막으로 항상성의 원칙은 자동-조절의 의미로 이해될 수 있다. 문제가 되는 체계는 주위 환경에 비해, 에너지 수준의 차이를 일정하게 유지할 수 있도록 작동한다. 그러한 의미에서 항상성의 원칙은 상대적으로 닫힌 체계(심리 장치이건 유기체 전체이건)가 존재한다는 주장으로 귀결된다. 그 체계는 외부 환경과의 교류를 통해, 그것들의 특수한 형태와 에너지의 수준을 유지하고 회복하는 경향이 있다. 그러한 의미에서, 항상성이라는 개념은 실제로는 생리학자 캐논Cannon이 끌어낸 호메오스타시스homéostasis라는 개념에 근접해 있다.[α]

*

이러한 여러 가지 의미 중에서, 프로이트가 항상성의 원칙으로 의미하고자 했던 것과 정확히 일치하는 것이 무엇인지를 결정하기는 어렵다. 사실 그것에 대한 프로이트의 진술 — 그 자신도 만족하지 못한다고 지적한[3a] — 은 종종 애매하고 서로 모순되기까지 한다: 〈심리 장치는 그 속에 있는 흥분량을 가능한 한 낮게 유지하거나, 적어도 일정하게 유지하려는 경향이 있다.〉[3b] 프로이트는 〈⋯⋯ 내적인 흥분의 긴장을 감소시키고 일정하게 하고 제거하는 것〉을, 동일한 경향으로 돌리고 있다.[3c] 그런데, 어떤 체계의 내부 에너지를 제로zéro로 감소시키려는 경향은, 주위 환경과의 균형을 일정 수준으로(가능한 높게) 유지하려는 유기체에 고유한 경향과 동일시될 수 없다. 사실 후자의 경향은 경우에 따라, 흥분의 방출로 나타나는 만큼 흥분의 추구로 나타날 수도 있다.

프로이트의 진술과 결부된 의미의 모순과 부정확과 변화가 명확해지려면,

항상성의 원칙

정신분석에서 항상성의 법칙을 규정하려는 다소 성공한 그의 시도가 어떤 경험과 어떤 이론적 요구에 부응하고 있는지, 프로이트 자신이 했던 것보다 더 분명하게 밝혀내야 한다.

*

항상성의 원칙은 1892년과 1895년 사이에 브로이어와 프로이트가, 특히 히스테리에서 확인한 현상들을 설명하기 위해 공동으로 만든 이론적 장치의 일부이다. 즉 그 이론적 장치에 따르면, 증상은 해소의 결여와 결부되어 있고, 치료의 원동력은 정동의 적당한 방출에서 찾아야 한다. 그렇지만 그 두 저자가 각각 쓴 이론 텍스트를 비교해보면, 외견상의 일치에도 불구하고, 분명한 관점의 차이를 확인할 수 있다.

『히스테리 연구』의 「이론적 고찰」(1895)에서 브로이어는 유기체의 중심에 있는 상대적으로 자율적인 체계, 즉 중추 신경 체계의 기능 작용의 조건을 고찰하고 있다. 그는 그 체계 안에 있는 두 가지 유형의 에너지를 구분한다: 정지 에너지 내지 〈대뇌의 긴장성 흥분〉과, 그 장치 속을 순환하는 운동 에너지가 그것이다. 항상성의 원칙에 의해 조정되는 것은 긴장성 흥분의 수준이다: 〈…… 유기체 속에는 대뇌의 흥분을 일정하게 유지하려는 경향이 있다.〉[4] 여기서 세 가지 주안점이 강조되어야 한다:

1. 항상성의 원칙은 최적의 법칙으로 생각되어야 한다. 증가될 때는 방출을 통해서 복원되고, 지나치게 낮아질 때에는 재충전을 통해서 복원되어야 하는 적절한 에너지의 수준이 존재한다.

2. 항상성은 전체적으로 균일한 흥분 상태(예컨대 강렬한 기대 상태)에 의해서 뿐 아니라, 체계 내의 불균등한 흥분의 배분(정동)에 의해서도 위협받을 수 있다.

3. 최적의 수준의 존재와 그것의 회복은 운동 에너지의 자유로운 순환을 가능하게 하는 조건이다. 구속이 없는 사고 작용, 즉 관념 연상의 정상적인 전개는 그 체계의 자동 조절이 교란되지 않는다는 것을 전제하고 있다.

프로이트도 「과학적 심리학 초고」(1895)에서 뉴런 장치의 기능 작용의 조건을 연구한다. 그렇지만 그가 처음에 제시한 것은, 에너지 수준의 유지로서의 항상성의 원칙이 아니라, 뉴런은 흥분의 양을 완전히 배출하여 비워버리는 경향이 있다는 뉴런의 관성의 원칙이다. 그런 다음, 그는 항상성의 경향이 있다는 가정을 한다. 그러나 그는 그것을 〈삶의 절박성에 의해 부과되는 2차적인 기능〉으로, 관성의 원칙의 변형으로 본다: 〈……뉴런 체계는 원초적인 관성 — 다시 말해 수준 = 0 [제로] — 의 경향을 포기하지 않을 수 없다. 왜냐하면 그것은 특수 행동의 요구를 충족시키기 위해 비축량을 가지고 있어야 되기 때문이다. 그렇지만 그것이 그렇게 하는 방식에서, 그와 같은 관성의 경향은 계속적으로 나타난다. 즉 그것은 그 양을 가능한 한 낮게 유지하고, 그것의 증가를 막고 그것을 일정하게 유지하려는 노력으로 바뀐다.〉[2b] 프로이트에게 관성의 원칙은, 그 장치의 1차적인 기능 작용의 형태, 즉 자유로운 에너지의 순환을 조절한다. 반면에 항상성의 법칙은 독립된 원리로 분명하게 규정되어 있지는 않지만, 에너지가 구속되어 어떤 수준을 유지하는 2차 과정과 연결되어 있다.

다 알다시피, 공통점이 있는 것처럼 보이는 개념 장치에도 불구하고, 브로이어와 프로이트의 모델은 아주 다르다. 브로이어는 생물학적인 관점에서 자신의 생각을 발전시켰기 때문에, 그럴 듯해 보일 뿐 아니라 호메오스타시스나 자동-조절 체계에 대한 현대적인 개념을 예고하고 있다.[β] 반면에 프로이트의 이론 구성은 생명 과학의 관점에서 엉뚱하게 보일 수 있다. 왜냐하면 그것은 삶의 능력과 적응 기능, 일정한 에너지를 갖고 있는 유기체를, 모든 수준 차이의 부정이라는 원칙에서 연역하고 *déduire* 있기 때문이다.

분명히 드러나지는 않는, 브로이어와 프로이트 사이의 그러한 대립[γ]은 의미심장한 것이다. 사실 프로이트가 관성의 원칙으로써 해결하려고 했던 것은, 무의식이라는 가장 최근의 발견이 그로 하여금 가정하게 했던 과정, 즉 1차 과정*이었다. 그 과정은 「과학적 심리학 초고」 이후, 특히 히스테리증자의 꿈과 증상의 형성과 같은 특권화된 예에서 기술되고 있다. 1차 과정을 특징짓는 것은, 본질적으로 구속이 없는 흐름, 즉 〈쉬운 이동 *déplacement aisé*〉[2c]이다. 심리 분석의 차원에서, 다 알고 있듯이, 하나의 표상은 다른 표상을 대체할 수 있고, 그것의 모든 특질과 효과를 빌려올 수 있다: 〈……A 때문에 우는 히스테리증자는 A와 B의 연합 때문에 그렇게 한다는 사실을 알지 못한다. B 자체는 그의 심리 생활에 아무런 역할도 하지 못한다. 상징은 여기서 완전히 사물 *chose*을 대체하고 있다.〉[2d] 하나의 표상이 다른 표상으로 의미를 완전히 이동시키는 현상과, 대체 표상들이 보여주는 강도와 효과에 대한 임상적인 확인은, 프로이트로 하여금 아주 자연스럽게 관성의 원칙이라는 경제학적인 진술 속에서 그것들의 표현을 찾게 한다. 이상에서 보았듯이, 그러한 과정은 항상성의 유지와 상반되는 것이다.

항상성은「과학적 심리학 초고」에서 내세운 것으로, 정확히 절대적인 방출의 단순한 경향을 금욕하고 억제하는 것으로 제시되어 있다. 심리 에너지를 구속하고, 그것을 좀 더 높은 수준으로 유지하는 임무가 배정된 것은 자아이다. 그것이 그러한 기능을 수행하는 것은, 그것 자체가 일정한 수준의 투여가 유지되어야 하는 표상이나 뉴런 전체를 구성하고 있기 때문이다.(→ 자아)

따라서 항상성의 원칙이 유기체의 역사에서 관성의 원칙을 이어받고 있는 것과 마찬가지로, 1차 과정과 2차 과정의 관계가 생명의 순서에서 연속적인 것으로 이해되어서는 안 된다. 그것들의 관계는 프로이트가 처음부터 두 가지 유형의 과정과, 정신적 기능의 두 가지 원칙을 인정한 심리 장치의 차원에서만 유지되는 것이다.[8]

다 알다시피, 『꿈의 해석』(1900) 제7장은 그러한 대립에 의거하고 있다. 거기서 프로이트는 〈…… 흥분의 축적을 피하고 가능한 한 흥분이 없는 상태를 유지하려는 경향에 의해, 원초적인 심리 장치의 작업이 조정된다〉[5a]는 가설을 전개하고 있다. 〈…… 흥분량의 자유로운 흐름〉을 특징으로 하는 그 원칙을, 프로이트는 〈쾌락원칙〉이라고 지칭하고 있다. 그것은 무의식 체계의 기능 작용을 조정하는 것이다. 전의식-의식 체계는 다른 방식의 기능 작용을 갖고 있다: 그것은 〈…… 그것으로부터 나오는 투여에 의해, 그러한 [자유로운] 흐름을 억제inhibition하고, 활동하지 않는 투여로 변형시킨다. 아마 그때 수준의 상승이 동반된다〉.[5b] 그런 다음 프로이트는 흔히 두 체계의 기능 방식의 대립을, 쾌락원칙*과 현실원칙*의 대립과 동일시한다. 그러나 개념을 분명히 하려는 마음에서, 흥분량을 제로zéro까지 낮추려는 경향과 그것을 일정 수준으로 유지하려는 경향 사이의 구분을 견지한다면, 이미 보았듯이, 쾌락원칙은 전자의 경향에 일치하고, 항상성의 유지는 현실원칙과 상관관계가 있을 것이다.

*

프로이트는 1920년이 되어서야, 『쾌락원칙을 넘어서』에서 〈항상성의 원칙〉을 명확하게 공식화한다. 그래서 몇 가지 점을 지적할 필요가 있다:

1. 항상성의 원칙은 쾌락원칙의 경제학적인 기초로서 제공된 것이다.[3d]
2. 그것에 대해 제시된 정의들은 항상 애매함을 내포하고 있다: 즉 절대적

인 감소의 경향과 항상성의 경향이 같은 것으로 간주되고 있다.

3. 그렇지만 열반의 원칙이라는 이름으로 되어 있는 제로*zéro*에의 경향은 기본적인 것으로 여겨지고 있다. 다른 원칙들은 그것의 변형에 지나지 않는다.

4. 프로이트는 〈심리 생활에서, 그리고 아마 일반적으로 신경 체계에서〉[e] 다소 변형되긴 하지만, 단 하나의 경향이 작용하는 것으로 보고 있는 것처럼 보인다. 동시에 그는 욕동의 차원에서 더 이상 환원할 수 없는 근본적인 이원론을 도입하고 있다. 긴장의 절대적인 감소를 지향하는 죽음 욕동*과, 반대로 높은 수준의 긴장을 전제하는 생명의 단위를 유지하고 창조하려는 삶 욕동*이 그것이다. 후자의 이원론(다른 한편으로 많은 저자들은 이것을 원칙들*principes*의 이원론으로 이해해야 한다고 강조하고 있다)은 프로이트의 사고 속에 끊임없이 나타나는 근본적인 대립들과 대조하면 명확해진다: 자유 에너지—구속 에너지*, 해방—구속*Entbindung—Bindung*, 1차 과정—2차 과정*의 대립이 그것이다.

그 반면에 프로이트는 정신 기능의 경제학적인 원칙의 차원에서, 그 이전의 대립들에 부합하는 대립을 완전히 도출해내지 못한다. 「과학적 심리학 초고」에서 관성의 원칙과 항상성의 경향의 구분의 개략이 그려지고 있지만, 그것이 항상성의 원칙이라는 개념과 계속 결부되어 있는 혼란을 피할 수 있게 하는 분명한 참고서를 구성하지는 못한다.

α 캐논W. B. Cannon은 『신체의 지혜*Wisdom of the Body*』(1932)라는 저서에서, 신체가 혈액 성분을 일정하게 유지하려는 생리학적인 과정을 호메오스타시스*homeostasis*라는 이름으로 부르고 있다. 그는 그 과정을, 물, 소금, 당, 단백질, 지방, 칼슘, 산소, 수소 이온[산(酸)—염기의 균형]으로 된 혈액의 내용물과 체온에 대해 기술하고 있다. 물론 그 목록은 다른 요소들(무생물, 호르몬, 비타민 등)에까지 확대될 수 있다.

이미 보았듯이, 호메오스타시스라는 개념은 생체를 특징짓는 역학적인 평형의 개념이지, 최소한의 수준으로 긴장을 축소하는 개념이 전혀 아니다.

β 다 알다시피, 브로이어는 유기체의 가장 중요한 자동-조절 체계 중의 하나 — 호흡 체계 — 에 대해, 신경생리학자 헤링Hering과 공동으로 연구한 바 있다.

γ 항상성의 원칙의 공식화에 대해 그 두 저자가 일치하지 않는다는 흔적은, 『히스테리 연구』의 「예비적 보고서」에서 우리에게 도달한 연속적인 이론적 구상에서 찾아볼 수 있다.

브로이어에게 동의의 뜻으로 보낸 원고인 「히스테리 발작의 이론Zur Theorie des hysterischen Anfalles」(1892)에서, 프로이트는 1892년 6월 29일 그에게 보낸 편지[6]에서처럼, 〈흥분량〉이라 명명할 수 있는 것을 신경 체계 내에서 〈일정하게 유지하려는……〉 경향에

항상성의 원칙

대해 말하고 있다.

그러나 「예비적 보고서」를 출판한 지 10일 뒤에 한 강연 —「빈 의학 신문*Wiener medizinische Presse*」1893년 4호에 같은 제목으로 발표된 — 에서, 프로이트는 〈흥분량을 [……] 감소시키려는……〉 경향에 대해서만 말을 한다.7

결국 『히스테리 연구』의 「예비적 보고서」에서는 항상성의 원칙이 거론되지 않는다.

δ 그 당시 브로이어와 프로이트가 논쟁했던 문제를, 여러 가지 측면에서 명확히 소개해 보자:

1. 호메오스타시스의 기제에 의해 조정되는, 따라서 항상성의 원칙이라는 유일한 원칙에 따라 작용하는 유기체*organisme*의 차원. 그러한 원칙은 유기체 전체에 대해 유효할 뿐 아니라, 신경 체계라는 특수한 장치에 대해서도 유효하다. 신경 체계는 일정한 조건이 유지되고 회복될 때만 기능을 발휘한다. 그것이 바로 브로이어가 뇌(腦) 내의 긴장성 흥분의 일정한 수준에 대해 말을 할 때 의도했던 것이다.

2. 프로이트의 탐구 대상이 된 인간 심리*psychisme*의 차원.

 a) 무의식적인 과정들은 의미작용의 무한한 미끄러짐, 또는 에너지에 관한 용어로 말하자면, 흥분량의 완전히 자유로운 흐름을 전제로 하고 있다.

 b) 전의식-의식 체계의 지표인 2차 과정은 에너지의 구속을 전제로 하고 있는데, 그 구속은 에너지의 수준과 한계를 유지하고 회복하려는 경향이 있는 어떤 〈형태〉— 즉 자아 — 에 의해 조정된다.

따라서 언뜻 보기에도, 브로이어와 프로이트는 동일한 현실을 고찰하지 않았다고 말할 수 있다: 브로이어는 정상적인 심리 작용의 신경생리학적 조건의 문제를 제기했고, 프로이트는 어떻게 인간에게서 1차 심리 과정이 제한되고 조정되는가를 자문하고 있다.

그래도 프로이트에게 「과학적 심리학 초고」에서만큼 『쾌락원칙을 넘어서』와 같은 후기 저작에서도, 1차 과정으로부터 2차 심리 과정의 연역과, 순수한 무생물의 상태로부터 출발해서 존재를 확고부동하게 하는 항구적인 형태로 탄생하는 유기체의 거의 신화적인 탄생 사이의 애매함은 그대로 남는다.

우리의 감각으로는, 프로이트의 생각 속에 있는 그러한 근본적인 애매함이 설명되려면, 자아 자체를 하나의 형태 — 즉 유기체의 모델 위에 세워진 하나의 게쉬탈트*Gestalt* —, 또는 이를테면 유기체의 실현된 은유로 이해해야 한다.

1 Fechner G. T., *Einige Ideen zur Schöpfungs und Entwicklungsgeschichte der Organismen*, Leipzig, Breitkopf und Härtel, 1873 참조.

2 프로이트 S., 『정신분석의 탄생』, 1887-1902.

 a 「플리스에게 보낸 편지」, 1887-1902. 한, 〈편지 38〉(1895년 12월 8일, 미번역) ; 독, 148 ; 영, 137 ; 프, 122.

 b 「과학적 심리학 초고」, 1895. 한, 218 ; 독, 381 ; 영, 358 ; 프, 317.

 c 「과학적 심리학 초고」, 1895. 한, 276 ; 독, 425 ; 영, 404 ; 프, 358.

 d 「과학적 심리학 초고」, 1895. 한, 281-2 ; 독, 429 ; 영, 407 ; 프, 361.

3 프로이트 S., 『쾌락원칙을 넘어서』, 1920.

 a 전집 XI, 341[345] ; G.W., XIII, 68 ; S.E., XVIII, 62 ; 프, 73[O.C., XV, 337] 참조.

 b 전집 XI, 271[273-4] ; G.W., XIII, 5 ; S.E., XVIII, 9 ; 프, 7[O.C., XV, 279].

ㅎ

c 전집 XI, 332-3[337] ; G.W., XIII, 60 ; S.E., XVIII, 55-6 ; 프, 64[O.C., XV, 329].

d 전집 XI, 271-2[273-4] ; G.W., XIII, 5 ; S.E., XVIII, 9 ; 프, 7[O.C., XV, 279] 참조.

e 전집 XI, 332[337] ; G.W., XIII, 60 ; S.E., XVIII, 55-6 ; 프, 64[O.C., XV, 329].

4 Breuer J., 「이론적 고찰」, 『히스테리 연구』, 전집 III, 263[268]; 독, 171 ; S.E., II, 197 ; 프, 156[O.C., II, 218].

5 프로이트 S., 『꿈의 해석』, 1900.

a 전집 IV, 689[716-7] ; G.W., II-III, 604 ; S.E., V, 598 ; 프, 488[O.C., IV, 654].

b 전집 IV, 690[718] ; G.W., II-III, 605 ; S.E., V, 599 ; 프, 489[O.C., IV, 655].

6 프로이트 S., 「브로이어에게 보낸 편지」(1892-6-29), in 『신경증의 병인』. G.W., XVII, 12 ; S.E., I, 147; 프, [O.C., II, 355] 참조.

7 프로이트 S., "Über den psychischen Mechanismus hysterischer Phänomene", 1893. S.E., III, 36.

해방 기제

프: mécanismes de dégagement. 독: Abarbeitungsmechanismen. 영: working-off mechanisms. 스: mecanismos de desprendimiento. 이: meccanismi di disimpegno. 포: mecanismos de desimpedimento.

에드워드 비브링Edward Bibring(1943)이 도입한 개념으로, 다니엘 라가슈Daniel Lagache(1956)는 자아에 대한 자신의 정신분석 이론을 세우면서, 주로 치료에서 방어 적인 갈등의 해결을 설명하기 위해 그 개념을 이어받는다. 라가슈는 해방 기제를 방어 기제와 대립시킨다. 후자가 쾌-불쾌 원칙에 따라 내적 긴장의 긴급한 축소만을 목적으 로 하는데 반해, 전자는 긴장의 증가를 무릅쓰고서라도 가능성들의 실현을 지향한다. 그 러한 대립은 방어 기제 ─ 또는 방어 강박 ─ 가 자동적이고 무의식적이며 1차 과정*의 지배하에 있으면서 지각의 동일성*을 지향하는 데 반해, 해방 기제는 사고의 동일성의 원칙에 복종하면서 주체로 하여금 반복과 그를 소외시키는 동일시로부터 점차 해방되 게 한다는 사실에서 기인한다.

해방 기제working-off mechanisms를 자아의 기제로 기술하면서, 방어 기제와 구분하는 것이 좋다고 제안한 사람은 비브링이다. 그러한 제안은 그의 반복 강박*의 개념과 관련이 있다. 그 저자에 따르면, 자아의 통제하에 고통스러운 체험이 반복되는 것은, 실제로 긴장의 점진적인 축소나 동화를 가능하게 한

다: 〈자아의 해방 기제는 방출[해소]을 가져오는 것을 목적으로 하는 것도, 긴장을 위험하지 않게 만드는 것[방어 기제]을 목적으로 하는 것도 아니다. 그 기능은 긴장을 낳는 내적인 조건을 변화시킴으로써 긴장을 점진적으로 해소하는 것이다.〉[1] 비브링은 리비도의 분리(애도 작업*)라든가, 불안을 낳은 상황에 친숙해지기 등과 같은 해방의 다양한 방법을 기술하고 있다.

그와 같은 개념의 방향에서, 다니엘 라가슈는 방어 기제라는 개념이 확대 남용되고 있다고 강조한다. 즉 사람들이 그렇게 방어기제를 내세우는 것은, 정신분석이 파괴하려고 하는 자동적이고 무의식적인 강박을 설명하고, 동시에 〈성공적인 방어〉라는 이름하에 정확히 그러한 강박의 폐지를 목적으로 하는 작업을 설명하기 위해서다.

다니엘 라가슈는 해방 기제라는 개념을 의식과 자아의 대립의 틀 속에 위치시킨다. 즉 의식(자아-주체Moi-sujet)은 자아-대상Moi-objet과 동일시하면서 그것 속으로 소외되거나(자기애), 아니면 반대로 자아를 객체화함으로써 그것으로부터 해방된다.[2]

라가슈는 인격의 구조에 대해 해설할 때, 그 개념으로 다시 돌아와 그것을 상세히 설명한다. 그는 거기서 치료 경험을 참조하면서 해방의 양태들을 명시한다: 〈…… 행동에 의한 반복에서 사고와 말에 의한 회상으로의 이행 [……], 주체가 자신의 체험과 뒤섞이는 동일시에서, 그 체험에 대해 거리를 두는 객체화로의 이행, 해리에서 통합으로의 이행, 대상의 변화에 의해 완성되는 상상적 대상으로부터의 분리, 외상적이고 환상적 상황에 대한 기대 불안을 대체하는 공포적 상황에 친숙해지기, 억제를 통제로 대체하고 복종을 경험으로 대체하기 등이 그것이다. 이러한 모든 예에서 방어 활동은 그것이 해방 활동에 의해 대체되는 한에서만 약화된다.〉[3a]

따라서 그거Ça의 욕동에 대한 자아Moi의 방어 활동과, 자아 자신의 방어 활동에 대한 자아의 해방 활동을 구분해야 할 것이다. 그렇지만 자아에 그러한 이율배반적인 기능을 부여하는 것은, 그 기능들이 선택과 거부의 능력을 공유하고 있기 때문이다.[3b]

1 Bibring Ed., "The Conception of the Repetition Compulsion", 1943, in *Psychanalytic Quarterly*, XII, n.4.

2 Lagache D., "Fascination de la conscience par le Moi", 1957, in *La Psychanalyse*, P.U.F., Paris, vol. 3, 33-46 참조.

3 Lagache D., "La psychanalyse et la structure de la personnalité", 1958, in *La Psychanalyse*, P.U.F., Paris, vol. 6.

    a) 34.

    b) 34 참조.

해석

프: *interprétation*. 독: *Deutung*. 영: *interpretation*. 스: *interpretación*. 이: *interpretazione*. 포: *interpretação*.

A) 분석적 탐구를 통해 주체의 말과 행동의 잠재적 의미를 끌어내는 작업. 해석은 방어 갈등의 양상을 밝히고, 궁극적으로는 무의식의 모든 산물 속에 표현되는 욕망을 겨냥하고 있다.
B) 치료에서는 치료의 방향과 발전에 의해 지시되는 규칙에 따라, 주체로 하여금 그러한 잠재적 의미에 접근하도록 주체에게 전달되는 것을 말한다.

해석은 프로이트 이론과 기법의 핵심이다. 정신분석은 해석 — 다시 말해 재료의 잠재적 의미를 밝히는 것 — 이라고 특징지을 수 있다.

　해석의 최초의 예와 모델이 된 것은, 꿈에 대한 프로이트의 접근 방식이었다. 꿈의 〈과학적〉 이론은 심리 활동의 저하와 연상의 이완을 내세우면서, 꿈을 정신생활의 현상으로 설명하려고 시도했다. 몇몇 이론들은 꿈을 특수한 활동으로 잘 정의하긴 했지만, 어떠한 이론도 꿈의 내용을 고려하지 않았으며, 하물며 꿈 내용과 꿈꾸는 사람의 개인사와의 관계에 대해서는 더욱 그러했다. 반면에 〈꿈의 열쇠*clé des songes*〉 식의 해석 방법(고대, 동양)은 꿈의 내용을 무시하지 않고 거기에서 의미를 발견한다. 그러한 의미에서 프로이트는 그러한 전통을 계승한다고 표명한다. 그러나 상징이 개인 속에 독특하게 편입되는 것을 강조한다는 점에서, 프로이트의 방법은 〈꿈의 열쇠〉와 거리가 있다.[1a]

　프로이트에게 해석은 꿈꾼 사람이 말하는 이야기(발현 내용*contenu manifeste*)로부터, 자유연상에 의해 인도되는 잠재 내용*contenu latent* 속에 나타나는 꿈의 의미를 끌어내는 것이다. 해석의 최종적인 목표는 무의식적 욕망과 그 욕망이 구체화되는 환상이다.

물론 해석이라는 용어는 꿈이라는 무의식의 주된 산물만을 위해 마련된 용어는 아니다. 그것은 무의식의 다른 산물(실수, 증상 등)과, 좀 더 일반적으로 주체의 말과 행동에서 방어 갈등을 보여주는 것에도 적용된다.

*

해석의 전달은 분석가 행동의 전형적인 방식이기 때문에, 절대적인 의미에서의 해석이라는 용어는 환자에게 전달된 해석interprétation communiquée이라는 기법상의 의미도 갖고 있다.

그러한 기법상의 의미에서 해석은 정신분석의 기원에서부터 존재해 왔다. 그렇지만 『히스테리 연구』(1895) 단계에, 해석은 아직 치료 행위의 주요한 방식으로 등장하지 않는다(이 용어 자체가 그 텍스트에 나타나지 않는다). 왜냐하면 그 시기의 주된 목표는 병인이 되는 무의식적 기억souvenirs을 떠올리는 것이었기 때문이다.

해석은 정신분석 기법이 확립되기 시작하면서 등장한다. 그리하여 「정신분석에서 꿈의 해석 다루기」(1911)에 관한 논문이 보여주듯이, 해석은 치료 역동에 통합된다: 〈따라서 내가 주장하는 바는, 꿈의 해석은 분석 치료 중에 그 자체가 하나의 기술로 실행되어서는 안 되고, 그것의 사용은 치료 전체가 지켜야 하는 기법상의 원칙에 따라야 한다는 것이다.〉[2] 해석의 수준(다소 〈깊은〉), 형태(저항, 전이 등의 해석), 그리고 불확정적인 순서는 그러한 〈기법상의 원칙〉을 고려하여 정해져야 한다.

그러나 여기서는 많은 논의의 대상이 되었던 해석에 관한 기법상의 문제 — 즉 기준, 표현, 시기, 〈깊이〉, 순서 등 — 는 다루지 않을 것이다.[a] 다만 다음과 같은 사실을 지적해 두고자 한다: 치료에서 분석가의 개입interventions(가령 말할 용기를 격려하기, 안심시키기, 기제나 상징을 설명하기, 명령하기, 구성하기* 등)은 모두 분석 상황에서 해석의 가치를 가질 수 있지만, 그렇다고 그것이 모두 해석에 포함되는 것은 아니다.

*

용어의 관점에서, 프랑스어의 interprétation이라는 용어가 정확히 독일어의 Deutung이라는 용어에 들어맞는 것은 아니다. 그 프랑스 용어는 하나의 사건이나 말의 주어진 의미 속에 있는, 주관적이고 게다가 억지스럽고 자의적인 것을 향하고 있다. 반면에 *Deutung*은 설명이나 해명에 더 가까운 것처럼 보이고, 일반적인 언어 감각에서 보면, 프랑스 용어보다 경멸적인 뉘앙스가 덜 하다.[β] 꿈의 *Deutung*(해석)은 그것의 의미작용-*Bedeutung*을 결정하는 데 있다고 프로이트는 쓰고 있다.[1b]

그렇지만 프로이트는 분석적 의미에서의 해석과, 해석 활동이 나타나는 다른 정신 과정 사이의 관계를 지적하는 것을 잊지 않는다.

그러한 이유로 해서 2차적 가공*은 꿈꾼 사람 편에서의 〈최초의 해석〉 — 꿈의 작업의 결과로 생겨나는 요소들에 일관성을 부여하는 — 을 구성한다고 할 수 있다: 〈……어떤 꿈들은 그 밑바닥까지, 각성 시의 사고와 비슷한 심리 작용에 의해 이루어지는 가공을 겪는다. 그것들은 의미를 갖고 있는 것처럼 보이지만, 그 의미는 꿈의 의미작용-*Bedeutung*과 아주 동떨어진 것이다. [……] 말하자면, 그것들은 우리가 각성 상태에서 해석하기 이전에 이미 해석된 꿈들이다.〉[1c] 2차적 가공에서 주체는 편집되지 않은 지각 내용과 같은 방식으로 꿈-내용을 다룬다. 즉 그는 어떤 〈기대 표상*Erwartungsvorstellungen*〉을 이용하여 꿈-내용을 이미 알고 있는 것으로 환원시키려는 경향이 있다.[3] 프로이트는 또한 파라노이아적인 해석(또는 미신에서의 징후 해석)과 분석적인 해석 사이에 존재하는 관계에 대해서도 기술하고 있다.[4a] 실제로 파라노이아증자에게는 모든 것이 해석된다: 〈……그들은 타인의 언동 중에서, 보통 우리가 무시하는 아주 작은 사항에 최대한의 의미를 부여하고 철저하게 해석하여*ausdeuten*, 아주 광범위한 결론을 끌어낸다.〉[4b] 파라노이아증자들은 흔히 타인의 언동에 대한 해석에서, 정상인보다 훨씬 더 큰 통찰력을 보인다. 타인에 대한 파라노이아증자의 명석함은 자기 자신의 무의식에 대한 철저한 몰이해를 반대급부로 갖고 있다.

α 독자가 이 문제를 잘 이해하기 위해서는, 에드워드 글로버Edward Glover의 *The Technique of Psycho-Analysis*(New York, I.U.P., 1955)(프. *Technique de la psychanalyse*, Paris, P.U.F., 1958)과, 특히 그 저자에 의해 실시된 정신분석가에 대한 설문 조사를 참조할 것.

β 예컨대 이것은 독일 정신의학이 파라노이아적 망상을 해석 망상이라고 지칭하는 경우는 거의 없다는 사실에서도 알 수 있다.

1 프로이트 S., 『꿈의 해석』, 1900.

a 제1장과 제2장 서두 참조.

b 전집, IV, 134 ; G.W., II-III, 100-1 ; S.E., IV, 96 ; 프, 76[O.C., IV, 131] 참조.

c 전집, IV, 573 ; G.W., II-III, 494 ; S.E., V, 490 ; 프, 365[O.C., IV, 541].

2 프로이트 S., 「정신분석에서 꿈의 해석 다루기」(1911), in 『정신분석적 정신치료』. G.W., VIII, 354 ; S.E., XII, 94 ; 프, 47[O.C., XI, 46].

3 프로이트 S., 「꿈에 대하여」, 1901. in 『끝이 있는 분석과 끝이 없는 분석』. 한, 132 ; G.W., II-III, 679-80 ; S.E., V, 666; 프, 111[O.C., V, 51] 참조.

4 특히 프로이트 S., 「일상생활의 정신병리학에 관하여」, 1901.

a 전집, V, 340-6 ; G.W., IV, 283-9 ; S.E., VI, 254-60 ; 프, 294-300[O.C., V, 351-6].

b 전집, V, 340 ; G.W., IV, 284 ; S.E., VI, 255 ; 프, 295[O.C., V, 351].

해소

프: abréaction. 독: Abreagieren. 영: abreaction. 스: abreacción. 이: abreazoine. 포: ab-reação.

주체가 외상적 사건의 기억과 결부되어 있는 정동으로부터 해방되는 감정의 방출. 그러한 방식을 통해 정동은 병인이 되지 않거나 병인으로 남게 된다. 해소는 정신치료 중에, 특히 최면 하에 야기되어 정화[카타르시스] 효과를 일으킬 수 있다. 또한 그것은 최초의 정신적 상처로부터 다소 긴 간격을 두고 자연발생적으로 일어날 수도 있다.

해소라는 개념을 이해하기 위해서는, 「히스테리 현상의 심리 기제에 대하여 Über den psychischen Mechanismus hysterischer Phänomene」(1893)에서 발표한 히스테리 증상의 발생에 관한 프로이트의 이론을 참조해야만 한다.[1a, α] 하나의 기억과 결부되어 있는 정동의 끈질김은 여러 요인에 의존하고 있다. 그 중에서 가장 중요한 것은 주체가 주어진 사건에 반응하는 방식에 달려 있다. 그러한 반응réaction은 의지적이거나 무의지적인 반사 작용에 의해 이루어지는데, 그 반응은 눈물을 흘리는 것에서부터 복수에 이를 수 있다. 그러한 반응이 충분하면, 그 사건과 결부된 대부분의 정동은 사라진다. 반면에 그러한 반응이 억압되면unterdrückt, 정동은 그 기억에 묶이게 된다.

이렇게 해소는 주체로 하여금 하나의 사건에 반응하게 함으로써, 그 사건이 지나치게 많은 정동량*을 간직하지 않도록 하는 정상적인 길이다. 그렇지만 그러한 반응이 〈적합해야만〉 정화 효과를 가질 수 있다.

해소는 자연발생적으로 일어날 수 있다. 다시 말해 그것은 사건과 충분히 가까운 거리에서 뒤따라 일어나기 때문에, 그 사건에 대한 기억이 병인이 될 만큼 너무 많은 양의 정동이 걸리지 않을 수 있다. 또는 해소가 2차적일 수 있는데, 그것은 환자로 하여금 외상적 사건을 회상하게 하여 그것을 말로써 표출하게 함으로써, 그 사건에서 병인이 되었던 정동량을 덜어주는 것으로, 보통 정화 정신치료에서 일어난다. 실제로 프로이트는 1895년부터 다음과 같이 기술하고 있다: 〈인간은 언어에서 행위의 대체물을 발견한다. 그 대체물 덕분에, 정동은 거의 똑같은 방식으로 해소될 수 있다.〉[1b]

대량의 해소만이 환자가 외상적 사건의 기억으로부터 벗어나는 유일한 방식은 아니다. 기억은 사건을 수정하고 정돈하는 일련의 연상 속에 통합될 수 있다. 프로이트는 『히스테리 연구』(1895)에서부터 이미 서로 다른 사건의 기억과 관련하여, 동일한 정동이 되살아나는 진정한 회상 작업과 심리 가공 작업을, 종종 해소 과정으로 기술하고 있다.[1c]

해소시키지 못한 결과는, 신경증 증상의 원인이 되는 표상 군을 정상적인 사고의 흐름으로부터 고립시켜 무의식 상태로 남게 만든다: 〈병인이 된 표상들은 그것들의 활동을 보존한다. 왜냐하면 그것들은 해소에 의해 정상적으로 마멸되지 않기 때문이고, 자유연상의 상태에서 그것들을 재현하는 것은 불가능하기 때문이다.〉[1d]

브로이어와 프로이트는 주체로 하여금 해소하지 못하게 만드는 여러 조건들을 구분해내려고 노력한다. 몇몇 조건은 사건의 성질과 관계있는 것이 아니라, 사건과 만나는 주체의 심리 상태 — 즉 공포, 자기 최면, 최면형 상태* — 와 결부되어 있다. 다른 조건들은 주체에게 반응을 억누르도록 강요하는, 일반적으로 사회적인 성질의 상황과 결부되어 있다. 마지막으로 〈…… 환자가 잊고 싶어 하고, 의식적인 사고(思考) 밖으로 의도적으로 격리[억압]하고, 억제하고, 억압했던〉[1e] 사건이 문제될 수 있다. 이러한 세 가지 종류의 조건은 세 가지 유형의 히스테리를 규정한다 : 최면형 히스테리*, 정체 히스테리*, 방어 히스테리*가 그것이다. 다 알다시피, 프로이트는 『히스테리 연구』를 출간한 이후, 마지막 형태의 히스테리만을 남겨놓고, 나머지 둘은 버린다.

*

정신치료에서 오로지 해소의 효과만을 강조하는 것은, 무엇보다도 소위 정화 요법 시대의 특징이다. 그럼에도 그 개념은 정신분석적 치료의 이론에 아직 현존한다. 왜냐하면 여러 유형의 환자에 따라 다양한 정도의 감정의 방출이 모든 치료에 존재한다는 사실적인 이유로 해서, 그리고 모든 치료 이론이 회상remémoration뿐만 아니라 반복répétition도 고려한다는 내용적인 이유로 해서, 현존한다. 전이*, 관통작업*, 행위화*mise en acte과 같은 개념들은 해소 이론을 참조하고 있으면서도, 동시에 그것들은 상처를 주는 정동의 단순한 청산보다 더 복잡한 치료 개념으로 귀결된다.

　α abreagieren이라는 신조어는 브로이어와 프로이트에 의해 만들어진 것으로, 타동사로 사용되는 reagieren이라는 동사와, 여러 의미 — 특히 시간적 거리, 분리 행위, 축소, 제거 등 — 를 내포하고 있는 ab- 라는 접두사의 결합으로 만들어진 것처럼 보인다.

　1 브로이어 J. & 프로이트 S., 『히스테리 연구』, 1895.
　　a 전집 III, 13-23[13-24] ; G.W., I, 81-9 ; S.E., II, 3-10 ; 프, 1-7[O.C., II, 23-32] 참조.
　　b 전집 III, 20[20] ; G.W., I, 87 ; S.E., II, 8 ; 프, 5-6[O.C., II, 28-9].
　　c 전집 III, 213[216] ; G.W., I, 223-4 ; S.E., II, 158 ; 프, 125[O.C., II, 179-80].
　　d 전집 III, 23[23-4] ; G.W., I, 90 ; S.E., II, 11 ; 프, 8[O.C., II, 32].
　　e 전집 III, 22[22] ; G.W., I, 89 ; S.E., II, 10 ; 프, 7[O.C., II, 31].

행동화[액팅 아웃]

acting out.

대부분 주체의 일상적인 동기와 비교적 관련이 없고, 주체의 활동의 흐름과 상대적으로 괴리되어 있는 충동적인 특성을 보이는 행동을 가리키기 위해 정신분석에서 사용하는 용어. 그러한 행동은 흔히 자기 자신이나 타자에 대한 공격성의 형태를 띤다. 정신분석 가는 행동화를 격리[억압]된 것이 부상하는 증거로 본다. 행동화가 분석 중에(분석 회기 중이건 아니건) 발생하면, 그것은 전이와의 관계 속에서 이해해야 한다. 그것은 대개 근 본적으로 전이를 인정하지 않으려는 시도이다.

행동화*actiong out*라는 용어는 프랑스어 권의 분석가들이 영어에서 차용한 것이다. 그러나 그것은 몇 가지 용어상의 문제를 야기하고 있다.
　1. 프로이트가 *agieren*라고 부른 것을 영어로 *act out*(명사형은 *acting out*)

으로 번역하면, 그것은 프로이트가 *agieren*이라고 부른 것의 애매성을 은폐하는 것이다.(→ **행위화**) H. B. 잉글리쉬H. B. English와 A. C. 잉글리쉬 A. C. English의 『심리학 정신분석 용어 사전*Dictionnaire général des termes psychologiques et psychanalytiques*』의 〈행동화〉라는 항목은 다음과 같은 정의를 포함하고 있다: 〈예전의 상황에나 적합한 의도적인 행동이 새로운 상황에서 표출되는 것. 이때 후자는 전자를 상징적으로 나타낸다.〉(→ (행동화의 한 형태인) **전이**)

2. 위의 정의는 가장 일반적으로 받아들여지고 있는 행동화의 의미와는 일치하지 않는다. 일반적으로 전이의 영역과 행동화는 구별될 뿐만 아니라 대립하기까지 한다. 후자는 분석적인 관계를 파괴하려는 시도이다.

3. *act out*이라는 영어의 동사에 대해 몇 가지 주목해야 할 점이 있다:

a) *act*가 타동사로 쓰이면, 그것은 연극 분야에 속하는 의미를 띤다(*to act a play* = 연극을 상연하다, *to act a part* = 어떤 역을 연기하다, 등). *act out*이라는 타동사도 마찬가지이다.

b) *out*이라는 후치사(後置詞)에는 두 가지 뉘앙스가 있다: 하나는 자기 속에 가지고 있다고 가정되는 것을 밖으로 내놓고 보여주는 것이고, 다른 하나는 행동을 급히 수행하여 성취하는 것(〈*to carry out* = 끝까지 완수하다〉, 또는 〈*to sell out* = 물건을 다 팔다〉와 같은 표현에서 찾아볼 수 있는 뉘앙스)이다.

c) *out*이라는 후치사는 본래 공간적인 의미밖에 갖고 있지 않기 때문에, 몇몇 분석가들은 행동화를 분석 회기*séance analytique* 밖에서 일어난 행위라고 잘못 이해하고, 그것을 회기*séance* 중에 일어나는 *acting in*과 대립시키고 있다. 굳이 그러한 대립을 말하려면, 정신분석 밖에서의 행동화*acting out outside of psychoanalysis*와 정신분석 내에서의 행동화*acting out inside of psychoanalysis*(또는 분석 상황 내에서의*in the analytic situation*)라고 표현하는 것이 적당하다.

4. 위와 같은 뉘앙스를 전부 전달하고 있는 표현을 프랑스어에서 찾기는 힘들다(*agissement*과 *actuation*이 제안된 바 있다). 보통 그에 상응하는 용어로 〈행위로의 이행*passage à l'acte*〉이 있는데, 그것은 무엇보다도 정신의학 임상에서, 오로지 폭력적이고 공격적이고 범죄적인 충동 행위(살인, 자살, 성폭행 등)에 대해서만 사용되는 경향이 있다는 점이 문제다. 더욱이 고유한 의미

에서의 행위로의 이행이란, 주체가 하나의 표상이나 성향을 행위로 옮겨가는passer 것이다. 또한 그 용어는 임상에서의 전이적 상황을 고려하고 있지 않다.

*

서술적 견지에서 보자면, 일반적으로 행동화라는 항목으로 분류되는 행위의 범주는 아주 광범위해서, 정신의학 임상에서 〈행위로의 이행〉(상술한 설명 참조)이라고 명명된 것을 포함할 뿐 아니라, 훨씬 더 눈에 띄지 않는 형태의 것 — 2차적으로 합리화될 수 있는 것으로 일상적인 행동과 괴리가 있고, 주체가 보기에도 동기를 알 수 없는 충동적인 성질의 것 — 까지 포함하고 있다. 분석가에게 이와 같은 특성은 격리[억압]된 것의 회귀의 표시이다. 주체에게 일어난 사건이 그에게 생소하게 느껴진다면, 그것은 행동화로 간주될 수 있다. 그와 같은 확대된 의미는 분명히 프로이트의 다른 개념들, 특히 실수와 소위 반복 현상과 비교해볼 때 꽤 애매하고, 학자에 따라 서로 다른 행동화라는 개념의 경계 설정의 문제를 제기한다.ᵃ 실수도 돌발적이고 고립된 행동이지만, 적어도 실수의 전형은 타협의 소산이라는 사실이 분명하다. 역으로 반복 현상(예컨대 〈운명 강박compulsion de destinée〉)에서는, 흔히 주체 자신이 자기가 작가라는 사실을 모르는 시나리오 속으로, 격리[억압]된 내용이 아주 충실하게 회귀한다.

*

그러한 충동적 행위의 출현을 치료의 역동 및 전이와 관련지은 것은 정신분석의 업적 중의 하나이다. 프로이트는 분석이 일깨운 욕동을 분석 밖에서 〈행위화하는mettre en acte; agieren〉 몇몇 환자의 경향을 강조함으로써 그 길을 분명히 보여주었다. 그러나, 주지하다시피, 프로이트는 분석가에 대한 전이도 〈행위화mise en acte〉의 한 형태로 기술하고 있다. 그에 따라 그는 전이에서의 반복 현상과 행동화[액팅 아웃]를 서로 구별하지도 연결하지도 않았다. 그가 도입한 구분은 무엇보다도 기술적인 문제에 대한 대답인 것처럼 보인다. 치료 밖에서 심적인 갈등을 행위화하는 주체가 그 갈등의 반복적인 성질을 자각하는 경우는 드물다. 그는 분석가의 모든 해석과 감독 밖에서 끝까지 행위를 완수함으로써 격리[억압]된 욕동을 충족시킨다: 〈환자가 기억을 상기하는

행동화[액팅 아웃]

대신, 전이 밖에서 행위화하는 *mette en acte*[*agiert*] 것은 전혀 바람직하지 않다. 우리의 목적에 이상적인 것은, 치료 밖에서는 환자가 가능한 한 정상적으로 행동하고, 비정상적 반응은 전이에서만 표출하는 것이다.〉[1]

정신분석의 과제 중의 하나는, 순전히 기술적인 기준과 다른 기준에서, 게다가 순전히 공간적인 기준(분석가의 분석실(室) 안에서 일어나느냐 아니면 그것 밖에서 일어나느냐)과 다른 기준에서, 전이와 행동화의 구분을 세우는 것이다. 그러기 위해서는 행동*action*과 현실화*actualisation*의 개념 및 커뮤니케이션의 여러 방식의 특수성을 규정하는 것에 대한 새로운 성찰을 필요로 한다.

일단 행동화와 분석적 전이의 관계를 이론적으로 명확히 하면, 그렇게 해서 밝혀진 여러 구조들을 치료상의 모든 관계 밖으로 확대 적용할 수 있는지를 탐구할 수 있을 것이다. 다시 말해 그러면 일상생활의 충동적 행위를 전이적인 형태의 관계와 연결지음으로써 해명할 수 있는지를 자문해볼 수 있을 것이다.

α 행동화라는 개념에 특수성을 유지하고, 그 개념을 인간의 모든 기도(企圖)와 무의식적 환상의, 다소 긴밀한 관계를 전체적으로 보여주는 광의의 개념 속에 용해시켜 버리지 않으려면, 그러한 경계 설정은 필수적이다.

1 프로이트 S., 「정신분석 개요」, 1938. 전집 XV, 452[472] ; G.W., XVII, 103 ; S.E., XXIII, 177 ; 프, 46[O.C., XX, 269].

행위화

프: *mise en acte*. 독: *Agieren*. 영: *acting out*. 스: *actuar*. 이: *agire*. 포: *agir*.

프로이트에 따르면, 무의식적 욕망과 환상의 지배하에 있는 주체가, 그것들의 기원과 반복적 특성을 모르는 만큼 더욱 더 현실감을 가지고, 그것들을 현재 속에서 경험하는 행위를 가리킨다.

〈*mise en acte*(행위화)〉라는 표현은, 프로이트에게서 여러 차례 접하게 되는 *agieren*이라는 동사나 *Agieren*이라는 명사의 번역어로 제시된 것이다. 라틴어로부터 나온 *Agieren*은 독일어에서 통용되는 용어는 아니다. 행동*action*이나 행하다*agir*라고 말하려면, 차라리 *die Tat*(행위), *tun*(행하다), *die Wirkung*(활동)과 같은 단어를 사용한다. 프로이트는 *agieren*이라는 동사를, 똑같은 어근을 갖고 있는 *abreagieren*(진정시키다)처럼 타동적 의미로 사용한다(→ **해소**): 그 동사에서 문제가 되는 것은, 욕동, 환상, 욕망 등의 〈행위화〉이다.

*Agieren*은 거의 항상 *erinnern*(기억하다)과 짝을 이룬다. 그 두 용어는 과거가 현재 속으로 되돌아오는 두 가지 방식으로서 서로 대립한다.

프로이트에게 그러한 대립이 명확히 나타나는 것은 기본적으로 치료에서이다. 프로이트는 대개 전이에서의 반복을 〈행위화〉라고 지칭한다: 환자는 〈…… 말하자면 우리 앞에서, 우리에게 말로 보고하는 대신에 행위화한다*met en acte, agiert*……〉.[1] 그러나 행위화는 고유한 의미의 전이를 넘어서 확대된다: 〈따라서 우리는 피분석자가 의사와 그의 개인적인 관계에서뿐 아니라, 그의 삶의 다른 모든 활동과의 관계에서, 회상 충동을 대신하는 반복 강박에 자신을 내맡기기를 기대해야 한다. 가령 그가 치료 중에 사랑의 대상을 선택하거나, 임무를 맡거나 기획에 관여하는 것이 그것이다.〉[2]

*Agieren*이라는 용어는 〈*mise en acte*(행위화)〉라는 용어와 마찬가지로, 프로이트의 사고 자체의 애매성을 내포하고 있다. 그는 전이에서 현실화*actualisation*라는 것과, 운동 행위*action motrice* — 이것을 전이가 반드시 포함하는 것은 아니다 — 에 의지하는 것을 혼동하고 있다.(→ **전이, 행동화**) 예컨대, 전이에서의 반복을 설명하기 위해, 어떻게 프로이트가『꿈의 해석』(1900)에서부터 내놓은 운동성에 대한 메타심리학적인 모델에 만족할 수 있었는지 우리는 알기 힘들다: 〈…… 전이라는 사실과 정신증들이 똑같이 우리에게 가르쳐주고 있는 사실은, [무의식적 욕망은] 전의식 체계를 거쳐 의식과 운동성에 도달하려고 한다는 것이다.〉[3]

1 프로이트 S.,「정신분석 개요」, 1938. 전집 XV, 452[472] ; G.W., XVII, 101 ; S.E., XXIII, 176 ; 프, 44[O.C., XX, 269].
2 프로이트 S.,「상기(想起), 반복 그리고 관통작업」, 1914, in『정신분석적 정신치료』. G.W., X, 130 ; S.E., XII, 151 ; 프, 109[O.C., XII, 190-1].
3 프로이트 S.,『꿈의 해석』, 1900. 전집 IV, 656[681] ; G.W., II-III, 573 ; S.E., V, 567 ; 프, 465[O.C., IV, 621].

현실 검증

프: *épreuve de réalité*. 독: *Realitätsprüfung*. 영: *reality-testing*. 스: *prueba de realidad*. 이: *esame di realità*. 포: *prova de realidade*.

프로이트가 가정한 과정으로, 주체로 하여금 외부 세계로부터 오는 자극을 내적인 자극과 구분하게 하고, 주체가 지각하는 것과 상상하는 것 사이에 있을 혼동 — 환각의 근원이 되는 혼동 — 을 알게 하는 과정.

*Realitätsprüfung*이라는 용어는 1911년 「심리적 사건 진행의 두 가지 원칙에 관한 공식화」에서 비로소 나타나지만, 그것과 결부된 문제는 프로이트의 이론의 초기 저작부터 이미 제기되고 있다.

1895년의 「과학적 심리학 초고」의 기본 전제 중의 하나는, 심리 장치는 처음에는 강력하게 투여된 충족을 주는 대상의 표상*représentation*과, 그 대상의 지각*perception*을 구분하는 기준을 갖고 있지 않다는 것이다. 지각이 실재하는 외부 대상과 직접적인 관계를 맺고, 〈현실 징후〉를 제공하는 것은 확실하다. 그렇지만 그러한 징후는 기억의 투여에 의해서도 야기될 수 있다. 기억이 충분히 강하면, 그것은 환각을 일으킬 수 있다. 현실 징후(질의 징후라고 부르기도 한다)가 확실한 기준의 가치를 가지려면, 기억이나 이미지에 대한 투여의 억제가 일어나야 한다(이것은 자아의 구성을 전제로 하고 있다).

그 당시 프로이트의 생각은 분명히, 〈검증〉은 표상된 것의 사실성을 결정하는 것이 아니라, 심리 장치의 내적 기능의 방식을 결정하는 것이었다. 『꿈의 해석』(1900)에서도 비슷한 말로 그 문제가 제기되고 있다: 즉 욕망의 환각적 실현은, 특히 꿈에서, 지각 체계가 내적인 흥분에 의해 투여되는 〈퇴행〉의 결과로 간주되고 있다.

그 문제는 「꿈의 이론에 관한 메타심리학적인 보충」(1917)에서 비로소 체계적으로 논의된다:

1. 꿈과 환각에서 표상이 어떻게 현실이라는 믿음을 초래하는가? 기억 이미지의 재투여뿐 아니라, 전의식-의식 체계 자체의 재투여가 있는 한에서만, 퇴행이 적절한 설명이 될 수 있다.

2. 현실 검증은 운동 행위가 영향력을 갖고 있는 외적 자극과, 운동 행위에 의해 제거될 수 없는 내적 자극을 식별하게 하는 장치*Einrichtung, dispositif*로

서 정의된다. 그 운동성을 통제하는 것이 의식 체계인 한, 그 장치는 의식 체계와 결부되어 있다. 프로이트는 그것을 〈자아의 중요한 기구〉에 포함시킨다.[1a, α]

3. 현실 검증은 환각적인 질환이나 꿈에서 기능하지 않을 수 있다. 왜냐하면 부분적으로나 전체적으로 현실로부터 벗어나는 것은 의식 체계의 철수와 상관이 있기 때문이다. 그렇게 해서 의식 체계는 내부로부터 그것에 도달하는 모든 투여에 대해 자유로워진다. 〈퇴행의 길에 접어든 흥분은 [……] 그것이 확실한 현실적 가치를 갖게 되는 의식 체계까지의 길이 자유롭다는 것을 발견한다.〉[1b]

그 텍스트에서는 지각과 내부에서 생산된 표상을 구별하는 서로 다른 두 개념이 공존하는 것 같다. 하나는 경제학적 개념으로, 꿈과 각성 상태의 차이를, 체계 사이의 서로 다른 투여의 배분으로 설명하는 것이고, 다른 하나는 보다 경험주의적인 개념으로, 운동의 탐색에 의해 식별 기능이 작용하는 것으로 보는 것이다.

프로이트는 그의 후기 저작 중의 하나인 「정신분석 개요」(1938)에서 그 문제로 다시 돌아온다. 거기서 그는 현실 검증을, 일단 내적 과정이 쾌와 불쾌의 양적 변화와는 다른 방식으로 의식에게 통지해야 할 가능성이 나타날 때만 필요한 〈특수 장치〉로 규정한다.[2a] 〈기억흔적들은 특히 말의 잔재와의 결합을 통해 지각처럼 의식될 수 있기 때문에, 현실 오인에 도달할 수 있는 혼동의 가능성이 있다. 자아는 현실 검증이라는 장치를 배치함으로써 그러한 가능성으로부터 자신을 보호한다……〉[2b]

그 텍스트에서 프로이트는 현실 검증의 구성 요소를 기술하는 것이 아니라, 그것의 존재 이유를 끌어내리려고 노력하고 있다.

*

현실 검증이라는 용어는 정신분석 문헌에서 아주 자주 사용됨에도 불구하고, 겉으로는 의미의 일치가 있는 것 같지만, 실제로는 불확정적이고 불명료하다. 그것과 관계된 서로 다른 문제들을 구분하는 것이 바람직할 것이다.

I. 프로이트의 공식에 엄격하게 국한시킨다면,
  1. 현실 검증은 대개 환각과 지각을 구분하는 증거로 제시된다.

2. 그렇지만 현실 검증이 주체에게 환각과 지각을 식별할 수 있게 해준다고 가정하는 것은 잘못이다. 환각 상태나 꿈이 세워졌을 때는, 어떠한 〈검증〉도 그것을 실패하게 만들 수 없다. 따라서 현실 검증이 이론적으로 구분의 역할을 할 수 있는 경우에도, 그것은 처음부터 실제 효력이 없는 것 같다(그래서 환각의 주체가 주관적인 것과 객관적인 것을 구분하는 수단으로, 운동 행위에 의지하는 것은 소용이 없는 것이다).

3. 따라서 프로이트는 환각 상태의 출현 자체를 피할 수 있는 조건, 다시 말해 이미지의 부활에서 그것의 사실성에 대한 믿음으로 이행하는 것을 막는 조건을 결정한다. 그러나 그 경우는 더 이상, 근사법(近似法)과 시행착오에 기초해서 시간 속에서 수행되는 작업이라는 내포적 의미를 갖고 있는 〈검증〉이 아니다. 그래서 프로이트는 설명 원리로서, 메타심리학적인 ── 본질적으로 경제학적이고 지형학적인 ── 조건 전체에 의지한다.

II. 그러한 궁지를 벗어나기 위해서는, 젖먹이의 환각적 충족에 대한 프로이트의 모델을, 임상에서 마주치는 환각적 사실의 설명으로 보는 것이 아니라, 자아와 비-자아*non-moi*의 여러 가지 대립을 통해 구성되는 자아와 관계된 발생학적 가설로 보아야 한다.

프로이트를 따라 그러한 구성 과정을 도식화한다면, (→ **쾌락-자아, 현실-자아**) 세 단계로 나눌 수 있다: 첫 번째 시기는 현실 세계에 대한 접근이 아직 문제되지 않은 단계이다: 〈최초의 현실-자아는 정상적인 객관적 기준에 따라 안팎을 구분한다.〉[3] 그 단계에서는 〈지각과 현실(외부 세계)의 등가 관계〉[2c]가 성립한다. 〈처음에는 표상의 존재가 표상된 것이 현실이라는 사실의 보증이었다.〉[4a] 반면에 자아는 내부에 대해 쾌감과 불쾌감을 통해 욕동 에너지의 양적 변화를 알게 된다.

이른바 〈쾌락-자아〉라는 두 번째 시기에서는, 대립 쌍이 주관적인 것과 객관적인 것의 대립이 아니라, 유쾌한 것과 불쾌한 것의 대립이다. 즉 자아는 쾌락의 원천이 되는 모든 것과 동일시되고, 비-자아*non-moi*는 모든 불쾌한 것과 동일시된다. 프로이트는 이 단계와 〈환각적〉 충족의 단계를 명백하게 대조하고 있지는 않지만, 그렇게 대조하는 것을 허용하고 있는 것 같다. 왜냐하면 〈쾌락-자아〉는 그 충족이 외부 대상과 결부되어 있는지를 구분할 수 있는 기준이 없기 때문이다.

〈결정적인 현실-자아〉라고 명명된 세 번째 시기는, 〈표상된〉 것과 〈지각된〉 것 사이의 구분이 나타나는 것과 상관이 있다. 현실 검증은 그러한 구분을 허락하는 것이고, 바로 그러한 사실로 해서 자아의 구성 — 자아를 내적 현실로서 창설하는 움직임 자체에서 외적 현실과 구별되는 — 을 허락한다. 그래서 프로이트는 「부정」(1925)에서 현실 검증을, 존재 판단(하나의 표상이 현실에서 상관물을 발견한다고 확인하거나 부정하는)에 근원을 둔 것으로 기술하고 있다. 그것을 필수적으로 만드는 것은, 〈…… 반드시 대상이 외부에 있는 것이 아닌데도, 예전에 지각된 것을 표상으로 재현함으로써 다시 현존하게 만드는 역량을 사고가 가지고 있다〉는 사실 때문이다.[4b]

III. 현실 검증이라는 용어에는 서로 다른 두 가지 기능이 아직 뒤섞여 있는 것 같다: 하나는 근본적인 기능으로, 단순히 표상된 것과 지각된 것을 구분함으로써 내부 세계와 외부 세계의 구별을 확립하는 것이고, 다른 하나는 객관적으로 지각된 것을 표상된 것과 비교하여, 경우에 따라 왜곡된 후자를 정정(訂正)하는 rectifier 것이다. 프로이트 자신은 그 두 기능을 현실 검증이라는 동일한 항목 속에 배치시킨다.[4c] 그리하여 그는 외적인 것과 내적인 것의 구분을 유일하게 보장해주는 활동뿐만 아니라,[1c] 가령 애도 작업에서, 사랑하는 대상의 상실에 직면한 주체가 그러한 현실적인 상실과 관련하여 그의 개인적 세계와 계획과 욕망을 수정하는 법을 배우는 것을 현실 검증이라고 명명한다.

그런데, 프로이트는 어느 곳에서도 그러한 구분을 명시하지 않았기 때문에, 〈현실 검증〉이라는 개념에 내재된 혼동이 오늘날에도 유지되고, 게다가 강화되는 것 같다. 실제로 그 표현은 주체의 욕망과 환상의 사실성의 정도를 검증하고 측정하고 시험하는 것, 다시 말해 그것들에 표준 측정기 역할을 하는 것으로 현실을 간주하게 할 가능성이 있다. 그렇게 되면 결국 분석 치료를, 주체의 개인적인 세계 속에 있는 〈탈현실적인 déréel〉 것의 점진적인 축소와 혼동할 우려가 있다. 그것은 정신분석을 구성하는 원칙 중의 하나를 시야에서 놓치고 마는 것이다: 〈격리[억압]된 심리의 형성물 속에 현실이라는 잣대를 개입시켜서는 안 된다. 그러면 증상의 형성 속에 있는 환상의 가치를, 정확히 그것들이 현실이 아니라는 이유로 과소평가하거나, 실제로 저지른 범죄를 증명할 수 없다고 신경증적인 죄책감의 원인을 다른 데서 찾을 위험이 있

현실 검증

다.)⁵ 마찬가지로 〈사고 현실Denkrealität〉이나 〈심리 현실〉과 같은 표현들은, 무의식적 구조가 그것의 고유한 법칙을 따르는 특수한 현실로 간주되어야 할 뿐 아니라, 주체에 대해 충분한 현실적 가치를 갖고 있다는 개념을 함축하고 있다.(→ **환상**)

α 현실 검증의 지형학적 상황에 관해서는 프로이트가 주저하고 있음을 확인할 수 있다. 그의 사상의 어떤 시기에, 그는 현실 검증이 자아 이상에 속한다는 흥미로운 개념을 내세우고 있다.⁶

1 프로이트 S.,「꿈의 이론에 관한 메타심리학적인 보충」, 1917.
  a 전집 XI, 234[235] ; G.W., X, 424 ; S.E., XIV, 233 ; 프, 184[O.C., XIII, 258].
  b 전집 XI, 236[236] ; G.W., X, 425 ; S.E., XIV, 235 ; 프, 186[O.C., XIII, 259].
  c 전집 XI, 233-4[234] ; G.W., X, 423-4 ; S.E., XIV, 232 ; 프, 183[O.C., XIII, 258] 참조.
2 프로이트 S.,「정신분석 개요」, 1938.
  a 전집 XV, 433-4[452] ; G.W., XVII, 84 ; S.E., XXIII, 162 ; 프, 25[O.C., XX, 252] 참조.
  b 전집 XV, 482[504] ; G.W., XVII, 130 ; S.E., XXIII, 199 ; 프, 74-5[O.C., XX, 297].
  c 전집 XV, 434[452] ; G.W., XVII, 84 ; S.E., XXIII, 162 ; 프, 25[O.C., XX, 252].
3 프로이트 S.,「욕동과 욕동의 운명」, 1915. 전집 XI, 126[124] ; G.W., X, 228 ; S.E., XIV, 136 ; 프, 58[O.C., XIII, 182-3].
4 프로이트 S.,「부정」, 1925.
  a 전집 XI, 448[456] ; G.W., XIV, 14 ; S.E., XIX, 237 ; 프, 176[O.C., XVII, 169].
  b 전집 XI, 448-9[457] ; G.W., XIV, 14 ; S.E., XIX, 237 ; 프, 176[O.C., XVII, 169].
  c 전집 XI, 449[457] ; G.W., XIV, 14 ; S.E., XIX, 237 ; 프, 176[O.C., XVII, 170] 참조.
5 프로이트 S.,「심리적 사건 진행의 두 가지 원칙에 관한 공식화」, 1911. 전집 XI, 21[21] ; G.W., VIII, 238 ; S.E., XII, 225 ; 프, 143[O.C., XI, 20].
6 가령, 프로이트 S.,『집단 심리학과 자아 분석』, 1921. 전집 XII, 127[132] ; G.W., XIII, 126 ; S.E., XVIII, 114 ; 프, 128[O.C., XVI, 52].

현실 신경증

프: *névrose actuelle*. 독: *Aktualneurose*. 영: *actual neurosis*. 스: *neurosis actual*. 이: *nevrosi attuale*. 포: *neurose atual*.

프로이트가 정신신경증*과 구분한 신경증의 한 형태.

a) 현실 신경증의 기원은 어린 시절의 갈등이 아니라, 현재에서 찾아야 한다.

b) 그것의 증상은 중층결정된 상징적 표현이 아니라, 성적인 충족의 부재나 불충분에서 직접 생긴다.

처음에 프로이트는 불안 신경증과 신경쇠약을 현실 신경증에 포함시켰고, 그 뒤에 건강 염려증[심기증]을 그 속에 넣기를 제안했다.

〈현실 신경증〉이라는 용어는 불안 신경증과 신경쇠약을 가리키기 위해, 1898년 프로이트의 작품에 처음 나타난다.[1a] 그러나 그러한 질병들이 다른 신경증에 비해 특수성을 갖고 있다는 생각은, 훨씬 더 일찍, 신경증의 병인에 대한 탐구에서부터 나오고 있다. 그러한 사실은 플리스Fliess와의 편지[2]와 1894년부터 1896년 사이의 저작[3]으로부터 확인되고 있다.

1. 현실 신경증과 정신신경증의 대립은 본질적으로 병인(病因)학적이고 병원(病源)학적이다. 두 가지 형태의 신경증 모두 결정적인 원인은 성적이지만, 현실 신경증의 원인은 〈현재의 성생활의 혼란〉에서 찾아야지, 〈과거 생활의 중요한 사건〉에서 찾아서는 안 된다.[4] 따라서 〈actuel(현재의)〉이라는 용어는, 우선 시간적인 차원에서 〈actualité(현실)〉라는 의미로 이해해야 한다.[1b] 다른 한편, 그것의 병인은 육체적이지 심리적이 아니다: 〈[현실 신경증에서] 흥분의 원천, 즉 장애를 일으키는 요인은 육체적인 차원에 있는데 반해, 히스테리와 강박신경증에서 그것은 심리적인 차원에 있다.〉[5] 불안 신경증의 요인은 성적인 흥분이 방출되지 않았다는 것이고, 신경쇠약의 요인은 그 흥분이 불충분하게 충족(예컨대, 자위행위)되었다는 것이다.

마지막으로 증상 형성*의 기제는 육체적이지(가령, 흥분이 불안으로 직접 변형되는 것) 상징적이 아니다. 여기서 현실이라는 용어는, 정신신경증의 증상 형성에서 발견되는 매개(이동, 압축 등)의 부재를 의미한다.

치료의 관점에서, 그러한 시각들은 현실 신경증이 정신분석에 속하지 않는다는 개념으로 귀결된다. 왜냐하면 그것의 증상은 해명해야 할 의미를 가지고 있지 않기 때문이다.[6]

프로이트는 현실 신경증의 특수성에 대한 그러한 시각을 결코 버리지 않는다. 그는 그 증상 형성의 기제를 화학적인 차원에서 찾아야 한다고 말하면서(최음제 중독), 그러한 시각을 여러 차례 다시 표명하고 있다.[7]

2. 정신신경증과 현실 신경증 사이에는 전체적인 대립만이 있는 것이 아니다. 프로이트는 한쪽의 신경쇠약과 불안 신경증, 다른 쪽의 여러 전이 신경증

사이에 항목 대 항목의 대응 관계를 세우려고 여러 차례 시도한다. 그는 나중에 건강 염려증을 제3의 현실 신경증으로 도입할 때,[8] 그것을 파라프레니아*나 자기애적 정신신경증*(정신분열증과 파라노이아)에 대응하는 것으로 보고 있다. 그러한 대응 관계는 구조적인 유사성에 의해서 뿐 아니라, 사실에 의해서도 정당화되고 있다. 〈…… 현실 신경증의 증상은 흔히 정신신경증의 증상의 핵이자 전조가 되는 단계이다.〉[9] 정신신경증이 리비도의 정체로 귀결되는 좌절에 의해 일어난다는 개념은, 결국 그러한 현실 요소를 강조하는 것에 다름 아니다.[10]

*

오늘날 현실 신경증이라는 개념은 질병기술학에서 사라지는 경향이 있다. 왜냐하면 현실적인 요인의 촉진적 가치가 어떤 것이라 하더라도, 항상 증상에서 오래된 갈등의 상징적 표현을 찾으려 하기 때문이다. 그런데 현실적인 갈등과 증상이라는 개념은 그 자체의 가치를 갖고 있다. 그것은 다음과 같은 해설을 요한다:

1. 어린 시절에 기원을 둔 재현실화된 갈등과, 대부분 현실적인 상황에 의해 결정되는 갈등 사이의 구분은 실제 정신분석에서 필수적이다. 왜냐하면 격심한 현실적 갈등은 정신분석 치료의 진행에 자주 장애가 되기 때문이다.

2. 모든 정신신경증에서, 의미가 밝혀질 수 있는 증상 곁에는, 프로이트가 현실 신경증의 틀에서 기술한 형태의 다소 중요한 증상의 행렬이 있다: 이유 없는 피곤, 막연한 고통 등이 그것이다. 방어 갈등이 무의식적인 욕망의 실현을 방해하는 곳에서, 충족되지 않은 리비도가 여러 불특정한 증상의 뿌리가 되는 것이라고 생각할 수 있다.

3. 그와 같은 방향에서 주목할 것은, 프로이트의 관점에 따르면 〈현실적인〉 증상은 주로 육체적인 성질의 것이고, 현실 신경증이라는 옛날 개념은 심신증psychosomatique에 대한 현대적인 개념으로 곧바로 귀결된다는 것이다.

4. 마지막으로 프로이트가 자신의 이론에서 성욕동의 불충족만을 고찰하고 있다는 데 주목할 필요가 있다. 마찬가지로 심신증적인 현실 신경증의 증상의 발생에서, 공격성의 격리[억압]를 고려할 필요가 있을 것이다.

1 프로이트 S., 「신경증의 병인에서의 성욕」, 1898, in 『끝이 있는 분석과 끝이 없는 분석』

참조.

  a 한, 28 ; G.W., I, 509 ; S.E., III, 279 ; 프, 91[O.C., III, 233-4].
  b 한, 14-5 ; G.W., I, 496-7 ; S.E., III, 267-8 ; 프, 79-80[O.C., III, 221-2].

2 프로이트 S., 「플리스에게 보낸 편지」, 『정신분석의 탄생』, 1887-1902. 한, 21-30, 40-8 ; 독, 76-82 , 98-103. 영, 66-72, 88-94; 프, 61-6, 80-5. 참조.

3 예컨대, 프로이트 S., 「히스테리의 정신치료에 관하여」, in 『히스테리 연구』, 1895. 「신경쇠약에서 〈불안 신경증〉이라는 특별한 증상복합체를 분리하는 근거에 관하여」, 1894. 「유전과 신경증의 병인」(1896), in 『신경증의 병인』. 참조.

4 프로이트 S., 「유전과 신경증의 병인」(1896), 『신경증의 병인』. G.W., I, 414 ; S.E., III, 149 ; 프, 165[O.C., III, 113-4].

5 프로이트 S., 「신경쇠약에서 〈불안 신경증〉이라는 특별한 증상복합체를 분리하는 근거에 관하여」, 1894. 전집 X, 42[42] ; G.W., I, 341 ; S.E., III, 114 ; 프, 37[O.C., III, 58].

6 예컨대, 프로이트 S., 「히스테리의 정신치료에 관하여」, in 『히스테리 연구』, 1895. 전집 III, 340[346] ; G.W., I, 259 ; S.E., II, 261 ; 프, 210[O.C., II, 285] 참조.

7 예컨대, 프로이트 S., 「자위에 관한 토론에 들어가기 위하여」(1912), in 『정신분석적 정신치료』. G.W., VIII, 337 ; S.E., XII, 248 ; 프, 179[O.C., XI, 162]. 『정신분석 입문 강의』, 1916-17. 전집 I, 519-25[546-52] ; G.W., XI, 400-4 ; S.E., XVI, 385-89 ; 프, 413-17[O.C., XIV, 399-403] 참조.

8 프로이트 S., 「자기애 소개」, 1914. 전집 XI, 58-9[56-7] ; G.W., X, 149-51 ; S.E., XIV, 82-5 ; 프, 88-90[O.C., XII, 227] 참조.

9 프로이트 S., 『정신분석 입문 강의』, 1916-17. 전집 I, 526[553] ; G.W., XI, 405 ; S.E., XVI, 390 ; 프, 418[O.C., XIV, 404].

10 프로이트 S., 「신경증의 발병 유형에 대하여」, 1912. 전집 X, 95-104[97-107] ; G.W., VIII, 322-30 ; S.E., XII, 231-38 ; 프, 175-82[O.C., XI, 119-26].

현실원칙

프: *principe de réalité*. 독: *Realitätsprinzip*. 영: *principle of reality*(또는 *reality principle*). 스: *principio de realidad*. 이: *principio di realità*. 포: *principio de realidade*.

프로이트에 따르면, 정신 기능을 지배하는 두 원칙 중의 하나. 현실원칙은 그 현실원칙에 의해 변경되는 쾌락원칙과 짝을 이루고 있다. 그것이 조정 기능으로서 확립되면, 충족의 추구는 더 이상 지름길로 실행되지 않고 우회하면서, 외부 세계가 부과하는 조건에 따라 그 목표의 획득이 지연된다.

경제학적 관점에서 보면, 현실원칙은 자유 에너지*가 구속 에너지*로 변하는 것과 일치한다. 지형학적 관점에서 보면, 그것은 본질적으로 전의식-의식 체계의 특징을 이루고 있다. 역학적 관점에서 보면, 정신분석은 유별나게 자아에 종사하는 어떤 형태의 욕동 에너지에 의거해서 현실원칙을 개입시키려고 한다.(→ **자아 욕동**)

프로이트의 메타심리학적인 첫 번째 작업에서부터 예상된 현실원칙이 지금의 형태대로 언급된 것은, 1911년 「심리적 사건 진행의 두 가지 원칙에 관한 공식화」에서이다. 그것은 발생학적 관점에서 그보다 앞선 쾌락원칙과 관계를 맺고 있다. 젖먹이는 처음에는 환각적인 방식으로 욕동의 긴장의 직접적인 방출의 가능성을 찾으려고 한다(→ **충족 체험**) : 〈…… 기대했던 충족의 지속적인 부족, 즉 실망은 환각적 방식으로 충족을 시도하는 것을 포기하게 한다. 그 대신 심리 장치는 외부 세계의 현실 상태를 표상하고 현실의 수정을 추구하기로 결심한다. 그러한 사실로 해서 심리 활동의 새로운 원칙이 도입된다: 즉, 표상된 것은 이제 기분 좋은 것이 아니라, 그것이 비록 기분 나쁘더라도 그것은 현실적인 것이다.〉[1a] 현실원칙은 심리 기능의 조정 원칙으로서, 쾌락원칙 — 처음에는 이것이 유일한 지상의 원칙이었다 — 에 대한 수정으로 2차적으로 나타난 것이다. 그것의 확립은 심리 장치가 겪어야 할 일련의 모든 적응 행위와 일치한다: (1) 의식 기능의 발달, 주의, 판단, 기억; (2) 현실에 적합한 변화를 목표로 하는 행동으로 운동에 의한 방출을 대체하는 것; (3) 소량이 투여된 〈검증 활동〉 — 이것은 하나의 표상에서 다른 표상으로 아무 구속 없이 순환하는 자유 에너지*가 구속 에너지*로 변화하는 것을 전제하고 있다 — 으로 정의되는 사고의 탄생 등이 그것이다.(→ **지각의 동일성 — 사고의 동일성**) 그렇다고 해서, 쾌락원칙에서 현실원칙으로의 이동이 쾌락원칙를 없애는 것은 아니다. 한편으로 현실원칙은 현실에서의 충족의 획득을 보장하고, 다른 한편으로 쾌락원칙은 심리 활동의 어떤 영역 전체에서 계속 지배력을 행사한다. 그 영역은 환상에 내맡겨지고 1차 과정*의 법칙에 따라 작용하는 일종의 예비된 영역, 즉 무의식*이다.

그것이 프로이트 자신이 〈발생학적 심리학〉[1b]이라고 명명한 것의 틀 안에서, 그가 만든 가장 일반적인 모델이다. 그는 그 도식이 성욕동의 발전을 고려하느냐 아니면 자기보존 욕동*의 발전을 고려하느냐에 따라 서로 다르게 적용된다고 지적하고 있다. 후자가 점진적으로 발달하면서 현실원칙의 지배력을 완전히 알아 가게 된다면, 성욕동은 뒤늦게, 그것도 항시 불완전하게

〈교육된다〉. 그 결과 2차적으로, 성욕동이 쾌락원칙이 특권화된 영역으로 남는 반면에, 자기보존 욕동은 재빨리 심리 장치 내에서 현실의 요구를 대표하게 된다. 결국, 자아와 격리[억압]된 것(격리[억압]물) 사이의 심리적 갈등은, 두 가지 원칙의 이원론과 일치하는 욕동의 이원론에 뿌리를 박는다.

그러한 개념은 겉으로는 단순해 보여도, 프로이트 자신이 이미 지각하고 지적했듯이, 여러 가지 난점을 제기하고 있다.

1. 욕동*pulsions*에 관해 말하자면, 성욕동과 자기보존 욕동이 동일한 패턴에 따라 발전한다는 생각은 별로 만족스럽지 못하다. 왜냐하면 자기보존 욕동에서 쾌락원칙에 의해 조절되는 1차 단계가 무엇인지 분명하지 않기 때문이다: 프로이트 자신이 성욕동과 그것을 구분하기 위하여 지적했듯이, 그것은 처음부터 충족을 주는 현실 대상을 향하고 있는 것은 아닐까?[2] 반대로, 성욕*과 환상* 사이의 관계는 아주 근본적이어서, 분석 경험이 증명하고 있듯이, 현실에 대한 점진적인 학습이라는 개념은 대단히 이론의 여지가 있다.

어린아이가 환각적 방식으로 마음대로 자족할 수 있다면, 현실적 대상을 왜 찾아야 하는지 우리는 자주 자문하게 된다. 그러한 어려운 문제는 성욕동이 의탁*과 분리라는 이중의 관계를 통해 자기보존 욕동으로부터 생긴다는 개념에 의해 해결된다. 도식적으로 말하면, 자기보존 기능은, (서툴지라도) 처음부터 적당한 현실 대상(젖가슴, 음식)을 겨냥하고 있는 행동 패턴과 지각 구조를 작동시킨다. 성욕동은 그러한 자연적인 기능이 수행되는 동안 부수적으로 나타난다. 그것은 자기보존 욕동의 기능과 대상에서 분리되어, 자기-성애*의 방식으로 쾌락을 반복하고, 그로부터 환상으로 조직되는 선택된 표상을 겨냥하는 움직임을 통해 진정한 의미에서 자율적이 된다. 그러한 관점에서, 우리가 고찰 중인 두 가지 형태의 욕동들 사이의 관계와, 두 가지 원칙 사이의 관계는 확실히 2차적인 습득인 것처럼 보이지 않는다. 자기보존 욕동과 현실의 관계는 처음부터 밀접하다. 반대로 성욕의 출현 시기는 환상과 욕망의 환각적 성취의 시기와 일치한다.

2. 사람들은 인간 존재가 오로지 〈자기애적*〉 쾌락에 바쳐진 일종의 닫힌 체계를 만드는 가설적인 상태로부터 벗어나야, (어떤 길을 통해서인지는 모르지만) 현실에 도달할 수 있다는 개념을 프로이트에게 돌리고 있다. 그렇지만 그러한 주장은 프로이트의 여러 공식에 의해 거짓임이 드러난다: 처음부터 현실에 대한 접근은 적어도 몇몇 영역 ─ 특히 지각의 영역 ─ 에서만 존

현실원칙

재하는 것이다. 그렇다면 반박이 나올지 모른다. 고유한 의미에서 정신분석적인 탐구의 영역에서, 현실의 문제는 어린아이의 행동 분석을 대상으로 하는 심리학의 용어들과는 아주 다른 용어로 제시되고 있다는 사실로부터 말이다. 그리고 프로이트가 인간 주체의 발생에 대해 보편적인 것으로 부당하게 제시하고 있는 것은, 처음부터 무의식적인 욕망이라는 탈현실적인*déréel* 차원에서만 그 가치가 있다고 주장할지 모른다. 그렇지만 프로이트는 인간 성욕의 발달, 즉 오이디푸스 콤플렉스*에 의한 성욕의 구조화에서, 〈완전한 대상애〉라고 하는 것에 접근할 수 있는 전제 조건을 찾고 있다. 성적인 욕망의 흐름을 변경시킬 수 있는 현실원칙의 의미는, 오이디푸스 콤플렉스의 변증법과 그것과 관계된 동일시*를 떠나서는 이해하기 힘든 것이다.(→ **대상**)

3. 프로이트는 현실 검증*이라는 개념에 중요한 역할을 부여한다. 그것에 대한 일관성 있는 이론을 만들거나, 그것과 현실원칙의 관계를 잘 보여주지는 못했지만, 우리는 그 개념의 용법에서 어떻게 그 개념이 서로 아주 다른 방향의 두 생각을 포함하고 있는지를 볼 수 있다: 현실 학습, 즉 현실 — 일종의 〈시행착오〉 과정 — 에 의한 욕동의 검증의 이론과, 일련의 대립 — 내외, 쾌-불쾌, 내입-투사 — 을 통해 대상의 구성을 다루는 거의 초월적인 이론이 그것이다(이 문제에 대한 논의는 〈현실 검증〉, 〈쾌락-자아, 현실-자아〉 항목 참조).

4. 프로이트는 그의 마지막 지형학에서 자아를, 외적 현실과 직접 접촉한 결과 그거*Ça*로부터 분화된 것으로 정의하면서, 그것을 현실원칙의 지배력을 보장하는 임무가 부여된 심역으로 만든다. 자아는 〈…… 욕동의 요구와 충족을 제공하는 행동 사이에, 사고 활동 — 현재를 향하면서 동시에 예전의 경험을 이용해서, 검증 행위를 통해 고려 중인 기도(企圖)의 결과를 짐작하려고 노력하는 — 을 끼워 넣는다. 그런 식으로 자아는 충족을 얻으려는 시도가, 실행되어야 하는지 연기되어야 하는지를 결정하거나, 욕동의 요구가 무조건적으로 위험한 것으로 격리[억압]되어야 하는 것인지를 알려준다(현실원칙)〉.[3] 그러한 공식은 개인의 적응 기능이 자아에 의존하고 있다는 프로이트의 가장 솔직한 표현을 보여주고 있다.(→ **자아**의 해설 VI) 그러한 개념에는 두 가지 유보 조항이 있다: 한편으로, 현실의 요구에 대한 학습이 전적으로 인격의 한 심역의 부담이 아니라는 것은 확실하다. 왜냐하면 그 심역의 발생과 기능도 동일시와 갈등으로 점철되어 있기 때문이다. 다른 한편으로, 정신

분석의 영역 내에서, 현실이라는 개념은 오이디푸스 콤플렉스와 리비도의 대상의 점진적인 구성만큼 근본적인 발견에 의해 깊이 갱신되었다. 정신분석에서 〈현실 접근〉이라는 말이 의미하는 것은, 비현실과 현실의 분별력이라는 개념으로 환원될 수도 없고, 결국 유일한 법이 될 외부 세계와 접촉함으로써, 환상과 무의식적 욕망을 검증한다는 개념으로 환원될 수도 없다.

1 프로이트 S., 「심리적 사건 진행의 두 가지 원칙에 관한 공식화」, 1911.
　a 전집 XI, 13[13] ; G.W., VIII, 231-2 ; S.E., XII, 219 ; 프, 136[O.C., XI, 14].
　b 전집 XI, 19[19] ; G.W., VIII, 235 ; S.E., XII, 223 ; 프, 140[O.C., XI, 18].
2 프로이트 S., 「욕동과 욕동의 운명」, 1915. 전집 XI, 125[124] ; G.W., X, 227, n. ; S.E., XIV, 134-5 ; 프, 57[O.C., XIII, 182] 참조.
3 프로이트 S., 「정신분석 개요」, 1938. 전집 XV, 482[504] ; G.W., XVII, 129 ; S.E., XXIII, 199 ; 프, 74[O.C., XX, 297].

현실 불안[현실적 위험 앞의 불안]

프: *angoisse devant un danger réel*. 독: *Realangst*. 영: *realistic anxiety*. 스: *angustia real*. 이: *angoscia (di fronte a una situazione) reale*. 포: *angústia real*.

두 번째 불안 이론의 틀 내에서 프로이트가 사용한 용어. 주체에게 현실적인 위협이 되는 외적인 위험 앞의 불안.

*Realangst*라는 독일어는 『억제, 증상 그리고 불안』(1926)에서 처음으로 소개된다. 그것은 여러 가지 오해를 초래할 수 있는데, 우리가 제시한 프랑스어가 그러한 오해를 불식시키고자 고안된 것이다.

　1. *Realangst*에서 *Real*은 명사이다. 그것은 불안 자체를 규정하는 것이 아니라, 그것의 동기가 되는 것을 규정하고 있다. 현실적 위험 앞의 불안은 욕동 앞의 불안과 대립된다. 몇몇 저자들, 특히 안나 프로이트에게 욕동은 현실적 위험을 야기할 위험이 있을 때만 불안을 일으킨다. 그러나 대부분의 정신분석가들은 불안을 일으키는 욕동의 위협이 존재한다고 주장하고 있다.

　2. 〈현실 앞의 불안*angoisse devant le réel*〉이라고 번역하면, 불안의 동기가 어떤 상황이 문제가 되더라도 있는 그대로의 현실이라고 가정하게 되는 불리한 점이 있다. 그래서 우리는 〈현실적 위험 앞의 불안*angoisse devant un danger*

ㅎ

réel〉이라고 번역한 것이다.

프로이트의 불안 이론으로 들어가지는 않겠지만, 주목할 것은 프랑스어의 *angoisse*가 독일어의 *Angst*라는 용어에 대한 프로이트의 용법을 정확히 다 포함하는 것은 아니라는 사실이다. *ich habe Angst vor*⋯⋯(⋯⋯에 대해 불안 하다)와 같은 일상적인 표현은 프랑스어로 *j'ai peur de*⋯⋯(⋯⋯을 두려워하다)로 번역된다. 일정한 대상을 갖고 있는 *peur*(두려움)와 대상의 부재로 정의되는 *angoisse*(불안) 사이에 존재하는 대립이 프로이트의 구분과 정확히 일치하는 것은 아니다.

형상화(의 고려)

프: *figurabilité (prise en considération de la ~)*. 독: *Rücksicht auf Darstellbarkeit*. 영: *considerations of representability*. 스: *consideración a la representabilidad*. 이: *riguardo per la raffigurabilità*. 포: *consideração à representabilidade*(또는 *figurabilidade*).

꿈-사고가 따라야 하는 요구로, 그것에 따라 꿈-사고가 특히 시각적 이미지로 표상될 수 있게 하는 선택과 변형을 겪는다.

꿈에 의해 구성되는 표현 체계는 고유한 법칙을 가지고 있다. 그것은 가장 추상적인 사고를 포함한 모든 의미작용이 이미지로 표현될 것을 요구한다. 담화나 말은, 프로이트에 따르면, 그 점에 대해 특권을 갖고 있지 않다. 그것들은 의미 요소로서 꿈에 나타나는 것이지, 그것들이 말속에서 갖고 있는 의미와 관계를 갖고 있는 것이 아니다.

그러한 조건은 두 가지 결과를 낳는다:

1. 그러한 조건은 〈⋯⋯ 본질적인 꿈-사고의 수많은 가지 중에서 시각적 형상화를 가능하게 하는 것〉[1a]을 선별하게 한다. 특히 꿈-사고 사이의 논리적인 연결은 삭제되거나, 프로이트가 『꿈의 해석』(1900)(제6장 제3부: 〈꿈의 형상화의 방식〉)에서 기술하고 있는 표현 형태로 대체된다.

2. 그러한 조건은 이동을 이미지화된 대체물로 향하게 한다. 그리하여 표현의 이동*Ausdrucksverschiebung*은 추상적인 개념과 감각적 이미지 사이에 연

결 고리 — 구체적인 단어 — 를 제공한다(예: 〈귀족〉이라는 말이 〈높은〉 분으로 바뀌어 〈높은 탑〉으로 표상될 수 있다).

꿈의 작업의 그러한 규제 조건의 결정적인 기원은 〈퇴행*〉 — 지형학적이고 형태적인 동시에 시간적인 퇴행 — 에 있다. 프로이트는 꿈의 이미지의 제작에서, 본질적으로 시각적인 어린 시절의 장면이 갖고 있는 결속 역할을 강조한다: 〈······ 사고가 이미지로 변화하는 것은, 되살아나려는 시각적인 기억이, 의식으로부터 잘려나가 표현되려고 투쟁하는 생각들에 행사하는 인력의 결과일 수 있다. 그러한 개념에 따르면, 꿈은 최근의 것으로 전이되어 수정된 어린 시절의 장면의 대체물*le substitut de la scène infantile modifiée par transfert sur le récent*이다. 어린 시절의 장면은 다시 실현될 수 없다. 그것은 꿈의 형태로 다시 나타나는 것에 만족해야 한다.〉[1b]

1 프로이트 S., 『꿈의 해석』, 1900.
  a 전집 IV, 407[421] ; G.W., II-III, 349 ; S.E., V, 344 ; 프, 256[O.C., IV, 389].
  b 전집 IV, 634[657] ; G.W., II-III, 551-2 ; S.E., V, 546 ; 프, 449[O.C., IV, 600].

혼합 신경증

프: *névrose mixte*. 독: *gemischte Neurose*. 영: *mixed neurosis*. 스: *neurosis mixta*. 이: *nevrosi mista*. 포: *neurose mista*.

프로이트에 따르면, 병인학적으로 별개의 신경증에 속하는 증상들이 공존하는 것을 특징으로 하는 신경증의 형태.

혼합 신경증이라는 용어는 특히 프로이트의 초기 저작에서 나타나는데,[1] 그것은 정신신경증의 증상들이 흔히 현실 신경증의 증상과 결합되거나, 어떤 정신신경증의 증상이 다른 정신신경증의 증상을 동반하는 것이다.

그 용어가 복합적인 임상도를 의미하는 것만은 아니다. 프로이트는 혼합 신경증의 경우에 적어도 관념적으로는, 각 형태의 증상을 특수한 기제에 연결시키고 있다: 〈혼합 신경증을 대할 때마다, 여러 특수한 병인이 뒤섞여 있음을 입증할 수 있다.〉[2]

신경증이 순수한 형태로 나타나는 경우는 거의 없다. 그것은 정신분석 임

혼합 신경증

상에서 아주 널리 알려진 사실이다. 가령 사람들은 모든 강박증의 뿌리에 히스테리적인 특징이 있음을 강조하고,[3] 또한 모든 정신신경증에는 현실적인 핵(→ **현실 신경증**)이 있음을 강조한다. 프로이트 이래 경계성-사례*cas-limites*라 불리는 것은 신경증적인 요소와 정신증적인 요소가 동시에 들어 있는 질병을 가리키는 것으로, 그것 역시 정신병리학적인 구조의 뒤얽힘을 보여주고 있다.

그러나 혼합 신경증이라는 용어가 질병학적인 모든 분류를 거부하는 결과를 가져와서는 안 된다.[4] 반대로 그것은 복합적인 임상의 경우에, 이러저러한 구조와 기제에 돌아가는 몫을 결정할 수 있다는 것을 함축하고 있다.

1 예컨대, 프로이트 S., 「신경쇠약에서 〈불안 신경증〉이라는 특별한 증상복합체를 분리하는 근거에 관하여」, 1895. 브로이어 J. & 프로이트 S., 「히스테리의 정신치료에 관하여」, 1895, 특히 전집 III, 338[344] ; G.W., I, 256 ; S.E., II, 259 ; 프, 208 참조.
2 프로이트 S., 「신경쇠약에서 〈불안 신경증〉이라는 특별한 증상복합체를 분리하는 근거에 관하여」, 전집 X, 40[40] ; G.W., I, 339 ; S.E., III, 113 ; 프, 36[O.C., III, 55].
3 예컨대, 프로이트 S., 「한 소아 신경증의 이야기: 늑대인간」, 1918. 전집 IX, 285[293] ; G.W., XII, 107 ; S.E., XVII, 75 ; 프, 381[O.C., XIII, 73].『억제, 증상 그리고 불안』, 1926, 전집 X, 238-9[248] ; G.W., XIV, 143 ; S.E., XX, 113 ; 프, 33-4[O.C., XVII, 230] 참조.
4 예컨대, 프로이트 S.,『정신분석 입문 강의』, 1916-17, 전집 I, 525[552] ; G.W., XI, 405 ; S.E., XVI, 390 ; 프, 417-18[O.C., XIV, 403] 참조.

환상

프: *fantasme*. 독: *Phantasie*. 영: *fantasy*(또는 *phantasy*). 스: *fantasia*. 이: *fantasia*(또는 *fantasma*). 포: *fantasia*.

주체가 등장하는 상상적 각본으로, 방어 과정에 의해 다소 왜곡된 형태로 욕망의 성취, 요컨대 무의식적인 욕망의 성취를 보여주는 각본.
환상은 다양한 양태로 나타난다: 의식적인 환상 또는 백일몽*, 분석에 의해 드러나는 발현(發現) 내용의 하부 구조로서의 무의식적인 환상, 원환상* 등이 그것이다.

I. *Phantasie*라는 독일어는 상상력을 가리키지만, 그것은 그 용어가 갖고 있는 철학적인 의미인 상상하는 능력*Einbildungskraft*이라기보다, 상상의 세계,

그 내용, 그리고 그것을 고취하는 창조적인 활동das Phantasieren이다. 프로이트는 그 독일어의 그러한 다양한 용법을 받아들인다.

프랑스어로 *fantasme*이라는 말은 정신분석에 의해 다시 사용된 것으로, 그 자체로는 그에 해당하는 독일어보다 정신분석적인 반향이 더 실려 있다. 다른 한편, 그것은 독일어와 정확하게 일치하지 않는다. 왜냐하면 그것의 외연이 독일어보다 더 좁기 때문이다. 그것은 특별한 상상의 형성물을 가리키지, 환상의 세계나 일반적인 상상 활동을 가리키지 않는다.

다니엘 라가슈Daniel Lagache는 *fantaisie*라는 용어를 옛날 의미로 다시 사용할 것을 제안한다. 그것은 창조적인 활동과 산물을 동시에 가리킨다는 이점이 있다. 그러나 그것은 오늘날의 언어 감각으로 볼 때, 일시적인 기분, 기기묘묘함, 진지함의 결여 등의 뉘앙스를 암시하는 것을 피하기 어렵다.

II. 환상*fantasme*이나 환상적*fantasmatique*이라는 말은 어쩔 수 없이 상상과 현실(지각)의 대립을 환기시킨다. 그러한 대립을 정신분석의 주요한 좌표로 삼는다면, 환상은 현실에 대한 올바른 파악을 떠받치지 못하는 순수한 착각의 산물로 정의되어야 한다. 사실, 프로이트의 몇몇 텍스트는 그러한 방향의 정의을 정당화하고 있는 것처럼 보인다. 프로이트는 「심리적 사건 진행의 두 가지 원칙에 관한 공식화」(1911)에서, 착각에 의한 충족을 지향하는 내부 세계에, 지각 체계의 중개를 통해 현실원칙을 주체에게 점진적으로 부과하는 외부 세계를 대립시키고 있다.

마찬가지로 신경증의 병인에서 환상의 중요성을 발견하는 프로이트의 방식도, 그와 같은 의미에서 자주 인용된다: 즉 프로이트는 처음에는, 분석 중에 발견된 병인이 되는 어린 시절의 장면을 현실로 인정한다. 그러다가 그는 그러한 최초의 확신을 결정적으로 포기하고 자신의 〈잘못〉을 자수한다. 겉으로 보기에 구체적인 현실적 장면이 〈심리적 현실*〉에 불과했던 것이다.ᵃ

그러나 우리는 여기서, 〈심리적 현실〉이라는 표현 자체가 내면 세계나 심리적인 장(場) 등과 완전한 동의어가 아니라는 사실을 강조해두자. 프로이트의 가장 기본적인 의미에서 볼 때, 그것은 대부분의 심리 현상에 비해, 심리의 장에서 이질적이면서 저항력이 강하고 진실로 〈현실적인〉 유일한 핵이다. 〈무의식적인 욕망의 현실을 인정할 수 있을까? 나로서는 말할 수 없다. 물론 접점에 있는 모든 과도적인 생각의 현실성을 거부해야 한다. [그러나] 가장 진실한 최종의 형태로 환원된 무의식적인 욕망을 대하게 되면, 심리적 현실*réalité psychique*은 물질적인 현실*réalité matérielle*과 혼동될 수 없는 하나의 특별한 존재 형식이라고 말하지 않을 수 없다.〉[1a]

프로이트와 정신분석적인 모든 성찰의 노력은 정확히, 비교적 잘 조직된 주체의 환상 활동의 특징인 안정성과 유효성을 설명하는 데 있다. 그러한 관점에서 프로이트는 그의 관심이 환상에 집중된 이후, 환상의 각본의 전형적인 양태를 도출한다. 가령 〈가족 소설*〉 같은 것이 그것이다. 그는 환상을 우연한 현실적 사건에 대한 기억이 왜곡된 파생물로 여기는 이론과, 환상에 고유한 어떠한 현실성도 인정하지 않으면서, 환상을 단지 욕동의 현실을 은폐하기 위한 상상의 표현으로 보려는 다른 이론 사이의 대립에 갇히는 것을 거부한다. 정신분석이 발견한 전형적인 환상 덕분에, 프로이트는 개인의 체험을 넘어서서 유전적으로 전해지는 무의식적인 구조의 존재를 가정하게 된다. 그것이 바로 〈원환상*〉이다.

III. 정신분석에서 환상이라는 용어는 아주 광범위하게 사용된다. 저자에 따라, 그것이 어떤 지형학적 — 의식적이거나 전의식적이거나 무의식적인 — 상황에서 형성되는지가 막연한 것이 그 용법의 불편한 점이다.

프로이트의 환상*Phantasie*이라는 개념을 이해하기 위해서는, 몇 가지 차원으로 구분하는 것이 좋다:

1. 프로이트가 환상*Phantasien*이라는 이름으로 가리키고 있는 것은, 우선 주체가 각성 상태에서 만들어서 스스로에게 이야기하는 백일몽,* 장면, 삽화, 소설, 허구 등이다. 『히스테리 연구』(1895)에서 브로이어와 프로이트는 히스테리증자에게서 그러한 환상 활동의 빈도와 중요성을 보여주고, 그것을 대개 〈무의식적인〉 것 — 즉 실신 상태나 최면형 상태*에서 일어나는 것 — 으로 기술하고 있다.

『꿈의 해석』(1900)에서 프로이트는 아직 환상을 백일몽의 모델에 따라 기술한다. 그는 그것을 타협(형성)물*로 분석하고, 그것의 구조가 꿈의 구조와 비교될 수 있음을 보여주고 있다. 그러한 환상이나 백일몽은 각성 활동에 가장 가까운 꿈의 작업*의 요소인 2차적 가공*에 의해 사용된다.

2. 프로이트는 〈무의식적 환상〉이라는 표현을 자주 사용한다. 그렇지만 그것이 항시 명확히 규정된 메타심리학적인 위치를 내포하고 있는 것은 아니

환상

다. 그는 가끔 그것으로써 전의식적이고 잠재의식적인 몽상 — 주체가 이것에 홀딱 빠져 반성적으로 그것을 의식하기도 하고 의식하지 못하기도 하는 — 을 가리킨다(2). 「히스테리적인 환상과 양성애와의 관계」(1908)에서, 〈무의식적〉 환상은 히스테리 증상의 전조로 간주되면서, 백일몽과 밀접한 관련이 있는 것으로 기술되고 있다.

3. 다른 방향의 생각으로는, 환상이 무의식과 훨씬 더 밀접한 관계를 가진 것으로 나타나고 있다. 『꿈의 해석』(1900) 제7장에서, 프로이트는 몇몇 환상을 지형학적인 의미에서 무의식의 차원에 위치시키고 있다. 그것들은 무의식적인 욕망과 결부되어 있고, 꿈의 형성의 메타심리학적인 과정의 출발점에 있는 환상이다: 즉, 꿈에 이르는 노정의 전반부는 〈…… 무의식적 장면이나 환상에서 전의식으로 진행한다〉.[1b]

4. 따라서 프로이트가 명시적으로 구분하고 있지는 않지만, 우리는 그의 작품에서 여러 수준의 환상을 나눌 수 있다: 의식적, 잠재의식적, 무의식적 환상이 그것이다.[β] 그러나 그러한 구분을 확립하는 것보다, 프로이트는 그러한 다양한 양상 사이의 관계를 강조하는데 골몰하는 것처럼 보인다:

a) 꿈에서 2차적 가공이 이용하는 백일몽은, 〈꿈의 핵〉을 구성하는 무의식적 환상과 직접적인 관련이 있을 수 있다: 〈분석이 밤에 꾸는 꿈속에서 발견하는 욕망의 환상은, 어린 시절의 장면의 반복이거나 수정인 것처럼 자주 드러난다. 그래서 여러 꿈에서 꿈의 외관이 진짜 꿈의 핵 — 이것은 다른 재료와 뒤섞이기 때문에 왜곡된다 — 을 우리에게 직접적으로 가리켜 보여주는 경우가 있다.〉(3) 이렇게 환상은 꿈의 작업에서, 그 과정의 양쪽 끝에 있다: 즉, 한편으로 그것은 가장 깊은 무의식적인 욕망, 즉 꿈의 〈자본가〉와 연결되어 있고, 다른 한편으로 그것은 또 다른 끝인 2차적 가공에 제공된다. 꿈의 그 두 끝과, 거기에 나타나는 환상의 두 양태는 서로 합쳐지지는 않는다 하더라도, 적어도 내부에서 서로 통하고 있으며, 서로를 상징하고 있는 것처럼 보인다.

b) 프로이트는 환상을, 서로 다른 심리 체계 사이의 이행*passage* 과정 — 격리[억압]나 격리[억압]된 것의 회귀 — 을 생생하게 파악할 수 있는 특권화된 지점*point prévilégié*으로 보고 있다. 환상은 〈…… 의식에 아주 가까이 접근하여, 그것에 강한 투여가 일어나 교란되지 않는 한 그곳에 머문다. 그러나 일정 수준의 투여를 넘어서면 그것은 반송된다〉.[4a]

환상

c) 환상에 대한 프로이트의 가장 완벽한 메타심리학적 정의에서, 그는 겉보기에 서로 완전히 동떨어진 양상들을 연결시킨다: 〈환상은 한편으로 고도로 조직화되어 모순이 없고 의식 체계의 모든 이점을 이용하기 때문에, 우리의 판단력은 그것을 그 체계의 형성물과 거의 구분해내지 못한다. 다른 한편으로 그것들은 무의식적이기 때문에 의식화될 수 없다. 그것들의 운명에 결정적인 것은 그것들의 (무의식적인) 기원이다. 그것들은 대체로 백인을 닮았지만 눈에 띄는 어떤 특징에서는 유색 인종 출신이라는 것을 보여주는 혼혈아 — 그러한 사실로 해서 사회로부터 배척당하고 백인에게 예비된 어떠한 특권도 향유하지 못하는 — 와 비교하면 좋을 것이다.〉[4b]

따라서 환상에 대한 프로이트의 문제 제기는 무의식적인 환상과 의식적인 환상의 본질적인*de nature* 차이를 인정하지 않을 뿐 아니라, 오히려 그것들 사이의 유사성과 긴밀한 관계와 소통을 지적하고 있다: 〈상황이 좋으면 행동으로 옮겨질 수 있는 도착증자의 분명히 의식적인 환상, 적대감을 가지고 다른 사람에게 투사되는 파라노이아증자의 망상적인 두려움, 그리고 정신분석을 통해 증상의 배후에서 발견되는 히스테리증자의 무의식적인 환상, 이 모든 형성물들은 그것들의 내용이 아주 작은 세부 사항까지 일치한다.〉[5] 여기서 프로이트가 지적하고 있는 것처럼, 다양한 상상의 형성물과 정신병리학적인 구조들 속에는, 그것들이 의식적이건 무의식적이건, 행동이건 표상이건, 주체가 떠맡건 타자에게 투사되건 간에, 하나의 동일한 내용, 하나의 동일한 구성이 발견된다.

사실 치료에서 정신분석가는 꿈, 증상, 행위화*, 반복적인 행동 등과 같은 무의식적인 산물 뒤에 숨어 있는 환상을 끌어내려고 노력한다. 정신분석적 탐구가 진행됨에 따라, 상상적인 활동과 아주 동떨어진 행위의 여러 양상들 — 처음에는 현실의 요구에 의해서만 지배되는 것처럼 보이는 — 조차, 무의식적 환상의 발로이고 〈파생물〉이라는 사실이 밝혀진다. 그러한 관점에서, 주체의 삶 전체가 환상 체계*une fantasmatique* — 구조화하는 특성을 강조하기 위한 명칭 — 라 부를 수 있는 것에 의해 빚어지고 구성되는 것처럼 보인다. 환상 체계를 하나의 테마 체계로 생각해서는 안 된다. 그것이 설혹 각각의 주체에 대해 아주 독특한 특징을 띠고 있다 하더라도 말이다. 그것은 자신의 고유한 역동을 갖고 있다. 즉 환상의 구조는 자신을 표현하고 의식과 행동을 향한 출구를 찾으려고 할 뿐 아니라, 계속해서 새로운 소재를 자기 쪽으로 끌어들인다.

IV. 환상은 욕망과 아주 밀접한 관계가 있다. 욕망[소원] 환상*Wunschphantasie*, *fantasme de désir*[6]이라는 프로이트의 용어가 그것을 증명한다. 그 관계를 어떻게 이해해야 할까? 다 알다시피, 프로이트에게서 욕망의 기원과 모델은 충족체험*속에 있다: 〈최초의 욕망[소원]*Wünschen*은 충족 기억의 환각적인 투여인 것처럼 보인다.〉[1c] 그 말은 가장 원초적인 환상은, 내적인 긴장의 상승과 해결을 동반하는 최초의 경험과 결부된 환각적인 대상을 되찾으려는 환상이라는 것을 뜻하는 것일까? 최초의 환상은 대상 환상, 즉 욕구가 자연적인 대상을 겨냥하듯이 욕망이 겨냥하는 환상적인 대상이라고 말할 수 있을까?

우리가 보기에는 환상과 욕망의 관계는 좀 더 복잡하다. 환상은 가장 덜 가공된 형태에서조차, 욕망하는 주체의 의도적인 목표로 환원될 수 없는 것처럼 보인다:

1. 단 하나의 문장으로 표현되는 각본이라 할지라도, 대개 시각적인 형태로 극화될 수 있는 조직화된 장면의 각본이 문제이다.

2. 주체는 그 장면 속에 항상 등장한다. 그가 배제되는 것처럼 보일 수 있는 〈원장면*〉에서조차, 그는 실제로 관찰자로서뿐 아니라, 예컨대 부모의 성교를 방해하는 가담자로서 나타난다.

3. 주체에 의해 표상되고 겨냥되는 것처럼 보이는 것은 대상이 아니라 하나의 시퀀스이다. 주체 자신은 그 시퀀스의 일부이고, 그 속에서는 역할과 배역의 교대가 가능하다(이 점에 관해서는 특히 환상에 대한 프로이트의 분석인 「〈매 맞는 아이〉」(1919)와 그 문장이 겪는 통사론적 변화를 참조할 것; 또한 〈슈레버 사례〉에서의 동성애적 환상의 변형 참조).

4. 이렇게 욕망이 환상 속에 진술됨에 따라, 그것은 또한 방어 작용의 장이 된다; 그것은 자기 자신으로의 선회,* 반전,* 부정,* 투사*와 같은 가장 원초적인 방어 과정의 기회를 제공한다.

5. 그러한 방어 자체는 환상의 최초의 기능 — 욕망의 상연, 즉 금지된 것 *interdit*이 바로 욕망의 자리에 항상 등장하는 상연 — 과 불가분의 관계로 결합되어 있다.

α 프로이트는 여러 차례 그러한 관점에 신용을 주는 말로써, 그러한 사고의 전환점을 기

환

술하고 있다.7 그러나 1895년과 1900년 사이의 프로이트의 개념들과 그것들의 발전을 주의 깊게 연구해보면, 프로이트 자신의 증언은 극도로 도식화되어 있기 때문에, 환상의 지위에 관한 그의 견해의 복잡함과 풍부함을 설명하지 못하고 있다는 것을 알 수 있다(이 시기의 해석에 대해서는 라플랑슈Laplanche와 퐁탈리스Pontalis의『원환상, 기원의 환상, 환상의 기원*Fantasme originaire, fantasmes des origines, origine du fantasme*』(1964) 참조).8

β 수잔 아이잭스Susan Isaacs은 「환상의 본질과 기능The Nature and Function of Phantasy」(1948)9이라는 논문에서, *fantasy*(*fantasme*)과 *phantasy*(*phantasme*)의 두 철자법을 차용하여, 그것으로 각각 〈의식적인 백일몽, 허구 등〉과 〈⋯⋯ 무의식적인 정신 과정의 1차적 내용〉을 가리키자고 제안한다. 그 저자는 그렇게 정신분석 용어를 바꾸는 것이 프로이트의 사상에 충실해지는 것이라고 생각하고 있는 것이다. 그와 반대로 우리는 그녀가 제안한 구분은 프로이트의 견해의 복잡성과 일치하지 않는다고 생각한다. 아무튼 프로이트의 텍스트를 번역할 때, 이런저런 구절에서 *phantasme*와 *fantasme* 중에 선택하지 않는다면, 그 번역은 완전히 자의적인 해석이 되고 만다.

1 프로이트 S., 『꿈의 해석』, 1900.
  a 전집 IV, 712[741] ; G.W., II-III, 625 ; S.E., V, 620 ; 프, 504[O.C., IV, 675].
  b 전집 IV, 663[689] ; G.W., II-III, 579 ; S.E., V, 574 ; 프, 469[O.C., IV, 629].
  c 전집 IV, 689[717] ; G.W., II-III, 604 ; S.E., V, 598 ; 프, 488-9[O.C., IV, 654].
2 프로이트 S., 「히스테리적인 환상과 양성애와의 관계」, 1908. 전집 X, 62-3[64] ; G.W., VII, 192-3 ; S.E., XII, 160 ; 프, 150[O.C., VIII, 180] 참조.
3 프로이트 S., 「꿈에 대하여」, 1901. in 『끝이 있는 분석과 끝이 없는 분석』. 한, 132; G.W., II-III, 680 ; S.E., V, 667 ; 프, 111[O.C., V, 52].
4 프로이트 S., 「무의식」, 1915.
  a 전집 XI, 196[196] ; G.W., X, 290 ; S.E., XIV, 191 ; 프, 137-8[O.C., XIII, 231-2].
  b 전집 XI, 195-6[195-6] ; G.W., X, 289 ; S.E., XIV, 190-1 ; 프, 137[O.C., XIII, 231].
5 프로이트 S., 『성이론에 관한 세 편의 논문』, 1905. 전집 VII, 58[53], n. 54[34] ; G.W., V, 65, n. 1 ; S.E., VII, 165, n. 2 ; 프, 174, n. 33[O.C., VI, 99, n.1].
6 프로이트 S., 「꿈의 이론에 관한 메타심리학적인 보충」, 1917. *passim.* 참조.
7 가령 프로이트 S., 『정신분석 입문 강의』, 1916-17 참조.
8 Laplanche J. & Pontalis J.-B., in *Les Temps Modernes*, n.215, pp. 1833-68 참조.
9 Isaacs S., in *I.J.P.*, 1948, XXIX, 73-97, 프 in *La Psychanalyse*, vol. 5, P.U.F., Paris, 125-182.

(무의식적) 환상

프: *phantasme*. 영: *phantasy*.

의식적 환상*fantasme*과 구별되는 무의식적 환상을 가리키기 위하여, 수잔 아이잭스

(Suzan Isaacs)이 제안하고, 여러 연구자와 번역자들이 차용하는 철자법.

→〈환상〉항목의 주석 참조.

흥분량

프: *somme d'excitation*. 독: *Erregungssumme*. 영: *sum of excitation*. 스: *suma de excitación*. 이: *somma di eccitazione*. 포: *soma de excutação*.

프로이트가 양적 요인 ― 이것의 변화는 경제학적* 가설의 대상이다 ― 을 가리키기 위해 사용한 용어 중의 하나로, 그 용어는 그 요인의 기원 ― 즉 외적인 흥분과 특히 내적인 흥분(또는 욕동) ― 을 강조하고 있다.

프로이트는「방어-신경정신증」(1894)에 대한 논문의 마지막에 다음과 같이 쓰고 있다:〈심리 기능에서 양적인 모든 속성을 갖고 있는 어떤 것(정동량, 흥분량) ― 우리가 그것을 측정할 수 없다고 하더라도 ― 을 구분해낼 필요가 있다. 즉 증가되고 감소되고 이동되고 방출될 수 있고, 전기의 부하가 신체의 표면에 퍼지듯이 표상의 기억흔적 위로 퍼지는 어떤 것 말이다.〉[1]

그 텍스트에서 흥분량이라는 용어는 정동량이라는 용어와 동의어로 사용되고 있다. 그렇지만 그 각각은 양적인 요인의 서로 다른 측면을 강조하고 있다. 흥분량이라는 용어는 다음과 같은 두 가지 개념을 강조하고 있다:

1. 양의 기원. 심리 에너지는 계속적으로 작용하고 피할 수 없는 자극 ― 주로 내적 자극 ― 으로부터 유래하는 것으로 생각된다.

2. 심리 장치는 끊임없이 그것의 궁극적 목적, 즉 항상성의 원칙을 위협하는 자극에 종속되어 있다.

그 용어는 프로이트가「과학적 심리학 초고」(1895)에서 사용하고, 생리학자인 지그문트 엑스너Sigmund Exner[2]가 받아들인 흥분의 총계*Summation*이라는 용어와 근사(近似)하다. 심리적 흥분은 투과의 한계를 넘어설 만큼 축적되고 합해질 때, 비로소 심리 장치 속을 순환한다.[3]

1 프로이트 S.,「방어-신경정신증」(1894), in『신경증의 병인』. G.W., I, 74 ; S.E., III, 60

; 프, 14[O.C., III, 17].

2 Jones E., *Sigmund Freud: Life and Work*, 1953-55-57. 영, Hogarth Press, Londres, vol. I, 417 ; 프, P.U.F., Paris, vol. I, 417.

3 프로이트 S., 「과학적 심리학 초고」, 『정신분석의 탄생』, 1895. 한, 241-2 ; 독, 400 ; 영, 377 ; 프, 334-5.

히스테리

프: *hystérie*. 독: *Hysterie*. 영: *hysteria*. 스: *histeria*(또는 *histerismo*). 이: *isteria*(또는 *isterismo*). 포: *histeria*.

아주 다양한 임상도(臨床圖)를 보여주는 신경증의 종류. 가장 잘 식별되는 두 가지 형태의 증상은 전환 히스테리와 불안 히스테리이다. 전자에서는 심리적 갈등이 아주 다양한 신체 증상 — 발작적이거나(예: 연극성을 동반하는 감정 발작) 상당히 지속적인(예: 감각 마비, 히스테리성 운동 마비, 목구멍에 〈응어리〉가 느껴지는 것, 등) 증상 — 으로 상징화되고, 후자에서는 불안이 다소 불안정하게 이러저러한 외부 대상에 고착된다(공포증).

프로이트가 전환 히스테리의 사례에서 핵심적인 병인의 특징을 발견함에 따라, 정신분석은 공포증의 증상이나 뚜렷한 전환[증상]이 없다 하더라도, 인격의 조직과 존재 방식 속에 드러나는 다양한 임상도(臨床圖)를 히스테리의 구조와 연관시킬 수 있게 된다.

히스테리의 특수성은 어떤 형태의 동일성과 몇몇 기제(특히 종종 분명히 드러나는 격리[억압])가 지배적으로 나타나고, 주로 남근기적이고 구강기적인 리비도의 영역에서 일어나는 오이디푸스적인 갈등이 노출되는 데 있다.

히스테리라는 질병의 개념은 아주 오래되었다. 그것은 히포크라테스Hippocrates까지 거슬러 올라간다. 그것에 대한 개념 설정은 의학의 역사의 변모와 맥을 같이 한다. 그 점에 대해 독자는 그 문제에 대한 풍부한 문헌을 참조하기 바란다.[1, 2a]

19세기 말, 특히 샤르코Charcot의 영향으로, 의학적 사고와 그 당시 지배적이던 해부 임상학적 방법에 히스테리가 제기한 문제가 화제에 오르기 시작한다. 아주 도식적으로 말하면, 다음과 같은 두 가지 방향에서 해결책이 모색되었다고 말할 수 있다: 하나는 기관의 손상이 없을 때, 히스테리 증상을 암시

716   히스테리

또는 자기-암시, 심지어는 꾀병과 관련시키는 것(바빈스키Babinski가 이어받아 체계화시킨 사고의 방향)이고, 다른 하나는 히스테리에 다른 질병과 같은 지위, 예컨대 신경 질환만큼 증상이 정확히 규정된 지위를 부여하는 것이다(샤르코의 연구). 브로이어Breuer와 프로이트(그리고 다른 관점에서 자네Janet)가 따라간 길은 그러한 두 방향의 대립을 뛰어넘는 것이었다. 샤르코처럼 ─ 그의 가르침이 프로이트에게 얼마나 많은 흔적을 남겼는지는 다 알려진 사실이다 ─, 프로이트도 히스테리를 특수한 병인의 설명을 요구하는 잘 규정된 질병으로 생각했다. 다른 한편으로, 그는 히스테리의 〈심리 기제〉를 밝히는 과정에서, 히스테리를 〈표상에 의한 질병〉[2b]으로 보는 견해의 흐름에 동조한다. 히스테리의 심리적인 병인에 대한 해명과, 정신분석의 주요한 발견(무의식, 환상, 방어 갈등과 격리[억압], 동일시, 전이 등)이 어깨를 나란히 한다는 것은 주지의 사실이다.

정신분석가들은 프로이트의 뒤를 이어, 계속해서 히스테리 신경증과 강박 신경증을 신경증의 두 주요 영역으로 간주한다.[a] 그렇다고 그것들이 구조로서, 이러저러한 임상도에서 결합될 수 없다는 것을 의미하는 것은 아니다.

프로이트는 공포증이 가장 뚜렷한 증상인 신경증의 유형에 불안 히스테리라는 이름을 부여하면서, 그것을 히스테리의 구조와 연결시킨다.(→ **불안 히스테리**)

α 특히 극적으로 자주 체험된 환시를 보이는 히스테리적인 정신증을 특수한 단위로 인정해야 하는가? 프로이트는 적어도 처음에는 그것을 별도의 틀로 보았다.[3] 『히스테리 연구』(1895)의 몇 가지 사례는 독자에게 그러한 질병기술학적인 문제를 제기하고 있다.

1 Rosolato G., "Introduction à l'étude de l'hystérie", in Ey H., *Encyclopédie médico-chirurgicale: Psychiatrie*, 1955, 37335, A 10, 참조. Zilboorg G., *A History of Medical Psychology*, Norton, New York, 1941.

2 Janet P., *L'état mental des hystériques*, Alcan, Paris, 1894. 참조.

a *Passim.*

b 제1부 제4장, 40-7.

3 프로이트 S., 「플리스에게 보낸 편지」, 『정신분석의 탄생』, 1887-1902. 한, 67-75 ; 독, 118-24 ; 영, 109-15 ; 프, 98-102.

히스테리 발생 지대[부위]

프: *zone hystérogène*. 독: *hysterogene Zone*. 영: *hysterogenic zone*. 스: *zona histerógena*. 이: *zona isterogena*. 포: *zona histerógena*.

샤르코Charcot와, 그 뒤에 프로이트가 전환 히스테리의 사례에서 특별히 민감한 장소라고 지적한 신체 부위. 환자가 아프다고 말하는 그 부위를 검사해보면, 리비도가 투여된 것으로 판명된다. 왜냐하면 그 부위를 자극하면, 성적인 쾌감을 동반하는 반응과 유사한 반응이 일어나, 히스테리 발작에까지 이를 수 있기 때문이다.

샤르코는 히스테리 발생 지대를 다음과 같이 기술하고 있다: 〈…… 조금만 누르거나 비벼도 다소 신속하게 전구(前驅) 증상*aura*[역주: 히스테리 간질의 전조가 되는 증세]를 일으키는, 대체로 제한된 신체의 부위로서, 그것이 계속되면 가끔 히스테리 발작으로 이어지기도 한다. 그 지점 — 오히려 그 지대 — 은 영구적인 감수성의 본거지라는 특성을 갖고 있다. [……] 일단 발작이 전개되면, 그것은 흔히 그 지점에 가하는 강한 압력에 의해서만 멈출 수 있다.〉[1]

『히스테리 연구』(1895)에서 프로이트는 샤르코의 히스테리 발생 지대라는 용어를 빌려와 그 의미를 확대한다: 〈…… 환자가 아프다고 가리키는 어떤 지대를, 의사가 검사할 때 누르거나 꼬집으면, 관능적으로 간지를 때와 같은 [……] 반응이 일어난다.〉[2a] 프로이트는 그러한 반응을 그 자체로 〈성교에 상응하는〉 히스테리 발작으로 생각한다.[3]

따라서 히스테리 발생 지대는 성감적이 되는 신체 부위이다. 프로이트는 『성이론에 관한 세 편의 논문』(1905)에서 다음과 같은 사실을 강조하고 있다: 〈…… 성감대와 히스테리 발생 지대는 같은 성질을 갖고 있다.〉[4] 사실 그는 신체의 모든 부분이 기능적으로 성적인 쾌감을 제공하는 지대로부터, 이동을 통해 성감대가 될 수 있다는 것을 보여주고 있다.(→ **성감대**) 그러한 성감화의 과정은 히스테리증자에게 특히 활발하다.

그러한 이동의 조건은 주체의 역사에서 찾을 수 있다. 예를 들면, 엘리자벳 폰 R. Elisabeth von R.양의 사례는 어떻게 히스테리 발생 지대가 형성되는지를 보여주고 있다: 〈환자는 무슨 이유로 통증이 항상 오른쪽 넓적다리의 일정한 지점에서 시작되는지, 그리고 왜 거기가 가장 심한지를 나에게 가르쳐줌으로써 나를 놀라게 했다. 그것은 바로 그녀의 아버지가 매일 아침 그의 부은 다리를 올려놓는 곳이었다. 그러한 일은 그녀에게 적어도 백여 번 정도는 일어났었는데, 그녀가 지금까지 그렇게 연결시킬 생각을 전혀 하지 못했다는 것은 놀라운 사실이다. 그렇게 해서 그녀는 부정형(不定形)의 히스테리 발생 지대의 형성에 대한 설명을 나에게 제공해주었다.)[2b]

히스테리 발생 지대라는 개념이 샤르코로부터 프로이트로 넘어오면서 수정된 것은 분명하다: 1) 프로이트는 히스테리 발생 지대를 성적 흥분의 장소로 간주한다; 2) 그는 샤르코가 확립하고자 했던 고정된 지형도에 집착하지 않고, 신체의 어떠한 부위도 히스테리 발생 지대가 될 수 있다고 주장한다.

1 Charcot J.-M., *Leçons sur les maladies du système nerveux*, Lecrosnier et Babé, Paris, 1890, III, 88.

2 프로이트 S., 『히스테리 연구』, 1895.

 a 전집 III, 183[185] ; G.W., I, 198 ; S.E., II, 137 ; 프, 108[O.C., II, 156-7].

 b 전집 III, 199[201] ; G.W., I, 211-2 ; S.E., II, 148 ; 프, 117[O.C., II, 168].

3 프로이트 S., 「히스테리 발작에 관한 일반적 고찰」, 1909. 전집 X, 78-9[78] ; G.W., VII, 239 ; S.E., IX, 234 ; 프, 164[O.C., VIII, 249].

4 프로이트 S., 『성이론에 관한 세 편의 논문』, 1905. 전집 VII, 79[73] ; G.W., V, 83 ; S.E., VII, 184 ; 프, 78[O.C., VI, 119].

프로이트 저작 연표

프로이트의 저작 목록과 연표는 라플랑슈와 퐁탈리스의 『정신분석 사전』(임진수 옮김, 열린책들, 2005)에 부록으로 첨부된 〈프로이트 저작 연표〉를 보완하여, 집필 연도순으로 작성한 것이다. 특히 라플랑슈가 깊이 관여한 프랑스어판 프로이트 전집(*Œuvres complètes, de Freud Psychanalyse*, P.U.F., 22 vols, 1989-2015)이 2015년에 완간됨에 따라, 빈칸으로 남아 있던 프로이트의 모든 텍스트를 채울 수 있게 되었다.

그뿐만 아니라, 2020년 열린책들의 『프로이트 전집』 신판(3판)에 포함되지 않은 많은 프로이트의 글이 임진수 번역 감수로 4권으로 완역되어 2025년에 새물결 출판사에서 출간될 예정인데, 그것들도 이 저작 연표에 다음과 같이 반영했음을 알려 둔다. 말하자면 아래의 4권은 프로이트 전집의 한국어 『증보판*Nachtragsband*』인 셈이다.

1. 1886~1898년 논문: in 『신경증의 병인』(새물결)

2. 1899~1913년 논문: in 『정신분석적 정신치료』(새물결)

3. 1914~1939년 논문: in 『끝이 있는 분석과 끝이 없는 분석』(새물결)

4. 사후 출판되었지만 가장 먼저 쓴 「플리스에게 보낸 편지」(1877-1902)와 『실어증의 이해를 위하여』(1891) 그리고 「과학적 심리학 초고」(1895): in 『정신분석의 탄생』(새물결)

이 사전에서 사용된 약어는 다음과 같다:

G.W.　　*Gesammelte Werke, 18 Bände*, London Imago, 1940-1952.

　　　　Gesammelte Werke, 18 Bände, Fischer Taschernbuch Verlag,, 1999.

『G.W. 증보판』　　*Gesammelte Werke, Nachtragsband Texte aus den Jahren 1885-1938*, Fischer Taschernbuch Verlag, 1999.

S.E.　　*The Standard Edition of the Complete Psychological Works of Sigmund Freud*, ed. by James Strachey, 24 vols., London, Hogarth Press, 1953–1966.

O.C.　　*Œuvres complètes, de Freud Psychanalyse*, P.U.F., 22 vols, 1989–2015.

전집　　『프로이트 전집』, 열린책들, 2003(2판) : [신판(3판)]『프로이트 전집』, 열린책들, 2020.

※『프로이트 전집』에 포함되지 않은 프로이트의 한국어 번역본

1.『정신분석의 탄생』(프로이트 전집, 2판), 임진수 옮김, 열린책들, 2004.

2.『끝이 있는 분석과 끝이 없는 분석』(프로이트 전집, 2판), 임진수 옮김, 열린책들, 2004.

이 사전의 번역 제목과 〈전집〉의 번역 제목이 다를 경우, ( ) 속에 전집의 번역 제목을 넣어 될 수 있는 대로 혼선을 피하도록 노력했다.

집필 연도 [발표 연도]	원본	프랑스어
1877- 1902 [1950]	*Aus den Anfängen der Psychoanalyse,* *Briefe an Wilhelm Fieß, Abhandlungen* *und Notizen aus den Jahren 1877-1902,* Imago Publishing, 1950, S. Fisher Verlag, 1962(편지, 초고)	*La naissance de la psychanalyse, lettres* *à Wilhelm Fliess, notes et plans,* trad. A. Berman, P.U.F., 1956.
1886 [1956]	Bericht über meine mit universitäts- jubiläums-reisestipendium unternommene Studienreise nach Paris und Berlin Oktober 1985 – Ende März 1886(G.W., *Nachtragsband,* 34-44)	Compte rendu de mon voyage d'études à Paris et à Berlin (O.C. I, 9-23)
1895 [1960]	Anhang Habilitationsgesuch, Curriculum vitae, Lehrplan, Reisestipendiumsgesuch	Documents annexes Demande d'habilation, Curriculum vitae, Programme d'enseignement, Demande de bourse de voyage(O.C. I, 25-34)
1886 [1886]	Vorwort des Übersetzers von J.-M. Charcot: *Leçons sur les maladies du système* *nerveux, faites à la Salpêtrière*(G.W., *Nachtragsband,* 52-3)	Préface du traducteur à J.-M. Charcot: *Leçons sur les maladies du système nerveux,* *faites à la Salpêtrière* (O.C. I, 35-8)
1886 [1886]	Über männliche Hysterie	De l'hystérie masculine(O.C. I, 39-52)
1886 [1886]	Beobachtung einer hochgradigen Hemianästhesie bei einem hysterischen Manne(G.W., *Nachtragsband,* 57-64)	Observation d'une hémianesthésie d'un haut degré chez un homme hytérique (O.C. I, 53-65)
1887 [1887]	Zwei Kurzreferat 1. Referat über Averbeck, *Die akute* *Neurasthenie*(G.W., *Nachtragsband,* 65-6) 2. Referat über Weir Mitchell, *Die* *Behandlung gewisse Formen von* *Neurasthenie und Hysterie* (G.W., *Nachtragsband,* 67-8)	1. Compte rendu de Averbeck : La neurasthénie aiguë (O.C. I, 67-70) 2. Compte rendu de Weir Mitchell: *Le traitement de certaines formes de* *neurathénie et d'hystérie* (O.C. I, 71-4)
1887 [1887]	Referat über Berkahn, 《Versuche, die Taubstummheit zu Besseren und die Erfolge dieser Vsersuche》, (G.W., *Nachtragsband,* 103-4)	Compte rendu de Berkahn: 《Tentatives pour améliorer la surdi-mutité et les succès de ces tentatives》(O.C. I, 75-7)
1887 [1887]	Rezension von Laufenauer, 《Über Hysteroepilepsie der Knaben》	Compte rendu de Laufenauer : 《De l'hystéro-épilepsie des garçons》(O.C. I, 79-81)
1888 [1888]	Aphasie	Aphasie(O.C. I, 83-90)

영어	한국어
The Origins of Psycho-Analysis, Letters to Wilhelm Fliess, Drafts and Notes 1887-1902, Imago Publishing, 1954 (Basic Books, 1954) Extracts from the Fliess Papers (S.E., I, 173-280)	「플리스에게 보낸 편지」(in 『정신분석의 탄생』(열린책들(2판); 새물결), 임진수 옮김)
Report on my studies in Paris and Berlin (S.E., I, 3-18)	「파리와 베를린에서의 연구 여행 보고서」(김철권 옮김, in 『신경증의 병인』)
	「부록—대학교수 자격 취득 지원서, 이력서, 교안, 여행 장학금 신청서」(임진수 옮김, in 『신경증의 병인』)
Preface to the translation of Charcot's Lectures on the diseases of the nervous system (S.E., I, 19-22)	「샤르코의 『신경계 질환에 관한 강의』의 번역 서문」(김정미 옮김, in 『신경증의 병인』)
	「남성 히스테리에 관하여」(임진수 옮김, in 『신경증의 병인』)
Observation of a severe case of hemi-anaesthesia in a hysterical male (S.E., I, 24-31)	「남성 히스테리에서 중증 편측성 감각상실에 대한 고찰」(김정미 옮김, in 『신경증의 병인』)
Two short reviews 1. Review of Averbeck's Die Akute Neurasthenie (S.E., I, 35-6) 2. Review of Weir Mitchell's Die Behandlung Gewisser Formen von Neursathenie und Hysterie (S.E., I, 37-8)	두 개의 짧은 서평 1. 아버벡의 『급성 신경쇠약』에 대한 서평 2. 위어 미첼의 『몇몇 형태의 신경쇠약과 히스테리 치료』에 대한 서평(김정미 옮김, in 『신경증의 병인』)
	「베르칸의 「농아의 호전을 위한 시도와 그 시도의 성공」에 대한 논평」(임진수 옮김, in 『신경증의 병인』)
	「라우펜아우어의 「남자아이의 히스테리성-간질에 관하여」에 대한 논평」(임진수 옮김, in 『신경증의 병인』)
	「실어증」(임진수 옮김, in 『신경증의 병인』)

집필 연도 [발표 연도]	원본	프랑스어
1888 [1888]	Hysterie(G.W., *Nachtragsband*, 72-92)	Hystérie (O.C. I, 92-114)
1888 [1888]	Referat über Obersteiner, *Der Hypnotismus* *mit besonderer Berücksichtigung* *seiner Kinschen und Forensischen* *Bedeutung*(G.W., *Nachtragsband*, 103-4)	Compte rendu de Obersteiner : L'Hypnotisme, en particulier du point de vue de sa signification clinique et médico- légale(O.C. I, 115-8)
1888-89 [1888- 89]	Vorrede des Übersetzers zu H. Bernheim, *Die Suggestion und ihre Heilwirkung*(G.W., *Nachtragsband*, 109-122)	Avant-propos du traducteur à H. Bernheim: *De la suggestion et de ses applications à la* *thérapeutique* (O.C. I, 119-136)
1889 [1889]	Rezension von Auguste Forel, *Der* *Hypnotimus*(G.W., *Nachtragsband*, 125- 139)	Compte rendu de Auguste Forel : *L'Hypnotisme* (O.C. I, 137-152)
1890 [1890]	Psychische Behandlung(Seelenbehandlung) (G.W., V, 287-315, 기고문)	Traitement psychique(Traitement d'âme), in *Résultats, idéed, problèmes I*, P.U.F., 1984, 1-24. (O.C. I, 153-75)
1891 [1891]	*Zur Auffassung der Aphasien — eine* *kritische studie*	*Sur la conception des aphasies—Étude* *critique*(O.C. I, 177-283)(전체)
1891 [1891]	Hypnose(G.W., *Nachtragsband*, 141-150)	Hypnose (O.C. I, 285-298)
1892 [1892]	Bericht über einen Vortrag《Über Hypnose und Suggestion》(G.W., *Nachtragsband*, 166-78)	Compte rendu d'une conférence 《Sur l'hypnose et la suggestion》(O.C. I, 299- 313)
1892- 93 [1892- 93]	Ein Fall von hypnotischer Heilung, nebst Bemerkungen über die Entstehung hysterischer Symptome durch den 'Gegenwhillen'(G.W., I, 1-17, 논문)	Un cas de guérison hypnotique avec des remarques sur l'apparition de symptômes hystériques par la 'contrevolonté', in *Résultats, idées, problèmes I*, P.U.F., 1984, 45-60.(O.C. I, 315-29)
1892- 94 [1892- 94]	Vorwort und Anmerkungen zur Übersetzung von J.-M. Charcot, *Leçons du mardi à la Salpêtrière*(G.W., *Nachtragsband*, 153-64)	Préface et notes du traducteur à J.-M. Charcot: *Leçons du mardi à la Salpêtrière* (O.C. I, 331-45)
1888-93 [1893]	Quelques consdérations pour une étude comparative des paralysies motrices organiques et hystériques(G.W., I, 37-55, 논문)	프랑스어 원본. Archives neurologiques, 1893, 26, n° 77, 29-43; in *Résultats, idées,* *problèmes I*, P.U.F., 1984, 45-60.(O.C. I, 347-65)
1893 [1893]	Über hysterische Lähmungen	Des paralysies hystériques(O.C. I, 367-73)

영어	한국어
Hysteria(S.E., I, 39-62)	「히스테리」(김삼수 옮김, in『신경증의 병인』)
	오베르슈타이너의『최면, 특히 그것의 임상적이고 법의학적인 의미의 관점에서』에 대한 서평(임진수 옮김, in『신경증의 병인』)
Preface to the translation of Bernheim's *Suggestion*(S.E., I, 73-87)	「베르넴의『암시와 그것의 치료 효과』에 대한 번역자 서문」(김태형 옮김, in『신경증의 병인』)
Review of August Forel's *Hynotism*(S.E., I, 90-102)	「아우구스트 포렐의『최면』에 대한 논평」(임창덕 옮김, in『신경증의 병인』)
Psychical(or Mental) Treatment(S.E., VII, 281-302)	「심리 치료(정신 치료)」(임진수 옮김, in『신경증의 병인』)
On Aphasia(S.E., XIV, 206-215)(발췌)	『실어증의 이해를 위하여 — 비판적 연구』(임진수 옮김, in『정신분석의 탄생』, 새물결)
Hypnosis (S.E., I, 104-114)	「최면」(김철권 옮김, in『신경증의 병인』)
	「〈최면과 암시에 관하여〉라는 강연 보고서」(임진수 옮김, in『신경증의 병인』)
A case of Successful Treatment by Hypnotism(S.E., I, 116-128)	「최면 치료의 한 예 — 〈반대-의지〉에 의한 히스테리 증상의 기원에 관한 소견과 함께」(임진수 옮김, in『신경증의 병인』)
Preface and footnotes to the translation of Charcot's *Tuesday Lectures*(S.E., I, 131-143)	「샤르코의『화요 강의』의 번역 서문과 주해」(김정미 옮김, in『신경증의 병인』)
Some Points for a Comparative Study of Organic and Hysterical Motor Paralyses(S.E., I, 157-172)	「기질성 운동 마비와 히스테리성 운동 마비의 비교 연구를 위한 몇 가지 고찰」(임진수 옮김, in『신경증의 병인』)
	「히스테리성 마비에 관하여」(임진수 옮김, in『신경증의 병인』)

프로이트 저작 연표

집필 연도 [발표 연도]	원본	프랑스어
1893-94 [1893- 94]	Diagnostisches Lexicon von A. Bum und M. T. Schnirer	Dictionnaire de Bum et Schnirer (O.C. I, 375-99)
1893 [1893]	Charcot(G.W., I, 19-35, 추도사)	Charcot, in *Résultats, idées, problèmes I*, P.U.F. 1984, 61-74.(O.C. I, 401-16)
I. 1892 [1893] II-IV. 1894- 95 [1895]	*Studien über Hysterie* (J. Breuer u. S. Freud, Deuticke, 1895; G. W., I, 75-312, 단행본) I. Über den psychischen Mechanismus hysterischer Phänomene II. Krankengeschichtern (Breuer u. Freud) Fräulein Anna O.(Breuer) Frau Emmy v. N……, vierzig Jahre, aus Livland(Freud) Miss Lucy R., dreißig Jahre(Freud) Katharina(Freud) Fräulein Elisabeth v. R……(Freud) (III. Theroretisches) (여기에는 브로이어의 II-1.「안나 O.」의 사례와 III.「이론적 고찰」은 수록되지 않는다.) IV. Zur Psychotherapie der Hysterie	*Étude sur l'hystérie*, en coll. avec J. Breuer, trad. A. Berman, P.U.F., 1956. I. Du mécanisme psychique des phénomènes hystériques — Communication préliminaire (J. Breuer et S. Freud) II. Histoires de malades I) Fräulein Anna O…… II) Fräu Emmy v. N…… III) Fräulein Lucy R…… IV) Katharina…… V) Fräulein Elisabeth v. R…… III. Considérations théoriques (J. Breuer) IV. Psychothérapie de l'hystérie (O.C. II, 9-332)
1893 [1893]	Über den psychischen Mechanismus hysterischer Phänomene, Wien. med. Press. 34(4), (5)(강연)	Du mécanisme psychique des phénomènes hystériques (O.C. II, 333-348)
I. 1891 [1941] II. 1892 [1940] III 1892 [1941]	Beiträge zu den "Studien über Hysterie" 1. Briefe an Josef Breuer(G.W., XVII, 5-5, 편지) 2. Zur Theorie des hysterischen Anfalles (mit josef Breuer)(G.W., XVII, 9-13, 초고) 3. Notiz, III(G.W., XVII, 17-18, 초고)	Textes préparatoires aux "Études sur l'hystérie"(O.C. II, 349-51) Lettre à Josef Breuer(O.C. II, 353-6) 2. Pour une théorie de l'attaque hystérique, in *Résultats, idées, problèmes I*, P.U.F., 1984, 25-28.(O.C. II, 361-6) 3. Notice 'III', in *Résultats, idées, problèmes I*, P.U.F., 1984, 29-30.(O.C. II, 357-60)
1891-94 [1978]	Vier Dokumente über den Fall 《Nina R.》(G.W., *Nachtragsband*, 313-21) 1. Anamnese 《Nina R.》 2. Krankengeschichte 《Nina R.》 3. Bericht über 《Nina R.》(J. Breuer) 4. Brief an Robert Binswanger	Anamnèse de 《Nina R.》(O.C. II, 369-71) Histoire de malade de 《Nina R.》(O.C. II, 373-6) Rapport sur 《Nina R.》(J. Breuer)(O.C. II, 377) Lettre à Robert Binswanger(O.C. II, 379)
1895 [1895]	Zwei Zeitgenössische Berichte über den Vortrag 《Über Hysterie》(G.W., *Nachtragsband*, 328-51)	Conférence : De l'hysterie (O.C. II, 381- 406)

영어	한국어
	「붐과 슈니러의『진단학 용어 사전』」(임진수 옮김, in『신경증의 병인』)
Charcot(S.E., III, 7-23)	「샤르코」(임진수 옮김, in『신경증의 병인』)
Studies on Hysteria(S.E., II 전권) I. On the Psychical Mechanism of Hysterical Phenomena: Preliminary Communication(Breuer and Freud) II. Case HIstrories (1) Fräulein Anna O.(Breuer) (2) Frau Emmy von N. (3) Miss Lucy R. (4) Katharina (5)Fräulein Elisabeth von R. III.Theroretical(J. Breuer) IV. The Psychotherapy of Hysteria	『히스테리 연구』(전집 III 전권, 김미리혜 옮김) I. 히스테리 현상의 심리 기제에 대하여; 예비적 보고서(브로이어와 프로이트) II. 사례 연구 (1)안나 O.양(보로이어) (2)에미 폰N. 양 (3)루시 R. 양 (4)카나리나 (5)엘리자베트 R. 양 III. 이론적 고찰(브로이어) IV. 히스테리의 정신치료에 관하여
On the Psychical Mechanism of Hysterical Phenomena: A Lecture(S.E., III, 25-39)	「히스테리 현상의 심리 기제에 관하여」(임진수 옮김, in『신경증의 병인』)
Sketches for the "Preliminary Communication"of 1983 1. Letter to Josef Breuer(S.E., I, 147-148) 2. On the Theory of Hysterical Attacks(S.E., I, 151-154) 3. 'III'(S.E., I, 149-150)	「『히스테리 연구』에 대한 개요」 1. 브로이어에게 보낸 편지 2. 히스테리 발작의 이론에 관하여 3. 'III'(김정미 옮김, in『신경증의 병인』)
	《니나 R.》사례에 관한 네 개의 자료 1.《니나 R.》의 병력(프로이트) 2.《니나 R.》의 병력 기록(프로이트) 3.《니나 R.》에 관한 보고서(브로이어) 4. 로베르트 빈스방거에게 보낸 편지 (프로이트)(임진수 옮김, in『신경증의 병인』)
	「강연 :《히스테리에 관하여》에 대한 두 개의 보고서」(임진수 옮김, in『신경증의 병인』)

집필 연도 [발표 연도]	원본	프랑스어
1894 [1894]	Die Abwehr-Neuropsychosen (G.W., I, 57-74, 논문)	Les psychonévroses de défense, in *Névrose, psychose et perversion*, P.U.F, 1973, 1-14. (O.C. III, 1-18)
1894 [1895]	Obsessions et phobies. Leur méchanisme psychique et leur étiologie (G.W., I, 343-353, 논문)	프랑스어 원본. Revue neurologique, III, 1895, 2, 33-38; in *Névrose, psychose et perversion*, P.U.F,, 1973, 39-46. (O.C. III, 19-28)
1894 [1895]	Über die Berechtigung, von der Neurasthenie einen bestimmten Symptomenkomplex als 'Angstneurose' abzutrennen (G.W., I, 313-342, 논문)	Qu'il est justifié de séparer de la neurasthénie un certain complexe symptomatique sous le nom de 'névrose d'angoisse', in *Névrose, psychose et perversion*, P.U.F,, 1973, 15-38) (O.C. III, 29-58)
1895 [1950]	Entwurf einer Psychologie, in (*Aus den Anfängen der Psychanalyse*, Imago Publishing, 1950, 371-466; S. Fisher Verlag, 1962, 297-384, 초고)	Esquisse d'une psychologie scientifique, Trad. A. Berman, in *La naissance de la psychanalyse*, P.U.F., 1956, 307-396.
1895 [1895]	Zur Kritik der 'Angstneurose' (G.W., I, 355-376, 논문)	Sur la critique de la 'névrose d'angoisse' (O.C., III, 59-78)
1895 [1895]	Mechanismus der Zwangsvorstellungen und Phobien (G.W., *Nachtragsband*, 354-9)	Mécanisme des représentation de contrainte et des phobies (O.C., III, 79-91)
1895 [1895]	Besprechung von A. Hegar, *Der Geschlechtstrieb; eine sozial-medizinische studie* (G.W., *Nachtragsband*, 489-90)	Compte rendu du livre de A. Hegar : *La Pulsion sexuée; une étude médico-sociale* (O.C., III, 93-6)
1895 [1895]	Besprechung von P. J. Moebius, Die Migräne (G.W., *Nachtragsband*, 364-9)	Compte rendu du livre de P. J. Moebius : *La Migraine* (O.C., III, 97-103)
1896 [1896]	L'hérédité et l'étiologie des névroses (G.W., I, 405-422, 논문)	프랑스어 원본. Revue neurologique, IV, 1896, 161-169; in *Névrose, psychose et perversion*, P.U.F,,1973, 47-60. (O.C. III, 105-20)
1896 [1896]	Weitere Bemerkungen über die Abwehr-Neuropsychosen (G.W., I, 377-403, 논문)	Nouvelles remarques sur les psychonévroses de défense, in *Névrose, psychose et perversion*, P.U.F,,1973, 61-82. (O.C. III, 121-46)
1896 [1896]	Zur Ätiologie der Hysterie (G.W., I, 423-459, 논문)	L'étiologie de l'hystérie, in *Névrose, psychose et perversion*, P.U.F,,1973, 83-112. (O.C. III, 147-80)

영어	한국어
The Neuro-Psychoses of Defence(S.E., III, 41-61)	「방어-신경정신증[정신신경증]」(김삼수 옮김, in 『신경증의 병인』)
Obsessions and Phobias: Their Psychical Mechanism and their Aetiology(S.E., III, 69-82)	「강박 관념과 공포증: 그것들의 심리 기제와 병인」(김태형 옮김, in 『신경증의 병인』)
On the Grounds for Detaching a Particular Syndrome from Neurasthenia under the Description 'Anxiety Neurosis'(S.E., III, 85-115)	「신경쇠약에서 〈불안신경증〉이라는 특별한 증상복합체를 분리하는 근거에 관하여」(전집 X, 황보석 옮김, 11-43)
Project for a Scientific Psychology(*The Origins of Psycho-Analysis*), Imago Publishing, 1954, 347-445; S.E., I, 281-397)	「과학적 심리학 초고」(in 『정신분석의 탄생』(열린책들(2판); 새물결), 임진수 옮김)
A reply to Criticisms of my Paper on 'Anxiety Neurosis'(S.E., III, 119-139)	「「불안신경증」에 대한 비판에 대하여」(임창덕 옮김, in 『신경증의 병인』)
	「강박 표상과 공포증의 기제」(임진수 옮김, in 『신경증의 병인』)
	「A. 헤가의 책 『성욕동: 사회-의학적 연구』에 대한 논평」(임진수 옮김, in 『신경증의 병인』)
	「P. J. 뫼비우스의 책 『편두통』에 대한 논평」(임진수 옮김, in 『신경증의 병인』)
Heredity and the Aetiology of the Neuroses(S.E., III, 141-156)	「유전과 신경증의 병인」(김정미 옮김, in 『신경증의 병인』)
Further Remarks on the Neuro-Psychoses of Defence(S.E., III, 157-185)	「방어-신경정신증[정신신경증]에 관한 진전된 고찰」(김정미 옮김, in 『신경증의 병인』)
The Aetiology of Hysteria(S.E., III, 187-221)	「히스테리의 병인학에 관하여」(임진수 옮김, in 『신경증의 병인』)

프로이트 저작 연표

영어	한국어
Abstracts of the Scientific Writings of Dr. Sigmund Freud 1877-1897(S.E., III, 223-257)	「대학강사 프로이트 박사의 과학적 연구 적요」(임창덕 옮김, in 『신경증의 병인』)
Sexuality in the Aetiology of the Neuroses(S.E., III, 261-285)	「신경증의 병인에서의 성욕」(임진수 옮김, in 『끝이 있는 분석과 끝이 없는 분석』(열린책들(2판); 『신경증의 병인』(새물결))
The Psychical Mechanism of Forgetfulness(S.E., III, 287-297)	「망각의 심리 기제에 대하여」(임진수 옮김, in 『끝이 있는 분석과 끝이 없는 분석』(열린책들 2판); 『신경증의 병인』(새물결))
Screen Memories(S.E., III, 299-322)	「덮개-기억에 대하여」(임진수 옮김, in 『끝이 있는 분석과 끝이 없는 분석』(열린책들(2판); 『정신분석적 정신치료』(새물결))
Autobiographical Note(S.E., III, 325)	「자전적 약술」(임진수 옮김, in 『정신분석적 정신치료』)
The interpretation of Dreams(S.E., IV-V, 1-621)	『꿈의 해석』(전집 IV 전권, 김인순 옮김)
A Premonitory Dream Fulfilled(S.E., V, 623-625)	「실현된 예지몽」(임진수 옮김, in 『끝이 있는 분석과 끝이 없는 분석』(열린책들(2판); 『정신분석적 정신치료』(새물결))
On Dreams(S.E., V, 629-686)	「꿈에 대하여」(임진수 옮김, in 『끝이 있는 분석과 끝이 없는 분석』(열린책들(2판); 『정신분석적 정신치료』(새물결))
The Psychopathology of Everyday Life(S.E., VI 전권)	『일상생활의 정신병리학에 관하여』(전집 V 전권, 이한우 옮김)
Freud's Psycho-Analytic Procedure(S.E., VII, 247-254)	「프로이트의 정신분석적 방법」(임진수 옮김, in 『정신분석적 정신치료』)
	「레오폴트 뢰벤펠트의 『심리적 강박 현상』에 대한 논평」(임진수 옮김, in 『정신분석적 정신치료』)

집필 연도 [발표 연도]	원본	프랑스어
I. 1903 [1903] II. 1904 [1904] III. 1904 [1904]	Beiträge zur *Neuen Freien Presse* 1. Besprechung von Georg Biedenkapp, *Im Kamppe gegen Hirnbazillen* (G.W., Nachtragsband, 491-2) 2. Besprechung von John Bigelow, *The Mystery of Sleep* (G.W., *Nachtragsband*, 493) 3. Nachruf auf Professor S. Hammerschlag (G.W., *Nachtragsband*, 733-4)	1. Compte rendu de *Combat contre les bacilles du cerveau* de Georg Biedenkapp (O.C. VI, 27-8) 2. Compte rendu de *The Mystery of Sleep* de John Bigelow (O.C. VI, 29-31) 3. En mémoire du Pr S. Hammerschlag (O.C. VI, 41-43)
1904 [1904	Besprechung von Alfred Baumgarten, *Neurasthenie, Wesen, Heilung, Vorbeugung* (G.W., *Nachtragsband*, 494)	Compte rendu de *La neurasthénie, sa nature, sa guérison, sa prévention* d'Alfred Baumgarten (O.C. VI, 33-5)
1904 [1904]	Magnetische Menschen (G.W., *Nachtragsband*, 133)	Hommes magnétiques (O.C. VI, 37-9)
1904 [1905]	Über Psychotherapie (G.W., V, 11-26, 논문)	De la psychothérapie, trad. A. Berman, in *La technique psychanalytique*, P.U.F., 1953, 9-22 (O.C. VI, 45-58)
1905 [1905]	*Drei Abhandlungen zur Sexualtheorie* (Deuticke, 1905;G.W., V, 27-145, 단행본)	*Trois essais sur la théorie de la sexualité*, trad. Reverchon, rév. J. Laplance et J. -B. Pontails, Gallimard, coll.⟨Idées⟩, 1962. (O.C. VI, 59-181)
1901 [1905]	Bruchstück einer Hysterie-Analyse (G.W., V, 161-286, 논문)	Fragment d'une analyse d'hystérie: Dora, trad. M. Bonaparte et R. Lœwenstein, rév. par A. Berman, in *Cinq psychianalyses*, P.U.F., 1954, 1-91. (O.C. VI, 183-301)
1905 [1905]	Besprechung von R. Wichmann, *Lebensregeln für Neurastheniker* (G.W., *Nachtragsband*, 133)	Compte rendu de *Règles de vie à l'usage des neurasthéniques* de R. Wichmann (O.C. VI, 303-5)
1905 [1906]	Meine Ansichten über die Rolle der Sexualität in der Ätiologie der Neurosen (G.W., V, 147-159, 기고문)	Mes vues sur le rôle de la sexualité dans l'étiologie des névroses, in *Résultats, idées, Problèmes I*. P.U.F., 1984, 113-122. (O.C. VI, 307-318)
1905- 1906 [1942]	Psychopathische Personen auf der Bühen (논문)	Personnages psychopathiques à la scène, in *Résultats, idées, problèmes I*, P.U.F., 1984, 123-130. (O.C. VI, 319-326)
1905 [1905]	Stellungnahme zur Eherechtsenquete	Enquête sur le droit matrimonial (O.C. VI, 327-332)

영어	한국어
Contributions to the *Neue Freie Presse* (S.E., IX, 253-56): 1. Review of Georg Biedenkapp's *Im Kampfe gegen Hirnbacillen* 2. Review of John Bigelow's *The Mystery of sleep* 3. Orbituary of Professor's S. Hammerschlag	『신자유신문Neue Freie Presse』의 기고문 1.「게오르크 비덴캅의『뇌의 바실루스 균 퇴치』에 대한 논평」 2.「존 비글로우의『잠의 신비』에 대한 논평」 3.「S. 하머슐라그 선생님 추도사」 (김철권 옮김, in『정신분석적 정신치료』)
	「알프레드 바움가르텐의『신경쇠약, 그것의 본질과 치유와 예방』에 대한 논평」(임진수 옮김, in『정신분석적 정신치료』)
	「자성(磁性)의 인간」(임진수 옮김, in『정신분석적 정신치료』)
On Psychotherapy(S.E., VII, 255-268)	「정신치료에 관하여」(임진수 옮김, in『정신분석적 정신치료』)
Three Essays on the Theory of Sexuality(S.E., VII, 123-243)	『성이론에 관한 세 편의 논문』 (『성욕에 관한 세 편의 에세이』, 전집 VII, 김정일 옮김, 9-149; [신판] 박종대 옮김, 7-136)
Fragment of an Analysis of a Case of Hysteria(S.E., VII, 1-122)	「한 히스테리 분석의 단편: 도라」 (「도라의 히스테리 분석」, 전집 VIII, 김재혁·권세훈 옮김, 189-317)
	「R. 비히만의『신경쇠약증자 용 생활 규칙』에 대한 논평」(임진수 옮김, in『정신분석적 정신치료』)
My Views on the part played by Sexuality in the Aetiology of the Neuroses(S.E., VII, 269-279)	「신경증의 병인에서 성욕의 역할에 대한 나의 견해」 (「신경증의 병인에서 성욕이 작용하는 부분에 대한 나의 견해」, 전집 X, 황보석 옮김, 47-58)
Psychopathic Characters on the Stage(S.E., VII, 305-310)	「무대에 나타난 정신병질적인 등장인물들」 (「무대 위에 나타나는 정신 이상에 걸린 등장인물들」, 전집 XIV, 정장진 옮김, 131-140)
	「혼인법에 관한 조사에 대한 입장표명」(임진수 옮김, in『정신분석적 정신치료』)

집필 연도 [발표 연도]	원본	프랑스어
1905 [1905]	*Der Witz und seine Beziehung zum Unbewußten*(Deuticke, 1905; G.W., VI 전권, 단행본)	*Le mot d'esprit et ses rapports avec l'inconscient*, gallimard, 1953, 1969년판에서는 *Le mot d'esprit dans ses rapports avec l'inconscient*, trad. M. Bonaparte et M. Nathan, Gallimard, 1969.(O.C. VII, 전권)
1906 [1906]	Vorwort zur ersten Auflage der 《Sammlung kleiner Schriften zur Neurosenlehre aus den Jahren 1893-1906》(G.W., I, 557-8)	Préface à la première édition du 《Recueil de petits écrits sur la doctrine des névroses, années 1893-1906》(O.C. VIII, 9-12)
1906 [1906]	Tatbestandsdiagnostik und Psychoanalyse(G.W., VII, 3-15, 논문)	La psychanalyse et L'établissement des faits en matière judiciaire par une méthode diagnostique, trad. E. Marty et M. Bonaparte, in *Essais de psychanalyse appliquée*, Gallimard, 1933, 43-58.(O.C. VIII, 13-25)
1906 [1906]	Zwei Briefe an Magnus Hirschfeld	Deux lettres à Magnus Hirschfeld(O.C. VIII, 27-31)
1906 [1907]	Antwort auf eine Rundfrage *Vom Lesen und von guten Büchern*(G.W., *Nachtragsband*, 662-4)	Réponse à une enquête : *De la lecture et des bons livres* (O.C. VIII, 33-7)
1906 (1907)	*Der Wahn und die Träume in W. Jensens "Gradiva"*(Heller, 1907; G.W., VII, 31-125, 단행본)	*Délires et rêves dans la "Gradiva" de Jensen*, trad. M. Bonaparted, Gallimard, 1949.(O.C. VIII, 39-126)
1907 [1907]	Zwangshandlungen und Religionsübungen(G.W., VII, 129-139, 논문)	Actes obsédants et exercices religieux, trad. M. Boanparted, in *L'avenir d'une illusion*, P.U.F., 1971, 81-94; Actions compulsionnelles et exercices religieux, in *Névrose, psychose et perversion*, P.U.F., 1973, 133-142.(O.C. VIII, 135-146)
1907 [1907]	Zur sexuellen Aufklärung der Kinder(G.W., VII, 19-27, 논문)	Les explications sexuelles données aux enfants, trad. D. Berger, in *La vie sexuelle*, P.U.F., 1969, 7-13.(O.C. VIII, 147-157)
1907 [1908]	Der Dichter und das Phantasieren(G.W., VII, 213-223, 논문)	La création littéraire et le rêve éveillé, trad. E. Marty et M. Bonaparte, in *Essais de psychanalyse appliquée*, Gallimard, 1933, 69-82.(O.C. VIII, 159-171)
1907 [1907]	Anzeige der *Schriften zur angewandten Seelenkunde*(G.W., *Nachtragsband*, 695-6)	Annonce des *Ecrits de psychologie appliquée*(O.C. VIII, 173-6)

영어	한국어
Jokes and their relation to the Unconscious (S.E., VIII 전권)	『기지(機智)와 무의식의 관계』 (『농담과 무의식의 관계』, 전집 VI 전권, 임인주 옮김: [신판] 박종대 옮김)
Preface to Freud's Collection of《Shorter Writings on the Theory fo the Neuroses from the Years 1893-1906》(S.E., III, 5-6)	『『신경증 이론에 관한 소논문집 1893-1906년』 초판에 대한 서문」(임진수 옮김, in 『정신분석적 정신치료』)
Psycho-Analysis and the Establishment of the Facts in Legal Proceedings (S.E., IX, 97-114)	「사실 정황의 진단과 정신분석」(김정미 옮김, in 『정신분석적 정신치료』)
	「마그누스 히르쉬펠트에게 보낸 두 편의 편지」(임진수 옮김, in 『정신분석적 정신치료』)
Contribution to a questionnaire on reading (S.E., IX, 245-7)	「《독서와 양서에 관하여》에 대한 답변」(김철권 옮김, in 『정신분석적 정신치료』)
Delusions and Dreams in Jensen's "Gradiva" (S.E., IX, 1-95)	『빌헬름 옌젠의《그라디바》에 나타난 망상과 꿈』(전집 XIV, 정장진 옮김, 11-119)
Obsessive Actions and Religious Practices (S.E., IX, 115-127)	「강박 행위와 종교 의례」, 전집 XIII, 이윤기 옮김, 9-21)
The Sexual Enlightenment of Children (S.E., IX, 129-139)	「어린아이의 성교육에 대하여」(전집 VII, 김정일 옮김, 153-163: [신판] 박종대 옮김, 139-48)
Creative Writers and Day-Dreaming (S.E., IX 141-153)	「시인과 환상 활동」 (「작가와 몽상」, 전집 XIV, 정장진 옮김, 143-157)
Prospectus for *Schriften zur angewandten Seelenkunde* (S.E., IX, 248-249)	「《응용 심리학 총서》의 소개」(김철권 옮김, in 『정신분석적 정신치료』)

집필 연도 [발표 연도]	원본	프랑스어
1908	Hysterische Phantasien und ihre Beziehung zur Bisexualität(G.W., VII, 191-199, 논문)	Les fantasmes hystériques et leur relation à la bisexualité, in *Névrose, psychose et perversion*, P.U.F., 1973, 149-156.(O.C. VIII, 177-186)
1908 [1908]	Charakter und Analerotik(G.W., VII, 203-209, 논문)	Caractère et érotisme anal, in *Névrose, psychose et perversion*, P.U.F., 1973, 143-148.(O.C. VIII, 187-194)
1908 [1908]	Die 'kulturelle' Sexualmoral und die moderne Nervosität(G.W., VII, 143-167, 논문)	La morale sexuelle civilisée et la maladie nerveuse des temps modernes, trad. D. Berger, in *La vie sexuelle*, P.U.F., 1969, 28-46.(O.C. VIII, 195-219)
1908 [1908]	Vorwort zu *Nervöse Angstzustände und ihre Behandlung* von Dr. Wilhelm Stekel(G.W., VII, 467-468, 서문)	Avant-propos à *Les états d'angoisse nerveux et leur traitement*, de Wilhelm Stekel(O.C. VIII, 221-3)
1908 [1908]	Über infantile Sexualtheorien(G.W., VII, 171-188, 논문)	Les théories sexuelles infantiles, trad. J.B. Pontalis, in *La vie sexuelle*, P.U.F., 1969, 14-27.(O.C. VIII, 225-42)
1908 [1909]	Allgemeines über den hysterischen Anfall(G.W., VII, 235-240, 논문)	Considérations générales sur l'attaque hystérique, in *Névrose, psychose et perversion*, P.U.F., 1973, 161-166.(O.C. VIII, 243-9)
1908 (1909)	Der Familienroman der Neurotiker(G.W., VII, 227-231, 기고문)	Le roman familial des névrosés, in *Névrose, psychose et perversion*, P.U.F., 1973, 157-160.(O.C. VIII, 251-6)
1908 [1909]	Analyse der phobie eines fünfjährigen Knaben(G.W., VII, 243-377, 논문)	Analyse d'une phobie d'un petit garçon de cinq ans: Le petit Hans, trad. M. Bonaparte, in *Cinq psychanalyses*, P.U.F., 1954, 93-198.(O.C. IX, 1-128)
[1922]	Nachschrift zur Analyse der kleinen Hans(G.W., XIII, 431-432, 후기)	Epilogue à l'analyse du petit Hans, trad. M. Bonaparte, in *Cinq psychanalyses*, P.U.F., 1970, 198.(O.C. IX, 129-30)
1909 [1909]	Bemerkungen über einen Fall von Zwangsneurose(G.W., VII, 381-463, 논문)	Remarques sur un cas de névrose obsessionnelle: L'homme aux rats, trad. M. Bonaparte et R. Lœwenstein, in *Cinq psychanalyses*, P.U.F., 1954, 199-261.(O.C. IX, 131-214)
1909 [1910]	*Über Psychoanalyse*(Deuticke, 1910; G.W., VIII, 1-60, 단행본)	*Cinq leçons sur la psychanalyse*, trad. Y. Le Lay, Payot, 1973.(O.C. X, 1-55)

영어	한국어
Hysterical Phantasies and their Relation to Bisexuality(S.E., IX, 155-166)	「히스테리적인 환상과 양성애와의 관계」 (「히스테리성 환상과 양성 소질의 관계」, 전집 X, 황보석 옮김, 61-69)
Character and Anal Erotism(S.E., IX, 167-175)	「성격과 항문 성애」(전집 VII, 김정일 옮김, 189-195: [신판] 박종대 옮김, 171-6)
'Cilvilized' Sexual Morality and Modern Nervous Illness(S.E., IX, 177-204)	「〈문명적〉 성도덕과 현대의 신경증 질환」 (「〈문명적〉 성도덕과 현대인의 신경병」, 전집 XII, 김석희 옮김, 9-34)
Preface to Wilhelm Stekel's "*Nervous Anxiety-States and their Treatment*"(S.E., IX, 250-251)	「빌헬름 슈테켈 박사의 『신경성 불안 상태와 그 치료』의 서문」(김철권 옮김, in 『정신분석적 정신치료』)
On the Sexual Theories of Children(S.E., IX, 205-226)	「어린아이의 성이론에 관하여」(전집 VII, 김정일 옮김, 167-186: [신판] 박종대 옮김, 151-68)
Some General Remarks on Hysterical Attacks(S.E., IX, 227-234)	「히스테리 발작에 관한 일반적 고찰」(전집 X, 황보석 옮김, 73-79)
Family Romances(S.E., IX 235-241)	「신경증자들의 가족 소설」 (「가족 로맨스」, 전집 VII, 김정일 옮김, 199-202: [신판] 박종대 옮김, 179-83)
Analysis of a Phobia in a Five-Year-Old Boy(S.E., X, 1-147)	「다섯 살배기 남자아이의 공포증 분석: 꼬마 한스」(「다섯 살배기 꼬마 한스의 공포증 분석」(전집 VIII, 김재혁·권세훈 옮김, 11-183)
Postscript to the "Analysis of a Phobia in a Five-Year-Old Boy"(S.E., X, 148-149)	「꼬마 한스 분석에 대한 추기」(전집 VIII, 김재혁·권세훈 옮김, 182-183)
Notes upon a Case of Obsessional Neurosis(S.E., X, 151-249)	「강박신경증의 한 사례에 관한 고찰: 쥐인간」 (「쥐 인간 ― 강박 신경증에 관하여」, 전집 IX, 김명희 옮김, 11-102)
Five lectures on Psycho-Analysis (S.E., XI, 1-55)	『정신분석에 대하여』(임진수 옮김, in 『끝이 있는 분석과 끝이 없는 분석』(열린책들)(2판); 『정신분석적 정신치료』(새물결))

집필 연도 [발표 연도]	원본	프랑스어
1909 [1910]	Vorwort zu "*Lélekelemzés, értekezések a pszichoanalizis köreböl*, irta Dr. Ferenczi Sándor"(G.W., VII 469, 서문)	Préface à *Analyse psychologique, conférences sur la psychanalyse*, de Sandor Ferenzi(O.C. X, 57-9)
1910 [1910]	Die zukünftigen Chancen der psychoanalytischen Therapie(G.W., VIII, 103-115, 논문)	Perspectives d'avenir de la thérapeutique analytique, trad. A. Berman, in *La technique psychanalytique*, P.U.F., 1953, 23-34.(O.C. X, 61-73)
1910 [1910]	Zur Einleitung der Selbstmord-Diskussion. Schlußwort(G.W., VIII, 61-64, 토론)	Pour introduire la discussion sur le suicide. Conclusion de la discussion sur le suicide, in *Résultats, idées, problèmes I*, P.U.F., 1984, 131-132(O.C. X, 75-8).
1910 [1910]	Eine Kindheitserinnerung des Leonard da Vinci(G.W., VIII, 127-211, 논문)	Un souvenir d'enfance de Léonard de Vinci, trad. M. Bonaparte, Gallimard, 1927.(O.C. X, 79-164)
1910 [1910]	Über den Gegensinn der Urworte(G.W., VIII, 213-221, 논문)	Des sens opposés dans les mots primitifs, trad. E. Marty et M. Bonaparte, in *Essais de psychanalyse appliquée*, Gallimard, 1933, 59-68.(O.C. X, 165-76)
1910 [1910]	Die psychogene Sehstörung in psychoanalytischer Auffassung(G.w., VIII, 93-102, 논문)	Le trouble psychogenèse de la vision dans la conception psychanalytique, in *Névrose, psychose et perversion*, P.U.Fl, 1973, 167-174.(O.C. X, 177-86)
1910 [1910]	Über einen besonderen Typus der Objektwahl beim manne (Beiträge zur Psychologie des Liebeslebens, I→1924년 단행본)(G.W., VIII, 66-77, 논문)	D'un type particulier de choix objectal chez l'homme (Contributions à la psychologie de la vie amoureuse, I) trad. J. Laplanche, in *La vie sexuelle*, P.U.F., 1969, 47-55.(O.C. X, 187-200)
1910 [1910]	Beispiele des Verrats pathogener Phantasien bei Neurotikern(G.W., VIII, 227-228, 에세이)	Exemples révélateurs de fantasmes psychogènes dans des névrosés, in *Résultats, idées, problèmes I*, P.U.F., 1984, 133-134.(O.C., X, 201-4)
1910 [1910]	Über 'wilde' Psychoanalyse(G.W., VIII, 117-125, 논문)	A propos de la psychanalyse dite 'sauvage', trad. A. Berman, in *La technique psychanalytique*, P.U.F., 1953, 35-42(O.C. X, 205-13)
1910 [1910]	Brief an Dr. Friedrich S. Krauss über die "*Anthropophyteia*"(G.W., VIII, 223-225, 편지)	Lettre au Dr. Friedrich S Krauss sur l'*Anthropophyteia*(O.C., X, 215-219)

영어	한국어
Preface to Sándor Ferenczi's *Psycho-Analysis: Essays in the Field of Psycho-Analysis* (S.E., IX, 252)	「산도르 페렌치의 『심리 분석: 정신분석 관련 논문집』의 서문」(김철권 옮김, in 『정신분석적 정신치료』)
The Future Prospects of Psycho-Analytic Therapy (S.E., XI, 139-151)	「정신분석적 치료의 장래 전망」(임진수 옮김, in 『정신분석적 정신치료』)
Contributions to a Discussion on Suicide (S.E., XI, 231-232)	「자살에 관한 토론의 머리말과 맺는말」(김철권 옮김, in 『정신분석적 정신치료』)
Leonardo da Vinci and a Memory of His Childhood (S.E., XI, 57-137)	「레오나르도 다 빈치의 유년의 기억」(전집 XIV, 정장진 옮김, 163-262)
The antithetical Meaning of Primal Words (S.E., XI, 153-161)	「원시어의 상반된 의미에 대하여」(임진수 옮김, in 『정신분석적 정신치료』)
The Psycho-Analytic View of Psychogenic Disturbance of Vision (S.E., XI, 209-218)	「심인성 시각장애에 관한 정신분석적인 해석」 (「시각의 심인성 장애에 관한 정신분석적 견해」) (전집 X, 황보석 옮김, 83-91)
A special Type of Choice of Object made by Men (Contributions to the Psychology of love, I: S.E., XI, 163-175)	「남자들의 대상 선택 중 특이한 한 유형에 대하여(애정 생활의 심리학에 대한 기고 I)」 (「남자들의 대상선택 중 특이한 한 유형」, 전집 VII, 김정일 옮김, 205-217: [신판] 박종대 옮김, 189-99)
Two Instances of Pathogenic Phantasies Revealed by the Patients Themselves (S.E., XI, 236-237)	「신경증자에 의해 드러난 병인적 환상의 예」(김삼수 옮김, in 『정신분석적 정신치료』)
'Wild' Psycho-Analysis (S.E., XI, 219-227)	「〈조야한〉 정신분석에 대하여」(임진수 옮김, in 『정신분석적 정신치료』)
Letter to Dr. Friedrich S. Krauss on *Anthropophyteia* (S.E., XI, 233-235)	「『인간농장Anthropophyteia』에 관해 프리드리히 크라우스 박사에게 보낸 편지」(김철권 옮김, in 『정신분석적 정신치료』)

프로이트 저작 연표

집필 연도 [발표 연도]	원본	프랑스어
1910 [1910]	Besprechung von Dr. Wilh. Neurtra, *Briefe an Nervöse Frauen*(Dresden und Leipzig, 1909)(G.W., *Nachtragsband*, 500)	Compte rendu de *Lettres à des femmes nerveuses*(Dresde et Leipzig, 1909)(O.C., X, 221-3)
1910 [1911]	Psychoanalytische Bemerkungen über einen autobiographisch beschriebenen Fall von Paranoia(Dementia paranoides)(G.W., VIII, 239-316, 논문)	Remarques psychanalytiques sur l'autobiographie d'un cas de paranoïa(Dementia paranoïdes): Le Président Schreber, trad. M. Bonaparte et R. Lœwenstein, in *Cinq psychanalyses*, P.U.F., 1954, 263-324.(O.C., X, 225-304)
1911 [1911]	Nachträge zur Traumdeutung(G.W., II-III, 365-70과 412-3에 합본)	Suppléments à l'interprétation du rêve(O.C., IV, 406-12와 457-8에 합본)(O.C., XI, 1-10)
1910-11 [1911]	Formulierungen über die zwei Prinzipien des psychischen Geschehens(G.W., VIII, 229-238, 논문)	Formulations sur les deux principes du cours des événements psychiques, in *Résultats, idées, problèmes I*, P.U.F., 1984, 135-144.(O.C., XI, 11-21)
1911 [1911]	Die Bedeutung der Vokalfolge(G.W., VIII, 348, 에세이)	La signification de l'ordre des voyelles, in *Résultats, idées, problèmes I*, P.U.F., 1984, 169-170.(O.C., XI, 23-5)
1911 [1913]	Über Grundprinzipien und Absichten der Psychoanalyse(G.W., *Nachtragsband*, 724-9)	Sur la psychanalyse(O.C., XI, 27-39)
1911 [1911]	Die Handhabung der Traumdeutung in der Psychoanalyse(G.W., VIII, 349-357, 논문)	Le maniement de l'interprétation des rêves en psychanalyse, trad. A. Berman, in *La technique psych-Analytique*, P.U.F., 1953, 43-49.(O.C., XI, 41-8)
1911 [1911]	"Gross ist de Diana der Epheser"(G.W., VIII, 359-361, 에세이)	"Grande est la Diane des Ephésiens", in *Résultats, idées, problèmes I*, P.U.F., 1984, 171-174.(O.C., XI, 49-53)
1911 [1958]	Träume im Folklore(논문)(G.W., Nachtragsband, 576-600)	Rêves dans le folklore, in *Résultats, idées, Problèmes I*. P.U.F., 1984, 145-168.(O.C., XI, 55-84)
1909 [1958]	Brief an D. E. Oppenheim(G.W., *Nachtragsband*, 601-3)	Lettre à D.E, Oppenheim(O.C., XI, 85-8)
1911 [1911]	Besprechung von G. Greve, 《Sobre psychologia y psichterapia de ciertos estados angustiosos》(G.W., *Nachtragsband*, 501-2)	Compte rendu de la communication de G. Greve : 《Sobre psychologia y psichterapia de ciertos estados angustiosos》(O.C., XI, 89-92)

영어	한국어
Reiview of Wilhelm Neutra's *Letters to Neurotic Women*(S.E., XI, 238)	「빌헬름 노이트라 박사의『신경증 여성들에게 보낸 편지』에 대한 논평」(임진수 옮김, in 『정신분석적 정신치료』)
Psycho-Analytic Notes on an Autobiographical Account of a Case of Paranoia(Dementia Paranoides)(S.E., XII, 1-79)	「한 파라노이아 사례(파라노이아형 치매)의 자서전적인 기술에 대한 정신분석적 고찰: 슈레버」 (「편집증 환자 슈레버 ─ 자서전적 기록에 의한 정신분석」,전집 IX, 김명희 옮김, 107-193)
Additions to the Interpretation of Dreams(S.E., V, 306-6과 412-3에 합본)	『꿈의 해석』에 대한 보유(전집 IV, 김인순 옮김, (열린책들(2판) 427-34, 481-2; (3판) 441-8, 497-8에 합본)
Formulations on the Two Principles of Mental Functionings(S.E., XII, 213-226)	「심리적 사건 진행의 두 가지 원칙에 관한 공식화」 (「정신적 기능의 두 가지 원칙」, 전집 XI, 윤희기 옮김, 10-23)
The Significance of Sequences of Vowels(S.E., XII, 341)	「연속된 모음의 의미」(김삼수 옮김, in 『정신분석적 정신치료』)
On Psycho-Analysis (S.E., XII, 205-212)	「정신분석에 관하여 [정신분석의 기본 원칙과 목적에 관하여]」(임창덕 옮김, in『정신분석적 정신치료』)
The Handling of Dream-Interpretation in Psycho-Analysis(S.E., XII, 89-96)	「정신분석에서 꿈의 해석 다루기」(임진수 옮김, in『정신분석적 정신치료』)
"Great is Diana of the Ephesians"(S.E., XII, 342-344)	「에페수스인들의 위대한 다이애나 여신」(임창덕 옮김, in 『정신분석적 정신치료』)
Dreams in Folklore(S.E., XII, 180-203)	「민담 속의 꿈」(김삼수 옮김, in『정신분석적 정신치료』)
	「오펜하임에게 보낸 편지」(임진수 옮김, in 『정신분석적 정신치료』)
	「G. 그레베의 「몇몇 불안상태의 심리와 정신치료에 관하여」에 대한 논평」(임진수 옮김, in『정신분석적 정신치료』)

집필 연도 [발표 연도]	원본	프랑스어
1911 [1911]	Anmerkung zu Wilhelm Stekel, 《Zur Psychologie des Exhibitionismus》(G.W., *Nachtragsband*, 765)	Note à l'article de Wilhelm Stekel : 《Sur la psychologie de l'exhibitionnisme》(O.C., XI, 93-5)
1911 [1911]	Anmerkung zu James Putnam, 《Über Ätiologie und Behandlung der Psychoneurosen》(G.W., *Nachtragsband*, 766)	Note à l'article de James J. Putnam: 《De l'étilogie et du traitement des psychonévroses》(O.C., XI, 97-9)
1911 [1911]	Askese	Ascèse(O.C., XI, 101-3)
1912 [1912]	Zur Dynamik der Übertragung(G.W., VIII, 363-374, 논문)	La dynamique du transfert, trad. A. Berman, in *La technique psychanalytique*, P.U.F., 1953, 50-60.(O.C., XI, 105-116)
1912 [1912]	Über neurotische Erkrankungstypen(G.W., VIII, 321-330, 논문)	Sur les types d'entrée dans le névrose, in *Névrose, psychose et perversion*, P.U.F., 1973, 175-182.(O.C., XI, 117-26)
1912 [1912]	Über die allgemeinste Erniedrigung des Liebeslebens (Beiträge zur Psychologie des Liebeslebens, II.→1924년 단행본)(G.W., VIII, 78-91, 논문)	Considérations sur le plus commun des ravalements de la vie amoureuse (Contributions à la psychologie de la vie amoureuse, II) trad. J. Laplanche, in *La vie sexuelle*, P.U.F., 1969, 55-65.(O.C., XI, 127-41)
1912 [1912]	Ratschläge für den Arzt bei der psychoanalytischen Behandlung(G.W., VIII, 375-387, 논문)	Conseils aux médecins sur le traitement psychanalytique, trad. A. Berman, in *La technique psychanlaytique*, P.U.F., 1953, 61-71.(O.C., XI, 143-54)
1912 [1912]	Zur Einleitung der Onanie-Diskussion. Schlußwort(G.W., VIII, 331-345, 토론)	Pour introduire la discussion sur l'onanisme, in *Résultats, idées, problèmes I*, P.U.F., 1984, 175-186.(O.C., XI, 155-68)
1912 [1912]	A Note on the Unconscious in Psycho-Analysis(Einige Bemerkungen über den Begriff des Unbewußten in der Psychoanalyse, übersetzt von Hanns Sachs)(G.W., VIII, 429-439, 논문)	Quelques observations sur le concept d'inconscient en psychanalyse, in *Métapsychologie*, Gallimard, 1940, 9-24, 1968년판에서는 Note sur l'inconscient en psychanalyse, trad. J. Laplanche et J.-B. Pontalis, in *Métapsychologie*, Gallimard, 1968, 175-187.(O.C., XI, 169-80)
1912 [1912]	Nachfrage des Herausgebers über Kindheitsträume(G.W., *Nachtragsband*, 612)	Demande d'information de l'éditeur sur les rêves d'enfance(O.C., XI, 181-3)

영어	한국어
	「빌헬름 슈테켈의 「노출증의 심리에 관하여」에 대한 주석」(임진수 옮김, in 『정신분석적 정신치료』)
	「제임스 퍼트넘의 「정신신경증의 병인과 치료에 관하여」에 대한 주석」(임진수 옮김, in 『정신분석적 정신치료』)
	「고행」(임진수 옮김, in 『정신분석적 정신치료』)
The Dynamics of Transference(S.E., XII, 97-108)	「전이의 역학에 관하여」(임진수 옮김, in 『정신분석적 정신치료』)
Types of Onset of Neurosis(S.E., XII, 227-238)	「신경증의 발병 유형에 대하여」(전집 X, 황보석 옮김, 95-104)
On the Universal Tendency to Debasement in the Sphere of Love (Contributions to the Psychology of Love, II: S.E., XI, 177-190)	「애정 생활에 대한 보편적인 폄하에 관하여(애정 생활의 심리학에 대한 기고 II)」(「사랑의 영역에서 일어나는 가치 저하의 보편적 경향에 관하여」, 전집 VII, 김정일 옮김, 221-236: [신판] 박종대 옮김, 203-17)
Recommendations to Physicians practising Psycho-Analysis(S.E., XII, 109-120)	「정신분석적 치료를 하는 의사를 위한 조언」(임진수 옮김, in 『정신분석적 정신치료』)
Contributions to a Discussion on Masturbation(S.E., XII, 239-254)	「자위에 관한 토론에 들어가기 위하여」(김태형 옮김, in 『정신분석적 정신치료』)
영어 원본(S.E., XII, 255-266)	「정신분석에서의 무의식에 관한 노트」(전집 XI, 윤희기 옮김, 27-37)
Request for Examples of Childhood Dreams(S.E., XVII, 4)	「어린 시절의 꿈에 대한 편집자의 정보 요구」(임진수 옮김, in 『정신분석적 정신치료』)

집필 연도 [발표 연도]	원본	프랑스어
1912 [1912]	Anmerkung zu Ernest Jones, 《Psycho- analyse Rooseverts》(G.W., *Nachtragsband*, 767)	Note à L'article de Ernest Jones: 《Psychoanalyse de Roosevelt》(O.C., XI, 185-7)
1912- 13 [1912- 13]	*Totem und Tabu*(Geller, 1913; G.W., IX 전권, 단행본)	*Totem et tabou*, trad. S. Jankélévitch, Payot, 1947.(O.C., XI, 189-385)
1913 [1913]	Ein Traum als Beweismittel(G.W., X, 11- 12, 논문)	Un rêve utilisé comme preuve, in *Névrose, psychose et perversion*, P.U.F., 1973, 199- 208.(O.C., XII, 9-20)
1913 [1913]	Kindheitsträume mit spezieller Bedeutung(G.W., *Nachtragsband*, 613)	Rêves d'enfance ayant une signification spéciale(O.C., XII, 21-3)
1913 [1913]	Märchenstoffe in Träumen(G.W., X, 1-9, 논문)	Matériaux des contes dans les rêves, in *Résultats, idées, problèmes I*, P.U.F., 1984, 215-222.(O.C., XII, 25-33)
1913 [1913]	Geleitwort zu "*Dei psychanalytische Methode*" von Dr. Oskar Pfister(G.W., X, 448-450, 서문)	Préface à *La méthode psychanalytique*, de Oskar Pfister(O.C., XII, 35-40)
1913 [1913]	Vorwort zu "*Die psychischen Störungen der männlichen Portenz*" von Dr. Maxim Steriner(G.W., X 451-452, 서문)	Préface à *Les troubles psychiques de la puissance masculine*, de Maxim Steiner(O.C., XII, 41-44)
1913 [1913]	Geleitwort zu "*Der Unrat in Sitte, Brauch, Glauben und Gewohnheitsrecht Völker*" von John Gregory Bourke(G.W., X, 453-455, 서문)	Préface à *L'ordre dans les moeurs, l'usage, les croyances et le droit coutumier de peuples*, de J. G. Bourke(O.C., XII, 45-50)
1913 [1913]	Das Motiv der Kästchenwahl(G.W., X, 23- 37, 논문)	Le thème des trois coffrets, trad. E. Marty et M. Bonaparte, in *Essais de psychanlayse appliquée*, Gallimard 1971, 87-103.(O.C., XII, 51-65)
1913 [1913]	Zwei Kinderlügen(G.W., VIII, 421-427, 논문)	Deux mensonges d'enfants, trad. P. Jury et F. Engel, in R.F.P., 1934, 7, n° 4, 606-610; in *Névrose, psychose et perversion*, P.U.F., 1973, 183-188.(O.C., XII, 67-73)
1913 [1913]	Erfahrungen und Beispiele aus der analytischen Praxis(G.W., X, 39-42, 논문)	Observations et exemples tirés de la pratique analytique, extraits incorporés à L'interprétation des rêves(1900), trad. I. Meyerson, rév. D. Berger, P.U.F., 1967, 204 et 350-352; in *Résultats, idées, prolèmes I*. P.U.F., 1984, 223-226.(O.C., XII, 75-81)

영어	한국어
	「어니스트 존스의 「루즈벨트의 정신분석」에 대한 주석」(임진수 옮김, in 『정신분석적 정신치료』)
Totem and Taboo (S.E., XIII, 1-161)	『토템과 터부』(전집 XIII, 이윤기 옮김, 27-240)
An Evidential Dream (S.E., XII, 267-277)	「증거로서의 꿈」(임진수 옮김, in 『정신분석적 정신치료』)
Childhood Dreams with a Particular Meaning (S.E., XVII, 4)	「특별한 의미가 있는 어린 시절의 꿈」(임진수 옮김, in 『정신분석적 정신치료』)
The Occurrence in Dreams of Material from Fairy Tales (S.E., XII, 279-287)	「꿈에 나타나는 동화-재료」(임진수 옮김, in 『정신분석적 정신치료』)
Introduction to Pfister's *The Psycho-Analytic Method* (S.E., XII, 327-331)	「피스터의 『정신분석적 방법』에 대한 서문」(임창덕 옮김, in 『정신분석적 정신치료』)
Preface to Maxim Steiner's *Die psychischen Störungen der männlichen Potenz* (S.E., XII, 345-346)	「막심 슈타이너의 『남성적 능력의 심리 장애』에 대한 서문」(김태형 옮김, in 『정신분석적 정신치료』)
Preface to Bourke's *scatalogic Rites of All Nations* (S.E., XII, 333-337)	「버크의 『제 민족의 풍속, 관행, 신앙과 관습법[제 민족의 분변 의식(儀式)]』에 대한 서문」(임창덕 옮김, in 『정신분석적 정신치료』)
The Theme of the Three Caskets (S.E., XII 289-301)	「세 상자의 모티프」(전집 XIV, 정장진 옮김, 267-285)
Two Lies told by Children (S.E., XII, 303-309)	「아이들의 두 가지 거짓말」(전집 VII, 김정일 옮김, 265-271: [신판] 박종대 옮김, 243-9)
Observations and Examples from Analytic Practice (S.E., XIII, 191-198)	「실제 분석의 경험과 사례」(김철권 옮김, in 『정신분석적 정신치료』)

집필 연도 [발표 연도]	원본	프랑스어
1913 [1913]	Die Disposition zur Zwangsneurose (G.W., VIII, 441‑452, 논문)	La prédisposition à la névrose obsessionnelle, trad. E. Pichon et H. Hœsli, in R.F.P., 1929, 3, n° 3, 437‑447; La disposition à la névrose obsessionnelle, in *Névrose, psychose et perversion*, P.U.F., 1973, 189‑198. (O.C., XII, 83‑94)
1913 [1913]	Das Interesse an der Psychanalyse (G.W., VIII, 389‑420, 논문)	L'intérêt de la psychanalyse, trad. M. W. Horn, Scientia, 1913, vol. 14, supp. n° 31, 151‑167 et n° 32, 236‑251; in *Résultats, idées, problèmes I*, P.U.F., 1984, 187‑ 214. (O.C., XII, 95‑125)
1913 [1914]	Der Moses des Michelangelo (G.W., X, 171‑201, 논문)	Le Moïse de Michel‑Ange, trad. E. Marty, rév. M. Bonaparte, in *Essais de psychanalyse appliquée*, Gallimard, 1971, 9‑41. (O.C., XII, 127‑158)
[1927]	Nachtrag zur Arbeit über den Moses des Michelangelo (G.W., XIV, 319‑322, 후기)	Appendice au Moïse de Michel‑Ange, trad. E. Marty, rév. M. Bonaparte, in *Essais de psychanalyse appliquée*, Gallimard, 1971, 43‑44. (O.C., XII, 159‑60)
1913 [1913]	Zur Einleitung der Behandlung (G.W., VIII, 453‑478, 논문)	Le début du traitement, trad. A. Berman, in *La technique psychianalytique*, P.U.F., 1953, 80‑194. (O.C., XII, 161‑184)
1914 [1914]	Erinnern, Wiederholen und Durcharbeiten (G.W., X, 125‑136, 논문)	Remémoration, répétition et perlaboration, trad. A. Berman, in *La technique psychanalytique*, P.U.F., 1953, 105‑ 115 (O.C., XII, 185‑196)
1914 [1915]	Bermerkungen über die Übertragungsliebe (G.W., X, 305‑321, 논문)	Observations sur l'amour de transfert, trad. A. Berman, in *La technique psychanalytique*, P.U.F., 1953, 116‑ 130. (O.C., XII, 197‑211)
1913‑14 [1914]	Zur Einführung des Narzißmus (G.W., X, 137‑170, 논문)	Pour introduire le narcissisme, trad. J. Laplanche, in *La vie sexuelle*, P.U.F., 1969, 81, 105. (O.C., XII, 213‑45)
1914 [1914]	Zur Geschichte der psychoanalytischen Bewegung (G.W., X, 43‑113, 논문)	Contribution à l'histoire du mouvement psychanalytique, trad. S. Jankélévitch, in *Cinq leçons sur la psychanalyse*, Payot, 1973, 69‑155. (O.C., XII, 247‑315)

영어	한국어
The Disposition to Obsessional Neurosis(S.E., XII, 311-326)	「강박신경증의 소질」 (「강박 신경증에 잘 걸리는 기질」, 전집 X, 황보석 옮김, 107-108)
The Claims of psycho-Analysis to Scientific Interest(S.E., XIII, 163-190)	「정신분석의 관심」 (「과학과 정신분석학」, 전집 XV, 박성수 옮김, 11-43)
The Moses of Michelangelo(S.E., XIII, 209-236)	「미켈란젤로의 모세 상」(전집 XIV, 정장진 옮김, 289-329)
Postscript to "The Moses of Michelangelo"(S. E., XIII, 237-238)	「미켈란젤로의 모세 상에 대한 추가 연구」(전집 XIV, 정장진 옮김, 330-332)
On Beginning the Treatment(Further Recommendations on the Technique of Psycho-Analysis, I; S.E., XII, 121-144)	「치료의 시작에 대하여」(임진수 옮김, in 『정신분석적 정신치료』)
Remembering, Repeating and Working Through(Further Recommendation on the Technique of Psycho-Analysis, II; S.E., XII 145-156)	「상기(想起), 반복 그리고 관통작업」(임진수 옮김, in 『끝이 있는 분석과 끝이 없는 분석』)
Observations on Transference-Love(Further Recommedations on the Technique of Psycho-Analysis, III; S.E., XII, 157-171)	「전이적 사랑에 관한 고찰」(임진수 옮김, in 『끝이 있는 분석과 끝이 없는 분석』)
On Narcissism; An Introduction(S.E., XIV, 67-102)	「자기애 소개」 (「나르시시즘 서론」, 전집 XI, 윤희기 옮김, 45-85)
On the History of the Psycho-Analytic Movement(S.E., XIV, 1-66)	「정신분석 운동의 역사에 대하여」(전집 XV, 박성수 옮김, 49-129)

프로이트 저작 연표

집필 연도 [발표 연도]	원본	프랑스어
1914 [1914]	Über Fausse Reconnaissance('Déjà raconté') während der psychoanalytischen Arbeit(G.W., X, 115-123, 논문)	De la fausse reconnaissance(déjà raconté) au cours du traitement psychanalytique, trad. A. Berman, in *La technique psychanalytique*, P.U.F, 1970, 72-79.(O.C., XII, 317-25)
1914 [1914]	Darstellung der ≪Großen Leistung≫ im Traum(G.W., *Nachtragsband*, 620-1)	Présentation de la ≪Grande performance≫ dans le rêve(O.C., XII, 327-30)
1914 [1914]	Zur Psychologie des Gymnasiasten(G.W., X, 203-207, 축사)	Sur la psychologie du lycéen, in *Résultats, idées, prolèmes I*, P.U.F., 1984, 227-232.(O.C., XII, 331-7)
1914 [1918]	Aus der Geschichte einer infantilen Neurose(G.W., XII, 27-157, 논문),	Extrait de l'histoire d'une névrose infantile: L'homme aux loups, trad. M. Bonaparte et R. Lœwenstein, in *Cinq psychanalyses*, P.U.F., 1954, 325-420.(O.C., XIII, 1-119)
1914 [1915]	Brief an Frederik van Eden(G.W., *Nachtragsband*, 697-8)	Lettre à Frederik van Eden(O.C., XIII, 121-5)
1915 [1915]	Zeitgemäßes über Krieg und Tod(G.W., X, 323-355, 논문)	Considérations actuelles sur la guerre et la mort, trad. S. Jankélévitch, rév. A. Hesnard, in *Essais de psychanalyse*, Payot, 1951, 219-250.(O.C., XIII, 127-57)
1915 [1915]	Triebe und Triebschicksale(G.W., X, 209-232, 논문)	Les pulsions et leurs destins, in *Métapsychologie*, Gallimard, 1952, 25-66. 1968년판에서는 pulsions et destins des pulsions, trad. J. Laplanche et J.-B. Pontalis, in *Métapsychologie*, Gallimard, 1968, 11-44.(O.C., XIII, 163-87)
1915 [1915]	Die Verdrängung(G.W., X, 247-261, 논문)	Le refoulement, trad. J. Laplanche et J.-B. Pontalis, in *Métapsychologie*, Gallimard, 1952, 67-90.(O.C., XIII, 189-203)
1915 [1915]	Das Unbewusste(G.W., X, 263-303, 논문)	L'inconscient, trad. J. Laplanche et. J.-B. Pontalis, in *Métapsychologie*, Gallimard, 1952, 91-161.(O.C., XIII, 205-44)
1915 [1917]	Metapsychologische Ergänzung zur Traumlehre(G.W., X, 411-426, 논문)	Complément métapsychologique à la théorie du rêve, trad. J. Laplanche et J.-B. Pontalis, in *Métapsychologie*, Gallimard, 1968, 125-146.(O.C., XIII, 245-60)

영어	한국어
Fausse Reconnaissance ('Déjà Raconté') in Psycho-Analytic Treatment (S.E., XIII, 199-207)	「정신분석 작업 중의 오인('데자라콩테[이미 말한 것 같음]')에 대하여」(임진수 옮김, in 『끝이 있는 분석과 끝이 없는 분석』)
A 'Great Achievement' in a dream (S.E., V, 제5판, 1919, 412)	「꿈에서 ≪위대한 성과≫의 재현」(임진수 옮김, in 『끝이 있는 분석과 끝이 없는 분석』)
Some Reflections on Schoolboy Psychology (S.E., XIII, 239-244)	「남자 중고등학생의 심리에 관하여」(김정미 옮김, in 『끝이 있는 분석과 끝이 없는 분석』)
From the History of an Infantile Neurosis (S.E., XVII, 1-122)	「한 소아 신경증 이야기: 늑대인간」 (「늑대 인간-유아기 신경증에 관하여」, 전집 IX, 김명희 옮김, 199-341)
Letter to Frederik van Eden (S.E., XIV, 301-2)	「프레데릭 판 에덴에게 보낸 편지」(임진수 옮김, in 『끝이 있는 분석과 끝이 없는 분석』)
Thoughts for the Times on War and Death (S.E., XIV, 273-300)	「전쟁과 죽음에 관한 시사(時事)적 고찰」(전집 XII, 김석희 옮김, 37-69)
Instincts and their Vicissitudes (S.E., XIV, 109-140)	「욕동과 욕동의 운명」 (「본능과 그 변화」, 전집 XI, 윤희기 옮김, 101-131)
Repression (S.E., XIV, 141-158)	「격리[억압]」 (「억압에 관하여」, 전집 XI, 윤희기 옮김, 137-153)
The Unconscious (S.E., XIV, 159-215)	「무의식」(전집 XI, 윤희기 옮김, 161-214)
A Metapsychological Supplement to the Theory of Dreams (S.E., XIV, 217-235)	「꿈의 이론에 관한 메타심리학적인 보충」 (「꿈-이론과 초심리학」, 전집 XI, 윤희기 옮김, 219-237)

집필 연도 [발표 연도]	원본	프랑스어
1915 [1917]	Trauer und Melancholie(G.W., X, 427-446, 논문)	Deuil et mélancolie, trad. J. Laplanche et J.-B. Pontalis, in *Métapsychologie*, Gallimard, 1952, 189-222.(O.C., XIII, 261-80)
1915 [1985]	Übersicht der Übertragungsneuroen(G.W., Nachtragsband, 634-51)	Vue d'ensemble des névroses de transfert(O.C., XIII, 281-302)
1915 [1919]	Brief an Frau Dr. Hermine von Hug- Hellmuth(G.W., X, 456, 편지)	Lettre à Mme le Dr. Hermine von Hug- Hellmuth(O.C., XIII, 303-8)
1915 [1915]	Mitteilung eines der psychoanalytischen Theorie widersprechenden Falles von Paranoia(G.W., X, 233-246, 논문)	Un cas de paranoïa qui contredisait la théorie psychanalytique de cette affection, trad. P. Jury, in R.J.P., 1935, 8, n° 1, 2-11; Communication d'un cas de paranoïa en contradiction avec la théorie psychanalytique, in *Névrose, psychose et perversion*, P.U.F., 1973, 209-218.(O.C., XIII, 309-21)
1915 [1916]	Vergänglichkeit(G.W., X, 357-361, 기고문)	Fugitivité, trad. M. Bonaparte, in Bonaparte, M.: "Deux personnes devant l'abîme", in R.F.P., 1956, 20, n° 3, 307- 315; Ephémère destinée, in *Résultats, idées, problèmes I*, P.U.F., 1984, 233-236.(O.C., XIII, 323-328)
1915- 17 [1916- 17]	*Vorlesungen zur Einführung in die Psychoanalyse*(Heller, I, II, 1916; III, 1917; G.W., XI 전권, 단행본) I. Die Fehlleistungen II. Der Traum III. Allgemeine Neurosenlehre	*Introduction à la psychanalyse*, trad. S. Jankélévitch, Payot, 1951(O.C., XIV, 전권)
1916 [1916- 17]	Mythologische Parallele zu einer plasitischen Zwangsvorstellung(G.W., X, 397-400, 논문)	Parallèles mythologiques à une représentation obsessionnelle plastique, trad. E. Marty et M. Bonaparte, in *Essais de psychanalyse appliquée*, Gallimard, 1971, 83-85.(O.C., XV, 1-4)
1916 [1916- 17]	Eine Beziehung zwischen einem Symbol und einem Symptom(G.W., X, 393-395, 논문)	Rapport entre un symbole et un symptôme, trad. P. Jury, in R.F.P., 1935, 8, n° 3, 447- 448; Une relation entre un symbole et un symptôme, in *Résultats, idées, prolèmes I*, P.U.F., 1984, 237-238.(O.C., XV, 5-8)

영어	한국어
Mourning and Melancholia(S.E., XIV, 237-258)	「애도와 멜랑콜리」 (「슬픔과 우울증」, 전집 XI, 윤희기 옮김, 243-265)
	「전이 신경증의 개관」(임진수 옮김, in『끝이 있는 분석과 끝이 없는 분석』)
Letter to Dr. Hermine von Hug-Hellmuth(S.E., XIV, 341)	「헤르미네 폰 후크-헬무트 박사에게 보낸 편지」(임창덕 옮김, in『끝이 있는 분석과 끝이 없는 분석』)
A Case of paranoia Running Counter to the Psycho-Analytic Theory of the Disease(S.E., XIV, 261-272)	「정신분석 이론에 반하는 파라노이아의 한 사례」 (「정신분석 이론에 반하는 편집증의 사례」, 전집 X, 황보석 옮김, 121-133)
On Transience(S.E., XIV, 303-307)	「덧없음」(전집 XIV, 정장진 옮김, 335-339)
Introductory Lectures on Psycho-Analysis(S.E., XV, XVI, 2권 전권)	「정신분석 입문 강의」(전집 I 전권, 임홍빈·홍혜경 옮김)
A Mythological Parallel to a Visual Obsession(S.E., XIV, 337-338)	「조형적 강박 표상과 신화의 평행 현상」(김정미 옮김, in『끝이 있는 분석과 끝이 없는 분석』)
A Connection between a Symbol and a Symptom(S.E., XIV, 339-340)	「상징과 증상의 관계」(김정미 옮김, in『끝이 있는 분석과 끝이 없는 분석』)

집필 연도 [발표 연도]	원본	프랑스어
1916 [1916- 17]	Anmerkung des Herausgerbers zu: Ernest Jones, 《Professor Janet über Psychoanalyse》(G.W., *Nachtragsband*, 768)	Note de l'éditeur à l'article de Ernest Jones : 《La pychanalyse vue par le professeur Janet》(O.C., XV, 9-11)
1916	Einige Charaktertypen aus der psychoanalytischen Arbeit(G.W., X, 363- 391, 논문)	Quelques types de caractères dégagés par la psychanalyse, trad. E. Marty et M. Bonaparte, in *Essais de psychanalyse appliquée*, Gallimard, 1971, 105- 136.(O.C., XV, 13-40)
1916 [1917]	A pszihoanalizis egy néhézségerol, (Eine Schwierigkeit der Psychoanalyse)(G.W., XII, 1-12, 논문)	Une difficulté de la psychanalyse, trad. E. Marty et M. Bonaparte, in *Essais de psychanalyse appliquée*, GAllimard, 1933, 137-147.(O.C., XV, 41-51)
1915? [1916- 17]	Über Triebumsetzungen, insbesondere der Analerotic(G.W., X, 401-410, 논문)	Sur les transformations des pulsions, particulièrement dans l'érotisme anal, trad. D. Berger, in *La vie sexuelle*, P.U.F., 1969, 106-112.(O.C., XV, 53-62)
1917 [1917]	Eine Kindheitserinnerung aus "Dichtung und Wahrheit"(G.W., XII, 13-26, 논문)	Un souvenir d'enfance dans "Fiction et Vérité" de Gthe, trad. E. Marty et M. Bonaparte, in *Essais de psychanalyse appliquée*, Gallimard, 1971, 149- 161.(O.C., XV, 63-75)
1917 [1918]	Das Tabu der virginität (Beiträge zur Psychologie des Liebeslebens, III→1924년 단행본)(G.W., XII, 159-180, 논문)	Le tabou de la virginité (Contributions à la psychologie de la vie amoureuse, III), trad. D. Berger, in *La vie sexuelle*, P.U.F., 1969, 66-80.(O.C., XV, 77-96)
1918 [1919]	Wege der psychoanalytischen Therapie(G.W., XII, 181-194, 논문)	Les voies nouvelles de la thérapeutique psychanalytique, trad. A. Berman, in *La technique psychanalytique*, P.U.F., 1953, 131-141.(O.C., XV, 97-108)
1918 [1919]	헝가리 어 원본. Kelle-e az egyetemen a psychoanalsist-tanitani?(Soll die Psychoanalyse an den Universitäten gelehrt werden?) (G.W., *Nachtragsband*, 699- 703)	Doit-on enseigner la psychanalyse à l'université?, in *Résultats, idées, problèmes II*, P.U.F., 1985, 239-242.(O.C., XV, 109- 14)
1919 [1919]	"Ein Kind wird geschlagen"(G.W., XII, 195-226, 논문)	"On bat un enfant", trad. H. Hœsli, in R.F.P., 1933, 6, n° 3-4, 274-297; "Un enfant est battu", in *Névrose, psychose et perversion*, P.U.F. 1973, 219-244.(O.C., XV, 115-46)

영어	한국어
Footnote to Enest Jones's 《Professor Janet über Psychoanalyse》(S.E., II, p.xiii)	「어니스트 존스의 「자네 교수가 바라본 정신분석」에 대한 편집자의 주석」(임진수 옮김, in 『끝이 있는 분석과 끝이 없는 분석』)
Some Character-Types met with in Psycho-Analytic Work(S.E., XIV, 309-333)	「정신분석 작업에서 드러난 몇 가지 성격 유형」 (「정신분석에 의해서 드러난 몇 가지 인물 유형」, 전집 XIV, 정장진 옮김, 345-382)
A Difficulty in the Path of Psycho-Analysis(S.E., XVII, 135-144)	「정신분석의 어려움」(김삼수 옮김, in 『끝이 있는 분석과 끝이 없는 분석』)
On Transformations of Instinct as Exemplified in Anal Erotism(S.E., XVII, 125-133)	「특히 항문 성애에서의 욕동의 변형에 관하여」 (「항문 성애의 예로 본 본능의 변형」, 전집 VII, 김정일 옮김, 275-282: [신판] 박종대 옮김, 253-60)
A Childhood Recollection from "Dichtung und Wahrheit"(S.E., XVII, 145-156)	「괴테의 〈시와 진실〉에 나타난 어린 시절의 기억」 (「괴테의 〈시와 진실〉에 나타난 어린 시절의 추억」, 전집 XIV, 정장진 옮김, 385-398
The Taboo of Virginity (Contributions to the Psychology of Love, III)S.E., XI, 191-208)	「처녀성의 터부(애정 생활의 심리학에 대한 기고 III)」 (「처녀성의 금기」, 전집 VII, 김정일 옮김, 239-261: [신판] 박종대 옮김, 221-40)
Lines of Advance in Psycho-Analytic Therapy(S.E. XVII, 157-168)	「정신분석적 치료의 길」(임진수 옮김, in 『끝이 있는 분석과 끝이 없는 분석』)
On the Teaching of Psycho-Analysis in Universities(S.E., XVII, 171-173)	「대학에서 정신분석을 가르쳐야 하는가?」 (김태형 옮김, in 『끝이 있는 분석과 끝이 없는 분석』)
'A Child is being Beaten'; A Contribution to the Study of the Origin of Sexual Perversions(S.E., XVII, 175-204)	「〈매 맞는 아이〉」 (「〈매 맞는 아이〉-성도착의 원인 연구에 기고한 논문」, 전집 X, 황보석 옮김, 137-170)

집필 연도 [발표 연도]	원본	프랑스어
1919 [1919]	Das Unheimliche(G.W., XII, 277-268, 논문)	L'inquiétante étrangeté, trad. E. Marty et M. Bonaparte, in *Essais de psychanalyse appliquée*, Gallimard, 1933, 163-211.(O.C., XV, 147-88)
1919 [1919]	E. T. A. Hoffmann über die Bewusstseinsfunktion(G.W., *Nachtragsband*, 769)	E. T. A. Hoffmann et la fonction de la conscience(O.C., XV, 189-91)
1919 [1919]	Internationaler Psychoanalytischer Verlag und Preiszuteilungen für psychoanalytische Arbeiten(G.W., XII, 331-336, 각서)	L'⟨Internationaler Psychoanalytischer Verlag⟩ et les attributions de prix pour des travaux psychanalytiques(O.C., XV, 193-8)
1919 [1919]	James J. Putnam(G.W., XII, 315, 추도사)	James Putnam(O.C., XV, 199-202)
1919 [1919]	Victor Tausk(G.W., XII, 316-318, 추도사)	Victor Tausk(O.C., XV, 203-8)
1919 [1919]	Vorrede zu "*Probleme der Religions-psychologie*" von D. Theodor Reik(G.W., XII, 325-329, 서문)	Avant-propos à *Problèmes de psychologie religieuse*, de Reik(O.C., XV, 209-16)
1919 [1919]	Einleitung zu "*Zur Psychoanalyse der Kriegsneurosen*"(G.W., XII, 321-324, 서문)	Introduction à la "*Psychanalyse des névroses de guerre*", in *Résultats, idées, problèmes I*, P.U.F., 1984, 243-248.(O.C., XV, 217-23)
1920 [1955]	Gutachten über elektrische Behandlung der Kriegs neurotiker(메모)(G.W., *Nachtragsband*, 704-710)	Rapport d'expert sur le traitement électrique des névrosés de guerre, in *Résultats, idées, problèmes I*, P.U.F., 1984, 249-253.(O.C., XV, 225-31)
1920 [1920]	Über die Psychogenese eines Falles von weiblicher Homosexualität(G.W., XII, 269-302, 논문)	Psychogenèse d'un cas d'homosexualité féminine, trad. H. Hœsli, in R.F.P., 1933, 6, n° 2, 130-154; Sur la psychogenèse d'un cas d'homosexualité féminine, in *Névrose, Psychose et perversion*, P.U.F., 1973, 245-270.(O.C., XV, 233-62)
1920 [1920]	Zur Vorgeschishte der analytischen Technik(G.W., XII, 307-312, 논문)	Sur la préhistoire de la technique analytique, in *Résultats, idées, problèmes I*, P.U.F., 1984, 255-258.(O.C., XV, 263-8)
1920 [1920]	Gedankenassoziation eines vierjährigen Kindes(GW., XII, 303-306, 에세이)	Association d'idées d'une enfant de quatre ans, in *Résultats, idées, problèmes I*, P.U.F., 1984, 259-260.(O.C., XV, 269-71)

영어	한국어
The 'Uncanny'(S.E., XVII, 217-256)	「섬뜩함」 (「두려운 낯설음」, 전집 XIV, 정장진 옮김, 403-452)
E. T. A. Hoffmann on the Finction of Consciousness(S.E., XVII, 234)	「E. T. A. 호프만과 의식의 기능」(임진수 옮김, in『끝이 있는 분석과 끝이 없는 분석』)
A Note on Psycho-Analytic Publications and Prizes(S.E., XVII, 267-269)	「국제적인 정신분석 출판과 정신분석 연구에 대한 수상(受賞)」(김철권 옮김, in『끝이 있는 분석과 끝이 없는 분석』)
James J. Putnam(S.E., XVII, 271-272)	「제임스 J. 퍼트넘 추도사」(김삼수 옮김, in 『끝이 있는 분석과 끝이 없는 분석』)
Victor Tausk(S.E., XVII, 273-275)	「빅토르 타우스크 추도사」(김태형 옮김, in 『끝이 있는 분석과 끝이 없는 분석』)
Preface to Reik's "Ritual;Psycho-Analy tic Studies"(S.E., XVII, 258-263)	「라이크의『종교심리학의 문제』에 대한 서문」(임창덕 옮김, in『끝이 있는 분석과 끝이 없는 분석』)
Introduction to "Psycho-Analysis and the War neuroses"(S.E., XVII, 205-210)	「『전쟁신경증의 정신분석에 관하여』의 서문」(김태형 옮김, in『끝이 있는 분석과 끝이 없는 분석』)
Memorandum on the Electrical Treatment of War Neurotics(S.E., XVII, 211-215)	「전쟁 신경증의 전기 치료에 대한 심사 보고서」(임창덕 옮김, in『끝이 있는 분석과 끝이 없는 분석』)
The Psychogenesis of a Case of Homosexuality in a Woman(S.E. XVIII, 145-172)	「한 여자 동성애 사례의 심리기원에 관하여」 (「여자 동성애가 되는 심리」, 전집 IX, 김명희 옮김, 347-382)
A Note on the Prehistory of the Technique of Analysis(S.E., XVIII, 263-265)	「분석기법의 선사(先史)에 대하여」(김정미 옮김, in『끝이 있는 분석과 끝이 없는 분석』)
Associations of a Four-Year-Old Child(S.E., XVIII, 266)	「네 살 된 아이의 사고(思考) 연상」(김삼수 옮김, in『끝이 있는 분석과 끝이 없는 분석』)

집필 연도 [발표 연도]	원본	프랑스어
1919-20 [1920]	*Jenseits des Lustprinzips* (Internationaler Psychoanalytische Verlag, 1920;G.W., XIII, 1-69, 단행본)	*Au-delà du principe du plaisir*, trad. S. Jankélévitch, rév. A. Hesnard, in *Essais de psychanalyse*, Payot, 1951, 5-75.(O.C., XV, 273-338)
1920 [1920]	Ergänzungen zur Traumlehre (G.W., *Nachtragsband*, 622-23)	Complément à la doctrine du rêve (O.C., XV, 339-42)
1920 [1920]	Dr. Anton v. Freund (G.W., XIII, 435-436, 추도사)	Dr. Anton von Freund (O.C., XV, 343-346)
1920 [1921]	Lettre à Édouard Claparède (G.W., *Nachtragsband*, 750-1; 프랑스어 원본)	Lettre à Édouard Claparède (O.C., XV, 347-52)
1921 [1921]	*Massenpsychologie und Ich-Analyse* (Internationaler Psychoanalytischer Verlag, 1921; G.W., XIII, 71-161, 단행본)	*Psychologie collective et analyse du moi*, trad. S. Jankélévitch, rév. A. Hesnard, in *Essais de psychanalyse*, Payot, 1951, 76-162.(O.C., XVI, 1-83)
1921 [1922]	Über einige neurotische Mechanismen bei Eifersucht, Paranoia und Homosexualität (G.W. XIII, 193-207, 논문)	De quelques mécanismes névrotiques dans la jalousie, la paranoïa et l'homosexualité, trad. J. Lacan, in R.F.P., 1932, 5, n° 3, 391-401; Sur quelques mécanismes névrotiques dans la jalousie, la paranoïa et l'homosexualité, in *Névrose, psychose et perversion*, P.U.F., 1973, 271-282.(O.C., XVI, 85-97)
1921 [1941]	Psychoanalyse und Telepathie (G.W., XVII, 27-44, 초고)	Psychanalyse et télépathie, in *Résultats, idées, problèmes II*, P.U.F., 1985, 7-24.(O.C., XVI, 99-118)
1921? [1922]	Traum und Telepathie (G..W., XIII, 163-191, 논문)	Rêve et télépathie, in *Résultats, idées, problèmes II*, P.U.F., 1985, 25-48.(O.C., XVI, 119-144)
1921 [1921]	Preface to "Addresses on Psycho-Analysis" by J. J. Putnam (G.W., XIII, 437-438, 서문)	Préface à J.J. Putnam, *Addresses on Psycho-Analysis* (O.C., XVI, 145-148)(O.C., XVI, 145-8)
1921 [1921]	Introduction to J. Varendonck's "*The Psychology of Day Dreams*" (Geleitwort zu J. Varendonck. "*Über das vorbewusste phantasierende Denken*") (G.W., XIII, 439-440, 서문)	Introduction à J. Varendonck, *La psychologie des rêves de jour* (O.C., XVI, 149-152)
1921 [1921]	Preiszuteilungen (G.W., *Nachtragsband*, 711)	Attribution de prix (O.C., XVI, 153-5)

영어	한국어
Beyond the Pleasure Principle (S.E., XVIII, 7-64)	『쾌락원칙을 넘어서』(전집 XI, 박찬부 옮김, 269-343)
Suppléments to the Theory of Dreams (S.E., XVIII, 4-5)	「꿈 이론에 대한 보충」(임진수 옮김, in 『끝이 있는 분석과 끝이 없는 분석』)
Dr. Anton von Freund (S.E., XVIII, 267-268)	「안톤 폰 프로인트 박사 추도사」(김정미 옮김, in 『끝이 있는 분석과 끝이 없는 분석』)
Extract from a Letter to Claparède (S.E., XI, 214-5)	「에두아르 클라파레드에게 보낸 편지」(임진수 옮김, in 『끝이 있는 분석과 끝이 없는 분석』)
Group Psychology and the Analysis of the Ego (S.E., XVIII, 65-143)	『집단 심리학과 자아 분석』(전집 XII, 김석희 옮김, 73-163)
Some Neurotic Mechanisms in Jealousy, Paranoia and Homosexuality (S.E., XVIII, 221-232)	「질투, 파라노이아 그리고 동성애에서의 몇몇 신경증적 기제에 대하여」(「질투, 편집증, 그리고 동성애의 몇 가지 신경증적 메커니즘」, 전집 X, 황보석 옮김, 173-186)
Psycho-Analysis and Telepathy (S.E., XVIII, 173-193)	「정신분석과 텔레파시」(김철권 옮김, in 『끝이 있는 분석과 끝이 없는 분석』)
Dreams and Telepathy (S.E. XVIII, 195-220)	「꿈과 텔레파시」(김정미 옮김, in 『끝이 있는 분석과 끝이 없는 분석』)
영어 원본 (S.E. XVIII, 269-270)	「J. J. 퍼트넘의 『정신분석에 대한 제언』의 서문」(김정미 옮김, in 『끝이 있는 분석과 끝이 없는 분석』)
영어 원본 (S.E. XVIII, 271-272)	「바렌동크의 『백일몽의 심리학』에 붙인 서문」(김정미 옮김, in 『끝이 있는 분석과 끝이 없는 분석』)
Award of Prizes (S.E. XVII, 269-270)	「수상 결정」(임진수 옮김, in 『끝이 있는 분석과 끝이 없는 분석』)

집필 연도 [발표 연도]	원본	프랑스어
1922 [1922]	Geleitwort zu Raymond de Saussure, *La méthode psychanalytique* (G.W., *Nachtragsband*, 752-3)	Préface à Raymond de Saussure, *La méthode psychanalytique* (O.C., XVI, 157-60)
1922 [1940]	Das Medusenhaupt (G.W., XVII, 47-48, 초고)	La tête de méduse, in *Résultats, idées, problèmes II*, P.U.F., 1985, 49-50. (O.C., XVI, 161-4)
1922 [1923]	Bemerkungen zur Theorie und Praxis der Traumdeutung (G.W. XIII, 299-314, 논문)	Remarques sur la théorie et la pratique de l'intérprétation du rêve, in *Résultats, idées, problèmes II*, P.U.F., 1985, 79-92. (O.C., XVI, 165-79)
1922 [1923]	"Psychoanalyse" and "Libidotheorie" (G.W., XIII, 209-233, 백과사전 항목)	"Psychanalyse" et "Théorie de la Libido", in *Résultats, idées, problèmes II*, P.U.F., 1985, 51-78. (O.C., XVI, 181-208)
1922 [1922]	Etwas vom Unbewussten (G.W., *Nachtragsband*, 730)	Quelque chose de l'inconscient (O.C., XVI, 209-11)
1922 [1923]	Eine Teufelsneurose im siebzehnten Jahrhundert (G.W., XIII, 315-353, 논문)	Une névrose démoniaque au XVIIe siècle, trad. E. Marty, rév. Bonaparte, in *Essais de psychanalyse appliquée*, Gallimard, 1971, 211-251. (O.C., XVI, 213-50)
1922 [1922]	Preisausschreibung (G.W., *Nachtragsband*, 712)	Mise au concours d'un prix (O.C., XVI, 251-3)
1922 [1923]	*Das Ich und das Es* (Internationaler psychoanalytischer Verlag, 1923; G.W., XIII, 235-289, 단행본)	*Le moi et le soi*, in *Essais de psychanalyse*, Payot, 1951, 163-218, 1970년판에서는, *Le moi et le ça*, trad. S. Jankélévitch, rév. Hesnard, in *Essais de psychanalyse*, Payot, 1970, 177-234. (O.C., XVI, 255-301)
1923 [1923]	Die infantile Genitalorganisation (G.W., XIII, 291-298, 논문)	L'organisation génitale infantile, trad. J. Laplanche, in *La vie sexuelle*, P.U.F., 1969, 113-116. (O.C., XVI, 303-9)
1923 [1923]	Brief an Luis Lopez-Ballesteros y de Torres (G.W., XIII, 442, 편지)	Lettre à Lopez-Ballesteros y de Torres (O.C., XVI, 311-314)
1923 [1923]	Josef Popper-Lynkeus und die Theorie des Traumes (G.W., XIII, 355-359, 추도사)	Josef Popper-Lynkeus et la théorie du rêve, in *Résultats, idées, problèmes II*, P.U.F., 1985, 93-96. (O.C., XVI, 315-9)

영어	한국어
Preface to Raymond de Saussure'e *The Psycho-Analytic Method* (S.E., XVIII, 283-284)	「레몽 드 소쉬르의 『정신분석 방법』에 대한 서문」(김태형 옮김, in 『끝이 있는 분석과 끝이 없는 분석』)
Medusa's Head (S.E., XVIII, 273-274)	「메두사의 머리」(김정미 옮김, in 『끝이 있는 분석과 끝이 없는 분석』)
Remarks on the Theory and Practice of Dream-Interpretation (S.E. XIX, 107-121)	「꿈의 해석의 이론과 실천에 관한 고찰」(임진수 옮김, in 『끝이 있는 분석과 끝이 없는 분석』)
Two Encyclopaedia Articles (A) Psycho-Analysis (S.E., XVIII, 235-254) (B) The Libido Theory (S.E., XVIII, 255-259)	「〈정신분석〉과 〈리비도 이론〉」(전집 XV, 박성수 옮김, 135-167)
Some Remarks on the Unconscious (S.E. XIX, 3-4)	「무의식에 관한 약간의 언급」(임진수 옮김, in 『끝이 있는 분석과 끝이 없는 분석』)
A Seventeenth-Century Demonological Neurosis (S.E., XIX, 67-105)	「17세기의 한 악마 신경증」(전집 XIV, 정장진 옮김, 457-506)
Prize Offer (S.E., XVII, 270)	「현상 모집」(임진수 옮김, in 『끝이 있는 분석과 끝이 없는 분석』)
The Ego and the Id (S.E. XIX, 1-59)	『자아와 그거』 (「자아와 이드」, 전집 XI, 박찬부 옮김, 347-414)
The infantile Genital Organization: An Interpolation into the Theory of Sexuality (S.E., XIX, 139-145)	「유년기의 성기 조직」 (「유아의 생식기 형성」, 전집 VII, 285-290: [신판] 박종대 옮김, 263-7)
Letter to Señor Luis Lopez-Ballesteros y de Torres (S.E., XIX, 289)	「루이스 로페스-바예스테로스 이 데 토레스에게 보낸 편지」(임창덕 옮김, in 『끝이 있는 분석과 끝이 없는 분석』)
Josef Popper-Lynkeus and the Theory of Dreams (S.E., XIX, 259-263)	「요제프 포퍼-린코이스와 꿈 이론」(김태형 옮김, in 『끝이 있는 분석과 끝이 없는 분석』)

집필 연도 [발표 연도]	원본	프랑스어
1923 [1923]	Vorwort zu Max Eitingon, Bericht über die Berliner psychoanalytische Poliklinik(G.W., XIII, 441, 서문)	Avant-propos au compte rendu de M. Eitingon sur la policlinique psychanalytique de Berlin(O.C., XVI, 321-324)
1923 [1923]	Dr. Ferenczi Sàndor(Zum 50. Geburtstag)(G.W., XIII, 443-445, 축사)	Le Dr. Ferenzi Sandor (pour son 50e anniversaire)(O.C., XVI, 325-330)
1923 [1924]	Psychoanalysis: Exploring the Hidden Recesses of the Mind(Kurzer Abriß de Psychoanalyse)(G.W., XIII, 403-427, 기고문)	Petit abrégé de psychanalyse, in *Résultats, idées, problèmes II*, P.U.F., 1985, 97-118.(O.C., XVI, 331-54)
1923 [1924]	Brief an Fritz Wittels(G.W., *Nachtragsband*, 754-8)	Lettre à Fritz Wittels (O.C., XVI, 355-63)
1923 [1924]	Neurose und Psychose(G.W., XIII, 381-391, 논문)	Névrose et psychose, in *Névrose, psychose et perversion*, P.U.F., 1973, 238-286.(O.C., XVII, 1-7)
1924 [1924]	Das ökonomische Problem des Masochismus(G.W., XIII, 369-383, 논문)	Le problème économique du masochisme, trad. E. Pichon et H. Hœsli, in *Névrose, psychose, et perversion*, P.U.F., 1973, 287-298.(O.C., XVII, 9-23)
1924 [1924]	Der Untergang de Ödipuskomplexes(G.W., XIII, 393-402, 논문)	La disparition du complexe d'Œdipe, trad. D. Berger, in *La vie sexuelle*, P.U.F., 1969, 117-122.(O.C., XVII, 25-33)
1924 [1924]	Der Realitätsverlust bei Neurose und Psychose(G.W., XIII, 361-368, 논문)	La perte de la réalité dans la névrose et dans la psychose, in *Névrose, psychose et perversion*, P.U.F., 1973, 299-303.(O.C., XVII, 35-41)
1924 [1924]	Lettre au *"Disque Vert"*(Zuschrift an die Zeitschrift, *"Le Disque Vert"*)(G.W., XIII, 446, 기고문)	프랑스어 원본(O.C., XVII, 43-47)
1924 [1924]	Mitteilung des Herausgebers(G.W., *Nachtragsband*, 713-4)	Communication de l'Editeur (O.C., XVII, 47-49)
1924 [1925]	*Selbstdarstellung*(Grote's "Die Medizin der Genenwart in Selbstdarstellungen", IV, 1-52, Meiner, 1925; G.W., XIV, 31-96, 단행본)	*Ma vie et la psychanalyse*, rév. S. Freud, trad. M. Bonaparte, Gallimard, 1949.(O.C., XVII, 51-122)

영어	한국어
Preface to Max Eitingon's "Report on the Berlin Psycho-Analytic Policlinic (March 1920 to June 1922)" (S.E., XIX, 285)	「막스 아이팅온의『베를린 정신분석 외래진료부에 관한 보고서』서문」(임창덕 옮김, in『끝이 있는 분석과 끝이 없는 분석』)
Dr. Sándor Ferenczi (On his 50th Birthday) (S.E., XIX, 265-269)	「산도르 페렌치 박사(그의 50세 생일을 맞아)」(김태형 옮김, in『끝이 있는 분석과 끝이 없는 분석』)
A Short Account of Psycho-Analysis (S.E., XIX, 191-209)	「정신분석의 요약: 마음의 숨겨진 부분의 탐구」(「정신분석학 소론」, 전집 XV, 한승완 옮김, 173-198)
Letter to Fritz Wittels (S.E., XIX, 286-8)	「프리츠 비텔에게 보낸 편지」(임창덕 옮김, in『끝이 있는 분석과 끝이 없는 분석』)
Neurosis and Psychosis (S.E., XIX, 147-153)	「신경증과 정신증」(전집 X, 황보석 옮김, 189-195)
The Economic Problem of Masochism (S.E., XIX, 155-170)	「피학증의 경제학적 문제」(「마조히즘의 경제적 문제」, 전집 XI, 박찬부 옮김, 417-432)
The Dissolution of the Oedipus Complex (S.E., XIX, 171-179)	「오이디푸스 콤플렉스의 소멸」(「오이디푸스 콤플렉스의 해소」, 전집 VII, 김정일 옮김, 293-299: [신판] 박종대 옮김, 271-8)
The Loss of Reality in Neurosis and Psychosis (S.E., XIX, 181-187)	「신경증과 정신증에서 현실의 상실」(「신경증과 정신증에서 현실감의 상실」, 전집 X, 황보석 옮김, 197-203)
Letter to "Le Disque Vert" (S.E., XIX, 290)	「『녹색 음반Le Disque Vert』지(誌)에 보낸 편지」(임창덕 옮김, in『끝이 있는 분석과 끝이 없는 분석』)
Editorial Changes in the Zeitschrift (S.E., XIX, 293)	「편집자의 통지」(임창덕 옮김, in『끝이 있는 분석과 끝이 없는 분석』)
An Autobiographical Study (S.E., XX, 1-70)	『자화상』(「나의 이력서」, 전집 XV, 한승완 옮김, 203-279)

집필 연도 [발표 연도]	원본	프랑스어
1924 [1925]	Résistances à la psychanalyse(Die Widerstände gegen die Psychoanalyse) (G.W., XIV, 97-110, 논문)	프랑스어 원본, La Revue Juive, 15-3-1925, I, 2, 209-219; in *Résultats, idées, problèmes II*, P.U.F., 1985, 125-134.(O.C., XVII, 123-35)
1924 [1925]	Notix über den "Wunderblock"(G.W., XiV, 1-8, 논문)	Note sur le "Bloc-notes magiques", in *Résultats, idées, problèmes II*, P.U.F., 1985, 119-124.(O.C., XVII, 137-43)
1925 [1925]	Brief an den Herausgeber der "Jüdische Presszentrale Zürich"(G.W., XIV, 556, 편지)	Lettre à l'éditeur de "Jüdische Presszentrale Zürich"(O.C., XVII, 145-148)
1925 [1925]	To the Opening of the Hebrew University(G.W., XIV, 556-557, 편지)	Message à l'occasion de l'inauguration de l'Université hébraïque(O.C., XVII, 149- 152)
1925 [1925]	Josef Breuer(G.W., XIV, 562-563, 추도사)	Josef Breuer(O.C., XVII, 153-158)
1925 [1925]	Geleitwort zu *"Verwahrloste Jugend"* von August Aichhorn(G.W., XIV 565-567, 서문)	Préface à *"Jeunesse à l'abandon"*(O.C., XVII, 159-164)
1925 [1925]	Die Verneinung(G.W., XIV, 9-15, 논문)	La négation, trad. H, Hœsli, in R.F.P., 1934, 7, n° 2, 174-177; in *Résultats, idées, problèmes II*, P.U.F., 1985, 135-140.(O.C., XVII, 165-71)
1925 [1925]	Einige Nachträge zum Ganzen der Traumdeutung(G.W., I, 559-573, 논문) Die Grenzen der Deutbarkeit Die sittliche Verantwortung für den Inhalt der Träume Die okkulte Bedeutung des Traumes	Quelques additifs à l'ensemble de l'interprétation des rêve, in *Résultats, idées, problèmes II*, P.U.F., 1985, 141-152.(O.C., XVII, 173-88)
1925 [1925]	Einige psychische Folgen des anatomischen Geschlechtsunterschieds(G.W., XIV, 17- 30, 논문)	Quelues conséquences psychologiques de la différence anatomique entre les sexes, trad. D. Berger, in *La vie sexuelle*, P.U.F., 1969, 123-132.(O.C., XVII, 189-202)
1925 [1926]	*Hemmug, Symptom und Angst*(Internationaler Psychoanalytischer Verlag, 1926; G.W., XIV, 111-205, 단행본)	*Inhibtion, symptôme et angoisse*, trad. M. Tort, P.U.F., 1965.(O.C., XVII, 203-86)

영어	한국어
The Resistances to Psycho-Analysis(S.E., XIX, 211-222)	「정신분석에 대한 저항」(전집 XV, 한승완 옮김, 283-294)
A Note upon the "Mystic Writing-Pad"(S.E., XIX, 225-232)	「〈신기한 만년 노트〉에 대한 메모」(「〈신비스런 글쓰기 판〉에 대한 소고」(전집 XI, 박찬부 옮김, 435-441)
Letter to the Editor of the "Jewish Press Centre in Zurich"(S.E., XIX, 291)	「〈취리히의 유대인 프레스 센터〉의 편집자에게 보낸 편지」(임창덕 옮김, in『끝이 있는 분석과 끝이 없는 분석』)
영어 원본(S.E., XIX, 292)	「히브리 대학교 개교에 즈음하여」(임창덕 옮김, in『끝이 있는 분석과 끝이 없는 분석』)
Josef Breuer(S.E., XIX, 277-280)	「요제프 브로이어 추도사」(임창덕 옮김, in『끝이 있는 분석과 끝이 없는 분석』)
Preface to Aichhorn's "Wayward Youth"(S.E., XIX, 271-275)	「아이히호른의『방임된 청소년』에 대한 서문」(김태형 옮김, in『끝이 있는 분석과 끝이 없는 분석』)
Negation(S.E., XIX, 233-239)	「부정」(전집 XI, 박찬부 옮김, 445-451)
Some Additional Notes upon Dream-Interpretation as a Whole(S.E., XIX, 123-138)	「꿈의 해석 전체에 대한 몇몇 보유(補遺)」(김삼수 옮김, in『끝이 있는 분석과 끝이 없는 분석』)
Some Psychical Consequences of the Anatomical Distinction between the Sexes(S.E., XIX, 241-258)	「해부학적인 성차의 몇몇 심리적 결과」(「성의 해부학적 차이에 따른 심리적 결과」, 전집 VII, 김정일 옮김, 303-315: : [신판] 박종대 옮김, 281-93)
Inhibitions, Symptoms and Anxiety(S.E., XX, 75-174)	「억제, 증상 그리고 불안」(「억압, 증상 그리고 불안」, 전집 X, 황보석 옮김, 207-306)

집필 연도 [발표 연도]	원본	프랑스어
1925? [1926]	Psycho-Analysis(G.W., XIV, 297-307, 백과사전 항목)	Psychanalyse(école freudienne), trad. G. Lauzun, in G. Lauzun: Sigmund Freud et la psychanalyse, Seghers, 1966, 163- 171: Psycho-analysis, in *Résultats, idées, problèmes II*, P.U.F., 1985, 153-160.(O.C., XVII, 287-96)
1926 [1926]	*Die Frage der Laienanalyse*(Internationaler Psychoanalytischer Verlag, 1926: G.W., XIV, 207-286, 단행본)	*Psychanalyse et médecine*, rév. S. Frued, trad. M. Bonaparte, in *Ma vie et la psychanalyse*, Gallimard, 1949, 117- 239.(O.C., XVIII, 1-92)
1926 [1926]	Dr. Reik und die Kurpfuschereifrage(G.W., *Nachtragsband*, 715-7)	Le Dr Reik et la question du charlatanisme (O.C., XVIII, 93-6)
1925 [1926]	An Romain Rolland(G.W., XIV, 553, 편지)	Lettre à Romain Rolland, trad. A. Berman, avec coll. J. P. Grossein, in *Correspondance 1873-1939*, Gallimard, 1966, 395.(O.C., XVIII, 97-9)
1925 [1926]	Karl Abraham(G.W., XiV, 564, 추도사)	Karl Abraham(O.C., XVIII, 101-104)
1926 [1926]	Bemerkung zu E. Pickworth Farrow's "Eine Kindheitserinnerung aus dems 6. Lebensmonat"(G.W., XIV, 568, 서문)	Remarque à propos de "Un souvenir d'enfance du 6e mois de la vie", de E. Pickworth Farrow(O.C., XVIII, 105-108)
1926 [1926]	Anmerkung über Ewald Hering(G.W., *Nachtragsband*, 770-1)	Note sur Ewald Hering(O.C., XVIII, 109- 11)
1926 [1941]	Ansprache an die Mitglieder des Vereins B'nai B'rith(G.W., XVII, 49-53, 편지)	Aux membres de l'Associations B'nai B'rith, trad. A. Berman et J. P. Grosein, in *Correspondance 1873-1939*, Gallimard, 1966, 397-399.(O.C., XVIII, 113-7)
1926 [1926]		Réponse aux *Cahiers contemporains*(No 3) :《Au-delà de l'amour》(O.C., XVIII, 119- 21)
1927 [1927]	Fetischismus(G.W., XIV, 309-316, 논문)	Le fétichisme, trad. D. Berger, in *La vie sexuelle*, P.U.F., 1969, 133-138.(O.C., XVIII, 123-31)
1927 [1927]	Der Humor(G.W., XIV, 381-389, 논문)	L'humour, trad. M. Bonaparte et M. Nathan, in *Le mot d'esprit et ses rapports avec l'inconscient*, Gallimard, 1969, 367, 376.(O.C., XVIII, 133-40)

영어	한국어
영어 원본(S.E., XX, 259-270)	「정신분석」(임유빈 옮김, in 『끝이 있는 분석과 끝이 없는 분석』)
The Question of Lay Analysis(S.E., XX, 177-250)	『비전문가 분석의 문제』(전집 XV권, 박성수 옮김, 299-404)
Dr. Reik and the problem of Quackery(S.E., XXI, 247-48)	「라이크 박사와 무면허 의사의 문제」(김정미 옮김, in 『끝이 있는 분석과 끝이 없는 분석』)
To Romain Rolland(S.E., XX, 279)	「로맹 롤랑에게 보낸 편지」(김철권 옮김, in 『끝이 있는 분석과 끝이 없는 분석』)
Karl Abraham(S.E., XX, 277-278)	「카를 아브라함 추도사」(김철권 옮김, in 『끝이 있는 분석과 끝이 없는 분석』)
Prefatory Note to a Paper by E. Pickworth Farrow(S.E., XX, 280)	「픽워스 패로우의 《생후 6개월 어린 시절의 기억》에 대한 소견」(김철권 옮김, in 『끝이 있는 분석과 끝이 없는 분석』)
Freud and Hering(S.E., XIV, 205)	「에발트 헤링에 대한 주석」(임진수 옮김, in 『끝이 있는 분석과 끝이 없는 분석』)
Address to the Society of B'nai B'rith(S.E., XX, 271-274)	「브나이 브리트 협회에 보낸 인사말」(김철권 옮김, in 『끝이 있는 분석과 끝이 없는 분석』)
	「『현대 평론 *Cahiers contemporains*』에 대한 답변: 〈사랑의 피안〉」(임진수 옮김, in 『끝이 있는 분석과 끝이 없는 분석』)
Fetishism(S.E., XXI, 147-157)	「물품성애증」(「절편음란증」)(전집 VII권, 김정일 옮김, 319-326: [신판] 박종대 옮김, 297-304)
Humour(S.E., XXI, 159-166)	「유머」(전집 VIV, 정장진 옮김, 509-516)

집필 연도 [발표 연도]	원본	프랑스어
1927 [1927]	*Die Zukunft einer Illusion*(Internationaler Psychoanalytischer Verlag, 1927, G.W., XIV, 323-380, 단행본)	*L'avenir d'une illusion*, trad. M. Bonaparte, P.U.F., 1971.(O.C., XVIII, 141-97)
1927 [1928]	Ein religiöses Erlebnis(G.W., XIV, 391- 396, 논문)	Un événement de la vie religieuse, trad. M. Bonaparte, in *L'avenir d'une illusion*, P.U.F., 1971, 95-100.(O.C., XVIII, 199-204)
1927 [1928]	Dostojewski und die Vatertötung(G.W., XIV, 397-418, 기고문)	Dostoïewski, par sa femme, A. G. Dostoïewska, Gallimard, 1930, 13-33; in *Résultats, idées, problèmes II*, P.U.F., 1985, 161-180.(O.C., XVIII, 205-25)
1929 [1930]	Auszug eines Brief an Theodor Reik(G.W., *Nachtragsband*, 668-9)	Extrait d'une lettre à Theodor Reik(O.C., XVIII, 227-30)
1929 [1929]	Lettre à Maxime Leroy sur "Quelques rêves de Descartes"(Brief an Maxim Leroy über einen Traum des Cartesius)(G.W., XIV, 558-560, 편지)	프랑스어 원본, Lettre à Maxime Leroy sur un rêve de Descartes(O.C., XVIII, 231- 240)
1929 [1929]	Ernest Jones zum 50. Geburtstag(G.W., XIV, 554-555, 축사)	Pour le cinquantième anniversaire de Ernest Jones(O.C., XVIII, 241-244)
1929 [1930]	*Das Unbehagen in der Kultur*(Internationaler Psychoanalytischer Verlag, 1930; G.W., XIV, 419-506, 단행본)	*Malaise dans la civilsation*, trad. M. et Mme. C. Odier, P.U.F., 1971.(O.C., XVIII, 245-333)
1930 [1930]	Introduction to the Special Psychopathology Number of The "*Medical Review of Reviews*"(Geleitwort zu "*Medical Review of Reviews*", Vol. XXXVI, 1950; G.W., XIV, 570-571, 서문)	Préface à la *Medical Review of Reviews*(O.C., XVIII, 335-338)
1930 [1930]	Vorwort zur "*Zehn Jahre Berliner Psychoanalytisches Institus*"(G.W., XIV, 572, 서문)	Avant-propos à la brochure *Dix ans de l'Institut psychanalytique de Berlin*(O.C., XVIII, 339-342)
1930 [1930]	Goeth-Preis 1930(G.W., XIV, 543-550, 편지) Brief an Dr. Alfons Paquet Ansprache im Frankfurter Goeth-Haus	Lettre au Dr. A. Paquet, Trad. A. Berman avec coll. J. P. Grossein, in *Correspondance 1873-1939*, Gallimard, 1966, 434; Prix Gœthe 1930, in Résultats, idées, problèmes II, P.U.F., 1985, 181-186.(O.C., XVIII, 343-55)

영어	한국어
The Future of an Illusion(S.E., XXI, 1-56)	『착각의 미래』 (「환상의 미래」, 전집 XII, 김석희 옮김, 169-230)
A Religious Experience(S.E., XXI, 167-172)	「종교 체험」(김철권 옮김, in 『끝이 있는 분석과 끝이 없는 분석』)
Dostoevsky and Parricide(S.E., XXI, 173-194)	「도스토옙스키와 아버지 살해」(전집 XIV, 정장진 옮김 519-545)
A Letter from Freud to Theodor Reik(S.E., XXI, 195-6)	「테오도르 라이크에게 보낸 편지 발췌」(임진수 옮김, in 『끝이 있는 분석과 끝이 없는 분석』)
Some Dreams of Descartes'; A Letter to Maxime Leroy(S.E., XXI, 197-204)	「《데카르트의 한 꿈》에 대해 막심 르루와에게 보낸 편지」(김정미 옮김, in 『끝이 있는 분석과 끝이 없는 분석』)
Dr. Ernest Jones(on his 50th Birthday)(S.E., XXI, 249-250)	「50세 생일을 맞은 어니스트 존스를 위하여」(김정미 옮김, in 『끝이 있는 분석과 끝이 없는 분석』)
Civilization and its Discontents(S.E. XXI, 57-145)	『문명 속의 불만』(전집 XII, 김석희 옮김, 233-329)
영어 원본(S.E., XXI, 254-255)	「『의학 논평의 논평』지(誌)의 서문」(김삼수 옮김, in 『끝이 있는 분석과 끝이 없는 분석』)
Preface to "Ten Years of the Berlin Psycho-Analytic Institute"(S.E., XXI, 257)	「소책자 『베를린 정신분석 연구소의 10년』에 대한 서문」(김삼수 옮김, in 『끝이 있는 분석과 끝이 없는 분석』)
The Goethe Prize(S.E., XXI, 207-212) Letter to Alfons Paquet Address Delivered in the Goethe House at Frankfurt	「괴테 상 수상 소감」 (「괴테와 정신분석」, 전집 XIV, 정장진 옮김, 551-560)

집필 연도 [발표 연도]	원본	프랑스어
1930 [1931]	Geleitwort zu "Elementi di Psicoanalisi" von Edoardo Weiss(G.W., XIV, 573, 서문)	Préface à *Elementi di psicoanalisi* d'Edoardo Weiss(O.C., XVIII, 357-360)
1930 [1961]	Einleitung zu S. Freud und W. C. Bullitt, *Thomas Woodrow Wilson*(G.W., *Nachtragsband*, 686-92)	Introduction à *Thomas Woodrow Wilson* de S. Freud et W. C. Bullitt(O.C., XVIII, 361- 72)
1930 [1934]	Vorrede zur hebäischen Ausgabe von "*Totem und Tabu*"(G.W., XIV, 569, 서문)	Avant-propos à l'édition en hébreu(O.C., XI, 195)
1930 [1934]	Vorrede zur hebräischen Ausgabe der "*Vorlesungen zur Einführung in die Psychoanalyse*"(G.W., XVI, 274-275, 서문)	Avant-propos à l'édition en hébreu(O.C., XIV, 1-2)
1931 [1931]	Über libidinöse Typen(G.W., XIV, 507- 513, 논문)	Des types libidinaux, trad. D. Berger, in *La vie sexuelle*, P.U.F., 1969, 156-159).(O.C., XIX, 1-6)
1931 [1931]	Über die weibliche Sexualität(G.W., XIV, 515-537, 논문)	Sur la sexualité féminine, trad. D. Berger, in *La vie sexuelle*, P.U.F., 1969, 139- 155.(O.C., XIX, 7-28)
1931 [1932]	Zur Gewinnung des Feuers(G.W., XVI, 1-9, 논문)	Sur la prise de possession du feu, in *Résultats, idées, problèmes II*, P.U.F., 1985, 191-196.(O.C., XIX, 29-37)
1930 [1931]	Das Fakultätsgutachten im Prozess Halsmann(G.W., XIV, 539-542, 의견서)	L'expertise de la faculté au procès Halsmann, in *Résultats, idées, problèmes II*, P.U.F., 1985, 187-190.(O.C., XIX, 39-43)
1931 [1931]	Brief an den Bürgermeister der Stadt Pribor(G.W., XIV, 561, 편지)	Lettre an maire de la ville de Pribor, trad. A. Berman avec coll. J. P. Grossein, in *Correspondance 1873-1939*, Gallimard, 1966, 444-445.(O.C., XIX, 45-7)
1931 [1932]	Geleitwort zu "*Allgemeine Neurosenlehre auf psychoanalytischer Grundlage*" von Hermann Nunberg(G.W., XVI, 273, 서문)	Préface à Nunberg, H.; *Principes de psychanalyse. Leur application aux névroses*, trad. A. M. Rocheblave, P.U.F., 1967(O.C., XIX, 49-51)
1931 [1931]	Brief an Professor Tandler(G.W., *Nachtragsband*, 718-9)	Lettre au professeur Tandler(O.C., XIX, 53-5)
1931 [1931]	Auszug eines Briefs an Georg Fuchs(G.W., *Nachtragsband*, 759-60)	Extrait d'une lettre à Georg Fuchs (O.C., XIX, 57-9)

영어	한국어
Introduction to Edoardo Weiss's "*Elements of Psycho-Analysis*" (S.E., XXI, 256)	「에도아르도 와이스의 ≪정신분석 요강≫에 대한 서문」(김삼수 옮김, in 『끝이 있는 분석과 끝이 없는 분석』)
	「프로이트와 불리트의 『토머스 우드로 윌슨』 서문」(임진수 옮김, in 『끝이 있는 분석과 끝이 없는 분석』)
Preface to the Hebrew Translation of "*Totem and Taboo*" (S.E., XIII, xv)	「『토템과 터부』의 히브리어 번역판 서문」(김철권 옮김, in 『끝이 있는 분석과 끝이 없는 분석』)
Preface to Hebrew Translation of "*Introductory Lectures on Psycho-Analysis*" (S.E., XV, 11-12)	「『정신분석 입문 강의』의 히브리어 번역판 서문」(김정미 옮김, in 『끝이 있는 분석과 끝이 없는 분석』)
Libidinal Types (S.E., XXI, 215-220)	「리비도의 여러 가지 유형」(전집 VII, 김정일 옮김, 329-333: [신판] 박종대 옮김, 307-11)
Female Sexuality (S.E. XXI, 221-243)	「여성의 성욕에 관하여」(전집 VII, 김정일 옮김, 337-361: [신판] 박종대 옮김, 315-38)
The Acquisition and Control of Fire (S.E., XXII, 183-193)	「불의 획득에 대하여」 (「불의 입수와 지배」, 전집 XII, 이윤기 옮김, 243-251)
The Expert Opinion in the Halsmann Case (S.E., XXI, 251-253)	「할스만 소송에 대한 의대 교수단의 감정서」(김정미 옮김, in 『끝이 있는 분석과 끝이 없는 분석』)
Letter to the Burgomaster of Příbor (S.E., XXI, 259)	「프시보르 시장에게 보낸 편지」(김삼수 옮김, in 『끝이 있는 분석과 끝이 없는 분석』)
Preface to Hermann Nunberg's "*General Theory of the Neuroses on a Psycho-Analytic Basis*" (S.E., XXI, 258)	「허맨 넌버그의 『정신분석 기초에 근거한 일반 신경증 이론』에 대한 서문」(김삼수 옮김, in 『끝이 있는 분석과 끝이 없는 분석』)
	「탄들러 교수에게 보낸 편지」(임진수 옮김, in 『끝이 있는 분석과 끝이 없는 분석』)
Letter to Georg Fuchs (S.E., XXII, 251-2)	「게오르크 푹스에게 보낸 편지의 발췌」 (김태형 옮김, in 『끝이 있는 분석과 끝이 없는 분석』)

집필 연도 [발표 연도]	원본	프랑스어
1932 [1933]	Warum Kieg?(Einstein und Freud)(G.W., XVI, 11-27, 편지)	Pourquoi la guerre?(avec Einstein), trad. B. Briod, in R.F.P., 1957, 21, n° 6, 757-768; in *Résultats, idées, problèmes II*, P.U.F., 1985, 203-216.(O.C., XIX, 61-81)
1932 [1933]	*Neue Folge der Vorlesungen zur Einführung in die Psychoanalyse*(Internationaler Psychoanalytischer Verlag, 1933; G.W., XV 전권, 단행본)	*Nouvelles conférences sur la psychanalyse*, trad. A. Berman, Gallimard, 1936.(O.C., XIX, 83-268)
1932 [1932]	Freud professzor és a túlvilá(헝가리어 원본)	Le Professeur Freud et l'au-delà(résumé de la XXXe Leçon(O.C., XIX, 269-75)
1932 [1932]	Meine Berührung mit Josef Popper-Lynkeus(G.W., XVI, 261-266, 축사)	Ma rencontre avec Josef Popper-Lynkeus, in *Résultats, idées, problèmes II*, P.U.F., 1985, 197-202.(O.C., XIX, 277-85)
1932 [1936]	Vorwort zu Richard Sterb, *Handwörterbuch des Psychoanalyse*(G.W., *Nachtragsband*, 761)	Préface à Richard Sterba *Dictionnaire général de psychanalyse* (O.C., XIX, 287-9)
1932 [1932]	Brief an Siegfried Hessing(G.W., *Nachtragsband*, 670)	Lettre à Siegfried Hessing(O.C., XIX, 291-3)
1932 [1933] 1937 [1938]	Quatre lettres à André Breton(프랑스어 원본)	Quatre lettres à André Breton(O.C., XIX, 295-304)
1933 [1933]	Préface à M. Bonaparte; *"Edga Poe, étude psychanalytique"*(Vorwort zu *"Edga Poe, eine psychanalytische Studie"*(G.W., XVI, 276, 서문)	Avant-prospos à Maire Bonaparte, *Edgar Poe, étude psychanalytique*(O.C., XIX, 305-307)
1933 [1933]	Sándor Ferenczi(G.W., XVI, 267-269, 축사)	Sandor Ferenzi(O.C., XIX, 309-314)
1935 [1935]	Thomas Mann zum 60. Geburtstg(G.W., XVI, 249, 편지)	Lettre à Thomas Mann, trad. A. Berman avec coll. J. P. Grossein, in *Correspondance 1873-1939*, Gallimard, 1966, 464.(O.C., XIX, 315-7)
1935 [1935]	Die Feinheit einer Fehlhandlung(G.W., XVI, 35-39, 논문)	La finesse d'un acte manqué, in *Résultats, idées, problèmes II*, P.U.F., 1985, 217-220.(O.C., XIX, 319-23)

영어	한국어
Why War?(Einstein and Freud)(S.E., XXII, 195-215)	「왜 전쟁인가?(아인슈타인과 프로이트)」(전집 XII, 김석희 옮김, 333-354)
New Introductory Lectures on Psycho-Analysis (S.E., XXII, 1-182)	『새로운 정신분석 입문 강의』(전집 II, 임홍빈·홍혜경 옮김, 전권)
	「프로이트 교수와 피안(제30강 요약)」(임진수 옮김, in 『끝이 있는 분석과 끝이 없는 분석』)
My Contact with Josef Popper-Lynkeus(S.E., XXII, 217-224)	「요제프 포퍼-린코이스와 나의 만남」(김삼수 옮김, in 『끝이 있는 분석과 끝이 없는 분석』)
Preface to Richard Sterba's *Dictionary of Psycho-Analysis* ((S.E., XXII, 253)	「리하르트 슈테르바의 『정신분석 사전』에 대한 서문」(김태형 옮김, in 『끝이 있는 분석과 끝이 없는 분석』)
	「지크프리트 헤싱에게 보낸 편지」(임진수 옮김, in 『끝이 있는 분석과 끝이 없는 분석』)
	「앙드레 브르통에게 보낸 네 편의 편지」(임진수 옮김, in 『끝이 있는 분석과 끝이 없는 분석』)
Preface to Marie Bonaparte's *"The Life and Works of Edgar Allan Poe:A Psycho-Analytic Interpretation"* (S.E., XXII, 254)	「마리 보나파르트의 『에드거 포, 정신분석적인 연구』에 대한 서문」(김태형 옮김, in 『끝이 있는 분석과 끝이 없는 분석』)
Sándor Ferenczi(S.E., XXII, 225-229)	「산도르 페렌치 추도사」(김태형 옮김, in 『끝이 있는 분석과 끝이 없는 분석』)
To Thomas Mann on his Sixtieth Birthday(S.E., XXII, 255)	「60세 생일을 맞은 토마스 만」(김태형 옮김, in 『끝이 있는 분석과 끝이 없는 분석』)
The Subtleties of a Faulty Actions(S.E., XXII, 231-235)	「실수의 미묘함」(김태형 옮김, in 『끝이 있는 분석과 끝이 없는 분석』)

집필 연도 [발표 연도]	원본	프랑스어
1936 [1936]	Brief an Romain Rolland(Eine Erinnerungsstörung auf der Akropolis)(G.W., XVI, 250-257, 편지)	Un trouble de mémoire sur l'Acropole (Lettre à R. Rolland), trad. M. Robert, in L'Ephémère, Editions de la Fondation Maeght, n° 2, avril, 1967, 3-13; in Résultats, idées, problèmes II, P.U.F., 1985, 221-230.(O.C., XIX, 325-38)
1936 [1936]	Zum Ableben Professor Brauns(G.W., Nachtragsband, 735)	Décès du professeur Braun(O.C., XIX, 339-41)
1937 [1937]	Lou Andreas Salomé(G.W., XVI, 270, 추도사)	Lou Andreas-Salomé(O.C., XX, 9-12)
1937 [1937]	Die endliche und die unendliche Analyse(G.W., XVI, 57-99, 논문)	Analyse terminée et analyse interminable, trad. A. Berman, in R.F.P., 1938-1939, 10-11, n° 1, 3-38; L'analyse avec fin et l'analyse sans fin, in Résultats, idées, problèmes II, P.U.F., 1985, 231-268.(O.C., XX, 13-55)
1937 [1937]	Konstruktionen in der analyse(G.W., XVI, 41-56, 논문)	Constructions dans L'analyse, in Résultats, idées, Problèmes II, P.U.F., 1985, 269-282.(O.C., XX, 57-73)
1934-38 [1939]	Der mann Moses und die monotheistische Religion(Veflag Allert de Lange, 1939; G.W., XVI, 101-246, 단행본)	Moïse et le monothéisme, trad. A. Berman, Gallimard, 1948.(O.C., XX, 75-218)
1938 [1940]	Die Ichspaltung im Abwehrvorgang(G.W., XVII, 59-62, 논문)	Le clivage du moi dans le processus de défense, trad. R. Lewinter et J.-B. Pontalis, in Nouvelle Revue de Psychanalyse, 1970, 2, 25-28; in Résultats, idées, problèmes II, P.U.F., 1985, 283-286.(O.C., XX, 219-24)
1938 [1940]	Abriss der Psychoanalyse(G.W., XVII, 63-138, 논문)	Abrégé de psychanalyse, trad. A. Berman. P.U.F., 1950.(O.C., XX, 225-305)
1938 [1940]	Some Elementary Lessons in Psycho-Analysis(G.W., XVII, 141-147, 논문)	영어 제목과 동일, in Résultats, idées, problèmes II, P.U.F., 1985, 289-295.(O.C., XX, 307-15)
1938 [1941]	Ergebnisse, Ideen, Probleme(G.W., XVII, 151-152, 메모)	Résultats, idées, problèmes, trad. J. P. Briand et A. Green, in L'Arc, 1968, 34, 67-70; in Résultats, idées, problèmes II, P.U.F., 1985, 287-288.(O.C., XX, 317-20)
1938 [1954]	Brief an Israel Cohen(G.W., Nachtragsband, 775)	Lettre à Israel Cohen(O.C., XX, 321-3)

영어	한국어
A Disturbance of Memory on the Acropolis(S.E., XXII, 237-238)	「아크로폴리스에서 일어난 기억장애(로맹 롤랑에게 보낸 편지)」 (「아크로폴리스에서 일어난 기억의 혼란」, 전집 XI, 박찬부 옮김, 454-467)
	「브라운 교수의 서거에 즈음하여」(임진수 옮김, in 『끝이 있는 분석과 끝이 없는 분석』)
Lou Andreas-Salomé(S.E., XXIII, 297-298)	「루 안드레아스-살로메 추도사」(임진수 옮김, in 『끝이 있는 분석과 끝이 없는 분석』)
Analysis Terminable and Interminable(S.E., XXIII, 209-253)	「끝이 있는 분석과 끝이 없는 분석」(임진수 옮김, in 『끝이 있는 분석과 끝이 없는 분석』(열린책들(2판); 새물결))
Constructions in Analysis(S.E., XXIII, 255-269)	「분석에서의 구성」(임진수 옮김, in 『끝이 있는 분석과 끝이 없는 분석』(열린책들(2판); 새물결))
Moses and Monotheism; Three Essays(S.E., XXIII, 1-137)	『인간 모세와 유일신교』(전집 XIII, 이윤기 옮김, 257-428)
Splitting of the Ego in the Process of Defence(S.E., XXIII, 271-278)	「방어 과정에서의 자아 분열」(전집 XI, 박찬부 옮김, 471-475)
An Outline of Psycho-Analysis(S.E., XXIII, 139-207)	「정신분석 개요」(전집 XV, 한승완 옮김, 409-491)
영어 원본(S.E., XXIII, 279-286)	「정신분석의 몇 가지 기초 강의」(임창덕 옮김, in 『끝이 있는 분석과 끝이 없는 분석』)
Findings, Ideas, Problems(S.E., XXIII, 299-300)	「결과, 관념 그리고 문제들」(임유빈 옮김, in 『끝이 있는 분석과 끝이 없는 분석』)
	「이스라엘 코헨에게 보낸 편지」(임진수 옮김, in 『끝이 있는 분석과 끝이 없는 분석』)

집필 연도 [발표 연도]	원본	프랑스어
1938 [1938]	Ein Wort zum Antisemitismus(G.W., Nachtragsband, 779-81)	Un mot sur l'antisémitisme (O.C., XX, 325-29)
1938 [1938]	Brief an die Herausgeberin von *Time and Tide*(G.W., Nachtragsband, 782-3)	Lettre à la directrice de *Time and Tide* (O.C., XX, 331-3)
1938 [1945- 46]	Auszüge aus zwei Briefen an Yisrael Doryon(G.W., Nachtragsband, 786-8)	Extraits de deux lettres à Yisrael Doryon(O.C., XX, 335-8)
1938 [1939- 40]	Einführung zu Yisrael Doryon, *Lynkeus' New State*(G.W., Nachtragsband, 784)	Introduction à Yisrael Doryon, *Lynkeus' New State*(O.C., XX, 339-41)
1938-39 [1946]	Zwei Brief an David Abrahamsen	Deux lettres à David Abrahamsen(O.C., XX, 343-6)
1939 [1945]	Forward to David Eder, *Memoirs of a Modern Pioneer*, edited by J. B. Hobman	Avant-propos à David Eder, *Memoirs of a Modern Pioneer*
1926 [1945]	Letter to Dr. Eder(영어 원본)	Lettre au Dr. Eder(O.C., XX, 347-50)

영어	한국어
A Comment on anti-semitisme (S.E., XXIII, 289-293)	「반유태주의에 대한 한마디」(임창덕 옮김, in 『끝이 있는 분석과 끝이 없는 분석』)
Anti-semitism in England (S.E., XXIII, 301)	「『시류(時流)』의 편집장에 보낸 편지 — 영국에서의 반유태주의」(임창덕 옮김, in 『끝이 있는 분석과 끝이 없는 분석』)
	「이스라엘 도리온에게 보낸 두 편지의 발췌」(임진수 옮김, in 『끝이 있는 분석과 끝이 없는 분석』)
	「이스라엘 도리온의 『린코이스의 새로운 국가』에 대한 서문」(임진수 옮김, in 『끝이 있는 분석과 끝이 없는 분석』)
	「다비드 아브라함젠에게 보낸 두 편지」(임진수 옮김, in 『끝이 있는 분석과 끝이 없는 분석』)
	「데이비드 에더의 『현대의 한 선구자의 회고록』의 서문」(임진수 옮김, in 『끝이 있는 분석과 끝이 없는 분석』)
	「에더 박사에게 보낸 편지」(임진수 옮김, in 『끝이 있는 분석과 끝이 없는 분석』)

찾아보기

정신분석 사전

발행일	2005년 1월 5일 초판 1쇄
	2009년 2월 15일 초판 4쇄
	2024년 11월 30일 신판 1쇄

지은이   장 라플랑슈 · 장 베르트랑 퐁탈리스
옮긴이   임진수
발행인   홍예빈
발행처   주식회사 열린책들

경기도 파주시 문발로 253 파주출판도시
전화 031-955-4000 팩스 031-955-4004
홈페이지 www.openbooks.co.kr 이메일 humanity@openbooks.co.kr

ISBN 978-89-329-2481-6 93180